La Torah

TEXTO HEBREO

Revisado por el sabio

MEIR HALEVI LETERIS

TRADVCCIÓN ESPAÑOLA

de la verdad hebrea por
excelentes sabios ordenada por

ABRAHAM VSQVE

EDICIONES OBELISCO

חמשה חומשי
תורה

בראשית
שמות ויקרא במדבר
דברים

LOS CINCO LIBROS DE MOSE

EN EL PRINCIPIO
NOMBRES Y LLAMO
EN EL DESIERTO
ESTAS SON LAS PALABRAS

Si este libro le ha interesado y desea que le mantengamos informado
de nuestras publicaciones, escríbanos indicándonos qué temas son de su interés
(Astrología, Autoayuda, Ciencias Ocultas, Artes Marciales, Naturismo,
Espiritualidad, Tradición...) y gustosamente le complaceremos.

Puede consultar nuestro catálogo en www.edicionesobelisco.com

Colección Cábala y Judaísmo
La torah
תורה
Revisado por Meir Halevi Leteris

1.ª edición: octubre de 2021
4.ª edición: octubre de 2025

Diseño de cubierta: *Carol Briceño*

Este libro es una facsímil de la edición
del primer tomo de la Biblia de la Editorial Estrellas (1946)

Edita: Ediciones Obelisco, S. L.
Collita, 23-25. Pol. Ind. Molí de la Bastida
08191 Rubí - Barcelona - España
Tel. 93 309 85 25

ISBN: 978-84-9111-774-2
Depósito Legal: B-11.035-2021

Printed in India

PREFACIO

Nuevamente, después de un lapso de dos siglos, vuelve a entregarse al público, una traducción judío-española de la Biblia. Era ella una necesidad imperiosa, ya que cientos de miles de judíos utilizan el idioma español. Y es para nosotros una profunda satisfacción, haber podido efectuar aquí, en la Argentina, lugar de residencia del sector más numeroso de los judíos de habla española, esta magna obra, dando así cumplimiento a una obligación que pesaba desde hace mucho tiempo sobre los judíos argentinos, según lo expresa el libro de Mosé, Deuteronomio (VI, 7): ושננתם לבניך ודברת בם «Y la enseñaréis a vuestros hijos hablando de ella». *Es decir, entregar a la generación joven que sólo utiliza el idioma del país, los escritos sacros.*

El leer —o como lo expresa con más justeza la palabra judía equivalente el estudiar— la Biblia, es considerado como un deber imperioso de cada judío. Según un párrafo famoso del Rabbi Hilel desde hace dos milenios: מה ששנאוי לך לא תעשה לחברך והשאר רק פרוש הוא לך ולמד: *«No hagas a tu vecino, lo que no quieras que te hagan a ti, es toda la enseñanza; todo lo demás es comentario. Ve y aprenderás.» Así todos los prohombres del pueblo de Israel exhortaban al pueblo al estudio profundo de la enseñanza, para levantar de esta forma el nivel moral del mismo. Pasó a ser la Biblia definitivamente el libro básico del pueblo de Israel, en el año de la desgracia, 3930 (70 de la era actual), cuando el Rabbi Iohanan ben Sacai, salvándolo de la destrucción en el santuario de Jerusalem, lo trasplantó al colegio superior de Iabne.*

La Biblia llegó a ser para nosotros los judíos, «la patria portativa». Ella probó ser más fuerte que cualquier potencia poderosa del orbe, llegando a ser por ella, el pueblo de Israel, inmortal. Esa fué la causa por la cual pudo declarar mil años más tarde Sadia Hagaon: אין אומתנו אומה אלא בתורותיה (בכתב ובעל-פה) *«Nuestro pueblo es únicamente un pueblo, gracias a su enseñanza». Asi plantamos nuevamente con esta edición entre nosotros «el árbol de la vida» de nuestro pueblo, para que la juventud encuentre en la Biblia la base de todo estudio hebreo. La dedicamos a la memoria de los seis millones de nuestros hermanos, que debieron enfrentar la muerte por el mero hecho de ser judíos.*

Cuando hace cuatro años comenzamos con las tareas preliminares de la presente edición, la intolerancia, la persecución y otros males, dominaban la tierra. El pensamiento de la Biblia que no había querido ser escuchado, parecía por esa causa, enmudecido. El egoísmo y la cobardía colectiva, impidiendo el libre juego del sano juicio, permitió que la violencia brutal atacara primeramente a los judíos, es decir, al más débil de todos los pueblos. La paulatina destrucción del derecho y la injusticia general, deben achacarse únicamente a los extraordinarios agravios que nos fueron inferidos. Fué en esos sombríos días, que el difunto presidente Franklin D. Roosevelt, llamó la atención a los pueblos de las Américas, a fin de que recordasen su patrimonio común, la Biblia. Fué con su espíritu con el que tratara de despertar de su letargo a las fuerzas del bien, a fin de salvar a la humanidad de su inevitable destrucción. Una vez más probó la Biblia su incalculable poder. Una vez más, empezaron a influir sus viejas verdades sobre la nueva generación. La Biblia, mensaje de Dios a un pueblo chico, resultó ser de nuevo el Libro de los libros, base de toda aspiración y pensamiento humano.

Ahora que estamos en condiciones de entregar la Biblia al público, ya se ha probado, una vez más, la maravillosa grandeza de todos los pensamientos e ideales que este libro ha dado al mundo y su triunfo rotundo sobre las fuerzas de la obscuridad. ¡Y cuántas razones más, tenemos nosotros para retornar a este libro, que al mismo tiempo cumple la función múltiple de ser nuestra historia, nuestro código jurídico y nuestra educadora! ¡Ojalá comprendiese la juventud judía, el aporte de sus antepasados al acervo espiritual de América y a la era contemporánea! El reconocimiento del Dios único, que ha creado al hombre libre y parecido a su imagen, sin reconocer derechos diferenciales para el extranjero o nativo, sin dar a los gobernantes únicamente derechos y a los gobernados solamente obligaciones; la exigencia de la justicia social, por la que cada hombre tiene derecho al trabajo y que consagra el descanso hebdomadario, implican los facetas más sobresalientes de la Biblia. Además, propugna la justicia y paz eterna, a la cual puede y debe tender el hombre mediante el trato fraternal, la misericordia y la tolerancia. La Biblia es el mensaje divino y eterno a la humanidad, por intermedio de Israel. Es por eso que todos los déspotas, viendo en la misma un peligro para sus turbios designios en los principios que sustenta, tratando de oscurecerlos, nos consideran, por reflejo, sus enemigos natos y nos persiguen. Es muy doloroso para nosotros, que en estos días de anhelo por libertades cívicas, justicia social y paz duradera, que habrían podido ser fruto del sano juicio, de estudios concienzudos y de la tolerancia, fuesen engendrados con tanta sangre y tantas lágrimas.

Con más brillo que nunca nos señala la Biblia la posibilidad de alcanzar esta meta, según la profecía de Iesaidu: וכתתו חרבותם לאתים וחניתותיהם למזמרות לא ישא גוי אל גוי חרב ולא ילמדו עוד מלחמה: *«Y cambiará sus espadas por arados, y sus lanzas por podaderas. No alzará espada el hombre contra el hombre, ni enseñará más la guerra.» (Iesaidu-II, 4).*

Lo que tuvo que presenciar el mundo en estos últimos años, durante los cuales un reducido núcleo de hombres estuvo embarcado en las tareas atingentes a la presente edición de la Biblia, es la confirmación de su grandioso mensaje a Israel y a los demás pueblos de la tierra. Por ser portadores de este mensaje, pudimos sobrevivir también a esta persecución, como otras tantas sufridas durante los dos milenios en que nuestro pueblo no está asentado sobre su propio suelo. Es así como la Biblia se constituye en nuestra «patria portativa», permitiéndonos sobreponernos a sufrimientos indefinibles, injusticias enormes y a toda clase de ideologías materialistas. ¡Cuántas razones más tenemos hoy en día, para atenernos con firmeza a este nuestro Libro, leerlo, aprender de él a fin de retomarlo nuevamente como nuestro Libro y convertirnos de nuevo en su pueblo. Podemos expresar nuestra esperanza de que con esta acción estaremos en la misma plataforma que aquellos pueblos, que refiriéndose siempre a la Biblia, manifestando en declaraciones sus simpatías, han contraído compromisos hacia el pueblo de Israel, el mensajero de la Biblia.

No podemos entregar esta Biblia al público sin dirigir nuestras miradas hacia la tierra santa de nuestros antepasados, cuyo futuro judío ha sido espontánea y solemnemente garantido por esos pueblos, y en donde pudiera surgir una nueva generación judía que confirmara la profecía de Amos: (IX, 14-15).
ושבתי את שבות עמי ישראל ובנו ערים נשמות וישבו ונטעו כרמים ושתו את יינםועשו גנות ואכלו את פריהם: ונטעתים על אדמתם ולא ינתשו עוד מעל אדמתם אשר נתתי להם אמר יהוה אלהיך: *«Y haré volver a los cautivos de mi pueblo Israel y edificarán las ciu*

dades asoladas y desiertas y las poblarán; plantarán viñas y beberán de su vino y cultivarán huertos y comerán de sus frutos. Y plantarlos he sobre su tierra y no volverán a ser arrancados de sobre la tierra que di a ellos. Dijo el Eterno tu Dios.»

Como conclusión a la presente empresa, podemos sintetizar la parte esencial de nuestros pensamientos: Nuestra obligación es ser el pueblo de la Biblia, realizar sus ideales y retornar a sus leyes. El pueblo o la tierra de Israel sin los ideales de su Biblia son como cuerpos sin alma. Fortalecer el alma de la juventud judía es el ideal que nos impulsó a esta empresa. Una nueva edición de la traducción de la Biblia al español, con su texto original hebreo, fundamentándose en los motivos arriba expuestos, había sido sugerida ya hace años por el señor Eugenio Villa, consagración espiritual que Editorial «Estrellas» lleva a la práctica en un esfuerzo de tan acariciado anhelo.

Esta traducción apareció por primera vez en Ferrara, en el año 5313 de la era judía, o sea su equivalente 1553 del calendario civil, en donde el marrano Duarte Pinel, cuyo nombre judío fué Abraham Usque, juntamente con Jontow Atias, bajo la protección del Duque de Ferrara y con la ayuda de doña Gracia Méndez, había instalado una imprenta. La Biblia apareció simultáneamente en dos ediciones, que se diferencian únicamente en la página príncipe. Una, fechada el 14 de marzo de 5313, reconoce como impresor y editor, respectivamente, a Jontow Atias y Abraham Usque. Está dedicada a doña Gracia. En cambio, la otra, que lleva como fecha el 1º de marzo de 1553 trae, respectivamente, los nombres de Gerónimo de Vargas y Duarte Pinel y está ofrecida al Duque de Ferrara. Abraham Usque o Duarte Pinel, nació en Lisboa, emigrando de Portugal para poder vivir como judío bajo la protección del Duque Hércules de Ferrara. Para «no dejar sumergir su pueblo en la ignorancia de las escrituras sagradas», adaptó las traducciones de muchos rabinos, editándolas con una corrección encomiable. La Biblia apareció de nuevo en Salónica y más tarde en Amsterdam en 5486 (1726), revisada por Rabbi Ishak de Ab. Díaz, dedicada a don David Fernández, con el dictamen rabínico que está reimpreso también en nuestra edición. Como desde ese tiempo no ha sido reeditada, su destino ha sido el paulatino olvido, conservándose hoy muy pocos ejemplares de esas antiguas ediciones.

De esta somnoliencia ha sido arrancada por los editores ya que su valor ha sido ponderado sin reservas y con admiración, no únicamente por sus contemporáneos judíos y gentiles, sino que ha merecido los más elocuentes elogios de sus críticos posteriores. En un trabajo largo, científico y meditado, han sido radiadas las palabras y giros literarios hoy fuera de uso, cuidando no alterar el carácter de la traducción o modificar el espíritu de la tradición, ni privarla del sabor antiguo que la caracteriza tal como las buenas traducciones en cualquier idioma.

Con estas aclaraciones ya se ha enfocado parcialmente el problema lingüístico que acarreó la presente traducción. A pesar de la readaptación de la misma, ella no ha sido «modernizada», sino que precisamente se ha tratado de conservar y matener el sello característico — «un aire de antigüedad» — de estas traducciones, que tanto elogiara el conocido crítico Amadeo de los Ríos en su libro aparecido en 1848 y universalmente difundido. Fué tanto más fácil cumplir con estos propósitos, pues en la traducción de Abraham Usque se encontraban los mismos motivos que movieron a los editores. La traducción de la Biblia no puede reemplazar, bajo ningún concepto, al original hebreo, sino que únicamente puede servir de guía en el camino hacia el documental texto original.

Considerando que el más profundo conocimiento de la Biblia es únicamente posible en hebreo, fué este el móvil que nos indujo a agregar a esta nueva traducción, también el original hebreo, por vez primera en una traducción española.

Usque tradujo «palabra por palabra la verdad hebraica». Aun cuando no es posible hacer prevalecer en toda su amplitud el principio de la traducción de «palabra por palabra», se lo ha respetado en todo lo posible de acuerdo a su importancia. La traducción actual mantiene en la construcción de las frases y elección de las expresiones, las peculiaridades del idioma hebreo. De esta manera se ha tratado de satisfacer todas las exigencias que se puedan pedir a una traducción. Los creyentes y ortodoxos pueden tener la seguridad de que en la misma se ha conservado el texto fielmente, concorde a sus expresiones por palabra, y para aquellos que consideran la Biblia como un monumento de la literatura que no tiene parangón, quedaron conservadas en esta traducción todas sus peculiaridades lingüísticas. Se daría una falsa interpretación al concepto «moderno» si al traspasarlo a otro idioma se emplearan los vocablos incoloros de uso corriente, inmolando por esa causa su construcción específica.

Habiendo llegado la ciencia al convencimiento de que la traducción de la Biblia debe conservar el carácter del original, se han mantenido en la traducción palabras no usuales en la jerga corriente y que únicamente son usadas en la literatura. Solamente palabras absolutamente en desuso en el idioma actual, han sido reemplazadas.

En esta traducción, el método seguido por Usque ha sufrido únicamente dos modificaciones. El nombre de cuatro letras, de Dios, que Usque representa por «A.» y que más bien es una simbolización que una traducción, ha sido vertido por nosotros, por —«El Eterno»—, siguiendo las directivas que señalan Zuntz y Sachs. La segunda enmienda corresponde a los párrafos que hoy se consideran como poéticos, ya que fijan ciertas reglas de versificación. Estos párrafos se tradujeron considerando la distribución de los versos, sin haber sufrido modificaciones la traducción de Usque. Para poder concordar con las páginas hebreas, nos hemos visto obligados por razones técnicas, a utilizar en estos lugares, tipos más pequeños.

Siguiendo nuestro sistema básico en el sentido de hacer corresponder en lo máximo la traducción con el original hebreo, nos hemos visto en la necesidad de poner los nombres hebreos originales en su expresión tradicional, o sea aplicando la fonética, con prescindencia de los vocablos compuestos.

Este principio adoptado por Usque choca con grandes dificultades, pues el hebreo tiene muchos sonidos inexistentes en el español. Nos hemos abstenido de construir sonidos, simbolizados por varios vocablos, pues hubieran sido enigmáticos para el lector. Tal sería el ejemplo del sonido hebreo «sin», que podría haberse simbolizado por sh, sch o ch. Por tal causa se ha elegido la consonante simple más cercana a él. Según el cuadro que va a continuación, hemos utilizado las letras siguientes:

ה	—	ס	S
ח	H	צ	S
י	I	ש	S
כ	J	ת	T

Sin embargo, han sido introducidos circunstancialmente algunos cambios, de los cuales el lector se dará cuenta rápidamente.

En la presente edición hemos agregado al tomo I de la obra, la tabla de las Haftarot completa de los capítulos semanales y de las fiestas, y al tomo IV una tabla comparativa de los acontecimientos más importantes según los años de la era judía de acuerdo con el calendario civil. En estas condiciones entregamos esta traducción al público, esperando que ella reciba la misma aceptación entusiasta que motivó la aparición de sus predecesoras hace cuatro siglos en Ferrara y hace doscientos años en Amsterdam y que aún hoy son consideradas como verdaderas hazañas del editorialismo judío.

Nos hacemos el deber en expresar nuestro agradecimiento a todos cuantos han colaborado y contribuido a allanar nuestra labor; tanto a los bibliófilos que pusieron a nuestra disposición los volúmenes de sus anaqueles, los cuales fueron muy necesarios para redactar y adaptar esta inmortal obra de Don

Abraham Usque; así como también a los técnicos literarios, en su mayoría maestros hebreos y argentinos, y en especial al dibujante artístico y ornamentador, cuya esmerada y delicada obra sobresale en la presentación general, todo lo cual estuvo bajo la supervisión del Sr. Günter Friedländer

Esta traducción aparece en el año hebreo ה"חשו *5706 al que agregadas las letras* ב"ה *—abreviación de la frase «con ayuda de Dios»— forman la palabra* התשובה *«el recogimiento». ¡Ojalá todos aceptásemos la enseñanza de este libro y así con ayuda de Dios «retornaremos» —otro sentido de la palabra hebrea antes aludida— como pueblo único, a nuestra tierra, según la promesa divina contenida en el sacro libro!*

Al terminar esta edición agradecemos al Eterno, que ha guiado a nuestros antepasados, la gracia de habernos permitido empezar y terminar esta obra con toda tranquilidad y paz en una época de intranquilidad y quebrantamiento general. Esperamos tener la dicha de regocijarnos en la contemplación de la sementera de la siembra que ha sido derramada por este libro, cuya parte esencial se ha dado hace 3440 años en la revelación del Monte Sinái, en los corazones de los componentes de la humanidad, a fin de que pueda empezar una época definitiva de comprensión mutua, de amor al prójimo, de justicia y de paz eterna, en nuestros tiempos.

Buenos Aires, אדר'ב ה"תשו / Marzo 1946

EDITORIAL ESTRELLAS

Hardi Swarsensky *Günter Friedländer*

APROBACIÓN.

Y licencia del insigne, y eminente Sr. H. H. M. V. R. Selomoh Aylion.

Es obligación general de todo Ysrael, Leer el tamid todos los días, como dice, y Meditarás en ella de Día, y de noche pero muchos imposibilitados de comprar la Biblia, dexan de satisfacer com esta su Obligaciós, y como influjó Ds. en el animo de David Fernandez el quererla imprimir de nuevo, redundando deste su Designio el merecer al general devemos cada uno ayudarle para que este su intento salga de potencia a acto.

Assí yo abaxo firmado con Orden de los Senhores del Mahamad le Doy mi aprobación; advirtiendo que nadie en tiempo de quince años la pueda imprimir no el, ni por su Orden, no desta ni en qualquiera otra formata sin su licencia, sopena de la punision que costumbra imponer este santo k.k. que es Nahas de que Ds. nos libre, y nos guarde y Bendiga a todo su pueblo, y a esta Santa Congrega Amen Tisry 5485

SELOMOH AYLION.

(De la edición «Amsterdam», 1726.)

EN EL PRINCIPIO

א בְּרֵאשִׁית בָּרָא אֱלֹהִים אֵת הַשָּׁמַיִם וְאֵת הָאָרֶץ׃ וְהָאָרֶץ 2
הָיְתָה תֹהוּ וָבֹהוּ וְחֹשֶׁךְ עַל־פְּנֵי תְהוֹם וְרוּחַ אֱלֹהִים
מְרַחֶפֶת עַל־פְּנֵי הַמָּיִם׃ וַיֹּאמֶר אֱלֹהִים יְהִי אוֹר וַיְהִי 3
אוֹר׃ וַיַּרְא אֱלֹהִים אֶת־הָאוֹר כִּי־טוֹב וַיַּבְדֵּל אֱלֹהִים בֵּין 4
הָאוֹר וּבֵין הַחֹשֶׁךְ׃ וַיִּקְרָא אֱלֹהִים ׀ לָאוֹר יוֹם וְלַחֹשֶׁךְ ה
קָרָא לָיְלָה וַיְהִי־עֶרֶב וַיְהִי־בֹקֶר יוֹם אֶחָד׃ פ
וַיֹּאמֶר אֱלֹהִים יְהִי רָקִיעַ בְּתוֹךְ הַמָּיִם וִיהִי מַבְדִּיל בֵּין 6
מַיִם לָמָיִם׃ וַיַּעַשׂ אֱלֹהִים אֶת־הָרָקִיעַ וַיַּבְדֵּל בֵּין הַמַּיִם 7
אֲשֶׁר מִתַּחַת לָרָקִיעַ וּבֵין הַמַּיִם אֲשֶׁר מֵעַל לָרָקִיעַ וַיְהִי
כֵן׃ וַיִּקְרָא אֱלֹהִים לָרָקִיעַ שָׁמָיִם וַיְהִי־עֶרֶב וַיְהִי־בֹקֶר 8
יוֹם שֵׁנִי׃ פ
וַיֹּאמֶר אֱלֹהִים יִקָּווּ הַמַּיִם מִתַּחַת הַשָּׁמַיִם אֶל־מָקוֹם אֶחָד 9
וְתֵרָאֶה הַיַּבָּשָׁה וַיְהִי־כֵן׃ וַיִּקְרָא אֱלֹהִים ׀ לַיַּבָּשָׁה אֶרֶץ י
וּלְמִקְוֵה הַמַּיִם קָרָא יַמִּים וַיַּרְא אֱלֹהִים כִּי־טוֹב׃ וַיֹּאמֶר 11
אֱלֹהִים תַּדְשֵׁא הָאָרֶץ דֶּשֶׁא עֵשֶׂב מַזְרִיעַ זֶרַע עֵץ פְּרִי
עֹשֶׂה פְּרִי לְמִינוֹ אֲשֶׁר זַרְעוֹ־בוֹ עַל־הָאָרֶץ וַיְהִי־כֵן׃
וַתּוֹצֵא הָאָרֶץ דֶּשֶׁא עֵשֶׂב מַזְרִיעַ זֶרַע לְמִינֵהוּ וְעֵץ עֹשֶׂה 12
פְּרִי אֲשֶׁר זַרְעוֹ־בוֹ לְמִינֵהוּ וַיַּרְא אֱלֹהִים כִּי־טוֹב׃ וַיְהִי 13
עֶרֶב וַיְהִי־בֹקֶר יוֹם שְׁלִישִׁי׃ פ
וַיֹּאמֶר אֱלֹהִים יְהִי מְאֹרֹת בִּרְקִיעַ הַשָּׁמַיִם לְהַבְדִּיל בֵּין 14
הַיּוֹם וּבֵין הַלָּיְלָה וְהָיוּ לְאֹתֹת וּלְמוֹעֲדִים וּלְיָמִים וְשָׁנִים׃

(1) En el principio creó Dios a los cielos y a la tierra. (2) Y la tierra era vana y vacía, y había oscuridad sobre la faz del abismo, y el Espíritu de Dios se movía sobre la faz de las aguas. (3) Y dijo Dios: «¡Sea luz!», y fué luz. (4) Y vió Dios que la luz era buena; y separó Dios la luz de la oscuridad. (5) Y llamó Dios a la luz, día, y a la oscuridad, llamó noche: y fué la tarde, y fué la mañana, un día.

(6) Y dijo Dios: «¡Haya expansión en medio de las aguas y separe las aguas de las aguas!»

(7) E hizo Dios la expansión, y apartó las aguas de abajo de la expansión, de las aguas de arriba de la expansión: y fué así. (8) Y llamó Dios a la expansión, cielos. Y fué la tarde, y fué la mañana, el día segundo.

(9) Y dijo Dios: «¡Júntense las aguas de abajo de los cielos en un lugar, y se vea lo seco!» Y fué así. (10) Y llamó Dios a lo seco, tierra y a la reunión de las aguas llamó mares: y vió Dios que era bueno. (11) Y dijo Dios: «¡Produzca la tierra hierba verde, hierba que dé simiente; árbol de fruto, que dé fruto de su especie; que su simiente esté en él, sobre la tierra!» Y fué así. (12) Y sacó la tierra hierba verde, hierba que da simiente de su especie, y árbol que da fruto, cuya simiente está en él, según su especie: y vió Dios que era bueno. (13) Y fué la tarde, y fué la mañana, el día tercero.
(14) Y dijo Dios: «¡Sean lumbreras en la expansión de los cielos; para apartar el día de la noche, y sean por señales, y por plazos, y por días y años;

1. ב׳ רבתי. 11. הד׳ בז״ק ובספרי ספרד ברביע

(15) y sean por lumbreras en la expansión de los cielos para alumbrar sobre la tierra!» Y fué así. (16) E hizo Dios las dos lumbreras grandes: a la lumbrera grande para señorear en el día; y a la lumbrera pequeña para señorear en la noche, y las estrellas. (17) Y diólas Dios en la expansión de los cielos, para alumbrar sobre la tierra, (18) y para señorear en el día y en la noche, y para apartar la luz de la oscuridad. Y vió Dios que era bueno. (19) Y fué la tarde, y fué la mañana, el día cuarto.

(20) Y dijo Dios: «¡Produzcan las aguas reptil de alma viva y ave que vuele sobre la tierra, sobre la faz de la expansión de los cielos!» (21) Y creó Dios las grandes ballenas; y toda alma viva que se anda arrastrando, que las aguas produjeron según sus especies, y a toda ave según su especie. Y vió Dios que era bueno. (22) Y bendíjoles Dios, diciendo: «¡Fructificad y multiplicad, y henchid las aguas de los mares! Y el ave se multiplique en la tierra.» (23) Y fué la tarde, y fué la mañana, el día quinto.

(24) Y dijo Dios: «¡Saque la tierra alma viva según su especie, bestia y serpiente y animal de la tierra según su especie!» Y fué así. (25) E hizo Dios al animal de la tierra según su especie, y al ganado según su especie, y a todo animal de la tierra según su especie. Y vió Dios que era bueno. (26) Y dijo Dios: «¡Hagamos al hombre a nuestra imagen, y a nuestra semejanza; y señoree en los peces del mar, y en las aves de los cielos, y en las bestias, y en toda la tierra, y en todo animal que ande arrastrando sobre la tierra!» (27) Y creó Dios el hombre a su imagen, a imagen de Dios lo creó; varón y hembra creólos. (28) Y bendíjolos Dios; y díjoles Dios: «Fructificad y multiplicad, y henchid la tierra, y sojuzgadla: y señoread en el pez del mar, y en el ave de los cielos, y en todo animal que se mueve sobre la tierra.» (29) Y dijo Dios: «He aquí que di a vosotros toda hierba que da simiente, y que está sobre la faz de toda la tierra; y todo árbol en que hay fruto, que da simiente, para vosotros será para comer. (30) Y todos los animales de la tierra, y todas

טו וְהָיוּ לִמְאוֹרֹת בִּרְקִיעַ הַשָּׁמַיִם לְהָאִיר עַל־הָאָרֶץ וַיְהִי־
16 כֵן׃ וַיַּעַשׂ אֱלֹהִים אֶת־שְׁנֵי הַמְּאֹרֹת הַגְּדֹלִים אֶת־הַמָּאוֹר
הַגָּדֹל לְמֶמְשֶׁלֶת הַיּוֹם וְאֶת־הַמָּאוֹר הַקָּטֹן לְמֶמְשֶׁלֶת
17 הַלַּיְלָה וְאֵת הַכּוֹכָבִים׃ וַיִּתֵּן אֹתָם אֱלֹהִים בִּרְקִיעַ
18 הַשָּׁמָיִם לְהָאִיר עַל־הָאָרֶץ׃ וְלִמְשֹׁל בַּיּוֹם וּבַלַּיְלָה
וּלֲהַבְדִּיל בֵּין הָאוֹר וּבֵין הַחֹשֶׁךְ וַיַּרְא אֱלֹהִים כִּי־טוֹב׃
19 וַיְהִי־עֶרֶב וַיְהִי־בֹקֶר יוֹם רְבִיעִי׃ פ
כ וַיֹּאמֶר אֱלֹהִים יִשְׁרְצוּ הַמַּיִם שֶׁרֶץ נֶפֶשׁ חַיָּה וְעוֹף יְעוֹפֵף
21 עַל־הָאָרֶץ עַל־פְּנֵי רְקִיעַ הַשָּׁמָיִם׃ וַיִּבְרָא אֱלֹהִים אֶת־
הַתַּנִּינִם הַגְּדֹלִים וְאֵת כָּל־נֶפֶשׁ הַחַיָּה ׀ הָרֹמֶשֶׂת אֲשֶׁר
שָׁרְצוּ הַמַּיִם לְמִינֵהֶם וְאֵת כָּל־עוֹף כָּנָף לְמִינֵהוּ וַיַּרְא
22 אֱלֹהִים כִּי־טוֹב׃ וַיְבָרֶךְ אֹתָם אֱלֹהִים לֵאמֹר פְּרוּ וּרְבוּ
23 וּמִלְאוּ אֶת־הַמַּיִם בַּיַּמִּים וְהָעוֹף יִרֶב בָּאָרֶץ׃ וַיְהִי־עֶרֶב
וַיְהִי־בֹקֶר יוֹם חֲמִישִׁי׃ פ
24 וַיֹּאמֶר אֱלֹהִים תּוֹצֵא הָאָרֶץ נֶפֶשׁ חַיָּה לְמִינָהּ בְּהֵמָה
כה וָרֶמֶשׂ וְחַיְתוֹ־אֶרֶץ לְמִינָהּ וַיְהִי־כֵן׃ וַיַּעַשׂ אֱלֹהִים אֶת־
חַיַּת הָאָרֶץ לְמִינָהּ וְאֶת־הַבְּהֵמָה לְמִינָהּ וְאֵת כָּל־רֶמֶשׂ
26 הָאֲדָמָה לְמִינֵהוּ וַיַּרְא אֱלֹהִים כִּי־טוֹב׃ וַיֹּאמֶר אֱלֹהִים
נַעֲשֶׂה אָדָם בְּצַלְמֵנוּ כִּדְמוּתֵנוּ וְיִרְדּוּ בִדְגַת הַיָּם וּבְעוֹף
הַשָּׁמַיִם וּבַבְּהֵמָה וּבְכָל־הָאָרֶץ וּבְכָל־הָרֶמֶשׂ הָרֹמֵשׂ עַל־
27 הָאָרֶץ׃ וַיִּבְרָא אֱלֹהִים ׀ אֶת־הָאָדָם בְּצַלְמוֹ בְּצֶלֶם אֱלֹהִים
28 בָּרָא אֹתוֹ זָכָר וּנְקֵבָה בָּרָא אֹתָם׃ וַיְבָרֶךְ אֹתָם אֱלֹהִים
וַיֹּאמֶר לָהֶם אֱלֹהִים פְּרוּ וּרְבוּ וּמִלְאוּ אֶת־הָאָרֶץ וְכִבְשֻׁהָ
וּרְדוּ בִּדְגַת הַיָּם וּבְעוֹף הַשָּׁמַיִם וּבְכָל־חַיָּה הָרֹמֶשֶׂת עַל־
29 הָאָרֶץ׃ וַיֹּאמֶר אֱלֹהִים הִנֵּה נָתַתִּי לָכֶם אֶת־כָּל־עֵשֶׂב ׀
זֹרֵעַ זֶרַע אֲשֶׁר עַל־פְּנֵי כָל־הָאָרֶץ וְאֶת־כָּל־הָעֵץ אֲשֶׁר־
ל בּוֹ פְרִי־עֵץ זֹרֵעַ זָרַע לָכֶם יִהְיֶה לְאָכְלָה׃ וּלְכָל־חַיַּת

18. נ״א ולהבדיל 21. חסר י׳ בתראה

הארץ ולכל־עוף השמים ולכל ׀ רומש על־הארץ אשר־
בו נפש חיה את־כל־ירק עשב לאכלה ויהי־כן: וירא 31
אלהים את־כל־אשר עשה והנה־טוב מאד ויהי־ערב
ויהי־בקר יום הששי: פ

ויכלו השמים והארץ וכל־צבאם: ויכל אלהים ביום 2 א
השביעי מלאכתו אשר עשה וישבת ביום השביעי
מכל־מלאכתו אשר עשה: ויברך אלהים את־יום 3
השביעי ויקדש אתו כי בו שבת מכל־מלאכתו אשר־
ברא אלהים לעשות: פ שני
אלה תולדות השמים והארץ בהבראם ביום עשות יהוה 4
אלהים ארץ ושמים: וכל ׀ שיח השדה טרם יהיה ה
בארץ וכל־עשב השדה טרם יצמח כי לא המטיר יהוה
אלהים על־הארץ ואדם אין לעבד את־האדמה: ואד 6
יעלה מן־הארץ והשקה את־כל־פני האדמה: וייצר 7
יהוה אלהים את־האדם עפר מן־האדמה ויפח באפיו
נשמת חיים ויהי האדם לנפש חיה: ויטע יהוה אלהים 8
גן־בעדן מקדם וישם שם את־האדם אשר יצר: ויצמח 9
יהוה אלהים מן־האדמה כל־עץ נחמד למראה וטוב
למאכל ועץ החיים בתוך הגן ועץ הדעת טוב ורע:
ונהר יצא מעדן להשקות את־הגן ומשם יפרד והיה י
לארבעה ראשים: שם האחד פישון הוא הסבב את 11
כל־ארץ החוילה אשר־שם הזהב: וזהב הארץ ההוא 12
טוב שם הבדלח ואבן השהם: ושם־הנהר השני גיחון 13
הוא הסובב את כל־ארץ כוש: ושם־הנהר השלישי 14
חדקל הוא ההלך קדמת אשור והנהר הרביעי הוא
פרת: ויקח יהוה אלהים את־האדם וינחהו בגן־עדן 15

las aves de los cielos, y todo ser que se mueva sobre la tierra, y en que haya vida; y toda verdura de hierba serán para comer.» Y fué así. (31) Y vió Dios todo lo que hizo, y he aquí, que era bueno en gran manera: Y fué la tarde, y fué la mañana, el día sexto.

II

(1) Y acabáronse los cielos y la tierra, y todo su ejército. (2) Y acabó Dios, en el día séptimo, su obra que hizo, y holgó en el día séptimo de toda su obra que hizo. (3) Y bendijo Dios al día séptimo, y santificóle porque en él holgó de toda su obra, que creó Dios para hacer.

(4) Éstos son los orígenes de los cielos y de la tierra al ser creados; en el día de hacer el Eterno, Dios, tierra y cielo. (5) Y todo árbol del campo antes que fuese en la tierra, y toda hierba del campo antes que naciese: que aun no había hecho llover el Eterno, Dios, sobre la tierra; y hombre no había para labrar la tierra. (6) Mas vapor subía de la tierra, y regaba toda la faz de la tierra. (7) Y formó, pues, el Eterno, Dios, al hombre, del polvo de la tierra, y sopló en sus narices aliento de vida; y fué el hombre, alma viva. (8) Y plantó el Eterno, Dios, huerto en Edén, al oriente, y puso allí al hombre que formó. (9) E hizo brotar el Eterno, Dios, de la tierra, todo árbol agradable a la vista, y bueno para comer: y árbol de vida entre el huerto, y árbol del saber del bien y del mal. (10) Y un río salió de Edén, para regar el huerto; y de allí se esparcía y era por las cuatro cabeceras. (11) El nombre del uno: Pisón: el que rodea toda la tierra de Havilá, que allí hay oro. (12) Y el oro de la tierra esa, es bueno: allí hay cristal y piedra de Soam. (13) Y el nombre del río segundo: Gihón, el que rodea a toda la tierra de Kus (Etiopía). (14) Y el nombre del río tercero: Hidékel (Tigris), el que pasa a Oriente de Asur. Y el río cuarto: el Perat (Eufrates).

ב׳ 4. ה׳ זעירא

(15) Y tomó el Eterno, Dios, al hombre y púsolo en el huerto de Edén, para que lo labrara y para que lo guardara. (16) Y encomendó el Eterno, Dios, al hombre, diciendo: «De todo árbol del huerto comerás. (17) Y del árbol de saber del bien y del mal, no comerás de él; que en el día de tu comer de él, morir, morirás.» (18) Y dijo el Eterno, Dios: «No es bueno estar el hombre a solas; haré a él ayuda, frente a él.» (19) Y formó el Eterno, Dios de la tierra, a todo animal del campo y a toda ave de los cielos, y trajo al hombre, para ver con qué (*nombres*) los llamaría: y como la llamaba el hombre, el alma viva, así era su nombre.

(20) Y dió el hombre, nombres a toda bestia y a toda ave de los cielos y a todo animal del campo: y al hombre no halló ayuda frente a él.

(21) E hizo caer el Eterno, Dios, sueño, adormecimiento sobre el hombre, y adormecióse: y tomó una de sus costillas, y cerró la carne en su lugar: (22) E hizo el Eterno, Dios, de la costilla que tomó del hombre, una mujer, y trájola al hombre. (23) Y dijo el hombre:

«Esta vez es hueso de mis huesos,
Y carne de mi carne;
A ésta será llamada mujer (*isa*),
Que de varón (*is*) fué tomada ésta.»

(24) Por tanto, dejará el varón a su padre y a su madre, y se allegará a su mujer, y serán una carne. (25) Y eran ambos desnudos, el hombre y su mujer, y no se avergonzaban.

III

(1) Y la culebra era astuta, más que todos los animales del campo que hizo el Eterno, Dios; y dijo a la mujer. «¿Con que dijo Dios: No comerán de todo árbol del huerto?» (2) Y dijo la mujer a la culebra: «Del fruto del árbol del huerto, comeremos. (3) Y del fruto del árbol que está entre el huerto, dijo Dios: No comeréis de él, y no lo tocaréis por cuanto moriréis.» (4) Y dijo la culebra a la mujer: «Morir, no moriréis; (5) pues sabe Dios que en el día de vuestro comer de él, abiertos serán vuestros ojos; y seréis como dioses, conocedores del bien y del mal.» (6) Y vió la mujer que era bueno el árbol para comer, y que agradable era él para los ojos, y codiciable el árbol para entender; y tomó de su fruto, y comió, y dió también a su marido, que con ella, y comió. (7) Y abriéronse los ojos de ambos, y supieron que estaban desnu-

16 לְעָבְדָהּ וּלְשָׁמְרָהּ׃ וַיְצַו יְהוָה אֱלֹהִים עַל־הָאָדָם לֵאמֹר
17 מִכֹּל עֵץ־הַגָּן אָכֹל תֹּאכֵל׃ וּמֵעֵץ הַדַּעַת טוֹב וָרָע לֹא
18 תֹאכַל מִמֶּנּוּ כִּי בְּיוֹם אֲכָלְךָ מִמֶּנּוּ מוֹת תָּמוּת׃ וַיֹּאמֶר
יְהוָה אֱלֹהִים לֹא־טוֹב הֱיוֹת הָאָדָם לְבַדּוֹ אֶעֱשֶׂה־לּוֹ עֵזֶר
19 כְּנֶגְדּוֹ׃ וַיִּצֶר יְהוָה אֱלֹהִים מִן־הָאֲדָמָה כָּל־חַיַּת הַשָּׂדֶה
וְאֵת כָּל־עוֹף הַשָּׁמַיִם וַיָּבֵא אֶל־הָאָדָם לִרְאוֹת מַה־יִּקְרָא־
לוֹ וְכֹל אֲשֶׁר יִקְרָא־לוֹ הָאָדָם נֶפֶשׁ חַיָּה הוּא שְׁמוֹ׃
כ וַיִּקְרָא הָאָדָם שֵׁמוֹת לְכָל־הַבְּהֵמָה וּלְעוֹף הַשָּׁמַיִם וּלְכֹל
21 חַיַּת הַשָּׂדֶה וּלְאָדָם לֹא־מָצָא עֵזֶר כְּנֶגְדּוֹ׃ וַיַּפֵּל יְהוָה
אֱלֹהִים ׀ תַּרְדֵּמָה עַל־הָאָדָם וַיִּישָׁן וַיִּקַּח אַחַת מִצַּלְעֹתָיו
22 וַיִּסְגֹּר בָּשָׂר תַּחְתֶּנָּה׃ וַיִּבֶן יְהוָה אֱלֹהִים ׀ אֶת־הַצֵּלָע אֲשֶׁר־
23 לָקַח מִן־הָאָדָם לְאִשָּׁה וַיְבִאֶהָ אֶל־הָאָדָם׃ וַיֹּאמֶר הָאָדָם
זֹאת הַפַּעַם עֶצֶם מֵעֲצָמַי וּבָשָׂר מִבְּשָׂרִי לְזֹאת יִקָּרֵא אִשָּׁה
24 כִּי מֵאִישׁ לֻקְחָה־זֹּאת׃ עַל־כֵּן יַעֲזָב־אִישׁ אֶת־אָבִיו וְאֶת־
כה אִמּוֹ וְדָבַק בְּאִשְׁתּוֹ וְהָיוּ לְבָשָׂר אֶחָד׃ וַיִּהְיוּ שְׁנֵיהֶם
עֲרוּמִּים הָאָדָם וְאִשְׁתּוֹ וְלֹא יִתְבֹּשָׁשׁוּ׃

ג

א וְהַנָּחָשׁ הָיָה עָרוּם מִכֹּל חַיַּת הַשָּׂדֶה אֲשֶׁר עָשָׂה יְהוָה
אֱלֹהִים וַיֹּאמֶר אֶל־הָאִשָּׁה אַף כִּי־אָמַר אֱלֹהִים לֹא תֹאכְלוּ
2 מִכֹּל עֵץ הַגָּן׃ וַתֹּאמֶר הָאִשָּׁה אֶל־הַנָּחָשׁ מִפְּרִי עֵץ־הַגָּן
3 נֹאכֵל׃ וּמִפְּרִי הָעֵץ אֲשֶׁר בְּתוֹךְ־הַגָּן אָמַר אֱלֹהִים לֹא
4 תֹאכְלוּ מִמֶּנּוּ וְלֹא תִגְּעוּ בּוֹ פֶּן־תְּמֻתוּן׃ וַיֹּאמֶר הַנָּחָשׁ
ה אֶל־הָאִשָּׁה לֹא־מוֹת תְּמֻתוּן׃ כִּי יֹדֵעַ אֱלֹהִים כִּי בְּיוֹם
אֲכָלְכֶם מִמֶּנּוּ וְנִפְקְחוּ עֵינֵיכֶם וִהְיִיתֶם כֵּאלֹהִים יֹדְעֵי טוֹב
6 וָרָע׃ וַתֵּרֶא הָאִשָּׁה כִּי טוֹב הָעֵץ לְמַאֲכָל וְכִי תַאֲוָה־הוּא
לָעֵינַיִם וְנֶחְמָד הָעֵץ לְהַשְׂכִּיל וַתִּקַּח מִפִּרְיוֹ וַתֹּאכַל וַתִּתֵּן
7 גַּם־לְאִישָׁהּ עִמָּהּ וַיֹּאכַל׃ וַתִּפָּקַחְנָה עֵינֵי שְׁנֵיהֶם וַיֵּדְעוּ כִּי

ב׳ 22. קמץ ומלרע 25. דגש אחר שורק ג׳ 6. פתח באסיף

עֵירֻמִּם הֵם וַיִּתְפְּרוּ עֲלֵה תְאֵנָה וַיַּעֲשׂוּ לָהֶם חֲגֹרֹת׃
וַיִּשְׁמְעוּ אֶת־קוֹל יְהוָה אֱלֹהִים מִתְהַלֵּךְ בַּגָּן לְרוּחַ הַיּוֹם 8
וַיִּתְחַבֵּא הָאָדָם וְאִשְׁתּוֹ מִפְּנֵי יְהוָה אֱלֹהִים בְּתוֹךְ עֵץ הַגָּן׃
וַיִּקְרָא יְהוָה אֱלֹהִים אֶל־הָאָדָם וַיֹּאמֶר לוֹ אַיֶּכָּה׃ וַיֹּאמֶר 9
אֶת־קֹלְךָ שָׁמַעְתִּי בַּגָּן וָאִירָא כִּי־עֵירֹם אָנֹכִי וָאֵחָבֵא׃
וַיֹּאמֶר מִי הִגִּיד לְךָ כִּי עֵירֹם אָתָּה הֲמִן־הָעֵץ אֲשֶׁר צִוִּיתִיךָ 11
לְבִלְתִּי אֲכָל־מִמֶּנּוּ אָכָלְתָּ׃ וַיֹּאמֶר הָאָדָם הָאִשָּׁה אֲשֶׁר 12
נָתַתָּה עִמָּדִי הִוא נָתְנָה־לִּי מִן־הָעֵץ וָאֹכֵל׃ וַיֹּאמֶר יְהוָה 13
אֱלֹהִים לָאִשָּׁה מַה־זֹּאת עָשִׂית וַתֹּאמֶר הָאִשָּׁה הַנָּחָשׁ
הִשִּׁיאַנִי וָאֹכֵל׃ וַיֹּאמֶר יְהוָה אֱלֹהִים ׀ אֶל־הַנָּחָשׁ כִּי עָשִׂיתָ 14
זֹּאת אָרוּר אַתָּה מִכָּל־הַבְּהֵמָה וּמִכֹּל חַיַּת הַשָּׂדֶה עַל־
גְּחֹנְךָ תֵלֵךְ וְעָפָר תֹּאכַל כָּל־יְמֵי חַיֶּיךָ׃ וְאֵיבָה ׀ אָשִׁית טו
בֵּינְךָ וּבֵין הָאִשָּׁה וּבֵין זַרְעֲךָ וּבֵין זַרְעָהּ הוּא יְשׁוּפְךָ רֹאשׁ
וְאַתָּה תְּשׁוּפֶנּוּ עָקֵב׃ ס אֶל־הָאִשָּׁה אָמַר הַרְבָּה אַרְבֶּה 16
עִצְּבוֹנֵךְ וְהֵרֹנֵךְ בְּעֶצֶב תֵּלְדִי בָנִים וְאֶל־אִישֵׁךְ תְּשׁוּקָתֵךְ
וְהוּא יִמְשָׁל־בָּךְ׃ ס וּלְאָדָם אָמַר כִּי־שָׁמַעְתָּ לְקוֹל 17
אִשְׁתֶּךָ וַתֹּאכַל מִן־הָעֵץ אֲשֶׁר צִוִּיתִיךָ לֵאמֹר לֹא תֹאכַל
מִמֶּנּוּ אֲרוּרָה הָאֲדָמָה בַּעֲבוּרֶךָ בְּעִצָּבוֹן תֹּאכֲלֶנָּה כֹּל יְמֵי
חַיֶּיךָ׃ וְקוֹץ וְדַרְדַּר תַּצְמִיחַ לָךְ וְאָכַלְתָּ אֶת־עֵשֶׂב הַשָּׂדֶה׃ 18
בְּזֵעַת אַפֶּיךָ תֹּאכַל לֶחֶם עַד שׁוּבְךָ אֶל־הָאֲדָמָה 19
כִּי מִמֶּנָּה לֻקָּחְתָּ כִּי־עָפָר אַתָּה וְאֶל־עָפָר תָּשׁוּב׃
וַיִּקְרָא הָאָדָם שֵׁם אִשְׁתּוֹ חַוָּה כִּי הִוא הָיְתָה אֵם כָּל־ כ
חָי׃ וַיַּעַשׂ יְהוָה אֱלֹהִים לְאָדָם וּלְאִשְׁתּוֹ כָּתְנוֹת עוֹר 21
וַיַּלְבִּשֵׁם׃ פ רביעי.
וַיֹּאמֶר ׀ יְהוָה אֱלֹהִים הֵן הָאָדָם הָיָה כְּאַחַד מִמֶּנּוּ לָדַעַת 22
טוֹב וָרָע וְעַתָּה ׀ פֶּן־יִשְׁלַח יָדוֹ וְלָקַח גַּם מֵעֵץ הַחַיִּים
וְאָכַל וָחַי לְעֹלָם׃ וַיְשַׁלְּחֵהוּ יְהוָה אֱלֹהִים מִגַּן־עֵדֶן לַעֲבֹד 23
אֶת־הָאֲדָמָה אֲשֶׁר לֻקַּח מִשָּׁם׃ וַיְגָרֶשׁ אֶת־הָאָדָם וַיַּשְׁכֵּן 24

dos ellos: cosieron hojas de higuera, e hicieron para ellos cintos. (8) Y oyeron la voz del Eterno, Dios, andar en el huerto, en el aire del día y escondióse el hombre y su mujer, de delante del Eterno, Dios, entre los árboles del huerto. (9) Y llamó el Eterno, Dios, al hombre y díjole: «¿Adónde estás tú?» (10) Y dijo: «Tu voz oí en el huerto, y temí, porque desnudo estoy yo; y escondíme.» (11) Y dijo: «¿Quién anunció a ti que desnudo estás tú? ¿Si del árbol que te encomendé no comer de él, comiste?» (12) Y dijo el hombre: «La mujer que me diste conmigo, ella dió a mí del árbol, y comí.» (13) Y dijo el Eterno, Dios, a la mujer: «¿Qué hiciste?» Y dijo la mujer: «La culebra me engañó, y comí.» (14) Y dijo el Eterno, Dios, a la culebra:

«Porque hiciste esto,
Maldita seas tú más que
[todas las bestias,
Y más que todo animal del
[campo;
Sobre tu pecho andarás,
Y polvo comerás,
Todos los días de tu vida.
(15) Y malquerencia pondré
Entre ti y la mujer;
Entre su simiente y tu
[simiente;
Él te herirá la cabeza,
Y tú le herirás el calcañar.»

(16) A la mujer dijo:
Multiplicar, multiplicaré tu dolor
Y tu preñez,
Con dolor, parirás hijos;
Y tu marido será tu deseo,
Y él se enseñoreará de ti.»

(17) Y al hombre dijo: «Porque oíste la voz de tu mujer y comiste del árbol que te encomendé diciendo: No comas de él; maldita será la tierra por ti:

Con dolor, comerás de ella
Todos los días de tu vida.

(18) Y espino y cardo producirá para
[ti
Y comerás hierba del campo;

(19) Con sudor de tu rostro, comerás
[pan
Hasta tu tornar a la tierra;
Que de ella fuiste tomado:
Que polvo eres tú,
Y a polvo tornarás.»

(20) Y llamó el hombre el nombre de su mujer, Eva (*Hava*), que ella fué madre de todo lo vivo (*Hai*). (21) E hizo el Eterno, Dios, para el hombre y para su mujer túnicas de cuero, e hízolos vestir.

(22) Y dijo el Eterno, Dios: «He aquí el hombre, fué como uno de nosotros por saber el bien y el mal: y ahora, quizá tenderá su mano, y tomará también del árbol de la vida, y comerá, y vivirá para siempre.» (23) Y sacólo el Eterno,

מִקֶּדֶם לְגַן־עֵדֶן אֶת־הַכְּרֻבִים וְאֵת לַהַט הַחֶרֶב הַמִּתְהַפֶּכֶת
לִשְׁמֹר אֶת־דֶּרֶךְ עֵץ הַחַיִּים׃ ס

ד

א וְהָאָדָם יָדַע אֶת־חַוָּה אִשְׁתּוֹ וַתַּהַר וַתֵּלֶד אֶת־קַיִן וַתֹּאמֶר
2 קָנִיתִי אִישׁ אֶת־יְהוָה׃ וַתֹּסֶף לָלֶדֶת אֶת־אָחִיו אֶת־הָבֶל
3 וַיְהִי־הֶבֶל רֹעֵה צֹאן וְקַיִן הָיָה עֹבֵד אֲדָמָה׃ וַיְהִי מִקֵּץ
4 יָמִים וַיָּבֵא קַיִן מִפְּרִי הָאֲדָמָה מִנְחָה לַיהוָה׃ וְהֶבֶל הֵבִיא
גַם־הוּא מִבְּכֹרוֹת צֹאנוֹ וּמֵחֶלְבֵהֶן וַיִּשַׁע יְהוָה אֶל־הֶבֶל
ה וְאֶל־מִנְחָתוֹ׃ וְאֶל־קַיִן וְאֶל־מִנְחָתוֹ לֹא שָׁעָה וַיִּחַר לְקַיִן
6 מְאֹד וַיִּפְּלוּ פָּנָיו׃ וַיֹּאמֶר יְהוָה אֶל־קָיִן לָמָּה חָרָה לָךְ
7 וְלָמָּה נָפְלוּ פָנֶיךָ׃ הֲלוֹא אִם־תֵּיטִיב שְׂאֵת וְאִם לֹא
תֵיטִיב לַפֶּתַח חַטָּאת רֹבֵץ וְאֵלֶיךָ תְּשׁוּקָתוֹ וְאַתָּה תִּמְשָׁל־
8 בּוֹ׃ וַיֹּאמֶר קַיִן אֶל־הֶבֶל אָחִיו וַיְהִי בִּהְיוֹתָם בַּשָּׂדֶה וַיָּקָם
9 קַיִן אֶל־הֶבֶל אָחִיו וַיַּהַרְגֵהוּ׃ וַיֹּאמֶר יְהוָה אֶל־קַיִן אֵי
י הֶבֶל אָחִיךָ וַיֹּאמֶר לֹא יָדַעְתִּי הֲשֹׁמֵר אָחִי אָנֹכִי׃ וַיֹּאמֶר
11 מֶה עָשִׂיתָ קוֹל דְּמֵי אָחִיךָ צֹעֲקִים אֵלַי מִן־הָאֲדָמָה׃ וְעַתָּה
אָרוּר אָתָּה מִן־הָאֲדָמָה אֲשֶׁר פָּצְתָה אֶת־פִּיהָ לָקַחַת אֶת־
12 דְּמֵי אָחִיךָ מִיָּדֶךָ׃ כִּי תַעֲבֹד אֶת־הָאֲדָמָה לֹא־תֹסֵף תֵּת־כֹּחָהּ
13 לָךְ נָע וָנָד תִּהְיֶה בָאָרֶץ׃ וַיֹּאמֶר קַיִן אֶל־יְהוָה גָּדוֹל עֲוֹנִי
14 מִנְּשֹׂא׃ הֵן גֵּרַשְׁתָּ אֹתִי הַיּוֹם מֵעַל פְּנֵי הָאֲדָמָה וּמִפָּנֶיךָ אֶסָּתֵר
טו וְהָיִיתִי נָע וָנָד בָּאָרֶץ וְהָיָה כָל־מֹצְאִי יַהַרְגֵנִי׃ וַיֹּאמֶר לוֹ יְהוָה
לָכֵן כָּל־הֹרֵג קַיִן שִׁבְעָתַיִם יֻקָּם וַיָּשֶׂם יְהוָה לְקַיִן אוֹת לְבִלְתִּי
16 הַכּוֹת־אֹתוֹ כָּל־מֹצְאוֹ׃ וַיֵּצֵא קַיִן מִלִּפְנֵי יְהוָה וַיֵּשֶׁב בְּאֶרֶץ־
17 נוֹד קִדְמַת־עֵדֶן׃ וַיֵּדַע קַיִן אֶת־אִשְׁתּוֹ וַתַּהַר וַתֵּלֶד אֶת־
חֲנוֹךְ וַיְהִי בֹּנֶה עִיר וַיִּקְרָא שֵׁם הָעִיר כְּשֵׁם בְּנוֹ חֲנוֹךְ׃
18 וַיִּוָּלֵד לַחֲנוֹךְ אֶת־עִירָד וְעִירָד יָלַד אֶת־מְחוּיָאֵל וּמְחִיָּיאֵל
19 יָלַד אֶת־מְתוּשָׁאֵל וּמְתוּשָׁאֵל יָלַד אֶת־לָמֶךְ׃ וַיִּקַּח־לוֹ לֶמֶךְ

Dios, del huerto de Edén, para labrar la tierra, que fué tomado de allí. (24) Y desterró al hombre, hizo habitar al oriente del huerto de Edén, a los querubines, y una espada de llama se revolvía para guardar el camino del árbol de la vida.

IV

(1) Y el hombre conoció a Eva, su mujer; ella concibió y parió a Cain, y dijo: «Adquirí (*Caniti*) varón de Dios.» (2) Y volvió a parir a su hermano, a Hébel. Y fué Hébel pastor de ovejas, y Cain fué labrador de la tierra. (3) Y fué al fin de los días que trajo Cain del fruto de la tierra, presente al Eterno. (4) Y Hébel trajo, también él, de los primogénitos de sus ovejas, y de sus grosuras. Y cató el Eterno a Hébel y a su presente; (5) y a Cain y a su presente no cató. E irritóse Cain mucho y decayó su rostro.

(6) Y dijo el Eterno a Cain:
«¿Por qué te ensañaste
Y por qué decayó tu ros-
[tro?
(7) Si bien hicieres, perdón;
Y si no hicieres bien,
A la puerta el pecado está,
Y a ti será su deseo,
y tú te enseñorearás en
[él.»

(8) Y habló Cain a Hébel, su hermano: y fué en su estar en el campo, que levantóse Cain contra Hébel, su hermano, y matólo. (9) Y dijo el Eterno a Cain: «¿Dónde está Hébel, tu hermano?» Y dijo:
«No sé;
¿Si guardián de mi hermano yo
[soy?»
(10) Y dijo:
«¿Qué hiciste?
La voz de la sangre de tu herma-
[no clama a mí
Desde la tierra.
(11) Y ahora,
Maldito seas tú, de la tierra
Que abrió su boca
Para tomar la sangre de tu her-
[mano de tu mano:
(12) Cuando labrares la tierra,
No volverá a dar su fuerza a ti;
Errante y extranjero serás en la
[tierra.»

(13) Y dijo Cain al Eterno: «Grande es mi delito para perdonar. (14) Desterraste a mí, hoy, de sobre la faz de la tierra, y delante de ti seré encubierto; y seré errante y extranjero en la tierra; y será que todo el que hallare a mí, me matará.» (15) Y díjole el Eterno: «Por tanto todo el que mate a Cain, siete veces será vengado.» Y puso Dios a Cain señal para que no lo hiriere nadie que lo hallare. (16) Y salió Cain de delante del Eterno, y estuvo en tierra de Nod, al oriente de Edén.

ד׳ 3. מלרע 4. ב׳ רפה 8. בלא פסקא

שְׁתֵּי נָשִׁים שֵׁם הָאַחַת עָדָה וְשֵׁם הַשֵּׁנִית צִלָּה׃ וַתֵּלֶד עָדָה כ
אֶת־יָבָל הוּא הָיָה אֲבִי יֹשֵׁב אֹהֶל וּמִקְנֶה׃ וְשֵׁם אָחִיו יוּבָל הוּא 21
הָיָה אֲבִי כָּל־תֹּפֵשׂ כִּנּוֹר וְעוּגָב׃ וְצִלָּה גַם־הִוא יָלְדָה אֶת־ 22
תּוּבַל קַיִן לֹטֵשׁ כָּל־חֹרֵשׁ נְחֹשֶׁת וּבַרְזֶל וַאֲחוֹת תּוּבַל־קַיִן
נַעֲמָה׃ וַיֹּאמֶר לֶמֶךְ לְנָשָׁיו עָדָה וְצִלָּה שְׁמַעַן קוֹלִי נְשֵׁי 23
לֶמֶךְ הַאְזֵנָּה אִמְרָתִי כִּי אִישׁ הָרַגְתִּי לְפִצְעִי וְיֶלֶד
לְחַבֻּרָתִי׃ כִּי שִׁבְעָתַיִם יֻקַּם־קָיִן וְלֶמֶךְ שִׁבְעִים וְשִׁבְעָה׃ 24
וַיֵּדַע אָדָם עוֹד אֶת־אִשְׁתּוֹ וַתֵּלֶד בֵּן וַתִּקְרָא אֶת־שְׁמוֹ כה
שֵׁת כִּי שָׁת־לִי אֱלֹהִים זֶרַע אַחֵר תַּחַת הֶבֶל כִּי הֲרָגוֹ
קָיִן׃ וּלְשֵׁת גַּם־הוּא יֻלַּד־בֵּן וַיִּקְרָא אֶת־שְׁמוֹ אֱנוֹשׁ אָז 26
הוּחַל לִקְרֹא בְּשֵׁם יְהוָה׃ ס

ה

זֶה סֵפֶר תּוֹלְדֹת אָדָם בְּיוֹם בְּרֹא אֱלֹהִים אָדָם בִּדְמוּת א
אֱלֹהִים עָשָׂה אֹתוֹ׃ זָכָר וּנְקֵבָה בְּרָאָם וַיְבָרֶךְ אֹתָם 2
וַיִּקְרָא אֶת־שְׁמָם אָדָם בְּיוֹם הִבָּרְאָם׃ וַיְחִי אָדָם שְׁלֹשִׁים 3
וּמְאַת שָׁנָה וַיּוֹלֶד בִּדְמוּתוֹ כְּצַלְמוֹ וַיִּקְרָא אֶת־שְׁמוֹ שֵׁת׃
וַיִּהְיוּ יְמֵי־אָדָם אַחֲרֵי הוֹלִידוֹ אֶת־שֵׁת שְׁמֹנֶה מֵאֹת שָׁנָה 4
וַיּוֹלֶד בָּנִים וּבָנוֹת׃ וַיִּהְיוּ כָּל־יְמֵי אָדָם אֲשֶׁר־חַי תְּשַׁע ה
מֵאוֹת שָׁנָה וּשְׁלֹשִׁים שָׁנָה וַיָּמֹת׃ ס וַיְחִי־שֵׁת חָמֵשׁ 6
שָׁנִים וּמְאַת שָׁנָה וַיּוֹלֶד אֶת־אֱנוֹשׁ׃ וַיְחִי־שֵׁת אַחֲרֵי הוֹלִידוֹ 7
אֶת־אֱנוֹשׁ שֶׁבַע שָׁנִים וּשְׁמֹנֶה מֵאוֹת שָׁנָה וַיּוֹלֶד בָּנִים
וּבָנוֹת׃ וַיִּהְיוּ כָּל־יְמֵי־שֵׁת שְׁתֵּים עֶשְׂרֵה שָׁנָה וּתְשַׁע מֵאוֹת 8
שָׁנָה וַיָּמֹת׃ ס וַיְחִי אֱנוֹשׁ תִּשְׁעִים שָׁנָה וַיּוֹלֶד אֶת־קֵינָן׃ 9
וַיְחִי אֱנוֹשׁ אַחֲרֵי הוֹלִידוֹ אֶת־קֵינָן חֲמֵשׁ עֶשְׂרֵה שָׁנָה י
וּשְׁמֹנֶה מֵאוֹת שָׁנָה וַיּוֹלֶד בָּנִים וּבָנוֹת׃ וַיִּהְיוּ כָּל־יְמֵי 11
אֱנוֹשׁ חָמֵשׁ שָׁנִים וּתְשַׁע מֵאוֹת שָׁנָה וַיָּמֹת׃ ס וַיְחִי קֵינָן 12
שִׁבְעִים שָׁנָה וַיּוֹלֶד אֶת־מַהֲלַלְאֵל׃ וַיְחִי קֵינָן אַחֲרֵי הוֹלִידוֹ 13

(17) Y conoció Cain a su mujer, y ella concibió y parió a Hanoj y fué que edificó una ciudad, y llamó el nombre de la ciudad como el nombre de su hijo, Hanoj. (18) Y fué nacido a Hanoj Irad, e Irad engendró a Mehuiaél, y Mehuiaél engendró a Metusaél, y Metusaél engendró a Lémej. (19) Y tomó para él, Lémej dos mujeres; el nombre de la una, Adá, y el nombre de la segunda, Silá. (20) Y parió Adá a Iabal, él fué padre de los que moran en tiendas, con el ganado. (21) Y el nombre de su hermano, Iubal, él fué padre de todo el que maneja vihuela y órgano. (22) Y Silá, también ella parió a Tubal-Cain, acicalador de toda maestría de bronce y hierro: y hermana de Tubal-Cain, Náama.

(23) Y dijo Lémej a sus mujeres:

«Adá y Silá, oíd mi voz,
Mujeres de Lémej, escu-
[chad mi dicho:
Que varón maté por mi
[herida,
Y niño por mi tolondro.
(24) Que siete veces será ven-
[gado Cain,
Y Lémej setenta y siete.»

(25) Y conoció Adam más a su mujer, y parió un hijo, y llamó su nombre Set, porque: «Púsome (*sat*) Dios, otra simiente en lugar de Hébel, a quien mató Cain.» (26) Y a Set, también fué nacido un hijo; y llamó su nombre, Enós. Entonces fué empezado a llamar en nombre del Eterno.

V

(1) Este es el libro de las generaciones de Adam. En día de crear Dios al hombre, a semejanza de Dios, hizo a él. (2) Varón y hembra creó; y bendíjolos, y llamó su nombre Adam (*hombre*), en el día de ser creado. (3) Y vivió Adam ciento treinta años, y engendró a su semejanza, como su imagen, y llamó su nombre Set. (4) Y fueron los días de Adam, después de engendrar a Set, ochocientos años: y engendró hijos e hijas. (5) Y fueron todos los días de Adam, que vivió, novecientos treinta años; y murió. (6) Y vivió Set ciento cinco años, y engendró a Enós. (7) Y vivió Set, después de engendrar a Enós, ochocientos siete años: y engendró hijos e hijas. (8) Y fueron todos los días de Set novecientos doce años; y murió. (9) Y vivió Enós noventa años, y engendró a Kenán. (10) Y vivió Enós después de engendrar a Kenán, ochocientos quince años: y engendró hijos e hijas. (11) Y fueron todos los días de Enós novecientos cinco años; y murió. (12) Y vivió Kenán setenta años, y engendró a Maalalel. (13) Y vivió Kenán, después de engendrar a Maalalel, ochocientos cuarenta

ד' 23. א' נחח

años; y engendró hijos e hijas. (14) Y fueron todos los días de Kenán novecientos diez años; y murió. (15) Y vivió Maalalel sesenta y cinco años, y engendró a Iéred. (16) Y vivió Maalalel, después de engendrar a Iéred, ochocientos treinta años; y engendró hijos e hijas. (17) Y fueron todos los días de Maalalel, ochocientos noventa y cinco años; y murió. (18) Y vivió Iéred ciento sesenta y dos años, y engendró a Hanoj. (19) Y vivió Iéred, después de engendrar a Hanoj, ochocientos años: y engendró hijos e hijas. (20) Y fueron todos los días de Iéred, novecientos sesenta y dos años; y murió. (21) Y vivió Hanoj sesenta y cinco años, y engendró a Metusélah. (22) Y anduvo Hanoj con Dios, después de engendrar a Metusélah, trescientos años: y engendró hijos e hijas. (23) Y fueron todos los días de Hanoj trescientos sesenta y cinco años. (24) Y anduvo Hanoj con Dios, y desapareció porque lo tomó Dios. (25) Y vivió Metusélah ciento ochenta y siete años, y engendró a Lémej. (26) Y vivió Metusélah, después de engendrar a Lémej, setecientos dos años: y engendró hijos e hijas. (27) Y fueron todos los días de Metusélah, novecientos sesenta y nueve años; y murió. (28) Y vivió Lémej ciento ochenta y dos años, y engendró un hijo: (29) Y llamó su nombre Noah, diciendo: «Éste nos aliviará (*ienaamenu*) de nuestros hechos y del trabajo de nuestras manos, a causa de la tierra que maldijo el Eterno.» (30) Y vivió Lémej, después de engendrar a Noah, quinientos noventa y cinco años; y engendró hijos e hijas. (31) Y fueron todos los días de Lémej setecientos setenta y siete años; y murió. (32) Y fué Noah de edad de quinientos años, y engendró Noah a Sem, a Ham, y a Iéfet.

אֶת־מַהֲלַלְאֵל אַרְבָּעִים שָׁנָה וּשְׁמֹנֶה מֵאוֹת שָׁנָה וַיּוֹלֶד
14 בָּנִים וּבָנוֹת׃ וַיִּהְיוּ כָּל־יְמֵי קֵינָן עֶשֶׂר שָׁנִים וּתְשַׁע מֵאוֹת
טו שָׁנָה וַיָּמֹת׃ ס וַיְחִי מַהֲלַלְאֵל חָמֵשׁ שָׁנִים וְשִׁשִּׁים שָׁנָה
16 וַיּוֹלֶד אֶת־יָרֶד׃ וַיְחִי מַהֲלַלְאֵל אַחֲרֵי הוֹלִידוֹ אֶת־יֶרֶד
שְׁלֹשִׁים שָׁנָה וּשְׁמֹנֶה מֵאוֹת שָׁנָה וַיּוֹלֶד בָּנִים וּבָנוֹת׃
17 וַיִּהְיוּ כָּל־יְמֵי מַהֲלַלְאֵל חָמֵשׁ וְתִשְׁעִים שָׁנָה וּשְׁמֹנֶה מֵאוֹת
18 שָׁנָה וַיָּמֹת׃ ס וַיְחִי־יֶרֶד שְׁתַּיִם וְשִׁשִּׁים שָׁנָה וּמְאַת
19 שָׁנָה וַיּוֹלֶד אֶת־חֲנוֹךְ׃ וַיְחִי־יֶרֶד אַחֲרֵי הוֹלִידוֹ אֶת־חֲנוֹךְ
כ שְׁמֹנֶה מֵאוֹת שָׁנָה וַיּוֹלֶד בָּנִים וּבָנוֹת׃ וַיִּהְיוּ כָּל־יְמֵי־יֶרֶד
21 שְׁתַּיִם וְשִׁשִּׁים שָׁנָה וּתְשַׁע מֵאוֹת שָׁנָה וַיָּמֹת׃ ס וַיְחִי
22 חֲנוֹךְ חָמֵשׁ וְשִׁשִּׁים שָׁנָה וַיּוֹלֶד אֶת־מְתוּשָׁלַח׃ וַיִּתְהַלֵּךְ
חֲנוֹךְ אֶת־הָאֱלֹהִים אַחֲרֵי הוֹלִידוֹ אֶת־מְתוּשֶׁלַח שְׁלֹשׁ
23 מֵאוֹת שָׁנָה וַיּוֹלֶד בָּנִים וּבָנוֹת׃ וַיְהִי כָּל־יְמֵי חֲנוֹךְ חָמֵשׁ
24 וְשִׁשִּׁים שָׁנָה וּשְׁלֹשׁ מֵאוֹת שָׁנָה׃ וַיִּתְהַלֵּךְ חֲנוֹךְ אֶת־
כה הָאֱלֹהִים וְאֵינֶנּוּ כִּי־לָקַח אֹתוֹ אֱלֹהִים׃ ס וַיְחִי מְתוּשֶׁלַח
26 שֶׁבַע וּשְׁמֹנִים שָׁנָה וּמְאַת שָׁנָה וַיּוֹלֶד אֶת־לָמֶךְ׃ וַיְחִי
מְתוּשֶׁלַח אַחֲרֵי הוֹלִידוֹ אֶת־לֶמֶךְ שְׁתַּיִם וּשְׁמוֹנִים שָׁנָה
27 וּשְׁבַע מֵאוֹת שָׁנָה וַיּוֹלֶד בָּנִים וּבָנוֹת׃ וַיִּהְיוּ כָּל־יְמֵי
מְתוּשֶׁלַח תֵּשַׁע וְשִׁשִּׁים שָׁנָה וּתְשַׁע מֵאוֹת שָׁנָה וַיָּמֹת׃ ס
28 וַיְחִי־לֶמֶךְ שְׁתַּיִם וּשְׁמֹנִים שָׁנָה וּמְאַת שָׁנָה וַיּוֹלֶד בֵּן׃
29 וַיִּקְרָא אֶת־שְׁמוֹ נֹחַ לֵאמֹר זֶה יְנַחֲמֵנוּ מִמַּעֲשֵׂנוּ וּמֵעִצְּבוֹן
ל יָדֵינוּ מִן־הָאֲדָמָה אֲשֶׁר אֵרְרָהּ יְהוָה׃ וַיְחִי־לֶמֶךְ אַחֲרֵי
הוֹלִידוֹ אֶת־נֹחַ חָמֵשׁ וְתִשְׁעִים שָׁנָה וַחֲמֵשׁ מֵאֹת
31 שָׁנָה וַיּוֹלֶד בָּנִים וּבָנוֹת׃ וַיְהִי כָּל־יְמֵי־לֶמֶךְ שֶׁבַע
32 וְשִׁבְעִים שָׁנָה וּשְׁבַע מֵאוֹת שָׁנָה וַיָּמֹת׃ ס וַיְהִי־
נֹחַ בֶּן־חֲמֵשׁ מֵאוֹת שָׁנָה וַיּוֹלֶד נֹחַ אֶת־שֵׁם אֶת־חָם
וְאֶת־יָפֶת׃

29. הקורא יטעים הגרש קודם התלשא

ו

א ויהי כי החל האדם לרב על פני האדמה ובנות ילדו
2 להם׃ ויראו בני האלהים את בנות האדם כי טבת הנה
3 ויקחו להם נשים מכל אשר בחרו׃ ויאמר יהוה לא
ידון רוחי באדם לעלם בשגם הוא בשר והיו ימיו מאה
4 ועשרים שנה׃ הנפלים היו בארץ בימים ההם וגם אחרי
כן אשר יבאו בני האלהים אל בנות האדם וילדו להם
המה הגברים אשר מעולם אנשי השם׃ פ מפטיר
ה וירא יהוה כי רבה רעת האדם בארץ וכל יצר
6 מחשבת לבו רק רע כל היום׃ וינחם יהוה כי עשה
7 את האדם בארץ ויתעצב אל לבו׃ ויאמר יהוה אמחה
את האדם אשר בראתי מעל פני האדמה מאדם עד
בהמה עד רמש ועד עוף השמים כי נחמתי כי עשיתם׃
8 ונח מצא חן בעיני יהוה׃

פ פ פ ב 2

9 אלה תולדת נח נח איש צדיק תמים היה בדרתיו
10 את האלהים התהלך נח׃ ויולד נח שלשה בנים את
11 שם את חם ואת יפת׃ ותשחת הארץ לפני האלהים
12 ותמלא הארץ חמס׃ וירא אלהים את הארץ והנה
נשחתה כי השחית כל בשר את דרכו על הארץ׃ ס
13 ויאמר אלהים לנח קץ כל בשר בא לפני כי מלאה
14 הארץ חמס מפניהם והנני משחיתם את הארץ׃ עשה
לך תבת עצי גפר קנים תעשה את התבה וכפרת אתה
טו מבית ומחוץ בכפר׃ וזה אשר תעשה אתה שלש מאות
אמה ארך התבה חמשים אמה רחבה ושלשים אמה
16 קומתה׃ צהר תעשה לתבה ואל אמה תכלנה מלמעלה
ופתח התבה בצדה תשים תחתים שנים ושלשים
17 תעשה׃ ואני הנני מביא את המבול מים על הארץ

VI

(1) Y fué, cuando empezó el hombre a multiplicarse sobre la faz de la tierra, e hijas fueron nacidas a ellos; (2) que vieron los hijos de los grandes a las hijas del hombre y que eran buenas ellas, y tomaron para ellos mujeres que escogieron entre todas. (3) Y dijo el Eterno: «No juzgará mi espíritu en el hombre para siempre, porque también él es carne: y serán sus días ciento veinte años.» (4) Los gigantes estuvieron en la tierra en los días esos, y también después que venían los hijos de los grandes a las hijas del hombre, parieron hijos a ellos; ellos son los valientes de siempre, varones de fama.

(5) Y vió el Eterno que era grande la malicia del hombre en la tierra, y todos los designios de los pensamientos de su corazón, de cierto eran malos siempre. (6) Y arrepintióse el Eterno, por haber hecho al hombre en la tierra y entristecióse su corazón. (7) Y dijo el Eterno: «Remataré al hombre que creé, de sobre la faz de la tierra, de hombre hasta bestia, hasta reptil y hasta ave de los cielos: porque me arrepentí de haberlos hechos.» (8) Y Noah halló gracia a los ojos del Eterno.

(2) NOAH

(9) Éstas son las generaciones de Noah: Noah, varón justo, perfecto en sus generaciones; con Dios anduvo Noah. (10) Y engendró Noah tres hijos: a Sem, a Ham, y a Iéfet. (11) Y fué dañada la tierra delante de Dios, y fué llenada la tierra de violencia. (12) Y vió Dios la tierra, y he aquí que fué dañada: que dañó a toda criatura en su camino, sobre la tierra. (13) Y dijo Dios a Noah: «El fin de toda criatura vino delante de mí; porque se llenó la tierra de violencia delante de ellos; y que dañó a ellos con la tierra. (14) Haz para ti un arca de madera de ciprés· moradas harás al arca, y la embarrarás por dentro y por fuera, con pez. (15) Y esto es lo que harás a ella: trescientos codos, longitud del arca, cincuenta codos, su anchura, y treinta codos, su altura. (16) Ventana harás al arca, y en un codo la terminarás de arriba; y puerta al arca en su lado pondrás; de piso bajo, segundo y tercero la harás. (17) Y yo, he

לשחת כל-בשר אשר-בו רוח חיים מתחת השמים כל
18 אשר-בארץ יגוע: והקמתי את-בריתי אתך ובאת אל-
19 התבה אתה ובניך ואשתך ונשי-בניך אתך: ומכל-החי
מכל-בשר שנים מכל תביא אל-התבה להחית אתך
כ זכר ונקבה יהיו: מהעוף למינהו ומן-הבהמה למינה
מכל רמש האדמה למינהו שנים מכל יבאו אליך
21 להחיות: ואתה קח-לך מכל-מאכל אשר יאכל ואספת
22 אליך והיה לך ולהם לאכלה: ויעש נח ככל אשר צוה
אתו אלהים כן עשה: שני

ז

א ויאמר יהוה לנח בא-אתה וכל-ביתך אל-התבה כי-
2 אתך ראיתי צדיק לפני בדור הזה: מכל | הבהמה
הטהורה תקח-לך שבעה שבעה איש ואשתו ומן-
3 הבהמה אשר לא טהרה הוא שנים איש ואשתו: גם
מעוף השמים שבעה שבעה זכר ונקבה לחיות זרע על-
4 פני כל-הארץ: כי לימים עוד שבעה אנכי ממטיר על-
הארץ ארבעים יום וארבעים לילה ומחיתי את-כל-
ה היקום אשר עשיתי מעל פני האדמה: ויעש נח ככל
6 אשר-צוהו יהוה: ונח בן-שש מאות שנה והמבול היה
7 מים על-הארץ: ויבא נח ובניו ואשתו ונשי-בניו אתו אל-
8 התבה מפני מי המבול: מן-הבהמה הטהורה ומן-
הבהמה אשר איננה טהרה ומן-העוף וכל אשר-רמש
9 על-האדמה: שנים שנים באו אל-נח אל-התבה זכר
י ונקבה כאשר צוה אלהים את-נח: ויהי לשבעת הימים
11 ומי המבול היו על-הארץ: בשנת שש-מאות שנה לחיי-
נח בחדש השני בשבעה-עשר יום לחדש ביום הזה
נבקעו כל-מעינות תהום רבה וארבת השמים נפתחו:

aquí, que traigo el diluvio sobre la tierra, para dañar a toda criatura en que hay espíritu de vida, debajo de los cielos; todo lo que en la tierra hay, morirá. (18) Y afirmaré mi pacto contigo, e irán en el arca tú, y tus hijos y tu mujer, y las mujeres de tus hijos contigo. (19) Y de todo lo vivo, de toda criatura, dos, de todo traerás al arca, para hacer vivir contigo; macho y hembra serán. (20) Del ave, según su especie, y de la bestia, según su especie, y de todo semoviente de la tierra según su especie, dos de todo vendrán a ti, para hacer vivir. (21) Y tú toma para ti de toda comida que es de comer y juntarás para ti; será para ti y para ellos, para comer.» (22) E hizo Noah todo lo que encomendóle Dios, así lo hizo.

VII

(1) Y dijo el Eterno a Noah: «Ven tú con toda tu casa, al arca; que a ti vi justo delante de mí en la generación esta.» (2) De todas las bestias limpias, tomarás para ti siete, y siete, macho y su hembra; y de la bestia que no es limpia, dos, macho y su hembra. (3) Tamtomarás para ti siete y siete, macho y hembra; para dejar vivir la simiente sobre la faz de la tierra. (4) Porque después de siete días, yo haré llover sobre la tierra cuarenta días y cuarenta noches; y remataré a toda substancia que hice, de sobre la faz de la tierra. (5) E hizo Noah, todo lo que le encomendó el Eterno.

(6) Y Noah era de edad de seiscientos años, y el diluvio fué agua sobre la tierra. (7) Y fueron Noah y sus hijos, y su mujer, y las mujeres de sus hijos con él, al arca, por las aguas del diluvio. (8) De la bestia limpia, y de la bestia que no era limpia, y del ave, y de todo lo semoviente sobre la tierra, (9) dos, dos vinieron con Noah al arca: macho y hembra, como encomendó Dios a Noah. (10) Y fué después de los siete días que el agua del diluvio cayó sobre la tierra. (11) En el año seiscientos de la vida de Noah, en el mes segundo, a diecisiete días del mes, en el día este se rompieron todas las fuentes del abismo grande y las ventanas de los cielos fueron abiertas; (12) y fué la lluvia sobre la tierra:

ו׳ 19. הה״א בקמץ

12 וַיְהִי הַגֶּשֶׁם עַל־הָאָרֶץ אַרְבָּעִים יוֹם וְאַרְבָּעִים לָיְלָה׃
13 בְּעֶצֶם הַיּוֹם הַזֶּה בָּא נֹחַ וְשֵׁם־וְחָם וָיֶפֶת בְּנֵי־נֹחַ וְאֵשֶׁת
14 נֹחַ וּשְׁלֹשֶׁת נְשֵׁי־בָנָיו אִתָּם אֶל־הַתֵּבָה׃ הֵמָּה וְכָל־הַחַיָּה
לְמִינָהּ וְכָל־הַבְּהֵמָה לְמִינָהּ וְכָל־הָרֶמֶשׂ הָרֹמֵשׂ עַל־
הָאָרֶץ לְמִינֵהוּ וְכָל־הָעוֹף לְמִינֵהוּ כֹּל צִפּוֹר כָּל־כָּנָף׃
טו וַיָּבֹאוּ אֶל־נֹחַ אֶל־הַתֵּבָה שְׁנַיִם שְׁנַיִם מִכָּל־הַבָּשָׂר אֲשֶׁר־
16 בּוֹ רוּחַ חַיִּים׃ וְהַבָּאִים זָכָר וּנְקֵבָה מִכָּל־בָּשָׂר בָּאוּ
17 כַּאֲשֶׁר צִוָּה אֹתוֹ אֱלֹהִים וַיִּסְגֹּר יְהוָה בַּעֲדוֹ׃* וַיְהִי הַמַּבּוּל
שלישי אַרְבָּעִים יוֹם עַל־הָאָרֶץ וַיִּרְבּוּ הַמַּיִם וַיִּשְׂאוּ אֶת־הַתֵּבָה
18 וַתָּרָם מֵעַל הָאָרֶץ׃ וַיִּגְבְּרוּ הַמַּיִם וַיִּרְבּוּ מְאֹד עַל־הָאָרֶץ
19 וַתֵּלֶךְ הַתֵּבָה עַל־פְּנֵי הַמָּיִם׃ וְהַמַּיִם גָּבְרוּ מְאֹד מְאֹד
עַל־הָאָרֶץ וַיְכֻסּוּ כָּל־הֶהָרִים הַגְּבֹהִים אֲשֶׁר־תַּחַת כָּל־
כ הַשָּׁמָיִם׃ חֲמֵשׁ עֶשְׂרֵה אַמָּה מִלְמַעְלָה גָּבְרוּ הַמָּיִם וַיְכֻסּוּ
21 הֶהָרִים׃ וַיִּגְוַע כָּל־בָּשָׂר ׀ הָרֹמֵשׂ עַל־הָאָרֶץ בָּעוֹף וּבַבְּהֵמָה
22 וּבַחַיָּה וּבְכָל־הַשֶּׁרֶץ הַשֹּׁרֵץ עַל־הָאָרֶץ וְכֹל הָאָדָם׃ כֹּל
אֲשֶׁר נִשְׁמַת־רוּחַ חַיִּים בְּאַפָּיו מִכֹּל אֲשֶׁר בֶּחָרָבָה מֵתוּ׃
23 וַיִּמַח אֶת־כָּל־הַיְקוּם ׀ אֲשֶׁר ׀ עַל־פְּנֵי הָאֲדָמָה מֵאָדָם
עַד־בְּהֵמָה עַד־רֶמֶשׂ וְעַד־עוֹף הַשָּׁמַיִם וַיִּמָּחוּ מִן־הָאָרֶץ
24 וַיִּשָּׁאֶר אַךְ־נֹחַ וַאֲשֶׁר אִתּוֹ בַּתֵּבָה׃ וַיִּגְבְּרוּ הַמַּיִם עַל־
הָאָרֶץ חֲמִשִּׁים וּמְאַת יוֹם׃

ח

א וַיִּזְכֹּר אֱלֹהִים אֶת־נֹחַ וְאֵת כָּל־הַחַיָּה וְאֶת־כָּל־הַבְּהֵמָה
אֲשֶׁר אִתּוֹ בַּתֵּבָה וַיַּעֲבֵר אֱלֹהִים רוּחַ עַל־הָאָרֶץ וַיָּשֹׁכּוּ
2 הַמָּיִם׃ וַיִּסָּכְרוּ מַעְיְנֹת תְּהוֹם וַאֲרֻבֹּת הַשָּׁמָיִם וַיִּכָּלֵא
3 הַגֶּשֶׁם מִן־הַשָּׁמָיִם׃ וַיָּשֻׁבוּ הַמַּיִם מֵעַל הָאָרֶץ הָלוֹךְ וָשׁוֹב
4 וַיַּחְסְרוּ הַמַּיִם מִקְצֵה חֲמִשִּׁים וּמְאַת יוֹם׃ וַתָּנַח הַתֵּבָה
בַּחֹדֶשׁ הַשְּׁבִיעִי בְּשִׁבְעָה־עָשָׂר יוֹם לַחֹדֶשׁ עַל הָרֵי אֲרָרָט׃

cuarenta días y cuarenta noches. (13) En el mismo día este vinieron Noah y Sem y Ham y Iéfet, hijos de Noah, y la mujer de Noah, y tres mujeres de sus hijos con ellos al arca; (14) ellos, y todo animal según su especie, y toda bestia según su especie, y todo reptil que anda arrastrando sobre la tierra, según su especie, y toda ave, según su especie, todo pájaro, de toda ala. (15) Y vinieron con Noah al arca, dos, dos, de toda criatura en que había espíritu de vida. (16) Y los que vinieron, macho y hembra, de toda criatura vinieron, como encomendó a él Dios: y cerró el Eterno por él.

(17) Y fué el diluvio cuarenta días sobre la tierra; y multiplicáronse las aguas, y alzaron al arca, y alzóse de sobre la tierra. (18) Y aumentaron las aguas, y multiplicáronse mucho sobre la tierra; y anduvo el arca sobre la faz de las aguas; (19) y las aguas aumentaron más y más sobre la tierra; y fueron cubiertos todos los montes altos que debajo de los cielos había. (20) Quince codos arriba aumentaron las aguas; y fueron cubiertos los montes. (21) Y murió toda criatura semoviente sobre la tierra, ave y bestia, y animal, y todo reptil que se arrastra sobre la tierra, y todo hombre: (22) Todo el que alienta espíritu de vida en sus narices, todo lo que había en lo seco, murió. (23) Y destruyó toda sustancia de sobre la faz de la tierra, de hombre hasta bestia, hasta reptil, y hasta ave de los cielos; y fueron destruídos de la tierra; y sobrevivió sólo Noah, y lo que con él había en el arca. (24) Y aumentáronse las aguas sobre la tierra durante ciento cincuenta días.

VIII

(1) Y recordó Dios a Noah y a todo animal, y a toda bestia que había con él en el arca; e hizo pasar Dios viento sobre la tierra, y aquietáronse las aguas. (2) Y cerráronse las fuentes del abismo, y las ventanas de los cielos; y detúvose la lluvia de los cielos. (3) Y tornaron las aguas de sobre la tierra, andando y tornando y menguáronse las aguas al fin de ciento cincuenta días. (4) Y posó el arca en el mes séptimo; a los diecisiete días del mes, sobre los montes de

ז׳ 23. המ׳ רפה

ה וְהַמַּיִם הָיוּ הָלוֹךְ וְחָסוֹר עַד הַחֹדֶשׁ הָעֲשִׂירִי בָּעֲשִׂירִי
6 בְּאֶחָד לַחֹדֶשׁ נִרְאוּ רָאשֵׁי הֶהָרִים: וַיְהִי מִקֵּץ אַרְבָּעִים
7 יוֹם וַיִּפְתַּח נֹחַ אֶת־חַלּוֹן הַתֵּבָה אֲשֶׁר עָשָׂה: וַיְשַׁלַּח אֶת־
הָעֹרֵב וַיֵּצֵא יָצוֹא וָשׁוֹב עַד־יְבֹשֶׁת הַמַּיִם מֵעַל הָאָרֶץ:
8 וַיְשַׁלַּח אֶת־הַיּוֹנָה מֵאִתּוֹ לִרְאוֹת הֲקַלּוּ הַמַּיִם מֵעַל פְּנֵי
9 הָאֲדָמָה: וְלֹא־מָצְאָה הַיּוֹנָה מָנוֹחַ לְכַף־רַגְלָהּ וַתָּשָׁב
אֵלָיו אֶל־הַתֵּבָה כִּי מַיִם עַל־פְּנֵי כָל־הָאָרֶץ וַיִּשְׁלַח יָדוֹ
י וַיִּקָּחֶהָ וַיָּבֵא אֹתָהּ אֵלָיו אֶל־הַתֵּבָה: וַיָּחֶל עוֹד שִׁבְעַת
11 יָמִים אֲחֵרִים וַיֹּסֶף שַׁלַּח אֶת־הַיּוֹנָה מִן־הַתֵּבָה: וַתָּבֹא
אֵלָיו הַיּוֹנָה לְעֵת עֶרֶב וְהִנֵּה עֲלֵה־זַיִת טָרָף בְּפִיהָ וַיֵּדַע
12 נֹחַ כִּי־קַלּוּ הַמַּיִם מֵעַל הָאָרֶץ: וַיִּיָּחֶל עוֹד שִׁבְעַת יָמִים
13 אֲחֵרִים וַיְשַׁלַּח אֶת־הַיּוֹנָה וְלֹא־יָסְפָה שׁוּב־אֵלָיו עוֹד: וַיְהִי
בְּאַחַת וְשֵׁשׁ־מֵאוֹת שָׁנָה בָּרִאשׁוֹן בְּאֶחָד לַחֹדֶשׁ חָרְבוּ
הַמַּיִם מֵעַל הָאָרֶץ וַיָּסַר נֹחַ אֶת־מִכְסֵה הַתֵּבָה וַיַּרְא וְהִנֵּה
14 חָרְבוּ פְּנֵי הָאֲדָמָה: וּבַחֹדֶשׁ הַשֵּׁנִי בְּשִׁבְעָה וְעֶשְׂרִים יוֹם
טו לַחֹדֶשׁ יָבְשָׁה הָאָרֶץ: ס וַיְדַבֵּר אֱלֹהִים אֶל־נֹחַ לֵאמֹר:
16 צֵא מִן־הַתֵּבָה אַתָּה וְאִשְׁתְּךָ וּבָנֶיךָ וּנְשֵׁי־בָנֶיךָ אִתָּךְ:
17 כָּל־הַחַיָּה אֲשֶׁר־אִתְּךָ מִכָּל־בָּשָׂר בָּעוֹף וּבַבְּהֵמָה וּבְכָל־
הָרֶמֶשׂ הָרֹמֵשׂ עַל־הָאָרֶץ הוֹצֵא אִתָּךְ וְשָׁרְצוּ בָאָרֶץ וּפָרוּ
18 וְרָבוּ עַל־הָאָרֶץ: וַיֵּצֵא־נֹחַ וּבָנָיו וְאִשְׁתּוֹ וּנְשֵׁי־בָנָיו אִתּוֹ:
19 כָּל־הַחַיָּה כָּל־הָרֶמֶשׂ וְכָל־הָעוֹף כֹּל רוֹמֵשׂ עַל־הָאָרֶץ
כ לְמִשְׁפְּחֹתֵיהֶם יָצְאוּ מִן־הַתֵּבָה: וַיִּבֶן נֹחַ מִזְבֵּחַ לַיהוָה
וַיִּקַּח מִכֹּל ׀ הַבְּהֵמָה הַטְּהוֹרָה וּמִכֹּל הָעוֹף הַטָּהוֹר וַיַּעַל
21 עֹלֹת בַּמִּזְבֵּחַ: וַיָּרַח יְהוָה אֶת־רֵיחַ הַנִּיחֹחַ וַיֹּאמֶר יְהוָה
אֶל־לִבּוֹ לֹא אֹסִף לְקַלֵּל עוֹד אֶת־הָאֲדָמָה בַּעֲבוּר
הָאָדָם כִּי יֵצֶר לֵב הָאָדָם רַע מִנְּעֻרָיו וְלֹא־אֹסִף עוֹד
22 לְהַכּוֹת אֶת־כָּל־חַי כַּאֲשֶׁר עָשִׂיתִי: עֹד כָּל־יְמֵי הָאָרֶץ

Ararat. (5) Y las aguas fueron andando y menguando hasta el décimo mes: en el décimo, al primero del mes, aparecieron las cabezas de los montes. (6) Y fué al fin de cuarenta días, que abrió Noah la ventana del arca que hizo. (7) Y envió al cuervo, y salió, yendo y tornando hasta secarse las aguas de sobre la tierra. (8) Y envió a la paloma, para ver si se aliviaron las aguas de sobre la faz de la tierra; (9) y no halló la paloma reposo para la planta de su pie, y tornóse al arca, porque agua había sobre la faz de la tierra: y tendió su mano, y tomóla, y trájola con él al arca. (10) Y esperó más, otros siete días, y volvió a enviar a la paloma del arca. (11) Y vino a él la paloma a la hora de la tarde; y he aquí que hoja de olivo traía en su boca: y supo Noah que se aliviaron las aguas de sobre la tierra. (12) Y esperó más, otros siete días, y envió a la paloma, y no volvió a tornar a él más. (13) Y fué (*en*) el año seiscientos uno, en el primero, en uno del mes, que se secaron las aguas de sobre la tierra; y quitó Noah la cubierta del arca, y vió, y he aquí que se había secado la faz de la tierra. (14) Y en el mes segundo, en veintisiete días del mes, se secó la tierra. (15) Y habló Dios a Noah, diciendo: (16) «Sal del arca tú, con tu mujer, y tus hijos, y las mujeres de tus hijos contigo. (17) Y todo animal que esté contigo, toda criatura, ave, bestia y todo reptil que se arrastre sobre la tierra, sacarás contigo; y que se críen en la tierra, fructifiquen, y multipliquen sobre la tierra.» (18) Y salieron Noah, y sus hijos, y su mujer, y las mujeres de sus hijos con él. (19) Todo el animal, todo reptil y toda ave, todo lo que se mueve sobre la tierra, por sus linajes, salieron del arca. (20) E hizo Noah ara al Eterno, y tomó de toda bestia limpia y de toda ave limpia, y alzó holocausto en el altar. (21) Y olió el Eterno olor de suavidad; y dijo el Eterno en su corazón: No volveré a maldecir más a la tierra por el hombre; que el intento del corazón del hombre es malo desde sus mocedades: y no volveré más a herir a todo lo vivo, como hice.

(22) Aun serán
Todos los días de la tierra

17. היצא קרי. 18. במקף ובנגינה

זרע וקציר וקר וחם וקיץ וחרף ויום ולילה לא
ישבתו:

ט

א ויברך אלהים את־נח ואת־בניו ויאמר להם פרו ורבו
2 ומלאו את־הארץ: ומוראכם וחתכם יהיה על כל־חית
הארץ ועל כל־עוף השמים בכל אשר תרמש האדמה
3 ובכל־דגי הים בידכם נתנו: כל־רמש אשר הוא־חי לכם
4 יהיה לאכלה כירק עשב נתתי לכם את־כל: אך־בשר
ה בנפשו דמו לא תאכלו: ואך את־דמכם לנפשתיכם
אדרש מיד כל־חיה אדרשנו ומיד האדם מיד איש אחיו
6 אדרש את־נפש האדם: שפך דם האדם באדם דמו
7 ישפך כי בצלם אלהים עשה את־האדם: ואתם פרו
8 ורבו שרצו בארץ ורבו־בה: ס ויאמר אלהים אל־
9 נח ואל־בניו אתו לאמר: ואני הנני מקים את־בריתי
י אתכם ואת־זרעכם אחריכם: ואת כל־נפש החיה אשר
אתכם בעוף בבהמה ובכל־חית הארץ אתכם מכל יצאי
11 התבה לכל חית הארץ: והקמתי את־בריתי אתכם
ולא־יכרת כל־בשר עוד ממי המבול ולא־יהיה עוד
12 מבול לשחת הארץ: ויאמר אלהים זאת אות־הברית
אשר־אני נתן ביני וביניכם ובין כל־נפש חיה אשר אתכם
13 לדרת עולם: את־קשתי נתתי בענן והיתה לאות ברית
14 ביני ובין הארץ: והיה בענני ענן על־הארץ ונראתה
טו הקשת בענן: וזכרתי את־בריתי אשר ביני וביניכם ובין
כל־נפש חיה בכל־בשר ולא־יהיה עוד המים למבול
16 לשחת כל־בשר: והיתה הקשת בענן וראיתיה לזכר
ברית עולם בין אלהים ובין כל־נפש חיה בכל־בשר
17 אשר על־הארץ: ויאמר אלהים אל־נח זאת אות־הברית
אשר הקמתי ביני ובין כל־בשר אשר על־הארץ: פ

Sementera y siega,
Y frío y calor,
Y estío e invierno,
Y día y noche,
No cesarán.

IX

(1) Y bendijo Dios a Noah y a sus hijos, y díjoles: «Fructificad, y multiplicad, y henchid la tierra: (2) Y vuestro temor y vuestro miedo será sobre todo animal de la tierra, y sobre toda ave de los cielos, en todo lo que se mueva en la tierra, y en todos los peces del mar: en vuestras manos son dados. (3) Todo lo que se mueve y en ella vive, a vosotros será para comer: verduras y hierbas, también di a vosotros, todo. (4) De cierto, carne con su alma, *(que es)* su sangre, no comeréis. (5) Y de cierto la sangre de vuestras almas requeriré; de todo animal la requeriré; de manos del hombre; de manos del varón, su hermano, requeriré, el alma del hombre.

(6) El que vierte sangre del hombre,
Por el hombre, su sangre será vertida;
Que a imagen de Dios es hecho el hombre. (7) Y vosotros fructificad, y multiplicad, cread en la tierra, y multiplicaos en ella.

(8) Y habló Dios a Noah y a sus hijos con él, diciendo: (9) «Y yo, he aquí que afirmo mi pacto con vosotros, y con vuestra simiente, después de vosotros. (10) Y con toda alma viva que sea con vosotros, en el ave, en la bestia, y en todo animal de la tierra con vosotros, de todos los que salieron del arca, de todo animal de la tierra. (11) Y afirmaré mi pacto con vosotros, y no será muerta ninguna criatura en aguas del diluvio; y no habrá más diluvio para dañar la tierra.» (12) Y dijo Dios: «Ésta es la señal del pacto que hago entre mí y entre vosotros, y entre toda alma viva que entre vosotros esté por generaciones de siempre. (13) Mi arco puse en la nube, y será por señal del pacto, entre yo y la tierra. (14) Y será cuando haya nubes sobre la tierra, que aparecerá el arco en la nubes. (15) Y recordaré el pacto, que hice entre mí y entre vosotros y entre toda alma viva, en toda criatura; y no habrá más diluvio para dañar a ninguna criatura. (16) Y será el arco en la nube, y verlo he para recordar el pacto eterno entre Dios y toda alma viva, y con toda criatura que sobre la tierra esté.» (17) Y dijo Dios a Noah: «Ésta es la señal del pacto que afirmé entre yo y toda criatura de sobre la tierra.»

18 ויהיו בני־נח היצאים מן־התבה שם וחם ויפת וחם הוא
19 אבי כנען: שלשה אלה בני־נח ומאלה נפצה כל־הארץ:
כ 21 ויחל נח איש האדמה ויטע כרם: וישת מן־היין וישכר
22 ויתגל בתוך אהלה: וירא חם אבי כנען את ערות אביו
23 ויגד לשני־אחיו בחוץ: ויקח שם ויפת את־השמלה
וישימו על־שכם שניהם וילכו אחרנית ויכסו את ערות
24 אביהם ופניהם אחרנית וערות אביהם לא ראו: וייקץ
כה נח מיינו וידע את אשר־עשה לו בנו הקטן: ויאמר
26 ארור כנען עבד עבדים יהיה לאחיו: ויאמר ברוך יהוה
27 אלהי שם ויהי כנען עבד למו: יפת אלהים ליפת וישכן
28 באהלי־שם ויהי כנען עבד למו: ויחי־נח אחר המבול
29 שלש מאות שנה וחמשים שנה: ויהי כל־ימי־נח תשע
מאות שנה וחמשים שנה וימת: פ

א ואלה תולדת בני־נח שם חם ויפת ויולדו להם בנים
2 אחר המבול: בני יפת גמר ומגוג ומדי ויון ותבל ומשך
3 4 ותירס: ובני גמר אשכנז וריפת ותגרמה: ובני יון
ה אלישה ותרשיש כתים ודדנים: מאלה נפרדו איי הגוים
6 בארצתם איש ללשנו למשפחתם בגויהם: ובני חם
ז כוש ומצרים ופוט וכנען: ובני כוש סבא וחוילה וסבתה
8 ורעמה וסבתכא ובני רעמה שבא ודדן: וכוש ילד את־
9 נמרד הוא החל להיות גבר בארץ: הוא־היה גבר־ציד
לפני יהוה על־כן יאמר כנמרד גבור ציד לפני יהוה:
י ותהי ראשית ממלכתו בבל וארך ואכד וכלנה בארץ
11 שנער: מן־הארץ ההוא יצא אשור ויבן את־נינוה ואת־
12 רחבת עיר ואת־כלח: ואת־רסן בין נינוה ובין כלח
13 הוא העיר הגדלה: ומצרים ילד את־לודים ואת־ענמים

(18) Y fueron los hijos de Noah los que salieron del arca: Sem, y Ham, y Iéfet; y Ham el padre de Kenáan. (19) Son tres, estos hijos de Noah; y éstos se esparcieron por toda la tierra.
(20) Y empezó Noah, varón de la tierra; y plantó viña: (21) Y bebió del vino, y emborrachóse: y descubrióse en su tienda. (22) Y vió Ham, padre de Kenáan, la desnudez de su padre, y lo anunció a sus dos hermanos en la calle. (23) Y tomaron Sem y Iéfet el paño, y pusiéronlo sobre los hombros de ambos; y anduvieron hacia atrás, y cubrieron la desnudez de su padre, y sus rostros vueltos, y la desnudez de su padre no vieron. (24) Y despertó Noah de su vino, y supo lo que hizo a él su hijo el pequeño;
(25) y dijo:
«Maldito Kenáan;
Siervo de siervos sea para [sus hermanos.»
(26) Y dijo:
«Bendito el Eterno Dios de [Sem,
Y sea Kenáan siervo de [ellos.
(27) Ensanche Dios a Iéfet,
Y more en tiendas de Sem,
Y sea Kenáan siervo de [ellos.»
(28) Y vivió Noah, después del diluvio trescientos cincuenta años. (29) Y fueron todos los días de Noah, novecientos cincuenta años; y murió.

X

(1) Y éstas son las generaciones de los hijos de Noah: Sem, Ham y Iéfet y fueron nacidos a ellos, hijos, después del diluvio.
(2) E hijos de Iéfet: Gómer, y Magog, y Madai, y Iaván, y Tubal, y Mésej, y Tiras. (3) E hijos de Gomer, Askenás y Rifat, y Togarmá. (4) E hijos de Iaván: Elisá, y Tarsís, Kitim, y Dodanim. (5) De éstos, fueron esparcidas las islas de las gentes en sus tierras, cada uno según su lenguaje, conforme a sus linajes, en sus gentes.
(6) E hijos de Ham: Cus, y Misráim, y Put, y Kenáan. (7) E hijos de Cus: Sebá, y Havilá, y Sabtá, y Raamá y Sabtejá; e hijos de Raamá: Sebá, y Dedán.
(8) Y Cus engendró a Nimrod: él empezó por ser valiente en la tierra. (9) Él fué valiente de caza delante del Eterno: por tanto se dice: «Como Nimrod, valiente de caza delante del Eterno.» (10) Y fué cabeza de su reino Babel, y Érej, y Acad, y Kalné, en tierra de Sinar. (11) De la tierra esa salió Asur,

ט׳ 29. כצ״ל

וְאֶת־לְהָבִים וְאֶת־נַפְתֻּחִים׃ וְאֶת־פַּתְרֻסִים וְאֶת־כַּסְלֻחִים 14
אֲשֶׁר יָצְאוּ מִשָּׁם פְּלִשְׁתִּים וְאֶת־כַּפְתֹּרִים׃ ס וּכְנַעַן טו
יָלַד אֶת־צִידֹן בְּכֹרוֹ וְאֶת־חֵת׃ וְאֶת־הַיְבוּסִי וְאֶת־הָאֱמֹרִי 16
וְאֵת הַגִּרְגָּשִׁי׃ וְאֶת־הַחִוִּי וְאֶת־הַעַרְקִי וְאֶת־הַסִּינִי׃ וְאֶת־ 17 18
הָאַרְוָדִי וְאֶת־הַצְּמָרִי וְאֶת־הַחֲמָתִי וְאַחַר נָפֹצוּ מִשְׁפְּחוֹת
הַכְּנַעֲנִי׃ וַיְהִי גְּבוּל הַכְּנַעֲנִי מִצִּידֹן בֹּאֲכָה גְרָרָה עַד־עַזָּה 19
בֹּאֲכָה סְדֹמָה וַעֲמֹרָה וְאַדְמָה וּצְבֹיִם עַד־לָשַׁע׃ אֵלֶּה כ
בְנֵי־חָם לְמִשְׁפְּחֹתָם לִלְשֹׁנֹתָם בְּאַרְצֹתָם בְּגוֹיֵהֶם׃ ס
וּלְשֵׁם יֻלַּד גַּם־הוּא אֲבִי כָּל־בְּנֵי־עֵבֶר אֲחִי יֶפֶת הַגָּדוֹל׃ 21
בְּנֵי שֵׁם עֵילָם וְאַשּׁוּר וְאַרְפַּכְשַׁד וְלוּד וַאֲרָם׃ וּבְנֵי אֲרָם 22 23
עוּץ וְחוּל וְגֶתֶר וָמַשׁ׃ וְאַרְפַּכְשַׁד יָלַד אֶת־שָׁלַח וְשֶׁלַח 24
יָלַד אֶת־עֵבֶר׃ וּלְעֵבֶר יֻלַּד שְׁנֵי בָנִים שֵׁם הָאֶחָד פֶּלֶג כה
כִּי בְיָמָיו נִפְלְגָה הָאָרֶץ וְשֵׁם אָחִיו יָקְטָן׃ וְיָקְטָן יָלַד אֶת־ 26
אַלְמוֹדָד וְאֶת־שָׁלֶף וְאֶת־חֲצַרְמָוֶת וְאֶת־יָרַח׃ וְאֶת־הֲדוֹרָם 27
וְאֶת־אוּזָל וְאֶת־דִּקְלָה׃ וְאֶת־עוֹבָל וְאֶת־אֲבִימָאֵל וְאֶת־ 28
שְׁבָא׃ וְאֶת־אוֹפִר וְאֶת־חֲוִילָה וְאֶת־יוֹבָב כָּל־אֵלֶּה בְּנֵי 29
יָקְטָן׃ וַיְהִי מוֹשָׁבָם מִמֵּשָׁא בֹּאֲכָה סְפָרָה הַר הַקֶּדֶם׃ ל
אֵלֶּה בְנֵי־שֵׁם לְמִשְׁפְּחֹתָם לִלְשֹׁנֹתָם בְּאַרְצֹתָם לְגוֹיֵהֶם׃ 31
אֵלֶּה מִשְׁפְּחֹת בְּנֵי־נֹחַ לְתוֹלְדֹתָם בְּגוֹיֵהֶם וּמֵאֵלֶּה נִפְרְדוּ 32
הַגּוֹיִם בָּאָרֶץ אַחַר הַמַּבּוּל׃ פ שביעי

יא

וַיְהִי כָל־הָאָרֶץ שָׂפָה אֶחָת וּדְבָרִים אֲחָדִים׃ וַיְהִי בְּנָסְעָם א 2
מִקֶּדֶם וַיִּמְצְאוּ בִקְעָה בְּאֶרֶץ שִׁנְעָר וַיֵּשְׁבוּ שָׁם׃ וַיֹּאמְרוּ 3
אִישׁ אֶל־רֵעֵהוּ הָבָה נִלְבְּנָה לְבֵנִים וְנִשְׂרְפָה לִשְׂרֵפָה
וַתְּהִי לָהֶם הַלְּבֵנָה לְאָבֶן וְהַחֵמָר הָיָה לָהֶם לַחֹמֶר׃
וַיֹּאמְרוּ הָבָה ׀ נִבְנֶה־לָּנוּ עִיר וּמִגְדָּל וְרֹאשׁוֹ בַשָּׁמַיִם 4
וְנַעֲשֶׂה־לָּנוּ שֵׁם פֶּן־נָפוּץ עַל־פְּנֵי כָל־הָאָרֶץ׃ וַיֵּרֶד יְהוָה ה

y edificó a Nínive, y a Rehobot, ciudad, y a Kélah, (12) y a Resen entre Nínive y Kélah, la ciudad grande. (13) Y Misráim engendró a Ludim, y a Anamim, y a Leabim, y a Naftuhim; (14) y a Patrusim, y a Casluhim; y salieron de allí los Pelisteos, y a Caftorim.
(15) Y Kenáan engendró a Sidón, su primogénito y a Het.
(16) Y al Iebuseo, y al Amoreo, y al Guirgaseo. (17) Y al Hiveo, y al Arakeo, y al Sineo.
(18) Y al Arvadeo, y al Semareo, y al Hamateo: y después se esparcieron los linajes del Kenaaneo. (19) Y fué el término del Kenaaneo, desde Sidón, viniendo a Guerar hasta Asá, viniendo a Sedom, y Amorá, y Admá, y Seboim, hasta Lesa.
(20) Estos son los hijos de Ham, según sus linajes, según sus lenguas en sus tierras, en sus gentes.
(21) Y a Sem fué nacido, también a él, padre de todos los hijos de Éber, hermano de Iéfet, el grande. (22) Hijos de Sem: Elam, y Asur, Arpajsad, y Lud, y Aram. (23) E hijos de Aram: Us, y Hul, y Guéter, y Mas.
(24) Y Arpajsad engendró a Sélah, y Sélah engendró a Éber.
(25) Y a Éber fueron nacidos dos hijos; el nombre del uno: Péleg, porque en sus días fué repartida (*niflega*) la tierra; y el nombre de su hermano: Ioctán. (26) Y Ioctán engendró a Almodad, y a Sélef, y a Hazarmávet, y a Iérah, (27) y a Adoram, y a Usal, y a Dicla, (28) y a Obal, y a Abimael, y a Sebá. (29) Y a Ofir, y a Havilá, y a Iobab; todos éstos, hijos de Ioctán. (30) Y fué su estancia desde Mesá, a la entrada de Sefar, monte del Oriente. (31) Éstos son los hijos de Sem, según sus linajes, por sus lenguas; en sus tierras, en sus naciones.
(32) Éstos son los linajes de los hijos de Noah por sus generaciones, en sus naciones, y de éstos, fueron esparcidas las gentes, en la tierra después del diluvio.

XI

(1) Y fué toda la tierra de una lengua y de las mismas palabras. (2) Y fué en su moverse de Oriente, que hallaron una vega en la tierra de Sinar, y quedáronse allí. (3) Y dijo, cada varón, a su compañero: «Vaya, hagamos adobes y cozámoslos en el fuego.» Y fué para ellos el adobe por piedra, y la cal fué para ellos por lodo. (4) Y dijeron: «Dad, edifiquémonos ciudad y torre, y que su cabeza llegue a los cielos, y tendremos nosotros fama por si fuéramos esparcidos de so-

י׳ 17. הה״א בקמץ 19. וצבוים קרי 23. פתח בס״פ יא 3. קמץ בז״ק

bre la faz de la tierra. (5) Y descendió el Eterno para ver la ciudad y la torre que edificaron los hijos del hombre. (6) Y dijo el Eterno: «He aquí un pueblo, y una lengua para todos ellos; y éste fué su empezar a hacer; y ahora no será vedado a ellos todo lo que pensaran hacer. (7) Descendamos, y confundamos allí su lengua, para que no entienda, cada uno, la lengua de su compañero.» (8) Y esparció el Eterno a ellos de allí sobre la faz de toda la tierra, y vedáronse de edificar la ciudad. (9) Por tanto, llamó su nombre Babel, que allí confundió el Eterno (balal) las lenguas de toda la tierra, y de allí los esparció el Eterno sobre la faz de la tierra.

(10) Éstas son las generaciones de Sem: Sem, de edad de cien años, que engendró a Arpajsad, dos años después del diluvio. (11) Y vivió Sem, después de engendrar a Arpajsad, quinientos años, y engendró hijos e hijas. (12) Y Arpajsad vivió treinta y cinco años y engendró a Sélah. (13) Y vivió Arpajsad, después de engendrar a Sélah, cuatrocientos tres años, y engendró hijos e hijas. (14) Y Sélah vivió treinta años, y engendró a Éber. (15) Y Sélah vivió, después de engendrar a Éber, cuatrocientos tres años, y engendró hijos e hijas. (16) Y vivió Éber treinta y cuatro años, y engendró a Péleg. (17) Y vivió Éber, después de engendrar a Péleg, cuatrocientos treinta años, y engendró hijos e hijas. (18) Y vivió Péleg treinta años, y engendró a Reu. (19) Y vivió Péleg, después de engendrar a Reu, doscientos nueve años, y engendró hijos e hijas. (20) Y vivió Reu treinta y dos años, y engendró a Serug. (21) Y vivió Reu, después de engendrar a Serug, doscientos siete años, y engendró hijos e hijas. (22) Y vivió Serug treinta años, y engendró a Nahor. (23) Y vivió Serug, después de engendrar a Nahor doscientos años, y engendró hijos e hijas. (24) Y vivió Nahor veintinueve años, y engendró a Térah. (25) Y vivió Nahor, después de engendrar a Térah, ciento diecinueve años, y engendró hijos e hijas. (26) Y vivió Térah setenta años, y engendró a Abram, y a Nahor, y a Arán.

לִרְאֹת אֶת־הָעִיר וְאֶת־הַמִּגְדָּל אֲשֶׁר בָּנוּ בְּנֵי הָאָדָם׃
6 וַיֹּאמֶר יְהוָה הֵן עַם אֶחָד וְשָׂפָה אַחַת לְכֻלָּם וְזֶה הַחִלָּם
לַעֲשׂוֹת וְעַתָּה לֹא־יִבָּצֵר מֵהֶם כֹּל אֲשֶׁר יָזְמוּ לַעֲשׂוֹת׃
7 הָבָה נֵרְדָה וְנָבְלָה שָׁם שְׂפָתָם אֲשֶׁר לֹא יִשְׁמְעוּ אִישׁ
8 שְׂפַת רֵעֵהוּ׃ וַיָּפֶץ יְהוָה אֹתָם מִשָּׁם עַל־פְּנֵי כָל־הָאָרֶץ
9 וַיַּחְדְּלוּ לִבְנֹת הָעִיר׃ עַל־כֵּן קָרָא שְׁמָהּ בָּבֶל כִּי־שָׁם
בָּלַל יְהוָה שְׂפַת כָּל־הָאָרֶץ וּמִשָּׁם הֱפִיצָם יְהוָה עַל־פְּנֵי
כָּל־הָאָרֶץ׃ פ
10 אֵלֶּה תּוֹלְדֹת שֵׁם שֵׁם בֶּן־מְאַת שָׁנָה וַיּוֹלֶד אֶת־אַרְפַּכְשָׁד
11 שְׁנָתַיִם אַחַר הַמַּבּוּל׃ וַיְחִי־שֵׁם אַחֲרֵי הוֹלִידוֹ אֶת־אַרְפַּכְשָׁד
12 חֲמֵשׁ מֵאוֹת שָׁנָה וַיּוֹלֶד בָּנִים וּבָנוֹת׃ ס וְאַרְפַּכְשַׁד
13 חַי חָמֵשׁ וּשְׁלֹשִׁים שָׁנָה וַיּוֹלֶד אֶת־שָׁלַח׃ וַיְחִי אַרְפַּכְשַׁד
אַחֲרֵי הוֹלִידוֹ אֶת־שֶׁלַח שָׁלֹשׁ שָׁנִים וְאַרְבַּע מֵאוֹת שָׁנָה
14 וַיּוֹלֶד בָּנִים וּבָנוֹת׃ ס וְשֶׁלַח חַי שְׁלֹשִׁים שָׁנָה וַיּוֹלֶד
טו אֶת־עֵבֶר׃ וַיְחִי־שֶׁלַח אַחֲרֵי הוֹלִידוֹ אֶת־עֵבֶר שָׁלֹשׁ שָׁנִים
16 וְאַרְבַּע מֵאוֹת שָׁנָה וַיּוֹלֶד בָּנִים וּבָנוֹת׃ ס וַיְחִי־
17 עֵבֶר אַרְבַּע וּשְׁלֹשִׁים שָׁנָה וַיּוֹלֶד אֶת־פָּלֶג׃ וַיְחִי־עֵבֶר
אַחֲרֵי הוֹלִידוֹ אֶת־פֶּלֶג שְׁלֹשִׁים שָׁנָה וְאַרְבַּע מֵאוֹת שָׁנָה
18 וַיּוֹלֶד בָּנִים וּבָנוֹת׃ ס וַיְחִי־פֶלֶג שְׁלֹשִׁים שָׁנָה וַיּוֹלֶד
19 אֶת־רְעוּ׃ וַיְחִי־פֶלֶג אַחֲרֵי הוֹלִידוֹ אֶת־רְעוּ תֵּשַׁע שָׁנִים
כ וּמָאתַיִם שָׁנָה וַיּוֹלֶד בָּנִים וּבָנוֹת׃ ס וַיְחִי רְעוּ שְׁתַּיִם
21 וּשְׁלֹשִׁים שָׁנָה וַיּוֹלֶד אֶת־שְׂרוּג׃ וַיְחִי רְעוּ אַחֲרֵי הוֹלִידוֹ
אֶת־שְׂרוּג שֶׁבַע שָׁנִים וּמָאתַיִם שָׁנָה וַיּוֹלֶד בָּנִים וּבָנוֹת׃
22 23 ס וַיְחִי שְׂרוּג שְׁלֹשִׁים שָׁנָה וַיּוֹלֶד אֶת־נָחוֹר׃ וַיְחִי שְׂרוּג
אַחֲרֵי הוֹלִידוֹ אֶת־נָחוֹר מָאתַיִם שָׁנָה וַיּוֹלֶד בָּנִים וּבָנוֹת׃
24 כה ס וַיְחִי נָחוֹר תֵּשַׁע וְעֶשְׂרִים שָׁנָה וַיּוֹלֶד אֶת־תָּרַח׃ וַיְחִי
נָחוֹר אַחֲרֵי הוֹלִידוֹ אֶת־תֶּרַח תְּשַׁע־עֶשְׂרֵה שָׁנָה וּמְאַת

11. קמץ בז״ק

26 שָׁנָה וַיּוֹלֶד בָּנִים וּבָנוֹת׃ ס וַיְחִי־תֶרַח שִׁבְעִים שָׁנָה
27 וַיּוֹלֶד אֶת־אַבְרָם אֶת־נָחוֹר וְאֶת־הָרָן׃ וְאֵלֶּה תּוֹלְדֹת תֶּרַח
תֶּרַח הוֹלִיד אֶת־אַבְרָם אֶת־נָחוֹר וְאֶת־הָרָן וְהָרָן הוֹלִיד
28 אֶת־לוֹט׃ וַיָּמָת הָרָן עַל־פְּנֵי תֶּרַח אָבִיו בְּאֶרֶץ מוֹלַדְתּוֹ
29 בְּאוּר כַּשְׂדִּים׃ וַיִּקַּח אַבְרָם וְנָחוֹר לָהֶם נָשִׁים שֵׁם אֵשֶׁת־
אַבְרָם שָׂרָי וְשֵׁם אֵשֶׁת־נָחוֹר מִלְכָּה בַּת־הָרָן אֲבִי־מִלְכָּה
ל 31 וַאֲבִי יִסְכָּה׃ וַתְּהִי שָׂרַי עֲקָרָה אֵין לָהּ וָלָד׃ וַיִּקַּח תֶּרַח
אֶת־אַבְרָם בְּנוֹ וְאֶת־לוֹט בֶּן־הָרָן בֶּן־בְּנוֹ וְאֵת שָׂרַי כַּלָּתוֹ
אֵשֶׁת אַבְרָם בְּנוֹ וַיֵּצְאוּ אִתָּם מֵאוּר כַּשְׂדִּים לָלֶכֶת אַרְצָה
32 כְּנַעַן וַיָּבֹאוּ עַד־חָרָן וַיֵּשְׁבוּ שָׁם׃ וַיִּהְיוּ יְמֵי־תֶרַח חָמֵשׁ
שָׁנִים וּמָאתַיִם שָׁנָה וַיָּמָת תֶּרַח בְּחָרָן׃

יב

פ פ פ ג 3

א וַיֹּאמֶר יְהוָה אֶל־אַבְרָם לֶךְ־לְךָ מֵאַרְצְךָ וּמִמּוֹלַדְתְּךָ וּמִבֵּית
2 אָבִיךָ אֶל־הָאָרֶץ אֲשֶׁר אַרְאֶךָּ׃ וְאֶעֶשְׂךָ לְגוֹי גָּדוֹל וַאֲבָרֶכְךָ
3 וַאֲגַדְּלָה שְׁמֶךָ וֶהְיֵה בְּרָכָה׃ וַאֲבָרְכָה מְבָרְכֶיךָ וּמְקַלֶּלְךָ
4 אָאֹר וְנִבְרְכוּ בְךָ כֹּל מִשְׁפְּחֹת הָאֲדָמָה׃ וַיֵּלֶךְ אַבְרָם כַּאֲשֶׁר
דִּבֶּר אֵלָיו יְהוָה וַיֵּלֶךְ אִתּוֹ לוֹט וְאַבְרָם בֶּן־חָמֵשׁ שָׁנִים
ה וְשִׁבְעִים שָׁנָה בְּצֵאתוֹ מֵחָרָן׃ וַיִּקַּח אַבְרָם אֶת־שָׂרַי אִשְׁתּוֹ
וְאֶת־לוֹט בֶּן־אָחִיו וְאֶת־כָּל־רְכוּשָׁם אֲשֶׁר רָכָשׁוּ וְאֶת־
הַנֶּפֶשׁ אֲשֶׁר־עָשׂוּ בְחָרָן וַיֵּצְאוּ לָלֶכֶת אַרְצָה כְּנַעַן וַיָּבֹאוּ
6 אַרְצָה כְּנָעַן׃ וַיַּעֲבֹר אַבְרָם בָּאָרֶץ עַד מְקוֹם שְׁכֶם עַד
7 אֵלוֹן מוֹרֶה וְהַכְּנַעֲנִי אָז בָּאָרֶץ׃ וַיֵּרָא יְהוָה אֶל־אַבְרָם
וַיֹּאמֶר לְזַרְעֲךָ אֶתֵּן אֶת־הָאָרֶץ הַזֹּאת וַיִּבֶן שָׁם מִזְבֵּחַ לַיהוָה
8 הַנִּרְאֶה אֵלָיו׃ וַיַּעְתֵּק מִשָּׁם הָהָרָה מִקֶּדֶם לְבֵית־אֵל וַיֵּט
אָהֳלֹה בֵּית־אֵל מִיָּם וְהָעַי מִקֶּדֶם וַיִּבֶן־שָׁם מִזְבֵּחַ לַיהוָה
9 וַיִּקְרָא בְּשֵׁם יְהוָה׃ וַיִּסַּע אַבְרָם הָלוֹךְ וְנָסוֹעַ הַנֶּגְבָּה׃ פ

(27) Y éstas son las generaciones de Térah: Térah engendró a Abram, a Nahor, y a Arán; y Arán engendró a Lot. (28) Y murió Arán en brazos de Térah, su padre; en la tierra de su nacimiento, en Ur de Casdeos. (29) Y tomaron Abram y Nahor para ellos, mujeres: el nombre de la mujer de Abram: Sarai, y el nombre de la mujer de Nahor: Milcá, hija de Arán, padre de Milcá y padre de Iscá. (30) Y fué Sarai estéril, no tuvo ella hijo. (31) Y tomó Térah a Abram su hijo, y a Lot hijo de Arán, hijo de su hijo, y a Sarai su nuera, mujer de Abram, su hijo: y salieron con ellos de Ur de Casdeos, para ir a la tierra de Kenáan: y llegaron hasta Harán, y quedaron allí.

(32) Y fueron los días de Térah, doscientos cinco años; y murió Térah en Harán.

XII

(3) LEJ LEJÁ

(1) Y dijo el Eterno a Abram: «Vete de tu tierra y de tu nacimiento, y de la casa de tu padre, a la tierra que te mostraré. (2) Y hacerte hé, por nación grande, y bendecirte hé, y engrandeceré tu nombre, y serás bendición. (3) Y bendeciré tus bendecidores, y tus maldecidores maldeciré y serán benditos en ti todos los linajes de la tierra.»

(4) Y fuése Abram, como hablóle el Eterno: y fué con él Lot, y Abram era de edad de setenta y cinco años en su salir de Harán. (5) Y tomó Abram a Sarai, su mujer, y a Lot, hijo de su hermano, y a todo lo que ganaron, y las almas que habían adquirido en Harán, y salieron para ir a la tierra de Kenáan; y llegaron a la tierra de Kenáan. (6) Y pasó Abram por la tierra hasta el lugar de Sejem, hasta la encina de Moré, y el Kenaaneo estaba entonces en la tierra. (7) Y apareció el Eterno a Abram, y le dijo: «A tu simiente daré la tierra esta.» Y edificó allí ara al Eterno, el aparecido a él. (8) Y salió de allí, al monte de oriente a Bet-El, y tendió su tienda: Bet-El de occidente y A-Ai de oriente: y edificó allí ara al Eterno, e invocó el nombre del Eterno.

(9) Y salió Abram andando y moviéndose al Mediodía.

י וַיְהִי רָעָב בָּאָרֶץ וַיֵּרֶד אַבְרָם מִצְרַיְמָה לָגוּר שָׁם כִּי־כָבֵד
11 הָרָעָב בָּאָרֶץ׃ וַיְהִי כַּאֲשֶׁר הִקְרִיב לָבוֹא מִצְרָיְמָה וַיֹּאמֶר
אֶל־שָׂרַי אִשְׁתּוֹ הִנֵּה־נָא יָדַעְתִּי כִּי אִשָּׁה יְפַת־מַרְאֶה אָתְּ׃
12 וְהָיָה כִּי־יִרְאוּ אֹתָךְ הַמִּצְרִים וְאָמְרוּ אִשְׁתּוֹ זֹאת וְהָרְגוּ
13 אֹתִי וְאֹתָךְ יְחַיּוּ׃ אִמְרִי־נָא אֲחֹתִי אָתְּ לְמַעַן יִיטַב־לִי
14 בַעֲבוּרֵךְ וְחָיְתָה נַפְשִׁי בִּגְלָלֵךְ׃ וַיְהִי כְּבוֹא אַבְרָם מִצְרָיְמָה
טו וַיִּרְאוּ הַמִּצְרִים אֶת־הָאִשָּׁה כִּי־יָפָה הִוא מְאֹד׃ וַיִּרְאוּ
אֹתָהּ שָׂרֵי פַרְעֹה וַיְהַלְלוּ אֹתָהּ אֶל־פַּרְעֹה וַתֻּקַּח הָאִשָּׁה
16 בֵּית פַּרְעֹה׃ וּלְאַבְרָם הֵיטִיב בַּעֲבוּרָהּ וַיְהִי־לוֹ צֹאן־וּבָקָר
17 וַחֲמֹרִים וַעֲבָדִים וּשְׁפָחֹת וַאֲתֹנֹת וּגְמַלִּים׃ וַיְנַגַּע יְהוָה ׀
אֶת־פַּרְעֹה נְגָעִים גְּדֹלִים וְאֶת־בֵּיתוֹ עַל־דְּבַר שָׂרַי אֵשֶׁת
18 אַבְרָם׃ וַיִּקְרָא פַרְעֹה לְאַבְרָם וַיֹּאמֶר מַה־זֹּאת עָשִׂיתָ לִּי
19 לָמָּה לֹא־הִגַּדְתָּ לִּי כִּי אִשְׁתְּךָ הִוא׃ לָמָה אָמַרְתָּ אֲחֹתִי
הִוא וָאֶקַּח אֹתָהּ לִי לְאִשָּׁה וְעַתָּה הִנֵּה אִשְׁתְּךָ קַח וָלֵךְ׃
כ וַיְצַו עָלָיו פַּרְעֹה אֲנָשִׁים וַיְשַׁלְּחוּ אֹתוֹ וְאֶת־אִשְׁתּוֹ וְאֶת־
כָּל־אֲשֶׁר־לוֹ׃

יג

א וַיַּעַל אַבְרָם מִמִּצְרַיִם הוּא וְאִשְׁתּוֹ וְכָל־אֲשֶׁר־לוֹ וְלוֹט עִמּוֹ
2 3 הַנֶּגְבָּה׃ וְאַבְרָם כָּבֵד מְאֹד בַּמִּקְנֶה בַּכֶּסֶף וּבַזָּהָב׃ וַיֵּלֶךְ
לְמַסָּעָיו מִנֶּגֶב וְעַד־בֵּית־אֵל עַד־הַמָּקוֹם אֲשֶׁר־הָיָה שָׁם
4 אָהֳלֹה בַּתְּחִלָּה בֵּין בֵּית־אֵל וּבֵין הָעָי׃ אֶל־מְקוֹם הַמִּזְבֵּחַ
אֲשֶׁר־עָשָׂה שָׁם בָּרִאשֹׁנָה וַיִּקְרָא שָׁם אַבְרָם בְּשֵׁם יְהוָה׃
ה וְגַם־לְלוֹט הַהֹלֵךְ אֶת־אַבְרָם הָיָה צֹאן־וּבָקָר וְאֹהָלִים׃
6 וְלֹא־נָשָׂא אֹתָם הָאָרֶץ לָשֶׁבֶת יַחְדָּו כִּי־הָיָה רְכוּשָׁם רָב
7 וְלֹא יָכְלוּ לָשֶׁבֶת יַחְדָּו׃ וַיְהִי־רִיב בֵּין רֹעֵי מִקְנֵה־אַבְרָם
וּבֵין רֹעֵי מִקְנֵה־לוֹט וְהַכְּנַעֲנִי וְהַפְּרִזִּי אָז יֹשֵׁב בָּאָרֶץ׃
8 וַיֹּאמֶר אַבְרָם אֶל־לוֹט אַל־נָא תְהִי מְרִיבָה בֵּינִי וּבֵינֶךָ וּבֵין
9 רֹעַי וּבֵין רֹעֶיךָ כִּי־אֲנָשִׁים אַחִים אֲנָחְנוּ׃ הֲלֹא כָל־הָאָרֶץ

(10) Y hubo hambre en la tierra, y descendió Abram a Egipto para peregrinar allí; porque grave era el hambre en la tierra. (11) Y fué cuando llegó a Egipto, que dijo a Sarai su mujer: «He aquí que ahora sé que mujer hermosa eres. (12) Y será cuando te vean a ti los Egipcios, que dirán: Su mujer es ésta, y matarán a mí, y a ti te dejarán vivir. (13) Di ahora: que mi hermana eres tú, para que sea bien para mí por ti, y vivirá mi alma por tu causa.» (14) Y fué al venir Abram a Egipto, que vieron los Egipcios la mujer, que muy hermosa era. (15) Y viéronla los mayorales de Faraón, y alabáronla a Faraón, y fué tomada la mujer para la casa de Faraón. (16) Y a Abram, hizo bien por ella; y fueron para él ovejas, y vacas, y asnos, siervos y siervas, y asnas, y camellos. (17) Mas envió el Eterno a Faraón y a su casa plagas grandes por causa de Sarai, mujer de Abram. (18) Y llamó Faraón a Abram, y dijo: «¿Qué es esto que hiciste a mí? ¿Por qué no me anunciaste a mí, que tu mujer era ella? (19) ¿Por qué dijiste: Mi hermana es ella? Y tomé a ella para mí por mujer? Y ahora, he aquí a tu mujer, toma y vete.» (20) Y encomendó sobre él, Faraón, varones; y acompañáronle y a su mujer y a todo lo que de él era.

XIII

(1) Y subió Abram de Egipto, él con su mujer, y todo lo de él, y Lot con él, al Meridión. (2) Y Abram estaba cargado, mucho, en ganado, en plata y en oro. (3) Y fué a sus jornadas de Meridión y hasta Bet-El, hasta el lugar en que estaba allí su tienda en el principio entre Bet-El y entre A-Ai, (4) al lugar del ara que había hecho allí antes; e invocó allí Abram el nombre del Eterno. (5) Y también de Lot, al andar con Abram, fueron ovejas, y vacas, y tiendas. (6) Y no soportó la tierra el estar juntos. Que fué su ganancia mucha y no pudieron estar juntos. (7) Y hubo riña entre los pastores de ganado de Abram y entre los pastores de ganado de Lot; y el Kenaaneo y el Periseo, entonces, moraban en la tierra. (8) Y dijo Abram a Lot: «No haya ahora riña entre tú y yo, y entre mis pastores y tus pastores, que varones hermanos somos. (9) ¿De

לְפָנֶיךָ הִפָּרֶד נָא מֵעָלָי אִם־הַשְּׂמֹאל וְאֵימִנָה וְאִם־הַיָּמִין
י וְאַשְׂמְאִילָה׃ וַיִּשָּׂא־לוֹט אֶת־עֵינָיו וַיַּרְא אֶת־כָּל־כִּכַּר הַיַּרְדֵּן
כִּי כֻלָּהּ מַשְׁקֶה לִפְנֵי ׀ שַׁחֵת יְהוָה אֶת־סְדֹם וְאֶת־עֲמֹרָה
11 כְּגַן־יְהוָה כְּאֶרֶץ מִצְרַיִם בֹּאֲכָה צֹעַר׃ וַיִּבְחַר־לוֹ לוֹט אֵת
כָּל־כִּכַּר הַיַּרְדֵּן וַיִּסַּע לוֹט מִקֶּדֶם וַיִּפָּרְדוּ אִישׁ מֵעַל אָחִיו׃
12 אַבְרָם יָשַׁב בְּאֶרֶץ־כְּנָעַן וְלוֹט יָשַׁב בְּעָרֵי הַכִּכָּר וַיֶּאֱהַל
13 14 עַד־סְדֹם׃ וְאַנְשֵׁי סְדֹם רָעִים וְחַטָּאִים לַיהוָה מְאֹד׃ וַיהוָה
אָמַר אֶל־אַבְרָם אַחֲרֵי הִפָּרֶד־לוֹט מֵעִמּוֹ שָׂא נָא עֵינֶיךָ
וּרְאֵה מִן־הַמָּקוֹם אֲשֶׁר־אַתָּה שָׁם צָפֹנָה וָנֶגְבָּה וָקֵדְמָה
טו וָיָמָּה׃ כִּי אֶת־כָּל־הָאָרֶץ אֲשֶׁר־אַתָּה רֹאֶה לְךָ אֶתְּנֶנָּה
16 וּלְזַרְעֲךָ עַד־עוֹלָם׃ וְשַׂמְתִּי אֶת־זַרְעֲךָ כַּעֲפַר הָאָרֶץ אֲשֶׁר ׀
אִם־יוּכַל אִישׁ לִמְנוֹת אֶת־עֲפַר הָאָרֶץ גַּם־זַרְעֲךָ יִמָּנֶה׃
17 קוּם הִתְהַלֵּךְ בָּאָרֶץ לְאָרְכָּהּ וּלְרָחְבָּהּ כִּי לְךָ אֶתְּנֶנָּה׃
18 וַיֶּאֱהַל אַבְרָם וַיָּבֹא וַיֵּשֶׁב בְּאֵלֹנֵי מַמְרֵא אֲשֶׁר בְּחֶבְרוֹן
וַיִּבֶן־שָׁם מִזְבֵּחַ לַיהוָה׃ פ רביעי

יד

א וַיְהִי בִּימֵי אַמְרָפֶל מֶלֶךְ־שִׁנְעָר אַרְיוֹךְ מֶלֶךְ אֶלָּסָר
2 כְּדָרְלָעֹמֶר מֶלֶךְ עֵילָם וְתִדְעָל מֶלֶךְ גּוֹיִם׃ עָשׂוּ מִלְחָמָה
אֶת־בֶּרַע מֶלֶךְ סְדֹם וְאֶת־בִּרְשַׁע מֶלֶךְ עֲמֹרָה שִׁנְאָב ׀ מֶלֶךְ
3 אַדְמָה וְשֶׁמְאֵבֶר מֶלֶךְ צְבֹיִים וּמֶלֶךְ בֶּלַע הִיא־צֹעַר׃ כָּל־
4 אֵלֶּה חָבְרוּ אֶל־עֵמֶק הַשִּׂדִּים הוּא יָם הַמֶּלַח׃ שְׁתֵּים
עֶשְׂרֵה שָׁנָה עָבְדוּ אֶת־כְּדָרְלָעֹמֶר וּשְׁלֹשׁ־עֶשְׂרֵה שָׁנָה
ה מָרָדוּ׃ וּבְאַרְבַּע עֶשְׂרֵה שָׁנָה בָּא כְדָרְלָעֹמֶר וְהַמְּלָכִים
אֲשֶׁר אִתּוֹ וַיַּכּוּ אֶת־רְפָאִים בְּעַשְׁתְּרֹת קַרְנַיִם וְאֶת־הַזּוּזִים
6 בְּהָם וְאֵת הָאֵימִים בְּשָׁוֵה קִרְיָתָיִם׃ וְאֶת־הַחֹרִי בְּהַרְרָם
7 שֵׂעִיר עַד אֵיל פָּארָן אֲשֶׁר עַל־הַמִּדְבָּר׃ וַיָּשֻׁבוּ וַיָּבֹאוּ
אֶל־עֵין מִשְׁפָּט הִוא קָדֵשׁ וַיַּכּוּ אֶת־כָּל־שְׂדֵה הָעֲמָלֵקִי וְגַם

cierto, no está toda la tierra delante de ti? Apártate ahora de mí. Si vas a la izquierda, yo iré a la derecha, y si a la derecha vas, iré a la izquierda.» (10) Y alzó Lot sus ojos, y vió toda la llanura del Iardén, que toda ella tenía riego, antes de dañar Dios a Sedom y a Amorá, como huerto del Eterno, como tierra de Egipto, a la entrada de Soar. (11) Y escogió para sí, Lot, toda la llanura del Iardén; y movióse Lot de Oriente, apartáronse el varón y su hermano. (12) Abram moró en la tierra de Kenáan, y Lot moró en las ciudades de la llanura y extendióse hasta Sedom. (13) Y los varones de Sedom eran muy malos y pecadores para con el Eterno.

(14) Y el Eterno dijo a Abram, después de apartarse Lot de él: «Alza ahora tus ojos, y mira desde donde tú estás al Septentrión, y al Meridión, y al Oriente y al Occidente; (15) porque toda la tierra que tú ves, a ti la daré y a tu simiente para siempre. (16) Y pondré a tu simiente como el polvo de la tierra; que si pudiera varón contar el polvo de la tierra, también tu simiente sería contada. (17) Levántate anda por la tierra; a su largo y a su anchura; que a ti la daré.» (18) Y fuése Abram y llegó y quedó en Encinas de Mamre que es en Hebrón, y edificó allí ara al Eterno.

XIV

(1) Y fué en los días de Amrafel, rey de Sinar, Arioj, rey de Elasar, Kedorlaomer, rey de Elam, y Tidal, rey de gentes, (2) que hicieron guerra con Bera, rey de Sedom, y con Birsá, rey de Amorá: Sinab, rey de Admá, y Semeber, rey de Seboim, y rey de Bela, es ella Soar. (3) Todos éstos se juntaron en el valle de Sidim, el Mar Salado. (4) Doce años sirvieron a Kedarlaomer, y al décimotercer año se rebelaron. (5) Y en el año catorce vino Kedarlaomer, y los reyes que con él estaban, e hirieron a los Rafaitas, en Asterot-Carnaim, y a los Susitas en Am, y a los Emitas en Savé-Kiriataim, (6) y a los Horeos en su monte Seír, hasta El-Parán, que está junto al desierto.

יג 18. בתביר יד 2. צבוים ק'

8 אֶת־הָאֱמֹרִי הַיֹּשֵׁב בְּחַצְצֹן תָּמָר׃ וַיֵּצֵא מֶלֶךְ־סְדֹם וּמֶלֶךְ
עֲמֹרָה וּמֶלֶךְ אַדְמָה וּמֶלֶךְ צְבֹיִים וּמֶלֶךְ בֶּלַע הִוא־צֹעַר
9 וַיַּעַרְכוּ אִתָּם מִלְחָמָה בְּעֵמֶק הַשִּׂדִּים׃ אֵת כְּדָרְלָעֹמֶר
מֶלֶךְ עֵילָם וְתִדְעָל מֶלֶךְ גּוֹיִם וְאַמְרָפֶל מֶלֶךְ שִׁנְעָר וְאַרְיוֹךְ
י מֶלֶךְ אֶלָּסָר אַרְבָּעָה מְלָכִים אֶת־הַחֲמִשָּׁה׃ וְעֵמֶק הַשִּׂדִּים
בֶּאֱרֹת בֶּאֱרֹת חֵמָר וַיָּנֻסוּ מֶלֶךְ־סְדֹם וַעֲמֹרָה וַיִּפְּלוּ־שָׁמָּה
11 וְהַנִּשְׁאָרִים הֶרָה נָּסוּ׃ וַיִּקְחוּ אֶת־כָּל־רְכֻשׁ סְדֹם וַעֲמֹרָה
12 וְאֶת־כָּל־אָכְלָם וַיֵּלֵכוּ׃ וַיִּקְחוּ אֶת־לוֹט וְאֶת־רְכֻשׁוֹ בֶּן־אֲחִי
13 אַבְרָם וַיֵּלֵכוּ וְהוּא יֹשֵׁב בִּסְדֹם׃ וַיָּבֹא הַפָּלִיט וַיַּגֵּד
לְאַבְרָם הָעִבְרִי וְהוּא שֹׁכֵן בְּאֵלֹנֵי מַמְרֵא הָאֱמֹרִי אֲחִי
14 אֶשְׁכֹּל וַאֲחִי עָנֵר וְהֵם בַּעֲלֵי בְרִית־אַבְרָם׃ וַיִּשְׁמַע אַבְרָם
כִּי נִשְׁבָּה אָחִיו וַיָּרֶק אֶת־חֲנִיכָיו יְלִידֵי בֵיתוֹ שְׁמֹנָה עָשָׂר
טו וּשְׁלֹשׁ מֵאוֹת וַיִּרְדֹּף עַד־דָּן׃ וַיֵּחָלֵק עֲלֵיהֶם ׀ לַיְלָה הוּא
וַעֲבָדָיו וַיַּכֵּם וַיִּרְדְּפֵם עַד־חוֹבָה אֲשֶׁר מִשְּׂמֹאל לְדַמָּשֶׂק׃
16 וַיָּשֶׁב אֵת כָּל־הָרְכֻשׁ וְגַם אֶת־לוֹט אָחִיו וּרְכֻשׁוֹ הֵשִׁיב
17 וְגַם אֶת־הַנָּשִׁים וְאֶת־הָעָם׃ וַיֵּצֵא מֶלֶךְ־סְדֹם לִקְרָאתוֹ
אַחֲרֵי שׁוּבוֹ מֵהַכּוֹת אֶת־כְּדָרְלָעֹמֶר וְאֶת־הַמְּלָכִים אֲשֶׁר
18 אִתּוֹ אֶל־עֵמֶק שָׁוֵה הוּא עֵמֶק הַמֶּלֶךְ׃ וּמַלְכִּי־צֶדֶק מֶלֶךְ
19 שָׁלֵם הוֹצִיא לֶחֶם וָיָיִן וְהוּא כֹהֵן לְאֵל עֶלְיוֹן׃ וַיְבָרְכֵהוּ
כ וַיֹּאמַר בָּרוּךְ אַבְרָם לְאֵל עֶלְיוֹן קֹנֵה שָׁמַיִם וָאָרֶץ׃ וּבָרוּךְ
אֵל עֶלְיוֹן אֲשֶׁר־מִגֵּן צָרֶיךָ בְּיָדֶךָ וַיִּתֶּן־לוֹ מַעֲשֵׂר מִכֹּל׃ שני
21 וַיֹּאמֶר מֶלֶךְ־סְדֹם אֶל־אַבְרָם תֶּן־לִי הַנֶּפֶשׁ וְהָרְכֻשׁ קַח־לָךְ׃
22 וַיֹּאמֶר אַבְרָם אֶל־מֶלֶךְ סְדֹם הֲרִמֹתִי יָדִי אֶל־יְהוָה אֵל
23 עֶלְיוֹן קֹנֵה שָׁמַיִם וָאָרֶץ׃ אִם־מִחוּט וְעַד שְׂרוֹךְ־נַעַל וְאִם־
אֶקַּח מִכָּל־אֲשֶׁר־לָךְ וְלֹא תֹאמַר אֲנִי הֶעֱשַׁרְתִּי אֶת־אַבְרָם׃
24 בִּלְעָדַי רַק אֲשֶׁר אָכְלוּ הַנְּעָרִים וְחֵלֶק הָאֲנָשִׁים אֲשֶׁר הָלְכוּ
אִתִּי עָנֵר אֶשְׁכֹּל וּמַמְרֵא הֵם יִקְחוּ חֶלְקָם׃ ס

(7) Y tornaron, y vinieron a En-Mispat, ella es Cadés, e hirieron a todo el campo de los Amalekitas, y también al Emoreo, que habitaba en Hasasón-Tamar. (8) Y salió el rey de Sedom, y el rey de Amorá, y el rey de Admá, y el rey Seboim, y el rey de Bela, ella es Soar, y ordenaron con ellos pelea en el valle de los Sidim; (9) con Kedarlaomer, rey de Elam, y Tidal, rey de gentes, y Amrafel, rey de Sinar, y Arioj, rey de Elasar: cuatro reyes contra los cinco. (10) Y el valle de los Sidim tenía pozos de barro; y huyeron el rey de Sedom y Amorá, y cayeron allí; y los que quedaron, al monte huyeron. (11) Y tomaron toda la ganancia de Sedom y Amorá, y toda su comida, y se fueron. (12) Y tomaron a Lot, hijo del hermano de Abram, y a su ganancia y se fueron; y él estaba en Sedom. (13) Y vino el que se escapó, y anunció a Abram el Ebreo, que él moraba en las encinas de Mamré, el Emoreo, hermano de Escol y de Aner, y ellos eran gente de pacto con Abram. (14) Y oyó Abram que fué tomado cautivo su hermano, y armó sus mozos nacidos de su casa, trescientos dieciocho, y persiguió hasta Dan. (15) Y cayeron sobre ellos de noche, él y sus siervos, e hiriéronlos, y persiguiéronlos hasta Hobá, que está a la izquierda de Damasco. (16) Y tornó toda la ganancia; y también Lot, su hermano y su ganancia hizo tornar y también a las mujeres y al pueblo. (17) Y salió el rey de Sedom, a su encuentro, después de su tornar de herir a Kedarlaomer y a los reyes que con él estaban al valle de Savé, el valle del Rey. (18) Y Malki-Sedec, rey de Salem, sacó pan y vino; y él era sacerdote del Dios alto.

(19) Y bendíjolo, y dijo:
«¡Bendito Abram de Dios alto,
Creador de los cielos y de la tierra.
(20) Y bendito Dios alto,
Que entregó a tus angustiadores en tus manos!»

Y dió a él diezmo de todo. (21) Y dijo el rey de Sedom a Abram: «Dame las almas y la ganancia toma para ti.» (22) Y dijo Abram al rey de Sedom: «Alcé mi mano al Eterno, el Dios alto, creador de cielos y tierra. (23) ¡Si desde un hilo y hasta una correa de calzado tomaré todo lo que es de ti! No dirás: Yo enriquecí a Abram: (24) Afuera sólo lo que comieron los mozos, y parte de los varones que anduvieron conmigo, Aner, Escol, y Mamré; ellos tomarán su parte.»

8. צבוים ק׳

טו

אחר ׀ הדברים האלה היה דבר־יהוה אל־אברם במחזה א
לאמר אל־תירא אברם אנכי מגן לך שכרך הרבה
מאד: ויאמר אברם אדני יהוה מה־תתן־לי ואנכי 2
הולך ערירי ובן־משק ביתי הוא דמשק אליעזר: ויאמר 3
אברם הן לי לא נתתה זרע והנה בן־ביתי יורש אתי:
והנה דבר־יהוה אליו לאמר לא יירשך זה כי־אם אשר 4
יצא ממעיך הוא יירשך: ויוצא אתו החוצה ויאמר ה
הבט־נא השמימה וספר הכוכבים אם־תוכל לספר
אתם ויאמר לו כה יהיה זרעך: והאמן ביהוה ויחשבה 6
לו צדקה: ויאמר אליו אני יהוה אשר הוצאתיך מאור 7
כשדים לתת לך את־הארץ הזאת לרשתה: ויאמר 8
אדני יהוה במה אדע כי אירשנה: ויאמר אליו קחה 9
לי עגלה משלשת ועז משלשת ואיל משלש ותר וגוזל:
ויקח־לו את־כל־אלה ויבתר אתם בתוך ויתן איש־בתרו י
לקראת רעהו ואת־הצפר לא בתר: וירד העיט על־ 11
הפגרים וישב אתם אברם: ויהי השמש לבוא ותרדמה 12
נפלה על־אברם והנה אימה חשכה גדלה נפלת עליו:
ויאמר לאברם ידע תדע כי־גר ׀ יהיה זרעך בארץ לא 13
להם ועבדום וענו אתם ארבע מאות שנה: וגם את־ 14
הגוי אשר יעבדו דן אנכי ואחרי־כן יצאו ברכש גדול:
ואתה תבוא אל־אבתיך בשלום תקבר בשיבה טובה: טו
ודור רביעי ישובו הנה כי לא־שלם עון האמרי עד־ 16
הנה: ויהי השמש באה ועלטה היה והנה תנור עשן 17
ולפיד אש אשר עבר בין הגזרים האלה: ביום ההוא 18
כרת יהוה את־אברם ברית לאמר לזרעך נתתי את־
הארץ הזאת מנהר מצרים עד־הנהר הגדל נהר־פרת:
את־הקיני ואת־הקנזי ואת הקדמני: ואת־החתי ואת־ 19 כ

XV

(1) Después de las cosas estas fué la palabra del Eterno a Abram, en la visión, diciendo: «No temas, Abram; yo te amparo, tu premio es muy grande.» (2) Y dijo Abram: «Señor, el Eterno, ¿qué darás a mí? Yo ando solo y el despensero de mi casa es el damasceno Eliéser.» (3) Y dijo Abram: «He aquí, que a mí no diste simiente, y he aquí, que el nacido de mi casa heredará a mí.» (4) Y he aquí que fué la palabra del Eterno a él, diciendo: «No te heredará éste, sino el que saldrá de tus entrañas, él te heredará.» (5) Y sacóle fuera, y dijo: «Cata ahora a los cielos, y cuenta las estrellas, si puedes contarlas.» Y díjole: «Así será tu simiente.» (6) Y creyó en el Eterno, y contólo a él por justicia. (7) Y díjole: «Yo soy el Eterno, que te saqué de Ur de Casdeos, para dar a ti, la tierra esta para heredarla.» (8) Y dijo: «Señor, el Eterno, ¿en qué sabré que la heredaré?» (9) Y le dijo a él: «Toma para mí, becerra de tres años, y cabra de tres años, y carnero de tres años, y tórtola, y palomino.» (10) Y tomóle a él todo esto, y partiólos por medio y puso cada parte enfrente de su compañero, y las aves no partió. (11) Y descendió la volatería sobre los cuerpos, y ojeaba a ellas Abram. (12) Y el sol se ponía, y adormecióse Abram, y he aquí que miedo, oscuridad grande cayeron sobre él. (13) Y dijo a Abram: «Saber, sabrás que peregrino será tu simiente en tierra extraña, y los harán servir y los afligirán cuatrocientos años. (14) Y también a la gente que han de servir, juzgaré yo; y después, así saldrán con ganancia grande. (15) Y tú vendrás a tus padres con paz, serás sepultado con buena vejez. (16) Y en la cuarta generación tornarán aquí: porque no está cumplido el pecado del Emoreo hasta aquí. (17) Y fué que el sol se puso, y oscuridad fué, y he aquí horno de humo, y tizón de fuego que pasó entre las divisiones estas. (18) En este día hizo el Eterno con Abram pacto, diciendo: «A tu simiente di esta tierra desde el río de Egipto hasta el río grande, río Perat (Eufrates). (19) A los Keneos, y a los Keniseos, y a los Cadmoneos, (20) y a

los Hiteos, y a los Periseos, y a los Refaitas, (21) y a los Emoreos, y a los Kenaaneos, y a los Guirgaseos, y a los Iebuseos.

21 הַפְּרִזִּי וְאֶת־הָרְפָאִים׃ וְאֶת־הָאֱמֹרִי וְאֶת־הַכְּנַעֲנִי וְאֶת
הַגִּרְגָּשִׁי וְאֶת־הַיְבוּסִי׃ ס

XVI

(1) Y Sarai, mujer de Abram, no parió a él, y ella tuvo sierva egipcia, y su nombre: Agar. (2) Y dijo Sarai a Abram: «He aquí ahora que me vedó el Eterno parir; ven ahora a mi sierva; quizá tendré hijos de ella.» Y oyó Abram *(en)* la voz de Sarai. (3) Y tomó Sarai, mujer de Abram, a Agar, la egipcia, su sierva, al fin de diez años de estar Abram en tierra de Kenáan, y dióla a Abram su marido, por mujer. (4) Y fué con Agar, y ella concibió; y vió que concibió y fué despreciada su señora a sus ojos. (5) Y dijo Sarai a Abram: «¡Mi agravio sobre ti! Yo di mi sierva en tu seno, y vió que concibió, y fuí despreciada a sus ojos; juzgue el Eterno entre tú y yo.» (6) Y dijo Abram a Sarai: «He aquí tu sierva en tus manos, haz a ella lo que pareciere a tus ojos.» Y afligióla Sarai; y huyó delante de ella.

(7) Y hallóla el ángel del Eterno sobre la fuente de las aguas en el desierto, sobre la fuente en el camino del Sur. (8) Y dijo: «Agar, sierva de Sarai, ¿de dónde vienes, y adónde vas?» Y dijo: «De delante de Sarai, mi señora, huyo.» (9) Y díjola el ángel del Eterno: «Torna a tu señora, y aflígete debajo de sus manos.» (10) Y díjola el ángel del Eterno: «Multiplicar, multiplicaré tu simiente, y no será contada, de tanta.» (11) Y díjola el ángel del Eterno: «He aquí que has concebido y parirás un hijo, y llamarás su nombre Ismael, que oyó *(sama)* Dios tu aflicción. (12) Y él será hombre salvaje: sus manos en todos, y las manos de todos en él, y sobre la faz de todos sus hermanos morará.» (13) Y llamó el nombre del Eterno, el que habló a ella: «Tú, Dios de vista *(roí)* eres.» Porque dijo: «¿Si también he visto aquí, después de ver a mí *(roí)*?» (14) Por tanto llamó al pozo: Pozo del Viviente que me ve *(Lahai-roí)*, he aquí, entre Cadés y entre Béred. (15) Y parió Agar a Abram un hijo, y llamó Abram el nombre de su

טז

א וְשָׂרַי אֵשֶׁת אַבְרָם לֹא יָלְדָה לוֹ וְלָהּ שִׁפְחָה מִצְרִית
2 וּשְׁמָהּ הָגָר׃ וַתֹּאמֶר שָׂרַי אֶל־אַבְרָם הִנֵּה־נָא עֲצָרַנִי
יְהוָה מִלֶּדֶת בֹּא־נָא אֶל־שִׁפְחָתִי אוּלַי אִבָּנֶה מִמֶּנָּה
3 וַיִּשְׁמַע אַבְרָם לְקוֹל שָׂרָי׃ וַתִּקַּח שָׂרַי אֵשֶׁת־אַבְרָם
אֶת־הָגָר הַמִּצְרִית שִׁפְחָתָהּ מִקֵּץ עֶשֶׂר שָׁנִים לְשֶׁבֶת
אַבְרָם בְּאֶרֶץ כְּנָעַן וַתִּתֵּן אֹתָהּ לְאַבְרָם אִישָׁהּ לוֹ לְאִשָּׁה׃
4 וַיָּבֹא אֶל־הָגָר וַתַּהַר וַתֵּרֶא כִּי הָרָתָה וַתֵּקַל גְּבִרְתָּהּ
ה בְּעֵינֶיהָ׃ וַתֹּאמֶר שָׂרַי אֶל־אַבְרָם חֲמָסִי עָלֶיךָ אָנֹכִי נָתַתִּי
שִׁפְחָתִי בְּחֵיקֶךָ וַתֵּרֶא כִּי הָרָתָה וָאֵקַל בְּעֵינֶיהָ יִשְׁפֹּט
6 יְהוָה בֵּינִי וּבֵינֶיךָ׃ וַיֹּאמֶר אַבְרָם אֶל־שָׂרַי הִנֵּה שִׁפְחָתֵךְ
בְּיָדֵךְ עֲשִׂי־לָהּ הַטּוֹב בְּעֵינָיִךְ וַתְּעַנֶּהָ שָׂרַי וַתִּבְרַח מִפָּנֶיהָ׃
7 וַיִּמְצָאָהּ מַלְאַךְ יְהוָה עַל־עֵין הַמַּיִם בַּמִּדְבָּר עַל־הָעַיִן
8 בְּדֶרֶךְ שׁוּר׃ וַיֹּאמַר הָגָר שִׁפְחַת שָׂרַי אֵי־מִזֶּה בָאת וְאָנָה
9 תֵלֵכִי וַתֹּאמֶר מִפְּנֵי שָׂרַי גְּבִרְתִּי אָנֹכִי בֹּרַחַת׃ וַיֹּאמֶר
לָהּ מַלְאַךְ יְהוָה שׁוּבִי אֶל־גְּבִרְתֵּךְ וְהִתְעַנִּי תַּחַת יָדֶיהָ׃
י וַיֹּאמֶר לָהּ מַלְאַךְ יְהוָה הַרְבָּה אַרְבֶּה אֶת־זַרְעֵךְ וְלֹא
11 יִסָּפֵר מֵרֹב׃ וַיֹּאמֶר לָהּ מַלְאַךְ יְהוָה הִנָּךְ הָרָה וְיֹלַדְתְּ
בֵּן וְקָרָאת שְׁמוֹ יִשְׁמָעֵאל כִּי־שָׁמַע יְהוָה אֶל־עָנְיֵךְ׃
12 וְהוּא יִהְיֶה פֶּרֶא אָדָם יָדוֹ בַכֹּל וְיַד כֹּל בּוֹ וְעַל־פְּנֵי כָל־
13 אֶחָיו יִשְׁכֹּן׃ וַתִּקְרָא שֵׁם־יְהוָה הַדֹּבֵר אֵלֶיהָ אַתָּה אֵל
14 רֳאִי כִּי אָמְרָה הֲגַם הֲלֹם רָאִיתִי אַחֲרֵי רֹאִי׃ עַל־כֵּן קָרָא
טו לַבְּאֵר בְּאֵר לַחַי רֹאִי הִנֵּה בֵין־קָדֵשׁ וּבֵין בָּרֶד׃ וַתֵּלֶד
הָגָר לְאַבְרָם בֵּן וַיִּקְרָא אַבְרָם שֶׁם־בְּנוֹ אֲשֶׁר־יָלְדָה הָגָר

טז 5. נקוד על י׳ בתרא. 8. פתח בס״פ

16 יִשְׁמָעֵאל׃ וְאַבְרָם בֶּן־שְׁמֹנִים שָׁנָה וְשֵׁשׁ שָׁנִים בְּלֶדֶת־
הָגָר אֶת־יִשְׁמָעֵאל לְאַבְרָם׃ ס

יז

א וַיְהִי אַבְרָם בֶּן־תִּשְׁעִים שָׁנָה וְתֵשַׁע שָׁנִים וַיֵּרָא יְהוָה
אֶל־אַבְרָם וַיֹּאמֶר אֵלָיו אֲנִי־אֵל שַׁדַּי הִתְהַלֵּךְ לְפָנַי וֶהְיֵה
2 תָמִים׃ וְאֶתְּנָה בְרִיתִי בֵּינִי וּבֵינֶךָ וְאַרְבֶּה אוֹתְךָ בִּמְאֹד
3 מְאֹד׃ וַיִּפֹּל אַבְרָם עַל־פָּנָיו וַיְדַבֵּר אִתּוֹ אֱלֹהִים לֵאמֹר׃
4 אֲנִי הִנֵּה בְרִיתִי אִתָּךְ וְהָיִיתָ לְאַב הֲמוֹן גּוֹיִם׃ וְלֹא־יִקָּרֵא ה
עוֹד אֶת־שִׁמְךָ אַבְרָם וְהָיָה שִׁמְךָ אַבְרָהָם כִּי אַב־הֲמוֹן
6 גּוֹיִם נְתַתִּיךָ׃ וְהִפְרֵתִי אֹתְךָ בִּמְאֹד מְאֹד וּנְתַתִּיךָ לְגוֹיִם
7 וּמְלָכִים מִמְּךָ יֵצֵאוּ׃ וַהֲקִמֹתִי אֶת־בְּרִיתִי בֵּינִי וּבֵינֶךָ
וּבֵין זַרְעֲךָ אַחֲרֶיךָ לְדֹרֹתָם לִבְרִית עוֹלָם לִהְיוֹת לְךָ
8 לֵאלֹהִים וּלְזַרְעֲךָ אַחֲרֶיךָ׃ וְנָתַתִּי לְךָ וּלְזַרְעֲךָ אַחֲרֶיךָ
אֵת ׀ אֶרֶץ מְגֻרֶיךָ אֵת כָּל־אֶרֶץ כְּנַעַן לַאֲחֻזַּת עוֹלָם וְהָיִיתִי
9 לָהֶם לֵאלֹהִים׃ וַיֹּאמֶר אֱלֹהִים אֶל־אַבְרָהָם וְאַתָּה אֶת־
י בְּרִיתִי תִשְׁמֹר אַתָּה וְזַרְעֲךָ אַחֲרֶיךָ לְדֹרֹתָם׃ זֹאת בְּרִיתִי
אֲשֶׁר תִּשְׁמְרוּ בֵּינִי וּבֵינֵיכֶם וּבֵין זַרְעֲךָ אַחֲרֶיךָ הִמּוֹל
11 לָכֶם כָּל־זָכָר׃ וּנְמַלְתֶּם אֵת בְּשַׂר עָרְלַתְכֶם וְהָיָה לְאוֹת
12 בְּרִית בֵּינִי וּבֵינֵיכֶם׃ וּבֶן־שְׁמֹנַת יָמִים יִמּוֹל לָכֶם כָּל־זָכָר
לְדֹרֹתֵיכֶם יְלִיד בָּיִת וּמִקְנַת־כֶּסֶף מִכֹּל בֶּן־נֵכָר אֲשֶׁר לֹא
13 מִזַּרְעֲךָ הוּא׃ הִמּוֹל ׀ יִמּוֹל יְלִיד בֵּיתְךָ וּמִקְנַת כַּסְפֶּךָ
14 וְהָיְתָה בְרִיתִי בִּבְשַׂרְכֶם לִבְרִית עוֹלָם׃ וְעָרֵל ׀ זָכָר אֲשֶׁר
לֹא־יִמּוֹל אֶת־בְּשַׂר עָרְלָתוֹ וְנִכְרְתָה הַנֶּפֶשׁ הַהִוא מֵעַמֶּיהָ
טו אֶת־בְּרִיתִי הֵפַר׃ ס וַיֹּאמֶר אֱלֹהִים אֶל־אַבְרָהָם שָׂרַי
16 אִשְׁתְּךָ לֹא־תִקְרָא אֶת־שְׁמָהּ שָׂרָי כִּי שָׂרָה שְׁמָהּ׃ וּבֵרַכְתִּי
אֹתָהּ וְגַם נָתַתִּי מִמֶּנָּה לְךָ בֵּן וּבֵרַכְתִּיהָ וְהָיְתָה לְגוֹיִם
17 מַלְכֵי עַמִּים מִמֶּנָּה יִהְיוּ׃ וַיִּפֹּל אַבְרָהָם עַל־פָּנָיו וַיִּצְחָק

hijo que parió Agar: Ismael. (16) Y Abram fué de edad de ochenta y seis años, al parir Agar a Ismael a Abram.

XVII

(1) Y fué Abram de edad de noventa y nueve años, y aparecióse el Eterno a Abram y díjole: «Yo soy Dios Todopoderoso; anda delante de mí y sé perfecto. (2) Y daré mi pacto entre mí y tú, y multiplicaré a ti más y más.» (3) Y echóse Abram sobre su rostro, y habló con él Dios, diciendo: (4) «Yo, he aquí mi pacto contigo: Y serás padre de ejército de gentes; (5) y no será llamado tu nombre más Abram, y será tu nombre Abraham; porque padre de ejército de gentes *(Av amon)* te hice. (6) Y haré fructificar a ti más y más, darte he por gentes, y reyes de ti saldrán. (7) Y afirmaré mi pacto entre yo y tú, y entre tu simiente después de ti, a sus generaciones, por pacto de siempre, por ser a ti por Dios, y a tu simiente después de ti. (8) Y daré a ti, y a tu simiente después de ti, la tierra de tus peregrinaciones, toda la tierra de Kenáan por posesión de siempre; y seré a ellos por Dios.»

(9) Y dijo Dios a Abraham: «Y tú, mi pacto guardarás, tú y tu simiente después de ti, a sus generaciones. (10) Éste es mi pacto, que guardaréis entre mí y entre vosotros y entre tu simiente después de ti: circuncidad vosotros todo varón. (11) Y circuncidaréis la carne de vuestro prepucio, y será por señal de pacto entre mí y entre vosotros. (12) Y de edad de ocho días será circuncidado, de vosotros, todo varón, por vuestras generaciones: nacido de casa, y comprado por plata, de todo hijo de extranjero, que no sea de tu simiente. (13) Circuncidar, será circuncidado el nacido de tu casa, y comprado por tu plata: y será mi pacto en vuestra carne, por pacto de siempre. (14) Y varón incircunciso que no circuncidare la carne de su prepucio, será tajada esa alma de sus pueblos; mi pacto violó.»

(15) Y dijo Dios a Abraham: «A Sarai tu mujer, no llamarás su nombre Sarai, porque Sará es su nombre. (16) Y bendecirla he, y también daré de ella a ti un hijo; y bendecirla he, y será por naciones; reyes de pueblos, de ella serán.» (17) Y echóse Abraham sobre su rostro, y rió, y dijo en su corazón: «¿Si él

יז 14. פתח בס״ם

de edad de cien años engendrará, y si Sará de edad de noventa años, parirá?» (18) Y dijo Abraham a Dios: «¡Ojalá Ismael viva delante de ti!» (19) Y dijo Dios: «De cierto, Sará, tu mujer parirá un hijo, y llamarás su nombre Isaac; y afirmaré mi pacto con él por pacto de siempre y a su simiente después de él. (20)Y por Ismael te oí: he aquí, bendíjele, y le haré fructificar, y le haré multiplicar más y más: doce mayorales engendrará, y darlo he por gran gente. (21) Y mi pacto afirmaré con Isaac, que parirá a ti Sará a este plazo en el otro año.» (22) Y acabó de hablar con él, y subió Dios de con Abraham.

(23) Y tomó Abraham a Ismael su hijo, y a todos los nacidos de su casa, y a todos los comprados por plata, a todo varón entre las gentes de la casa de Abraham, y circuncidó la carne de su prepucio en ese mismo día, como habló Dios con él. (24) Y Abraham fué de edad de noventa y nueve años en su circuncidar la carne de su prepucio. (25) E Ismael su hijo fué de edad de trece años, en su circuncidar la carne de su prepucio. (26) En este mismo día fué circuncidado Abraham, y también Ismael, su hijo. (27) Y todos los varones de su casa, nacidos de su casa, y comprados por plata, hasta hijos de extranjeros, fueron circuncidados con él.

וַיֹּאמֶר בְּלִבּוֹ הַלְּבֶן מֵאָה־שָׁנָה יִוָּלֵד וְאִם־שָׂרָה הֲבַת־
18 תִּשְׁעִים שָׁנָה תֵּלֵד׃ וַיֹּאמֶר אַבְרָהָם אֶל־הָאֱלֹהִים לוּ
19 יִשְׁמָעֵאל יִחְיֶה לְפָנֶיךָ׃ וַיֹּאמֶר אֱלֹהִים אֲבָל שָׂרָה אִשְׁתְּךָ
יֹלֶדֶת לְךָ בֵּן וְקָרָאתָ אֶת־שְׁמוֹ יִצְחָק וַהֲקִמֹתִי אֶת־בְּרִיתִי
כ אִתּוֹ לִבְרִית עוֹלָם לְזַרְעוֹ אַחֲרָיו׃ וּלְיִשְׁמָעֵאל שְׁמַעְתִּיךָ
הִנֵּה ׀ בֵּרַכְתִּי אֹתוֹ וְהִפְרֵיתִי אֹתוֹ וְהִרְבֵּיתִי אֹתוֹ בִּמְאֹד
21 מְאֹד שְׁנֵים־עָשָׂר נְשִׂיאִם יוֹלִיד וּנְתַתִּיו לְגוֹי גָּדוֹל׃ וְאֶת־
בְּרִיתִי אָקִים אֶת־יִצְחָק אֲשֶׁר תֵּלֵד לְךָ שָׂרָה לַמּוֹעֵד הַזֶּה
22 בַּשָּׁנָה הָאַחֶרֶת׃ וַיְכַל לְדַבֵּר אִתּוֹ וַיַּעַל אֱלֹהִים מֵעַל
23 אַבְרָהָם׃ וַיִּקַּח אַבְרָהָם אֶת־יִשְׁמָעֵאל בְּנוֹ וְאֵת כָּל־יְלִידֵי
בֵיתוֹ וְאֵת כָּל־מִקְנַת כַּסְפּוֹ כָּל־זָכָר בְּאַנְשֵׁי בֵּית אַבְרָהָם
וַיָּמָל אֶת־בְּשַׂר עָרְלָתָם בְּעֶצֶם הַיּוֹם הַזֶּה כַּאֲשֶׁר דִּבֶּר
24 אִתּוֹ אֱלֹהִים׃ *וְאַבְרָהָם בֶּן־תִּשְׁעִים וָתֵשַׁע שָׁנָה בְּהִמֹּלוֹ
כה בְּשַׂר עָרְלָתוֹ׃ וְיִשְׁמָעֵאל בְּנוֹ בֶּן־שְׁלֹשׁ עֶשְׂרֵה שָׁנָה בְּהִמֹּלוֹ
26 אֵת בְּשַׂר עָרְלָתוֹ׃ בְּעֶצֶם הַיּוֹם הַזֶּה נִמּוֹל אַבְרָהָם
27 וְיִשְׁמָעֵאל בְּנוֹ׃ וְכָל־אַנְשֵׁי בֵיתוֹ יְלִיד בָּיִת וּמִקְנַת־כֶּסֶף
מֵאֵת בֶּן־נֵכָר נִמֹּלוּ אִתּוֹ׃

יח

פ פ פ ד 4

א וַיֵּרָא אֵלָיו יְהוָה בְּאֵלֹנֵי מַמְרֵא וְהוּא יֹשֵׁב פֶּתַח־הָאֹהֶל
2 כְּחֹם הַיּוֹם׃ וַיִּשָּׂא עֵינָיו וַיַּרְא וְהִנֵּה שְׁלֹשָׁה אֲנָשִׁים נִצָּבִים
עָלָיו וַיַּרְא וַיָּרָץ לִקְרָאתָם מִפֶּתַח הָאֹהֶל וַיִּשְׁתַּחוּ אָרְצָה׃
3 וַיֹּאמַר אֲדֹנָי אִם־נָא מָצָאתִי חֵן בְּעֵינֶיךָ אַל־נָא תַעֲבֹר מֵעַל
4 עַבְדֶּךָ׃ יֻקַּח־נָא מְעַט־מַיִם וְרַחֲצוּ רַגְלֵיכֶם וְהִשָּׁעֲנוּ תַּחַת
ה הָעֵץ׃ וְאֶקְחָה פַת־לֶחֶם וְסַעֲדוּ לִבְּכֶם אַחַר תַּעֲבֹרוּ כִּי־
עַל־כֵּן עֲבַרְתֶּם עַל־עַבְדְּכֶם וַיֹּאמְרוּ כֵּן תַּעֲשֶׂה כַּאֲשֶׁר
6 דִּבַּרְתָּ׃ וַיְמַהֵר אַבְרָהָם הָאֹהֱלָה אֶל־שָׂרָה וַיֹּאמֶר מַהֲרִי

(4) VAIAR

XVIII

(1) Y aparecióse a él el Eterno en las encinas de Mamré, y él estaba a la puerta de la tienda cuando calentaba el día. (2) Y alzó sus ojos, y vió, y he aquí que tres varones estaban cerca de él; y vió, y corrió a su encuentro desde la puerta de la tienda y encorvóse a tierra, (3) y dijo: «Mi Señor, si ahora hallé gracia a tus ojos, no pases ahora de tu siervo. (4) Sea tomado ahora poco de agua, y lavad vuestros pies; y descansad debajo del árbol. (5) Y tomaré un pedazo de pan, y sustentad vuestro corazón; después pasaréis, que por eso pasasteis sobre vuestro siervo.» Y dijeron: «Así harás como hablaste.» (6) Y apresuróse Abraham

שְׁלֹשׁ סְאִים קֶמַח סֹלֶת לוּשִׁי וַעֲשִׂי עֻגוֹת׃ וְאֶל־הַבָּקָר 7
רָץ אַבְרָהָם וַיִּקַּח בֶּן־בָּקָר רַךְ וָטוֹב וַיִּתֵּן אֶל־הַנַּעַר וַיְמַהֵר
לַעֲשׂוֹת אֹתוֹ׃ וַיִּקַּח חֶמְאָה וְחָלָב וּבֶן־הַבָּקָר אֲשֶׁר עָשָׂה 8
וַיִּתֵּן לִפְנֵיהֶם וְהוּא־עֹמֵד עֲלֵיהֶם תַּחַת הָעֵץ וַיֹּאכֵלוּ׃
וַיֹּאמְרוּ אֵלָיו אַיֵּה שָׂרָה אִשְׁתֶּךָ וַיֹּאמֶר הִנֵּה בָאֹהֶל׃ 9
וַיֹּאמֶר שׁוֹב אָשׁוּב אֵלֶיךָ כָּעֵת חַיָּה וְהִנֵּה־בֵן לְשָׂרָה י
אִשְׁתֶּךָ וְשָׂרָה שֹׁמַעַת פֶּתַח הָאֹהֶל וְהוּא אַחֲרָיו׃ וְאַבְרָהָם 11
וְשָׂרָה זְקֵנִים בָּאִים בַּיָּמִים חָדַל לִהְיוֹת לְשָׂרָה אֹרַח
כַּנָּשִׁים׃ וַתִּצְחַק שָׂרָה בְּקִרְבָּהּ לֵאמֹר אַחֲרֵי בְלֹתִי 12
הָיְתָה־לִּי עֶדְנָה וַאדֹנִי זָקֵן׃ וַיֹּאמֶר יְהוָה אֶל־אַבְרָהָם 13
לָמָּה זֶּה צָחֲקָה שָׂרָה לֵאמֹר הַאַף אֻמְנָם אֵלֵד וַאֲנִי זָקַנְתִּי׃
הֲיִפָּלֵא מֵיְהוָה דָּבָר לַמּוֹעֵד אָשׁוּב אֵלֶיךָ כָּעֵת חַיָּה 14
וּלְשָׂרָה בֵן׃ וַתְּכַחֵשׁ שָׂרָה ׀ לֵאמֹר לֹא צָחַקְתִּי כִּי ׀ טו
יָרֵאָה וַיֹּאמֶר ׀ לֹא כִּי צָחָקְתְּ׃ וַיָּקֻמוּ מִשָּׁם הָאֲנָשִׁים 16
וַיַּשְׁקִפוּ עַל־פְּנֵי סְדֹם וְאַבְרָהָם הֹלֵךְ עִמָּם לְשַׁלְּחָם׃
וַיהוָה אָמָר הַמְכַסֶּה אֲנִי מֵאַבְרָהָם אֲשֶׁר אֲנִי עֹשֶׂה׃ 17
וְאַבְרָהָם הָיוֹ יִהְיֶה לְגוֹי גָּדוֹל וְעָצוּם וְנִבְרְכוּ־בוֹ כֹּל גּוֹיֵי 18
הָאָרֶץ׃ כִּי יְדַעְתִּיו לְמַעַן אֲשֶׁר יְצַוֶּה אֶת־בָּנָיו וְאֶת־בֵּיתוֹ 19
אַחֲרָיו וְשָׁמְרוּ דֶּרֶךְ יְהוָה לַעֲשׂוֹת צְדָקָה וּמִשְׁפָּט לְמַעַן
הָבִיא יְהוָה עַל־אַבְרָהָם אֵת אֲשֶׁר־דִּבֶּר עָלָיו׃ וַיֹּאמֶר כ
יְהוָה זַעֲקַת סְדֹם וַעֲמֹרָה כִּי־רָבָּה וְחַטָּאתָם כִּי כָבְדָה
מְאֹד׃ אֵרֲדָה־נָּא וְאֶרְאֶה הַכְּצַעֲקָתָהּ הַבָּאָה אֵלַי עָשׂוּ ׀ 21
כָּלָה וְאִם־לֹא אֵדָעָה׃ וַיִּפְנוּ מִשָּׁם הָאֲנָשִׁים וַיֵּלְכוּ סְדֹמָה 22
וְאַבְרָהָם עוֹדֶנּוּ עֹמֵד לִפְנֵי יְהוָה׃ וַיִּגַּשׁ אַבְרָהָם וַיֹּאמַר 23
הַאַף תִּסְפֶּה צַדִּיק עִם־רָשָׁע׃ אוּלַי יֵשׁ חֲמִשִּׁים צַדִּיקִם 24
בְּתוֹךְ הָעִיר הַאַף תִּסְפֶּה וְלֹא־תִשָּׂא לַמָּקוֹם לְמַעַן חֲמִשִּׁים
הַצַּדִּיקִם אֲשֶׁר בְּקִרְבָּהּ׃ חָלִלָה לְּךָ מֵעֲשֹׂת ׀ כַּדָּבָר כה

a ir a la tienda a Sará, y dijo: «Apresúrate, toma tres medidas de harina de sémola, amasa y haz tortas.» (7) Y a las vacas corrió Abraham, y tomó un ternero tierno y bueno, y dió al mozo, y apresuróse éste para aderezarlo. (8) Y tomó manteca y leche, y el ternero que preparó, y diólo delante de ellos; y el estaba cerca de ellos, debajo del árbol, y comieron. (9) Y dijéronle: «¿Dónde está Sará, tu mujer?» Y dijo: «Hela ahí en la tienda.» (10) Y dijo: «Tornar, tornaré a ti, como hora cierta, y he aquí que hijo te dará Sará, tu mujer.» Y Sará oyó a la puerta de la tienda, detrás de él.

(11) Y Abraham y Sará eran viejos, entrados en años: vedóse a Sará la costumbre de las mujeres. (12) Y rióse Sará entre ella, diciendo: «¿Después de mi envejecer habrá para mí deleite, si mi señor es viejo?» (13) Entonces dijo el Eterno a Abraham: «¿Por qué de esto se rió Sará diciendo: ¿También de cierto pariré si yo me envejecí? (14) ¿Se encubrirá de Dios, cosa? Al plazo tornaré a ti, como hora cierta, y Sará tendrá un hijo.» (15) Y negó Sará, diciendo: «No me reí»; que temió. Y dijo: «No, que reíste.» (16) Y levantáronse de allí los varones; y cataron sobre la faz de Sedom; y Abraham iba con ellos para acompañarles.

(17) Y el Eterno dijo: «¿Encubriré de Abraham, lo que yo haré (18) si Abraham será por gente grande y fuerte, y serán benditas en él todas las gentes de la tierra? (19) Porque lo conocí, para que encomiende a sus hijos y a su casa después de él, que guarden el camino del Eterno para hacer justicia y juicio, para traer el Eterno sobre Abraham lo que habló con él.» (20) Y dijo el Eterno: «Puesto que el clamor de Sedom y Amorá aumentó, y su pecado se agravó mucho, (21) descenderé ahora, y veré si a su clamor que viene a mí dieron fin; y si no, lo sabré.»

(22) Y cataron de allí los varones, y fueron a Sedom: Abraham aùn estaba ante el Eterno. (23) Y llegóse Abraham y dijo: «¿Si también tajarás el justo con el malo? (24) Quizá hay cincuenta justos entre la ciudad: ¿Si también tajarás y no perdonarás al lugar por los cincuenta justos que hay entre ella? (25) Vedado

6. הג' רפה 9. נקוד על איו 13. פתח בס"ם 21. מלעיל

a ti de hacer como la cosa esta de matar justo por malo, y sea como el justo tratado el malo; ¡vedado a ti! Si eres juez de toda la tierra, ¿no harás justicia?» (26) Y dijo el Eterno: «Si hallare en Sedom cincuenta justos entre la ciudad, perdonaré a todo el lugar por ellos.» (27) Y respondió Abraham y dijo: «He aquí ahora que comencé a hablar a mi Señor, y yo soy polvo y ceniza. (28) Quizá menguarán de cincuenta los justos, cinco: ¿Si dañarás por los cinco a toda la ciudad?» Y dijo: «No dañaré, si hallare allí cuarenta y cinco.» (29) Y volvió a hablarle, y dijo: «Quizá se hallaren allí cuarenta», y dijo: «No haré por los cuarenta.» (30) Y dijo: «No se enoje ahora, el Señor, y hablaré: quizá se hallaren allí treinta.» Y dijo: «No haré si hallare allí treinta.» (31) Y dijo: «He aquí ahora que he emprendido el hablar a mi Señor: ¿quizá se hallaren allí veinte?» Y dijo: «No dañaré por los veinte.» (32) Y dijo: «No se enoje ahora el Señor, y hablaré sólo esta vez: quizá se hallaren allí diez.» Y dijo: «No dañaré por los diez.» (33) Y fuése el Eterno, como acabó de hablar Abraham: y Abraham tornó a su lugar.

הַזֶּה לְהָמִית צַדִּיק עִם־רָשָׁע וְהָיָה כַצַּדִּיק כָּרָשָׁע חָלִלָה
26 לָּךְ הֲשֹׁפֵט כָּל־הָאָרֶץ לֹא יַעֲשֶׂה מִשְׁפָּט׃ וַיֹּאמֶר יְהוָה
אִם־אֶמְצָא בִסְדֹם חֲמִשִּׁים צַדִּיקִם בְּתוֹךְ הָעִיר וְנָשָׂאתִי
27 לְכָל־הַמָּקוֹם בַּעֲבוּרָם׃ וַיַּעַן אַבְרָהָם וַיֹּאמַר הִנֵּה־נָא
28 הוֹאַלְתִּי לְדַבֵּר אֶל־אֲדֹנָי וְאָנֹכִי עָפָר וָאֵפֶר׃ אוּלַי יַחְסְרוּן
חֲמִשִּׁים הַצַּדִּיקִם חֲמִשָּׁה הֲתַשְׁחִית בַּחֲמִשָּׁה אֶת־כָּל־
הָעִיר וַיֹּאמֶר לֹא אַשְׁחִית אִם־אֶמְצָא שָׁם אַרְבָּעִים וַחֲמִשָּׁה׃
29 וַיֹּסֶף עוֹד לְדַבֵּר אֵלָיו וַיֹּאמַר אוּלַי יִמָּצְאוּן שָׁם אַרְבָּעִים
ל וַיֹּאמֶר לֹא אֶעֱשֶׂה בַּעֲבוּר הָאַרְבָּעִים׃ וַיֹּאמֶר אַל־נָא יִחַר
לַאדֹנָי וַאֲדַבֵּרָה אוּלַי יִמָּצְאוּן שָׁם שְׁלֹשִׁים וַיֹּאמֶר לֹא
31 אֶעֱשֶׂה אִם־אֶמְצָא שָׁם שְׁלֹשִׁים׃ וַיֹּאמֶר הִנֵּה־נָא הוֹאַלְתִּי
לְדַבֵּר אֶל־אֲדֹנָי אוּלַי יִמָּצְאוּן שָׁם עֶשְׂרִים וַיֹּאמֶר לֹא
32 אַשְׁחִית בַּעֲבוּר הָעֶשְׂרִים׃ וַיֹּאמֶר אַל־נָא יִחַר לַאדֹנָי
וַאֲדַבְּרָה אַךְ־הַפַּעַם אוּלַי יִמָּצְאוּן שָׁם עֲשָׂרָה וַיֹּאמֶר לֹא
33 אַשְׁחִית בַּעֲבוּר הָעֲשָׂרָה׃ וַיֵּלֶךְ יְהוָה כַּאֲשֶׁר כִּלָּה לְדַבֵּר
אֶל־אַבְרָהָם וְאַבְרָהָם שָׁב לִמְקֹמוֹ׃ שלישי

יט

יט
א וַיָּבֹאוּ שְׁנֵי הַמַּלְאָכִים סְדֹמָה בָּעֶרֶב וְלוֹט יֹשֵׁב בְּשַׁעַר־
סְדֹם וַיַּרְא־לוֹט וַיָּקָם לִקְרָאתָם וַיִּשְׁתַּחוּ אַפַּיִם אָרְצָה׃
2 וַיֹּאמֶר הִנֶּה־נָּא אֲדֹנַי סוּרוּ נָא אֶל־בֵּית עַבְדְּכֶם וְלִינוּ
וְרַחֲצוּ רַגְלֵיכֶם וְהִשְׁכַּמְתֶּם וַהֲלַכְתֶּם לְדַרְכְּכֶם וַיֹּאמְרוּ
3 לֹּא כִּי בָרְחוֹב נָלִין׃ וַיִּפְצַר־בָּם מְאֹד וַיָּסֻרוּ אֵלָיו וַיָּבֹאוּ
4 אֶל־בֵּיתוֹ וַיַּעַשׂ לָהֶם מִשְׁתֶּה וּמַצּוֹת אָפָה וַיֹּאכֵלוּ׃ טֶרֶם
יִשְׁכָּבוּ וְאַנְשֵׁי הָעִיר אַנְשֵׁי סְדֹם נָסַבּוּ עַל־הַבַּיִת מִנַּעַר
ה וְעַד־זָקֵן כָּל־הָעָם מִקָּצֶה׃ וַיִּקְרְאוּ אֶל־לוֹט וַיֹּאמְרוּ לוֹ
אַיֵּה הָאֲנָשִׁים אֲשֶׁר־בָּאוּ אֵלֶיךָ הַלָּיְלָה הוֹצִיאֵם אֵלֵינוּ
6 וְנֵדְעָה אֹתָם׃ וַיֵּצֵא אֲלֵהֶם לוֹט הַפֶּתְחָה וְהַדֶּלֶת סָגַר

XIX

(1) Y vinieron los dos ángeles a Sedom en la tarde: y Lot estaba sentado en la puerta de Sedom. Y vió Lot, y levantóse a su encuentro, y encorvó su rostro a tierra, (2) y dijo: «He aquí, os ruego, mis señores, llegaos ahora a la casa de vuestro siervo y dormid, y lavad vuestros pies; y madrugaréis y seguiréis vuestro camino.» Y dijeron: «No, que en la plaza dormiremos.» (3) Y porfió con ellos mucho, y llegáronse a él, y vinieron a su casa; y dióles un banquete y cenceñas coció y comieron. (4) Antes que se acostasen, varones de la ciudad, varones de Sedom, rodearon la casa, desde el más joven y hasta el viejo, todo el pueblo desde el cabo. (5) Y llamaron a Lot, y dijeron a él: «¿Adónde están los varones que vinieron a ti esta noche? Sácalos a nosotros y conoceremos a ellos.» (6) Y salió a ellos Lot, al portal, y la puerta cerró tras sí,

יט 2. חול ל׳ דגושה 4. קמץ בסגולתא

7 8 אחריו: ויאמר אל־נא אחי תרעו: הנה־נא לי שתי בנות
אשר לא־ידעו איש אוציאה־נא אתהן אליכם ועשו להן
כטוב בעיניכם רק לאנשים האל אל־תעשו דבר כי־על־
9 כן באו בצל קרתי: ויאמרו | גש־הלאה ויאמרו האחד
בא־לגור וישפט שפוט עתה נרע לך מהם ויפצרו באיש
י בלוט מאד ויגשו לשבר הדלת: וישלחו האנשים את־
ידם ויביאו את־לוט אליהם הביתה ואת־הדלת סגרו:
11 ואת־האנשים אשר־פתח הבית הכו בסנורים מקטן
12 ועד־גדול וילאו למצא הפתח: ויאמרו האנשים אל־
לוט עד מי־לך פה חתן ובניך ובנתיך וכל אשר־לך בעיר
13 הוצא מן־המקום: כי־משחתים אנחנו את־המקום הזה
כי־גדלה צעקתם את־פני יהוה וישלחנו יהוה לשחתה:
14 ויצא לוט וידבר | אל־חתניו | לקחי בנתיו ויאמר קומו
צאו מן־המקום הזה כי־משחית יהוה את־העיר ויהי
טו כמצחק בעיני חתניו: וכמו השחר עלה ויאיצו המלאכים
בלוט לאמר קום קח את־אשתך ואת־שתי בנתיך
16 הנמצאת פן־תספה בעון העיר: ויתמהמה | ויחזיקו
האנשים בידו וביד־אשתו וביד שתי בנתיו בחמלת
17 יהוה עליו ויצאהו וינחהו מחוץ לעיר: ויהי כהוציאם
אתם החוצה ויאמר המלט על־נפשך אל־תביט אחריך
18 ואל־תעמד בכל־הככר ההרה המלט פן־תספה: ויאמר
19 לוט אלהם אל־נא אדני: הנה־נא מצא עבדך חן בעיניך
ותגדל חסדך אשר עשית עמדי להחיות את־נפשי
ואנכי לא אוכל להמלט ההרה פן־תדבקני הרעה ומתי:
כ הנה־נא העיר הזאת קרבה לנוס שמה והוא מצער
21 אמלטה נא שמה הלא מצער הוא ותחי נפשי: ויאמר
אליו הנה נשאתי פניך גם לדבר הזה לבלתי הפכי את־

(7) y dijo: «No, os ruego, mis hermanos, no hagáis tal maldad. (8) He aquí ahora a mis dos hijas, que no conocieron varón; las sacaré ahora a vosotros, y haced a ellas como bueno sea a vuestros ojos. Sólo a los varones estos no hagáis nada, porque vinieron a la sombra de mi viga.» (9) Y dijeron: «¡Sal de adelante!» y dijeron: «El uno vino para peregrinar y juzgó. Ahora haremos más mal a ti que a ellos!» Y porfiaron con el varón, con Lot, mucho, y llegáronse para quebrar la puerta. (10) Y tendieron los varones sus manos, y trajeron a Lot con ellos a la casa y la puerta cerraron. (11) Y a los varones que estaban a la puerta de la casa hirieron con ceguera; desde el más pequeño hasta el más grande, y cansáronse por hallar la puerta. (12) Y dijeron los varones a Lot: «¿A quién más tienes aquí? Tu yerno, y tus hijos e hijas, y todo lo que de ti sea en la ciudad, saca del lugar. (13) Que destruiremos este lugar que aumentó su clamor delante del Eterno; y enviónos el Eterno para dañarlo. (14) Y salió Lot, y habló a sus yernos, que tomaron sus hijas, y dijo: «Levantaos, salid del lugar este, que dañará el Eterno a la ciudad.» Y fué como burla a los ojos de sus yernos. (15) Y como la mañana subió, se apresuraron los ángeles con Lot, diciendo: «Levántate, toma tu mujer, y tus dos hijas que se hallan aquí, para que no seas tajado por el delito de la ciudad.» (16) Y tardábase y trabaron los varones por sus manos, y por las manos de su mujer, y por las manos de sus dos hijas, con piedad del Eterno sobre él; y sacáronle y dejáronle fuera de la ciudad. (17) Y fué al sacar a ellos afuera, que dijo: «Escapa, por tu alma; no cates tras de ti, y no pares en toda la llanura; al monte escaparás, para que no seas tajado.» (18) Y dijo Lot a ellos: «No, os ruego, mi Señor: (19) He aquí que ahora halló tu siervo gracia a tus ojos, y engrandeciste tu merced que hiciste conmigo para hacer vivir mi alma: y yo no podré escapar al monte, porque no me alcance el mal, y muera. (20) He aquí que ahora la ciudad está cercana para huir allí, y ella es pequeña (*Misar*); escaparé ahora allí, de cierto, pequeña es ella, y vivirá mi alma.» (21) Y díjole: «He aquí que recibí tu ruego también por la cosa esta, y no trastor-

8. סבירין האלה 14. צ' דגושה 18. קדש 19. פתח בס"פ

22 הָעִיר אֲשֶׁר דִּבַּרְתָּ: מַהֵר הִמָּלֵט שָׁמָּה כִּי לֹא אוּכַל
לַעֲשׂוֹת דָּבָר עַד־בֹּאֲךָ שָׁמָּה עַל־כֵּן קָרָא שֵׁם־הָעִיר
23 24 צוֹעַר: הַשֶּׁמֶשׁ יָצָא עַל־הָאָרֶץ וְלוֹט בָּא צֹעֲרָה: וַיהוָה
הִמְטִיר עַל־סְדֹם וְעַל־עֲמֹרָה גָּפְרִית וָאֵשׁ מֵאֵת יְהוָה מִן־
כה הַשָּׁמָיִם: וַיַּהֲפֹךְ אֶת־הֶעָרִים הָאֵל וְאֵת כָּל־הַכִּכָּר וְאֵת
26 כָּל־יֹשְׁבֵי הֶעָרִים וְצֶמַח הָאֲדָמָה: וַתַּבֵּט אִשְׁתּוֹ מֵאַחֲרָיו
27 וַתְּהִי נְצִיב מֶלַח: וַיַּשְׁכֵּם אַבְרָהָם בַּבֹּקֶר אֶל־הַמָּקוֹם
28 אֲשֶׁר־עָמַד שָׁם אֶת־פְּנֵי יְהוָה: וַיַּשְׁקֵף עַל־פְּנֵי סְדֹם
וַעֲמֹרָה וְעַל כָּל־פְּנֵי אֶרֶץ הַכִּכָּר וַיַּרְא וְהִנֵּה עָלָה קִיטֹר
29 הָאָרֶץ כְּקִיטֹר הַכִּבְשָׁן: וַיְהִי בְּשַׁחֵת אֱלֹהִים אֶת־עָרֵי
הַכִּכָּר וַיִּזְכֹּר אֱלֹהִים אֶת־אַבְרָהָם וַיְשַׁלַּח אֶת־לוֹט מִתּוֹךְ
ל הַהֲפֵכָה בַּהֲפֹךְ אֶת־הֶעָרִים אֲשֶׁר־יָשַׁב בָּהֵן לוֹט: וַיַּעַל
לוֹט מִצּוֹעַר וַיֵּשֶׁב בָּהָר וּשְׁתֵּי בְנֹתָיו עִמּוֹ כִּי יָרֵא לָשֶׁבֶת
31 בְּצוֹעַר וַיֵּשֶׁב בַּמְּעָרָה הוּא וּשְׁתֵּי בְנֹתָיו: וַתֹּאמֶר הַבְּכִירָה
אֶל־הַצְּעִירָה אָבִינוּ זָקֵן וְאִישׁ אֵין בָּאָרֶץ לָבוֹא עָלֵינוּ
32 כְּדֶרֶךְ כָּל־הָאָרֶץ: לְכָה נַשְׁקֶה אֶת־אָבִינוּ יַיִן וְנִשְׁכְּבָה
33 עִמּוֹ וּנְחַיֶּה מֵאָבִינוּ זָרַע: וַתַּשְׁקֶיןָ אֶת־אֲבִיהֶן יַיִן בַּלַּיְלָה
הוּא וַתָּבֹא הַבְּכִירָה וַתִּשְׁכַּב אֶת־אָבִיהָ וְלֹא־יָדַע בְּשִׁכְבָהּ
34 וּבְקוּמָהּ: וַיְהִי מִמָּחֳרָת וַתֹּאמֶר הַבְּכִירָה אֶל־הַצְּעִירָה
הֵן־שָׁכַבְתִּי אֶמֶשׁ אֶת־אָבִי נַשְׁקֶנּוּ יַיִן גַּם־הַלַּיְלָה וּבֹאִי
לה שִׁכְבִי עִמּוֹ וּנְחַיֶּה מֵאָבִינוּ זָרַע: וַתַּשְׁקֶיןָ גַּם בַּלַּיְלָה הַהוּא
אֶת־אֲבִיהֶן יָיִן וַתָּקָם הַצְּעִירָה וַתִּשְׁכַּב עִמּוֹ וְלֹא־יָדַע
36 37 בְּשִׁכְבָהּ וּבְקֻמָהּ: וַתַּהֲרֶיןָ שְׁתֵּי בְנוֹת־לוֹט מֵאֲבִיהֶן: וַתֵּלֶד
הַבְּכִירָה בֵּן וַתִּקְרָא שְׁמוֹ מוֹאָב הוּא אֲבִי־מוֹאָב עַד־
38 הַיּוֹם: וְהַצְּעִירָה גַם־הִוא יָלְדָה בֵּן וַתִּקְרָא שְׁמוֹ בֶּן־עַמִּי
הוּא אֲבִי בְנֵי־עַמּוֹן עַד־הַיּוֹם: ס

naré la ciudad de que hablaste. (22) Apresura, escapa allí; que no podré hacer cosa hasta tu ida allí.» Por tanto llamó el nombre de la ciudad, Soar. (23) El sol salió sobre la tierra, y Lot fué a Soar. (24) Y el Eterno hizo llover sobre Sedom y sobre Amará azufre y fuego de parte del Eterno desde los cielos; (25) y trastornó a las ciudades estas, y a toda la llanura y a todos los moradores de aquellas villas, y las hierbas de la tierra. (26) Y cató su mujer detrás de ella: y fué un montón de sal.

(27) Y madrugó Abraham, fué por la mañana al lugar en que estuvo allí delante del Eterno, (28) y cató sobre la faz de Sedom y Amará, y sobre la faz de la tierra y de la llanura, miró: y he aquí que subía humo de la tierra como humo de hornaza. (29) Así fué que al dañar Dios a las ciudades de la llanura, recordó Dios a Abraham, y envió a Lot, de fuera del trastorno al castigar las ciudades en que estuvo en ellas Lot.

(30) Y subía Lot de Soar, y estuvo en el monte, y sus dos hijas con él; porque temió estar en Soar, y estuvo en la cueva él y sus dos hijas. (31) Y dijo la mayor a la menor: «Nuestro padre es viejo, y varón no hay en la tierra para venir a nosotros como usanza de toda la tierra: (32) Ven, vamos, demos de beber a nuestro padre vino, y dormiremos con él, y haremos vivir de nuestro padre, simiente.» (33) E hicieron beber a su padre, vino en la noche esta: y vino la mayor, y durmió con su padre; y no lo supo en su echarse y en su levantarse. (34) Fué de día y dijo la mayor a la menor: «He aquí que dormí anoche con mi padre; harémosle beber vino también esta noche, y ve, duerme con él, y haremos vivir de nuestro padre, simiente.» (35) E hicieron beber también en la noche esa a su padre vino: y levantóse la menor, y durmió con él; y no lo supo en su echarse y en su levantarse. (36) Y concibieron ambas hijas de Lot, de su padre. (37) Y parió la mayor hijo, y llamó su nombre, Moab, el padre de los de Moab hasta hoy. (38) Y la menor, también ella, parió hijo, y llamó su nombre: Ben-Ami: el padre de los hijos de Amón hasta hoy.

21. פתח בס"פ 25. סבירין האלה 33. סבירין ההוא נקוד על ו'

וַיִּסַּע מִשָּׁם אַבְרָהָם אַרְצָה הַנֶּגֶב וַיֵּשֶׁב בֵּין־קָדֵשׁ וּבֵין א
שׁוּר וַיָּגָר בִּגְרָר׃ וַיֹּאמֶר אַבְרָהָם אֶל־שָׂרָה אִשְׁתּוֹ אֲחֹתִי 2
הִוא וַיִּשְׁלַח אֲבִימֶלֶךְ מֶלֶךְ גְּרָר וַיִּקַּח אֶת־שָׂרָה׃ וַיָּבֹא 3
אֱלֹהִים אֶל־אֲבִימֶלֶךְ בַּחֲלוֹם הַלָּיְלָה וַיֹּאמֶר לוֹ הִנְּךָ מֵת
עַל־הָאִשָּׁה אֲשֶׁר־לָקַחְתָּ וְהִוא בְּעֻלַת בָּעַל׃ וַאֲבִימֶלֶךְ 4
לֹא קָרַב אֵלֶיהָ וַיֹּאמַר אֲדֹנָי הֲגוֹי גַּם־צַדִּיק תַּהֲרֹג׃ הֲלֹא ה
הוּא אָמַר־לִי אֲחֹתִי הִוא וְהִיא־גַם־הִוא אָמְרָה אָחִי הוּא
בְּתָם־לְבָבִי וּבְנִקְיֹן כַּפַּי עָשִׂיתִי זֹאת׃ וַיֹּאמֶר אֵלָיו הָאֱלֹהִים 6
בַּחֲלֹם גַּם אָנֹכִי יָדַעְתִּי כִּי בְתָם־לְבָבְךָ עָשִׂיתָ זֹּאת וָאֶחְשֹׂךְ
גַּם־אָנֹכִי אוֹתְךָ מֵחֲטוֹ־לִי עַל־כֵּן לֹא־נְתַתִּיךָ לִנְגֹּעַ אֵלֶיהָ׃
וְעַתָּה הָשֵׁב אֵשֶׁת־הָאִישׁ כִּי־נָבִיא הוּא וְיִתְפַּלֵּל בַּעַדְךָ 7
וֶחְיֵה וְאִם־אֵינְךָ מֵשִׁיב דַּע כִּי־מוֹת תָּמוּת אַתָּה וְכָל־אֲשֶׁר־
לָךְ׃ וַיַּשְׁכֵּם אֲבִימֶלֶךְ בַּבֹּקֶר וַיִּקְרָא לְכָל־עֲבָדָיו וַיְדַבֵּר 8
אֶת־כָּל־הַדְּבָרִים הָאֵלֶּה בְּאָזְנֵיהֶם וַיִּירְאוּ הָאֲנָשִׁים מְאֹד׃
וַיִּקְרָא אֲבִימֶלֶךְ לְאַבְרָהָם וַיֹּאמֶר לוֹ מֶה־עָשִׂיתָ לָּנוּ וּמֶה־ 9
חָטָאתִי לָךְ כִּי־הֵבֵאתָ עָלַי וְעַל־מַמְלַכְתִּי חֲטָאָה גְדֹלָה
מַעֲשִׂים אֲשֶׁר לֹא־יֵעָשׂוּ עָשִׂיתָ עִמָּדִי׃ וַיֹּאמֶר אֲבִימֶלֶךְ י
אֶל־אַבְרָהָם מָה רָאִיתָ כִּי עָשִׂיתָ אֶת־הַדָּבָר הַזֶּה׃ וַיֹּאמֶר 11
אַבְרָהָם כִּי אָמַרְתִּי רַק אֵין־יִרְאַת אֱלֹהִים בַּמָּקוֹם הַזֶּה
וַהֲרָגוּנִי עַל־דְּבַר אִשְׁתִּי׃ וְגַם־אָמְנָה אֲחֹתִי בַת־אָבִי הִוא 12
אַךְ לֹא בַת־אִמִּי וַתְּהִי־לִי לְאִשָּׁה׃ וַיְהִי כַּאֲשֶׁר הִתְעוּ 13
אֹתִי אֱלֹהִים מִבֵּית אָבִי וָאֹמַר לָהּ זֶה חַסְדֵּךְ אֲשֶׁר תַּעֲשִׂי
עִמָּדִי אֶל כָּל־הַמָּקוֹם אֲשֶׁר נָבוֹא שָׁמָּה אִמְרִי־לִי אָחִי
הוּא׃ וַיִּקַּח אֲבִימֶלֶךְ צֹאן וּבָקָר וַעֲבָדִים וּשְׁפָחֹת וַיִּתֵּן 14
לְאַבְרָהָם וַיָּשֶׁב לוֹ אֵת שָׂרָה אִשְׁתּוֹ׃ וַיֹּאמֶר אֲבִימֶלֶךְ טו
הִנֵּה אַרְצִי לְפָנֶיךָ בַּטּוֹב בְּעֵינֶיךָ שֵׁב׃ וּלְשָׂרָה אָמַר 16

XX

(1) Y movióse de allí Abraham a la tierra del Meridión, y estuvo entre Cadés y entre Sur, y peregrinó en Guerar. (2) Y dijo Abraham por Sará, su mujer: «Mi hermana es ella.» Y envió Abimélej, rey de Guerar y tomó a Sará. (3) Y vino Dios a Abimélej en el sueño de la noche, y díjole: «He aquí que tú serás muerto por la mujer que tomaste, ella tiene marido.» (4) Y Abimélej no llegó a ella, y dijo: «Señor, ¿también gente justa matarás? (5) De cierto, él dijo a mí: Mi hermana es ella, y ella también dijo: mi hermano es él. Con perfección de mi corazón, y con limpieza de mis palmas hice esto.» (6) Y díjole Dios en el sueño: «También yo sé que con perfección de tu corazón hiciste esto; y vedé también yo a ti de pecar contra mí, por tanto no te dejé tocar a ella. (7) Y ahora, torna la mujer del varón, que profeta es él, y hará oración por ti, y vivirás. Y si no la tornas, sabe que morir, morirás, tú y todo lo que es de ti.»

(8) Y madrugó Abimélej, por la mañana, llamó a todos sus siervos, y habló todas las palabras estas, en sus oídos, y temieron los varones mucho. (9) Y llamó Abimélej a Abraham, y dijo a él: «¿Qué hiciste a nosotros? ¿Y qué pequé contra ti, que trajiste sobre mí y sobre mi reino pecado grande? Obras que no han de hacerse hiciste conmigo.» (10) Y dijo Abimélej a Abraham: «¿Qué viste, que hiciste la cosa esta?» (11) Y dijo Abraham: «Porque dije, quizá no hay temor de Dios en el lugar este, y me matarán por causa de mi mujer. (12) Y también verdad, mi hermana es, hija de mi padre es ella, mas no hija de mi madre, y fué a mí por mujer. (13) Y fué como me hizo peregrinar Dios de la casa de mi padre, y dije a ella: Ésta, tu merced, harás conmigo: a todo lugar que llegaremos allí, di por mí: Mi hermano es él.»

(14) Y tomó Abimélej ovejas y vacas, y siervos y siervas, y dió a Abraham, y volvió a él, Sará, su mujer. (15) Y dijo Abimélej: «He aquí mi tierra delante de ti; en lo que pareciere a tus ojos, mora.» (16) Y a Sará dijo: «He aquí

6. חסר א׳ 13. קד״ש

que dí mil pesos de plata a tu hermano; he aquí que él es a ti cobertura de ojos a todos los que están contigo, y para todos: y castígate.» (17) E hizo oración Abraham a Dios; y sanó Dios a Abimélej y a su mujer y sus siervas, y parieron. (18) Porque detener, detuvo el Eterno toda matriz de la casa de Abimélej, por causa de Sará, mujer de Abraham.

הנה נתתי אלף כסף לאחיך הנה הוא־לך כסות עינים
17 לכל אשר אתך ואת כל ונכחת: ויתפלל אברהם אל־
האלהים וירפא אלהים את־אבימלך ואת־אשתו ואמהתיו
18 וילדו: כי־עצר עצר יהוה בעד כל־רחם לבית אבימלך
על־דבר שרה אשת אברהם: ס

XXI

(1) Y el Eterno visitó a Sará, como dijo, e hizo el Eterno a Sará como habló. (2) Y concibió y parió Sará a Abraham un hijo en su vejez, al plazo que hablóle Dios. (3) Y llamó Abraham el nombre de su hijo, nacido a él, que parió Sará: Isaac. (4) Y circuncidó Abraham a Isaac su hijo, de edad de ocho días, como encomendóle Dios. (5) Y Abraham fué de edad de cien años, al ser nacido a él, Isaac, su hijo. (6) Y dijo Sará: «Risa hízome Dios, y todo el que oyere, se reirá *(ishac)* de mí.» (7) Y dijo: «¿Quién habló a Abraham, que Sará había de dar de mamar a hijos? porque parí un hijo a su vejez.» (8) Y creció el niño, y fué destetado; he hizo Abraham un banquete grande en el día de ser destetado Isaac. (9) Y vió Sará al hijo de Agar la Egipcia, que parió a Abraham, burlándose. (10) Por tanto dijo a Abraham: «Destierra la sierva esta y a su hijo; que no heredará hijo de esta sierva con mi hijo, con Isaac.» (11) Y pesó la cosa mucho a los ojos de Abraham, por causa de su hijo. (12) Y dijo Dios a Abraham: «No pese a tus ojos sobre el mozo y sobre tu sierva; todo lo que dijere a ti Sará, oye su voz: que en Isaac será llamada a ti, simiente. (13) Y también al hijo de la sierva, por gente grande lo pondré, que tu simiente es él. (14) Y madrugó Abraham, por la mañana tomó pan, y una botija de agua, y dió a Agar, y puso sobre su hombro, el niño, y envióla. Y anduvo y erró en el desierto de Beer-Seba. (15) Y terminóse el agua de la botija, y echó al niño debajo de uno de los árboles; (16) y anduvo y estuvo enfrente, lejos, como a tiro de arco; y dijo: «No veré morir el niño.» Y estuvo enfrente, y

כא

א ויהוה פקד את־שרה כאשר אמר ויעש יהוה לשרה
2 כאשר דבר: ותהר ותלד שרה לאברהם בן לזקניו
3 למועד אשר־דבר אתו אלהים: ויקרא אברהם את־
4 שם־בנו הנולד־לו אשר־ילדה־לו שרה יצחק: וימל
אברהם את־יצחק בנו בן־שמנת ימים כאשר צוה אתו
ה אלהים: ואברהם בן־מאת שנה בהולד לו את יצחק
6 בנו: ותאמר שרה צחק עשה לי אלהים כל־השמע
7 יצחק־לי: ותאמר מי מלל לאברהם היניקה בנים שרה
8 כי־ילדתי בן לזקניו: ויגדל הילד ויגמל ויעש אברהם
9 משתה גדול ביום הגמל את־יצחק: ותרא שרה את־
י בן־הגר המצרית אשר־ילדה לאברהם מצחק: ותאמר
לאברהם גרש האמה הזאת ואת־בנה כי לא יירש בן־
11 האמה הזאת עם־בני עם־יצחק: וירע הדבר מאד בעיני
12 אברהם על אודת בנו: ויאמר אלהים אל־אברהם אל־
ירע בעיניך על־הנער ועל־אמתך כל אשר תאמר אליך
13 שרה שמע בקלה כי ביצחק יקרא לך זרע: וגם את־
14 בן־האמה לגוי אשימנו כי זרעך הוא: וישכם אברהם
בבקר ויקח־לחם וחמת מים ויתן אל־הגר שם על־
שכמה ואת־הילד וישלחה ותלך ותתע במדבר באר
15 שבע: ויכלו המים מן־החמת ותשלך את־הילד תחת
16 אחד השיחם: ותלך ותשב לה מנגד הרחק כמטחוי

קֶשֶׁת כִּי אָמְרָה אַל־אֶרְאֶה בְּמוֹת הַיָּלֶד וַתֵּשֶׁב מִנֶּגֶד
17 וַתִּשָּׂא אֶת־קֹלָהּ וַתֵּבְךְּ׃ וַיִּשְׁמַע אֱלֹהִים אֶת־קוֹל הַנַּעַר
וַיִּקְרָא מַלְאַךְ אֱלֹהִים ׀ אֶל־הָגָר מִן־הַשָּׁמַיִם וַיֹּאמֶר לָהּ
מַה־לָּךְ הָגָר אַל־תִּירְאִי כִּי־שָׁמַע אֱלֹהִים אֶל־קוֹל הַנַּעַר
18 בַּאֲשֶׁר הוּא־שָׁם׃ קוּמִי שְׂאִי אֶת־הַנַּעַר וְהַחֲזִיקִי אֶת־
19 יָדֵךְ בּוֹ כִּי־לְגוֹי גָּדוֹל אֲשִׂימֶנּוּ׃ וַיִּפְקַח אֱלֹהִים אֶת־עֵינֶיהָ
וַתֵּרֶא בְּאֵר מָיִם וַתֵּלֶךְ וַתְּמַלֵּא אֶת־הַחֵמֶת מַיִם וַתַּשְׁקְ
כ אֶת־הַנָּעַר׃ וַיְהִי אֱלֹהִים אֶת־הַנַּעַר וַיִּגְדָּל וַיֵּשֶׁב בַּמִּדְבָּר
21 וַיְהִי רֹבֶה קַשָּׁת׃ וַיֵּשֶׁב בְּמִדְבַּר פָּארָן וַתִּקַּח־לוֹ אִמּוֹ אִשָּׁה
מֵאֶרֶץ מִצְרָיִם׃ פ ששי
22 וַיְהִי בָּעֵת הַהִוא וַיֹּאמֶר אֲבִימֶלֶךְ וּפִיכֹל שַׂר־צְבָאוֹ אֶל־
אַבְרָהָם לֵאמֹר אֱלֹהִים עִמְּךָ בְּכֹל אֲשֶׁר־אַתָּה עֹשֶׂה׃
23 וְעַתָּה הִשָּׁבְעָה לִּי בֵאלֹהִים הֵנָּה אִם־תִּשְׁקֹר לִי וּלְנִינִי
וּלְנֶכְדִּי כַּחֶסֶד אֲשֶׁר־עָשִׂיתִי עִמְּךָ תַּעֲשֶׂה עִמָּדִי וְעִם־
24 הָאָרֶץ אֲשֶׁר־גַּרְתָּה בָּהּ׃ וַיֹּאמֶר אַבְרָהָם אָנֹכִי אִשָּׁבֵעַ׃
כה וְהוֹכִחַ אַבְרָהָם אֶת־אֲבִימֶלֶךְ עַל־אֹדוֹת בְּאֵר הַמַּיִם אֲשֶׁר
26 גָּזְלוּ עַבְדֵי אֲבִימֶלֶךְ׃ וַיֹּאמֶר אֲבִימֶלֶךְ לֹא יָדַעְתִּי מִי
עָשָׂה אֶת־הַדָּבָר הַזֶּה וְגַם־אַתָּה לֹא־הִגַּדְתָּ לִּי וְגַם אָנֹכִי
27 לֹא שָׁמַעְתִּי בִּלְתִּי הַיּוֹם׃ וַיִּקַּח אַבְרָהָם צֹאן וּבָקָר וַיִּתֵּן
28 לַאֲבִימֶלֶךְ וַיִּכְרְתוּ שְׁנֵיהֶם בְּרִית׃ וַיַּצֵּב אַבְרָהָם אֶת־
29 שֶׁבַע כִּבְשֹׂת הַצֹּאן לְבַדְּהֶן׃ וַיֹּאמֶר אֲבִימֶלֶךְ אֶל־אַבְרָהָם
מָה הֵנָּה שֶׁבַע כְּבָשֹׂת הָאֵלֶּה אֲשֶׁר הִצַּבְתָּ לְבַדָּנָה׃
ל וַיֹּאמֶר כִּי אֶת־שֶׁבַע כְּבָשֹׂת תִּקַּח מִיָּדִי בַּעֲבוּר תִּהְיֶה־לִּי
31 לְעֵדָה כִּי חָפַרְתִּי אֶת־הַבְּאֵר הַזֹּאת׃ עַל־כֵּן קָרָא לַמָּקוֹם
32 הַהוּא בְּאֵר שָׁבַע כִּי שָׁם נִשְׁבְּעוּ שְׁנֵיהֶם׃ וַיִּכְרְתוּ בְרִית
בִּבְאֵר שָׁבַע וַיָּקָם אֲבִימֶלֶךְ וּפִיכֹל שַׂר־צְבָאוֹ וַיָּשֻׁבוּ אֶל־
33 אֶרֶץ פְּלִשְׁתִּים׃ וַיִּטַּע אֶשֶׁל בִּבְאֵר שָׁבַע וַיִּקְרָא־שָׁם בְּשֵׁם
34 יְהוָה אֵל עוֹלָם׃ וַיָּגָר אַבְרָהָם בְּאֶרֶץ פְּלִשְׁתִּים יָמִים רַבִּים׃ פ

alzó su voz, y lloró. (17) Y oyó Dios la voz del mozo; y llamó un ángel de Dios a Agar desde los cielos, y dijo a ella: «¿Qué es a ti, Agar? No temas; que oyó Dios la voz del mozo desde donde está. (18) Levántate, alza al mozo, y traba tu mano en él, que por gente grande lo pondré.» (19) Y abrió Dios sus ojos, y vió un pozo de agua; y fué, y llenó la botija de agua, y dió de beber al mozo.

(20) Y fué Dios con el mozo; y creció, y estuvo en el desierto, y fué tirador de arco. (21) Y estuvo en el desierto de Parán, y tomó para él, su madre, una mujer de la tierra de Egipto.

(22) Y fué en esta hora, que habló Abimélej, y Pijol, mayoral de su ejército, a Abraham, diciendo: «Dios es contigo en todo lo que tú haces. (23) Y ahora jura a mí, por Dios, aquí, que no faltarás a mí, y a mi hijo, y a mi nieto! Como la merced que hice contigo, harás conmigo, y con la tierra en que moraste en ella.» (24) Y dijo Abraham: «Yo juraré.» (25) Y reprendió Abraham a Abimélej sobre la causa del pozo del agua que robaron los siervos de Abimélej. (26) Y dijo Abimélej: «No sé quién hizo la cosa esta, y tampoco tú me anunciaste, y tampoco yo lo oí, salvo hoy.» (27) Y tomó Abraham ovejas y vacas, y dió a Abimélej; e hicieron ambos un pacto. (28) Y puso Abraham siete corderas de las ovejas apartadas. (29) Y dijo Abimélej a Abraham: «¿Qué son las siete corderas estas que hiciste parar aparte?» (30) Y dijo: «Que siete corderas tomarás de mi mano, para que sean para mí, por testigo, de que yo cavé el pozo este.» (31) Por esto llamó al lugar este Beer-Seba; que allí juraron ambos (*nisbeu*). (32) E hicieron pacto en Beer-Seba: y levantáronse Abimélej, y Pijol, mayoral de su ejército, y tornaron a la tierra de los Pelisteos. (33) Y plantó un árbol en Beer-Seba, y llamó allí el nombre del Eterno, Dios de siempre. (34) Y moró Abraham en la tierra de los Pelisteos, muchos días.

XXII

(1) Y fué después de las palabras estas, que Dios probó a Abraham, y díjole: «¡Abraham!» Y dijo: «¡Heme!» (2) Y dijo: «Toma ahora a tu hijo, a tu único, que amaste, a Isaac, y vete a la tierra de Moriá, y ofrécelo allí por holocausto, sobre uno de los montes que diré a tí.» (3) Y madrugó Abraham, por la mañana cinchó su asno, y tomó sus dos mozos con él, y a Isaac su hijo: y partió leños de holocausto, y levantóse, y fuése al lugar que díjole Dios. (4) En el día tercero alzó Abraham sus ojos, y vió el lugar de lejos. (5) Y dijo Abraham a sus mozos: «Estaos aquí con el asno, y yo y el mozo iremos hasta allí, y adoraremos, y tornaremos a vosotros.» (6) Y tomó Abraham leños de holocausto, y puso sobre Isaac, su hijo: y tomó en su mano el fuego y el cuchillo; y anduvieron ambos juntos. (7) Y habló Isaac a Abraham, su padre, y dijo: «¡Mi padre!» Y habló: «Heme, mi hijo.» Y dijo: «He aquí el fuego y los leños ¿y dónde está el carnero para holocausto?» (8) Y dijo Abraham: «Dios le dará a él, el carnero para holocausto, mi hijo;» y anduvieron ambos juntos. (9) Y vinieron al lugar que díjole Dios, y edificó allí Abraham el ara, y ordenó los leños, y ató a Isaac su hijo, y púsole en el ara, sobre los leños. (10) Y tendió Abraham su mano, y tomó el cuchillo, para degollar a su hijo. (11) Y llamóle un ángel del Eterno desde los cielos, y dijo: «¡Abraham, Abraham!» Y dijo: «Heme aquí.» (12) Y dijo: «No tiendas tu mano al mozo, y no hagas a él nada: que ahora sé que temeroso de Dios eres tú, y no vedaste a tu hijo, a tu único, de mí.» (13) Y alzó Abraham sus ojos, y vió, y he aquí que un carnero estaba trabado en la rama con sus cuernos: y fué Abraham, y tomó el carnero, y ofreciólo por holocausto en lugar de su hijo. (14) Y llamó Abraham el monte del lugar este: «El Eterno verá», que será dicho hoy: «En monte del Eterno aparecerá.»

כב שביעי

א וַיְהִי אַחַר הַדְּבָרִים הָאֵלֶּה וְהָאֱלֹהִים נִסָּה אֶת־אַבְרָהָם
2 וַיֹּאמֶר אֵלָיו אַבְרָהָם וַיֹּאמֶר הִנֵּנִי׃ וַיֹּאמֶר קַח־נָא אֶת־
בִּנְךָ אֶת־יְחִידְךָ אֲשֶׁר־אָהַבְתָּ אֶת־יִצְחָק וְלֶךְ־לְךָ אֶל־אֶרֶץ
הַמֹּרִיָּה וְהַעֲלֵהוּ שָׁם לְעֹלָה עַל אַחַד הֶהָרִים אֲשֶׁר אֹמַר
3 אֵלֶיךָ׃ וַיַּשְׁכֵּם אַבְרָהָם בַּבֹּקֶר וַיַּחֲבֹשׁ אֶת־חֲמֹרוֹ וַיִּקַּח
אֶת־שְׁנֵי נְעָרָיו אִתּוֹ וְאֵת יִצְחָק בְּנוֹ וַיְבַקַּע עֲצֵי עֹלָה וַיָּקָם
4 וַיֵּלֶךְ אֶל־הַמָּקוֹם אֲשֶׁר־אָמַר־לוֹ הָאֱלֹהִים׃ בַּיּוֹם הַשְּׁלִישִׁי
ה וַיִּשָּׂא אַבְרָהָם אֶת־עֵינָיו וַיַּרְא אֶת־הַמָּקוֹם מֵרָחֹק׃ וַיֹּאמֶר
אַבְרָהָם אֶל־נְעָרָיו שְׁבוּ־לָכֶם פֹּה עִם־הַחֲמוֹר וַאֲנִי וְהַנַּעַר
6 נֵלְכָה עַד־כֹּה וְנִשְׁתַּחֲוֶה וְנָשׁוּבָה אֲלֵיכֶם׃ וַיִּקַּח אַבְרָהָם
אֶת־עֲצֵי הָעֹלָה וַיָּשֶׂם עַל־יִצְחָק בְּנוֹ וַיִּקַּח בְּיָדוֹ אֶת־הָאֵשׁ
7 וְאֶת־הַמַּאֲכֶלֶת וַיֵּלְכוּ שְׁנֵיהֶם יַחְדָּו׃ וַיֹּאמֶר יִצְחָק אֶל־
אַבְרָהָם אָבִיו וַיֹּאמֶר אָבִי וַיֹּאמֶר הִנֶּנִּי בְנִי וַיֹּאמֶר הִנֵּה
8 הָאֵשׁ וְהָעֵצִים וְאַיֵּה הַשֶּׂה לְעֹלָה׃ וַיֹּאמֶר אַבְרָהָם אֱלֹהִים
9 יִרְאֶה־לּוֹ הַשֶּׂה לְעֹלָה בְּנִי וַיֵּלְכוּ שְׁנֵיהֶם יַחְדָּו׃ וַיָּבֹאוּ
אֶל־הַמָּקוֹם אֲשֶׁר אָמַר־לוֹ הָאֱלֹהִים וַיִּבֶן שָׁם אַבְרָהָם
אֶת־הַמִּזְבֵּחַ וַיַּעֲרֹךְ אֶת־הָעֵצִים וַיַּעֲקֹד אֶת־יִצְחָק בְּנוֹ וַיָּשֶׂם
י אֹתוֹ עַל־הַמִּזְבֵּחַ מִמַּעַל לָעֵצִים׃ וַיִּשְׁלַח אַבְרָהָם אֶת־
11 יָדוֹ וַיִּקַּח אֶת־הַמַּאֲכֶלֶת לִשְׁחֹט אֶת־בְּנוֹ׃ וַיִּקְרָא אֵלָיו
מַלְאַךְ יְהוָה מִן־הַשָּׁמַיִם וַיֹּאמֶר אַבְרָהָם ׀ אַבְרָהָם וַיֹּאמֶר
12 הִנֵּנִי׃ וַיֹּאמֶר אַל־תִּשְׁלַח יָדְךָ אֶל־הַנַּעַר וְאַל־תַּעַשׂ לוֹ
מְאוּמָה כִּי ׀ עַתָּה יָדַעְתִּי כִּי־יְרֵא אֱלֹהִים אַתָּה וְלֹא חָשַׂכְתָּ
13 אֶת־בִּנְךָ אֶת־יְחִידְךָ מִמֶּנִּי׃ וַיִּשָּׂא אַבְרָהָם אֶת־עֵינָיו וַיַּרְא
וְהִנֵּה־אַיִל אַחַר נֶאֱחַז בַּסְּבַךְ בְּקַרְנָיו וַיֵּלֶךְ אַבְרָהָם וַיִּקַּח
14 אֶת־הָאַיִל וַיַּעֲלֵהוּ לְעֹלָה תַּחַת בְּנוֹ׃ וַיִּקְרָא אַבְרָהָם שֵׁם־
הַמָּקוֹם הַהוּא יְהוָה ׀ יִרְאֶה אֲשֶׁר יֵאָמֵר הַיּוֹם בְּהַר יְהוָה

6. 10. סגול באתנח

יֵרָאֶה׃ וַיִּקְרָא מַלְאַךְ יְהוָה אֶל־אַבְרָהָם שֵׁנִית מִן־הַשָּׁמָיִם׃ טו
וַיֹּאמֶר בִּי נִשְׁבַּעְתִּי נְאֻם־יְהוָה כִּי יַעַן אֲשֶׁר עָשִׂיתָ אֶת־ 16
הַדָּבָר הַזֶּה וְלֹא חָשַׂכְתָּ אֶת־בִּנְךָ אֶת־יְחִידֶךָ׃ כִּי־בָרֵךְ 17
אֲבָרֶכְךָ וְהַרְבָּה אַרְבֶּה אֶת־זַרְעֲךָ כְּכוֹכְבֵי הַשָּׁמַיִם וְכַחוֹל
אֲשֶׁר עַל־שְׂפַת הַיָּם וְיִרַשׁ זַרְעֲךָ אֵת שַׁעַר אֹיְבָיו׃ וְהִתְבָּרְכוּ 18
בְזַרְעֲךָ כֹּל גּוֹיֵי הָאָרֶץ עֵקֶב אֲשֶׁר שָׁמַעְתָּ בְּקֹלִי׃ וַיָּשָׁב 19
אַבְרָהָם אֶל־נְעָרָיו וַיָּקֻמוּ וַיֵּלְכוּ יַחְדָּו אֶל־בְּאֵר שָׁבַע
וַיֵּשֶׁב אַבְרָהָם בִּבְאֵר שָׁבַע׃ פ מפטיר
וַיְהִי אַחֲרֵי הַדְּבָרִים הָאֵלֶּה וַיֻּגַּד לְאַבְרָהָם לֵאמֹר הִנֵּה כ
יָלְדָה מִלְכָּה גַם־הִוא בָּנִים לְנָחוֹר אָחִיךָ׃ אֶת־עוּץ בְּכֹרוֹ 21
וְאֶת־בּוּז אָחִיו וְאֶת־קְמוּאֵל אֲבִי אֲרָם׃ וְאֶת־כֶּשֶׂד וְאֶת־חֲזוֹ 22
וְאֶת־פִּלְדָּשׁ וְאֶת־יִדְלָף וְאֵת בְּתוּאֵל׃ וּבְתוּאֵל יָלַד אֶת־ 23
רִבְקָה שְׁמֹנָה אֵלֶּה יָלְדָה מִלְכָּה לְנָחוֹר אֲחִי אַבְרָהָם׃
וּפִילַגְשׁוֹ וּשְׁמָהּ רְאוּמָה וַתֵּלֶד גַּם־הִוא אֶת־טֶבַח וְאֶת־ 24
גַּחַם וְאֶת־תַּחַשׁ וְאֶת־מַעֲכָה׃

כג

פ פ פ ה 5

וַיִּהְיוּ חַיֵּי שָׂרָה מֵאָה שָׁנָה וְעֶשְׂרִים שָׁנָה וְשֶׁבַע שָׁנִים א
שְׁנֵי חַיֵּי שָׂרָה׃ וַתָּמָת שָׂרָה בְּקִרְיַת אַרְבַּע הִוא חֶבְרוֹן 2
בְּאֶרֶץ כְּנָעַן וַיָּבֹא אַבְרָהָם לִסְפֹּד לְשָׂרָה וְלִבְכֹּתָהּ׃
וַיָּקָם אַבְרָהָם מֵעַל פְּנֵי מֵתוֹ וַיְדַבֵּר אֶל־בְּנֵי־חֵת לֵאמֹר׃ 3
גֵּר־וְתוֹשָׁב אָנֹכִי עִמָּכֶם תְּנוּ לִי אֲחֻזַּת־קֶבֶר עִמָּכֶם וְאֶקְבְּרָה 4
מֵתִי מִלְּפָנָי׃ וַיַּעֲנוּ בְנֵי־חֵת אֶת־אַבְרָהָם לֵאמֹר לוֹ׃ שְׁמָעֵנוּ ׀ ה 6
אֲדֹנִי נְשִׂיא אֱלֹהִים אַתָּה בְּתוֹכֵנוּ בְּמִבְחַר קְבָרֵינוּ קְבֹר
אֶת־מֵתֶךָ אִישׁ מִמֶּנּוּ אֶת־קִבְרוֹ לֹא־יִכְלֶה מִמְּךָ מִקְּבֹר
מֵתֶךָ׃ וַיָּקָם אַבְרָהָם וַיִּשְׁתַּחוּ לְעַם־הָאָרֶץ לִבְנֵי־חֵת׃ 7
וַיְדַבֵּר אִתָּם לֵאמֹר אִם־יֵשׁ אֶת־נַפְשְׁכֶם לִקְבֹּר אֶת־מֵתִי 8

(15) Y llamó un ángel del Eterno a Abraham, por segunda vez desde los cielos, (16) y dijo: «Por mí juré, dicho del Eterno, que por cuanto hiciste la cosa esta, y no vedaste a tu hijo, a tu único: (17) Que bendecirte, bendeciré, y multiplicar, multiplicaré tu simiente, como las estrellas de los cielos, y como la arena de sobre la orilla del mar; y heredará tu simiente la puerta de sus enemigos. (18) Y bendecirse han, en tu simiente, todas las gentes de la tierra: porque oíste mi voz.» (19) Y tornó Abraham a sus mozos, levantáronse y fueron juntos a Beer-Seba; y estuvo Abraham en Beer- Seba.

(20) Y fué después de las palabras estas, que fué anunciado a Abraham, diciendo: «He aquí que parió Milcá, también ella, hijos a Nahor tu hermano: (21) A Us su primogénito, y a Bus, su hermano, y a Kemuel padre de Aram, (22) y a Késed, y a Hasó, y a Pildás, y a Idlap, y a Betuel. (23) Y Betuel engendró a Rebeca. Estos ocho, parió Milcá, a Nahor, hermano de Abraham. (24) Y su manceba, —su nombre Reümá— parió también ella a Tébah, y a Gáham, y a Tahas, y a Maajá.»

XXIII

(5) HAIÉ SARÁ

(1) Y fué la vida de Sará ciento veintisiete años: años de vida de Sará. (2) Y murió Sará en Kiriat-Arbá, que es Hebrón, en tierra de Kenáan: y vino Abraham para hacer el duelo a Sará, y para llorarla. (3) Y levantóse Abraham de sobre la faz de su muerta, y habló a los hijos de Het, diciendo: (4) «Peregrino y morador soy yo entre vosotros; dad a mí posesión de sepultura con vosotros, y enterraré mi muerto delante de mí.» (5) Y respondieron los hijos de Het a Abraham, diciéndole: (6) «Óyenos, mi señor, mayoral de Dios eres tú, entre nosotros; en lo selecto de nuestras sepulturas entierra tu muerto; varón de nosotros, su sepultura no vedará de tí, enterrar tu muerto.» (7) Y levantóse Abraham y encorvóse al pueblo de la tierra, a los hijos de Het; (8) y habló a ellos, diciendo: «Si es de vuestra voluntad enterrar a mi muerto de-

9 מלפני שמעוני ופגעו־לי בעפרון בן־צחר: ויתן־לי את־
מערת המכפלה אשר־לו אשר בקצה שדהו בכסף
י מלא יתננה לי בתוככם לאחזת־קבר: ועפרון ישב בתוך
בני־חת ויען עפרון החתי את־אברהם באזני בני־חת
11 לכל באי שער־עירו לאמר: לא־אדני שמעני השדה
נתתי לך והמערה אשר־בו לך נתתיה לעיני בני־עמי
12 נתתיה לך קבר מתך: וישתחו אברהם לפני עם־הארץ:
13 וידבר אל־עפרון באזני עם־הארץ לאמר אך אם־אתה
לו שמעני נתתי כסף השדה קח ממני ואקברה את־
14 טו מתי שמה: ויען עפרון את־אברהם לאמר לו: אדני
שמעני ארץ ארבע מאת שקל־כסף ביני ובינך מה־
16 הוא ואת־מתך קבר: וישמע אברהם אל־עפרון וישקל
אברהם לעפרן את־הכסף אשר דבר באזני בני־חת
17 ארבע מאות שקל כסף עבר לסחר: ויקם ׀ שדה עפרון
אשר במכפלה אשר לפני ממרא השדה והמערה אשר־
18 בו וכל־העץ אשר בשדה אשר בכל־גבלו סביב: לאברהם
19 למקנה לעיני בני־חת בכל באי שער־עירו: ואחרי־כן
קבר אברהם את־שרה אשתו אל־מערת שדה המכפלה
כ על־פני ממרא הוא חברון בארץ כנען: ויקם השדה
והמערה אשר־בו לאברהם לאחזת־קבר מאת בני־חת: ס

כד

א ואברהם זקן בא בימים ויהוה ברך את־אברהם בכל:
2 ויאמר אברהם אל־עבדו זקן ביתו המשל בכל־אשר
3 לו שים־נא ידך תחת ירכי: ואשביעך ביהוה אלהי
השמים ואלהי הארץ אשר לא־תקח אשה לבני מבנות
4 הכנעני אשר אנכי יושב בקרבו: כי אל־ארצי ואל־
מולדתי תלך ולקחת אשה לבני ליצחק: ויאמר אליו
העבד אולי לא־תאבה האשה ללכת אחרי אל־הארץ

lante de mí, oídme, y rogad por mí a Efrón, hijo de Soar. (9) Y me dé la cueva Majpelá que es de él, que está al cabo de su campo: por plata justa la dará a mí, por posesión de sepultura entre vosotros.» (10) Y Efrón estaba entre los hijos de Het. Y respondió Efrón el Hiteo, a Abraham, en los oídos de los hijos de Het, a todos los que entraron por la puerta de su ciudad, diciendo: (11) «No, mi señor, óyeme: el campo di a ti, y la cueva que está en él, a ti la di; a los ojos de los hijos de mi pueblo la di a ti, entierra tu muerto.» (12) Y encorvóse Abraham delante del pueblo de la tierra, (13) y habló a Efrón a oídos del pueblo de la tierra, diciendo: «Ojalá que tú me oigas; daré la plata del campo, tómala de mí, y enterraré a mi muerto allí.» (14) Y respondió Efrón a Abraham, diciéndole: (15) «Mi señor, óyeme: tierra de cuatrocientos pesos de plata: entre mí y tú, ¿qué es ella? tu muerto entierra.» (16) Y oyó Abraham a Efrón, y pesó Abraham a Efrón la plata que habló a oídos de los hijos de Het, cuatrocientos pesos de plata corriente entre mercaderes. (17) Y confirmóse el campo de Efrón que está al doblar delante de Mamré: el campo y la cueva que en él había, y todo árbol que en el campo había en todo su término, al derredor, (18) dió a Abraham por compra, a los ojos de los hijos de Het, delante de todos los que venían por la puerta de su ciudad. (19) Y después, así enterró Abraham a Sará, su mujer, en la cueva del campo de la dobladura sobre la faz de Mamré, ella es Hebrón, en la tierra de Kenáan. (20) Y confirmóse el campo, y la cueva que en él había a Abraham, por posesión de sepultura, de los hijos de Het.

XXIV

(1) Y Abraham era viejo, entrado en días; y el Eterno bendijo a Abraham en todo. (2) Y dijo Abraham a su siervo viejo de su casa, el que gobernaba en todo lo que de él era: «Pon ahora tu mano debajo de mi muslo. (3) Y te conjuraré por el Eterno, Dios de los cielos y Dios de la tierra, que no tomes mujer para mi hijo, de hijas del Kenaaní, que yo estoy entre ellos. (4) Que a mi tierra y a mi nacimiento irás y tomarás mujer para mi hijo Isaac.» (5) Y díjole el siervo: «Quizá no querrá la mujer venir en pos de mí a esta

הֶהָשֵׁב אָשִׁיב אֶת־בִּנְךָ אֶל־הָאָרֶץ אֲשֶׁר־יָצָאתָ
6 מִשָּׁם׃ וַיֹּאמֶר אֵלָיו אַבְרָהָם הִשָּׁמֶר לְךָ פֶּן־תָּשִׁיב אֶת־
7 בְּנִי שָׁמָּה׃ יְהוָה ׀ אֱלֹהֵי הַשָּׁמַיִם אֲשֶׁר לְקָחַנִי מִבֵּית
אָבִי וּמֵאֶרֶץ מוֹלַדְתִּי וַאֲשֶׁר דִּבֶּר־לִי וַאֲשֶׁר נִשְׁבַּע־לִי
לֵאמֹר לְזַרְעֲךָ אֶתֵּן אֶת־הָאָרֶץ הַזֹּאת הוּא יִשְׁלַח מַלְאָכוֹ
8 לְפָנֶיךָ וְלָקַחְתָּ אִשָּׁה לִבְנִי מִשָּׁם׃ וְאִם־לֹא תֹאבֶה הָאִשָּׁה
לָלֶכֶת אַחֲרֶיךָ וְנִקִּיתָ מִשְּׁבֻעָתִי זֹאת רַק אֶת־בְּנִי לֹא תָשֵׁב
9 שָׁמָּה׃ וַיָּשֶׂם הָעֶבֶד אֶת־יָדוֹ תַּחַת יֶרֶךְ אַבְרָהָם אֲדֹנָיו
י וַיִּשָּׁבַע לוֹ עַל־הַדָּבָר הַזֶּה׃ *וַיִּקַּח הָעֶבֶד עֲשָׂרָה גְמַלִּים
שלישי מִגְּמַלֵּי אֲדֹנָיו וַיֵּלֶךְ וְכָל־טוּב אֲדֹנָיו בְּיָדוֹ וַיָּקָם וַיֵּלֶךְ אֶל־
11 אֲרַם נַהֲרַיִם אֶל־עִיר נָחוֹר׃ וַיַּבְרֵךְ הַגְּמַלִּים מִחוּץ לָעִיר
12 אֶל־בְּאֵר הַמָּיִם לְעֵת עֶרֶב לְעֵת צֵאת הַשֹּׁאֲבֹת׃ וַיֹּאמַר ׀
יְהוָה אֱלֹהֵי אֲדֹנִי אַבְרָהָם הַקְרֵה־נָא לְפָנַי הַיּוֹם וַעֲשֵׂה־
13 חֶסֶד עִם אֲדֹנִי אַבְרָהָם׃ הִנֵּה אָנֹכִי נִצָּב עַל־עֵין הַמָּיִם
14 וּבְנוֹת אַנְשֵׁי הָעִיר יֹצְאֹת לִשְׁאֹב מָיִם׃ וְהָיָה הַנַּעֲרָ אֲשֶׁר
אֹמַר אֵלֶיהָ הַטִּי־נָא כַדֵּךְ וְאֶשְׁתֶּה וְאָמְרָה שְׁתֵה וְגַם־
גְּמַלֶּיךָ אַשְׁקֶה אֹתָהּ הֹכַחְתָּ לְעַבְדְּךָ לְיִצְחָק וּבָהּ אֵדַע
טו כִּי־עָשִׂיתָ חֶסֶד עִם־אֲדֹנִי׃ וַיְהִי־הוּא טֶרֶם כִּלָּה לְדַבֵּר
וְהִנֵּה רִבְקָה יֹצֵאת אֲשֶׁר יֻלְּדָה לִבְתוּאֵל בֶּן־מִלְכָּה אֵשֶׁת
16 נָחוֹר אֲחִי אַבְרָהָם וְכַדָּהּ עַל־שִׁכְמָהּ׃ וְהַנַּעֲרָ טֹבַת מַרְאֶה
מְאֹד בְּתוּלָה וְאִישׁ לֹא יְדָעָהּ וַתֵּרֶד הָעַיְנָה וַתְּמַלֵּא כַדָּהּ
17 וַתָּעַל׃ וַיָּרָץ הָעֶבֶד לִקְרָאתָהּ וַיֹּאמֶר הַגְמִיאִינִי נָא מְעַט־
18 מַיִם מִכַּדֵּךְ׃ וַתֹּאמֶר שְׁתֵה אֲדֹנִי וַתְּמַהֵר וַתֹּרֶד כַּדָּהּ עַל־
19 יָדָהּ וַתַּשְׁקֵהוּ׃ וַתְּכַל לְהַשְׁקֹתוֹ וַתֹּאמֶר גַּם לִגְמַלֶּיךָ אֶשְׁאָב
כ עַד אִם־כִּלּוּ לִשְׁתֹּת׃ וַתְּמַהֵר וַתְּעַר כַּדָּהּ אֶל־הַשֹּׁקֶת וַתָּרָץ
21 עוֹד אֶל־הַבְּאֵר לִשְׁאֹב וַתִּשְׁאַב לְכָל־גְּמַלָּיו׃ וְהָאִישׁ
מִשְׁתָּאֵה לָהּ מַחֲרִישׁ לָדַעַת הַהִצְלִיחַ יְהוָה דַּרְכּוֹ אִם־

tierra: ¿Si tornar, tornaré a tu hijo a la tierra de que saliste? (6) Y díjole Abraham: «Guardate de no tornar a mi hijo allí. (7) El Eterno, Dios de los cielos, que me tomó de la casa de mi padre y de la tierra de mi nacimiento, y que habló a mí, y que juró a mí, diciendo: A tu simiente daré esta tierra; él enviará su ángel delante de ti, y tomarás mujer para mi hijo de allí. (8) Y si no quisiere la mujer venir en pos de ti, serás libre de mi jura ésta; de cierto, a mi hijo no tornes allí.» (9) Y puso el siervo su mano debajo del muslo de Abraham su señor, y juró a él sobre la cosa esta.

(10) Y tomó el siervo diez camellos de los camellos de su señor, y fuése, y todos los bienes de su señor estaban en sus manos y levantóse y fué a Aram-Naaráim (*Mesopotamia*), a la ciudad de Nahor. (11) E hizo arrodillar los camellos fuera de la ciudad, junto al pozo de las aguas, a la hora de la tarde, la hora de salir las mozas por agua. (12) Y dijo: «El Eterno, Dios de mi señor Abraham, haz encontrar ahora delante de mí buen encuentro; y haz merced con mi señor Abraham. (13) He aquí que yo estoy sobre la fuente del agua: y las hijas de los varones de la ciudad salen por agua. (14) Y será la moza a quien diré: baja ahora tu cántaro, y beberé, y dijere: Bebe, y también daré de beber a tus camellos: a ella aparejaste para tu siervo Isaac; y en ella sabré que hiciste merced con mi señor. (15) Y fué antes que terminase de hablar, y he aquí que Rebeca salió, que fué nacida a Betuel, hijo de Milcá, mujer de Nahor, hermano de Abraham, su cántaro sobre su hombro. (16) Y la moza era muy buena de vista, virgen, y varón no la conoció, y descendió a la fuente, y llenó su cántaro, y subió. (17) Y el siervo corrió a su encuentro, y dijo: «¡Dame a beber ahora poco de agua de tu cántaro!» (18) Y dijo: «Bebe mi señor», y apresuró y descendió su cántaro sobre su mano, y díjole de beber. (19) Y terminó de darle de beber, y dijo: «También para tus camellos sacaré agua, hasta que terminen de beber.» (20) Y apresuróse, y vació su cántaro en la pila, y corrió más al pozo para sacar agua, y sacó agua para todos sus camellos. (21) Y el varón maravillóse de ella, callando, para saber si hizo prosperar el Eterno su camino o no.

14. הנערה קרי. 16. והנערה קרי. 19. קמץ בז"ק

(22) Y fué como terminaron los camellos de beber, y tomó el varón un zarcillo de oro, beca su peso, y dos ajorcas sobre sus manos, diez pesos de oro su peso, (23) y dijo: «¿Hija de quién, eres tú? Anuncia ahora a mí, si hay en casa de tu padre lugar para nosotros para dormir?» (24) Y díjole: «Hija de Betuel soy yo, hijo de Milcá, que parió a Nahor.» (25) Y díjole: «También paja, también forraje, mucho hay con nosotros, también lugar para dormir.» (26) Y humillóse el varón y encorvóse al Eterno. (27) Y dijo: «Bendito el Eterno, Dios de mi señor Abraham, que no dejó su merced y su verdad de con mi señor. Y en el camino, guióme el Eterno a casa de hermanos de mi señor.» (28) Y corrió la moza, y anunció en casa de su madre las palabras estas.

(29) Y Rebeca tenía un hermano, que su nombre era Labán. Y corrió Labán, al varón, afuera, a la fuente. (30) Y fué al ver el zarcillo y las ajorcas sobre las manos de su hermana, y al oír las palabras de Rebeca, su hermana, diciendo: «Así hablóme el varón», y vino al varón; y he aquí que está cerca de los camellos, cerca de la fuente. (31) Y dijo: «Ven, bendito del Eterno; ¿por qué estás en la calle? Yo escombré la casa, y hay lugar para los camellos.» (32) Y vino el varón a la casa, y desató los camellos; y dió paja y forraje a los camellos, y agua para lavar sus pies, y los pies de los varones que estaban con él. (33) Y fué puesto delante de él para comer; y dijo: «No comeré hasta que haya hablado mis palabras.» Y dijo: «¡Habla!»

(34) Y dijo: «Siervo de Abraham soy yo. (35) El Eterno bendijo a mi señor mucho, y engrandecióse. Y dióle ovejas y vacas, y plata y oro, y siervos y siervas, y camellos y asnos. (36) Y parió Sará, mujer de mi señor, un hijo a mi señor, después de su vejez, y dióle todo lo de él. (37) Y conjuróme mi señor, diciendo: No tomes mujer para mi hijo, de hijas de los Kenaaneos, que yo moro en su tierra. (38) Sino a la casa de mi padre irás, y a mi linaje, y tomarás mujer para mi hijo. (39) Y dije a mi señor: Quizá no vendrá la mujer en pos de mí. (40) Y dijo a mí: El Eterno que anduvo delante de él, enviará su ángel contigo, y prosperará tu camino, y tomarás mujer para mi hijo de mi linaje

22 לא: ויהי כאשר כלו הגמלים לשתות ויקח האיש נזם
זהב בקע משקלו ושני צמידים על־ידיה עשרה זהב
23 משקלם: ויאמר בת־מי את הגידי נא לי היש בית־
24 אביך מקום לנו ללין: ותאמר אליו בת־בתואל אנכי בן־
כה מלכה אשר ילדה לנחור: ותאמר אליו גם־תבן גם־
26 מספוא רב עמנו גם־מקום ללון: ויקד האיש וישתחו
27 ליהוה: ויאמר ברוך יהוה אלהי אדני אברהם אשר
לא־עזב חסדו ואמתו מעם אדני אנכי בדרך נחני יהוה
28 בית אחי אדני: ותרץ הנער ותגד לבית אמה כדברים
29 האלה: ולרבקה אח ושמו לבן וירץ לבן אל־האיש
ל החוצה אל־העין: ויהי | כראת את־הנזם ואת־הצמדים
על־ידי אחתו וכשמעו את־דברי רבקה אחתו לאמר
כה־דבר אלי האיש ויבא אל־האיש והנה עמד על־
31 הגמלים על־העין: ויאמר בוא ברוך יהוה למה תעמד
32 בחוץ ואנכי פניתי הבית ומקום לגמלים: ויבא האיש
הביתה ויפתח הגמלים ויתן תבן ומספוא לגמלים
33 ומים לרחץ רגליו ורגלי האנשים אשר אתו: ויישם
לפניו לאכל ויאמר לא אכל עד אם־דברתי דברי ויאמר
34 לה דבר: ויאמר עבד אברהם אנכי: ויהוה ברך את־אדני
מאד ויגדל ויתן־לו צאן ובקר וכסף וזהב ועבדם ושפחת
36 וגמלים וחמרים: ותלד שרה אשת אדני בן לאדני
37 אחרי זקנתה ויתן־לו את־כל־אשר־לו: וישבעני אדני
לאמר לא־תקח אשה לבני מבנות הכנעני אשר אנכי
38 ישב בארצו: אם־לא אל־בית־אבי תלך ואל־משפחתי
39 ולקחת אשה לבני: ואמר אל־אדני אלי לא־תלך האשה
מ אחרי: ויאמר אלי יהוה אשר־התהלכתי לפניו ישלח
מלאכו אתך והצליח דרכך ולקחת אשה לבני ממשפחתי

28. הנערה קרי 33. ויושם קרי

41 וּמִבֵּית אָבִי׃ אָז תִּנָּקֶה מֵאָלָתִי כִּי תָבוֹא אֶל־מִשְׁפַּחְתִּי
42 וְאִם־לֹא יִתְּנוּ לָךְ וְהָיִיתָ נָקִי מֵאָלָתִי׃ וָאָבֹא הַיּוֹם אֶל־
הָעָיִן וָאֹמַר יְהוָה אֱלֹהֵי אֲדֹנִי אַבְרָהָם אִם־יֶשְׁךָ־נָּא
43 מַצְלִיחַ דַּרְכִּי אֲשֶׁר אָנֹכִי הֹלֵךְ עָלֶיהָ׃ הִנֵּה אָנֹכִי נִצָּב
עַל־עֵין הַמָּיִם וְהָיָה הָעַלְמָה הַיֹּצֵאת לִשְׁאֹב וְאָמַרְתִּי
44 אֵלֶיהָ הַשְׁקִינִי־נָא מְעַט־מַיִם מִכַּדֵּךְ׃ וְאָמְרָה אֵלַי גַּם־
אַתָּה שְׁתֵה וְגַם לִגְמַלֶּיךָ אֶשְׁאָב הִוא הָאִשָּׁה אֲשֶׁר־הֹכִיחַ
מה יְהוָה לְבֶן־אֲדֹנִי׃ אֲנִי טֶרֶם אֲכַלֶּה לְדַבֵּר אֶל־לִבִּי וְהִנֵּה
רִבְקָה יֹצֵאת וְכַדָּהּ עַל־שִׁכְמָהּ וַתֵּרֶד הָעַיְנָה וַתִּשְׁאָב
46 וָאֹמַר אֵלֶיהָ הַשְׁקִינִי נָא׃ וַתְּמַהֵר וַתּוֹרֶד כַּדָּהּ מֵעָלֶיהָ
וַתֹּאמֶר שְׁתֵה וְגַם־גְּמַלֶּיךָ אַשְׁקֶה וָאֵשְׁתְּ וְגַם הַגְּמַלִּים
47 הִשְׁקָתָה׃ וָאֶשְׁאַל אֹתָהּ וָאֹמַר בַּת־מִי אַתְּ וַתֹּאמֶר בַּת־
בְּתוּאֵל בֶּן־נָחוֹר אֲשֶׁר יָלְדָה־לּוֹ מִלְכָּה וָאָשִׂם הַנֶּזֶם עַל־
48 אַפָּהּ וְהַצְּמִידִים עַל־יָדֶיהָ׃ וָאֶקֹּד וָאֶשְׁתַּחֲוֶה לַיהוָה
וָאֲבָרֵךְ אֶת־יְהוָה אֱלֹהֵי אֲדֹנִי אַבְרָהָם אֲשֶׁר הִנְחַנִי בְּדֶרֶךְ
49 אֱמֶת לָקַחַת אֶת־בַּת־אֲחִי אֲדֹנִי לִבְנוֹ׃ וְעַתָּה אִם־יֶשְׁכֶם
עֹשִׂים חֶסֶד וֶאֱמֶת אֶת־אֲדֹנִי הַגִּידוּ לִי וְאִם־לֹא הַגִּידוּ
נ לִי וְאֶפְנֶה עַל־יָמִין אוֹ עַל־שְׂמֹאל׃ וַיַּעַן לָבָן וּבְתוּאֵל
וַיֹּאמְרוּ מֵיְהוָה יָצָא הַדָּבָר לֹא נוּכַל דַּבֵּר אֵלֶיךָ רַע אוֹ־
51 טוֹב׃ הִנֵּה־רִבְקָה לְפָנֶיךָ קַח וָלֵךְ וּתְהִי אִשָּׁה לְבֶן־אֲדֹנֶיךָ
52 כַּאֲשֶׁר דִּבֶּר יְהוָה׃ וַיְהִי כַּאֲשֶׁר שָׁמַע עֶבֶד אַבְרָהָם אֶת־
53 דִּבְרֵיהֶם וַיִּשְׁתַּחוּ אַרְצָה לַיהוָה׃ וַיּוֹצֵא הָעֶבֶד כְּלֵי־כֶסֶף
וּכְלֵי זָהָב וּבְגָדִים וַיִּתֵּן לְרִבְקָה וּמִגְדָּנֹת נָתַן לְאָחִיהָ
54 וּלְאִמָּהּ׃ וַיֹּאכְלוּ וַיִּשְׁתּוּ הוּא וְהָאֲנָשִׁים אֲשֶׁר־עִמּוֹ וַיָּלִינוּ
נה וַיָּקוּמוּ בַבֹּקֶר וַיֹּאמֶר שַׁלְּחֻנִי לַאדֹנִי׃ וַיֹּאמֶר אָחִיהָ וְאִמָּהּ
56 תֵּשֵׁב הַנַּעַר אִתָּנוּ יָמִים אוֹ עָשׂוֹר אַחַר תֵּלֵךְ׃ וַיֹּאמֶר
אֲלֵהֶם אַל־תְּאַחֲרוּ אֹתִי וַיהוָה הִצְלִיחַ דַּרְכִּי שַׁלְּחוּנִי

y de casa de mi padre: (41) Entonces serás quitado de mi jura, cuando llegues a mi linaje; y si no dieren a ti, serás libre de mi jura. (42) Y vine hoy a la fuente, y dije: El Eterno, Dios de mi señor Abraham, ¡si eres tú ahora el que prospera el camino por el que voy! (43) He aquí yo estoy sobre la fuente de las aguas; y será la moza que salga para sacar agua, que diré a ella: Dame a beber ahora poco de agua de tu cántaro; (44) y dijere a mí, también tú bebe, y también para tus camellos sacaré agua; ella será la mujer que aparejó el Eterno para el hijo de mi señor. (45) Y, antes que terminare de hablar en mi corazón, he aquí a Rebeca, saliendo con su cántaro sobre su hombro; y descendió a la fuente, y sacó agua; y dije a ella: Dame a beber ahora. (46) Y apresuróse y bajó su cántaro de sobre ella, y dijo: Bebe, y también a tus camellos daré a beber. Y bebí, y también a los camellos dió de beber. (47) Y demandé a ella, y dije: ¿Hija de quién eres tú? Y dijo: Hija de Betuel, hijo de Nahor, que parió a él Milcá. Y puse el zarcillo sobre su nariz, y las ajorcas sobre sus manos; (48) y humilléme, y encorvéme al Eterno; y bendije al Eterno, Dios de mi señor Abraham, que me guió en el camino de la verdad para tomar la hija del hermano de mi señor, para su hijo. (49) Y ahora, si vosotros hacéis merced y verdad con mi señor, anunciadme, y si no, anunciadme, y echaré sobre la derecha o sobre la izquierda.» (50) Y respondieron Labán y Betuel y dijeron: «Del Eterno salió esto, no podemos hablar de ti mal o bien. (51) He aquí a Rebeca delante de ti; toma y anda, y sea mujer del hijo de tu señor, como habló el Eterno.» (52) Y fué, como oyó el siervo de Abraham sus palabras que encorvóse a tierra, al Eterno. (53) Y sacó el siervo vasijas de plata, y vasijas de oro y paños, y dió a Rebeca; y frutas dió a su hermano y a su madre. (54) Y comieron y bebieron él y los varones que estaban con él, y durmieron.

Y levantáronse por la mañana, y dijo: «Enviadme a mi señor.» (55) Y dijeron su hermano y su madre: «Esté la moza con nosotros año o diez meses, después irá.» (56) Y díjoles: «No me hagáis tardar, el Eterno prosperó mi camino;

55. הנערה קרי

57 וְאֵלְכָה לַאדֹנִי׃ וַיֹּאמְרוּ נִקְרָא לַנַּעֲרָ וְנִשְׁאֲלָה אֶת־פִּיהָ׃
58 וַיִּקְרְאוּ לְרִבְקָה וַיֹּאמְרוּ אֵלֶיהָ הֲתֵלְכִי עִם־הָאִישׁ הַזֶּה
59 וַתֹּאמֶר אֵלֵךְ׃ וַיְשַׁלְּחוּ אֶת־רִבְקָה אֲחֹתָם וְאֶת־מֵנִקְתָּהּ
ס וְאֶת־עֶבֶד אַבְרָהָם וְאֶת־אֲנָשָׁיו׃ וַיְבָרְכוּ אֶת־רִבְקָה וַיֹּאמְרוּ
לָהּ אֲחֹתֵנוּ אַתְּ הֲיִי לְאַלְפֵי רְבָבָה וְיִירַשׁ זַרְעֵךְ אֵת שַׁעַר
61 שֹׂנְאָיו׃ וַתָּקָם רִבְקָה וְנַעֲרֹתֶיהָ וַתִּרְכַּבְנָה עַל־הַגְּמַלִּים
וַתֵּלַכְנָה אַחֲרֵי הָאִישׁ וַיִּקַּח הָעֶבֶד אֶת־רִבְקָה וַיֵּלַךְ׃
62 וְיִצְחָק בָּא מִבּוֹא בְּאֵר לַחַי רֹאִי וְהוּא יוֹשֵׁב בְּאֶרֶץ הַנֶּגֶב׃
63 וַיֵּצֵא יִצְחָק לָשׂוּחַ בַּשָּׂדֶה לִפְנוֹת עָרֶב וַיִּשָּׂא עֵינָיו וַיַּרְא
64 וְהִנֵּה גְמַלִּים בָּאִים׃ וַתִּשָּׂא רִבְקָה אֶת־עֵינֶיהָ וַתֵּרֶא אֶת־
כה יִצְחָק וַתִּפֹּל מֵעַל הַגָּמָל׃ וַתֹּאמֶר אֶל־הָעֶבֶד מִי־הָאִישׁ
הַלָּזֶה הַהֹלֵךְ בַּשָּׂדֶה לִקְרָאתֵנוּ וַיֹּאמֶר הָעֶבֶד הוּא אֲדֹנִי
66 וַתִּקַּח הַצָּעִיף וַתִּתְכָּס׃ וַיְסַפֵּר הָעֶבֶד לְיִצְחָק אֵת כָּל־
67 הַדְּבָרִים אֲשֶׁר עָשָׂה׃ וַיְבִאֶהָ יִצְחָק הָאֹהֱלָה שָׂרָה אִמּוֹ
וַיִּקַּח אֶת־רִבְקָה וַתְּהִי־לוֹ לְאִשָּׁה וַיֶּאֱהָבֶהָ וַיִּנָּחֵם יִצְחָק
אַחֲרֵי אִמּוֹ׃ פ ששי

א וַיֹּסֶף אַבְרָהָם וַיִּקַּח אִשָּׁה וּשְׁמָהּ קְטוּרָה׃ וַתֵּלֶד לוֹ אֶת־
זִמְרָן וְאֶת־יָקְשָׁן וְאֶת־מְדָן וְאֶת־מִדְיָן וְאֶת־יִשְׁבָּק וְאֶת־
3 שׁוּחַ׃ וְיָקְשָׁן יָלַד אֶת־שְׁבָא וְאֶת־דְּדָן וּבְנֵי דְדָן הָיוּ
4 אַשּׁוּרִם וּלְטוּשִׁם וּלְאֻמִּים׃ וּבְנֵי מִדְיָן עֵיפָה וָעֵפֶר וַחֲנֹךְ
ה וַאֲבִידָע וְאֶלְדָּעָה כָּל־אֵלֶּה בְּנֵי קְטוּרָה׃ וַיִּתֵּן אַבְרָהָם
6 אֶת־כָּל־אֲשֶׁר־לוֹ לְיִצְחָק׃ וְלִבְנֵי הַפִּילַגְשִׁים אֲשֶׁר
לְאַבְרָהָם נָתַן אַבְרָהָם מַתָּנֹת וַיְשַׁלְּחֵם מֵעַל יִצְחָק בְּנוֹ
7 בְּעוֹדֶנּוּ חַי קֵדְמָה אֶל־אֶרֶץ קֶדֶם׃ וְאֵלֶּה יְמֵי שְׁנֵי־חַיֵּי
אַבְרָהָם אֲשֶׁר־חָי מְאַת שָׁנָה וְשִׁבְעִים שָׁנָה וְחָמֵשׁ שָׁנִים׃
8 וַיִּגְוַע וַיָּמָת אַבְרָהָם בְּשֵׂיבָה טוֹבָה זָקֵן וְשָׂבֵעַ וַיֵּאָסֶף אֶל־

enviadme, e iré a mi señor.» (57) Y dijeron: «Llamemos a la moza y demandaremos su dicho.» (58) Y llamaron a Rebeca, y dijeron a ella: «¿Si irás con el varón este?» Y dijo: «Iré.» (59) Y enviaron a Rebeca, su hermana, y a su nodriza y al siervo de Abraham y a sus varones. (60) Y bendijeron a Rebeca y dijeron a ella:
«¡Nuestra hermana, ¡tú seas por miles de millares!
¡Y herede tu simiente la puerta de sus aborrecedores!»
(61) Y levantóse Rebeca y sus mozas, y montaron sobre los camellos, y fueron tras del varón; y tomó el siervo a Rebeca, y fuése.
(62) E Isaac venía del pozo Lahai-Roí, que está en la tierra del Meridión. (63) Y salió Isaac para hacer oración en el campo, en horas de la tarde; y alzó sus ojos, y vió, y he aquí que camellos venían. (64) Y alzó Rebeca sus ojos, y vió a Isaac y echóse de sobre el camello, (65) y dijo al siervo: «¿Quién es el varón este? El viene por el campo a nuestro encuentro.» Y dijo el siervo: «Él es mi señor.» Y tomó el velo, y cubrióse. (66) Y contó el siervo a Isaac todas las cosas que hizo. (67) Y trájola Isaac a la tienda de Sará su madre y tomó a Rebeca, y fué a él por mujer; y amóla: y consolóse Isaac después de la muerte de su madre.

XXV

(1) Y volvió Abraham a tomar mujer, y su nombre fué Keturá. (2) Y parió a él a Simrán, y a Ioksán, y a Medán, y a Midián, y a Isbak, y a Suah. (3) Y Ioksán engendró a Sebá, y a Dedán; e hijos de Dedán fueron: Asurim, y Letusim, y Leumim. (4) E hijos de Midián: Efá, Efer, Hanoj, Abidá, y Eldaá. Todos estos hijos de Keturá. (5) Y dió Abraham todo lo de él a Isaac. (6) Y a los hijos de las mancebas de Abraham dió Abraham dádivas, y enviólos de sobre Isaac, su hijo, mientras él vivió, a oriente, a tierra de oriente.
(7) Y estos son los días de los años de vida de Abraham que vivió: ciento setenta y cinco años. (8) Y transióse, y murió Abraham con vejez buena, viejo

כד .57 לנערה קרי

9 עמו: ויקברו אתו יצחק וישמעאל בניו אל־מערת המכפלה
אל־שדה עפרן בן־צחר החתי אשר על־פני ממרא:
• השדה אשר־קנה אברהם מאת בני־חת שמה קבר
11 אברהם ושרה אשתו: ויהי אחרי מות אברהם ויברך
אלהים את־יצחק בנו וישב יצחק עם־באר לחי ראי: פ
12 ואלה תלדת ישמעאל בן־אברהם אשר ילדה הגר
13 המצרית שפחת שרה לאברהם: ואלה שמות בני
ישמעאל בשמתם לתולדתם בכר ישמעאל נבית וקדר
14 טו ואדבאל ומבשם: ומשמע ודומה ומשא: חדד ותימא
16 יטור נפיש וקדמה: אלה הם בני ישמעאל ואלה שמתם
17 בחצריהם ובטירתם שנים־עשר נשיאם לאמתם: ואלה
שני חיי ישמעאל מאת שנה ושלשים שנה ושבע שנים
18 ויגוע וימת ויאסף אל־עמיו: וישכנו מחוילה עד־שור
אשר על־פני מצרים באכה אשורה על־פני כל־אחיו נפל:

פ פ פ ו 6

19 ואלה תולדת יצחק בן־אברהם אברהם הוליד את־
כ יצחק: ויהי יצחק בן־ארבעים שנה בקחתו את־רבקה
בת־בתואל הארמי מפדן ארם אחות לבן הארמי לו
21 לאשה: ויעתר יצחק ליהוה לנכח אשתו כי עקרה
22 הוא ויעתר לו יהוה ותהר רבקה אשתו: ויתרצצו
הבנים בקרבה ותאמר אם־כן למה זה אנכי ותלך לדרש
23 את־יהוה: ויאמר יהוה לה שני גיים בבטנך ושני
לאמים ממעיך יפרדו ולאם מלאם יאמץ ורב יעבד
24 כה צעיר: וימלאו ימיה ללדת והנה תומם בבטנה: ויצא
הראשון אדמוני כלו כאדרת שער ויקראו שמו עשו:
26 ואחרי־כן יצא אחיו וידו אחזת בעקב עשו ויקרא
27 שמו יעקב ויצחק בן־ששים שנה בלדת אתם: ויגדלו

y harto (*de días*), y fué juntado a su pueblo. (9) Y enterraron a él, Isaac e Ismael, sus hijos, en la cueva de la dobladura, en campo de Efrón, hijo de Sohar el Hiteo, sobre la faz de Mamré, (10) el campo que compró Abraham de los hijos de Het; allí fué enterrado Abraham, con Sará su mujer.

(11) Y fué, después de morir Abraham, que bendijo Dios, a Isaac, su hijo: y moró Isaac junto el pozo Lahai-Roí.

(12) Y éstas son las generaciones de Ismael, hijo de Abraham, que parió Agar la Egipciana, sierva de Sará, a Abraham. (13) Y éstos son los nombres de los hijos de Ismael, por sus nombres, por sus generaciones: Mayor de Ismael, Nebaiot, Kedar, Adbeél, Mibsam, (14) y Mismá, Dumá, y Masá, (15) Hadad, Temá, Ietur, Nafís, y Kedma. (16) Éstos, hijos de Ismael, y éstos son sus nombres, en sus villas, y en sus palacios; doce mayorales por sus gentes. (17) Y los años de vida de Ismael, ciento treinta y siete años; y transióse, y murió; y fué juntado a su pueblo. (18) Y moraron desde Havilá hasta Sur, sobre la faz de Egipto, viniendo a Asur; en presencia de todos sus hermanos murió.

(6) TOLDOT

(19) Y éstas son las generaciones de Isaac, hijo de Abraham: Abraham engendró a Isaac. (20) Y fué Isaac de edad de cuarenta años en su tomar por mujer a Rebeca, hija de Betuel el Arameo, de Padán-Aram, hermana de Labán el Arameo. (21) E hizo oración Isaac al Eterno, enfrente de su mujer, que estéril ella era, y recibióle el Eterno, y concibió Rebeca, su mujer. (22) Y combatiéronse los hijos dentro de ella; y dijo: «Sí así, ¿Por qué esto yo?» Y fué para consultar al Eterno. (23) Y dijo el Eterno a ella:

«Dos gentes hay en tu vientre,
Y dos pueblos de tus entrañas se partirán;
Y nación más que nación se esforzará,
Y el mayor servirá al menor.»

(24) Y cumpliéronse sus días para parir, y he aquí mellizos en su vientre. (25) Y salió el primero bermejo, todo él como manta de pelo, y llamaron su nombre Esáv. (26) Y después salió su hermano y su mano trababa en el calcañar *(akeb)* de Esav: y fué llamado su nombre Iaacob. Y era Isaac de edad de sesenta años al parir *(Rebeca)* a ellos.

28. גוים ק׳ קמץ בז״ק 24. חסר

(27) Y crecieron los mozos, y fué Esav varón diestro en caza, varón de campo; y Iaacob varón quieto, morador de tiendas. (28) Y amó Isaac a Esav, que caza fué en su boca; y Rebeca amaba a Iaacob. (29) Y cocinó Iaacob potaje; y vino Esav del campo, cansado. (30) Y dijo Esav a Iaacob: «Hazme gustar ahora del bermejo *(adom)*, el bermejo este, que cansado estoy.» Por tanto llamó su nombre Edom. (31) Y dijo Iaacob: Véndeme hoy tu primogenitura a mí.» (32) Y dijo Esav: «He aquí yo voy a morir; ¿y para qué quiero la primogenitura?» (33) Y dijo Iaacob: «Júrame hoy.» Y juró a él, y vendió su primogenitura a Iaacob. (34) Y Iaacob dió a Esav pan y cocinado de lentejas; y comió y bebió, y levantóse, y fuése y menospreció Esav la primogenitura.

XXVI

(1) Y hubo hambre en la tierra, fuera del hambre primero que hubo en días de Abraham. Y fué Isaac a Abimélej rey de los Pelisteos, en Guerar. (2) Y aparecióse a él el Eterno, y dijo: «No desciendas a Egipto; mora en la tierra, que diré a ti. (3) Peregrina en la tierra esta, y seré contigo, y bendecirte he; que a ti y a tu simiente daré todas las tierras estas, y afirmaré lo que juré a Abraham tu padre: (4) Y multiplicaré tu simiente como las estrellas de los cielos, y daré a tu simiente todas las tierras estas; y bendecirse han en tu simiente todas las gentes de la tierra: (5) Porque oyó Abraham mi voz, y guardó mi mandato, mis mandamientos, mis estatutos y mis leyes.» (6) Y estuvo Isaac en Guerar. (7) Y demandaron los varones del lugar por su mujer y dijo: «Mi hermana es ella»; que temió decir: «mi mujer; quizá me maten los varones del lugar por Rebeca, que buena de vista es ella.» (8) Y fué cómo se prolongaron a él allí los días, y cató Abimélej, rey de los Pelisteos, por la ventana, y vió y he aquí que Isaac jugaba con Rebeca su mujer. (9) Y llamó Abimélej a Isaac, y dijo: «¿Cierto he aquí que tu mujer es ella? ¿Y cómo dijiste: mi hermana es ella?» Y díjole Isaac: «Porque dije: Quizá moriré por ella.» (10) Y dijo Abimélej: «¿Por esto hiciste a nosotros? Por poco, yaciera uno del pueblo con tu

הַנְּעָרִים וַיְהִי עֵשָׂו אִישׁ יֹדֵעַ צַיִד אִישׁ שָׂדֶה וְיַעֲקֹב אִישׁ
28 תָּם יֹשֵׁב אֹהָלִים׃ וַיֶּאֱהַב יִצְחָק אֶת־עֵשָׂו כִּי־צַיִד בְּפִיו
29 וְרִבְקָה אֹהֶבֶת אֶת־יַעֲקֹב׃ וַיָּזֶד יַעֲקֹב נָזִיד וַיָּבֹא עֵשָׂו
ל מִן־הַשָּׂדֶה וְהוּא עָיֵף׃ וַיֹּאמֶר עֵשָׂו אֶל־יַעֲקֹב הַלְעִיטֵנִי
נָא מִן־הָאָדֹם הָאָדֹם הַזֶּה כִּי עָיֵף אָנֹכִי עַל־כֵּן קָרָא־
31 שְׁמוֹ אֱדוֹם׃ וַיֹּאמֶר יַעֲקֹב מִכְרָה כַיּוֹם אֶת־בְּכֹרָתְךָ לִי׃
32 וַיֹּאמֶר עֵשָׂו הִנֵּה אָנֹכִי הוֹלֵךְ לָמוּת וְלָמָּה־זֶּה לִי בְּכֹרָה׃
33 וַיֹּאמֶר יַעֲקֹב הִשָּׁבְעָה לִּי כַּיּוֹם וַיִּשָּׁבַע לוֹ וַיִּמְכֹּר אֶת־
34 בְּכֹרָתוֹ לְיַעֲקֹב׃ וְיַעֲקֹב נָתַן לְעֵשָׂו לֶחֶם וּנְזִיד עֲדָשִׁים
וַיֹּאכַל וַיֵּשְׁתְּ וַיָּקָם וַיֵּלַךְ וַיִּבֶז עֵשָׂו אֶת־הַבְּכֹרָה׃ פ

כו

א וַיְהִי רָעָב בָּאָרֶץ מִלְּבַד הָרָעָב הָרִאשׁוֹן אֲשֶׁר הָיָה בִּימֵי
אַבְרָהָם וַיֵּלֶךְ יִצְחָק אֶל־אֲבִימֶלֶךְ מֶלֶךְ־פְּלִשְׁתִּים גְּרָרָה׃
2 וַיֵּרָא אֵלָיו יְהוָה וַיֹּאמֶר אַל־תֵּרֵד מִצְרָיְמָה שְׁכֹן בָּאָרֶץ
3 אֲשֶׁר אֹמַר אֵלֶיךָ׃ גּוּר בָּאָרֶץ הַזֹּאת וְאֶהְיֶה עִמְּךָ וַאֲבָרְכֶךָּ
כִּי־לְךָ וּלְזַרְעֲךָ אֶתֵּן אֶת־כָּל־הָאֲרָצֹת הָאֵל וַהֲקִמֹתִי אֶת־
4 הַשְּׁבֻעָה אֲשֶׁר נִשְׁבַּעְתִּי לְאַבְרָהָם אָבִיךָ׃ וְהִרְבֵּיתִי אֶת־
זַרְעֲךָ כְּכוֹכְבֵי הַשָּׁמַיִם וְנָתַתִּי לְזַרְעֲךָ אֵת כָּל־הָאֲרָצֹת
ה הָאֵל וְהִתְבָּרְכוּ בְזַרְעֲךָ כֹּל גּוֹיֵי הָאָרֶץ׃ עֵקֶב אֲשֶׁר־שָׁמַע
5 אַבְרָהָם בְּקֹלִי וַיִּשְׁמֹר מִשְׁמַרְתִּי מִצְוֹתַי חֻקּוֹתַי וְתוֹרֹתָי׃
6 7 וַיֵּשֶׁב יִצְחָק בִּגְרָר׃ וַיִּשְׁאֲלוּ אַנְשֵׁי הַמָּקוֹם לְאִשְׁתּוֹ וַיֹּאמֶר
אֲחֹתִי הִוא כִּי יָרֵא לֵאמֹר אִשְׁתִּי פֶּן־יַהַרְגֻנִי אַנְשֵׁי הַמָּקוֹם
8 עַל־רִבְקָה כִּי־טוֹבַת מַרְאֶה הִוא׃ וַיְהִי כִּי אָרְכוּ־לוֹ שָׁם
הַיָּמִים וַיַּשְׁקֵף אֲבִימֶלֶךְ מֶלֶךְ פְּלִשְׁתִּים בְּעַד הַחַלּוֹן וַיַּרְא
9 וְהִנֵּה יִצְחָק מְצַחֵק אֵת רִבְקָה אִשְׁתּוֹ׃ וַיִּקְרָא אֲבִימֶלֶךְ
לְיִצְחָק וַיֹּאמֶר אַךְ הִנֵּה אִשְׁתְּךָ הִוא וְאֵיךְ אָמַרְתָּ אֲחֹתִי
הִוא וַיֹּאמֶר אֵלָיו יִצְחָק כִּי אָמַרְתִּי פֶּן־אָמוּת עָלֶיהָ׃

כו 3. 4. סבירין האלה

י ויאמר אבימלך מה זאת עשית לנו כמעט שכב אחד
11 העם את אשתך והבאת עלינו אשם: ויצו אבימלך את
כל העם לאמר הנגע באיש הזה ובאשתו מות יומת:
12 ויזרע יצחק בארץ ההוא וימצא בשנה ההוא מאה
13 שערים ויברכהו יהוה: ויגדל האיש וילך הלוך וגדל
14 עד כי גדל מאד: ויהי לו מקנה צאן ומקנה בקר ועבדה
טו רבה ויקנאו אתו פלשתים: וכל הבארת אשר חפרו
עבדי אביו בימי אברהם אביו סתמום פלשתים
16 וימלאום עפר: ויאמר אבימלך אל יצחק לך מעמנו
17 כי עצמת ממנו מאד: וילך משם יצחק ויחן בנחל גרר
18 וישב שם: וישב יצחק ויחפר | את בארת המים אשר
חפרו בימי אברהם אביו ויסתמום פלשתים אחרי מות
אברהם ויקרא להן שמות כשמת אשר קרא להן אביו:
19 ויחפרו עבדי יצחק בנחל וימצאו שם באר מים חיים:
כ ויריבו רעי גרר עם רעי יצחק לאמר לנו המים ויקרא
21 שם הבאר עשק כי התעשקו עמו: ויחפרו באר אחרת
22 ויריבו גם עליה ויקרא שמה שטנה: ויעתק משם
ויחפר באר אחרת ולא רבו עליה ויקרא שמה רחבות
23 ויאמר כי עתה הרחיב יהוה לנו ופרינו בארץ: * ויעל
24 משם באר שבע: וירא אליו יהוה בלילה ההוא ויאמר
אנכי אלהי אברהם אביך אל תירא כי אתך אנכי
וברכתיך והרביתי את זרעך בעבור אברהם עבדי:
כה ויבן שם מזבח ויקרא בשם יהוה ויט שם אהלו ויכרו
26 שם עבדי יצחק באר: ואבימלך הלך אליו מגרר ואחזת
27 מרעהו ופיכל שר צבאו: ויאמר אלהם יצחק מדוע
באתם אלי ואתם שנאתם אתי ותשלחוני מאתכם:
28 ויאמרו ראו ראינו כי היה יהוה | עמך ונאמר תהי נא

mujer, y trajeras sobre nosotros la culpa.» (11) Y encomendó Abimélej a todo el pueblo, diciendo: «El que toque a este varón o a su mujer, matar, será matado.» (12) Y sembró Isaac en la tierra ésta, y halló en el año ese, cien medidas y bendíjolo el Eterno. (13) Y engrandecióse el varón y fué andando, y engrandeciéndose hasta que engrandecióse. (14) Y fué a él, ganado de ovejas, y ganado de vacas, y labranza grande y envidiáronle los Pelisteos. (15) Y todos los pozos que cavaron los siervos de su padre, en días de Abraham, su padre, los cerraron los Pelisteos, y llenáronlos de polvo. (16) Y dijo Abimélej a Isaac: «Vete de nosotros porque te pusiste fuerte, mucho más que nosotros.» (17) Y fuése de allí Isaac; y posó en el valle de Guerar, y estuvo allí.

(18) Y tornó Isaac y cavó los pozos de agua que cavaron en días de Abraham su padre, y los cerraron los Pelisteos después de morir Abraham; y llamó a ellos nombres como los nombres que llamólos su padre. (19) Y cavaron los siervos de Isaac en el valle y hallaron allí pozo de aguas vivas. (20) Y riñeron los pastores de Guerar con los pastores de Isaac, diciendo: «A nosotros las aguas», y llamó el nombre del pozo: Eséc, porque altercaron (*hitasecu*) con él. (21) Y cavaron otro pozo, y riñeron también por él: y llamó su nombre Sitná. (22) Y salió de allí, y cavó otro pozo, y no riñeron por él y llamó su nombre Rehobot, y dijo: «Que ahora hizo ensanchar (*irhib*) el Eterno a nosotros, y fructificaremos en la tierra.»

(23) Y subió de allí a Beer-Seba. (24) Y aparecióse a él, el Eterno, en la noche esa, y dijo: «Yo soy el Dios de Abraham, tu padre; no temas, que contigo soy yo, y yo, bendecirte he, y haré multiplicar a tu simiente por Abraham, mi siervo.» (25) Y edificó allí ara, y llamó en nombre del Eterno, y tendió allí su tienda; y cavaron allí los siervos de Isaac un pozo.

(26) Y Abimélej fué a él desde Guerar, y Ahusat, su compañero y Pijol, mayoral de su ejército. (27) Y dijo a ellos Isaac: «¿Por qué vinisteis a mí si vosotros me aborrecisteis y me enviasteis de vosotros?» (28) Y dijeron: «Ver, vimos que estaba el Eterno contigo; y dijimos: Sea ahora, juramento entre vosotros y tú, y

15. ל׳ רפה 22. מלרע

29 אָלָה בֵּינוֹתֵינוּ בֵּינֵינוּ וּבֵינֶךָ וְנִכְרְתָה בְרִית עִמָּךְ׃ אִם־
תַּעֲשֵׂה עִמָּנוּ רָעָה כַּאֲשֶׁר לֹא נְגַעֲנוּךָ וְכַאֲשֶׁר עָשִׂינוּ עִמְּךָ
ל רַק־טוֹב וַנְּשַׁלֵּחֲךָ בְּשָׁלוֹם אַתָּה עַתָּה בְּרוּךְ יְהוָה׃ וַיַּעַשׂ
31 לָהֶם מִשְׁתֶּה וַיֹּאכְלוּ וַיִּשְׁתּוּ׃ וַיַּשְׁכִּימוּ בַבֹּקֶר וַיִּשָּׁבְעוּ
32 אִישׁ לְאָחִיו וַיְשַׁלְּחֵם יִצְחָק וַיֵּלְכוּ מֵאִתּוֹ בְּשָׁלוֹם׃ וַיְהִי ׀
בַּיּוֹם הַהוּא וַיָּבֹאוּ עַבְדֵי יִצְחָק וַיַּגִּדוּ לוֹ עַל־אֹדוֹת הַבְּאֵר
33 אֲשֶׁר חָפָרוּ וַיֹּאמְרוּ לוֹ מָצָאנוּ מָיִם׃ וַיִּקְרָא אֹתָהּ שִׁבְעָה
34 עַל־כֵּן שֵׁם־הָעִיר בְּאֵר שֶׁבַע עַד הַיּוֹם הַזֶּה׃ ס וַיְהִי
עֵשָׂו בֶּן־אַרְבָּעִים שָׁנָה וַיִּקַּח אִשָּׁה אֶת־יְהוּדִית בַּת־בְּאֵרִי
כה הַחִתִּי וְאֶת־בָּשְׂמַת בַּת־אֵילֹן הַחִתִּי׃ וַתִּהְיֶיןָ מֹרַת רוּחַ
לְיִצְחָק וּלְרִבְקָה׃ ס

כז

א וַיְהִי כִּי־זָקֵן יִצְחָק וַתִּכְהֶיןָ עֵינָיו מֵרְאֹת וַיִּקְרָא אֶת־עֵשָׂו ׀
2 בְּנוֹ הַגָּדֹל וַיֹּאמֶר אֵלָיו בְּנִי וַיֹּאמֶר אֵלָיו הִנֵּנִי׃ וַיֹּאמֶר
3 הִנֵּה־נָא זָקַנְתִּי לֹא יָדַעְתִּי יוֹם מוֹתִי׃ וְעַתָּה שָׂא־נָא כֵלֶיךָ
4 תֶּלְיְךָ וְקַשְׁתֶּךָ וְצֵא הַשָּׂדֶה וְצוּדָה לִּי צֵידָה׃ וַעֲשֵׂה־לִי
מַטְעַמִּים כַּאֲשֶׁר אָהַבְתִּי וְהָבִיאָה לִּי וְאֹכֵלָה בַּעֲבוּר
ה תְּבָרֶכְךָ נַפְשִׁי בְּטֶרֶם אָמוּת׃ וְרִבְקָה שֹׁמַעַת בְּדַבֵּר יִצְחָק
6 אֶל־עֵשָׂו בְּנוֹ וַיֵּלֶךְ עֵשָׂו הַשָּׂדֶה לָצוּד צַיִד לְהָבִיא׃ וְרִבְקָה
אָמְרָה אֶל־יַעֲקֹב בְּנָהּ לֵאמֹר הִנֵּה שָׁמַעְתִּי אֶת־אָבִיךָ
7 מְדַבֵּר אֶל־עֵשָׂו אָחִיךָ לֵאמֹר׃ הָבִיאָה לִּי צַיִד וַעֲשֵׂה־לִי
8 מַטְעַמִּים וְאֹכֵלָה וַאֲבָרֶכְכָה לִפְנֵי יְהוָה לִפְנֵי מוֹתִי׃ וְעַתָּה
9 בְנִי שְׁמַע בְּקֹלִי לַאֲשֶׁר אֲנִי מְצַוָּה אֹתָךְ׃ לֶךְ־נָא אֶל־הַצֹּאן
וְקַח־לִי מִשָּׁם שְׁנֵי גְּדָיֵי עִזִּים טֹבִים וְאֶעֱשֶׂה אֹתָם מַטְעַמִּים
י לְאָבִיךָ כַּאֲשֶׁר אָהֵב׃ וְהֵבֵאתָ לְאָבִיךָ וְאָכָל בַּעֲבֻר אֲשֶׁר
11 יְבָרֶכְךָ לִפְנֵי מוֹתוֹ׃ וַיֹּאמֶר יַעֲקֹב אֶל־רִבְקָה אִמּוֹ הֵן
12 עֵשָׂו אָחִי אִישׁ שָׂעִר וְאָנֹכִי אִישׁ חָלָק׃ אוּלַי יְמֻשֵּׁנִי אָבִי

haremos pacto contigo: (29) No harás a nosotros mal, porque no te tocamos, y como hicimos contigo sólo bien, y te enviamos en paz, tú ahora, bendito del Eterno.» (30) Y dióles un banquete, y comieron y bebieron. (31) Y madrugaron y por la mañana juró cada varón a su hermano; y enviólos Isaac, y fuéronse de él en paz. (32) Y fué en el día ese que vinieron siervos de Isaac, y anunciaron a él sobre las causas del pozo que cavaron, y dijeron a él: «Hallamos agua.» (33) Y llamó a él Sibá: por tanto, el nombre de la ciudad Beer-Seba hasta el día este.

(34) Y era Esav de edad de cuarenta años, y tomó por mujer a Iudit, hija de Beerí el Hiteo, y a Basemat, hija de Elón el Hiteo: (35) Y fueron amargura de espíritu a Isaac y a Rebeca.

XXVII

(1) Y fué como envejeció Isaac, que oscureciéronse sus ojos y llamó a Esav, su hijo el mayor, y díjole: «¡Mi hijo!» Y díjole: «Heme aquí.» (2) Y él dijo: «He aquí que ahora envejecí, no sé el día de mi muerte; (3) y ahora, toma tus armas, tu aljaba y tu arco, y sal al campo, y caza para mí; (4) y haz a mí manjares, como yo gusto, y tráeme, y comeré; para que te bendiga mi alma antes que muera.»

(5) Y Rebeca oía, al hablar Isaac a Esav, su hijo; y fuése Esav al campo para cazar caza para traer. (6) Y Rebeca habló a Iaacob su hijo, diciendo: «He aquí que oí a tu padre hablando con Esav tu hermano, diciendo: (7) Tráeme caza, y haz a mí manjares y comeré, y bendecirte he delante del Eterno antes de mi muerte. (8) Y ahora, hijo mío, oye mi voz, lo que yo te encomiendo a ti. (9) Anda ahora a las ovejas, y toma para mí de allí, dos cabritos, de cabras buenas, y haré de ellos manjares para tu padre, como le gusta. (10) Y traerás a tu padre, y comerá, para que te bendiga antes de su muerte.» (11) Y dijo Iaacob a Rebeca, su madre: «He aquí, que Esav, mi hermano, varón velludo es, y yo lampiño: (12) Quizá me palpará mi padre, y seré en sus ojos como burlador, y traeré sobre mí maldición y no bendición.» (13) Y díjole su madre: «Sobre mí la maldición, mi hijo; de cierto oye mi voz, y anda, toma para mí.»

כו. 29 חש' בצירי כז. 2 פתח באתנח 3. ה' יתירה

וְהָיִיתִי בְעֵינָיו כִּמְתַעְתֵּעַ וְהֵבֵאתִי עָלַי קְלָלָה וְלֹא בְרָכָה׃
וַתֹּאמֶר לוֹ אִמּוֹ עָלַי קִלְלָתְךָ בְּנִי אַךְ שְׁמַע בְּקֹלִי וְלֵךְ 13
קַח־לִי׃ וַיֵּלֶךְ וַיִּקַּח וַיָּבֵא לְאִמּוֹ וַתַּעַשׂ אִמּוֹ מַטְעַמִּים 14
כַּאֲשֶׁר אָהֵב אָבִיו׃ וַתִּקַּח רִבְקָה אֶת־בִּגְדֵי עֵשָׂו בְּנָהּ טו
הַגָּדֹל הַחֲמֻדֹת אֲשֶׁר אִתָּהּ בַּבָּיִת וַתַּלְבֵּשׁ אֶת־יַעֲקֹב בְּנָהּ
הַקָּטָן׃ וְאֵת עֹרֹת גְּדָיֵי הָעִזִּים הִלְבִּישָׁה עַל־יָדָיו וְעַל 16
חֶלְקַת צַוָּארָיו׃ וַתִּתֵּן אֶת־הַמַּטְעַמִּים וְאֶת־הַלֶּחֶם אֲשֶׁר 17
עָשָׂתָה בְּיַד יַעֲקֹב בְּנָהּ׃ וַיָּבֹא אֶל־אָבִיו וַיֹּאמֶר אָבִי 18
וַיֹּאמֶר הִנֶּנִּי מִי אַתָּה בְּנִי׃ וַיֹּאמֶר יַעֲקֹב אֶל־אָבִיו אָנֹכִי 19
עֵשָׂו בְּכֹרֶךָ עָשִׂיתִי כַּאֲשֶׁר דִּבַּרְתָּ אֵלָי קוּם־נָא שְׁבָה
וְאָכְלָה מִצֵּידִי בַּעֲבוּר תְּבָרְכַנִּי נַפְשֶׁךָ׃ וַיֹּאמֶר יִצְחָק אֶל־ כ
בְּנוֹ מַה־זֶּה מִהַרְתָּ לִמְצֹא בְּנִי וַיֹּאמֶר כִּי הִקְרָה יְהוָה
אֱלֹהֶיךָ לְפָנָי׃ וַיֹּאמֶר יִצְחָק אֶל־יַעֲקֹב גְּשָׁה־נָּא וַאֲמֻשְׁךָ 21
בְּנִי הַאַתָּה זֶה בְּנִי עֵשָׂו אִם־לֹא׃ וַיִּגַּשׁ יַעֲקֹב אֶל־יִצְחָק 22
אָבִיו וַיְמֻשֵּׁהוּ וַיֹּאמֶר הַקֹּל קוֹל יַעֲקֹב וְהַיָּדַיִם יְדֵי עֵשָׂו׃
וְלֹא הִכִּירוֹ כִּי־הָיוּ יָדָיו כִּידֵי עֵשָׂו אָחִיו שְׂעִרֹת וַיְבָרְכֵהוּ׃ 23
וַיֹּאמֶר אַתָּה זֶה בְּנִי עֵשָׂו וַיֹּאמֶר אָנִי׃ וַיֹּאמֶר הַגִּשָׁה לִּי 24 כה
וְאֹכְלָה מִצֵּיד בְּנִי לְמַעַן תְּבָרֶכְךָ נַפְשִׁי וַיַּגֶּשׁ־לוֹ וַיֹּאכַל
וַיָּבֵא לוֹ יַיִן וַיֵּשְׁתְּ׃ וַיֹּאמֶר אֵלָיו יִצְחָק אָבִיו גְּשָׁה־נָּא 26
וּשְׁקָה־לִּי בְּנִי׃ וַיִּגַּשׁ וַיִּשַּׁק־לוֹ וַיָּרַח אֶת־רֵיחַ בְּגָדָיו וַיְבָרְכֵהוּ 27
וַיֹּאמֶר רְאֵה רֵיחַ בְּנִי כְּרֵיחַ שָׂדֶה אֲשֶׁר בֵּרְכוֹ יְהוָה׃ *וְיִתֶּן־ 28
לְךָ הָאֱלֹהִים מִטַּל הַשָּׁמַיִם וּמִשְׁמַנֵּי הָאָרֶץ וְרֹב דָּגָן וְתִירֹשׁ׃ שני
יַעַבְדוּךָ עַמִּים וְיִשְׁתַּחֲוֻ לְךָ לְאֻמִּים הֱוֵה גְבִיר לְאַחֶיךָ 29
וְיִשְׁתַּחֲווּ לְךָ בְּנֵי אִמֶּךָ אֹרְרֶיךָ אָרוּר וּמְבָרְכֶיךָ בָּרוּךְ׃
וַיְהִי כַּאֲשֶׁר כִּלָּה יִצְחָק לְבָרֵךְ אֶת־יַעֲקֹב וַיְהִי אַךְ יָצֹא ל
יָצָא יַעֲקֹב מֵאֵת פְּנֵי יִצְחָק אָבִיו וְעֵשָׂו אָחִיו בָּא מִצֵּידוֹ׃
וַיַּעַשׂ גַּם־הוּא מַטְעַמִּים וַיָּבֵא לְאָבִיו וַיֹּאמֶר לְאָבִיו יָקֻם 31

(14) Y fuése, y tomó, y trajo a su madre: e hizo su madre manjares, como gustaba a su padre. (15) Y tomó Rebeca paños de Esav su hijo el grande, los codiciados, que con ella tenía en casa, y vistió a Iaacob su hijo, el pequeño. (16) Y cuero de cabritos hizo vestir sobre sus manos, y sobre la lisura de su cerviz. (17) Y dió los manjares y al pan que hizo, en manos de Iaacob su hijo. (18) Y vino a su padre, y dijo: «Mi padre.» Y dijo: «Heme, ¿quién eres tú, mi hijo?» (19) Y dijo Iaacob a su padre: «Yo soy Esav, tu primogénito; hice como hablaste a mí; levántate ahora, siéntate, y come de mi caza, para que me bendiga tu alma. (20) Y dijo Isaac a su hijo: «¿Cómo apresuraste para hallar, hijo mío?» Y dijo: «Que hizo encontrar el Eterno, tu Dios, delante de mí.» (21) Y dijo Isaac a Iaacob: «Llégate ahora, y te palparé, mi hijo, si tú eres mi hijo Esav, o no.» (22) Y llegóse Iaacob a Isaac su padre; y palpóle, y dijo: «La voz es la voz de Iaacob, y las manos, manos de Esav.» (23) Y no le conoció, porque eran sus manos como manos de Esav, su hermano, velludas: y bendíjole. (24) Y dijo: «¿Tú eres mi hijo Esav?» Y dijo: «Yo soy.» (25) Y dijo: Haz llegar a mí, y comeré de la caza de mi hijo, para que te bendiga mi alma.» E hizo llegar a él, y comió: y trájole vino, y bebió. (26) Y díjole Isaac su padre: «Llega ahora, y bésame, mi hijo.» (27) Y llegóse, y besóle: y olió el olor de sus paños, y bendíjolo, y dijo:

«Mira: olor de mi hijo
Como olor de campo
Que lo bendijo el Eterno.
(28) Y dé a ti, Dios,
Del rocío de los cielos,
Y de las grosuras de la tierra,
Y abundancia de trigo y mosto.

(29) Sírvante pueblos,
Y encórvense a ti pueblos:
Sé mayoral de tus hermanos,
Y encórvense a ti hijos de tu [madre;
Los que te maldijeren, malditos
Los que te bendijeren, benditos.»

(30) Y fué como terminó Isaac de bendecir a Iaacob, y fué así que salió Iaacob de delante de Isaac su padre, y Esav su hermano vino de su caza. (31) E hizo, también él, manjares, y trajo a su padre, y dijo a su padre: «Levántese mi

29. וישתחוו קרי

padre, y coma de la caza de su hijo, para que me bendiga tu alma.» (32) Y díjole Isaac su padre: «¿Quién eres tú?» Y dijo: «Yo soy tu hijo, tu primogénito, Esav.» (33) Y estremecióse Isaac con estremecimiento muy grande, y dijo: «¿Quién estuvo aquí, que cazó caza, y trajo a mí, y comí de todo antes que vinieses y bendíjele? También bendito será.» (34) Como oyó Esav las palabras de su padre, clamó exclamación muy grande y amarga, y dijo a su padre: «Bendíceme también a mí, mi padre.» (35) Y dijo: «Vino tu hermano con arte, y tomó tu bendición.» (36) Y dijo: «Por tanto es su nombre Iaacob, y engañóme (*iaakbeni*) estas dos veces; a mi primogenitura tomó, y he aquí que ahora tomó mi bendición.» Y dijo: «¿Si no apartaste para mí bendición?» (37) Y respondió Isaac y dijo a Esav: «He aquí que de mayoral lo puse sobre ti, y a todos sus hermanos di a él por siervos: y de trigo y mosto lo he provisto. ¿Y a ti, aquí, qué haré, mi hijo?» (38) Y dijo Esav a su padre: «¿Si bendición una sola es a ti, mi padre? Bendíceme también a mí, mi padre.» Y alzó Esav su voz y lloró. (39) Y respondió Isaac su padre y díjole:

32 אָבִי וְיֹאכַל מִצֵּיד בְּנוֹ בַּעֲבֻר תְּבָרְכַנִּי נַפְשֶׁךָ׃ וַיֹּאמֶר לוֹ
33 יִצְחָק אָבִיו מִי־אָתָּה וַיֹּאמֶר אֲנִי בִּנְךָ בְכֹרְךָ עֵשָׂו׃ וַיֶּחֱרַד
יִצְחָק חֲרָדָה גְּדֹלָה עַד־מְאֹד וַיֹּאמֶר מִי־אֵפוֹא הוּא הַצָּד־
צַיִד וַיָּבֵא לִי וָאֹכַל מִכֹּל בְּטֶרֶם תָּבוֹא וָאֲבָרְכֵהוּ גַּם־בָּרוּךְ
34 יִהְיֶה׃ כִּשְׁמֹעַ עֵשָׂו אֶת־דִּבְרֵי אָבִיו וַיִּצְעַק צְעָקָה גְּדֹלָה
לה וּמָרָה עַד־מְאֹד וַיֹּאמֶר לְאָבִיו בָּרְכֵנִי גַם־אָנִי אָבִי׃ וַיֹּאמֶר
36 בָּא אָחִיךָ בְּמִרְמָה וַיִּקַּח בִּרְכָתֶךָ׃ וַיֹּאמֶר הֲכִי קָרָא שְׁמוֹ
יַעֲקֹב וַיַּעְקְבֵנִי זֶה פַעֲמַיִם אֶת־בְּכֹרָתִי לָקָח וְהִנֵּה עַתָּה
37 לָקַח בִּרְכָתִי וַיֹּאמַר הֲלֹא־אָצַלְתָּ לִּי בְּרָכָה׃ וַיַּעַן יִצְחָק
וַיֹּאמֶר לְעֵשָׂו הֵן גְּבִיר שַׂמְתִּיו לָךְ וְאֶת־כָּל־אֶחָיו נָתַתִּי
לוֹ לַעֲבָדִים וְדָגָן וְתִירֹשׁ סְמַכְתִּיו וּלְכָה אֵפוֹא מָה אֶעֱשֶׂה
38 בְּנִי׃ וַיֹּאמֶר עֵשָׂו אֶל־אָבִיו הַבְרָכָה אַחַת הִוא־לְךָ אָבִי
39 בָּרְכֵנִי גַם־אָנִי אָבִי וַיִּשָּׂא עֵשָׂו קֹלוֹ וַיֵּבְךְּ׃ וַיַּעַן יִצְחָק אָבִיו
וַיֹּאמֶר אֵלָיו הִנֵּה מִשְׁמַנֵּי הָאָרֶץ יִהְיֶה מוֹשָׁבֶךָ וּמִטַּל
מ הַשָּׁמַיִם מֵעָל׃ וְעַל־חַרְבְּךָ תִחְיֶה וְאֶת־אָחִיךָ תַּעֲבֹד וְהָיָה
41 כַּאֲשֶׁר תָּרִיד וּפָרַקְתָּ עֻלּוֹ מֵעַל צַוָּארֶךָ׃ וַיִּשְׂטֹם עֵשָׂו אֶת־
יַעֲקֹב עַל־הַבְּרָכָה אֲשֶׁר בֵּרְכוֹ אָבִיו וַיֹּאמֶר עֵשָׂו בְּלִבּוֹ
42 יִקְרְבוּ יְמֵי אֵבֶל אָבִי וְאַהַרְגָה אֶת־יַעֲקֹב אָחִי׃ וַיֻּגַּד
לְרִבְקָה אֶת־דִּבְרֵי עֵשָׂו בְּנָהּ הַגָּדֹל וַתִּשְׁלַח וַתִּקְרָא
לְיַעֲקֹב בְּנָהּ הַקָּטָן וַתֹּאמֶר אֵלָיו הִנֵּה עֵשָׂו אָחִיךָ מִתְנַחֵם
43 לְךָ לְהָרְגֶךָ׃ וְעַתָּה בְנִי שְׁמַע בְּקֹלִי וְקוּם בְּרַח־לְךָ אֶל־
44 לָבָן אָחִי חָרָנָה׃ וְיָשַׁבְתָּ עִמּוֹ יָמִים אֲחָדִים עַד אֲשֶׁר־
מה תָּשׁוּב חֲמַת אָחִיךָ׃ עַד־שׁוּב אַף־אָחִיךָ מִמְּךָ וְשָׁכַח אֵת
אֲשֶׁר־עָשִׂיתָ לּוֹ וְשָׁלַחְתִּי וּלְקַחְתִּיךָ מִשָּׁם לָמָה אֶשְׁכַּל גַּם־
46 שְׁנֵיכֶם יוֹם אֶחָד׃ וַתֹּאמֶר רִבְקָה אֶל־יִצְחָק קַצְתִּי בְחַיַּי
מִפְּנֵי בְּנוֹת חֵת אִם־לֹקֵחַ יַעֲקֹב אִשָּׁה מִבְּנוֹת־חֵת כָּאֵלֶּה
מִבְּנוֹת הָאָרֶץ לָמָּה לִּי חַיִּים׃

«He aquí
Que de las grosuras de la tierra
[será tu morada,
Y del rocío de los cielos de arriba;

(40) Y por tu espada vivirás,
Y a tu hermano servirás:
Y será cuando te enseñorees,
Y descargarás tu yugo de sobre
[tu cerviz.»

(41) Y amenazó Esav a Iaacob por la bendición con que lo bendijo su padre, y dijo Esav en su corazón: «Llegarán los días de luto de mi padre, y mataré a Iaacob mi hermano.» (42) Y fueron anunciadas a Rebeca las palabras de Esav su hijo mayor; y envió y llamó a Iaacob su hijo menor, y díjole: «He aquí, que Esav tu hermano se consuela de ti, para matarte. (43) Y ahora, mi hijo, oye mi voz; y levántate y húyete a Labán mi hermano, a Harán. (44) Y estarás con él unos días, hasta que se torne la saña de tu hermano. (45) Hasta tornarse la saña de tu hermano de ti; y olvidará lo que hiciste a él, y enviaré, y te tomaré de allí. ¿Por qué seré privada también de vosotros, ambos, en un día?» (46) Y dijo Rebeca a Isaac: «Quéjome de mi vida, a causa de las hijas de Het. Si tomare Iaacob mujer de las hijas de Het, como éstas, de las hijas de la tierra, ¿para qué mi vida?»

36. קמץ בז"ק 40. חצי הספר בפסוקים 46. ק' זעירא

כח

א ויקרא יצחק אל־יעקב ויברך אתו ויצוהו ויאמר לו לא־
2 תקח אשה מבנות כנען׃ קום לך פדנה ארם ביתה
בתואל אבי אמך וקח־לך משם אשה מבנות לבן אחי
3 אמך׃ ואל שדי יברך אתך ויפרך וירבך והיית לקהל
4 עמים׃ ויתן־לך את־ברכת אברהם לך ולזרעך אתך
שני לרשתך את־ארץ מגריך אשר־נתן אלהים לאברהם׃
ה וישלח יצחק את־יעקב וילך פדנה ארם אל־לבן בן־
6 בתואל הארמי אחי רבקה אם יעקב ועשו׃ וירא עשו
כי־ברך יצחק את־יעקב ושלח אתו פדנה ארם לקחת־
לו משם אשה בברכו אתו ויצו עליו לאמר לא־תקח
7 שלישי אשה מבנות כנען׃ וישמע יעקב אל־אביו ואל־אמו
8 וילך פדנה ארם׃ וירא עשו כי רעות בנות כנען בעיני
9 יצחק אביו׃ וילך עשו אל־ישמעאל ויקח את־מחלת בת־
ישמעאל בן־אברהם אחות נביות על־נשיו לו לאשה׃

ס ס ס ז׳

10 11 ויצא יעקב מבאר שבע וילך חרנה׃ ויפגע במקום וילן
שם כי־בא השמש ויקח מאבני המקום וישם מראשתיו
12 וישכב במקום ההוא׃ ויחלם והנה סלם מצב ארצה
וראשו מגיע השמימה והנה מלאכי אלהים עלים וירדים
13 בו׃ והנה יהוה נצב עליו ויאמר אני יהוה אלהי אברהם
אביך ואלהי יצחק הארץ אשר אתה שכב עליה לך
14 אתננה ולזרעך׃ והיה זרעך כעפר הארץ ופרצת ימה
וקדמה וצפנה ונגבה ונברכו בך כל־משפחת האדמה
טו ובזרעך׃ והנה אנכי עמך ושמרתיך בכל אשר־תלך
והשבתיך אל־האדמה הזאת כי לא אעזבך עד אשר אם־
16 עשיתי את אשר־דברתי לך׃ וייקץ יעקב משנתו ויאמר

XXVIII

(1) Y llamó Isaac a Iaacob, y bendijo a él, y encomendóle y dijo a él: «No tomes mujer de las hijas de Kenáan. (2) Levántate, anda a Padán-Aram, a casa de Betuel, padre de tu madre, y toma para ti de allí, mujer de las hijas de Labán, hermano de tu madre. (3) Y el Dios Todopoderoso bendiga a ti; y te haga fructificar, y te multiplique, y seais una congregación de pueblos. (4) Y dé a ti la bendición de Abraham; a ti, y a tu simiente contigo, para heredar la tierra de tus peregrinaciones, que dió Dios a Abraham.» (5) Y envió Isaac a Iaacob, y fuése a Padán-Aram, a Labán, hijo de Betuel el Arameo, hermano de Rebeca, madre de Iaacob y Esav.

(6) Y vió Esav, que había bendecido Isaac a Iaacob, y enviádole a Padán-Aram, para tomar él, de allí, mujer; y en su bendición a él le encomendaba, diciendo: «No tomes mujer de las hijas de Kenáan.» (7) Y que oyó Iaacob a su padre y a su madre, y fuése a Padán-Aram. (8) Y vió Esav que malas eran las hijas de Kenáan a los ojos de Isaac, su padre. (9) Y fué Esav a Ismael, y tomó a Mahalat, hija de Ismael, hijo de Abraham, hermana de Nebaiot, sobre sus mujeres para sí por mujer.

(7) VAIESÉ

(10) Y salió Iaacob de Beer-Seba, y fué a Harán. (11) Y se encontró con el lugar, y durmió allí, porque se había puesto el sol. Y tomó de las piedras del lugar, y puso a su cabecera, y yació en el lugar ese. (12) Y soñó, y he aquí que una escala estaba apoyada en tierra, y su cabeza llegaba a los cielos, y he aquí ángeles de Dios, subiendo y descendiendo por ella. (13) Y he aquí, que el Eterno estaba sobre ella, y decía: «Yo soy el Eterno, Dios de Abraham, tu padre, y Dios de Isaac; la tierra en que tú yaces sobre ella, a ti la daré y a tu simiente. (14) Y será tu simiente como el polvo de la tierra, y fructificarás al Poniente, y al Oriente, y al Septentrión, y al Meridión; bendecirte han en ti todos los linajes de la tierra, y en tu simiente. (15) Y he aquí que yo soy contigo, y te guardaré en todo lo que anduvieres, y te haré tornar a la tierra esta; porque no te dejaré hasta que haga lo que hablé por ti.» (16) Y despertó Iaacob de su sueño, y dijo: «Cierto, el Eterno está en el lugar este, y yo

2. 5. 6. 7. פדנה בצ״ל בהעמדה תחת הנון;

17 אכן יש יהוה במקום הזה ואנכי לא ידעתי: ויירא ויאמר
מה־נורא המקום הזה אין זה כי אם־בית אלהים וזה
18 שער השמים: וישכם יעקב בבקר ויקח את־האבן אשר־
שם מראשתיו וישם אתה מצבה ויצק שמן על־ראשה:
19 ויקרא את־שם־המקום ההוא בית־אל ואולם לוז שם־
כ העיר לראשנה: וידר יעקב נדר לאמר אם־יהיה
אלהים עמדי ושמרני בדרך הזה אשר אנכי הולך ונתן
21 לי לחם לאכל ובגד ללבש: ושבתי בשלום אל־בית אבי
22 והיה יהוה לי לאלהים: והאבן הזאת אשר־שמתי מצבה
יהיה בית אלהים וכל אשר תתן־לי עשר אעשרנו לך:

כט שני

א 2 וישא יעקב רגליו וילך ארצה בני־קדם: וירא והנה
באר בשדה והנה־שם שלשה עדרי־צאן רבצים עליה
כי מן־הבאר ההוא ישקו העדרים והאבן גדלה על־
3 פי הבאר: ונאספו־שמה כל־העדרים וגללו את־האבן
מעל פי הבאר והשקו את־הצאן והשיבו את־האבן על־
4 פי הבאר למקמה: ויאמר להם יעקב אחי מאין אתם
ה ויאמרו מחרן אנחנו: ויאמר להם הידעתם את־לבן
6 בן־נחור ויאמרו ידענו: ויאמר להם השלום לו ויאמרו
7 שלום והנה רחל בתו באה עם־הצאן: ויאמר הן עוד
היום גדול לא־עת האסף המקנה השקו הצאן ולכו
8 רעו: ויאמרו לא נוכל עד אשר יאספו כל־העדרים
9 וגללו את־האבן מעל פי הבאר והשקינו הצאן: עודנו
מדבר עמם ורחל באה עם־הצאן אשר לאביה כי רעה
י הוא: ויהי כאשר ראה יעקב את־רחל בת־לבן אחי
אמו ואת־צאן לבן אחי אמו ויגש יעקב ויגל את־האבן
11 מעל פי הבאר וישק את־צאן לבן אחי אמו: וישק יעקב

no lo sabía.» (17) Y temió, y dijo: «¡Qué temeroso es el lugar este! No es otra cosa sino la casa de Dios, y la puerta de los cielos.»
(18) Y madrugó Iaacob, por la mañana tomó la piedra que puso a su cabecera, y púsola por estatua, y vertió aceite sobre su cabeza. (19) Y llamó el nombre del lugar ese, Bet-El, y de cierto fué Lus el nombre de la ciudad, al principio. (20) E hizo Iaacob promesa, diciendo: «Si fuere Dios conmigo, y guardara a mí en el camino este en que yo ando, y diere a mí pan para comer, y ropa para vestir, (21) y tornare en paz a casa de mi padre, será el Eterno a mí por Dios, (22) y la piedra esta que puse por estatua, será casa de Dios: y de todo lo que dieres a mí, diezmarlo, diezmaré a ti.»

XXIX

(1) Y alzó Iaacob sus pies, y fuése a la tierra de los hijos del oriente. (2) Y vió, y he aquí un pozo en el campo, y he allí, tres rebaños de ovejas yacientes cerca de él; que del pozo ese abrevaban los rebaños: y había una piedra grande sobre la boca del pozo. (3) Y apiñábanse allí todos los rebaños; y removían la piedra de sobre la boca del pozo, y abrevaban las ovejas; y tornaban la piedra sobre la boca del pozo, a su lugar. (4) Y díjoles Iaacob: «Mis hermanos, ¿de dónde sois vosotros?» Y dijeron: «De Harán somos nosotros.» (5) Y dijo a ellos: «¿Si conocéis a Labán, hijo de Nahor?» Y dijeron: «Conocemos». (6) Y dijo a ellos: «¿Si paz a él?» Y dijeron: «Paz; y he aquí Rahel, su hija, que viene con las ovejas.» (7) Y él dijo: «He aquí que aun el día es claro, no es hora de ser juntado el ganado; abrevad las ovejas, e id y apacentadlas.» (8) Y dijeron: «No podemos, hasta que sean juntados todos los rebaños, removerán la piedra de sobre la boca del pozo, y abrevaremos las ovejas.» (9) Aun él hablaba con ellos, cuando Rahel viene con las ovejas de su padre, que pastora era ella. (10) Y fué como vió Iaacob a Rahel, hija de Labán, hermano de su madre, y a las ovejas de Labán, hermano de su madre, llegóse Iaacob, y removió la piedra de sobre la boca del pozo, y abrevó las ovejas de Labán, hermano de su madre. (11) Y besó Iaacob a Rahel, y

כח 18. צ' רפה

לְרָחֵל וַיִּשָּׂא אֶת־קֹלוֹ וַיֵּבְךְּ׃ וַיַּגֵּד יַעֲקֹב לְרָחֵל כִּי אֲחִי 12
אָבִיהָ הוּא וְכִי בֶן־רִבְקָה הוּא וַתָּרָץ וַתַּגֵּד לְאָבִיהָ׃ וַיְהִי 13
כִשְׁמֹעַ לָבָן אֶת־שֵׁמַע ׀ יַעֲקֹב בֶּן־אֲחֹתוֹ וַיָּרָץ לִקְרָאתוֹ
וַיְחַבֶּק־לוֹ וַיְנַשֶּׁק־לוֹ וַיְבִיאֵהוּ אֶל־בֵּיתוֹ וַיְסַפֵּר לְלָבָן אֵת
כָּל־הַדְּבָרִים הָאֵלֶּה׃ וַיֹּאמֶר לוֹ לָבָן אַךְ עַצְמִי וּבְשָׂרִי 14
אָתָּה וַיֵּשֶׁב עִמּוֹ חֹדֶשׁ יָמִים׃ וַיֹּאמֶר לָבָן לְיַעֲקֹב הֲכִי־ טו
אָחִי אַתָּה וַעֲבַדְתַּנִי חִנָּם הַגִּידָה לִּי מַה־מַּשְׂכֻּרְתֶּךָ׃
וּלְלָבָן שְׁתֵּי בָנוֹת שֵׁם הַגְּדֹלָה לֵאָה וְשֵׁם הַקְּטַנָּה רָחֵל׃ 16
וְעֵינֵי לֵאָה רַכּוֹת וְרָחֵל הָיְתָה יְפַת־תֹּאַר וִיפַת מַרְאֶה׃ 17
וַיֶּאֱהַב יַעֲקֹב אֶת־רָחֵל וַיֹּאמֶר אֶעֱבָדְךָ שֶׁבַע שָׁנִים בְּרָחֵל 18
בִּתְּךָ הַקְּטַנָּה׃ וַיֹּאמֶר לָבָן טוֹב תִּתִּי אֹתָהּ לָךְ מִתִּתִּי 19
אֹתָהּ לְאִישׁ אַחֵר שְׁבָה עִמָּדִי׃ וַיַּעֲבֹד יַעֲקֹב בְּרָחֵל שֶׁבַע כ
שָׁנִים וַיִּהְיוּ בְעֵינָיו כְּיָמִים אֲחָדִים בְּאַהֲבָתוֹ אֹתָהּ׃ וַיֹּאמֶר 21
יַעֲקֹב אֶל־לָבָן הָבָה אֶת־אִשְׁתִּי כִּי מָלְאוּ יָמָי וְאָבוֹאָה
אֵלֶיהָ׃ וַיֶּאֱסֹף לָבָן אֶת־כָּל־אַנְשֵׁי הַמָּקוֹם וַיַּעַשׂ מִשְׁתֶּה׃ 22
וַיְהִי בָעֶרֶב וַיִּקַּח אֶת־לֵאָה בִתּוֹ וַיָּבֵא אֹתָהּ אֵלָיו וַיָּבֹא 23
אֵלֶיהָ׃ וַיִּתֵּן לָבָן לָהּ אֶת־זִלְפָּה שִׁפְחָתוֹ לְלֵאָה בִתּוֹ שִׁפְחָה׃ 24
וַיְהִי בַבֹּקֶר וְהִנֵּה־הִוא לֵאָה וַיֹּאמֶר אֶל־לָבָן מַה־זֹּאת כה
עָשִׂיתָ לִּי הֲלֹא בְרָחֵל עָבַדְתִּי עִמָּךְ וְלָמָּה רִמִּיתָנִי׃ וַיֹּאמֶר 26
לָבָן לֹא־יֵעָשֶׂה כֵן בִּמְקוֹמֵנוּ לָתֵת הַצְּעִירָה לִפְנֵי הַבְּכִירָה׃
מַלֵּא שְׁבֻעַ זֹאת וְנִתְּנָה לְךָ גַּם־אֶת־זֹאת בַּעֲבֹדָה אֲשֶׁר 27
תַּעֲבֹד עִמָּדִי עוֹד שֶׁבַע־שָׁנִים אֲחֵרוֹת׃ וַיַּעַשׂ יַעֲקֹב כֵּן 28
וַיְמַלֵּא שְׁבֻעַ זֹאת וַיִּתֶּן־לוֹ אֶת־רָחֵל בִּתּוֹ לוֹ לְאִשָּׁה׃ וַיִּתֵּן 29
לָבָן לְרָחֵל בִּתּוֹ אֶת־בִּלְהָה שִׁפְחָתוֹ לָהּ לְשִׁפְחָה׃ וַיָּבֹא ל
גַּם אֶל־רָחֵל וַיֶּאֱהַב גַּם־אֶת־רָחֵל מִלֵּאָה וַיַּעֲבֹד עִמּוֹ עוֹד
שֶׁבַע־שָׁנִים אֲחֵרוֹת׃ וַיַּרְא יְהוָה כִּי־שְׂנוּאָה לֵאָה וַיִּפְתַּח 31
אֶת־רַחְמָהּ וְרָחֵל עֲקָרָה׃ וַתַּהַר לֵאָה וַתֵּלֶד בֵּן וַתִּקְרָא 32

alzó su voz, y lloró. (12) Y
anunció Iaacob a Rahel que
era hermano de su padre, él,
y que hijo de Rebeca él era;
corrió y anunció a su padre.
(13) Y fué como oyó Labán la
noticia de Iaacob, hijo de su
hermana, corrió a su encuen-
tro, y abrazóle, y besóle, y trá-
jole a su casa. Y contó a Labán
todas las cosas estas. (14) Y dí-
jole Labán: «Cierto, eres mi
hueso y mi carne tú.» Y estuvo
con él un mes. (15) Y dijo La-
bán a Iaacob: «¿Si por ser mi
hermano tú, me servirás de bal-
de? Anuncia a mí cuál será tu
precio.» (16) Y de Labán eran
dos hijas; el nombre de la ma-
yor: Leá, y el nombre de la
menor: Rahel. (17) Y los ojos
de Leá eran tiernos, y Rahel
era hermosa de forma y hermo-
sa de vista. (18) Y amó Iaacob
a Rahel, y dijo: «Te serviré
siete años, por Rahel, tu hija
menor.» (19) Y dijo Labán:
«Mejor darla a ti, más que dar-
la a otro varón; quédate con-
migo.» (20) Y sirvió Iaacob por
Rahel, siete años: y fueron a
sus ojos como pocos días por
su amor a ella. (21) Y dijo
Iaacob a Labán: «Da a mí,
mujer que se cumplieron mis
días y vendré a ella.» (22) Y
congregó Labán a todos los va-
rones del lugar, y dió un banquete. (23) Y fué en la tarde, y tomó a Leá, su
hija, y trájola a él y él vino a ella. (24) Y dió Labán a Silpá, su esclava, a
Leá, su hija, por esclava. (25) Y fué en la mañana, y he aquí que era ella
Leá. Y dijo a Labán: «¿Qué hiciste a mí? De cierto, por Rahel serví contigo.
¿Y por qué me engañaste?» (26) Y dijo Labán: «No se hace así, en nuestro
lugar, dar la menor antes de la mayor. (27) Cumple esta semana, y será dada
a ti también ésta, porque servirás conmigo aun otros siete años.» (28) E hizo
Iaacob asi, y cumplió esta semana; y dióle a Rahel, su hija, a él por mujer.
(29) Y dió Labán a Rahel su hija, a Bilá su esclava, a ella por esclava. (30) Y
vino también a Rahel; y amó también a Rahel más que a Leá. Y sirvió con
él aun otros siete años.

(31) Y vió el Eterno que era aborrecida Leá, y abrió su matriz; y Rahel era
estéril. (32) Y concibió Leá, y parió hijo, y llamó su nombre Reubén porque

28. במקצת ספרים אין מלת לו

dijo: «Que vió (*raa*) el Eterno mi aflicción (*beoni*), que ahora me amará mi marido.» (33) Y concibió más, y parió un hijo, y dijo: «Que oyó (*samá*) el Eterno que aborrecida yo soy, y dió a mí también a éste.» Y llamó su nombre Simeón. (34) Y concibió más, y parió un hijo, y dijo: «Ahora esta vez se juntará (*liavé*) mi marido a mí que parí a él tres hijos.» Por tanto, llamó su nombre Leví. (35) Y concibió más, y parió un hijo, y dijo: «Esta vez loaré (*ode*) al Eterno.» Por tanto llamó su nombre Iudá. Y detúvose de parir.

XXX

(1) Y vió Rahel que no paría a Iaacob, y envidió Rahel a su hermana, y dijo a Iaacob: «Dame hijos, y si no, muerta soy.» (2) Y creció el furor de Iaacob contra Rahel, y dijo: «¿Si en lugar de Dios soy yo que vedó de ti fruto de vientre?» (3) Y dijo: «He aquí, mi esclava Bilá; ven a ella, y parirá sobre mis rodillas, tendré hijos también yo de ella.» (4) Y dióle a Bilá su sierva por mujer; y vino a ella Iaacob. (5) Y concibió Bilá, y parió a Iaacob un hijo. (6) Y dijo Rahel: «Juzgóme (*danani*) Dios, y también oyó mi voz, y dióme un hijo.» Por tanto llamó su nombre Dan. (7) Y concibió más, y parió Bilá, la esclava de Rahel, el hijo segundo de Iaacob. (8) Y dijo Rahel: «Porfías (*naftule*) de Dios, porfié con mi hermana, también vencí.» Y llamó su nombre Naftalí. (9) Y vió Leá que se detuvo de parir, y tomó a Silpá su esclava, y dióla a Iaacob por mujer. (10) Y parió Silpá, esclava de Leá, a Iaacob hijo. (11) Y dijo Leá: «Vino ventura (*gad*).» Y llamó su nombre Gad. (12) Y parió Silpá, sierva de Leá, el hijo segundo a Iaacob. (13) Y dijo Leá: «¡Para ventura mía (*osrí*)! porque bien me dirán venturosa las dueñas.» Y llamó su nombre Aser. (14) Y fué Reubén en días de la segada del trigo, y halló mandrágoras en el campo, y trájolas a Leá su madre; y dijo Rahel a Leá: «Dame ahora de las mandrágoras de tu hijo.» (15) Y díjola: «¿Si es poco tomar tú a mi marido, tomar también las mandrágoras de mi hijo?» Y dijo Rahel: «Por tanto yacerá contigo esta noche por las mandrágoras de tu hijo.» (16) Y vino Iaacob del campo, en la tarde, y salió Leá a su encuentro, y dijo: «A mí vendrás, que

שמו ראובן כי אמרה כי־ראה יהוה בעניי כי עתה
33 יאהבני אישי: ותהר עוד ותלד בן ותאמר כי־שמע
יהוה כי־שנואה אנכי ויתן־לי גם־את־זה ותקרא שמו
34 שמעון: ותהר עוד ותלד בן ותאמר עתה הפעם ילוה
אישי אלי כי־ילדתי לו שלשה בנים על־כן קרא־שמו
לה לוי: ותהר עוד ותלד בן ותאמר הפעם אודה את־
יהוה על־כן קראה שמו יהודה ותעמד מלדת:

ל

א ותרא רחל כי לא ילדה ליעקב ותקנא רחל באחתה
ותאמר אל־יעקב הבה־לי בנים ואם־אין מתה אנכי:
2 ויחר־אף יעקב ברחל ויאמר התחת אלהים אנכי אשר־
3 מנע ממך פרי־בטן: ותאמר הנה אמתי בלהה בא אליה
4 ותלד על־ברכי ואבנה גם־אנכי ממנה: ותתן־לו את־
ה בלהה שפחתה לאשה ויבא אליה יעקב: ותהר בלהה
6 ותלד ליעקב בן: ותאמר רחל דנני אלהים וגם שמע
7 בקלי ויתן־לי בן על־כן קראה שמו דן: ותהר עוד
8 ותלד בלהה שפחת רחל בן שני ליעקב: ותאמר רחל
נפתולי אלהים ׀ נפתלתי עם־אחתי גם־יכלתי ותקרא
9 שמו נפתלי: ותרא לאה כי עמדה מלדת ותקח את־
י זלפה שפחתה ותתן אתה ליעקב לאשה: ותלד זלפה
11 שפחת לאה ליעקב בן: ותאמר לאה בגד ותקרא את־
12 שמו גד: ותלד זלפה שפחת לאה בן שני ליעקב:
13 ותאמר לאה באשרי כי אשרוני בנות ותקרא את־שמו
14 אשר: וילך ראובן בימי קציר־חטים וימצא דודאים
בשדה ויבא אתם אל־לאה אמו ותאמר רחל אל־לאה
טו תני־נא לי מדודאי בנך: ותאמר לה המעט קחתך את־
אישי ולקחת גם את־דודאי בני ותאמר רחל לכן ישכב
עמך

11. בא גד קרי

16 עִמָּךְ הַלַּיְלָה תַּחַת דּוּדָאֵי בְנֵךְ׃ וַיָּבֹא יַעֲקֹב מִן־הַשָּׂדֶה
בָּעֶרֶב וַתֵּצֵא לֵאָה לִקְרָאתוֹ וַתֹּאמֶר אֵלַי תָּבוֹא כִּי שָׂכֹר
17 שְׂכַרְתִּיךָ בְּדוּדָאֵי בְּנִי וַיִּשְׁכַּב עִמָּהּ בַּלַּיְלָה הוּא׃ וַיִּשְׁמַע
18 אֱלֹהִים אֶל־לֵאָה וַתַּהַר וַתֵּלֶד לְיַעֲקֹב בֵּן חֲמִישִׁי׃ וַתֹּאמֶר
לֵאָה נָתַן אֱלֹהִים שְׂכָרִי אֲשֶׁר־נָתַתִּי שִׁפְחָתִי לְאִישִׁי וַתִּקְרָא
19 שְׁמוֹ יִשָּׂשכָר׃ וַתַּהַר עוֹד לֵאָה וַתֵּלֶד בֵּן־שִׁשִּׁי לְיַעֲקֹב׃
20 וַתֹּאמֶר לֵאָה זְבָדַנִי אֱלֹהִים ׀ אֹתִי זֵבֶד טוֹב הַפַּעַם יִזְבְּלֵנִי
אִישִׁי כִּי־יָלַדְתִּי לוֹ שִׁשָּׁה בָנִים וַתִּקְרָא אֶת־שְׁמוֹ זְבֻלוּן׃
21 22 וְאַחַר יָלְדָה בַּת וַתִּקְרָא אֶת־שְׁמָהּ דִּינָה׃ וַיִּזְכֹּר אֱלֹהִים
אֶת־רָחֵל וַיִּשְׁמַע אֵלֶיהָ אֱלֹהִים וַיִּפְתַּח אֶת־רַחְמָהּ׃
23 24 וַתַּהַר וַתֵּלֶד בֵּן וַתֹּאמֶר אָסַף אֱלֹהִים אֶת־חֶרְפָּתִי׃ וַתִּקְרָא
כה אֶת־שְׁמוֹ יוֹסֵף לֵאמֹר יֹסֵף יְהוָה לִי בֵּן אַחֵר׃ וַיְהִי כַּאֲשֶׁר
יָלְדָה רָחֵל אֶת־יוֹסֵף וַיֹּאמֶר יַעֲקֹב אֶל־לָבָן שַׁלְּחֵנִי וְאֵלְכָה
26 אֶל־מְקוֹמִי וּלְאַרְצִי׃ תְּנָה אֶת־נָשַׁי וְאֶת־יְלָדַי אֲשֶׁר עָבַדְתִּי
אֹתְךָ בָּהֵן וְאֵלֵכָה כִּי אַתָּה יָדַעְתָּ אֶת־עֲבֹדָתִי אֲשֶׁר עֲבַדְתִּיךָ׃
27 וַיֹּאמֶר אֵלָיו לָבָן אִם־נָא מָצָאתִי חֵן בְּעֵינֶיךָ נִחַשְׁתִּי
28 וַיְבָרְכֵנִי יְהוָה בִּגְלָלֶךָ׃ וַיֹּאמַר נָקְבָה שְׂכָרְךָ עָלַי וְאֶתֵּנָה׃
29 וַיֹּאמֶר אֵלָיו אַתָּה יָדַעְתָּ אֵת אֲשֶׁר עֲבַדְתִּיךָ וְאֵת אֲשֶׁר־
ל הָיָה מִקְנְךָ אִתִּי׃ כִּי מְעַט אֲשֶׁר־הָיָה לְךָ לְפָנַי וַיִּפְרֹץ
לָרֹב וַיְבָרֶךְ יְהוָה אֹתְךָ לְרַגְלִי וְעַתָּה מָתַי אֶעֱשֶׂה גַם־
31 אָנֹכִי לְבֵיתִי׃ וַיֹּאמֶר מָה אֶתֶּן־לָךְ וַיֹּאמֶר יַעֲקֹב לֹא־תִתֶּן־
לִי מְאוּמָה אִם־תַּעֲשֶׂה־לִּי הַדָּבָר הַזֶּה אָשׁוּבָה אֶרְעֶה
32 צֹאנְךָ אֶשְׁמֹר׃ אֶעֱבֹר בְּכָל־צֹאנְךָ הַיּוֹם הָסֵר מִשָּׁם כָּל־
שֶׂה ׀ נָקֹד וְטָלוּא וְכָל־שֶׂה־חוּם בַּכְּשָׂבִים וְטָלוּא וְנָקֹד
33 בָּעִזִּים וְהָיָה שְׂכָרִי׃ וְעָנְתָה־בִּי צִדְקָתִי בְּיוֹם מָחָר כִּי־
תָבוֹא עַל־שְׂכָרִי לְפָנֶיךָ כֹּל אֲשֶׁר־אֵינֶנּוּ נָקֹד וְטָלוּא בָּעִזִּים
34 וְחוּם בַּכְּשָׂבִים גָּנוּב הוּא אִתִּי׃ וַיֹּאמֶר לָבָן הֵן לוּ יְהִי

alquilar, te alquilé con las mandrágoras de mi hijo.» Y yació con ella en la noche esa.
(17) Y oyó Dios a Leá: y concibió y parió a Iaacob, el hijo quinto. (18) Y dijo Leá: «Dió Dios mi precio (*sejari*), que di mi esclava a mi marido;» y llamó su nombre Isajar.
(19) Y concibió más Leá, y parió el hijo sexto a Iaacob. (20) Y dijo Leá: «Dióme Dios parte buena: esta vez morará (*isbeleni*) conmigo mi marido, que parí a él seis hijos.» Y llamó su nombre Sebulún. (21) Y después parió una hija, y llamó su nombre Diná. (22) Y recordó Dios a Rahel, y oyó a ella Dios, y abrió su matriz. (23) Y concibió y parió un hijo; y dijo: «Quitó (*asaf*) Dios mi repudio.» (24) Y llamó su nombre Iosef, diciendo: «Deme (*iosef*) el Eterno otro hijo.»
(25) Y fué, como parió Rahel a Iosef, y dijo Iaacob a Labán: «Envíame, e iré a mi lugar, y a mi tierra. (26) Dame mis mujeres y mis niños, que serví a ti por ellos y me iré: que tú sabes el servicio que te presté.»
(27) Y díjole Labán: «Si ahora hallé gracia a tus ojos, experimenté que me bendijo el Eterno por ti.» (28) Y dijo: «Declara tu precio sobre mí y dare.» (29) Y díjole: «Tú sabes lo que te serví, y lo que has tú ganado conmigo. (30) Que poco tenías antes de mí, y fructificó en gran número; y bendijo el Eterno a ti por mi causa; y ahora ¿Cuándo haré también para mí casa?» (31) Y dijo: «¿Qué daré a ti?» Y dijo Iaacob: «No darás a mí ninguna cosa: si hicieres esto, tornaré a apacentar tus ovejas y a guardarlas. (32) Pasaré por todas tus ovejas hoy, apartando de allí, todo carnero pintado y manchado, y todo carnero rojo entre los carneros, y pintado y manchado en las cabras; y será mi precio. (33) Y atestiguará en mí, mi justicia en el día de mañana, cuando se hablare sobre mi precio delante de tí: todo el que no es pintado y manchado en las cabras y rojo en los carneros: hurtado será él por mí.» (34) Y dijo Labán: «Sí, ¡ojalá sea como tu palabra!» (35) Y apartó en el día ese los cabrones, los rayados y los manchados; y a todas las cabras, las pintadas y las manchadas; y todo el que blanco era, y todo el rojo en los carneros, dió en manos de sus hijos. (36) Y puso camino de tres días entre él y entre Iaacob: y Iaacob apacentaba las ovejas de Labán, las restantes.

16 סבירין ההוא. 19 צירי בסמוך ובמקף

(37) Y tomó Iaacob un palo de álamo verde, y avellano, y castaño, y descortezó en ellos cortezas blancas, descubriendo el blanco de sobre las varas. (38) E hincó las varas que descortezó, en las pilas, en los abrevaderos de las aguas, donde venían las ovejas a beber, delante de las ovejas. Y recalentábanse en su venir a beber. (39) Y recalentábanse las ovejas con las varas, y parían las ovejas rayadas, pintadas y manchadas. (40) Y los carneros apartaba Iaacob, y ponía frente a las ovejas, al rayado, y a todo rojo en las ovejas de Labán. Y ponía él sus rebaños solos y no los ponía con las ovejas de Labán. (41) Y era que cada vez se recalentaban las ovejas tempranas, y ponía Iaacob las varas a los ojos de las ovejas, en las pilas, para recalentarlas con las varas. (42) Y en las ovejas tardías, no ponía. Y eran las tardías para Labán, y las tempranas para Iaacob. (43) Y fructificó el varón más y más, y fueron a él muchas ovejas, y esclavos y esclavas, y camellos y asnos.

XXXI

(1) Y oía las palabras de los hijos de Labán, diciendo: «Tomó Iaacob todo lo que era de nuestro padre; y de lo que a nuestro padre hizo toda la honra ésta.» (2) Y vió Iaacob el rostro de Labán, y he aquí que no era con él como ayer y anteayer. (3) Y dijo el Eterno a Iaacob: «Tórnate a la tierra de tus padres, y a tu nacimiento y seré contigo.» (4) Y envió Iaacob, y llamó a Rahel y a Leá al campo, con sus ovejas, (5) y dijo a ellas: «Yo veo el rostro de vuestro padre, que no es conmigo como ayer y anteayer. Y el Dios de mi padre fué conmigo. (6) Y vosotras supísteis que con toda mi fuerza serví a vuestro padre. (7) Y vuestro padre se burló de mí y mudó mi precio, diez veces; y no lo dejó Dios hacerme mal. (8) Si así decía: Los pintados serán tu precio; y parían todas las ovejas pintadas. Y si

לה כִּדְבָרֶךָ׃ וַיָּסַר בַּיּוֹם הַהוּא אֶת־הַתְּיָשִׁים הָעֲקֻדִּים וְהַטְּלֻאִים
וְאֵת כָּל־הָעִזִּים הַנְּקֻדּוֹת וְהַטְּלֻאֹת כֹּל אֲשֶׁר־לָבָן בּוֹ וְכָל־
36 חוּם בַּכְּשָׂבִים וַיִּתֵּן בְּיַד־בָּנָיו׃ וַיָּשֶׂם דֶּרֶךְ שְׁלֹשֶׁת יָמִים
37 בֵּינוֹ וּבֵין יַעֲקֹב וְיַעֲקֹב רֹעֶה אֶת־צֹאן לָבָן הַנּוֹתָרֹת׃ וַיִּקַּח־
לוֹ יַעֲקֹב מַקַּל לִבְנֶה לַח וְלוּז וְעַרְמוֹן וַיְפַצֵּל בָּהֵן פְּצָלוֹת
38 לְבָנוֹת מַחְשֹׂף הַלָּבָן אֲשֶׁר עַל־הַמַּקְלוֹת׃ וַיַּצֵּג אֶת־
הַמַּקְלוֹת אֲשֶׁר פִּצֵּל בָּרְהָטִים בְּשִׁקֲתוֹת הַמָּיִם אֲשֶׁר
תָּבֹאןָ הַצֹּאן לִשְׁתּוֹת לְנֹכַח הַצֹּאן וַיֵּחַמְנָה בְּבֹאָן לִשְׁתּוֹת׃
39 וַיֶּחֱמוּ הַצֹּאן אֶל־הַמַּקְלוֹת וַתֵּלַדְןָ הַצֹּאן עֲקֻדִּים נְקֻדִּים
מ וּטְלֻאִים׃ וְהַכְּשָׂבִים הִפְרִיד יַעֲקֹב וַיִּתֵּן פְּנֵי הַצֹּאן אֶל־עָקֹד
וְכָל־חוּם בְּצֹאן לָבָן וַיָּשֶׁת לוֹ עֲדָרִים לְבַדּוֹ וְלֹא שָׁתָם
41 עַל־צֹאן לָבָן׃ וְהָיָה בְּכָל־יַחֵם הַצֹּאן הַמְקֻשָּׁרוֹת וְשָׂם
יַעֲקֹב אֶת־הַמַּקְלוֹת לְעֵינֵי הַצֹּאן בָּרְהָטִים לְיַחְמֵנָּה
42 בַּמַּקְלוֹת׃ וּבְהַעֲטִיף הַצֹּאן לֹא יָשִׂים וְהָיָה הָעֲטֻפִים
43 לְלָבָן וְהַקְּשֻׁרִים לְיַעֲקֹב׃ וַיִּפְרֹץ הָאִישׁ מְאֹד מְאֹד וַיְהִי־
לוֹ צֹאן רַבּוֹת וּשְׁפָחוֹת וַעֲבָדִים וּגְמַלִּים וַחֲמֹרִים׃

לא

א וַיִּשְׁמַע אֶת־דִּבְרֵי בְנֵי־לָבָן לֵאמֹר לָקַח יַעֲקֹב אֵת כָּל־
אֲשֶׁר לְאָבִינוּ וּמֵאֲשֶׁר לְאָבִינוּ עָשָׂה אֵת כָּל־הַכָּבֹד הַזֶּה׃
2 וַיַּרְא יַעֲקֹב אֶת־פְּנֵי לָבָן וְהִנֵּה אֵינֶנּוּ עִמּוֹ כִּתְמוֹל שִׁלְשׁוֹם׃
3 וַיֹּאמֶר יְהוָה אֶל־יַעֲקֹב שׁוּב אֶל־אֶרֶץ אֲבוֹתֶיךָ וּלְמוֹלַדְתֶּךָ
4 וְאֶהְיֶה עִמָּךְ׃ וַיִּשְׁלַח יַעֲקֹב וַיִּקְרָא לְרָחֵל וּלְלֵאָה הַשָּׂדֶה
ה אֶל־צֹאנוֹ׃ וַיֹּאמֶר לָהֶן רֹאֶה אָנֹכִי אֶת־פְּנֵי אֲבִיכֶן כִּי־
6 אֵינֶנּוּ אֵלַי כִּתְמֹל שִׁלְשֹׁם וֵאלֹהֵי אָבִי הָיָה עִמָּדִי׃ וְאַתֵּנָה
7 יְדַעְתֶּן כִּי בְּכָל־כֹּחִי עָבַדְתִּי אֶת־אֲבִיכֶן׃ וַאֲבִיכֶן הֵתֶל בִּי
וְהֶחֱלִף אֶת־מַשְׂכֻּרְתִּי עֲשֶׂרֶת מֹנִים וְלֹא־נְתָנוֹ אֱלֹהִים לְהָרַע
8 עִמָּדִי׃ אִם־כֹּה יֹאמַר נְקֻדִּים יִהְיֶה שְׂכָרֶךָ וְיָלְדוּ כָל־הַצֹּאן

ל 42. פ׳ רבתי בנ״א הה׳ לא רבתי

נקדים ואם־כה יאמר עקדים יהיה שכרך וילדו כל־
הצאן עקדים: ויצל אלהים את־מקנה אביכם ויתן־לי: 9
ויהי בעת יחם הצאן ואשא עיני וארא בחלום והנה י
העתדים העלים על־הצאן עקדים נקדים וברדים:
ויאמר אלי מלאך האלהים בחלום יעקב ואמר הנני: 11
ויאמר שא־נא עיניך וראה כל־העתדים העלים על־ 12
הצאן עקדים נקדים וברדים כי ראיתי את כל־אשר לבן
עשה לך: אנכי האל בית־אל אשר משחת שם מצבה 13
אשר נדרת לי שם נדר עתה קום צא מן־הארץ הזאת
ושוב אל־ארץ מולדתך: ותען רחל ולאה ותאמרנה לו 14
העוד לנו חלק ונחלה בבית אבינו: הלוא נכריות טו
נחשבנו לו כי מכרנו ויאכל גם־אכול את־כספנו: כי 16
כל־העשר אשר הציל אלהים מאבינו לנו הוא ולבנינו
ועתה כל אשר אמר אלהים אליך עשה: ויקם יעקב 17
וישא את־בניו ואת־נשיו על־הגמלים: וינהג את־כל־ 18
מקנהו ואת־כל־רכשו אשר רכש מקנה קנינו אשר
רכש בפדן ארם לבוא אל־יצחק אביו ארצה כנען:
ולבן הלך לגזז את־צאנו ותגנב רחל את־התרפים אשר 19
לאביה: ויגנב יעקב את־לב לבן הארמי על־בלי הגיד כ
לו כי ברח הוא: ויברח הוא וכל־אשר־לו ויקם ויעבר 21
את־הנהר וישם את־פניו הר הגלעד: ויגד ללבן ביום 22
השלישי כי ברח יעקב: ויקח את־אחיו עמו וירדף 23
אחריו דרך שבעת ימים וידבק אתו בהר הגלעד: ויבא 24
אלהים אל־לבן הארמי בחלם הלילה ויאמר לו השמר
לך פן־תדבר עם־יעקב מטוב עד־רע: וישג לבן את־ כה
יעקב ויעקב תקע את־אהלו בהר ולבן תקע את־אחיו
בהר הגלעד: ויאמר לבן ליעקב מה עשית ותגנב את־ 26
לבבי ותנהג את־בנתי כשביות חרב: למה נחבאת 27

así decía las rayas serán tu precio; parían todas las ovejas rayadas. (9) Y apartó Dios el ganado de vuestro padre, y diómelo a mí. (10) Y fué en hora de recalentarse las ovejas, que alcé mis ojos, y vi en el sueño, y he aquí que los machos cabríos subían sobre las ovejas rayadas, pintadas y abigarradas. (11) Y díjome un ángel de Dios en el sueño: Iaacob. Y dije: Heme. (12) Y dijo: Alza ahora tus ojos, y ve todos los machos cabríos que suben sobre las ovejas rayadas, pintadas y abigarradas; que vi todo lo que Labán hizo a ti. (13) Yo soy el Dios de Bet-El, al que ungiste allí el título, que prometiste a mí allí, promesa. Ahora levanta, sal de la tierra esta, y torna a la tierra de tu nacimiento.» (14) Y respondieron Rahel y Leá, y dijeron a él: «¿Si hay para nosotros parte y heredad en casa de nuestro padre? (15) De cierto, extrañas somos para él que nos vendió, y comió también nuestra plata. (16) Que toda la riqueza que quitó Dios de nuestro padre, para nosotros sea ella y para nuestros hijos: y ahora todo lo que dijo Dios a ti, haz!»

(17) Y levantóse Iaacob, y alzó sus hijos y sus mujeres sobre los camellos. (18) Y guió a todo su ganado, y a toda su ganancia que ganó, y al ganado de su compra que ganó en Padán-Aram, para volverse a Isaac, su padre, a la tierra de Kenáan. (19) Y Labán fuése para trasquilar sus ovejas: y hurtó Rahel los ídolos de su padre. (20) Y hurtó Iaacob el corazón de Labán el Arameo, porque no anuncióle que huiría él. (21) Y huyó él y todo lo de él; y levantóse, y pasó el río, y puso su rostro de frente al monte Guilead.

(22) Y fué anunciado a Labán en el día tercero, que había huído Iaacob. (23) Y tomó a sus hermanos con él, y persiguió tras él, camino de siete días, y alcanzóle en el monte Guilead. (24) Y vino Dios, a Labán el Arameo en sueños a la noche, y dijo a él: «Sea guardado a ti, no hablar con Iaacob, ni bien ni mal.» (25) Y alcanzó Labán a Iaacob, y Iaacob hincó a su tienda en el monte: y Labán hincó con sus hermanos en el monte Guilead.

(26) Y dijo Labán a Iaacob: «¿Qué hiciste? Hurtaste mi corazón y guiaste mis hijas como cautivas de espada? (27) ¿Por qué te escondiste para huir, y hur-

לא 9. בס"ם 18. קמץ בז"ק

לִבְרֹחַ וַתִּגְנֹב אֹתִי וְלֹא־הִגַּדְתָּ לִּי וָאֲשַׁלֵּחֲךָ בְּשִׂמְחָה
28 וּבְשִׁרִים בְּתֹף וּבְכִנּוֹר׃ וְלֹא נְטַשְׁתַּנִי לְנַשֵּׁק לְבָנַי וְלִבְנֹתָי
29 עַתָּה הִסְכַּלְתָּ עֲשׂוֹ׃ יֶשׁ־לְאֵל יָדִי לַעֲשׂוֹת עִמָּכֶם רָע וֵאלֹהֵי
אֲבִיכֶם אֶמֶשׁ ׀ אָמַר אֵלַי לֵאמֹר הִשָּׁמֶר לְךָ מִדַּבֵּר עִם־
ל יַעֲקֹב מִטּוֹב עַד־רָע׃ וְעַתָּה הָלֹךְ הָלַכְתָּ כִּי־נִכְסֹף נִכְסַפְתָּה
31 לְבֵית אָבִיךָ לָמָּה גָנַבְתָּ אֶת־אֱלֹהָי׃ וַיַּעַן יַעֲקֹב וַיֹּאמֶר
לְלָבָן כִּי יָרֵאתִי כִּי אָמַרְתִּי פֶּן־תִּגְזֹל אֶת־בְּנוֹתֶיךָ מֵעִמִּי׃
32 עִם אֲשֶׁר תִּמְצָא אֶת־אֱלֹהֶיךָ לֹא יִחְיֶה נֶגֶד אַחֵינוּ הַכֶּר־
לְךָ מָה עִמָּדִי וְקַח־לָךְ וְלֹא־יָדַע יַעֲקֹב כִּי רָחֵל גְּנָבָתַם׃
33 וַיָּבֹא לָבָן בְּאֹהֶל־יַעֲקֹב ׀ וּבְאֹהֶל לֵאָה וּבְאֹהֶל שְׁתֵּי
הָאֲמָהֹת וְלֹא מָצָא וַיֵּצֵא מֵאֹהֶל לֵאָה וַיָּבֹא בְּאֹהֶל רָחֵל׃
34 וְרָחֵל לָקְחָה אֶת־הַתְּרָפִים וַתְּשִׂמֵם בְּכַר הַגָּמָל וַתֵּשֶׁב
לה עֲלֵיהֶם וַיְמַשֵּׁשׁ לָבָן אֶת־כָּל־הָאֹהֶל וְלֹא מָצָא׃ וַתֹּאמֶר
אֶל־אָבִיהָ אַל־יִחַר בְּעֵינֵי אֲדֹנִי כִּי לוֹא אוּכַל לָקוּם מִפָּנֶיךָ
36 כִּי־דֶרֶךְ נָשִׁים לִי וַיְחַפֵּשׂ וְלֹא מָצָא אֶת־הַתְּרָפִים׃ וַיִּחַר
לְיַעֲקֹב וַיָּרֶב בְּלָבָן וַיַּעַן יַעֲקֹב וַיֹּאמֶר לְלָבָן מַה־פִּשְׁעִי
37 מַה חַטָּאתִי כִּי דָלַקְתָּ אַחֲרָי׃ כִּי־מִשַּׁשְׁתָּ אֶת־כָּל־כֵּלַי
מַה־מָּצָאתָ מִכֹּל כְּלֵי־בֵיתֶךָ שִׂים כֹּה נֶגֶד אַחַי וְאַחֶיךָ
38 וְיוֹכִיחוּ בֵּין שְׁנֵינוּ׃ זֶה עֶשְׂרִים שָׁנָה אָנֹכִי עִמָּךְ רְחֵלֶיךָ
39 וְעִזֶּיךָ לֹא שִׁכֵּלוּ וְאֵילֵי צֹאנְךָ לֹא אָכָלְתִּי׃ טְרֵפָה לֹא־
הֵבֵאתִי אֵלֶיךָ אָנֹכִי אֲחַטֶּנָּה מִיָּדִי תְּבַקְשֶׁנָּה גְּנֻבְתִי יוֹם
מ וּגְנֻבְתִי לָיְלָה׃ הָיִיתִי בַיּוֹם אֲכָלַנִי חֹרֶב וְקֶרַח בַּלָּיְלָה
41 וַתִּדַּד שְׁנָתִי מֵעֵינָי׃ זֶה־לִּי עֶשְׂרִים שָׁנָה בְּבֵיתֶךָ עֲבַדְתִּיךָ
אַרְבַּע־עֶשְׂרֵה שָׁנָה בִּשְׁתֵּי בְנֹתֶיךָ וְשֵׁשׁ שָׁנִים בְּצֹאנֶךָ
42 וַתַּחֲלֵף אֶת־מַשְׂכֻּרְתִּי עֲשֶׂרֶת מֹנִים׃ לוּלֵי אֱלֹהֵי אָבִי
אֱלֹהֵי אַבְרָהָם וּפַחַד יִצְחָק הָיָה לִי כִּי עַתָּה רֵיקָם שִׁלַּחְתָּנִי
43 אֶת־עָנְיִי וְאֶת־יְגִיעַ כַּפַּי רָאָה אֱלֹהִים וַיּוֹכַח אָמֶשׁ׃ וַיַּעַן

taste a mí, y no anunciaste a mí? Yo enviárate con alegría y con cantares, con adufle y vihuela. (28) Y no me dejaste besar a mis hijos y a mis hijas: Ahora enloqueciste haciendo esto. (29) Hay poder en mi mano para hacer a vosotros mal, mas el Dios de vuestro padre anoche, hablóme diciendo: sea guardado a ti hablar con Iaacob ni bien ni mal. (30) Y ahora que te viniste, que deseabas volver a la casa de tu padre, ¿por qué hurtaste mis dioses?» (31) Y respondió Iaacob, y dijo a Labán: «Porque temí, y me dije: quizá robarás tus hijas de conmigo. (32) Con el que hallares a tus dioses, no viva: delante de nuestros hermanos conoce lo que conmigo, y toma para ti.» Y no sabía Iaacob que Rahel lo había hurtado. (33) Y vino Labán a la tienda de Iaacob, y a la tienda de Leá, y a la tienda de las dos siervas, y no halló, y salió de la tienda de Leá, y vino a la tienda de Rahel. (34) Y Rahel tomó los ídolos, y púsolos en la albarda del camello, y sentóse sobre ellos. Y palpó Labán toda la tienda, y no halló. (35) Y dijo a su padre: «No se enoje, mi señor, que no puedo levantarme delante de ti; que costumbre de mujeres sigo.» Y escudriñó y no halló los ídolos.
(36) Y enojóse Iaacob, y riñó con Labán; y respondió Iaacob y dijo a Labán: «¿Cuál es mi falta? ¿Cuál es mi pecado? ¿Por qué perseguiste a mí? (37) ¿Por qué palpaste todos mis utensilios? ¿Qué hallaste de todos tus utensilios de tu casa? Pon aquí, delante de mis hermanos y de tus hermanos, y juzguen entre ambos. (38) Veinte años estuve contigo: tus ovejas y tus cabras no perdieron sus hijos y carnero de tus ovejas no comí. (39) Lo que arrebataron, no traje a ti; yo lo afianzaba, de mi mano, lo buscabas; lo hurtado de día y hurtado de noche, de mi mano lo requerías. (40) En el día consumíame el calor, y la helada en la noche, y escapaba mi sueño de mis ojos. (41) Éstos son mis veinte años en tu casa: te servía catorce años por tus dos hijos, y seis años por tus ovejas, y mudaste mi precio diez veces. (42) Si no fuera por el Dios de mi padre, Dios de Abraham, y temor de Isaac, que fué conmigo, ahora vacío me hubieras enviado. Mi aflicción y el trabajo de mis palmas vió Dios y reprendióte anoche.» (43) Y respondió Labán, y dijo a Iaacob: «Las hijas son mis hijas, y los hijos, mis

35. מלא וא"ו

לָבָן וַיֹּאמֶר אֶל־יַעֲקֹב הַבָּנוֹת בְּנֹתַי וְהַבָּנִים בָּנַי וְהַצֹּאן
צֹאנִי וְכֹל אֲשֶׁר־אַתָּה רֹאֶה לִי־הוּא וְלִבְנֹתַי מָה־אֶעֱשֶׂה
לָאֵלֶּה הַיּוֹם אוֹ לִבְנֵיהֶן אֲשֶׁר יָלָדוּ׃ וְעַתָּה לְכָה נִכְרְתָה 44
בְרִית אֲנִי וָאָתָּה וְהָיָה לְעֵד בֵּינִי וּבֵינֶךָ׃ וַיִּקַּח יַעֲקֹב אָבֶן מה
וַיְרִימֶהָ מַצֵּבָה׃ וַיֹּאמֶר יַעֲקֹב לְאֶחָיו לִקְטוּ אֲבָנִים וַיִּקְחוּ 46
אֲבָנִים וַיַּעֲשׂוּ־גָל וַיֹּאכְלוּ שָׁם עַל־הַגָּל׃ וַיִּקְרָא־לוֹ לָבָן 47
יְגַר שָׂהֲדוּתָא וְיַעֲקֹב קָרָא לוֹ גַּלְעֵד׃ וַיֹּאמֶר לָבָן הַגַּל 48
הַזֶּה עֵד בֵּינִי וּבֵינְךָ הַיּוֹם עַל־כֵּן קָרָא־שְׁמוֹ גַּלְעֵד׃
וְהַמִּצְפָּה אֲשֶׁר אָמַר יִצֶף יְהוָה בֵּינִי וּבֵינֶךָ כִּי נִסָּתֵר אִישׁ 49
מֵרֵעֵהוּ׃ אִם־תְּעַנֶּה אֶת־בְּנֹתַי וְאִם־תִּקַּח נָשִׁים עַל־בְּנֹתַי נ
אֵין אִישׁ עִמָּנוּ רְאֵה אֱלֹהִים עֵד בֵּינִי וּבֵינֶךָ׃ וַיֹּאמֶר לָבָן 51
לְיַעֲקֹב הִנֵּה ׀ הַגַּל הַזֶּה וְהִנֵּה הַמַּצֵּבָה אֲשֶׁר יָרִיתִי בֵּינִי
וּבֵינֶךָ׃ עֵד הַגַּל הַזֶּה וְעֵדָה הַמַּצֵּבָה אִם־אָנִי לֹא־אֶעֱבֹר 52
אֵלֶיךָ אֶת־הַגַּל הַזֶּה וְאִם־אַתָּה לֹא־תַעֲבֹר אֵלַי אֶת־הַגַּל
הַזֶּה וְאֶת־הַמַּצֵּבָה הַזֹּאת לְרָעָה׃ אֱלֹהֵי אַבְרָהָם וֵאלֹהֵי 53
נָחוֹר יִשְׁפְּטוּ בֵינֵינוּ אֱלֹהֵי אֲבִיהֶם וַיִּשָּׁבַע יַעֲקֹב בְּפַחַד
אָבִיו יִצְחָק׃ וַיִּזְבַּח יַעֲקֹב זֶבַח בָּהָר וַיִּקְרָא לְאֶחָיו לֶאֱכָל־ 54
לָחֶם וַיֹּאכְלוּ לֶחֶם וַיָּלִינוּ בָּהָר׃

לב

וַיַּשְׁכֵּם לָבָן בַּבֹּקֶר וַיְנַשֵּׁק לְבָנָיו וְלִבְנוֹתָיו וַיְבָרֶךְ אֶתְהֶם א
וַיֵּלֶךְ וַיָּשָׁב לָבָן לִמְקֹמוֹ׃ וְיַעֲקֹב הָלַךְ לְדַרְכּוֹ וַיִּפְגְּעוּ־בוֹ 2
מַלְאֲכֵי אֱלֹהִים׃ וַיֹּאמֶר יַעֲקֹב כַּאֲשֶׁר רָאָם מַחֲנֵה אֱלֹהִים 3
זֶה וַיִּקְרָא שֵׁם־הַמָּקוֹם הַהוּא מַחֲנָיִם׃

פ פ פ ח 8

וַיִּשְׁלַח יַעֲקֹב מַלְאָכִים לְפָנָיו אֶל־עֵשָׂו אָחִיו אַרְצָה שֵׂעִיר 4
שְׂדֵה אֱדוֹם׃ וַיְצַו אֹתָם לֵאמֹר כֹּה תֹאמְרוּן לַאדֹנִי לְעֵשָׂו ה
כֹּה אָמַר עַבְדְּךָ יַעֲקֹב עִם־לָבָן גַּרְתִּי וָאֵחַר עַד־עָתָּה׃

hijos, y las ovejas, mis ovejas, y todo lo que tú ves, mío es: y a mis hijas, ¿qué haré hoy? ¿Y a sus hijos que parieron? (44) Y ahora vamos, hagamos un pacto yo y tú: que sea por testigo entre mí y entre ti.»

(45) Y tomó Iaacob una piedra, y alzóla por título. (46) Y dijo Iaacob a sus hermanos: «Coged piedras.» Y tomaron piedras e hicieron un majano; y comieron allí sobre el majano. (47) Y llamóle Labán Iegar Saadutá y Iaacob llamóle Galed. (48) Y dijo Labán: «El majano *(gal)* éste sea testigo *(ed)* entre mí y entre ti hoy.» Por tanto llamó su nombre Galed. (49) Y Mispá *(la atalaya)* que dijo: «Atalaye *(isef)* el Eterno entre mí y entre ti, cuando nos alejáremos uno de otro. (50) Si afligieres a mis hijas, y si tomares mujeres sobre mis hijas, ningún varón estará con nosotros; ve, Dios es testigo entre tú y yo.» (51) Y dijo Labán a Iaacob: «He aquí el majano este, y he aquí el título, que eché entre mí y entre ti. (52) Testigo el majano este, y testigo el título, que yo no pasaré contra ti el majano este, ni que tú pases contra mí al majano este, y el título este, para mal. (53) El Dios de Abraham, y el Dios de Nahor, juzguen entre nosotros.» (Dios de sus padres). Y juró Iaacob por el temor de su padre Isaac. (54) Y sacrificó Iaacob sacrificio en el monte, y llamó a sus hermanos para comer pan; y comieron pan, y durmieron en el monte.

XXXII

(1) Y madrugó Labán, por la mañana besó a sus hijos y a sus hijas, y bendíjolos, y fuése y tornó Labán a su lugar. (2) Y Iaacob volvió a su camino, y encontraron en él ángeles de Dios. (3) Y dijo Iaacob, como los vió: «Real *(mahane)* de Dios es éste.» Y llamó el nombre del lugar este: Mahanáim.

(8) VAYÍSLAH

(4) Y envió Iaacob mensajeros delante de él, a Esav su hermano, a la tierra de Seir, campo de Edom. (5) Y encomendó a ellos, diciendo: «Así diréis a mi señor, a Esav: Así dijo tu siervo Iaacob: Con Labán moré, y tardéme hasta

ahora. (6) Y fué a mí buey, y asno, y oveja, y siervo y sierva; y envié a anunciar a mi señor, para hallar gracia a tus ojos.» (7) Y tornaron los mensajeros a Iaacob, diciendo: «Fuimos a tu hermano, a Esav, y también él viene a tu encuentro, y cuatrocientos varones con él.» (8) Y temió Iaacob mucho, y angustióse; y partió el pueblo que con él estaba, y las ovejas, y las vacas, y los camellos, por dos reales. (9) Y dijo: «Si viniere Esav por el real uno, e hiriere, será el real restante para escapar.» (10) Y dijo Iaacob: «Dios de mi padre Abraham, y Dios de mi padre Isaac, Eterno, que dijo a mí: Torna a tu tierra y a tu nacimiento, y haré bien contigo, (11) Porque soy pequeño para todas las mercedes, y toda la verdad que hiciste con tu siervo; que con mi vara pasé el Iardén este y ahora estoy sobre dos reales. (12) Líbrame ahora de manos de mi hermano, de manos de Esav, que temo a él, quizá vendrá, y me herirá, madre con hijos. (13) Y tu dijiste: Hacer, haré bien contigo, y pondré a tu simiente como arena del mar, que no es contada porque mucha es.»
(14) Y durmió allí en la noche esta, y tomó, de lo que vino a su mano, presente para Esav, su hermano. (15) Cabras doscientas, y cabrones veinte, ovejas doscientas y carneros veinte. (16) Camellas paridas y sus hijos, treinta, vacas cuarenta y toros diez, asnas veinte y borricos diez. (17) Y dió en manos de sus siervos, cada rebaño a solas, y dijo a sus siervos: «Pasad delante de mí, y espacio pondréis entre rebaño y rebaño.» (18) Y encomendó al primero, diciendo: «Cuando te encontrare Esav, mi hermano, y te demandare, diciendo: ¿De quién, tú? y ¿adónde vas? ¿para quién éstos, delante de ti? (19) Y dirás: De tu siervo Iaacob, presente que envía a mi señor a Esav; y he aquí que también el que viene en pos nuestro.» (20) Y encomendó también al segundo, también al tercero, también a todos los que iban tras los rebaños, diciendo: «Como la palabra esta hablaréis a Esav en vuestro hallar a él. (21) Y diréis también: He aquí tu siervo Iaacob, tras nosotros.» Porque dijo: «Apaciguaré sus iras con el presente que va delante de mí, después veré su rostro; y quizá me acepte.» (22) Y pasó el presente delante de él; y

6 וַיְהִי־לִי שׁוֹר וַחֲמוֹר צֹאן וְעֶבֶד וְשִׁפְחָה וָאֶשְׁלְחָה לְהַגִּיד
7 לַאדֹנִי לִמְצֹא־חֵן בְּעֵינֶיךָ׃ וַיָּשֻׁבוּ הַמַּלְאָכִים אֶל־יַעֲקֹב
לֵאמֹר בָּאנוּ אֶל־אָחִיךָ אֶל־עֵשָׂו וְגַם הֹלֵךְ לִקְרָאתְךָ וְאַרְבַּע־
8 מֵאוֹת אִישׁ עִמּוֹ׃ וַיִּירָא יַעֲקֹב מְאֹד וַיֵּצֶר לוֹ וַיַּחַץ אֶת־
הָעָם אֲשֶׁר־אִתּוֹ וְאֶת־הַצֹּאן וְאֶת־הַבָּקָר וְהַגְּמַלִּים לִשְׁנֵי
9 מַחֲנוֹת׃ וַיֹּאמֶר אִם־יָבוֹא עֵשָׂו אֶל־הַמַּחֲנֶה הָאַחַת וְהִכָּהוּ
י וְהָיָה הַמַּחֲנֶה הַנִּשְׁאָר לִפְלֵיטָה׃ וַיֹּאמֶר יַעֲקֹב אֱלֹהֵי
אָבִי אַבְרָהָם וֵאלֹהֵי אָבִי יִצְחָק יְהוָה הָאֹמֵר אֵלַי שׁוּב
11 לְאַרְצְךָ וּלְמוֹלַדְתְּךָ וְאֵיטִיבָה עִמָּךְ׃ קָטֹנְתִּי מִכֹּל הַחֲסָדִים
וּמִכָּל־הָאֱמֶת אֲשֶׁר עָשִׂיתָ אֶת־עַבְדֶּךָ כִּי בְמַקְלִי עָבַרְתִּי
12 אֶת־הַיַּרְדֵּן הַזֶּה וְעַתָּה הָיִיתִי לִשְׁנֵי מַחֲנוֹת׃ הַצִּילֵנִי נָא
מִיַּד אָחִי מִיַּד עֵשָׂו כִּי־יָרֵא אָנֹכִי אֹתוֹ פֶּן־יָבוֹא וְהִכַּנִי אֵם
13 עַל־בָּנִים׃ וְאַתָּה אָמַרְתָּ הֵיטֵב אֵיטִיב עִמָּךְ וְשַׂמְתִּי אֶת־
14 זַרְעֲךָ כְּחוֹל הַיָּם אֲשֶׁר לֹא־יִסָּפֵר מֵרֹב׃ וַיָּלֶן שָׁם בַּלַּיְלָה
טו הַהוּא וַיִּקַּח מִן־הַבָּא בְיָדוֹ מִנְחָה לְעֵשָׂו אָחִיו׃ עִזִּים
מָאתַיִם וּתְיָשִׁים עֶשְׂרִים רְחֵלִים מָאתַיִם וְאֵילִים עֶשְׂרִים׃
16 גְּמַלִּים מֵינִיקוֹת וּבְנֵיהֶם שְׁלֹשִׁים פָּרוֹת אַרְבָּעִים וּפָרִים
17 עֲשָׂרָה אֲתֹנֹת עֶשְׂרִים וַעְיָרִם עֲשָׂרָה׃ וַיִּתֵּן בְּיַד־עֲבָדָיו
עֵדֶר עֵדֶר לְבַדּוֹ וַיֹּאמֶר אֶל־עֲבָדָיו עִבְרוּ לְפָנַי וְרֶוַח
18 תָּשִׂימוּ בֵּין עֵדֶר וּבֵין עֵדֶר׃ וַיְצַו אֶת־הָרִאשׁוֹן לֵאמֹר כִּי
יִפְגָשְׁךָ עֵשָׂו אָחִי וּשְׁאֵלְךָ לֵאמֹר לְמִי־אַתָּה וְאָנָה תֵלֵךְ
19 וּלְמִי אֵלֶּה לְפָנֶיךָ׃ וְאָמַרְתָּ לְעַבְדְּךָ לְיַעֲקֹב מִנְחָה הִוא
כ שְׁלוּחָה לַאדֹנִי לְעֵשָׂו וְהִנֵּה גַם־הוּא אַחֲרֵינוּ׃ וַיְצַו גַּם
אֶת־הַשֵּׁנִי גַּם אֶת־הַשְּׁלִישִׁי גַּם אֶת־כָּל־הַהֹלְכִים אַחֲרֵי
הָעֲדָרִים לֵאמֹר כַּדָּבָר הַזֶּה תְּדַבְּרוּן אֶל־עֵשָׂו בְּמֹצַאֲכֶם
21 אֹתוֹ׃ וַאֲמַרְתֶּם גַּם הִנֵּה עַבְדְּךָ יַעֲקֹב אַחֲרֵינוּ כִּי־אָמַר
אֲכַפְּרָה פָנָיו בַּמִּנְחָה הַהֹלֶכֶת לְפָנָי וְאַחֲרֵי־כֵן אֶרְאֶה

21. קמץ בז״ק

22 פָּנָיו אוּלַי יִשָּׂא פָנָי: וַתַּעֲבֹר הַמִּנְחָה עַל־פָּנָיו וְהוּא לָן
23 בַּלַּיְלָה־הַהוּא בַּמַּחֲנֶה: וַיָּקָם ׀ בַּלַּיְלָה הוּא וַיִּקַּח אֶת־
שְׁתֵּי נָשָׁיו וְאֶת־שְׁתֵּי שִׁפְחֹתָיו וְאֶת־אַחַד עָשָׂר יְלָדָיו
24 וַיַּעֲבֹר אֵת מַעֲבַר יַבֹּק: וַיִּקָּחֵם וַיַּעֲבִרֵם אֶת־הַנָּחַל וַיַּעֲבֵר
כה אֶת־אֲשֶׁר־לוֹ: וַיִּוָּתֵר יַעֲקֹב לְבַדּוֹ וַיֵּאָבֵק אִישׁ עִמּוֹ עַד
26 עֲלוֹת הַשָּׁחַר: וַיַּרְא כִּי לֹא יָכֹל לוֹ וַיִּגַּע בְּכַף־יְרֵכוֹ וַתֵּקַע
27 כַּף־יֶרֶךְ יַעֲקֹב בְּהֵאָבְקוֹ עִמּוֹ: וַיֹּאמֶר שַׁלְּחֵנִי כִּי עָלָה
28 הַשָּׁחַר וַיֹּאמֶר לֹא אֲשַׁלֵּחֲךָ כִּי אִם־בֵּרַכְתָּנִי: וַיֹּאמֶר אֵלָיו
29 מַה־שְּׁמֶךָ וַיֹּאמֶר יַעֲקֹב: וַיֹּאמֶר לֹא יַעֲקֹב יֵאָמֵר עוֹד
שִׁמְךָ כִּי אִם־יִשְׂרָאֵל כִּי־שָׂרִיתָ עִם־אֱלֹהִים וְעִם־אֲנָשִׁים
ל וַתּוּכָל: וַיִּשְׁאַל יַעֲקֹב וַיֹּאמֶר הַגִּידָה־נָּא שְׁמֶךָ וַיֹּאמֶר
31 לָמָּה זֶּה תִּשְׁאַל לִשְׁמִי וַיְבָרֶךְ אֹתוֹ שָׁם: וַיִּקְרָא יַעֲקֹב
שֵׁם הַמָּקוֹם פְּנִיאֵל כִּי־רָאִיתִי אֱלֹהִים פָּנִים אֶל־פָּנִים
32 וַתִּנָּצֵל נַפְשִׁי: וַיִּזְרַח־לוֹ הַשֶּׁמֶשׁ כַּאֲשֶׁר עָבַר אֶת־פְּנוּאֵל
33 וְהוּא צֹלֵעַ עַל־יְרֵכוֹ: עַל־כֵּן לֹא־יֹאכְלוּ בְנֵי־יִשְׂרָאֵל אֶת־
גִּיד הַנָּשֶׁה אֲשֶׁר עַל־כַּף הַיָּרֵךְ עַד הַיּוֹם הַזֶּה כִּי נָגַע בְּכַף־
יֶרֶךְ יַעֲקֹב בְּגִיד הַנָּשֶׁה:

לג

א וַיִּשָּׂא יַעֲקֹב עֵינָיו וַיַּרְא וְהִנֵּה עֵשָׂו בָּא וְעִמּוֹ אַרְבַּע מֵאוֹת
אִישׁ וַיַּחַץ אֶת־הַיְלָדִים עַל־לֵאָה וְעַל־רָחֵל וְעַל שְׁתֵּי
2 הַשְּׁפָחוֹת: וַיָּשֶׂם אֶת־הַשְּׁפָחוֹת וְאֶת־יַלְדֵיהֶן רִאשֹׁנָה וְאֶת־
לֵאָה וִילָדֶיהָ אַחֲרֹנִים וְאֶת־רָחֵל וְאֶת־יוֹסֵף אַחֲרֹנִים:
3 וְהוּא עָבַר לִפְנֵיהֶם וַיִּשְׁתַּחוּ אַרְצָה שֶׁבַע פְּעָמִים עַד־
4 גִּשְׁתּוֹ עַד־אָחִיו: וַיָּרָץ עֵשָׂו לִקְרָאתוֹ וַיְחַבְּקֵהוּ וַיִּפֹּל עַל־
ה צַוָּארָו וַיִּשָּׁקֵהוּ וַיִּבְכּוּ: וַיִּשָּׂא אֶת־עֵינָיו וַיַּרְא אֶת־הַנָּשִׁים
וְאֶת־הַיְלָדִים וַיֹּאמֶר מִי־אֵלֶּה לָּךְ וַיֹּאמַר הַיְלָדִים אֲשֶׁר־
6 חָנַן אֱלֹהִים אֶת־עַבְדֶּךָ: וַתִּגַּשְׁןָ הַשְּׁפָחוֹת הֵנָּה וְיַלְדֵיהֶן

él durmió la noche esta, en el real. (23) Y levantóse en la noche esta, y tomó sus dos mujeres, y sus dos siervas, y sus once hijos, y pasó el vado de Iaboc. (24) Y tomólos y pasólos al arroyo, y pasó lo que de él era. (25) Y quedó Iaacob a solas, y luchó un varón con él, hasta alzarse la mañana. (26) Y vió que no podía con él, y tocó en el hueco de su muslo, y descoyuntóse el hueco del muslo de Iaacob en su luchar con él. (27) Y dijo: «Envíame, que subió la mañana.» Y dijo: «No te enviaré, salvo que me bendigas.» (28) Y dijo a él: «¿Cuál es tu nombre?» Y dijo: «Iaacob.» (29) Y dijo: «No, Iaacob no será dicho más tu nombre, sino Israel: que luchaste con ángeles y varones, y venciste.» (30) Y demandó Iaacob, y dijo: «Denuncia ahora tu nombre.» Y él respondió: «¿Por qué demandas por mi nombre?» Y bendíjole allí. (31) Y llamó Iaacob el nombre del lugar: Peniel (rostro de Dios); porque: «Vi ángeles cara a cara, y fué salvada mi alma.» (32) Y esclarecióse a él el sol cuando pasó Penuel; y cojeaba de su muslo. (33) Por tanto no comen los hijos de Israel el tendón encogido que está sobre el hueco del muslo, hasta el día este, porque tocó el hueco del muslo de Iaacob en el tendón encogido.

XXXIII

(1) Y alzó Iaacob sus ojos, y vió, y he aquí que Esav venía, y con él cuatrocientos varones: y repartió a los niños entre Leá y entre Rahel y entre las dos siervas. (2) Y puso las siervas y sus niños al principio; y a Leá y a sus niños, postreros; y a Rahel y a Iosef últimos. (3) Y él pasó delante de ellos, y encorvóse a tierra siete veces, hasta llegar a su hermano. (4) Y corrió Esav a su encuentro, y abrazóle, y echóse sobre su cuello y besólo, y lloraron. (5) Y alzó sus ojos, y vió las mujeres y los niños, y dijo: «¿Quiénes son éstos para ti?» Y dijo: «Los niños que dió Dios a tu siervo.» (6) Y llegáronse las siervas, ellas y sus niños, y encorváronse. (7) Y llegóse también Leá y sus niños, y encorváronse;

לב 23. סבירין ההוא לג 4. צואריו ק׳ נקוד על וישקהו

7 וַתִּשְׁתַּחֲוֶיןָ׃ וַתִּגַּשׁ גַּם־לֵאָה וִילָדֶיהָ וַיִּשְׁתַּחֲווּ וְאַחַר נִגַּשׁ
8 יוֹסֵף וְרָחֵל וַיִּשְׁתַּחֲווּ׃ וַיֹּאמֶר מִי לְךָ כָּל־הַמַּחֲנֶה הַזֶּה
9 אֲשֶׁר פָּגָשְׁתִּי וַיֹּאמֶר לִמְצֹא־חֵן בְּעֵינֵי אֲדֹנִי׃ וַיֹּאמֶר עֵשָׂו
י יֶשׁ־לִי רָב אָחִי יְהִי לְךָ אֲשֶׁר־לָךְ׃ וַיֹּאמֶר יַעֲקֹב אַל־נָא
אִם־נָא מָצָאתִי חֵן בְּעֵינֶיךָ וְלָקַחְתָּ מִנְחָתִי מִיָּדִי כִּי עַל־
11 כֵּן רָאִיתִי פָנֶיךָ כִּרְאֹת פְּנֵי אֱלֹהִים וַתִּרְצֵנִי׃ קַח־נָא אֶת־
בִּרְכָתִי אֲשֶׁר הֻבָאת לָךְ כִּי־חַנַּנִי אֱלֹהִים וְכִי יֶשׁ־לִי־כֹל
12 וַיִּפְצַר־בּוֹ וַיִּקָּח׃ וַיֹּאמֶר נִסְעָה וְנֵלֵכָה וְאֵלְכָה לְנֶגְדֶּךָ׃
13 וַיֹּאמֶר אֵלָיו אֲדֹנִי יֹדֵעַ כִּי־הַיְלָדִים רַכִּים וְהַצֹּאן וְהַבָּקָר
14 עָלוֹת עָלָי וּדְפָקוּם יוֹם אֶחָד וָמֵתוּ כָּל־הַצֹּאן׃ יַעֲבָר־נָא
אֲדֹנִי לִפְנֵי עַבְדּוֹ וַאֲנִי אֶתְנַהֲלָה לְאִטִּי לְרֶגֶל הַמְּלָאכָה
אֲשֶׁר־לְפָנַי וּלְרֶגֶל הַיְלָדִים עַד אֲשֶׁר־אָבֹא אֶל־אֲדֹנִי
טו שֵׂעִירָה׃ וַיֹּאמֶר עֵשָׂו אַצִּיגָה־נָּא עִמְּךָ מִן־הָעָם אֲשֶׁר אִתִּי
16 וַיֹּאמֶר לָמָּה זֶּה אֶמְצָא־חֵן בְּעֵינֵי אֲדֹנִי׃ וַיָּשָׁב בַּיּוֹם הַהוּא
17 עֵשָׂו לְדַרְכּוֹ שֵׂעִירָה׃ וְיַעֲקֹב נָסַע סֻכֹּתָה וַיִּבֶן לוֹ בָּיִת
וּלְמִקְנֵהוּ עָשָׂה סֻכֹּת עַל־כֵּן קָרָא שֵׁם־הַמָּקוֹם סֻכּוֹת׃ ס
18 וַיָּבֹא יַעֲקֹב שָׁלֵם עִיר שְׁכֶם אֲשֶׁר בְּאֶרֶץ כְּנַעַן בְּבֹאוֹ
19 מִפַּדַּן אֲרָם וַיִּחַן אֶת־פְּנֵי הָעִיר׃ וַיִּקֶן אֶת־חֶלְקַת הַשָּׂדֶה
אֲשֶׁר נָטָה־שָׁם אָהֳלוֹ מִיַּד בְּנֵי־חֲמוֹר אֲבִי שְׁכֶם בְּמֵאָה
כ קְשִׂיטָה׃ וַיַּצֶּב־שָׁם מִזְבֵּחַ וַיִּקְרָא־לוֹ אֵל אֱלֹהֵי יִשְׂרָאֵל׃ ס

לד חמישי

א וַתֵּצֵא דִינָה בַּת־לֵאָה אֲשֶׁר יָלְדָה לְיַעֲקֹב לִרְאוֹת בִּבְנוֹת
2 הָאָרֶץ׃ וַיַּרְא אֹתָהּ שְׁכֶם בֶּן־חֲמוֹר הַחִוִּי נְשִׂיא הָאָרֶץ
3 וַיִּקַּח אֹתָהּ וַיִּשְׁכַּב אֹתָהּ וַיְעַנֶּהָ׃ וַתִּדְבַּק נַפְשׁוֹ בְּדִינָה
4 בַּת־יַעֲקֹב וַיֶּאֱהַב אֶת־הַנַּעֲרָ וַיְדַבֵּר עַל־לֵב הַנַּעֲרָ׃ וַיֹּאמֶר
שְׁכֶם אֶל־חֲמוֹר אָבִיו לֵאמֹר קַח־לִי אֶת־הַיַּלְדָּה הַזֹּאת
ה לְאִשָּׁה׃ וְיַעֲקֹב שָׁמַע כִּי טִמֵּא אֶת־דִּינָה בִתּוֹ וּבָנָיו הָיוּ

y después se llegó Iosef y Rahel, y encorváronse. (8) Y dijo: «¿Qué es todo el real este que encontré?» Y dijo: «Para hallar gracia a los ojos de mi señor.» (9) Y dijo Esav: «Tengo para mí bastante, mi hermano: sea para ti lo que es tuyo.» (10) Y dijo Iaacob: «No, te ruego, que si ahora hallé gracia a tus ojos, tomes mi presente de mis manos, que ver tu rostro fué como ver el rostro de Dios; y me complaciste. (11) Toma ahora mi presente, que fué traído a ti; que me ha hecho merced Dios, todo lo que hay aquí, es mío.» Y porfió con él, y tomó.

(12) Y dijo: «Movámonos, y vayamos, e iré delante de ti.» (13) Y dijo a él: «Mi señor sabe que los niños tiernos, y las ovejas y las vacas paridas si se fatigaren un día, morirán todas las ovejas. (14) Pase ahora mi señor delante de su siervo, y yo me iré a pie delante de mis rebaños, y al paso los niños, hasta que venga a mi señor a Seir.» (15) Y dijo Esav: «Dejaré ahora contigo el pueblo que conmigo viene.» Y dijo: «¿Por qué esto? Halle gracia en los ojos de mi señor.» (16) Y tornóse en el día ese, Esav a su camino a Seir.

(17) Y Iaacob se movió a Sucot, y edificó para él casa, y para su ganado hizo cabañas *(sucot)*: por tanto llamó el nombre del lugar, Sucot. (18) Y vino Iaacob sano a la ciudad de Sejem, que está en la tierra de Kenáan, en su venir de Padán-Aram; y acampó adelante de la ciudad. (19) Y compró parte del campo, donde tendió su tienda, de manos de los hijos de Hamor, padre de Sejem, por cien monedas. (20) Y erigió allí un ara, y llamó a él: Dios, Dios de Israel.

XXXIV

(1) Y salió Diná hija de Leá, que parió a Iaacob, para ver las hijas de la tierra. (2) Y vió a ella Sejem, hijo de Hamor el Hiveo, mayoral de la tierra, y tomó a ella, y yació con ella, y afligióla. (3) Y apegóse su alma a Diná, hija de Iaacob, y amó a la moza, y habló al corazón de la joven. (4) Y habló Sejem a Hamor su padre, diciendo: «Toma para mí la niña esta por mujer.» (5) Y Iaacob oyó que mancilló a Diná su hija; y sus hijos estaban con su

לד 3. הנערה ק׳ הנערה קרי

6 אֶת־מִקְנֵהוּ בַּשָּׂדֶה וְהֶחֱרִשׁ יַעֲקֹב עַד־בֹּאָם׃ וַיֵּצֵא חֲמוֹר
7 אֲבִי־שְׁכֶם אֶל־יַעֲקֹב לְדַבֵּר אִתּוֹ׃ וּבְנֵי יַעֲקֹב בָּאוּ מִן
הַשָּׂדֶה כְּשָׁמְעָם וַיִּתְעַצְּבוּ הָאֲנָשִׁים וַיִּחַר לָהֶם מְאֹד כִּי
נְבָלָה עָשָׂה בְיִשְׂרָאֵל לִשְׁכַּב אֶת־בַּת־יַעֲקֹב וְכֵן לֹא יֵעָשֶׂה׃
8 וַיְדַבֵּר חֲמוֹר אִתָּם לֵאמֹר שְׁכֶם בְּנִי חָשְׁקָה נַפְשׁוֹ בְּבִתְּכֶם
9 תְּנוּ נָא אֹתָהּ לוֹ לְאִשָּׁה׃ וְהִתְחַתְּנוּ אֹתָנוּ בְּנֹתֵיכֶם תִּתְּנוּ־
י לָנוּ וְאֶת־בְּנֹתֵינוּ תִּקְחוּ לָכֶם׃ וְאִתָּנוּ תֵּשֵׁבוּ וְהָאָרֶץ תִּהְיֶה
11 לִפְנֵיכֶם שְׁבוּ וּסְחָרוּהָ וְהֵאָחֲזוּ בָּהּ׃ וַיֹּאמֶר שְׁכֶם אֶל־
אָבִיהָ וְאֶל־אַחֶיהָ אֶמְצָא־חֵן בְּעֵינֵיכֶם וַאֲשֶׁר תֹּאמְרוּ אֵלַי
12 אֶתֵּן׃ הַרְבּוּ עָלַי מְאֹד מֹהַר וּמַתָּן וְאֶתְּנָה כַּאֲשֶׁר תֹּאמְרוּ
13 אֵלָי וּתְנוּ־לִי אֶת־הַנַּעֲרָ לְאִשָּׁה׃ וַיַּעֲנוּ בְנֵי־יַעֲקֹב אֶת־שְׁכֶם
וְאֶת־חֲמוֹר אָבִיו בְּמִרְמָה וַיְדַבֵּרוּ אֲשֶׁר טִמֵּא אֵת דִּינָה
14 אֲחֹתָם׃ וַיֹּאמְרוּ אֲלֵיהֶם לֹא נוּכַל לַעֲשׂוֹת הַדָּבָר הַזֶּה
לָתֵת אֶת־אֲחֹתֵנוּ לְאִישׁ אֲשֶׁר־לוֹ עָרְלָה כִּי־חֶרְפָּה הִוא
טו לָנוּ׃ אַךְ־בְּזֹאת נֵאוֹת לָכֶם אִם תִּהְיוּ כָמֹנוּ לְהִמֹּל לָכֶם
16 כָּל־זָכָר׃ וְנָתַנּוּ אֶת־בְּנֹתֵינוּ לָכֶם וְאֶת־בְּנֹתֵיכֶם נִקַּח־לָנוּ
17 וְיָשַׁבְנוּ אִתְּכֶם וְהָיִינוּ לְעַם אֶחָד׃ וְאִם־לֹא תִשְׁמְעוּ אֵלֵינוּ
18 לְהִמּוֹל וְלָקַחְנוּ אֶת־בִּתֵּנוּ וְהָלָכְנוּ׃ וַיִּיטְבוּ דִבְרֵיהֶם בְּעֵינֵי
19 חֲמוֹר וּבְעֵינֵי שְׁכֶם בֶּן־חֲמוֹר׃ וְלֹא־אֵחַר הַנַּעַר לַעֲשׂוֹת
הַדָּבָר כִּי חָפֵץ בְּבַת־יַעֲקֹב וְהוּא נִכְבָּד מִכֹּל בֵּית אָבִיו׃
כ וַיָּבֹא חֲמוֹר וּשְׁכֶם בְּנוֹ אֶל־שַׁעַר עִירָם וַיְדַבְּרוּ אֶל־אַנְשֵׁי
21 עִירָם לֵאמֹר׃ הָאֲנָשִׁים הָאֵלֶּה שְׁלֵמִים הֵם אִתָּנוּ וְיֵשְׁבוּ
בָאָרֶץ וְיִסְחֲרוּ אֹתָהּ וְהָאָרֶץ הִנֵּה רַחֲבַת־יָדַיִם לִפְנֵיהֶם
22 אֶת־בְּנֹתָם נִקַּח־לָנוּ לְנָשִׁים וְאֶת־בְּנֹתֵינוּ נִתֵּן לָהֶם׃ אַךְ־
בְּזֹאת יֵאֹתוּ לָנוּ הָאֲנָשִׁים לָשֶׁבֶת אִתָּנוּ לִהְיוֹת לְעַם אֶחָד
23 בְּהִמּוֹל לָנוּ כָּל־זָכָר כַּאֲשֶׁר הֵם נִמֹּלִים׃ מִקְנֵהֶם וְקִנְיָנָם
וְכָל־בְּהֶמְתָּם הֲלוֹא לָנוּ הֵם אַךְ נֵאוֹתָה לָהֶם וְיֵשְׁבוּ

ganado en el campo, y calló Iaacob hasta su venir.

(6) Y salió Hamor, padre de Sejem, a Iaacob, a hablar con él. (7) Y los hijos de Iaacob vinieron del campo en su oír; y entristeciéronse los varones, y enojólos a ellos mucho; porque vileza hizo en Israel al yacer con la hija de Iaacob, y así no debía de hacerse. (8) Y habló Hamor con ellos, diciendo: «Sejem, mi hijo, ansió su alma por vuestra hija; dadla ahora a él por mujer. (9) Y únanse con nosotros; vuestras hijas daréis a nosotros, y a nuestras hijas tomaréis para vosotros. (10) Y con nosotros estaréis, y la tierra será delante de vosotros; quedaos y negociad en ella, y tomad posesión de ella.» (11) Y dijo Sejem a su padre y a sus hermanos: «Halle gracia a vuestros ojos, y lo que dijereis a mí, daré. (12) Aumentad sobre mí la dote y la dádiva, que daré cuanto dijereis a mí, y dadme a mí la moza por mujer.» (13) Y respondieron los hijos de Iaacob a Sejem y a Hamor su padre, con arte, porque contaminó a Diná su hermana y hablaron, (14) y dijeron a ellos: «No podemos hacer esto, dar nuestra hermana a varón que tenga prepucio, que vituperio es a nosotros. (15) Sólo con esto consentiremos a vosotros: si fuereis como nosotros, que se circuncide entre vosotros todo varón. (16) Y daremos a nuestras hijas a vosotros, y a vuestras hijas tomaremos para nosotros; estaremos con vosotros, y seremos un pueblo. (17) Y si no nos oyereis a nosotros para ser circuncidados, tomaremos a nuestra hija, y nos iremos.» (18) Y pluguieron sus palabras a los ojos de Hamor y a los ojos de Sejem, hijo de Hamor. (19) Y no tardó el mozo en hacer la cosa, porque ansió por la hija de Iaacob; y él era el más honrado de toda la casa de su padre.

(20) Y vino Hamor y Sejem su hijo, a la puerta de la ciudad, y hablaron a los varones de su ciudad, diciendo: (21) «Los varones estos, pacíficos son ellos con nosotros, y estarán en la tierra, y negociarán en ella, y la tierra he aquí, que es ancha de lugares delante de ellos. A sus hijas tomaremos para nosotros, por mujeres, y nuestras hijas daremos a ellos. (22) Sólo con esto consentirán los varones para estar con nosotros, para ser un pueblo: en circuncidar entre nosotros todo varón, como ellos son circuncidados. (23) Sus ganados, y sus haciendas y todas sus bestias de cierto para nosotros son: sólo con-

12. הנערה ק'

24 אתנו: וישמעו אל־חמור ואל־שכם בנו כל־יצאי שער
כה עירו וימלו כל־זכר כל־יצאי שער עירו: ויהי ביום
השלישי בהיותם כאבים ויקחו שני־בני־יעקב שמעון
ולוי אחי דינה איש חרבו ויבאו על־העיר בטח ויהרגו
26 כל־זכר: ואת־חמור ואת־שכם בנו הרגו לפי־חרב ויקחו
27 את־דינה מבית שכם ויצאו: בני יעקב באו על־החללים
28 ויבזו העיר אשר טמאו אחותם: את־צאנם ואת־בקרם
ואת־חמריהם ואת אשר־בעיר ואת־אשר בשדה לקחו:
29 ואת־כל־חילם ואת־כל־טפם ואת־נשיהם שבו ויבזו ואת
ל כל־אשר בבית: ויאמר יעקב אל־שמעון ואל־לוי עכרתם
אתי להבאישני בישב הארץ בכנעני ובפרזי ואני מתי
31 מספר ונאספו עלי והכוני ונשמדתי אני וביתי: ויאמרו
הכזונה יעשה את־אחותנו: פ

sintamos en ello, y estarán con nosotros.» (24) Y oyeron a Hamor y a Sejem, su hijo, todos los que salieron por la puerta de su ciudad, y fué circuncidado, todo varón, todos los que salían por la puerta de la ciudad. (25) Y fué en el día tercero, en su estar doloridos, que tomaron dos hijos de Iaacob, Simeón y Leví, hermanos de Diná, cada uno su espada, y vinieron sobre la ciudad con fuerza, y mataron todo varón. (26) Y a Hamor y a Sejem su hijo, mataron a filo de espada. Y tomaron a Diná de casa de Sejem, y salieron. (27) Los hijos de Iaacob fueron sobre los muertos, y saquearon la ciudad; porque contaminaron a su hermana. (28) Sus ovejas, y vacas y asnos, y los que en la ciudad, y lo que en el campo había, tomaron. (29) Y todo su haber, y toda su familia y sus mujeres y cautivos, saquearon, y todo lo que en la casa había.
(30) Y dijo Iaacob a Simeón y a Leví: «Conturbasteis a mí para hacerme abominable a los moradores de la tierra, con el Kenaaneo, y con el Pereseo; y yo tengo varones pocos, y juntarse han contra mí, y heriránme, y seré destruído, yo y mi casa.» (31) Y dijeron: «¿Si como ramera habían de tratar a nuestra hermana?»

לה

א ויאמר אלהים אל־יעקב קום עלה בית־אל ושב־שם
ועשה־שם מזבח לאל הנראה אליך בברחך מפני עשו
2 אחיך: ויאמר יעקב אל־ביתו ואל כל־אשר עמו הסרו
את־אלהי הנכר אשר בתככם והטהרו והחליפו
3 שמלתיכם: ונקומה ונעלה בית־אל ואעשה־שם מזבח
לאל הענה אתי ביום צרתי ויהי עמדי בדרך אשר
4 הלכתי: ויתנו אל־יעקב את כל־אלהי הנכר אשר בידם
ואת־הנזמים אשר באזניהם ויטמן אתם יעקב תחת
ה האלה אשר עם־שכם: ויסעו ויהי חתת אלהים על־
הערים אשר סביבותיהם ולא רדפו אחרי בני יעקב:
6 ויבא יעקב לוזה אשר בארץ כנען הוא בית־אל הוא
7 וכל־העם אשר־עמו: ויבן שם מזבח ויקרא למקום
אל בית־אל כי שם נגלו אליו האלהים בברחו מפני

XXXV

(1) Y dijo Dios a Iaacob: «Levántate, sube a Bet-El, y estate allí, y haz allí ara al Dios que se apareció a ti, cuando huiste de delante de Esav, tu hermano.» (2) Y dijo Iaacob a su casa y a todos los que con él estaban: «Tirad los dioses extraños que tengáis entre vosotros, y limpiaos, y mudad vuestros vestidos. (3) Y levantémonos, y subiremos a Bet-El y haré allí ara a Dios, el que respondió a mí en el día de mi angustia, y fué conmigo en el camino que anduve.» (4) Y dieron a Iaacob todos los dioses extraños que en su mano tenían, y los zarcillos de sus orejas; y escondiólos Iaacob debajo de la encina, cerca de Sejem. (5) Y moviéronse, y fué el pavor de Dios sobre las ciudades de sus alrededores, y no persiguieron tras los hijos de Iaacob. (6) Y vino Iaacob a Lus, en la tierra de Kenáan, ella era Bet-El, él y todo el pueblo que con él estaba. (7) Y edificó allí ara, y llamó al lugar «Dios de Bet-El», que allí se descubrieron a él los

לד 25. סגול באתנח 31. זין רבתי לה 7. קדש

אחיו: ותמת דברה מינקת רבקה ותקבר מתחת לבית־ 8
אל תחת האלון ויקרא שמו אלון בכות: פ
וירא אלהים אל־יעקב עוד בבאו מפדן ארם ויברך 9
אתו: ויאמר־לו אלהים שמך יעקב לא־יקרא שמך עוד י
יעקב כי אם־ישראל יהיה שמך ויקרא את־שמו ישראל:
ויאמר לו אלהים אני אל שדי פרה ורבה גוי וקהל גוים 11
יהיה ממך ומלכים מחלציך יצאו: ואת־הארץ אשר 12
נתתי לאברהם וליצחק לך אתננה ולזרעך אחריך אתן
את־הארץ: ויעל מעליו אלהים במקום אשר־דבר אתו: 13
ויצב יעקב מצבה במקום אשר־דבר אתו מצבת אבן 14
ויסך עליה נסך ויצק עליה שמן: ויקרא יעקב את־שם טו
המקום אשר דבר אתו שם אלהים בית־אל: ויסעו 16
מבית אל ויהי־עוד כברת־הארץ לבוא אפרתה ותלד
רחל ותקש בלדתה: ויהי בהקשתה בלדתה ותאמר 17
לה המילדת אל־תיראי כי־גם־זה לך בן: ויהי בצאת 18
נפשה כי מתה ותקרא שמו בן אוני ואביו קרא־לו
בנימין: ותמת רחל ותקבר בדרך אפרתה הוא בית 19
לחם: ויצב יעקב מצבה על־קברתה הוא מצבת קברת־ כ
רחל עד־היום: ויסע ישראל ויט אהלה מהלאה למגדל־ 21
עדר: ויהי בשכן ישראל בארץ ההוא וילך ראובן וישכב 22
את־בלהה פילגש אביו וישמע ישראל פ
ויהיו בני־יעקב שנים עשר: בני לאה בכור יעקב 23
ראובן ושמעון ולוי ויהודה ויששכר וזבלון: בני רחל 24
יוסף ובנימן: ובני בלהה שפחת רחל דן ונפתלי: ובני כה 26
זלפה שפחת לאה גד ואשר אלה בני יעקב אשר ילד־
לו בפדן ארם: ויבא יעקב אל־יצחק אביו ממרא 27
קרית הארבע הוא חברון אשר־גר־שם אברהם ויצחק:

ángeles en su huir de delante de su hermano. (8) Y murió Deborá ama de Rebeca, y fué enterrada debajo de Bet-El, debajo de la encina; y llamóse su nombre «Alon-bajut», encima del llanto.

(9) Y aparecióse Dios a Iaacob más, en su venir de Padán-Aram, y bendijo a él. (10) Y dijo a él Dios: «Tu nombre, Iaacob, no será llamado más Iaacob, sino Israel será tu nombre.» Y llamó su nombre Israel. (11) Y dijo a él Dios: «Yo soy Dios Todopoderoso: fructifica y multiplícate; pueblo y congregación de pueblos saldrán de ti, y reyes, de tus lomos saldrán. (12) Y la tierra que di a Abraham y a Isaac, a ti la daré; y a tu simiente después de ti, daré la tierra.» (13) Y alzóse de sobre él, Dios, en el lugar en que habló con él. (14) Y erigió Iaacob título en el lugar en que habló con él, título de piedra, y derramó sobre él, libación, y vació sobre él, aceite. (15) Y llamó Iaacob el nombre del lugar en que habló con él, Dios: Bet-El. (16) Y moviéronse de Bet-El.

Y había aún como trecho de tierra para llegar a Efrat, y parió Rahel, y endurecióse en su parir. (17) Y fué en su endurecerse en su parir, que dijo a ella la partera: «No temas, que también éste será a ti hijo.» (18) Y fué al salir su alma —que murió— y llamó su nombre Ben-oní (*hijo de mi dolor*); y su padre llamó a él Biniamín. (19) Y murió Rahel, y fué enterrada en el camino de Efrat, ella es Bet-Léhem. (20) Y erigió Iaacob monumento sobre su sepultura: éste es el monumento de la sepultura de Rahel hasta hoy. (21) Y movióse Israel, y tendió su tienda allende la torre de Éder. (22) Y fué al morar Israel, en la tierra esa, que anduvo Reubén y yació con Bilá, manceba de su padre; y oyólo Israel. Y fueron los hijos de Israel doce: (23) Hijos de Leá: Primogénito de Iaacob, Reubén, y Simeón, y Leví, y Iudá, e Isajar, y Sebulún. (24) Hijos de Rahel: Iosef y Biniamín. (25) E hijos de Bilá, sierva de Rahel: Dan, y Naftalí. (26) E hijos de Silpá, sierva de Leá: Gad y Aser. Éstos son los hijos de Iaacob, que fueron nacidos a él en Padán-Aram.

(27) Y vino Iaacob a Isaac su padre, a Mamré, ciudad de Arbá, ella es Hebrón,

ב' טעמים: פסקא באמצע פסוק .22

28 וַיִּהְיוּ יְמֵי יִצְחָק מְאַת שָׁנָה וּשְׁמֹנִים שָׁנָה׃ וַיִּגְוַע יִצְחָק 29
וַיָּמָת וַיֵּאָסֶף אֶל־עַמָּיו זָקֵן וּשְׂבַע יָמִים וַיִּקְבְּרוּ אֹתוֹ עֵשָׂו
וְיַעֲקֹב בָּנָיו׃ פ

לו

א. וְאֵלֶּה תֹּלְדוֹת עֵשָׂו הוּא אֱדוֹם׃ עֵשָׂו לָקַח אֶת־נָשָׁיו מִבְּנוֹת
כְּנָעַן אֶת־עָדָה בַּת־אֵילוֹן הַחִתִּי וְאֶת־אָהֳלִיבָמָה בַּת־עֲנָה
3 בַּת־צִבְעוֹן הַחִוִּי׃ וְאֶת־בָּשְׂמַת בַּת־יִשְׁמָעֵאל אֲחוֹת נְבָיוֹת׃
4 וַתֵּלֶד עָדָה לְעֵשָׂו אֶת־אֱלִיפָז וּבָשְׂמַת יָלְדָה אֶת־רְעוּאֵל׃
ה וְאָהֳלִיבָמָה יָלְדָה אֶת־יְעִישׁ וְאֶת־יַעְלָם וְאֶת־קֹרַח אֵלֶּה
6 בְּנֵי עֵשָׂו אֲשֶׁר יֻלְּדוּ־לוֹ בְּאֶרֶץ כְּנָעַן׃ וַיִּקַּח עֵשָׂו אֶת־נָשָׁיו
וְאֶת־בָּנָיו וְאֶת־בְּנֹתָיו וְאֶת־כָּל־נַפְשׁוֹת בֵּיתוֹ וְאֶת־מִקְנֵהוּ
וְאֶת־כָּל־בְּהֶמְתּוֹ וְאֵת כָּל־קִנְיָנוֹ אֲשֶׁר רָכַשׁ בְּאֶרֶץ כְּנָעַן
7 וַיֵּלֶךְ אֶל־אֶרֶץ מִפְּנֵי יַעֲקֹב אָחִיו׃ כִּי־הָיָה רְכוּשָׁם רָב
מִשֶּׁבֶת יַחְדָּו וְלֹא יָכְלָה אֶרֶץ מְגוּרֵיהֶם לָשֵׂאת אֹתָם
8 מִפְּנֵי מִקְנֵיהֶם׃ וַיֵּשֶׁב עֵשָׂו בְּהַר שֵׂעִיר עֵשָׂו הוּא אֱדוֹם׃
9 וְאֵלֶּה תֹּלְדוֹת עֵשָׂו אֲבִי אֱדוֹם בְּהַר שֵׂעִיר׃ אֵלֶּה שְׁמוֹת
בְּנֵי־עֵשָׂו אֱלִיפַז בֶּן־עָדָה אֵשֶׁת עֵשָׂו רְעוּאֵל בֶּן־בָּשְׂמַת
11 אֵשֶׁת עֵשָׂו׃ וַיִּהְיוּ בְּנֵי אֱלִיפָז תֵּימָן אוֹמָר צְפוֹ וְגַעְתָּם
12 וּקְנַז׃ וְתִמְנַע ׀ הָיְתָה פִילֶגֶשׁ לֶאֱלִיפַז בֶּן־עֵשָׂו וַתֵּלֶד
13 לֶאֱלִיפַז אֶת־עֲמָלֵק אֵלֶּה בְּנֵי עָדָה אֵשֶׁת עֵשָׂו׃ וְאֵלֶּה בְּנֵי
רְעוּאֵל נַחַת וָזֶרַח שַׁמָּה וּמִזָּה אֵלֶּה הָיוּ בְּנֵי בָשְׂמַת אֵשֶׁת
14 עֵשָׂו׃ וְאֵלֶּה הָיוּ בְּנֵי אָהֳלִיבָמָה בַת־עֲנָה בַּת־צִבְעוֹן אֵשֶׁת
טו עֵשָׂו וַתֵּלֶד לְעֵשָׂו אֶת־יְעִישׁ וְאֶת־יַעְלָם וְאֶת־קֹרַח׃ אֵלֶּה
אַלּוּפֵי בְנֵי־עֵשָׂו בְּנֵי אֱלִיפַז בְּכוֹר עֵשָׂו אַלּוּף תֵּימָן אַלּוּף
16 אוֹמָר אַלּוּף צְפוֹ אַלּוּף קְנַז׃ אַלּוּף קֹרַח אַלּוּף גַּעְתָּם
אַלּוּף עֲמָלֵק אֵלֶּה אַלּוּפֵי אֱלִיפַז בְּאֶרֶץ אֱדוֹם אֵלֶּה בְּנֵי
17 עָדָה׃ וְאֵלֶּה בְּנֵי רְעוּאֵל בֶּן־עֵשָׂו אַלּוּף נַחַת אַלּוּף זֶרַח

que moraron allí Abraham e Isaac. (28) Y fueron los días de Isaac ciento ochenta años. (29) Y transióse Isaac, y murió, y fué juntado a su pueblo, viejo y harto de días, y enterráronle Esav y Iaacob sus hijos.

XXXVI

(1) Y éstas son las generaciones de Esav, el Edom. (2) Esav tomó sus mujeres de hijas de Kenáan: a Adá, hija de Elón, el Hiteo, y a Olibamá, hija de Aná, hija de Sibón, el Hiveo; (3) a Basemat, hija de Ismael, hermana de Nebaiot. (4) Y parió Adá a Esav a Elifás, y Basemat parió a Reuel. (5) Y Olibamá parió a Ieus y a Ialam, y a Corah: éstos son los hijos de Esav, que fueron nacidos a él en tierra de Kenáan. (6) Y tomó Esav sus mujeres, y las almas de su casa, y su ganado, y sus hijos, y sus hijas, y todas las almas de su casa, y su ganado, y todas sus bestias, y a toda su compra ganada en tierra de Kenáan, y fuése a tierra *(otra)* por amor de Iaacob, su hermano: (7) Que era su ganancia mucha para estar juntos, y no podía la tierra de sus moradas, soportar a ellos por causa de su ganados. (8) Y estuvo Esav en monte de Seir: Esav, el Edom.

(9) Y éstas son las generaciones de Esav, padre de Edom, en monte de Seir. (10) Éstos son los nombres de los hijos de Esav: Elifás, hijo de Adá, mujer de Esav; Reuel, hijo de Basemat, mujer de Esav; (11) y fueron los hijos de Elifás: Temán, Omar, Sefó y Gatam, y Kenás. (12) Y Timná fué manceba de Elifás, hijo de Esav, y parió Elifás a Amalec: éstos son los hijos de Adá, mujer de Esav. (13) Y éstos son los hijos de Reuel: Náhat, y Sérah, y Samá, y Misá: éstos fueron los hijos de Basemat, mujer de Esav. (14) Y éstos fueron los hijos de Olibamá, hija de Aná, hija de Sibeón, mujer de Esav: ella parió a Esav, a Ieus, y a Ialam, y a Corah.

(15) Éstos son los condes de los hijos de Esav: Hijos de Elifás, primogénito de Esav: conde Temán, conde Omar, conde Sefó, conde Kenás. (16) Conde Corah, conde Gatam, conde Amalek: éstos son los condes de Elifás, en la tierra de Edom; éstos son los hijos de Adá. (17) Y éstos son los hijos de Reuel, hijo de

לו 5. 14. יעוש ק׳

אַלּוּף שַׁמָּה אַלּוּף מִזָּה אֵלֶּה אַלּוּפֵי רְעוּאֵל בְּאֶרֶץ אֱדוֹם
18 אֵלֶּה בְּנֵי בָשְׂמַת אֵשֶׁת עֵשָׂו׃ וְאֵלֶּה בְּנֵי אָהֳלִיבָמָה אֵשֶׁת
עֵשָׂו אַלּוּף יְעוּשׁ אַלּוּף יַעְלָם אַלּוּף קֹרַח אֵלֶּה אַלּוּפֵי
19 אָהֳלִיבָמָה בַּת־עֲנָה אֵשֶׁת עֵשָׂו׃ אֵלֶּה בְנֵי־עֵשָׂו וְאֵלֶּה
כ אַלּוּפֵיהֶם הוּא אֱדוֹם׃ ס אֵלֶּה בְנֵי־שֵׂעִיר הַחֹרִי
21 יֹשְׁבֵי הָאָרֶץ לוֹטָן וְשׁוֹבָל וְצִבְעוֹן וַעֲנָה׃ וְדִשׁוֹן וְאֵצֶר
22 וְדִישָׁן אֵלֶּה אַלּוּפֵי הַחֹרִי בְּנֵי שֵׂעִיר בְּאֶרֶץ אֱדוֹם׃ וַיִּהְיוּ
23 בְנֵי־לוֹטָן חֹרִי וְהֵימָם וַאֲחוֹת לוֹטָן תִּמְנָע׃ וְאֵלֶּה בְּנֵי
24 שׁוֹבָל עַלְוָן וּמָנַחַת וְעֵיבָל שְׁפוֹ וְאוֹנָם׃ וְאֵלֶּה בְנֵי־צִבְעוֹן
וְאַיָּה וַעֲנָה הוּא עֲנָה אֲשֶׁר מָצָא אֶת־הַיֵּמִם בַּמִּדְבָּר בִּרְעֹתוֹ
כה אֶת־הַחֲמֹרִים לְצִבְעוֹן אָבִיו׃ וְאֵלֶּה בְנֵי־עֲנָה דִּשֹׁן וְאָהֳלִיבָמָה
26 בַּת־עֲנָה׃ וְאֵלֶּה בְּנֵי דִישָׁן חֶמְדָּן וְאֶשְׁבָּן וְיִתְרָן וּכְרָן׃
27 28 אֵלֶּה בְּנֵי־אֵצֶר בִּלְהָן וְזַעֲוָן וַעֲקָן׃ אֵלֶּה בְנֵי־דִישָׁן עוּץ וַאֲרָן׃
29 אֵלֶּה אַלּוּפֵי הַחֹרִי אַלּוּף לוֹטָן אַלּוּף שׁוֹבָל אַלּוּף צִבְעוֹן
ל אַלּוּף עֲנָה׃ אַלּוּף דִּשֹׁן אַלּוּף אֵצֶר אַלּוּף דִּישָׁן אֵלֶּה
אַלּוּפֵי הַחֹרִי לְאַלֻּפֵיהֶם בְּאֶרֶץ שֵׂעִיר׃ פ
31 וְאֵלֶּה הַמְּלָכִים אֲשֶׁר מָלְכוּ בְּאֶרֶץ אֱדוֹם לִפְנֵי מְלָךְ־מֶלֶךְ
32 לִבְנֵי יִשְׂרָאֵל׃ וַיִּמְלֹךְ בֶּאֱדוֹם בֶּלַע בֶּן־בְּעוֹר וְשֵׁם עִירוֹ
33 דִּנְהָבָה׃ וַיָּמָת בָּלַע וַיִּמְלֹךְ תַּחְתָּיו יוֹבָב בֶּן־זֶרַח מִבָּצְרָה׃
34 לה וַיָּמָת יוֹבָב וַיִּמְלֹךְ תַּחְתָּיו חֻשָׁם מֵאֶרֶץ הַתֵּימָנִי׃ וַיָּמָת
חֻשָׁם וַיִּמְלֹךְ תַּחְתָּיו הֲדַד בֶּן־בְּדַד הַמַּכֶּה אֶת־מִדְיָן
36 בִּשְׂדֵה מוֹאָב וְשֵׁם עִירוֹ עֲוִית׃ וַיָּמָת הֲדָד וַיִּמְלֹךְ תַּחְתָּיו
37 שַׂמְלָה מִמַּשְׂרֵקָה׃ וַיָּמָת שַׂמְלָה וַיִּמְלֹךְ תַּחְתָּיו שָׁאוּל
38 מֵרְחֹבוֹת הַנָּהָר׃ וַיָּמָת שָׁאוּל וַיִּמְלֹךְ תַּחְתָּיו בַּעַל חָנָן
39 בֶּן־עַכְבּוֹר׃ וַיָּמָת בַּעַל חָנָן בֶּן־עַכְבּוֹר וַיִּמְלֹךְ תַּחְתָּיו
הֲדַר וְשֵׁם עִירוֹ פָּעוּ וְשֵׁם אִשְׁתּוֹ מְהֵיטַבְאֵל בַּת־מַטְרֵד
מ בַּת מֵי זָהָב׃ וְאֵלֶּה שְׁמוֹת אַלּוּפֵי עֵשָׂו לְמִשְׁפְּחֹתָם
לִמְקֹמֹתָם בִּשְׁמֹתָם אַלּוּף תִּמְנָע אַלּוּף עַלְוָה אַלּוּף יְתֵת׃

Esav: conde Náhat, conde Sérah, conde Samá, conde Misá: éstos son los condes de Reuel en la tierra de Edom; éstos son los hijos de Basemat, mujer de Esav. (18) Y éstos son los hijos de Olibamá, mujer de Esav: conde Ieús, conde Ialam, conde Corah: éstos son los condes de Olibamá, hija de Aná, mujer de Esav. (19) Éstos, son los hijos de Esav, éstos, sus condes: él, Edom.

(20) Y éstos son los hijos de Seir el Horeo, moradores de la tierra: Lotán, y Sobal, y Sibeón, y Aná. (21) Y Disón, y Éser, y Disán: éstos los condes de los Horeos, hijos de Seir, en la tierra de Edom. (22) Y fueron los hijos de Lotán: Horí y Hemam; y la hermana de Lotán: Timná. (23) Y éstos son los hijos de Sobal: Alván, y Manáhat, y Ebal, y Sefó y Onam. (24) Y éstos son los hijos de Sibeón: y Aiá, y Aná, él Aná es el que halló los mulos en el desierto, en su apacentar los asnos de Sibeón, su padre. (25) Y éstos son los hijos de Aná: Disón, y Olibamá, hija de Aná.

(26) Y éstos son los hijos de Disón: Hemdán, y Esbán, e Itrán, y Kerán. (27) Éstos son los hijos de Éser: Bilán, y Saaván, y Acán. (28) Éstos son los hijos de Disán: Us, y Arán. (29) Éstos son los condes de los Horeos: conde Lotán, conde Sobal, conde Sibeón, conde Aná, (30) conde Disón, conde Éser, conde Disán; éstos los condes de los Horeos, sus condados en tierra de Seir.

(31) Y éstos son los reyes que reinaron en la tierra de Edom, antes de reinar rey, a los hijos de Israel. (32) Y reinó en Edom, Bela, hijo de Beór; y el nombre de su ciudad Dinaba. (33) Y murió Bela, y reinó en su lugar Iobab, hijo de Sérah, de Bosrá, (34) y murió Iobad, y reinó en su lugar Husam, de la tierra de los Temaneos. (35) Y murió Husam, y reinó en su lugar Adad, hijo de Bedad, él hirió a Midián en el campo de Moab; y el nombre de su ciudad: Avit. (36) Y murió Adad, y reinó en su lugar Samlá, de Masrecá. (37) Y murió Samlá, y reinó en su lugar Saúl, de Rehobot del Río. (38) Y murió Saúl, y reinó en su lugar Baal-Hanán, hijo de Ajbor. (39) Y murió Baal-Hanán, hijo de Ajbor, y reinó en su lugar Adar; y el nombre de su ciudad: Pau; y el nombre de su mujer: Meetabel, hija de Matred, hija de Me-Saab.

(40) Y éstos son los nombres de los condes de Esav según sus linajes, según sus

lugares, y sus nombres: conde Timná, conde Alvá, conde Ietet, (41) conde Olibamá, conde Elá, conde Pinón, (42) conde Kenás, conde Temán, conde Mibesar, (43) conde Magdiel, conde Iram: Éstos son los condes de Edom, según sus moradas en la tierra de su posesión. Él es Esav, padre de Edom.

(9) VAIÉSEB

XXXVII

(1) Y estuvo Iaacob en la tierra de las peregrinaciones de su padre, en la tierra de Kenáan. (2) Éstas son las generaciones de Iaacob. Iosef, de edad de diecisiete años, apacentaba con sus hermanos las ovejas —y él, mozo— con los hijos de Bilá, y con los hijos de Silpá, mujeres de su padre. Y traía Iosef su mala fama a su padre. (3) E Israel amaba a Iosef más que a todos sus hijos, porque hijo de vejez, él era para él; e hízole túnica de seda. (4) Y vieron sus hermanos que a él amaba su padre más que a todos sus hermanos, y aborrecíanle, y no podían hablarle en paz.

(5) Y soñó Iosef sueño, y anuncíolo a sus hermanos; y añadieron más a aborrecerle. (6) Y dijo a ellos: «Oíd ahora el sueño este, que soñé: (7) Y he aquí que agavillábamos gavillas en el campo, y he aquí que que se levantaba mi gavilla, y también se paraba, y he aquí que la rodeaban vuestras gavillas, y encorvábanse a mi gavilla.» (8) Y dijéronle sus hermanos: «¿Si reinar, reinarás sobre nosotros? ¿Si enseñorear, enseñorearás en nosotros?» Y añadieron más a aborrecer a él por sus sueños y por sus palabras. (9) Y soñó otro sueño más, y contólo a sus hermanos, y dijo: «He aquí que soñé un sueño más, y he aquí que el sol y la luna y once estrellas se encorvaban a mí.» (10) Y contó a su padre y a sus hermanos: Y reprendiólo su padre, y díjole: «¿Qué sueño es éste que soñaste? ¿Si venir, vendremos yo y tu madre, y tus hermanos, a encorvarnos a ti a tierra?» (11) Y envidiáronle sus hermanos, y sus padre esperó la cosa.

(12) Y fueron sus hermanos a apacentar las ovejas de su padre en Sejem. (13) Y dijo Israel a Iosef: «De cierto, tus hermanos apacientan en Sejem; anda, y enviaréte a ellos.» Y díjole «Heme.» (14) Y díjole: «Ve ahora, observa la paz

41 42 אַלּוּף אָהֳלִיבָמָה אַלּוּף אֵלָה אַלּוּף פִּינֹן׃ אַלּוּף קְנַז
43 אַלּוּף תֵּימָן אַלּוּף מִבְצָר׃ אַלּוּף מַגְדִּיאֵל אַלּוּף עִירָם
אֵלֶּה ׀ אַלּוּפֵי אֱדוֹם לְמֹשְׁבֹתָם בְּאֶרֶץ אֲחֻזָּתָם הוּא עֵשָׂו
אֲבִי אֱדוֹם׃

לז

פ פ פ ט 9

2 א וַיֵּשֶׁב יַעֲקֹב בְּאֶרֶץ מְגוּרֵי אָבִיו בְּאֶרֶץ כְּנָעַן׃ אֵלֶּה ׀ תֹּלְדוֹת
יַעֲקֹב יוֹסֵף בֶּן־שְׁבַע־עֶשְׂרֵה שָׁנָה הָיָה רֹעֶה אֶת־אֶחָיו
בַּצֹּאן וְהוּא נַעַר אֶת־בְּנֵי בִלְהָה וְאֶת־בְּנֵי זִלְפָּה נְשֵׁי אָבִיו
3 וַיָּבֵא יוֹסֵף אֶת־דִּבָּתָם רָעָה אֶל־אֲבִיהֶם׃ וְיִשְׂרָאֵל אָהַב
אֶת־יוֹסֵף מִכָּל־בָּנָיו כִּי־בֶן־זְקֻנִים הוּא לוֹ וְעָשָׂה לוֹ כְּתֹנֶת
4 פַּסִּים׃ וַיִּרְאוּ אֶחָיו כִּי־אֹתוֹ אָהַב אֲבִיהֶם מִכָּל־אֶחָיו
ה וַיִּשְׂנְאוּ אֹתוֹ וְלֹא יָכְלוּ דַּבְּרוֹ לְשָׁלֹם׃ וַיַּחֲלֹם יוֹסֵף חֲלוֹם
6 וַיַּגֵּד לְאֶחָיו וַיּוֹסִפוּ עוֹד שְׂנֹא אֹתוֹ׃ וַיֹּאמֶר אֲלֵיהֶם שִׁמְעוּ־
7 נָא הַחֲלוֹם הַזֶּה אֲשֶׁר חָלָמְתִּי׃ וְהִנֵּה אֲנַחְנוּ מְאַלְּמִים
אֲלֻמִּים בְּתוֹךְ הַשָּׂדֶה וְהִנֵּה קָמָה אֲלֻמָּתִי וְגַם־נִצָּבָה וְהִנֵּה
8 תְסֻבֶּינָה אֲלֻמֹּתֵיכֶם וַתִּשְׁתַּחֲוֶיןָ לַאֲלֻמָּתִי׃ וַיֹּאמְרוּ לוֹ אֶחָיו
הֲמָלֹךְ תִּמְלֹךְ עָלֵינוּ אִם־מָשׁוֹל תִּמְשֹׁל בָּנוּ וַיּוֹסִפוּ עוֹד
9 שְׂנֹא אֹתוֹ עַל־חֲלֹמֹתָיו וְעַל־דְּבָרָיו׃ וַיַּחֲלֹם עוֹד חֲלוֹם
אַחֵר וַיְסַפֵּר אֹתוֹ לְאֶחָיו וַיֹּאמֶר הִנֵּה חָלַמְתִּי חֲלוֹם עוֹד
וְהִנֵּה הַשֶּׁמֶשׁ וְהַיָּרֵחַ וְאַחַד עָשָׂר כּוֹכָבִים מִשְׁתַּחֲוִים לִי׃
י וַיְסַפֵּר אֶל־אָבִיו וְאֶל־אֶחָיו וַיִּגְעַר־בּוֹ אָבִיו וַיֹּאמֶר לוֹ מָה
הַחֲלוֹם הַזֶּה אֲשֶׁר חָלָמְתָּ הֲבוֹא נָבוֹא אֲנִי וְאִמְּךָ וְאַחֶיךָ
11 לְהִשְׁתַּחֲוֺת לְךָ אָרְצָה׃ וַיְקַנְאוּ־בוֹ אֶחָיו וְאָבִיו שָׁמַר אֶת־
12 הַדָּבָר׃ וַיֵּלְכוּ אֶחָיו לִרְעוֹת אֶת־צֹאן אֲבִיהֶם בִּשְׁכֶם׃
13 וַיֹּאמֶר יִשְׂרָאֵל אֶל־יוֹסֵף הֲלוֹא אַחֶיךָ רֹעִים בִּשְׁכֶם לְכָה
14 וְאֶשְׁלָחֲךָ אֲלֵיהֶם וַיֹּאמֶר לוֹ הִנֵּנִי׃ וַיֹּאמֶר לוֹ לֶךְ־נָא רְאֵה

לז 12. נקוד על את

אֶת־שְׁלוֹם אַחֶיךָ וְאֶת־שְׁלוֹם הַצֹּאן וַהֲשִׁבֵנִי דָּבָר וַיִּשְׁלָחֵהוּ
מֵעֵמֶק חֶבְרוֹן וַיָּבֹא שְׁכֶמָה׃ וַיִּמְצָאֵהוּ אִישׁ וְהִנֵּה תֹעֶה טו
16 בַּשָּׂדֶה וַיִּשְׁאָלֵהוּ הָאִישׁ לֵאמֹר מַה־תְּבַקֵּשׁ׃ וַיֹּאמֶר אֶת־
17 אַחַי אָנֹכִי מְבַקֵּשׁ הַגִּידָה־נָּא לִי אֵיפֹה הֵם רֹעִים׃ וַיֹּאמֶר
הָאִישׁ נָסְעוּ מִזֶּה כִּי שָׁמַעְתִּי אֹמְרִים נֵלְכָה דֹּתָיְנָה וַיֵּלֶךְ
18 יוֹסֵף אַחַר אֶחָיו וַיִּמְצָאֵם בְּדֹתָן׃ וַיִּרְאוּ אֹתוֹ מֵרָחֹק
19 וּבְטֶרֶם יִקְרַב אֲלֵיהֶם וַיִּתְנַכְּלוּ אֹתוֹ לַהֲמִיתוֹ׃ וַיֹּאמְרוּ
כ אִישׁ אֶל־אָחִיו הִנֵּה בַּעַל הַחֲלֹמוֹת הַלָּזֶה בָּא׃ וְעַתָּה ׀
לְכוּ וְנַהַרְגֵהוּ וְנַשְׁלִכֵהוּ בְּאַחַד הַבֹּרוֹת וְאָמַרְנוּ חַיָּה רָעָה
21 אֲכָלָתְהוּ וְנִרְאֶה מַה־יִּהְיוּ חֲלֹמֹתָיו׃ וַיִּשְׁמַע רְאוּבֵן וַיַּצִּלֵהוּ
22 מִיָּדָם וַיֹּאמֶר לֹא נַכֶּנּוּ נָפֶשׁ׃ וַיֹּאמֶר אֲלֵהֶם ׀ רְאוּבֵן אַל־
תִּשְׁפְּכוּ־דָם הַשְׁלִיכוּ אֹתוֹ אֶל־הַבּוֹר הַזֶּה אֲשֶׁר בַּמִּדְבָּר
וְיָד אַל־תִּשְׁלְחוּ־בוֹ לְמַעַן הַצִּיל אֹתוֹ מִיָּדָם לַהֲשִׁיבוֹ
23 אֶל־אָבִיו׃ * וַיְהִי כַּאֲשֶׁר־בָּא יוֹסֵף אֶל־אֶחָיו וַיַּפְשִׁיטוּ אֶת־
24 שלישי יוֹסֵף אֶת־כֻּתָּנְתּוֹ אֶת־כְּתֹנֶת הַפַּסִּים אֲשֶׁר עָלָיו׃ וַיִּקָּחֻהוּ
כה וַיַּשְׁלִכוּ אֹתוֹ הַבֹּרָה וְהַבּוֹר רֵק אֵין בּוֹ מָיִם׃ וַיֵּשְׁבוּ
לֶאֱכָל־לֶחֶם וַיִּשְׂאוּ עֵינֵיהֶם וַיִּרְאוּ וְהִנֵּה אֹרְחַת יִשְׁמְעֵאלִים
בָּאָה מִגִּלְעָד וּגְמַלֵּיהֶם נֹשְׂאִים נְכֹאת וּצְרִי וָלֹט הוֹלְכִים
26 לְהוֹרִיד מִצְרָיְמָה׃ וַיֹּאמֶר יְהוּדָה אֶל־אֶחָיו מַה־בֶּצַע כִּי
27 נַהֲרֹג אֶת־אָחִינוּ וְכִסִּינוּ אֶת־דָּמוֹ׃ לְכוּ וְנִמְכְּרֶנּוּ לַיִּשְׁמְעֵאלִים
וְיָדֵנוּ אַל־תְּהִי־בוֹ כִּי־אָחִינוּ בְשָׂרֵנוּ הוּא וַיִּשְׁמְעוּ אֶחָיו׃
28 וַיַּעַבְרוּ אֲנָשִׁים מִדְיָנִים סֹחֲרִים וַיִּמְשְׁכוּ וַיַּעֲלוּ אֶת־יוֹסֵף
מִן־הַבּוֹר וַיִּמְכְּרוּ אֶת־יוֹסֵף לַיִּשְׁמְעֵאלִים בְּעֶשְׂרִים כָּסֶף
29 וַיָּבִיאוּ אֶת־יוֹסֵף מִצְרָיְמָה׃ וַיָּשָׁב רְאוּבֵן אֶל־הַבּוֹר וְהִנֵּה
אֵין־יוֹסֵף בַּבּוֹר וַיִּקְרַע אֶת־בְּגָדָיו׃ וַיָּשָׁב אֶל־אֶחָיו וַיֹּאמַר
31 הַיֶּלֶד אֵינֶנּוּ וַאֲנִי אָנָה אֲנִי־בָא׃ וַיִּקְחוּ אֶת־כְּתֹנֶת יוֹסֵף
32 וַיִּשְׁחֲטוּ שְׂעִיר עִזִּים וַיִּטְבְּלוּ אֶת־הַכֻּתֹּנֶת בַּדָּם׃ וַיְשַׁלְּחוּ
אֶת־כְּתֹנֶת הַפַּסִּים וַיָּבִיאוּ אֶל־אֲבִיהֶם וַיֹּאמְרוּ זֹאת מָצָאנוּ

de tus hermanos y de las ovejas, y tórname respuesta.» Y envióle del valle de Hebrón, y llegó a Sejem. (15) Y hallólo un varón, y he aquí que erró en el campo, y demandóle el varón, diciendo: «¿Qué buscas?» (16) Y dijo: «A mis hermanos busco; anuncia ahora a mí ¿dónde, te ruego, ellos apacientan?» (17) Y dijo el varón: «Moviéronse de aquí; que oí decirles: vayamos a Dotán.» Y anduvo Iosef tras sus hermanos, y hallólos en Dotán.

(18) Y viéronle de lejos, y antes que se llegase a ellos, pensaron en matarle. (19) Y dijo, varón a su hermano: «He aquí que el dueño este de los sueños, viene. (20) Y ahora vayamos y matémosle y echémosle en uno de los pozos, y diremos: Un animal malo lo comió: Y veremos qué serán sus sueños.» (21) Y oyó Reubén, y librólo de sus manos, y dijo: «No lo hiramos en el alma.» (22) Y dijo a ellos Reubén: «No vertáis sangre; echad a él al pozo este, en el desierto, y la mano no tendáis a él» — para librar a él de sus manos, y para tornarlo a su padre. (23) Y fué como vino Iosef a sus hermanos, que desnudaron a Iosef su túnica, la túnica de seda, que sobre él tenía. (24) Y tomáronlo, y echáronle al pozo, y el pozo estaba vacío, no había en él agua. (25) Y sentáronse a comer pan.

Y alzaron sus ojos y vieron, y he aquí que una caravana de Ismaelitas venía de Guilad, y sus camellos llevaban especies y goma y almáciga, andando para descender a Egipto. (26) Y dijo Iudá a sus hermanos: «¿Qué provecho tendremos matando a nuestro hermano y cubriéndonos de su sangre? (27) Vayamos, y vendámosle a los Ismaelitas, y nuestras manos no sean en él; que nuestro hermano, nuestra carne es él.» (28) Y oyeron sus hermanos. Y pasaron varones Midianitas, mercaderes, y tiraron y subieron a Iosef del pozo, y vendieron a Iosef a los Ismaelitas por veinte pesos de plata. Y llevaron a Iosef a Egipto. (29) Y tornó Reubén al pozo, y he aquí que Iosef no estaba en el pozo, y rompió sus vestidos. (30) Y tornó a sus hermanos; y dijo: «El niño no está; y yo, ¿dónde voy?» (31) Y tomaron la túnica de Iosef y degollaron un cabrito y mojaron la túnica en la sangre; (32) Y acuchillaron la túnica de seda, y trajeron a su padre, y dijeron: «Esto hallamos, reconoce ahora si la túnica de tu hijo es, ¿o no? (33) Y conocióla, y dijo: «La túnica de

33 הַכֶּר־נָא הַכְּתֹנֶת בִּנְךָ הִוא אִם־לֹא׃ וַיַּכִּירָהּ וַיֹּאמֶר
34 כְּתֹנֶת בְּנִי חַיָּה רָעָה אֲכָלָתְהוּ טָרֹף טֹרַף יוֹסֵף׃ וַיִּקְרַע
יַעֲקֹב שִׂמְלֹתָיו וַיָּשֶׂם שַׂק בְּמָתְנָיו וַיִּתְאַבֵּל עַל־בְּנוֹ יָמִים
לה רַבִּים׃ וַיָּקֻמוּ כָל־בָּנָיו וְכָל־בְּנֹתָיו לְנַחֲמוֹ וַיְמָאֵן לְהִתְנַחֵם
וַיֹּאמֶר כִּי־אֵרֵד אֶל־בְּנִי אָבֵל שְׁאֹלָה וַיֵּבְךְּ אֹתוֹ אָבִיו׃
36 וְהַמְּדָנִים מָכְרוּ אֹתוֹ אֶל־מִצְרָיִם לְפוֹטִיפַר סְרִיס פַּרְעֹה
שַׂר הַטַּבָּחִים׃ פ רביעי

לח

א וַיְהִי בָּעֵת הַהִוא וַיֵּרֶד יְהוּדָה מֵאֵת אֶחָיו וַיֵּט עַד־אִישׁ
2 עֲדֻלָּמִי וּשְׁמוֹ חִירָה׃ וַיַּרְא־שָׁם יְהוּדָה בַּת־אִישׁ כְּנַעֲנִי
3 וּשְׁמוֹ שׁוּעַ וַיִּקָּחֶהָ וַיָּבֹא אֵלֶיהָ׃ וַתַּהַר וַתֵּלֶד בֵּן וַיִּקְרָא
4 אֶת־שְׁמוֹ עֵר׃ וַתַּהַר עוֹד וַתֵּלֶד בֵּן וַתִּקְרָא אֶת־שְׁמוֹ אוֹנָן׃
ה וַתֹּסֶף עוֹד וַתֵּלֶד בֵּן וַתִּקְרָא אֶת־שְׁמוֹ שֵׁלָה וְהָיָה בִכְזִיב
6 בְּלִדְתָּהּ אֹתוֹ׃ וַיִּקַּח יְהוּדָה אִשָּׁה לְעֵר בְּכוֹרוֹ וּשְׁמָהּ
7 תָּמָר׃ וַיְהִי עֵר בְּכוֹר יְהוּדָה רַע בְּעֵינֵי יְהוָה וַיְמִתֵהוּ
8 יְהוָה׃ וַיֹּאמֶר יְהוּדָה לְאוֹנָן בֹּא אֶל־אֵשֶׁת אָחִיךָ וְיַבֵּם
9 אֹתָהּ וְהָקֵם זֶרַע לְאָחִיךָ׃ וַיֵּדַע אוֹנָן כִּי לֹּא לוֹ יִהְיֶה
הַזָּרַע וְהָיָה אִם־בָּא אֶל־אֵשֶׁת אָחִיו וְשִׁחֵת אַרְצָה לְבִלְתִּי
י נְתָן־זֶרַע לְאָחִיו׃ וַיֵּרַע בְּעֵינֵי יְהוָה אֲשֶׁר עָשָׂה וַיָּמֶת גַּם־
11 אֹתוֹ׃ וַיֹּאמֶר יְהוּדָה לְתָמָר כַּלָּתוֹ שְׁבִי אַלְמָנָה בֵית־
אָבִיךְ עַד־יִגְדַּל שֵׁלָה בְנִי כִּי אָמַר פֶּן־יָמוּת גַּם־הוּא
12 כְּאֶחָיו וַתֵּלֶךְ תָּמָר וַתֵּשֶׁב בֵּית אָבִיהָ׃ וַיִּרְבּוּ הַיָּמִים וַתָּמָת
בַּת־שׁוּעַ אֵשֶׁת־יְהוּדָה וַיִּנָּחֶם יְהוּדָה וַיַּעַל עַל־גֹּזְזֵי צֹאנוֹ
13 הוּא וְחִירָה רֵעֵהוּ הָעֲדֻלָּמִי תִּמְנָתָה׃ וַיֻּגַּד לְתָמָר לֵאמֹר
14 הִנֵּה חָמִיךְ עֹלֶה תִמְנָתָה לָגֹז צֹאנוֹ׃ וַתָּסַר בִּגְדֵי אַלְמְנוּתָהּ
מֵעָלֶיהָ וַתְּכַס בַּצָּעִיף וַתִּתְעַלָּף וַתֵּשֶׁב בְּפֶתַח עֵינַיִם אֲשֶׁר
עַל־דֶּרֶךְ תִּמְנָתָה כִּי רָאֲתָה כִּי־גָדַל שֵׁלָה וְהִוא לֹא־נִתְּנָה
טו לוֹ לְאִשָּׁה׃ וַיִּרְאֶהָ יְהוּדָה וַיַּחְשְׁבֶהָ לְזוֹנָה כִּי כִסְּתָה

mi hijo es; un animal malo lo comió; arrebatar, fué arrebatado Iosef.» (34) Y rompió Iaacob sus vestidos, y puso saco en sus espaldas, y enlutóse por su hijo muchos días. (35) Y levantáronse todos sus hijos y todas sus hijas para consolarlo; y no quiso consolarse y dijo: «¡Que descenderé por mi hijo, triste, a la sepultura!» Y lloró a él su padre. (36) Y los Midianitas vendieron a él en Egipto a Potifar, eunuco de Faraón, mayoral de los degolladores.

XXXVIII

(1) Y fué en la hora ésa, que descendió Iudá de con sus hermanos, y llegó hasta él varón Adulamita, y su nombre era: Hirá. (2) Y vió allí a Iudá la hija de varón Kenaaneo, y su nombre: Sua; y tomóla y vino a ella; (3) y concibió y parió un hijo; y llamó su nombre, Er. (4) Y concibió más, y parió hijo, y llamó su nombre, Onán. (5) Y añadió más, y parió hijo, y llamó su nombre, Selá. Y estaba en Kesib en su parir a él. (6) Y tomó Iudá mujer para Er, su primogénito, y su nombre, Tamar. (7) Y fué Er, primogénito de Iudá, malo a los ojos del Eterno, y matóle el Eterno. (8) Y dijo Iudá a Onán: «Ven a la mujer de tu hermano, y cásate con ella, y afirma simiente a tu hermano.» (9) Y supo Onán que no de él sería la simiente, y era, cuando venía a la mujer de su hermano, que dañaba a la tierra, para no dar simiente a su hermano. (10) Y pesó a los ojos del Eterno lo que hizo, y mató también a él. (11) Y dijo Iudá a Tamar, su nuera: «Queda viuda en casa de tu padre, hasta que crezca Selá, mi hijo»; porque dijo: «Que no muera también él como sus hermanos.» Y fué Tamar, y estuvo en la casa de su padre.

(12) Y multiplicáronse los días, y murió la hija de Sua, mujer de Iudá; y consolóse Iudá y subió a los trasquiladores de sus ovejas, él e Hirá, su compañero, el Adulamita, a Timná. (13) Y fué anunciado a Tamar, diciendo: «He aquí que tu suegro subió a Timná a trasquilar sus ovejas.» (14) Y quitóse los vestidos de su viudez de sobre ella, y cubrióse con el velo, y envolvióse, y sentóse en la puerta de Enáim, sobre el camino de Timná; porque vió que creció Selá, y ella no fué dada a él por mujer. (15) Y vióla Iudá, y estimóla

16 פניה: ויט אליה אל-הדרך ויאמר הבה-נא אבוא אליך
כי לא ידע כי כלתו הוא ותאמר מה-תתן-לי כי תבוא
17 אלי: ויאמר אנכי אשלח גדי-עזים מן-הצאן ותאמר
18 אם-תתן ערבון עד שלחך: ויאמר מה הערבון אשר
אתן-לך ותאמר חתמך ופתילך ומטך אשר בידך ויתן
19 לה ויבא אליה ותהר לו: ותקם ותלך ותסר צעיפה
כ מעליה ותלבש בגדי אלמנותה: וישלח יהודה את-גדי
העזים ביד רעהו העדלמי לקחת הערבון מיד האשה
21 ולא מצאה: וישאל את-אנשי מקמה לאמר איה הקדשה
הוא בעינים על-הדרך ויאמרו לא-היתה בזה קדשה:
22 וישב אל-יהודה ויאמר לא מצאתיה וגם אנשי המקום
23 אמרו לא-היתה בזה קדשה: ויאמר יהודה תקח-לה
פן נהיה לבוז הנה שלחתי הגדי הזה ואתה לא מצאתה:
24 ויהי | כמשלש חדשים ויגד ליהודה לאמר זנתה תמר
כלתך וגם הנה הרה לזנונים ויאמר יהודה הוציאוה
כה ותשרף: הוא מוצאת והיא שלחה אל-חמיה לאמר
לאיש אשר-אלה לו אנכי הרה ותאמר הכר-נא למי
26 החתמת והפתילים והמטה האלה: ויכר יהודה ויאמר
צדקה ממני כי-על-כן לא-נתתיה לשלה בני ולא-יסף
27 עוד לדעתה: ויהי בעת לדתה והנה תאומים בבטנה:
28 ויהי בלדתה ויתן-יד ותקח המילדת ותקשר על-ידו
29 שני לאמר זה יצא ראשנה: ויהי | כמשיב ידו והנה יצא
אחיו ותאמר מה-פרצת עליך פרץ ויקרא שמו פרץ:
ואחר יצא אחיו אשר על-ידו השני ויקרא שמו זרח: ס ל

לט חמישי

א ויוסף הורד מצרימה ויקנהו פוטיפר סריס פרעה שר
השבחים איש מצרי מיד הישמעאלים אשר הורדהו
ב שמה: ויהי יהוה את-יוסף ויהי איש מצליח ויהי בבית

por ramera, porque cubrió su faz. (16) E inclinó a ella el camino y dijo: «Ahora vendré a ti.» Porque no supo que su nuera era; y dijo: «¿Qué me darás cuando vengas a mí?» (17) Y dijo: «Yo enviaré un cabrito del ganado.» Y ella dijo: «Si dieres una prenda hasta el enviar.» (18) Y dijo: «¿Qué es la prenda que daré a ti?» Y dijo: «Tu sello, y tu manto, y tu vara que tienes en tu mano.» Y dió a ella, y vino a ella, y concibió de él. (19) Y levantóse, y fuése: y quitó su velo de sobre ella, y vistió los vestidos de su viudez. (20) Y envió Iudá el cabrito por manos de su compañero el Adulamita, para tomar la prenda en poder de la mujer; y no la halló. (21) Y demandó a los varones de su lugar, diciendo: «¿Dónde se fué la ramera que estaba en Enáim sobre el camino?» Y dijeron: «No había aquí ramera.» (22) Y tornóse a Iudá, y dijo: «No la hallé y también los varones del lugar dijeron: no hubo aquí ramera.» (23) Y dijo Iudá: «Tomé para ella, para que no seamos menospreciados. He aquí que envié el cabrito este, y tú no la hallaste.»

(24) Y fué al cabo de tres meses que fué anunciado a Iudá, diciendo: «Adulteró Tamar, tu nuera, y también ha concebido por adulterio.» Y dijo Iudá: «Sacadla, y sea quemada.» (25) Ella, al ser sacada, envió a su suegro, diciendo: «Del varón que esto me dió, concebí yo.» Y dijo: «Conoce ahora de quién es el sello y el manto, y la vara esta.» (26) Y reconoció Iudá, y dijo: «Justificóse más que yo, porque no la di a Selá, mi hijo.» Y no volvió a conocerla.

(27) Y fué en hora de su parir, y he aquí que habrá mellizos en su vientre. (28) Y fué en su parir, que salió una mano, y tomó la partera y ató sobre su mano hilo de grana, diciendo: «Éste salió primero.» (29) Y fué que al tornarse su mano, salió su hermano. Y dijo: «¿Por qué rompiste sobre ti rotura (*peres*)?» Y llamó su nombre: Peres. (30) Y después salió su hermano, que tenía sobre su mano el hilo de grana, y llamó su nombre: Sérah.

XXXIX

(1) Y Iosef fué llevado a Egipto, y comprólo Potifar, eunuco de Faraón, mayoral de los degolladores, varón Egipcio, de manos de los Ismaelitas que lo hicieron descender allí. (2) Y fué el Eterno con Iosef, y fué varón próspero: y

3 אדניו המצרי׃ וירא אדניו כי יהוה אתו וכל אשר־
4 הוא עשה יהוה מצליח בידו׃ וימצא יוסף חן בעיניו
וישרת אתו ויפקדהו על־ביתו וכל־יש־לו נתן בידו׃
ה ויהי מאז הפקיד אתו בביתו ועל כל־אשר יש־לו ויברך
יהוה את־בית המצרי בגלל יוסף ויהי ברכת יהוה
6 בכל־אשר יש־לו בבית ובשדה׃ ויעזב כל־אשר־לו ביד
יוסף ולא־ידע אתו מאומה כי אם־הלחם אשר־הוא
7 אוכל ויהי יוסף יפה־תאר ויפה מראה׃ ויהי אחר
הדברים האלה ותשא אשת־אדניו את־עיניה אל־יוסף
8 ותאמר שכבה עמי׃ וימאן ויאמר אל־אשת אדניו הן
אדני לא־ידע אתי מה־בבית וכל אשר־יש־לו נתן בידי׃
9 איננו גדול בבית הזה ממני ולא־חשך ממני מאומה
כי אם־אותך באשר את־אשתו ואיך אעשה הרעה הגדלה
י הזאת וחטאתי לאלהים׃ ויהי כדברה אל־יוסף יום ׀ יום
11 ולא־שמע אליה לשכב אצלה להיות עמה׃ ויהי כהיום
הזה ויבא הביתה לעשות מלאכתו ואין איש מאנשי
12 הבית שם בבית׃ ותתפשהו בבגדו לאמר שכבה עמי
13 ויעזב בגדו בידה וינס ויצא החוצה׃ ויהי כראותה
14 כי־עזב בגדו בידה וינס החוצה׃ ותקרא לאנשי ביתה
ותאמר להם לאמר ראו הביא לנו איש עברי לצחק
טו בנו בא אלי לשכב עמי ואקרא בקול גדול׃ ויהי כשמעו
כי־הרימתי קולי ואקרא ויעזב בגדו אצלי וינס ויצא
16 החוצה׃ ותנח בגדו אצלה עד־בוא אדניו אל־ביתו׃
17 ותדבר אליו כדברים האלה לאמר בא אלי העבד
18 העברי אשר־הבאת לנו לצחק בי׃ ויהי כהרימי קולי
19 ואקרא ויעזב בגדו אצלי וינס החוצה׃ ויהי כשמע
אדניו את־דברי אשתו אשר דברה אליו לאמר כדברים
כ האלה עשה לי עבדך ויחר אפו׃ ויקח אדני יוסף אתו

estaba en casa de su señor, el Egipcio. (3) Y vió su señor que el Eterno era con él, y en todo lo que él hacía, el Eterno lo hacía prosperar. (4) Y Iosef halló gracia a sus ojos, y servía a él; y encomendóle su casa, y todo lo que había en ella diólo en sus manos. (5) Y fué entonces que encomendó a él su casa, y todo lo que había en ella, y bendijo el Eterno la casa del Egipcio por causa de Iosef; y fué bendición del Eterno en todo lo que tenía él, en la casa y en el campo. (6) Y dejó todo lo que de él en manos de Iosef ni sabía de ello ni el pan que él comía. Y era Iosef hermoso de forma y hermoso de vista.

(7) Y fué después de las cosas estas, que alzó la mujer de su señor sus ojos a Iosef y dijo: «Yace conmigo.» (8) Y no quiso, y dijo a la mujer de su señor: «He aquí que mi señor no sabe conmigo lo que en la casa hay, y todo lo que hay en ella dió en mis manos. (9) No hay grande en la casa esta más que yo, y no vedó a mí ninguna cosa salvo a ti, porque tú eres su mujer. ¿Y cómo haré yo el mal grande este, y pecaré ante Dios?» (10) Y habló a Iosef día y día, y no oyó a ella para yacer cerca de ella, para estar con ella. (11) y fué en el día este, que vino a la casa para hacer su trabajo, y no había varón, de los varones de la casa, allí en la casa: (12) Y trabó por su vestido, diciendo: «Yace conmigo.» Y dejó su vestido en sus manos, y huyó y salió afuera. (13) Y fué en su ver que dejó su vestido en sus manos, y huyó afuera, (14) que llamó a los varones de casa, y habló a ellos, diciendo: «Ved, trajo a nosotros el varón Ebreo, para escarnecer a nosotros: vino a mí para yacer conmigo, y llamó con voz grande; (15) y fué en su oír que alcé mi voz y llamé, que dejó su vestido cerca de mí, y huyó y salió afuera.» (16) Y puso su vestido cerca de ella, hasta venir su señor a su casa. (17) Y habló a él las mismas palabras estas, diciendo: «Vino a mí el siervo, el Ebreo, que trajiste a nosotros, para escarnecer en mí. (18) Y fué como yo alcé mi voz y llamé, que dejó su vestido cerca mío y huyó afuera.» (19) Y fué al oír su señor las palabras de su mujer que habló a él, diciendo: «Cómo las cosas estas hizo a mí tu siervo», y creció su furor. (20) Y tomó el señor a Iosef, y dióle en la casa de la cárcel, lugar en que los presos del rey eran encarcelados,

וַיִּתְּנֵהוּ אֶל־בֵּית הַסֹּהַר מְקוֹם אֲשֶׁר־אֲסוּרֵי הַמֶּלֶךְ אֲסוּרִים
21 וַיְהִי־שָׁם בְּבֵית הַסֹּהַר׃ וַיְהִי יְהוָה אֶת־יוֹסֵף וַיֵּט אֵלָיו
22 חָסֶד וַיִּתֵּן חִנּוֹ בְּעֵינֵי שַׂר בֵּית־הַסֹּהַר׃ וַיִּתֵּן שַׂר בֵּית־
הַסֹּהַר בְּיַד־יוֹסֵף אֵת כָּל־הָאֲסִירִם אֲשֶׁר בְּבֵית הַסֹּהַר
23 וְאֵת כָּל־אֲשֶׁר עֹשִׂים שָׁם הוּא הָיָה עֹשֶׂה׃ אֵין ׀ שַׂר בֵּית־
הַסֹּהַר רֹאֶה אֶת־כָּל־מְאוּמָה בְּיָדוֹ בַּאֲשֶׁר יְהוָה אִתּוֹ
וַאֲשֶׁר־הוּא עֹשֶׂה יְהוָה מַצְלִיחַ׃ פ שביעי

מ

א וַיְהִי אַחַר הַדְּבָרִים הָאֵלֶּה חָטְאוּ מַשְׁקֵה מֶלֶךְ־מִצְרַיִם
2 וְהָאֹפֶה לַאֲדֹנֵיהֶם לְמֶלֶךְ מִצְרָיִם׃ וַיִּקְצֹף פַּרְעֹה עַל שְׁנֵי
3 סָרִיסָיו עַל שַׂר הַמַּשְׁקִים וְעַל שַׂר הָאוֹפִים׃ וַיִּתֵּן אֹתָם
בְּמִשְׁמַר בֵּית שַׂר הַטַּבָּחִים אֶל־בֵּית הַסֹּהַר מְקוֹם אֲשֶׁר
4 יוֹסֵף אָסוּר שָׁם׃ וַיִּפְקֹד שַׂר הַטַּבָּחִים אֶת־יוֹסֵף אִתָּם
ה וַיְשָׁרֶת אֹתָם וַיִּהְיוּ יָמִים בְּמִשְׁמָר׃ וַיַּחַלְמוּ חֲלוֹם שְׁנֵיהֶם
אִישׁ חֲלֹמוֹ בְּלַיְלָה אֶחָד אִישׁ כְּפִתְרוֹן חֲלֹמוֹ הַמַּשְׁקֶה
וְהָאֹפֶה אֲשֶׁר לְמֶלֶךְ מִצְרַיִם אֲשֶׁר אֲסוּרִים בְּבֵית הַסֹּהַר׃
6 וַיָּבֹא אֲלֵיהֶם יוֹסֵף בַּבֹּקֶר וַיַּרְא אֹתָם וְהִנָּם זֹעֲפִים׃
7 וַיִּשְׁאַל אֶת־סְרִיסֵי פַרְעֹה אֲשֶׁר אִתּוֹ בְמִשְׁמַר בֵּית אֲדֹנָיו
8 לֵאמֹר מַדּוּעַ פְּנֵיכֶם רָעִים הַיּוֹם׃ וַיֹּאמְרוּ אֵלָיו חֲלוֹם
חָלַמְנוּ וּפֹתֵר אֵין אֹתוֹ וַיֹּאמֶר אֲלֵהֶם יוֹסֵף הֲלוֹא לֵאלֹהִים
9 פִּתְרֹנִים סַפְּרוּ־נָא לִי׃ וַיְסַפֵּר שַׂר־הַמַּשְׁקִים אֶת־חֲלֹמוֹ
י לְיוֹסֵף וַיֹּאמֶר לוֹ בַּחֲלוֹמִי וְהִנֵּה־גֶפֶן לְפָנָי׃ וּבַגֶּפֶן שְׁלֹשָׁה
שָׂרִיגִם וְהִוא כְפֹרַחַת עָלְתָה נִצָּהּ הִבְשִׁילוּ אַשְׁכְּלֹתֶיהָ
11 עֲנָבִים׃ וְכוֹס פַּרְעֹה בְּיָדִי וָאֶקַּח אֶת־הָעֲנָבִים וָאֶשְׂחַט
אֹתָם אֶל־כּוֹס פַּרְעֹה וָאֶתֵּן אֶת־הַכּוֹס עַל־כַּף פַּרְעֹה׃
12 וַיֹּאמֶר לוֹ יוֹסֵף זֶה פִּתְרֹנוֹ שְׁלֹשֶׁת הַשָּׂרִגִים שְׁלֹשֶׁת יָמִים
13 הֵם׃ בְּעוֹד ׀ שְׁלֹשֶׁת יָמִים יִשָּׂא פַרְעֹה אֶת־רֹאשֶׁךָ וַהֲשִׁיבְךָ

y estuvo allí en la casa de la cárcel. (21) Y fué el Eterno con Iosef, y extendió a él merced, y dió su gracia a los ojos del mayoral de la casa de la cárcel. (22) Y dió el mayoral de la casa de la cárcel en manos de Iosef, todos los encarcelados que en la casa de la cárcel había; y todo lo que hacían allí, él lo hacía. (23) No veía el mayoral de la casa de la cárcel ninguna cosa en sus manos; por cuanto era el Eterno con él, y lo que él hacía, el Eterno hacía prosperar.

XL

(1) Y fué después de las cosas estas, que pecaron el escanciano del rey de Egipto y el panadero contra su señor, el rey de Egipto. (2) Y enojóse Faraón, contra sus dos eunucos, contra el mayoral de los escancianos, y contra el mayoral de los panaderos, (3) y dió a ellos en guarda en la casa del mayoral de los degolladores, en la casa de la cárcel, lugar en que Iosef estaba encarcelado. (4) Y encomendólos el mayoral de los degolladores, a Iosef; y servía a ellos: y estuvieron algunos días en guarda.

(5) Y soñaron un sueño ambos, cada uno su sueño en una noche, cada uno conforme a la explicación de su sueño, el escanciano y el panadero del rey de Egipto, que estaban encarcelados en la casa de la cárcel. (6) Y vino a ellos Iosef por la mañana, y vió a ellos; y he aquí que ellos estaban tristes. (7) Y demandó a los eunucos de Faraón, que con él estaban en guarda en la casa de su señor, diciendo: «¿Por qué vuestras caras están malas hoy?» (8) Y dijéronle: «Un sueño soñamos, y aclarador no hay.» Y díjoles Iosef: «De cierto, son de Dios las declaraciones. Contadme ahora.» (9) Y contó el mayoral de los escancianos su sueño a Iosef, y díjole: «En mi sueño vi una vid delante de mí. (10) Y en la vid tres sarmientos; y ella floreció, creció su brote, maduraron sus racimos, uvas: (11) Y el vaso de Faraón estaba en mi mano, y tomaba las uvas, y las exprimía en el vaso de Faraón, y daba el vaso en la palma de Faraón.» (12) Y díjole Iosef: «Ésta es su aclaración: Tres sarmientos, tres días; (13) en el término de tres días alzará Faraón tu cabeza, y haráte tornar

לט 20. אסירי ק׳

עַל־כַּנֶּךָ וְנָתַתָּ כוֹס־פַּרְעֹה בְּיָדוֹ כַּמִּשְׁפָּט הָרִאשׁוֹן אֲשֶׁר
14 הָיִיתָ מַשְׁקֵהוּ׃ כִּי אִם־זְכַרְתַּנִי אִתְּךָ כַּאֲשֶׁר יִיטַב לָךְ
וְעָשִׂיתָ־נָּא עִמָּדִי חָסֶד וְהִזְכַּרְתַּנִי אֶל־פַּרְעֹה וְהוֹצֵאתַנִי
15 מִן־הַבַּיִת הַזֶּה׃ כִּי־גֻנֹּב גֻּנַּבְתִּי מֵאֶרֶץ הָעִבְרִים וְגַם־פֹּה
16 לֹא־עָשִׂיתִי מְאוּמָה כִּי־שָׂמוּ אֹתִי בַּבּוֹר׃ וַיַּרְא שַׂר־הָאֹפִים
כִּי טוֹב פָּתָר וַיֹּאמֶר אֶל־יוֹסֵף אַף־אֲנִי בַּחֲלוֹמִי וְהִנֵּה
17 שְׁלֹשָׁה סַלֵּי חֹרִי עַל־רֹאשִׁי׃ וּבַסַּל הָעֶלְיוֹן מִכֹּל מַאֲכַל
פַּרְעֹה מַעֲשֵׂה אֹפֶה וְהָעוֹף אֹכֵל אֹתָם מִן־הַסַּל מֵעַל
18 רֹאשִׁי׃ וַיַּעַן יוֹסֵף וַיֹּאמֶר זֶה פִּתְרֹנוֹ שְׁלֹשֶׁת הַסַּלִּים
19 שְׁלֹשֶׁת יָמִים הֵם׃ בְּעוֹד ׀ שְׁלֹשֶׁת יָמִים יִשָּׂא פַרְעֹה אֶת־
רֹאשְׁךָ מֵעָלֶיךָ וְתָלָה אוֹתְךָ עַל־עֵץ וְאָכַל הָעוֹף אֶת־
כ בְּשָׂרְךָ מֵעָלֶיךָ׃ וַיְהִי ׀ בַּיּוֹם הַשְּׁלִישִׁי יוֹם הֻלֶּדֶת אֶת־
פַּרְעֹה וַיַּעַשׂ מִשְׁתֶּה לְכָל־עֲבָדָיו וַיִּשָּׂא אֶת־רֹאשׁ ׀ שַׂר
21 הַמַּשְׁקִים וְאֶת־רֹאשׁ שַׂר הָאֹפִים בְּתוֹךְ עֲבָדָיו׃ וַיָּשֶׁב
אֶת־שַׂר הַמַּשְׁקִים עַל־מַשְׁקֵהוּ וַיִּתֵּן הַכּוֹס עַל־כַּף פַּרְעֹה׃
22 23 וְאֵת שַׂר הָאֹפִים תָּלָה כַּאֲשֶׁר פָּתַר לָהֶם יוֹסֵף׃ וְלֹא־זָכַר
שַׂר־הַמַּשְׁקִים אֶת־יוֹסֵף וַיִּשְׁכָּחֵהוּ׃

מא

פ פ פ ׳ 10

א וַיְהִי מִקֵּץ שְׁנָתַיִם יָמִים וּפַרְעֹה חֹלֵם וְהִנֵּה עֹמֵד עַל־
2 הַיְאֹר׃ וְהִנֵּה מִן־הַיְאֹר עֹלֹת שֶׁבַע פָּרוֹת יְפוֹת מַרְאֶה
3 וּבְרִיאֹת בָּשָׂר וַתִּרְעֶינָה בָּאָחוּ׃ וְהִנֵּה שֶׁבַע פָּרוֹת אֲחֵרוֹת
עֹלוֹת אַחֲרֵיהֶן מִן־הַיְאֹר רָעוֹת מַרְאֶה וְדַקּוֹת בָּשָׂר
4 וַתַּעֲמֹדְנָה אֵצֶל הַפָּרוֹת עַל־שְׂפַת הַיְאֹר׃ וַתֹּאכַלְנָה הַפָּרוֹת
רָעוֹת הַמַּרְאֶה וְדַקֹּת הַבָּשָׂר אֵת שֶׁבַע הַפָּרוֹת יְפֹת
ה הַמַּרְאֶה וְהַבְּרִיאֹת וַיִּיקַץ פַּרְעֹה׃ וַיִּישַׁן וַיַּחֲלֹם שֵׁנִית
וְהִנֵּה ׀ שֶׁבַע שִׁבֳּלִים עֹלוֹת בְּקָנֶה אֶחָד בְּרִיאוֹת וְטֹבוֹת׃

sobre tu asiento: Y darás el vaso de Faraón en su mano, como era costumbre, cuando eras su escanciano. (14) ¡Si me recordares contigo como fuere bien a ti, haciendo conmigo merced, y hablares de mí a Faraón, y me sacaras de la casa esta! (15) Que hurtar, fuí hurtado de la tierra de los Ebreos; y tampoco aquí hice alguna cosa, para que pusieran a mí en la cárcel.» (16) Y vió el mayoral de los panaderos qué bien aclaró y dijo a Iosef: «También yo tuve un sueño, y he aquí tres canastillos horadados sobre mi cabeza. (17) Y en el canastillo alto había de todas las comidas de Faraón, obra de panadero; y el ave comió a ella del canastillo de sobre mi cabeza.» (18) Y respondió Iosef, y dijo: «Esta es su aclaración: Tres canastillos, tres días; (19) en el término de tres días alzará Faraón tu cabeza de sobre tí, y colgará a tí de la horca, y comerá el ave tu carne.»

(20) Y fué en el día tercero, día de ser nacido Faraón, que dió banquete a todos sus siervos, y alzó la cabeza del mayoral de los escancianos, y la cabeza del mayoral de los panaderos, entre sus servidores. (21) Y tornó al mayoral de los escancianos a su puesto; y dió él el vaso sobre la palma de Faraón. (22) Y al mayoral de los panaderos colgó, como declaró a ellos Iosef. (23) Y no se acordó el mayoral de los escancianos, de Iosef, y olvidólo.

XLI

(10) MIKÉS

(1) Y fué al fin de dos años de días, que Faraón soñó: y he aquí que parecía estar cerca del río. (2) Y he aquí que del río subían siete vacas, hermosas de vista y gordas de carne, que apacentaban en el prado. (3) Y he aquí que otras siete vacas subían después de ellas del río, malas de vista, y menudas de carne, y parábanse cerca de las vacas sobre la orilla del río: (4) Y comían las vacas, malas de vista, y menudas de carne a las siete vacas hermosas de vista y gordas. Y despertó Faraón. (5) Y durmió, y soñó la segunda vez: Y he aquí que siete

ס 15. מלרע מא 5. קמץ בז"ק

והנה שבע שבלים דקות ושדופת קדים צמחות אחריהן׃ 6
ותבלענה השבלים הדקות את שבע השבלים הבריאות 7
והמלאות וייקץ פרעה והנה חלום׃ ויהי בבקר ותפעם 8
רוחו וישלח ויקרא את כל חרטמי מצרים ואת כל
חכמיה ויספר פרעה להם את חלמו ואין פותר אותם
לפרעה׃ וידבר שר המשקים את פרעה לאמר את 9
חטאי אני מזכיר היום׃ פרעה קצף על עבדיו ויתן אתי י
במשמר בית שר הטבחים אתי ואת שר האפים׃
ונחלמה חלום בלילה אחד אני והוא איש כפתרון 11
חלמו חלמנו׃ ושם אתנו נער עברי עבד לשר הטבחים 12
ונספר לו ויפתר לנו את חלמתינו איש כחלמו פתר׃
ויהי כאשר פתר לנו כן היה אתי השיב על כני ואתו 13
תלה׃ וישלח פרעה ויקרא את יוסף ויריצהו מן הבור 14
ויגלח ויחלף שמלתיו ויבא אל פרעה׃ ויאמר פרעה 15
אל יוסף חלום חלמתי ופתר אין אתו ואני שמעתי
עליך לאמר תשמע חלום לפתר אתו׃ ויען יוסף את 16
פרעה לאמר בלעדי אלהים יענה את שלום פרעה׃
וידבר פרעה אל יוסף בחלמי הנני עמד על שפת היאר׃ 17
והנה מן היאר עלת שבע פרות בריאות בשר ויפת 18
תאר ותרעינה באחו׃ והנה שבע פרות אחרות עלות 19
אחריהן דלות ורעות תאר מאד ורקות בשר לא ראיתי
כהנה בכל ארץ מצרים לרע׃ ותאכלנה הפרות הרקות כ
והרעות את שבע הפרות הראשנות הבריאת׃ ותבאנה 21
אל קרבנה ולא נודע כי באו אל קרבנה ומראיהן רע
כאשר בתחלה ואיקץ׃ וארא בחלמי והנה שבע שבלים 22
עלת בקנה אחד מלאת וטבות׃ והנה שבע שבלים 23
צנמות דקות שדפות קדים צמחות אחריהם׃ ותבלען 24
השבלים הדקת את שבע השבלים הטבות ואמר אל

espigas suben en una caña: sanas y buenas. (6) Y he aquí que siete espigas menudas y batidas de solano, salían brotando después de ellas: (7) Y envolvían las siete espigas menudas a las siete espigas sanas y llenas. Y despertó Faraón, y he aquí que era sueño.

(8) Y fué por la mañana y quebrantóse su espíritu; e hizo llamar a todos los magos de Egipto, y a todos sus sabios, y contó Faraón a ellos su sueño, y no hubo aclarador de ellos a Faraón. (9) Y habló el mayoral de los escancianos a Faraón, diciendo: «Mis pecados me recuerdo hoy. (10) Faraón se enojó con sus siervo, y dió a mí en guarda en la casa del mayoral de los degolladores, a mí y al mayoral de los panaderos. (11) Y soñamos un sueño en una noche: Yo y él, cada uno como la aclaración de su sueño soñamos. (12) Y allí con nosotros estaba un mozo Ebreo; siervo del mayoral de los degolladores, y contámoselo, y aclaró a nosotros nuestros sueños, cada uno como su sueño aclaró. (13) Y como nos aclaró, así fué: A mí hizo tornar a mi puesto, y a él colgó.» (14) Y envió Faraón y llamó a Iosef; e hiciéronle correr de la cárcel, cortóse el cabello, y mudó sus vestidos, y vino a Faraón.

(15) Y dijo Faraón a Iosef: «Un sueño soñé, y aclarador no hay para él; y yo oí decir de ti diciendo que aclarabas los sueños.» (16) Y respondió Iosef a Faraón, diciendo: «Fuera de mí es, Dios responda paz a Faraón.» (17) Y habló Faraón a Iosef: «En mi sueño, yo estaba sobre la orilla del río: (18) Y he aquí que del río subían siete vacas, gordas de carne y hermosas de forma, que pacían en el prado: (19) Y otras siete vacas subían tras de ellas, flacas y muy malas de forma y vacías de carne, como ellas no vi en toda la tierra de Egipto, tan mal. (20) Y comían las vacas vacías y malas a las siete vacas primeras, las gordas: (21) Y entraban en sus entrañas, y no se conocía que entraban en sus entrañas, y su vista era mala, como en el principio. Y desperté. (22) Y vi en mi sueño, que siete espigas subían en una caña, llenas y buenas.; (23) y he aquí que siete espigas secas, menudas, batidas de solano, brotan tras ellas; (24) y envolvían las espigas menudas a las siete espigas buenas. Y dije a los magos, y no me explicaron.»

(25) Y dijo Iosef a Faraón: «Sueño de Faraón: uno es él. Lo que Dios hará denunció a Faraón. (26) Las siete vacas buenas, siete años son ellos; y las siete espigas buenas, siete años son ellos. Sueño uno es ello. (27) Y las siete vacas vacías y malas suben tras ellas; siete años, ellos; y las siete espigas vacías, batidas del solano, siete años de hambre. (28) Ella es la palabra que hablé a Faraón. Lo que Dios hará, mostró a Faraón. (29) He aquí que siete años vienen de hartura grande en toda la tierra de Egipto. (30) Y levantarse han siete años de hambre tras ellos; y será olvidada toda la hartura en la tierra de Egipto; y acabará el hambre a la tierra. (31) Y no será conocida la hartura en la tierra ante el hambre esta, porque será muy grave. (32) Y al ser soñado el sueño de Faraón dos veces, quiere decir que Dios busca y apresura a hacerla. (33) Y ahora busque Faraón un varón entendido y sabio, y póngalo sobre la tierra de Egipto. (34) Haga (*esto*) Faraón, y ponga gobernadores sobre la tierra y provea la tierra de Egipto en los siete años de la hartura, (35) y junte a toda la producción de los años buenos, que vienen, y amontonen la producción bajo la mano de Faraón en las villas, y guárdenla. (36) Y será la producción guardada en la tierra, para siete años de hambre que habrá en la tierra de Egipto, y no será tajada la tierra con el hambre.

(37) Y plugó la cosa a los ojos de Faraón, y a los ojos de todos sus siervos. (38) Y dijo Faraón a sus siervos: «¿Si hallaremos varón como éste, que espíritu de Dios es en él?» (39) Y dijo Faraón a Iosef: «Pues que hizo saber Dios a ti todo esto, no hay entendido ni sabio como tú. (40) Tú serás sobre mi casa, y por tu dicho se gobernará todo mi pueblo: sólo en la silla seré más grande que tú.» (41) Y dijo Faraón a Iosef: «Ve, te puse sobre toda la tierra de Egipto.» (42) Y quitó Faraón su sortija de su mano, y dióla en la mano de Iosef, e hizo vestirle ropas de lino, y puso un collar de oro sobre su cuello. (43) E hízo-

כה הַֽחַרְטֻמִּים וְאֵין מַגִּיד לִי׃ וַיֹּאמֶר יוֹסֵף אֶל־פַּרְעֹה חֲלוֹם
פַּרְעֹה אֶחָד הוּא אֵת אֲשֶׁר הָאֱלֹהִים עֹשֶׂה הִגִּיד לְפַרְעֹה׃
26 שֶׁבַע פָּרֹת הַטֹּבֹת שֶׁבַע שָׁנִים הֵנָּה וְשֶׁבַע הַשִׁבֳּלִים
27 הַטֹּבֹת שֶׁבַע שָׁנִים הֵנָּה חֲלוֹם אֶחָד הוּא׃ וְשֶׁבַע הַפָּרוֹת
הָרַקּוֹת וְהָרָעֹת הָעֹלֹת אַחֲרֵיהֶן שֶׁבַע שָׁנִים הֵנָּה וְשֶׁבַע
הַשִׁבֳּלִים הָרֵקוֹת שְׁדֻפוֹת הַקָּדִים יִהְיוּ שֶׁבַע שְׁנֵי רָעָב׃
28 הוּא הַדָּבָר אֲשֶׁר דִּבַּרְתִּי אֶל־פַּרְעֹה אֲשֶׁר הָאֱלֹהִים עֹשֶׂה
29 הֶרְאָה אֶת־פַּרְעֹה׃ הִנֵּה שֶׁבַע שָׁנִים בָּאוֹת שָׂבָע גָּדוֹל
ל בְּכָל־אֶרֶץ מִצְרָיִם׃ וְקָמוּ שֶׁבַע שְׁנֵי רָעָב אַחֲרֵיהֶן וְנִשְׁכַּח
31 כָּל־הַשָּׂבָע בְּאֶרֶץ מִצְרָיִם וְכִלָּה הָרָעָב אֶת־הָאָרֶץ׃ וְלֹא־
יִוָּדַע הַשָּׂבָע בָּאָרֶץ מִפְּנֵי הָרָעָב הַהוּא אַחֲרֵי־כֵן כִּי־כָבֵד
32 הוּא מְאֹד׃ וְעַל הִשָּׁנוֹת הַחֲלוֹם אֶל־פַּרְעֹה פַּעֲמָיִם כִּי־
נָכוֹן הַדָּבָר מֵעִם הָאֱלֹהִים וּמְמַהֵר הָאֱלֹהִים לַעֲשֹׂתוֹ׃
33 וְעַתָּה יֵרֶא פַרְעֹה אִישׁ נָבוֹן וְחָכָם וִישִׁיתֵהוּ עַל־אֶרֶץ
34 מִצְרָיִם׃ יַעֲשֶׂה פַרְעֹה וְיַפְקֵד פְּקִדִים עַל־הָאָרֶץ וְחִמֵּשׁ
לה אֶת־אֶרֶץ מִצְרַיִם בְּשֶׁבַע שְׁנֵי הַשָּׂבָע׃ וְיִקְבְּצוּ אֶת־כָּל־
אֹכֶל הַשָּׁנִים הַטֹּבֹת הַבָּאֹת הָאֵלֶּה וְיִצְבְּרוּ־בָר תַּחַת יַד־
36 פַּרְעֹה אֹכֶל בֶּעָרִים וְשָׁמָרוּ׃ וְהָיָה הָאֹכֶל לְפִקָּדוֹן לָאָרֶץ
לְשֶׁבַע שְׁנֵי הָרָעָב אֲשֶׁר תִּהְיֶיןָ בְּאֶרֶץ מִצְרָיִם וְלֹא־תִכָּרֵת
37 הָאָרֶץ בָּרָעָב׃ וַיִּיטַב הַדָּבָר בְּעֵינֵי פַרְעֹה וּבְעֵינֵי כָּל־
38 עֲבָדָיו׃ וַיֹּאמֶר פַּרְעֹה אֶל־עֲבָדָיו הֲנִמְצָא כָזֶה אִישׁ אֲשֶׁר
39 רוּחַ אֱלֹהִים בּוֹ׃ פ וַיֹּאמֶר פַּרְעֹה אֶל־יוֹסֵף אַחֲרֵי הוֹדִיעַ
מ אֱלֹהִים אוֹתְךָ אֶת־כָּל־זֹאת אֵין־נָבוֹן וְחָכָם כָּמוֹךָ׃ אַתָּה
תִּהְיֶה עַל־בֵּיתִי וְעַל־פִּיךָ יִשַּׁק כָּל־עַמִּי רַק הַכִּסֵּא אֶגְדַּל
41 מִמֶּךָּ׃ וַיֹּאמֶר פַּרְעֹה אֶל־יוֹסֵף רְאֵה נָתַתִּי אֹתְךָ עַל כָּל־
42 אֶרֶץ מִצְרָיִם׃ וַיָּסַר פַּרְעֹה אֶת־טַבַּעְתּוֹ מֵעַל יָדוֹ וַיִּתֵּן
אֹתָהּ עַל־יַד יוֹסֵף וַיַּלְבֵּשׁ אֹתוֹ בִּגְדֵי־שֵׁשׁ וַיָּשֶׂם רְבִד
43 הַזָּהָב עַל־צַוָּארוֹ׃ וַיַּרְכֵּב אֹתוֹ בְּמִרְכֶּבֶת הַמִּשְׁנֶה אֲשֶׁר־

לוֹ וַיִּקְרְאוּ לְפָנָיו אַבְרֵךְ וְנָתוֹן אֹתוֹ עַל כָּל־אֶרֶץ מִצְרָיִם׃
וַיֹּאמֶר פַּרְעֹה אֶל־יוֹסֵף אֲנִי פַרְעֹה וּבִלְעָדֶיךָ לֹא־יָרִים 44
אִישׁ אֶת־יָדוֹ וְאֶת־רַגְלוֹ בְּכָל־אֶרֶץ מִצְרָיִם׃ וַיִּקְרָא פַרְעֹה מה
שֵׁם־יוֹסֵף צָפְנַת פַּעְנֵחַ וַיִּתֶּן־לוֹ אֶת־אָסְנַת בַּת־פּוֹטִי פֶרַע
כֹּהֵן אֹן לְאִשָּׁה וַיֵּצֵא יוֹסֵף עַל־אֶרֶץ מִצְרָיִם׃ וְיוֹסֵף בֶּן־ 46
שְׁלֹשִׁים שָׁנָה בְּעָמְדוֹ לִפְנֵי פַּרְעֹה מֶלֶךְ־מִצְרָיִם וַיֵּצֵא
יוֹסֵף מִלִּפְנֵי פַרְעֹה וַיַּעֲבֹר בְּכָל־אֶרֶץ מִצְרָיִם׃ וַתַּעַשׂ 47
הָאָרֶץ בְּשֶׁבַע שְׁנֵי הַשָּׂבָע לִקְמָצִים׃ וַיִּקְבֹּץ אֶת־כָּל־אֹכֶל 48
שֶׁבַע שָׁנִים אֲשֶׁר הָיוּ בְּאֶרֶץ מִצְרַיִם וַיִּתֶּן־אֹכֶל בֶּעָרִים
אֹכֶל שְׂדֵה־הָעִיר אֲשֶׁר סְבִיבֹתֶיהָ נָתַן בְּתוֹכָהּ׃ וַיִּצְבֹּר 49
יוֹסֵף בָּר כְּחוֹל הַיָּם הַרְבֵּה מְאֹד עַד כִּי־חָדַל לִסְפֹּר כִּי־
אֵין מִסְפָּר׃ וּלְיוֹסֵף יֻלַּד שְׁנֵי בָנִים בְּטֶרֶם תָּבוֹא שְׁנַת נ
הָרָעָב אֲשֶׁר יָלְדָה־לּוֹ אָסְנַת בַּת־פּוֹטִי פֶרַע כֹּהֵן אוֹן׃
וַיִּקְרָא יוֹסֵף אֶת־שֵׁם הַבְּכוֹר מְנַשֶּׁה כִּי־נַשַּׁנִי אֱלֹהִים אֶת־ 51
כָּל־עֲמָלִי וְאֵת כָּל־בֵּית אָבִי׃ וְאֵת שֵׁם הַשֵּׁנִי קָרָא אֶפְרָיִם 52
כִּי־הִפְרַנִי אֱלֹהִים בְּאֶרֶץ עָנְיִי׃ * וַתִּכְלֶינָה שֶׁבַע שְׁנֵי הַשָּׂבָע רביעי
אֲשֶׁר הָיָה בְּאֶרֶץ מִצְרָיִם׃ וַתְּחִלֶּינָה שֶׁבַע שְׁנֵי הָרָעָב 54
לָבוֹא כַּאֲשֶׁר אָמַר יוֹסֵף וַיְהִי רָעָב בְּכָל־הָאֲרָצוֹת וּבְכָל־
אֶרֶץ מִצְרַיִם הָיָה לָחֶם׃ וַתִּרְעַב כָּל־אֶרֶץ מִצְרַיִם וַיִּצְעַק נה
הָעָם אֶל־פַּרְעֹה לַלָּחֶם וַיֹּאמֶר פַּרְעֹה לְכָל־מִצְרַיִם לְכוּ
אֶל־יוֹסֵף אֲשֶׁר־יֹאמַר לָכֶם תַּעֲשׂוּ׃ וְהָרָעָב הָיָה עַל כָּל־ 56
פְּנֵי הָאָרֶץ וַיִּפְתַּח יוֹסֵף אֶת־כָּל־אֲשֶׁר בָּהֶם וַיִּשְׁבֹּר לְמִצְרַיִם
וַיֶּחֱזַק הָרָעָב בְּאֶרֶץ מִצְרָיִם׃ וְכָל־הָאָרֶץ בָּאוּ מִצְרַיְמָה 57
לִשְׁבֹּר אֶל־יוֹסֵף כִּי־חָזַק הָרָעָב בְּכָל־הָאָרֶץ׃

מב

וַיַּרְא יַעֲקֹב כִּי יֶשׁ־שֶׁבֶר בְּמִצְרָיִם וַיֹּאמֶר יַעֲקֹב לְבָנָיו א
לָמָּה תִּתְרָאוּ׃ וַיֹּאמֶר הִנֵּה שָׁמַעְתִּי כִּי יֶשׁ־שֶׁבֶר בְּמִצְרַיִם 2

lo montar en el segundo carro de él, y pregonaron delante de él: «¡Arrodillaos!», y diólo sobre toda la tierra de Egipto. (44) Y dijo Faraón a Iosef: «Yo soy Faraón; y fuera de ti no alzará varón su mano y su pie en toda la tierra de Egipto.» (45) Y llamó Faraón el nombre de Iosef: Safnat Paneah, (*lo encubierto descubre*), y dió a él a Asenat, hija de Poti-Fera, mayoral de On, por mujer. Y salió Iosef por la tierra de Egipto.

(46) Y Iosef era de edad de treinta años al estar delante de Faraón, rey de Egipto, y salió Iosef de delante de Faraón, y pasó por toda la tierra de Egipto. (47) E hizo la tierra en siete años de hartura a montones. (48) Y juntó a toda la producción de los siete años que fueron en la tierra de Egipto, y la guardó en las ciudades, y en cada ciudad la producción del campo de sus alrededores. (49) Y amontonó Iosef trigo como arena del mar, muchísimo, hasta que no pudo contar, por el número.

(50) Y a Iosef fueron nacidos dos hijos antes que viniese el año del hambre, que parió a él Asenat, hija de Poti-Fera, mayoral de On. (51) Y llamó Iosef el nombre del primogénito Menasé; que: «Hizo olvidar (*nasani*) Dios todo mi trabajo, y toda la casa de mi padre.» (52) Y el nombre del segundo llamó Efráim; que: «Me hizo fructificar (*hifrani*) Dios, en la tierra de mi aflicción.»

(53) Y termináronse los siete años de la hartura, que hubo en la tierra de Egipto. (54) Y empezaron los siete años del hambre a venir, como dijo Iosef: y hubo hambre en todas las tierras; y en toda la tierra de Egipto había pan. (55) Y vino el hambre por toda la tierra de Egipto, y clamó el pueblo a Faraón por pan. Y dijo Faraón a todo Egipto: «Id a Iosef, lo que diga a vosotros, haced.» (56) Y el hambre estaba sobre la faz de toda la tierra. Y abrió Iosef todas las cillas pues en ellas había comida, y vendió a los Egipcios; y creció el hambre en la tierra de Egipto. (57) Y de toda la tierra vinieron a Egipto para comprar a Iosef, porque había crecido el hambre en toda la tierra.

XLII

(1) Y supo Iacob que había alimento en Egipto, y dijo Iacob a sus hijos: «¿Por qué os miráis?» (2) Y dijo: «He aquí que oí que hay víveres en Egipto;

מא. 50 לפ״ד קמוצה

descended allí, y comprad para nosotros de allí, y viviremos, y no moriremos.» (3) Y descendieron los hermanos de Iosef, diez, para comprar trigo de Egipto. (4) Mas a Biniamín, hermano de Iosef, no envió Iacob con sus hermanos, porque dijo: «Para que no le acontezca desastre.»

(5) Y fueron los hijos de Israel para comprar, entre otros que iban: porque había hambre en tierra de Kenáan. (6) Y Iosef, él fué el señor sobre la tierra, él hacía vender a todos los pueblos de la tierra; y vinieron los hermanos de Iosef, y encorvároses a él, el rostro a tierra. (7) Y vió Iosef a sus hermanos, y conociólos; y descendió a ellos, y habló con ellos durezas, y dijo a ellos: «¿De dónde vinisteis?» Y dijeron: «De tierra de Kenáan, para comprar alimentos.» (8) Y conoció Iosef a sus hermanos; y ellos no lo conocieron. (9) Y recordó Iosef los sueños que soñó de ellos, y díjoles: «Espías sois vosotros; a ver lo descubierto de la tierra vinisteis.» (10) Y dijeron a él: «No, mi señor; tus siervos vinieron para comprar alimentos. (11) Todos nosotros hijos de un varón somos, hombres de verdad somos nosotros. No son tus siervos espías.» (12) Y dijo a ellos: «No; que lo descubierto de la tierra vinisteis a ver.» (13) Y dijeron: «Tus siervos somos doce hermanos, hijos de un varón, en tierra de Kenáan; y he aquí que el pequeño con nuestro padre está hoy, y el otro no está.» (14) Y dijo a ellos Iosef: «Es lo que hablé a vosotros, diciendo: espías sois vosotros. (15) En esto seréis probados: por vida de Faraón, que no saldréis de aquí, salvo al venir vuestro hermano, el pequeño, aquí. (16) Enviad de vosotros uno, traiga a vuestro hermano; y seréis encarcelados, y serán probadas vuestras palabras, si la verdad es con vosotros y sino, vive Faraón, espías sois vosotros.» (17) Y juntó a ellos en guarda, tres días.
(18) Y dijo a ellos Iosef en el día tercero: «Esto haced, y vivid: A Dios yo temo. (19) Si sinceros sois vosotros, vuestro hermano, uno, sea encarcelado en casa de vuestra guarda; y vosotros idos, llevad alimentos para el hambre de vuestras casas. (20) Y a vuestro hermano, el pequeño, traedme, y serán creídas vuestras palabras, y no moriréis.» E hicieron así. (21) Y dijo cada varón a su hermano: De cierto, culpados somos nosotros por nuestro hermano, que vimos la angustia de su alma en su rogarnos a nosotros, y no oímos: por tanto vino

3 רְדוּ־שָׁמָּה וְשִׁבְרוּ־לָנוּ מִשָּׁם וְנִחְיֶה וְלֹא נָמוּת׃ וַיֵּרְדוּ
4 אֲחֵי־יוֹסֵף עֲשָׂרָה לִשְׁבֹּר בָּר מִמִּצְרָיִם׃ וְאֶת־בִּנְיָמִין אֲחִי
יוֹסֵף לֹא־שָׁלַח יַעֲקֹב אֶת־אֶחָיו כִּי אָמַר פֶּן־יִקְרָאֶנּוּ אָסוֹן׃
ה וַיָּבֹאוּ בְּנֵי יִשְׂרָאֵל לִשְׁבֹּר בְּתוֹךְ הַבָּאִים כִּי־הָיָה הָרָעָב
6 בְּאֶרֶץ כְּנָעַן׃ וְיוֹסֵף הוּא הַשַּׁלִּיט עַל־הָאָרֶץ הוּא הַמַּשְׁבִּיר
לְכָל־עַם הָאָרֶץ וַיָּבֹאוּ אֲחֵי יוֹסֵף וַיִּשְׁתַּחֲווּ־לוֹ אַפַּיִם
7 אָרְצָה׃ וַיַּרְא יוֹסֵף אֶת־אֶחָיו וַיַּכִּרֵם וַיִּתְנַכֵּר אֲלֵיהֶם
וַיְדַבֵּר אִתָּם קָשׁוֹת וַיֹּאמֶר אֲלֵהֶם מֵאַיִן בָּאתֶם וַיֹּאמְרוּ
8 מֵאֶרֶץ כְּנַעַן לִשְׁבָּר־אֹכֶל׃ וַיַּכֵּר יוֹסֵף אֶת־אֶחָיו וְהֵם
9 לֹא הִכִּרֻהוּ׃ וַיִּזְכֹּר יוֹסֵף אֵת הַחֲלֹמוֹת אֲשֶׁר חָלַם לָהֶם
וַיֹּאמֶר אֲלֵהֶם מְרַגְּלִים אַתֶּם לִרְאוֹת אֶת־עֶרְוַת הָאָרֶץ
י בָּאתֶם׃ וַיֹּאמְרוּ אֵלָיו לֹא אֲדֹנִי וַעֲבָדֶיךָ בָּאוּ לִשְׁבָּר־אֹכֶל׃
11 כֻּלָּנוּ בְּנֵי אִישׁ־אֶחָד נָחְנוּ כֵּנִים אֲנַחְנוּ לֹא־הָיוּ עֲבָדֶיךָ
12 מְרַגְּלִים׃ וַיֹּאמֶר אֲלֵהֶם לֹא כִּי־עֶרְוַת הָאָרֶץ בָּאתֶם
13 לִרְאוֹת׃ וַיֹּאמְרוּ שְׁנֵים עָשָׂר עֲבָדֶיךָ אַחִים ׀ אֲנַחְנוּ בְּנֵי
אִישׁ־אֶחָד בְּאֶרֶץ כְּנָעַן וְהִנֵּה הַקָּטֹן אֶת־אָבִינוּ הַיּוֹם
14 וְהָאֶחָד אֵינֶנּוּ׃ וַיֹּאמֶר אֲלֵהֶם יוֹסֵף הוּא אֲשֶׁר דִּבַּרְתִּי
טו אֲלֵכֶם לֵאמֹר מְרַגְּלִים אַתֶּם׃ בְּזֹאת תִּבָּחֵנוּ חֵי פַרְעֹה אִם־
16 תֵּצְאוּ מִזֶּה כִּי אִם־בְּבוֹא אֲחִיכֶם הַקָּטֹן הֵנָּה׃ שִׁלְחוּ
מִכֶּם אֶחָד וְיִקַּח אֶת־אֲחִיכֶם וְאַתֶּם הֵאָסְרוּ וְיִבָּחֲנוּ דִּבְרֵיכֶם
הַאֱמֶת אִתְּכֶם וְאִם־לֹא חֵי פַרְעֹה כִּי מְרַגְּלִים אַתֶּם׃
17 וַיֶּאֱסֹף אֹתָם אֶל־מִשְׁמָר שְׁלֹשֶׁת יָמִים׃ וַיֹּאמֶר אֲלֵהֶם
18 יוֹסֵף בַּיּוֹם הַשְּׁלִישִׁי זֹאת עֲשׂוּ וִחְיוּ אֶת־הָאֱלֹהִים אֲנִי
יָרֵא׃ אִם־כֵּנִים אַתֶּם אֲחִיכֶם אֶחָד יֵאָסֵר בְּבֵית מִשְׁמַרְכֶם
כ וְאַתֶּם לְכוּ הָבִיאוּ שֶׁבֶר רַעֲבוֹן בָּתֵּיכֶם׃ וְאֶת־אֲחִיכֶם
הַקָּטֹן תָּבִיאוּ אֵלַי וְיֵאָמְנוּ דִבְרֵיכֶם וְלֹא תָמוּתוּ וַיַּעֲשׂוּ־כֵן׃
21 וַיֹּאמְרוּ אִישׁ אֶל־אָחִיו אֲבָל אֲשֵׁמִים ׀ אֲנַחְנוּ עַל־אָחִינוּ
אֲשֶׁר רָאִינוּ צָרַת נַפְשׁוֹ בְּהִתְחַנְנוֹ אֵלֵינוּ וְלֹא שָׁמָעְנוּ עַל־

22 כֵּן בָּאָה אֵלֵינוּ הַצָּרָה הַזֹּאת׃ וַיַּעַן רְאוּבֵן אֹתָם לֵאמֹר
הֲלוֹא אָמַרְתִּי אֲלֵיכֶם ׀ לֵאמֹר אַל־תֶּחֶטְאוּ בַיֶּלֶד וְלֹא
23 שְׁמַעְתֶּם וְגַם־דָּמוֹ הִנֵּה נִדְרָשׁ׃ וְהֵם לֹא יָדְעוּ כִּי שֹׁמֵעַ
24 יוֹסֵף כִּי הַמֵּלִיץ בֵּינֹתָם׃ וַיִּסֹּב מֵעֲלֵיהֶם וַיֵּבְךְּ וַיָּשָׁב
אֲלֵהֶם וַיְדַבֵּר אֲלֵהֶם וַיִּקַּח מֵאִתָּם אֶת־שִׁמְעוֹן וַיֶּאֱסֹר אֹתוֹ
לְעֵינֵיהֶם׃ וַיְצַו יוֹסֵף וַיְמַלְאוּ אֶת־כְּלֵיהֶם בָּר וּלְהָשִׁיב כה
כַּסְפֵּיהֶם אִישׁ אֶל־שַׂקּוֹ וְלָתֵת לָהֶם צֵדָה לַדָּרֶךְ וַיַּעַשׂ
26 לָהֶם כֵּן׃ וַיִּשְׂאוּ אֶת־שִׁבְרָם עַל־חֲמֹרֵיהֶם וַיֵּלְכוּ מִשָּׁם׃
27 וַיִּפְתַּח הָאֶחָד אֶת־שַׂקּוֹ לָתֵת מִסְפּוֹא לַחֲמֹרוֹ בַּמָּלוֹן וַיַּרְא
28 אֶת־כַּסְפּוֹ וְהִנֵּה־הוּא בְּפִי אַמְתַּחְתּוֹ׃ וַיֹּאמֶר אֶל־אֶחָיו
הוּשַׁב כַּסְפִּי וְגַם הִנֵּה בְאַמְתַּחְתִּי וַיֵּצֵא לִבָּם וַיֶּחֶרְדוּ אִישׁ
29 אֶל־אָחִיו לֵאמֹר מַה־זֹּאת עָשָׂה אֱלֹהִים לָנוּ׃ וַיָּבֹאוּ אֶל־
יַעֲקֹב אֲבִיהֶם אַרְצָה כְּנָעַן וַיַּגִּידוּ לוֹ אֵת כָּל־הַקֹּרֹת אֹתָם
לֵאמֹר׃ דִּבֶּר הָאִישׁ אֲדֹנֵי הָאָרֶץ אִתָּנוּ קָשׁוֹת וַיִּתֵּן אֹתָנוּ ל
31 כִּמְרַגְּלִים אֶת־הָאָרֶץ׃ וַנֹּאמֶר אֵלָיו כֵּנִים אֲנָחְנוּ לֹא הָיִינוּ
32 מְרַגְּלִים׃ שְׁנֵים־עָשָׂר אֲנַחְנוּ אַחִים בְּנֵי אָבִינוּ הָאֶחָד אֵינֶנּוּ
33 וְהַקָּטֹן הַיּוֹם אֶת־אָבִינוּ בְּאֶרֶץ כְּנָעַן׃ וַיֹּאמֶר אֵלֵינוּ הָאִישׁ
אֲדֹנֵי הָאָרֶץ בְּזֹאת אֵדַע כִּי כֵנִים אַתֶּם אֲחִיכֶם הָאֶחָד
34 הַנִּיחוּ אִתִּי וְאֶת־רַעֲבוֹן בָּתֵּיכֶם קְחוּ וָלֵכוּ׃ וְהָבִיאוּ אֶת־
אֲחִיכֶם הַקָּטֹן אֵלַי וְאֵדְעָה כִּי לֹא מְרַגְּלִים אַתֶּם כִּי כֵנִים
אַתֶּם אֶת־אֲחִיכֶם אֶתֵּן לָכֶם וְאֶת־הָאָרֶץ תִּסְחָרוּ׃ וַיְהִי לה
הֵם מְרִיקִים שַׂקֵּיהֶם וְהִנֵּה־אִישׁ צְרוֹר־כַּסְפּוֹ בְּשַׂקּוֹ
36 וַיִּרְאוּ אֶת־צְרֹרוֹת כַּסְפֵּיהֶם הֵמָּה וַאֲבִיהֶם וַיִּירָאוּ׃ וַיֹּאמֶר
אֲלֵהֶם יַעֲקֹב אֲבִיהֶם אֹתִי שִׁכַּלְתֶּם יוֹסֵף אֵינֶנּוּ וְשִׁמְעוֹן
37 אֵינֶנּוּ וְאֶת־בִּנְיָמִן תִּקָּחוּ עָלַי הָיוּ כֻלָּנָה׃ וַיֹּאמֶר רְאוּבֵן
אֶל־אָבִיו לֵאמֹר אֶת־שְׁנֵי בָנַי תָּמִית אִם־לֹא אֲבִיאֶנּוּ
38 אֵלֶיךָ תְּנָה אֹתוֹ עַל־יָדִי וַאֲנִי אֲשִׁיבֶנּוּ אֵלֶיךָ׃ וַיֹּאמֶר לֹא־

a nosotros la angustia esta. (22) Y respondió Reubén, diciendo: «¿De cierto, no hablé a vosotros, diciendo: No pequéis contra el niño; y no oísteis? Y también su sangre, he aquí que es requerida.»

(23) Y ellos no sabían que los entendía Iosef, que había intérprete entre ellos. (24) Y dióse vuelta de ellos, y lloró: y tornóse a ellos, y habló a ellos, y tornó de ellos a Simeón, y prendió a él ante sus ojos. (25) Y encomendó a Iosef que llenaran sus vasijas de trigo, y que volvieran la plata de cada uno a su saco, y que diesen a ellos vianda para el camino: e hizo a ellos así.

(26) Y cargaron su trigo sobre sus asnos, y fuéronse de allí. (27) Y abrió el uno su saco para dar forraje a su asno en el mesón, y vió su plata, y he aquí que ella estaba en la boca de su costal. (28) Y dijo a sus hermanos: «Fué tornada mi plata, y también he aquí en mi costal.» Y tembló su corazón, y estremeciéronse cada uno con su hermano, diciendo: «¿Qué es esto que hizo Dios a nosotros? (29) Y vinieron a Iaacob su padre, a la tierra de Kenáan, y anunciaron a él todas las cosas acontecidas a ellos, diciendo: (30) «Habló el varón, señor de la tierra, con nosotros durezas, y creyó a nosotros como espías de la tierra: (31) Y dijimos a él: sinceros somos, no somos espías: (32) Doce hermanos somos nosotros, hijos de nuestro padre; el uno no está, y el pequeño está hoy con nuestro padre en tierra de Kenáan. (33) Y díjonos el varón, señor de la tierra: Con esto sabré que sinceros sois vosotros; de vuestros hermanos, uno dejad conmigo, y para el hambre de vuestras casas tomad, e idos. (34) Y traedme a vuestro hermano el pequeño a mí y sabré que no sois espías vosotros, que sinceros sois; a vuestro hermano daré a vosotros, y en la tierra negociaréis.

(35) Y fueron ellos vaciando sus sacos, y he aquí que cada uno tenía su atado de plata en su saco: y vieron los atados de su plata, ellos y su padre, y temieron. (36) Y dijo a ellos Iaacob su padre: «A mí me privasteis de hijos; Iosef no está, y Simeón no está, y a Biniamín ¿lo tomaréis? ¿Contra mí son todas ellas?» (37) Y habló Reubén a su padre, diciendo: «A dos de mis hijos harás matar, si no lo trajere a ti; dalo en mi mano, y yo lo tornaré a ti.» (38) Y dijo: «No

ירד בני עמכם כי־אחיו מת והוא לבדו נשאר וקראהו
אסון בדרך אשר תלכו־בה והורדתם את־שיבתי ביגון
שאולה:

מג

א והרעב כבד בארץ: ויהי כאשר כלו לאכל את־השבר 2
אשר הביאו ממצרים ויאמר אליהם אביהם שבו שברו־
3 לנו מעט־אכל: ויאמר אליו יהודה לאמר העד העד
בנו האיש לאמר לא־תראו פני בלתי אחיכם אתכם:
4 אם־ישך משלח את־אחינו אתנו נרדה ונשברה לך
ה אכל: ואם־אינך משלח לא נרד כי־האיש אמר אלינו
6 לא־תראו פני בלתי אחיכם אתכם: ויאמר ישראל למה
7 הרעתם לי להגיד לאיש העוד לכם אח: ויאמרו שאול
שאל־האיש לנו ולמולדתנו לאמר העוד אביכם חי היש
לכם אח ונגד־לו על־פי הדברים האלה הידוע נדע כי
8 יאמר הורידו את־אחיכם: ויאמר יהודה אל־ישראל
אביו שלחה הנער אתי ונקומה ונלכה ונחיה ולא נמות
9 גם־אנחנו גם־אתה גם־טפנו: אנכי אערבנו מידי תבקשנו
אם־לא הביאתיו אליך והצגתיו לפניך וחטאתי לך
י כל־הימים: כי לולא התמהמהנו כי־עתה שבנו זה
11 פעמים: ויאמר אלהם ישראל אביהם אם־כן | אפוא
זאת עשו קחו מזמרת הארץ בכליכם והורידו לאיש
מנחה מעט צרי ומעט דבש נכאת ולט בטנים ושקדים:
12 וכסף משנה קחו בידכם ואת־הכסף המושב בפי
13 אמתחתיכם תשיבו בידכם אולי משגה הוא: ואת־
14 אחיכם קחו וקומו שובו אל־האיש: ואל שדי יתן לכם
רחמים לפני האיש ושלח לכם את־אחיכם אחר ואת־
טו בנימין ואני כאשר שכלתי שכלתי: ויקחו האנשים את־

descenderá mi hijo con vosotros; que su hermano murió, y él a solas quedó: y si le aconteciere desastre en el camino que andaréis, haréis descender mis canas con angustia a la sepultura.»

XLIII

(1) Y el hambre era grave en la tierra. (2) Y fué como terminaron de comer el trigo que trajeron de Egipto, que dijo a ellos su padre: «Tomad, comprad para nosotros otro poco de alimento.» (3) Y habló a él Iudá, diciendo: «Protestar, protestó con nosotros el varón, diciendo: No veréis mi rostro sin vuestro hermano con vosotros. (4) Si tú envías a nuestro hermano con nosotros, descenderemos y compraremos para ti alimento. (5) Y si tú no envías, no descenderemos, que el varón dijo a nosotros: No veréis mi rostro sin vuestro hermano con vosotros.» (6) Y dijo Israel: «¿Por qué hicisteis mal a mí al anunciar al varón que aun teníais otro hermano?» (7) Y dijeron: «Demandar demandó el varón por nosotros, y por nuestro nacimiento, diciendo: ¿Si aun vuestro padre vive, si hay a vosotros hermano? Y anunciamos a él por el dicho de las palabras estas. ¿Si saber, sabríamos que diría: Haced descender a vuestro hermano?»

(8) Y dijo Iudá a Israel, su padre: «Envía al mozo conmigo, y levantémonos e iremos, y viviremos y no moriremos también nosotros, también tú, también nuestra familia. (9) Yo lo fiaré; de mi mano lo pedirás; si no lo trajere a ti y lo pusiera delante de ti, pecaré a ti todos los días. (10) Que si no nos retardamos, ahora hubiéramos tornado dos veces.» (11) Y dijo a ellos Israel su padre: «Pues que así es, esto haced; tomad de lo mejor de la tierra en vuestras vasijas, y llevad al varón presente, poco de bálsamo, y poco de miel, especies, y almáciga, piñones y almendras. (12) Y plata doble tomad en vuestras manos, y la plata, la tornada en la boca de vuestros costales, llevaréis en vuestras manos; quizá erró él. (13) Y a vuestro hermano tomad, y levantaos, tornad al varón. (14) Y Dios Todopoderoso dé a vosotros piedad delante del varón, y suelte a vuestro otro hermano, y a Biniamín. Y yo, como yo sea privado de hijos, séalo.»

(15) Y tomaron los varones el presente este, y doble plata tomaron en su

12. הש' בפתח

הַמִּנְחָה הַזֹּאת וּמִשְׁנֶה־כֶּסֶף לָקְחוּ בְיָדָם וְאֶת־בִּנְיָמִן
וַיָּקֻמוּ וַיֵּרְדוּ מִצְרַיִם וַיַּעַמְדוּ לִפְנֵי יוֹסֵף׃ וַיַּרְא יוֹסֵף 16
אִתָּם אֶת־בִּנְיָמִן וַיֹּאמֶר לַאֲשֶׁר עַל־בֵּיתוֹ הָבֵא אֶת־הָאֲנָשִׁים
הַבָּיְתָה וּטְבֹחַ טֶבַח וְהָכֵן כִּי אִתִּי יֹאכְלוּ הָאֲנָשִׁים
בַּצָּהֳרָיִם׃ וַיַּעַשׂ הָאִישׁ כַּאֲשֶׁר אָמַר יוֹסֵף וַיָּבֵא הָאִישׁ 17
אֶת־הָאֲנָשִׁים בֵּיתָה יוֹסֵף׃ וַיִּירְאוּ הָאֲנָשִׁים כִּי הוּבְאוּ 18
בֵּית יוֹסֵף וַיֹּאמְרוּ עַל־דְּבַר הַכֶּסֶף הַשָּׁב בְּאַמְתְּחֹתֵינוּ
בַּתְּחִלָּה אֲנַחְנוּ מוּבָאִים לְהִתְגֹּלֵל עָלֵינוּ וּלְהִתְנַפֵּל עָלֵינוּ
וְלָקַחַת אֹתָנוּ לַעֲבָדִים וְאֶת־חֲמֹרֵינוּ׃ וַיִּגְּשׁוּ אֶל־הָאִישׁ 19
אֲשֶׁר עַל־בֵּית יוֹסֵף וַיְדַבְּרוּ אֵלָיו פֶּתַח הַבָּיִת׃ וַיֹּאמְרוּ כ
בִּי אֲדֹנִי יָרֹד יָרַדְנוּ בַּתְּחִלָּה לִשְׁבָּר־אֹכֶל׃ וַיְהִי כִּי־בָאנוּ 21
אֶל־הַמָּלוֹן וַנִּפְתְּחָה אֶת־אַמְתְּחֹתֵינוּ וְהִנֵּה כֶסֶף־אִישׁ בְּפִי
אַמְתַּחְתּוֹ כַּסְפֵּנוּ בְּמִשְׁקָלוֹ וַנָּשֶׁב אֹתוֹ בְּיָדֵנוּ׃ וְכֶסֶף אַחֵר 22
הוֹרַדְנוּ בְיָדֵנוּ לִשְׁבָּר־אֹכֶל לֹא יָדַעְנוּ מִי־שָׂם כַּסְפֵּנוּ
בְּאַמְתְּחֹתֵינוּ׃ וַיֹּאמֶר שָׁלוֹם לָכֶם אַל־תִּירָאוּ אֱלֹהֵיכֶם 23
וֵאלֹהֵי אֲבִיכֶם נָתַן לָכֶם מַטְמוֹן בְּאַמְתְּחֹתֵיכֶם כַּסְפְּכֶם
בָּא אֵלָי וַיּוֹצֵא אֲלֵהֶם אֶת־שִׁמְעוֹן׃ וַיָּבֵא הָאִישׁ אֶת־ 24
הָאֲנָשִׁים בֵּיתָה יוֹסֵף וַיִּתֶּן־מַיִם וַיִּרְחֲצוּ רַגְלֵיהֶם וַיִּתֵּן
מִסְפּוֹא לַחֲמֹרֵיהֶם׃ וַיָּכִינוּ אֶת־הַמִּנְחָה עַד־בּוֹא יוֹסֵף כה
בַּצָּהֳרָיִם כִּי שָׁמְעוּ כִּי־שָׁם יֹאכְלוּ לָחֶם׃ וַיָּבֹא יוֹסֵף הַבַּיְתָה 26
וַיָּבִיאוּ לוֹ אֶת־הַמִּנְחָה אֲשֶׁר־בְּיָדָם הַבָּיְתָה וַיִּשְׁתַּחֲווּ־לוֹ
אָרְצָה׃ וַיִּשְׁאַל לָהֶם לְשָׁלוֹם וַיֹּאמֶר הֲשָׁלוֹם אֲבִיכֶם 27
הַזָּקֵן אֲשֶׁר אֲמַרְתֶּם הַעוֹדֶנּוּ חָי׃ וַיֹּאמְרוּ שָׁלוֹם לְעַבְדְּךָ 28
לְאָבִינוּ עוֹדֶנּוּ חָי וַיִּקְּדוּ וַיִּשְׁתַּחֲוּ׃ וַיִּשָּׂא עֵינָיו וַיַּרְא אֶת־ 29
בִּנְיָמִן אָחִיו בֶּן־אִמּוֹ וַיֹּאמֶר הֲזֶה אֲחִיכֶם הַקָּטֹן אֲשֶׁר
אֲמַרְתֶּם אֵלָי וַיֹּאמַר אֱלֹהִים יָחְנְךָ בְּנִי׃ וַיְמַהֵר יוֹסֵף כִּי־ ל
נִכְמְרוּ רַחֲמָיו אֶל־אָחִיו וַיְבַקֵּשׁ לִבְכּוֹת וַיָּבֹא הַחַדְרָה

mano, y a Biniamín: y levantáronse y descendieron a Egipto, y estuvieron delante de Iosef. (16) Y vió Iosef con ellos a Biniamín; y dijo al que sobre su casa mandaba: «Trae a los varones a la casa, y degüella víctima, y apareja; que conmigo comerán los varones en las fiestas.» (17) E hizo el varón como dijo Iosef; y trajo el varón a los varones a la casa de Iosef. (18) Y temieron los varones, que fueron llevados a casa de Iosef, y dijeron: «Por causa de la plata tornada en nuestros costales al principio. somos traídos, para revolver contra nosotros, y para achacar sobre nosotros, y para tomarnos por siervos, y a nuestros asnos.» (19) Y allegáronse al varón, que sobre la casa de Iosef mandaba, y hablaron a él a la puerta de la casa. (20) Y dijeron: «Ruego, mi señor: descender. descendimos al principio para comprar alimentos. (21) Y fué cuando llegamos al mesón y abrimos nuestros costales, que la plata de cada uno estaba en la boca de su costal, nuestra plata en su peso; y tornámosla en nuestra mano. (22) Y otra plata trajimos en nuestras manos para comprar alimentos: no sabemos quién puso nuestra plata en nuestros costales.» (23) Y dijo: «Paz a vosotros, no temáis; vuestro Dios y el Dios de vuestro padre dió a vosotros tesoro en vuestros costales: vuestra plata vino a mí.» Y sacó a ellos a Simeón.

(24) Y llevó el varón a los varones a la casa de Iosef: Y dió agua, y lavaron sus pies: y dió paja a sus asnos. (25) Y aparejaron el presente hasta venir Iosef en la siesta, pues que habían oído, que allí comerían pan. (26) Y vino Iosef a la casa, y trajéronle el presente que tenía en sus manos, a la casa, y encorváronse a él a tierra. (27) Y demandó a ellos por paz, y dijo: «¿Si paz a vuestro padre, el viejo que dijisteis? ¿Si aun él vive?» (28) Y dijeron: «Paz a tu siervo, nuestro padre; aun vive.» Y humilláronse y encorváronse. (29) Y alzó sus ojos y vió Biniamín, su hermano, hijo de su madre, y dijo: «¿Si es éste vuestro hermano el pequeño, que dijisteis?» Y dijo: «Dios se apiade de ti, mi hijo.» (30) Y apresuró Iosef, que se conmovió, su piedad por su hermano, y buscó dónde llorar; y fué a la cámara, y lloró allí. (31) Y lavó su rostro, y sa-

26. א' דגושה 23. וישתחוו קרי

lio y esforzóse, y dijo: «Poned pan.» (32) Y pusieron a él a solas, y a ellos a solas, y a los Egipcios que comían con él, a solas, que no podían los Egipcios comer con los Hebreos pan, que abominación es ello a Egipto. (33) Y sentáronse delante de él, el mayor como su mayoría, y el menor como su minoría; y maravilláronse los varones, cada uno con su compañero. (34) Y alzó presentes delante de su rostro, a ellos; y multiplicóse el presente de Biniamín más que los presentes de todos ellos cinco veces. Y bebieron y embriagáronse con él.

XLIV

(1) Y encomendó al que mandaba sobre su casa, diciendo: «Llena los costales de los varones de alimento, cuanto puedan llevar, y pon la plata de cada uno en boca de su costal: (2) Y mi copa, la copa de plata, pondrás en boca del costal del pequeño, y la plata de su trigo.» E hizo como la palabra que Iosef habló. (3) La mañana esclareció y los varones fueron enviados, ellos y sus asnos. (4) Ellos salieron de la ciudad, no se alejaron, y Iosef dijo al que mandaba sobre su casa: «Levántate, sigue en pos de los varones, alcánzalos, y di a ellos: ¿Por qué pagasteis mal por bien? (5) ¿De cierto esto es en lo que bebe mi señor, y él adivina con él? Hicisteis mal en lo que hicisteis.» (6) Y alcanzólos, y habló con ellos las palabras estas. (7) Y dijeron a él: «¿Por qué habla mi señor como las palabras estas? Vedado sea a tus siervos de hacer como la cosa esta. (8) He aquí que la plata que hallamos en boca de nuestros costales, la tornamos a ti de la tierra de Kenáan; ¿y cómo hurtaríamos de la casa de tu señor plata u oro? (9) El que fuere hallado con él, de tus siervos, muera, y también nosotros seremos a mi señor por siervos.» (10) Y dijo: «También ahora como vuestras palabras sea, así es más, el que fuere hallado con él, solo será mi siervo, y vosotros seréis libres.» (11) Y apresuraron y bajaron cada uno su costal a tierra, y abrieron cada uno su costal. (12) Y escudriñó, en el grande empezó, y en el pequeño terminó; y fué hallada la copa en el costal de Biniamín. (13) Y rompieron sus vestidos, y cargó cada uno su asno, y tornaron a la ciudad.

31 ויבך שמה׃ וירחץ פניו ויצא ויתאפק ויאמר שימו
32 לחם׃ וישימו לו לבדו ולהם לבדם ולמצרים האכלים
אתו לבדם כי לא יוכלון המצרים לאכל את־העברים
33 לחם כי־תועבה הוא למצרים׃ וישבו לפניו הבכר
כבכרתו והצעיר כצערתו ויתמהו האנשים איש אל־
34 רעהו׃ וישא משאת מאת פניו אלהם ותרב משאת בנימן
ממשאת כלם חמש ידות וישתו וישכרו עמו׃

מד

א ויצו את־אשר על־ביתו לאמר מלא את־אמתחת האנשים
אכל כאשר יוכלון שאת ושים כסף־איש בפי אמתחתו׃
2 ואת־גביעי גביע הכסף תשים בפי אמתחת הקטן ואת
3 כסף שברו ויעש כדבר יוסף אשר דבר׃ הבקר אור
4 והאנשים שלחו המה וחמריהם׃ הם יצאו את־העיר
לא הרחיקו ויוסף אמר לאשר על־ביתו קום רדף אחרי
האנשים והשגתם ואמרת אלהם למה שלמתם רעה
ה תחת טובה׃ הלוא זה אשר ישתה אדני בו והוא נחש
6 ינחש בו הרעתם אשר עשיתם׃ וישגם וידבר אלהם
7 את־הדברים האלה׃ ויאמרו אליו למה ידבר אדני
8 כדברים האלה חלילה לעבדיך מעשות כדבר הזה׃ הן
כסף אשר מצאנו בפי אמתחתינו השיבנו אליך מארץ
9 כנען ואיך נגנב מבית אדניך כסף או זהב׃ אשר ימצא
אתו מעבדיך ומת וגם־אנחנו נהיה לאדני לעבדים׃
י ויאמר גם־עתה כדבריכם כן־הוא אשר ימצא אתו יהיה
11 לי עבד ואתם תהיו נקים׃ וימהרו ויורדו איש את־
12 אמתחתו ארצה ויפתחו איש אמתחתו׃ ויחפש בגדול
החל ובקטן כלה וימצא הגביע באמתחת בנימן׃
13 ויקרעו שמלתם ויעמס איש על־חמרו וישבו העירה׃

מד 10. קמץ בז״ק

14 ויבא יהודה ואחיו ביתה יוסף והוא עודנו שם ויפלו
טו לפניו ארצה: ויאמר להם יוסף מה־המעשה הזה אשר
עשיתם הלוא ידעתם כי־נחש ינחש איש אשר כמני:
16 ויאמר יהודה מה־נאמר לאדני מה־נדבר ומה־נצטדק
האלהים מצא את־עון עבדיך הננו עבדים לאדני גם־
17 אנחנו גם אשר־נמצא הגביע בידו: ויאמר חלילה לי
מעשות זאת האיש אשר נמצא הגביע בידו הוא יהיה־לי
עבד ואתם עלו לשלום אל־אביכם:

ס ס ס יא 11

18 ויגש אליו יהודה ויאמר בי אדני ידבר־נא עבדך דבר
באזני אדני ואל־יחר אפך בעבדך כי כמוך כפרעה:
19 אדני שאל את־עבדיו לאמר היש־לכם אב או־אח:
כ ונאמר אל־אדני יש־לנו אב זקן וילד זקנים קטן ואחיו
21 מת ויותר הוא לבדו לאמו ואביו אהבו: ותאמר אל־
22 עבדיך הורדהו אלי ואשימה עיני עליו: ונאמר אל־
אדני לא־יוכל הנער לעזב את־אביו ועזב את־אביו ומת:
23 ותאמר אל־עבדיך אם־לא ירד אחיכם הקטן אתכם לא
24 תספון לראות פני: ויהי כי עלינו אל־עבדך אבי ונגד־
כה לו את דברי אדני: ויאמר אבינו שבו שברו־לנו מעט־
26 אכל: ונאמר לא נוכל לרדת אם־יש אחינו הקטן אתנו
וירדנו כי־לא נוכל לראות פני האיש ואחינו הקטן
27 איננו אתנו: ויאמר עבדך אבי אלינו אתם ידעתם כי
28 שנים ילדה־לי אשתי: ויצא האחד מאתי ואמר אך
29 טרף טרף ולא ראיתיו עד־הנה: ולקחתם גם־את־זה
מעם פני וקרהו אסון והורדתם את־שיבתי ברעה
ל שאלה: ועתה כבאי אל־עבדך אבי והנער איננו אתנו
31 ונפשו קשורה בנפשו: והיה כראותו כי־אין הנער ומת

(14) Y vino Iudá y sus hermanos a la casa de Iosef, y él estaba aún allí; y echáronse delante de él a tierra. (15) Y dijo a ellos Iosef: «¿Qué obra es esta que hicisteis: si no sabéis que varón adivino soy yo?» (16) Y dijo Iudá: «¿Qué diremos a mi señor? ¿Qué hablaremos? ¿Y qué justificaremos? Dios halló el delito de tus siervos: he aquí que nosotros somos siervos de mi señor, también nosotros, también el en que fué hallada la copa en su mano.» (17) Y dijo: «Vedado sea a mí de hacer esto: el varón en que fué hallada la copa en su mano, él será mi siervo, y vosotros id en paz a vuestro padre.»

(11) WAYIGAS

(18) Y llegóse a él Iudá, y dijo: «Ruego, mi señor, que hable ahora tu siervo, palabra en los oídos de mi señor, y no encienda tu furor tu siervo, que tal tú como Faraón. (19) Mi señor demandó a sus siervos, diciendo: ¿Si hay a vosotros padre o hermano? (20) Y dijimos a mi señor: hay a nosotros padre viejo, y niño de vejez, pequeño; y su hermano murió, y quedó él solo de su madre, y su padre lo ama. (21) Y dijiste a tus siervos: Hacedlo descender a mí, y pondré mis ojos sobre él. (22) Y dijimos a mi señor: No podrá el mozo dejar a su padre, y si dejare a su padre, morirá. (23) Y dijiste a tus siervos: Si no descendiere vuestro hermano pequeño con vosotros, no volveréis a ver mi rostro. (24) Y fué como subimos a tu siervo, mi padre, y anunciamos a él la palabra de mi señor. (25) Y dijo nuestro padre: Tornad, compradnos un poco de alimento. (26) Y dijimos: No podremos descender, si fuere nuestro hermano el pequeño con nosotros, descenderemos; que no podremos ver el rostro del varón, si nuestro hermano, el pequeño, no está con nosotros. (27) Y dijo tu siervo, mi padre, a nosotros: Vosotros supisteis que dos me parió mi mujer. (28) Y salió el uno de conmigo, y dije: de cierto que fué arrebatado, y no lo vi hasta aquí. (29) Y tomaréis también a éste de delante de mi rostro, y acontecerále desastre, y haréis descender mis canas con mal a la sepultura. (30) Y ahora, ¿cómo iré a tu siervo mi padre, si el mozo no está él con nosotros?; ¡y su alma está atada con su alma! (31) Y será al ver que no está el mozo, que morirá: y

17. קמץ בז״ק

וְהוֹרִידוּ עֲבָדֶיךָ אֶת־שֵׂיבַת עַבְדְּךָ אָבִינוּ בְּיָגוֹן שְׁאֹלָה׃
32 כִּי עַבְדְּךָ עָרַב אֶת־הַנַּעַר מֵעִם אָבִי לֵאמֹר אִם־לֹא אֲבִיאֶנּוּ
33 אֵלֶיךָ וְחָטָאתִי לְאָבִי כָּל־הַיָּמִים׃ וְעַתָּה יֵשֶׁב־נָא עַבְדְּךָ
34 תַּחַת הַנַּעַר עֶבֶד לַאדֹנִי וְהַנַּעַר יַעַל עִם־אֶחָיו׃ כִּי־אֵיךְ
אֶעֱלֶה אֶל־אָבִי וְהַנַּעַר אֵינֶנּוּ אִתִּי פֶּן אֶרְאֶה בָרָע אֲשֶׁר
יִמְצָא אֶת־אָבִי׃

מה

א וְלֹא־יָכֹל יוֹסֵף לְהִתְאַפֵּק לְכֹל הַנִּצָּבִים עָלָיו וַיִּקְרָא
הוֹצִיאוּ כָל־אִישׁ מֵעָלָי וְלֹא־עָמַד אִישׁ אִתּוֹ בְּהִתְוַדַּע יוֹסֵף
2 אֶל־אֶחָיו׃ וַיִּתֵּן אֶת־קֹלוֹ בִּבְכִי וַיִּשְׁמְעוּ מִצְרַיִם וַיִּשְׁמַע
3 בֵּית פַּרְעֹה׃ וַיֹּאמֶר יוֹסֵף אֶל־אֶחָיו אֲנִי יוֹסֵף הַעוֹד אָבִי
4 חָי וְלֹא־יָכְלוּ אֶחָיו לַעֲנוֹת אֹתוֹ כִּי נִבְהֲלוּ מִפָּנָיו׃ וַיֹּאמֶר
יוֹסֵף אֶל־אֶחָיו גְּשׁוּ־נָא אֵלַי וַיִּגָּשׁוּ וַיֹּאמֶר אֲנִי יוֹסֵף אֲחִיכֶם
ה אֲשֶׁר־מְכַרְתֶּם אֹתִי מִצְרָיְמָה׃ וְעַתָּה ׀ אַל־תֵּעָצְבוּ וְאַל־
יִחַר בְּעֵינֵיכֶם כִּי־מְכַרְתֶּם אֹתִי הֵנָּה כִּי לְמִחְיָה שְׁלָחַנִי
6 אֱלֹהִים לִפְנֵיכֶם׃ כִּי־זֶה שְׁנָתַיִם הָרָעָב בְּקֶרֶב הָאָרֶץ
7 וְעוֹד חָמֵשׁ שָׁנִים אֲשֶׁר אֵין־חָרִישׁ וְקָצִיר׃ וַיִּשְׁלָחֵנִי
אֱלֹהִים לִפְנֵיכֶם לָשׂוּם לָכֶם שְׁאֵרִית בָּאָרֶץ וּלְהַחֲיוֹת לָכֶם
8 לִפְלֵיטָה גְּדֹלָה׃ וְעַתָּה לֹא־אַתֶּם שְׁלַחְתֶּם אֹתִי הֵנָּה כִּי
הָאֱלֹהִים וַיְשִׂימֵנִי לְאָב לְפַרְעֹה וּלְאָדוֹן לְכָל־בֵּיתוֹ וּמֹשֵׁל
9 בְּכָל־אֶרֶץ מִצְרָיִם׃ מַהֲרוּ וַעֲלוּ אֶל־אָבִי וַאֲמַרְתֶּם אֵלָיו
כֹּה אָמַר בִּנְךָ יוֹסֵף שָׂמַנִי אֱלֹהִים לְאָדוֹן לְכָל־מִצְרָיִם
י רְדָה אֵלַי אַל־תַּעֲמֹד׃ וְיָשַׁבְתָּ בְאֶרֶץ־גֹּשֶׁן וְהָיִיתָ קָרוֹב
אֵלַי אַתָּה וּבָנֶיךָ וּבְנֵי בָנֶיךָ וְצֹאנְךָ וּבְקָרְךָ וְכָל־אֲשֶׁר־לָךְ׃
11 וְכִלְכַּלְתִּי אֹתְךָ שָׁם כִּי־עוֹד חָמֵשׁ שָׁנִים רָעָב פֶּן־תִּוָּרֵשׁ
12 אַתָּה וּבֵיתְךָ וְכָל־אֲשֶׁר־לָךְ׃ וְהִנֵּה עֵינֵיכֶם רֹאוֹת וְעֵינֵי
13 אָחִי בִנְיָמִין כִּי־פִי הַמְדַבֵּר אֲלֵיכֶם׃ וְהִגַּדְתֶּם לְאָבִי
אֶת־כָּל־כְּבוֹדִי בְּמִצְרַיִם וְאֵת כָּל־אֲשֶׁר רְאִיתֶם וּמִהַרְתֶּם

harán descender tus siervos a las canas de tu siervo, nuestro padre, con angustia a la fosa. (32) Que tu siervo fió al mozo con su padre, diciendo: Si no lo trajere a ti, pecaré a mi padre todos los días. (33) Y ahora, quede tu siervo en lugar del mozo por siervo a mi señor, y el mozo suba con sus hermanos. (34) Porque ¿cómo subiré a mi padre si el mozo no está conmigo? Para que no vea el mal que acontecerá a mi padre.»

XLV

(1) Y no podía Iosef contenerse delante de todos los que estaban cerca de él, y llamó: «Sacad todo varón de cerca de mí.» Y no quedó varón con él, al darse a conocer Iosef a sus hermanos. (2) Y dió su voz con lloro; y oyeron los Egipcios, y oyó la casa de Faraón. (3) Y dijo Iosef a sus hermanos: «Yo soy Iosef. ¿Si aun vive mi padre?» Y no pudieron sus hermanos responder a él, que fueron turbados delante de él. (4) Y dijo Iosef a sus hermanos: «Llegaos ahora a mí.» Y llegáronse. Y dijo: «Yo soy Iosef vuestro hermano que vendisteis a mí en Egipto. (5) Y ahora no os entristezcáis, y no pese en vuestros ojos que vendisteis a mí aquí, porque para hacer vivir me envió Dios delante de vosotros. (6) Y dos años ya que está el hambre entre la tierra, y aun cinco años que no habrá arada ni segada. (7) Y envióme Dios delante de vosotros, para dar a vosotros un resto en la tierra, y para hacer vivir a vosotros. (8) Y ahora, vosotros no enviasteis a mí aquí, sino que Dios, púsome por padre de Faraón, y por señor de toda su casa, y señor de toda la tierra de Egipto. (9) Apresuraos y subid a mi padre y diréis a él: Así dijo tu hijo Iosef: Púsome Dios por señor de todo Egipto; desciende a mí, no te detengas: (10) Y habitarás en tierra de Gosén, y estarás cercano a mí, tú y tus hijos, e hijos de tus hijos, y tus ovejas y tus vacas, y todo lo que es de ti. (11) Y mantendré a ti allí, pues aun cinco años habrá de hambre, para que no seas empobrecido tú y tu casa, y todo lo que es de ti. (12) Y he aquí que vuestros ojos ven, y los ojos de mi hermano Biniamín, que mi boca os habla. (13) Y anunciaréis a mi padre toda mi honra en Egipto, y todo lo

14 וְהוֹרַדְתֶּם אֶת־אָבִי הֵנָּה׃ וַיִּפֹּל עַל־צַוְּארֵי בִנְיָמִן־אָחִיו וַיֵּבְךְּ
טו וּבִנְיָמִן בָּכָה עַל־צַוָּארָיו׃ וַיְנַשֵּׁק לְכָל־אֶחָיו וַיֵּבְךְּ עֲלֵהֶם
16 וְאַחֲרֵי כֵן דִּבְּרוּ אֶחָיו אִתּוֹ׃ וְהַקֹּל נִשְׁמַע בֵּית פַּרְעֹה
לֵאמֹר בָּאוּ אֲחֵי יוֹסֵף וַיִּיטַב בְּעֵינֵי פַרְעֹה וּבְעֵינֵי עֲבָדָיו׃
17 וַיֹּאמֶר פַּרְעֹה אֶל־יוֹסֵף אֱמֹר אֶל־אַחֶיךָ זֹאת עֲשׂוּ טַעֲנוּ
18 אֶת־בְּעִירְכֶם וּלְכוּ־בֹאוּ אַרְצָה כְּנָעַן׃ וּקְחוּ אֶת־אֲבִיכֶם
וְאֶת־בָּתֵּיכֶם וּבֹאוּ אֵלָי וְאֶתְּנָה לָכֶם אֶת־טוּב אֶרֶץ מִצְרַיִם
19 וְאִכְלוּ אֶת־חֵלֶב הָאָרֶץ׃ וְאַתָּה צֻוֵּיתָה זֹאת עֲשׂוּ קְחוּ־
לָכֶם מֵאֶרֶץ מִצְרַיִם עֲגָלוֹת לְטַפְּכֶם וְלִנְשֵׁיכֶם וּנְשָׂאתֶם
כ אֶת־אֲבִיכֶם וּבָאתֶם׃ וְעֵינְכֶם אַל־תָּחֹס עַל־כְּלֵיכֶם כִּי־
21 טוּב כָּל־אֶרֶץ מִצְרַיִם לָכֶם הוּא׃ וַיַּעֲשׂוּ־כֵן בְּנֵי יִשְׂרָאֵל
וַיִּתֵּן לָהֶם יוֹסֵף עֲגָלוֹת עַל־פִּי פַרְעֹה וַיִּתֵּן לָהֶם צֵדָה
22 לַדָּרֶךְ׃ לְכֻלָּם נָתַן לָאִישׁ חֲלִפוֹת שְׂמָלֹת וּלְבִנְיָמִן נָתַן
23 שְׁלֹשׁ־מֵאוֹת כֶּסֶף וְחָמֵשׁ חֲלִפֹת שְׂמָלֹת׃ וּלְאָבִיו שָׁלַח
כְּזֹאת עֲשָׂרָה חֲמֹרִים נֹשְׂאִים מִטּוּב מִצְרָיִם וְעֶשֶׂר אֲתֹנֹת
24 נֹשְׂאֹת בַּר וָלֶחֶם וּמָזוֹן לְאָבִיו לַדָּרֶךְ׃ וַיְשַׁלַּח אֶת־אֶחָיו
כה וַיֵּלֵכוּ וַיֹּאמֶר אֲלֵהֶם אַל־תִּרְגְּזוּ בַּדָּרֶךְ׃ וַיַּעֲלוּ מִמִּצְרָיִם
26 וַיָּבֹאוּ אֶרֶץ כְּנַעַן אֶל־יַעֲקֹב אֲבִיהֶם׃ וַיַּגִּדוּ לוֹ לֵאמֹר עוֹד
יוֹסֵף חַי וְכִי־הוּא מֹשֵׁל בְּכָל־אֶרֶץ מִצְרָיִם וַיָּפָג לִבּוֹ כִּי לֹא־
27 הֶאֱמִין לָהֶם׃ וַיְדַבְּרוּ אֵלָיו אֵת כָּל־דִּבְרֵי יוֹסֵף אֲשֶׁר דִּבֶּר
אֲלֵהֶם וַיַּרְא אֶת־הָעֲגָלוֹת אֲשֶׁר־שָׁלַח יוֹסֵף לָשֵׂאת אֹתוֹ
28 וַתְּחִי רוּחַ יַעֲקֹב אֲבִיהֶם׃ וַיֹּאמֶר יִשְׂרָאֵל רַב עוֹד־יוֹסֵף
בְּנִי חָי אֵלְכָה וְאֶרְאֶנּוּ בְּטֶרֶם אָמוּת׃

מו

1 וַיִּסַּע יִשְׂרָאֵל וְכָל־אֲשֶׁר־לוֹ וַיָּבֹא בְּאֵרָה שָּׁבַע וַיִּזְבַּח זְבָחִים
2 לֵאלֹהֵי אָבִיו יִצְחָק׃ וַיֹּאמֶר אֱלֹהִים לְיִשְׂרָאֵל בְּמַרְאֹת
3 הַלַּיְלָה וַיֹּאמֶר יַעֲקֹב יַעֲקֹב וַיֹּאמֶר הִנֵּנִי׃ וַיֹּאמֶר אָנֹכִי

que visteis: y apresuraos, y haréis descender a mi padre aquí.» (14) Y echóse sobre el cuello de Biniamín, su hermano, y lloró; y Biniamín lloró sobre su cuello. (15) Y besó a todos sus hermanos, y lloró con ellos; después así hablaron sus hermanos con él.

(16) Y la voz fué oída en la casa de Faraón, diciendo: «Vinieron los hermanos de Iosef.» Y plugo a los ojos de Faraón y a los ojos de sus siervos. (17) Y dijo Faraón a Iosef: «Di a tus hermanos: Esto haced: Cargad vuestras bestias, e idos, volved a la tierra de Kenáan. (18) Y tomad a vuestro padre y a vuestras casas, y venid a mí, y daré a vosotros la mejor tierra de Egipto y comeréis la grosura de la tierra. (19) Y tú encomendarás: Esto haced: Tomad para vosotros de la tierra de Egipto, carros para vuestra familia y para vuestras mujeres; y alzaréis a vuestro padre y vendréis. (20) Y vuestros ojos no lamenten vuestros utensilios, que la mejor tierra de Egipto, para vosotros será.» (21) E hicieron así los hijos de Israel; y dió a ellos, Iosef, carretas por dicho de Faraón, y dió a ellos viandas, para el camino. (22) A todos ellos dió, a cada uno, mudas de ropa, y a Biniamín dió trescientos (*pesos*) de plata, y cinco mudas de ropa. (23) Y a su padre envió esto: diez asnos cargados de lo mejor de Egipto, y diez asnas cargadas de trigo, y pan y mantenimiento para su padre para el camino.

(24) Y envió a sus hermanos, y fuéronse. Y dijo a ellos: No riñáis en el camino. (25) Y subieron de Egipto, y llegaron a la tierra de Kenáan, a Iaacob su padre. (26) Y anunciaron a él, diciendo: «Aun está Iosef vivo, y es él, señor de toda la tierra de Egipto.» Y debilitóse su corazón, que no creía a ellos. (27) Y habláronle todas las palabras que Iosef les dijo; y viendo las carretas que envió Iosef para llevarle, revivió el espíritu de Iaacob su padre. (28) Y dijo Israel: «Basta si aun Iosef mi hijo está vivo; iré, y verélo antes que muera yo.»

XLVI

(1) Y movióse Israel y todo lo que él tenía, y vino a Beer Seba, y sacrificó sacrificios al Dios de su padre Isaac. (2) Y dijo Dios a Israel en visiones, de la noche, y dijo: «¡Iaacob, Iaacob!» Y dijo: «¡Heme!» (3) Y dijo: «Yo soy

מה 25. סבירין ארצה

הָאֵל אֱלֹהֵי אָבִיךָ אַל־תִּירָא מֵרְדָה מִצְרַיְמָה כִּי־לְגוֹי גָּדוֹל
4 אֲשִׂימְךָ שָׁם׃ אָנֹכִי אֵרֵד עִמְּךָ מִצְרַיְמָה וְאָנֹכִי אַעַלְךָ
ה גַם־עָלֹה וְיוֹסֵף יָשִׁית יָדוֹ עַל־עֵינֶיךָ׃ וַיָּקָם יַעֲקֹב מִבְּאֵר
שָׁבַע וַיִּשְׂאוּ בְנֵי־יִשְׂרָאֵל אֶת־יַעֲקֹב אֲבִיהֶם וְאֶת־טַפָּם
וְאֶת־נְשֵׁיהֶם בָּעֲגָלוֹת אֲשֶׁר־שָׁלַח פַּרְעֹה לָשֵׂאת אֹתוֹ׃
6 וַיִּקְחוּ אֶת־מִקְנֵיהֶם וְאֶת־רְכוּשָׁם אֲשֶׁר רָכְשׁוּ בְּאֶרֶץ כְּנַעַן
7 וַיָּבֹאוּ מִצְרָיְמָה יַעֲקֹב וְכָל־זַרְעוֹ אִתּוֹ׃ בָּנָיו וּבְנֵי בָנָיו אִתּוֹ
בְּנֹתָיו וּבְנוֹת בָּנָיו וְכָל־זַרְעוֹ הֵבִיא אִתּוֹ מִצְרָיְמָה׃ ס
8 וְאֵלֶּה שְׁמוֹת בְּנֵי־יִשְׂרָאֵל הַבָּאִים מִצְרַיְמָה יַעֲקֹב וּבָנָיו
9 בְּכֹר יַעֲקֹב רְאוּבֵן׃ וּבְנֵי רְאוּבֵן חֲנוֹךְ וּפַלּוּא וְחֶצְרֹן וְכַרְמִי׃
י וּבְנֵי שִׁמְעוֹן יְמוּאֵל וְיָמִין וְאֹהַד וְיָכִין וְצֹחַר וְשָׁאוּל בֶּן־
11 12 הַכְּנַעֲנִית׃ וּבְנֵי לֵוִי גֵּרְשׁוֹן קְהָת וּמְרָרִי׃ וּבְנֵי יְהוּדָה עֵר
וְאוֹנָן וְשֵׁלָה וָפֶרֶץ וָזָרַח וַיָּמָת עֵר וְאוֹנָן בְּאֶרֶץ כְּנַעַן וַיִּהְיוּ בְנֵי־
13 פֶרֶץ חֶצְרֹן וְחָמוּל׃ וּבְנֵי יִשָּׂשכָר תּוֹלָע וּפֻוָּה וְיוֹב וְשִׁמְרֹן׃
14 טו וּבְנֵי זְבֻלוּן סֶרֶד וְאֵלוֹן וְיַחְלְאֵל׃ אֵלֶּה ׀ בְּנֵי לֵאָה אֲשֶׁר יָלְדָה
לְיַעֲקֹב בְּפַדַּן אֲרָם וְאֵת דִּינָה בִתּוֹ כָּל־נֶפֶשׁ בָּנָיו וּבְנוֹתָיו
16 שְׁלֹשִׁים וְשָׁלֹשׁ׃ וּבְנֵי גָד צִפְיוֹן וְחַגִּי שׁוּנִי וְאֶצְבֹּן עֵרִי
17 וַאֲרוֹדִי וְאַרְאֵלִי׃ וּבְנֵי אָשֵׁר יִמְנָה וְיִשְׁוָה וְיִשְׁוִי וּבְרִיעָה
18 וְשֶׂרַח אֲחֹתָם וּבְנֵי בְרִיעָה חֶבֶר וּמַלְכִּיאֵל׃ אֵלֶּה בְּנֵי זִלְפָּה
אֲשֶׁר־נָתַן לָבָן לְלֵאָה בִתּוֹ וַתֵּלֶד אֶת־אֵלֶּה לְיַעֲקֹב שֵׁשׁ
19 כ עֶשְׂרֵה נָפֶשׁ׃ בְּנֵי רָחֵל אֵשֶׁת יַעֲקֹב יוֹסֵף וּבִנְיָמִן׃ וַיִּוָּלֵד
לְיוֹסֵף בְּאֶרֶץ מִצְרַיִם אֲשֶׁר יָלְדָה־לּוֹ אָסְנַת בַּת־פּוֹטִי פֶרַע
21 כֹּהֵן אֹן אֶת־מְנַשֶּׁה וְאֶת־אֶפְרָיִם׃ וּבְנֵי בִנְיָמִן בֶּלַע וָבֶכֶר
22 וְאַשְׁבֵּל גֵּרָא וְנַעֲמָן אֵחִי וָרֹאשׁ מֻפִּים וְחֻפִּים וָאָרְדְּ׃ אֵלֶּה
בְּנֵי רָחֵל אֲשֶׁר יֻלַּד לְיַעֲקֹב כָּל־נֶפֶשׁ אַרְבָּעָה עָשָׂר׃
23 24 וּבְנֵי־דָן חֻשִׁים׃ וּבְנֵי נַפְתָּלִי יַחְצְאֵל וְגוּנִי וְיֵצֶר וְשִׁלֵּם׃
כה אֵלֶּה בְּנֵי בִלְהָה אֲשֶׁר־נָתַן לָבָן לְרָחֵל בִּתּוֹ וַתֵּלֶד אֶת־
26 אֵלֶּה לְיַעֲקֹב כָּל־נֶפֶשׁ שִׁבְעָה׃ כָּל־הַנֶּפֶשׁ הַבָּאָה לְיַעֲקֹב

el Dios, Dios de tu padre; no temas descender a Egipto, que por gran pueblo te pondré allí. (4) Yo descenderé contigo a Egipto, y yo te haré subir también y Iosef pondrá su mano sobre tus ojos.»

(5) Y levantóse Iaacob de Beer-Seba; y llevaron los hijos de Israel a Iaacob su padre, y a su familia, y a sus mujeres, en las carretas que envió Faraón para llevar a él. (6) Y tomaron sus ganados, y sus ganancias que ganaron en la tierra de Kenáan, y vinieron a Egipto, Iaacob, y toda su simiente con él. (7) Sus hijos, e hijos de sus hijos con él; sus hijas e hijas de sus hijos, y toda su simiente trajo con él a Egipto.

(8) Y éstos son los nombres de los hijos de Israel, los que vinieron a Egipto, Iaacob y sus hijos: Primogénito de Iaacob, Reubén. (9) E hijos de Reubén: Hanoj, y Palú, y Hesrón, y Carmí. (10) E hijos de Simeón: Iemuel, e Iamín, y Oad, e Iajín, y Sóhar, y Saúl, hijo de la Kenaanea. (11) E hijos de Leví: Guersón, Keat, y Merarí. (12) E hijos de Iudá: Er, y Onán, y Sela, y Peres, y Sérah; y murieron Er y Onán, en tierra de Kenáan. Y fueron hijos de Peres, Hesrón y Hamul. (13) E hijos de Isajár: Tolá, y Puvá y Iob, y Simrón. (14) E hijos de Sebulún: Séred, y Elón, e Iahleel. (15) Éstos son los hijos de Leá, que parió a Iaacób en Padán-Arám, y a Diná, su hija: almas todas de sus hijos y sus hijas, treinta y tres. (16) E hijos de Gad: Sifión, y Hagí, Suní, y Esbón, Erí, y Arodí, y Arelí. (17) E hijos de Aser: Imná, Isvá, e Isví, y Beriá, y Sérah, su hermana. E hijos de Beriá: Héber, y Malkiel. (18) Éstos son los hijos de Silpá, que dió Labán a Leá, su hija, y parió a éstos a Iaacob, dieciséis almas. (19) Hijos de Rahel, mujer de Iaacob: Iosef y Biniamín. (20) Y fué nacido a Iosef en tierra de Egipto que parió a él Asenat, hija de Poti-Fera, mayoral de On, a Menasé y a Efráim. (21) E hijos de Biniamín: Bela, y Béjer, y Asbel, Guerá, y Naamán, Ehí, y Ros, Mupim, y Ard. (22) Éstos son los hijos de Rahel, que fueron nacidos a Iaacob: todas las almas, catorce. (23) E hijo de Dan Husim. (24) E hijos de Naftalí: Iahseel, y Guní, Ieser, y Silem. (25) Éstos son los hijos de Bilá que dió Labán a Rahel su hija, y parió éstos a Iaacob; todas las almas, siete. (26) Todas las almas que vinieron

מִצְרַיְמָה יֹצְאֵי יְרֵכוֹ מִלְּבַד נְשֵׁי בְנֵי־יַעֲקֹב כָּל־נֶפֶשׁ שִׁשִּׁים
27 וָשֵׁשׁ׃ וּבְנֵי יוֹסֵף אֲשֶׁר־יֻלַּד־לוֹ בְמִצְרַיִם נֶפֶשׁ שְׁנָיִם כָּל־
28 הַנֶּפֶשׁ לְבֵית־יַעֲקֹב הַבָּאָה מִצְרַיְמָה שִׁבְעִים׃ ס וְאֶת־
יְהוּדָה שָׁלַח לְפָנָיו אֶל־יוֹסֵף לְהוֹרֹת לְפָנָיו גֹּשְׁנָה וַיָּבֹאוּ
29 אַרְצָה גֹּשֶׁן׃ וַיֶּאְסֹר יוֹסֵף מֶרְכַּבְתּוֹ וַיַּעַל לִקְרַאת־יִשְׂרָאֵל
אָבִיו גֹּשְׁנָה וַיֵּרָא אֵלָיו וַיִּפֹּל עַל־צַוָּארָיו וַיֵּבְךְּ עַל־צַוָּארָיו
30 עוֹד׃ וַיֹּאמֶר יִשְׂרָאֵל אֶל־יוֹסֵף אָמוּתָה הַפָּעַם אַחֲרֵי רְאוֹתִי
31 אֶת־פָּנֶיךָ כִּי עוֹדְךָ חָי׃ וַיֹּאמֶר יוֹסֵף אֶל־אֶחָיו וְאֶל־בֵּית
אָבִיו אֶעֱלֶה וְאַגִּידָה לְפַרְעֹה וְאֹמְרָה אֵלָיו אַחַי וּבֵית־אָבִי
32 אֲשֶׁר בְּאֶרֶץ־כְּנַעַן בָּאוּ אֵלָי׃ וְהָאֲנָשִׁים רֹעֵי צֹאן כִּי־אַנְשֵׁי
33 מִקְנֶה הָיוּ וְצֹאנָם וּבְקָרָם וְכָל־אֲשֶׁר לָהֶם הֵבִיאוּ׃ וְהָיָה
34 כִּי־יִקְרָא לָכֶם פַּרְעֹה וְאָמַר מַה־מַּעֲשֵׂיכֶם׃ וַאֲמַרְתֶּם
אַנְשֵׁי מִקְנֶה הָיוּ עֲבָדֶיךָ מִנְּעוּרֵינוּ וְעַד־עַתָּה גַּם־אֲנַחְנוּ גַּם־
אֲבֹתֵינוּ בַּעֲבוּר תֵּשְׁבוּ בְּאֶרֶץ גֹּשֶׁן כִּי־תוֹעֲבַת מִצְרַיִם כָּל־
רֹעֵה צֹאן׃

מז

א וַיָּבֹא יוֹסֵף וַיַּגֵּד לְפַרְעֹה וַיֹּאמֶר אָבִי וְאַחַי וְצֹאנָם וּבְקָרָם
2 וְכָל־אֲשֶׁר לָהֶם בָּאוּ מֵאֶרֶץ כְּנָעַן וְהִנָּם בְּאֶרֶץ גֹּשֶׁן׃ וּמִקְצֵה
3 אֶחָיו לָקַח חֲמִשָּׁה אֲנָשִׁים וַיַּצִּגֵם לִפְנֵי פַרְעֹה׃ וַיֹּאמֶר
פַּרְעֹה אֶל־אֶחָיו מַה־מַּעֲשֵׂיכֶם וַיֹּאמְרוּ אֶל־פַּרְעֹה רֹעֵה
4 צֹאן עֲבָדֶיךָ גַּם־אֲנַחְנוּ גַּם־אֲבוֹתֵינוּ׃ וַיֹּאמְרוּ אֶל־פַּרְעֹה
לָגוּר בָּאָרֶץ בָּאנוּ כִּי־אֵין מִרְעֶה לַצֹּאן אֲשֶׁר לַעֲבָדֶיךָ כִּי־
כָבֵד הָרָעָב בְּאֶרֶץ כְּנָעַן וְעַתָּה יֵשְׁבוּ־נָא עֲבָדֶיךָ בְּאֶרֶץ
ה גֹּשֶׁן׃ וַיֹּאמֶר פַּרְעֹה אֶל־יוֹסֵף לֵאמֹר אָבִיךָ וְאַחֶיךָ בָּאוּ
6 אֵלֶיךָ׃ אֶרֶץ מִצְרַיִם לְפָנֶיךָ הִוא בְּמֵיטַב הָאָרֶץ הוֹשֵׁב
אֶת־אָבִיךָ וְאֶת־אַחֶיךָ יֵשְׁבוּ בְּאֶרֶץ גֹּשֶׁן וְאִם־יָדַעְתָּ וְיֶשׁ־
7 בָּם אַנְשֵׁי־חַיִל וְשַׂמְתָּם שָׂרֵי מִקְנֶה עַל־אֲשֶׁר־לִי׃ וַיָּבֵא

con Iaacob a Egipto, procedentes de sus lomos, fuera de las mujeres de los hijos de Iaacob, todas las almas sesenta y seis. (27) E hijos de Iosef, que fueron nacidos a él en Egipto, almas dos. Todas las almas de la casa de Iaacob que fué a Egipto, setenta.

(28) Y a Iudá envió delante de él a Iosef, para mostrar delante de él a Gosen; y fueron a tierra de Gosen. (29) Y ató Iosef su carroza, y subió al encuentro de Israel su padre en Gosen; y aparecióse a él, y echóse sobre su cuello, y lloró mucho sobre su cuello. (30) Y dijo Israel a Iosef: «Moriré después de ver tu rostro que aun tú estás vivo.» (31) Y dijo Iosef a sus hermanos, y a la casa de su padre: «Subiré y anunciaré a Faraón, y diréle: Mis hermanos y la casa de mi padre, que en tierra de Kenáan eran, vinieron a mí; (32) y los varones son pastores de ovejas, que varones de ganado son; y sus ovejas y sus vacas y todo lo que de ellos es, trajeron. (33) Y será cuando os llamare Faraón, y dijere: ¿Cuáles son vuestros oficios? (34) Y diréis: Varones de ganado fueron tus siervos desde nuestras mocedades y hasta ahora, también nosotros, también nuestros padres; para que estéis en tierra de Gosen, que abominación de Egipcios es todo pastor de ovejas.»

XLVII

(1) Y fué Iosef, y anunció a Faraón, y dijo: «Mi padre y mis hermanos, y sus ovejas, y sus vacas, y todo lo que es de ellos, vinieron de tierra de Kenáan, y he aquí a ellos, en tierra de Gosen.» (2) Y de los últimos de sus hermanos tomó cinco varones, y parólos delante de Faraón. (3) Y dijo Faraón a sus hermanos: «¿Qué son vuestros oficios?» Y dijeron a Faraón: «Pastores de ovejas son tus siervos, también nosotros, también nuestros padres.» (4) Y dijeron a Faraón: «Por morar en esta tierra vinimos; porque no hay pasto para las ovejas de tus siervos, que grave es el hambre en tierra de Kenáan y te rogamos: queden ahora tus siervos en tierra de Gosen.» (5) Y habló Faraón a Iosef, diciendo: «Tu padre y tus hermanos vinieron a ti; (6) la tierra de Egipto, delante de ti está ella; en lo mejor de la tierra, haz estar a tu padre y a tus hermanos; estén en tierra de Gosen; y si sabes, que hay en ellos varones de ejército los pondrás por mayorales de ganado sobre lo que es mío.» (7) Y

מו הע׳ 34. בצרי

יוֹסֵף אֶת־יַעֲקֹב אָבִיו וַיַּעֲמִדֵהוּ לִפְנֵי פַרְעֹה וַיְבָרֶךְ יַעֲקֹב
8 אֶת־פַּרְעֹה׃ וַיֹּאמֶר פַּרְעֹה אֶל־יַעֲקֹב כַּמָּה יְמֵי שְׁנֵי חַיֶּיךָ׃
9 וַיֹּאמֶר יַעֲקֹב אֶל־פַּרְעֹה יְמֵי שְׁנֵי מְגוּרַי שְׁלֹשִׁים וּמְאַת
שָׁנָה מְעַט וְרָעִים הָיוּ יְמֵי שְׁנֵי חַיַּי וְלֹא הִשִּׂיגוּ אֶת־יְמֵי שְׁנֵי
· חַיֵּי אֲבֹתַי בִּימֵי מְגוּרֵיהֶם׃ וַיְבָרֶךְ יַעֲקֹב אֶת־פַּרְעֹה וַיֵּצֵא
11 מִלִּפְנֵי פַרְעֹה׃ וַיּוֹשֵׁב יוֹסֵף אֶת־אָבִיו וְאֶת־אֶחָיו וַיִּתֵּן לָהֶם שני
אֲחֻזָּה בְּאֶרֶץ מִצְרַיִם בְּמֵיטַב הָאָרֶץ בְּאֶרֶץ רַעְמְסֵס כַּאֲשֶׁר
12 צִוָּה פַרְעֹה׃ וַיְכַלְכֵּל יוֹסֵף אֶת־אָבִיו וְאֶת־אֶחָיו וְאֵת כָּל־
13 בֵּית אָבִיו לֶחֶם לְפִי הַטָּף׃ וְלֶחֶם אֵין בְּכָל־הָאָרֶץ כִּי־
כָבֵד הָרָעָב מְאֹד וַתֵּלַהּ אֶרֶץ מִצְרַיִם וְאֶרֶץ כְּנַעַן מִפְּנֵי
14 הָרָעָב׃ וַיְלַקֵּט יוֹסֵף אֶת־כָּל־הַכֶּסֶף הַנִּמְצָא בְאֶרֶץ־מִצְרַיִם
וּבְאֶרֶץ כְּנַעַן בַּשֶּׁבֶר אֲשֶׁר־הֵם שֹׁבְרִים וַיָּבֵא יוֹסֵף אֶת־
טו הַכֶּסֶף בֵּיתָה פַרְעֹה׃ וַיִּתֹּם הַכֶּסֶף מֵאֶרֶץ מִצְרַיִם וּמֵאֶרֶץ
כְּנַעַן וַיָּבֹאוּ כָל־מִצְרַיִם אֶל־יוֹסֵף לֵאמֹר הָבָה־לָּנוּ לֶחֶם
16 וְלָמָּה נָמוּת נֶגְדֶּךָ כִּי אָפֵס כָּסֶף׃ וַיֹּאמֶר יוֹסֵף הָבוּ מִקְנֵיכֶם
17 וְאֶתְּנָה לָכֶם בְּמִקְנֵיכֶם אִם־אָפֵס כָּסֶף׃ וַיָּבִיאוּ אֶת־מִקְנֵיהֶם
אֶל־יוֹסֵף וַיִּתֵּן לָהֶם יוֹסֵף לֶחֶם בַּסּוּסִים וּבְמִקְנֵה הַצֹּאן
וּבְמִקְנֵה הַבָּקָר וּבַחֲמֹרִים וַיְנַהֲלֵם בַּלֶּחֶם בְּכָל־מִקְנֵהֶם
18 בַּשָּׁנָה הַהִוא׃ וַתִּתֹּם הַשָּׁנָה הַהִוא וַיָּבֹאוּ אֵלָיו בַּשָּׁנָה
. הַשֵּׁנִית וַיֹּאמְרוּ לוֹ לֹא־נְכַחֵד מֵאֲדֹנִי כִּי אִם־תַּם הַכֶּסֶף
וּמִקְנֵה הַבְּהֵמָה אֶל־אֲדֹנִי לֹא נִשְׁאַר לִפְנֵי אֲדֹנִי בִּלְתִּי אִם־
19 גְּוִיָּתֵנוּ וְאַדְמָתֵנוּ׃ לָמָּה נָמוּת לְעֵינֶיךָ גַּם־אֲנַחְנוּ גַּם־אַדְמָתֵנוּ
קְנֵה־אֹתָנוּ וְאֶת־אַדְמָתֵנוּ בַּלָּחֶם וְנִהְיֶה אֲנַחְנוּ וְאַדְמָתֵנוּ
עֲבָדִים לְפַרְעֹה וְתֶן־זֶרַע וְנִחְיֶה וְלֹא נָמוּת וְהָאֲדָמָה לֹא
כ תֵשָׁם׃ וַיִּקֶן יוֹסֵף אֶת־כָּל־אַדְמַת מִצְרַיִם לְפַרְעֹה כִּי־מָכְרוּ
מִצְרַיִם אִישׁ שָׂדֵהוּ כִּי־חָזַק עֲלֵהֶם הָרָעָב וַתְּהִי הָאָרֶץ
21 לְפַרְעֹה׃ וְאֶת־הָעָם הֶעֱבִיר אֹתוֹ לֶעָרִים מִקְצֵה גְבוּל־
22 מִצְרַיִם וְעַד־קָצֵהוּ׃ רַק אַדְמַת הַכֹּהֲנִים לֹא קָנָה כִּי־חֹק

trajo Iosef a Iaacob su padre, e hízolo estar delante de Faraón; y bendijo Iaacob a Faraón. (8) Y dijo Faraón a Iaacob: «¿Cuántos son los días de tus años de tu vida?» (9) Y dijo Iaacob a Faraón: «Días de años de mis peregrinaciones, ciento treinta años son; pocos y malos fueron los días de los años de mi vida, y no alcanzaron los días de los años de la vida de mis padres, en días de sus peregrinaciones. (10) Y bendijo Iaacob a Faraón, y salió de delante de Faraón.

(11) E hizo estar Iosef a su padre y a sus hermanos, y dióles posesión en tierra de Egipto, en lo mejor de la tierra, en tierra de Ramsés como encomendó Faraón. (12) Y sustentó Iosef a su padre y a sus hermanos, y a toda la casa de su padre, pan, según la familia.

(13) Y pan no había en toda la tierra, porque muy grave fué el hambre, y cansóse la tierra de Egipto, y la tierra de Kenáan por el hambre. (14) Y cogió Iosef toda la plata hallada en tierra de Egipto y en tierra de Kenáan, por trigo que ellos compraron; y trajo Iosef la plata a casa de Faraón. (15) Y terminóse la plata de la tierra de Egipto y de la tierra de Kenáan, y vino todo Egipto a Iosef, diciendo: «Danos pan: ¿y por qué moriremos ante ti, que se terminó la plata?» (16) Y dijo Iosef: «Dad vuestros ganados, y os daré por vuestros ganados, si se terminó la plata.» (17) Y trajeron sus ganados a Iosef; y dióles Iosef pan, por los caballos, y por ganado de las ovejas, y por ganado de las vacas, y por los asnos; y sustentólos con el pan por todo su ganado en el año este. (18) Y acabóse el año ese, y vinieron a él el año segundo, y dijeron a él: «No negaremos a mi señor que cierto, se terminó la plata; y el ganado es de mi señor; no ha quedado delante de mi señor nada salvo nuestro cuerpo y nuestra tierra. (19) ¿Por qué moriremos a tus ojos, también nosotros, también nuestra tierra? Cómpranos a nosotros y a nuestra tierra por el pan, y seremos nosotros y nuestra tierra siervos a Faraón, y da simiente y viviremos y no moriremos, y la tierra no se desolará.» (20) Y compró Iosef toda la tierra de Egipto para Faraón; porque vendieron los Egipcios cada uno a su campo, porque se agravó sobre ellos el hambre, y fué la tierra de Faraón. (21) Y al pueblo lo hizo pasar a las ciudades desde el cabo del término de Egipto y hasta su fin. (22) Salvo tierra de sacerdotes no

לכהנים מאת פרעה ואכלו את־חקם אשר נתן להם
23 פרעה על־כן לא מכרו את־אדמתם: ויאמר יוסף אל־
העם הן קניתי אתכם היום ואת־אדמתכם לפרעה הא־
24 לכם זרע וזרעתם את־האדמה: והיה בתבואת ונתתם
חמישית לפרעה וארבע הידת יהיה לכם לזרע השדה
כה ולאכלכם ולאשר בבתיכם ולאכל לטפכם:* ויאמרו
החיתנו נמצא־חן בעיני אדני והיינו עבדים לפרעה:
26 וישם אתה יוסף לחק עד־היום הזה על־אדמת מצרים
לפרעה לחמש רק אדמת הכהנים לבדם לא היתה
27 לפרעה: וישב ישראל בארץ מצרים בארץ גשן ויאחזו
בה ויפרו וירבו מאד: יב 12
28 ויחי יעקב בארץ מצרים שבע עשרה שנה ויהי ימי־
29 יעקב שני חייו שבע שנים וארבעים ומאת שנה: ויקרבו
ימי־ישראל למות ויקרא לבנו ליוסף ויאמר לו אם־נא
מצאתי חן בעיניך שים־נא ידך תחת ירכי ועשית עמדי
ל חסד ואמת אל־נא תקברני במצרים: ושכבתי עם־אבתי
ונשאתני ממצרים וקברתני בקברתם ויאמר אנכי אעשה
31 כדברך: ויאמר השבעה לי וישבע לו וישתחו ישראל
על־ראש המטה: פ

מח

א ויהי אחרי הדברים האלה ויאמר ליוסף הנה אביך
חלה ויקח את־שני בניו עמו את־מנשה ואת־אפרים:
2 ויגד ליעקב ויאמר הנה בנך יוסף בא אליך ויתחזק
3 ישראל וישב על־המטה: ויאמר יעקב אל־יוסף אל שדי
4 נראה־אלי בלוז בארץ כנען ויברך אתי: ויאמר אלי
הנני מפרך והרביתך ונתתיך לקהל עמים ונתתי את־
ה הארץ הזאת לזרעך אחריך אחזת עולם: ועתה שני

compró, porque de los sacerdotes de Faraón es, y comían lo que daba a ellos Faraón: por tanto no vendieron su tierra. (23) Y dijo Iosef al pueblo: «He aquí que compré a vosotros hoy y a vuestra tierra para Faraón: Tomad simiente, y sembraréis la tierra. (24) Y será en los renuevos, que daréis el quinto a Faraón, y las cuatro partes serán para vosotros para simiente del campo, y para vuestro comer, y para los que vivan en vuestras casas, y para comer para vuestra familia.» (25) Y dijeron: «Nos hicisteis vivir, hallemos gracia a los ojos de mi señor, y seremos siervos a Faraón.» (26) Y púsoles Iosef por fuero hasta el día este sobre tierra de Egipto, para Faraón, el quinto; salvo la tierra de los sacerdotes, sola, no fué para Faraón. (27) Y estuvo Israel en tierra de Egipto, en tierra de Gosen; y posesionáronse de ella; y fructificaron y multiplicaron mucho.

(12) VAIEHÍ

(28) Y vivió Iaacob en tierra de Egipto diecisiete años: y fueron los días de Iaacob, años de su vida ciento cuarenta y siete años. (29) Y llegáronse los días de Israel para morir, y llamó a su hijo Iosef, y díjole: «Si hallé ahora gracia a tus ojos, pon ahora tu mano debajo de mi muslo, y harás conmigo merced y verdad; te ruego no me entierres en Egipto; (30) yaceré con mis padres, y llevarme has de Egipto, y enterrarme has en su sepultura.» Y dijo: «Yo haré como tu palabra dice.» (31) Y dijo: «Jura a mí,» y juró a él. Y encorvóse Israel sobre la cabecera de la cama.

XLVIII

(1) Y fué después de las palabras estas que dijo a Iosef: «He aquí, tu padre está enfermo.» Y tomó sus dos hijos con él, a Menasé y a Efráim. (2) Y anunció a Iaacob, y dijo: «He aquí que tu hijo Iosef viene a ti.» Y esforzóse Israel, y sentóse sobre la cama. (3) Y dijo Iaacob a Iosef: «Dios todopoderoso se apareció a mí en Lus en tierra de Kenáan, y bendíjome. (4) Y díjome: He aquí, yo te haré fructificar, y hacerte he multiplicar, y daréte por congregación de pueblos; y daré la tierra esta a tu simiente tras ti por posesión de siempre.

פ"ו 28 אין כאן פסקא כלל כי אם רוח אות אחת

(5) Y ahora tus dos hijos nacidos a ti en tierra de Egipto, antes de mi venir a ti a Egipto, a mí ellos: Efráim y Menasé, como Reubén y Simeón serán para mí. (6) Y los que engendrares después de ellos, a ti serán, por el nombre de sus hermanos serán llamados en su heredad. (7) Y al venir de Padán-Aram; se me murió Rahel, en tierra de Kenáan, en el camino, faltando aún como trecho de tierra para venir a Efrat; y enterréla allí en el camino de Efrat, ella Bet-Léhem.»

(8) Y vió Israel los hijos de Iosef; y dijo: «¿Quiénes son éstos?» (9) Y dijo Iosef a su padre: «Mis hijos son ellos, que dióme Dios aquí.» Y dijo: «Tráelos ahora a mí, los bendeciré.» (10) Y los ojos de Israel se agravaron con la vejez, no podía ver, e hizo llegarles a él, y besóles y abrazólos. (11) Y dijo Israel a Iosef: «Ver tu rostro no pensé, y he aquí que hízome Dios ver también tu simiente.» (12) Y sacó Iosef a ellos de sus rodillas, y encorvóse su rostro a tierra. (13) Y tomó Iosef a ambos, a Efráim a su derecha, de izquierda de Israel, y a Menasé a su izquierda, de derecha de Israel; e hízolos llegar a él. (14) Y tendió Israel su derecha, y puso sobre la cabeza de Efráim, el menor, y su izquierda sobre la cabeza de Menasé, hizo entender sus manos, que Menasé era el primogénito. (15) Y bendijo a Iosef, y dijo: «El Dios delante de quien anduvieron mis padres, Abraham, e Isaac, el Dios que me gobierna desde que soy hasta el día este, (16) el ángel que redimióme de todo mal, bendiga a los mozos: y sea llamados en ellos mi nombre, y el nombre de mis padres Abraham e Isaac; y multipliquen mucho en la tierra.» (17) Y vió Iosef que ponía su padre la mano derecha sobre la cabeza de Efráim, y pesó en sus ojos; y asió la mano de su padre, para quitarla de sobre la cabeza de Efráim, y ponerla sobre la cabeza de Menasé. (18) Y dijo Iosef a su padre: «No así, mi padre, que éste es el primogénito; pon tu derecha sobre su cabeza.» (19) Y no quiso su padre, y dijo: «Lo sé, mi hijo, lo sé: también él será por pueblo, y también él engrandecerá; y de cierto, su hermano pequeño engrandecerá más que él, y su simiente será plenitud de gentes.» (20) Y bendíjolos

בניך הנולדים לך בארץ מצרים עד באי אליך מצרימה
6 לי הם אפרים ומנשה כראובן ושמעון יהיו לי: ומולדתך
אשר הולדת אחריהם לך יהיו על שם אחיהם יקראו
7 בנחלתם: ואני בבאי מפדן מתה עלי רחל בארץ כנען
בדרך בעוד כברת ארץ לבא אפרתה ואקברה שם
8 בדרך אפרת הוא בית לחם: וירא ישראל את בני
9 יוסף ויאמר מי אלה: ויאמר יוסף אל אביו בני הם
אשר נתן לי אלהים בזה ויאמר קחם נא אלי ואברכם:
י ועיני ישראל כבדו מזקן לא יוכל לראות ויגש אתם
11 אליו וישק להם ויחבק להם: ויאמר ישראל אל יוסף
ראה פניך לא פללתי והנה הראה אתי אלהים גם
12 את זרעך: ויוצא יוסף אתם מעם ברכיו וישתחו לאפיו
13 ארצה: ויקח יוסף את שניהם את אפרים בימינו משמאל
ישראל ואת מנשה בשמאלו מימין ישראל ויגש אליו:
14 וישלח ישראל את ימינו וישת על ראש אפרים והוא
הצעיר ואת שמאלו על ראש מנשה שכל את ידיו כי
טו מנשה הבכור: ויברך את יוסף ויאמר האלהים אשר
התהלכו אבתי לפניו אברהם ויצחק האלהים הרעה
16 אתי מעודי עד היום הזה: המלאך הגאל אתי מכל
רע יברך את הנערים ויקרא בהם שמי ושם אבתי
17 אברהם ויצחק וידגו לרב בקרב הארץ: וירא יוסף כי
ישית אביו יד ימינו על ראש אפרים וירע בעיניו ויתמך
יד אביו להסיר אתה מעל ראש אפרים על ראש מנשה:
18 ויאמר יוסף אל אביו לא כן אבי כי זה הבכר שים ימינך
19 על ראשו: וימאן אביו ויאמר ידעתי בני ידעתי גם הוא
יהיה לעם וגם הוא יגדל ואולם אחיו הקטן יגדל ממנו
כ וזרעו יהיה מלא הגוים: ויברכם ביום ההוא לאמור בך

20. פלא ו׳

יְבָרֵךְ יִשְׂרָאֵל לֵאמֹר יְשִׂמְךָ אֱלֹהִים כְּאֶפְרַיִם וְכִמְנַשֶּׁה
וַיָּשֶׂם אֶת־אֶפְרַיִם לִפְנֵי מְנַשֶּׁה׃ וַיֹּאמֶר יִשְׂרָאֵל אֶל־יוֹסֵף 21
הִנֵּה אָנֹכִי מֵת וְהָיָה אֱלֹהִים עִמָּכֶם וְהֵשִׁיב אֶתְכֶם אֶל־
אֶרֶץ אֲבֹתֵיכֶם׃ וַאֲנִי נָתַתִּי לְךָ שְׁכֶם אַחַד עַל־אַחֶיךָ אֲשֶׁר 22
לָקַחְתִּי מִיַּד הָאֱמֹרִי בְּחַרְבִּי וּבְקַשְׁתִּי׃ פ רביעי

מט

וַיִּקְרָא יַעֲקֹב אֶל־בָּנָיו וַיֹּאמֶר הֵאָסְפוּ וְאַגִּידָה לָכֶם אֵת א
אֲשֶׁר־יִקְרָא אֶתְכֶם בְּאַחֲרִית הַיָּמִים׃ הִקָּבְצוּ וְשִׁמְעוּ בְּנֵי 2
יַעֲקֹב וְשִׁמְעוּ אֶל־יִשְׂרָאֵל אֲבִיכֶם׃ רְאוּבֵן בְּכֹרִי אַתָּה כֹּחִי 3
וְרֵאשִׁית אוֹנִי יֶתֶר שְׂאֵת וְיֶתֶר עָז׃ פַּחַז כַּמַּיִם אַל־תּוֹתַר 4
כִּי עָלִיתָ מִשְׁכְּבֵי אָבִיךָ אָז חִלַּלְתָּ יְצוּעִי עָלָה׃ פ
שִׁמְעוֹן וְלֵוִי אַחִים כְּלֵי חָמָס מְכֵרֹתֵיהֶם׃ בְּסֹדָם אַל־תָּבֹא 5 6
נַפְשִׁי בִּקְהָלָם אַל־תֵּחַד כְּבֹדִי כִּי בְאַפָּם הָרְגוּ אִישׁ וּבִרְצֹנָם
עִקְּרוּ־שׁוֹר׃ אָרוּר אַפָּם כִּי עָז וְעֶבְרָתָם כִּי קָשָׁתָה אֲחַלְּקֵם 7
בְּיַעֲקֹב וַאֲפִיצֵם בְּיִשְׂרָאֵל׃ פ
יְהוּדָה אַתָּה יוֹדוּךָ אַחֶיךָ יָדְךָ בְּעֹרֶף אֹיְבֶיךָ יִשְׁתַּחֲווּ לְךָ 8
בְּנֵי אָבִיךָ׃ גּוּר אַרְיֵה יְהוּדָה מִטֶּרֶף בְּנִי עָלִיתָ כָּרַע רָבַץ 9
כְּאַרְיֵה וּכְלָבִיא מִי יְקִימֶנּוּ׃ לֹא־יָסוּר שֵׁבֶט מִיהוּדָה וּמְחֹקֵק 10
מִבֵּין רַגְלָיו עַד כִּי־יָבֹא שִׁילֹה וְלוֹ יִקְּהַת עַמִּים׃ אֹסְרִי 11
לַגֶּפֶן עִירֹה וְלַשֹּׂרֵקָה בְּנִי אֲתֹנוֹ כִּבֵּס בַּיַּיִן לְבֻשׁוֹ וּבְדַם־
עֲנָבִים סוּתֹה׃ חַכְלִילִי עֵינַיִם מִיָּיִן וּלְבֶן־שִׁנַּיִם מֵחָלָב׃ פ 12
זְבוּלֻן לְחוֹף יַמִּים יִשְׁכֹּן וְהוּא לְחוֹף אֳנִיֹּת וְיַרְכָתוֹ עַל־צִידֹן׃ פ 13
יִשָּׂשכָר חֲמֹר גָּרֶם רֹבֵץ בֵּין הַמִּשְׁפְּתָיִם׃ וַיַּרְא מְנֻחָה 14 טו
כִּי טוֹב וְאֶת־הָאָרֶץ כִּי נָעֵמָה וַיֵּט שִׁכְמוֹ לִסְבֹּל וַיְהִי לְמַס־
עֹבֵד׃ ס דָּן יָדִין עַמּוֹ כְּאַחַד שִׁבְטֵי יִשְׂרָאֵל׃ יְהִי־ 16 17
דָן נָחָשׁ עֲלֵי־דֶרֶךְ שְׁפִיפֹן עֲלֵי־אֹרַח הַנֹּשֵׁךְ עִקְּבֵי־סוּס
וַיִּפֹּל רֹכְבוֹ אָחוֹר׃ לִישׁוּעָתְךָ קִוִּיתִי יְהוָה׃ ס גָּד גְּדוּד 18 19

en el día ese, diciendo: «En ti bendecirá Israel, diciendo: Póngate Dios como Efráim y como Menasé;» y puso a Efráim antes de Menasé.

(21) Y dijo Israel a Iosef: «He aquí que yo muero, y será Dios con vosotros, y hará tornar a vosotros a la tierra de vuestros padres. (22) Y yo te di una parte sobre tus hermanos, que tomé de mano del Emoreo con mi espada y con mi arco.»

XLIX

(1) Y llamó Iaacob a sus hijos, y
[dijo:
«Juntaos, y anunciaré a vosotros
Lo que os acontecerá en la pos-
[trimería de los días.
(2) Juntaos y oíd, hijos de Iaacob;
Y oíd a Israel, vuestro padre.
(3) Reubén, mi primogénito tú,
Mi fuerza, y principio de mi
[fortaleza,
Ventaja de dignidad, y ventaja
[de fortaleza,
(4) Si te apresuras como las aguas,
No serás aventajado;
Subirás al lecho de tu padre:
Entonces envilecirás,
Mi estrado subirás.
(5) Simeón y Leví, hermanos,
Instrumentos de tortura son sus
[armas.
(6) En su secreto no entró mi alma,
Ni en su congregación se une
[mi honra;
Que con su furor matarán va-
[rón,
Y con su voluntad arrancarán
muro.

(7) ¡Maldito su furor, que fuerte será,
Y su saña, que se endureció!
Partirlos he, en Iaacob,
Y esparcirlos he, en Israel.
(8) Iudá, a ti te loarán tus hermanos;
Tu mano será en la cerviz de tus ene-
[migos:
se encorvarán a ti los hijos de tu padre.
(9) Cachorro de León, Iudá,
De lo que arrebatares, mi hijo, subirás.
Arrodillaráse, yacerá como león,
Y como león viejo; ¿quién lo levantará?
(10) No se quitará poder de Iudá,
Ni escribano de entre sus pies,
Hasta que venga Siló;
Y a él congregación de pueblos seguirá.

(11) Atando a la vid su borrico,
Y al sarmiento el hijo de su asna,
Lavará en el vino su vestido,
Y en sangre de uvas su manto:
(12) Bermejo de ojos más que el vino,
Y blanco de dientes más que leche.
(13) Sebulún, en puertos de mares morará,
Y a él puerto de navíos;
Y su término cerca de Sidón.
(14) Isajar, asno de hueso,
Yaciendo entre los términos,
(15) Y verá que holganza era buena,
Y la tierra deleitosa;
Y bajará su hombro para soportar,
Y servirá en tributo.
(16) Dan juzgará a su pueblo,
Como una de las tribus de Israel.

מט 8. בראש עמוד סימן בי״ה שמ״ו 10. ק׳ דגושה 11. עירו ק׳ סותו ק׳ 17. ק׳ דגושה

(17) Será Dan, culebra sobre el ca- [mino,
Víbora sobre el sendero
El que muerde calcañares de ca- [ballos,
Y caer hace a su cabalgador [para atrás,
(18) A tu salvación esperaré, Dios.
(19) A Gad, ejército, lo vencerá;
Y él vencerá al fin.
(20) De Aser, grueso su pan será,
Y él dará deleites de rey.
(21) Naftalí, cierva enviada,
Él dará dichos de hermosura.
(22) Hijo fructífero será Iosef,
Hijo fructífero sobre fuente,
Hijo que paseará sobre muro,
(23) Y amargaránlo, y asaetearánlo,
Y odiaránlo dueños de saetas.
(24) Y estará en fortaleza su arco,
Y esforzaránse los brazos de [sus manos
De las manos del fuerte de [Iaacob,
De allí los que apacientan y la [piedra de Israel,
(25) Del Dios de tu padre, que te [ayudará,
Y del Todopoderoso que te ben- [decirá
Bendiciones de cielos arriba,
Bendiciones de abismo que yace [abajo,
Bendiciones de senos y matriz.
(26) Bendiciones de tu padre, fue- [ron mayores
que bendiciones de mis proge- [nitores,
Hasta el término de los colla- [dos del mundo.
Serán sobre la cabeza de Iosef
Y sobre la mollera del apartado [de sus hermanos.
(27) Beniamín, el lobo arrebatará;
Por la mañana comerá la presa,
Y a la tarde repartirá el des- pojo.»

כ יְגוּדֶנּוּ וְהוּא יָגֻד עָקֵב׃ ס מֵאָשֵׁר שְׁמֵנָה לַחְמוֹ וְהוּא
21 יִתֵּן מַעֲדַנֵּי־מֶלֶךְ׃ ס נַפְתָּלִי אַיָּלָה שְׁלֻחָה הַנֹּתֵן אִמְרֵי־
22 שָׁפֶר׃ ס בֵּן פֹּרָת יוֹסֵף בֵּן פֹּרָת עֲלֵי־עָיִן בָּנוֹת צָעֲדָה
23 עֲלֵי־שׁוּר׃ וַיְמָרֲרֻהוּ וָרֹבּוּ וַיִּשְׂטְמֻהוּ בַּעֲלֵי חִצִּים׃ וַתֵּשֶׁב 24
בְּאֵיתָן קַשְׁתּוֹ וַיָּפֹזּוּ זְרֹעֵי יָדָיו מִידֵי אֲבִיר יַעֲקֹב מִשָּׁם
כה רֹעֶה אֶבֶן יִשְׂרָאֵל׃ מֵאֵל אָבִיךָ וְיַעְזְרֶךָּ וְאֵת שַׁדַּי וִיבָרְכֶךָּ
בִּרְכֹת שָׁמַיִם מֵעָל בִּרְכֹת תְּהוֹם רֹבֶצֶת תָּחַת בִּרְכֹת
26 שָׁדַיִם וָרָחַם׃ בִּרְכֹת אָבִיךָ גָּבְרוּ עַל־בִּרְכֹת הוֹרַי עַד־
תַּאֲוַת גִּבְעֹת עוֹלָם תִּהְיֶיןָ לְרֹאשׁ יוֹסֵף וּלְקָדְקֹד נְזִיר אֶחָיו׃ פ
27 בִּנְיָמִין זְאֵב יִטְרָף בַּבֹּקֶר יֹאכַל עַד וְלָעֶרֶב יְחַלֵּק שָׁלָל׃
28 כָּל־אֵלֶּה שִׁבְטֵי יִשְׂרָאֵל שְׁנֵים עָשָׂר וְזֹאת אֲשֶׁר־דִּבֶּר
לָהֶם אֲבִיהֶם וַיְבָרֶךְ אוֹתָם אִישׁ אֲשֶׁר כְּבִרְכָתוֹ בֵּרַךְ
29 אֹתָם׃ וַיְצַו אוֹתָם וַיֹּאמֶר אֲלֵהֶם אֲנִי נֶאֱסָף אֶל־עַמִּי קִבְרוּ
אֹתִי אֶל־אֲבֹתָי אֶל־הַמְּעָרָה אֲשֶׁר בִּשְׂדֵה עֶפְרוֹן הַחִתִּי׃
ל בַּמְּעָרָה אֲשֶׁר בִּשְׂדֵה הַמַּכְפֵּלָה אֲשֶׁר־עַל־פְּנֵי מַמְרֵא
בְּאֶרֶץ כְּנָעַן אֲשֶׁר קָנָה אַבְרָהָם אֶת־הַשָּׂדֶה מֵאֵת עֶפְרֹן
31 הַחִתִּי לַאֲחֻזַּת־קָבֶר׃ שָׁמָּה קָבְרוּ אֶת־אַבְרָהָם וְאֵת שָׂרָה
אִשְׁתּוֹ שָׁמָּה קָבְרוּ אֶת־יִצְחָק וְאֵת רִבְקָה אִשְׁתּוֹ וְשָׁמָּה
32 קָבַרְתִּי אֶת־לֵאָה׃ מִקְנֵה הַשָּׂדֶה וְהַמְּעָרָה אֲשֶׁר־בּוֹ מֵאֵת
33 בְּנֵי־חֵת׃ וַיְכַל יַעֲקֹב לְצַוֹּת אֶת־בָּנָיו וַיֶּאֱסֹף רַגְלָיו אֶל־
הַמִּטָּה וַיִּגְוַע וַיֵּאָסֶף אֶל־עַמָּיו׃

נ

א וַיִּפֹּל יוֹסֵף עַל־פְּנֵי אָבִיו וַיֵּבְךְּ עָלָיו וַיִּשַּׁק־לוֹ׃ וַיְצַו יוֹסֵף
ב אֶת־עֲבָדָיו אֶת־הָרֹפְאִים לַחֲנֹט אֶת־אָבִיו וַיַּחַנְטוּ הָרֹפְאִים
ג אֶת־יִשְׂרָאֵל׃ וַיִּמְלְאוּ־לוֹ אַרְבָּעִים יוֹם כִּי כֵּן יִמְלְאוּ יְמֵי
ד הַחֲנֻטִים וַיִּבְכּוּ אֹתוֹ מִצְרַיִם שִׁבְעִים יוֹם׃ וַיַּעַבְרוּ יְמֵי
בְכִיתוֹ וַיְדַבֵּר יוֹסֵף אֶל־בֵּית פַּרְעֹה לֵאמֹר אִם־נָא מָצָאתִי

(28) Todas éstas son las tribus de Israel, doce; y esto es lo que hablóles su padre, y bendíjoles, y bendíjoles varón por su bendición, bendíjoles. (29) Y encomendóles, y díjoles: «Yo seré juntado a mi pueblo; enterradme con mis padres, en la cueva que está en el campo de Efrón el Hiteo; (30) en la cueva que está en el campo de Majpelá sobre la faz de Mamré, en tierra de Kenáan, que compró Abraham del campo de Efrón el Hiteo, por posesión de sepultura. (31) Allí enterraron a Abraham y a Sará su mujer; allí enterraron a Isaac y a Rebeca su mujer; y allí enterré a Leá. (32) La compra del campo y la cueva en él, fué de los hijos de Het.»
(33) Y terminó Iaacob de encomendar a sus hijos, juntó sus pies a la cama, y transióse; y fué juntado a sus pueblos.

מט 25. קמץ בז״ק 27. קמץ בז״ק

ה חן בעיניכם דברו־נא באזני פרעה לאמר: אבי השביעני
לאמר הנה אנכי מת בקברי אשר כריתי לי בארץ כנען
שמה תקברני ועתה אעלה־נא ואקברה את־אבי ואשובה:
6 ויאמר פרעה עלה וקבר את־אביך כאשר השביעך:
7 ויעל יוסף לקבר את־אביו ויעלו אתו כל־עבדי פרעה
8 זקני ביתו וכל זקני ארץ־מצרים: וכל בית יוסף ואחיו
ובית אביו רק טפם וצאנם ובקרם עזבו בארץ גשן:
9 ויעל עמו גם־רכב גם־פרשים ויהי המחנה כבד מאד:
י ויבאו עד־גרן האטד אשר בעבר הירדן ויספדו־שם
מספד גדול וכבד מאד ויעש לאביו אבל שבעת ימים:
11 וירא יושב הארץ הכנעני את־האבל בגרן האטד ויאמרו
אבל־כבד זה למצרים על־כן קרא שמה אבל מצרים
12 אשר בעבר הירדן: ויעשו בניו לו כן כאשר צום:
13 וישאו אתו בניו ארצה כנען ויקברו אתו במערת שדה
המכפלה אשר קנה אברהם את־השדה לאחזת־קבר
14 מאת עפרן החתי על־פני ממרא: וישב יוסף מצרימה
הוא ואחיו וכל־העלים אתו לקבר את־אביו אחרי קברו
טו את־אביו: ויראו אחי־יוסף כי־מת אביהם ויאמרו לו
ישטמנו יוסף והשב ישיב לנו את כל־הרעה אשר גמלנו
16 אתו: ויצוו אל־יוסף לאמר אביך צוה לפני מותו לאמר:
17 כה־תאמרו ליוסף אנא שא נא פשע אחיך וחטאתם
כי־רעה גמלוך ועתה שא נא לפשע עבדי אלהי אביך
18 ויבך יוסף בדברם אליו: וילכו גם־אחיו ויפלו לפניו
19 ויאמרו הננו לך לעבדים: ויאמר אלהם יוסף אל־
כ תיראו כי התחת אלהים אני: ואתם חשבתם עלי רעה
אלהים חשבה לטבה למען עשה כיום הזה להחית
21 עם־רב: ועתה אל־תיראו אנכי אכלכל אתכם ואת־

L

(1) Y echóse Iosef sobre el rostro de su padre, y lloró sobre él, y besóle. (2) Y encomendó Iosef a sus siervos, los médicos, embalsamar a su padre; y embalsamaron los médicos a Israel. (3) Y cumpliéronse a él cuarenta días, que así cumplían los días de los embalsamados, y lloraron a él en Egipto setenta días. (4) Y pasaron los días de su lloro, y habló Iosef a la casa de Faraón, diciendo: «Si ahora hallé gracia a vuestros ojos, hablad ahora en los oídos de Faraón, diciendo: (5) Mi padre me conjuró diciendo: He aquí que yo muero, en mi sepulcro que cavé para mí, en tierra de Kenáan, allí me enterrarás. Y ahora subiré, ruégote, y enterraré a mi padre, y tornaré.» (6) Y dijo Faraón: «Sube, y entierra a tu padre, como te conjuró.»

(7) Y subió Iosef a enterrar a su padre; y subieron con él todos los siervos de Faraón, los ancianos de su casa, y todos los ancianos de la tierra de Egipto. (8) Y toda la casa de Iosef, y sus hermanos, y la casa de su padre: salvo su familia, y sus ovejas, y sus vacas dejaron en tierra de Gosen. (9) Y subieron con él también carros, también caballeros, y fué el real muy grave. (10) Y vinieron hasta la era de Atad, de allende el Iardén, y endecharon allí endecha grande y muy grave: e hizo a su padre luto siete días. (11) Y viendo el morador de la tierra, el Kenaaneo, el luto en la era de Atad, y dijo: «Luto (*ebel*) grave es este para Egipto»; por tanto llamó su nombre Abel-Misráim, que allende el Iardén está.

(12) E hicieron a él sus hijos como les encomendó: (13) Y lleváronle sus hijos a la tierra de Kenáan, y enterráronle en la cueva del campo de Majpelá, que compró Abraham, por posesión de entierro, de Efrón el Hiteo, sobre la faz de Mamré. (14) Y tornóse Iosef a Egipto, él y sus hermanos, y todos los que subieron con él para enterrar a su padre, después de enterrar a su padre.

(15) Y vieron los hermanos de Iosef que murió su padre; y dijeron: «Quizá nos odiará Iosef, y devolver, devolvería a nosotros todo el mal que le pagamos.» (16) Y encomendaron a Iosef, diciendo: «Tu padre encomendó antes de su morir diciendo: (17) Así diréis a Iosef: Ruego perdona ahora la falta de tus hermanos y su pecado, que mal te pagaron; y ahora, perdona el pecado de los siervos del Dios de tu padre.» Y lloró Iosef en su hablar a él. (18) Y fueron también sus hermanos, y echáronse delante de él, y dijeron: «He aquí nosotros,

17. ב׳ טעמים

a ti, por siervos.» (19) Y díjoles Iosef: «No temáis: ¿Qué si en lugar de Dios estoy yo? (20) Y vosotros pensasteis sobre mi mal, Dios lo pensó por bien, para hacer como el día este, para hacer vivir mucho pueblo. (21) Y ahora no temáis; yo os sustentaré, a vosotros y a vuestra familia.» Y consolólos, y habló a su corazón.

(22) Y estuvo Iosef en Egipto, él y la casa de su padre; y vivió Iosef ciento diez años. (23) Y vió Iosef, de Efráim, hijos de la tercera generación, también hijos de Majir, hijo de Menasé, fueron criados sobre las rodillas de Iosef. (24) Y dijo Iosef a sus hermanos: «Yo muero; y Dios, visitar, os visitará, y hará subir a vosotros de la tierra esta, a la tierra que juró a Abraham, a Isaac, y a Iaacob.» (25) Y conjuró Iosef a los hijos de Israel, diciendo: «Visitar, visitará Dios a vosotros, y haréis subir mis huesos de aquí.» (26) Y murió Iosef de edad de ciento diez años; y embalsamáronle, y fué puesto en el arca, en Egipto.

22 טַפְּכֶם וַיְנַחֵם אוֹתָם וַיְדַבֵּר עַל־לִבָּם׃ וַיֵּשֶׁב יוֹסֵף בְּמִצְרַיִם
23 הוּא וּבֵית אָבִיו וַיְחִי יוֹסֵף מֵאָה וָעֶשֶׂר שָׁנִים׃ וַיַּרְא
יוֹסֵף לְאֶפְרַיִם בְּנֵי שִׁלֵּשִׁים גַּם בְּנֵי מָכִיר בֶּן־מְנַשֶּׁה יֻלְּדוּ
24 עַל־בִּרְכֵּי יוֹסֵף׃ וַיֹּאמֶר יוֹסֵף אֶל־אֶחָיו אָנֹכִי מֵת וֵאלֹהִים
פָּקֹד יִפְקֹד אֶתְכֶם וְהֶעֱלָה אֶתְכֶם מִן־הָאָרֶץ הַזֹּאת אֶל־
כה הָאָרֶץ אֲשֶׁר נִשְׁבַּע לְאַבְרָהָם לְיִצְחָק וּלְיַעֲקֹב׃ וַיַּשְׁבַּע
יוֹסֵף אֶת־בְּנֵי יִשְׂרָאֵל לֵאמֹר פָּקֹד יִפְקֹד אֱלֹהִים אֶתְכֶם
26 וְהַעֲלִתֶם אֶת־עַצְמֹתַי מִזֶּה׃ וַיָּמָת יוֹסֵף בֶּן־מֵאָה וָעֶשֶׂר
שָׁנִים וַיַּחַנְטוּ אֹתוֹ וַיִּישֶׂם בָּאָרוֹן בְּמִצְרָיִם׃

חזק

סכום פסוקי דספר בראשית אלף וחמש מאות ושלשים וארבעה. א״ך ל״ד סימן: וחציו ועל חרבך תחיה: ופרשיותיו י״ב. זה שמי לעלם סימן: וסדריו מ״ג. גם ברוך יהיה סימן: ופרקיו נ׳. יי׳ חננו לך קוינו סימן: מניין הפתוחות שלשה וארבעים והסתומות שמנה וארבעים. הכל תשעים ואחת פרשיות.

צא אתה וכל העם אשר ברגליך סימן:

NOMBRES

א וְאֵלֶּה שְׁמוֹת בְּנֵי יִשְׂרָאֵל הַבָּאִים מִצְרָיְמָה אֵת יַעֲקֹב אִישׁ
2 3 וּבֵיתוֹ בָּאוּ׃ רְאוּבֵן שִׁמְעוֹן לֵוִי וִיהוּדָה׃ יִשָּׂשכָר זְבוּלֻן
4 ה וּבִנְיָמִן׃ דָּן וְנַפְתָּלִי גָּד וְאָשֵׁר׃ וַיְהִי כָּל־נֶפֶשׁ יֹצְאֵי יֶרֶךְ־
6 יַעֲקֹב שִׁבְעִים נָפֶשׁ וְיוֹסֵף הָיָה בְמִצְרָיִם׃ וַיָּמָת יוֹסֵף וְכָל־
7 אֶחָיו וְכֹל הַדּוֹר הַהוּא׃ וּבְנֵי יִשְׂרָאֵל פָּרוּ וַיִּשְׁרְצוּ וַיִּרְבּוּ
וַיַּעַצְמוּ בִּמְאֹד מְאֹד וַתִּמָּלֵא הָאָרֶץ אֹתָם׃ פ
8 וַיָּקָם מֶלֶךְ־חָדָשׁ עַל־מִצְרָיִם אֲשֶׁר לֹא־יָדַע אֶת־יוֹסֵף׃
9 וַיֹּאמֶר אֶל־עַמּוֹ הִנֵּה עַם בְּנֵי יִשְׂרָאֵל רַב וְעָצוּם מִמֶּנּוּ׃
י הָבָה נִתְחַכְּמָה לוֹ פֶּן־יִרְבֶּה וְהָיָה כִּי־תִקְרֶאנָה מִלְחָמָה
וְנוֹסַף גַּם־הוּא עַל־שֹׂנְאֵינוּ וְנִלְחַם־בָּנוּ וְעָלָה מִן־הָאָרֶץ׃
11 וַיָּשִׂימוּ עָלָיו שָׂרֵי מִסִּים לְמַעַן עַנֹּתוֹ בְּסִבְלֹתָם וַיִּבֶן עָרֵי
12 מִסְכְּנוֹת לְפַרְעֹה אֶת־פִּתֹם וְאֶת־רַעַמְסֵס׃ וְכַאֲשֶׁר יְעַנּוּ
13 אֹתוֹ כֵּן יִרְבֶּה וְכֵן יִפְרֹץ וַיָּקֻצוּ מִפְּנֵי בְּנֵי יִשְׂרָאֵל׃ וַיַּעֲבִדוּ
14 מִצְרַיִם אֶת־בְּנֵי יִשְׂרָאֵל בְּפָרֶךְ׃ וַיְמָרְרוּ אֶת־חַיֵּיהֶם
בַּעֲבֹדָה קָשָׁה בְּחֹמֶר וּבִלְבֵנִים וּבְכָל־עֲבֹדָה בַּשָּׂדֶה אֵת
טו כָּל־עֲבֹדָתָם אֲשֶׁר־עָבְדוּ בָהֶם בְּפָרֶךְ׃ וַיֹּאמֶר מֶלֶךְ
מִצְרַיִם לַמְיַלְּדֹת הָעִבְרִיֹּת אֲשֶׁר שֵׁם הָאַחַת שִׁפְרָה וְשֵׁם
16 הַשֵּׁנִית פּוּעָה׃ וַיֹּאמֶר בְּיַלֶּדְכֶן אֶת־הָעִבְרִיּוֹת וּרְאִיתֶן עַל־
הָאָבְנָיִם אִם־בֵּן הוּא וַהֲמִתֶּן אֹתוֹ וְאִם־בַּת הִוא וָחָיָה׃
17 וַתִּירֶאןָ הַמְיַלְּדֹת אֶת־הָאֱלֹהִים וְלֹא עָשׂוּ כַּאֲשֶׁר דִּבֶּר אֲלֵיהֶן

(1) Y éstos son los nombres de los hijos de Israel, que llegaron a Egipto con Iaacob; cada varón con su casa llegó. (2) Reubén, Simeón, Leví y Iudá. (3) Isajar, Sebulún, y Biniamín. (4) Dan y Naftalí. Gad y Aser. (5) Y todas las almas que salieron del anca de Iaacob, fueron setenta. Y Iosef estaba en Egipto.

(6) Y murieron Iosef, y todos sus hermanos, y toda la generación esa. (7) Y los hijos de Israel fructificaron, crecieron, multiplicáronse, y fortaleciéronse más y más; y llenóse la tierra de ellos.

(8) Y levantóse un rey nuevo sobre Egipto, que no conocía a Iosef. (9) Y dijo a su pueblo: «He aquí que el pueblo de los hijos de Israel es mayor y más fuerte que nosotros: (10) Seamos sabios para con él por cuanto se multiplica, y cuando acontezca guerra, añadirse ha, también él, sobre nuestros enemigos, y peleará contra nosotros, y subirse ha, de la tierra.» (11) Y puso sobre él mayorales de tributos, para afligirlo con sus cargas; y edificó ciudades de cilleros a Faraón, a Pitom y a Raamsés. (12) Y cómo afligíanle, se multiplicaba, y así fructificaba y quejábanse los hijos de Israel. (13) E hicieron servir los Egipcios a los hijos de Israel con dureza. (14) Y amargaron sus vidas, con servicio duro con barro y con adobes, y en todo servicio en el campo, pues se servían del trabajo de ellos con dureza.

(15) Y habló el rey de Egipto, a las parteras, las Ebreas, que el nombre de una era: Sifrá, y el de la segunda: Puá. (16) Y dijo: «En vuestro partear a las Ebreas, miraréis sobre los asientos. Si hijo es él, le mataréis, y si hija es, que viva.» (17) Y temieron las parteras a Dios y no hicieron como habló a ellas

*) יניח ד' שיטין פנויות ויתחיל מתחלת שיטה ה'

18 מֶלֶךְ מִצְרָיִם וַתְּחַיֶּיןָ אֶת־הַיְלָדִים׃ וַיִּקְרָא מֶלֶךְ־מִצְרַיִם
לַמְיַלְּדֹת וַיֹּאמֶר לָהֶן מַדּוּעַ עֲשִׂיתֶן הַדָּבָר הַזֶּה וַתְּחַיֶּיןָ
19 אֶת־הַיְלָדִים׃ וַתֹּאמַרְןָ הַמְיַלְּדֹת אֶל־פַּרְעֹה כִּי לֹא כַנָּשִׁים
הַמִּצְרִיֹּת הָעִבְרִיֹּת כִּי־חָיוֹת הֵנָּה בְּטֶרֶם תָּבוֹא אֲלֵהֶן
כ הַמְיַלֶּדֶת וְיָלָדוּ׃ וַיֵּיטֶב אֱלֹהִים לַמְיַלְּדֹת וַיִּרֶב הָעָם וַיַּעַצְמוּ
21 מְאֹד׃ וַיְהִי כִּי־יָרְאוּ הַמְיַלְּדֹת אֶת־הָאֱלֹהִים וַיַּעַשׂ לָהֶם
22 בָּתִּים׃ וַיְצַו פַּרְעֹה לְכָל־עַמּוֹ לֵאמֹר כָּל־הַבֵּן הַיִּלּוֹד הַיְאֹרָה
תַּשְׁלִיכֻהוּ וְכָל־הַבַּת תְּחַיּוּן׃ פ

ב

2 א וַיֵּלֶךְ אִישׁ מִבֵּית לֵוִי וַיִּקַּח אֶת־בַּת־לֵוִי׃ וַתַּהַר הָאִשָּׁה
וַתֵּלֶד בֵּן וַתֵּרֶא אֹתוֹ כִּי־טוֹב הוּא וַתִּצְפְּנֵהוּ שְׁלֹשָׁה יְרָחִים׃
3 וְלֹא־יָכְלָה עוֹד הַצְּפִינוֹ וַתִּקַּח־לוֹ תֵּבַת גֹּמֶא וַתַּחְמְרָה
בַחֵמָר וּבַזָּפֶת וַתָּשֶׂם בָּהּ אֶת־הַיֶּלֶד וַתָּשֶׂם בַּסּוּף עַל־
4 שְׂפַת הַיְאֹר׃ וַתֵּתַצַּב אֲחֹתוֹ מֵרָחֹק לְדֵעָה מַה־יֵּעָשֶׂה
ה לוֹ׃ וַתֵּרֶד בַּת־פַּרְעֹה לִרְחֹץ עַל־הַיְאֹר וְנַעֲרֹתֶיהָ הֹלְכֹת
עַל־יַד הַיְאֹר וַתֵּרֶא אֶת־הַתֵּבָה בְּתוֹךְ הַסּוּף וַתִּשְׁלַח אֶת־
6 אֲמָתָהּ וַתִּקָּחֶהָ׃ וַתִּפְתַּח וַתִּרְאֵהוּ אֶת־הַיֶּלֶד וְהִנֵּה־נַעַר
7 בֹּכֶה וַתַּחְמֹל עָלָיו וַתֹּאמֶר מִיַּלְדֵי הָעִבְרִים זֶה׃ וַתֹּאמֶר
אֲחֹתוֹ אֶל־בַּת־פַּרְעֹה הַאֵלֵךְ וְקָרָאתִי לָךְ אִשָּׁה מֵינֶקֶת
8 מִן הָעִבְרִיֹּת וְתֵינִק לָךְ אֶת־הַיָּלֶד׃ וַתֹּאמֶר־לָהּ בַּת־פַּרְעֹה
9 לֵכִי וַתֵּלֶךְ הָעַלְמָה וַתִּקְרָא אֶת־אֵם הַיָּלֶד׃ וַתֹּאמֶר לָהּ
בַּת־פַּרְעֹה הֵילִיכִי אֶת־הַיֶּלֶד הַזֶּה וְהֵינִקִהוּ לִי וַאֲנִי אֶתֵּן
י אֶת־שְׂכָרֵךְ וַתִּקַּח הָאִשָּׁה הַיֶּלֶד וַתְּנִיקֵהוּ׃ וַיִּגְדַּל הַיֶּלֶד
וַתְּבִאֵהוּ לְבַת־פַּרְעֹה וַיְהִי־לָהּ לְבֵן וַתִּקְרָא שְׁמוֹ מֹשֶׁה
11 וַתֹּאמֶר כִּי מִן־הַמַּיִם מְשִׁיתִהוּ׃ וַיְהִי בַּיָּמִים הָהֵם וַיִּגְדַּל
מֹשֶׁה וַיֵּצֵא אֶל־אֶחָיו וַיַּרְא בְּסִבְלֹתָם וַיַּרְא אִישׁ מִצְרִי
12 מַכֶּה אִישׁ־עִבְרִי מֵאֶחָיו׃ וַיִּפֶן כֹּה וָכֹה וַיַּרְא כִּי־אֵין אִישׁ

el rey de Egipto, y dejaron vivir a los niños. (18) Y llamó el rey de Egipto a las parteras y díjoles: «¿Por qué hicisteis esto y dejasteis vivir a los niños?» (19) Y dijeron las parteras a Faraón: «Que no como las mujeres Egipcias son las Ebreas, sabias son ellas, antes que llegue a ellas la partera, paren.» (20) Y benefició Dios a las parteras, y multiplicóse el pueblo, y enforteciéronse mucho. (21) Y fué porque temieron las parteras a Dios, e hizo a ellas, casas. (22) Y encomendó Faraón a todo su pueblo, diciendo: «Todo hijo nacido, en el río lo echaréis, y toda hija, dejaréis vivir.»

II

(1) Y fué un varón de la casa de Leví, que tomó por mujer a una hija de Leví. (2) Y concibió la mujer, y parió un hijo, y vió que era hermoso, y escondiólo tres meses. (3) Y no pudo esconderlo, más y tomó para él, un arca de juncos, embarróla con barro y con pez, puso en ella al niño, y púsola en el junco cerca de la orilla del río. (4) Y paróse su hermana de lejos, para saber qué sería de él. (5) Y descendió la hija de Faraón a lavarse al río, y sus mozas andaban por la orilla del río, y vió al arca en el juncal, y envió a su sierva y tomóla. (6) Y abrió y vió al niño, y he aquí, un mozo que llora, y apiadóse de él, y dijo: «De los niños de los Ebreos es éste.» (7) Y dijo la hermana a la hija de Faraón: «¿Si iré y te llamaré un ama de las Ebreas, y te amamantará al niño?» (8) Y díjole la hija de Faraón: «Ve.» Y fué la moza, y llamó a la madre del niño. (9) Y díjole la hija de Faraón: «Lleva al niño este y amamántalo para mí, yo daré tu precio.» Y tomó la mujer al niño, y amamantólo. (10) Y creció el niño, y llevólo a la hija de Faraón, y fué para ella, hijo, y llamó su nombre: Mosé, y dijo: «Que de las aguas lo saqué (*mesitiu*).» (11) Y fué en los días esos, que creció Mosé, y llegó hasta sus hermanos, y vió sus lacerías, y vió a un varón Egipcio, hiriendo a un varón Ebreo, a uno de sus hermanos. (12) Y cató acá y allá, y vió que no había nadie e hirió al

ב' 3. ה' בלא מפיק

וַיַּךְ אֶת־הַמִּצְרִי וַיִּטְמְנֵהוּ בַּחוֹל׃ וַיֵּצֵא בַּיּוֹם הַשֵּׁנִי וְהִנֵּה 13
שְׁנֵי־אֲנָשִׁים עִבְרִים נִצִּים וַיֹּאמֶר לָרָשָׁע לָמָּה תַכֶּה רֵעֶךָ׃
14 וַיֹּאמֶר מִי שָׂמְךָ לְאִישׁ שַׂר וְשֹׁפֵט עָלֵינוּ הַלְהָרְגֵנִי אַתָּה
אֹמֵר כַּאֲשֶׁר הָרַגְתָּ אֶת־הַמִּצְרִי וַיִּירָא מֹשֶׁה וַיֹּאמַר אָכֵן
טו נוֹדַע הַדָּבָר׃ וַיִּשְׁמַע פַּרְעֹה אֶת־הַדָּבָר הַזֶּה וַיְבַקֵּשׁ לַהֲרֹג
אֶת־מֹשֶׁה וַיִּבְרַח מֹשֶׁה מִפְּנֵי פַרְעֹה וַיֵּשֶׁב בְּאֶרֶץ־מִדְיָן
16 וַיֵּשֶׁב עַל־הַבְּאֵר׃ וּלְכֹהֵן מִדְיָן שֶׁבַע בָּנוֹת וַתָּבֹאנָה
וַתִּדְלֶנָה וַתְּמַלֶּאנָה אֶת־הָרְהָטִים לְהַשְׁקוֹת צֹאן אֲבִיהֶן׃
17 וַיָּבֹאוּ הָרֹעִים וַיְגָרְשׁוּם וַיָּקָם מֹשֶׁה וַיּוֹשִׁעָן וַיַּשְׁקְ אֶת־
18 צֹאנָם׃ וַתָּבֹאנָה אֶל־רְעוּאֵל אֲבִיהֶן וַיֹּאמֶר מַדּוּעַ מִהַרְתֶּן
19 בֹּא הַיּוֹם׃ וַתֹּאמַרְןָ אִישׁ מִצְרִי הִצִּילָנוּ מִיַּד הָרֹעִים וְגַם־
כ דָּלֹה דָלָה לָנוּ וַיַּשְׁקְ אֶת־הַצֹּאן׃ וַיֹּאמֶר אֶל־בְּנֹתָיו וְאַיּוֹ
21 לָמָּה זֶּה עֲזַבְתֶּן אֶת־הָאִישׁ קִרְאֶן לוֹ וְיֹאכַל לָחֶם׃ וַיּוֹאֶל
מֹשֶׁה לָשֶׁבֶת אֶת־הָאִישׁ וַיִּתֵּן אֶת־צִפֹּרָה בִתּוֹ לְמֹשֶׁה׃
22 וַתֵּלֶד בֵּן וַיִּקְרָא אֶת־שְׁמוֹ גֵּרְשֹׁם כִּי אָמַר גֵּר הָיִיתִי
בְּאֶרֶץ נָכְרִיָּה׃ פ
23 וַיְהִי בַיָּמִים הָרַבִּים הָהֵם וַיָּמָת מֶלֶךְ מִצְרַיִם וַיֵּאָנְחוּ בְנֵי־
יִשְׂרָאֵל מִן־הָעֲבֹדָה וַיִּזְעָקוּ וַתַּעַל שַׁוְעָתָם אֶל־הָאֱלֹהִים מִן־
24 הָעֲבֹדָה׃ וַיִּשְׁמַע אֱלֹהִים אֶת־נַאֲקָתָם וַיִּזְכֹּר אֱלֹהִים אֶת־
כה בְּרִיתוֹ אֶת־אַבְרָהָם אֶת־יִצְחָק וְאֶת־יַעֲקֹב׃ וַיַּרְא אֱלֹהִים
אֶת־בְּנֵי יִשְׂרָאֵל וַיֵּדַע אֱלֹהִים׃ ס

ג

א וּמֹשֶׁה הָיָה רֹעֶה אֶת־צֹאן יִתְרוֹ חֹתְנוֹ כֹּהֵן מִדְיָן וַיִּנְהַג
אֶת־הַצֹּאן אַחַר הַמִּדְבָּר וַיָּבֹא אֶל־הַר הָאֱלֹהִים חֹרֵבָה׃
2 וַיֵּרָא מַלְאַךְ יְהוָה אֵלָיו בְּלַבַּת־אֵשׁ מִתּוֹךְ הַסְּנֶה וַיַּרְא
3 וְהִנֵּה הַסְּנֶה בֹּעֵר בָּאֵשׁ וְהַסְּנֶה אֵינֶנּוּ אֻכָּל׃ וַיֹּאמֶר מֹשֶׁה
אָסֻרָה־נָּא וְאֶרְאֶה אֶת־הַמַּרְאֶה הַגָּדֹל הַזֶּה מַדּוּעַ לֹא־

Egipcio, y escondiólo en la arena. (13) Y salió el día segundo, y he aquí, dos varones Ebreos que reñían y dijo al malo: «¿Por qué hieres a tu compañero?» (14) Y dijo: «¿Quién te puso por varón mayoral y juez sobre nosotros? ¿Si has de matarme como mataste al Egipcio?» Y temió Mosé, y dijo: «De cierto, fué sabida la cosa.» (15) Y oyó Faraón esto, y buscó a Mosé para matarlo, y huyó Mosé delante de Faraón, y llegó a la tierra de Midián; y sentóse sobre el pozo. (16) Y del mayoral de Midián eran siete hijas, que vinieron y sacaron agua, y llenaron las pilas para abrevar las ovejas de su padre. (17) Y vinieron los pastores, y echáronlas. Y levantóse Mosé y salvólas, y abrevó sus ovejas. (18) Y fueron a Reuel, su padre; y dijo: «¿Por qué os apresurasteis a venir hoy.» (19) Y dijeron: «Un varón Egipcio nos libró de manos de los pastores, y también sacó agua para nosotras y abrevó las ovejas.» (20) Y dijo a sus hijas: «¿Y dónde está él? ¿Por qué dejasteis al varón? Llamadle y comerá pan.» (21) Y accedió Mosé a estar con el varón; y dió a Siporá, su hija, a Mosé. (22) Y parió un hijo, y llamó su nombre: Guersom, porque dijo: «Peregrino (*guer*) fuí en tierra extraña.»

(23) Y fué que después de estos muchos días, murió el rey de Egipto, y suspiraron los hijos de Israel del servicio y clamaron; y subió su clamor a Dios desde el trabajo. (24) Y oyó Dios su gemido, y recordó Dios su alianza con Abraham, con Isaac y con Iaacob. (25) Y vió Dios a los hijos de Israel, y apiadóse Dios.

III

(1) Y Mosé apacentó las ovejas de Itró, su suegro, sacerdote de Midián, y guió las ovejas detrás del desierto, y vino al monte de Dios, a Horeb. (2) Y aparecióse el ángel del Eterno a él en llamas de fuego de entre la zarza: y vió, y he aquí que la zarza ardía, y la zarza no se quemaba. (3) Y dijo Mosé: «Llegarme he, ahora y veré la visión grande esta, porque no se quema la zarza.» (4) Y

ג' 1. כתביר

4 יִבְעַר הַסְּנֶה׃ וַיַּרְא יְהוָה כִּי סָר לִרְאוֹת וַיִּקְרָא אֵלָיו
אֱלֹהִים מִתּוֹךְ הַסְּנֶה וַיֹּאמֶר מֹשֶׁה מֹשֶׁה וַיֹּאמֶר הִנֵּנִי׃
ה וַיֹּאמֶר אַל־תִּקְרַב הֲלֹם שַׁל־נְעָלֶיךָ מֵעַל רַגְלֶיךָ כִּי הַמָּקוֹם
6 אֲשֶׁר אַתָּה עוֹמֵד עָלָיו אַדְמַת־קֹדֶשׁ הוּא׃ וַיֹּאמֶר אָנֹכִי
אֱלֹהֵי אָבִיךָ אֱלֹהֵי אַבְרָהָם אֱלֹהֵי יִצְחָק וֵאלֹהֵי יַעֲקֹב
ז וַיַּסְתֵּר מֹשֶׁה פָּנָיו כִּי יָרֵא מֵהַבִּיט אֶל־הָאֱלֹהִים׃ וַיֹּאמֶר
יְהוָה רָאֹה רָאִיתִי אֶת־עֳנִי עַמִּי אֲשֶׁר בְּמִצְרָיִם וְאֶת־
צַעֲקָתָם שָׁמַעְתִּי מִפְּנֵי נֹגְשָׂיו כִּי יָדַעְתִּי אֶת־מַכְאֹבָיו׃
8 וָאֵרֵד לְהַצִּילוֹ ׀ מִיַּד מִצְרַיִם וּלְהַעֲלֹתוֹ מִן־הָאָרֶץ הַהִוא
אֶל־אֶרֶץ טוֹבָה וּרְחָבָה אֶל־אֶרֶץ זָבַת חָלָב וּדְבָשׁ אֶל־
מְקוֹם הַכְּנַעֲנִי וְהַחִתִּי וְהָאֱמֹרִי וְהַפְּרִזִּי וְהַחִוִּי וְהַיְבוּסִי׃
9 וְעַתָּה הִנֵּה צַעֲקַת בְּנֵי־יִשְׂרָאֵל בָּאָה אֵלָי וְגַם־רָאִיתִי אֶת־
י הַלַּחַץ אֲשֶׁר מִצְרַיִם לֹחֲצִים אֹתָם׃ וְעַתָּה לְכָה וְאֶשְׁלָחֲךָ
11 אֶל־פַּרְעֹה וְהוֹצֵא אֶת־עַמִּי בְנֵי־יִשְׂרָאֵל מִמִּצְרָיִם׃ וַיֹּאמֶר
מֹשֶׁה אֶל־הָאֱלֹהִים מִי אָנֹכִי כִּי אֵלֵךְ אֶל־פַּרְעֹה וְכִי
12 אוֹצִיא אֶת־בְּנֵי יִשְׂרָאֵל מִמִּצְרָיִם׃ וַיֹּאמֶר כִּי־אֶהְיֶה
עִמָּךְ וְזֶה־לְּךָ הָאוֹת כִּי אָנֹכִי שְׁלַחְתִּיךָ בְּהוֹצִיאֲךָ אֶת־
הָעָם מִמִּצְרַיִם תַּעַבְדוּן אֶת־הָאֱלֹהִים עַל הָהָר הַזֶּה׃
13 וַיֹּאמֶר מֹשֶׁה אֶל־הָאֱלֹהִים הִנֵּה אָנֹכִי בָא אֶל־בְּנֵי יִשְׂרָאֵל
וְאָמַרְתִּי לָהֶם אֱלֹהֵי אֲבוֹתֵיכֶם שְׁלָחַנִי אֲלֵיכֶם וְאָמְרוּ־לִי
14 מַה־שְּׁמוֹ מָה אֹמַר אֲלֵהֶם׃ וַיֹּאמֶר אֱלֹהִים אֶל־מֹשֶׁה אֶהְיֶה
אֲשֶׁר אֶהְיֶה וַיֹּאמֶר כֹּה תֹאמַר לִבְנֵי יִשְׂרָאֵל אֶהְיֶה שְׁלָחַנִי
טו אֲלֵיכֶם׃ וַיֹּאמֶר עוֹד אֱלֹהִים אֶל־מֹשֶׁה כֹּה תֹאמַר אֶל־
בְּנֵי יִשְׂרָאֵל יְהוָה אֱלֹהֵי אֲבֹתֵיכֶם אֱלֹהֵי אַבְרָהָם אֱלֹהֵי
יִצְחָק וֵאלֹהֵי יַעֲקֹב שְׁלָחַנִי אֲלֵיכֶם זֶה־שְּׁמִי לְעֹלָם וְזֶה
16 זִכְרִי לְדֹר דֹּר׃ לֵךְ וְאָסַפְתָּ אֶת־זִקְנֵי יִשְׂרָאֵל וְאָמַרְתָּ
אֲלֵהֶם יְהוָה אֱלֹהֵי אֲבֹתֵיכֶם נִרְאָה אֵלַי אֱלֹהֵי אַבְרָהָם

vió el Eterno que se llegaba para ver, y llamóle Dios de entre la zarza, y le dijo: «¡Mosé, Mosé!» Y dijo: «¡Heme!» (5) Y dijo: «No llegues aquí. Descalza tus zapatos de tus pies, que el lugar en que tú estás, tierra de santidad es ella.» (6) Y dijo: «Yo soy el Dios de tu padre, Dios de Abraham, Dios de Isaac, y Dios de Iaacob.» Y encubrió Mosé su rostro, y temió mirar a Dios. (7) Y dijo el Eterno: «Ver, vi la aflicción de mi pueblo que está en Egipto, y su clamor oí por sus opresores, porque sé sus dolores. (8) Y descendí para salvarlo de manos de los Egipcios, y para hacerlo subir de la tierra esa a la tierra buena y ancha, a la tierra que mana leche y miel, al lugar del Kenaaneo, y del Hiteo, y del Emoreo, y del Pereseo, y del Hiveo, y del Iebuseo. (9) Y ahora, he aquí que el clamor de los hijos de Israel viene a mí, y también vi la opresión con que los Egipcios oprimen a ellos. (10) Y ahora, anda, y enviarte he a Faraón; saca a mi pueblo, los hijos de Israel, de Egipto.»

(11) Y dijo Mosé a Dios: «¿Quién soy yo para que vaya a Faraón, y saque a los hijos de Israel de Egipto?» (12) Y dijo: «Porque seré contigo; y ésta será la señal de que yo te envié: después de sacar al pueblo de Egipto, serviréis a Dios sobre el monte este.» (13) Y dijo Mosé a Dios: «He aquí, que yo llegaré a los hijos de Israel, y diréles: El Dios de vuestros padres me envió a vosotros. Y ellos me dirán: ¿Cuál es su nombre? ¿Que diré a ellos?» (14) Y dijo Dios a Mosé: «Soy el que soy.» Y dijo: «Así dirás a los hijos de Israel: Yo soy, Él me envió a vosotros.»

(15) Y dijo más Dios a Mosé: «Así dirás a los hijos de Israel: El Eterno, Dios de vuestros padres, Dios de Abraham, Dios de Isaac, y Dios de Iaacob, envióme a vosotros. Éste es mi nombre para siempre, y ésta es mi memoria para generaciones y generaciones. (16) Ve y junta a los ancianos de Israel, y diles: El Eterno, Dios de vuestros padres, apareció ante mí, el Dios de Abraham, de

4. משה משה בלא פסיק ביניהן

יִצְחָק וְיַעֲקֹב לֵאמֹר פָּקֹד פָּקַדְתִּי אֶתְכֶם וְאֶת־הֶעָשׂוּי
לָכֶם בְּמִצְרָיִם׃ וָאֹמַר אַעֲלֶה אֶתְכֶם מֵעֳנִי מִצְרַיִם אֶל־ 17
אֶרֶץ הַכְּנַעֲנִי וְהַחִתִּי וְהָאֱמֹרִי וְהַפְּרִזִּי וְהַחִוִּי וְהַיְבוּסִי אֶל־
אֶרֶץ זָבַת חָלָב וּדְבָשׁ׃ וְשָׁמְעוּ לְקֹלֶךָ וּבָאתָ אַתָּה וְזִקְנֵי 18
יִשְׂרָאֵל אֶל־מֶלֶךְ מִצְרַיִם וַאֲמַרְתֶּם אֵלָיו יְהוָה אֱלֹהֵי
הָעִבְרִיִּים נִקְרָה עָלֵינוּ וְעַתָּה נֵלְכָה־נָּא דֶּרֶךְ שְׁלֹשֶׁת יָמִים
בַּמִּדְבָּר וְנִזְבְּחָה לַיהוָה אֱלֹהֵינוּ׃ וַאֲנִי יָדַעְתִּי כִּי לֹא־יִתֵּן 19
אֶתְכֶם מֶלֶךְ מִצְרַיִם לַהֲלֹךְ וְלֹא בְּיָד חֲזָקָה׃ וְשָׁלַחְתִּי כ
אֶת־יָדִי וְהִכֵּיתִי אֶת־מִצְרַיִם בְּכֹל נִפְלְאֹתַי אֲשֶׁר אֶעֱשֶׂה
בְּקִרְבּוֹ וְאַחֲרֵי־כֵן יְשַׁלַּח אֶתְכֶם׃ וְנָתַתִּי אֶת־חֵן הָעָם־ 21
הַזֶּה בְּעֵינֵי מִצְרָיִם וְהָיָה כִּי תֵלֵכוּן לֹא תֵלְכוּ רֵיקָם׃
וְשָׁאֲלָה אִשָּׁה מִשְּׁכֶנְתָּהּ וּמִגָּרַת בֵּיתָהּ כְּלֵי־כֶסֶף וּכְלֵי 22
זָהָב וּשְׂמָלֹת וְשַׂמְתֶּם עַל־בְּנֵיכֶם וְעַל־בְּנֹתֵיכֶם וְנִצַּלְתֶּם
אֶת־מִצְרָיִם׃

ד

וַיַּעַן מֹשֶׁה וַיֹּאמֶר וְהֵן לֹא־יַאֲמִינוּ לִי וְלֹא יִשְׁמְעוּ בְּקֹלִי א
כִּי יֹאמְרוּ לֹא־נִרְאָה אֵלֶיךָ יְהוָה׃ וַיֹּאמֶר אֵלָיו יְהוָה מַזֶּה 2
בְיָדֶךָ וַיֹּאמֶר מַטֶּה׃ וַיֹּאמֶר הַשְׁלִיכֵהוּ אַרְצָה וַיַּשְׁלִכֵהוּ 3
אַרְצָה וַיְהִי לְנָחָשׁ וַיָּנָס מֹשֶׁה מִפָּנָיו׃ וַיֹּאמֶר יְהוָה אֶל־ 4
מֹשֶׁה שְׁלַח יָדְךָ וֶאֱחֹז בִּזְנָבוֹ וַיִּשְׁלַח יָדוֹ וַיַּחֲזֶק בּוֹ וַיְהִי
לְמַטֶּה בְּכַפּוֹ׃ לְמַעַן יַאֲמִינוּ כִּי־נִרְאָה אֵלֶיךָ יְהוָה אֱלֹהֵי ה
אֲבֹתָם אֱלֹהֵי אַבְרָהָם אֱלֹהֵי יִצְחָק וֵאלֹהֵי יַעֲקֹב׃ וַיֹּאמֶר 6
יְהוָה לוֹ עוֹד הָבֵא־נָא יָדְךָ בְּחֵיקֶךָ וַיָּבֵא יָדוֹ בְּחֵיקוֹ
וַיּוֹצִאָהּ וְהִנֵּה יָדוֹ מְצֹרַעַת כַּשָּׁלֶג׃ וַיֹּאמֶר הָשֵׁב יָדְךָ אֶל־ 7
חֵיקֶךָ וַיָּשֶׁב יָדוֹ אֶל־חֵיקוֹ וַיּוֹצִאָהּ מֵחֵיקוֹ וְהִנֵּה־שָׁבָה
כִּבְשָׂרוֹ׃ וְהָיָה אִם־לֹא יַאֲמִינוּ לָךְ וְלֹא יִשְׁמְעוּ לְקֹל הָאֹת 8
הָרִאשׁוֹן וְהֶאֱמִינוּ לְקֹל הָאֹת הָאַחֲרוֹן׃ וְהָיָה אִם־לֹא 9

Isaac, y de Iaacob, diciendo: Visitar, visité a vosotros, y vi lo hecho a vosotros en Egipto. (17) Y dije: Haré subir a vosotros, de la aflicción de Egipto, a las tierras del Kenaaneo, y del Hiteo, y del Emoreo, y del Periseo, y del Hiveo, y del Iebuseo, tierra que mana leche y miel. (18) Y oirán tu voz e irán tú y los ancianos de Israel, al rey de Egipto, y le dirán: El Eterno, Dios de los Ebreos, nos ha encontrado a nosotros; y ahora iremos tres días por el camino del desierto, y sacrificaremos al Eterno, nuestro Dios. (19) Y yo sé que no os dejará el rey de Egipto salir sino con mano fuerte. (20) Yo tenderé mi mano, y heriré a Egipto con todas mis maravillas que haré en él, y después sí, os enviará a vosotros. (21) Y daré la gracia al pueblo este, a los ojos de los Egipcios, y cuando os fuereis, no iréis vacíos. (22) Y demandará cada mujer de su vecina y del huésped de su casa, vasos de plata, y vasos de oro, y vestidos: Y los pondréis sobre vuestros hijos y vuestras hijas, y vaciaréis a Egipto.»

IV

(1) Y respondió Mosé, y dijo: «Y ellos no me creerán a mí, y no oirán mi voz porque dirán: No apareció a ti el Eterno.» (2) Y díjole el Eterno: «¿Qué es esto en tu mano?» Y dijo: «Una vara.» (3) Y dijo: «Échala a tierra.» Y echóla a tierra, y tornóse culebra, y huyó Mosé delante de ella. (4) Y dijo el Eterno a Mosé: «Extiende tu mano, y traba por su cola.» Y tendió su mano y la trabó por ella, y fué vara en su palma. (5) «Por esto crearán que apareció a ti el Eterno, Dios de sus padres, Dios de Abraham, Dios de Isaac y Dios de Iaacob.» (6) Y díjole el Eterno más: «Pon ahora tu mano en tu seno.» Y puso su mano en su seno y sacóla, y he aquí que su mano estaba leprosa, blanca como la nieve. (7) Y dijo: «Torna tu mano a tu seno.» Y tornó su mano a su seno y sacóla de su seno, y he aquí que se tornó como su carne. (8) «Y si no te creyeren y no te oyeren la voz de la señal primera, creerán la voz de la postrera. (9) Y si no creyeren tampoco estas dos señales, y no oyeren

ד' .2 מה זה ק'

tu voz, tomarás de las aguas del río y las verterás en lo seco, y serán las aguas que tomares del río, sangre en lo seco.»

(10) Y dijo Mosé al Eterno: «¡Ruego, señor, no soy varón de palabras, yo, ni de ayer, ni de anteayer, ni desde que tú hablas a tu siervo; que grave de habla y grave de lengua, soy yo.» (11) Y díjole el Eterno: «¿Quién puso boca al hombre? ¿O quién hizo al mudo o al sordo, al vidente o al ciego? De cierto, yo, el Eterno. (12) Y ahora ve, yo seré en tu boca, y te enseñaré lo que hablarás.»

(13) Y dijo: «¡Ruego, Señor! envía ahora por mano de quien has de enviar.» (14) Y enfurecióse el Eterno contra Mosé, y dijo: «¡De cierto, Aarón tu hermano, el Levita! Sé que hablar, hablará él, y también, he aquí que él saldrá a tu encuentro, y verte ha y alegrarse ha en su corazón. (15) Y le hablarás, y pondrás las palabras en su boca y yo seré en tu boca y en su boca, y os enseñaré a vosotros lo que haréis.

(16) Y hablará él por ti al pueblo y será él tu intérprete, y tú serás para él su mayoral. (17) Y la vara esta tomarás en tus manos y harás con ella las señales.»

יַאֲמִינוּ גַּם לִשְׁנֵי הָאֹתוֹת הָאֵלֶּה וְלֹא יִשְׁמְעוּן לְקֹלֶךָ
וְלָקַחְתָּ מִמֵּימֵי הַיְאֹר וְשָׁפַכְתָּ הַיַּבָּשָׁה וְהָיוּ הַמַּיִם אֲשֶׁר
י תִּקַּח מִן־הַיְאֹר וְהָיוּ לְדָם בַּיַּבָּשֶׁת׃ וַיֹּאמֶר מֹשֶׁה אֶל־
יְהוָה בִּי אֲדֹנָי לֹא אִישׁ דְּבָרִים אָנֹכִי גַּם מִתְּמוֹל גַּם
מִשִּׁלְשֹׁם גַּם מֵאָז דַּבֶּרְךָ אֶל־עַבְדֶּךָ כִּי כְבַד־פֶּה וּכְבַד
11 לָשׁוֹן אָנֹכִי׃ וַיֹּאמֶר יְהוָה אֵלָיו מִי שָׂם פֶּה לָאָדָם אוֹ
מִי־יָשׂוּם אִלֵּם אוֹ חֵרֵשׁ אוֹ פִקֵּחַ אוֹ עִוֵּר הֲלֹא אָנֹכִי יְהוָה׃
12 וְעַתָּה לֵךְ וְאָנֹכִי אֶהְיֶה עִם־פִּיךָ וְהוֹרֵיתִיךָ אֲשֶׁר תְּדַבֵּר׃
13 14 וַיֹּאמֶר בִּי אֲדֹנָי שְׁלַח־נָא בְּיַד־תִּשְׁלָח׃ וַיִּחַר־אַף יְהוָה
בְּמֹשֶׁה וַיֹּאמֶר הֲלֹא אַהֲרֹן אָחִיךָ הַלֵּוִי יָדַעְתִּי כִּי־דַבֵּר
יְדַבֵּר הוּא וְגַם הִנֵּה־הוּא יֹצֵא לִקְרָאתֶךָ וְרָאֲךָ וְשָׂמַח
טו בְּלִבּוֹ׃ וְדִבַּרְתָּ אֵלָיו וְשַׂמְתָּ אֶת־הַדְּבָרִים בְּפִיו וְאָנֹכִי
אֶהְיֶה עִם־פִּיךָ וְעִם־פִּיהוּ וְהוֹרֵיתִי אֶתְכֶם אֵת אֲשֶׁר תַּעֲשׂוּן׃
16 וְדִבֶּר־הוּא לְךָ אֶל־הָעָם וְהָיָה הוּא יִהְיֶה־לְּךָ לְפֶה וְאַתָּה
17 תִּהְיֶה־לּוֹ לֵאלֹהִים׃ וְאֶת־הַמַּטֶּה הַזֶּה תִּקַּח בְּיָדֶךָ אֲשֶׁר
תַּעֲשֶׂה־בּוֹ אֶת־הָאֹתֹת׃ פ
18 וַיֵּלֶךְ מֹשֶׁה וַיָּשָׁב ׀ אֶל־יֶתֶר חֹתְנוֹ וַיֹּאמֶר לוֹ אֵלְכָה נָּא
וְאָשׁוּבָה אֶל־אַחַי אֲשֶׁר־בְּמִצְרַיִם וְאֶרְאֶה הַעוֹדָם חַיִּים
19 וַיֹּאמֶר יִתְרוֹ לְמֹשֶׁה לֵךְ לְשָׁלוֹם׃ וַיֹּאמֶר יְהוָה אֶל־מֹשֶׁה
בְּמִדְיָן לֵךְ שֻׁב מִצְרָיִם כִּי־מֵתוּ כָּל־הָאֲנָשִׁים הַמְבַקְשִׁים
כ אֶת־נַפְשֶׁךָ׃ וַיִּקַּח מֹשֶׁה אֶת־אִשְׁתּוֹ וְאֶת־בָּנָיו וַיַּרְכִּבֵם
עַל־הַחֲמֹר וַיָּשָׁב אַרְצָה מִצְרָיִם וַיִּקַּח מֹשֶׁה אֶת־מַטֵּה
21 הָאֱלֹהִים בְּיָדוֹ׃ וַיֹּאמֶר יְהוָה אֶל־מֹשֶׁה בְּלֶכְתְּךָ לָשׁוּב
מִצְרַיְמָה רְאֵה כָּל־הַמֹּפְתִים אֲשֶׁר־שַׂמְתִּי בְיָדֶךָ וַעֲשִׂיתָם
לִפְנֵי פַרְעֹה וַאֲנִי אֲחַזֵּק אֶת־לִבּוֹ וְלֹא יְשַׁלַּח אֶת־הָעָם׃
22 וְאָמַרְתָּ אֶל־פַּרְעֹה כֹּה אָמַר יְהוָה בְּנִי בְכֹרִי יִשְׂרָאֵל׃
23 וָאֹמַר אֵלֶיךָ שַׁלַּח אֶת־בְּנִי וְיַעַבְדֵנִי וַתְּמָאֵן לְשַׁלְּחוֹ הִנֵּה אָנֹכִי
24 הֹרֵג אֶת־בִּנְךָ בְּכֹרֶךָ׃ וַיְהִי בַדֶּרֶךְ בַּמָּלוֹן וַיִּפְגְּשֵׁהוּ יְהוָה

(18) Y se fué Mosé, y tornóse a Iéter, su suegro, y díjole: «Iré ahora, y volveré a mis hermanos que están en Egipto, y veré si aun ellos están vivos.» Y dijo Iéter a Mosé: «Anda en paz.» (19) Y dijo el Eterno a Mosé en Midián: «Ve, torna a Egipto que murieron todos los varones que buscaban tu alma.» (20) Y tomó Mosé su mujer y sus hijos, e hízolos cabalgar sobre el asno y tornóse a la tierra de Egipto. Y tomó Mosé la vara de Dios en sus manos. (21) Y dijo el Eterno a Mosé: «En tu andar para tornar a Egipto ve todas las maravillas que puse en tus manos, y las harás delante de Faraón. Y yo endureceré su corazón, y no enviará al pueblo. (22) Y dirás a Faraón: Así dijo el Eterno: Mi hijo, mi primogénito, es Israel. (23) Y dije a ti: Envía a mi hijo y me servirá, y no quisiste enviarle: he aquí que yo mataré a tu hijo, tu primogénito.»

(24) Y fué en el camino, en una posada, que encontrólo el Eterno, y quiso

וַיְבַקֵּשׁ הֲמִיתוֹ׃ וַתִּקַּח צִפֹּרָה צֹר וַתִּכְרֹת אֶת־עָרְלַת בְּנָהּ כה
וַתַּגַּע לְרַגְלָיו וַתֹּאמֶר כִּי חֲתַן־דָּמִים אַתָּה לִי׃ וַיִּרֶף מִמֶּנּוּ 26
אָז אָמְרָה חֲתַן דָּמִים לַמּוּלֹת׃ פ
וַיֹּאמֶר יְהוָה אֶל־אַהֲרֹן לֵךְ לִקְרַאת מֹשֶׁה הַמִּדְבָּרָה וַיֵּלֶךְ 27
וַיִּפְגְּשֵׁהוּ בְּהַר הָאֱלֹהִים וַיִּשַּׁק־לוֹ׃ וַיַּגֵּד מֹשֶׁה לְאַהֲרֹן 28
אֵת כָּל־דִּבְרֵי יְהוָה אֲשֶׁר שְׁלָחוֹ וְאֵת כָּל־הָאֹתֹת אֲשֶׁר
צִוָּהוּ׃ וַיֵּלֶךְ מֹשֶׁה וְאַהֲרֹן וַיַּאַסְפוּ אֶת־כָּל־זִקְנֵי בְּנֵי יִשְׂרָאֵל׃ 29
וַיְדַבֵּר אַהֲרֹן אֵת כָּל־הַדְּבָרִים אֲשֶׁר־דִּבֶּר יְהוָה אֶל־ ל
מֹשֶׁה וַיַּעַשׂ הָאֹתֹת לְעֵינֵי הָעָם׃ וַיַּאֲמֵן הָעָם וַיִּשְׁמְעוּ כִּי־ 31
פָקַד יְהוָה אֶת־בְּנֵי יִשְׂרָאֵל וְכִי רָאָה אֶת־עָנְיָם וַיִּקְּדוּ
וַיִּשְׁתַּחֲווּ׃

ה

וְאַחַר בָּאוּ מֹשֶׁה וְאַהֲרֹן וַיֹּאמְרוּ אֶל־פַּרְעֹה כֹּה־אָמַר א
יְהוָה אֱלֹהֵי יִשְׂרָאֵל שַׁלַּח אֶת־עַמִּי וְיָחֹגּוּ לִי בַּמִּדְבָּר׃
וַיֹּאמֶר פַּרְעֹה מִי יְהוָה אֲשֶׁר אֶשְׁמַע בְּקֹלוֹ לְשַׁלַּח אֶת־ 2
יִשְׂרָאֵל לֹא יָדַעְתִּי אֶת־יְהוָה וְגַם אֶת־יִשְׂרָאֵל לֹא אֲשַׁלֵּחַ׃
וַיֹּאמְרוּ אֱלֹהֵי הָעִבְרִים נִקְרָא עָלֵינוּ נֵלֲכָה נָּא דֶּרֶךְ 3
שְׁלֹשֶׁת יָמִים בַּמִּדְבָּר וְנִזְבְּחָה לַיהוָה אֱלֹהֵינוּ פֶּן־יִפְגָּעֵנוּ
בַּדֶּבֶר אוֹ בֶחָרֶב׃ וַיֹּאמֶר אֲלֵהֶם מֶלֶךְ מִצְרַיִם לָמָּה מֹשֶׁה 4
וְאַהֲרֹן תַּפְרִיעוּ אֶת־הָעָם מִמַּעֲשָׂיו לְכוּ לְסִבְלֹתֵיכֶם׃
וַיֹּאמֶר פַּרְעֹה הֵן־רַבִּים עַתָּה עַם הָאָרֶץ וְהִשְׁבַּתֶּם אֹתָם ה
מִסִּבְלֹתָם׃ וַיְצַו פַּרְעֹה בַּיּוֹם הַהוּא אֶת־הַנֹּגְשִׂים בָּעָם 6
וְאֶת־שֹׁטְרָיו לֵאמֹר׃ לֹא תֹאסִפוּן לָתֵת תֶּבֶן לָעָם לִלְבֹּן 7
הַלְּבֵנִים כִּתְמוֹל שִׁלְשֹׁם הֵם יֵלְכוּ וְקֹשְׁשׁוּ לָהֶם תֶּבֶן׃
וְאֶת־מַתְכֹּנֶת הַלְּבֵנִים אֲשֶׁר הֵם עֹשִׂים תְּמוֹל שִׁלְשֹׁם 8
תָּשִׂימוּ עֲלֵיהֶם לֹא תִגְרְעוּ מִמֶּנּוּ כִּי־נִרְפִּים הֵם עַל־כֵּן
הֵם צֹעֲקִים לֵאמֹר נֵלְכָה נִזְבְּחָה לֵאלֹהֵינוּ׃ תִּכְבַּד הָעֲבֹדָה 9
עַל־הָאֲנָשִׁים וְיַעֲשׂוּ־בָהּ וְאַל־יִשְׁעוּ בְּדִבְרֵי־שָׁקֶר׃ וַיֵּצְאוּ י

matarlo. (25) Y tomó Siporá una navaja y tajó el prepucio de su hijo, y echólo a sus pies, y dijo: «Que novio de sangre tú eres para mí.» (26) Y lo dejó ir. Entonces dijo: «Novio de sangre» por las circuncisiones. (27) Y dijo el Eterno a Aarón: «Ve al encuentro de Mosé al desierto.» Y fué, y encontrólo en el monte de Dios, y besólo. (28) Y anunció Mosé a Aarón todas las palabras del Eterno que le envió y todas las señales que le encomendó. (29) Y fueron Mosé y Aarón, y juntaron a todos los ancianos de los hijos de Israel. (30) Y habló Aarón todas las palabras que dijo el Eterno a Mosé, e hizo las señales a los ojos del pueblo. (31) Y creyó el pueblo: y oyeron que visitó el Eterno a los hijos de Israel, y que vió su aflicción, y humilláronse, y encorváronse.

V

(1) Y después vinieron Mosé y Aarón y dijeron a Faraón: «Así dijo el Eterno, Dios de Israel: Envía a mi pueblo y acamparán en el desierto.» (2) Y dijo Faraón: «¿Quién es el Eterno para que oiga su voz y envíe a Israel? No conozco al Eterno y tampoco a Israel enviaré.» (3) Y dijeron: «El Dios de los Hebreos nos ha encontrado a nosotros, iremos ahora, tres días por el camino del desierto, y sacrificaremos al Eterno, nuestro Dios, para que no nos castigue con mortandad o con espada.» (4) Y dijo el rey de Egipto: «¿Por qué Mosé y Aarón, hacéis cesar al pueblo en sus obras? Id a vuestros trabajos.» (5) Y dijo Faraón: «He aquí que es mucho ahora el pueblo de la tierra, y hacéis cesar a ellos en sus trabajos.»

(6) Y encomendó Faraón en el día ese a los opresores del pueblo y a sus alguaciles diciendo: (7) «No deis paja al pueblo para doblar los adobes como ayer y anteayer; que ellos vayan y recojan para ellos paja. (8) Y la tarea de los adobes que ellos hacían ayer y anteayer pondréis sobre ellos, no mengüéis de él, porque flojos son ellos, por tanto ellos claman diciendo: Vamos, sacrifiquemos a nuestro Dios. (9) Agrávese el servicio sobre los varones y que lo hagan, y no crean en palabras de falsedad.» (10) Y salieron los opresores del

נֹגְשֵׂי הָעָם וְשֹׁטְרָיו וַיֹּאמְרוּ אֶל־הָעָם לֵאמֹר כֹּה אָמַר
11 פַּרְעֹה אֵינֶנִּי נֹתֵן לָכֶם תֶּבֶן׃ אַתֶּם לְכוּ קְחוּ לָכֶם תֶּבֶן
12 מֵאֲשֶׁר תִּמְצָאוּ כִּי אֵין נִגְרָע מֵעֲבֹדַתְכֶם דָּבָר׃ וַיָּפֶץ הָעָם
13 בְּכָל־אֶרֶץ מִצְרָיִם לְקֹשֵׁשׁ קַשׁ לַתֶּבֶן׃ וְהַנֹּגְשִׂים אָצִים
לֵאמֹר כַּלּוּ מַעֲשֵׂיכֶם דְּבַר־יוֹם בְּיוֹמוֹ כַּאֲשֶׁר בִּהְיוֹת
14 הַתֶּבֶן׃ וַיֻּכּוּ שֹׁטְרֵי בְּנֵי יִשְׂרָאֵל אֲשֶׁר־שָׂמוּ עֲלֵהֶם נֹגְשֵׂי
פַרְעֹה לֵאמֹר מַדּוּעַ לֹא כִלִּיתֶם חָקְכֶם לִלְבֹּן כִּתְמוֹל
טו שִׁלְשֹׁם גַּם־תְּמוֹל גַּם־הַיּוֹם׃ וַיָּבֹאוּ שֹׁטְרֵי בְּנֵי יִשְׂרָאֵל
16 וַיִּצְעֲקוּ אֶל־פַּרְעֹה לֵאמֹר לָמָּה תַעֲשֶׂה כֹה לַעֲבָדֶיךָ׃ תֶּבֶן
אֵין נִתָּן לַעֲבָדֶיךָ וּלְבֵנִים אֹמְרִים לָנוּ עֲשׂוּ וְהִנֵּה עֲבָדֶיךָ
17 מֻכִּים וְחָטָאת עַמֶּךָ׃ וַיֹּאמֶר נִרְפִּים אַתֶּם נִרְפִּים עַל־כֵּן
18 אַתֶּם אֹמְרִים נֵלְכָה נִזְבְּחָה לַיהוָה׃ וְעַתָּה לְכוּ עִבְדוּ
19 וְתֶבֶן לֹא־יִנָּתֵן לָכֶם וְתֹכֶן לְבֵנִים תִּתֵּנוּ׃ וַיִּרְאוּ שֹׁטְרֵי בְנֵי־
יִשְׂרָאֵל אֹתָם בְּרָע לֵאמֹר לֹא־תִגְרְעוּ מִלִּבְנֵיכֶם דְּבַר־יוֹם
כ בְּיוֹמוֹ׃ וַיִּפְגְּעוּ אֶת־מֹשֶׁה וְאֶת־אַהֲרֹן נִצָּבִים לִקְרָאתָם
21 בְּצֵאתָם מֵאֵת פַּרְעֹה׃ וַיֹּאמְרוּ אֲלֵהֶם יֵרֶא יְהוָה עֲלֵיכֶם
וְיִשְׁפֹּט אֲשֶׁר הִבְאַשְׁתֶּם אֶת־רֵיחֵנוּ בְּעֵינֵי פַרְעֹה וּבְעֵינֵי
22 עֲבָדָיו לָתֶת־חֶרֶב בְּיָדָם לְהָרְגֵנוּ׃ וַיָּשָׁב מֹשֶׁה אֶל־יְהוָה
וַיֹּאמַר אֲדֹנָי לָמָה הֲרֵעֹתָה לָעָם הַזֶּה לָמָּה זֶּה שְׁלַחְתָּנִי׃
23 וּמֵאָז בָּאתִי אֶל־פַּרְעֹה לְדַבֵּר בִּשְׁמֶךָ הֵרַע לָעָם הַזֶּה וְהַצֵּל
לֹא־הִצַּלְתָּ אֶת־עַמֶּךָ׃

ו

א וַיֹּאמֶר יְהוָה אֶל־מֹשֶׁה עַתָּה תִרְאֶה אֲשֶׁר אֶעֱשֶׂה לְפַרְעֹה
כִּי בְיָד חֲזָקָה יְשַׁלְּחֵם וּבְיָד חֲזָקָה יְגָרְשֵׁם מֵאַרְצוֹ׃

ס ס ס יד 14

2 3 וַיְדַבֵּר אֱלֹהִים אֶל־מֹשֶׁה וַיֹּאמֶר אֵלָיו אֲנִי יְהוָה׃ וָאֵרָא
אֶל־אַבְרָהָם אֶל־יִצְחָק וְאֶל־יַעֲקֹב בְּאֵל שַׁדָּי וּשְׁמִי יְהוָה
4 לֹא נוֹדַעְתִּי לָהֶם׃ וְגַם הֲקִמֹתִי אֶת־בְּרִיתִי אִתָּם לָתֵת

pueblo y sus alguaciles, y hablaron al pueblo, diciendo:

«Así dijo Faraón: Yo no doy a vosotros paja. (11) Id vosotros, tomad paja donde la halléis, que no se menguará de vuestro servicio cosa.» (12) Y esparcióse el pueblo por toda la tierra de Egipto, para juntar rastrojo para la paja. (13) Y los opresores apresuraban, diciendo:

«Terminad vuestras obras, la cosa del día en su día, como al daros la paja.» (14) Y fueron heridos los alguaciles de los hijos de Israel que pusieron sobre ellos los opresores de Faraón, diciendo: «¿Por qué no terminasteis vuestro trabajo de adobar como ayer y anteayer, también ayer, también hoy?»

(15) Y vinieron los alguaciles de los hijos de Israel y clamaron a Faraón, diciendo: «¿Por qué hacéis así a tus siervos? (16) Paja no es dada a tus siervos, y adobes nos dicen: haced.

Y he aquí que tus siervos fueron heridos, y es pecado de tu pueblo.» (17) Y dijo: «Flojos sois vosotros, flojos, por tanto decís: Vamos, sacrifiquemos al Eterno. (18) Y ahora, id, servid. Y paja no os será dada a vosotros y cuenta de los adobes daréis.»

(19) Y vieron los alguaciles de los hijos de Israel a ellos con mal, diciendo: «No menguaréis de vuestros adobes, la cosa del día en su día.» (20) Y encontraron a Mosé y a Aarón, parados delante a su salida de estar con Faraón. (21) Y dijéronles: «Vea el Eterno sobre vosotros, y juzgue, que habéis hecho heder nuestro olor a los ojos de Faraón y a los ojos de sus siervos, para darles espadas en sus manos para matarnos.» (22) Y tornó Mosé al Eterno, y dijo: «Señor, ¿por qué hiciste mal al pueblo este? ¿Para qué me enviaste? (23) Desde que vine a Faraón para hablar en tu nombre, hizo hacer mal al pueblo este, y salvar, no salvaste a tu pueblo.»

VI

(1) Y dijo el Eterno a Mosé: «Ahora verás lo que haré a Faraón, que con mano fuerte los enviará; y con mano fuerte los desterrará de su tierra.»

(14) VAERA

(2) Y habló Dios a Mosé, y díjole: «Yo soy el Eterno, (3) y aparecíme a Abraham, a Isaac y a Iaacob como Dios Omnipotente, por mi nombre, Eterno, no me hice conocer de ellos. (4) Y también firmé mi alianza con ellos para darles la

לָהֶם אֶת־אֶרֶץ כְּנָעַן אֵת אֶרֶץ מְגֻרֵיהֶם אֲשֶׁר־גָּרוּ בָהּ׃
וְגַם ׀ אֲנִי שָׁמַעְתִּי אֶת־נַאֲקַת בְּנֵי יִשְׂרָאֵל אֲשֶׁר מִצְרַיִם ה
מַעֲבִדִים אֹתָם וָאֶזְכֹּר אֶת־בְּרִיתִי׃ לָכֵן אֱמֹר לִבְנֵי־יִשְׂרָאֵל 6
אֲנִי יְהוָה וְהוֹצֵאתִי אֶתְכֶם מִתַּחַת סִבְלֹת מִצְרַיִם וְהִצַּלְתִּי
אֶתְכֶם מֵעֲבֹדָתָם וְגָאַלְתִּי אֶתְכֶם בִּזְרוֹעַ נְטוּיָה וּבִשְׁפָטִים
גְּדֹלִים׃ וְלָקַחְתִּי אֶתְכֶם לִי לְעָם וְהָיִיתִי לָכֶם לֵאלֹהִים 7
וִידַעְתֶּם כִּי אֲנִי יְהוָה אֱלֹהֵיכֶם הַמּוֹצִיא אֶתְכֶם מִתַּחַת
סִבְלוֹת מִצְרָיִם׃ וְהֵבֵאתִי אֶתְכֶם אֶל־הָאָרֶץ אֲשֶׁר נָשָׂאתִי 8
אֶת־יָדִי לָתֵת אֹתָהּ לְאַבְרָהָם לְיִצְחָק וּלְיַעֲקֹב וְנָתַתִּי אֹתָהּ
לָכֶם מוֹרָשָׁה אֲנִי יְהוָה׃ וַיְדַבֵּר מֹשֶׁה כֵּן אֶל־בְּנֵי יִשְׂרָאֵל 9
וְלֹא שָׁמְעוּ אֶל־מֹשֶׁה מִקֹּצֶר רוּחַ וּמֵעֲבֹדָה קָשָׁה׃ פ
וַיְדַבֵּר יְהוָה אֶל־מֹשֶׁה לֵּאמֹר׃ בֹּא דַבֵּר אֶל־פַּרְעֹה מֶלֶךְ 11
מִצְרָיִם וִישַׁלַּח אֶת־בְּנֵי־יִשְׂרָאֵל מֵאַרְצוֹ׃ וַיְדַבֵּר מֹשֶׁה 12
לִפְנֵי יְהוָה לֵאמֹר הֵן בְּנֵי־יִשְׂרָאֵל לֹא־שָׁמְעוּ אֵלַי וְאֵיךְ
יִשְׁמָעֵנִי פַרְעֹה וַאֲנִי עֲרַל שְׂפָתָיִם׃ פ
וַיְדַבֵּר יְהוָה אֶל־מֹשֶׁה וְאֶל־אַהֲרֹן וַיְצַוֵּם אֶל־בְּנֵי יִשְׂרָאֵל 13
וְאֶל־פַּרְעֹה מֶלֶךְ מִצְרָיִם לְהוֹצִיא אֶת־בְּנֵי־יִשְׂרָאֵל מֵאֶרֶץ
מִצְרָיִם׃ ס אֵלֶּה רָאשֵׁי בֵית־אֲבֹתָם בְּנֵי רְאוּבֵן 14
בְּכֹר יִשְׂרָאֵל חֲנוֹךְ וּפַלּוּא חֶצְרֹן וְכַרְמִי אֵלֶּה מִשְׁפְּחֹת
רְאוּבֵן׃ וּבְנֵי שִׁמְעוֹן יְמוּאֵל וְיָמִין וְאֹהַד וְיָכִין וְצֹחַר טו
וְשָׁאוּל בֶּן־הַכְּנַעֲנִית אֵלֶּה מִשְׁפְּחֹת שִׁמְעוֹן׃ וְאֵלֶּה שְׁמוֹת 16
בְּנֵי־לֵוִי לְתֹלְדֹתָם גֵּרְשׁוֹן וּקְהָת וּמְרָרִי וּשְׁנֵי חַיֵּי לֵוִי שֶׁבַע
וּשְׁלֹשִׁים וּמְאַת שָׁנָה׃ בְּנֵי גֵרְשׁוֹן לִבְנִי וְשִׁמְעִי לְמִשְׁפְּחֹתָם׃ 17
וּבְנֵי קְהָת עַמְרָם וְיִצְהָר וְחֶבְרוֹן וְעֻזִּיאֵל וּשְׁנֵי חַיֵּי קְהָת 18
שָׁלֹשׁ וּשְׁלֹשִׁים וּמְאַת שָׁנָה׃ וּבְנֵי מְרָרִי מַחְלִי וּמוּשִׁי אֵלֶּה 19
מִשְׁפְּחֹת הַלֵּוִי לְתֹלְדֹתָם׃ וַיִּקַּח עַמְרָם אֶת־יוֹכֶבֶד דֹּדָתוֹ כ
לוֹ לְאִשָּׁה וַתֵּלֶד לוֹ אֶת־אַהֲרֹן וְאֶת־מֹשֶׁה וּשְׁנֵי חַיֵּי עַמְרָם
שֶׁבַע וּשְׁלֹשִׁים וּמְאַת שָׁנָה׃ וּבְנֵי יִצְהָר קֹרַח וָנֶפֶג וְזִכְרִי׃ 21

tierra de Kenáan, la tierra de sus peregrinaciones, en la que peregrinaron. (5) Y también yo oí el gemido de los hijos de Israel, que los Egipcios hacían servir a ellos, y recordé mi alianza. (6) Por tanto di a los hijos de Israel: Yo soy el Eterno; y os sacaré de debajo de las lacerías de Egipto, y os salvaré de su servicio, y os redimiré con brazo tendido, y con juicios grandes. (7) Y os tomaré por mi pueblo, y seré para vosotros, Dios: y sabréis que yo soy el Eterno, vuestro Dios, el que sacará a vosotros de las lacerías de Egipto. (8) Y os llevaré a la tierra, por la que alcé mi mano para darla a Abraham, a Isaac y a Iaacob, y os la daré por heredad. Yo, el Eterno.» (9) Y habló Mosé así a los hijos de Israel: y no oyeron a Mosé por cortedad de espíritu, y por la dura servidumbre.

(10) Y habló el Eterno a Mosé, diciendo: (11) «Ve, habla a Faraón, rey de Egipto, para que envíe a los hijos de Israel de su tierra.» (12) Y habló Mosé delante del Eterno, diciendo: «He aquí que los hijos de Israel no me oyeron, ¿y cómo me oirá Faraón? Y yo soy cerrado de labios.» (13) Y habló el Eterno a Mosé y a Aarón, y encomendóles a los hijos de Israel; y, a Faraón, rey de Egipto, para sacar a los hijos de Israel, de la tierra de Egipto.
(14) Éstas son las cabezas de las casas de sus padres. Los hijos de Reubén, primogénito de Israel: Hanoj y Palú, Hesrón y Carmí, éstos son los linajes de Reubén. (15) Los hijos de Simeón: Iemuel, e Iamín, y Oad, e Iajín, y Sóhar, y Saúl, hijo de la Kenaanea; éstos son los linajes de Simeón. (16) Y éstos son los nombres de los hijos de Leví por sus generaciones: Guersón, y Keat, y Merarí. Y los años de vida de Leví fueron ciento treinta y siete años. (17) Los hijos de Guersón: Libní y Simí, por sus linajes. (18) Y los hijos de Keat: Amram, e Isar, y Hebrón, y Usiel. Y los años de vida de Keat fueron ciento treinta y tres años. (19) Y los hijos de Merarí: Mahelí y Musí, éstos son los linajes de Leví por sus generaciones. (20) Y tomó Amram a Iojébed, su tía, por mujer, y le parió a él, a Aarón y a Mosé; y fueron los años de vida de Amram: ciento treinta y siete años. (21) Y los hijos de Isar:

Córah y Néfeg y Sijerí. (22) Y los hijos de Usiel: Misael, y Elsafán, y Sitrí. (23) Y tomó Aarón a Eliseba, hija de Amínadab, hermana de Nahsón, por mujer, y le parió a Nadab, y a Abiú, a Eleasar, y a Itamar. (24) Y los hijos de Córah: Asir, y Elcaná, y Abiasaf; éstos son los linajes de los Coraheos. (25) Y Eleasar, hijo de Aarón, tomó mujer de las hijas de Putiel, y le parió a Pinhás: éstas son las cabezas de los padres de los levitas por sus linajes. (26) Ellos son Aarón y Mosé, a quienes dijo el Eterno: «Sacad a los hijos de Israel de la tierra de Egipto con sus ejércitos.» (27) Ellos son los que hablaban a Faraón, rey de Egipto, para sacar a los hijos de Israel de Egipto, ellos son Mosé y Aarón. (28) Y fué el día que habló el Eterno a Mosé en la tierra de Egipto. (29) Y habló el Eterno a Mosé, diciendo: «Yo soy el Eterno; di a Faraón, rey de Egipto, todo lo que yo hablé a ti.» (30) Y dijo Mosé delante del Eterno: «He aquí que yo soy cerrado de labios, ¿y cómo me oirá Faraón?»

VII

(1) Y dijo el Eterno a Mosé: «Mira, te di como mayoral a Faraón, y Aarón, tu hermano, será tu intérprete. (2) Tú hablarás todo lo que yo te encomendaré, y Aarón tu hermano hablará a Faraón, y dejará ir a los hijos de Israel de su tierra. (3) Y yo endureceré el corazón de Faraón, y multiplicaré mis señales y mis maravillas en la tierra de Egipto. (4) Y no os oirá a vosotros Faraón, y daré mi mano a Egipto, y sacaré a mis ejércitos, mi pueblo, los hijos de Israel, de la tierra de Egipto, con juicios grandes. (5) Y sabrán los Egipcios que yo soy el Eterno al tender mi mano sobre Egipto, y sacaré a los hijos de Israel de entre ellos.» (6) E hicieron Mosé y Aarón como les encomendó el Eterno a ellos: y así lo hicieron. (7) Y Mosé era de edad de ochenta años, y Aarón de edad de ochenta y tres años, al hablar a Faraón.

(8) Y habló el Eterno a Mosé y a Aarón, diciendo: (9) «Cuando hable a vosotros Faraón, diciendo: Haced maravillas, dirás a Aarón: Toma tu vara y

22 23 וּבְנֵי עֻזִּיאֵל מִישָׁאֵל וְאֶלְצָפָן וְסִתְרִי׃ וַיִּקַּח אַהֲרֹן אֶת־
אֱלִישֶׁבַע בַּת־עַמִּינָדָב אֲחוֹת נַחְשׁוֹן לוֹ לְאִשָּׁה וַתֵּלֶד לוֹ
24 אֶת־נָדָב וְאֶת־אֲבִיהוּא אֶת־אֶלְעָזָר וְאֶת־אִיתָמָר׃ וּבְנֵי קֹרַח
כה אַסִּיר וְאֶלְקָנָה וַאֲבִיאָסָף אֵלֶּה מִשְׁפְּחֹת הַקָּרְחִי׃ וְאֶלְעָזָר
בֶּן־אַהֲרֹן לָקַח־לוֹ מִבְּנוֹת פּוּטִיאֵל לוֹ לְאִשָּׁה וַתֵּלֶד לוֹ
26 אֶת־פִּינְחָס אֵלֶּה רָאשֵׁי אֲבוֹת הַלְוִיִּם לְמִשְׁפְּחֹתָם׃ הוּא
אַהֲרֹן וּמֹשֶׁה אֲשֶׁר אָמַר יְהוָה לָהֶם הוֹצִיאוּ אֶת־בְּנֵי
27 יִשְׂרָאֵל מֵאֶרֶץ מִצְרַיִם עַל־צִבְאֹתָם׃ הֵם הַמְדַבְּרִים אֶל־
פַּרְעֹה מֶלֶךְ־מִצְרַיִם לְהוֹצִיא אֶת־בְּנֵי־יִשְׂרָאֵל מִמִּצְרָיִם
28 הוּא מֹשֶׁה וְאַהֲרֹן׃ וַיְהִי בְּיוֹם דִּבֶּר יְהוָה אֶל־מֹשֶׁה בְּאֶרֶץ
29 מִצְרָיִם׃ ס וַיְדַבֵּר יְהוָה אֶל־מֹשֶׁה לֵּאמֹר אֲנִי יְהוָה
דַּבֵּר אֶל־פַּרְעֹה מֶלֶךְ מִצְרַיִם אֵת כָּל־אֲשֶׁר אֲנִי דֹּבֵר אֵלֶיךָ׃
ל וַיֹּאמֶר מֹשֶׁה לִפְנֵי יְהוָה הֵן אֲנִי עֲרַל שְׂפָתַיִם וְאֵיךְ יִשְׁמַע
אֵלַי פַּרְעֹה׃ פ

ז

1 וַיֹּאמֶר יְהוָה אֶל־מֹשֶׁה רְאֵה נְתַתִּיךָ אֱלֹהִים לְפַרְעֹה וְאַהֲרֹן
2 אָחִיךָ יִהְיֶה נְבִיאֶךָ׃ אַתָּה תְדַבֵּר אֵת כָּל־אֲשֶׁר אֲצַוֶּךָּ
וְאַהֲרֹן אָחִיךָ יְדַבֵּר אֶל־פַּרְעֹה וְשִׁלַּח אֶת־בְּנֵי־יִשְׂרָאֵל
3 מֵאַרְצוֹ׃ וַאֲנִי אַקְשֶׁה אֶת־לֵב פַּרְעֹה וְהִרְבֵּיתִי אֶת־אֹתֹתַי
4 וְאֶת־מוֹפְתַי בְּאֶרֶץ מִצְרָיִם׃ וְלֹא־יִשְׁמַע אֲלֵכֶם פַּרְעֹה
וְנָתַתִּי אֶת־יָדִי בְּמִצְרָיִם וְהוֹצֵאתִי אֶת־צִבְאֹתַי אֶת־עַמִּי
ה בְנֵי־יִשְׂרָאֵל מֵאֶרֶץ מִצְרַיִם בִּשְׁפָטִים גְּדֹלִים׃ וְיָדְעוּ מִצְרַיִם
כִּי־אֲנִי יְהוָה בִּנְטֹתִי אֶת־יָדִי עַל־מִצְרָיִם וְהוֹצֵאתִי אֶת־
6 בְּנֵי־יִשְׂרָאֵל מִתּוֹכָם׃ וַיַּעַשׂ מֹשֶׁה וְאַהֲרֹן כַּאֲשֶׁר צִוָּה יְהוָה
7 אֹתָם כֵּן עָשׂוּ׃ וּמֹשֶׁה בֶּן־שְׁמֹנִים שָׁנָה וְאַהֲרֹן בֶּן־שָׁלֹשׁ
וּשְׁמֹנִים שָׁנָה בְּדַבְּרָם אֶל־פַּרְעֹה׃ פ
8 9 וַיֹּאמֶר יְהוָה אֶל־מֹשֶׁה וְאֶל־אַהֲרֹן לֵאמֹר׃ כִּי יְדַבֵּר
אֲלֵכֶם פַּרְעֹה לֵאמֹר תְּנוּ לָכֶם מוֹפֵת וְאָמַרְתָּ אֶל־אַהֲרֹן

קח את־מטך והשלך לפני־פרעה יהי לתנין: ויבא משה י
ואהרן אל־פרעה ויעשו כן כאשר צוה יהוה וישלך
אהרן את־מטהו לפני פרעה ולפני עבדיו ויהי לתנין:
11 ויקרא גם־פרעה לחכמים ולמכשפים ויעשו גם־הם
12 חרטמי מצרים בלהטיהם כן: וישליכו איש מטהו
13 ויהיו לתנינם ויבלע מטה־אהרן את־מטתם: ויחזק לב
14 פרעה ולא שמע אלהם כאשר דבר יהוה: ס ויאמר
טו יהוה אל־משה כבד לב פרעה מאן לשלח העם: לך
אל־פרעה בבקר הנה יצא המימה ונצבת לקראתו על־
שפת היאר והמטה אשר־נהפך לנחש תקח בידך:
16 ואמרת אליו יהוה אלהי העברים שלחני אליך לאמר
שלח את־עמי ויעבדני במדבר והנה לא־שמעת עד־כה:
17 כה אמר יהוה בזאת תדע כי אני יהוה הנה אנכי מכה ׀
במטה אשר־בידי על־המים אשר ביאר ונהפכו לדם:
18 והדגה אשר־ביאר תמות ובאש היאר ונלאו מצרים
19 לשתות מים מן־היאר: ס ויאמר יהוה אל־משה
אמר אל־אהרן קח מטך ונטה־ידך על־מימי מצרים
על־נהרתם ׀ על־יאריהם ועל־אגמיהם ועל כל־מקוה
מימיהם ויהיו־דם והיה דם בכל־ארץ מצרים ובעצים
כ ובאבנים: ויעשו־כן משה ואהרן כאשר ׀ צוה יהוה
וירם במטה ויך את־המים אשר ביאר לעיני פרעה ולעיני
21 עבדיו ויהפכו כל־המים אשר־ביאר לדם: והדגה אשר־
ביאר מתה ויבאש היאר ולא־יכלו מצרים לשתות מים
22 מן־היאר ויהי הדם בכל־ארץ מצרים: ויעשו־כן חרטמי
מצרים בלטיהם ויחזק לב־פרעה ולא־שמע אלהם כאשר
23 דבר יהוה: ויפן פרעה ויבא אל־ביתו ולא־שת לבו
24 גם־לזאת: ויחפרו כל־מצרים סביבת היאר מים לשתות

échala delante de Faraón para que se vuelva culebra.» (10) Y vinieron Mosé y Aarón a Faraón, e hicieron así como encomendó el Eterno, y echó Aarón su vara delante de Faraón y delante de sus siervos, y tornóse culebra. (11) Y llamó también Faraón a los sabios y a los hechiceros, e hicieron también ellos, magos de Egipto, con sus encantamientos, así.

(12) Y echó cada uno su vara y volviéronse culebras y devoró la vara de Aarón a las varas de ellos. (13) Y endurecióse el corazón de Faraón, y no los oyó, como habló el Eterno.

(14) Y dijo el Eterno a Mosé: «Grave es el corazón de Faraón, no quiere enviar al pueblo. (15) Ve a Faraón por la mañana que él sale a las aguas, y pararte has a su encuentro cerca de la orilla del río, y la vara que fué convertida en culebra tomarás en tus manos.

(16) Y le dirás: «El Eterno, Dios de los Ebreos, me envió a ti, diciendo: Envía a mi pueblo, y me servirán en el desierto; y he aquí que no oíste hasta aquí. (17) Así dijo el Eterno: En esto sabrás que yo soy el Eterno y he aquí que yo heriré con la vara que tengo en mis manos las aguas que hay en el río y scrán convertidas en sangre. (18) Y el pez que hay en el río morirá, y hederá el río, y tendrán asco los Egipcios de beber agua del río.» (19) Y dijo el Eterno a Mosé: «Di a Aarón: Toma tu vara, y tiende tu mano sobre las aguas de Egipto, sobre sus ríos y sobre sus arroyos, y sobre sus lagunas, y sobre todo depósito de agua, y serán sangre; sangre habrá en toda la tierra de Egipto, y en las maderas y en las piedras.» (20) E hicieron así Mosé y Aarón como encomendó el Eterno; y alzó con la vara e hirió las aguas que había en el río, ante los ojos de Faraón, ante los ojos de sus siervos, fué convertida el agua que había en el río, en sangre. (21) Y los peces que había en el río murieron, y hedió el río y no pudieron los Egipcios beber agua del río, y hubo sangre en toda la tierra de Egipto. (22) E hicieron así los magos de Egipto con sus encantamientos y endurecióse el corazón de Faraón y no oyó a ellos como habló el Eterno. (23) Y cató Faraón y fué a su casa, y no puso su corazón tampoco en esto. (24) Y cavaron en todo Egipto en los alrededores del río,

pozos para beber, porque no podían beber del agua del río. (25) Y cumpliéronse siete días después de herir el Eterno al río.
(26) Y dijo el Eterno a Mosé: «Ve a Faraón, y dile: Así dijo el Eterno: Envía a mi pueblo, y serviráme. (27) Y si no lo quisieres tú enviar, he aquí que yo heriré todo tu término con las ranas. (28) Y criará el río ranas, y subirán, y vendrán a tu casa y entrarán en la cámara de tu cama y sobre tu cama, y en la casa de tus siervos, y en tu pueblo, y en tus hornos, y en tus artesas. (29) Y sobre ti, sobre tu pueblo, y sobre todos tus siervos, subirán las ranas.»

VIII

(1) Y dijo el Eterno a Mosé: «Di a Aarón: tiende tu mano con tu vara sobre los ríos, sobre los arroyos, y sobre las lagunas, y haz subir las ranas sobre la tierra de Egipto.» (2) Y tendió Aarón su mano sobre las aguas de Egipto, y subieron las ranas y cubrieron la tierra de Egipto. (3) E hicieron así los magos con sus encantamientos e hicieron subir las ranas sobre la tierra de Egipto. (4) Y llamó Faraón a Mosé y a Aarón, y díjoles: «Haced oración al Eterno, que quite las ranas de mí y de mi pueblo, y enviaré al pueblo y sacrificarán al Eterno.» (5) Y dijo Mosé a Faraón: «Glorifícate sobre mí, para cuando haga oración por ti y por tus siervos, y por tu pueblo, para hacer tajar las ranas de ti, y de tus casas; sólo en el río quedarán.» (6) Y dijo: «Por la mañana.» Y dijo: «Como tu palabra, porque sabe que no hay como el Eterno, nuestro Dios: (7) Y quitarse han las ranas de ti, y de tus casas, y de tus siervos, y de tu pueblo, sólo en el río quedarán. (8) Y salió Mosé y Aarón de junto a Faraón, y clamó Mosé al Eterno por causa de las ranas que puso a Faraón.
(9) E hizo el Eterno como dijo la palabra de Mosé, y murieron las ranas de las casas, de los cortijos y de los campos. (10) Y juntaron los montones, y hedió la tierra. (11) Y viendo Faraón que dábanle descanso, agravóse su corazón, y no les oyó; como habló el Eterno.
(12) Y dijo el Eterno a Mosé: «Di a Aarón; tiende tu vara y hiere el polvo

כה כי לא יכלו לשתת ממימי היאר׃ וימלא שבעת ימים
אחרי הכות־יהוה את־היאר׃ פ
26 ויאמר יהוה אל־משה בא אל־פרעה ואמרת אליו כה
27 אמר יהוה שלח את־עמי ויעבדני׃ ואם־מאן אתה לשלח
28 הנה אנכי נגף את־כל־גבולך בצפרדעים׃ ושרץ היאר
צפרדעים ועלו ובאו בביתך ובחדר משכבך ועל־מטתך
29 ובבית עבדיך ובעמך ובתנוריך ובמשארותיך׃ ובכה
ובעמך ובכל־עבדיך יעלו הצפרדעים׃

ח

א ויאמר יהוה אל־משה אמר אל־אהרן נטה את־ידך
במטך על־הנהרת על־היארים ועל־האגמים והעל את־
2 הצפרדעים על־ארץ מצרים׃ ויט אהרן את־ידו על
מימי מצרים ותעל הצפרדע ותכס את־ארץ מצרים׃
3 ויעשו־כן החרטמים בלטיהם ויעלו את־הצפרדעים
4 על־ארץ מצרים׃ ויקרא פרעה למשה ולאהרן ויאמר
העתירו אל־יהוה ויסר הצפרדעים ממני ומעמי ואשלחה
ה את־העם ויזבחו ליהוה׃ ויאמר משה לפרעה התפאר
עלי למתי ׀ אעתיר לך ולעבדיך ולעמך להכרית
6 הצפרדעים ממך ומבתיך רק ביאר תשארנה׃ ויאמר
למחר ויאמר כדברך למען תדע כי־אין כיהוה אלהינו׃
7 וסרו הצפרדעים ממך ומבתיך ומעבדיך ומעמך רק
8 ביאר תשארנה׃ ויצא משה ואהרן מעם פרעה ויצעק
משה אל־יהוה על־דבר הצפרדעים אשר־שם לפרעה׃
9 ויעש יהוה כדבר משה וימתו הצפרדעים מן־הבתים
י מן־החצרת ומן־השדת׃ ויצברו אתם חמרם חמרם
11 ותבאש הארץ׃ וירא פרעה כי היתה הרוחה והכבד
12 את־לבו ולא שמע אלהם כאשר דבר יהוה׃ ס ויאמר

ז 29. יתיר ה׳ ח 7. מלרע

יְהוָה אֶל־מֹשֶׁה אֱמֹר אֶל־אַהֲרֹן נְטֵה אֶת־מַטְּךָ וְהַךְ
13 אֶת־עֲפַר הָאָרֶץ וְהָיָה לְכִנִּם בְּכָל־אֶרֶץ מִצְרָיִם׃ וַיַּעֲשׂוּ־
כֵן וַיֵּט אַהֲרֹן אֶת־יָדוֹ בְמַטֵּהוּ וַיַּךְ אֶת־עֲפַר הָאָרֶץ וַתְּהִי
הַכִּנָּם בָּאָדָם וּבַבְּהֵמָה כָּל־עֲפַר הָאָרֶץ הָיָה כִנִּים בְּכָל־
14 אֶרֶץ מִצְרָיִם׃ וַיַּעֲשׂוּ־כֵן הַחַרְטֻמִּים בְּלָטֵיהֶם לְהוֹצִיא אֶת־
טו הַכִּנִּים וְלֹא יָכֹלוּ וַתְּהִי הַכִּנָּם בָּאָדָם וּבַבְּהֵמָה׃ וַיֹּאמְרוּ
הַחַרְטֻמִּם אֶל־פַּרְעֹה אֶצְבַּע אֱלֹהִים הִוא וַיֶּחֱזַק לֵב־פַּרְעֹה
16 וְלֹא־שָׁמַע אֲלֵהֶם כַּאֲשֶׁר דִּבֶּר יְהוָה׃ ס וַיֹּאמֶר יְהוָה
אֶל־מֹשֶׁה הַשְׁכֵּם בַּבֹּקֶר וְהִתְיַצֵּב לִפְנֵי פַרְעֹה הִנֵּה יוֹצֵא
הַמָּיְמָה וְאָמַרְתָּ אֵלָיו כֹּה אָמַר יְהוָה שַׁלַּח עַמִּי וְיַעַבְדֻנִי׃
17 כִּי אִם־אֵינְךָ מְשַׁלֵּחַ אֶת־עַמִּי הִנְנִי מַשְׁלִיחַ בְּךָ וּבַעֲבָדֶיךָ
וּבְעַמְּךָ וּבְבָתֶּיךָ אֶת־הֶעָרֹב וּמָלְאוּ בָּתֵּי מִצְרַיִם אֶת־
18 הֶעָרֹב וְגַם הָאֲדָמָה אֲשֶׁר־הֵם עָלֶיהָ׃ וְהִפְלֵיתִי בַיּוֹם
הַהוּא אֶת־אֶרֶץ גֹּשֶׁן אֲשֶׁר עַמִּי עֹמֵד עָלֶיהָ לְבִלְתִּי הֱיוֹת־
19 שָׁם עָרֹב לְמַעַן תֵּדַע כִּי אֲנִי יְהוָה בְּקֶרֶב הָאָרֶץ׃ וְשַׂמְתִּי
כ פְדֻת בֵּין עַמִּי וּבֵין עַמֶּךָ לְמָחָר יִהְיֶה הָאֹת הַזֶּה׃ וַיַּעַשׂ
יְהוָה כֵּן וַיָּבֹא עָרֹב כָּבֵד בֵּיתָה פַרְעֹה וּבֵית עֲבָדָיו וּבְכָל־
21 אֶרֶץ מִצְרַיִם תִּשָּׁחֵת הָאָרֶץ מִפְּנֵי הֶעָרֹב׃ וַיִּקְרָא פַרְעֹה
אֶל־מֹשֶׁה וּלְאַהֲרֹן וַיֹּאמֶר לְכוּ זִבְחוּ לֵאלֹהֵיכֶם בָּאָרֶץ׃
22 וַיֹּאמֶר מֹשֶׁה לֹא נָכוֹן לַעֲשׂוֹת כֵּן כִּי תּוֹעֲבַת מִצְרַיִם
נִזְבַּח לַיהוָה אֱלֹהֵינוּ הֵן נִזְבַּח אֶת־תּוֹעֲבַת מִצְרַיִם לְעֵינֵיהֶם
23 וְלֹא יִסְקְלֻנוּ׃ דֶּרֶךְ שְׁלֹשֶׁת יָמִים נֵלֵךְ בַּמִּדְבָּר וְזָבַחְנוּ
24 לַיהוָה אֱלֹהֵינוּ כַּאֲשֶׁר יֹאמַר אֵלֵינוּ׃ וַיֹּאמֶר פַּרְעֹה אָנֹכִי
אֲשַׁלַּח אֶתְכֶם וּזְבַחְתֶּם לַיהוָה אֱלֹהֵיכֶם בַּמִּדְבָּר רַק
כה הַרְחֵק לֹא־תַרְחִיקוּ לָלֶכֶת הַעְתִּירוּ בַּעֲדִי׃ וַיֹּאמֶר מֹשֶׁה
הִנֵּה אָנֹכִי יוֹצֵא מֵעִמָּךְ וְהַעְתַּרְתִּי אֶל־יְהוָה וְסָר הֶעָרֹב
מִפַּרְעֹה מֵעֲבָדָיו וּמֵעַמּוֹ מָחָר רַק אַל־יֹסֵף פַּרְעֹה הָתֵל

de la tierra y serán piojos en toda la tierra de Egipto.» (13) E hicieron así, y tendió Aarón su mano con su vara, e hirió al polvo de la tierra, y fué la piojería en el hombre como en la bestia, todo polvo de la tierra fué piojos en toda la tierra de Egipto. (14) E hicieron así los magos con sus encantamientos para sacar los piojos, y no pudieron. Y fué la piojería en el hombre y en la bestia.

(15) Y dijeron los magos a Faraón: «Dedo de Dios es esto.» Y endurecióse el corazón de Faraón, y no oyó a ellos, como habló el Eterno.

(16) Y dijo el Eterno a Mosé: «Madruga, por la mañana párate delante de Faraón, he aquí que sale a las aguas; y le dirás: Así habló Dios: Envía a mi pueblo, y me servirá. (17) Que si tú no envías a mi pueblo, he aquí, que yo haré enviar a ti, y a tus siervos, y a tu pueblo, y a tus casas, insectos; y llenaránse las casas de los Egipcios de insectos, y también la tierra en que están ellos. (18) Y apartaré en el día ese, la tierra de Gosen en que mi pueblo está, para que no haya allí insectos, para que sepas que yo soy el Eterno en medio de la tierra. (19) Y pondré redención entre mi pueblo y tu pueblo. Para mañana será la señal ésta.» (20) E hizo el Eterno así: Y llegaron insectos pesados a la casa de Faraón, y a la casa de sus siervos, y a toda la tierra de Egipto; se dañaba la tierra con los insectos. (21) Y llamó Faraón a Mosé y a Aarón, y díjoles: «Id, sacrificad a vuestro Dios en la tierra.» (22) Y dijo Mosé: «No conviene hacer así, porque la abominación de Egipto sacrificaremos al Eterno, nuestro Dios. ¿Si sacrificásemos la abominación de los Egipcios a sus ojos, no nos apedrearían? (23) Camino de tres días andaremos en el desierto, y sacrificaremos al Eterno, nuestro Dios, como él nos diga.» (24) Y dijo Faraón: «Yo os enviaré, y sacrificaréis al Eterno, vuestro Dios, en el desierto, sólo que alejar no os alejaréis para andar. Haced oración por mí.» (25) Y dijo Mosé: «He aquí que yo salgo de estar contigo, y haré oración al Eterno y quitarse han los insectos de Faraón, y de sus siervos, y de su pueblo, mañana, si no vuelve Faraón a falsear, por no enviar al

20. סבירין ובבית

26 לְבִלְתִּי שַׁלַּח אֶת־הָעָם לִזְבֹּחַ לַיהוָה׃ וַיֵּצֵא מֹשֶׁה מֵעִם
27 פַּרְעֹה וַיֶּעְתַּר אֶל־יְהוָה׃ וַיַּעַשׂ יְהוָה כִּדְבַר מֹשֶׁה וַיָּסַר
28 הֶעָרֹב מִפַּרְעֹה מֵעֲבָדָיו וּמֵעַמּוֹ לֹא נִשְׁאַר אֶחָד׃ וַיַּכְבֵּד
פַּרְעֹה אֶת־לִבּוֹ גַּם בַּפַּעַם הַזֹּאת וְלֹא שִׁלַּח אֶת־הָעָם׃ פ

ט

א וַיֹּאמֶר יְהוָה אֶל־מֹשֶׁה בֹּא אֶל־פַּרְעֹה וְדִבַּרְתָּ אֵלָיו כֹּה־
2 אָמַר יְהוָה אֱלֹהֵי הָעִבְרִים שַׁלַּח אֶת־עַמִּי וְיַעַבְדֻנִי׃ כִּי
3 אִם־מָאֵן אַתָּה לְשַׁלֵּחַ וְעוֹדְךָ מַחֲזִיק בָּם׃ הִנֵּה יַד־יְהוָה
הוֹיָה בְּמִקְנְךָ אֲשֶׁר בַּשָּׂדֶה בַּסּוּסִים בַּחֲמֹרִים בַּגְּמַלִּים
4 בַּבָּקָר וּבַצֹּאן דֶּבֶר כָּבֵד מְאֹד׃ וְהִפְלָה יְהוָה בֵּין מִקְנֵה
יִשְׂרָאֵל וּבֵין מִקְנֵה מִצְרָיִם וְלֹא יָמוּת מִכָּל־לִבְנֵי יִשְׂרָאֵל
ה דָּבָר׃ וַיָּשֶׂם יְהוָה מוֹעֵד לֵאמֹר מָחָר יַעֲשֶׂה יְהוָה הַדָּבָר
6 הַזֶּה בָּאָרֶץ׃ וַיַּעַשׂ יְהוָה אֶת־הַדָּבָר הַזֶּה מִמָּחֳרָת וַיָּמָת
כֹּל מִקְנֵה מִצְרָיִם וּמִמִּקְנֵה בְנֵי־יִשְׂרָאֵל לֹא־מֵת אֶחָד׃
7 וַיִּשְׁלַח פַּרְעֹה וְהִנֵּה לֹא־מֵת מִמִּקְנֵה יִשְׂרָאֵל עַד־אֶחָד
וַיִּכְבַּד לֵב פַּרְעֹה וְלֹא שִׁלַּח אֶת־הָעָם׃ פ
8 וַיֹּאמֶר יְהוָה אֶל־מֹשֶׁה וְאֶל־אַהֲרֹן קְחוּ לָכֶם מְלֹא חָפְנֵיכֶם
9 פִּיחַ כִּבְשָׁן וּזְרָקוֹ מֹשֶׁה הַשָּׁמַיְמָה לְעֵינֵי פַרְעֹה׃ וְהָיָה
לְאָבָק עַל כָּל־אֶרֶץ מִצְרָיִם וְהָיָה עַל־הָאָדָם וְעַל־הַבְּהֵמָה
י לִשְׁחִין פֹּרֵחַ אֲבַעְבֻּעֹת בְּכָל־אֶרֶץ מִצְרָיִם׃ וַיִּקְחוּ אֶת־
פִּיחַ הַכִּבְשָׁן וַיַּעַמְדוּ לִפְנֵי פַרְעֹה וַיִּזְרֹק אֹתוֹ מֹשֶׁה
הַשָּׁמָיְמָה וַיְהִי שְׁחִין אֲבַעְבֻּעֹת פֹּרֵחַ בָּאָדָם וּבַבְּהֵמָה׃
11 וְלֹא־יָכְלוּ הַחַרְטֻמִּים לַעֲמֹד לִפְנֵי מֹשֶׁה מִפְּנֵי הַשְּׁחִין כִּי־
12 הָיָה הַשְּׁחִין בַּחַרְטֻמִּם וּבְכָל־מִצְרָיִם׃ וַיְחַזֵּק יְהוָה אֶת־
לֵב פַּרְעֹה וְלֹא שָׁמַע אֲלֵהֶם כַּאֲשֶׁר דִּבֶּר יְהוָה אֶל־
13 מֹשֶׁה׃ ס וַיֹּאמֶר יְהוָה אֶל־מֹשֶׁה הַשְׁכֵּם בַּבֹּקֶר
וְהִתְיַצֵּב לִפְנֵי פַרְעֹה וְאָמַרְתָּ אֵלָיו כֹּה־אָמַר יְהוָה אֱלֹהֵי
14 הָעִבְרִים שַׁלַּח אֶת־עַמִּי וְיַעַבְדֻנִי׃ כִּי ׀ בַּפַּעַם הַזֹּאת אֲנִי

pueblo para sacrificar al Eterno.» (26) Y salió Mosé de junto a Faraón y oró al Eterno. (27) E hizo el Eterno como la palabra de Mosé, y quitó los insectos de Faraón, de sus siervos, y de su pueblo, no quedó uno. (28) Y agravó Faraón su corazón, también la vez esta, y no envió al pueblo.

IX

(1) Y dijo el Eterno a Mosé: «Ve a Faraón y hablarás a él: Así dijo el Eterno, Dios de los Ebreos: Envía a mi pueblo y me servirán. (2) Que si no quisieres tú enviarlo y aun tú lo detuvieres, (3) he aquí, que la mano del Eterno será sobre tu ganado que está en el campo, sobre los caballos, sobre los asnos, sobre los camellos, sobre las vacas y sobre las ovejas, con pestilencia muy grave. (4) Y apartará el Eterno el ganado de Israel del ganado de Egipto, y no morirá cosa de todo lo de los hijos de Israel.» (5) Y puso el Eterno plazo, diciendo: «Mañana hará el Eterno la cosa esta en la tierra.» (6) E hizo el Eterno la cosa ésta al otro día, y murió todo el ganado de Egipto, y del ganado de los hijos de Israel, no murió uno. (7) Y envió Faraón, y he aquí que no murió del ganado de los hijos de Israel ni uno. Y agravóse el corazón de Faraón, y no envió al pueblo.

(8) Y dijo el Eterno a Mosé y a Aarón: «Tomad a puños llenos pavesa de hornaza y espárzala Mosé hacia los cielos, ante los ojos de Faraón. (9) Y será polvo sobre la tierra de Egipto, y será sobre el hombre y sobre la bestia, sarna que florecerá en ampollas en toda la tierra de Egipto.» (10) Y tomaron la pavesa de la hornaza y estuvieron delante de Faraón y esparcióla Mosé hacia los cielos y fué sarna de ampollas floreciendo en el hombre y en la bestia. (11) Y no pudieron los magos estar delante de Mosé por la sarna, porque estaba la sarna en los magos y en todo Egipto. (12) Y endureció el Eterno el corazón de Faraón, y no los oyó; como había dicho el Eterno a Mosé.

(13) Y dijo el Eterno a Mosé: «Madruga, por la mañana párate delante de Faraón, y dile: Así dijo el Eterno, Dios de los Ebreos: Envía a mi pueblo y serviráme. (14) Porque la vez esta, yo enviaré todas mis plagas a tu corazón,

שלח את כל מגפתי אל לבך ובעבדיך ובעמך בעבור
תדע כי אין כמני בכל הארץ: כי עתה שלחתי את טו
ידי ואך אותך ואת עמך בדבר ותכחד מן הארץ:
ואולם בעבור זאת העמדתיך בעבור הראתך את כחי 16
ולמען ספר שמי בכל הארץ: עודך מסתולל בעמי 17
לבלתי שלחם: הנני ממטיר כעת מחר ברד כבד מאד 18
אשר לא היה כמהו במצרים למן היום הוסדה ועד
עתה: ועתה שלח העז את מקנך ואת כל אשר לך 19
בשדה כל האדם והבהמה אשר ימצא בשדה ולא יאסף
הביתה וירד עלהם הברד ומתו: הירא את דבר יהוה כ
מעבדי פרעה הניס את עבדיו ואת מקנהו אל הבתים:
ואשר לא שם לבו אל דבר יהוה ויעזב את עבדיו ואת 21
מקנהו בשדה: פ
ויאמר יהוה אל משה נטה את ידך על השמים ויהי 22
ברד בכל ארץ מצרים על האדם ועל הבהמה ועל כל
עשב השדה בארץ מצרים: ויט משה את מטהו על 23
השמים ויהוה נתן קלת וברד ותהלך אש ארצה וימטר
יהוה ברד על ארץ מצרים: ויהי ברד ואש מתלקחת 24
בתוך הברד כבד מאד אשר לא היה כמהו בכל ארץ
מצרים מאז היתה לגוי: ויך הברד בכל ארץ מצרים כה
את כל אשר בשדה מאדם ועד בהמה ואת כל עשב
השדה הכה הברד ואת כל עץ השדה שבר: רק בארץ 26
גשן אשר שם בני ישראל לא היה ברד: וישלח פרעה 27
ויקרא למשה ולאהרן ויאמר אלהם חטאתי הפעם יהוה
הצדיק ואני ועמי הרשעים: העתירו אל יהוה ורב מהית 28
קלת אלהים וברד ואשלחה אתכם ולא תספון לעמד:
ויאמר אליו משה כצאתי את העיר אפרש את כפי אל 29
יהוה הקלות יחדלון והברד לא יהיה עוד למען תדע

y a tus siervos, y a tu pueblo, para que sepas que no hay como yo en toda la tierra. (15) Que ahora tenderé mi mano, y heriré a ti y a tu pueblo con la pestilencia, y serás tajado de la tierra. (16) Y de cierto, por esto te hice estar para mostrarte mi fuerza, y porque mi nombre sea contado en toda la tierra. (17) ¿Aun te ensalzas en mi pueblo, para no enviarlo? (18) He aquí que haré llover a esta hora, mañana, pedrisco muy grave, que no hubo como él en Egipto, desde el día en que fué cimentado hasta ahora. (19) Y ahora envía, haz juntar tu ganado y todo lo que tengas en el campo, sobre todo hombre y toda bestia que fuere hallado en el campo, y no fuere juntado a la casa, descenderá el pedrisco y morirán.» (20) El que temió la palabra del Eterno de los siervos de Faraón, hizo huir a sus siervos y a su ganado a las casas. (21) Y quien no puso en su corazón la palabra del Eterno dejó sus siervos y su ganado en el campo.

(22) Y dijo el Eterno a Mosé: «Tiende tu mano hacia los cielos y caiga pedrisco en toda la tierra de Egipto, sobre el hombre y sobre la bestia, y sobre toda la hierba del campo, en la tierra de Egipto.» (23) Y tendió Mosé su vara a los cielos, y el Eterno envió truenos y pedrisco, y fué fuego en la tierra; e hizo llover el Eterno pedrisco sobre la tierra de Egipto. (24) Y hubo pedrisco y fuego fué mezclado entre el pedrisco muy grave, que no hubo como él en toda la tierra de Egipto desde que fué habitada por gente. (25) E hirió el pedrisco en toda la tierra de Egipto todo lo que en el campo había, a todo hombre y a toda bestia y a toda hierba del campo hirió el pedrisco, y todo árbol del campo quebró. (26) Salvo en la tierra de Gosen, que allí estaban los hijos de Israel, no hubo pedrisco. (27) Y envió Faraón y llamó a Mosé y a Aarón, y díjoles: «Pequé esta vez, el Eterno es el justo, y yo y mi pueblo, los malos. (28) Haced oración al Eterno y basta de truenos de Dios, y pedrisco, y os enviaré y no volveréis a quedaros.» (29) Y díjole Mosé: «Como salga de la ciudad extenderé mis palmas al Eterno, los truenos se vedarán y el pedrisco no será más; para que sepas que del Eterno es la tierra.

(30) Y tú y tus siervos sé, que aun no temeréis delante del Eterno, Dios.» (31) Y el lino, y la cebada fueron heridos, porque la cebada estaba temprana y el lino era en caña. (32) Y el trigo y el centeno no fueron heridos, porque tardíos eran ellos. (33) Y salió Mosé de junto a Faraón, en la ciudad, y extendió sus palmas al Eterno, y vedáronse los truenos y el pedrisco; y lluvia no llegó a la tierra. (34) Y vió Faraón que se vedaron la lluvia, y el pedrisco y los truenos, y volvió a pecar, y agravóse su corazón, el de él y el de sus siervos. (35) Y endurecióse el corazón de Faraón, y no envió a los hijos de Israel, como habló el Eterno por mano de Mosé.

(15) BO

X

(1) Y dijo el Eterno a Mosé: «Ve a Faraón, que yo hice endurecer su corazón, y el corazón de sus siervos para poner mis señales éstas entre ellos. (2) Y para que cuentes en los oídos de tu hijo y el hijo de tu hijo, lo que obré en Egipto, y mis señales que puse en ellos y sepáis que yo soy el Eterno.» (3) Y vinieron Mosé y Aarón a Faraón, y dijeron a él: «Así dijo el Eterno, Dios de los Ebreos: ¿Hasta cuándo no quieres quebrantarte delante de mí? Envía mi pueblo y serviráme. (4) Que si no quisieres tú enviar a mi pueblo, he aquí que yo traeré mañana la langosta en tus términos. (5) Y cubrirá la superficie de la tierra, y no se podrá ver la tierra y comerá el resto de lo que os quedó a vosotros del pedrisco, y comerá todo árbol que os produce fruto a vosotros en el campo. (6) Y llenarse han, tus casas, y las casas de todos tus siervos, y las casas de Egipto, como no vieron tus padres y los padres de tus padres desde que están sobre la tierra hasta el día este.» Y cató, y salió de junto a Faraón. (7) Y dijeron los siervos de Faraón a él: «¿Hasta cuándo será éste, para nosotros, por tropiezo? Envía a los varones, y que sirvan al Eterno, su Dios, ¿si aun no sabes que se perdió Egipto?» (8) Y volvieron Mosé y Aarón, ante Faraón, y dijo: «Id, servid al Eterno, vuestro Dios. ¿Quiénes son los que van?» (9) Y dijo Mosé: «Con nuestros mozos y con nuestros viejos iremos, con nuestros hijos y con nuestras hijas, con nuestras

ל כִּי לַיהוָה הָאָרֶץ׃ וְאַתָּה וַעֲבָדֶיךָ יָדַעְתִּי כִּי טֶרֶם תִּירְאוּן
31 מִפְּנֵי יְהוָה אֱלֹהִים׃ וְהַפִּשְׁתָּה וְהַשְּׂעֹרָה נֻכָּתָה כִּי הַשְּׂעֹרָה
32 אָבִיב וְהַפִּשְׁתָּה גִּבְעֹל׃ וְהַחִטָּה וְהַכֻּסֶּמֶת לֹא נֻכּוּ כִּי
33 אֲפִילֹת הֵנָּה׃ וַיֵּצֵא מֹשֶׁה מֵעִם פַּרְעֹה אֶת־הָעִיר וַיִּפְרֹשׂ
כַּפָּיו אֶל־יְהוָה וַיַּחְדְּלוּ הַקֹּלוֹת וְהַבָּרָד וּמָטָר לֹא־נִתַּךְ
34 אָרְצָה׃ וַיַּרְא פַּרְעֹה כִּי־חָדַל הַמָּטָר וְהַבָּרָד וְהַקֹּלֹת
לה וַיֹּסֶף לַחֲטֹא וַיַּכְבֵּד לִבּוֹ הוּא וַעֲבָדָיו׃ וַיֶּחֱזַק לֵב פַּרְעֹה
וְלֹא שִׁלַּח אֶת־בְּנֵי יִשְׂרָאֵל כַּאֲשֶׁר דִּבֶּר יְהוָה בְּיַד־מֹשֶׁה׃

15 בא פ פ פ

א וַיֹּאמֶר יְהוָה אֶל־מֹשֶׁה בֹּא אֶל־פַּרְעֹה כִּי־אֲנִי הִכְבַּדְתִּי
אֶת־לִבּוֹ וְאֶת־לֵב עֲבָדָיו לְמַעַן שִׁתִי אֹתֹתַי אֵלֶּה בְּקִרְבּוֹ׃
2 וּלְמַעַן תְּסַפֵּר בְּאָזְנֵי בִנְךָ וּבֶן־בִּנְךָ אֵת אֲשֶׁר הִתְעַלַּלְתִּי
בְּמִצְרַיִם וְאֶת־אֹתֹתַי אֲשֶׁר־שַׂמְתִּי בָם וִידַעְתֶּם כִּי־אֲנִי
3 יְהוָה׃ וַיָּבֹא מֹשֶׁה וְאַהֲרֹן אֶל־פַּרְעֹה וַיֹּאמְרוּ אֵלָיו כֹּה
אָמַר יְהוָה אֱלֹהֵי הָעִבְרִים עַד־מָתַי מֵאַנְתָּ לֵעָנֹת מִפָּנָי
4 שַׁלַּח עַמִּי וְיַעַבְדֻנִי׃ כִּי אִם־מָאֵן אַתָּה לְשַׁלֵּחַ אֶת־עַמִּי
ה הִנְנִי מֵבִיא מָחָר אַרְבֶּה בִּגְבֻלֶךָ׃ וְכִסָּה אֶת־עֵין הָאָרֶץ
וְלֹא יוּכַל לִרְאֹת אֶת־הָאָרֶץ וְאָכַל ׀ אֶת־יֶתֶר הַפְּלֵטָה
הַנִּשְׁאֶרֶת לָכֶם מִן־הַבָּרָד וְאָכַל אֶת־כָּל־הָעֵץ הַצֹּמֵחַ לָכֶם
6 מִן־הַשָּׂדֶה׃ וּמָלְאוּ בָתֶּיךָ וּבָתֵּי כָל־עֲבָדֶיךָ וּבָתֵּי כָל־
מִצְרַיִם אֲשֶׁר לֹא־רָאוּ אֲבֹתֶיךָ וַאֲבוֹת אֲבֹתֶיךָ מִיּוֹם
הֱיוֹתָם עַל־הָאֲדָמָה עַד הַיּוֹם הַזֶּה וַיִּפֶן וַיֵּצֵא מֵעִם פַּרְעֹה׃
7 וַיֹּאמְרוּ עַבְדֵי פַרְעֹה אֵלָיו עַד־מָתַי יִהְיֶה זֶה לָנוּ לְמוֹקֵשׁ
שַׁלַּח אֶת־הָאֲנָשִׁים וְיַעַבְדוּ אֶת־יְהוָה אֱלֹהֵיהֶם הֲטֶרֶם תֵּדַע
8 כִּי אָבְדָה מִצְרָיִם׃ וַיּוּשַׁב אֶת־מֹשֶׁה וְאֶת־אַהֲרֹן אֶל־
פַּרְעֹה וַיֹּאמֶר אֲלֵהֶם לְכוּ עִבְדוּ אֶת־יְהוָה אֱלֹהֵיכֶם מִי וָמִי
9 הַהֹלְכִים׃ וַיֹּאמֶר מֹשֶׁה בִּנְעָרֵינוּ וּבִזְקֵנֵינוּ נֵלֵךְ בְּבָנֵינוּ

וּבִבְנוֹתֵנוּ בְּצֹאנֵנוּ וּבִבְקָרֵנוּ נֵלֵךְ כִּי חַג־יְהוָה לָנוּ: וַיֹּאמֶר
אֲלֵהֶם יְהִי כֵן יְהוָה עִמָּכֶם כַּאֲשֶׁר אֲשַׁלַּח אֶתְכֶם וְאֶת־
טַפְּכֶם רְאוּ כִּי רָעָה נֶגֶד פְּנֵיכֶם: לֹא כֵן לְכוּ־נָא הַגְּבָרִים 11
וְעִבְדוּ אֶת־יְהוָה כִּי אֹתָהּ אַתֶּם מְבַקְשִׁים וַיְגָרֶשׁ אֹתָם מֵאֵת
פְּנֵי פַרְעֹה: ס וַיֹּאמֶר יְהוָה אֶל־מֹשֶׁה נְטֵה יָדְךָ עַל־אֶרֶץ 12
מִצְרַיִם בָּאַרְבֶּה וְיַעַל עַל־אֶרֶץ מִצְרָיִם וְיֹאכַל אֶת־כָּל־
עֵשֶׂב הָאָרֶץ אֵת כָּל־אֲשֶׁר הִשְׁאִיר הַבָּרָד: וַיֵּט מֹשֶׁה אֶת־ 13
מַטֵּהוּ עַל־אֶרֶץ מִצְרַיִם וַיהוָה נִהַג רוּחַ־קָדִים בָּאָרֶץ כָּל־
הַיּוֹם הַהוּא וְכָל־הַלָּיְלָה הַבֹּקֶר הָיָה וְרוּחַ הַקָּדִים נָשָׂא
אֶת־הָאַרְבֶּה: וַיַּעַל הָאַרְבֶּה עַל כָּל־אֶרֶץ מִצְרַיִם וַיָּנַח בְּכֹל 14
גְּבוּל מִצְרָיִם כָּבֵד מְאֹד לְפָנָיו לֹא־הָיָה כֵן אַרְבֶּה כָּמֹהוּ
וְאַחֲרָיו לֹא יִהְיֶה־כֵּן: וַיְכַס אֶת־עֵין כָּל־הָאָרֶץ וַתֶּחְשַׁךְ טו
הָאָרֶץ וַיֹּאכַל אֶת־כָּל־עֵשֶׂב הָאָרֶץ וְאֵת כָּל־פְּרִי הָעֵץ אֲשֶׁר
הוֹתִיר הַבָּרָד וְלֹא־נוֹתַר כָּל־יֶרֶק בָּעֵץ וּבְעֵשֶׂב הַשָּׂדֶה
בְּכָל־אֶרֶץ מִצְרָיִם: וַיְמַהֵר פַּרְעֹה לִקְרֹא לְמֹשֶׁה וּלְאַהֲרֹן 16
וַיֹּאמֶר חָטָאתִי לַיהוָה אֱלֹהֵיכֶם וְלָכֶם: וְעַתָּה שָׂא נָא חַטָּאתִי 17
אַךְ הַפַּעַם וְהַעְתִּירוּ לַיהוָה אֱלֹהֵיכֶם וְיָסֵר מֵעָלַי רַק אֶת־
הַמָּוֶת הַזֶּה: וַיֵּצֵא מֵעִם פַּרְעֹה וַיֶּעְתַּר אֶל־יְהוָה: וַיַּהֲפֹךְ 18 19
יְהוָה רוּחַ־יָם חָזָק מְאֹד וַיִּשָּׂא אֶת־הָאַרְבֶּה וַיִּתְקָעֵהוּ יָמָּה
סּוּף לֹא נִשְׁאַר אַרְבֶּה אֶחָד בְּכֹל גְּבוּל מִצְרָיִם: וַיְחַזֵּק יְהוָה כ
אֶת־לֵב פַּרְעֹה וְלֹא שִׁלַּח אֶת־בְּנֵי יִשְׂרָאֵל: פ
וַיֹּאמֶר יְהוָה אֶל־מֹשֶׁה נְטֵה יָדְךָ עַל־הַשָּׁמַיִם וִיהִי חֹשֶׁךְ עַל־ 21
אֶרֶץ מִצְרָיִם וְיָמֵשׁ חֹשֶׁךְ: וַיֵּט מֹשֶׁה אֶת־יָדוֹ עַל־הַשָּׁמָיִם 22
וַיְהִי חֹשֶׁךְ־אֲפֵלָה בְּכָל־אֶרֶץ מִצְרַיִם שְׁלֹשֶׁת יָמִים: לֹא־רָאוּ 23
אִישׁ אֶת־אָחִיו וְלֹא־קָמוּ אִישׁ מִתַּחְתָּיו שְׁלֹשֶׁת יָמִים וּלְכָל־
בְּנֵי יִשְׂרָאֵל הָיָה אוֹר בְּמוֹשְׁבֹתָם: וַיִּקְרָא פַרְעֹה אֶל־מֹשֶׁה 24
וַיֹּאמֶר לְכוּ עִבְדוּ אֶת־יְהוָה רַק צֹאנְכֶם וּבְקַרְכֶם יֻצָּג גַּם־
טַפְּכֶם יֵלֵךְ עִמָּכֶם: וַיֹּאמֶר מֹשֶׁה גַּם־אַתָּה תִּתֵּן בְּיָדֵנוּ זְבָחִים כה

ovejas, y con nuestras vacas iremos, que pascua del Eterno es para nosotros.» (10) Y díjoles: «Sea así, el Eterno sea con vosotros que yo enviaré a vosotros y a vuestras familias. Ved que el mal está frente a nuestros rostros. (11) No será así: id ahora vosotros los varones, y servid al Eterno: que esto es lo que vosotros buscáis.» Y desterró a ellos de delante del rostro de Faraón. (12) Y dijo el Eterno a Mosé: «Tiende tu mano sobre la tierra de Egipto, para que la langosta suba sobre la tierra de Egipto, y coma toda la hierba de la tierra, todo lo que dejó el pedrisco.» (13) Y tendió Mosé su vara sobre la tierra de Egipto, y el Eterno guió viento solano a la tierra todo el día ese y toda la noche; y la mañana fué, y el viento solano trajo la langosta. (14) Y subió la langosta sobre toda la tierra de Egipto, y posó en todo el término de Egipto, muy grave; antes de ella no hubo langosta como ella, y después de ella, no habrá así. (15) Y cubrió la superficie de toda la tierra, y oscurecióse la tierra; y comió toda la hierba de la tierra, y todo el fruto del árbol que quedó del pedrisco; y no quedó ningún verdor en el árbol y en la hierba del campo, en toda la tierra de Egipto. (16) Y apresuróse Faraón a llamar a Mosé y a Aarón, y dijo: «Pequé al Eterno, vuestro Dios, y a vosotros. (17) Y ahora perdona, os ruego, mi pecado sólo esta vez, y haced oración al Eterno, vuestro Dios, y haga quitar de sobre mí, la muerte esta.» (18) Y salió de junto a Faraón, y oró al Eterno. (19) Y volvió el Eterno un viento del poniente muy fuerte, y llevó la langosta, y echóla al mar de Suf: no quedó una langosta en todo el término de Egipto. (20) Y endureció el Eterno el corazón de Faraón y no envió a los hijos de Israel.

(21) Y dijo el Eterno a Mosé: «Tiende tu mano a los cielos, y habrá oscuridad sobre la tierra de Egipto, y palpa la oscuridad.» (22) Y tendió Mosé su mano a los cielos, y hubo oscuridad de tiniebla en toda la tierra de Egipto, tres días. (23) No vió ningún varón a su hermano y no se levantó ningún varón de su lugar, en tres días, y para todos los hijos de Israel, hubo luz en sus moradas. (24) Y llamó Faraón a Mosé, y dijo: «Id, servid al Eterno; sólo vuestras ovejas y vuestras vacas, dejad, también vuestras familias irán con vosotros.» (25) Y dijo Mosé: «También tú darás en nuestras manos los sacrificios y holocaustos que haremos al Eterno,

26 וְעֹלֹת וְעָשִׂינוּ לַיהוָה אֱלֹהֵינוּ׃ וְגַם־מִקְנֵנוּ יֵלֵךְ עִמָּנוּ לֹא
תִשָּׁאֵר פַּרְסָה כִּי מִמֶּנּוּ נִקַּח לַעֲבֹד אֶת־יְהוָה אֱלֹהֵינוּ
27 וַאֲנַחְנוּ לֹא־נֵדַע מַה־נַּעֲבֹד אֶת־יְהוָה עַד־בֹּאֵנוּ שָׁמָּה׃ וַיְחַזֵּק
28 יְהוָה אֶת־לֵב פַּרְעֹה וְלֹא אָבָה לְשַׁלְּחָם׃ וַיֹּאמֶר־לוֹ פַרְעֹה
לֵךְ מֵעָלָי הִשָּׁמֶר לְךָ אַל־תֹּסֶף רְאוֹת פָּנַי כִּי בְּיוֹם
29 רְאֹתְךָ פָנַי תָּמוּת׃ וַיֹּאמֶר מֹשֶׁה כֵּן דִּבַּרְתָּ לֹא־אֹסִף עוֹד
רְאוֹת פָּנֶיךָ׃ פ

יא

א וַיֹּאמֶר יְהוָה אֶל־מֹשֶׁה עוֹד נֶגַע אֶחָד אָבִיא עַל־פַּרְעֹה
וְעַל־מִצְרַיִם אַחֲרֵי־כֵן יְשַׁלַּח אֶתְכֶם מִזֶּה כְּשַׁלְּחוֹ כָּלָה
2 גָּרֵשׁ יְגָרֵשׁ אֶתְכֶם מִזֶּה׃ דַּבֶּר־נָא בְּאָזְנֵי הָעָם וְיִשְׁאֲלוּ
אִישׁ ׀ מֵאֵת רֵעֵהוּ וְאִשָּׁה מֵאֵת רְעוּתָהּ כְּלֵי־כֶסֶף וּכְלֵי
3 זָהָב׃ וַיִּתֵּן יְהוָה אֶת־חֵן הָעָם בְּעֵינֵי מִצְרָיִם גַּם ׀ הָאִישׁ
מֹשֶׁה גָּדוֹל מְאֹד בְּאֶרֶץ מִצְרַיִם בְּעֵינֵי עַבְדֵי־פַרְעֹה וּבְעֵינֵי
4 הָעָם׃ ס וַיֹּאמֶר מֹשֶׁה כֹּה אָמַר יְהוָה כַּחֲצֹת הַלַּיְלָה אֲנִי
ה יוֹצֵא בְּתוֹךְ מִצְרָיִם׃ וּמֵת כָּל־בְּכוֹר בְּאֶרֶץ מִצְרַיִם
מִבְּכוֹר פַּרְעֹה הַיֹּשֵׁב עַל־כִּסְאוֹ עַד בְּכוֹר הַשִּׁפְחָה אֲשֶׁר
6 אַחַר הָרֵחָיִם וְכֹל בְּכוֹר בְּהֵמָה׃ וְהָיְתָה צְעָקָה גְדֹלָה
בְּכָל־אֶרֶץ מִצְרָיִם אֲשֶׁר כָּמֹהוּ לֹא נִהְיָתָה וְכָמֹהוּ לֹא
7 תֹסִף׃ וּלְכֹל ׀ בְּנֵי יִשְׂרָאֵל לֹא יֶחֱרַץ־כֶּלֶב לְשֹׁנוֹ לְמֵאִישׁ
וְעַד־בְּהֵמָה לְמַעַן תֵּדְעוּן אֲשֶׁר יַפְלֶה יְהוָה בֵּין מִצְרַיִם
8 וּבֵין יִשְׂרָאֵל׃ וְיָרְדוּ כָל־עֲבָדֶיךָ אֵלֶּה אֵלַי וְהִשְׁתַּחֲווּ־לִי
לֵאמֹר צֵא אַתָּה וְכָל־הָעָם אֲשֶׁר־בְּרַגְלֶיךָ וְאַחֲרֵי־כֵן אֵצֵא
9 וַיֵּצֵא מֵעִם־פַּרְעֹה בָּחֳרִי־אָף׃ ס וַיֹּאמֶר יְהוָה אֶל־מֹשֶׁה
לֹא־יִשְׁמַע אֲלֵיכֶם פַּרְעֹה לְמַעַן רְבוֹת מוֹפְתַי בְּאֶרֶץ
י מִצְרָיִם׃ וּמֹשֶׁה וְאַהֲרֹן עָשׂוּ אֶת־כָּל־הַמֹּפְתִים הָאֵלֶּה
לִפְנֵי פַרְעֹה וַיְחַזֵּק יְהוָה אֶת־לֵב פַּרְעֹה וְלֹא־שִׁלַּח אֶת־
בְּנֵי־יִשְׂרָאֵל מֵאַרְצוֹ׃ ס

nuestro Dios. (26) Y también nuestro ganado irá con nosotros, no quedará una uña, que de él tomaremos para servir al Eterno, nuestros Dios, y nosotros no sabemos con qué serviremos al Eterno, hasta nuestra llegada allí.» (27) Y endureció el Eterno el corazón de Faraón, y no quiso enviarlos. (28) Y díjole Faraón: «Retírate de mí: sea guardado a ti, no ver mi rostro, que en el día de ver mi rostro, morirás.» (29) Y dijo Mosé: «Bien hablaste, no volveré más a ver tu rostro.»

XI

(1) Y dijo el Eterno a Mosé: «Aun una llaga traeré sobre Faraón y sobre Egipto; después os enviará a vosotros de aquí, y os enviará cumplidamente, porque desterrar, os desterrará de aquí. (2) Habla ahora en los oídos del pueblo, y demande cada varón a su compañero, y cada mujer a su compañera, utensilios de plata y utensilios de oro.» (3) Y dió el Eterno gracia al pueblo ante los ojos de los Egipcios. También el varón Mosé era muy grande en la tierra de Egipto, ante los ojos de los siervos de Faraón, y de los ojos del pueblo. (4) Y dijo Mosé: «Así dijo el Eterno: Como a medianoche yo andaré en Egipto. (5) Y morirá todo primogénito en la tierra de Egipto, desde el primogénito de Faraón, el que está sobre su trono, hasta el primogénito de la sierva que está detrás de las muelas, y todo primogénito de bestia. (6) Y habrá clamor tan grande en toda la tierra de Egipto, que como él, no hubo, y como él, no habrá. (7) Y entre todos los hijos de Israel, no aguzará su lengua ni un perro, desde el varón hasta la bestia: para que sepáis que apartará el Eterno a los Egipcios de los de Israel. (8) Y descenderán todos tus siervos éstos a mí, y encorvarse han a mí, diciendo: Sal tú, y todo el pueblo que está a tus pies, y después, así, saldré.» Y salió de junto a Faraón con furor. (9) Y dijo el Eterno a Mosé: «No oirá a vosotros Faraón, para que se multipliquen mis maravillas en la tierra de Egipto.» (10) Y Mosé y Aarón hicieron todas las maravillas estas delante de Faraón: y endureció el Eterno el corazón de Faraón, y no envió a los hijos de Israel fuera de su tierra.

י׳ 29. פתח באתנח י״א 6. ב׳ סבירין כמוה בענין

יב

ויאמר יהוה אל־משה ואל־אהרן בארץ מצרים לאמר׃ א
החדש הזה לכם ראש חדשים ראשון הוא לכם לחדשי 2
השנה׃ דברו אל־כל־עדת ישראל לאמר בעשר לחדש 3
הזה ויקחו להם איש שה לבית־אבת שה לבית׃ ואם־ 4
ימעט הבית מהית משה ולקח הוא ושכנו הקרב אל־
ביתו במכסת נפשת איש לפי אכלו תכסו על־השה׃
שה תמים זכר בן־שנה יהיה לכם מן־הכבשים ומן־ ה
העזים תקחו׃ והיה לכם למשמרת עד ארבעה עשר 6
יום לחדש הזה ושחטו אתו כל קהל עדת־ישראל בין
הערבים׃ ולקחו מן־הדם ונתנו על־שתי המזוזת ועל־ 7
המשקוף על הבתים אשר־יאכלו אתו בהם׃ ואכלו 8
את־הבשר בלילה הזה צלי־אש ומצות על־מררים
יאכלהו׃ אל־תאכלו ממנו נא ובשל מבשל במים כי 9
אם־צלי־אש ראשו על־כרעיו ועל־קרבו׃ ולא־תותירו י
ממנו עד־בקר והנתר ממנו עד־בקר באש תשרפו׃ וככה 11
תאכלו אתו מתניכם חגרים נעליכם ברגליכם ומקלכם
בידכם ואכלתם אתו בחפזון פסח הוא ליהוה׃ ועברתי 12
בארץ־מצרים בלילה הזה והכיתי כל־בכור בארץ
מצרים מאדם ועד־בהמה ובכל־אלהי מצרים אעשה
שפטים אני יהוה׃ והיה הדם לכם לאת על הבתים 13
אשר אתם שם וראיתי את־הדם ופסחתי עלכם ולא־
יהיה בכם נגף למשחית בהכתי בארץ מצרים׃ והיה 14
היום הזה לכם לזכרון וחגתם אתו חג ליהוה לדרתיכם
חקת עולם תחגהו׃ שבעת ימים מצות תאכלו אך ביום ט
הראשון תשביתו שאר מבתיכם כי ׀ כל־אכל חמץ
ונכרתה הנפש ההוא מישראל מיום הראשן עד־יום

XII

(1) Y habló el Eterno a Mosé y a Aarón en tierra de Egipto, diciendo: (2) «El mes este sea a vosotros cabeza de meses; el primero sea él para vosotros de los meses del año. (3) Hablad a toda la congregación de Israel, diciendo: En el diez del mes este, tome para sí, cada varón, un carnero por la casa de los padres, un carnero por cada casa. (4) Y si fuese pequeña la casa para un carnero, tomará él y su vecino un carnero, y por el número de las almas, cada uno según su comer, contará sobre el carnero. (5) El carnero será perfecto, macho de edad de un año a vosotros, de los carneros y de las cabras lo tomaréis. (6) Y será por vosotros guardado hasta catorce días del mes este; y degollarálo toda la congregación de la compañía de Israel, entre las tardes. (7) Y tomarán de la sangre, y pondrán sobre los umbrales y sobre los dinteles de las casas en que lo comerán.» (8) Y comerán la carne en la noche esta, asada al fuego, y cenceñas con amargas comerán. (9) No comáis crudo, ni cocido en el agua, sino asado al fuego, su cabeza con sus rodillas y con su entraña. (10) Y haréis sobrar nada de él hasta la mañana; y lo sobrado de él, a la mañana, a fuego lo quemaréis. (11) Y así lo comeréis: vuestros lomos ceñidos, vuestros zapatos en vuestros pies, y vuestras varas en vuestras manos y lo comeréis con apresuramiento: Pesah es al Eterno. (12) Y pasaré por la tierra de Egipto en la noche esa, y heriré a todo primogénito en la tierra de Egipto, de hombres hasta bestia: y en todos los dioses de Egipto haré juicios. Yo soy el Eterno. (13) Y os será la sangre por señal, sobre las casas en que vosotros estéis, y veré la sangre, y pasaré (*pasahti*) sobre vosotros, y no habrá en vosotros mortandad en mi herir la tierra de Egipto. (14) Y os será el día este en memoria, y lo celebraréis, Pesah del Eterno, en vuestras generaciones: como siempre la celebraréis. (15) Siete días cenceñas comeréis; de cierto, en el día primero no habrá levadura en vuestras casas; que de todo el que comiere leudado será tajada su alma de Israel, desde el día primero hasta el día séptimo. (16) Y en

7. ב' טעמים 11. מלעיל

el día primero habrá llamado de santidad y en el día séptimo habrá llamado de santidad también: ninguna obra sea hecha en ellos, salvo lo que es para comer toda alma, eso sólo será hecho por vosotros. (17) Y guardaréis las cenceñas, porque en el propio día este saqué a vuestros ejércitos de la tierra de Egipto y guardaréis el día este para vuestras generaciones, como fuero para siempre. (18) En el mes primero, el día catorce por la tarde, comeréis cenceñas, hasta el día veintiuno del mes por la tarde. (19) Siete días levadura no sea hallada en vuestras casas, porque toda alma que comiera leudado será tajada de la congregación de Israel, tanto el peregrino como el natural de la tierra. (20) Nada leudado comáis, en todas vuestras moradas comeréis cenceñas.»

(21) Y llamó Mosé a todos los ancianos de Israel, y les dijo: «Trabad y tomad para vosotros ovejas por vuestros linajes, y sacrificad a la Pesah. (22) Y tomaréis un manojo de orégano y lo mojaréis en la sangre que en el vaso estará, y haréis llegar al dintel y al umbral, de la sangre que en el vaso haya, y vosotros no saldréis de la puerta de vuestra casa hasta la mañana. (23) Y pasará el Eterno para herir a los Egipcios: y verá la sangre sobre el dintel y sobre el umbral, y pasará el Eterno la puerta, y no dejará al dañador, ir a vuestras casas para herir. (24) Y guardaréis vosotros y vuestros hijos la cosa esta por fuero para siempre. (25) Y será, cuando fuereis a la tierra que os dará el Eterno a vosotros, como habló, que guardaréis el servicio este. (26) Y cuando os dijeren vuestros hijos: ¿Qué es el servicio este para vosotros? (27) Diréis: Sacrificio de Pesah es al Eterno, que pasó por las casas de los hijos de Israel en Egipto, cuando hirió a los Egipcios, y a nuestras casas libró.» Y humillóse el pueblo, y encorvóse. (28) Y fueron e hicieron los hijos de Israel como encomendó el Eterno a Mosé y a Aarón, así hicieron.

(29) Y fué en la mitad de la noche, que el Eterno hirió a todo primogénito en la tierra de Egipto, desde el primogénito de Faraón que estaba en su trono hasta el primogénito del cautivo que estaba en la casa de la cárcel, hasta todo primogénito de bestia. (30) Y levantáronse de noche, Faraón, él y todos sus

16 הַשְּׁבִיעִי׃ וּבַיּוֹם הָרִאשׁוֹן מִקְרָא־קֹדֶשׁ וּבַיּוֹם הַשְּׁבִיעִי
מִקְרָא־קֹדֶשׁ יִהְיֶה לָכֶם כָּל־מְלָאכָה לֹא־יֵעָשֶׂה בָהֶם
אַךְ אֲשֶׁר יֵאָכֵל לְכָל־נֶפֶשׁ הוּא לְבַדּוֹ יֵעָשֶׂה לָכֶם׃
17 וּשְׁמַרְתֶּם אֶת־הַמַּצּוֹת כִּי בְּעֶצֶם הַיּוֹם הַזֶּה הוֹצֵאתִי אֶת־
צִבְאוֹתֵיכֶם מֵאֶרֶץ מִצְרָיִם וּשְׁמַרְתֶּם אֶת־הַיּוֹם הַזֶּה
18 לְדֹרֹתֵיכֶם חֻקַּת עוֹלָם׃ בָּרִאשֹׁן בְּאַרְבָּעָה עָשָׂר יוֹם לַחֹדֶשׁ
בָּעֶרֶב תֹּאכְלוּ מַצֹּת עַד יוֹם הָאֶחָד וְעֶשְׂרִים לַחֹדֶשׁ
19 בָּעָרֶב׃ שִׁבְעַת יָמִים שְׂאֹר לֹא יִמָּצֵא בְּבָתֵּיכֶם כִּי׀ כָּל־
אֹכֵל מַחְמֶצֶת וְנִכְרְתָה הַנֶּפֶשׁ הַהִוא מֵעֲדַת יִשְׂרָאֵל בַּגֵּר
כ וּבְאֶזְרַח הָאָרֶץ׃ כָּל־מַחְמֶצֶת לֹא תֹאכֵלוּ בְּכֹל מוֹשְׁבֹתֵיכֶם
תֹּאכְלוּ מַצּוֹת׃ פ
21 וַיִּקְרָא מֹשֶׁה לְכָל־זִקְנֵי יִשְׂרָאֵל וַיֹּאמֶר אֲלֵהֶם מִשְׁכוּ וּקְחוּ
22 לָכֶם צֹאן לְמִשְׁפְּחֹתֵיכֶם וְשַׁחֲטוּ הַפָּסַח׃ וּלְקַחְתֶּם אֲגֻדַּת
אֵזוֹב וּטְבַלְתֶּם בַּדָּם אֲשֶׁר־בַּסַּף וְהִגַּעְתֶּם אֶל־הַמַּשְׁקוֹף
וְאֶל־שְׁתֵּי הַמְּזוּזֹת מִן־הַדָּם אֲשֶׁר בַּסָּף וְאַתֶּם לֹא תֵצְאוּ
23 אִישׁ מִפֶּתַח־בֵּיתוֹ עַד־בֹּקֶר׃ וְעָבַר יְהוָה לִנְגֹּף אֶת־מִצְרַיִם
וְרָאָה אֶת־הַדָּם עַל־הַמַּשְׁקוֹף וְעַל שְׁתֵּי הַמְּזוּזֹת וּפָסַח
יְהוָה עַל־הַפֶּתַח וְלֹא יִתֵּן הַמַּשְׁחִית לָבֹא אֶל־בָּתֵּיכֶם לִנְגֹּף׃
24 וּשְׁמַרְתֶּם אֶת־הַדָּבָר הַזֶּה לְחָק־לְךָ וּלְבָנֶיךָ עַד־עוֹלָם׃
כה וְהָיָה כִּי־תָבֹאוּ אֶל־הָאָרֶץ אֲשֶׁר יִתֵּן יְהוָה לָכֶם כַּאֲשֶׁר
26 דִּבֵּר וּשְׁמַרְתֶּם אֶת־הָעֲבֹדָה הַזֹּאת׃ וְהָיָה כִּי־יֹאמְרוּ
27 אֲלֵיכֶם בְּנֵיכֶם מָה הָעֲבֹדָה הַזֹּאת לָכֶם׃ וַאֲמַרְתֶּם זֶבַח־
פֶּסַח הוּא לַיהוָה אֲשֶׁר פָּסַח עַל־בָּתֵּי בְנֵי־יִשְׂרָאֵל בְּמִצְרַיִם
בְּנָגְפּוֹ אֶת־מִצְרַיִם וְאֶת־בָּתֵּינוּ הִצִּיל וַיִּקֹּד הָעָם וַיִּשְׁתַּחֲווּ׃
28 וַיֵּלְכוּ וַיַּעֲשׂוּ בְּנֵי יִשְׂרָאֵל כַּאֲשֶׁר צִוָּה יְהוָה אֶת־מֹשֶׁה
29 וְאַהֲרֹן כֵּן עָשׂוּ׃ ס וַיְהִי׀ בַּחֲצִי הַלַּיְלָה וַיהוָה הִכָּה כָל־בְּכוֹר
בְּאֶרֶץ מִצְרַיִם מִבְּכֹר פַּרְעֹה הַיֹּשֵׁב עַל־כִּסְאוֹ עַד בְּכוֹר

22. קמץ בסגולתא 27. הפ' דגושה

הַשְּׁבִי אֲשֶׁר בְּבֵית הַבּוֹר וְכֹל בְּכוֹר בְּהֵמָה׃ וַיָּקָם פַּרְעֹה ל
לַיְלָה הוּא וְכָל־עֲבָדָיו וְכָל־מִצְרַיִם וַתְּהִי צְעָקָה גְדֹלָה
בְּמִצְרָיִם כִּי־אֵין בַּיִת אֲשֶׁר אֵין־שָׁם מֵת׃ וַיִּקְרָא לְמֹשֶׁה 31
וּלְאַהֲרֹן לַיְלָה וַיֹּאמֶר קוּמוּ צְּאוּ מִתּוֹךְ עַמִּי גַּם־אַתֶּם גַּם־
בְּנֵי יִשְׂרָאֵל וּלְכוּ עִבְדוּ אֶת־יְהוָה כְּדַבֶּרְכֶם׃ גַּם־צֹאנְכֶם 32
גַּם־בְּקַרְכֶם קְחוּ כַּאֲשֶׁר דִּבַּרְתֶּם וָלֵכוּ וּבֵרַכְתֶּם גַּם־אֹתִי׃
וַתֶּחֱזַק מִצְרַיִם עַל־הָעָם לְמַהֵר לְשַׁלְּחָם מִן־הָאָרֶץ כִּי 33
אָמְרוּ כֻּלָּנוּ מֵתִים׃ וַיִּשָּׂא הָעָם אֶת־בְּצֵקוֹ טֶרֶם יֶחְמָץ 34
מִשְׁאֲרֹתָם צְרֻרֹת בְּשִׂמְלֹתָם עַל־שִׁכְמָם׃ וּבְנֵי־יִשְׂרָאֵל לה
עָשׂוּ כִּדְבַר מֹשֶׁה וַיִּשְׁאֲלוּ מִמִּצְרַיִם כְּלֵי־כֶסֶף וּכְלֵי זָהָב
וּשְׂמָלֹת׃ וַיהוָה נָתַן אֶת־חֵן הָעָם בְּעֵינֵי מִצְרַיִם וַיַּשְׁאִלוּם 36
וַיְנַצְּלוּ אֶת־מִצְרָיִם׃ פ
וַיִּסְעוּ בְנֵי־יִשְׂרָאֵל מֵרַעְמְסֵס סֻכֹּתָה כְּשֵׁשׁ־מֵאוֹת אֶלֶף 37
רַגְלִי הַגְּבָרִים לְבַד מִטָּף׃ וְגַם־עֵרֶב רַב עָלָה אִתָּם וְצֹאן 38
וּבָקָר מִקְנֶה כָּבֵד מְאֹד׃ וַיֹּאפוּ אֶת־הַבָּצֵק אֲשֶׁר הוֹצִיאוּ 39
מִמִּצְרַיִם עֻגֹת מַצּוֹת כִּי לֹא חָמֵץ כִּי־גֹרְשׁוּ מִמִּצְרַיִם וְלֹא
יָכְלוּ לְהִתְמַהְמֵהַּ וְגַם־צֵדָה לֹא־עָשׂוּ לָהֶם׃ וּמוֹשַׁב בְּנֵי מ
יִשְׂרָאֵל אֲשֶׁר יָשְׁבוּ בְּמִצְרָיִם שְׁלֹשִׁים שָׁנָה וְאַרְבַּע מֵאוֹת
שָׁנָה׃ וַיְהִי מִקֵּץ שְׁלֹשִׁים שָׁנָה וְאַרְבַּע מֵאוֹת שָׁנָה וַיְהִי 41
בְּעֶצֶם הַיּוֹם הַזֶּה יָצְאוּ כָּל־צִבְאוֹת יְהוָה מֵאֶרֶץ מִצְרָיִם׃
לֵיל שִׁמֻּרִים הוּא לַיהוָה לְהוֹצִיאָם מֵאֶרֶץ מִצְרָיִם הוּא־ 42
הַלַּיְלָה הַזֶּה לַיהוָה שִׁמֻּרִים לְכָל־בְּנֵי יִשְׂרָאֵל לְדֹרֹתָם׃ פ
וַיֹּאמֶר יְהוָה אֶל־מֹשֶׁה וְאַהֲרֹן זֹאת חֻקַּת הַפָּסַח כָּל־בֶּן־ 43
נֵכָר לֹא־יֹאכַל בּוֹ׃ וְכָל־עֶבֶד אִישׁ מִקְנַת־כָּסֶף וּמַלְתָּה 44
אֹתוֹ אָז יֹאכַל בּוֹ׃ תּוֹשָׁב וְשָׂכִיר לֹא־יֹאכַל בּוֹ׃ בְּבַיִת אֶחָד מה 46
יֵאָכֵל לֹא־תוֹצִיא מִן־הַבַּיִת מִן־הַבָּשָׂר חוּצָה וְעֶצֶם לֹא־
תִשְׁבְּרוּ־בוֹ׃ כָּל־עֲדַת יִשְׂרָאֵל יַעֲשׂוּ אֹתוֹ׃ וְכִי־יָגוּר אִתְּךָ 47 48

siervos, y todo Egipto y hubo clamor grande en Egipto, porque no había casa en que no hubiese un muerto. (31) Y llamó a Mosé y a Aarón de noche, y dijo: «Levantaos, salid de entre mi pueblo, también vosotros, también los hijos de Israel: idos, servid al Eterno, como hablasteis. (32) También vuestras ovejas y también vuestras vacas tomad, como hablasteis, e idos; y bendecidme también a mí.» (33) Y esforzóse Egipto sobre el pueblo para presto enviarlos de la tierra porque dijeron: «Todos nosotros seremos muertos.» (34) Y llevó el pueblo su masa antes que se leudase y sus artesas atadas con sus sábanas sobre sus hombres. (35) Y los hijos de Israel hicieron como dijo la palabra de Mosé, y demandaron a los Egipcios vasos de plata, y vasos de oro, y vestidos.

(36) Y el Eterno dió gracia al pueblo a los ojos de los Egipcios, y prestáronles; y despojaron a los Egipcios.

(37) Y moviéronse los hijos de Israel de Ramsés a Sucot, como seiscientos mil peatones, los varones fuera de la familia. (38) Y también gran muchedumbre subió con ellos; y ovejas, y vacas y ganado muy pesado. (39) Y cocieron la masa que sacaron de Egipto, tortas cenceñas, que no se leudaron, porque fueron desterrados de Egipto, y no pudieron demorarse, y tampoco vianda hicieron para ellos. (40) Y la morada de los hijos de Israel en Egipto fué de cuatrocientos treinta años. (41) Y fué al fin de cuatrocientos treinta años, y en el propio día este, que salieron todos los ejércitos del Eterno de la tierra de Egipto. (42) Noche de guardar es ella al Eterno por haberlos sacado de la tierra de Egipto. Ella es la noche de guardar para el Eterno por todos los hijos de Israel en sus generaciones.

(43) Y dijo el Eterno a Mosé y a Aarón: «Esto es el fuero de la Pesah: Ningún hijo extraño comerá de él. (44) Y todo siervo de varón comprado por plata será circuncidado, y entonces comerá de él. (45) El extranjero y el alquiladizo no comerán de él. (46) En una casa será comido, no saquéis fuera de la casa la carne, ni los huesos quebréis. (47) Toda la congregación de Israel hará esto. (48) Y cuando peregrinare contigo algún peregrino y quisiera hacer

31. צ' דגושה 39. הנ' רפה

גֵּר וְעָשָׂה פֶסַח לַיהוָה הִמּוֹל לוֹ כָל־זָכָר וְאָז יִקְרַב
49 לַעֲשֹׂתוֹ וְהָיָה כְּאֶזְרַח הָאָרֶץ וְכָל־עָרֵל לֹא־יֹאכַל בּוֹ: תּוֹרָה
נ אַחַת יִהְיֶה לָאֶזְרָח וְלַגֵּר הַגָּר בְּתוֹכְכֶם: וַיַּעֲשׂוּ כָּל־בְּנֵי
יִשְׂרָאֵל כַּאֲשֶׁר צִוָּה יְהוָה אֶת־מֹשֶׁה וְאֶת־אַהֲרֹן כֵּן עָשׂוּ:
51 ס וַיְהִי בְּעֶצֶם הַיּוֹם הַזֶּה הוֹצִיא יְהוָה אֶת־בְּנֵי יִשְׂרָאֵל
מֵאֶרֶץ מִצְרַיִם עַל־צִבְאֹתָם: פ

יג

2 א וַיְדַבֵּר יְהוָה אֶל־מֹשֶׁה לֵּאמֹר: קַדֶּשׁ־לִי כָל־בְּכוֹר פֶּטֶר
3 כָּל־רֶחֶם בִּבְנֵי יִשְׂרָאֵל בָּאָדָם וּבַבְּהֵמָה לִי הוּא: וַיֹּאמֶר
מֹשֶׁה אֶל־הָעָם זָכוֹר אֶת־הַיּוֹם הַזֶּה אֲשֶׁר יְצָאתֶם מִמִּצְרַיִם
מִבֵּית עֲבָדִים כִּי בְּחֹזֶק יָד הוֹצִיא יְהוָה אֶתְכֶם מִזֶּה וְלֹא
4 ה יֵאָכֵל חָמֵץ: הַיּוֹם אַתֶּם יֹצְאִים בְּחֹדֶשׁ הָאָבִיב: וְהָיָה
כִי־יְבִיאֲךָ יְהוָה אֶל־אֶרֶץ הַכְּנַעֲנִי וְהַחִתִּי וְהָאֱמֹרִי וְהַחִוִּי
וְהַיְבוּסִי אֲשֶׁר נִשְׁבַּע לַאֲבֹתֶיךָ לָתֶת לָךְ אֶרֶץ זָבַת חָלָב
6 וּדְבָשׁ וְעָבַדְתָּ אֶת־הָעֲבֹדָה הַזֹּאת בַּחֹדֶשׁ הַזֶּה: שִׁבְעַת
7 יָמִים תֹּאכַל מַצֹּת וּבַיּוֹם הַשְּׁבִיעִי חַג לַיהוָה: מַצּוֹת
יֵאָכֵל אֵת שִׁבְעַת הַיָּמִים וְלֹא־יֵרָאֶה לְךָ חָמֵץ וְלֹא־יֵרָאֶה
8 לְךָ שְׂאֹר בְּכָל־גְּבֻלֶךָ: וְהִגַּדְתָּ לְבִנְךָ בַּיּוֹם הַהוּא לֵאמֹר
9 בַּעֲבוּר זֶה עָשָׂה יְהוָה לִי בְּצֵאתִי מִמִּצְרָיִם: וְהָיָה לְךָ
לְאוֹת עַל־יָדְךָ וּלְזִכָּרוֹן בֵּין עֵינֶיךָ לְמַעַן תִּהְיֶה תּוֹרַת יְהוָה
י בְּפִיךָ כִּי בְּיָד חֲזָקָה הוֹצִאֲךָ יְהוָה מִמִּצְרָיִם: וְשָׁמַרְתָּ
אֶת־הַחֻקָּה הַזֹּאת לְמוֹעֲדָהּ מִיָּמִים יָמִימָה: פ
11 וְהָיָה כִּי־יְבִאֲךָ יְהוָה אֶל־אֶרֶץ הַכְּנַעֲנִי כַּאֲשֶׁר נִשְׁבַּע לְךָ
12 וְלַאֲבֹתֶיךָ וּנְתָנָהּ לָךְ: וְהַעֲבַרְתָּ כָל־פֶּטֶר־רֶחֶם לַיהוָה
וְכָל־פֶּטֶר | שֶׁגֶר בְּהֵמָה אֲשֶׁר יִהְיֶה לְךָ הַזְּכָרִים לַיהוָה:
13 וְכָל־פֶּטֶר חֲמֹר תִּפְדֶּה בְשֶׂה וְאִם־לֹא תִפְדֶּה וַעֲרַפְתּוֹ וְכֹל
14 בְּכוֹר אָדָם בְּבָנֶיךָ תִּפְדֶּה: וְהָיָה כִּי־יִשְׁאָלְךָ בִנְךָ מָחָר
לֵאמֹר מַה־זֹּאת וְאָמַרְתָּ אֵלָיו בְּחֹזֶק יָד הוֹצִיאָנוּ יְהוָה

Pesah al Eterno, será circuncidado de él cada varón y entonces se llegará para hacerla, y será como arraigado de la tierra, y ningún incircunciso comerá en ella. (49) La ley será una para el arraigado, y para el peregrino que peregrinare entre vosotros.» (50) Así hicieron todos los hijos de Israel como encomendó el Eterno a Mosé y a Aarón; así hicieron. (51) Y, en el propio día este sacó el Eterno a los hijos de Israel de la tierra de Egipto, por sus ejércitos.

XIII

(1) Y habló el Eterno a Mosé, diciendo: (2) «Santifícame todo primogénito, cualquiera que abra matriz entre los hijos de Israel, en el hombre y en la bestia, para mí es.»
(3) Y dijo Mosé al pueblo: «Recordad al día èste, en que salisteis de Egipto, de la casa de los siervos; porque con fortaleza de mano os sacó el Eterno de aquí y no comeréis leudado. (4) Hoy vosotros salís en el mes de primavera. (5) Y será cuando te llevara el Eterno a las tierras del Kenaaneo, y del Hiteo, y del Emoreo, y del Hiveo, y del Iebuseo, que juró a tus padres darte, tierra que mana leche y miel, que servirás al servicio èste, en el mes este. (6) Siete días comerás cenceñas, y en el día séptimo harás Pesah al Eterno. (7) Cenceñas serán comidas siete días y no será visto por ti, leudado y no será visto por ti, levadura en todo tu término. (8) Y anunciarás a tu hijo en el día èste, diciendo: Por èsto me hizo el Eterno salir de Egipto. (9) Y será para ti como señal sobre tu mano y como memoria ante tus ojos, para que sea la ley del Eterno en tu boca, que con mano fuerte te sacó el Eterno de Egipto. (10) Y guardarás el fuero este en su plazo, de año en año.
(11) Y cuando te llevare el Eterno a la tierra del Kenaaneo, como juró a ti y a tus padres darte, (12) harás pasar todo lo que abriere la matriz para el Eterno, y todo lo que abriere la matriz de la bestia, que tienes y los machos, para el Eterno. (13) Y todo primerizo de asno redimirás por carnero, y si no lo redimieres, lo degollarás, y todo primogénito de hombre en tus hijos redimirás. (14) Y será cuando te demandare tu hijo mañana, diciendo: ¿Qué es esto? Dirás a él: con fortaleza de manos nos sacó el Eterno de Egipto de la

טו ממצרים מבית עבדים: ויהי כי־הקשה פרעה לשלחנו
ויהרג יהוה כל־בכור בארץ מצרים מבכר אדם ועד־
בכור בהמה על־כן אני זבח ליהוה כל־פטר רחם
16 הזכרים וכל־בכור בני אפדה: והיה לאות על־ידכה
ולטוטפת בין עיניך כי בחזק יד הוציאנו יהוה ממצרים:

ס ס ס ,י 16

17 ויהי בשלח פרעה את־העם ולא־נחם אלהים דרך ארץ
פלשתים כי קרוב הוא כי | אמר אלהים פן־ינחם העם
18 בראתם מלחמה ושבו מצרימה: ויסב אלהים | את־העם
דרך המדבר ים־סוף וחמשים עלו בני־ישראל מארץ
19 מצרים: ויקח משה את־עצמות יוסף עמו כי השבע
השביע את־בני ישראל לאמר פקד יפקד אלהים אתכם
כ והעליתם את־עצמתי מזה אתכם: ויסעו מסכת ויחנו
21 באתם בקצה המדבר: ויהוה הלך לפניהם יומם בעמוד
ענן לנחתם הדרך ולילה בעמוד אש להאיר להם
22 ללכת יומם ולילה: לא־ימיש עמוד הענן יומם ועמוד
האש לילה לפני העם: פ

יד

2 א וידבר יהוה אל־משה לאמר: דבר אל־בני ישראל וישבו
ויחנו לפני פי החירת בין מגדל ובין הים לפני בעל
3 צפן נכחו תחנו על־הים: ואמר פרעה לבני ישראל
4 נבכים הם בארץ סגר עליהם המדבר: וחזקתי את־לב־
פרעה ורדף אחריהם ואכבדה בפרעה ובכל־חילו וידעו
ה מצרים כי־אני יהוה ויעשו־כן: ויגד למלך מצרים כי
ברח העם ויהפך לבב פרעה ועבדיו אל־העם ויאמרו
6 מה־זאת עשינו כי־שלחנו את־ישראל מעבדנו: ויאסר
7 את־רכבו ואת־עמו לקח עמו: ויקח שש־מאות רכב

casa de los siervos. (15) Y fué cuando se endureció Faraón para enviarnos que mató el Eterno todo primogénito en la tierra de Egipto, primogénito de hombre y hasta primogénito de bestia: por tanto yo sacrifico al Eterno todo lo que abra la matriz, los machos, y todo primogénito de mis hijos redimo. (16) Y será como señal sobre tu mano, y por Tefilín ante tus ojos, que con fortaleza de mano nos sacó el Eterno de Egipto.»

(16) BESALAH

(17) Y fué al enviar Faraón al pueblo, no lo guió el Eterno por el camino de la tierra de los Pelisteos, que cercana era ella, porque dijo el Eterno: «Que no se arrepienta el pueblo al ver pelea, y tornen a Egipto.» (18) E hizo rodear Dios al pueblo el camino del desierto al mar de Suf. Y armados subieron los hijos de Israel de la tierra de Egipto. (19) Y tomó Mosé los huesos de Iosef con él porque conjuró a los hijos de Israel, diciendo: «Visitar, visitará Dios a vosotros, y haréis subir mis huesos de aquí, con vosotros.» (20) Y moviéronse de Sucot, y posaron en Etam, al cabo del desierto. (21) Y el Eterno iba delante de ellos de día, con un pilar de nubes, para guiarlos en el camino, y de noche, con un pilar de fuego para alumbrarlos, para andar de día y de noche. (22) No se quitaba el pilar de la nube de día y el pilar de fuego de noche de delante el pueblo.

XIV

(1) Y habló el Eterno a Mosé, diciendo: (2) «Habla a los hijos de Israel, y tornen y posen delante de Pi-Ahirot, entre Migdol y el mar, delante de Baal-Sefón; frente de él posaréis, cerca del mar. (3) Y dirá Faraón de los hijos de Israel: encerrados están ellos en la tierra, cerró sobre ellos el desierto. (4) Y endureceré el corazón de Faraón y perseguirá a ellos; y honrarme he, en Faraón y en todo su ejército, y sabrá Egipto que yo soy el Eterno.» E hicieron así. (5) Y fué anunciado al rey de Egipto, que huyó el pueblo y fué trastornado el corazón de Faraón y el de sus siervos contra el pueblo, y dijeron: «¿Qué hicimos que evitamos a Israel de servirnos?» (6) Y ató su carro y su pueblo tomó con él. (7) Y tomó seiscientos carros escogidos, y todos los carros de Egipto, y capitanes sobre todos ellos. (8) Y endureció el Eterno el corazón

8 בחור וכל רכב מצרים ושלשם על־כלו׃ ויחזק יהוה
את־לב פרעה מלך מצרים וירדף אחרי בני ישראל ובני
9 ישראל יצאים ביד רמה׃ וירדפו מצרים אחריהם וישיגו
אותם חנים על־הים כל־סוס רכב פרעה ופרשיו וחילו
י על־פי החירת לפני בעל צפן׃ ופרעה הקריב וישאו
בני־ישראל את־עיניהם והנה מצרים ׀ נסע אחריהם
11 וייראו מאד ויצעקו בני־ישראל אל־יהוה׃ ויאמרו אל־
משה המבלי אין־קברים במצרים לקחתנו למות במדבר
12 מה־זאת עשית לנו להוציאנו ממצרים׃ הלא־זה הדבר
אשר דברנו אליך במצרים לאמר חדל ממנו ונעבדה
את־מצרים כי טוב לנו עבד את־מצרים ממתנו במדבר׃
13 ויאמר משה אל־העם אל־תיראו התיצבו וראו את־
ישועת יהוה אשר־יעשה לכם היום כי אשר ראיתם את־
14 מצרים היום לא תספו לראתם עוד עד־עולם׃ יהוה
ילחם לכם ואתם תחרשון׃ פ
טו ויאמר יהוה אל־משה מה־תצעק אלי דבר אל־בני־
16 ישראל ויסעו׃ ואתה הרם את־מטך ונטה את־ידך על־
הים ובקעהו ויבאו בני־ישראל בתוך הים ביבשה׃
17 ואני הנני מחזק את־לב מצרים ויבאו אחריהם ואכבדה
18 בפרעה ובכל־חילו ברכבו ובפרשיו׃ וידעו מצרים
19 כי־אני יהוה בהכבדי בפרעה ברכבו ובפרשיו׃ ויסע
מלאך האלהים ההלך לפני מחנה ישראל וילך מאחריהם
כ ויסע עמוד הענן מפניהם ויעמד מאחריהם׃ ויבא בין ׀
מחנה מצרים ובין מחנה ישראל ויהי הענן והחשך ויאר
21 את־הלילה ולא־קרב זה אל־זה כל־הלילה׃ ויט משה
את־ידו על־הים ויולך יהוה ׀ את־הים ברוח קדים עזה
22 כל־הלילה וישם את־הים לחרבה ויבקעו המים׃ ויבאו

de Faraón, rey de Egipto, y persiguió a los hijos de Israel, y los hijos de Israel salieron con mano alta. (9) Y los persiguieron los Egipcios y alcanzáronlos posando cerca del mar, todos los caballos, todos los carros de Faraón, y sus caballeros, y su ejército, sobre Pi-Ahirot, delante de Baal-Sefón.

(10) Y Faraón se llegó y alzaron los hijos de Israel sus ojos, y he aquí que los Egipcios se movieron en pos de ellos, y temieron mucho, y clamaron los hijos de Israel al Eterno. (11) Y dijeron a Mosé: «¿Si porque no había sepulturas en Egipto, nos tomaste para morir en el desierto? ¿Qué hiciste a nosotros al sacarnos de Egipto?

(12) De cierto, ésta es la cosa que hablamos a ti en Egipto, diciendo: «Védate de nosotros, y serviremos a los Egipcios. Que mejor es para nosotros servir a los Egipcios que morir en el desierto.» (13) Y dijo Mosé al pueblo: «No temáis, quedad y ved la salvación del Eterno que hará a vosotros hoy; que los Egipcios que visteis hoy, no volveréis a verlos más. (14) El Eterno peleará por vosotros, y vosotros callaréis.» (15) Y dijo el Eterno a Mosé: «¿Qué clamas a mí? Habla a los hijos de Israel y muévanse, (16) y tú alza tu vara, y tiende tu mano sobre el mar, hiéndela, y entren los hijos de Israel en el mar, en lo seco. (17) Y yo, he aquí que yo endurezco el corazón de los Egipcios y entrarán tras ellos, y seré honrado en Faraón y en todo su ejército, en sus carros y en sus caballeros; (18) y sabrán los Egipcios que yo soy el Eterno, al ser honrado en Faraón, y en sus carros, y en sus caballeros.»

(19) Y movióse el ángel de Dios, el que andaba delante del real de Israel, y fué detrás de ellos; y movióse el pilar de la nube de delante de ellos, y estuvo tras ellos. (20) Y vino entre el real de los Egipcios, y el real de Israel; y fué la nube y la oscuridad, y alumbró por la noche; y no se llegó éste en toda la noche. (21) Y tendió Mosé su mano sobre el mar, y llevó el Eterno al mar, viento solano fuerte, toda la noche, y puso el mar en lo seco y fueron hendidas las aguas. (22) Y entraron los hijos de Israel en el mar en lo seco, y las aguas

13. סבירין כאשר

בְנֵֽי־יִשְׂרָאֵל בְּתוֹךְ הַיָּם בַּיַּבָּשָׁה וְהַמַּיִם לָהֶם חוֹמָה מִֽימִינָם
וּמִשְּׂמֹאלָֽם׃ וַיִּרְדְּפוּ מִצְרַיִם וַיָּבֹאוּ אַחֲרֵיהֶם כֹּל סוּס 23
פַּרְעֹה רִכְבּוֹ וּפָרָשָׁיו אֶל־תּוֹךְ הַיָּֽם׃ וַיְהִי בְּאַשְׁמֹרֶת הַבֹּקֶר 24
וַיַּשְׁקֵף יְהוָה אֶל־מַחֲנֵה מִצְרַיִם בְּעַמּוּד אֵשׁ וְעָנָן וַיָּהָם אֶת
מַחֲנֵה מִצְרָֽיִם׃ וַיָּסַר אֵת אֹפַן מַרְכְּבֹתָיו וַיְנַהֲגֵהוּ בִּכְבֵדֻת כה
וַיֹּאמֶר מִצְרַיִם אָנוּסָה מִפְּנֵי יִשְׂרָאֵל כִּי יְהוָה נִלְחָם לָהֶם
בְּמִצְרָֽיִם׃ פ
וַיֹּאמֶר יְהוָה אֶל־מֹשֶׁה נְטֵה אֶת־יָדְךָ עַל־הַיָּם וְיָשֻׁבוּ הַמַּיִם 26
עַל־מִצְרַיִם עַל־רִכְבּוֹ וְעַל־פָּרָשָֽׁיו׃ וַיֵּט מֹשֶׁה אֶת־יָדוֹ 27
עַל־הַיָּם וַיָּשָׁב הַיָּם לִפְנוֹת בֹּקֶר לְאֵיתָנוֹ וּמִצְרַיִם נָסִים
לִקְרָאתוֹ וַיְנַעֵר יְהוָה אֶת־מִצְרַיִם בְּתוֹךְ הַיָּֽם׃ וַיָּשֻׁבוּ 28
הַמַּיִם וַיְכַסּוּ אֶת־הָרֶכֶב וְאֶת־הַפָּרָשִׁים לְכֹל חֵיל פַּרְעֹה
הַבָּאִים אַחֲרֵיהֶם בַּיָּם לֹא־נִשְׁאַר בָּהֶם עַד־אֶחָֽד׃ וּבְנֵי 29
יִשְׂרָאֵל הָלְכוּ בַיַּבָּשָׁה בְּתוֹךְ הַיָּם וְהַמַּיִם לָהֶם חֹמָה מִֽימִינָם
וּמִשְּׂמֹאלָֽם׃ וַיּוֹשַׁע יְהוָה בַּיּוֹם הַהוּא אֶת־יִשְׂרָאֵל מִיַּד ל
מִצְרָיִם וַיַּרְא יִשְׂרָאֵל אֶת־מִצְרַיִם מֵת עַל־שְׂפַת הַיָּֽם׃ וַיַּרְא 31
יִשְׂרָאֵל אֶת־הַיָּד הַגְּדֹלָה אֲשֶׁר עָשָׂה יְהוָה בְּמִצְרַיִם וַיִּירְאוּ
הָעָם אֶת־יְהוָה וַיַּאֲמִינוּ בַּיהוָה וּבְמֹשֶׁה עַבְדּֽוֹ׃

טו

אָז יָשִׁיר־מֹשֶׁה וּבְנֵי יִשְׂרָאֵל אֶת־הַשִּׁירָה הַזֹּאת לַיהוָה וַיֹּאמְרוּ א
לֵאמֹר אָשִׁירָה לַּיהוָה כִּֽי־גָאֹה גָּאָה סוּס
וְרֹכְבוֹ רָמָה בַיָּֽם׃ עָזִּי וְזִמְרָת יָהּ וַֽיְהִי־לִי 2
לִֽישׁוּעָה זֶה אֵלִי וְאַנְוֵהוּ אֱלֹהֵי
אָבִי וַאֲרֹמְמֶֽנְהוּ׃ יְהוָה אִישׁ מִלְחָמָה יְהוָה 3
שְׁמֽוֹ׃ מַרְכְּבֹת פַּרְעֹה וְחֵילוֹ יָרָה בַיָּם וּמִבְחַר 4
שָׁלִשָׁיו טֻבְּעוּ בְיַם־סֽוּף׃ תְּהֹמֹת יְכַסְיֻמוּ יָרְדוּ בִמְצוֹלֹת כְּמוֹ־ ה
אָֽבֶן׃ יְמִינְךָ יְהוָה נֶאְדָּרִי בַּכֹּחַ יְמִינְךָ 6

fueron para ellos como muro
a su derecha y a su izquierda.
(23) Y les persiguieron los
Egipcios, y entraron tras ellos,
todos los caballos de Faraón,
sus carros, y sus caballeros. en
el mar. (24) Y fué a la luz de
la mañana, que cató el Eterno
al real de los Egipcios con pi-
lar de fuego y nube, y contur-
bó el real de los Egipcios. (25)
Y quitó la rueda de sus carros,
y guiólos con pesadumbre; y
dijeron los Egipcios: «Huiré
delante de Israel, que el Eter-
no pelea por ellos con Egipto.»
(26) Y dijo el Eterno a Mosé:
«Tiende tu mano sobre el mar
y tórnense las aguas sobre
Egipto, sobre sus carros, y so-
bre sus caballeros. (27) Y ten-
dió Mosé su mano sobre el mar,
y tornóse el mar a la hora de
la mañana en su fuerza; y los
Egipcios huían a su encuentro,
y sacudió el Eterno a los Egip-
cios en medio del mar. (28) Y
tornáronse las aguas, y cubrie-
ron los carros y a los caballe-
ros, y a todo el ejército de Fa-
raón que entraron en pos de
ellos en el mar; no quedó de
ellos ni uno. (29) Y los hijos
de Israel anduvieron en lo seco
entre el mar, y las aguas fueron
para ellos como muro a su
derecha y a su izquierda. (30)
Y salvó el Eterno en el día este a Israel de mano de Egipto, e Israel vió a los
Egipcios muertos sobre la orilla del mar. (31) Y vió Israel el poder grande
que hizo el Eterno en los Egipcios: y temió el pueblo al Eterno, y creyeron
en el Eterno, y en Mosé, su siervo.

XV

(1) Entonces cantaron Mosé y los hijos de Israel el cántico este al Eterno, y
dijeron cantando:

«Cantaré al Eterno,
Que enaltecer, se enalteció,
Caballo y su cabalgador
Echó en el mar.
(2) Mi fortaleza, y mi loor es Ia,
Y fué a mí por salvación,
Éste es mi Dios, y hacerle he morada;
Dios de mi padre, enaltecerlo he.
(3) El Eterno, varón de pelea,
El Eterno es su nombre:
(4) Carros de Faraón y su ejército
Echó en el mar:
Y los escogidos de sus capitanes
Fueron hundidos en el mar Suf.
(5) Abismos los cubrieron;
Descendieron en las profundidades como
[piedras.
(6) Tu derecha, Eterno,
Es fuente con fuerza;
Tu derecha, Eterno
Quebranta al enemigo.
(7) Y con poder de tu lozanía
Derribas a los que se levantan contra ti;
Enviaste tu ira

יד 28 בראש עמוד סימן בי"ה שמ"ו טו 1. נ' דגושה

Los quemó como al rastrojo.
(8) Y con el soplo de tus narices
Fueron amontonadas las aguas;
Fueron paradas como montones
[rutilantes,
Quejáronse abismos en medio
[del mar.
(9) Dijo el enemigo:
«Perseguiré,
Alcanzaré,
Partiré despojo:
Henchiráse de ellos mi alma;
Desenvainaré mi espada,
Desterrarlos ha, mi mano.»
(10) Soplaste con tu viento,
Cubriólos el mar:
Hundiéronse como el plomo
En aguas fuertes.
(11) ¿Quién es como tú,
Entre los fuertes, Eterno?
¿Quién es como tú,
Fuerte en la santidad,
Temeroso de loores,
Hacedor de maravillas?
(12) Tendiste tu derecha;
Englutiólos la tierra.
(13) Guiaste con tu merced
El pueblo este, que redimiste;
Guiaste con tu fortaleza
A la morada de tu santuario.
(14) Oyeron pueblos, estremeciéronse.
Dolor trabó a los moradores de
[Peléset.
(15) Entonces fueron turbados los
[condes de Edom,
Fuertes de Moab, los trabó el
[temblor;
Fueron abatidos todos los mo-
[radores de Kenáan.
(16) Caiga sobre ellos miedo y pavor;
Con la grandeza de tu brazo
Cállense como la piedra;
Hasta que pase tu pueblo, Eterno,
Hasta que pase el pueblo este
[que tú creaste.

7 יְהוָה תִּרְעַץ אוֹיֵב׃ וּבְרֹב גְּאוֹנְךָ תַּהֲרֹס
8 קָמֶיךָ תְּשַׁלַּח חֲרֹנְךָ יֹאכְלֵמוֹ כַּקַּשׁ׃ וּבְרוּחַ
אַפֶּיךָ נֶעֶרְמוּ מַיִם נִצְּבוּ כְמוֹ־נֵד
9 נֹזְלִים קָפְאוּ תְהֹמֹת בְּלֶב־יָם׃ אָמַר
אוֹיֵב אֶרְדֹּף אַשִּׂיג אֲחַלֵּק שָׁלָל תִּמְלָאֵמוֹ
י נַפְשִׁי אָרִיק חַרְבִּי תּוֹרִישֵׁמוֹ יָדִי׃ נָשַׁפְתָּ
בְרוּחֲךָ כִּסָּמוֹ יָם צָלֲלוּ כַּעוֹפֶרֶת בְּמַיִם
11 אַדִּירִים׃ מִי־כָמֹכָה בָּאֵלִם יְהוָה מִי
כָּמֹכָה נֶאְדָּר בַּקֹּדֶשׁ נוֹרָא תְהִלֹּת עֹשֵׂה־
12 13 פֶלֶא׃ נָטִיתָ יְמִינְךָ תִּבְלָעֵמוֹ אָרֶץ׃ נָחִיתָ
בְחַסְדְּךָ עַם־זוּ גָּאָלְתָּ נֵהַלְתָּ בְעָזְּךָ אֶל־נְוֵה
14 קָדְשֶׁךָ׃ שָׁמְעוּ עַמִּים יִרְגָּזוּן חִיל
טו אָחַז יֹשְׁבֵי פְּלָשֶׁת׃ אָז נִבְהֲלוּ אַלּוּפֵי
אֱדוֹם אֵילֵי מוֹאָב יֹאחֲזֵמוֹ רָעַד נָמֹגוּ
16 כֹּל יֹשְׁבֵי כְנָעַן׃ תִּפֹּל עֲלֵיהֶם אֵימָתָה
וָפַחַד בִּגְדֹל זְרוֹעֲךָ יִדְּמוּ כָּאָבֶן עַד־
יַעֲבֹר עַמְּךָ יְהוָה עַד־יַעֲבֹר עַם־זוּ
17 קָנִיתָ׃ תְּבִאֵמוֹ וְתִטָּעֵמוֹ בְּהַר נַחֲלָתְךָ מָכוֹן
לְשִׁבְתְּךָ פָּעַלְתָּ יְהוָה מִקְּדָשׁ אֲדֹנָי כּוֹנְנוּ
18 19 יָדֶיךָ׃ יְהוָה ׀ יִמְלֹךְ לְעֹלָם וָעֶד׃ כִּי
בָא סוּס פַּרְעֹה בְּרִכְבּוֹ וּבְפָרָשָׁיו בַּיָּם וַיָּשֶׁב יְהוָה עֲלֵהֶם
אֶת־מֵי הַיָּם וּבְנֵי יִשְׂרָאֵל הָלְכוּ בַיַּבָּשָׁה בְּתוֹךְ הַיָּם׃ פ
כ וַתִּקַּח מִרְיָם הַנְּבִיאָה אֲחוֹת אַהֲרֹן אֶת־הַתֹּף בְּיָדָהּ וַתֵּצֶאןָ
21 כָל־הַנָּשִׁים אַחֲרֶיהָ בְּתֻפִּים וּבִמְחֹלֹת׃ וַתַּעַן לָהֶם מִרְיָם
שִׁירוּ לַיהוָה כִּי־גָאֹה גָּאָה סוּס וְרֹכְבוֹ רָמָה בַיָּם׃ ס
22 וַיַּסַּע מֹשֶׁה אֶת־יִשְׂרָאֵל מִיַּם־סוּף וַיֵּצְאוּ אֶל־מִדְבַּר־שׁוּר
23 וַיֵּלְכוּ שְׁלֹשֶׁת־יָמִים בַּמִּדְבָּר וְלֹא־מָצְאוּ מָיִם׃ וַיָּבֹאוּ

(17) Traerlo has y plantarlo has,
En el monte de tu heredad.
Compostura para tu asiento obraste,
[Eterno,
Santuario, Señor, compusieron tus manos.
(18) ¡El Eterno reinará para siempre y
[siempre!»

(19) Cuando vinieron los caballos de Faraón con sus carros y con sus caballeros al mar, hizo tornar el Eterno sobre ellos las aguas del mar; y los hijos de Israel fueron por lo seco entre el mar.
(20) Y tomó Miriam la profetisa, hermana de Aarón, el adufe en sus manos, y salieron todas las mujeres en pos de ella con adufes y con danzas; (21) Y cantó a ellas Miriam:

«Cantad al Eterno,
Que enaltecer se enalteció,
El caballo y su cabalgador
Echó en el mar.»

(22) E hizo mover Mosé a Israel del mar Suf, y salieron al desierto de Sur; y anduvieron tres días por el desierto y no hallaron agua. (23) Y vinieron a Mará, y no pudieron beber las aguas de Mará, porque eran amargas; por

11. כ' דגושה 13. ג' דגושה 16. כ' דגושה 17. ק' דגושה 21. ג' דגושה

מָרָתָה וְלֹא יָכְלוּ לִשְׁתֹּת מַיִם מִמָּרָה כִּי מָרִים הֵם עַל־
24 כֵּן קָרָא־שְׁמָהּ מָרָה: וַיִּלֹּנוּ הָעָם עַל־מֹשֶׁה לֵּאמֹר מַה־
כה נִּשְׁתֶּה: וַיִּצְעַק אֶל־יְהוָה וַיּוֹרֵהוּ יְהוָה עֵץ וַיַּשְׁלֵךְ אֶל־
הַמַּיִם וַיִּמְתְּקוּ הַמָּיִם שָׁם שָׂם לוֹ חֹק וּמִשְׁפָּט וְשָׁם נִסָּהוּ:
26 וַיֹּאמֶר אִם־שָׁמוֹעַ תִּשְׁמַע לְקוֹל ׀ יְהוָה אֱלֹהֶיךָ וְהַיָּשָׁר בְּעֵינָיו
תַּעֲשֶׂה וְהַאֲזַנְתָּ לְמִצְוֹתָיו וְשָׁמַרְתָּ כָּל־חֻקָּיו כָּל־הַמַּחֲלָה
אֲשֶׁר־שַׂמְתִּי בְמִצְרַיִם לֹא־אָשִׂים עָלֶיךָ כִּי אֲנִי יְהוָה
27 רֹפְאֶךָ: ס וַיָּבֹאוּ אֵילִמָה וְשָׁם שְׁתֵּים עֶשְׂרֵה עֵינֹת מַיִם
וְשִׁבְעִים תְּמָרִים וַיַּחֲנוּ־שָׁם עַל־הַמָּיִם:

טז

א וַיִּסְעוּ מֵאֵילִם וַיָּבֹאוּ כָּל־עֲדַת בְּנֵי־יִשְׂרָאֵל אֶל־מִדְבַּר־סִין
אֲשֶׁר בֵּין־אֵילִם וּבֵין סִינָי בַּחֲמִשָּׁה עָשָׂר יוֹם לַחֹדֶשׁ
2 הַשֵּׁנִי לְצֵאתָם מֵאֶרֶץ מִצְרָיִם: וַיִּלִּינוּ כָּל־עֲדַת בְּנֵי־יִשְׂרָאֵל
3 עַל־מֹשֶׁה וְעַל־אַהֲרֹן בַּמִּדְבָּר: וַיֹּאמְרוּ אֲלֵהֶם בְּנֵי יִשְׂרָאֵל
מִי־יִתֵּן מוּתֵנוּ בְיַד־יְהוָה בְּאֶרֶץ מִצְרַיִם בְּשִׁבְתֵּנוּ עַל־סִיר
הַבָּשָׂר בְּאָכְלֵנוּ לֶחֶם לָשֹׂבַע כִּי־הוֹצֵאתֶם אֹתָנוּ אֶל־
הַמִּדְבָּר הַזֶּה לְהָמִית אֶת־כָּל־הַקָּהָל הַזֶּה בָּרָעָב: ס
4 וַיֹּאמֶר יְהוָה אֶל־מֹשֶׁה הִנְנִי מַמְטִיר לָכֶם לֶחֶם מִן־הַשָּׁמָיִם
וְיָצָא הָעָם וְלָקְטוּ דְּבַר־יוֹם בְּיוֹמוֹ לְמַעַן אֲנַסֶּנּוּ הֲיֵלֵךְ
ה בְּתוֹרָתִי אִם־לֹא: וְהָיָה בַּיּוֹם הַשִּׁשִּׁי וְהֵכִינוּ אֵת אֲשֶׁר־
6 יָבִיאוּ וְהָיָה מִשְׁנֶה עַל אֲשֶׁר־יִלְקְטוּ יוֹם ׀ יוֹם: וַיֹּאמֶר
מֹשֶׁה וְאַהֲרֹן אֶל־כָּל־בְּנֵי יִשְׂרָאֵל עֶרֶב וִידַעְתֶּם כִּי יְהוָה
7 הוֹצִיא אֶתְכֶם מֵאֶרֶץ מִצְרָיִם: וּבֹקֶר וּרְאִיתֶם אֶת־כְּבוֹד
יְהוָה בְּשָׁמְעוֹ אֶת־תְּלֻנֹּתֵיכֶם עַל־יְהוָה וְנַחְנוּ מָה כִּי תַלּוֹנוּ
8 עָלֵינוּ: וַיֹּאמֶר מֹשֶׁה בְּתֵת יְהוָה לָכֶם בָּעֶרֶב בָּשָׂר לֶאֱכֹל
וְלֶחֶם בַּבֹּקֶר לִשְׂבֹּעַ בִּשְׁמֹעַ יְהוָה אֶת־תְּלֻנֹּתֵיכֶם אֲשֶׁר־
אַתֶּם מַלִּינִם עָלָיו וְנַחְנוּ מָה לֹא־עָלֵינוּ תְלֻנֹּתֵיכֶם כִּי עַל־

tanto llamó su nombre Mará (*amarga*). (24) Y querellóse el pueblo contra Mosé, diciendo: «¿Qué beberemos?» (25) Y clamó al Eterno, y mostróle el Eterno un árbol, y echólo a las aguas y endulzáronse las aguas. Allí púsole fuero y juicio, y allí lo probó. (26) Y dijo: «Si oír, oyeres la voz del Eterno, tu Dios, y lo derecho a sus ojos hicieres, y escuchares sus mandamientos, y guardares todos sus fueros, todas las enfermedades que puse en los Egipcios, no pondré sobre ti; que yo soy el Eterno, tu sanador.» (27) Y vinieron a Elim, y allí había doce fuentes de agua, y setenta palmas, y posaron allí, cerca de las aguas.

XVI

(1) Y moviéronse de Elim, y fué toda la congregación de los hijos de Israel al desierto de Sin, que está entre Elim y el Sinái en quince días, al mes segundo de salir de la tierra de Egipto. (2) Y querelló toda la congregación de los hijos de Israel contra Mosé y contra Aarón en el desierto; (3) y dijeron a ellos los hijos de Israel: «Quién nos diera morir en poder del Eterno, en tierra de Egipto, en nuestro estar con la olla de la carne, en nuestro comer pan a hartura, que nos trajisteis al desierto este para matar a toda la congregación esta con el hambre.» (4) Y dijo el Eterno a Mosé: «He aquí que haré llover a vosotros pan de los cielos, y saldrá el pueblo, y cogerán cada cosa de día en día, para probar si andan en mi ley o no. (5) Y será en el día sexto, que aparejarán lo que traerán, y será doble de lo que acostumbraban a coger cada día.» (6) Y dijeron Mosé y Aarón a todos los hijos de Israel: «En la tarde sabréis que el Eterno os sacó de la tierra de Egipto; (7) en la mañana veréis la honra del Eterno en su oír vuestras querellas sobre el Eterno; ¿y nosotros qué somos que querelláis contra nosotros?» (8) Y dijo Mosé: «Os dará el Eterno en la tarde, carne para comer y pan por la mañana para hartaros, oirá el Eterno vuestras querellas, que vosotros murmuráis contra él; y nosotros ¿qué somos? No son sobre nosotros vuestras que-

טז 2. וילונו ק׳ 7. תלינו ק׳

9 יהוה: ויאמר משה אל־אהרן אמר אל־כל־עדת בני
10 ישראל קרבו לפני יהוה כי שמע את תלנתיכם: ויהי
כדבר אהרן אל־כל־עדת בני־ישראל ויפנו אל־המדבר
והנה כבוד יהוה נראה בענן: פ ששי
11 וידבר יהוה אל־משה לאמר: שמעתי את־תלונת בני
12 ישראל דבר אלהם לאמר בין הערבים תאכלו בשר
ובבקר תשבעו־לחם וידעתם כי אני יהוה אלהיכם:
13 ויהי בערב ותעל השלו ותכס את־המחנה ובבקר היתה
14 שכבת הטל סביב למחנה: ותעל שכבת הטל והנה
על־פני המדבר דק מחספס דק ככפר על־הארץ:
טו ויראו בני־ישראל ויאמרו איש אל־אחיו מן הוא כי לא
ידעו מה־הוא ויאמר משה אלהם הוא הלחם אשר נתן
16 יהוה לכם לאכלה: זה הדבר אשר צוה יהוה לקטו
ממנו איש לפי אכלו עמר לגלגלת מספר נפשתיכם
17 איש לאשר באהלו תקחו: ויעשו־כן בני ישראל וילקטו
18 המרבה והממעיט: וימדו בעמר ולא העדיף המרבה
19 והממעיט לא החסיר איש לפי־אכלו לקטו: ויאמר
כ משה אלהם איש אל־יותר ממנו עד־בקר: ולא־שמעו
אל־משה ויותרו אנשים ממנו עד־בקר וירם תולעים
21 ויבאש ויקצף עלהם משה: וילקטו אתו בבקר בבקר איש
22 כפי אכלו וחם השמש ונמס: ויהי | ביום הששי לקטו
לחם משנה שני העמר לאחד ויבאו כל־נשיאי העדה
23 ויגידו למשה: ויאמר אלהם הוא אשר דבר יהוה
שבתון שבת־קדש ליהוה מחר את אשר־תאפו אפו
ואת אשר־תבשלו בשלו ואת כל־העדף הניחו לכם
24 למשמרת עד־הבקר: ויניחו אתו עד־הבקר כאשר צוה
כה משה ולא הבאיש ורמה לא־היתה בו: ויאמר משה

rellas, sino sobre el Eterno.» (9) Y dijo Mosé a Aarón: «Di a la congregación de los hijos de Israel: Id delante del Eterno; que oyó vuestras querellas.» (10) Y fué al hablar Aarón a toda la congregación de los hijos de Israel, que cataron al desierto y he aquí que la honra del Eterno apareció en la nube. (11) Y habló el Eterno a Mosé, diciendo: (12) «Oí las querellas de los hijos de Israel, habla a ellos diciendo: «Por las tardes comeréis carne, y por la mañana os hartaréis de pan, y conoceréis que yo soy el Eterno, vuestro Dios.»

(13) Y fué en la tarde, y subió la codorniz, y cubrió el real y por la mañana hubo bajada de rocío en derredor del real. (14) Y alzóse la bajada de rocío, y he aquí que sobre la faz del desierto había algo menudo, redondo, menudo como la helada sobre la tierra. (15) Y vieron los hijos de Israel, y dijo cada varón a su hermano: «¿Qué es? (*Man hu*) » y no supieron qué era. Y dijo Mosé a ellos: «Es el pan que da el Eterno a vosotros para comer. (16) Esto es lo que encomendó el Eterno: Coged de él, cada uno según su comida; ómer por cabeza, según el número de almas de cada uno, en su tienda tomaréis.» (17) E hicieron así los hijos de Israel, y lo cogieron: unos más y otros poco. (18) Y midieron con el ómer, y no sobró al que recogió mucho, y al que poco, no menguó: cada uno según su comida cogió. (19) Y dijo Mosé a ellos: «Varón, no dejara sobrar de ello nada hasta mañana.» (20) Y no oyeron a Mosé, e hicieron sobrar de ello hasta mañana; y crió gusanos, y hedió; y ensañóse contra ellos Mosé.

(21) Y cogíanlo por la mañana, cada uno, según su comida; y calentaba el sol, y desleíase. (22) Y fué en el día sexto, que cogieron pan doble, dos ómer para cada uno: y vinieron todos los mayorales de la congregación y anunciáronlo a Mosé. (23) Y dijo a ellos: «Ello es lo que habló el Eterno: Holganza de sábado santo al Eterno es mañana; lo que habéis de cocer, coced, y lo que habéis de cocinar, cocinad; y todo lo que sobre, dejad para vosotros por guarda hasta la mañana.» (24) Y dejáronlo hasta la mañana, como mandó Mosé, y no hedió, ni gusano hubo en él. (25) Y dijo Mosé: «Comedlo hoy,

12. דגש אחר ת"ג. 13. השליו ק׳. 20. פתח באתנח

אִכְלֻהוּ הַיּוֹם כִּי־שַׁבָּת הַיּוֹם לַיהוָה הַיּוֹם לֹא תִמְצָאֻהוּ
26 בַּשָּׂדֶה׃ שֵׁשֶׁת יָמִים תִּלְקְטֻהוּ וּבַיּוֹם הַשְּׁבִיעִי שַׁבָּת לֹא
27 יִהְיֶה־בּוֹ׃ וַיְהִי בַּיּוֹם הַשְּׁבִיעִי יָצְאוּ מִן־הָעָם לִלְקֹט וְלֹא
28 מָצָאוּ׃ ס וַיֹּאמֶר יְהוָה אֶל־מֹשֶׁה עַד־אָנָה מֵאַנְתֶּם
29 לִשְׁמֹר מִצְוֺתַי וְתוֹרֹתָי׃ רְאוּ כִּי־יְהוָה נָתַן לָכֶם הַשַּׁבָּת
עַל־כֵּן הוּא נֹתֵן לָכֶם בַּיּוֹם הַשִּׁשִּׁי לֶחֶם יוֹמָיִם שְׁבוּ ׀ אִישׁ
ל תַּחְתָּיו אַל־יֵצֵא אִישׁ מִמְּקֹמוֹ בַּיּוֹם הַשְּׁבִיעִי׃ וַיִּשְׁבְּתוּ הָעָם
31 בַּיּוֹם הַשְּׁבִעִי׃ וַיִּקְרְאוּ בֵית־יִשְׂרָאֵל אֶת־שְׁמוֹ מָן וְהוּא
32 כְּזֶרַע גַּד לָבָן וְטַעְמוֹ כְּצַפִּיחִת בִּדְבָשׁ׃ וַיֹּאמֶר מֹשֶׁה זֶה
הַדָּבָר אֲשֶׁר צִוָּה יְהוָה מְלֹא הָעֹמֶר מִמֶּנּוּ לְמִשְׁמֶרֶת
לְדֹרֹתֵיכֶם לְמַעַן ׀ יִרְאוּ אֶת־הַלֶּחֶם אֲשֶׁר הֶאֱכַלְתִּי אֶתְכֶם
33 בַּמִּדְבָּר בְּהוֹצִיאִי אֶתְכֶם מֵאֶרֶץ מִצְרָיִם׃ וַיֹּאמֶר מֹשֶׁה אֶל־
אַהֲרֹן קַח צִנְצֶנֶת אַחַת וְתֶן־שָׁמָּה מְלֹא־הָעֹמֶר מָן וְהַנַּח
34 אֹתוֹ לִפְנֵי יְהוָה לְמִשְׁמֶרֶת לְדֹרֹתֵיכֶם׃ כַּאֲשֶׁר צִוָּה יְהוָה
לה אֶל־מֹשֶׁה וַיַּנִּיחֵהוּ אַהֲרֹן לִפְנֵי הָעֵדֻת לְמִשְׁמָרֶת׃ וּבְנֵי יִשְׂרָאֵל
אָכְלוּ אֶת־הַמָּן אַרְבָּעִים שָׁנָה עַד־בֹּאָם אֶל־אֶרֶץ נוֹשָׁבֶת
36 אֶת־הַמָּן אָכְלוּ עַד־בֹּאָם אֶל־קְצֵה אֶרֶץ כְּנָעַן׃ וְהָעֹמֶר
עֲשִׂרִית הָאֵיפָה הוּא׃ פ

יז

א וַיִּסְעוּ כָּל־עֲדַת בְּנֵי־יִשְׂרָאֵל מִמִּדְבַּר־סִין לְמַסְעֵיהֶם עַל־
2 פִּי יְהוָה וַיַּחֲנוּ בִּרְפִידִים וְאֵין מַיִם לִשְׁתֹּת הָעָם׃ וַיָּרֶב
הָעָם עִם־מֹשֶׁה וַיֹּאמְרוּ תְּנוּ־לָנוּ מַיִם וְנִשְׁתֶּה וַיֹּאמֶר לָהֶם
3 מֹשֶׁה מַה־תְּרִיבוּן עִמָּדִי מַה־תְּנַסּוּן אֶת־יְהוָה׃ וַיִּצְמָא שָׁם
הָעָם לַמַּיִם וַיָּלֶן הָעָם עַל־מֹשֶׁה וַיֹּאמֶר לָמָּה זֶּה הֶעֱלִיתָנוּ
4 מִמִּצְרַיִם לְהָמִית אֹתִי וְאֶת־בָּנַי וְאֶת־מִקְנַי בַּצָּמָא׃ וַיִּצְעַק
מֹשֶׁה אֶל־יְהוָה לֵאמֹר מָה אֶעֱשֶׂה לָעָם הַזֶּה עוֹד מְעַט
ה וּסְקָלֻנִי׃ וַיֹּאמֶר יְהוָה אֶל־מֹשֶׁה עֲבֹר לִפְנֵי הָעָם וְקַח
אִתְּךָ מִזִּקְנֵי יִשְׂרָאֵל וּמַטְּךָ אֲשֶׁר הִכִּיתָ בּוֹ אֶת־הַיְאֹר קַח

que sábado es hoy al Eterno, hoy no lo hallaréis en el campo.

(26) Seis días lo cogeréis, y en el día séptimo, sábado, no habrá de él.» (27) Y fué cómo, en el día sábado, salieron del pueblo para coger, y no hallaron. (28) Y dijo el Eterno a Mosé: «¿Hasta cuándo no querréis guardar mis mandamientos y mis leyes? (29) Ved que el Eterno os dió el sábado, por tanto él os da en el día sexto pan para dos días. Estad, cada varón, en su lugar, no salga nadie de su lugar en el día séptimo.» (30) Y holgó el pueblo en el día séptimo. (31) Y lo llamó la casa de Israel por su nombre: «Man»; y él es, como simiente de culandro, blanco, y su sabor, como buñuelo con miel.

(32) Y dijo Mosé: «Ésta es la cosa que encomendó el Eterno: haced hinchar un ómer de él, para que se guarde para vuestras generaciones, para que vean el pan que hice comer a vosotros en el desierto, al sacaros de la tierra de Egipto.»

(33) Y dijo Mosé a Aarón: «Toma una botija y da allí henchimiento de ómer de Man, y déjala delante del Eterno por guarda a vuestras generaciones.» (34) Como encomendó el Eterno a Mosé, dejólo Aarón delante del testimonio por guarda. (35) Y los hijos de Israel comieron el Man cuarenta años, hasta su venida a tierra poblada: el Man comieron hasta su venida al cabo de la tierra de Kenáan. (36) Y el Omer es un décimo de la Efá.

XVII

(1) Y fué toda la congregación de los hijos de Israel del desierto de Sin a sus jornadas por dicho del Eterno, y posaron en Refidim, y no tenía agua para beber el pueblo. (2) Y riñó el pueblo con Mosé, y dijo: «Dadnos agua, y beberemos.» Y díjoles Mosé: «¿Por qué reñís conmigo? ¿Por qué probáis al Eterno?» (3) Y sintióse sediento allí el pueblo por la falta de agua, y querelló el pueblo a Mosé, y dijo: «¿Por qué esto, nos hiciste subir de Egipto para matarnos de sed a mí, y a mis hijos, y a mis ganados?»

(4) Y clamó Mosé al Eterno, diciendo: «¿Qué haré al pueblo este? Un poco más y me apedrearán.» (5) Y dijo el Eterno a Mosé: «Pasa delante del pueblo y toma contigo de los ancianos de Israel; y tu vara, con que heriste al río,

6 בידך והלכת: הנני עמד לפניך שם ׀ על־הצור בחרב
והכית בצור ויצאו ממנו מים ושתה העם ויעש כן משה
7 לעיני זקני ישראל: ויקרא שם המקום מסה ומריבה
על־ריב ׀ בני ישראל ועל נסתם את־יהוה לאמר היש
יהוה בקרבנו אם־אין: פ
8 9 ויבא עמלק וילחם עם־ישראל ברפידם: ויאמר משה
אל־יהושע בחר־לנו אנשים וצא הלחם בעמלק מחר
י אנכי נצב על־ראש הגבעה ומטה האלהים בידי: ויעש
יהושע כאשר אמר־לו משה להלחם בעמלק ומשה
11 אהרן וחור עלו ראש הגבעה: והיה כאשר ירים משה
12 ידו וגבר ישראל וכאשר יניח ידו וגבר עמלק: וידי
משה כבדים ויקחו־אבן וישימו תחתיו וישב עליה ואהרן
וחור תמכו בידיו מזה אחד ומזה אחד ויהי ידיו אמונה
13 עד־בא השמש: ויחלש יהושע את־עמלק ואת־עמו
לפי־חרב: פ מפטיר
14 ויאמר יהוה אל־משה כתב זאת זכרון בספר ושים באזני
יהושע כי־מחה אמחה את־זכר עמלק מתחת השמים:
טו 16 ויבן משה מזבח ויקרא שמו יהוה ׀ נסי: ויאמר כי־יד על־
כס יה מלחמה ליהוה בעמלק מדר דר:

יח

פ פ פ 17 ד

א וישמע יתרו כהן מדין חתן משה את כל־אשר עשה
אלהים למשה ולישראל עמו כי־הוציא יהוה את־ישראל
2 ממצרים: ויקח יתרו חתן משה את־צפרה אשת משה
3 אחר שלוחיה: ואת שני בניה אשר שם האחד גרשם
4 כי אמר גר הייתי בארץ נכריה: ושם האחד אליעזר
ה כי־אלהי אבי בעזרי ויצלני מחרב פרעה: ויבא יתרו
חתן משה ובניו ואשתו אל־משה אל־המדבר אשר־הוא

toma en tus manos y ve. (6) He aquí que yo estoy delante de ti, allí sobre la peña, en Horeb, y herirás la peña, y saldrá de ella, agua, y beberá el pueblo.» E hizo así Mosé, a los ojos de los ancianos de Israel. (7) Y llamó el nombre del lugar Masá y Meribá, por la riña de los hijos de Israel, y por su experimentar al Eterno, diciendo: «¿Si está el Eterno entre nosotros, sí o no?»

(8) Y vino Amalec y peleó con Israel en Refidim. (9) Y dijo Mosé a Iosúa: «Escoge varones y sal, pelea con Amalec, mañana yo estaré sobre la cumbre del collado con la vara de Dios en mis manos.» (10) E hizo Iosúa como le dijo Mosé para pelear con Amalec, y Mosé, y Aarón, y Hur subieron al cabo del collado. (11) Y cuando alzaba Mosé su mano, dominaba Israel, y cuando pesaba su mano, dominaba Amalec. (12) Y las manos de Mosé eran graves, y tomaron una piedra que pusieron debajo de él y asentóse sobre ella: Y Aarón y Hur apoyaron sus manos, de aquí uno y de allí otro; y hubo en sus manos firmeza hasta ponerse el sol. (13) Y deshizo Iosúa a Amalec y a su pueblo, a filo de espada. (14) Y dijo el Eterno a Mosé: «Escribe esto para memoria en el libro y pon en oídos de Iosúa que rematar, remataré la memoria de Amalec debajo de los cielos.» (15) Y edificó Mosé ara, y llamó su nombre: «El Eterno, mi pendón.» (16) Y dijo: «Porque fué la mano sobre el trono de Ia, peleará el Eterno con Amalec, de generación en generación.»

(17) ITRÓ

XVIII

(1) Y oyó Itró, mayoral de Midián, suegro de Mosé, todo lo que hizo Dios a Mosé, y a Israel, su pueblo, y cómo sacó el Eterno a Israel de Egipto. (2) Y tomó Itró, suegro de Mosé, a Siporá, mujer de Mosé, después que él la envió, (3) y a sus dos hijos, que el nombre del uno era Guersom, porque dijo: «Peregrino (*Guer*) fuí en tierra extraña», (4) y el nombre del otro Eliéser, que el Dios (*el*) de mi padre me ayudó (*esri*), y libróme de la espada de Faraón.» (5) Y vinieron Itró, suegro de Mosé, y sus hijos y su mujer, a Mosé

6 חנה שם הר האלהים: ויאמר אל־משה אני חתנך
7 יתרו בא אליך ואשתך ושני בניה עמה: ויצא משה
לקראת חתנו וישתחו וישק־לו וישאלו איש־לרעהו
8 לשלום ויבאו האהלה: ויספר משה לחתנו את כל־
אשר עשה יהוה לפרעה ולמצרים על אודת ישראל
9 את כל־התלאה אשר מצאתם בדרך ויצלם יהוה: ויחד
יתרו על כל־הטובה אשר־עשה יהוה לישראל אשר
י הצילו מיד מצרים: ויאמר יתרו ברוך יהוה אשר הציל
אתכם מיד מצרים ומיד פרעה אשר הציל את־העם
11 מתחת יד־מצרים: עתה ידעתי כי־גדול יהוה מכל־
12 האלהים כי בדבר אשר זדו עליהם: ויקח יתרו חתן
משה עלה וזבחים לאלהים ויבא אהרן וכל זקני ישראל
13 לאכל־לחם עם־חתן משה לפני האלהים: ויהי ממחרת
וישב משה לשפט את־העם ויעמד העם על־משה מן־
14 הבקר עד־הערב: וירא חתן משה את כל־אשר־הוא
עשה לעם ויאמר מה־הדבר הזה אשר אתה עשה לעם
מדוע אתה יושב לבדך וכל־העם נצב עליך מן־בקר
טו עד־ערב: ויאמר משה לחתנו כי־יבא אלי העם לדרש
16 אלהים: כי־יהיה להם דבר בא אלי ושפטתי בין איש
ובין רעהו והודעתי את־חקי האלהים ואת־תורתיו:
17 ויאמר חתן משה אליו לא־טוב הדבר אשר אתה עשה:
18 נבל תבל גם־אתה גם־העם הזה אשר עמך כי־כבד
19 ממך הדבר לא־תוכל עשהו לבדך: עתה שמע בקלי
איעצך ויהי אלהים עמך היה אתה לעם מול האלהים
כ והבאת אתה את־הדברים אל־האלהים: והזהרתה
אתהם את־החקים ואת־התורת והודעת להם את־הדרך
21 ילכו בה ואת־המעשה אשר יעשון: ואתה תחזה מכל־
העם אנשי־חיל יראי אלהים אנשי אמת שנאי בצע

en el desierto, donde él posaba, en el monte de Dios, (6) y dijo a Mosé: «Yo soy tu suegro Itró, vengo a ti, con tu mujer, y sus dos hijos con ella.» (7) Y salió Mosé al encuentro de su suegro, y encorvóse y besóle. Y demandaron, varón a su compañero por paz, y vinieron a la tienda.

(8) Y contó Mosé a su suegro todo lo que hizo el Eterno a Faraón y a Egipto, por causa de Israel, toda la fatiga que los alcanzó en el camino, y cómo librólos el Eterno. (9) Y alegróse Itró de todo el bien que hizo el Eterno a Israel, que lo libró de manos de los Egipcios.

(10) Y dijo Itró: «Bendito el Eterno, que os salvó de manos de los Egipcios y de manos de Faraón, que libró al pueblo de las manos de los Egipcios. (11) Ahora se qué grande es el Eterno, más que todos los dioses; porque lo que se ensoberbecieron, fué sobre ellos.» (12) Y tomó Itró, suegro de Mosé, holocausto y sacrificios para Dios; y vino Aarón, y todos los ancianos de Israel, para comer pan con el suegro de Mosé delante de Dios.

(13) Y fué al otro día que sentóse Mosé a juzgar al pueblo; y estuvo el pueblo delante de Mosé desde la mañana hasta la tarde. (14) Y vió el suegro de Mosé todo lo que hizo él al pueblo, y dijo: «¿Qué es lo que tú haces al pueblo? ¿Por qué tú estás solo y todo el pueblo parado, cerca de ti, desde la mañana hasta la tarde?» (15) Y dijo Mosé a su suegro: «Porque viene a mí el pueblo para consultar a Dios. (16) Cuando tienen alguna cosa, vienen a mí, y juzgo entre varón y su compañero, y hágoles saber los fueros de Dios y sus leyes.» (17) Y dijo el suegro de Mosé a él: «No es bueno lo que tú haces.» (18) Cansar, te cansarás también tú y también el pueblo este que está contigo; que grave más que tú, es la cosa; no podrás hacerla tú solo. (19) Ahora oye mi voz, te aconsejaré y será Dios contigo. Sé tú por el pueblo delante de Dios, y llevarás tú las cosas a Dios. (20) Y advertirás a ellos los fueros y las leyes, y harás saber a ellos el camino por donde andarán, y la obra que harán. (21) Y tú darás a todo el pueblo varones de

ושמת עלהם שרי אלפים שרי מאות שרי חמשים ושרי
22 עשרת: ושפטו את־העם בכל־עת והיה כל־הדבר הגדל
יביאו אליך וכל־הדבר הקטן ישפטו־הם והקל מעליך
23 ונשאו אתך: אם את־הדבר הזה תעשה וצוך אלהים
ויכלת עמד וגם כל־העם הזה על־מקמו יבא בשלום:
24 וישמע משה לקול חתנו ויעש כל אשר אמר: ויבחר
משה אנשי־חיל מכל־ישראל ויתן אתם ראשים על־
25 העם שרי אלפים שרי מאות שרי חמשים ושרי עשרת:
26 ושפטו את־העם בכל־עת את־הדבר הקשה יביאון אל־
27 משה וכל־הדבר הקטן ישפוטו הם: וישלח משה את־
חתנו וילך לו אל־ארצו: פ

יט

א בחדש השלישי לצאת בני־ישראל מארץ מצרים ביום
2 הזה באו מדבר סיני: ויסעו מרפידים ויבאו מדבר
3 סיני ויחנו במדבר ויחן־שם ישראל נגד ההר: ומשה
עלה אל־האלהים ויקרא אליו יהוה מן־ההר לאמר כה
4 תאמר לבית יעקב ותגיד לבני ישראל: אתם ראיתם
אשר עשיתי למצרים ואשא אתכם על־כנפי נשרים
ה ואבא אתכם אלי: ועתה אם־שמוע תשמעו בקלי ושמרתם
את־בריתי והייתם לי סגלה מכל־העמים כי־לי כל־
6 הארץ: ואתם תהיו־לי ממלכת כהנים וגוי קדוש אלה
7 הדברים אשר תדבר אל־בני ישראל: ויבא משה ויקרא
לזקני העם וישם לפניהם את כל־הדברים האלה אשר
8 צוהו יהוה: ויענו כל־העם יחדו ויאמרו כל אשר־דבר
9 יהוה נעשה וישב משה את־דברי העם אל־יהוה: ויאמר
יהוה אל־משה הנה אנכי בא אליך בעב הענן בעבור
ישמע העם בדברי עמך וגם־בך יאמינו לעולם ויגד

ejército, temerosos de Dios, varones de verdad, que aborrezcan la codicia; y pondrás a ellos, por mayorales de miles, por mayorales de cientos, por mayorales de cincuenta y por mayorales de diez. (22) Y juzgarán al pueblo en cada hora, y toda cosa grande traerán a ti; y toda cosa pequeña juzgarán ellos; te aliviarán a ti, y cargarán también ellos, contigo. (23) Si la cosa esta hicieres, y te lo encomendare Dios, podrás estar, y también todo el pueblo este a su lugar irá en paz.» (24) Y oyó Mosé la voz de su suegro, e hizo todo lo que el dijo. (25) Y escogió Mosé varones de ejército en todo Israel, y diólos por mayorales sobre el pueblo, mayorales de miles, mayorales de cientos, mayorales de cincuenta y mayorales de diez. (26) Y juzgaban al pueblo en cada hora: las cosas fuertes traían a Mosé, y todas las cosas pequeñas juzgaban ellos. (27) Y envió Mosé a su suegro, y volvióse a su tierra.

XIX

(1) En el mes tercero de salir los hijos de Israel de la tierra de Egipto, en el día este, fueron al desierto de Sinái. (2) Y moviéronse de Refidim, y fueron al desierto de Sinái, y posaron en el desierto, y posó allí Israel delante del monte. (3) Y Mosé subió a Dios, y llamóle el Eterno desde el monte, diciendo: «Así dirás a la casa de Iaacob, y anunciarás a los hijos de Israel. (4) Vosotros visteis lo que hice en Egipto, y os llevé sobre alas de águilas y os traje a mí. (5) Y ahora, si oír, oyereis mi voz, y guardareis mi alianza, seréis para mí el tesoro de todos los pueblos, porque mía es toda la tierra. (6) Y vosotros seréis para mí, un reino de sacerdotes y un pueblo santo. Éstas son las palabras que hablarás a los hijos de Israel.» (7) Y vino Mosé y llamó a los ancianos del pueblo, y puso delante de ellos todas las palabras estas que le encomendó el Eterno. (8) Y respondió todo el pueblo a una, y dijeron: «Todo lo que habló el Eterno, haremos.» Y llevó Mosé las palabras del pueblo al Eterno. (9) Y dijo el Eterno a Mosé: «He aquí que yo vengo a ti en la espesura de la nube para que oiga el pueblo mientras yo hablo contigo, y también en ti creerán para siempre.» Y anunció Mosé las palabras del pueblo al Eterno.

יח׳ 26. מלרע יט 5. מלעיל

י מֹשֶׁה אֶת־דִּבְרֵי הָעָם אֶל־יְהוָה׃ וַיֹּאמֶר יְהוָה אֶל־מֹשֶׁה
11 לֵךְ אֶל־הָעָם וְקִדַּשְׁתָּם הַיּוֹם וּמָחָר וְכִבְּסוּ שִׂמְלֹתָם׃ וְהָיוּ
נְכֹנִים לַיּוֹם הַשְּׁלִישִׁי כִּי ׀ בַּיּוֹם הַשְּׁלִשִׁי יֵרֵד יְהוָה לְעֵינֵי
12 כָל־הָעָם עַל־הַר סִינָי׃ וְהִגְבַּלְתָּ אֶת־הָעָם סָבִיב לֵאמֹר
הִשָּׁמְרוּ לָכֶם עֲלוֹת בָּהָר וּנְגֹעַ בְּקָצֵהוּ כָּל־הַנֹּגֵעַ בָּהָר
13 מוֹת יוּמָת׃ לֹא־תִגַּע בּוֹ יָד כִּי־סָקוֹל יִסָּקֵל אוֹ־יָרֹה יִיָּרֶה
אִם־בְּהֵמָה אִם־אִישׁ לֹא יִחְיֶה בִּמְשֹׁךְ הַיֹּבֵל הֵמָּה יַעֲלוּ
14 בָהָר׃ וַיֵּרֶד מֹשֶׁה מִן־הָהָר אֶל־הָעָם וַיְקַדֵּשׁ אֶת־הָעָם
טו וַיְכַבְּסוּ שִׂמְלֹתָם׃ וַיֹּאמֶר אֶל־הָעָם הֱיוּ נְכֹנִים לִשְׁלֹשֶׁת
16 יָמִים אַל־תִּגְּשׁוּ אֶל־אִשָּׁה׃ וַיְהִי בַיּוֹם הַשְּׁלִישִׁי בִּהְיֹת
הַבֹּקֶר וַיְהִי קֹלֹת וּבְרָקִים וְעָנָן כָּבֵד עַל־הָהָר וְקֹל שֹׁפָר
17 חָזָק מְאֹד וַיֶּחֱרַד כָּל־הָעָם אֲשֶׁר בַּמַּחֲנֶה׃ וַיּוֹצֵא מֹשֶׁה
אֶת־הָעָם לִקְרַאת הָאֱלֹהִים מִן־הַמַּחֲנֶה וַיִּתְיַצְּבוּ בְּתַחְתִּית
18 הָהָר׃ וְהַר סִינַי עָשַׁן כֻּלּוֹ מִפְּנֵי אֲשֶׁר יָרַד עָלָיו יְהוָה
בָּאֵשׁ וַיַּעַל עֲשָׁנוֹ כְּעֶשֶׁן הַכִּבְשָׁן וַיֶּחֱרַד כָּל־הָהָר מְאֹד׃
19 וַיְהִי קוֹל הַשֹּׁפָר הוֹלֵךְ וְחָזֵק מְאֹד מֹשֶׁה יְדַבֵּר וְהָאֱלֹהִים
כ יַעֲנֶנּוּ בְקוֹל׃ וַיֵּרֶד יְהוָה עַל־הַר סִינַי אֶל־רֹאשׁ הָהָר
21 וַיִּקְרָא יְהוָה לְמֹשֶׁה אֶל־רֹאשׁ הָהָר וַיַּעַל מֹשֶׁה׃ וַיֹּאמֶר
יְהוָה אֶל־מֹשֶׁה רֵד הָעֵד בָּעָם פֶּן־יֶהֶרְסוּ אֶל־יְהוָה לִרְאוֹת
22 וְנָפַל מִמֶּנּוּ רָב׃ וְגַם הַכֹּהֲנִים הַנִּגָּשִׁים אֶל־יְהוָה יִתְקַדָּשׁוּ
23 פֶּן־יִפְרֹץ בָּהֶם יְהוָה׃ וַיֹּאמֶר מֹשֶׁה אֶל־יְהוָה לֹא־יוּכַל
הָעָם לַעֲלֹת אֶל־הַר סִינָי כִּי־אַתָּה הַעֵדֹתָה בָּנוּ לֵאמֹר
24 הַגְבֵּל אֶת־הָהָר וְקִדַּשְׁתּוֹ׃ וַיֹּאמֶר אֵלָיו יְהוָה לֶךְ־רֵד
וְעָלִיתָ אַתָּה וְאַהֲרֹן עִמָּךְ וְהַכֹּהֲנִים וְהָעָם אַל־יֶהֶרְסוּ
כה לַעֲלֹת אֶל־יְהוָה פֶּן־יִפְרָץ־בָּם׃ וַיֵּרֶד מֹשֶׁה אֶל־הָעָם
וַיֹּאמֶר אֲלֵהֶם׃ ס

כ

2 א וַיְדַבֵּר אֱלֹהִים אֵת כָּל־הַדְּבָרִים הָאֵלֶּה לֵאמֹר׃ ס אָנֹכִי

(10) Y dijo el Eterno a Mosé: «Ve al pueblo, y santificarlo has, hoy y mañana, y que laven sus vestidos. (11) Y que sean aparejados para el día tercero, porque en el día tercero descenderá el Eterno a los ojos de todo el pueblo, sobre el monte de Sinái. (12) Y señalarás término al pueblo en derredor, diciendo: Guardaos de subir al monte, y tocar en su cabo: todo el que tocare el monte, matar, será matado. (13) No toque en él una mano, que apedrear, será apedreado o arrojar, será arrojado, bestia, o varón, no vivirá; al tocar el cuerno, ellos subirán al monte.» (14) Y descendió Mosé del monte al pueblo, y santificó al pueblo; y lavaron sus vestidos. (15) Y dijo al pueblo: «Sed aparejados a los tres días, no lleguéis a mujer.»

(16) Y fué en el día tercero al ser la mañana, que hubo voces y relámpagos, y nube grave sobre el monte, y voz de corneta muy fuerte; y estremecióse todo el pueblo en el real. (17) Y sacó Mosé del real al pueblo al encuentro de Dios, y estuvieron en lo bajo del monte. (18) Y el monte Sinái humeaba todo él, porque descendió sobre él el Eterno en fuego; y subió su humo como humo de hornaza, y estremecióse mucho todo el monte. (19) Y fué la voz de la corneta andando y esforzándose mucho: Mosé hablaba y Dios le respondía en la voz. (20) Y descendió el Eterno sobre el monte de Sinái, sobre la cumbre del monte; y llamó el Eterno a Mosé a la cumbre, y subió Mosé. (21) Y dijo el Eterno a Mosé: «Desciende, protesta al pueblo, para que no pasen el término para ver al Eterno, porque caerá de él mucho. (22) Y también los sacerdotes los allegados al Eterno, que se santifiquen, para que no haga estragos en ellos el Eterno.» (23) Y dijo Mosé al Eterno: «No podrá el pueblo subir al monte de Sinái, porque tú protestaste a nosotros, diciendo: señala términos al monte, y santifícalo.» (24) Y díjole el Eterno: «Anda, desciende, y subirás tú, y Aarón contigo: y los sacerdotes y el pueblo que no traspasen por subir al Eterno para que no haga estragos en ellos.» (25) Y descendió Mosé al pueblo, y dijo a ellos.

XX

(1) Y habló Dios todas las palabras estas, diciendo:

יהוה אלהיך אשר הוצאתיך מארץ מצרים מבית עבדים:
3 4 לא־יהיה לך אלהים אחרים על־פני: לא־תעשה לך
פסל | וכל־תמונה אשר בשמים | ממעל ואשר בארץ
ה מתחת ואשר במים | מתחת לארץ: לא־תשתחוה להם
ולא תעבדם כי אנכי יהוה אלהיך אל קנא פקד עון
6 אבת על־בנים על־שלשים ועל־רבעים לשנאי: ועשה
7 חסד לאלפים לאהבי ולשמרי מצותי: ס לא תשא
את־שם־יהוה אלהיך לשוא כי לא ינקה יהוה את אשר־
ישא את־שמו לשוא: פ
8 9 זכור את־יום השבת לקדשו: ששת ימים תעבד ועשית
י כל־מלאכתך: ויום השביעי שבת | ליהוה אלהיך לא־
תעשה כל־מלאכה אתה | ובנך־ובתך עבדך ואמתך
11 ובהמתך וגרך אשר בשעריך: כי ששת־ימים עשה
יהוה את־השמים ואת־הארץ את־הים ואת־כל־אשר־בם
וינח ביום השביעי על־כן ברך יהוה את־יום השבת
12 ויקדשהו: ס כבד את־אביך ואת־אמך למען יארכון
13 ימיך על האדמה אשר־יהוה אלהיך נתן לך: ס לא
14 טו תרצח: ס לא תנאף: ס לא תגנב: ס לא־
16 17 תענה ברעך עד שקר: ס לא תחמד בית רעך
ס לא־תחמד אשת רעך ועבדו ואמתו ושורו וחמרו
וכל אשר לרעך: פ
18 וכל־העם ראים את־הקולת ואת־הלפידם ואת קול
השפר ואת־ההר עשן וירא העם וינעו ויעמדו מרחק:
19 ויאמרו אל־משה דבר־אתה עמנו ונשמעה ואל־ידבר
כ עמנו אלהים פן־נמות: ויאמר משה אל־העם אל־תיראו
כי לבעבור נסות אתכם בא האלהים ובעבור תהיה
21 יראתו על־פניכם לבלתי תחטאו: ויעמד העם מרחק
ומשה נגש אל־הערפל אשר־שם האלהים: ס

(2) «Yo soy el Eterno, tu Dios, que te saqué de la tierra de Egipto, de la casa de los siervos.

(3) No sean a ti otros dioses delante de mí. (4) No hagas imágenes ni ídolos semejantes a los de arriba en los cielos, a los de abajo en la tierra, ni en las aguas debajo de la tierra.

(5) No te encorves a ellos, y no los sirvas, que yo soy el Eterno, tu Dios, Dios celoso que hace caer el delito de los padres sobre los hijos, sobre terceros y sobre cuartos, a los que me aborrecen. (6) Y hace merced a miles a los que me aman, y a los que guardan mis mandamientos.

(7) No jures en nombre del Eterno, tu Dios, en vano; porque no librará el Eterno al que jurare su nombre en vano.

(8) Recuerda el día del Sabat para santificarlo. (9) Seis días, labrarás, y harás toda tu obra.

(10) Y el día séptimo será de reposo (Sabat) al Eterno, tu Dios; no hagas ninguna obra, tú, y tu hijo, y tu hija, tu siervo, y tu sierva, y tu bestia, y tu peregrino que está en tus ciudades. (11) Porque en seis días hizo el Eterno los cielos y la tierra, el mar y todo lo que en ellos hay y holgó en el día séptimo: por tanto, bendijo el Eterno el día del Sabat y santificólo.

(12) Honra a tu padre y a tu madre, para que se alarguen tus días sobre la tierra que el Eterno, tu Dios, da a ti.

(13) No mates.

(14) No forniques.

(15) No hurtes.

(16) No atestigües a tu compañero testimonio de falsedad.

(17) No codicies la casa de tu compañero; no codicies la mujer de tu compañero, y su siervo, y su criada, y su buey, y su asno, y todo lo que sea de tu compañero.»

(18) Y todo el pueblo oía las voces, y los relámpagos, y la voz de la corneta, y el monte estaba humeando: y vió el pueblo, y temblaron, y estuvieron lejos.

(19) Y dijeron a Mosé: «Habla tú con nosotros, y oiremos; y no hable con nosotros Dios para que no muramos.» (20) Y dijo Mosé al pueblo: «No temáis; que por probaros vino Dios, y porque sea su temor ante vuestra faz para que no pequéis.» (21) Y estuvo el pueblo lejos y Mosé se llegó a la espesura, porque allí estaba Dios.

וַיֹּאמֶר יְהוָה אֶל־מֹשֶׁה כֹּה תֹאמַר אֶל־בְּנֵי יִשְׂרָאֵל אַתֶּם 22
רְאִיתֶם כִּי מִן־הַשָּׁמַיִם דִּבַּרְתִּי עִמָּכֶם׃ לֹא תַעֲשׂוּן אִתִּי 23
אֱלֹהֵי כֶסֶף וֵאלֹהֵי זָהָב לֹא תַעֲשׂוּ לָכֶם׃ מִזְבַּח אֲדָמָה 24
תַּעֲשֶׂה־לִּי וְזָבַחְתָּ עָלָיו אֶת־עֹלֹתֶיךָ וְאֶת־שְׁלָמֶיךָ אֶת־
צֹאנְךָ וְאֶת־בְּקָרֶךָ בְּכָל־הַמָּקוֹם אֲשֶׁר אַזְכִּיר אֶת־שְׁמִי
אָבוֹא אֵלֶיךָ וּבֵרַכְתִּיךָ׃ וְאִם־מִזְבַּח אֲבָנִים תַּעֲשֶׂה־לִּי כה
לֹא־תִבְנֶה אֶתְהֶן גָּזִית כִּי חַרְבְּךָ הֵנַפְתָּ עָלֶיהָ וַתְּחַלְלֶהָ׃
וְלֹא־תַעֲלֶה בְמַעֲלֹת עַל־מִזְבְּחִי אֲשֶׁר לֹא־תִגָּלֶה 26
עֶרְוָתְךָ עָלָיו׃

כא

פ פ פ יח 18

וְאֵלֶּה הַמִּשְׁפָּטִים אֲשֶׁר תָּשִׂים לִפְנֵיהֶם׃ כִּי תִקְנֶה עֶבֶד א 2
עִבְרִי שֵׁשׁ שָׁנִים יַעֲבֹד וּבַשְּׁבִעִת יֵצֵא לַחָפְשִׁי חִנָּם׃ אִם־ 3
בְּגַפּוֹ יָבֹא בְּגַפּוֹ יֵצֵא אִם־בַּעַל אִשָּׁה הוּא וְיָצְאָה אִשְׁתּוֹ
עִמּוֹ׃ אִם־אֲדֹנָיו יִתֶּן־לוֹ אִשָּׁה וְיָלְדָה־לוֹ בָנִים אוֹ בָנוֹת 4
הָאִשָּׁה וִילָדֶיהָ תִּהְיֶה לַאדֹנֶיהָ וְהוּא יֵצֵא בְגַפּוֹ׃ וְאִם־ ה
אָמֹר יֹאמַר הָעֶבֶד אָהַבְתִּי אֶת־אֲדֹנִי אֶת־אִשְׁתִּי וְאֶת־בָּנָי
לֹא אֵצֵא חָפְשִׁי׃ וְהִגִּישׁוֹ אֲדֹנָיו אֶל־הָאֱלֹהִים וְהִגִּישׁוֹ אֶל־ 6
הַדֶּלֶת אוֹ אֶל־הַמְּזוּזָה וְרָצַע אֲדֹנָיו אֶת־אָזְנוֹ בַּמַּרְצֵעַ
וַעֲבָדוֹ לְעֹלָם׃ ס וְכִי־יִמְכֹּר אִישׁ אֶת־בִּתּוֹ לְאָמָה 7
לֹא תֵצֵא כְּצֵאת הָעֲבָדִים׃ אִם־רָעָה בְּעֵינֵי אֲדֹנֶיהָ אֲשֶׁר־ 8
לֹא יְעָדָהּ וְהֶפְדָּהּ לְעַם נָכְרִי לֹא־יִמְשֹׁל לְמָכְרָהּ בְּבִגְדוֹ־
בָהּ׃ וְאִם־לִבְנוֹ יִיעָדֶנָּה כְּמִשְׁפַּט הַבָּנוֹת יַעֲשֶׂה־לָּהּ׃ אִם־ 9
אַחֶרֶת יִקַּח־לוֹ שְׁאֵרָהּ כְּסוּתָהּ וְעֹנָתָהּ לֹא יִגְרָע׃ וְאִם־ 11
שְׁלָשׁ־אֵלֶּה לֹא יַעֲשֶׂה לָהּ וְיָצְאָה חִנָּם אֵין כָּסֶף׃ ס
מַכֵּה אִישׁ וָמֵת מוֹת יוּמָת׃ וַאֲשֶׁר לֹא צָדָה וְהָאֱלֹהִים 12 13
אִנָּה לְיָדוֹ וְשַׂמְתִּי לְךָ מָקוֹם אֲשֶׁר יָנוּס שָׁמָּה׃ ס וְכִי־ 14

(22) Y dijo el Eterno a Mosé: «Así dirás a los hijos de Israel: Vosotros visteis que de los cielos hablé con vosotros. (23) No hagáis conmigo dioses de plata, ni dioses de oro hagáis para vosotros. (24) Ara de tierra harás para mí, y sacrificarás sobre ella tus holocaustos y tus pacíficos, tus ovejas y tus vacas: en todo lugar en que hiciere poner mi nombre, vendré a ti, y bendecirte he. (25) Y cuando ara de piedras hicieres a mí, no las labres, porque tu pico alzarías sobre ellas y las profanarías. (26) Y no subas en gradas sobre mi ara, para que no sea descubierta, tu desnudez sobre ella.

XXI

(18) MISPATIM

(1) Y éstos son los juicios que pondrás delante de ellos.

(2) Cuando comprares siervo ebreo, seis años servirá; y en el séptimo saldrá horro de balde. (3) Si solo entrare, solo saldrá; si tenía mujer él, saldrá su mujer con él. (4) Si su señor diérele mujer, y pariere a él hijos o hijas, la mujer y sus niños serán para su señor, y él saldrá solo. (5) Y si decir, dijere el siervo: Amé a mi señor, a mi mujer y a mis hijos, no saldré horro; (6) y hacerlo ha, llegar su señor a los jueces, y hacerlo ha, llegar a la puerta o al umbral; y horadará su señor su oreja con la lezna, y servirlo ha, para siempre. (7) Y cuando vendiere varón, su hija por sierva, no saldrá como salen los esclavos. (8) Si mala es a los ojos de su señor, que para él la aplazó; redimirla ha. A pueblo extraño no la podrá vender por su falsía contra ella. (9) Y si para su hijo la aplazare: el derecho de las hijas dará a ella. (10) Si otra tomare para él; su mantenimiento, su cobertura, y haber no menguará. (11) Y si estas tres cosas no hiciere a ella, saldrá de balde, sin plata.

(12) El que hiriere a varón y lo matara, matar, será matado. (13) Y el que no asechó, sino Dios lo aparejó en su mano, yo le señalaré el lugar, al que huirá. (14) Y cuando se ensoberbeciere varón contra su compañero, para matarlo, con arte; de mi altar lo tornarás para morir. (15) Y el que hiriere a

כא. 8 לו ק׳

יזד איש על־רעהו להרגו בערמה מעם מזבחי תקחנו
למות׃ ס ומכה אביו ואמו מות יומת׃ ס וגנב טו 16
איש ומכרו ונמצא בידו מות יומת׃ ס ומקלל אביו 17
ואמו מות יומת׃ ס וכי־יריבן אנשים והכה־איש 18
את־רעהו באבן או באגרף ולא ימות ונפל למשכב׃
אם־יקום והתהלך בחוץ על־משענתו ונקה המכה רק 19
שבתו יתן ורפא ירפא׃ ס וכי־יכה איש את־עבדו כ
או את־אמתו בשבט ומת תחת ידו נקם ינקם׃ אך אם־ 21
יום או יומים יעמד לא יקם כי כספו הוא׃ ס וכי־ 22
ינצו אנשים ונגפו אשה הרה ויצאו ילדיה ולא יהיה אסון
ענוש יענש כאשר ישית עליו בעל האשה ונתן בפללים׃
ואם־אסון יהיה ונתתה נפש תחת נפש׃ עין תחת עין שן 23 24
תחת שן יד תחת יד רגל תחת רגל׃ כויה תחת כויה כה
פצע תחת פצע חבורה תחת חבורה׃ ס וכי־יכה איש 26
את־עין עבדו או־את־עין אמתו ושחתה לחפשי ישלחנו
תחת עינו׃ ואם־שן עבדו או־שן אמתו יפיל לחפשי ישלחנו 27
תחת שנו׃ פ
וכי־יגח שור את־איש או את־אשה ומת סקול יסקל 28
השור ולא יאכל את־בשרו ובעל השור נקי׃ ואם שור 29
נגח הוא מתמל שלשם והועד בבעליו ולא ישמרנו
והמית איש או אשה השור יסקל וגם־בעליו יומת׃
אם־כפר יושת עליו ונתן פדין נפשו ככל אשר־יושת ל
עליו׃ או־בן יגח או־בת יגח כמשפט הזה יעשה לו׃ 31
אם־עבד יגח השור או אמה כסף ׀ שלשים שקלים יתן 32
לאדניו והשור יסקל׃ ס וכי־יפתח איש בור או כי־ 33
יכרה איש בר ולא יכסנו ונפל־שמה שור או חמור׃
בעל הבור ישלם כסף ישיב לבעליו והמת יהיה־לו׃ 34
ס וכי־יגף שור־איש את־שור רעהו ומת ומכרו את־ לה

su padre o a su madre, matar, será matado. (16) Y al que hurte varón y lo vendiere, y fuere hallado en su mano, matar, será matado. (17) Y el que maldijere a su padre y a su madre, matar, será matado. (18) Y cuando riñeren varones, e hiriere varón a su compañero con piedra o con puño, y no muriere, y cayere en cama. (19) Si se levantare y anduviese por la calle sobre su bordón será libre el heridor, sólo su plata dará, y curar, lo hará curar. (20) Y cuando hiriere varón a su siervo, o a su sierva con la vara, y muriere bajo su mano, vengar, será vengado. (21) Salvo si durare un día o dos días, no será vengado, porque su plata es. (22) Cuando riñesen varones, e hiriesen a mujer preñada, y salieran sus criaturas, y no fuere desastre, penar, será penado, como pusiere sobre él el marido de la mujer, y lo dará a los jueces. (23) Y si desastre fuere; darás alma por alma, (24) ojo por ojo, diente por diente, mano por mano, pie por pie, (25) quemadura por quemadura, herida por herida, tolondro por tolondro. (26) Y cuando hiriere varón el ojo de su siervo, o el ojo de su sierva, y lo dañare, en libertad lo dejará por su ojo. (27) Y si el diente de su siervo, o el diente de su sierva echare, la libertad le dará por su diente. (28) Cuando corneare un buey a varón o a mujer, y muriere, apedrear, será apedreado el buey, y no será comida su carne, y el dueño del buey será libre. (29) Y si el buey fuera corneador él, de ayer y anteayer, y fuere protestado a su dueño, y no lo guardare, y matare a varón o mujer, el buey será apedreado, y también su dueño será matado. (30) Si precio fuere impuesto sobre él, dará redención de su alma, por todo lo que fuere impuesto sobre él. (31) Y si hijo corneare, o hija corneare, como el juicio este, será hecho a él. (32) Si siervo corneare el buey, o sierva, plata, treinta pesos de plata dará a su señor, y el buey será apedreado.

(33) Y cuando abriere varón un pozo, o cuando cavare varón un pozo, y no lo cubriere, y cayere allí buey o asno: (34) El dueño del pozo pagará, plata, dará a su señor, y el muerto será para él. (35) Y cuando hiriere el buey de varón al buey de su compañero, y este muriere, venderán al buey vivo y par-

השור החי וחצו את־כספו וגם את־המת יחצון׃ או נודע 36
כי שור נגח הוא מתמול שלשם ולא ישמרנו בעליו
שלם ישלם שור תחת השור והמת יהיה־לו׃ ס כי 37
יגנב־איש שור או־שה וטבחו או מכרו חמשה בקר ישלם
תחת השור וארבע־צאן תחת השה׃

כב

אם־במחתרת ימצא הגנב והכה ומת אין לו דמים׃ א
אם־זרחה השמש עליו דמים לו שלם ישלם אם־אין 2
לו ונמכר בגנבתו׃ אם־המצא תמצא בידו הגנבה 3
משור עד־חמור עד־שה חיים שנים ישלם׃ ס כי 4
יבער־איש שדה או־כרם ושלח את־בעירה ובער בשדה
אחר מיטב שדהו ומיטב כרמו ישלם׃ ס כי־תצא ה
אש ומצאה קצים ונאכל גדיש או הקמה או השדה
שלם ישלם המבער את־הבערה׃ ס כי־יתן איש 6
אל־רעהו כסף או־כלים לשמר וגנב מבית האיש אם־
ימצא הגנב ישלם שנים׃ אם־לא ימצא הגנב ונקרב 7
בעל־הבית אל־האלהים אם־לא שלח ידו במלאכת
רעהו׃ על־כל־דבר־פשע על־שור על־חמור על־שה 8
על־שלמה על־כל־אבדה אשר יאמר כי־הוא זה עד
האלהים יבא דבר־שניהם אשר ירשיען אלהים ישלם
שנים לרעהו׃ ס כי־יתן איש אל־רעהו חמור או־שור 9
או־שה וכל־בהמה לשמר ומת או־נשבר או־נשבה אין
ראה׃ שבעת יהוה תהיה בין שניהם אם־לא שלח ידו י
במלאכת רעהו ולקח בעליו ולא ישלם׃ ואם־גנב 11
יגנב מעמו ישלם לבעליו׃ אם־טרף יטרף יבאהו עד 12
הטרפה לא ישלם׃ פ
וכי־ישאל איש מעם רעהו ונשבר או־מת בעליו אין 13

tirán su plata, y también al muerto partirán. (36) O si se sabía que era buey corneador de ayer y anteayer, y no lo guardare su dueño, pagar pagará buey por buey, y el muerto será para él. (37) Cuando hurtare varón buey o carnero, y lo degollare o lo vendiere, cinco vacas pagará por el buey, y cuatro ovejas por el carnero.

XXII

(1) Si en la casa fuere hallado el ladrón, y fuere herido y muriere: culpado de sangre no será. (2) Si hubiere salido el sol, culpado de sangre será, pagar, pagará; y si no tuviere, será vendido por su hurto. (3) Si hallarse, se hallara en su mano el hurto de buey, hasta asno, hasta carnero vivo, por dos pagará.

(4) Cuando apacentare varón en campo o viña, y enviare su bestia y paciere en el campo de otro, de lo mejor de su campo y de lo mejor de su viña pagará. (5) Cuando saliere fuego, y hallare espinas, y quemare el montón o la mies, o el campo, pagar, pagará el que encendió el fuego.

(6) Cuando diere varón a su compañero plata o utensilios a guardar, y fuere hurtado de la casa del varón, si fuere hallado el ladrón, pagará por dos. (7) Si no fuere hallado el ladrón, llegarse ha, el dueño de la casa a los jueces, para ver si no tendió su mano en la hacienda de su compañero. (8) Sobre toda cosa de fraude, sobre buey, sobre asno, sobre carnero, sobre vestido, sobre toda pérdida que uno dijere que de él es, hasta los jueces vendrá la causa de ambos, y el que condenaren los jueces, pagará por dos, a su compañero. (9) Cuando diere varón a su compañero asno, o buey, o carnero, o toda bestia a guardar, y muriere, o fuere quebrado, o cautivo, sin verlo nadie; (10) juramento del Eterno será entre ambos, si no tendió su mano en la hacienda de su compañero, y lo tomará su dueño, y no pagará. (11) Y si hurtar, le fuere hurtado, pagará a su dueño. (12) Y si arrebatar le fuere arrebatado, traerá testimonio, lo arrebatado no pagará. (13) Y cuando varón pidiere prestada bestia de su compañero, y fuere quebrada o muriera, si su dueño no estuviere con él; pagar, pagará. (14) Si su dueño estuviera con

כב 4. בעירו ק'

él, no pagará. Si era alquiladizo él irá por su alquiler. (15) Y cuando engañare varón a virgen que no fuere desposada, y yaciere con ella, dotar, la dotará por su mujer. (16) Si querer, no quisiere su padre darla a él, plata pesará como dote de las vírgenes. (17) A la hechicera no dejarás vivir. (18) Todo el que ayunte con bestia, matar, será matado. (19) El que sacrificare a los dioses, será destruído. Sólo, al Eterno, a él sólo. (20) Y al peregrino no engañéis y no lo apretéis, porque peregrinos fuisteis en la tierra de Egipto. (21) A ninguna viuda o huérfano afligiáis. (22) Si afligir, afligiereis, a ellos, y si clamare a mí, oír, oiré su clamor. (23) Y si se encendiera mi furor, mataré a vosotros con la espada, y serán vuestras mujeres, viudas, y vuestros hijos, huérfanos.

(24) Cuando plata prestares a mi pueblo, al pobre que está contigo, no serás con él como logrero, no pondrás sobre él logro. (25) Si en prenda tomares el vestido de tu compañero, hasta ponerse el sol lo tornarás a él. (26) Que él solo es su cubierta, su vestido para su cuerpo. ¿En qué yacerá? Y será cuando clamare a mí, que lo oiré, porque piadoso yo soy. (27) A los jueces no maldigas, y al mayoral de tu pueblo no maldigas. (28) Tu llanto y tu lágrima no retardes; el primogénito de tus hijos darás a mí. (29) Así harás con tu buey, con tus ovejas; siete días será con su madre, en el día octavo lo darás a mí. (30) Y varones de santidad seréis para mi. Y carne, arrebatada, en el campo, no comeréis; al perro la echaréis.

14 עמו שלם ישלם: אם־בעליו עמו לא ישלם אם־שכיר
טו הוא בא בשכרו: ס וכי־יפתה איש בתולה אשר
16 לא־ארשה ושכב עמה מהר ימהרנה לו לאשה: אם־
מאן ימאן אביה לתתה לו כסף ישקל כמהר הבתולת:
17 18 ס מכשפה לא תחיה: כל־שכב עם־בהמה מות
19 יומת: ס זבח לאלהים יחרם בלתי ליהוה לבדו:
כ וגר לא־תונה ולא תלחצנו כי־גרים הייתם בארץ מצרים:
21 22 כל־אלמנה ויתום לא תענון: אם־ענה תענה אתו כי
23 אם־צעק יצעק אלי שמע אשמע צעקתו: וחרה אפי
והרגתי אתכם בחרב והיו נשיכם אלמנות ובניכם יתמים: פ
24 אם־כסף | תלוה את־עמי את־העני עמך לא־תהיה לו
כה כנשה לא־תשימון עליו נשך: אם־חבל תחבל שלמת
26 רעך עד־בא השמש תשיבנו לו: כי הוא כסותה לבדה
הוא שמלתו לערו במה ישכב והיה כי־יצעק אלי ושמעתי
27 כי־חנון אני: ס אלהים לא תקלל ונשיא בעמך לא
28 תאר: מלאתך ודמעך לא תאחר בכור בניך תתן־לי:
29 כן־תעשה לשרך לצאנך שבעת ימים יהיה עם־אמו ביום
ל השמיני תתנו־לי: ואנשי־קדש תהיון לי ובשר בשדה
טרפה לא תאכלו לכלב תשלכון אתו: ס

כג

א לא תשא שמע שוא אל־תשת ידך עם־רשע להית עד
2 חמס: לא־תהיה אחרי־רבים לרעת ולא־תענה על־רב
3 לנטת אחרי רבים להטת: ודל לא תהדר בריבו: ס
4 כי תפגע שור איבך או חמרו תעה השב תשיבנו לו:
ה ס כי־תראה חמור שנאך רבץ תחת משאו וחדלת
6 מעזב לו עזב תעזב עמו: ס לא תטה משפט אבינך
7 בריבו: מדבר־שקר תרחק ונקי וצדיק אל־תהרג

XXIII

(1) No des oído a falsedades. No pongas tu mano con el malo para ser testigo falso. (2) No andes tras muchos para hacer mal; y no respondas con riña recostándote a los muchos para el mal. (3) Y al mendigo no distinguirás en su riña. (4) Cuando encontrares buey de tu enemigo o su asno errado; tornar, lo tornarás a él. (5) Cuando vieres el asno del que te aborrece yaciendo debajo de su carga ¿te vedarás de ayudarlo? Ayudar, lo ayudarás. (6) No tuerzas el juicio de tu mendigo en su riña. (7) De palabra de falsedad aléjate, y al inocente y al justo no mates, porque no justificaré al malo. (8) Y cohecho no

כב 22. הנון בצירי 24. כגול בס"פ 26. כסותו ק' קמץ בז"ק 27. חצי הספר בפסוקים

כִּי לֹא־אַצְדִּיק רָשָׁע׃ וְשֹׁחַד לֹא תִקָּח כִּי הַשֹּׁחַד יְעַוֵּר 8
פִּקְחִים וִיסַלֵּף דִּבְרֵי צַדִּיקִים׃ וְגֵר לֹא תִלְחָץ וְאַתֶּם 9
יְדַעְתֶּם אֶת־נֶפֶשׁ הַגֵּר כִּי־גֵרִים הֱיִיתֶם בְּאֶרֶץ מִצְרָיִם׃
וְשֵׁשׁ שָׁנִים תִּזְרַע אֶת־אַרְצֶךָ וְאָסַפְתָּ אֶת־תְּבוּאָתָהּ׃ י
וְהַשְּׁבִיעִת תִּשְׁמְטֶנָּה וּנְטַשְׁתָּהּ וְאָכְלוּ אֶבְיֹנֵי עַמֶּךָ וְיִתְרָם 11
תֹּאכַל חַיַּת הַשָּׂדֶה כֵּן־תַּעֲשֶׂה לְכַרְמְךָ לְזֵיתֶךָ׃ שֵׁשֶׁת יָמִים 12
תַּעֲשֶׂה מַעֲשֶׂיךָ וּבַיּוֹם הַשְּׁבִיעִי תִּשְׁבֹּת לְמַעַן יָנוּחַ שׁוֹרְךָ
וַחֲמֹרֶךָ וְיִנָּפֵשׁ בֶּן־אֲמָתְךָ וְהַגֵּר׃ וּבְכֹל אֲשֶׁר־אָמַרְתִּי 13
אֲלֵיכֶם תִּשָּׁמֵרוּ וְשֵׁם אֱלֹהִים אֲחֵרִים לֹא תַזְכִּירוּ לֹא
יִשָּׁמַע עַל־פִּיךָ׃ שָׁלֹשׁ רְגָלִים תָּחֹג לִי בַּשָּׁנָה׃ אֶת־חַג 14 טו
הַמַּצּוֹת תִּשְׁמֹר שִׁבְעַת יָמִים תֹּאכַל מַצּוֹת כַּאֲשֶׁר צִוִּיתִךָ
לְמוֹעֵד חֹדֶשׁ הָאָבִיב כִּי־בוֹ יָצָאתָ מִמִּצְרָיִם וְלֹא־יֵרָאוּ
פָנַי רֵיקָם׃ וְחַג הַקָּצִיר בִּכּוּרֵי מַעֲשֶׂיךָ אֲשֶׁר תִּזְרַע בַּשָּׂדֶה 16
וְחַג הָאָסִף בְּצֵאת הַשָּׁנָה בְּאָסְפְּךָ אֶת־מַעֲשֶׂיךָ מִן־הַשָּׂדֶה׃
שָׁלֹשׁ פְּעָמִים בַּשָּׁנָה יֵרָאֶה כָּל־זְכוּרְךָ אֶל־פְּנֵי הָאָדֹן 17
יְהוָה׃ לֹא־תִזְבַּח עַל־חָמֵץ דַּם־זִבְחִי וְלֹא־יָלִין חֵלֶב־חַגִּי 18
עַד־בֹּקֶר׃ רֵאשִׁית בִּכּוּרֵי אַדְמָתְךָ תָּבִיא בֵּית יְהוָה 19
אֱלֹהֶיךָ לֹא־תְבַשֵּׁל גְּדִי בַּחֲלֵב אִמּוֹ׃ פ
הִנֵּה אָנֹכִי שֹׁלֵחַ מַלְאָךְ לְפָנֶיךָ לִשְׁמָרְךָ בַּדָּרֶךְ וְלַהֲבִיאֲךָ כ
אֶל־הַמָּקוֹם אֲשֶׁר הֲכִנֹתִי׃ הִשָּׁמֶר מִפָּנָיו וּשְׁמַע בְּקֹלוֹ 21
אַל־תַּמֵּר בּוֹ כִּי לֹא יִשָּׂא לְפִשְׁעֲכֶם כִּי שְׁמִי בְּקִרְבּוֹ׃ כִּי 22
אִם־שָׁמוֹעַ תִּשְׁמַע בְּקֹלוֹ וְעָשִׂיתָ כֹּל אֲשֶׁר אֲדַבֵּר וְאָיַבְתִּי
אֶת־אֹיְבֶיךָ וְצַרְתִּי אֶת־צֹרְרֶיךָ׃ כִּי־יֵלֵךְ מַלְאָכִי לְפָנֶיךָ 23
וֶהֱבִיאֲךָ אֶל־הָאֱמֹרִי וְהַחִתִּי וְהַפְּרִזִּי וְהַכְּנַעֲנִי הַחִוִּי וְהַיְבוּסִי
וְהִכְחַדְתִּיו׃ לֹא־תִשְׁתַּחֲוֶה לֵאלֹהֵיהֶם וְלֹא תָעָבְדֵם וְלֹא 24
תַעֲשֶׂה כְּמַעֲשֵׂיהֶם כִּי הָרֵס תְּהָרְסֵם וְשַׁבֵּר תְּשַׁבֵּר
מַצֵּבֹתֵיהֶם׃ וַעֲבַדְתֶּם אֵת יְהוָה אֱלֹהֵיכֶם וּבֵרַךְ אֶת־ כה
לַחְמְךָ וְאֶת־מֵימֶיךָ וַהֲסִרֹתִי מַחֲלָה מִקִּרְבֶּךָ׃ ס לֹא 26

tomes, que el cohecho ciega los ojos abiertos, y tuerce las palabras de los justos. (9) Y al peregrino no aprietes: que vosotros supisteis el alma del peregrino porque peregrinos fuisteis en tierra de Egipto.

(10) Y seis años sembrarás tu tierra, y juntarás su renuevo. (11) Y en el séptimo la soltarás y la dejarás, y comerán los deseosos de tu pueblo, y su resto comerá el animal del campo; así harás con tu viña y con tu olivar. (12) Seis días harás tus obras, y en el día séptimo holgarás, para que huelgue tu buey y tu asno, y repose el hijo de tu sierva, y el peregrino.

(13) Y todo lo que os dije guardaréis. Y el nombre de otros dioses no mentéis, no sea oído de tu boca. (14) Tres veces celebrarás fiestas en el año. (15) La fiesta de las cenceñas guardarás: siete días comerás cenceñas, como te encomendé, en el plazo del mes de la primavera; que en él saliste de Egipto; y ninguno será visto por mi rostro, (*con mano*) vacío: (16) Y la fiesta de la siega, las primicias de tus labores, de lo que sembraste en el campo, y la fiesta de la cosecha al salir el año, al acabar tus labores del campo. (17) Tres veces en el año aparecerá todo varón tuyo delante del Señor, el Eterno. (18) No sacrifiques sobre leudado, sangre de mi sacrificio; no quedará sebo de mi fiesta hasta la mañana. (19) El principio de las primicias de tu campo traerás a casa del Eterno, tu Dios. No cocines cabrito con leche de su madre.

(20) He aquí que yo envío un ángel delante de ti, para guardarte en el camino, y para llevarte al lugar que aparejé. (21) Guárdate delante de él, y oye su voz; no te rebeles contra él, que no perdonará vuestra rebelión, porque mi nombre está en él. (22) Que si oír, oyeres su voz, e hicieres todo lo que hablare, enemistaré a tus enemigos, y angustiaré a tus angustiadores. (23) Que irá mi ángel delante de ti, y te traerá al Emoreo, y al Hiteo, y al Periseo, y al Kenaaneo, y al Hiveo, y al Iebusco, y tajarlos he. (24) No te encorves a sus dioses, y no los sirvas, y no hagas como sus obras; que derrocar, los derrocarás, y quebrar, quebrarás sus estatuas. (25) Y serviréis al Eterno, vuestro Dios, y él bendecirá tu pan y tu agua, y yo quitaré toda enfermedad de ti. (26) No habrá mujer que aborte, ni

תִּהְיֶה מְשַׁכֵּלָה וַעֲקָרָה בְּאַרְצֶךָ אֶת־מִסְפַּר יָמֶיךָ אֲמַלֵּא׃
27 אֶת־אֵימָתִי אֲשַׁלַּח לְפָנֶיךָ וְהַמֹּתִי אֶת־כָּל־הָעָם אֲשֶׁר
28 תָּבֹא בָּהֶם וְנָתַתִּי אֶת־כָּל־אֹיְבֶיךָ אֵלֶיךָ עֹרֶף׃ וְשָׁלַחְתִּי
אֶת־הַצִּרְעָה לְפָנֶיךָ וְגֵרְשָׁה אֶת־הַחִוִּי אֶת־הַכְּנַעֲנִי וְאֶת־
29 הַחִתִּי מִלְּפָנֶיךָ׃ לֹא אֲגָרְשֶׁנּוּ מִפָּנֶיךָ בְּשָׁנָה אֶחָת פֶּן
30 תִּהְיֶה הָאָרֶץ שְׁמָמָה וְרַבָּה עָלֶיךָ חַיַּת הַשָּׂדֶה׃ מְעַט
מְעַט אֲגָרְשֶׁנּוּ מִפָּנֶיךָ עַד אֲשֶׁר תִּפְרֶה וְנָחַלְתָּ אֶת־הָאָרֶץ׃
31 וְשַׁתִּי אֶת־גְּבֻלְךָ מִיַּם־סוּף וְעַד־יָם פְּלִשְׁתִּים וּמִמִּדְבָּר
עַד־הַנָּהָר כִּי ׀ אֶתֵּן בְּיֶדְכֶם אֵת יֹשְׁבֵי הָאָרֶץ וְגֵרַשְׁתָּמוֹ
32 33 מִפָּנֶיךָ׃ לֹא־תִכְרֹת לָהֶם וְלֵאלֹהֵיהֶם בְּרִית׃ לֹא יֵשְׁבוּ
בְּאַרְצְךָ פֶּן־יַחֲטִיאוּ אֹתְךָ לִי כִּי תַעֲבֹד אֶת־אֱלֹהֵיהֶם כִּי־
יִהְיֶה לְךָ לְמוֹקֵשׁ׃ פ

כד

1 וְאֶל־מֹשֶׁה אָמַר עֲלֵה אֶל־יְהוָֹה אַתָּה וְאַהֲרֹן נָדָב וַאֲבִיהוּא
2 וְשִׁבְעִים מִזִּקְנֵי יִשְׂרָאֵל וְהִשְׁתַּחֲוִיתֶם מֵרָחֹק׃ וְנִגַּשׁ מֹשֶׁה
3 לְבַדּוֹ אֶל־יְהוָֹה וְהֵם לֹא יִגָּשׁוּ וְהָעָם לֹא יַעֲלוּ עִמּוֹ׃ וַיָּבֹא
מֹשֶׁה וַיְסַפֵּר לָעָם אֵת כָּל־דִּבְרֵי יְהוָֹה וְאֵת כָּל־הַמִּשְׁפָּטִים
וַיַּעַן כָּל־הָעָם קוֹל אֶחָד וַיֹּאמְרוּ כָּל־הַדְּבָרִים אֲשֶׁר־דִּבֶּר
4 יְהוָֹה נַעֲשֶׂה׃ וַיִּכְתֹּב מֹשֶׁה אֵת כָּל־דִּבְרֵי יְהוָֹה וַיַּשְׁכֵּם
בַּבֹּקֶר וַיִּבֶן מִזְבֵּחַ תַּחַת הָהָר וּשְׁתֵּים עֶשְׂרֵה מַצֵּבָה
5 לִשְׁנֵים עָשָׂר שִׁבְטֵי יִשְׂרָאֵל׃ וַיִּשְׁלַח אֶת־נַעֲרֵי בְּנֵי יִשְׂרָאֵל
6 וַיַּעֲלוּ עֹלֹת וַיִּזְבְּחוּ זְבָחִים שְׁלָמִים לַיהוָֹה פָּרִים׃ וַיִּקַּח
מֹשֶׁה חֲצִי הַדָּם וַיָּשֶׂם בָּאַגָּנֹת וַחֲצִי הַדָּם זָרַק עַל־
7 הַמִּזְבֵּחַ׃ וַיִּקַּח סֵפֶר הַבְּרִית וַיִּקְרָא בְּאָזְנֵי הָעָם וַיֹּאמְרוּ
8 כֹּל אֲשֶׁר־דִּבֶּר יְהוָֹה נַעֲשֶׂה וְנִשְׁמָע׃ וַיִּקַּח מֹשֶׁה אֶת־הַדָּם
וַיִּזְרֹק עַל־הָעָם וַיֹּאמֶר הִנֵּה דַם־הַבְּרִית אֲשֶׁר כָּרַת יְהוָֹה
9 עִמָּכֶם עַל כָּל־הַדְּבָרִים הָאֵלֶּה׃ וַיַּעַל מֹשֶׁה וְאַהֲרֹן נָדָב
10 וַאֲבִיהוּא וְשִׁבְעִים מִזִּקְנֵי יִשְׂרָאֵל׃ וַיִּרְאוּ אֵת אֱלֹהֵי יִשְׂרָאֵל

estéril en tu tierra, el número de tus días cumpliré. (27) Mi miedo enviaré delante de ti, y consumiré a todo el pueblo donde fueres, y te daré de todos tus enemigos la cerviz, (28) y enviaré a la avispa delante de ti, y desterraré al Hiveo, y al Kenaaneo, y al Hiteo delante de ti: (29) No los desterraré delante de ti en un año, para que no quede la tierra desolada, y se multipliquen sobre ti las bestias del campo. (30) Poco a poco los desterraré de delante de ti, hasta que fructifiques y heredes la tierra. (31) Y pondré tu término desde el mar Suf hasta el mar de Pelistim, y desde el desierto hasta el río; que daré en tu poder a los moradores de la tierra, y desterrarlos has, de delante de ti. (32) No con ellos, ni con sus dioses hagas alianzas. (33) No estarán en tu tierra, que te harán pecar contra mí, cuando sirvieres a sus dioses, porque será para ti, tropiezo.»

XXIV

(1) Y a Mosé dijo: «Subid al Eterno, tú, y Aarón, y Nadab, y Abiú, y setenta de los ancianos de Israel, y os inclinaréis de lejos. (2) Y llegarse ha, Mosé sólo, al Eterno y ellos no se lleguen y el pueblo no suba con él.» (3) Y fué Mosé y contó al pueblo todas las palabras del Eterno, y todos los juicios; y respondió todo el pueblo a una voz, diciendo: «Todas las palabras que habló el Eterno haremos.» (4) Y escribió Mosé todas las palabras del Eterno y madrugó, y fraguó ara debajo del monte, y doce columnas por las doce tribus de Israel. (5) Y envió a los mancebos de los hijos de Israel, y alzaron holocaustos, y sacrificaron sacrificios pacíficos, toros, al Eterno. (6) Y tomó Mosé la mitad de la sangre y la puso en los bacines, y la otra mitad de la sangre la esparció sobre el ara. (7) Y tomó el libro de la alianza, y leyó en los oídos del pueblo: y dijeron: «Todo lo que habló el Eterno haremos y oíremos.» (8) Y tomó Mosé la sangre, y la esparció sobre el pueblo, y dijo: «He aquí, sangre de la alianza que hizo el Eterno con vosotros sobre todas las palabras estas.» (9) Y subieron Mosé y Aarón, Nadab y Abiú, y setenta ancianos de Israel, (10) y vieron al Dios de Israel; y había debajo de sus pies, como hechura de adobe de zafiro, y como

תחת רגליו כמעשה לבנת הספיר וכעצם השמים
11 לטהר: ואל־אצילי בני ישראל לא שלח ידו ויחזו את־
12 האלהים ויאכלו וישתו: ס ויאמר יהוה אל־משה
עלה אלי ההרה והיה־שם ואתנה לך את־לחת האבן
13 והתורה והמצוה אשר כתבתי להורתם: ויקם משה
14 ויהושע משרתו ויעל משה אל־הר האלהים: ואל־
הזקנים אמר שבו־לנו בזה עד אשר־נשוב אליכם והנה
טו אהרן וחור עמכם מי־בעל דברים יגש אלהם: ויעל
16 משה אל־ההר ויכס הענן את־ההר: וישכן כבוד־יהוה
על־הר סיני ויכסהו הענן ששת ימים ויקרא אל־משה
17 ביום השביעי מתוך הענן: ומראה כבוד יהוה כאש
18 אכלת בראש ההר לעיני בני ישראל: ויבא משה
בתוך הענן ויעל אל־ההר ויהי משה בהר ארבעים יום
וארבעים לילה:

כה

פ פ פ יט 19

א 2 וידבר יהוה אל־משה לאמר: דבר אל־בני ישראל
ויקחו־לי תרומה מאת כל־איש אשר ידבנו לבו תקחו
3 את־תרומתי: וזאת התרומה אשר תקחו מאתם זהב
4 וכסף ונחשת: ותכלת וארגמן ותולעת שני ושש ועזים:
ה 6 וערת אילם מאדמים וערת תחשים ועצי שטים: שמן
7 למאר בשמים לשמן המשחה ולקטרת הסמים: אבני־
8 שהם ואבני מלאים לאפד ולחשן: ועשו לי מקדש
9 ושכנתי בתוכם: ככל אשר אני מראה אותך את תבנית
י המשכן ואת תבנית כל־כליו וכן תעשו: ס ועשו
ארון עצי שטים אמתים וחצי ארכו ואמה וחצי רחבו
11 ואמה וחצי קמתו: וצפית אתו זהב טהור מבית ומחוץ
12 תצפנו ועשית עליו זר זהב סביב: ויצקת לו ארבע

substancia de los cielos, en pureza. (11) Y a los mayorales de los hijos de Israel no tendió su mano, y vieron a Dios, y comieron y bebieron.

(12) Y dijo el Eterno a Mosé: «Sube hasta mí, al monte, y espera allí, yo te daré las tablas de la piedra, y la ley, y los mandamientos que escribí para mostrarles.» (13) Y levantáronse Mosé, y Iosúa su servidor, y subió Mosé, al monte de Dios. (14) Y a los ancianos dijo: «Esperad por nosotros aquí, hasta que tornemos a vosotros y he aquí a Aarón y a Hur con vosotros; quien fuere dueño de palabras, lléguese a ellos.» (15) Y subió Mosé al monte, y cubrió la nube el monte. (16) Y posó la honra del Eterno sobre el monte de Sinái, y cubriólo la nube seis días; y llamó a Mosé en el día séptimo, de entre la nube. (17) Y la vista de la honra del Eterno, como fuego quemaba el cabo del monte a los ojos de los hijos de Israel. (18) Y vino Mosé entre la nube, y subió al monte; y estuvo Mosé en el monte cuarenta días y cuarenta noches.

XXV
(19) TERUMÁ

(1) Y habló el Eterno a Mosé, diciendo: (2) «Habla a los hijos de Israel y tomen para mí ofrenda; de todo varón que lo deseare de corazón, tomaréis mi ofrenda. (3) Y ésta es la ofrenda que tomaréis de ellos: oro y plata, y bronce, (4) y cárdeno, y púrpura, y tinte carmesí, y lino, y pelo de cabra, (5) y cueros de carneros embermejecidos, y cueros de Tahas, y maderos de cedro; (6) aceite para las luminarias, especias para aceite de la unción, y para sahumerio de las especias, (7) piedras de ónix y piedras de engaste para el espaldar y para el pectoral.

(8) Y me harán un santuario y moraré entre ellos. (9) Como todo lo que yo te muestro, la semejanza del tabernáculo y la semejanza de todos sus vasos, así haréis.

(10) Y harán un arca de maderos de cedro; dos codos y medio su longitud, y codo y medio su anchura, y codo y medio su altura. (11) Y la cubrirás de oro fino, por dentro y por fuera la cubrirás; y harás sobre ella cerco de oro, en derredor. (12) Y vaciarás para ella cuatro sortijas de oro, que pondréis sobre

sus cuatro rincones: dos sortijas sobre su lado, el uno, y dos sortijas sobre su lado, el segundo. (13) Y harás varas de maderos de cedro y cubriréis a ellas de oro. (14) Y meterás las varas en las sortijas sobre los lados del arca, para llevar el arca con ellas. (15) Y en las sortijas del arca estarán las varas; no se quitarán de ella. (16) Y pondrás en el arca el testimonio que os daré. (17) Y harás cobertero de oro fino, dos codos y medio su longitud, y codo y medio su anchura. (18) Y harás dos querubines de oro, batidos los harás, de dos cabos del cobertero. (19) Y harás un querubín del cabo de acá, y un querubín del cabo de allá: del cobertero haréis los querubines sobre sus dos cabos. (20) Y serán los querubines, extendiendo las alas hacia arriba, cubriendo con sus alas el cobertero; y sus faces una frente a otra, mirando al cobertero serán las faces de los querubines. (21) Y pondrás al cobertero sobre el arca, arriba, y en el arca pondrás el testimonio que te daré. (22) Y seré aplazado por ti allí, y hablaré contigo sobre el cobertero, entre los dos querubines que están sobre el arca del testimonio, de todo lo que te encomendaré para los hijos de Israel.

טבעת זהב ונתתה על ארבע פעמתיו ושתי טבעת על־
13 צלעו האחת ושתי טבעת על־צלעו השנית׃ ועשית בדי
14 עצי שטים וצפית אתם זהב׃ והבאת את־הבדים בטבעת
טו על צלעת הארן לשאת את־הארן בהם׃ בטבעת הארן
16 יהיו הבדים לא יסרו ממנו׃ ונתת אל־הארן את העדת
17 אשר אתן אליך׃ ועשית כפרת זהב טהור אמתים וחצי
18 ארכה ואמה וחצי רחבה׃ ועשית שנים כרבים זהב
19 מקשה תעשה אתם משני קצות הכפרת׃ ועשה כרוב
אחד מקצה מזה וכרוב־אחד מקצה מזה מן־הכפרת
כ תעשו את־הכרבים על־שני קצותיו׃ והיו הכרבים
פרשי כנפים למעלה סככים בכנפיהם על־הכפרת
ופניהם איש אל־אחיו אל־הכפרת יהיו פני הכרבים׃
21 ונתת את־הכפרת על־הארן מלמעלה ואל־הארן תתן
22 את־העדת אשר אתן אליך׃ ונועדתי לך שם ודברתי
אתך מעל הכפרת מבין שני הכרבים אשר על־ארון
העדת את כל־אשר אצוה אותך אל־בני ישראל׃ פ
23 ועשית שלחן עצי שטים אמתים ארכו ואמה רחבו ואמה
24 וחצי קמתו׃ וצפית אתו זהב טהור ועשית לו זר זהב
כה סביב׃ ועשית לו מסגרת טפח סביב ועשית זר־זהב
26 למסגרתו סביב׃ ועשית לו ארבע טבעת זהב ונתת
את־הטבעת על ארבע הפאת אשר לארבע רגליו׃ לעמת
27 המסגרת תהיין הטבעת לבתים לבדים לשאת את־
28 השלחן׃ ועשית את־הבדים עצי שטים וצפית אתם
29 זהב ונשא־בם את־השלחן׃ ועשית קערתיו וכפתיו
וקשותיו ומנקיתיו אשר יסך בהן זהב טהור תעשה אתם׃
ל ונתת על־השלחן לחם פנים לפני תמיד׃ פ
31 ועשית מנרת זהב טהור מקשה תיעשה המנורה ירכה

(23) Y harás una mesa de maderos de cedro: dos codos su longitud, y un codo su anchura, y codo y medio su altura. (24) Y la cubrirás de oro fino, y harás a ella cerco de oro en derredor. (25) Y harás a ella cerradura de puño en derredor; y harás cerco de oro en derredor de su cerradura. (26) Y harás a ella cuatro sortijas de oro, y pondrás las sortijas sobre los cuatro rincones que corresponden a sus cuatro pies. (27) Frente a la cerradura estarán las sortijas, lugares para las varas para llevar la mesa. (28) Y harás las varas de maderos de cedro, y las cubrirás de oro, y será llevada con ellas la mesa. (29) Y harás sus escudillas, y sus cucharas, y sus caños, y sus limpiadores, que será templado con ellas; de oro fino las harás. (30) Y pondrás sobre la mesa el pan de faces delante de mí, de continuo. (31) Y harás almenara de oro fino; a martillo será hecha la almenara: su pie, y su caña, sus copos, sus manzanas,

29. ק׳ דגושה. 31. מלא יו״ד

וּקְנָהּ גְּבִעֶיהָ כַּפְתֹּרֶיהָ וּפְרָחֶיהָ מִמֶּנָּה יִהְיוּ׃ וְשִׁשָּׁה 32
קָנִים יֹצְאִים מִצִּדֶּיהָ שְׁלֹשָׁה ׀ קְנֵי מְנֹרָה מִצִּדָּהּ הָאֶחָד
וּשְׁלֹשָׁה קְנֵי מְנֹרָה מִצִּדָּהּ הַשֵּׁנִי׃ שְׁלֹשָׁה גְבִעִים מְשֻׁקָּדִים 33
בַּקָּנֶה הָאֶחָד כַּפְתֹּר וָפֶרַח וּשְׁלֹשָׁה גְבִעִים מְשֻׁקָּדִים
בַּקָּנֶה הָאֶחָד כַּפְתֹּר וָפָרַח כֵּן לְשֵׁשֶׁת הַקָּנִים הַיֹּצְאִים
מִן־הַמְּנֹרָה׃ וּבַמְּנֹרָה אַרְבָּעָה גְבִעִים מְשֻׁקָּדִים כַּפְתֹּרֶיהָ 34
וּפְרָחֶיהָ׃ וְכַפְתֹּר תַּחַת שְׁנֵי הַקָּנִים מִמֶּנָּה וְכַפְתֹּר תַּחַת לה
שְׁנֵי הַקָּנִים מִמֶּנָּה וְכַפְתֹּר תַּחַת־שְׁנֵי־הַקָּנִים מִמֶּנָּה לְשֵׁשֶׁת
הַקָּנִים הַיֹּצְאִים מִן־הַמְּנֹרָה׃ כַּפְתֹּרֵיהֶם וּקְנֹתָם מִמֶּנָּה 36
יִהְיוּ כֻּלָּהּ מִקְשָׁה אַחַת זָהָב טָהוֹר׃ וְעָשִׂיתָ אֶת־נֵרֹתֶיהָ 37
שִׁבְעָה וְהֶעֱלָה אֶת־נֵרֹתֶיהָ וְהֵאִיר עַל־עֵבֶר פָּנֶיהָ׃ וּמַלְקָחֶיהָ 38
וּמַחְתֹּתֶיהָ זָהָב טָהוֹר׃ כִּכָּר זָהָב טָהוֹר יַעֲשֶׂה אֹתָהּ אֵת 39
כָּל־הַכֵּלִים הָאֵלֶּה׃ וּרְאֵה וַעֲשֵׂה בְּתַבְנִיתָם אֲשֶׁר־אַתָּה מ
מָרְאֶה בָּהָר׃ ס

כו

וְאֶת־הַמִּשְׁכָּן תַּעֲשֶׂה עֶשֶׂר יְרִיעֹת שֵׁשׁ מָשְׁזָר וּתְכֵלֶת א
וְאַרְגָּמָן וְתֹלַעַת שָׁנִי כְּרֻבִים מַעֲשֵׂה חֹשֵׁב תַּעֲשֶׂה אֹתָם׃
אֹרֶךְ ׀ הַיְרִיעָה הָאַחַת שְׁמֹנֶה וְעֶשְׂרִים בָּאַמָּה וְרֹחַב 2
אַרְבַּע בָּאַמָּה הַיְרִיעָה הָאֶחָת מִדָּה אַחַת לְכָל־הַיְרִיעֹת׃
חֲמֵשׁ הַיְרִיעֹת תִּהְיֶיןָ חֹבְרֹת אִשָּׁה אֶל־אֲחֹתָהּ וְחָמֵשׁ יְרִיעֹת 3
חֹבְרֹת אִשָּׁה אֶל־אֲחֹתָהּ׃ וְעָשִׂיתָ לֻלְאֹת תְּכֵלֶת עַל שְׂפַת 4
הַיְרִיעָה הָאֶחָת מִקָּצָה בַּחֹבָרֶת וְכֵן תַּעֲשֶׂה בִּשְׂפַת הַיְרִיעָה
הַקִּיצוֹנָה בַּמַּחְבֶּרֶת הַשֵּׁנִית׃ חֲמִשִּׁים לֻלָאֹת תַּעֲשֶׂה ה
בַּיְרִיעָה הָאֶחָת וַחֲמִשִּׁים לֻלָאֹת תַּעֲשֶׂה בִּקְצֵה הַיְרִיעָה
אֲשֶׁר בַּמַּחְבֶּרֶת הַשֵּׁנִית מַקְבִּילֹת הַלֻּלָאֹת אִשָּׁה אֶל־
אֲחֹתָהּ׃ וְעָשִׂיתָ חֲמִשִּׁים קַרְסֵי זָהָב וְחִבַּרְתָּ אֶת־הַיְרִיעֹת 6
אִשָּׁה אֶל־אֲחֹתָהּ בַּקְּרָסִים וְהָיָה הַמִּשְׁכָּן אֶחָד׃ וְעָשִׂיתָ 7

y sus flores de ello serán. (32) Y seis cañas saldrán de sus lados, tres cañas de la almenara, de su lado uno, y tres cañas de la almenara de su lado segundo. (33) Tres copos almendrados en la caña una, manzana y flor; y tres copos almendrados en la caña segunda, manzana y flor; así a las seis cañas, que salen de la almenara. (34) Y en la almenara cuatro copos almendrados, sus manzanas y sus flores. (35) Y habrá manzanas debajo de las dos cañas de ella; habrá una manzana debajo de las dos cañas de ella, y una manzana debajo de las dos cañas de ella, a las seis cañas que salen de la almenara. (36) Sus manzanas y sus cañas serán de lo mismo, todas ellas de una pieza labrada a martillo, de oro fino. (37) Y harás sus siete candelas, y encenderéis sus candelas que alumbrarán frente a sus faces. (38) Y sus tenazas y sus paletas serán de oro fino. (39) De un quintal de oro fino será hecha y todos los vasos estos. (40) Y mira y hazlo a su semejanza, como te fué mostrado en el monte.

XXVI

(1) Y al tabernáculo harás diez cortinas de lino torcido, y cárdeno, y púrpura, y tinte carmesí, y harás querubines de hechura de maestro. (2) Longitud de una cortina: veintiocho codos, y anchura, cuatro codos, la medida de una, para todas las cortinas. (3) Cinco cortinas estarán juntas una a otra, y cinco cortinas juntas una a otra. (4) Y harás ojales de cárdeno sobre la orilla de la cortina una del cabo, en la juntura y así harás en la orilla de la cortina del cabo, en la juntura segunda. (5) Cincuenta ojales harás en la cortina una, y cincuenta ojales harás en el cabo de la cortina que está en la juntura segunda, confrontantes los ojales, uno a otro. (6) Y harás cincuenta corchetes de oro, y juntarás las cortinas una con otra, con los corchetes: y será el tabernáculo uno. (7) Y harás cortinas de pelo de cabra para tender sobre

39. סבירין תעשה גבה

el tabernáculo; once cortinas harás de ellas. (8) Longitud de la cortina una, treinta codos, y anchura, cuatro codos; la medida de una para once cortinas. (9) Y juntarás las cinco cortinas solas, y las seis cortinas solas, y doblarás la cortina sexta frente a las faces de la tienda.

(10) Y harás cincuenta ojales sobre la orilla de la cortina una, del cabo en la juntura, y cincuenta ojales sobre la orilla de la juntura segunda. (11) Y harás corchetes de metal, cincuenta, y meterás los corchetes en los ojales, y juntarás la tienda, y será una. (12) Y el sobrante de las cortinas de la tienda, la mitad de la cortina sobrante será expandida sobre las espaldas del tabernáculo. (13) Y el codo de acá, y el codo de allá en el sobrante de la longitud de las cortinas de la tienda, será expandida sobre los lados del tabernáculo de acá y de allá para cubrirla. (14) Y harás un cobertero para la tienda, de cueros de carneros embermejecidos, y un cobertero de cueros de Tahas, de arriba.

(15) Y harás las tablas para el tabernáculo de maderos de cedro, parados, (16) diez codos la longitud de la tabla, y codo, y mitad de codo, la anchura de la tabla una. (17) Dos quicios tendrá la tabla una, enclavijadas una con otra: así harás todas las tablas del tabernáculo. (18) Y harás las tablas para el tabernáculo: veinte tablas al rincón del meridión al austral. (19) Y cuarenta encajes de plata harás debajo de las veinte tablas; dos encajes debajo de la tabla una con sus dos quicios, y dos encajes debajo de la tabla una con sus quicios. (20) Y al lado del segundo del tabernáculo, al rincón del septentrión; veinte tablas; (21) y sus cuarenta encajes de plata, dos encajes debajo de la tabla una, y dos encajes debajo de la tabla una. (22) Y en los rincones del tabernáculo, al occidente, harás seis tablas. (23) Y dos tablas harás para cantones del tabernáculo, en los rincones. (24) Y serán iguales de abajo, y aun serán juntados sobre su cabo a la sortija una: así será, para ambos; para los dos cantones serán. (25) Y serán ocho tablas, y sus encajes de plata,

יריעת עזים לאהל על־המשכן עשתי־עשרה יריעת
8 תעשה אתם: ארך ׀ היריעה האחת שלשים באמה
ורחב ארבע באמה היריעה האחת מדה אחת לעשתי
9 עשרה יריעת: וחברת את־חמש היריעת לבד ואת־
שש היריעת לבד וכפלת את־היריעה הששית אל־מול
פני האהל: ועשית חמשים ללאת על שפת היריעה
האחת הקיצנה בחברת וחמשים ללאת על שפת
11 היריעה החברת השנית: ועשית קרסי נחשת חמשים
והבאת את־הקרסים בללאת וחברת את־האהל והיה
12 אחד: וסרח העדף ביריעת האהל חצי היריעה העדפת
13 תסרח על אחרי המשכן: והאמה מזה והאמה מזה
בעדף בארך יריעת האהל יהיה סרוח על־צדי המשכן
14 מזה ומזה לכסתו: ועשית מכסה לאהל ערת אילם
מאדמים ומכסה ערת תחשים מלמעלה: פ
מד 16 ועשית את־הקרשים למשכן עצי שטים עמדים: עשר
אמות ארך הקרש ואמה וחצי האמה רחב הקרש
17 האחד: שתי ידות לקרש האחד משלבת אשה אל־
18 אחתה כן תעשה לכל קרשי המשכן: ועשית את־הקרשים
19 למשכן עשרים קרש לפאת נגבה תימנה: וארבעים
אדני־כסף תעשה תחת עשרים הקרש שני אדנים תחת־
הקרש האחד לשתי ידתיו ושני אדנים תחת־הקרש
כ האחד לשתי ידתיו: ולצלע המשכן השנית לפאת צפון
21 עשרים קרש: וארבעים אדניהם כסף שני אדנים תחת
22 הקרש האחד ושני אדנים תחת הקרש האחד: ולירכתי
23 המשכן ימה תעשה ששה קרשים: ושני קרשים תעשה
24 למקצעת המשכן בירכתים: ויהיו תאמם מלמטה ויחדו
יהיו תמים על־ראשו אל־הטבעת האחת כן יהיה

לִשְׁנֵיהֶם לִשְׁנֵי הַמִּקְצֹעֹת יִהְיוּ׃ וְהָיוּ שְׁמֹנָה קְרָשִׁים כה
וְאַדְנֵיהֶם כֶּסֶף שִׁשָּׁה עָשָׂר אֲדָנִים שְׁנֵי אֲדָנִים תַּחַת
הַקֶּרֶשׁ הָאֶחָד וּשְׁנֵי אֲדָנִים תַּחַת הַקֶּרֶשׁ הָאֶחָד׃ וְעָשִׂיתָ 26
בְרִיחִם עֲצֵי שִׁטִּים חֲמִשָּׁה לְקַרְשֵׁי צֶלַע־הַמִּשְׁכָּן הָאֶחָד׃
וַחֲמִשָּׁה בְרִיחִם לְקַרְשֵׁי צֶלַע־הַמִּשְׁכָּן הַשֵּׁנִית וַחֲמִשָּׁה 27
בְרִיחִם לְקַרְשֵׁי צֶלַע הַמִּשְׁכָּן לַיַּרְכָתַיִם יָמָּה׃ וְהַבְּרִיחַ 28
הַתִּיכֹן בְּתוֹךְ הַקְּרָשִׁים מַבְרִחַ מִן־הַקָּצֶה אֶל־הַקָּצֶה׃
וְאֶת־הַקְּרָשִׁים תְּצַפֶּה זָהָב וְאֶת־טַבְּעֹתֵיהֶם תַּעֲשֶׂה זָהָב 29
בָּתִּים לַבְּרִיחִם וְצִפִּיתָ אֶת־הַבְּרִיחִם זָהָב׃ וַהֲקֵמֹתָ אֶת־ ל
הַמִּשְׁכָּן כְּמִשְׁפָּטוֹ אֲשֶׁר הָרְאֵיתָ בָּהָר׃ ס וְעָשִׂיתָ 31
פָרֹכֶת תְּכֵלֶת וְאַרְגָּמָן וְתוֹלַעַת שָׁנִי וְשֵׁשׁ מָשְׁזָר מַעֲשֵׂה
חֹשֵׁב יַעֲשֶׂה אֹתָהּ כְּרֻבִים׃ וְנָתַתָּה אֹתָהּ עַל־אַרְבָּעָה 32
עַמּוּדֵי שִׁטִּים מְצֻפִּים זָהָב וָוֵיהֶם זָהָב עַל־אַרְבָּעָה אַדְנֵי־
כָסֶף׃ וְנָתַתָּה אֶת־הַפָּרֹכֶת תַּחַת הַקְּרָסִים וְהֵבֵאתָ שָׁמָּה 33
מִבֵּית לַפָּרֹכֶת אֵת אֲרוֹן הָעֵדוּת וְהִבְדִּילָה הַפָּרֹכֶת לָכֶם
בֵּין הַקֹּדֶשׁ וּבֵין קֹדֶשׁ הַקֳּדָשִׁים׃ וְנָתַתָּ אֶת־הַכַּפֹּרֶת עַל 34
אֲרוֹן הָעֵדֻת בְּקֹדֶשׁ הַקֳּדָשִׁים׃ וְשַׂמְתָּ אֶת־הַשֻּׁלְחָן מִחוּץ לה
לַפָּרֹכֶת וְאֶת־הַמְּנֹרָה נֹכַח הַשֻּׁלְחָן עַל צֶלַע הַמִּשְׁכָּן תֵּימָנָה
וְהַשֻּׁלְחָן תִּתֵּן עַל־צֶלַע צָפוֹן׃ וְעָשִׂיתָ מָסָךְ לְפֶתַח הָאֹהֶל 36
תְּכֵלֶת וְאַרְגָּמָן וְתוֹלַעַת שָׁנִי וְשֵׁשׁ מָשְׁזָר מַעֲשֵׂה רֹקֵם׃
וְעָשִׂיתָ לַמָּסָךְ חֲמִשָּׁה עַמּוּדֵי שִׁטִּים וְצִפִּיתָ אֹתָם זָהָב וָוֵיהֶם 37
זָהָב וְיָצַקְתָּ לָהֶם חֲמִשָּׁה אַדְנֵי נְחֹשֶׁת׃ ס ששי

כז

וְעָשִׂיתָ אֶת־הַמִּזְבֵּחַ עֲצֵי שִׁטִּים חָמֵשׁ אַמּוֹת אֹרֶךְ וְחָמֵשׁ א
אַמּוֹת רֹחַב רָבוּעַ יִהְיֶה הַמִּזְבֵּחַ וְשָׁלֹשׁ אַמּוֹת קֹמָתוֹ׃
וְעָשִׂיתָ קַרְנֹתָיו עַל אַרְבַּע פִּנֹּתָיו מִמֶּנּוּ תִּהְיֶיןָ קַרְנֹתָיו 2
וְצִפִּיתָ אֹתוֹ נְחֹשֶׁת׃ וְעָשִׂיתָ סִּירֹתָיו לְדַשְּׁנוֹ וְיָעָיו וּמִזְרְקֹתָיו 3

dieciséis encajes; dos encajes debajo de la tabla una, y dos encajes debajo de la tabla una. (26) Y harás barras de maderos de cedro, cinco a las tablas del lado uno del tabernáculo, (27) y cinco barras a las tablas del lado el segundo, del tabernáculo, y cinco barras a las tablas del lado del tabernáculo, y los rincones de occidente. (28) Y la barra del medio pasará entre las tablas, pasando de cabo a cabo. (29) Y las tablas cubrirás de oro, y sus sortijas harás de oro, con lugares para las barras, y cubrirás las barras de oro. (30) Y levantarás el tabernáculo como su juicio que te fué mostrado en el monte.

(31) Y harás antipara de cárdeno, y púrpura, y tinte carmesí, y lino torcido: como obra de pensador la haréis, con querubines. (32) Y la pondrás sobre cuatro pilares de cedro cubiertos de oro, con capiteles de oro, sobre cuatro encajes de plata. (33) Y pondrás la antipara, debajo de los corchetes, y meterás allí en la antipara el arca del testimonio; y apartaréis la antipara de vosotros entre la santidad y la santidad de las santidades.

(34) Y pondrás el cobertero sobre el arca del testimonio en la santidad de las santidades. (35) Y pondrás la mesa fuera de la antipara, y la almenara frente de la mesa sobre el lado del tabernáculo al meridión: y la mesa pondrás sobre el lado del septentrión. (36) Y harás un velo a la puerta de la tienda de cárdeno y púrpura, y tinte carmesí, y lino torcido, como obra de recamador. (37) Y harás al velo cinco pilares de cedro, y los cubrirás de oro, sus capiteles serán de oro; y vaciarás para ellos, cinco almireces de metal.

XXVII

(1) Y harás el ara de maderos de cedro: de cinco codos de longitud, y cinco codos de anchura, cuadrada será el ara, y tres codos, su altura. (2) Y harás sus cuernos sobre sus cuatro cantones, de ella serán sus cuernos; y lo cubrirás de metal. (3) Y harás sus ollas para echar su ceniza, y sus badiles, y sus

כו 31. סבירין תעשה 33. מלרע כז 3. הס׳ דגושה

4 וּמִזְרְקֹתָיו וּמַחְתֹּתָיו לְכָל־כֵּלָיו תַּעֲשֶׂה נְחֹשֶׁת׃ וְעָשִׂיתָ
לּוֹ מִכְבָּר מַעֲשֵׂה רֶשֶׁת נְחֹשֶׁת וְעָשִׂיתָ עַל־הָרֶשֶׁת אַרְבַּע
ה טַבְּעֹת נְחֹשֶׁת עַל אַרְבַּע קְצוֹתָיו׃ וְנָתַתָּה אֹתָהּ תַּחַת
כַּרְכֹּב הַמִּזְבֵּחַ מִלְּמָטָּה וְהָיְתָה הָרֶשֶׁת עַד חֲצִי הַמִּזְבֵּחַ׃
6 וְעָשִׂיתָ בַדִּים לַמִּזְבֵּחַ בַּדֵּי עֲצֵי שִׁטִּים וְצִפִּיתָ אֹתָם נְחֹשֶׁת׃
7 וְהוּבָא אֶת־בַּדָּיו בַּטַּבָּעֹת וְהָיוּ הַבַּדִּים עַל־שְׁתֵּי צַלְעֹת
8 הַמִּזְבֵּחַ בִּשְׂאֵת אֹתוֹ׃ נְבוּב לֻחֹת תַּעֲשֶׂה אֹתוֹ כַּאֲשֶׁר
9 הֶרְאָה אֹתְךָ בָּהָר כֵּן יַעֲשׂוּ׃ ס וְעָשִׂיתָ אֵת חֲצַר
הַמִּשְׁכָּן לִפְאַת נֶגֶב־תֵּימָנָה קְלָעִים לֶחָצֵר שֵׁשׁ מָשְׁזָר
י מֵאָה בָאַמָּה אֹרֶךְ לַפֵּאָה הָאֶחָת׃ וְעַמֻּדָיו עֶשְׂרִים וְאַדְנֵיהֶם
11 עֶשְׂרִים נְחֹשֶׁת וָוֵי הָעַמֻּדִים וַחֲשֻׁקֵיהֶם כָּסֶף׃ וְכֵן לִפְאַת
צָפוֹן בָּאֹרֶךְ קְלָעִים מֵאָה אֹרֶךְ וְעַמֻּדָו עֶשְׂרִים וְאַדְנֵיהֶם
12 עֶשְׂרִים נְחֹשֶׁת וָוֵי הָעַמֻּדִים וַחֲשֻׁקֵיהֶם כָּסֶף׃ וְרֹחַב הֶחָצֵר
לִפְאַת־יָם קְלָעִים חֲמִשִּׁים אַמָּה עַמֻּדֵיהֶם עֲשָׂרָה וְאַדְנֵיהֶם
13 עֲשָׂרָה׃ וְרֹחַב הֶחָצֵר לִפְאַת קֵדְמָה מִזְרָחָה חֲמִשִּׁים
14 אַמָּה׃ וַחֲמֵשׁ עֶשְׂרֵה אַמָּה קְלָעִים לַכָּתֵף עַמֻּדֵיהֶם
טו שְׁלֹשָׁה וְאַדְנֵיהֶם שְׁלֹשָׁה׃ וְלַכָּתֵף הַשֵּׁנִית חֲמֵשׁ עֶשְׂרֵה
16 קְלָעִים עַמֻּדֵיהֶם שְׁלֹשָׁה וְאַדְנֵיהֶם שְׁלֹשָׁה׃ וּלְשַׁעַר הֶחָצֵר
מָסָךְ ׀ עֶשְׂרִים אַמָּה תְּכֵלֶת וְאַרְגָּמָן וְתוֹלַעַת שָׁנִי וְשֵׁשׁ
מָשְׁזָר מַעֲשֵׂה רֹקֵם עַמֻּדֵיהֶם אַרְבָּעָה וְאַדְנֵיהֶם אַרְבָּעָה׃
17 כָּל־עַמּוּדֵי הֶחָצֵר סָבִיב מְחֻשָּׁקִים כֶּסֶף וָוֵיהֶם כָּסֶף
18 וְאַדְנֵיהֶם נְחֹשֶׁת׃ אֹרֶךְ הֶחָצֵר מֵאָה בָאַמָּה וְרֹחַב ׀ חֲמִשִּׁים
בַּחֲמִשִּׁים וְקֹמָה חָמֵשׁ אַמּוֹת שֵׁשׁ מָשְׁזָר וְאַדְנֵיהֶם נְחֹשֶׁת׃
19 לְכֹל כְּלֵי הַמִּשְׁכָּן בְּכֹל עֲבֹדָתוֹ וְכָל־יְתֵדֹתָיו וְכָל־יִתְדֹת
הֶחָצֵר נְחֹשֶׁת׃

ס ס ס כ 20

כ וְאַתָּה תְּצַוֶּה ׀ אֶת־בְּנֵי יִשְׂרָאֵל וְיִקְחוּ אֵלֶיךָ שֶׁמֶן זַיִת זָךְ
21 כָּתִית לַמָּאוֹר לְהַעֲלֹת נֵר תָּמִיד׃ בְּאֹהֶל מוֹעֵד מִחוּץ

esparcideras; y sus garfios, y paletas; todos sus vasos harás de metal. (4) Y le harás un enrejado, de hechura de red de metal; y harás sobre la red, cuatro sortijas de metal sobre sus cuatro cantones. (5) Y a él pondrás debajo del circuito del ara abajo; y será la red hasta la mitad del ara. (6) Y harás varas para el ara, varas de maderos de cedro, y las cubriréis de metal. (7) Y serán metidas sus varas en las sortijas y estarán las varas sobre dos lados del ara, al llevarla. (8) Hueco de tablas le haréis: como te fué mostrado en el monte, así haréis.

(9) Y harás el patio del tabernáculo: en la parte del meridión, al austral harás cortinas para el patio, de lino torcido, de cien codos de longitud la parte una. (10) Y sus pilares, veinte, y sus encajes, veinte, de metal; los capiteles de los pilares y sus cercos serán de plata.

(11) Y así en la parte del septentrión habrá en la longitud, cortinas de cien codos de longitud, y sus pilares, veinte, con sus encajes, veinte, de metal; los capiteles de los pilares y sus cercos, serán de plata. (12) Y la anchura del patio en la parte del occidente, tendrá cortinas de cincuenta codos; sus pilares serán diez, y sus encajes, diez. (13) Y la anchura del patio en la parte del levante, al oriente será cincuenta codos. (14) Y habrá cortinas de quince codos a un lado; con sus pilares, tres, y sus encajes, tres. (15) Al lado segundo, quince cortinas; sus pilares tres, y sus encajes tres. (16) Y a la puerta del patio habrá un velo de veinte codos, de cárdeno, y púrpura, y tinte carmesí, y lino torcido, como hechura de recamador; sus pilares serán cuatro, y sus encajes, cuatro. (17) Todos los pilares en derredor serán cercados de plata, sus capiteles de plata, y sus encajes de metal. (18) La longitud del patio cien codos, la anchura, cincuenta en cincuenta, y altura, cinco codos, de lino torcido, y sus encajes de metal. (19) Todos los vasos del tabernáculo en todo su servicio; y todas sus estacas, y todas las estacas del patio, de metal.

(20) TESAVÉ

(20) Y tú encomendarás a los hijos de Israel, que te traigan aceite de oliva claro, majado, para las luminarias para encender candelas de continuo. (21) En la tienda del plazo, afuera de la antipara que está sobre el testimonio, las orde-

11. ועמדיו קרי

לַפָּרֹכֶת אֲשֶׁר עַל־הָעֵדֻת יַעֲרֹךְ אֹתוֹ אַהֲרֹן וּבָנָיו מֵעֶרֶב עַד־
בֹּקֶר לִפְנֵי יְהוָה חֻקַּת עוֹלָם לְדֹרֹתָם מֵאֵת בְּנֵי יִשְׂרָאֵל׃ ס

כח

וְאַתָּה הַקְרֵב אֵלֶיךָ אֶת־אַהֲרֹן אָחִיךָ וְאֶת־בָּנָיו אִתּוֹ מִתּוֹךְ א
בְּנֵי יִשְׂרָאֵל לְכַהֲנוֹ־לִי אַהֲרֹן נָדָב וַאֲבִיהוּא אֶלְעָזָר וְאִיתָמָר
בְּנֵי אַהֲרֹן׃ וְעָשִׂיתָ בִגְדֵי־קֹדֶשׁ לְאַהֲרֹן אָחִיךָ לְכָבוֹד 2
וּלְתִפְאָרֶת׃ וְאַתָּה תְּדַבֵּר אֶל־כָּל־חַכְמֵי־לֵב אֲשֶׁר מִלֵּאתִיו 3
רוּחַ חָכְמָה וְעָשׂוּ אֶת־בִּגְדֵי אַהֲרֹן לְקַדְּשׁוֹ לְכַהֲנוֹ־לִי׃
וְאֵלֶּה הַבְּגָדִים אֲשֶׁר יַעֲשׂוּ חֹשֶׁן וְאֵפוֹד וּמְעִיל וּכְתֹנֶת 4
תַּשְׁבֵּץ מִצְנֶפֶת וְאַבְנֵט וְעָשׂוּ בִגְדֵי־קֹדֶשׁ לְאַהֲרֹן אָחִיךָ
וּלְבָנָיו לְכַהֲנוֹ־לִי׃ וְהֵם יִקְחוּ אֶת־הַזָּהָב וְאֶת־הַתְּכֵלֶת ה
וְאֶת־הָאַרְגָּמָן וְאֶת־תּוֹלַעַת הַשָּׁנִי וְאֶת־הַשֵּׁשׁ׃ פ
וְעָשׂוּ אֶת־הָאֵפֹד זָהָב תְּכֵלֶת וְאַרְגָּמָן תּוֹלַעַת שָׁנִי וְשֵׁשׁ 6
מָשְׁזָר מַעֲשֵׂה חֹשֵׁב׃ שְׁתֵּי כְתֵפֹת חֹבְרֹת יִהְיֶה־לּוֹ אֶל־ 7
שְׁנֵי קְצוֹתָיו וְחֻבָּר׃ וְחֵשֶׁב אֲפֻדָּתוֹ אֲשֶׁר עָלָיו כְּמַעֲשֵׂהוּ 8
מִמֶּנּוּ יִהְיֶה זָהָב תְּכֵלֶת וְאַרְגָּמָן וְתוֹלַעַת שָׁנִי וְשֵׁשׁ
מָשְׁזָר׃ וְלָקַחְתָּ אֶת־שְׁתֵּי אַבְנֵי־שֹׁהַם וּפִתַּחְתָּ עֲלֵיהֶם 9
שְׁמוֹת בְּנֵי יִשְׂרָאֵל׃ שִׁשָּׁה מִשְּׁמֹתָם עַל הָאֶבֶן הָאֶחָת י
וְאֶת־שְׁמוֹת הַשִּׁשָּׁה הַנּוֹתָרִים עַל־הָאֶבֶן הַשֵּׁנִית כְּתוֹלְדֹתָם׃
מַעֲשֵׂה חָרַשׁ אֶבֶן פִּתּוּחֵי חֹתָם תְּפַתַּח אֶת־שְׁתֵּי הָאֲבָנִים 11
עַל־שְׁמֹת בְּנֵי יִשְׂרָאֵל מֻסַבֹּת מִשְׁבְּצוֹת זָהָב תַּעֲשֶׂה
אֹתָם׃ וְשַׂמְתָּ אֶת־שְׁתֵּי הָאֲבָנִים עַל כִּתְפֹת הָאֵפֹד אַבְנֵי 12
זִכָּרֹן לִבְנֵי יִשְׂרָאֵל וְנָשָׂא אַהֲרֹן אֶת־שְׁמוֹתָם לִפְנֵי יְהוָה
עַל־שְׁתֵּי כְתֵפָיו לְזִכָּרֹן׃ ס שני וְעָשִׂיתָ מִשְׁבְּצֹת זָהָב׃ 13
וּשְׁתֵּי שַׁרְשְׁרֹת זָהָב טָהוֹר מִגְבָּלֹת תַּעֲשֶׂה אֹתָם מַעֲשֵׂה 14
עֲבֹת וְנָתַתָּה אֶת־שַׁרְשְׁרֹת הָעֲבֹתֹת עַל־הַמִּשְׁבְּצֹת׃ ס
וְעָשִׂיתָ חֹשֶׁן מִשְׁפָּט מַעֲשֵׂה חֹשֵׁב כְּמַעֲשֵׂה אֵפֹד תַּעֲשֶׂנּוּ טו
זָהָב תְּכֵלֶת וְאַרְגָּמָן וְתוֹלַעַת שְׁנִי וְשֵׁשׁ מָשְׁזָר תַּעֲשֶׂה·

narán Aarón y su hijos: desde la tarde hasta la mañana, delante del Eterno, como fuero de siempre a sus generaciones de los hijos de Israel.

XXVIII

(1) Y tú haz llegar a ti a Aarón tu hermano, y a sus hijos con él, de entre los hijos de Israel, para servir a mí: Aarón, Nadab y Abiú, Eleasar e Itamar, hijos de Aarón. (2) Y harás vestidos de santidad para Aarón, tu hermano, para honra y para hermosura. (3) Y tú hablarás a todos los sabios de corazón, a los que henchí de espíritu de ciencia, para que hagan los vestidos de Aarón, para santificarlo y para servir a mí.

(4) Y éstos son los vestidos que harán: pectoral y espaldar y manto, y túnica listada, toca y cinto, y harán vestidos de santidad para Aarón, tu hermano, y para sus hijos, para servir a mí. (5) Y tomarán el oro, y el cárdeno, y la púrpura, y el tinte carmesí, y el lino.

(6) Y harán el espaldar de oro, cárdeno, y púrpura, y tinte carmesí, y lino torcido, como hechura de maestro. (7) Tendrá dos hombreras juntas en sus dos cabos, y serán juntados. (8) Y la maestría de su cinto que está sobre él, como su hechura de él será: y de oro, cárdeno y púrpura, y tinte carmesí, y lino torcido. (9) Y tomarás dos piedras de Soam, y grabarás sobre ellas los nombres de los hijos de Israel. (10) Seis de sus nombres sobre la piedra primera y los nombres de los seis restantes sobre la piedra segunda, como sus nacimientos. (11) Hechura de maestro de piedras, como grabados de sello, grabarás las dos piedras con los nombres de los hijos de Israel; rodeadas de engastes de oro las harás. (12) Y pondrás las dos piedras sobre las hombreras del espaldar, como piedras en memoria de los hijos de Israel; y llevará Aarón sus nombres delante del Eterno sobre sus dos hombreras, en memoria.

(13) Y harás engastes de oro, (14) y dos cadenas de oro fino, terminadas; les harás hechura de trenza, y fijarás las cadenas de las trenzas sobre los engastes. (15) Y harás el pectoral del juicio de hechura de maestro; como la hechura del espaldar lo harás de oro, cárdeno, y púrpura, y tinte carmesí, y lino torcido,

16 17 אתו: רבוע יהיה כפול זרת ארכו וזרת רחבו: ומלאת
בו מלאת אבן ארבעה טורים אבן· טור אדם פטדה
18 וברקת הטור האחד: והטור השני נפך ספיר ויהלם:
19 כ והטור השלישי לשם שבו ואחלמה: והטור הרביעי
תרשיש ושהם וישפה משבצים זהב יהיו במלואתם:
21 והאבנים תהיין על־שמת בני־ישראל שתים עשרה על־
שמתם פתוחי חותם איש על־שמו תהיין לשני עשר
22 שבט: ועשית על־החשן שרשת גבלת מעשה עבת זהב
23 טהור: ועשית על־החשן שתי טבעות זהב ונתת את־
24 שתי הטבעות על־שני קצות החשן: ונתתה את־שתי
כה עבתת הזהב על־שתי הטבעת אל־קצות החשן: ואת
שתי קצות שתי העבתת תתן על־שתי המשבצות ונתתה
26 על־כתפות האפד אל־מול פניו: ועשית שתי טבעות זהב
ושמת אתם על־שני קצות החשן על־שפתו אשר אל־
27 עבר האפוד ביתה: ועשית שתי טבעות זהב ונתתה
אתם על־שתי כתפות האפוד מלמטה ממול פניו לעמת
28 מחברתו ממעל לחשב האפוד: וירכסו את־החשן
מטבעתו אל־טבעת האפד בפתיל תכלת להיות על־
29 חשב האפוד ולא־יזח החשן מעל האפוד: ונשא אהרן
את־שמות בני־ישראל בחשן המשפט על־לבו בבאו אל־
ל הקדש לזכרן לפני־יהוה תמיד: ונתת אל־חשן המשפט
את־האורים ואת־התמים והיו על־לב אהרן בבאו לפני
יהוה ונשא אהרן את־משפט בני־ישראל על־לבו לפני
31 יהוה תמיד: ס ועשית את־מעיל האפוד כליל תכלת:
32 והיה פי־ראשו בתוכו שפה יהיה לפיו סביב מעשה
33 ארג כפי תחרא יהיה־לו לא יקרע: ועשית על־שוליו
רמני תכלת וארגמן ותולעת שני על־שוליו סביב ופעמני

lo harás. (16) Cuadrado será y doblado; un palmo su longitud, y un palmo su anchura. (17) Y llenarás a él con piedras, cuatro órdenes de piedras: Orden primera, Rubí, Esmeralda, y Chrisolita, la orden primera. (18) Y la orden segunda: Carbunclo, Zafiro, y Diamante; (19) y la orden tercera: Topacio, Turquesa y Amatista; (20) y la orden cuarta: Tarsis, Ónix, y Jaspe: engastadas en oro estarán en sus encajes. (21) Y las piedras serán según los nombres de los hijos de Israel, doce según sus nombres; como grabados de sello cada una con su nombre serán, según las doce tribus. (22) Y harás sobre el pectoral cadenas de terminación, hechura de trenzas de oro fino. (23) Y harás sobre el pectoral dos sortijas de oro, y pondrás las dos sortijas sobre los dos cabos del pectoral. (24) Y pondrás dos trenzas de oro sobre las dos sortijas, sobre los dos cabos del pectoral. (25) Y los dos cabos de las dos trenzas, sobre los dos engastes; y pondrás hombreras del espaldar frente a sus faces. (26) Y harás dos sortijas de oro, y las pondrás sobre los dos cabos del pectoral, sobre su orilla en la parte del espaldar de adentro. (27) Y harás dos sortijas de oro y las pondrás sobre las dos hombreras del espaldar de abajo, de frente sus faces, frente de su juntura, de arriba, con la maestría del espaldar. (28) Y juntarán el pectoral de sus sortijas a las sortijas del espaldar con hilo cárdeno, para que esté sobre la maestría del espaldar, y no se quitará el pectoral de sobre el espaldar. (29) Y llevará Aarón los nombres de los hijos de Israel en el pectoral del juicio, sobre su corazón, en su venir a la santidad; en memoria delante del Eterno, continuamente. (30) Y pondrás en el pectoral del juicio los Urim y los Tumim, y estarán sobre el corazón de Aarón en su venir ante el Eterno: y llevará Aarón el juicio de los hijos de Israel sobre su corazón, delante del Eterno, continuamente.

(31) Y harás el manto del espaldar todo cárdeno. (32) Y será el cabezón de su cabeza entre él, orilla tendrá en derredor de su cabezón, de hechura de tejedor, como cabezón de malla será; no será roto. (33) Y harás sobre sus orillas granadas de cárdeno, y púrpura, y tinte carmesí, sobre sus orillas, en

28. מטבעתיו ק'

34 זהב בתוכם סביב: פעמן זהב ורמן פעמן זהב ורמן
לה על־שולי המעיל סביב: והיה על־אהרן לשרת ונשמע
קולו בבאו אל־הקדש לפני יהוה ובצאתו ולא ימות: ס
36 ועשית ציץ זהב טהור ופתחת עליו פתוחי חתם קדש
37 ליהוה: ושמת אתו על־פתיל תכלת והיה על־המצנפת
38 אל־מול פני־המצנפת יהיה: והיה על־מצח אהרן ונשא
אהרן את־עון הקדשים אשר יקדישו בני ישראל לכל־
מתנת קדשיהם והיה על־מצחו תמיד לרצון להם לפני
39 יהוה: ושבצת הכתנת שש ועשית מצנפת שש ואבנט
מ תעשה מעשה רקם: ולבני אהרן תעשה כתנת ועשית
להם אבנטים ומגבעות תעשה להם לכבוד ולתפארת:
41 והלבשת אתם את־אהרן אחיך ואת־בניו אתו ומשחת
42 אתם ומלאת את־ידם וקדשת אתם וכהנו לי: ועשה
להם מכנסי־בד לכסות בשר ערוה ממתנים ועד־ירכים
43 יהיו: והיו על־אהרן ועל־בניו בבאם ׀ אל־אהל מועד או
בגשתם אל־המזבח לשרת בקדש ולא־ישאו עון ומתו
חקת עולם לו ולזרעו אחריו: ס

כט

א וזה הדבר אשר־תעשה להם לקדש אתם לכהן לי לקח
2 פר אחד בן־בקר ואילם שנים תמימם: ולחם מצות
וחלת מצת בלולת בשמן ורקיקי מצות משחים בשמן
3 סלת חטים תעשה אתם: ונתת אותם על־סל אחד
4 והקרבת אתם בסל ואת־הפר ואת שני האילם: ואת־
אהרן ואת־בניו תקריב אל־פתח אהל מועד ורחצת
ה אתם במים: ולקחת את־הבגדים והלבשת את־אהרן
את־הכתנת ואת מעיל האפד ואת־האפד ואת־החשן
6 ואפדת לו בחשב האפד: ושמת המצנפת על־ראשו ונתת

derredor; y cascabeles de oro, entre ellos, en derredor. (34) Cascabel de oro y granada, cascabel de oro y granada sobre las orillas del manto en derredor. (35) Y estarán sobre Aarón para servir; y será oída su voz en su venir a la santidad delante del Eterno, y en su salir, y no morirá.

(36) Y harás frontal de oro fino, y grabarás sobre él, como grabado de sello, Santidad al Eterno. (37) Y le pondrás sobre hilo cárdeno, y será sobre la toca: frente a la faz de la toca será. (38) Y estará sobre la frente de Aarón, y llevará Aarón el delito de las santidades, que santificarán los hijos de Israel en todas las dádivas de sus santidades: y estará sobre su frente de continuo, para que tengan la gracia del Eterno. (39) Y bordarás una túnica de lino, y harás toca de lino; y cinto harás, hechura de recamador. (40) Y a los hijos de Aarón harás túnicas; y les harás cintos, y bonetes les harás, para honra y para hermosura.

(41) Y harás vestir a ellos, a Aarón, tu hermano, y a sus hijos con él: y los ungirás, y henchirás sus manos, y los santificarás, y servirán a mí. (42) Y harás a ellos calzones de lino para cubrir su desnudez, desde los lomos hasta los muslos serán. (43) Y estarán sobre Aarón y sobre sus hijos en su entrar a la tienda del plazo, o en su llegarse al ara para servir en la santidad, para que no lleven delito y mueran. Fuero perpetuo es para él y para su simiente en pos de él.

XXIX

(1) Y ésta es la cosa que harás a ellos para santificarlos para servir a mí: Toma un toro, y dos carneros sanos, (2) y pan de cenceña, y tortas cenceñas envueltas en aceite, y buñuelos cenceños untados en aceite; de sémola de trigo los harás. (3) Y los pondrás sobre un canastillo y los llevarás en el canastillo, con el toro y los dos carneros. (4) Y a Aarón y a sus hijos harás llegar a la puerta de la tienda del plazo, y los lavarás con agua. (5) Y tomarás los vestidos y harás vestir a Aarón la túnica y el manto del espaldar, y el espaldar y el pectoral, le ceñirás con la maestría del espaldar; (6) y pondrás la toca sobre su cabeza,

42. בח: קמץ בז״ק

7 אֶת־נֵזֶר הַקֹּדֶשׁ עַל־הַמִּצְנָפֶת׃ וְלָקַחְתָּ אֶת־שֶׁמֶן הַמִּשְׁחָה
8 וְיָצַקְתָּ עַל־רֹאשׁוֹ וּמָשַׁחְתָּ אֹתוֹ׃ וְאֶת־בָּנָיו תַּקְרִיב
9 וְהִלְבַּשְׁתָּם כֻּתֳּנֹת׃ וְחָגַרְתָּ אֹתָם אַבְנֵט אַהֲרֹן וּבָנָיו
וְחָבַשְׁתָּ לָהֶם מִגְבָּעֹת וְהָיְתָה לָהֶם כְּהֻנָּה לְחֻקַּת עוֹלָם
י וּמִלֵּאתָ יַד־אַהֲרֹן וְיַד־בָּנָיו׃ וְהִקְרַבְתָּ אֶת־הַפָּר לִפְנֵי אֹהֶל
מוֹעֵד וְסָמַךְ אַהֲרֹן וּבָנָיו אֶת־יְדֵיהֶם עַל־רֹאשׁ הַפָּר׃
11 12 וְשָׁחַטְתָּ אֶת־הַפָּר לִפְנֵי יְהוָה פֶּתַח אֹהֶל מוֹעֵד׃ וְלָקַחְתָּ
מִדַּם הַפָּר וְנָתַתָּה עַל־קַרְנֹת הַמִּזְבֵּחַ בְּאֶצְבָּעֶךָ וְאֶת־כָּל־
13 הַדָּם תִּשְׁפֹּךְ אֶל־יְסוֹד הַמִּזְבֵּחַ׃ וְלָקַחְתָּ אֶת־כָּל־הַחֵלֶב
הַמְכַסֶּה אֶת־הַקֶּרֶב וְאֵת הַיֹּתֶרֶת עַל־הַכָּבֵד וְאֵת שְׁתֵּי
14 הַכְּלָיֹת וְאֶת־הַחֵלֶב אֲשֶׁר עֲלֵיהֶן וְהִקְטַרְתָּ הַמִּזְבֵּחָה׃ וְאֶת־
בְּשַׂר הַפָּר וְאֶת־עֹרוֹ וְאֶת־פִּרְשׁוֹ תִּשְׂרֹף בָּאֵשׁ מִחוּץ לַמַּחֲנֶה
טו חַטָּאת הוּא׃ וְאֶת־הָאַיִל הָאֶחָד תִּקָּח וְסָמְכוּ אַהֲרֹן וּבָנָיו
16 אֶת־יְדֵיהֶם עַל־רֹאשׁ הָאָיִל׃ וְשָׁחַטְתָּ אֶת־הָאָיִל וְלָקַחְתָּ
17 אֶת־דָּמוֹ וְזָרַקְתָּ עַל־הַמִּזְבֵּחַ סָבִיב׃ וְאֶת־הָאַיִל תְּנַתֵּחַ
לִנְתָחָיו וְרָחַצְתָּ קִרְבּוֹ וּכְרָעָיו וְנָתַתָּ עַל־נְתָחָיו וְעַל־
18 רֹאשׁוֹ׃ וְהִקְטַרְתָּ אֶת־כָּל־הָאַיִל הַמִּזְבֵּחָה עֹלָה הוּא לַיהוָה
19 רֵיחַ נִיחוֹחַ אִשֶּׁה לַיהוָה הוּא׃ וְלָקַחְתָּ אֵת הָאַיִל הַשֵּׁנִי ששי
כ וְסָמַךְ אַהֲרֹן וּבָנָיו אֶת־יְדֵיהֶם עַל־רֹאשׁ הָאָיִל׃ וְשָׁחַטְתָּ
אֶת־הָאַיִל וְלָקַחְתָּ מִדָּמוֹ וְנָתַתָּה עַל־תְּנוּךְ אֹזֶן אַהֲרֹן וְעַל־
תְּנוּךְ אֹזֶן בָּנָיו הַיְמָנִית וְעַל־בֹּהֶן יָדָם הַיְמָנִית וְעַל־בֹּהֶן
21 רַגְלָם הַיְמָנִית וְזָרַקְתָּ אֶת־הַדָּם עַל־הַמִּזְבֵּחַ סָבִיב׃ וְלָקַחְתָּ
מִן־הַדָּם אֲשֶׁר עַל־הַמִּזְבֵּחַ וּמִשֶּׁמֶן הַמִּשְׁחָה וְהִזֵּיתָ עַל־
אַהֲרֹן וְעַל־בְּגָדָיו וְעַל־בָּנָיו וְעַל־בִּגְדֵי בָנָיו אִתּוֹ וְקָדַשׁ
22 הוּא וּבְגָדָיו וּבָנָיו וּבִגְדֵי בָנָיו אִתּוֹ׃ וְלָקַחְתָּ מִן־הָאַיִל
הַחֵלֶב וְהָאַלְיָה וְאֶת־הַחֵלֶב ׀ הַמְכַסֶּה אֶת־הַקֶּרֶב וְאֵת
יֹתֶרֶת הַכָּבֵד וְאֵת ׀ שְׁתֵּי הַכְּלָיֹת וְאֶת־הַחֵלֶב אֲשֶׁר עֲלֵיהֶן
23 וְאֵת שׁוֹק הַיָּמִין כִּי אֵיל מִלֻּאִים הוּא׃ וְכִכַּר לֶחֶם אַחַת

y pondrás la corona de la santidad sobre la toca. (7) Y tomarás aceite de la unción y lo vaciarás sobre su cabeza, y le ungirás. (8) Y a sus hijos harás llegar, y hacerlos has, vestir las túnicas. (9) Y les ceñirás cintos, a Aarón y a sus hijos, y apretarás a ellos las tocas y serán ellos sacerdotes por fuero de siempre: y henchirás las manos de Aarón y las manos de sus hijos.

(10) Y harás llegar el toro delante de la tienda del plazo, y pondrán Aarón y sus hijos sus manos sobre la cabeza del toro. (11) Y degollarás el toro delante del Eterno, a la puerta de la tienda del plazo. (12) Y tomarás de la sangre del toro, y la pondrás sobre los cuernos del ara con tu dedo, y toda la sangre verterás en el cimiento del ara. (13) Y tomarás todo el sebo que cubre la entraña, y el redaño sobre el hígado, y los dos riñones, y el sebo que está sobre ellos, y harás sahumar el ara. (14) Y la carne del toro y su cuero, y su estiércol quemarás en el fuego, fuera del real: limpieza será.

(15) Y un carnero tomarás, y pondrán Aarón y sus hijos sus manos sobre la cabeza del carnero. (16) Y degollarás el carnero y tomarás su sangre, y la esparcirás sobre el ara en derredor. (17) Y el carnero desmembrarás por sus miembros, y lavarás su entraña y sus rodillas, y los pondrás sobre sus miembros y sobre su cabeza. (18) Y harás quemar todo el carnero sobre el ara; holocausto será al Eterno, olor grato, ofrenda al Eterno será.

(19) Y tomarás el carnero segundo, y pondrán Aarón y sus hijos sus manos sobre la cabeza del carnero. (20) Y degollarás el carnero, y tomarás de su sangre, y pondrás sobre la ternilla de la oreja de Aarón, y sobre la ternilla de las orejas de sus hijos, de la derecha, y sobre el pulgar de su mano derecha, y sobre el pulgar de su pie derecho, y esparcirás la sangre sobre el ara, en derredor. (21) Y tomarás de la sangre que está sobre el ara, y del aceite de la unción, y esparcirás sobre Aarón, y sobre sus vestidos, y sobre sus hijos, y sobre los vestidos de sus hijos con él y santificarse han, él, y sus vestidos, y sus hijos, y los vestidos de sus hijos con él. (22) Y tomarás del carnero el sebo, y la cola, y el sebo que cubre la entraña, y el redaño del hígado, y los dos riñones, y el sebo que está sobre ellos, y el anca derecha; porque carnero de consagraciones es. (23) Y harás hogaza de pan una, y torta de pan de aceite

וחלת לחם שמן אחת ורקיק אחד מסל המצות אשר
24 לפני יהוה: ושמת הכל על כפי אהרן ועל כפי בניו
כה והנפת אתם תנופה לפני יהוה: ולקחת אתם מידם
והקטרת המזבחה על־העלה לריח ניחוח לפני יהוה
26 אשה הוא ליהוה: ולקחת את־החזה מאיל המלאים
אשר לאהרן והנפת אתו תנופה לפני יהוה והיה לך
27 למנה: וקדשת את | חזה התנופה ואת שוק התרומה
אשר הונף ואשר הורם מאיל המלאים מאשר לאהרן
28 ומאשר לבניו: והיה לאהרן ולבניו לחק־עולם מאת
בני ישראל כי תרומה הוא ותרומה יהיה מאת בני
29 ישראל מזבחי שלמיהם תרומתם ליהוה: ובגדי הקדש
אשר לאהרן יהיו לבניו אחריו למשחה בהם ולמלא־
ל בם את־ידם: שבעת ימים ילבשם הכהן תחתיו מבניו
31 אשר יבא אל־אהל מועד לשרת בקדש: ואת איל המלאים
32 תקח ובשלת את־בשרו במקם קדש: ואכל אהרן ובניו
את־בשר האיל ואת־הלחם אשר בסל פתח אהל מועד:
33 ואכלו אתם אשר כפר בהם למלא את־ידם לקדש אתם
34 וזר לא־יאכל כי־קדש הם: ואם־יותר מבשר המלאים
ומן־הלחם עד־הבקר ושרפת את־הנותר באש לא יאכל
לה כי־קדש הוא: ועשית לאהרן ולבניו ככה ככל אשר־
36 צויתי אתכה שבעת ימים תמלא ידם: ופר חטאת תעשה
ליום על־הכפרים וחטאת על־המזבח בכפרך עליו
37 ומשחת אתו לקדשו: שבעת ימים תכפר על־המזבח
וקדשת אתו והיה המזבח קדש קדשים כל־הנגע במזבח
38 יקדש: ס וזה אשר תעשה על־המזבח כבשים בני־
39 שנה שנים ליום תמיד: את־הכבש האחד תעשה
מ בבקר ואת הכבש השני תעשה בין הערבים: ועשרן
סלת בלול בשמן כתית רבע ההין ונסך רביעית ההין

una, y buñuelos uno, del canastillo de las cenceñas que estará delante del Eterno. (24) Y pondrás todo sobre las palmas de Aarón, y sobre las palmas de sus hijos; y los mecerás, delante del Eterno: (25) Y los tomarás de su mano, y harás sahumar el ara sobre el holocausto, por olor grato delante del Eterno, ofrenda será ella al Eterno. (26) Y tomarás el pecho del carnero de las consagraciones que fué consagrado a Aarón, y le mecerás delante del Eterno; y será para ti en parte. (27) Y santificarás el pecho de la ofrenda mecida y el anca de la consagración, lo que fué mecido y que fué apartado del carnero de las consagraciones, de las consagraciones de Aarón y de sus hijos. (28) Y será a Aarón y a sus hijos por fuero perpetuo de los hijos de Israel, que ofrenda es ella, y ofrenda será de los hijos de Israel, de sus sacrificios pacíficos, su ofrenda para el Eterno.

(29) Y los vestidos de la santidad que son de Aarón, después serán para sus hijos, para engrandecerse con ellos, y para consagrar con ellos su mano. (30) Siete días los vestirá el que fuere sacerdote de sus hijos, en lugar de él, cuando viniere a la tienda del plazo para servir en la santidad.

(31) Y el carnero de las consagraciones tomarás, y cocinarás su carne en lugar santo. (32) Y comerá Aarón con sus hijos la carne del carnero, y el pan que está en el canastillo, a la puerta de la tienda del plazo. (33) Y comerán ellos lo que les fué perdonado, para henchir sus manos, para santificarlos; y el extraño no comerá, que santidad es. (34) Y si quedare de la carne de las consagraciones y del pan, hasta la mañana: arderás el resto en el fuego, no será comido, que santidad es.

(35) Y harás a Aarón y a sus hijos así, como todo lo que te encomendé: siete días henchirás su mano. (36) Y un toro de la limpieza sacrificarás cada día, para las expiaciones; y limpiarás el ara en tu perdonar sobre ella, y la ungirás para santificarla. (37) Siete días perdonarás sobre el ara, y la santificarás, y será el ara santidad de santidades: todo el que tocare el ara, se santificará.

(38) Y esto es lo que harás sobre el ara: carneros de edad de un año, dos al día, de continuo. (39) Un carnero harás por la mañana, y el carnero segundo harás por la tarde. (40) Y un diezmo de sémola envuelto en aceite majado con la cuarta parte de la medida, y la libación será la cuarta parte de la medida de vino para el carnero uno. (41) Y el carnero segundo harás por

la tarde; como el presente de la mañana, y como su libación harás a ella; por olor grato, ofrenda para el Eterno. (42) Holocausto continuo de vuestras generaciones a la puerta de la tienda del plazo, delante del Eterno, en que me aplazaré con vosotros allí, para hablarte allí. (43) Y aplazarme he, allí, a los hijos de Israel, y será santificado en mi honra. (44) Y santificaré la tienda del plazo y el ara, y a Aarón y a sus hijos santificaré para servir a mí. (45) Y moraré entre los hijos de Israel y seré para ellos Dios. (46) Y conocerán que yo soy el Eterno, su Dios, que los saqué de la tierra de Egipto, para morar entre ellos: Yo, el Eterno, su Dios.

41 יין לכבש האחד: ואת הכבש השני תעשה בין הערבים
כמנחת הבקר וכנסכה תעשה לה לריח ניחח אשה
42 ליהוה: עלת תמיד לדרתיכם פתח אהל מועד לפני
43 יהוה אשר אועד לכם שמה לדבר אליך שם: ונעדתי
44 שמה לבני ישראל ונקדש בכבדי: וקדשתי את אהל
מועד ואת המזבח ואת אהרן ואת בניו אקדש לכהן
45 לי: ושכנתי בתוך בני ישראל והייתי להם לאלהים:
46 וידעו כי אני יהוה אלהיהם אשר הוצאתי אתם מארץ
מצרים לשכני בתוכם אני יהוה אלהיהם: פ שביעי

XXX

(1) Y harás un ara de sahumerio de perfume: de leños de cedro lo harás. (2) Un codo será su longitud, y un codo su anchura, cuadrado será, y dos codos tendrá de altura, de ella serán sus cuernos. (3) Y la cubrirás de oro fino, su techo, sus paredes de alrededor y sus cuernos: y le harás cerco de oro en derredor. (4) Y dos sortijas de oro le harás debajo de su cerco, en sus dos esquinas, sobre sus dos costados, y serán lugares para las varas, para llevarla con ellas. (5) Y harás las varas de maderos de cedro y las cubrirás de oro. (6) Y la pondrás delante de la antipara que está sobre el arca del testimonio, delante del cobertero que está sobre el testimonio, que te seré aplazado allí. (7) Y hará sahumar sobre ella Aarón sahumerio de especias, por la mañana: por la mañana en su aderezar las candelas, la hará sahumar. (8) Y al encender Aarón las candelas por las tardes la hará sahumar, sahumerio continuo delante del Eterno, por vuestras generaciones. (9) No alcéis sobre ella sahumerio extraño, ni holocausto ni presente y libación no libéis sobre ella. (10) Y Aarón perdonará sobre sus cuernos una vez en el año, con la sangre de limpieza de las expiaciones; una vez en el año, perdonará sobre ella a vuestras generaciones. Santidad de santidades es ella, al Eterno.»

ל

א ועשית מזבח מקטר קטרת עצי שטים תעשה אתו:
2 אמה ארכו ואמה רחבו רבוע יהיה ואמתים קמתו
3 ממנו קרנתיו: וצפית אתו זהב טהור את גגו ואת
קירתיו סביב ואת קרנתיו ועשית לו זר זהב סביב:
4 ושתי טבעת זהב תעשה לו | מתחת לזרו על שתי
צלעתיו תעשה על שני צדיו והיה לבתים לבדים לשאת
ה אתו בהמה: ועשית את הבדים עצי שטים וצפית אתם
ו זהב: ונתתה אתו לפני הפרכת אשר על ארן העדת לפני
7 הכפרת אשר על העדת אשר אועד לך שמה: והקטיר
עליו אהרן קטרת סמים בבקר בבקר בהיטיבו את הנרת
8 יקטירנה: ובהעלת אהרן את הנרת בין הערבים יקטירנה
9 קטרת תמיד לפני יהוה לדרתיכם: לא תעלו עליו קטרת
י זרה ועלה ומנחה ונסך לא תסכו עליו: וכפר אהרן על
קרנתיו אחת בשנה מדם חטאת הכפרים אחת בשנה
יכפר עליו לדרתיכם קדש קדשים הוא ליהוה:

(21) TISÁ

פ פ פ כא 21

11 12 וידבר יהוה אל משה לאמר: כי תשא את ראש בני

(11) Y habló el Eterno a Mosé, diciendo: (12) «Cuando recibieres el número

יִשְׂרָאֵל לִפְקֻדֵיהֶם וְנָתְנוּ אִישׁ כֹּפֶר נַפְשׁוֹ לַיהוָה בִּפְקֹד
13 אֹתָם וְלֹא־יִהְיֶה בָהֶם נֶגֶף בִּפְקֹד אֹתָם׃ זֶה ׀ יִתְּנוּ כָּל־
הָעֹבֵר עַל־הַפְּקֻדִים מַחֲצִית הַשֶּׁקֶל בְּשֶׁקֶל הַקֹּדֶשׁ עֶשְׂרִים
14 גֵּרָה הַשֶּׁקֶל מַחֲצִית הַשֶּׁקֶל תְּרוּמָה לַיהוָה׃ כֹּל הָעֹבֵר
עַל־הַפְּקֻדִים מִבֶּן עֶשְׂרִים שָׁנָה וָמָעְלָה יִתֵּן תְּרוּמַת יְהוָה׃
טו הֶעָשִׁיר לֹא־יַרְבֶּה וְהַדַּל לֹא יַמְעִיט מִמַּחֲצִית הַשָּׁקֶל
16 לָתֵת אֶת־תְּרוּמַת יְהוָה לְכַפֵּר עַל־נַפְשֹׁתֵיכֶם׃ וְלָקַחְתָּ אֶת־
כֶּסֶף הַכִּפֻּרִים מֵאֵת בְּנֵי יִשְׂרָאֵל וְנָתַתָּ אֹתוֹ עַל־עֲבֹדַת
אֹהֶל מוֹעֵד וְהָיָה לִבְנֵי יִשְׂרָאֵל לְזִכָּרוֹן לִפְנֵי יְהוָה לְכַפֵּר
עַל־נַפְשֹׁתֵיכֶם׃ פ
17 18 וַיְדַבֵּר יְהוָה אֶל־מֹשֶׁה לֵּאמֹר׃ וְעָשִׂיתָ כִּיּוֹר נְחֹשֶׁת וְכַנּוֹ
נְחֹשֶׁת לְרָחְצָה וְנָתַתָּ אֹתוֹ בֵּין־אֹהֶל מוֹעֵד וּבֵין הַמִּזְבֵּחַ
19 וְנָתַתָּ שָׁמָּה מָיִם׃ וְרָחֲצוּ אַהֲרֹן וּבָנָיו מִמֶּנּוּ אֶת־יְדֵיהֶם
כ וְאֶת־רַגְלֵיהֶם׃ בְּבֹאָם אֶל־אֹהֶל מוֹעֵד יִרְחֲצוּ־מַיִם וְלֹא
יָמֻתוּ אוֹ בְגִשְׁתָּם אֶל־הַמִּזְבֵּחַ לְשָׁרֵת לְהַקְטִיר אִשֶּׁה
21 לַיהוָה׃ וְרָחֲצוּ יְדֵיהֶם וְרַגְלֵיהֶם וְלֹא יָמֻתוּ וְהָיְתָה לָהֶם
חָק־עוֹלָם לוֹ וּלְזַרְעוֹ לְדֹרֹתָם׃ פ
22 23 וַיְדַבֵּר יְהוָה אֶל־מֹשֶׁה לֵּאמֹר׃ וְאַתָּה קַח־לְךָ בְּשָׂמִים
רֹאשׁ מָר־דְּרוֹר חֲמֵשׁ מֵאוֹת וְקִנְּמָן־בֶּשֶׂם מַחֲצִיתוֹ חֲמִשִּׁים
24 וּמָאתָיִם וּקְנֵה־בֹשֶׂם חֲמִשִּׁים וּמָאתָיִם׃ וְקִדָּה חֲמֵשׁ
כה מֵאוֹת בְּשֶׁקֶל הַקֹּדֶשׁ וְשֶׁמֶן זַיִת הִין׃ וְעָשִׂיתָ אֹתוֹ שֶׁמֶן
מִשְׁחַת־קֹדֶשׁ רֹקַח מִרְקַחַת מַעֲשֵׂה רֹקֵחַ שֶׁמֶן מִשְׁחַת־
26 קֹדֶשׁ יִהְיֶה׃ וּמָשַׁחְתָּ בוֹ אֶת־אֹהֶל מוֹעֵד וְאֵת אֲרוֹן הָעֵדֻת׃
27 וְאֶת־הַשֻּׁלְחָן וְאֶת־כָּל־כֵּלָיו וְאֶת־הַמְּנֹרָה וְאֶת־כֵּלֶיהָ וְאֵת
28 מִזְבַּח הַקְּטֹרֶת׃ וְאֶת־מִזְבַּח הָעֹלָה וְאֶת־כָּל־כֵּלָיו וְאֶת־
29 הַכִּיֹּר וְאֶת־כַּנּוֹ׃ וְקִדַּשְׁתָּ אֹתָם וְהָיוּ קֹדֶשׁ קָדָשִׁים כָּל־
ל הַנֹּגֵעַ בָּהֶם יִקְדָּשׁ׃ וְאֶת־אַהֲרֹן וְאֶת־בָּנָיו תִּמְשָׁח וְקִדַּשְׁתָּ
31 אֹתָם לְכַהֵן לִי׃ וְאֶל־בְּנֵי יִשְׂרָאֵל תְּדַבֵּר לֵאמֹר שֶׁמֶן

de los hijos de Israel por sus cuentas, dará cada uno el precio de su alma al Eterno, en contarlos, y no habrá en ellos mortandad por contarlos. (13)

Esto dará todo el que pasa por las cuentas: mitad de peso en peso de la santidad —veinte granos el peso— la mitad del peso, ofrenda será para el Eterno. (14) Todo el que pasa por las cuentas, de edad de veinte años arriba, dará ofrenda al Eterno. (15) El rico no aumentará, y el mendigo no disminuirá de la mitad del peso, para dar la ofrenda al Eterno para perdonar sus almas. (16) Y tomarás la plata de las expiaciones de los hijos de Israel, y la pondrás sobre el servicio de la tienda del plazo: y será a los hijos de Israel en memoria delante del Eterno para perdonar a vuestras almas.»

(17) Y habló el Eterno a Mosé, diciendo: (18) «Y harás una fuente de metal, y su bacín, de alambre, para lavar; y la pondrás entre la tienda del plazo y el ara, y darás allí agua. (19) Y lavarán Aarón y sus hijos, sus manos y sus pies, en ella. (20) En su entrar a la tienda del plazo, se lavarán con agua, y no morirán, en su llegarse al ara para servir, para sahumar ofrenda para el Eterno. (21) Y lavarán sus manos y sus pies, y no morirán; y será para ellos fuero de siempre, para él y para su simiente, por sus generaciones.»

(22) Y habló el Eterno a Mosé, diciendo: (23) «Y tú, toma para ti especias principales: almizcle fino, quinientos pesos, y cinamomo aromático, su mitad, doscientos cincuenta, y canela aromática, doscientos cincuenta, (24) y casi a quinientos, por peso de la mitad, y de aceite de oliva, un hin. (25) Y harás de él, olio, unción de santidad, confección, obra de confeccionador: olio de unción de santidad será. (26) Y untarás con él la tienda del plazo, y el arca del testimonio, (27) y la mesa y todos sus vasos, y la almenara y sus vasos, y el ara del sahumerio, (28) y el hara del holocausto, y todos sus vasos, y la fuente y su bacín. (29) Y los santificarás, y serán santidad de santidades: todo el que tocare en ellos, se santificará. (30) Y a Aarón y a sus hijos ungirás y los santificarás, para servir a mí. (31) Y a los hijos de Israel hablarás, dicien-

do: olio de unción de santidad será éste para mí para vuestras generaciones. (32) Sobre carne de hombre no será untado, y por su composición no haréis otro como él: santidad es él; santidad será para vosotros. (33) Varón que confeccionare como él, y que pusiere de él sobre extraño, será tajado de su pueblo.»

(34) Y dijo el Eterno a Mosé: «Tómate especias, goma, y una y gálbano, especias e incienso limpio: peso por peso de iguales partes será. (35) Y harás con ellas sahumerio, confección, obra de confeccionador: mezcla limpia y santa. (36) Y molerás de él, desmenuzándolo, y pondrás de él, delante del testimonio en la tienda del plazo, que seré aplazado a ti, allí: santidad de santidades será para vosotros. (37) Y del sahumerio que hagas, como su composición, no hagáis para vosotros: santidad te será para el Eterno. (38) Varón que hiciere como él, para olerlo: será tajado de su pueblo.»

XXXI

(1) Y habló el Eterno a Mosé, diciendo: (2) «Mira, llamé por su nombre a Besalel, hijo de Urí, de Hur, de la tribu de Iudá; (3) y lo henchí de espíritu de Dios, en ciencia, y en entendimiento, y en saber, y en toda obra (4) para pensar, para trabajar en oro, y en plata y en metal, (5) y con maestría en piedra para henchir, y con maestría en madera, para hacer toda obra. (6) Y yo, he aquí que di con él a Oliab, hijo de Ahisamaj, de la tribu de Dan: y en el corazón de todo sabio he puesto ciencia, y harán todo lo que te encomendé. (7) La tienda del plazo, y el arca para el testimonio, y el cobertero que está sobre ella, y todos los vasos de la tienda, (8) y la mesa y sus vasos, y la almenara limpia y todos sus vasos, y el ara del sahumerio (9) y el ara del holocausto y todos sus vasos, y la fuente y su asiento, (10) y los vestidos del servicio, y los vestidos de la santidad, para Aarón, el sacerdote, y los vestidos de sus hijos para servir, (11) y el olio de la unción, y el sahumerio de las especias para la santidad: como todo lo que te encomendé, harán.»

(12) Y habló el Eterno a Mosé, diciendo: (13) «Y tú habla a los hijos de Israel diciendo: De cierto, mis sábados guardaréis: que señal será él, entre yo y vosotros por vuestras generaciones, para saber que yo soy el Eterno, vuestro

32 מִשְׁחַת־קֹדֶשׁ יִהְיֶה זֶה לִי לְדֹרֹתֵיכֶם׃ עַל־בְּשַׂר אָדָם
לֹא יִיסָךְ וּבְמַתְכֻּנְתּוֹ לֹא תַעֲשׂוּ כָּמֹהוּ קֹדֶשׁ הוּא קֹדֶשׁ
33 יִהְיֶה לָכֶם׃ אִישׁ אֲשֶׁר יִרְקַח כָּמֹהוּ וַאֲשֶׁר יִתֵּן מִמֶּנּוּ עַל־
34 זָר וְנִכְרַת מֵעַמָּיו׃ ס וַיֹּאמֶר יְהוָה אֶל־מֹשֶׁה קַח־לְךָ
סַמִּים נָטָף ׀ וּשְׁחֵלֶת וְחֶלְבְּנָה סַמִּים וּלְבֹנָה זַכָּה בַּד בְּבַד
35 יִהְיֶה׃ וְעָשִׂיתָ אֹתָהּ קְטֹרֶת רֹקַח מַעֲשֵׂה רוֹקֵחַ מְמֻלָּח
36 טָהוֹר קֹדֶשׁ׃ וְשָׁחַקְתָּ מִמֶּנָּה הָדֵק וְנָתַתָּה מִמֶּנָּה לִפְנֵי
הָעֵדֻת בְּאֹהֶל מוֹעֵד אֲשֶׁר אִוָּעֵד לְךָ שָׁמָּה קֹדֶשׁ קָדָשִׁים
37 תִּהְיֶה לָכֶם׃ וְהַקְּטֹרֶת אֲשֶׁר תַּעֲשֶׂה בְּמַתְכֻּנְתָּהּ לֹא
38 תַעֲשׂוּ לָכֶם קֹדֶשׁ תִּהְיֶה לְךָ לַיהוָה׃ אִישׁ אֲשֶׁר־יַעֲשֶׂה
כָמוֹהָ לְהָרִיחַ בָּהּ וְנִכְרַת מֵעַמָּיו׃ ס

לא

א 2 וַיְדַבֵּר יְהוָה אֶל־מֹשֶׁה לֵּאמֹר׃ רְאֵה קָרָאתִי בְשֵׁם בְּצַלְאֵל
3 בֶּן־אוּרִי בֶן־חוּר לְמַטֵּה יְהוּדָה׃ וָאֲמַלֵּא אֹתוֹ רוּחַ אֱלֹהִים
4 בְּחָכְמָה וּבִתְבוּנָה וּבְדַעַת וּבְכָל־מְלָאכָה׃ לַחְשֹׁב מַחֲשָׁבֹת
ה לַעֲשׂוֹת בַּזָּהָב וּבַכֶּסֶף וּבַנְּחֹשֶׁת׃ וּבַחֲרֹשֶׁת אֶבֶן לְמַלֹּאת
6 וּבַחֲרֹשֶׁת עֵץ לַעֲשׂוֹת בְּכָל־מְלָאכָה׃ וַאֲנִי הִנֵּה נָתַתִּי אִתּוֹ
אֵת אָהֳלִיאָב בֶּן־אֲחִיסָמָךְ לְמַטֵּה־דָן וּבְלֵב כָּל־חֲכַם־לֵב
7 נָתַתִּי חָכְמָה וְעָשׂוּ אֵת כָּל־אֲשֶׁר צִוִּיתִךָ׃ אֵת ׀ אֹהֶל מוֹעֵד
וְאֶת־הָאָרֹן לָעֵדֻת וְאֶת־הַכַּפֹּרֶת אֲשֶׁר עָלָיו וְאֵת כָּל־כְּלֵי
8 הָאֹהֶל׃ וְאֶת־הַשֻּׁלְחָן וְאֶת־כֵּלָיו וְאֶת־הַמְּנֹרָה הַטְּהֹרָה
9 וְאֶת־כָּל־כֵּלֶיהָ וְאֵת מִזְבַּח הַקְּטֹרֶת׃ וְאֶת־מִזְבַּח הָעֹלָה
י וְאֶת־כָּל־כֵּלָיו וְאֶת־הַכִּיּוֹר וְאֶת־כַּנּוֹ׃ וְאֵת בִּגְדֵי הַשְּׂרָד וְאֶת־
11 בִּגְדֵי הַקֹּדֶשׁ לְאַהֲרֹן הַכֹּהֵן וְאֶת־בִּגְדֵי בָנָיו לְכַהֵן׃ וְאֵת
שֶׁמֶן הַמִּשְׁחָה וְאֶת־קְטֹרֶת הַסַּמִּים לַקֹּדֶשׁ כְּכֹל אֲשֶׁר־
צִוִּיתִךָ יַעֲשׂוּ׃ פ
12 13 וַיֹּאמֶר יְהוָה אֶל־מֹשֶׁה לֵּאמֹר׃ וְאַתָּה דַּבֵּר אֶל־בְּנֵי יִשְׂרָאֵל
לֵאמֹר אַךְ אֶת־שַׁבְּתֹתַי תִּשְׁמֹרוּ כִּי אוֹת הִוא בֵּינִי וּבֵינֵיכֶם

לְדֹרֹתֵיכֶם לָדַעַת כִּי אֲנִי יְהוָה מְקַדִּשְׁכֶם׃ וּשְׁמַרְתֶּם אֶת־ 14
הַשַּׁבָּת כִּי קֹדֶשׁ הִוא לָכֶם מְחַלְלֶיהָ מוֹת יוּמָת כִּי כָּל־
הָעֹשֶׂה בָהּ מְלָאכָה וְנִכְרְתָה הַנֶּפֶשׁ הַהִוא מִקֶּרֶב עַמֶּיהָ׃
שֵׁשֶׁת יָמִים יֵעָשֶׂה מְלָאכָה וּבַיּוֹם הַשְּׁבִיעִי שַׁבַּת שַׁבָּתוֹן טו
קֹדֶשׁ לַיהוָה כָּל־הָעֹשֶׂה מְלָאכָה בְּיוֹם הַשַּׁבָּת מוֹת יוּמָת׃
וְשָׁמְרוּ בְנֵי־יִשְׂרָאֵל אֶת־הַשַּׁבָּת לַעֲשׂוֹת אֶת־הַשַּׁבָּת 16
לְדֹרֹתָם בְּרִית עוֹלָם׃ בֵּינִי וּבֵין בְּנֵי יִשְׂרָאֵל אוֹת הִוא 17
לְעֹלָם כִּי־שֵׁשֶׁת יָמִים עָשָׂה יְהוָה אֶת־הַשָּׁמַיִם וְאֶת־הָאָרֶץ
וּבַיּוֹם הַשְּׁבִיעִי שָׁבַת וַיִּנָּפַשׁ׃ ס וַיִּתֵּן אֶל־מֹשֶׁה כְּכַלֹּתוֹ 18
לְדַבֵּר אִתּוֹ בְּהַר סִינַי שְׁנֵי לֻחֹת הָעֵדֻת לֻחֹת אֶבֶן כְּתֻבִים
בְּאֶצְבַּע אֱלֹהִים׃

לב

וַיַּרְא הָעָם כִּי־בֹשֵׁשׁ מֹשֶׁה לָרֶדֶת מִן־הָהָר וַיִּקָּהֵל הָעָם א
עַל־אַהֲרֹן וַיֹּאמְרוּ אֵלָיו קוּם ׀ עֲשֵׂה־לָנוּ אֱלֹהִים אֲשֶׁר
יֵלְכוּ לְפָנֵינוּ כִּי־זֶה ׀ מֹשֶׁה הָאִישׁ אֲשֶׁר הֶעֱלָנוּ מֵאֶרֶץ
מִצְרַיִם לֹא יָדַעְנוּ מֶה־הָיָה לוֹ׃ וַיֹּאמֶר אֲלֵהֶם אַהֲרֹן 2
פָּרְקוּ נִזְמֵי הַזָּהָב אֲשֶׁר בְּאָזְנֵי נְשֵׁיכֶם בְּנֵיכֶם וּבְנֹתֵיכֶם
וְהָבִיאוּ אֵלָי׃ וַיִּתְפָּרְקוּ כָּל־הָעָם אֶת־נִזְמֵי הַזָּהָב אֲשֶׁר 3
בְּאָזְנֵיהֶם וַיָּבִיאוּ אֶל־אַהֲרֹן׃ וַיִּקַּח מִיָּדָם וַיָּצַר אֹתוֹ בַּחֶרֶט 4
וַיַּעֲשֵׂהוּ עֵגֶל מַסֵּכָה וַיֹּאמְרוּ אֵלֶּה אֱלֹהֶיךָ יִשְׂרָאֵל אֲשֶׁר
הֶעֱלוּךָ מֵאֶרֶץ מִצְרָיִם׃ וַיַּרְא אַהֲרֹן וַיִּבֶן מִזְבֵּחַ לְפָנָיו וַיִּקְרָא ה
אַהֲרֹן וַיֹּאמַר חַג לַיהוָה מָחָר׃ וַיַּשְׁכִּימוּ מִמָּחֳרָת וַיַּעֲלוּ עֹלֹת 6
וַיַּגִּשׁוּ שְׁלָמִים וַיֵּשֶׁב הָעָם לֶאֱכֹל וְשָׁתוֹ וַיָּקֻמוּ לְצַחֵק׃ פ
וַיְדַבֵּר יְהוָה אֶל־מֹשֶׁה לֶךְ־רֵד כִּי שִׁחֵת עַמְּךָ אֲשֶׁר הֶעֱלֵיתָ 7
מֵאֶרֶץ מִצְרָיִם׃ סָרוּ מַהֵר מִן־הַדֶּרֶךְ אֲשֶׁר צִוִּיתִם עָשׂוּ 8
לָהֶם עֵגֶל מַסֵּכָה וַיִּשְׁתַּחֲווּ־לוֹ וַיִּזְבְּחוּ־לוֹ וַיֹּאמְרוּ אֵלֶּה
אֱלֹהֶיךָ יִשְׂרָאֵל אֲשֶׁר הֶעֱלוּךָ מֵאֶרֶץ מִצְרָיִם׃ וַיֹּאמֶר יְהוָה 9
אֶל־מֹשֶׁה רָאִיתִי אֶת־הָעָם הַזֶּה וְהִנֵּה עַם־קְשֵׁה־עֹרֶף הוּא׃

santificador. (14) Y guardaréis el sábado, que santidad es él para vosotros: su profanador, matar, será matado, porque todo el que hiciere en él obra será tajada el alma esta de entre sus pueblos. (15) Seis días será hecha obra, y en el séptimo día será sábado de holganza, santidad al Eterno; todo el que hiciere obra en el día del sábado: matar, será matado. (16) Y guardarán los hijos de Israel el sábado para hacer el sábado por sus generaciones, alianza perpetua. (17) Entre mí y los hijos de Israel, señal será para siempre, que en seis días hizo el Eterno los cielos y la tierra, y en el día séptimo holgó y reposó.»

(18) Y dió a Mosé, en su acabar de hablar con él, en el monte de Sinái, dos tablas del testimonio, tablas de piedra, escritas con el dedo de Dios.

XXXII

(1) Y vió el pueblo que tardaba Mosé en descender del monte, y se juntó el pueblo con Aarón, y dijéronle: «Levántate, haznos dioses que vayan delante de nosotros, porque de Mosé, varón que nos hizo subir de la tierra de Egipto, no sabemos qué fué de él.» (2) Y les dijo Aarón: «Descargad zarcillos de oro de las orejas de vuestras mujeres, de vuestros hijos, y de vuestras hijas y traédmelos a mí.» (3) Y descargóse todo el pueblo de los zarcillos de oro de sus orejas, y los llevaron a Aarón. (4) Y tomólos de sus manos, y trabajólos con el buril e hizo becerro de fundición. Y dijeron: «Éstos son tus dioses, Israel, los que te hicieron subir de la tierra de Egipto.» (5) Y vió Aarón, y edificó ara delante de él; y llamó Aarón, y dijo: «Fiesta al Eterno será mañana.» (6) Y madrugó el otro día y ofrecieron holocaustos pacíficos, y sentóse el pueblo para comer y beber, y levantóse para recocijar.

(7) Y habló el Eterno a Mosé: «Ve, desciende, porque tu pueblo que hiciste subir de la tierra de Egipto se dañó: (8) Quitáronse presto del camino que le encomendé, hicieron para ellos un becerro de fundición, y encorváronse a él, y sacrificaron a él, y dijeron: Éstos son tus dioses, Israel, los que te hicieron subir de la tierra de Egipto.» (9) Y dijo el Eterno a Mosé: «Vi al pueblo este, y he aquí que pueblo duro de cerviz es. (10) Y ahora, déjame, encenderé mi furor en ellos

לא 14. קמץ בז״ק

וְעַתָּה הַנִּיחָה לִּי וְיִחַר־אַפִּי בָהֶם וַאֲכַלֵּם וְאֶעֱשֶׂה אוֹתְךָ
11 לְגוֹי גָּדוֹל׃ וַיְחַל מֹשֶׁה אֶת־פְּנֵי יְהוָה אֱלֹהָיו וַיֹּאמֶר לָמָה
יְהוָה יֶחֱרֶה אַפְּךָ בְּעַמֶּךָ אֲשֶׁר הוֹצֵאתָ מֵאֶרֶץ מִצְרַיִם בְּכֹחַ
12 גָּדוֹל וּבְיָד חֲזָקָה׃ לָמָּה יֹאמְרוּ מִצְרַיִם לֵאמֹר בְּרָעָה
הוֹצִיאָם לַהֲרֹג אֹתָם בֶּהָרִים וּלְכַלֹּתָם מֵעַל פְּנֵי הָאֲדָמָה
13 שׁוּב מֵחֲרוֹן אַפֶּךָ וְהִנָּחֵם עַל־הָרָעָה לְעַמֶּךָ׃ זְכֹר לְאַבְרָהָם
לְיִצְחָק וּלְיִשְׂרָאֵל עֲבָדֶיךָ אֲשֶׁר נִשְׁבַּעְתָּ לָהֶם בָּךְ וַתְּדַבֵּר
אֲלֵהֶם אַרְבֶּה אֶת־זַרְעֲכֶם כְּכוֹכְבֵי הַשָּׁמָיִם וְכָל־הָאָרֶץ
14 הַזֹּאת אֲשֶׁר אָמַרְתִּי אֶתֵּן לְזַרְעֲכֶם וְנָחֲלוּ לְעֹלָם׃ וַיִּנָּחֶם
יְהוָה עַל־הָרָעָה אֲשֶׁר דִּבֶּר לַעֲשׂוֹת לְעַמּוֹ׃ פ
טו וַיִּפֶן וַיֵּרֶד מֹשֶׁה מִן־הָהָר וּשְׁנֵי לֻחֹת הָעֵדֻת בְּיָדוֹ לֻחֹת
16 כְּתֻבִים מִשְּׁנֵי עֶבְרֵיהֶם מִזֶּה וּמִזֶּה הֵם כְּתֻבִים׃ וְהַלֻּחֹת
מַעֲשֵׂה אֱלֹהִים הֵמָּה וְהַמִּכְתָּב מִכְתַּב אֱלֹהִים הוּא חָרוּת
17 עַל־הַלֻּחֹת׃ וַיִּשְׁמַע יְהוֹשֻׁעַ אֶת־קוֹל הָעָם בְּרֵעֹה וַיֹּאמֶר
18 אֶל־מֹשֶׁה קוֹל מִלְחָמָה בַּמַּחֲנֶה׃ וַיֹּאמֶר אֵין קוֹל עֲנוֹת
19 גְּבוּרָה וְאֵין קוֹל עֲנוֹת חֲלוּשָׁה קוֹל עַנּוֹת אָנֹכִי שֹׁמֵעַ׃ וַיְהִי
כַּאֲשֶׁר קָרַב אֶל־הַמַּחֲנֶה וַיַּרְא אֶת־הָעֵגֶל וּמְחֹלֹת וַיִּחַר־
אַף מֹשֶׁה וַיַּשְׁלֵךְ מִיָּדָו אֶת־הַלֻּחֹת וַיְשַׁבֵּר אֹתָם תַּחַת
כ הָהָר׃ וַיִּקַּח אֶת־הָעֵגֶל אֲשֶׁר עָשׂוּ וַיִּשְׂרֹף בָּאֵשׁ וַיִּטְחַן עַד
אֲשֶׁר־דָּק וַיִּזֶר עַל־פְּנֵי הַמַּיִם וַיַּשְׁקְ אֶת־בְּנֵי יִשְׂרָאֵל׃
21 וַיֹּאמֶר מֹשֶׁה אֶל־אַהֲרֹן מֶה־עָשָׂה לְךָ הָעָם הַזֶּה כִּי־הֵבֵאתָ
22 עָלָיו חֲטָאָה גְדֹלָה׃ וַיֹּאמֶר אַהֲרֹן אַל־יִחַר אַף אֲדֹנִי אַתָּה
23 יָדַעְתָּ אֶת־הָעָם כִּי בְרָע הוּא׃ וַיֹּאמְרוּ לִי עֲשֵׂה־לָנוּ אֱלֹהִים
אֲשֶׁר יֵלְכוּ לְפָנֵינוּ כִּי־זֶה ׀ מֹשֶׁה הָאִישׁ אֲשֶׁר הֶעֱלָנוּ מֵאֶרֶץ
24 מִצְרַיִם לֹא יָדַעְנוּ מֶה־הָיָה לוֹ׃ וָאֹמַר לָהֶם לְמִי זָהָב
הִתְפָּרָקוּ וַיִּתְּנוּ־לִי וָאַשְׁלִכֵהוּ בָאֵשׁ וַיֵּצֵא הָעֵגֶל הַזֶּה׃
כה וַיַּרְא מֹשֶׁה אֶת־הָעָם כִּי פָרֻעַ הוּא כִּי־פְרָעֹה אַהֲרֹן

y acabarlos he, y haré a ti, pueblo grande.» (11) Y rogó Mosé a la faz del Eterno, su Dios, y dijo: «¿Por qué, Eterno, se encenderá tu furor en tu pueblo que sacaste de la tierra de Egipto con fuerza grande y con mano fuerte? (12) Porque hablarán los Egipcios, diciendo: por mal los sacó, para matarlos en los montes, y para acabarlos de sobre la faz de la tierra. Tórnate de la ira y del furor, y arrepiéntete sobre el mal de tu pueblo. (13) Recuerda a Abraham, a Isaac, y a Israel, tus siervos, que juraste a ellos por ti, y hablaste a ellos: multiplicaré vuestra simiente como las estrellas de los cielos y toda la tierra esta que dije, daré a vuestra simiente, y heredarán para siempre.» (14) Y arrepintióse el Eterno del mal que dijo que haría a su pueblo. (15) Y volvió, y descendió Mosé del monte, y dos tablas del testimonio eran en su mano, tablas escritas en sus dos lados; de aquí y allí, eran ellas escritas. (16) Y las tablas, hechura de Dios eran ellas, y la escritura era escritura de Dios, esculpida sobre las tablas. (17) Y oyó Iosúa la voz del pueblo en su gritar, y dijo a Mosé: «Voz de pelea hay en el real.» (18) Y dijo: «No es voz de alarido de valentía, ni voz de alarido de flaqueza, voz de cantar, oigo yo.» (19) Y fué como se llegó al real, y vió el becerro y danzas, y encendióse el furor de Mosé, y echó de sus manos las tablas, y quebrólas debajo del monte. (20) Y tomó el becerro que hicieron, y lo quemó en el fuego, y lo molió hasta que se desmenuzó, y lo esparció sobre la faz de las aguas, e hizo beber a los hijos de Israel.

(21) Y dijo Mosé a Aarón: «¿Qué te hizo el pueblo este, que trajiste sobre él pecado grande?» (22) Y dijo Aarón: «No crezca el furor de mi señor, tú conoces al pueblo, que inclinado al mal es él. (23) Y me dijeron: Haznos dioses que vayan delante de nosotros, porque de Mosé, el varón que nos hizo subir de la tierra de Egipto, no sabemos qué fué de él. (24) Y les dije: ¿Quién tiene oro? Descargadlo. Y me lo dieron, echélo en el fuego, y salió este becerro.»

(25) Y vió Mosé que el pueblo estaba descubierto, que lo descubrió Aarón

17. ברעו ק׳. 19. מידיו ק׳.

26 לְשִׁמְצָה בְּקָמֵיהֶם׃ וַיַּעֲמֹד מֹשֶׁה בְּשַׁעַר הַמַּחֲנֶה וַיֹּאמֶר
27 מִי לַיהוָה אֵלָי וַיֵּאָסְפוּ אֵלָיו כָּל־בְּנֵי לֵוִי׃ וַיֹּאמֶר לָהֶם
כֹּה־אָמַר יְהוָה אֱלֹהֵי יִשְׂרָאֵל שִׂימוּ אִישׁ־חַרְבּוֹ עַל־יְרֵכוֹ
עִבְרוּ וָשׁוּבוּ מִשַּׁעַר לָשַׁעַר בַּמַּחֲנֶה וְהִרְגוּ אִישׁ־אֶת־אָחִיו
28 וְאִישׁ אֶת־רֵעֵהוּ וְאִישׁ אֶת־קְרֹבוֹ׃ וַיַּעֲשׂוּ בְנֵי־לֵוִי כִּדְבַר
מֹשֶׁה וַיִּפֹּל מִן־הָעָם בַּיּוֹם הַהוּא כִּשְׁלֹשֶׁת אַלְפֵי אִישׁ׃
29 וַיֹּאמֶר מֹשֶׁה מִלְאוּ יֶדְכֶם הַיּוֹם לַיהוָה כִּי אִישׁ בִּבְנוֹ
ל וּבְאָחִיו וְלָתֵת עֲלֵיכֶם הַיּוֹם בְּרָכָה׃ וַיְהִי מִמָּחֳרָת וַיֹּאמֶר
מֹשֶׁה אֶל־הָעָם אַתֶּם חֲטָאתֶם חֲטָאָה גְדֹלָה וְעַתָּה אֶעֱלֶה
31 אֶל־יְהוָה אוּלַי אֲכַפְּרָה בְּעַד חַטַּאתְכֶם׃ וַיָּשָׁב מֹשֶׁה אֶל־
יְהוָה וַיֹּאמַר אָנָּא חָטָא הָעָם הַזֶּה חֲטָאָה גְדֹלָה וַיַּעֲשׂוּ
32 לָהֶם אֱלֹהֵי זָהָב׃ וְעַתָּה אִם־תִּשָּׂא חַטָּאתָם וְאִם־אַיִן מְחֵנִי
33 נָא מִסִּפְרְךָ אֲשֶׁר כָּתָבְתָּ׃ וַיֹּאמֶר יְהוָה אֶל־מֹשֶׁה מִי אֲשֶׁר
34 חָטָא־לִי אֶמְחֶנּוּ מִסִּפְרִי׃ וְעַתָּה לֵךְ ׀ נְחֵה אֶת־הָעָם אֶל
אֲשֶׁר־דִּבַּרְתִּי לָךְ הִנֵּה מַלְאָכִי יֵלֵךְ לְפָנֶיךָ וּבְיוֹם פָּקְדִי
לה וּפָקַדְתִּי עֲלֵהֶם חַטָּאתָם׃ וַיִּגֹּף יְהוָה אֶת־הָעָם עַל אֲשֶׁר
עָשׂוּ אֶת־הָעֵגֶל אֲשֶׁר עָשָׂה אַהֲרֹן׃ ס

לג

א וַיְדַבֵּר יְהוָה אֶל־מֹשֶׁה לֵךְ עֲלֵה מִזֶּה אַתָּה וְהָעָם אֲשֶׁר
הֶעֱלִיתָ מֵאֶרֶץ מִצְרָיִם אֶל־הָאָרֶץ אֲשֶׁר נִשְׁבַּעְתִּי לְאַבְרָהָם
2 לְיִצְחָק וּלְיַעֲקֹב לֵאמֹר לְזַרְעֲךָ אֶתְּנֶנָּה׃ וְשָׁלַחְתִּי לְפָנֶיךָ
מַלְאָךְ וְגֵרַשְׁתִּי אֶת־הַכְּנַעֲנִי הָאֱמֹרִי וְהַחִתִּי וְהַפְּרִזִּי הַחִוִּי
3 וְהַיְבוּסִי׃ אֶל־אֶרֶץ זָבַת חָלָב וּדְבָשׁ כִּי לֹא אֶעֱלֶה בְּקִרְבְּךָ
4 כִּי עַם־קְשֵׁה־עֹרֶף אַתָּה פֶּן־אֲכֶלְךָ בַּדָּרֶךְ׃ וַיִּשְׁמַע הָעָם
אֶת־הַדָּבָר הָרָע הַזֶּה וַיִּתְאַבָּלוּ וְלֹא־שָׁתוּ אִישׁ עֶדְיוֹ עָלָיו׃
ה וַיֹּאמֶר יְהוָה אֶל־מֹשֶׁה אֱמֹר אֶל־בְּנֵי־יִשְׂרָאֵל אַתֶּם עַם־
קְשֵׁה־עֹרֶף רֶגַע אֶחָד אֶעֱלֶה בְקִרְבְּךָ וְכִלִּיתִיךָ וְעַתָּה הוֹרֵד

para infamia entre sus enemigos. (26) Y paróse Mosé en la puerta del real, y dijo: «¿Quién es por el Eterno, conmigo?» Y juntáronse a él todos los hijos de Leví. (27) Y díjoles: «Así dijo el Eterno, el Dios de Israel: Poned cada uno vuestra espada sobre vuestro muslo, pasad y tornad de puerta en puerta por el real, y matad cada varón a vuestro hermano, y cada varón a vuestro compañero, y cada varón a vuestro prójimo.» (28) E hicieron los hijos de Leví como las palabras de Mosé; y cayeron del pueblo en el día este como tres mil varones. (29) Y dijo Mosé: «Henchid vuestras manos hoy al Eterno, cada uno por su hijo, y por su hermano, para dar sobre vosotros hoy, bendición.»

(30) Y fué al otro día, y dijo Mosé al pueblo: «Vosotros cometisteis pecado grande, y ahora subiré al Eterno y quizá haré perdonar vuestro pecado. (31) Y tornóse Mosé al Eterno, y dijo: «Ruégote, porque pecó el pueblo este pecado grande, que hicieron ellos dioses de oro. (32) Y ahora, ¿si perdonas su pecado? Y si no, remátame ahora de tu libro, que escribiste.» (33) Y dijo el Eterno a Mosé: «¿Quién es el que pecó contra mí?, rematarlo he, de mi libro. (34) Ve ahora, anda, guía al pueblo a lo que hablé a ti: he aquí que mi ángel irá delante de ti, y el día de mi ejecutar, ejecutaré sobre ellos su pecado.» (35) E hirió el Eterno al pueblo, porque hicieron el becerro que hizo Aarón.

XXXIII

(1) Y habló el Eterno a Mosé: «Anda, sube de aquí, tú y el pueblo que hiciste subir de la tierra de Egipto, a la tierra que juré dar a Abraham, a Isaac, y a Iaacob, diciendo: A tu simiente la daré. (2) Y enviaré delante de ti un ángel, y desterraré al Kenaaneo, y al Emoreo, y al Hiteo, y al Periseo, al Hiveo, y el Iebuseo; (3) a la tierra que mana leche y miel: porque no subiré entre ti, que pueblo duro de cerviz eres tú, porque no te acabe en el camino.» (4) Y oyó el pueblo la cosa mala esta, y entristeciéronse, y no puso cada uno, su ornamento sobre sí. (5) Y dijo el Eterno a Mosé: «Di a los hijos de Israel: Vosotros sois un pueblo duro de cerviz, en un punto subiré entre ti, y acabarte he, y ahora, haz descender tu ornamento de sobre ti, y sabré lo que te haré.»

לב 25. ק׳ דבוקה 31. ב׳ טעמים

6 עֶדְיְךָ מֵעָלֶיךָ וְאֵדְעָה מָה אֶעֱשֶׂה־לָּךְ׃ וַיִּתְנַצְּלוּ בְנֵי־
7 יִשְׂרָאֵל אֶת־עֶדְיָם מֵהַר חוֹרֵב׃ וּמֹשֶׁה יִקַּח אֶת־הָאֹהֶל
וְנָטָה־לוֹ ׀ מִחוּץ לַמַּחֲנֶה הַרְחֵק מִן־הַמַּחֲנֶה וְקָרָא לוֹ
אֹהֶל מוֹעֵד וְהָיָה כָּל־מְבַקֵּשׁ יְהוָה יֵצֵא אֶל־אֹהֶל מוֹעֵד
8 אֲשֶׁר מִחוּץ לַמַּחֲנֶה׃ וְהָיָה כְּצֵאת מֹשֶׁה אֶל־הָאֹהֶל
יָקוּמוּ כָּל־הָעָם וְנִצְּבוּ אִישׁ פֶּתַח אָהֳלוֹ וְהִבִּיטוּ אַחֲרֵי
9 מֹשֶׁה עַד־בֹּאוֹ הָאֹהֱלָה׃ וְהָיָה כְּבֹא מֹשֶׁה הָאֹהֱלָה יֵרֵד
י עַמּוּד הֶעָנָן וְעָמַד פֶּתַח הָאֹהֶל וְדִבֶּר עִם־מֹשֶׁה׃ וְרָאָה
כָל־הָעָם אֶת־עַמּוּד הֶעָנָן עֹמֵד פֶּתַח הָאֹהֶל וְקָם כָּל־הָעָם
11 וְהִשְׁתַּחֲווּ אִישׁ פֶּתַח אָהֳלוֹ׃ וְדִבֶּר יְהוָה אֶל־מֹשֶׁה פָּנִים
אֶל־פָּנִים כַּאֲשֶׁר יְדַבֵּר אִישׁ אֶל־רֵעֵהוּ וְשָׁב אֶל־הַמַּחֲנֶה
וּמְשָׁרְתוֹ יְהוֹשֻׁעַ בִּן־נוּן נַעַר לֹא יָמִישׁ מִתּוֹךְ הָאֹהֶל׃ פ
12 וַיֹּאמֶר מֹשֶׁה אֶל־יְהוָה רְאֵה אַתָּה אֹמֵר אֵלַי הַעַל אֶת־
הָעָם הַזֶּה וְאַתָּה לֹא הוֹדַעְתַּנִי אֵת אֲשֶׁר־תִּשְׁלַח עִמִּי וְאַתָּה
13 אָמַרְתָּ יְדַעְתִּיךָ בְשֵׁם וְגַם־מָצָאתָ חֵן בְּעֵינָי׃ וְעַתָּה אִם־
נָא מָצָאתִי חֵן בְּעֵינֶיךָ הוֹדִעֵנִי נָא אֶת־דְּרָכֶךָ וְאֵדָעֲךָ לְמַעַן
14 אֶמְצָא־חֵן בְּעֵינֶיךָ וּרְאֵה כִּי עַמְּךָ הַגּוֹי הַזֶּה׃ וַיֹּאמַר פָּנַי
טו יֵלֵכוּ וַהֲנִחֹתִי לָךְ׃ וַיֹּאמֶר אֵלָיו אִם־אֵין פָּנֶיךָ הֹלְכִים אַל־
16 תַּעֲלֵנוּ מִזֶּה׃ וּבַמֶּה ׀ יִוָּדַע אֵפוֹא כִּי־מָצָאתִי חֵן בְּעֵינֶיךָ אֲנִי
וְעַמֶּךָ הֲלוֹא בְּלֶכְתְּךָ עִמָּנוּ וְנִפְלֵינוּ אֲנִי וְעַמְּךָ מִכָּל־הָעָם
אֲשֶׁר עַל־פְּנֵי הָאֲדָמָה׃ פ
17 וַיֹּאמֶר יְהוָה אֶל־מֹשֶׁה גַּם אֶת־הַדָּבָר הַזֶּה אֲשֶׁר דִּבַּרְתָּ
18 אֶעֱשֶׂה כִּי־מָצָאתָ חֵן בְּעֵינַי וָאֵדָעֲךָ בְּשֵׁם׃ וַיֹּאמַר הַרְאֵנִי
19 נָא אֶת־כְּבֹדֶךָ׃ וַיֹּאמֶר אֲנִי אַעֲבִיר כָּל־טוּבִי עַל־פָּנֶיךָ
וְקָרָאתִי בְשֵׁם יְהוָה לְפָנֶיךָ וְחַנֹּתִי אֶת־אֲשֶׁר אָחֹן וְרִחַמְתִּי
כ אֶת־אֲשֶׁר אֲרַחֵם׃ וַיֹּאמֶר לֹא תוּכַל לִרְאֹת אֶת־פָּנָי כִּי
21 לֹא־יִרְאַנִי הָאָדָם וָחָי׃ וַיֹּאמֶר יְהוָה הִנֵּה מָקוֹם אִתִּי וְנִצַּבְתָּ
22 עַל־הַצּוּר׃ וְהָיָה בַּעֲבֹר כְּבֹדִי וְשַׂמְתִּיךָ בְּנִקְרַת הַצּוּר

(6) Y despojáronse los hijos de Israel de su ornamento desde el monte de Horeb. (7) Y Mosé tomó la tienda, y tendióla fuera del real, lejos del real, y llamóla tienda del plazo. Y era que todo el que buscaba al Eterno, salía a la tienda del plazo, fuera del real. (8) Y era al salir Mosé a la tienda, que levantábase todo el pueblo, y parábase cada uno en la puerta de su tienda, y cataban tras de Mosé, hasta su entrar en la tienda. (9) Y era al entrar Mosé en la tienda, que descendió el pilar de la nube y paróse a la puerta de la tienda, y habló él con Mosé. (10) Y veía todo el pueblo el pilar de la nube, estando en la puerta de la tienda, y levantábase todo el pueblo, y encorváronse cada uno en la puerta de su tienda. (11) Y hablaba el Eterno a Mosé cara a cara, como habla varón con su compañero. Y tornábase al real, y su ministro era Iosúa, hijo de Nun; el mozo no se quitaba de entre la tienda.

(12) Y dijo Mosé al Eterno: «Mira, tú me dices: Haz subir al pueblo este; y tú no me hiciste saber al que enviarías conmigo, y tú dijiste: te conocí por tu nombre, y también hallaste gracia a mis ojos. (13) Y ahora si hallé gracia a tus ojos, hazme ahora saber tus caminos, y conocerte he, para que halle gracia a tus ojos: y ve que es tu pueblo la gente esta.» (14) Y dijo: «Mi rostro irá contigo y haré descansar a ti.» (15) Y díjole: «Si tu rostro no fuera conmigo, no nos hagas subir de aquí. (16) ¿Y en qué será sabido aquí que hallé gracia a tus ojos, yo con tu pueblo, sino en tu andar con nosotros? Y seremos apartados yo y tu pueblo, de todo el pueblo sobre la faz de la tierra.» (17) Y dijo el Eterno a Mosé: «También la cosa esta que hablaste, haré porque hallaste gracia a mis ojos y te conocí por tu nombre.» (18) Y dijo: «Muéstrame ahora tu honra.» (19) Y dijo: «Yo haré pasar todo mi bien sobre tu rostro, y llamaré el nombre del Eterno delante de ti, y engraciaré al que engraciaré y apiadaré al que apiadaré.» (20) Y dijo: «No podrás ver mi rostro: que no me ve el hombre, y vive.» (21) Y dijo el Eterno: «He aquí un lugar conmigo, y estarás sobre la peña. (22) Y será al

וְשַׂכֹּתִי כַפִּי עָלֶיךָ עַד־עָבְרִי׃ וַהֲסִרֹתִי אֶת־כַּפִּי וְרָאִיתָ 23
אֶת־אֲחֹרָי וּפָנַי לֹא יֵרָאוּ׃ פ חמישי

לד

וַיֹּאמֶר יְהוָה אֶל־מֹשֶׁה פְּסָל־לְךָ שְׁנֵי־לֻחֹת אֲבָנִים כָּרִאשֹׁנִים א
וְכָתַבְתִּי עַל־הַלֻּחֹת אֶת־הַדְּבָרִים אֲשֶׁר הָיוּ עַל־הַלֻּחֹת
הָרִאשֹׁנִים אֲשֶׁר שִׁבַּרְתָּ׃ וֶהְיֵה נָכוֹן לַבֹּקֶר וְעָלִיתָ בַבֹּקֶר 2
אֶל־הַר סִינַי וְנִצַּבְתָּ לִי שָׁם עַל־רֹאשׁ הָהָר׃ וְאִישׁ לֹא־ 3
יַעֲלֶה עִמָּךְ וְגַם־אִישׁ אַל־יֵרָא בְּכָל־הָהָר גַּם־הַצֹּאן וְהַבָּקָר
אַל־יִרְעוּ אֶל־מוּל הָהָר הַהוּא׃ וַיִּפְסֹל שְׁנֵי־לֻחֹת אֲבָנִים 4
כָּרִאשֹׁנִים וַיַּשְׁכֵּם מֹשֶׁה בַבֹּקֶר וַיַּעַל אֶל־הַר סִינַי כַּאֲשֶׁר
צִוָּה יְהוָה אֹתוֹ וַיִּקַּח בְּיָדוֹ שְׁנֵי לֻחֹת אֲבָנִים׃ וַיֵּרֶד יְהוָה ה
בֶּעָנָן וַיִּתְיַצֵּב עִמּוֹ שָׁם וַיִּקְרָא בְשֵׁם יְהוָה׃ וַיַּעֲבֹר יְהוָה 6
עַל־פָּנָיו וַיִּקְרָא יְהוָה יְהוָה אֵל רַחוּם וְחַנּוּן אֶרֶךְ אַפַּיִם
וְרַב־חֶסֶד וֶאֱמֶת׃ נֹצֵר חֶסֶד לָאֲלָפִים נֹשֵׂא עָוֺן וָפֶשַׁע 7
וְחַטָּאָה וְנַקֵּה לֹא יְנַקֶּה פֹּקֵד עֲוֺן אָבוֹת עַל־בָּנִים וְעַל־
בְּנֵי בָנִים עַל־שִׁלֵּשִׁים וְעַל־רִבֵּעִים׃ וַיְמַהֵר מֹשֶׁה וַיִּקֹּד 8
אַרְצָה וַיִּשְׁתָּחוּ׃ וַיֹּאמֶר אִם־נָא מָצָאתִי חֵן בְּעֵינֶיךָ אֲדֹנָי 9
יֵלֶךְ־נָא אֲדֹנָי בְּקִרְבֵּנוּ כִּי עַם־קְשֵׁה־עֹרֶף הוּא וְסָלַחְתָּ
לַעֲוֺנֵנוּ וּלְחַטָּאתֵנוּ וּנְחַלְתָּנוּ׃ ז וַיֹּאמֶר הִנֵּה אָנֹכִי כֹּרֵת י
בְּרִית נֶגֶד כָּל־עַמְּךָ אֶעֱשֶׂה נִפְלָאֹת אֲשֶׁר לֹא־נִבְרְאוּ בְכָל־
הָאָרֶץ וּבְכָל־הַגּוֹיִם וְרָאָה כָל־הָעָם אֲשֶׁר־אַתָּה בְקִרְבּוֹ
אֶת־מַעֲשֵׂה יְהוָה כִּי־נוֹרָא הוּא אֲשֶׁר אֲנִי עֹשֶׂה עִמָּךְ׃
שְׁמָר־לְךָ אֵת אֲשֶׁר אָנֹכִי מְצַוְּךָ הַיּוֹם הִנְנִי גֹרֵשׁ מִפָּנֶיךָ 11
אֶת־הָאֱמֹרִי וְהַכְּנַעֲנִי וְהַחִתִּי וְהַפְּרִזִּי וְהַחִוִּי וְהַיְבוּסִי׃
הִשָּׁמֶר לְךָ פֶּן־תִּכְרֹת בְּרִית לְיוֹשֵׁב הָאָרֶץ אֲשֶׁר אַתָּה בָּא 12
עָלֶיהָ פֶּן־יִהְיֶה לְמוֹקֵשׁ בְּקִרְבֶּךָ׃ כִּי אֶת־מִזְבְּחֹתָם תִּתֹּצוּן 13
וְאֶת־מַצֵּבֹתָם תְּשַׁבֵּרוּן וְאֶת־אֲשֵׁרָיו תִּכְרֹתוּן׃ כִּי לֹא 14

pasar mi honra, que ponerte he, en un resquicio de la peña, y te cubriré con mi palma hasta mi pasar, (23) y apartaré mi palma, y verás mis espaldas, y mi rostro no será visto.»

XXXIV

(1) Y dijo el Eterno a Mosé: «Alisa para ti dos tablas de piedra como las primeras, y escribiré sobre las tablas las palabras que fueron sobre las tablas primeras que quebraste. (2) Y estarás aparejado para la mañana, y subirás por la mañana al monte Sinái, y estarás por mí, allí, sobre el cabo del monte. (3) Y varón no subirá contigo, y tampoco varón no aparecerá en todo el monte, tampoco las ovejas ni las vacas pacerán frente al monte ese.» (4) Y alisó dos tablas de piedras como las primeras; y madrugó Mosé, por la mañana subió al monte Sinái, como encomendóle el Eterno, y tomó en sus manos dos tablas de piedra. (5) Y descendió el Eterno en la nube, y estuvo con él allí, y llamó el nombre Eterno. (6) Y pasó el Eterno delante de su rostro y llamó: «El Eterno, el Eterno, Dios piadoso y misericordioso, largo de iras, y grande de merced y verdad; (7) que guarda merced a miles, perdona delito, y rebelión, y pecado, y librar, no librará, ejecuta el delito de padres a hijos y a hijos de hijos, sobre terceros y sobre cuartos.» (8) Y apresuróse Mosé, y humillóse a tierra y encorvóse; (9) y dijo: «Si ahora hallé gracia a tus ojos, Señor, ve ahora, Señor entre nosotros; que un pueblo duro de cerviz es él; y perdonarás nuestro delito y nuestro pecado, y heredarnos has.»

(10) Y dijo: «He aquí que yo hago alianza; frente a todo tu pueblo haré maravillas que no fueron hechas en toda la tierra ni entre todas las gentes, y verá todo el pueblo entre el que tú estás, la obra del Eterno; porque temeroso es él, de lo que yo haré contigo. (11) Guarda para ti lo que yo te encomiendo hoy: he aquí que destierro delante de ti al Emoreo, y al Kenaaneo, y el Hiteo, y el Periseo, y el Hiveo, y el Iebuseo. (12) Sea guardado a ti hacer alianza con el morador de la tierra donde tú vas, para que no sea tropiezo para ti. (13) Que sus aras derrocaréis, y sus estatuas quebraréis, y sus

ז. נון רבתי

תִשְׁתַּחֲוֶה לְאֵל אַחֵר כִּי יְהוָה קַנָּא שְׁמוֹ אֵל קַנָּא הוּא׃
טו פֶּן־תִּכְרֹת בְּרִית לְיוֹשֵׁב הָאָרֶץ וְזָנוּ ׀ אַחֲרֵי אֱלֹהֵיהֶם
16 וְזָבְחוּ לֵאלֹהֵיהֶם וְקָרָא לְךָ וְאָכַלְתָּ מִזִּבְחוֹ׃ וְלָקַחְתָּ
מִבְּנֹתָיו לְבָנֶיךָ וְזָנוּ בְנֹתָיו אַחֲרֵי אֱלֹהֵיהֶן וְהִזְנוּ אֶת־
17 18 בָּנֶיךָ אַחֲרֵי אֱלֹהֵיהֶן׃ אֱלֹהֵי מַסֵּכָה לֹא תַעֲשֶׂה־לָּךְ׃ אֶת־
חַג הַמַּצּוֹת תִּשְׁמֹר שִׁבְעַת יָמִים תֹּאכַל מַצּוֹת אֲשֶׁר צִוִּיתִךָ
לְמוֹעֵד חֹדֶשׁ הָאָבִיב כִּי בְּחֹדֶשׁ הָאָבִיב יָצָאתָ מִמִּצְרָיִם׃
19 כָּל־פֶּטֶר רֶחֶם לִי וְכָל־מִקְנְךָ תִּזָּכָר פֶּטֶר שׁוֹר וָשֶׂה׃
כ וּפֶטֶר חֲמוֹר תִּפְדֶּה בְשֶׂה וְאִם־לֹא תִפְדֶּה וַעֲרַפְתּוֹ כֹּל
21 בְּכוֹר בָּנֶיךָ תִּפְדֶּה וְלֹא־יֵרָאוּ פָנַי רֵיקָם׃ שֵׁשֶׁת יָמִים
תַּעֲבֹד וּבַיּוֹם הַשְּׁבִיעִי תִּשְׁבֹּת בֶּחָרִישׁ וּבַקָּצִיר תִּשְׁבֹּת׃
22 וְחַג שָׁבֻעֹת תַּעֲשֶׂה לְךָ בִּכּוּרֵי קְצִיר חִטִּים וְחַג הָאָסִיף
23 תְּקוּפַת הַשָּׁנָה׃ שָׁלֹשׁ פְּעָמִים בַּשָּׁנָה יֵרָאֶה כָּל־זְכוּרְךָ
24 אֶת־פְּנֵי הָאָדֹן ׀ יְהוָה אֱלֹהֵי יִשְׂרָאֵל׃ כִּי־אוֹרִישׁ גּוֹיִם
מִפָּנֶיךָ וְהִרְחַבְתִּי אֶת־גְּבֻלֶךָ וְלֹא־יַחְמֹד אִישׁ אֶת־אַרְצְךָ
בַּעֲלֹתְךָ לֵרָאוֹת אֶת־פְּנֵי יְהוָה אֱלֹהֶיךָ שָׁלֹשׁ פְּעָמִים בַּשָּׁנָה׃
כה לֹא־תִשְׁחַט עַל־חָמֵץ דַּם־זִבְחִי וְלֹא־יָלִין לַבֹּקֶר זֶבַח חַג
26 הַפָּסַח׃ רֵאשִׁית בִּכּוּרֵי אַדְמָתְךָ תָּבִיא בֵּית יְהוָה אֱלֹהֶיךָ
לֹא־תְבַשֵּׁל גְּדִי בַּחֲלֵב אִמּוֹ׃ פ
27 וַיֹּאמֶר יְהוָה אֶל־מֹשֶׁה כְּתָב־לְךָ אֶת־הַדְּבָרִים הָאֵלֶּה כִּי
עַל־פִּי ׀ הַדְּבָרִים הָאֵלֶּה כָּרַתִּי אִתְּךָ בְּרִית וְאֶת־יִשְׂרָאֵל׃
28 וַיְהִי־שָׁם עִם־יְהוָה אַרְבָּעִים יוֹם וְאַרְבָּעִים לַיְלָה לֶחֶם
לֹא אָכַל וּמַיִם לֹא שָׁתָה וַיִּכְתֹּב עַל־הַלֻּחֹת אֵת דִּבְרֵי
29 הַבְּרִית עֲשֶׂרֶת הַדְּבָרִים׃ וַיְהִי בְּרֶדֶת מֹשֶׁה מֵהַר סִינַי
וּשְׁנֵי לֻחֹת הָעֵדֻת בְּיַד־מֹשֶׁה בְּרִדְתּוֹ מִן־הָהָר וּמֹשֶׁה לֹא־
ל יָדַע כִּי קָרַן עוֹר פָּנָיו בְּדַבְּרוֹ אִתּוֹ׃ וַיַּרְא אַהֲרֹן וְכָל־בְּנֵי
יִשְׂרָאֵל אֶת־מֹשֶׁה וְהִנֵּה קָרַן עוֹר פָּנָיו וַיִּירְאוּ מִגֶּשֶׁת

bosques tajaréis. (14) Que no te encorves a otro Dios, que el Eterno celoso es de su nombre, Dios celoso es él. (15) Para que no hagas alianza con el morador de la tierra, porque errarán en pos de sus dioses, y sacrificarán a sus dioses, y llamará a ti, y comerás de su sacrificio. (16) Y tomarás de sus hijas para tus hijos, y errarán sus hijas en pos de sus dioses, y harán errar a tus hijos en pos de sus dioses.

(17) Dioses de fundición no hagas para ti. (18) La fiesta de las cenceñas guardarás, siete días comerás las cenceñas que te encomendé, en el plazo del mes temprano; que en el mes temprano saliste de Egipto. (19) Todo lo que abre matriz será para mí; y de todo tu ganado que fuere macho, abertura de matriz de buey y carnero; (20) y toda abertura de matriz de asno, redimirás por carnero; y si no lo redimieres, degollarlo has. Todo primogénito de tus hijos redimirás, y no serán aparecidos delante de mí vacíos. (21) Seis días servirás, y en el día séptimo holgarás: en la arada y en la siega holgarás. (22) Y fiesta de semanas harás para ti, en las primicias de la siega del trigo: y fiesta de la cosecha a la vuelta del año. (23) Tres veces en el año será aparecido todo varón delante del Señor, el Eterno, Dios de Israel. (24) Que desterraré gentes de delante de ti, y haré ensanchar tu término, y no codiciará varón tu tierra, al subirte para aparecer delante del Eterno, tu Dios, tres veces en el año. (25) No degollarás sangre de mi sacrificio sobre leudado, y no quedará para mañana, del sacrificio del carnero de la Pesah. (26) El principio de las primicias de tu tierra, traerás a la casa del Eterno, tu Dios: no cocinarás cabrito con leche de su madre.»

(27) Y dijo el Eterno a Mosé: «Escribe tú las palabras estas; que por el dicho de las palabras estas, hice contigo alianza y con Israel.» (28) Y fué allí, con el Eterno, cuarenta días y cuarenta noches: pan no comió, y agua no bebió, y escribió sobre las tablas las palabras de la alianza; los diez mandamientos.

(29) Y fué al descender Mosé del monte de Sinái: las dos tablas del testamento eran en las manos de Mosé en su descender del monte, y Mosé no supo que relucía la piel de su rostro en su hablar con él. (30) Y vieron Aarón y todos los hijos de Israel a Mosé, y he aquí que relucía la piel de

14. ר׳ רבתי. 19. קמץ בז״ק

31 אליו: ויקרא אלהם משה וישבו אליו אהרן וכל־
32 הנשאים בעדה וידבר משה אלהם: ואחרי־כן נגשו כל־
בני ישראל ויצום את כל־אשר דבר יהוה אתו בהר
33 34 סיני: ויכל משה מדבר אתם ויתן על־פניו מסוה: ובבא
משה לפני יהוה לדבר אתו יסיר את־המסוה עד־צאתו
לד ויצא ודבר אל־בני ישראל את אשר יצוה: וראו בני
ישראל את־פני משה כי קרן עור פני משה והשיב משה
את־המסוה על־פניו עד־באו לדבר אתו:

לה

ם ם ם כב 22

א ויקהל משה את־כל־עדת בני ישראל ויאמר אלהם
2 אלה הדברים אשר־צוה יהוה לעשת אתם: ששת ימים
תעשה מלאכה וביום השביעי יהיה לכם קדש שבת
3 שבתון ליהוה כל־העשה בו מלאכה יומת: לא־תבערו
אש בכל משבתיכם ביום השבת: פ
4 ויאמר משה אל־כל־עדת בני־ישראל לאמר זה הדבר
ה אשר־צוה יהוה לאמר: קחו מאתכם תרומה ליהוה כל
נדיב לבו יביאה את תרומת יהוה זהב וכסף ונחשת:
6 7 ותכלת וארגמן ותולעת שני ושש ועזים: וערת אילם
8 מאדמים וערת תחשים ועצי שטים: ושמן למאור
9 ובשמים לשמן המשחה ולקטרת הסמים: ואבני־שהם
י ואבני מלאים לאפוד ולחשן: וכל־חכם־לב בכם יבאו
11 ויעשו את כל־אשר צוה יהוה: את־המשכן את־אהלו
ואת־מכסהו את־קרסיו ואת־קרשיו את־בריחו את־עמדיו
12 ואת־אדניו: את־הארן ואת־בדיו את־הכפרת ואת פרכת
13 המסך: את־השלחן ואת־בדיו ואת־כל־כליו ואת לחם
14 הפנים: ואת־מנרת המאור ואת־כליה ואת־נרתיה ואת

su rostro; y temieron llegarse a
él. (31) Y llamólos Mosé; y
tornáronse a él Aarón y todos
los príncipes de la congrega-
ción, y habló Mosé con ellos.
(32) Y después llegáronse todos
los hijos de Israel, y encomen-
dóles todo lo que habló el
Eterno con él, en el monte de
Sinái. (33) Y acabado que hu-
bo Mosé de hablar con ellos,
cayó sobre su rostro, un velo.
(34) Y al venir Mosé delante
del Eterno para hablar con él,
quitó el velo hasta volver; y
volvía y habló a los hijos de
Israel lo que les era encomen-
dado; (35) y vieron los hijos
de Israel el rostro de Mosé; re-
lucía la piel del rostro de Mo-
sé y tornaba Mosé el velo so-
bre su rostro, hasta venir para
hablar con él.

XXXV

(22) VAIAKEL

(1) Y congregó Mosé toda la
congregación de los hijos de
Israel, y díjoles: «Éstas son las
cosas que encomendó el Eter-
no, hacer. (2) Seis días será
hecha obra, y en el día sépti-
mo será a vosotros santidad,
sábado de holganza al Eterno:
todo el que hiciera en él obra,
será matado. (3) No encende-
réis fuego en todas vuestras
moradas en el día del sábado.»
(4) Y habló Mosé a toda la congregación de los hijos de Israel, diciendo: «Esto
es lo que recomendó el Eterno, diciendo: (5) Tomad de vosotros ofrenda para
el Eterno: todo liberal de corazón traerá ofrenda al Eterno: oro, y plata, y
metal, (6) y cárdeno, y púrpura, y tinte carmesí, y lino, y pelo de cabras,
(7) y cueros de carneros embermejecidos, y cueros de Tehasim, y maderos de
cedro, (8) y aceite para las luminarias y especias para olio de la unción, y para
sahumerio de las especias, (9) y piedras de ónix, y piedras de relleno, para
el espaldar, y para el pectoral. (10) Y todo sabio de corazón de entre vosotros,
vendrá y hará todo lo que encomendó el Eterno: (11) Al tabernáculo, a su
tienda, y a su cobertero, sus corchetes, y sus tablas, sus barras, sus pilares,
y sus almireces, (12) el arca, y sus varas, el cobertero, y la antipara del velo,
(13) la mesa, y sus varas, y todos sus utensilios, y el pan de las faces. (14) y
la almenara de las luminarias y sus utensilios, y sus candelas, y el aceite de

לה 11. בריחיו ק'

טו שֶׁמֶן הַמָּאוֹר׃ וְאֶת־מִזְבַּח הַקְּטֹרֶת וְאֶת־בַּדָּיו וְאֵת שֶׁמֶן
הַמִּשְׁחָה וְאֵת קְטֹרֶת הַסַּמִּים וְאֶת־מָסַךְ הַפֶּתַח לְפֶתַח
16 הַמִּשְׁכָּן׃ אֵת ׀ מִזְבַּח הָעֹלָה וְאֶת־מִכְבַּר הַנְּחֹשֶׁת אֲשֶׁר־
17 לוֹ אֶת־בַּדָּיו וְאֶת־כָּל־כֵּלָיו אֶת־הַכִּיֹּר וְאֶת־כַּנּוֹ׃ אֵת קַלְעֵי
הֶחָצֵר אֶת־עַמֻּדָיו וְאֶת־אֲדָנֶיהָ וְאֵת מָסַךְ שַׁעַר הֶחָצֵר׃
18 אֶת־יִתְדֹת הַמִּשְׁכָּן וְאֶת־יִתְדֹת הֶחָצֵר וְאֶת־מֵיתְרֵיהֶם׃
19 אֶת־בִּגְדֵי הַשְּׂרָד לְשָׁרֵת בַּקֹּדֶשׁ אֶת־בִּגְדֵי הַקֹּדֶשׁ לְאַהֲרֹן
כ הַכֹּהֵן וְאֶת־בִּגְדֵי בָנָיו לְכַהֵן׃ וַיֵּצְאוּ כָּל־עֲדַת בְּנֵי־יִשְׂרָאֵל
21 מִלִּפְנֵי מֹשֶׁה׃ וַיָּבֹאוּ כָּל־אִישׁ אֲשֶׁר־נְשָׂאוֹ לִבּוֹ וְכֹל אֲשֶׁר
נָדְבָה רוּחוֹ אֹתוֹ הֵבִיאוּ אֶת־תְּרוּמַת יְהוָה לִמְלֶאכֶת אֹהֶל
22 מוֹעֵד וּלְכָל־עֲבֹדָתוֹ וּלְבִגְדֵי הַקֹּדֶשׁ׃ וַיָּבֹאוּ הָאֲנָשִׁים
עַל־הַנָּשִׁים כֹּל ׀ נְדִיב לֵב הֵבִיאוּ חָח וָנֶזֶם וְטַבַּעַת וְכוּמָז
כָּל־כְּלִי זָהָב וְכָל־אִישׁ אֲשֶׁר הֵנִיף תְּנוּפַת זָהָב לַיהוָה׃
23 וְכָל־אִישׁ אֲשֶׁר־נִמְצָא אִתּוֹ תְּכֵלֶת וְאַרְגָּמָן וְתוֹלַעַת שָׁנִי
וְשֵׁשׁ וְעִזִּים וְעֹרֹת אֵילִם מְאָדָּמִים וְעֹרֹת תְּחָשִׁים הֵבִיאוּ׃
24 כָּל־מֵרִים תְּרוּמַת כֶּסֶף וּנְחֹשֶׁת הֵבִיאוּ אֵת תְּרוּמַת יְהוָה
וְכֹל אֲשֶׁר נִמְצָא אִתּוֹ עֲצֵי שִׁטִּים לְכָל־מְלֶאכֶת הָעֲבֹדָה
כה הֵבִיאוּ׃ וְכָל־אִשָּׁה חַכְמַת־לֵב בְּיָדֶיהָ טָווּ וַיָּבִיאוּ מַטְוֶה
אֶת־הַתְּכֵלֶת וְאֶת־הָאַרְגָּמָן אֶת־תּוֹלַעַת הַשָּׁנִי וְאֶת־הַשֵּׁשׁ׃
26 וְכָל־הַנָּשִׁים אֲשֶׁר נָשָׂא לִבָּן אֹתָנָה בְּחָכְמָה טָווּ אֶת־
27 הָעִזִּים׃ וְהַנְּשִׂאִם הֵבִיאוּ אֵת אַבְנֵי הַשֹּׁהַם וְאֵת אַבְנֵי
28 הַמִּלֻּאִים לָאֵפוֹד וְלַחֹשֶׁן׃ וְאֶת־הַבֹּשֶׂם וְאֶת־הַשָּׁמֶן לְמָאוֹר
29 וּלְשֶׁמֶן הַמִּשְׁחָה וְלִקְטֹרֶת הַסַּמִּים׃ כָּל־אִישׁ וְאִשָּׁה אֲשֶׁר
נָדַב לִבָּם אֹתָם לְהָבִיא לְכָל־הַמְּלָאכָה אֲשֶׁר צִוָּה יְהוָה
לַעֲשׂוֹת בְּיַד־מֹשֶׁה הֵבִיאוּ בְנֵי־יִשְׂרָאֵל נְדָבָה לַיהוָה׃ פ
ל וַיֹּאמֶר מֹשֶׁה אֶל־בְּנֵי יִשְׂרָאֵל רְאוּ קָרָא יְהוָה בְּשֵׁם
31 בְּצַלְאֵל בֶּן־אוּרִי בֶן־חוּר לְמַטֵּה יְהוּדָה׃ וַיְמַלֵּא אֹתוֹ
רוּחַ אֱלֹהִים בְּחָכְמָה בִּתְבוּנָה וּבְדַעַת וּבְכָל־מְלָאכָה׃

las luminarias (15) y el ara del sahumerio, y sus varas, y el olio de la unción, y el sahumerio de las especies, y el velo de la puerta, para la puerta del tabernáculo, (16) el ara del holocausto, y el enrejado de metal, sus varas, y todos sus utensilios, la fuente y su asiento, (17) las cortinas del patio, sus pilares, y sus almireces, y el velo de la puerta del patio, (18) las estacas del tabernáculo, y las estacas del patio, y sus cuerdas, (19) y los vestidos del servicio para servir en la santidad, los vestidos de la santidad para Aarón, el sacerdote, y los vestidos de sus hijos, para servir.»

(20) Y salió toda la congregación de los hijos de Israel de delante de Mosé. (21) Y vino todo varón que deseó su corazón, y todo el que deseó su espíritu, y trajeron la ofrenda del Eterno para la obra de la tienda del plazo, y para todo su servicio, y para los vestidos de la santidad. (22) Y vinieron los varones con las mujeres, todos liberales de corazón, y trajeron cadenas y zarcillos, y sortijas y ajorcas y todo vaso de oro; y todo varón que apartó ofrenda de oro para el Eterno. (23) Y todo varón que tenía con él cárdeno, y púrpura, y tinte carmesí, y lino, y pelo de cabras, y cueros de carneros embermejecidos, y cueros de Tehasim, lo traía. (24) Todo el que apartó ofrenda de plata y de otro metal trajo la ofrenda al Eterno, y todo el que tenía con él maderos de cedro, para toda la obra del servicio, los trajo. (25) Y toda mujer sabia de corazón, con sus manos hilaba, y traía hilado el cárdeno, y la púrpura, el tinte carmesí, y el lino. (26) Y todas las mujeres que levantaron su corazón con la ciencia, hilaban el pelo de cabras. (27) Y los príncipes trajeron las piedras de ónix, y las piedras de los rellenos para el espaldar y para el pectoral. (28) Y la especia y el aceite, para las luminarias y para el olio de la unción, y para el sahumerio de las especias. (29) Todo varón y toda mujer, cuyo corazón deseó traer ofrenda para hacer la obra, que encomendó el Eterno a Mosé, ofrecimiento trajeron los hijos de Israel al Eterno.

(30) Y dijo Mosé a los hijos de Israel: «Ved, llamó el Eterno por nombre a Besalel, hijo de Urí, hijo de Hur, de la tribu de Iudá; (31) e hinchió a él de espíritu de Dios, en ciencia, en entendimiento, en saber, y en toda obra.

32 33 וְלַחְשֹׁב מַחֲשָׁבֹת לַעֲשֹׂת בַּזָּהָב וּבַכֶּסֶף וּבַנְּחֹשֶׁת׃ וּבַחֲרֹשֶׁת
אֶבֶן לְמַלֹּאת וּבַחֲרֹשֶׁת עֵץ לַעֲשׂוֹת בְּכָל־מְלֶאכֶת מַחֲשָׁבֶת׃
34 וּלְהוֹרֹת נָתַן בְּלִבּוֹ הוּא וְאָהֳלִיאָב בֶּן־אֲחִיסָמָךְ לְמַטֵּה־דָן׃
מִלֵּא אֹתָם חָכְמַת־לֵב לַעֲשׂוֹת כָּל־מְלֶאכֶת חָרָשׁ ׀ וְחֹשֵׁב לה
וְרֹקֵם בַּתְּכֵלֶת וּבָאַרְגָּמָן בְּתוֹלַעַת הַשָּׁנִי וּבַשֵּׁשׁ וְאֹרֵג
עֹשֵׂי כָּל־מְלָאכָה וְחֹשְׁבֵי מַחֲשָׁבֹת׃

לו

וְעָשָׂה בְצַלְאֵל וְאָהֳלִיאָב וְכֹל ׀ אִישׁ חֲכַם־לֵב אֲשֶׁר נָתַן א
יְהוָה חָכְמָה וּתְבוּנָה בָּהֵמָּה לָדַעַת לַעֲשֹׂת אֶת־כָּל־
2 מְלֶאכֶת עֲבֹדַת הַקֹּדֶשׁ לְכֹל אֲשֶׁר־צִוָּה יְהוָה׃ וַיִּקְרָא מֹשֶׁה
אֶל־בְּצַלְאֵל וְאֶל־אָהֳלִיאָב וְאֶל כָּל־אִישׁ חֲכַם־לֵב אֲשֶׁר
נָתַן יְהוָה חָכְמָה בְּלִבּוֹ כֹּל אֲשֶׁר נְשָׂאוֹ לִבּוֹ לְקָרְבָה אֶל־
3 הַמְּלָאכָה לַעֲשֹׂת אֹתָהּ׃ וַיִּקְחוּ מִלִּפְנֵי מֹשֶׁה אֵת כָּל־
הַתְּרוּמָה אֲשֶׁר הֵבִיאוּ בְּנֵי יִשְׂרָאֵל לִמְלֶאכֶת עֲבֹדַת הַקֹּדֶשׁ
לַעֲשֹׂת אֹתָהּ וְהֵם הֵבִיאוּ אֵלָיו עוֹד נְדָבָה בַּבֹּקֶר בַּבֹּקֶר׃
4 וַיָּבֹאוּ כָּל־הַחֲכָמִים הָעֹשִׂים אֵת כָּל־מְלֶאכֶת הַקֹּדֶשׁ אִישׁ־
אִישׁ מִמְּלַאכְתּוֹ אֲשֶׁר־הֵמָּה עֹשִׂים׃ וַיֹּאמְרוּ אֶל־מֹשֶׁה ה
לֵּאמֹר מַרְבִּים הָעָם לְהָבִיא מִדֵּי הָעֲבֹדָה לַמְּלָאכָה אֲשֶׁר־
6 צִוָּה יְהוָה לַעֲשֹׂת אֹתָהּ׃ וַיְצַו מֹשֶׁה וַיַּעֲבִירוּ קוֹל בַּמַּחֲנֶה
לֵאמֹר אִישׁ וְאִשָּׁה אַל־יַעֲשׂוּ־עוֹד מְלָאכָה לִתְרוּמַת הַקֹּדֶשׁ
7 וַיִּכָּלֵא הָעָם מֵהָבִיא׃ וְהַמְּלָאכָה הָיְתָה דַיָּם לְכָל־הַמְּלָאכָה
8 לַעֲשׂוֹת אֹתָהּ וְהוֹתֵר׃ ס וַיַּעֲשׂוּ כָל־חֲכַם־לֵב בְּעֹשֵׂי
הַמְּלָאכָה אֶת־הַמִּשְׁכָּן עֶשֶׂר יְרִיעֹת שֵׁשׁ מָשְׁזָר וּתְכֵלֶת
וְאַרְגָּמָן וְתוֹלַעַת שָׁנִי כְּרֻבִים מַעֲשֵׂה חֹשֵׁב עָשָׂה אֹתָם׃
9 אֹרֶךְ הַיְרִיעָה הָאַחַת שְׁמֹנֶה וְעֶשְׂרִים בָּאַמָּה וְרֹחַב אַרְבַּע
10 בָּאַמָּה הַיְרִיעָה הָאֶחָת מִדָּה אַחַת לְכָל־הַיְרִיעֹת׃ וַיְחַבֵּר
אֶת־חֲמֵשׁ הַיְרִיעֹת אַחַת אֶל־אֶחָת וְחָמֵשׁ יְרִיעֹת חִבַּר אַחַת

(32) Y para pensar, para trabajar en oro, y en plata, y en metal. (33) Y con maestría, en piedras para engastar, y con maestría en maderas para hacer toda obra de pensamiento. (34) Y para enseñar dió en su corazón, a él, a Oliab, hijo de Ahisamaj, de la tribu de Dan: (35) Llenólos de ciencia del corazón, para hacer toda obra de maestro, y pensador, y recamador, en cárdeno, y en púrpura, y en tinte carmesí, y en lino, y en tejidos; y pensaban, y hacían las obras.

XXXVI

(1) Y harán Besalel y Oliab, y todo varón sabio de corazón, a quien dió el Eterno ciencia y entendimiento para saber y hacer toda obra de servicio, a la santidad, y todo lo que encomendó el Eterno.» (2) Y llamó Mosé a Besalel y a Oliab, y a todo varón sabio de corazón, a quien dió el Eterno ciencia en su corazón, a todo el que levantó su corazón para llegarse a la obra, para hacerla. (3) Y tomaron de delante de Mosé todas las ofrendas que trajeron los hijos de Israel para la obra del servicio de la santidad, para hacerla. Y ellos trajeron a él más ofrecimiento por la mañana. (4) Y vinieron todos los maestros, los que hacían toda la obra de la santidad, varón de cada obra que ellos hacían. (5) Y hablaron a Mosé, diciendo: «Multiplica el pueblo y trae más de lo que es menester del servicio para la obra que encomendó el Eterno hacer.» (6) Y encomendó Mosé, que hicieran pasar pregón por el real, diciendo: «Varón y mujer no traerán más obra para la ofrenda de la santidad.» Y fué vedado al pueblo traer. (7) Y lo traído abastecía para toda la obra y sobraba.

(8) E hicieron todos los sabios de corazón, entre los que hacían la obra, el tabernáculo; de diez cortinas de lino torcido, y cárdeno, y púrpura y tinte carmesí, y querubines, obra de maestros, hiciéronlo. (9) Longitud de la cortina una: veintiocho codos, y anchura, cuatro codos, una medida para todas las cortinas. (10) Y juntó cinco cortinas, una con otra: y cinco cortinas juntó

קמץ בז״ק 10. 15

una a otra. (11) E hizo ojales de cárdeno sobre la orilla de la cortina una, del cabo en la juntura, así hizo en la orilla de la cortina, la del cabo, en la juntura segunda. (12) Cincuenta ojales hizo en la cortina una, y cincuenta ojales hizo en el cabo de la cortina, en la juntura segunda, los ojales frente a los ojales. (13) E hizo cincuenta corchetes de oro, y juntó las cortinas, una a otra con los corchetes, y fué el tabernáculo uno.

(14) E hizo cortinas de pelo de cabras para la tienda sobre el tabernáculo, once cortinas hizo. (15) Longitud de la cortina una: treinta codos y cuatro codos la anchura de la cortina una, la medida de una para once cortinas. (16) Y juntó las cinco cortinas a solas, y las seis cortinas a solas. (17) E hizo ojales, cincuenta, sobre la orilla de la cortina del cabo en la juntura, y cincuenta ojales hizo sobre la orilla de la cortina, en la juntura segunda. (18) E hizo corchetes de metal, cincuenta, para juntar la tienda, para ser una. (19) E hizo un cobertero para la tienda de cueros de carneros embermejecidos, y un cobertero arriba de cueros de Tehasim.

11 אֶל־אֶחָת׃ וַיַּעַשׂ לֻלְאֹת תְּכֵלֶת עַל שְׂפַת הַיְרִיעָה הָאֶחָת
מִקָּצָה בַּמַּחְבָּרֶת כֵּן עָשָׂה בִּשְׂפַת הַיְרִיעָה הַקִּיצוֹנָה
12 בַּמַּחְבֶּרֶת הַשֵּׁנִית׃ חֲמִשִּׁים לֻלָאֹת עָשָׂה בַּיְרִיעָה הָאֶחָת
וַחֲמִשִּׁים לֻלָאֹת עָשָׂה בִּקְצֵה הַיְרִיעָה אֲשֶׁר בַּמַּחְבֶּרֶת
13 הַשֵּׁנִית מַקְבִּילֹת הַלֻּלָאֹת אַחַת אֶל־אֶחָת׃ וַיַּעַשׂ חֲמִשִּׁים
קַרְסֵי זָהָב וַיְחַבֵּר אֶת־הַיְרִיעֹת אַחַת אֶל־אַחַת בַּקְּרָסִים
וַיְהִי הַמִּשְׁכָּן אֶחָד׃ פ
14 וַיַּעַשׂ יְרִיעֹת עִזִּים לְאֹהֶל עַל־הַמִּשְׁכָּן עַשְׁתֵּי־עֶשְׂרֵה יְרִיעֹת
טו עָשָׂה אֹתָם׃ אֹרֶךְ הַיְרִיעָה הָאַחַת שְׁלֹשִׁים בָּאַמָּה וְאַרְבַּע
אַמּוֹת רֹחַב הַיְרִיעָה הָאֶחָת מִדָּה אַחַת לְעַשְׁתֵּי עֶשְׂרֵה
16 יְרִיעֹת׃ וַיְחַבֵּר אֶת־חֲמֵשׁ הַיְרִיעֹת לְבָד וְאֶת־שֵׁשׁ הַיְרִיעֹת
17 לְבָד׃ וַיַּעַשׂ לֻלָאֹת חֲמִשִּׁים עַל שְׂפַת הַיְרִיעָה הַקִּיצֹנָה
בַּמַּחְבָּרֶת וַחֲמִשִּׁים לֻלָאֹת עָשָׂה עַל־שְׂפַת הַיְרִיעָה הַחֹבֶרֶת
18 הַשֵּׁנִית׃ וַיַּעַשׂ קַרְסֵי נְחֹשֶׁת חֲמִשִּׁים לְחַבֵּר אֶת־הָאֹהֶל
19 לִהְיֹת אֶחָד׃ וַיַּעַשׂ מִכְסֶה לָאֹהֶל עֹרֹת אֵלִם מְאָדָּמִים
כ וּמִכְסֵה עֹרֹת תְּחָשִׁים מִלְמָעְלָה׃ ס וַיַּעַשׂ אֶת־הַקְּרָשִׁים
21 לַמִּשְׁכָּן עֲצֵי שִׁטִּים עֹמְדִים׃ עֶשֶׂר אַמֹּת אֹרֶךְ הַקָּרֶשׁ
22 וְאַמָּה וַחֲצִי הָאַמָּה רֹחַב הַקֶּרֶשׁ הָאֶחָד׃ שְׁתֵּי יָדֹת לַקֶּרֶשׁ
הָאֶחָד מְשֻׁלָּבֹת אַחַת אֶל־אֶחָת כֵּן עָשָׂה לְכֹל קַרְשֵׁי
23 הַמִּשְׁכָּן׃ וַיַּעַשׂ אֶת־הַקְּרָשִׁים לַמִּשְׁכָּן עֶשְׂרִים קְרָשִׁים
24 לִפְאַת נֶגֶב תֵּימָנָה׃ וְאַרְבָּעִים אַדְנֵי־כֶסֶף עָשָׂה תַּחַת
עֶשְׂרִים הַקְּרָשִׁים שְׁנֵי אֲדָנִים תַּחַת־הַקֶּרֶשׁ הָאֶחָד לִשְׁתֵּי
יְדֹתָיו וּשְׁנֵי אֲדָנִים תַּחַת־הַקֶּרֶשׁ הָאֶחָד לִשְׁתֵּי יְדֹתָיו׃
כה וּלְצֶלַע הַמִּשְׁכָּן הַשֵּׁנִית לִפְאַת צָפוֹן עָשָׂה עֶשְׂרִים קְרָשִׁים׃
26 וְאַרְבָּעִים אַדְנֵיהֶם כָּסֶף שְׁנֵי אֲדָנִים תַּחַת הַקֶּרֶשׁ הָאֶחָד
27 וּשְׁנֵי אֲדָנִים תַּחַת הַקֶּרֶשׁ הָאֶחָד׃ וּלְיַרְכְּתֵי הַמִּשְׁכָּן יָמָּה
28 עָשָׂה שִׁשָּׁה קְרָשִׁים׃ וּשְׁנֵי קְרָשִׁים עָשָׂה לִמְקֻצְעֹת הַמִּשְׁכָּן
29 בַּיַּרְכָתָיִם׃ וְהָיוּ תוֹאֲמִם מִלְּמַטָּה וְיַחְדָּו יִהְיוּ תַמִּים אֶל־

(20) E hizo las tablas para el tabernáculo de maderos de cedro, los estantes, (21) diez codos la longitud de la tabla una, y codo y mitad de codo, la anchura de la tabla una; (22) dos quicios para la tabla una enclavijados una con otra, así hizo todas las tablas del tabernáculo. (23) E hizo las tablas para el tabernáculo, veinte tablas al rincón, del meridión al austral. (24) Y cuarenta almireces de plata hizo debajo de las veinte tablas, dos almireces debajo de la tabla una, en sus dos quicios, y dos almireces debajo de la otra tabla, en sus dos quicios. (25) Y al lado del tabernáculo segundo, al rincón del septentrión, hizo veinte tablas, (26) con cuarenta almireces de plata: dos almireces debajo de la tabla una, y dos almireces debajo de la otra tabla. (27) Y en los rincones del tabernáculo al Poniente, hizo seis tablas. (28) Y dos tablas hizo para los cabos del tabernáculo, en los rincones. (29) Y fueron iguales, debajo y juntas, eran cumplidas a su cabo, a la sortija una, así hizo a ambas

רָאשׁוֹ אֶל־הַטַּבַּעַת הָאֶחָת כֵּן עָשָׂה לִשְׁנֵיהֶם לִשְׁנֵי
הַמִּקְצֹעֹת׃ וְהָיוּ שְׁמֹנָה קְרָשִׁים וְאַדְנֵיהֶם כֶּסֶף שִׁשָּׁה עָשָׂר ל
אֲדָנִים שְׁנֵי אֲדָנִים שְׁנֵי אֲדָנִים תַּחַת הַקֶּרֶשׁ הָאֶחָד׃ וַיַּעַשׂ 31
בְּרִיחֵי עֲצֵי שִׁטִּים חֲמִשָּׁה לְקַרְשֵׁי צֶלַע־הַמִּשְׁכָּן הָאֶחָת׃
וַחֲמִשָּׁה בְרִיחִם לְקַרְשֵׁי צֶלַע־הַמִּשְׁכָּן הַשֵּׁנִית וַחֲמִשָּׁה 32
בְרִיחִם לְקַרְשֵׁי הַמִּשְׁכָּן לַיַּרְכָתַיִם יָמָּה׃ וַיַּעַשׂ אֶת־הַבְּרִיחַ 33
הַתִּיכֹן לִבְרֹחַ בְּתוֹךְ הַקְּרָשִׁים מִן־הַקָּצֶה אֶל־הַקָּצֶה׃ וְאֶת־ 34
הַקְּרָשִׁים צִפָּה זָהָב וְאֶת־טַבְּעֹתָם עָשָׂה זָהָב בָּתִּים לַבְּרִיחִם
וַיְצַף אֶת־הַבְּרִיחִם זָהָב׃ וַיַּעַשׂ אֶת־הַפָּרֹכֶת תְּכֵלֶת וְאַרְגָּמָן לה
וְתוֹלַעַת שָׁנִי וְשֵׁשׁ מָשְׁזָר מַעֲשֵׂה חֹשֵׁב עָשָׂה אֹתָהּ כְּרֻבִים׃
וַיַּעַשׂ לָהּ אַרְבָּעָה עַמּוּדֵי שִׁטִּים וַיְצַפֵּם זָהָב וָוֵיהֶם זָהָב 36
וַיִּצֹק לָהֶם אַרְבָּעָה אַדְנֵי־כָסֶף׃ וַיַּעַשׂ מָסָךְ לְפֶתַח הָאֹהֶל 37
תְּכֵלֶת וְאַרְגָּמָן וְתוֹלַעַת שָׁנִי וְשֵׁשׁ מָשְׁזָר מַעֲשֵׂה רֹקֵם׃
וְאֶת־עַמּוּדָיו חֲמִשָּׁה וְאֶת־וָוֵיהֶם וְצִפָּה רָאשֵׁיהֶם וַחֲשֻׁקֵיהֶם 38
זָהָב וְאַדְנֵיהֶם חֲמִשָּׁה נְחֹשֶׁת׃ פ

לז

לז

וַיַּעַשׂ בְּצַלְאֵל אֶת־הָאָרֹן עֲצֵי שִׁטִּים אַמָּתַיִם וָחֵצִי אָרְכּוֹ א
וְאַמָּה וָחֵצִי רָחְבּוֹ וְאַמָּה וָחֵצִי קֹמָתוֹ׃ וַיְצַפֵּהוּ זָהָב טָהוֹר 2
מִבַּיִת וּמִחוּץ וַיַּעַשׂ לוֹ זֵר זָהָב סָבִיב׃ וַיִּצֹק לוֹ אַרְבַּע 3
טַבְּעֹת זָהָב עַל אַרְבַּע פַּעֲמֹתָיו וּשְׁתֵּי טַבָּעֹת עַל־צַלְעוֹ
הָאֶחָת וּשְׁתֵּי טַבָּעֹת עַל־צַלְעוֹ הַשֵּׁנִית׃ וַיַּעַשׂ בַּדֵּי עֲצֵי 4
שִׁטִּים וַיְצַף אֹתָם זָהָב׃ וַיָּבֵא אֶת־הַבַּדִּים בַּטַּבָּעֹת עַל ה
צַלְעֹת הָאָרֹן לָשֵׂאת אֶת־הָאָרֹן׃ וַיַּעַשׂ כַּפֹּרֶת זָהָב טָהוֹר 6
אַמָּתַיִם וָחֵצִי אָרְכָּהּ וְאַמָּה וָחֵצִי רָחְבָּהּ׃ וַיַּעַשׂ שְׁנֵי כְרֻבִים 7
זָהָב מִקְשָׁה עָשָׂה אֹתָם מִשְּׁנֵי קְצוֹת הַכַּפֹּרֶת׃ כְּרוּב אֶחָד 8
מִקָּצָה מִזֶּה וּכְרוּב־אֶחָד מִקָּצָה מִזֶּה מִן־הַכַּפֹּרֶת עָשָׂה
אֶת־הַכְּרֻבִים מִשְּׁנֵי קְצוֹתָיו׃ וַיִּהְיוּ הַכְּרֻבִים פֹּרְשֵׂי כְנָפַיִם 9

en los dos cabos. (30) Y fueron ocho tablas, y sus almireces de plata, dieciséis almireces, dos almireces debajo de la tabla una.

(31) E hizo barras de maderos de cedro, cinco tablas del lado del tabernáculo uno, (32) y cinco barras para las tablas del lado del tabernáculo segundo, y cinco barras para las tablas del tabernáculo, en los rincones del Poniente. (33) E hizo la barra, la del medio, para cerrar las tablas de cabo a cabo. (34) Y las tablas cubrió de oro, y sus sortijas hizo de oro, lugares para las barras y cubrió las barras de oro.

(35) E hizo la antipara de cárdeno, y púrpura, y tinte carmesí, y lino torcido, hechura de maestro, con querubines. (36) E hizo para ella cuatro pilares de maderos de cedro; y cubriólos de oro, sus capiteles de oro, y vaciólos en cuatro almireces de plata. (37) E hizo un velo para la puerta de la tienda, de cárdeno, y púrpura, y tinte carmesí, y lino torcido, hechura de recamador; (38) y sus pilares, cinco, y sus capiteles, y cubrió sus cabezas y sus cercos, de oro, y sus almireces, cinco, hizo de metal.

XXXVII

(1) E hizo Besalel el arca de maderos de cedro: de dos codos y medio de longitud, y codo y medio de anchura; y codo y medio su altura. (2) Y cubriola de oro fino por dentro y por fuera, e hizo a ella cerco de oro en derredor. (3) E hizo sobre ella cuatro sortijas de oro sobre sus cuatro rincones, y dos sortijas sobre su lado uno, y dos sortijas sobre su lado segundo. (4) E hizo varas de maderos de cedro y cubriólas de oro. (5) Y metió las varas en las sortijas sobre los lados del arca, para llevar el arca. (6) E hizo cobertero de oro fino: dos codos y medio su longitud, y codo y medio su anchura. (7)E hizo dos querubines de oro, a martillo hízolos, a los dos cabos del cobertero: (8) un querubín del cabo de acá, y un querubín del cabo de allá, del cobertero hizo los querubines en sus dos cabos. (9) Y eran los querubines

לז 8. קצותיו ק׳

con las alas extendidas para arriba, cubriendo con sus alas el cobertero, y su faz una a otra, frente al cobertero eran los rostros de los querubines.

(10) E hizo la mesa de maderos de cedro, dos codos su longitud, y un codo su anchura, y codo y medio su altura. (11) Y cubrióla de oro fino, e hizo a ella cerco de oro en derredor.

(12) E hizo a ella moldura de puño en derredor, e hizo cerco de oro a su moldura en derredor. (13) E hizo a ella cuatro sortijas de oro, y dió las sortijas sobre los cuatro rincones de sus cuatro pies. (14) Enfrente de la moldura eran las sortijas, lugares para las varas para llevar la mesa. (15) E hizo las varas de maderos de cedro, y cubriólas de oro, para llevar la mesa. (16) E hizo los utensilios de sobre la mesa, sus escudillas, y sus cucharas, y sus limpiadores, y los tazones con que era cubierta, de oro limpio.

(17) E hizo la almenara de oro fino, con martillo hizo la almenara: su pie y su caña, sus vasos, sus manzanas y sus flores, de ello eran. (18) Y seis cañas salieron de sus lados; tres cañas de la almenara de un lado, y tres cañas de la almenara de su lado segundo. (19) Tres copas almendradas en la caña una, manzana y flor; y tres copas almendradas en la otra caña, manzana y flor: así a las seis cañas que salieron de la almenara. (20) Y en la almenara, cuatro copos almendrados, sus manzanas y sus flores: (21) Y manzana debajo de las dos cañas de ella, y manzana debajo de las dos cañas de ella, y manzana debajo de las dos cañas de ella, así en las seis cañas que salieron de ella. (22) Sus manzanas y sus cañas de ello eran, todo hecho a martillo de oro fino. (23) E hizo sus siete candelas, y sus molletas y sus paletas de oro limpio. (24) De un quintal de oro fino hizo a ella, y todos sus vasos.

(25) E hizo el ara del sahumerio de maderos de cedro, un codo su longitud, y un codo su anchura, cuadrado; y dos codos su altura, de ella eran sus cuernos. (26) Y cubrióla de oro fino, su techo y sus paredes en derredor y

למעלה סככים בכנפיהם על־הכפרת ופניהם איש אל־
אחיו אל־הכפרת היו פני הכרבים׃ פ
י ויעש את־השלחן עצי שטים אמתים ארכו ואמה רחבו
11 ואמה וחצי קמתו׃ ויצף אתו זהב טהור ויעש לו זר זהב
12 סביב׃ ויעש לו מסגרת טפח סביב ויעש זר־זהב
13 למסגרתו סביב׃ ויצק לו ארבע טבעת זהב ויתן את־
14 הטבעת על ארבע הפאת אשר לארבע רגליו׃ לעמת
המסגרת היו הטבעת בתים לבדים לשאת את־השלחן׃
טו ויעש את־הבדים עצי שטים ויצף אתם זהב לשאת את־
16 השלחן׃ ויעש את־הכלים ׀ אשר על־השלחן את־קערתיו
ואת־כפתיו ואת מנקיתיו ואת־הקשות אשר יסך בהן
זהב טהור׃ פ ששי שלישי כשהן מחוברין
17 ויעש את־המנרה זהב טהור מקשה עשה את־המנרה
18 ירכה וקנה גביעיה כפתריה ופרחיה ממנה היו׃ וששה
קנים יצאים מצדיה שלשה ׀ קני מנרה מצדה האחד
19 ושלשה קני מנרה מצדה השני׃ שלשה גבעים משקדים
בקנה האחד כפתר ופרח ושלשה גבעים משקדים
בקנה אחד כפתר ופרח כן לששת הקנים היצאים מן־
כ המנרה׃ ובמנרה ארבעה גבעים משקדים כפתריה
21 ופרחיה׃ וכפתר תחת שני הקנים ממנה וכפתר תחת
שני הקנים ממנה וכפתר תחת־שני הקנים ממנה
22 לששת הקנים היצאים ממנה׃ כפתריהם וקנתם ממנה
23 היו כלה מקשה אחת זהב טהור׃ ויעש את־נרתיה
24 שבעה ומלקחיה ומחתתיה זהב טהור׃ ככר זהב טהור
עשה אתה ואת כל־כליה׃ פ
כה ויעש את־מזבח הקטרת עצי שטים אמה ארכו ואמה
26 רחבו רבוע ואמתים קמתו ממנו היו קרנתיו׃ ויצף אתו
זהב טהור את־גגו ואת־קירתיו סביב ואת־קרנתיו ויעש

לו זר זהב סביב: ושתי טבעת זהב עשה־לו ׀ מתחת 27
לזרו על שתי צלעתיו על שני צדיו לבתים לבדים לשאת
אתו בהם: ויעש את־הבדים עצי שטים ויצף אתם 28
זהב: ויעש את־שמן המשחה קדש ואת־קטרת הסמים 29
טהור מעשה רקח: ס שביעי רביעי כשהן מחוברין

לח

ויעש את־מזבח העלה עצי שטים חמש אמות ארכו א
וחמש אמות רחבו רבוע ושלש אמות קמתו: ויעש 2
קרנתיו על ארבע פנתיו ממנו היו קרנתיו ויצף אתו
נחשת: ויעש את־כל־כלי המזבח את־הסירת ואת־היעים 3
ואת־המזרקת את־המזלגת ואת־המחתת כל־כליו עשה
נחשת: ויעש למזבח מכבר מעשה רשת נחשת תחת 4
כרכבו מלמטה עד־חציו: ויצק ארבע טבעת בארבע ה
הקצות למכבר הנחשת בתים לבדים: ויעש את־הבדים 6
עצי שטים ויצף אתם נחשת: ויבא את־הבדים בטבעת 7
על צלעת המזבח לשאת אתו בהם נבוב לחת עשה
אתו: ס ויעש את הכיור נחשת ואת כנו נחשת 8
במראת הצבאת אשר צבאו פתח אהל מועד: ס
ויעש את־החצר לפאת ׀ נגב תימנה קלעי החצר שש 9
משזר מאה באמה: עמודיהם עשרים ואדניהם עשרים י
נחשת ווי העמודים וחשקיהם כסף: ולפאת צפון מאה 11
באמה עמודיהם עשרים ואדניהם עשרים נחשת ווי
העמודים וחשקיהם כסף: ולפאת־ים קלעים חמשים 12
באמה עמודיהם עשרה ואדניהם עשרה ווי העמדים
וחשוקיהם כסף: ולפאת קדמה מזרחה חמשים אמה: 13
קלעים חמש־עשרה אמה אל־הכתף עמודיהם שלשה 14
ואדניהם שלשה: ולכתף השנית מזה ומזה לשער טו
החצר קלעים חמש עשרה אמה עמדיהם שלשה

sus cuernos: e hizo a ella cerco de oro en derredor. (27) Y también dos sortijas de oro hizo a ella debajo de su cerco, sobre sus dos costados, sobre sus dos costados con lugares para las varas, para llevarla con ellos. (28) E hizo las varas de maderos de cedro, y cubriólas de oro. (29) E hizo el olio de la unción, santidad, y el sahumerio de las especias, limpio, hechura de confeccionador.

XXXVIII

(1) E hizo el ara del holocausto de maderos de cedro, cinco codos su longitud, y cinco codos su anchura, cuadrada, y tres codos su altura. (2) E hizo sus cuernos sobre sus cuatro rincones, de ella eran sus cuernos, y cubrióla de metal. (3) E hizo todos los vasos del ara: las ollas, y las cucharas y los tazones, los garfios y las paletas: todos sus vasos hizo de metal. (4) E hizo al ara el enrejado, obra de red de alambre, debajo de su suelo, debajo hasta su mitad. (5) E hizo cuatro sortijas en los cuatro cabos del enrejado del metal, lugares para las varas. (6) E hizo las varas de maderos de cedro, y cubriólas de metal. (7) Y metió las varas en las sortijas sobre los costados del ara, para llevar con ellas, hueco de tablas hizo a ella.

(8) E hizo la fuente de metal, y su asiento de metal, con espejos de las que se reunían a la puerta de la tienda del plazo. (9) E hizo el patio, a la parte del meridión, al austral, las cortinas del patio eran de lino torcido, de cien codos; (10) sus pilares, veinte, y sus encajes, veinte, de metal; los capiteles de los pilares y sus cercos, de plata. (11) Y a la parte del septentrión cortinas de cien codos, sus pilares veinte, y sus encajes, veinte, de metal, los capiteles de los pilares y sus cercos, de plata. (12) Y a la parte del poniente cortinas de cincuenta codos, sus pilares diez, y sus encajes diez; capiteles de los pilares y los cercos, de plata. (13) Y a la parte del levante, al oriente, cortinas de cincuenta codos, (14) cortinas de quince codos al rincón, sus pilares tres, y sus encajes tres; (15) al rincón segundo, de acá y de allá, a la puerta del patio, cortinas de quince codos, sus pilares tres, y sus encajes tres,

(16) todas las cortinas de alrededor del patio, de lino torcido, (17) y los encajes para los pilares, de metal, los capiteles de los pilares y sus cercos, de plata, y los coberteros de sus cabezas, de plata; y cercados de plata, todos los pilares del patio. (18) Y el velo de la puerta del patio, hechura de recamador, cárdeno, y púrpura, y tinte carmesí, y lino torcido, de veinte codos de longitud, y de altura, y de anchura, cinco codos, enfrente de las cortinas del patio. (19) Y sus pilares, cuatro, y sus encajes, cuatro, de metal; sus capiteles de plata; y el cobertero de sus cabezas y sus cercos, de plata. (20) Y todas las estacas para el tabernáculo y para el patio en derredor, de metal.

(23) PECUDÉ

(21) Éstas son las cuentas del tabernáculo, tabernáculo del testimonio, que fué contado por dicho de Mosé: Servicio de los Levitas por mano de Itamar, hijo de Aarón, el sacerdote. (22) Y Besalel, hijo de Urí, hijo de Hur, de la tribu de Iudá hizo todo lo que encomendó el Eterno a Mosé. (23) Y con él Oliab, hijo de Ahisamaj, de la tribu de Dan, maestro y pensador, y recamador en cárdeno, y en púrpura, y en tinte carmesí, y en lino. (24) Todo el oro de que fué hecha la obra, en toda la obra de la santidad fué el oro de la ofrenda; veintinueve quintales, y setecientos treinta pesos, con peso de la santidad. (25) Y la plata de los contados de la compañía; cien quintales, y mil setecientos setenta y cinco pesos, con peso de la santidad. (26) Beca por cabeza, mitad del peso con peso de la santidad, todo el que pasaba sobre los contados de edad de veinte años arriba, seiscientos tres mil quinientos cincuenta. (27) Y fueron cien quintales de plata para fundir los encajes de la santidad y los encajes de la antipara, cien encajes, para cien quintales, un quintal para cada encaje; (28) y de los mil setecientos hizo capiteles para los pilares, y cubrió sus cabezas y cercó a ellos. (29) Y el metal de la ofrenda setenta quintales, y dos mil cuatrocientos pesos. (30) E hizo con él los encajes de la puerta de la tienda del plazo, y el ara de metal, y el enrejado de metal y de él todos los vasos

16 וְאַדְנֵיהֶם שְׁלֹשָׁה׃ כָּל־קַלְעֵי הֶחָצֵר סָבִיב שֵׁשׁ מָשְׁזָר׃
17 וְהָאֲדָנִים לָעַמֻּדִים נְחֹשֶׁת וָוֵי הָעַמּוּדִים וַחֲשׁוּקֵיהֶם כֶּסֶף
וְצִפּוּי רָאשֵׁיהֶם כָּסֶף וְהֵם מְחֻשָּׁקִים כֶּסֶף כֹּל עַמֻּדֵי
18 הֶחָצֵר׃ וּמָסַךְ שַׁעַר הֶחָצֵר מַעֲשֵׂה רֹקֵם תְּכֵלֶת וְאַרְגָּמָן פקודי
וְתוֹלַעַת שָׁנִי וְשֵׁשׁ מָשְׁזָר וְעֶשְׂרִים אַמָּה אֹרֶךְ וְקוֹמָה בְרֹחַב
19 חָמֵשׁ אַמּוֹת לְעֻמַּת קַלְעֵי הֶחָצֵר׃ וְעַמֻּדֵיהֶם אַרְבָּעָה
וְאַדְנֵיהֶם אַרְבָּעָה נְחֹשֶׁת וָוֵיהֶם כֶּסֶף וְצִפּוּי רָאשֵׁיהֶם
כ וַחֲשֻׁקֵיהֶם כָּסֶף׃ וְכָל־הַיְתֵדֹת לַמִּשְׁכָּן וְלֶחָצֵר סָבִיב נְחֹשֶׁת׃

ס ס ס כג 23

21 אֵלֶּה פְקוּדֵי הַמִּשְׁכָּן מִשְׁכַּן הָעֵדֻת אֲשֶׁר פֻּקַּד עַל־פִּי
22 מֹשֶׁה עֲבֹדַת הַלְוִיִּם בְּיַד אִיתָמָר בֶּן־אַהֲרֹן הַכֹּהֵן׃ וּבְצַלְאֵל
בֶּן־אוּרִי בֶן־חוּר לְמַטֵּה יְהוּדָה עָשָׂה אֵת כָּל־אֲשֶׁר־צִוָּה
23 יְהוָה אֶת־מֹשֶׁה׃ וְאִתּוֹ אָהֳלִיאָב בֶּן־אֲחִיסָמָךְ לְמַטֵּה־דָן
חָרָשׁ וְחֹשֵׁב וְרֹקֵם בַּתְּכֵלֶת וּבָאַרְגָּמָן וּבְתוֹלַעַת הַשָּׁנִי
24 וּבַשֵּׁשׁ׃ ס כָּל־הַזָּהָב הֶעָשׂוּי לַמְּלָאכָה בְּכֹל מְלֶאכֶת
הַקֹּדֶשׁ וַיְהִי ׀ זְהַב הַתְּנוּפָה תֵּשַׁע וְעֶשְׂרִים כִּכָּר וּשְׁבַע
כה מֵאוֹת וּשְׁלֹשִׁים שֶׁקֶל בְּשֶׁקֶל הַקֹּדֶשׁ׃ וְכֶסֶף פְּקוּדֵי הָעֵדָה
מְאַת כִּכָּר וְאֶלֶף וּשְׁבַע מֵאוֹת וַחֲמִשָּׁה וְשִׁבְעִים שֶׁקֶל
26 בְּשֶׁקֶל הַקֹּדֶשׁ׃ בֶּקַע לַגֻּלְגֹּלֶת מַחֲצִית הַשֶּׁקֶל בְּשֶׁקֶל
הַקֹּדֶשׁ לְכֹל הָעֹבֵר עַל־הַפְּקֻדִים מִבֶּן עֶשְׂרִים שָׁנָה וָמַעְלָה
לְשֵׁשׁ־מֵאוֹת אֶלֶף וּשְׁלֹשֶׁת אֲלָפִים וַחֲמֵשׁ מֵאוֹת וַחֲמִשִּׁים׃
27 וַיְהִי מְאַת כִּכַּר הַכֶּסֶף לָצֶקֶת אֵת אַדְנֵי הַקֹּדֶשׁ וְאֵת אַדְנֵי
28 הַפָּרֹכֶת מְאַת אֲדָנִים לִמְאַת הַכִּכָּר כִּכָּר לָאָדֶן׃ וְאֶת־
הָאֶלֶף וּשְׁבַע הַמֵּאוֹת וַחֲמִשָּׁה וְשִׁבְעִים עָשָׂה וָוִים לָעַמּוּדִים
29 וְצִפָּה רָאשֵׁיהֶם וְחִשַּׁק אֹתָם׃ וּנְחֹשֶׁת הַתְּנוּפָה שִׁבְעִים
ל כִּכָּר וְאַלְפַּיִם וְאַרְבַּע־מֵאוֹת שָׁקֶל׃ וַיַּעַשׂ בָּהּ אֶת־אַדְנֵי
פֶּתַח אֹהֶל מוֹעֵד וְאֵת מִזְבַּח הַנְּחֹשֶׁת וְאֶת־מִכְבַּר הַנְּחֹשֶׁת
31 אֲשֶׁר־לוֹ וְאֵת כָּל־כְּלֵי הַמִּזְבֵּחַ׃ וְאֶת־אַדְנֵי הֶחָצֵר סָבִיב

וְאֶת־אַדְנֵי שַׁעַר הֶחָצֵר וְאֵת כָּל־יִתְדֹת הַמִּשְׁכָּן וְאֶת־כָּל־
יִתְדֹת הֶחָצֵר סָבִיב׃

לט

וּמִן־הַתְּכֵלֶת וְהָאַרְגָּמָן וְתוֹלַעַת הַשָּׁנִי עָשׂוּ בִגְדֵי־שְׂרָד א
לְשָׁרֵת בַּקֹּדֶשׁ וַיַּעֲשׂוּ אֶת־בִּגְדֵי הַקֹּדֶשׁ אֲשֶׁר לְאַהֲרֹן כַּאֲשֶׁר
צִוָּה יְהוָה אֶת־מֹשֶׁה׃ פ שני חמישי כהן מחוברין
וַיַּעַשׂ אֶת־הָאֵפֹד זָהָב תְּכֵלֶת וְאַרְגָּמָן וְתוֹלַעַת שָׁנִי וְשֵׁשׁ 2
מָשְׁזָר׃ וַיְרַקְּעוּ אֶת־פַּחֵי הַזָּהָב וְקִצֵּץ פְּתִילִם לַעֲשׂוֹת 3
בְּתוֹךְ הַתְּכֵלֶת וּבְתוֹךְ הָאַרְגָּמָן וּבְתוֹךְ תּוֹלַעַת הַשָּׁנִי
וּבְתוֹךְ הַשֵּׁשׁ מַעֲשֵׂה חֹשֵׁב׃ כְּתֵפֹת עָשׂוּ־לוֹ חֹבְרֹת עַל־שְׁנֵי 4
קְצוֹתָו חֻבָּר׃ וְחֵשֶׁב אֲפֻדָּתוֹ אֲשֶׁר עָלָיו מִמֶּנּוּ הוּא ה
כְּמַעֲשֵׂהוּ זָהָב תְּכֵלֶת וְאַרְגָּמָן וְתוֹלַעַת שָׁנִי וְשֵׁשׁ מָשְׁזָר
כַּאֲשֶׁר צִוָּה יְהוָה אֶת־מֹשֶׁה׃ ס וַיַּעֲשׂוּ אֶת־אַבְנֵי הַשֹּׁהַם 6
מֻסַבֹּת מִשְׁבְּצֹת זָהָב מְפֻתָּחֹת פִּתּוּחֵי חוֹתָם עַל־שְׁמוֹת
בְּנֵי יִשְׂרָאֵל׃ וַיָּשֶׂם אֹתָם עַל כִּתְפֹת הָאֵפֹד אַבְנֵי זִכָּרוֹן 7
לִבְנֵי יִשְׂרָאֵל כַּאֲשֶׁר צִוָּה יְהוָה אֶת־מֹשֶׁה׃ פ
וַיַּעַשׂ אֶת־הַחֹשֶׁן מַעֲשֵׂה חֹשֵׁב כְּמַעֲשֵׂה אֵפֹד זָהָב תְּכֵלֶת 8
וְאַרְגָּמָן וְתוֹלַעַת שָׁנִי וְשֵׁשׁ מָשְׁזָר׃ רָבוּעַ הָיָה כָּפוּל עָשׂוּ 9
אֶת־הַחֹשֶׁן זֶרֶת אָרְכּוֹ וְזֶרֶת רָחְבּוֹ כָּפוּל׃ וַיְמַלְאוּ־בוֹ י
אַרְבָּעָה טוּרֵי אָבֶן טוּר אֹדֶם פִּטְדָה וּבָרֶקֶת הַטּוּר הָאֶחָד׃
וְהַטּוּר הַשֵּׁנִי נֹפֶךְ סַפִּיר וְיָהֲלֹם׃ וְהַטּוּר הַשְּׁלִישִׁי לֶשֶׁם 11 12
שְׁבוֹ וְאַחְלָמָה׃ וְהַטּוּר הָרְבִיעִי תַּרְשִׁישׁ שֹׁהַם וְיָשְׁפֵה 13
מוּסַבֹּת מִשְׁבְּצוֹת זָהָב בְּמִלֻּאֹתָם׃ וְהָאֲבָנִים עַל־שְׁמֹת 14
בְּנֵי־יִשְׂרָאֵל הֵנָּה שְׁתֵּים עֶשְׂרֵה עַל־שְׁמֹתָם פִּתּוּחֵי חֹתָם
אִישׁ עַל־שְׁמוֹ לִשְׁנֵים עָשָׂר שָׁבֶט׃ וַיַּעֲשׂוּ עַל־הַחֹשֶׁן טו
שַׁרְשְׁרֹת גַּבְלֻת מַעֲשֵׂה עֲבֹת זָהָב טָהוֹר׃ וַיַּעֲשׂוּ שְׁתֵּי 16
מִשְׁבְּצֹת זָהָב וּשְׁתֵּי טַבְּעֹת זָהָב וַיִּתְּנוּ אֶת־שְׁתֵּי הַטַּבָּעֹת

del ara, (31) y los encajes del patio en derredor, y los encajes de la puerta del patio, y todas las estacas del tabernáculo, y todas las estacas del patio en derredor.

XXXIX

(1) Y del cárdeno, y de la púrpura, y del tinte carmesí, hicieron los vestidos de servicio para servir en la santidad, e hicieron los vestidos de la santidad de Aarón, como encomendó el Eterno a Mosé. (2) E hizo el espaldar de oro, cárdeno, y púrpura, y tinte carmesí, y lino torcido. (3) Y expandieron las planchas del oro, y tajó hilos para hacer entre el cárdeno, y la púrpura, el tinte carmesí, y el lino, hechura de maestro. (4) Hombreras hiciéronle que se juntasen; sobre sus dos cabos fué juntado. (5) La maestría de su cintura sobre él, fué de él; como su hechura, de oro, cárdeno, y púrpura, y tinte carmesí, y lino torcido; como encomendó el Eterno a Mosé. (6) E hicieron las piedras de Soam, rodeadas de engastes de oro, grabadas como grabados de sello con los nombres de los hijos de Israel: (7) Y puso sobre las hombreras del espaldar, piedras en memoria de los hijos de Israel; como encomendó el Eterno a Mosé.

(8) E hizo el pectoral, hechura de maestro, como hechura de espaldar, de oro, cárdeno, púrpura, tinte carmesí, y lino torcido. (9) Cuadrado era, doblado hicieron el pectoral; un palmo su longitud, y un palmo su anchura, doblado. (10) Y llenaron a él con cuatro órdenes de piedras; una orden: Rubíes, Esmeraldas y Chrisoletas, la orden una. (11) Y la orden segunda, Carbúnculos, Zafiros, y Diamantes. (12) Y la orden tercera: Topacios, Turquesas y Amatistas. (13) Y la orden cuarta: Parsis, Soam, y Iaspe rodeadas de engastes de oro, en su engaste. (14) Y las piedras con los nombres de los hijos de Israel eran ellas, doce con sus nombres; como grabados de sello, cada uno con su nombre, según las doce tribus. (15) E hicieron sobre el pectoral cadenas de terminación, hechuras de trenza de oro fino. (16) E hicieron dos engastes de oro, y dos sortijas de oro, y pusieron las dos trenzas de oro sobre las dos

4. קצותיו ק׳

17 עַל־שְׁנֵי קְצוֹת הַחֹשֶׁן׃ וַיִּתְּנוּ שְׁתֵּי הָעֲבֹתֹת הַזָּהָב עַל־
18 שְׁתֵּי הַטַּבָּעֹת עַל־קְצוֹת הַחֹשֶׁן׃ וְאֵת שְׁתֵּי קְצוֹת שְׁתֵּי
הָעֲבֹתֹת נָתְנוּ עַל־שְׁתֵּי הַמִּשְׁבְּצֹת וַיִּתְּנֻם עַל־כִּתְפֹת
19 הָאֵפֹד אֶל־מוּל פָּנָיו׃ וַיַּעֲשׂוּ שְׁתֵּי טַבְּעֹת זָהָב וַיָּשִׂימוּ עַל־
שְׁנֵי קְצוֹת הַחֹשֶׁן עַל־שְׂפָתוֹ אֲשֶׁר אֶל־עֵבֶר הָאֵפֹד בָּיְתָה׃
כ וַיַּעֲשׂוּ שְׁתֵּי טַבְּעֹת זָהָב וַיִּתְּנֻם עַל־שְׁתֵּי כִתְפֹת הָאֵפֹד
מִלְּמַטָּה מִמּוּל פָּנָיו לְעֻמַּת מַחְבַּרְתּוֹ מִמַּעַל לְחֵשֶׁב הָאֵפֹד׃
21 וַיִּרְכְּסוּ אֶת־הַחֹשֶׁן מִטַּבְּעֹתָיו אֶל־טַבְּעֹת הָאֵפֹד בִּפְתִיל
תְּכֵלֶת לִהְיֹת עַל־חֵשֶׁב הָאֵפֹד וְלֹא־יִזַּח הַחֹשֶׁן מֵעַל הָאֵפֹד
כַּאֲשֶׁר צִוָּה יְהוָה אֶת־מֹשֶׁה׃ פ שלישי ששי כשהן מחוברין
22
23 וַיַּעַשׂ אֶת־מְעִיל הָאֵפֹד מַעֲשֵׂה אֹרֵג כְּלִיל תְּכֵלֶת׃ וּפִי־
הַמְּעִיל בְּתוֹכוֹ כְּפִי תַחְרָא שָׂפָה לְפִיו סָבִיב לֹא יִקָּרֵעַ׃
24 וַיַּעֲשׂוּ עַל־שׁוּלֵי הַמְּעִיל רִמּוֹנֵי תְּכֵלֶת וְאַרְגָּמָן וְתוֹלַעַת
כה שָׁנִי מָשְׁזָר׃ וַיַּעֲשׂוּ פַעֲמֹנֵי זָהָב טָהוֹר וַיִּתְּנוּ אֶת־הַפַּעֲמֹנִים
בְּתוֹךְ הָרִמֹּנִים עַל־שׁוּלֵי הַמְּעִיל סָבִיב בְּתוֹךְ הָרִמֹּנִים׃
26 פַּעֲמֹן וְרִמֹּן פַּעֲמֹן וְרִמֹּן עַל־שׁוּלֵי הַמְּעִיל סָבִיב לְשָׁרֵת
27 כַּאֲשֶׁר צִוָּה יְהוָה אֶת־מֹשֶׁה׃ ס וַיַּעֲשׂוּ אֶת־הַכָּתְנֹת
28 שֵׁשׁ מַעֲשֵׂה אֹרֵג לְאַהֲרֹן וּלְבָנָיו׃ וְאֵת הַמִּצְנֶפֶת שֵׁשׁ
וְאֶת־פַּאֲרֵי הַמִּגְבָּעֹת שֵׁשׁ וְאֶת־מִכְנְסֵי הַבָּד שֵׁשׁ מָשְׁזָר׃
29 וְאֶת־הָאַבְנֵט שֵׁשׁ מָשְׁזָר וּתְכֵלֶת וְאַרְגָּמָן וְתוֹלַעַת שָׁנִי
ל מַעֲשֵׂה רֹקֵם כַּאֲשֶׁר צִוָּה יְהוָה אֶת־מֹשֶׁה׃ ס וַיַּעֲשׂוּ אֶת־
צִיץ נֵזֶר־הַקֹּדֶשׁ זָהָב טָהוֹר וַיִּכְתְּבוּ עָלָיו מִכְתַּב פִּתּוּחֵי
31 חוֹתָם קֹדֶשׁ לַיהוָה׃ וַיִּתְּנוּ עָלָיו פְּתִיל תְּכֵלֶת לָתֵת עַל־
32 הַמִּצְנֶפֶת מִלְמָעְלָה כַּאֲשֶׁר צִוָּה יְהוָה אֶת־מֹשֶׁה׃ ס וַתֵּכֶל
כָּל־עֲבֹדַת מִשְׁכַּן אֹהֶל מוֹעֵד וַיַּעֲשׂוּ בְּנֵי יִשְׂרָאֵל כְּכֹל
אֲשֶׁר צִוָּה יְהוָה אֶת־מֹשֶׁה כֵּן עָשׂוּ׃ פ רביע
33 וַיָּבִיאוּ אֶת־הַמִּשְׁכָּן אֶל־מֹשֶׁה אֶת־הָאֹהֶל וְאֶת־כָּל־כֵּלָיו
34 קְרָסָיו קְרָשָׁיו בְּרִיחָו וְעַמֻּדָיו וַאֲדָנָיו׃ וְאֶת־מִכְסֵה עוֹרֹת

sortijas, sobre los cabos del pectoral. (17) Y pusieron las dos trenzas de oro sobre las dos sortijas, sobre los cabos del pectoral. (18) Y los dos cabos de las dos trenzas pusieron sobre los dos engastes, y pusiéronlos sobre las dos hombreras del espaldar, frente a sus faces. (19) E hicieron dos sortijas de oro, y las pusieron sobre los dos cabos del pectoral sobre su orilla que está en la parte del espaldar adentro. (20) E hicieron dos sortijas de oro, y pusiéronlas sobre las dos hombreras del espaldar de abajo, enfrente de sus faces, enfrente del espaldar, su juntura, de arriba, a maestría. (21) Y juntaron el pectoral, por sus sortijas a las sortijas del espaldar, con hilo de cárdeno, por ser sobre maestría del espaldar, y no se quitaba el pectoral de sobre el espaldar; como encomendó el Eterno a Mosé.

(22) E hizo el manto del espaldar, hechura de tejedor, todo de cárdeno. (23) Y el cabezón del manto entre él, como cabezón de malla, una orilla de su cabezón, en derredor, para que no se rompiese. (24) E hicieron sobre las orillas del manto granadas de cárdeno, y púrpura, y tinte carmesí, y lino torcido. (25) E hicieron cascabeles de oro fino, y pusieron los cascabeles entre las granadas sobre las orillas del manto, en derredor, entre las granadas: (26) Cascabel y granada, cascabel y granada sobre las orillas del manto en derredor, para servir; como encomendó el Eterno a Mosé.

(27) E hicieron las túnicas de lino, hechura de tejedor, para Aarón y para sus hijos; (28) y la toca de lino, y los ramales de los bonetes de lino, y los pañetes de lino, de lino torcido, (29) y el cinto de lino torcido, y cárdeno, y púrpura, y tinte carmesí, hechura de recamador; como encomendó el Eterno a Mosé.

(30) E hicieron al frontal, corona de la santidad, de oro fino, y escribieron sobre él la escritura, como grabado de sello, Santidad para el Eterno. (31) Y pusieron sobre él, el hilo de cárdeno, para ponerlo sobre la toca de arriba; como encomendó el Eterno a Mosé.

(32) Y acabóse todo el servicio del tabernáculo de la tienda del plazo, e hicieron los hijos de Israel como todo lo que encomendó el Eterno a Mosé; así hicieron. (33) Y trajeron el tabernáculo a Mosé, la tienda y todos sus vasos; sus corchetes, sus tablas, sus barras, y sus pilares, y sus encajes; (34) y el cobertero de cueros de carneros embermejecidos, y el cobertero de pieles de Tehasim,

האלם המאדמים ואת־מכסה ערת התחשים ואת פרכת
המסך׃ את־ארון העדת ואת־בדיו ואת הכפרת׃ את־ לה 36
השלחן את־כל־כליו ואת לחם הפנים׃ את־המנרה 37
הטהרה את־נרתיה נרת המערכה ואת־כל־כליה ואת
שמן המאור׃ ואת מזבח הזהב ואת שמן המשחה ואת 38
קטרת הסמים ואת מסך פתח האהל׃ את ׀ מזבח 39
הנחשת ואת־מכבר הנחשת אשר־לו את־בדיו ואת־כל־
כליו את־הכיר ואת־כנו׃ את קלעי החצר את־עמדיה ם
ואת־אדניה ואת־המסך לשער החצר את־מיתריו ויתדתיה
ואת כל־כלי עבדת המשכן לאהל מועד׃ את־בגדי 41
השרד לשרת בקדש את־בגדי הקדש לאהרן הכהן
ואת־בגדי בניו לכהן׃ ככל אשר־צוה יהוה את־משה 42
כן עשו בני ישראל את כל־העבדה׃ וירא משה את־ 43
כל־המלאכה והנה עשו אתה כאשר צוה יהוה כן עשו
ויברך אתם משה׃ פ

מ

וידבר יהוה אל־משה לאמר׃ ביום־החדש הראשון א 2
באחד לחדש תקים את־משכן אהל מועד׃ ושמת שם 3
את ארון העדות וסכת על־הארן את־הפרכת׃ והבאת 4
את־השלחן וערכת את־ערכו והבאת את־המנרה והעלית
את־נרתיה׃ ונתתה את־מזבח הזהב לקטרת לפני ארון ה
העדת ושמת את־מסך הפתח למשכן׃ ונתתה את 6
מזבח העלה לפני פתח משכן אהל־מועד׃ ונתת את־ 7
הכיר בין־אהל מועד ובין המזבח ונתת שם מים׃ ושמת 8
את־החצר סביב ונתת את־מסך שער החצר׃ ולקחת 9
את־שמן המשחה ומשחת את־המשכן ואת־כל־אשר־בו
וקדשת אתו ואת־כל־כליו והיה קדש׃ ומשחת את־ י
מזבח העלה ואת־כל־כליו וקדשת את־המזבח והיה

y la antipara del velo, (35) el arca del testimonio, y sus varas, y el cobertero; (36) la mesa, todos sus vasos, y el pan de las faces (37) la almenara limpia, sus candelas, candelas de la ordenanza, y a todos sus vasos, y el aceite de las luminarias (38) y el ara de oro, y el olio de la unción, y el sahumerio de las especias, y el velo de la puerta de la tienda; (39) el ara de metal, y el enrejado de metal de ella, sus varas, y todos sus vasos; la fuente, y su asiento; (40) las cortinas del patio, sus pilares, y sus encajes, y el velo para la puerta del patio, sus cuerdas, y sus estacas, y todos los vasos del servicio del tabernáculo, para la tienda del plazo, (41) los vestidos del servicio para servir a la santidad, los vestidos de la santidad para Aarón, el sacerdote, y los vestidos de sus hijos, para servir. (42) Como todo lo que encomendó el Eterno a Mosé, así hicieron los hijos de Israel, todo el servicio. (43) Y vió Mosé toda la obra, y he aquí, hiciéronla como encomendó el Eterno, así la hicieron; y bendíjolos Mosé.

XL

(1) Y habló el Eterno a Mosé, diciendo: (2) «En el día uno del mes primero, harás levantar el tabernáculo de la tienda del plazo. (3) Y pondrás allí el arca del testimonio, y cubrirás el arca con la antipara. (4) Y meterás la mesa, y ordenarás su ordenanza; y traerás la almenara, y encenderás sus candelas. (5) Y pondrás el ara de oro, para sahumerio delante del arca del testimonio, y pondrás el velo de la puerta del tabernáculo. (6) Y pondrás el ara del holocausto delante de la puerta del tabernáculo de la tienda del plazo. (7) Y pondrás la fuente entre la tienda del plazo, y el ara, y pondrás allí agua. (8) Y pondrás el patio en derredor, pondrás el velo de la puerta del patio. (9) Y tomarás el olio de la unción, y untarás el tabernáculo, y todo lo que está en él; y santificarás a él y a todos sus vasos, y será santidad. (10) Y untarás el ara del holocausto y todos sus vasos y santificarás el ara, y será

el ara santidad de santidades. (11) Y untarás la fuente y su asiento, y santificarás a ella. (12) Y harás llegar a Aarón y a sus hijos a la puerta de la tienda del plazo, y los lavarás con agua. (13) Y harás vestir a Aarón los vestidos de la santidad y le ungirás y le santificarás y servirá a mí. (14) Y sus hijos harás llegar, y los harás vestir túnicas, (15) y los ungirás como ungiste a su padre, y servirán a mí; y será a ellos por unción, por sacerdocio perpetuo para sus generaciones.» (16) E hizo Mosé como todo lo que le encomendó el Eterno a él; así hizo. (17) Y fué en el mes, primero, en el año segundo, el uno del mes que fué levantado el tabernáculo. (18) E hizo levantar Mosé el tabernáculo, y puso sus encajes, e hizo poner sus tablas, y puso sus barras, e hizo levantar sus pilares. (19) Y expandió la tienda sobre el tabernáculo, e hizo poner el cobertero de la tienda sobre él, arriba, como encomendó el Eterno a Mosé. (20) Y tomó, y dió el testimonio en el arca, e hizo poner las varas sobre el arca, y puso el cobertero sobre el arca, arriba. (21) Y metió el arca en el tabernáculo, e hizo poner la antipara del velo, y cubrió el arca del testimonio; como encomendó el Eterno a Mosé. (22) Y puso la mesa en la tienda del plazo sobre el rincón del tabernáculo, al septentrión, fuera de la antipara. (23) Y ordenó sobre ella los panes del Eterno, como encomendó el Eterno a Mosé. (24) E hizo poner la almenara en la tienda del plazo, enfrente de la mesa, sobre el rincón del tabernáculo, al meridión. (25) Y encendió las candelas delante del Eterno, como encomendó el Eterno a Mosé. (26) E hizo poner el ara de oro en la tienda del plazo delante de la antipara, (27) e hizo sahumar sobre ella sahumerio de especias; como encomendó el Eterno a Mosé. (28) E hizo poner el velo de la puerta al tabernáculo. (29) Y el ara del holocausto puso a la puerta del tabernáculo de la tienda del plazo; y alzó sobre ella el holocausto y el presente; como encomendó el Eterno a Mosé. (30) E hizo poner la fuente entre la tienda del plazo y el ara; y puso allí agua para lavar. (31) Y lavábanse en ella Mosé y Aarón y sus hijos, sus manos y sus pies. (32) Al en-

11 המזבח קדש קדשים: ומשחת את־הכיר ואת־כנו וקדשת
12 אתו: והקרבת את־אהרן ואת־בניו אל־פתח אהל מועד
13 ורחצת אתם במים: והלבשת את־אהרן את בגדי הקדש
14 ומשחת אתו וקדשת אתו וכהן לי: ואת־בניו תקריב
טו והלבשת אתם כתנת: ומשחת אתם כאשר משחת את־
אביהם וכהנו לי והיתה להית להם משחתם לכהנת
16 עולם לדרתם: ויעש משה ככל אשר צוה יהוה אתו
17 כן עשה: ס ויהי בחדש הראשון בשנה השנית
18 באחד לחדש הוקם המשכן: ויקם משה את־המשכן
ויתן את־אדניו וישם את־קרשיו ויתן את־בריחיו ויקם
19 את־עמודיו: ויפרש את־האהל על־המשכן וישם את־
מכסה האהל עליו מלמעלה כאשר צוה יהוה את־משה:
כ ס ויקח ויתן את־העדת אל־הארן וישם את־הבדים על־
21 הארן ויתן את־הכפרת על־הארן מלמעלה: ויבא את־
הארן אל־המשכן וישם את פרכת המסך ויסך על ארון
22 העדות כאשר צוה יהוה את־משה: ס ויתן את־
השלחן באהל מועד על ירך המשכן צפנה מחוץ לפרכת:
23 ויערך עליו ערך לחם לפני יהוה כאשר צוה יהוה את־
24 משה: ס וישם את־המנרה באהל מועד נכח השלחן
כה על ירך המשכן נגבה: ויעל הנרת לפני יהוה כאשר
26 צוה יהוה את־משה: ס וישם את־מזבח הזהב באהל
27 מועד לפני הפרכת: ויקטר עליו קטרת סמים כאשר
28 צוה יהוה את־משה: ס וישם את־מסך הפתח
29 למשכן: ואת מזבח העלה שם פתח משכן אהל־מועד
ויעל עליו את־העלה ואת־המנחה כאשר צוה יהוה
ל את־משה: ס וישם את־הכיר בין־אהל מועד ובין
31 המזבח ויתן שמה מים לרחצה: ורחצו ממנו משה
32 ואהרן ובניו את־ידיהם ואת־רגליהם: בבאם אל־אהל

מוֹעֵד וּבְקָרְבָתָם אֶל־הַמִּזְבֵּחַ יִרְחָצוּ כַּאֲשֶׁר צִוָּה יְהוָה
33 אֶת־מֹשֶׁה׃ ס וַיָּקֶם אֶת־הֶחָצֵר סָבִיב לַמִּשְׁכָּן וְלַמִּזְבֵּחַ
וַיִּתֵּן אֶת־מָסַךְ שַׁעַר הֶחָצֵר וַיְכַל מֹשֶׁה אֶת־הַמְּלָאכָה׃ פ
34 וַיְכַס הֶעָנָן אֶת־אֹהֶל מוֹעֵד וּכְבוֹד יְהוָה מָלֵא אֶת־
לה הַמִּשְׁכָּן׃ וְלֹא־יָכֹל מֹשֶׁה לָבוֹא אֶל־אֹהֶל מוֹעֵד כִּי־
36 שָׁכַן עָלָיו הֶעָנָן וּכְבוֹד יְהוָה מָלֵא אֶת־הַמִּשְׁכָּן׃ וּבְהֵעָלוֹת
הֶעָנָן מֵעַל הַמִּשְׁכָּן יִסְעוּ בְּנֵי יִשְׂרָאֵל בְּכֹל מַסְעֵיהֶם׃
37 38 וְאִם־לֹא יֵעָלֶה הֶעָנָן וְלֹא יִסְעוּ עַד־יוֹם הֵעָלֹתוֹ׃ כִּי עֲנַן
יְהוָה עַל־הַמִּשְׁכָּן יוֹמָם וְאֵשׁ תִּהְיֶה לַיְלָה בּוֹ לְעֵינֵי כָל־
בֵּית־יִשְׂרָאֵל בְּכָל־מַסְעֵיהֶם׃

חזק

סכום פסוקי דספר ואלה שמות אלף ומאתים ותשעה. אר"ט
סימן: וחציו אלהים לא תקלל: ופרשיותיו אחד עשר. אי זה
בית אשר תבנו לי סימן: וסדריו עשרים ותשעה. ולילה
ללילה יחוה דעת סימן: ופרקיו ארבעים. תורת אלהיו בלבו
סימן: מנין הפתוחות תשע וששים. והסתומות חמש ותשעים.
הכל מאה וששים וארבע פרשיות: ישלח עזרך מקדש
ומציון יסעדך סימן:

trar en la tienda del plazo, y al llegar al ara, se lavaban; como encomendó el Eterno a Mosé. (33)E hizo levantar el patio en derredor del tabernáculo y del ara, y puso el velo de la puerta del patio. Y acabó Mosé la obra.

(34) Y cubrió la nube la tienda del plazo, y la honra del Eterno llenó el tabernáculo. (35) Y no pudo Mosé entrar a la tienda del plazo, porque posó sobre él la nube, y la honra del Eterno llenó el tabernáculo: (36) Y al alzarse la nube de sobre el tabernáculo movíanse los hijos de Israel en todas sus jornadas. (37) Y si no se alzaba la nube, no se movían hasta el día de su alzarse. (38) Porque la nube del Eterno estaba sobre el tabernáculo de día y fuego había de noche en él, a los ojos de toda la casa de Israel, en todas sus jornadas.

Y LLAMO

א וַיִּקְרָא אֶל־מֹשֶׁה וַיְדַבֵּר יְדוָה אֵלָיו מֵאֹהֶל מוֹעֵד לֵאמֹר׃
2 דַּבֵּר אֶל־בְּנֵי יִשְׂרָאֵל וְאָמַרְתָּ אֲלֵהֶם אָדָם כִּי־יַקְרִיב מִכֶּם
קָרְבָּן לַידוָה מִן־הַבְּהֵמָה מִן־הַבָּקָר וּמִן־הַצֹּאן תַּקְרִיבוּ
3 אֶת־קָרְבַּנְכֶם׃ אִם־עֹלָה קָרְבָּנוֹ מִן־הַבָּקָר זָכָר תָּמִים
יַקְרִיבֶנּוּ אֶל־פֶּתַח אֹהֶל מוֹעֵד יַקְרִיב אֹתוֹ לִרְצֹנוֹ לִפְנֵי
4 יְדוָה׃ וְסָמַךְ יָדוֹ עַל רֹאשׁ הָעֹלָה וְנִרְצָה לוֹ לְכַפֵּר עָלָיו׃
ה וְשָׁחַט אֶת־בֶּן הַבָּקָר לִפְנֵי יְדוָה וְהִקְרִיבוּ בְּנֵי אַהֲרֹן
הַכֹּהֲנִים אֶת־הַדָּם וְזָרְקוּ אֶת־הַדָּם עַל־הַמִּזְבֵּחַ סָבִיב
6 אֲשֶׁר־פֶּתַח אֹהֶל מוֹעֵד׃ וְהִפְשִׁיט אֶת־הָעֹלָה וְנִתַּח אֹתָהּ
7 לִנְתָחֶיהָ׃ וְנָתְנוּ בְּנֵי אַהֲרֹן הַכֹּהֵן אֵשׁ עַל־הַמִּזְבֵּחַ וְעָרְכוּ
8 עֵצִים עַל־הָאֵשׁ׃ וְעָרְכוּ בְּנֵי אַהֲרֹן הַכֹּהֲנִים אֵת הַנְּתָחִים
אֶת־הָרֹאשׁ וְאֶת־הַפָּדֶר עַל־הָעֵצִים אֲשֶׁר עַל־הָאֵשׁ אֲשֶׁר
9 עַל־הַמִּזְבֵּחַ׃ וְקִרְבּוֹ וּכְרָעָיו יִרְחַץ בַּמָּיִם וְהִקְטִיר הַכֹּהֵן
אֶת־הַכֹּל הַמִּזְבֵּחָה עֹלָה אִשֵּׁה רֵיחַ־נִיחוֹחַ לַידוָה׃ ס
י וְאִם־מִן־הַצֹּאן קָרְבָּנוֹ מִן־הַכְּשָׂבִים אוֹ מִן־הָעִזִּים לְעֹלָה
11 זָכָר תָּמִים יַקְרִיבֶנּוּ׃ וְשָׁחַט אֹתוֹ עַל יֶרֶךְ הַמִּזְבֵּחַ צָפֹנָה
לִפְנֵי יְדוָה וְזָרְקוּ בְּנֵי אַהֲרֹן הַכֹּהֲנִים אֶת־דָּמוֹ עַל־הַמִּזְבֵּחַ
12 סָבִיב׃ וְנִתַּח אֹתוֹ לִנְתָחָיו וְאֶת־רֹאשׁוֹ וְאֶת־פִּדְרוֹ וְעָרַךְ
הַכֹּהֵן אֹתָם עַל־הָעֵצִים אֲשֶׁר עַל־הָאֵשׁ אֲשֶׁר עַל־הַמִּזְבֵּחַ׃

(1) Y llamó a Mosé, y habló el Eterno a él desde la tienda del plazo, diciendo:

(2) «Habla a los hijos de Israel, y diles: Cuando alguno de vosotros ofrezca ofrenda al Eterno, de la bestia, de las vacas y de las ovejas, haréis vuestra ofrenda.

(3) Si su ofrenda fuese holocausto de vacas, macho perfecto le ofrecerá: a la puerta de la tienda del plazo lo ofrecerá, por su voluntad delante del Eterno. (4) Y pondrá su mano sobre la cabeza del holocausto, y le será aceptado para perdonarle. (5) Y degollará el hijo de la vaca delante del Eterno; y ofrecerán los hijos de Aarón, los sacerdotes, la sangre, y esparcirán la sangre en derredor del ara, que está a la puerta de la tienda del plazo. (6) Y degollará el holocausto y lo desmembrará. (7) Y pondrán los hijos de Aarón, el sacerdote, fuego sobre el ara, y ordenarán leños sobre el fuego. (8) Y ordenarán los hijos de Aarón, los sacerdotes, los miembros, la cabeza y el redaño, sobre los leños que estarán sobre el fuego, encima del ara. (9) Y su entraña y sus rodillas lavarán con aguas: y hará quemar el sacerdote todo lo que está en el ara: holocausto es, ofrenda, de olor agradable al Eterno. (10) Y si de ovejas es su ofrenda, de los carneros, o de las cabras para holocausto, macho perfecto le ofrecerá. (11) Y degollarálo sobre el rincón del ara, al septentrión, delante del Eterno: y esparcirán los hijos de Aarón, los sacerdotes, su sangre sobre el ara en derredor. (12) Y desmembrarálo por sus miembros, y su cabeza y su redaño; y ordenará el sacerdote a ellos sobre los leños que están sobre el fuego, encima del ara.

*) יניח ד׳ שיטין פנויות ויתחיל מתחלת שיטה ה׳. 1 א׳ ויקרא

והקרב והכרעים ירחץ במים והקריב הכהן את־הכל 13
והקטיר המזבחה עלה הוא אשה ריח ניחח ליהוה׃ פ
ואם מן־העוף עלה קרבנו ליהוה והקריב מן־התרים 14
או מן־בני היונה את־קרבנו׃ והקריבו הכהן אל־המזבח טו
ומלק את־ראשו והקטיר המזבחה ונמצה דמו על קיר
המזבח׃ והסיר את־מראתו בנצתה והשליך אתה אצל 16
המזבח קדמה אל־מקום הדשן׃ ושסע אתו בכנפיו לא 17
יבדיל והקטיר אתו הכהן המזבחה על־העצים אשר
על־האש עלה הוא אשה ריח ניחח ליהוה׃ ס

ב

ונפש כי־תקריב קרבן מנחה ליהוה סלת יהיה קרבנו א
ויצק עליה שמן ונתן עליה לבנה׃ והביאה אל־בני 2
אהרן הכהנים וקמץ משם מלא קמצו מסלתה ומשמנה
על כל־לבנתה והקטיר הכהן את־אזכרתה המזבחה
אשה ריח ניחח ליהוה׃ והנותרת מן־המנחה לאהרן 3
ולבניו קדש קדשים מאשי יהוה׃ ס וכי תקרב 4
קרבן מנחה מאפה תנור סלת חלות מצת בלולת בשמן
ורקיקי מצות משחים בשמן׃ ס ואם־מנחה על־ ה
המחבת קרבנך סלת בלולה בשמן מצה תהיה׃ פתות 6
אתה פתים ויצקת עליה שמן מנחה הוא׃ ס ואם־ 7
מנחת מרחשת קרבנך סלת בשמן תעשה׃ והבאת 8
את־המנחה אשר יעשה מאלה ליהוה והקריבה אל־
הכהן והגישה אל־המזבח׃ והרים הכהן מן־המנחה 9
את־אזכרתה והקטיר המזבחה אשה ריח ניחח ליהוה׃
והנותרת מן־המנחה לאהרן ולבניו קדש קדשים מאשי י
יהוה׃ כל־המנחה אשר תקריבו ליהוה לא תעשה 11
חמץ כי כל־שאר וכל־דבש לא־תקטירו ממנו אשה
ליהוה׃ קרבן ראשית תקריבו אתם ליהוה ואל־המזבח 12

(13) Y la entraña y las rodillas lavará en agua, y le ofrecerá el sacerdote todo, y lo hará quemar en el ara; holocausto es, ofrenda de olor agradable al Eterno. (14) Y si holocausto de ave es la ofrenda al Eterno, ofrecerá de las tórtolas, o de los hijos de la paloma su ofrenda, (15) y ofrecerlo ha el sacerdote al ara, y partirá su cabeza, y la hará quemar en el ara; y será exprimida su sangre sobre la pared del ara. (16) Y quitará su buche y sus plumas, y echarálo cerca del ara, al oriente, al lugar de las cenizas. (17) Y hendirálo por sus alas, no lo apartará, y lo hará quemar el sacerdote en el ara, sobre los leños que están encima del fuego; holocausto es, ofrenda de olor agradable al Eterno.

II

(1) Y cuando un alma ofreciere ofrenda de presente al Eterno, sémola será su ofrenda, y vaciará sobre ella aceite, y pondrá sobre ella incienso: (2) Y la traerá a los hijos de Aarón, a los sacerdotes; y tornará de ello su puño lleno de su sémola y de su aceite sobre todo el incienso, y hará quemar el sacerdote su sahumerio en el ara: es ofrenda de olor agradable al Eterno. (3) Y el remanente del presente será para Aarón y para sus hijos santidad de santidades, ofrenda al Eterno. (4) Y cuando ofrecieres ofrenda de presente, cocida en horno, será sémola, tortas cenceñas envueltas en aceite, y buñuelos cenceños untados en aceite. (5) Y si presente hecho sobre cazuela es tu ofrenda, sémola envuelta en aceite, cenceña será. (6) La partirás en pedazos, y vaciarás sobre ella aceite: presente es ella. (7) Y si de sartén es tu ofrenda, sémola hecha con aceite será. (8) Y traerás el presente que será hecho de esto al Eterno, y llegarlo ha al sacerdote, y llegarlo ha al ara (9) y apartará el sacerdote del presente su sahumerio, y lo hará quemar en el ara; es ofrenda de olor agradable al Eterno. (10) Y el remanente del presente será para Aarón y para sus hijos: es santidad de santidades de las ofrendas del Eterno. (11) Todo el presente que ofreceréis al Eterno, no será con leudo, porque de levadura y de miel no haréis quemar ofrenda al Eterno, (12) ofrenda de primicias ofreceréis al Eterno: y al ara no subirán, por olor agradable. (13) Y

13 לֹא־יַעֲלוּ לְרֵיחַ נִיחֹחַ׃ וְכָל־קָרְבַּן מִנְחָתְךָ בַּמֶּלַח תִּמְלָח
וְלֹא תַשְׁבִּית מֶלַח בְּרִית אֱלֹהֶיךָ מֵעַל מִנְחָתֶךָ עַל כָּל־
14 קָרְבָּנְךָ תַּקְרִיב מֶלַח׃ ס וְאִם־תַּקְרִיב מִנְחַת בִּכּוּרִים
לַידוָה אָבִיב קָלוּי בָּאֵשׁ גֶּרֶשׂ כַּרְמֶל תַּקְרִיב אֵת מִנְחַת
טו בִּכּוּרֶיךָ׃ וְנָתַתָּ עָלֶיהָ שֶׁמֶן וְשַׂמְתָּ עָלֶיהָ לְבֹנָה מִנְחָה
16 הִוא׃ וְהִקְטִיר הַכֹּהֵן אֶת־אַזְכָּרָתָהּ מִגִּרְשָׂהּ וּמִשַּׁמְנָהּ
עַל כָּל־לְבֹנָתָהּ אִשֶּׁה לַידוָה׃ פ רביעי

ג

א וְאִם־זֶבַח שְׁלָמִים קָרְבָּנוֹ אִם מִן־הַבָּקָר הוּא מַקְרִיב אִם־
2 זָכָר אִם־נְקֵבָה תָּמִים יַקְרִיבֶנּוּ לִפְנֵי ידוָה׃ וְסָמַךְ יָדוֹ
עַל־רֹאשׁ קָרְבָּנוֹ וּשְׁחָטוֹ פֶּתַח אֹהֶל מוֹעֵד וְזָרְקוּ בְּנֵי
3 אַהֲרֹן הַכֹּהֲנִים אֶת־הַדָּם עַל־הַמִּזְבֵּחַ סָבִיב׃ וְהִקְרִיב
מִזֶּבַח הַשְּׁלָמִים אִשֶּׁה לַידוָה אֶת־הַחֵלֶב הַמְכַסֶּה אֶת־
4 הַקֶּרֶב וְאֵת כָּל־הַחֵלֶב אֲשֶׁר עַל־הַקֶּרֶב׃ וְאֵת שְׁתֵּי הַכְּלָיֹת
וְאֶת־הַחֵלֶב אֲשֶׁר עֲלֵהֶן אֲשֶׁר עַל־הַכְּסָלִים וְאֶת־הַיֹּתֶרֶת
ה עַל־הַכָּבֵד עַל־הַכְּלָיוֹת יְסִירֶנָּה׃ וְהִקְטִירוּ אֹתוֹ בְנֵי־
אַהֲרֹן הַמִּזְבֵּחָה עַל־הָעֹלָה אֲשֶׁר עַל־הָעֵצִים אֲשֶׁר עַל־
הָאֵשׁ אִשֵּׁה רֵיחַ נִיחֹחַ לַידוָה׃ פ
6 וְאִם־מִן־הַצֹּאן קָרְבָּנוֹ לְזֶבַח שְׁלָמִים לַידוָה זָכָר אוֹ נְקֵבָה
7 תָּמִים יַקְרִיבֶנּוּ׃ אִם־כֶּשֶׂב הוּא־מַקְרִיב אֶת־קָרְבָּנוֹ וְהִקְרִיב
8 אֹתוֹ לִפְנֵי ידוָה׃ וְסָמַךְ אֶת־יָדוֹ עַל־רֹאשׁ קָרְבָּנוֹ וְשָׁחַט
אֹתוֹ לִפְנֵי אֹהֶל מוֹעֵד וְזָרְקוּ בְּנֵי אַהֲרֹן אֶת־דָּמוֹ עַל־
9 הַמִּזְבֵּחַ סָבִיב׃ וְהִקְרִיב מִזֶּבַח הַשְּׁלָמִים אִשֶּׁה לַידוָה
חֶלְבּוֹ הָאַלְיָה תְמִימָה לְעֻמַּת הֶעָצֶה יְסִירֶנָּה וְאֶת־הַחֵלֶב
הַמְכַסֶּה אֶת־הַקֶּרֶב וְאֵת כָּל־הַחֵלֶב אֲשֶׁר עַל־הַקֶּרֶב׃
י וְאֵת שְׁתֵּי הַכְּלָיֹת וְאֶת־הַחֵלֶב אֲשֶׁר עֲלֵהֶן אֲשֶׁר עַל־
הַכְּסָלִים וְאֶת־הַיֹּתֶרֶת עַל־הַכָּבֵד עַל־הַכְּלָיֹת יְסִירֶנָּה׃
11 וְהִקְטִירוֹ הַכֹּהֵן הַמִּזְבֵּחָה לֶחֶם אִשֶּׁה לַידוָה׃ פ

toda ofrenda de tu presente salarás: y no faltará sal, del pacto de tu Dios, en tu presente, en toda tu ofrenda, ofrecerás sal.

(14) Y cuando ofrecieres ofrenda de primicias al Eterno, trigo temprano, tostado en el fuego, majado, tierno, llevarás como presente de tus primicias. (15) Y vaciarás sobre él aceite, y pondrás sobre él incienso: presente es él. (16) Y hará quemar el sacerdote su sahumerio de su majado, y de su aceite con todo su incienso, es ofrenda al Eterno.

III

(1) Y si sacrificio de paces es su ofrenda, si fuese de las vacas, si macho, si hembra, perfecto lo ofrecerá delante del Eterno. (2) Y pondrá su mano sobre la cabeza de su ofrenda, y degollarála a la puerta de la tienda del plazo; y esparcirán los hijos de Aarón, los sacerdotes, la sangre sobre el ara, en derredor. (3) Y ofrecerá del sacrificio de las paces, por ofrenda al Eterno, el sebo que cubre la entraña, y todo el sebo que está sobre la entraña, (4) y los dos riñones, y el sebo que está sobre ellos, y sobre los ijares, y el que está sobre el hígado, con los riñones, quitará. (5) Y lo quemarán los hijos de Aarón en el ara, sobre el holocausto, que estará sobre los leños, sobre el fuego, es ofrenda de olor agradable al Eterno. (6) Y si de las ovejas es su ofrenda, por sacrificio de paces al Eterno, macho o hembra, perfecto lo ofrecerá. (7) Si ofrece carnero por su ofrenda, ofrecerálo delante del Eterno. (8) Y pondrá su mano sobre la cabeza de su ofrenda, y degollarálo delante de la tienda del plazo, y esparcirán los hijos de Aarón, su sangre sobre el ara, en derredor. (9) Y ofrecerá del sacrificio de las paces, en ofrenda al Eterno, su sebo, la cola entera, que quitará de raíz del espinazo; y el sebo que cubre la entraña, y todo el sebo que está sobre la entraña, (10) y los dos riñones, y el sebo que está sobre ellos, y el que está sobre los ijares, y el que está sobre el hígado, con los riñones, quitará. (11) Y hacerlo ha quemar el sacerdote en el ara: es comida, de ofrenda al Eterno.

ואם־עז קרבנו והקריבו לפני יהוה: וסמך את־ידו על־ 13 13
ראשו ושחט אתו לפני אהל מועד וזרקו בני אהרן את־
דמו על־המזבח סביב: והקריב ממנו קרבנו אשה ליהוה 14
את־החלב המכסה את־הקרב ואת כל־החלב אשר על־
הקרב: ואת שתי הכלית ואת־החלב אשר עלהן אשר טו
על־הכסלים ואת־היתרת על־הכבד על־הכלית יסירנה:
והקטירם הכהן המזבחה לחם אשה לריח ניחח כל־חלב 16
ליהוה: חקת עולם לדרתיכם בכל מושבתיכם כל־חלב 17
וכל־דם לא תאכלו: פ חמישי

ד

וידבר יהוה אל־משה לאמר: דבר אל־בני ישראל א 2
לאמר נפש כי־תחטא בשגגה מכל מצות יהוה אשר
לא תעשינה ועשה מאחת מהנה: אם הכהן המשיח 3
יחטא לאשמת העם והקריב על חטאתו אשר חטא
פר בן־בקר תמים ליהוה לחטאת: והביא את־הפר 4
אל־פתח אהל מועד לפני יהוה וסמך את־ידו על־ראש
הפר ושחט את־הפר לפני יהוה: ולקח הכהן המשיח ה
מדם הפר והביא אתו אל־אהל מועד: וטבל הכהן את־ 6
אצבעו בדם והזה מן־הדם שבע פעמים לפני יהוה
את־פני פרכת הקדש: ונתן הכהן מן־הדם על־קרנות 7
מזבח קטרת הסמים לפני יהוה אשר באהל מועד ואת
כל־דם הפר ישפך אל־יסוד מזבח העלה אשר־פתח
אהל מועד: ואת־כל־חלב פר החטאת ירים ממנו את־ 8
החלב המכסה על־הקרב ואת כל־החלב אשר על־
הקרב: ואת שתי הכלית ואת־החלב אשר עליהן אשר 9
על־הכסלים ואת־היתרת על־הכבד על־הכליות יסירנה:
כאשר יורם משור זבח השלמים והקטירם הכהן על־ י

(12) Y si cabra es su ofrenda, ofrecerlo ha delante del Eterno: (13) Y pondrá su mano sobre su cabeza, y degollarála delante de la tienda del plazo, y esparcirán los hijos de Aarón su sangre sobre el ara, en derredor. (14) Y llegará de él su sacrificio, ofrenda al Eterno, el sebo que cubre la entraña, y todo el sebo que está sobre la entraña, (15) y los dos riñones, y el sebo que está sobre ellos, y sobre los ijares, y sobre el hígado con los riñones quitará. (16) Y hacerlos ha, sahumar el sacerdote en el ara; es comida de ofrenda, de olor agradable, todo el sebo es para el Eterno.

(17) Fuero perpetuo sea para vuestras generaciones en todas vuestras moradas: ningún sebo y ninguna sangre, comeréis.»

IV

(1) Y habló el Eterno a Mosé, diciendo: (2) «Habla a los hijos de Israel diciendo: Cuando pecare alguno por yerro de todos los preceptos del Eterno, que son de no hacer, e hiciere uno de ellos.

(3) Si el sacerdote ungido pecare por culpa del pueblo, ofrecerá por su pecado que hizo un toro perfecto al Eterno, para expiación. (4) Y traerá el toro a la puerta de la tienda del plazo delante del Eterno y pondrá su mano sobre la cabeza del toro y degollará el toro delante del Eterno. (5) Y tomará el sacerdote ungido, de la sangre del toro y traerálo a la tienda del plazo. (6) Y mojará el sacerdote su dedo en la sangre y rociará con la sangre, siete veces delante del Eterno, hacia el velo de la santidad. (7) Y pondrá el sacerdote, de la sangre, sobre los cuernos del ara, del sahumerio de las especias delante del Eterno, que está en la tienda del plazo: y toda la sangre del toro verterá al cimiento del ara del holocausto, que está a la puerta de la tienda del plazo. (8) Y todo el sebo del toro de la limpieza, apartará de él: el sebo que cubre la entraña, y todo el sebo que está sobre la entraña, (9) y los dos riñones, y el sebo que está sobre ellos, y el que está sobre los ijares, y el que está sobre el hígado, con los riñones, lo quitará, (10) como es apartado del buey del sacrificio de las paces: hacerlos ha, quemar el sacerdote sobre el ara del holo-

ד 4. סבירין אשר לפני

מזבח העלה: ואת־עור הפר ואת־כל־בשרו על־ראשו
12 ועל־כרעיו וקרבו ופרשו: והוציא את־כל־הפר אל־
מחוץ למחנה אל־מקום טהור אל־שפך הדשן ושרף
אתו על־עצים באש על־שפך הדשן ישרף: פ
13 ואם כל־עדת ישראל ישגו ונעלם דבר מעיני הקהל
ועשו אחת מכל־מצות יהוה אשר לא־תעשינה ואשמו:
14 ונודעה החטאת אשר חטאו עליה והקריבו הקהל פר
טו בן־בקר לחטאת והביאו אתו לפני אהל מועד: וסמכו
זקני העדה את־ידיהם על־ראש הפר לפני יהוה ושחט
16 את־הפר לפני יהוה: והביא הכהן המשיח מדם הפר
17 אל־אהל מועד: וטבל הכהן אצבעו מן־הדם והזה
18 שבע פעמים לפני יהוה את־פני הפרכת: ומן־הדם
יתן ׀ על־קרנת המזבח אשר לפני יהוה אשר באהל
מועד ואת כל־הדם ישפך אל־יסוד מזבח העלה אשר־
19 פתח אהל מועד: ואת כל־חלבו ירים ממנו והקטיר
כ המזבחה: ועשה לפר כאשר עשה לפר החטאת כן
21 יעשה־לו וכפר עלהם הכהן ונסלח להם: והוציא את־
הפר אל־מחוץ למחנה ושרף אתו כאשר שרף את הפר
הראשון חטאת הקהל הוא: פ
22 אשר נשיא יחטא ועשה אחת מכל־מצות יהוה אלהיו
23 אשר לא־תעשינה בשגגה ואשם: או־הודע אליו חטאתו
אשר חטא בה והביא את־קרבנו שעיר עזים זכר תמים:
24 וסמך ידו על־ראש השעיר ושחט אתו במקום אשר־
כה ישחט את־העלה לפני יהוה חטאת הוא: ולקח הכהן
מדם החטאת באצבעו ונתן על־קרנת מזבח העלה ואת־
26 דמו ישפך אל־יסוד מזבח העלה: ואת־כל־חלבו יקטיר
המזבחה כחלב זבח השלמים וכפר עליו הכהן מחטאתו

causto. (11) Y el cuero del toro, y toda su carne, con su cabeza, y con sus rodillas, y su entraña y su estiércol, (12) todo el toro sacará, fuera del real, a lugar limpio, al vertedero de la ceniza, y arderálo sobre leño en el fuego: sobre el vertedero de la ceniza será quemado.

(13) Y si toda la congregación de Israel errase, y fuere encubierta alguna cosa a los ojos de la congregación, e hicieren uno de todos los preceptos del Eterno, que son de no hacer, y se culparen; (14) y fuere sabido el pecado que cometieron; ofrecerá la congregación un toro por limpieza, y traerálo delante de la tienda del plazo. (15) Y pondrán los ancianos de la congregación sus manos, sobre la cabeza del toro, delante del Eterno; y degollarán al toro, delante del Eterno. (16) Y traerá el sacerdote ungido, de la sangre del toro, a la tienda del plazo: (17) Y mojará el sacerdote su dedo en la sangre, y rociará siete veces delante del Eterno hacia el velo. (18) Y de la misma sangre, pondrá sobre los cuernos del ara que está delante del Eterno, en la tienda del plazo, y toda la sangre verterá al cimiento del ara del holocausto, que está a la puerta de la tienda del plazo. (19) Y todo su sebo apartará de él, y hará sahumar en el ara. (20)Y hará al toro como hizo con el toro de expiación; así hará a él: así expiará por ellos el sacerdote, y serán perdonados ellos. (21) Y sacará el toro fuera del real, y quemarálo, como quemó al toro primero; expiación de la congregación es ello.

(22) Cuando el príncipe pecare, e hiciere uno, de todos los preceptos del Eterno, su Dios, que son de no hacer, por yerro, y se culpare; (23) o le fué sabido el pecado que cometió, traerá por su ofrenda, un cabrito, macho perfecto; (24) y pondrá su mano sobre la cabeza del cabrito, y degollarálo en el lugar que degollare el holocausto, delante del Eterno; expiación es ello. (25) Y tomará el sacerdote, de la sangre de la expiación con su dedo, y pondrá sobre los cuernos del ara del holocausto, y su sangre verterá al cimiento del ara del holocausto. (26) Y todo su sebo hará quemar sobre el ara, como el sebo del sacrificio de las paces: y expiará por él, el sacerdote su pecado, y será perdonado a él.

27 וְאִם־נֶפֶשׁ אַחַת תֶּחֱטָא בִשְׁגָגָה מֵעַם הָאָרֶץ בַּעֲשֹׂתָהּ
28 אַחַת מִמִּצְוֺת יְהוָה אֲשֶׁר לֹא־תֵעָשֶׂינָה וְאָשֵׁם׃ אוֹ הוֹדַע
אֵלָיו חַטָּאתוֹ אֲשֶׁר חָטָא וְהֵבִיא קָרְבָּנוֹ שְׂעִירַת עִזִּים
29 תְּמִימָה נְקֵבָה עַל־חַטָּאתוֹ אֲשֶׁר חָטָא׃ וְסָמַךְ אֶת־יָדוֹ
עַל רֹאשׁ הַחַטָּאת וְשָׁחַט אֶת־הַחַטָּאת בִּמְקוֹם הָעֹלָה׃
ל וְלָקַח הַכֹּהֵן מִדָּמָהּ בְּאֶצְבָּעוֹ וְנָתַן עַל־קַרְנֹת מִזְבַּח הָעֹלָה
31 וְאֶת־כָּל־דָּמָהּ יִשְׁפֹּךְ אֶל־יְסוֹד הַמִּזְבֵּחַ׃ וְאֶת־כָּל־חֶלְבָּהּ
יָסִיר כַּאֲשֶׁר הוּסַר חֵלֶב מֵעַל זֶבַח הַשְּׁלָמִים וְהִקְטִיר
הַכֹּהֵן הַמִּזְבֵּחָה לְרֵיחַ נִיחֹחַ לַיהוָה וְכִפֶּר עָלָיו הַכֹּהֵן
וְנִסְלַח לוֹ׃ פ
32 וְאִם־כֶּבֶשׂ יָבִיא קָרְבָּנוֹ לְחַטָּאת נְקֵבָה תְמִימָה יְבִיאֶנָּה׃
33 וְסָמַךְ אֶת־יָדוֹ עַל רֹאשׁ הַחַטָּאת וְשָׁחַט אֹתָהּ לְחַטָּאת
34 בִּמְקוֹם אֲשֶׁר יִשְׁחַט אֶת־הָעֹלָה׃ וְלָקַח הַכֹּהֵן מִדַּם
הַחַטָּאת בְּאֶצְבָּעוֹ וְנָתַן עַל־קַרְנֹת מִזְבַּח הָעֹלָה וְאֶת־כָּל־
לה דָּמָהּ יִשְׁפֹּךְ אֶל־יְסוֹד הַמִּזְבֵּחַ׃ וְאֶת־כָּל־חֶלְבָּהּ יָסִיר
כַּאֲשֶׁר יוּסַר חֵלֶב הַכֶּשֶׂב מִזֶּבַח הַשְּׁלָמִים וְהִקְטִיר הַכֹּהֵן
אֹתָם הַמִּזְבֵּחָה עַל אִשֵּׁי יְהוָה וְכִפֶּר עָלָיו הַכֹּהֵן עַל־
חַטָּאתוֹ אֲשֶׁר־חָטָא וְנִסְלַח לוֹ׃ פ

ה

א וְנֶפֶשׁ כִּי־תֶחֱטָא וְשָׁמְעָה קוֹל אָלָה וְהוּא עֵד אוֹ רָאָה
2 אוֹ יָדָע אִם־לוֹא יַגִּיד וְנָשָׂא עֲוֺנוֹ׃ אוֹ נֶפֶשׁ אֲשֶׁר תִּגַּע בְּכָל־
דָּבָר טָמֵא אוֹ בְנִבְלַת חַיָּה טְמֵאָה אוֹ בְּנִבְלַת בְּהֵמָה
טְמֵאָה אוֹ בְּנִבְלַת שֶׁרֶץ טָמֵא וְנֶעְלַם מִמֶּנּוּ וְהוּא טָמֵא
3 וְאָשֵׁם׃ אוֹ כִי יִגַּע בְּטֻמְאַת אָדָם לְכֹל טֻמְאָתוֹ אֲשֶׁר יִטְמָא
4 בָּהּ וְנֶעְלַם מִמֶּנּוּ וְהוּא יָדַע וְאָשֵׁם׃ אוֹ נֶפֶשׁ כִּי תִשָּׁבַע
לְבַטֵּא בִשְׂפָתַיִם לְהָרַע ׀ אוֹ לְהֵיטִיב לְכֹל אֲשֶׁר יְבַטֵּא
הָאָדָם בִּשְׁבֻעָה וְנֶעְלַם מִמֶּנּוּ וְהוּא־יָדַע וְאָשֵׁם לְאַחַת
ה מֵאֵלֶּה׃ וְהָיָה כִי־יֶאְשַׁם לְאַחַת מֵאֵלֶּה וְהִתְוַדָּה אֲשֶׁר

(27) Y si un alma del pueblo de la tierra, pecare por yerro al hacer uno de los preceptos del Eterno que son de no hacer, y se culpare, (28) o le fuere sabido el pecado que cometió; traerá por su ofrenda una cabrita, hembra perfecta, por el pecado que cometió. (29) Y pondrá su mano sobre la cabeza de la expiación, y degollará a la expiación en el lugar del holocausto. (30) Y tomará el sacerdote, de su sangre, con el dedo, y pondrá sobre los cuernos del ara del holocausto, y toda su sangre verterá al cimiento del ara: (31) Y todo su sebo quitará, como fué quitado el sebo de sobre el sacrificio de las paces; y hará sahumar el sacerdote, en el ara, por olor agradable al Eterno: y expiará por él, el sacerdote y será perdonado a él.

(32) Y si carnero trajere por su ofrenda, por expiación, hembra perfecta traerá. (33) Y pondrá su mano sobre la cabeza de la expiación, y la degollará por expiación, en el lugar de degollar el holocausto. (34) Y tomará el sacerdote de la sangre de la expiación con su dedo, y pondrá sobre los cuernos del ara del holocausto; y toda su sangre verterá al cimiento del ara. (35) Y todo su sebo hará quitar, como fué quitado el sebo del carnero del sacrificio de las paces, y hará quemar el sacerdote a ellos en el ara sobre las ofrendas del Eterno: y expiará por él, el sacerdote, por el pecado que cometió, y será perdonado a él.

V

(1) Y cuando alguna alma pecare, oyendo voz de juramento, y fuere testigo, o viere, o supiere, si no lo denunciare, llevará su pecado; (2) o alma que tocare en alguna cosa inmunda, o en cuerpo muerto de animal inmundo, en cuerpo muerto de bestia inmunda, o en cuerpo de reptil inmundo, y lo encubriere, él será inmundo y culpable; (3) o cuando tocare en inmundicia de hombre, toda su inmundicia que es inmunda para él, y lo encubriere y lo supiere luego, será culpable; (4) o cuando alguna alma jurare declarando con los labios hacer mal o bien, todo lo que declarare el hombre con juramento y lo encubriere y lo supiere luego que fué culpable por una de estas cosas. (5) Y

6 חָטָא עָלֶיהָ: וְהֵבִיא אֶת־אֲשָׁמוֹ לַיהוָה עַל חַטָּאתוֹ אֲשֶׁר
חָטָא נְקֵבָה מִן־הַצֹּאן כִּשְׂבָּה אוֹ־שְׂעִירַת עִזִּים לְחַטָּאת
7 וְכִפֶּר עָלָיו הַכֹּהֵן מֵחַטָּאתוֹ: וְאִם־לֹא תַגִּיעַ יָדוֹ דֵּי שֶׂה
וְהֵבִיא אֶת־אֲשָׁמוֹ אֲשֶׁר חָטָא שְׁתֵּי תֹרִים אוֹ־שְׁנֵי בְנֵי־
8 יוֹנָה לַיהוָה אֶחָד לְחַטָּאת וְאֶחָד לְעֹלָה: וְהֵבִיא אֹתָם
אֶל־הַכֹּהֵן וְהִקְרִיב אֶת־אֲשֶׁר לַחַטָּאת רִאשׁוֹנָה וּמָלַק אֶת־
9 רֹאשׁוֹ מִמּוּל עָרְפּוֹ וְלֹא יַבְדִּיל: וְהִזָּה מִדַּם הַחַטָּאת עַל־
קִיר הַמִּזְבֵּחַ וְהַנִּשְׁאָר בַּדָּם יִמָּצֵה אֶל־יְסוֹד הַמִּזְבֵּחַ חַטָּאת
י הוּא: וְאֶת־הַשֵּׁנִי יַעֲשֶׂה עֹלָה כַּמִּשְׁפָּט וְכִפֶּר עָלָיו הַכֹּהֵן
שני 11 מֵחַטָּאתוֹ אֲשֶׁר־חָטָא וְנִסְלַח לוֹ: ס וְאִם־לֹא תַשִּׂיג
יָדוֹ לִשְׁתֵּי תֹרִים אוֹ לִשְׁנֵי בְנֵי־יוֹנָה וְהֵבִיא אֶת־קָרְבָּנוֹ
אֲשֶׁר חָטָא עֲשִׂירִת הָאֵפָה סֹלֶת לְחַטָּאת לֹא־יָשִׂים עָלֶיהָ
12 שֶׁמֶן וְלֹא־יִתֵּן עָלֶיהָ לְבֹנָה כִּי חַטָּאת הִוא: וֶהֱבִיאָהּ אֶל־
הַכֹּהֵן וְקָמַץ הַכֹּהֵן ׀ מִמֶּנָּה מְלוֹא קֻמְצוֹ אֶת־אַזְכָּרָתָהּ
13 וְהִקְטִיר הַמִּזְבֵּחָה עַל אִשֵּׁי יְהוָה חַטָּאת הִוא: וְכִפֶּר
עָלָיו הַכֹּהֵן עַל־חַטָּאתוֹ אֲשֶׁר־חָטָא מֵאַחַת מֵאֵלֶּה וְנִסְלַח
14 לוֹ וְהָיְתָה לַכֹּהֵן כַּמִּנְחָה: ס וַיְדַבֵּר יְהוָה אֶל־מֹשֶׁה
טו לֵּאמֹר: נֶפֶשׁ כִּי־תִמְעֹל מַעַל וְחָטְאָה בִּשְׁגָגָה מִקָּדְשֵׁי
יְהוָה וְהֵבִיא אֶת־אֲשָׁמוֹ לַיהוָה אַיִל תָּמִים מִן־הַצֹּאן בְּעֶרְכְּךָ
16 כֶּסֶף־שְׁקָלִים בְּשֶׁקֶל־הַקֹּדֶשׁ לְאָשָׁם: וְאֵת אֲשֶׁר חָטָא
מִן־הַקֹּדֶשׁ יְשַׁלֵּם וְאֶת־חֲמִישִׁתוֹ יוֹסֵף עָלָיו וְנָתַן אֹתוֹ לַכֹּהֵן
וְהַכֹּהֵן יְכַפֵּר עָלָיו בְּאֵיל הָאָשָׁם וְנִסְלַח לוֹ: פ
17 וְאִם־נֶפֶשׁ כִּי תֶחֱטָא וְעָשְׂתָה אַחַת מִכָּל־מִצְוֹת יְהוָה אֲשֶׁר
18 לֹא תֵעָשֶׂינָה וְלֹא־יָדַע וְאָשֵׁם וְנָשָׂא עֲוֺנוֹ: וְהֵבִיא אַיִל
תָּמִים מִן־הַצֹּאן בְּעֶרְכְּךָ לְאָשָׁם אֶל־הַכֹּהֵן וְכִפֶּר עָלָיו הַכֹּהֵן
19 עַל שִׁגְגָתוֹ אֲשֶׁר־שָׁגָג וְהוּא לֹא־יָדַע וְנִסְלַח לוֹ: אָשָׁם הוּא
אָשֹׁם אָשַׁם לַיהוָה: פ

si pecare por una de estas cosas, y manifestare que pecó por ella. (6) Traerá su culpa el Eterno por el pecado que cometió, oveja, cordera o cabrita por expiación; y expiará por él, el sacerdote, su pecado. (7) Y si no alcanzare su mano para un carnero, traerá por su culpa, que cometió, dos tórtolas o dos hijos de paloma al Eterno; una por expiación, y otra por holocausto. (8) Y traerálas al sacerdote, y ofrecerá la que es por expiación, primero, y partirá su cabeza por el frente de la cerviz, y no apartará. (9) Y rociará con sangre de la expiación la pared del ara; y el remanente de la sangre será exprimido al cimiento del ara: expiación es ella. (10) Y la segunda hará holocausto conforme al derecho; y expiará por él el sacerdote, de su pecado que cometió, y será perdonado él. (11) Y si no alcanzare su mano para dos tórtolas, o dos hijos de paloma, traerá por ofrenda de su pecado, diezmo del efa de sémola por expiación. No pondrá sobre ella olio ni pondrá incienso, por expiación es ella. (12) Y traerála al sacerdote, y tomará el sacerdote de ella, su puño lleno para su sahumerio, y hará quemar en el ara sobre las ofrendas del Eterno: expiación es ella. (13) Y expiará por él, el sacerdote, por el pecado que cometió de una de éstas, y será perdonado a él, y será para el sacerdote como presente.»

(14) Y habló el Eterno a Mosé, diciendo: (15) «Alma alguna que hiciere falsedad, y pecare por yerro de santidades del Eterno traerá por su culpa al Eterno, un carnero perfecto, por su precio, plata de dos pesos, con peso de la santidad, por culpa. (16) Y lo que pecó, de la santidad pagará, y su quinto añadirá sobre él, y darálo al sacerdote: y el sacerdote expiará por él con el carnero de la culpa, y será perdonado a él. (17) Y si alguna alma, cuando pecare, o hiciere uno de todos los preceptos del Eterno que son de no hacer, y no supiere y fuere culpable, llevará su culpa: (18) Y traerá un carnero perfecto, por su precio, por expiación, al sacerdote, y expiará por él, el sacerdote, por su yerro que cometió, y él no supo, y será perdonado a él. (19) Culpa es ella: Culpar, culpó al Eterno.»

18 קמץ בתביר

כ 21 וידבר יהוה אל־משה לאמר׃ נפש כי תחטא ומעלה
מעל ביהוה וכחש בעמיתו בפקדון או־בתשומת יד או
22 בגזל או עשק את־עמיתו׃ או־מצא אבדה וכחש בה
ונשבע על־שקר על־אחת מכל אשר־יעשה האדם לחטא
23 בהנה׃ והיה כי־יחטא ואשם והשיב את־הגזלה אשר
גזל או את־העשק אשר עשק או את־הפקדון אשר הפקד
24 אתו או את־האבדה אשר מצא׃ או מכל אשר־ישבע
עליו לשקר ושלם אתו בראשו וחמשתיו יסף עליו לאשר
כה הוא לו יתננו ביום אשמתו׃ ואת־אשמו יביא ליהוה איל
26 תמים מן־הצאן בערכך לאשם אל־הכהן׃ וכפר עליו
הכהן לפני יהוה ונסלח לו על־אחת מכל אשר־יעשה
לאשמה בה׃

(20) Y habló el Eterno a Mosé, diciendo: (21) «Cuando alguna alma pecare, e hiciere falsedad contra el Eterno, y negare a su compañero lo encomendado, o lo depositado en su mano, o robare, o sobreforzare a su compañero; (22) o hallare cosa perdida, y la negare, y jurare sobre falsedad, por cualquiera de todas estas cosas que hiciere el hombre para pecar en ellas; (23) Y cuando pecare, y se culpare: tornará el robo que robó, o el sobrefuerzo que sobreforzó, o el depósito que fué depositado en él, o la pérdida que halló, (24) o de todo lo que jurare sobre él, como falsedad: pagará a él por su capital, y su quinto añadirá sobre él: a quien perteneciere, lo dará en el día de su culpa. (25) Y por su culpa traerá al Eterno un carnero perfecto, por su precio, para expiación al sacerdote. (26) Y expiará por él, el sacerdote, delante del Eterno, y será perdonado él: por cualquiera de todas estas cosas que hiciere, para culparse por ellas.»

פ פ פ כה 25

ו

2 א וידבר יהוה אל־משה לאמר׃ צו את־אהרן ואת־בניו
לאמר זאת תורת העלה הוא העלה על מוקדה על־
המזבח כל־הלילה עד־הבקר ואש המזבח תוקד בו׃
3 ולבש הכהן מדו בד ומכנסי־בד ילבש על־בשרו
והרים את־הדשן אשר תאכל האש את־העלה על
4 המזבח ושמו אצל המזבח׃ ופשט את־בגדיו ולבש
בגדים אחרים והוציא את־הדשן אל־מחוץ למחנה אל־
5 מקום טהור׃ והאש על־המזבח תוקד־בו לא תכבה
ובער עליה הכהן עצים בבקר בבקר וערך עליה העלה
6 והקטיר עליה חלבי השלמים׃ אש תמיד תוקד על
7 המזבח לא תכבה׃ ס וזאת תורת המנחה הקרב
8 אתה בני־אהרן לפני יהוה אל־פני המזבח׃ והרים
ממנו בקמצו מסלת המנחה ומשמנה ואת כל־הלבנה

(25) SAV

VI

(1) Y habló el Eterno a Mosé, diciendo: (2) «Encomienda a Aarón y a sus hijos, diciendo: Ésta es la ley del holocausto: es el holocausto que será encendido sobre el ara, toda la noche hasta la mañana, y el fuego del ara estará encendido en él. (3) Y vestirá el sacerdote, vestido de lino, y calzones de lino sobre su carne; y apartará la ceniza cuando quemare el fuego el holocausto, sobre el ara, y pondrála cerca del ara. (4) Después desnudará sus vestidos, y vestirá otros vestidos, y sacará la ceniza fuera del real, a lugar limpio. (5) Y el fuego que sobre el ara será encendido, no se apagará, y encenderá sobre ella el sacerdote, leños todas las mañanas, y ordenará sobre ella el holocausto, y hará quemar sobre ella los sebos de las paces. (6) Fuego continuo será encendido sobre el ara; no se apagará.

(7) Y ésta es la ley del presente: Lo ofrecerán los hijos de Aarón delante del Eterno, delante del ara. (8) Y apartará de él con su puño, de la sémola del presente, y de su aceite, y todo el incienso que está sobre el presente,

ה. 23 קמץ ברביע קמץ בז"ק ו 2. פ' זעירא 8. סבירין ממנה

אֲשֶׁר עַל־הַמִּנְחָה וְהִקְטִיר הַמִּזְבֵּחַ רֵיחַ נִיחֹחַ אַזְכָּרָתָהּ
9 לַיהוָה: וְהַנּוֹתֶרֶת מִמֶּנָּה יֹאכְלוּ אַהֲרֹן וּבָנָיו מַצּוֹת תֵּאָכֵל
י בְּמָקוֹם קָדֹשׁ בַּחֲצַר אֹהֶל־מוֹעֵד יֹאכְלוּהָ: לֹא תֵאָפֶה
חָמֵץ חֶלְקָם נָתַתִּי אֹתָהּ מֵאִשָּׁי קֹדֶשׁ קָדָשִׁים הִוא כַּחַטָּאת
11 וְכָאָשָׁם: כָּל־זָכָר בִּבְנֵי אַהֲרֹן יֹאכְלֶנָּה חָק־עוֹלָם לְדֹרֹתֵיכֶם
מֵאִשֵּׁי יְהוָה כֹּל אֲשֶׁר־יִגַּע בָּהֶם יִקְדָּשׁ: פ שני
12 13 וַיְדַבֵּר יְהוָה אֶל־מֹשֶׁה לֵּאמֹר: זֶה קָרְבַּן אַהֲרֹן וּבָנָיו
אֲשֶׁר־יַקְרִיבוּ לַיהוָה בְּיוֹם הִמָּשַׁח אֹתוֹ עֲשִׂירִת הָאֵפָה
סֹלֶת מִנְחָה תָּמִיד מַחֲצִיתָהּ בַּבֹּקֶר וּמַחֲצִיתָהּ בָּעָרֶב:
14 עַל־מַחֲבַת בַּשֶּׁמֶן תֵּעָשֶׂה מֻרְבֶּכֶת תְּבִיאֶנָּה תֻּפִינֵי מִנְחַת
טו פִּתִּים תַּקְרִיב רֵיחַ־נִיחֹחַ לַיהוָה: וְהַכֹּהֵן הַמָּשִׁיחַ תַּחְתָּיו
16 מִבָּנָיו יַעֲשֶׂה אֹתָהּ חָק־עוֹלָם לַיהוָה כָּלִיל תָּקְטָר: וְכָל־
מִנְחַת כֹּהֵן כָּלִיל תִּהְיֶה לֹא תֵאָכֵל: פ
17 18 וַיְדַבֵּר יְהוָה אֶל־מֹשֶׁה לֵּאמֹר: דַּבֵּר אֶל־אַהֲרֹן וְאֶל־
בָּנָיו לֵאמֹר זֹאת תּוֹרַת הַחַטָּאת בִּמְקוֹם אֲשֶׁר תִּשָּׁחֵט
הָעֹלָה תִּשָּׁחֵט הַחַטָּאת לִפְנֵי יְהוָה קֹדֶשׁ קָדָשִׁים הִוא:
19 הַכֹּהֵן הַמְחַטֵּא אֹתָהּ יֹאכְלֶנָּה בְּמָקוֹם קָדֹשׁ תֵּאָכֵל
כ בַּחֲצַר אֹהֶל מוֹעֵד: כֹּל אֲשֶׁר־יִגַּע בִּבְשָׂרָהּ יִקְדָּשׁ
וַאֲשֶׁר יִזֶּה מִדָּמָהּ עַל־הַבֶּגֶד אֲשֶׁר יִזֶּה עָלֶיהָ תְּכַבֵּס בְּמָקוֹם
21 קָדֹשׁ: וּכְלִי־חֶרֶשׂ אֲשֶׁר תְּבֻשַּׁל־בּוֹ יִשָּׁבֵר וְאִם־בִּכְלִי
22 נְחֹשֶׁת בֻּשָּׁלָה וּמֹרַק וְשֻׁטַּף בַּמָּיִם: כָּל־זָכָר בַּכֹּהֲנִים
23 יֹאכַל אֹתָהּ קֹדֶשׁ קָדָשִׁים הִוא: וְכָל־חַטָּאת אֲשֶׁר
יוּבָא מִדָּמָהּ אֶל־אֹהֶל מוֹעֵד לְכַפֵּר בַּקֹּדֶשׁ לֹא תֵאָכֵל
בָּאֵשׁ תִּשָּׂרֵף: פ

ז

2 א וְזֹאת תּוֹרַת הָאָשָׁם קֹדֶשׁ קָדָשִׁים הוּא: בִּמְקוֹם אֲשֶׁר
יִשְׁחֲטוּ אֶת־הָעֹלָה יִשְׁחֲטוּ אֶת־הָאָשָׁם וְאֶת־דָּמוֹ יִזְרֹק
3 עַל־הַמִּזְבֵּחַ סָבִיב: וְאֵת כָּל־חֶלְבּוֹ יַקְרִיב מִמֶּנּוּ אֵת

y hará sahumar en el ara con olor agradable, sahumerio al Eterno. (9)Y el remanente de él, comerán Aarón y sus hijos: cenceñas serán comidas en lugar santo; en el patio de la tienda del plazo lo comerán. (10) No se cocerá con leudo: su parte le di de mis ofrendas: santidad de santidades es él, como la expiación, y como la culpa. (11) Todo varón de los hijos de Aarón lo comerá, fuero de siempre para vuestras generaciones, de ofrendas del Eterno: todo el que tocare en ellos se santificará.»

(12) Y habló el Eterno a Mosé, diciendo: (13) «Ésta es la ofrenda de Aarón y sus hijos, que ofrecerán al Eterno en el día de ser ungido a él: el diezmo del efa de sémola, presente continuo, su mitad por la mañana, y su mitad por la tarde. (14) Sobre cazuela en aceite será hecha, envuelta la traerás, del presente pedazos cocidos ofrecerás, es olor agradable al Eterno. (15) Y el sacerdote, el ungido, en su lugar de sus hijos, harála, fuero de siempre al Eterno: todo será sahumado. (16) Y todo presente de sacerdote, quemado será, no será comido.»

(17) Y habló el Eterno a Mosé, diciendo: (18) «Habla a Aarón y a sus hijos, diciendo: Ésta es la ley de la expiación: en lugar que será degollado el holocausto, será degollada la expiación delante del Eterno: santidad de santidades es ella. (19) El sacerdote que la limpia, la comerá; en lugar santo será comida, en el patio de la tienda del plazo. (20) Todo el que tocare en su carne, se santificará; y el que rociare de su sangre sobre vestido, lo lavarás, que sobre ella rociare, en lugar santo. (21) Y el vaso de barro en que fuere cocinado, será quebrado: y si en un vaso de cobre fuere cocinada, será bruñido y será lavado en agua.

(22) Todo varón de entre los sacerdotes comerála; santidad de santidades ella es. (23) Y toda expiación que fuere traída de su sangre a la tienda del plazo, para expiar en la santidad, no será comida: en el fuego será quemada.

VII

(1) Y ésta es la ley de la culpa; santidad de santidades es ella. (2) En el lugar en que degollaren el holocausto, degollarán la víctima por la culpa; y su sangre esparcirá sobre el ara en derredor. (3) Y todo su sebo llegará de él, la cola, y el sebo que cubre la entraña, (4) y los dos riñones, y el sebo que está

הָאַלְיָה וְאֶת־הַחֵלֶב הַמְכַסֶּה אֶת־הַקֶּרֶב׃ וְאֵת שְׁתֵּי 4
הַכְּלָיֹת וְאֶת־הַחֵלֶב אֲשֶׁר עֲלֵיהֶן אֲשֶׁר עַל־הַכְּסָלִים וְאֶת־
הַיֹּתֶרֶת עַל־הַכָּבֵד עַל־הַכְּלָיֹת יְסִירֶנָּה׃ וְהִקְטִיר אֹתָם 5
הַכֹּהֵן הַמִּזְבֵּחָה אִשֶּׁה לַיהוָה אָשָׁם הוּא׃ כָּל־זָכָר 6
בַּכֹּהֲנִים יֹאכְלֶנּוּ בְּמָקוֹם קָדוֹשׁ יֵאָכֵל קֹדֶשׁ קָדָשִׁים הוּא׃
כַּחַטָּאת כָּאָשָׁם תּוֹרָה אַחַת לָהֶם הַכֹּהֵן אֲשֶׁר יְכַפֶּר־בּוֹ 7
לוֹ יִהְיֶה׃ וְהַכֹּהֵן הַמַּקְרִיב אֶת־עֹלַת אִישׁ עוֹר הָעֹלָה אֲשֶׁר 8
הִקְרִיב לַכֹּהֵן לוֹ יִהְיֶה׃ וְכָל־מִנְחָה אֲשֶׁר תֵּאָפֶה בַּתַּנּוּר 9
וְכָל־נַעֲשָׂה בַמַּרְחֶשֶׁת וְעַל־מַחֲבַת לַכֹּהֵן הַמַּקְרִיב אֹתָהּ
לוֹ תִהְיֶה׃ וְכָל־מִנְחָה בְלוּלָה־בַשֶּׁמֶן וַחֲרֵבָה לְכָל־בְּנֵי 10
אַהֲרֹן תִּהְיֶה אִישׁ כְּאָחִיו׃ פ שלישי
וְזֹאת תּוֹרַת זֶבַח הַשְּׁלָמִים אֲשֶׁר יַקְרִיב לַיהוָה׃ אִם עַל־ 11 12
תּוֹדָה יַקְרִיבֶנּוּ וְהִקְרִיב עַל־זֶבַח הַתּוֹדָה חַלּוֹת מַצּוֹת
בְּלוּלֹת בַּשֶּׁמֶן וּרְקִיקֵי מַצּוֹת מְשֻׁחִים בַּשָּׁמֶן וְסֹלֶת מֻרְבֶּכֶת
חַלֹּת בְּלוּלֹת בַּשָּׁמֶן׃ עַל־חַלֹּת לֶחֶם חָמֵץ יַקְרִיב קָרְבָּנוֹ 13
עַל־זֶבַח תּוֹדַת שְׁלָמָיו׃ וְהִקְרִיב מִמֶּנּוּ אֶחָד מִכָּל־קָרְבָּן 14
תְּרוּמָה לַיהוָה לַכֹּהֵן הַזֹּרֵק אֶת־דַּם הַשְּׁלָמִים לוֹ יִהְיֶה׃
וּבְשַׂר זֶבַח תּוֹדַת שְׁלָמָיו בְּיוֹם קָרְבָּנוֹ יֵאָכֵל לֹא־יַנִּיחַ 15
מִמֶּנּוּ עַד־בֹּקֶר׃ וְאִם־נֶדֶר ׀ אוֹ נְדָבָה זֶבַח קָרְבָּנוֹ בְּיוֹם 16
הַקְרִיבוֹ אֶת־זִבְחוֹ יֵאָכֵל וּמִמָּחֳרָת וְהַנּוֹתָר מִמֶּנּוּ יֵאָכֵל׃
וְהַנּוֹתָר מִבְּשַׂר הַזָּבַח בַּיּוֹם הַשְּׁלִישִׁי בָּאֵשׁ יִשָּׂרֵף׃ וְאִם 17 18
הֵאָכֹל יֵאָכֵל מִבְּשַׂר־זֶבַח שְׁלָמָיו בַּיּוֹם הַשְּׁלִישִׁי לֹא
יֵרָצֶה הַמַּקְרִיב אֹתוֹ לֹא יֵחָשֵׁב לוֹ פִּגּוּל יִהְיֶה וְהַנֶּפֶשׁ
הָאֹכֶלֶת מִמֶּנּוּ עֲוֺנָהּ תִּשָּׂא׃ וְהַבָּשָׂר אֲשֶׁר־יִגַּע בְּכָל־טָמֵא 19
לֹא יֵאָכֵל בָּאֵשׁ יִשָּׂרֵף וְהַבָּשָׂר כָּל־טָהוֹר יֹאכַל בָּשָׂר׃
וְהַנֶּפֶשׁ אֲשֶׁר־תֹּאכַל בָּשָׂר מִזֶּבַח הַשְּׁלָמִים אֲשֶׁר לַיהוָה 20
וְטֻמְאָתוֹ עָלָיו וְנִכְרְתָה הַנֶּפֶשׁ הַהִוא מֵעַמֶּיהָ׃ וְנֶפֶשׁ כִּי־ 21
תִגַּע בְּכָל־טָמֵא בְּטֻמְאַת אָדָם אוֹ ׀ בִּבְהֵמָה טְמֵאָה אוֹ

sobre ellos, y el que está sobre los ijares; y el que está sobre el hígado, con los riñones lo quitará. (5) Y harálos quemar el sacerdote en el ara; ofrenda al Eterno: por culpa es. (6) Todo varón de entre los sacerdotes la comerá; en el lugar santo será comida: santidad de santidades es ella. (7) Como la expiación, así es la culpa, una ley habrá para ellas para el sacerdote que expiará por ella, será. (8) Y el sacerdote que ofrece holocausto de varón: cuero del holocausto que hizo ofrecer, para el sacerdote será. (9) Y todo presente que fuere hecho en el horno, y todo el hecho en la sartén, y en la cazuela, para el sacerdote que ofreciólo, será. (10) Y todo presente envuelto en el aceite, y seco, de todos los hijos de Aarón será, varón como de su hermano.

(11) Y ésta es la ley del sacrificio de las paces, que llegará al Eterno. (12) Si sobre manifestación lo ofreciere, ofrecerá como sacrificio de la manifestación, tortas cenceñas envueltas en el aceite, y buñuelos cenceños untados en el aceite, y sémola revuelta, tortas envueltas en el aceite. (13) Con tortas de pan leudado, ofrecerá su ofrenda, sacrificio de manifestación de sus paces. (14) Y ofrecerá de él uno de cada ofrenda, de la ofrenda del Eterno; al sacerdote que esparce la sangre de las paces, para él será. (15) Y la carne del sacrificio de la manifestación de sus paces, en el día de su ofrenda será comida; no dejará de él hasta la mañana. (16) Y si es promesa o voluntad, sacrificio de su ofrenda, en el día de ofrecer su sacrificio será comido; y al otro día, el remanente de él será comido. (17) Y el remanente de carne del sacrificio, en el día tercero, en el fuego será quemado. (18) Y si comer, fuere comido de la carne del sacrificio de sus paces en el día tercero, no le será aceptado, al que lo ofreciere, no le será contado a él, dañado será, y el que comiere de él, su delito llevará. (19) Y la carne que tocare en todo inmundo, no será comida; en el fuego será quemada; y la carne, todo limpio comerá la carne. (20) Y el que comiere carne de sacrificio de las paces, que es del Eterno, y tiene inmundicia sobre ella, será tajado de su pueblo. (21) Y el que tocare en todo lo inmundo, en inmundicia de hombre o en bestia inmunda, o en todo abominable inmundo, y comiere de la carne del sacrificio de las paces,

בְּכׇל־שֶׁקֶץ טָמֵא וְאָכַל מִבְּשַׂר־זֶבַח הַשְּׁלָמִים אֲשֶׁר לַיהוָה
22 וְנִכְרְתָה הַנֶּפֶשׁ הַהִוא מֵעַמֶּיהָ׃ וַיְדַבֵּר יְהוָה אֶל־מֹשֶׁה
23 לֵּאמֹר׃ דַּבֵּר אֶל־בְּנֵי יִשְׂרָאֵל לֵאמֹר כׇּל־חֵלֶב שׁוֹר וְכֶשֶׂב
24 וָעֵז לֹא תֹאכֵלוּ׃ וְחֵלֶב נְבֵלָה וְחֵלֶב טְרֵפָה יֵעָשֶׂה לְכׇל־
כה מְלָאכָה וְאָכֹל לֹא תֹאכְלֻהוּ׃ כִּי כׇּל־אֹכֵל חֵלֶב מִן־
הַבְּהֵמָה אֲשֶׁר יַקְרִיב מִמֶּנָּה אִשֶּׁה לַיהוָה וְנִכְרְתָה הַנֶּפֶשׁ
26 הָאֹכֶלֶת מֵעַמֶּיהָ׃ וְכׇל־דָּם לֹא תֹאכְלוּ בְּכֹל מוֹשְׁבֹתֵיכֶם
27 לָעוֹף וְלַבְּהֵמָה׃ כׇּל־נֶפֶשׁ אֲשֶׁר־תֹּאכַל כׇּל־דָּם וְנִכְרְתָה
הַנֶּפֶשׁ הַהִוא מֵעַמֶּיהָ׃ פ
28 29 וַיְדַבֵּר יְהוָה אֶל־מֹשֶׁה לֵּאמֹר׃ דַּבֵּר אֶל־בְּנֵי יִשְׂרָאֵל
לֵאמֹר הַמַּקְרִיב אֶת־זֶבַח שְׁלָמָיו לַיהוָה יָבִיא אֶת־קׇרְבָּנוֹ
ל לַיהוָה מִזֶּבַח שְׁלָמָיו׃ יָדָיו תְּבִיאֶינָה אֵת אִשֵּׁי יְהוָה אֶת־
הַחֵלֶב עַל־הֶחָזֶה יְבִיאֶנּוּ אֵת הֶחָזֶה לְהָנִיף אֹתוֹ תְּנוּפָה
31 לִפְנֵי יְהוָה׃ וְהִקְטִיר הַכֹּהֵן אֶת־הַחֵלֶב הַמִּזְבֵּחָה וְהָיָה
32 הֶחָזֶה לְאַהֲרֹן וּלְבָנָיו׃ וְאֵת שׁוֹק הַיָּמִין תִּתְּנוּ תְרוּמָה
33 לַכֹּהֵן מִזִּבְחֵי שַׁלְמֵיכֶם׃ הַמַּקְרִיב אֶת־דַּם הַשְּׁלָמִים וְאֶת־
34 הַחֵלֶב מִבְּנֵי אַהֲרֹן לוֹ תִהְיֶה שׁוֹק הַיָּמִין לְמָנָה׃ כִּי
אֶת־חֲזֵה הַתְּנוּפָה וְאֵת ׀ שׁוֹק הַתְּרוּמָה לָקַחְתִּי מֵאֵת
בְּנֵי־יִשְׂרָאֵל מִזִּבְחֵי שַׁלְמֵיהֶם וָאֶתֵּן אֹתָם לְאַהֲרֹן הַכֹּהֵן
לה וּלְבָנָיו לְחׇק־עוֹלָם מֵאֵת בְּנֵי יִשְׂרָאֵל׃ זֹאת מִשְׁחַת אַהֲרֹן
וּמִשְׁחַת בָּנָיו מֵאִשֵּׁי יְהוָה בְּיוֹם הִקְרִיב אֹתָם לְכַהֵן
36 לַיהוָה׃ אֲשֶׁר צִוָּה יְהוָה לָתֵת לָהֶם בְּיוֹם מׇשְׁחוֹ אֹתָם
37 מֵאֵת בְּנֵי יִשְׂרָאֵל חֻקַּת עוֹלָם לְדֹרֹתָם׃ זֹאת הַתּוֹרָה
לָעֹלָה לַמִּנְחָה וְלַחַטָּאת וְלָאָשָׁם וְלַמִּלּוּאִים וּלְזֶבַח
38 הַשְּׁלָמִים׃ אֲשֶׁר צִוָּה יְהוָה אֶת־מֹשֶׁה בְּהַר סִינָי בְּיוֹם
צַוֺּתוֹ אֶת־בְּנֵי יִשְׂרָאֵל לְהַקְרִיב אֶת־קׇרְבְּנֵיהֶם לַיהוָה
בְּמִדְבַּר סִינָי׃ פ רביע

que es para el Eterno: será tajado de su pueblo.» (22) Y habló el Eterno a Mosé, diciendo: (23) «Habla a los hijos de Israel, diciendo: Todo sebo de buey, y de carnero, y de cabra, no comáis. (24) Y sebo de animal mortecino, y sebo del que fué arrebatado, será hecho para toda otra obra, y comer, no lo comáis. (25) Que todo el que comiere sebo de la bestia, de la que se ofreciere en ofrenda al Eterno, será tajado el alma que lo comiere, de su pueblo. (26) Y sangre no comeréis en todas vuestras moradas, del ave y de la bestia. (27) Toda alma que comiere alguna sangre, será tajada el alma esta de sus pueblos.»

(28) Y habló el Eterno a Mosé, diciendo: (29) «Habla a los hijos de Israel, diciendo: El que ofreciere sacrificio de sus paces al Eterno, traerá su ofrenda al Eterno, del sacrificio de sus paces. (30) Sus manos traerán las ofrendas del Eterno: el sebo con el pecho lo traerá: el pecho para hacerlo mecer, delante del Eterno. (31) Y hará quemar el sacerdote el sebo en el ara; y será el pecho para Aarón y para sus hijos. (32) Y del anca derecha, daréis al sacerdote la espaldilla de los sacrificios de vuestras paces. (33) El que ofreciere sangre de las paces, y el sebo, de los hijos de Aarón, para él será el anca derecha por dádiva. (34) Porque el pecho de la ofrenda, y el anca del apartijo tomé de los hijos de Israel, de los sacrificios de sus paces, y los di a Aarón, el sacerdote y a sus hijos, por fuero de siempre de los hijos de Israel. (35) Ésta es la unción de Aarón y la unción de sus hijos, de las ofrendas del Eterno, en el día que hizo ofrecer a ellos para servir al Eterno: (36) Que encomendó el Eterno para darles, en el día de su unción entre los hijos de Israel, como fuero para siempre para sus generaciones.» (37) Ésta es la ley para el holocausto, para el presente, para la expiación y la culpa, para las consagraciones, y para el sacrificio de las paces, (38) que encomendó el Eterno a Mosé, en el monte de Sinái, en el día en que encomendó a los hijos de Israel ofrecer sus ofrendas al Eterno, en el desierto de Sinái.

36. 38. סבירין כאשר הב׳ בשוא

ח

א 2 וידבר יהוה אל־משה לאמר: קח את־אהרן ואת־בניו
אתו ואת הבגדים ואת שמן המשחה ואת פר החטאת
3 ואת שני האילים ואת סל המצות: ואת כל־העדה
4 הקהל אל־פתח אהל מועד: ויעש משה כאשר צוה
5 יהוה אתו ותקהל העדה אל־פתח אהל מועד: ויאמר
משה אל־העדה זה הדבר אשר־צוה יהוה לעשות:
6 ויקרב משה את־אהרן ואת־בניו וירחץ אתם במים:
7 ויתן עליו את־הכתנת ויחגר אתו באבנט וילבש אתו
את־המעיל ויתן עליו את־האפד ויחגר אתו בחשב
8 האפד ויאפד לו בו: וישם עליו את־החשן ויתן אל־
9 החשן את־האורים ואת־התמים: וישם את־המצנפת על־
ראשו וישם על־המצנפת אל־מול פניו את ציץ הזהב
10 נזר הקדש כאשר צוה יהוה את־משה: ויקח משה
את־שמן המשחה וימשח את־המשכן ואת־כל־אשר־בו
11 ויקדש אתם: ויז ממנו על־המזבח שבע פעמים וימשח
את־המזבח ואת־כל־כליו ואת־הכיר ואת־כנו לקדשם:
12 ויצק משמן המשחה על ראש אהרן וימשח אתו
13 לקדשו: ויקרב משה את־בני אהרן וילבשם כתנת
ויחגר אתם אבנט ויחבש להם מגבעות כאשר צוה
14 יהוה את־משה: ויגש את פר החטאת ויסמך אהרן
15 ובניו את־ידיהם על־ראש פר החטאת: וישחט ויקח
משה את־הדם ויתן על־קרנות המזבח סביב באצבעו
ויחטא את־המזבח ואת־הדם יצק אל־יסוד המזבח
16 ויקדשהו לכפר עליו: ויקח את־כל־החלב אשר על־
הקרב ואת יתרת הכבד ואת־שתי הכלית ואת־חלבהן
17 ויקטר משה המזבחה: ואת־הפר ואת־ערו ואת־בשרו

VIII

(1) Y habló el Eterno a Mosé, diciendo: (2) «Toma a Aarón y a sus hijos con él, y los vestidos y el aceite de la unción, y el toro de la expiación, y los dos carneros, y el canastillo de las cenceñas; (3) y reúne toda la congregación a la puerta de la tienda del plazo.» (4) E hizo Mosé como le encomendó el Eterno, y congregóse la congregación a la puerta de la tienda del plazo. (5) Y dijo Mosé a la congregación: «Esto es lo que encomendó el Eterno para hacer.» (6) E hizo llegar Mosé a Aarón y a sus hijos, y lavólos con las aguas. (7) Y puso sobre él la túnica, y ciñóle con el cinto, y vistióle el manto, y puso sobre él el espaldar, y ciñóle con la cintura del espaldar, y ornóle con él. (8) Y puso sobre él el pectoral, y sobre él, los Urim y los Tumin. (9) Y puso la toca sobre su cabeza; y puso sobre la toca al frente de su faz el frontal de oro, corona de la santidad; como encomendó el Eterno a Mosé. (10) Y tomó Mosé el olio de la unción, y untó el tabernáculo, y todo lo que estaba en él, y santificólos. (11) Y roció de él sobre el ara siete veces, y untó el ara y todos sus vasos, y la fuente y la base para santificarlos. (12) Y vació del olio de la unción sobre la cabeza de Aarón, y ungió a él para santificarlo. (13) E hizo llegar Mosé a los hijos de Aarón, e hízolos vestir túnicas, y ciñóles cintos, y apretóles bonetes, como encomendó el Eterno a Mosé. (14) E hizo llegar el toro de la expiación, y colocaron Aarón y sus hijos, sus manos sobre la cabeza del toro de expiación. (15) Y degollólo; y tomó Mosé la sangre, y puso sobre los cuernos del ara en derredor con su dedo, y limpió el ara; y la sangre vació al cimiento del ara, y santificóla para perdonar sobre ella. (16) Y tomó todo el sebo que estaba sobre la entraña, y el que estaba sobre el hígado, y los dos riñones, y sus sebos, e hízolos quemar Mosé en el ara. (17) Y el toro, y su cuero, y su carne, y su estiércol, quemó en el fuego,

8. חצי התורה בפסוקים. 15. קמץ ברביע

fuera del real; como encomendó el Eterno a Mosé. (18) E hizo llegar al carnero del holocausto, y colocaron Aarón y sus hijos sus mano, sobre la cabeza del carnero. (19) Y degollólo; y esparció Mosé la sangre sobre el ara en derredor. (20) Y al carnero desmembró por sus miembros e hizo quemar Mosé la cabeza, los miembros y el redaño, (21) la entraña, y las rodillas lavó en agua, e hizo quemar Mosé todo el carnero en el ara; holocausto es él de olor agradable, ofrenda al Eterno; como encomendó el Eterno a Mosé. (22) E hizo llegar el carnero segundo, carnero de los cumplimientos, y colocaron Aarón y sus hijos sus manos, sobre la cabeza del carnero. (23) Y degolló y tomó Mosé de su sangre, y puso sobre la ternilla de la oreja derecha de Aarón, y sobre el pulgar de su mano derecha, y sobre el pulgar de su pie derecho. (24) E hizo llegar a los hijos de Aarón, y puso Mosé de la sangre sobre la ternilla de su oreja derecha, y sobre el pulgar de su mano derecha y sobre el pulgar de su pie derecho: y esparció Mosé la sangre, sobre el ara en derredor. (25) Y tomó el sebo, y la cola, y todo el sebo que estaba sobre la entraña, y que estaba sobre el hígado, y los dos riñones, y sus sebos, y el anca derecha.
(26) Y del canastillo de las cenceñas, que estaba delante del Eterno, tomó una torta cenceña, y una torta de pan de aceite, y un buñuelo, y púsolos con los sebos y con el anca derecha; (27) y puso todo sobre las palmas de Aarón, y sobre las palmas de sus hijos, y meciólos delante del Eterno. (28) Y tomólos Mosé de sobre sus palmas, e hízolos quemar en el ara del holocausto: cumplimiento son ellos de olor agradable, ofrenda al Eterno. (29) Y tomó Mosé el pecho, y meciólo, ofrenda delante del Eterno; del carnero de los cumplimientos fué para Mosé por dádiva; como encomendó el Eterno a Mosé.
(30) Y tomó Mosé del olio de la unción, y de la sangre que estaba sobre el ara, y roció sobre Aarón, sobre sus vestidos, sobre sus hijos, y sobre los vestidos de sus hijos con él; y santificó a Aarón, y sus vestidos, y a sus hijos, y los vestidos de sus hijos con él.

וְאֶת־פִּרְשׁוֹ שָׂרַף בָּאֵשׁ מִחוּץ לַמַּחֲנֶה כַּאֲשֶׁר צִוָּה יְהוָה
18 אֶת־מֹשֶׁה׃ וַיַּקְרֵב אֵת אֵיל הָעֹלָה וַיִּסְמְכוּ אַהֲרֹן וּבָנָיו
19 אֶת־יְדֵיהֶם עַל־רֹאשׁ הָאָיִל׃ וַיִּשְׁחָט וַיִּזְרֹק מֹשֶׁה אֶת־
כ הַדָּם עַל־הַמִּזְבֵּחַ סָבִיב׃ וְאֶת־הָאַיִל נִתַּח לִנְתָחָיו וַיַּקְטֵר
21 מֹשֶׁה אֶת־הָרֹאשׁ וְאֶת־הַנְּתָחִים וְאֶת־הַפָּדֶר׃ וְאֶת־הַקֶּרֶב
וְאֶת־הַכְּרָעַיִם רָחַץ בַּמָּיִם וַיַּקְטֵר מֹשֶׁה אֶת־כָּל־הָאַיִל
הַמִּזְבֵּחָה עֹלָה הוּא לְרֵיחַ־נִיחֹחַ אִשֶּׁה הוּא לַיהוָה
22 כַּאֲשֶׁר צִוָּה יְהוָה אֶת־מֹשֶׁה׃ וַיַּקְרֵב אֶת־הָאַיִל הַשֵּׁנִי
אֵיל הַמִּלֻּאִים וַיִּסְמְכוּ אַהֲרֹן וּבָנָיו אֶת־יְדֵיהֶם עַל־רֹאשׁ
23 הָאָיִל׃ וַיִּשְׁחָט ׀ וַיִּקַּח מֹשֶׁה מִדָּמוֹ וַיִּתֵּן עַל־תְּנוּךְ אֹזֶן
אַהֲרֹן הַיְמָנִית וְעַל־בֹּהֶן יָדוֹ הַיְמָנִית וְעַל־בֹּהֶן רַגְלוֹ
24 הַיְמָנִית׃ וַיַּקְרֵב אֶת־בְּנֵי אַהֲרֹן וַיִּתֵּן מֹשֶׁה מִן־הַדָּם עַל־
תְּנוּךְ אָזְנָם הַיְמָנִית וְעַל־בֹּהֶן יָדָם הַיְמָנִית וְעַל־בֹּהֶן רַגְלָם
כה הַיְמָנִית וַיִּזְרֹק מֹשֶׁה אֶת־הַדָּם עַל־הַמִּזְבֵּחַ סָבִיב׃ וַיִּקַּח
אֶת־הַחֵלֶב וְאֶת־הָאַלְיָה וְאֶת־כָּל־הַחֵלֶב אֲשֶׁר עַל־הַקֶּרֶב
וְאֵת יֹתֶרֶת הַכָּבֵד וְאֶת־שְׁתֵּי הַכְּלָיֹת וְאֶת־חֶלְבְּהֶן וְאֵת
26 שׁוֹק הַיָּמִין׃ וּמִסַּל הַמַּצּוֹת אֲשֶׁר ׀ לִפְנֵי יְהוָה לָקַח חַלַּת
מַצָּה אַחַת וְחַלַּת לֶחֶם שֶׁמֶן אַחַת וְרָקִיק אֶחָד וַיָּשֶׂם
27 עַל־הַחֲלָבִים וְעַל שׁוֹק הַיָּמִין׃ וַיִּתֵּן אֶת־הַכֹּל עַל כַּפֵּי
28 אַהֲרֹן וְעַל כַּפֵּי בָנָיו וַיָּנֶף אֹתָם תְּנוּפָה לִפְנֵי יְהוָה׃ וַיִּקַּח
מֹשֶׁה אֹתָם מֵעַל כַּפֵּיהֶם וַיַּקְטֵר הַמִּזְבֵּחָה עַל־הָעֹלָה
29 מִלֻּאִים הֵם לְרֵיחַ נִיחֹחַ אִשֶּׁה הוּא לַיהוָה׃ וַיִּקַּח מֹשֶׁה
אֶת־הֶחָזֶה וַיְנִיפֵהוּ תְנוּפָה לִפְנֵי יְהוָה מֵאֵיל הַמִּלֻּאִים
ל לְמֹשֶׁה הָיָה לְמָנָה כַּאֲשֶׁר צִוָּה יְהוָה אֶת־מֹשֶׁה׃ וַיִּקַּח
מֹשֶׁה מִשֶּׁמֶן הַמִּשְׁחָה וּמִן־הַדָּם אֲשֶׁר עַל־הַמִּזְבֵּחַ וַיַּז עַל־
אַהֲרֹן עַל־בְּגָדָיו וְעַל־בָּנָיו וְעַל־בִּגְדֵי בָנָיו אִתּוֹ וַיְקַדֵּשׁ
אֶת־אַהֲרֹן אֶת־בְּגָדָיו וְאֶת־בָּנָיו וְאֶת־בִּגְדֵי בָנָיו אִתּוֹ׃

31 וַיֹּאמֶר מֹשֶׁה אֶל־אַהֲרֹן וְאֶל־בָּנָיו בַּשְּׁלוּ אֶת־הַבָּשָׂר פֶּתַח
אֹהֶל מוֹעֵד וְשָׁם תֹּאכְלוּ אֹתוֹ וְאֶת־הַלֶּחֶם אֲשֶׁר בְּסַל
32 הַמִּלֻּאִים כַּאֲשֶׁר צִוֵּיתִי לֵאמֹר אַהֲרֹן וּבָנָיו יֹאכְלֻהוּ׃ וְהַנּוֹתָר
33 בַּבָּשָׂר וּבַלָּחֶם בָּאֵשׁ תִּשְׂרֹפוּ׃ וּמִפֶּתַח אֹהֶל מוֹעֵד לֹא
תֵצְאוּ שִׁבְעַת יָמִים עַד יוֹם מְלֹאת יְמֵי מִלֻּאֵיכֶם כִּי שִׁבְעַת
34 יָמִים יְמַלֵּא אֶת־יֶדְכֶם׃ כַּאֲשֶׁר עָשָׂה בַּיּוֹם הַזֶּה צִוָּה יְהוָה
לה לַעֲשֹׂת לְכַפֵּר עֲלֵיכֶם׃ וּפֶתַח אֹהֶל מוֹעֵד תֵּשְׁבוּ יוֹמָם
וָלַיְלָה שִׁבְעַת יָמִים וּשְׁמַרְתֶּם אֶת־מִשְׁמֶרֶת יְהוָה וְלֹא
36 תָמוּתוּ כִּי־כֵן צֻוֵּיתִי׃ וַיַּעַשׂ אַהֲרֹן וּבָנָיו אֵת כָּל־הַדְּבָרִים
אֲשֶׁר־צִוָּה יְהוָה בְּיַד־מֹשֶׁה׃

ט

פ פ פ כו 26

א וַיְהִי בַּיּוֹם הַשְּׁמִינִי קָרָא מֹשֶׁה לְאַהֲרֹן וּלְבָנָיו וּלְזִקְנֵי
2 יִשְׂרָאֵל׃ וַיֹּאמֶר אֶל־אַהֲרֹן קַח־לְךָ עֵגֶל בֶּן־בָּקָר לְחַטָּאת
3 וְאַיִל לְעֹלָה תְּמִימִם וְהַקְרֵב לִפְנֵי יְהוָה׃ וְאֶל־בְּנֵי יִשְׂרָאֵל
תְּדַבֵּר לֵאמֹר קְחוּ שְׂעִיר־עִזִּים לְחַטָּאת וְעֵגֶל וָכֶבֶשׂ בְּנֵי־
4 שָׁנָה תְּמִימִם לְעֹלָה׃ וְשׁוֹר וָאַיִל לִשְׁלָמִים לִזְבֹּחַ לִפְנֵי
יְהוָה וּמִנְחָה בְּלוּלָה בַשָּׁמֶן כִּי הַיּוֹם יְהוָה נִרְאָה
ה אֲלֵיכֶם׃ וַיִּקְחוּ אֵת אֲשֶׁר צִוָּה מֹשֶׁה אֶל־פְּנֵי אֹהֶל מוֹעֵד
6 וַיִּקְרְבוּ כָּל־הָעֵדָה וַיַּעַמְדוּ לִפְנֵי יְהוָה׃ וַיֹּאמֶר מֹשֶׁה
זֶה הַדָּבָר אֲשֶׁר־צִוָּה יְהוָה תַּעֲשׂוּ וְיֵרָא אֲלֵיכֶם כְּבוֹד
7 יְהוָה׃ וַיֹּאמֶר מֹשֶׁה אֶל־אַהֲרֹן קְרַב אֶל־הַמִּזְבֵּחַ וַעֲשֵׂה
אֶת־חַטָּאתְךָ וְאֶת־עֹלָתֶךָ וְכַפֵּר בַּעַדְךָ וּבְעַד הָעָם וַעֲשֵׂה
8 אֶת־קָרְבַּן הָעָם וְכַפֵּר בַּעֲדָם כַּאֲשֶׁר צִוָּה יְהוָה׃ וַיִּקְרַב
אַהֲרֹן אֶל־הַמִּזְבֵּחַ וַיִּשְׁחַט אֶת־עֵגֶל הַחַטָּאת אֲשֶׁר־לוֹ׃
9 וַיַּקְרִבוּ בְּנֵי אַהֲרֹן אֶת־הַדָּם אֵלָיו וַיִּטְבֹּל אֶצְבָּעוֹ בַּדָּם
וַיִּתֵּן עַל־קַרְנוֹת הַמִּזְבֵּחַ וְאֶת־הַדָּם יָצַק אֶל־יְסוֹד הַמִּזְבֵּחַ׃
י וְאֶת־הַחֵלֶב וְאֶת־הַכְּלָיֹת וְאֶת־הַיֹּתֶרֶת מִן־הַכָּבֵד מִן־

(31) Y dijo Mosé a Aarón y a sus hijos: «Cocinad la carne a la puerta de la tienda del plazo; y allí comedla con el pan que está en el canastillo de los cumplimientos, como lo encomendé, diciendo: Aarón y sus hijos lo comerán. (32) Y el remanente de la carne y del pan, en el fuego quemaréis. (33) Y de la puerta de la tienda del plazo no salgáis siete días, hasta el día de cumplirse los días de vuestros cumplimientos: que por siete días consagrarán vuestras manos. (34) Como hizo en el día este, encomendó el Eterno hacer, para perdonaros. (35) Y en la puerta de la tienda del plazo estaréis día y noche, siete días, y guardaréis la guardia del Eterno, y no moriréis, que así me fué encomendado.»

(36) Y cumplieron Aarón y sus hijos todas las palabras que encomendó el Eterno por mano de Mosé.

(26) SEMINÍ

IX

(1) Y fué en el día octavo, que llamó Mosé a Aarón y a sus hijos, y a los ancianos de Israel; (2) y dijo a Aarón: «Toma para ti un becerro, por expiación y un carnero por holocausto, perfectos, y hazlos llegar delante del Eterno. (3) Y a los hijos de Israel háblales, diciendo: Tomad un cabrito por expiación, y un becerro y un cordero de edad de un año, perfectos, por holocausto; (4) y un buey y un carnero por holocausto de paces, para sacrificar delante del Eterno, y un presente envuelto en el aceite: porque hoy, el Eterno se aparecerá a vosotros.» (5) Y tomando lo que encomendó Mosé, delante de la tienda del plazo, llegóse toda la congregación y púsose delante del Eterno. (6) Y dijo Mosé: «Ésta es la cosa que encomendó el Eterno; si la hacéis, será aparecida a vosotros la honra del Eterno.» (7) Y dijo Mosé a Aarón: «Llega al ara, y haz tu expiación y tu holocausto, perdona por ti y por el pueblo, y haz la ofrenda del pueblo, y expía por ellos; como encomendó el Eterno.» (8) Y llegóse Aarón al ara; y degolló el becerro de la expiación que era de él. (9) E hiciéronle llegar los hijos de Aarón la sangre; y mojó él su dedo en la sangre, y puso sobre los cuernos del ara, y la sangre vació al cimiento del ara; (10) y el sebo, y los riñones, y el sebo que está sobre el hígado, de la expiación,

הַֽחַטָּאת הִקְטִיר הַמִּזְבֵּחָה כַּאֲשֶׁר צִוָּה יְהוָה אֶת־
11 מֹשֶׁה׃ וְאֶת־הַבָּשָׂר וְאֶת־הָעוֹר שָׂרַף בָּאֵשׁ מִחוּץ לַֽמַּחֲנֶה׃
12 וַיִּשְׁחַט אֶת־הָעֹלָה וַיַּמְצִאוּ בְּנֵי אַהֲרֹן אֵלָיו אֶת־הַדָּם
13 וַיִּזְרְקֵהוּ עַל־הַמִּזְבֵּחַ סָבִיב׃ וְאֶת־הָעֹלָה הִמְצִיאוּ אֵלָיו
14 לִנְתָחֶיהָ וְאֶת־הָרֹאשׁ וַיַּקְטֵר עַל־הַמִּזְבֵּחַ׃ וַיִּרְחַץ אֶת־
טו הַקֶּרֶב וְאֶת־הַכְּרָעָיִם וַיַּקְטֵר עַל־הָעֹלָה הַמִּזְבֵּֽחָה׃ וַיַּקְרֵב
אֵת קָרְבַּן הָעָם וַיִּקַּח אֶת־שְׂעִיר הַחַטָּאת אֲשֶׁר לָעָם
16 וַיִּשְׁחָטֵהוּ וַיְחַטְּאֵהוּ כָּרִאשׁוֹן׃ וַיַּקְרֵב אֶת־הָעֹלָה וַֽיַּעֲשֶׂהָ
17 כַּמִּשְׁפָּט׃ וַיַּקְרֵב אֶת־הַמִּנְחָה וַיְמַלֵּא כַפּוֹ מִמֶּנָּה וַיַּקְטֵר
18 עַל־הַמִּזְבֵּחַ מִלְּבַד עֹלַת הַבֹּקֶר׃ וַיִּשְׁחַט אֶת־הַשּׁוֹר וְאֶת־
הָאַיִל זֶבַח הַשְּׁלָמִים אֲשֶׁר לָעָם וַיַּמְצִאוּ בְּנֵי אַהֲרֹן אֶת־
19 הַדָּם אֵלָיו וַיִּזְרְקֵהוּ עַל־הַמִּזְבֵּחַ סָבִיב׃ וְאֶת־הַחֲלָבִים
מִן־הַשּׁוֹר וּמִן־הָאַיִל הָֽאַלְיָה וְהַֽמְכַסֶּה וְהַכְּלָיֹת וְיֹתֶרֶת
כ הַכָּבֵד׃ וַיָּשִׂימוּ אֶת־הַחֲלָבִים עַל־הֶחָזוֹת וַיַּקְטֵר הַחֲלָבִים
21 הַמִּזְבֵּֽחָה׃ וְאֵת הֶחָזוֹת וְאֵת שׁוֹק הַיָּמִין הֵנִיף אַהֲרֹן
22 תְּנוּפָה לִפְנֵי יְהוָה כַּאֲשֶׁר צִוָּה מֹשֶׁה׃ וַיִּשָּׂא אַהֲרֹן אֶת־
יָדָו אֶל־הָעָם וַיְבָרְכֵם וַיֵּרֶד מֵעֲשֹׂת הַחַטָּאת וְהָעֹלָה
23 וְהַשְּׁלָמִים׃ וַיָּבֹא מֹשֶׁה וְאַהֲרֹן אֶל־אֹהֶל מוֹעֵד וַיֵּצְאוּ וַיְבָרְכוּ
24 אֶת־הָעָם וַיֵּרָא כְבוֹד־יְהוָה אֶל־כָּל־הָעָם׃ פ וַתֵּצֵא אֵשׁ
מִלִּפְנֵי יְהוָה וַתֹּאכַל עַל־הַמִּזְבֵּחַ אֶת־הָעֹלָה וְאֶת־הַחֲלָבִים
וַיַּרְא כָּל־הָעָם וַיָּרֹנּוּ וַיִּפְּלוּ עַל־פְּנֵיהֶם׃

י

א וַיִּקְחוּ בְנֵֽי־אַהֲרֹן נָדָב וַאֲבִיהוּא אִישׁ מַחְתָּתוֹ וַיִּתְּנוּ בָהֵן
אֵשׁ וַיָּשִׂימוּ עָלֶיהָ קְטֹרֶת וַיַּקְרִיבוּ לִפְנֵי יְהוָה אֵשׁ זָרָה
2 אֲשֶׁר לֹא צִוָּה אֹתָם׃ וַתֵּצֵא אֵשׁ מִלִּפְנֵי יְהוָה וַתֹּאכַל
3 אוֹתָם וַיָּמֻתוּ לִפְנֵי יְהוָה׃ וַיֹּאמֶר מֹשֶׁה אֶל־אַהֲרֹן הוּא
אֲשֶׁר־דִּבֶּר יְהוָה ׀ לֵאמֹר בִּקְרֹבַי אֶקָּדֵשׁ וְעַל־פְּנֵי כָל־הָעָם

hizo quemar en el ara; como encomendó el Eterno a Mosé.
(11) Y la carne y el cuero quemó en el fuego, fuera del real.
(12) Y degolló el holocausto, e hiciéronle aparejar los hijos de Aarón la sangre, y esparcióla sobre el ara, en derredor. (13)
Y el holocausto lo hicieron aparejar por sus miembros, y la cabeza: e hízolos quemar sobre el ara. (14) Y lavó la entraña y las rodillas, e hízolas quemar sobre el holocausto, en el ara.
(15) E hizo ofrecer la ofrenda del pueblo, y tomó el cabrito de la expiación, del pueblo, y degollólo, y limpiólo como el primero. (16) Y ofreció el holocausto, e hízolo según el derecho. (17) Y llegó al presente, y llenó su palma de él, e hízolo quemar sobre el ara, fuera del holocausto de la mañana. (18) Y degolló el buey y el carnero, sacrificio de las paces del pueblo; e hiciéronle aparejar los hijos de Aarón la sangre; y esparcióla sobre el ara, en derredor. (19) Y los sebos del buey y del carnero, la cola y lo que cubre los riñones, y el sebo que está sobre el hígado; (20) y pusieron los sebos sobre los pechos, e hizo quemar los sebos en el ara. (21) Y los pechos, y el anca derecha, meció Aarón, delante del Eterno; como encomendó Mosé.
(22) Y alzó Aarón sus manos al pueblo, y bendíjolos: y descendió después de hacer la expiación, y el holocausto, y las paces. (23) Y vinieron Mosé y Aarón a la tienda del plazo, y salieron, y bendijeron al pueblo: y aparecióse la honra del Eterno a todo el pueblo. (24) Y salió fuego de delante del Eterno, y quemó sobre el ara el holocausto, y los sebos; y vió todo el pueblo y cantaron, y echáronse sobre sus rostros.

X

(1) Y tomaron los hijos de Aarón, Nadab y Abiú, cada uno su incensario, y pusieron en ellos fuego, y pusieron sobre él sahumerio, y ofrecieron delante del Eterno, fuego extraño, que él no encomendó a ellos. (2) Y salió fuego de delante del Eterno, y quemólos, y murieron delante del Eterno.
(3) Y dijo Mosé a Aarón: «Esto es lo que habló el Eterno, diciendo: En mis allegados me santificaré, y ante la faz de todo el pueblo me honraré.»

ט. 22 ידיו ק׳

אכבד וידם אהרן: ויקרא משה אל־מישאל ואל אלצפן 4
בני עזיאל דד אהרן ויאמר אלהם קרבו שאו את־אחיכם
מאת פני־הקדש אל־מחוץ למחנה: ויקרבו וישאם ה
בכתנתם אל־מחוץ למחנה כאשר דבר משה: ויאמר 6
משה אל־אהרן ולאלעזר ולאיתמר | בניו ראשיכם אל־
תפרעו | ובגדיכם לא־תפרמו ולא תמתו ועל כל־העדה
יקצף ואחיכם כל־בית ישראל יבכו את־השרפה אשר
שרף יהוה: ומפתח אהל מועד לא תצאו פן־תמתו כי־ 7
שמן משחת יהוה עליכם ויעשו כדבר משה פ
וידבר יהוה אל־אהרן לאמר: יין ושכר אל־תשת | 8 9
אתה | ובניך אתך בבאכם אל־אהל מועד ולא תמתו
חקת עולם לדרתיכם: ולהבדיל בין הקדש ובין החל י
ובין הטמא ובין הטהור: ולהורת את־בני ישראל את 11
כל־החקים אשר דבר יהוה אליהם ביד־משה: פ רביעי
וידבר משה אל־אהרן ואל אלעזר ואל־איתמר | בניו 12
הנותרים קחו את־המנחה הנותרת מאשי יהוה ואכלוה
מצות אצל המזבח כי קדש קדשים הוא: ואכלתם 13
אתה במקום קדוש כי חקך וחק־בניך הוא מאשי יהוה
כי־כן צויתי: ואת חזה התנופה ואת | שוק התרומה 14
תאכלו במקום טהור אתה ובניך ובנתיך אתך כי־חקך
וחק־בניך נתנו מזבחי שלמי בני ישראל: שוק התרומה טו
וחזה התנופה על אשי החלבים יביאו להניף תנופה
לפני יהוה והיה לך ולבניך אתך לחק־עולם כאשר
צוה יהוה: ואת | שעיר החטאת דרש דרש משה והנה 16
שרף ויקצף על־אלעזר ועל־איתמר בני אהרן הנותרם
לאמר: מדוע לא־אכלתם את־החטאת במקום הקדש 17
כי קדש קדשים הוא ואתה | נתן לכם לשאת את־עון

Y calló Aarón. (4) Y llamó Mosé a Misael, y a Elsafán, hijos de Usiel, tío de Aarón, y díjoles: «Llegad, alzad a vuestros hermanos de delante de la santidad, fuera del real.» (5) Y llegáronse, y alzáronlos con sus túnicas fuera del real, como habló Mosé. (6) Y dijo Mosé a Aarón, y a Eleasar y a Itamar, sus hijos: «Vuestras cabezas no descubráis, y vuestros vestidos no rompáis, y no moriréis, ni sobre toda la congregación se ensañará: y vuestros hermanos, toda la casa de Israel, llorarán el incendio que hizo el Eterno. (7) Y de la puerta de la tienda del plazo no salgáis, porque moriríais; porque el aceite de la unción del Eterno está sobre vosotros.» E hicieron como la palabra de Mosé.

(8) Y habló el Eterno a Aarón, diciendo: (9) «Vino y sidra no beberéis tú y tus hijos contigo, al entrar en la tienda del plazo y no moriréis, porque es fuero de siempre por vuestras generaciones. (10) Para apartar entre la santidad y lo profano, y entre el inmundo y el limpio; (11) y para enseñar a los hijos de Israel, todos los fueros de que habló el Eterno a ellos, por boca de Mosé.»

(12) Y dijo Mosé a Aarón, y a Eleasar y a Itamar, sus hijos que quedaron: «Tomad el presente, remanente de ofrendas del Eterno, y comedlo, cenceñas cerca del ara, porque santidad de santidades es él. (13) Y lo comeréis en lugar santo: porque tu fuero, y fuero de tus hijos es él, de ofrendas del Eterno, que así me fué encomendado. (14) Y el pecho de la ofrenda y el anca del apartijo comeréis en lugar limpio, tú y tus hijos y tus hijas contigo, porque para tu fuero, y para fuero de tus hijos son dados, de los sacrificios de las paces, de los hijos de Israel. (15) El anca del apartijo y el pecho de la ofrenda con las ofrendas de los sebos se traerán, para mecer, delante del Eterno: y será para ti, y para tus hijos contigo, como fuero para siempre, como encomendó el Eterno.»

(16) Y el cabrito de la expiación requerir, requirió Mosé, y he aquí que fué quemado: y enojóse con Eleasar y con Itamar, los hijos restantes de Aarón, diciendo: (17) «¿Por qué no comisteis, la expiación en el lugar de la santidad? Porque santidad de santidades es, y dióla a vosotros para llevar la

Biblia I, 13.

4. הקורא יטעים הנר״ש קודם התרסא 16. דרש בראש שיטה והיא חצי התורה בתיבות

culpa de la congregación, para perdonar a ellos delante del Eterno. (18) ¡Y he aquí que no fué traída su sangre a la santidad adentro; comerla, la comeréis en la santidad como os encomendé!» (19) Y habló Aarón a Mosé: «He aquí que hoy ofrecieron sus expiaciones y sus holocaustos delante del Eterno: y acontecieron a mí estas cosas: si comiere de la expiación de hoy, ¿placerá ante los ojos del Eterno?» (20) Y oyó Mosé, y plació a sus ojos.

XI

(1) Y habló el Eterno a Mosé y Aarón, diciéndoles: (2) «Hablad a los hijos de Israel, diciendo: Éstos son los animales que comeréis de todas las bestias que hay sobre la tierra. (3) Todo el de pezuña, y el que tiene las pezuñas hendidas y el que rumia, entre las bestias, comeréis. (4) Salvo a éste no comáis de los que rumian, y tienen pezuñas: el camello, que rumia y no tiene pezuña hendida, inmundo es él para vosotros. (5) Y el conejo, que rumia y no tiene pezuña hendida, inmundo es él para vosotros. (6) Y la liebre, que rumia y no tiene pezuña hendida, inmunda es ella para vosotros. (7) Y el puerco, que tiene pezuña, y es de pezuñas hendidas, y no rumia, inmundo es él para vosotros. (8) De su carne no comáis, y su cuerpo muerto no toquéis; inmundos son ellos para vosotros. (9) Esto comeréis de todo lo que está en las aguas: todo lo que tiene aletas y escamas, en las aguas, en los mares, y en los arroyos, comeréis; (10) y todo el que no tiene aletas y escamas en los mares, y en los arroyos, de todo reptil de agua y de todo ser que vive en las aguas, abominación son ellos para vosotros. (11) Y abominación serán para vosotros: de su carne no comáis, y su cuerpo muerto abominad. (12) Todo el que no tuviere aletas y escamas en las aguas, abominable será para vosotros. (13) Y esto abominaréis del ave; no serán comidos, porque ellos son abominación; el águila, y el azor, y el esmerejón, (14) y el milano, y el buitre según su especie; (15) todo cuervo según su especie; (16) y el avestruz, y el mochuelo, y la cerceta, y

18 הָעֵדָה לְכַפֵּר עֲלֵיהֶם לִפְנֵי יְהוָה׃ הֵן לֹא־הוּבָא אֶת־
דָּמָהּ אֶל־הַקֹּדֶשׁ פְּנִימָה אָכוֹל תֹּאכְלוּ אֹתָהּ בַּקֹּדֶשׁ כַּאֲשֶׁר
19 צִוֵּיתִי׃ וַיְדַבֵּר אַהֲרֹן אֶל־מֹשֶׁה הֵן הַיּוֹם הִקְרִיבוּ אֶת־
חַטָּאתָם וְאֶת־עֹלָתָם לִפְנֵי יְהוָה וַתִּקְרֶאנָה אֹתִי כָּאֵלֶּה
כ וְאָכַלְתִּי חַטָּאת הַיּוֹם הַיִּיטַב בְּעֵינֵי יְהוָה׃ וַיִּשְׁמַע מֹשֶׁה
וַיִּיטַב בְּעֵינָיו׃ פ ששי

יא

א וַיְדַבֵּר יְהוָה אֶל־מֹשֶׁה וְאֶל־אַהֲרֹן לֵאמֹר אֲלֵהֶם׃ דַּבְּרוּ
אֶל־בְּנֵי יִשְׂרָאֵל לֵאמֹר זֹאת הַחַיָּה אֲשֶׁר תֹּאכְלוּ מִכָּל־
3 הַבְּהֵמָה אֲשֶׁר עַל־הָאָרֶץ׃ כֹּל ׀ מַפְרֶסֶת פַּרְסָה וְשֹׁסַעַת
4 שֶׁסַע פְּרָסֹת מַעֲלַת גֵּרָה בַּבְּהֵמָה אֹתָהּ תֹּאכֵלוּ׃ אַךְ אֶת־
זֶה לֹא תֹאכְלוּ מִמַּעֲלֵי הַגֵּרָה וּמִמַּפְרִסֵי הַפַּרְסָה אֶת־
הַגָּמָל כִּי־מַעֲלֵה גֵרָה הוּא וּפַרְסָה אֵינֶנּוּ מַפְרִיס טָמֵא הוּא
ה לָכֶם׃ וְאֶת־הַשָּׁפָן כִּי־מַעֲלֵה גֵרָה הוּא וּפַרְסָה לֹא יַפְרִיס
6 טָמֵא הוּא לָכֶם׃ וְאֶת־הָאַרְנֶבֶת כִּי־מַעֲלַת גֵּרָה הִוא
7 וּפַרְסָה לֹא הִפְרִיסָה טְמֵאָה הִוא לָכֶם׃ וְאֶת־הַחֲזִיר כִּי־
מַפְרִיס פַּרְסָה הוּא וְשֹׁסַע שֶׁסַע פַּרְסָה וְהוּא גֵּרָה לֹא־
8 יִגָּר טָמֵא הוּא לָכֶם׃ מִבְּשָׂרָם לֹא תֹאכֵלוּ וּבְנִבְלָתָם לֹא
9 תִגָּעוּ טְמֵאִים הֵם לָכֶם׃ אֶת־זֶה תֹּאכְלוּ מִכֹּל אֲשֶׁר בַּמָּיִם
כֹּל אֲשֶׁר־לוֹ סְנַפִּיר וְקַשְׂקֶשֶׂת בַּמַּיִם בַּיַּמִּים וּבַנְּחָלִים
י אֹתָם תֹּאכֵלוּ׃ וְכֹל אֲשֶׁר אֵין־לוֹ סְנַפִּיר וְקַשְׂקֶשֶׂת בַּיַּמִּים
וּבַנְּחָלִים מִכֹּל שֶׁרֶץ הַמַּיִם וּמִכֹּל נֶפֶשׁ הַחַיָּה אֲשֶׁר בַּמָּיִם
11 שֶׁקֶץ הֵם לָכֶם׃ וְשֶׁקֶץ יִהְיוּ לָכֶם מִבְּשָׂרָם לֹא תֹאכֵלוּ
12 וְאֶת־נִבְלָתָם תְּשַׁקֵּצוּ׃ כֹּל אֲשֶׁר אֵין־לוֹ סְנַפִּיר וְקַשְׂקֶשֶׂת
13 בַּמָּיִם שֶׁקֶץ הוּא לָכֶם׃ וְאֶת־אֵלֶּה תְּשַׁקְּצוּ מִן־הָעוֹף לֹא
יֵאָכְלוּ שֶׁקֶץ הֵם אֶת־הַנֶּשֶׁר וְאֶת־הַפֶּרֶס וְאֵת הָעָזְנִיָּה׃
14 טו וְאֶת־הַדָּאָה וְאֶת־הָאַיָּה לְמִינָהּ׃ אֵת כָּל־עֹרֵב לְמִינוֹ׃
16 וְאֵת בַּת הַיַּעֲנָה וְאֶת־הַתַּחְמָס וְאֶת־הַשָּׁחַף וְאֶת־הַנֵּץ

למינהו: ואת־הכוס ואת־השלך ואת־הינשוף: ואת־ 17, 18
התנשמת ואת־הקאת ואת־הרחם: ואת החסידה האנפה 19
למינה ואת־הדוכיפת ואת־העטלף: כל שרץ העוף כ
ההלך על־ארבע שקץ הוא לכם: אך את־זה תאכלו 21
מכל שרץ העוף ההלך על־ארבע אשר־לא כרעים
ממעל לרגליו לנתר בהן על־הארץ: את־אלה מהם 22
תאכלו את־הארבה למינו ואת־הסלעם למינהו ואת־
החרגל למינהו ואת־החגב למינהו: וכל שרץ העוף 23
אשר־לו ארבע רגלים שקץ הוא לכם: ולאלה תטמאו 24
כל־הנגע בנבלתם יטמא עד־הערב: וכל־הנשא מנבלתם כה
יכבס בגדיו וטמא עד־הערב: לכל־הבהמה אשר הוא 26
מפרסת פרסה ושסע | איננה שסעת וגרה איננה מעלה
טמאים הם לכם כל־הנגע בהם יטמא: וכל | הולך על־ 27
כפיו בכל־החיה ההלכת על־ארבע טמאים הם לכם
כל־הנגע בנבלתם יטמא עד־הערב: והנשא את־נבלתם 28
יכבס בגדיו וטמא עד־הערב טמאים המה לכם: ס
וזה לכם הטמא בשרץ השרץ על־הארץ החלד והעכבר 29
והצב למינהו: והאנקה והכח והלטאה והחמט והתנשמת: ל
אלה הטמאים לכם בכל־השרץ כל־הנגע בהם במתם 31
יטמא עד־הערב: וכל אשר־יפל עליו מהם | במתם 32
יטמא מכל־כלי־עץ או בגד או־עור או שק כל־כלי
אשר־יעשה מלאכה בהם במים יובא וטמא עד־הערב
וטהר: וכל־כלי־חרש אשר־יפל מהם אל־תוכו כל 33
אשר בתוכו יטמא ואתו תשברו: מכל־האכל אשר 34
יאכל אשר יבוא עליו מים יטמא וכל־משקה אשר ישתה
בכל־כלי יטמא: וכל אשר־יפל מנבלתם | עליו יטמא לה
תנור וכירים יתץ טמאים הם וטמאים יהיו לכם: אך 36

el gavilán según su especie; (17) y el buho, y el somormujo, y el ibis; (18) y el calamón, y el pelícano, y el onocrótalo; (19) y la cigüeña, el caradrión, según su especie, y el gallo montés, y el murciélago. (20) Todo reptil alado que anda sobre cuatro patas, abominación será para vosotros. (21) Salvo éste, comeréis de todo reptil alado, que anda sobre cuatro patas, que tuviere piernas arriba de sus patas, para saltar con ellas, sobre la tierra; (22) éstos de ellos comeréis: la langosta, según su especie, y el langostín según su especie, y el hargol según su especie, y el hagab según su especie, (23) y todo reptil alado que tiene cuatro patas, abominación será para vosotros.

(24) Y por esto seréis inmundos: todo el que tocare su cuerpo muerto, será inmundo hasta la tarde: (25) Y todo el que llevare de sus cuerpos muertos, lavará sus vestidos, y será inmundo hasta la tarde. (26) Toda la bestia de pezuña y que no tiene pezuña hendida, y que no rumia, inmundos serán ellos para vosotros: todo el que los tocare, será inmundo. (27) Y de todos los que andan sobre sus palmas, todos los animales que andan sobre cuatro patas, inmundos serán para vosotros: todo el que tocare su cuerpo muerto, será inmundo hasta la tarde. (28) Y el que llevare su cuerpo muerto, lavará sus vestidos, y será inmundo hasta la tarde: inmundos serán para vosotros.

(29) Y éstos son inmundos para vosotros, entre los reptiles que se arrastran sobre la tierra: la comadreja, y el ratón, y el sapo según su especie, (30) el erizo, la lagartija, el caracol, la babosa, y el topo. (31) Éstos son inmundos para vosotros de todos los reptiles: todo el que los toca al morir, será inmundo hasta la tarde. (32) Y todo lo que sobre ellos cayere al morir, será inmundo; todo vaso de madera, o vestido, o cuero, o saco, todo vaso que fuere hecho con ellos, en las aguas será metido, y será inmundo hasta la tarde, y limpiarse ha. (33) Y todo vaso de barro, dentro del que cayere de ellos algo, todo lo que en él haya será inmundo, y lo quebraréis. (34) De toda la comida que se comiere, vinieren en ella esas aguas, será inmunda: y toda bebida que se bebiere, de esos vasos, será inmunda. (35) Y todo lo que cayere sobre él de sus cuerpos muertos, será inmundo: Horno u hornaza serán derrocados; inmundos son ellos, e inmundos serán para vosotros. (36) Salvo, la fuente, y el pozo de recoger aguas, serán limpios: y el que tocare sus cuerpos muertos,

21. לו קרי

será inmundo. (37) Y cuando cayere de su cuerpo muerto sobre toda simiente que fuere sembrada, limpia será. (38) Y cuando fuere dada agua sobre la simiente, y cayere de su cuerpo muerto sobre ella, inmunda será para vosotros.

(39) Y cuando muriere bestia, que es para vosotros, comida, el que tocare su cuerpo muerto, será inmundo hasta la tarde. (40) Y el que comiere de su cuerpo muerto, lavará sus vestidos, y será inmundo hasta la tarde: y el que llevare su cuerpo muerto, lavará sus vestidos, y será inmundo hasta la tarde.

(41) Y todo reptil que se arrastra sobre la tierra, es abominación, no será comido. (42) Todo el que anda sobre el pecho, y todo el que anda sobre cuatro patas, hasta todo el que tiene muchas patas, de todo reptil que se arrastra sobre la tierra, no comáis, porque abominación son ellos. (43) No contaminéis vuestras almas con ningún reptil que se arrastre, y no seáis inmundos con ellos y seáis inmundos con ellos.

(44) Porque yo soy el Eterno, vuestro Dios, y santificaros he, y seréis santos, porque santo soy: Y no hagáis inmundas vuestras almas con todo reptil que se arrastre sobre la tierra. (45) Que yo soy el Eterno, el que os hizo subir de la tierra de Egipto, para ser para vosotros, Dios: y seréis santos, porque santo soy yo.

(46) Ésta es la ley de la bestia, y del ave, y de todo ser que vive en las aguas, y de todo ser que se arrastra sobre la tierra; (47) para apartar entre el inmundo y el limpio, y entre el animal que es para comer y el animal que no es para comer.»

מַעְיָן וּבוֹר מִקְוֵה־מַיִם יִהְיֶה טָהוֹר וְנֹגֵעַ בְּנִבְלָתָם יִטְמָא׃
37 וְכִי יִפֹּל מִנִּבְלָתָם עַל־כָּל־זֶרַע זֵרוּעַ אֲשֶׁר יִזָּרֵעַ טָהוֹר
38 הוּא׃ וְכִי יֻתַּן־מַיִם עַל־זֶרַע וְנָפַל מִנִּבְלָתָם עָלָיו טָמֵא
39 הוּא לָכֶם׃ ס וְכִי יָמוּת מִן־הַבְּהֵמָה אֲשֶׁר־הִיא לָכֶם
מ לְאָכְלָה הַנֹּגֵעַ בְּנִבְלָתָהּ יִטְמָא עַד־הָעָרֶב׃ וְהָאֹכֵל מִנִּבְלָתָהּ
יְכַבֵּס בְּגָדָיו וְטָמֵא עַד־הָעָרֶב וְהַנֹּשֵׂא אֶת־נִבְלָתָהּ יְכַבֵּס
41 בְּגָדָיו וְטָמֵא עַד־הָעָרֶב׃ וְכָל־הַשֶּׁרֶץ הַשֹּׁרֵץ עַל־הָאָרֶץ
42 שֶׁקֶץ הוּא לֹא יֵאָכֵל׃ כֹּל הוֹלֵךְ עַל־גָּחוֹן וְכֹל ׀ הוֹלֵךְ
עַל־אַרְבַּע עַד כָּל־מַרְבֵּה רַגְלַיִם לְכָל־הַשֶּׁרֶץ הַשֹּׁרֵץ עַל־
43 הָאָרֶץ לֹא תֹאכְלוּם כִּי־שֶׁקֶץ הֵם׃ אַל־תְּשַׁקְּצוּ אֶת־
נַפְשֹׁתֵיכֶם בְּכָל־הַשֶּׁרֶץ הַשֹּׁרֵץ וְלֹא תִטַּמְּאוּ בָּהֶם וְנִטְמֵתֶם
44 בָּם׃ כִּי אֲנִי יְהוָה אֱלֹהֵיכֶם וְהִתְקַדִּשְׁתֶּם וִהְיִיתֶם קְדֹשִׁים
כִּי קָדוֹשׁ אָנִי וְלֹא תְטַמְּאוּ אֶת־נַפְשֹׁתֵיכֶם בְּכָל־הַשֶּׁרֶץ
מה הָרֹמֵשׂ עַל־הָאָרֶץ׃ כִּי ׀ אֲנִי יְהוָה הַמַּעֲלֶה אֶתְכֶם מֵאֶרֶץ
מִצְרַיִם לִהְיֹת לָכֶם לֵאלֹהִים וִהְיִיתֶם קְדֹשִׁים כִּי קָדוֹשׁ
46 אָנִי׃ זֹאת תּוֹרַת הַבְּהֵמָה וְהָעוֹף וְכֹל נֶפֶשׁ הַחַיָּה הָרֹמֶשֶׂת
47 בַּמָּיִם וּלְכָל־נֶפֶשׁ הַשֹּׁרֶצֶת עַל־הָאָרֶץ׃ לְהַבְדִּיל בֵּין
הַטָּמֵא וּבֵין הַטָּהֹר וּבֵין הַחַיָּה הַנֶּאֱכֶלֶת וּבֵין הַחַיָּה אֲשֶׁר
לֹא תֵאָכֵל׃

יב

פ פ פ כז 27

2 א וַיְדַבֵּר יְהוָה אֶל־מֹשֶׁה לֵּאמֹר׃ דַּבֵּר אֶל־בְּנֵי יִשְׂרָאֵל
לֵאמֹר אִשָּׁה כִּי תַזְרִיעַ וְיָלְדָה זָכָר וְטָמְאָה שִׁבְעַת יָמִים
3 כִּימֵי נִדַּת דְּוֹתָהּ תִּטְמָא׃ וּבַיּוֹם הַשְּׁמִינִי יִמּוֹל בְּשַׂר
4 עָרְלָתוֹ׃ וּשְׁלֹשִׁים יוֹם וּשְׁלֹשֶׁת יָמִים תֵּשֵׁב בִּדְמֵי טָהֳרָה
בְּכָל־קֹדֶשׁ לֹא־תִגָּע וְאֶל־הַמִּקְדָּשׁ לֹא תָבֹא עַד־מְלֹאת
ה יְמֵי טָהֳרָהּ׃ וְאִם־נְקֵבָה תֵלֵד וְטָמְאָה שְׁבֻעַיִם כְּנִדָּתָהּ

(27) TASRIA

XII

(1) Y habló el Eterno a Mosé, diciendo: (2) «Habla a los hijos de Israel, diciendo: La mujer cuando concibiere y pariere un varón, será inmunda por siete días; por los días de apartamiento de su menstruo, será inmunda. (3) Y en el día octavo, circuncidará la carne de su prepucio. (4) Y treinta y tres días estará con la sangre de su limpieza: ninguna santidad tocará, y al santuario no entrará, hasta cumplirse los días de su limpieza. (5) Y si hembra

יא 42. ו' רבתי והיא חצי התורה באותיות. 43. חסר א' יב 4. קמץ ברביע

6 וששים יום וששת ימים תשב על־דמי טהרה: ובמלאת
ימי טהרה לבן או לבת תביא כבש בן־שנתו לעלה ובן־
יונה או־תר לחטאת אל־פתח אהל־מועד אל־הכהן:
7 והקריבו לפני יהוה וכפר עליה וטהרה ממקר דמיה
8 זאת תורת הילדת לזכר או לנקבה: ואם־לא תמצא
ידה די שה ולקחה שתי־תרים או שני בני יונה אחד
לעלה ואחד לחטאת וכפר עליה הכהן וטהרה: פ

יג

א 2 וידבר יהוה אל־משה ואל־אהרן לאמר: אדם כי־יהיה
בעור־בשרו שאת או־ספחת או בהרת והיה בעור־בשרו
לנגע צרעת והובא אל־אהרן הכהן או אל־אחד מבניו
3 הכהנים: וראה הכהן את־הנגע בעור־הבשר ושער
בנגע הפך לבן ומראה הנגע עמק מעור בשרו נגע צרעת
4 הוא וראהו הכהן וטמא אתו: ואם־בהרת לבנה הוא
בעור בשרו ועמק אין־מראה מן־העור ושערה לא־הפך
ה לבן והסגיר הכהן את־הנגע שבעת ימים: וראהו הכהן
ביום השביעי והנה הנגע עמד בעיניו לא־פשה הנגע
6 בעור והסגירו הכהן שבעת ימים שנית: וראה הכהן
אתו ביום השביעי שנית והנה כהה הנגע ולא־פשה
הנגע בעור וטהרו הכהן מספחת הוא וכבס בגדיו וטהר:
7 ואם־פשה תפשה המספחת בעור אחרי הראתו אל־
8 הכהן לטהרתו ונראה שנית אל־הכהן: וראה הכהן
והנה פשתה המספחת בעור וטמאו הכהן צרעת הוא: פ
9 נגע צרעת כי תהיה באדם והובא אל־הכהן: וראה הכהן
והנה שאת־לבנה בעור והיא הפכה שער לבן ומחית
11 בשר חי בשאת: צרעת נושנת הוא בעור בשרו וטמאו
12 הכהן לא יסגרנו כי טמא הוא: ואם־פרוח תפרח הצרעת

pariere, será inmunda dos semanas, como su apartamiento, y sesenta y seis días estará con la sangre de su limpieza. (6) Y al cumplirse los días de su limpieza, por el hijo o por la hija, llevará un carnero de edad de un año, por holocausto, y un hijo de paloma o una tórtola por limpieza, a la puerta de la tienda del plazo, al sacerdote: (7) Y ofrecerlo ha, delante del Eterno, y expiará por ella, y limpiarse ha, del manadero de su sangre. Ésta es la ley de la que pariere varón o hembra. (8) Y si no alcanzare su mano para un carnero, tomará dos tórtolas o dos hijos de paloma, una por holocausto, y una por expiación: y expiará por ella el sacerdote, y limpia será.»

XIII

(1) Y habló el Eterno a Mosé y a Aarón, diciendo: (2) «Cuando el hombre tuviere en la piel de su carne hinchazón, o postilla, o mancha, y hubiere en la piel de su carne llaga de lepra, será traído a Aarón el sacerdote, o a uno de sus hijos los sacerdotes: (3) Y mirará el sacerdote la llaga en la piel de la carne: y si el cabello de la llaga se tornó blanco, y la llaga fuera más honda que la piel de su carne, llaga de lepra será ella; y verlo ha, el sacerdote, y lo declarará inmundo. (4) Y si es mancha blanca en la piel de su carne, y no es más honda que la piel, y su cabello no se tornó blanco, encerrará el sacerdote al llagado, siete días; (5) y verlo ha, el sacerdote en el día séptimo; y he aquí, si la llaga estuvo en su color, si no se extendió la llaga en la piel, encerrarlo ha, el sacerdote siete días, por segunda vez. (6) Y verá el sacerdote a él en el día séptimo por segunda vez, y he aquí, si se obscureció la llaga, y no se extendió la llaga en la piel, limpiarlo ha, el sacerdote: postilla es: y lavará sus vestidos, y limpiarse ha. (7) Y si extender, se extendiere la postilla en la piel, después de ser mostrada al sacerdote para su limpieza, será mostrada por segunda vez al sacerdote: (8) Y viere el sacerdote, y he aquí se extendió la postilla en la piel, inmundarlo ha el sacerdote: lepra es.

(9) Cuando hubiere en el hombre llaga de lepra, será traído al sacerdote; (10) y mirará el sacerdote, y he aquí, si hubiere una hinchazón blanca en la piel, y hubiere tornado el cabello blanco, y se viere carne viva en la hinchazón, (11) lepra envejecida será, en la piel de su carne; y lo declarará inmundo el sacerdote, no lo encerrará, porque inmundo es. (12) Y si florecer, floreciese

יג 10. ש' רפה

בָּעוֹר וְכִסְּתָה הַצָּרַעַת אֵת כָּל־עוֹר הַנֶּגַע מֵרֹאשׁוֹ וְעַד־
13 רַגְלָיו לְכָל־מַרְאֵה עֵינֵי הַכֹּהֵן: וְרָאָה הַכֹּהֵן וְהִנֵּה כִסְּתָה
הַצָּרַעַת אֶת־כָּל־בְּשָׂרוֹ וְטִהַר אֶת־הַנָּגַע כֻּלּוֹ הָפַךְ לָבָן
14 טו טָהוֹר הוּא: וּבְיוֹם הֵרָאוֹת בּוֹ בָּשָׂר חַי יִטְמָא: וְרָאָה
הַכֹּהֵן אֶת־הַבָּשָׂר הַחַי וְטִמְּאוֹ הַבָּשָׂר הַחַי טָמֵא הוּא
16 צָרַעַת הוּא: אוֹ כִי יָשׁוּב הַבָּשָׂר הַחַי וְנֶהְפַּךְ לְלָבָן וּבָא
17 אֶל־הַכֹּהֵן: וְרָאָהוּ הַכֹּהֵן וְהִנֵּה נֶהְפַּךְ הַנֶּגַע לְלָבָן וְטִהַר
הַכֹּהֵן אֶת־הַנֶּגַע טָהוֹר הוּא: פ שלישי
18 19 וּבָשָׂר כִּי־יִהְיֶה בוֹ־בְעֹרוֹ שְׁחִין וְנִרְפָּא: וְהָיָה בִּמְקוֹם
הַשְּׁחִין שְׂאֵת לְבָנָה אוֹ בַהֶרֶת לְבָנָה אֲדַמְדָּמֶת וְנִרְאָה
כ אֶל־הַכֹּהֵן: וְרָאָה הַכֹּהֵן וְהִנֵּה מַרְאֶהָ שָׁפָל מִן־הָעוֹר
וּשְׂעָרָהּ הָפַךְ לָבָן וְטִמְּאוֹ הַכֹּהֵן נֶגַע־צָרַעַת הִוא בַּשְּׁחִין
21 פָּרָחָה: וְאִם ׀ יִרְאֶנָּה הַכֹּהֵן וְהִנֵּה אֵין־בָּהּ שֵׂעָר לָבָן וּשְׁפָלָה
אֵינֶנָּה מִן־הָעוֹר וְהִיא כֵהָה וְהִסְגִּירוֹ הַכֹּהֵן שִׁבְעַת יָמִים:
22 23 וְאִם־פָּשֹׂה תִפְשֶׂה בָּעוֹר וְטִמֵּא הַכֹּהֵן אֹתוֹ נֶגַע הִוא: וְאִם־
תַּחְתֶּיהָ תַּעֲמֹד הַבַּהֶרֶת לֹא פָשָׂתָה צָרֶבֶת הַשְּׁחִין הִוא
24 וְטִהֲרוֹ הַכֹּהֵן: ס אוֹ בָשָׂר כִּי־יִהְיֶה בְעֹרוֹ מִכְוַת־אֵשׁ
וְהָיְתָה מִחְיַת הַמִּכְוָה בַּהֶרֶת לְבָנָה אֲדַמְדֶּמֶת אוֹ לְבָנָה:
כה וְרָאָה אֹתָהּ הַכֹּהֵן וְהִנֵּה נֶהְפַּךְ שֵׂעָר לָבָן בַּבַּהֶרֶת וּמַרְאֶהָ
עָמֹק מִן־הָעוֹר צָרַעַת הִוא בַּמִּכְוָה פָּרָחָה וְטִמֵּא אֹתוֹ הַכֹּהֵן
26 נֶגַע צָרַעַת הִוא: וְאִם ׀ יִרְאֶנָּה הַכֹּהֵן וְהִנֵּה אֵין־בַּבַּהֶרֶת
שֵׂעָר לָבָן וּשְׁפָלָה אֵינֶנָּה מִן־הָעוֹר וְהִוא כֵהָה וְהִסְגִּירוֹ
27 הַכֹּהֵן שִׁבְעַת יָמִים: וְרָאָהוּ הַכֹּהֵן בַּיּוֹם הַשְּׁבִיעִי אִם־
פָּשֹׂה תִפְשֶׂה בָּעוֹר וְטִמֵּא הַכֹּהֵן אֹתוֹ נֶגַע צָרַעַת הִוא:
28 וְאִם־תַּחְתֶּיהָ תַעֲמֹד הַבַּהֶרֶת לֹא־פָשְׂתָה בָעוֹר וְהִוא כֵהָה
שְׂאֵת הַמִּכְוָה הִוא וְטִהֲרוֹ הַכֹּהֵן כִּי־צָרֶבֶת הַמִּכְוָה הִוא: פ
29 ל וְאִישׁ אוֹ אִשָּׁה כִּי־יִהְיֶה בוֹ נָגַע בְּרֹאשׁ אוֹ בְזָקָן: וְרָאָה

la lepra en la piel, y cubriere la lepra toda la piel del llagado, de su cabeza hasta sus pies, a toda la vista del sacerdote; (13) y viere el sacerdote, y he aquí, que cubrió la lepra toda su carne, limpiará la llaga: todo él se tornó blanco, limpio será él. (14) Y el día en que apareciere en él carne viva, será inmundo. (15) Y mirará el sacerdote la carne viva, lo declarará inmundo. La carne viva, inmunda es, lepra es ella. (16) Y cuando tornare la carne viva y se trastornare en blanca, vendrá al sacerdote; (17) y verlo ha, el sacerdote, y he aquí, si fué tornada la llaga en blanca, limpiará el sacerdote la llaga, limpio será él.

(18) Y cuando en la carne o en la piel hubiere sarna, y será curada, (19) y si fuere en lugar de la sarna, hinchazón, o mancha blanca embermejecida, será mostrada al sacerdote; (20) y mirará el sacerdote, y he aquí, si apareciere más baja que la piel, y su cabello se hubiere tornado blanco, lo declarará inmundo el sacerdote: es llaga de lepra ella que en la sarna floreció. (21) Y si la viere el sacerdote, y he aquí que no hubiere en ella cabello blanco, ni estuviere más baja que la piel, sino oscura; encerrarlo ha, el sacerdote siete días. (22) Y si extender, se extendiere en la piel, lo declarará inmundo el sacerdote: llaga será ella. (23) Y si en su lugar estuviere la mancha, y no se extendiere, señal de la sarna es ella; y limpiarlo ha, el sacerdote. (24) O cuando la carne tuviere en su piel quemadura de fuego, y hubiese en lo sanado de la quemadura mancha blanquecina, bermeja o blanca, (25) la mirará el sacerdote; y si se hubiere tornado blanco el cabello en la mancha, y apareciere más honda que la piel, lepra es ella, en la quemadura floreció; y declararlo ha inmundo, el sacerdote, llaga de lepra es ella. (26) Y si la viere el sacerdote, y he aquí que no hubiere en la mancha cabello blanco, y no estuviere más baja que la piel, si es oscura, hacerlo ha, encerrar el sacerdote siete días; (27) y verlo ha, el sacerdote en el día séptimo: si extender, se extendió en la piel, lo declarará inmundo el sacerdote: llaga de lepra es ella. (28) Y si en su lugar estuviere la mancha, y no se extendiere en la piel, y si es oscura, hinchazón de la quemadura es ella; y limpiarlo ha, el sacerdote, que señal de la quemadura es. (29) Y cuando el varón o la mujer tuviere llaga en la cabeza, o en la barba, (30) mirará el sacerdote la llaga; y he aquí, que si apareciera más honda que

הַכֹּהֵן אֶת־הַנֶּגַע וְהִנֵּה מַרְאֵהוּ עָמֹק מִן־הָעוֹר וּבוֹ שֵׂעָר
צָהֹב דָּק וְטִמֵּא אֹתוֹ הַכֹּהֵן נֶתֶק הוּא צָרַעַת הָרֹאשׁ אוֹ
הַזָּקָן הוּא׃ וְכִי־יִרְאֶה הַכֹּהֵן אֶת־נֶגַע הַנֶּתֶק וְהִנֵּה אֵין 31
מַרְאֵהוּ עָמֹק מִן־הָעוֹר וְשֵׂעָר שָׁחֹר אֵין בּוֹ וְהִסְגִּיר הַכֹּהֵן
אֶת־נֶגַע הַנֶּתֶק שִׁבְעַת יָמִים׃ וְרָאָה הַכֹּהֵן אֶת־הַנֶּגַע בַּיּוֹם 32
הַשְּׁבִיעִי וְהִנֵּה לֹא־פָשָׂה הַנֶּתֶק וְלֹא־הָיָה בוֹ שֵׂעָר צָהֹב
וּמַרְאֵה הַנֶּתֶק אֵין עָמֹק מִן־הָעוֹר׃ וְהִתְגַּלָּח וְאֶת־הַנֶּתֶק 33
לֹא יְגַלֵּחַ וְהִסְגִּיר הַכֹּהֵן אֶת־הַנֶּתֶק שִׁבְעַת יָמִים שֵׁנִית׃
וְרָאָה הַכֹּהֵן אֶת־הַנֶּתֶק בַּיּוֹם הַשְּׁבִיעִי וְהִנֵּה לֹא־פָשָׂה 34
הַנֶּתֶק בָּעוֹר וּמַרְאֵהוּ אֵינֶנּוּ עָמֹק מִן־הָעוֹר וְטִהַר אֹתוֹ
הַכֹּהֵן וְכִבֶּס בְּגָדָיו וְטָהֵר׃ וְאִם־פָּשֹׂה יִפְשֶׂה הַנֶּתֶק בָּעוֹר לה
אַחֲרֵי טָהֳרָתוֹ׃ וְרָאָהוּ הַכֹּהֵן וְהִנֵּה פָּשָׂה הַנֶּתֶק בָּעוֹר 36
לֹא־יְבַקֵּר הַכֹּהֵן לַשֵּׂעָר הַצָּהֹב טָמֵא הוּא׃ וְאִם־בְּעֵינָיו 37
עָמַד הַנֶּתֶק וְשֵׂעָר שָׁחֹר צָמַח־בּוֹ נִרְפָּא הַנֶּתֶק טָהוֹר הוּא
וְטִהֲרוֹ הַכֹּהֵן׃ ס וְאִישׁ אוֹ־אִשָּׁה כִּי־יִהְיֶה בְעוֹר־בְּשָׂרָם 38
בֶּהָרֹת בֶּהָרֹת לְבָנֹת׃ וְרָאָה הַכֹּהֵן וְהִנֵּה בְעוֹר־בְּשָׂרָם 39
בֶּהָרֹת כֵּהוֹת לְבָנֹת בֹּהַק הוּא פָּרַח בָּעוֹר טָהוֹר הוּא׃ ס
וְאִישׁ כִּי יִמָּרֵט רֹאשׁוֹ קֵרֵחַ הוּא טָהוֹר הוּא׃ וְאִם מִפְּאַת מ
פָּנָיו יִמָּרֵט רֹאשׁוֹ גִּבֵּחַ הוּא טָהוֹר הוּא׃ וְכִי־יִהְיֶה בַקָּרַחַת 41 42
אוֹ בַגַּבַּחַת נֶגַע לָבָן אֲדַמְדָּם צָרַעַת פֹּרַחַת הִוא בְּקָרַחְתּוֹ
אוֹ בְגַבַּחְתּוֹ׃ וְרָאָה אֹתוֹ הַכֹּהֵן וְהִנֵּה שְׂאֵת־הַנֶּגַע לְבָנָה 43
אֲדַמְדֶּמֶת בְּקָרַחְתּוֹ אוֹ בְגַבַּחְתּוֹ כְּמַרְאֵה צָרַעַת עוֹר בָּשָׂר׃
אִישׁ־צָרוּעַ הוּא טָמֵא הוּא טַמֵּא יְטַמְּאֶנּוּ הַכֹּהֵן בְּרֹאשׁוֹ 44
נִגְעוֹ׃ וְהַצָּרוּעַ אֲשֶׁר־בּוֹ הַנֶּגַע בְּגָדָיו יִהְיוּ פְרֻמִים וְרֹאשׁוֹ מה
יִהְיֶה פָרוּעַ וְעַל־שָׂפָם יַעְטֶה וְטָמֵא ׀ טָמֵא יִקְרָא׃ כָּל־יְמֵי 46
אֲשֶׁר הַנֶּגַע בּוֹ יִטְמָא טָמֵא הוּא בָּדָד יֵשֵׁב מִחוּץ לַמַּחֲנֶה
מוֹשָׁבוֹ׃ ס וְהַבֶּגֶד כִּי־יִהְיֶה בוֹ נֶגַע צָרָעַת בְּבֶגֶד צֶמֶר 47

la piel, y hay en ella cabello rubio delgado, lo declarará inmundo el sacerdote: tiña es, lepra de la cabeza o de la barba es ella. (31) Y cuando viere el sacerdote la llaga de la tiña, y he aquí que si no apareciere más honda que la piel, y cabello negro no hubiere en ella, hará encerrar el sacerdote al llagado de la tiña siete días. (32) Y verá el sacerdote la llaga en el día séptimo y he aquí, si no se extendió la tiña y no hubiere en ella cabello rubio, y no apareciere la tiña más honda que la piel, (33) trasquilarse ha, y el lugar de la tiña no trasquilará: y hará encerrar el sacerdote al que tiene tiña siete días por segunda vez. (34) Y verá el sacerdote la tiña el día séptimo; y si no extendió la tiña en la piel; y si no apareciere más honda que la piel, lo dará por limpio el sacerdote, y lavará sus vestidos, y limpiarse ha. (35) Y si extender, se extendiere la tiña en la piel después de su limpieza, (36) verlo ha, el sacerdote, y si se hubiere extendido la tiña en la piel, no buscará el sacerdote el cabello rubio, inmundo es él. (37) Y si en su color estuvo la tiña, y cabello negro salió en ella, fué curada la tiña, limpio es él, y limpiarlo ha, el sacerdote. (38) Y cuando el varón o la mujer tuvieren en la piel de su carne manchas, manchas blancas, (39) mirará el sacerdote, y si en la piel de su carne hay manchas blancas oscurecidas, empeine es que floreció en la piel, limpia la persona es.

(40) Y cuando al varón se pelare la cabeza, calvo es él, limpio es. (41) Y si sobre su rostro se pelare su cabeza, antecalvo es él, limpio es él. (42) Y cuando hubiere en la calva o en la antecalva llaga blanca bermeja, lepra floreció en su calva o en su antecalva. (43) Y veràle el sacerdote, y he aquí que si la hinchazón de la llaga estuviere blanca bermeja en su calva o en su antecalva, como la vista de la lepra de la piel de la carne, (44) varón leproso es, inmundo es él; lo declarará inmundo el sacerdote, en su cabeza está su llaga. (45) Y del leproso que tiene la llaga, sus vestidos serán rotos y su cabeza será descubierta, y con su bozo se envolverá: ¡inmundo! ¡inmundo!, pregonará. (46) Todos los días que la llaga estuviere en él, será inmundo: inmundo es él, a solas estará; fuera del real tendrá su morada.

(47) Y el vestido en que hubiere llaga de lepra, vestido de lana o vestido

33. נ' רבתי

48 או בבגד פשתים: או בשתי או בערב לפשתים ולצמר
49 או בעור או בכל מלאכת עור: והיה הנגע ירקרק | או
אדמדם בבגד או בעור או בשתי או בערב או בכל כלי
נ עור נגע צרעת הוא והראה את הכהן: וראה הכהן את
51 הנגע והסגיר את הנגע שבעת ימים: וראה את הנגע
ביום השביעי כי פשה הנגע בבגד או בשתי או בערב
או בעור לכל אשר יעשה העור למלאכה צרעת ממארת
52 הנגע טמא הוא: ושרף את הבגד או את השתי | או את
הערב בצמר או בפשתים או את כל כלי העור אשר
53 יהיה בו הנגע כי צרעת ממארת הוא באש תשרף: ואם
יראה הכהן והנה לא פשה הנגע בבגד או בשתי או
54 בערב או בכל כלי עור: וצוה הכהן וכבסו את אשר
נה בו הנגע והסגירו שבעת ימים שנית: וראה הכהן אחרי |
הכבס את הנגע והנה לא הפך הנגע את עינו והנגע לא
פשה טמא הוא באש תשרפנו פחתת הוא בקרחתו או
56 בגבחתו: ואם ראה הכהן והנה כהה הנגע אחרי הכבס
אתו וקרע אתו מן הבגד או מן העור או מן השתי או
57 מן הערב: ואם תראה עוד בבגד או בשתי או בערב
או בכל כלי עור פרחת הוא באש תשרפנו את אשר
58 בו הנגע: והבגד או השתי או הערב או כל כלי העור
59 אשר תכבס וסר מהם הנגע וכבס שנית וטהר: זאת
תורת נגע צרעת בגד הצמר | או הפשתים או השתי או
הערב או כל כלי עור לטהרו או לטמאו:

יד

28 כח פ פ פ

א 2 וידבר יהוה אל משה לאמר: זאת תהיה תורת המצרע
3 ביום טהרתו והובא אל הכהן: ויצא הכהן אל מחוץ
למחנה וראה הכהן והנה נרפא נגע הצרעת מן הצרוע:

de lino, (48) o de estambre o de trama de lino y de lana, o de cuero, o en toda obra de cuero; (49) y fuere la llaga verde, o bermeja en el vestido o en el cuero o en el estambre o en la trama o en toda la obra de cuero; llaga de lepra es ella, y será mostrada al sacerdote. (50) Y verá el sacerdote la llaga, y hará encerrar al llagado siete días. (51) Y en el día séptimo verá la llaga; y si se extendió la llaga en el vestido, o en el estambre, o en la trama, o en el cuero, o en todo lo que fuere hecho de cuero para obra, lepra maldita es la llaga; inmunda es. (52) Y quemará el vestido, o el estambre, o la trama, en la lana o en el lino, o en toda obra de cuero en que hubiere llaga; porque lepra maldita es ella: en el fuego será quemada. (53) Y si viere el sacerdote, que no se extendiere la plaga en el vestido, o en el estambre, o en la trama, o en toda obra de cuero, (54) encomendará el sacerdote y lavarán al que tiene la llaga, y encerrarálo siete días por segunda vez. (55) Y verá el sacerdote después de ser lavada la llaga; y he aquí que no se volvió la llaga a su color, aunque la llaga no se hubiera extendido, inmundo será él; en el fuego lo quemarás; mengua es ella, en su haz o en su revés. (56) Y si mirare el sacerdote, y he aquí que se oscureció la llaga después de haberla lavado, cortarála del vestido, o del cuero, o del estambre, o de la trama. (57) Y si hubiere aparecido más en el vestido, o en el estambre, o en la trama, o en toda obra de cuero, floreció ella, y en el fuego quemarás lo que tuviere la llaga. (58) Y el vestido, o el estambre, o la trama, o toda obra de cuero que lavares, y se quitare de ellos la llaga, será lavado por segunda vez, y limpiarse ha.

(59) Ésta es la ley de la llaga de la lepra del vestido de lana, o de lino, o de estambre, o de trama, o de toda obra de cuero, para declararlo limpio o inmundo.»

(28) MESORÁ

XIV

(1) Y habló el Eterno a Mosé, diciendo: (2) «Ésta será la ley del leproso en el día de su limpieza: y será traído al sacerdote: (3) Y saldrá el sacerdote fuera del real; y lo verá el sacerdote, si fué curada la llaga de la lepra del

וצוה הכהן ולקח למטהר שתי-צפרים חיות טהרות 4
ועץ ארז ושני תולעת ואזב: וצוה הכהן ושחט את- ה
הצפור האחת אל-כלי-חרש על-מים חיים: את-הצפר 6
החיה יקח אתה ואת-עץ הארז ואת-שני התולעת ואת-
האזב וטבל אותם ואת הצפר החיה בדם הצפר השחטה
על המים החיים: והזה על המטהר מן-הצרעת שבע 7
פעמים וטהרו ושלח את-הצפר החיה על-פני השדה:
וכבס המטהר את-בגדיו וגלח את-כל-שערו ורחץ במים 8
וטהר ואחר יבוא אל-המחנה וישב מחוץ לאהלו שבעת
ימים: והיה ביום השביעי יגלח את-כל-שערו את-ראשו 9
ואת-זקנו ואת גבת עיניו ואת-כל-שערו יגלח וכבס את-
בגדיו ורחץ את-בשרו במים וטהר: וביום השמיני יקח י
שני-כבשים תמימם וכבשה אחת בת-שנתה תמימה
ושלשה עשרנים סלת מנחה בלולה בשמן ולג אחד
שמן: והעמיד הכהן המטהר את האיש המטהר ואתם 11
לפני יהוה פתח אהל מועד: ולקח הכהן את-הכבש 12
האחד והקריב אתו לאשם ואת-לג השמן והניף אתם
תנופה לפני יהוה: ושחט את-הכבש במקום אשר 13
ישחט את-החטאת ואת-העלה במקום הקדש כי כחטאת
האשם הוא לכהן קדש קדשים הוא: ולקח הכהן מדם 14
האשם ונתן הכהן על-תנוך אזן המטהר הימנית ועל-
בהן ידו הימנית ועל-בהן רגלו הימנית: ולקח הכהן טו
מלג השמן ויצק על-כף הכהן השמאלית: וטבל הכהן 16
את-אצבעו הימנית מן-השמן אשר על-כפו השמאלית
והזה מן-השמן באצבעו שבע פעמים לפני יהוה: ומיתר 17
השמן אשר על-כפו יתן הכהן על-תנוך אזן המטהר
הימנית ועל-בהן ידו הימנית ועל-בהן רגלו הימנית על
דם האשם: והנותר בשמן אשר על-כף הכהן יתן על- 18

leproso, (4) encomendará el sacerdote, y tomará para el que ha de ser limpiado dos avecillas vivas, limpias, y palo de cedro, y tinte carmesí, y orégano. (5) Y encomendará el sacerdote y degollará una avecilla en un vaso de barro sobre aguas vivas. (6) Y la avecilla viva tomará, y el palo de cedro, y el tinte carmesí y el orégano, y mojarálos, a ellos y a la avecilla viva en la sangre de la avecilla degollada, sobre las aguas vivas. (7) Y rociará sobre el que se limpia de la lepra, siete veces, y le dará por limpio; y enviará la avecilla viva sobre la faz del campo. (8) Y lavará, el que se limpia, sus vestidos y trasquilará todo su cabello, y lavarse ha, en las aguas, y limpiarse ha, y después vendrá al real y estará fuera de su tienda siete días. (9) Y será que en el día séptimo trasquilará todo su cabello, su cabeza, y su barba, y las pestañas de sus ojos; y todo su cabello trasquilará y lavará sus vestidos, y lavará su carne en las aguas, y limpiarse ha. (10) Y en el día octavo tomará dos carneros perfectos y una cordera de edad de un año, perfecta; y tres diezmos de sémola para presente, envuelta en el aceite, y una medida de aceite. (11) Y hará estar, el sacerdote que limpia, al varón que se limpia, y a ellos delante del Eterno, a la puerta de la tienda del plazo: (12) Y tomará el sacerdote un carnero y ofrecerále por culpa con la medida del aceite y los mecerá delante del Eterno: (13) Y degollará el carnero en el lugar en que se degüella la limpieza y el holocausto, en el lugar de la santidad: porque como la limpieza de la culpa, es él, al sacerdote: santidad de santidades es él. (14) Y tomará el sacerdote de la sangre de la culpa, y pondrá el sacerdote sobre la ternilla de la oreja derecha del que se limpiare, y sobre el pulgar de su mano derecha, y sobre el pulgar de su pie derecho. (15) Y tomará el sacerdote de la medida del aceite, y vaciará sobre la palma izquierda del sacerdote: (16) Y mojará el sacerdote su dedo derecho en el aceite, que tiene en su mano izquierda, y rociará del aceite, con su dedo, siete veces delante del Eterno.

(17) Y del resto del aceite que tiene en su palma, pondrá el sacerdote sobre la ternilla de la oreja derecha del que se limpiare, y sobre el pulgar de su mano derecha, y sobre el pulgar de su pie derecho, sobre la sangre de la culpa: (18) Y el resto del aceite que tiene en la palma el sacerdote, lo pondrá sobre

19 ראש המטהר וכפר עליו הכהן לפני יהוה׃ ועשה הכהן
את־החטאת וכפר על־המטהר מטמאתו ואחר ישחט
כ את־העלה׃ והעלה הכהן את־העלה ואת־המנחה המזבחה
21 וכפר עליו הכהן וטהר׃ ס ואם־דל הוא ואין ידו
משגת ולקח כבש אחד אשם לתנופה לכפר עליו ועשרון
22 סלת אחד בלול בשמן למנחה ולג שמן׃ ושתי תרים
או שני בני יונה אשר תשיג ידו והיה אחד חטאת והאחד
23 עלה׃ והביא אתם ביום השמיני לטהרתו אל־הכהן
24 אל־פתח אהל־מועד לפני יהוה׃ ולקח הכהן את־כבש
האשם ואת־לג השמן והניף אתם הכהן תנופה לפני
כה יהוה׃ ושחט את־כבש האשם ולקח הכהן מדם האשם
ונתן על־תנוך אזן־המטהר הימנית ועל־בהן ידו הימנית
26 ועל־בהן רגלו הימנית׃ ומן־השמן יצק הכהן על־כף
27 הכהן השמאלית׃ והזה הכהן באצבעו הימנית מן־השמן
28 אשר על־כפו השמאלית שבע פעמים לפני יהוה׃ ונתן
הכהן מן־השמן ׀ אשר על־כפו על־תנוך אזן המטהר
הימנית ועל־בהן ידו הימנית ועל־בהן רגלו הימנית על־
29 מקום דם האשם׃ והנותר מן־השמן אשר על־כף הכהן
ל יתן על־ראש המטהר לכפר עליו לפני יהוה׃ ועשה
את־האחד מן־התרים או מן־בני היונה מאשר תשיג ידו׃
31 את אשר־תשיג ידו את־האחד חטאת ואת־האחד עלה
32 על־המנחה וכפר הכהן על המטהר לפני יהוה׃ זאת תורת
אשר־בו נגע צרעת אשר לא־תשיג ידו בטהרתו׃ פ
33 34 וידבר יהוה אל־משה ואל־אהרן לאמר׃ כי תבאו אל־
ארץ כנען אשר אני נתן לכם לאחזה ונתתי נגע צרעת
לה בבית ארץ אחזתכם׃ ובא אשר־לו הבית והגיד לכהן
36 לאמר כנגע נראה לי בבית׃ וצוה הכהן ופנו את־הבית
בטרם יבא הכהן לראות את־הנגע ולא יטמא כל־אשר

la cabeza del que se limpia, y expiará por él, el sacerdote, delante del Eterno. (19) Y hará el sacerdote la limpieza, expiará por el que se limpie de su inmundicia, y después degollará el holocausto, (20) y ofrecerá el sacerdote el holocausto y el presente sobre el ara. Y expiará por él el sacerdote, y limpiarse ha.

(21) Y si un mendigo fuere él, y su mano no alcanzare a tanto, tomará un carnero para expiación, por mecedora, para expiar por él, y un diezmo de sémola envuelta en el aceite, por presente, y una medida de aceite. (22) Y dos tórtolas, o dos hijos de paloma, lo que alcanzare su mano: y será uno, limpieza, y otro, holocausto. (23) Y los traerá en el día octavo, para su limpieza, al sacerdote, a la puerta de la tienda del plazo, delante del Eterno. (24) Y tomará el sacerdote el carnero de la expiación, y la medida de aceite, y mecerá a ellos el sacerdote, ofrenda delante del Eterno. (25) Y degollará el carnero de la culpa, y tomará el sacerdote de la sangre de la culpa, y pondrá sobre la ternilla de la oreja derecha del que se limpie, y sobre el pulgar de su mano derecha, y sobre el pulgar de su pie derecho. (26) Y del aceite vaciará el sacerdote sobre la palma izquierda del sacerdote. (27) Y rociará el sacerdote con su dedo derecho del aceite que tiene sobre su mano izquierda, siete veces delante del Eterno. (28) Y pondrá el sacerdote del aceite que tiene en su palma sobre la ternilla de la oreja derecha del que se limpie, y sobre el pulgar de su mano derecha, y sobre el pulgar de su pie derecho, en el lugar de la sangre de la culpa. (29) Y el resto del aceite que tiene en la palma de la mano, el sacerdote pondrá sobre la cabeza del que se limpie, para expiar por él, delante del Eterno. (30) Y hará expiación de una de las tórtolas, o de hijos de la paloma, o de lo que alcanzare su mano: (31) A lo que alcanzare su mano, la una para limpieza, y la otra para holocausto además del presente: y expiará el sacerdote por el que se limpia delante del Eterno.

(32) Ésta es la ley del que hubiere tenido llaga de lepra, si no alcanzare su mano en su limpiarse.»

(33) Y habló el Eterno a Mosé y a Aarón, diciendo: (34) «Cuando viniereis a la tierra de Kenáan, que yo os doy por posesión, y pusiere llaga de lepra en la casa de la tierra de vuestra posesión, (35) vendrá aquel de quien fuere la casa, y denunciará al sacerdote, diciendo: Como llaga fué aparecida a mí, en la casa. (36) Y encomendará el sacerdote, y despejarán la casa antes que venga el sacerdote para ver la llaga, y no se hará inmundo todo lo que está

37 בַּבָּיִת: וְאַחַר כֵּן יָבֹא הַכֹּהֵן לִרְאוֹת אֶת־הַבָּיִת: וְרָאָה אֶת־
הַנֶּגַע וְהִנֵּה הַנֶּגַע בְּקִירֹת הַבַּיִת שְׁקַעֲרוּרֹת יְרַקְרַקֹּת אוֹ
38 אֲדַמְדַּמֹּת וּמַרְאֵיהֶן שָׁפָל מִן־הַקִּיר: וְיָצָא הַכֹּהֵן מִן־הַבַּיִת
39 אֶל־פֶּתַח הַבָּיִת וְהִסְגִּיר אֶת־הַבַּיִת שִׁבְעַת יָמִים: וְשָׁב
הַכֹּהֵן בַּיּוֹם הַשְּׁבִיעִי וְרָאָה וְהִנֵּה פָּשָׂה הַנֶּגַע בְּקִירֹת הַבָּיִת:
מ וְצִוָּה הַכֹּהֵן וְחִלְּצוּ אֶת־הָאֲבָנִים אֲשֶׁר בָּהֵן הַנָּגַע וְהִשְׁלִיכוּ
41 אֶתְהֶן אֶל־מִחוּץ לָעִיר אֶל־מָקוֹם טָמֵא: וְאֶת־הַבַּיִת יַקְצִעַ
מִבַּיִת סָבִיב וְשָׁפְכוּ אֶת־הֶעָפָר אֲשֶׁר הִקְצוּ אֶל־מִחוּץ
42 לָעִיר אֶל־מָקוֹם טָמֵא: וְלָקְחוּ אֲבָנִים אֲחֵרוֹת וְהֵבִיאוּ
43 אֶל־תַּחַת הָאֲבָנִים וְעָפָר אַחֵר יִקַּח וְטָח אֶת־הַבָּיִת: וְאִם־
יָשׁוּב הַנֶּגַע וּפָרַח בַּבַּיִת אַחַר חִלֵּץ אֶת־הָאֲבָנִים וְאַחֲרֵי
44 הִקְצוֹת אֶת־הַבַּיִת וְאַחֲרֵי הִטּוֹחַ: וּבָא הַכֹּהֵן וְרָאָה וְהִנֵּה
פָּשָׂה הַנֶּגַע בַּבָּיִת צָרַעַת מַמְאֶרֶת הִוא בַּבַּיִת טָמֵא הוּא:
מה וְנָתַץ אֶת־הַבַּיִת אֶת־אֲבָנָיו וְאֶת־עֵצָיו וְאֵת כָּל־עֲפַר הַבָּיִת
46 וְהוֹצִיא אֶל־מִחוּץ לָעִיר אֶל־מָקוֹם טָמֵא: וְהַבָּא אֶל־הַבַּיִת
47 כָּל־יְמֵי הִסְגִּיר אֹתוֹ יִטְמָא עַד־הָעָרֶב: וְהַשֹּׁכֵב בַּבַּיִת
48 יְכַבֵּס אֶת־בְּגָדָיו וְהָאֹכֵל בַּבַּיִת יְכַבֵּס אֶת־בְּגָדָיו: וְאִם־בֹּא
יָבֹא הַכֹּהֵן וְרָאָה וְהִנֵּה לֹא־פָשָׂה הַנֶּגַע בַּבַּיִת אַחֲרֵי הִטֹּחַ
49 אֶת־הַבָּיִת וְטִהַר הַכֹּהֵן אֶת־הַבַּיִת כִּי נִרְפָּא הַנָּגַע: וְלָקַח
לְחַטֵּא אֶת־הַבַּיִת שְׁתֵּי צִפֳּרִים וְעֵץ אֶרֶז וּשְׁנִי תוֹלַעַת וְאֵזֹב:
נ וְשָׁחַט אֶת־הַצִּפֹּר הָאֶחָת אֶל־כְּלִי־חֶרֶשׂ עַל־מַיִם חַיִּים:
51 וְלָקַח אֶת־עֵץ־הָאֶרֶז וְאֶת־הָאֵזֹב וְאֵת ׀ שְׁנִי הַתּוֹלַעַת וְאֵת
הַצִּפֹּר הַחַיָּה וְטָבַל אֹתָם בְּדַם הַצִּפֹּר הַשְּׁחוּטָה וּבַמַּיִם
52 הַחַיִּים וְהִזָּה אֶל־הַבַּיִת שֶׁבַע פְּעָמִים: וְחִטֵּא אֶת־הַבַּיִת
בְּדַם הַצִּפּוֹר וּבַמַּיִם הַחַיִּים וּבַצִּפֹּר הַחַיָּה וּבְעֵץ הָאֶרֶז
53 וּבָאֵזֹב וּבִשְׁנִי הַתּוֹלָעַת: וְשִׁלַּח אֶת־הַצִּפֹּר הַחַיָּה אֶל־
54 מִחוּץ לָעִיר אֶל־פְּנֵי הַשָּׂדֶה וְכִפֶּר עַל־הַבַּיִת וְטָהֵר: זֹאת
נה הַתּוֹרָה לְכָל־נֶגַע הַצָּרַעַת וְלַנָּתֶק: וּלְצָרַעַת הַבֶּגֶד וְלַבָּיִת:

en la casa, y después así, vendrá el sacerdote, para ver la casa:
(37) Y verá la llaga; y si hubiere llagas en las paredes de la casa, profundas, verdes o bermejas, y su vista fuere más honda que la pared,
(38) saldrá el sacerdote de la casa, a la puerta de la casa, y cerrará la casa siete días.
(39) Y tomará el sacerdote en el día séptimo, y verá: si se extendió la llaga en las paredes de la casa,
(40) encomendará el sacerdote, y quitarán las piedras en las que está la llaga, y echaránlas fuera de la ciudad, a lugar inmundo.
(41) Y a la casa hará descostrar por dentro, en derredor, y echarán el polvo que descostraron, fuera de la ciudad, a lugar inmundo:
(42) Y tomarán otras piedras, y traerán al lugar de las piedras; y tomarán otro polvo, y encostrará la casa.
(43) Y si tornare la llaga y floreciere en la casa, después de quitar las piedras, y después de descostrar la casa, y después de ser encostrada.
(44) Vendrá el sacerdote y verá; y he aquí, que se extendió la llaga en la casa, lepra maldita es ella en la casa: inmunda es ella.
(45) Y derribará la casa, sus piedras, y sus maderos, y todo el polvo de la casa; y sacará fuera de la villa, a lugar inmundo.
(46) Y el que viniere a la casa, todos los días que hizo cerrarla, será inmundo hasta la tarde.
(47) Y el que yaciere en la casa, lavará sus vestidos, y el que comiere en la casa, lavará sus vestidos.
(48) Y si venir, viniere el sacerdote, y viere que no se extendió la llaga en la casa, después de ser encostrada la casa, limpiará el sacerdote la casa, porque fué curada la llaga.
(49) Y tomará para limpiar la casa dos avecillas, y palo de cedro, y tinte carmesí y orégano:
(50) Y degollará un avecilla en un vaso de barro sobre aguas vivas.
(51) Y tomará el palo de cedro, y el orégano, y el tinte carmesí, y la avecilla viva, y mojarálos en la sangre de la avecilla degollada y en las aguas vivas, y hará rociar la casa siete veces:
(52) Y limpiará la casa con la sangre de la avecilla, y con las aguas vivas, y con la avecilla viva, y con el palo de cedro, y con el orégano, y con el tinte carmesí.
(53) Y enviará la avecilla viva fuera de la villa sobre la faz del campo: y expiará por la casa, y limpiarse ha.
(54) Ésta es la ley de toda llaga de la lepra, y de la tiña;
(55) y de la lepra

del vestido, y de la casa; (56) y de la hinchazón, y de la postilla, y de la mancha: (57) Para mostrar en el día, el inmundo, y en el día, el limpio. Ésta es la ley de la lepra.»

XV

(1) Y habló el Eterno a Mosé y a Aarón, diciendo: (2) «Hablad a los hijos de Israel, y decid a ellos: Cualquier varón que manare de su carne flujo, su flujo, inmundo es él. (3) Y ésta será su inmundicia en su flujo: sea que destiló su carne su flujo o que cerróse su carne por su flujo, su inmundicia es él. (4) Toda cama sobre la que yaciere el que tiene flujo, será inmunda; y toda cosa que estuviere sobre él, será inmunda. (5) Y el varón que tocare en su cama, lavará sus vestidos; y lavarse ha, en agua, y será inmundo hasta la tarde. (6) Y el que estuviere sobre cualquier cosa sobre la que estuvo el que tiene flujo, lavará sus vestidos, y lavarse ha, en agua, y será inmundo hasta la tarde. (7) Y el que tocare en la carne del que tiene flujo, lavará sus paños, y lavarse ha, en agua, y será inmundo hasta la tarde. (8) Y cuando escupiere el que tiene flujo sobre el limpio, lavará sus vestidos, y lavarse ha, en agua, y será inmundo hasta la tarde. (9) Y toda cabalgadura en que cabalgare el que tiene flujo, será inmunda. (10) Y todo el que tocare en alguna cosa que fuere de él, se hará inmundo hasta la tarde; y el que la llevare, lavará sus vestidos, y lavarse ha, en agua, y será inmundo hasta la tarde. (11) Y a todo el que tocare el que tiene flujo, y sus manos no enjuagara en agua, lavará sus vestidos, y lavarse ha, en agua, y será inmundo hasta la tarde. (12) Y la vasija de barro en que tocare el que tiene flujo, será quebrada; y toda vasija de madera se enjuagará en agua. (13) Y cuando se limpiare el que tiene flujo de su flujo, contará él siete días desde su limpieza, y lavará sus vestidos, y lavará su carne en las aguas vivas, y limpiarse ha. (14) Y en el día octavo tomará dos tórtolas, o dos hijos de paloma, y vendrá delante del Eterno a la puerta de la tienda del plazo, y darlas ha, al sacerdote. (15) Y ofrecerálos el sacerdote, una, limpieza y otra, holocausto, y le perdonará por él, el sacerdote delante del Eterno, de su flujo.

(16) Y el hombre, cuando tuviere derramamiento de semen, lavará en agua toda su carne, y será inmundo hasta la tarde. (17) Y todo vestido, y todo cuero que fuere sobre el derramamiento del semen, será lavado en agua; y será inmundo hasta la tarde. (18) Y cuando yaciere el varón con mujer y

56 וְלַשְׂאֵת וְלַסַּפַּחַת וְלַבֶּהָרֶת׃
57 לְהוֹרֹת בְּיוֹם הַטָּמֵא וּבְיוֹם
הַטָּהֹר זֹאת תּוֹרַת הַצָּרָעַת׃ פ

טו

2 א וַיְדַבֵּר יְהוָה אֶל־מֹשֶׁה וְאֶל־אַהֲרֹן לֵאמֹר׃ דַּבְּרוּ אֶל־בְּנֵי
יִשְׂרָאֵל וַאֲמַרְתֶּם אֲלֵהֶם אִישׁ אִישׁ כִּי יִהְיֶה זָב מִבְּשָׂרוֹ
3 זוֹבוֹ טָמֵא הוּא׃ וְזֹאת תִּהְיֶה טֻמְאָתוֹ בְּזוֹבוֹ רָר בְּשָׂרוֹ
4 אֶת־זוֹבוֹ אוֹ־הֶחְתִּים בְּשָׂרוֹ מִזּוֹבוֹ טֻמְאָתוֹ הִוא׃ כָּל־
הַמִּשְׁכָּב אֲשֶׁר יִשְׁכַּב עָלָיו הַזָּב יִטְמָא וְכָל־הַכְּלִי אֲשֶׁר־
ה יֵשֵׁב עָלָיו יִטְמָא׃ וְאִישׁ אֲשֶׁר יִגַּע בְּמִשְׁכָּבוֹ יְכַבֵּס בְּגָדָיו
6 וְרָחַץ בַּמַּיִם וְטָמֵא עַד־הָעָרֶב׃ וְהַיֹּשֵׁב עַל־הַכְּלִי אֲשֶׁר־
יֵשֵׁב עָלָיו הַזָּב יְכַבֵּס בְּגָדָיו וְרָחַץ בַּמַּיִם וְטָמֵא עַד־הָעָרֶב׃
7 וְהַנֹּגֵעַ בִּבְשַׂר הַזָּב יְכַבֵּס בְּגָדָיו וְרָחַץ בַּמַּיִם וְטָמֵא עַד־
8 הָעָרֶב׃ וְכִי־יָרֹק הַזָּב בַּטָּהוֹר וְכִבֶּס בְּגָדָיו וְרָחַץ בַּמַּיִם
9 וְטָמֵא עַד־הָעָרֶב׃ וְכָל־הַמֶּרְכָּב אֲשֶׁר יִרְכַּב עָלָיו הַזָּב
י יִטְמָא׃ וְכָל־הַנֹּגֵעַ בְּכֹל אֲשֶׁר יִהְיֶה תַחְתָּיו יִטְמָא עַד־
הָעָרֶב וְהַנּוֹשֵׂא אוֹתָם יְכַבֵּס בְּגָדָיו וְרָחַץ בַּמַּיִם וְטָמֵא עַד־
11 הָעָרֶב׃ וְכֹל אֲשֶׁר יִגַּע־בּוֹ הַזָּב וְיָדָיו לֹא־שָׁטַף בַּמָּיִם
12 וְכִבֶּס בְּגָדָיו וְרָחַץ בַּמַּיִם וְטָמֵא עַד־הָעָרֶב׃ וּכְלִי־חֶרֶשׂ
13 אֲשֶׁר־יִגַּע־בּוֹ הַזָּב יִשָּׁבֵר וְכָל־כְּלִי־עֵץ יִשָּׁטֵף בַּמָּיִם׃ וְכִי־
יִטְהַר הַזָּב מִזּוֹבוֹ וְסָפַר לוֹ שִׁבְעַת יָמִים לְטָהֳרָתוֹ וְכִבֶּס
14 בְּגָדָיו וְרָחַץ בְּשָׂרוֹ בְּמַיִם חַיִּים וְטָהֵר׃ וּבַיּוֹם הַשְּׁמִינִי
יִקַּח־לוֹ שְׁתֵּי תֹרִים אוֹ שְׁנֵי בְּנֵי יוֹנָה וּבָא ׀ לִפְנֵי יְהוָה אֶל־
טו פֶּתַח אֹהֶל מוֹעֵד וּנְתָנָם אֶל־הַכֹּהֵן׃ וְעָשָׂה אֹתָם הַכֹּהֵן
אֶחָד חַטָּאת וְהָאֶחָד עֹלָה וְכִפֶּר עָלָיו הַכֹּהֵן לִפְנֵי יְהוָה
16 מִזּוֹבוֹ׃ ס וְאִישׁ כִּי־תֵצֵא מִמֶּנּוּ שִׁכְבַת־זָרַע וְרָחַץ
17 בַּמַּיִם אֶת־כָּל־בְּשָׂרוֹ וְטָמֵא עַד־הָעָרֶב׃ וְכָל־בֶּגֶד וְכָל־
עוֹר אֲשֶׁר־יִהְיֶה עָלָיו שִׁכְבַת־זָרַע וְכֻבַּס בַּמַּיִם וְטָמֵא עַד־

יד 56. ש' רפה טו 7. חצי הספר בפסוקים

הערב: ואשה אשר ישכב איש אתה שכבת־זרע ורחצו 18
במים וטמאו עד־הערב: פ
ואשה כי־תהיה זבה דם יהיה זבה בבשרה שבעת ימים 19
תהיה בנדתה וכל־הנגע בה יטמא עד־הערב: וכל אשר כ
תשכב עליו בנדתה יטמא וכל אשר־תשב עליו יטמא:
וכל־הנגע במשכבה יכבס בגדיו ורחץ במים וטמא עד־ 21
הערב: וכל־הנגע בכל־כלי אשר־תשב עליו יכבס בגדיו 22
ורחץ במים וטמא עד־הערב: ואם על־המשכב הוא או 23
על־הכלי אשר־הוא ישבת־עליו בנגעו־בו יטמא עד־
הערב: ואם שכב ישכב איש אתה ותהי נדתה עליו 24
וטמא שבעת ימים וכל־המשכב אשר־ישכב עליו יטמא:
ס ואשה כי־יזוב זוב דמה ימים רבים בלא עת־נדתה כה
או כי־תזוב על־נדתה כל־ימי זוב טמאתה כימי נדתה
תהיה טמאה הוא: כל־המשכב אשר־תשכב עליו כל־ 26
ימי זובה כמשכב נדתה יהיה־לה וכל־הכלי אשר תשב
עליו טמא יהיה כטמאת נדתה: וכל־הנוגע בם יטמא 27
וכבס בגדיו ורחץ במים וטמא עד־הערב: ואם־טהרה 28
מזובה וספרה לה שבעת ימים ואחר תטהר: וביום 29
השמיני תקח־לה שתי תרים או שני בני יונה והביאה
אותם אל־הכהן אל־פתח אהל מועד: ועשה הכהן ל
את־האחד חטאת ואת־האחד עלה וכפר עליה הכהן
לפני יהוה מזוב טמאתה: והזרתם את־בני־ישראל 31
מטמאתם ולא ימתו בטמאתם בטמאם את־משכני אשר
בתוכם: זאת תורת הזב ואשר תצא ממנו שכבת־זרע 32
לטמאה־בה: והדוה בנדתה והזב את־זובו לזכר ולנקבה 33
ולאיש אשר ישכב עם־טמאה:

tuviere derrame de semen, lavaránse en agua, y serán inmundos, hasta la tarde.

(19) Y la mujer cuando tuviere flujo, de sangre fuere su flujo en su carne, siete días estará apartada; y todo el que tocare en ella, será inmundo hasta la tarde; (20) y todo lo que yaciere sobre él en su apartamiento, será inmundo: y todo lo que se sentare sobre él, será inmundo. (21) Y todo el que tocare en su cama, lavará sus vestidos, y lavarse ha, en agua, y será inmundo hasta la tarde. (22) Y todo el que tocare un mueble sobre el que se sentare, lavará sus vestidos, y lavarse ha, en agua, y será inmundo hasta la tarde. (23) Y si tocare sobre la cama él, o sobre el objeto en que ella está, al tocarlo será inmundo hasta la tarde. (24) Y si yacer, yaciere varón con ella y fuere su apartamiento sobre él, será inmundo siete días; y la cama en que yaciere, se hará inmunda. (25) Y la mujer, cuando manare flujo de su sangre muchos días, sin hora de apartamiento, o que manare sobre su apartamiento: todos los días de su flujo, de su inmundicia, como en los días de su apartamiento será, inmunda es ella. (26) Toda la cama en que yaciere, todos los días de su flujo, como la cama de su apartamiento será, y todo objeto en que se sentare, inmundo será, como inmundicia de su apartamiento. (27) Y todo el que tocare en ellos se hará inmundo; y lavará sus vestidos, y lavarse ha, en agua, y será inmundo hasta la tarde. (28) Y si se libró de su flujo, contará siete días, y después se limpiará. (29) Y en el día octavo, tomará para ella dos tórtolas, o dos hijos de paloma, y traerálos al sacerdote, a la puerta de la tienda del plazo: (30) Y ofrecerálos el sacerdote el uno por limpieza y el otro como holocausto; y expiará sobre ella el sacerdote delante del Eterno, del flujo de su inmundicia.

(31) Y haréis apartar a los hijos de Israel de sus inmundicias, y no morirán por su inmundicia, en su ensuciar mi morada que está entre ellos.

(32) Ésta es la ley del que manare, y del que tuviere derramamiento de semen, por ensuciarse en ello; (33) y de la que manare en su apartamiento, y acerca del que manare flujo, del varón y de la mujer, y del varón que yaciere con inmunda.»

29. מלרע

XVI

(29) AHARE MOT

(1) Y habló el Eterno a Mosé, después de morir los dos hijos de Aarón; en su llegarse delante del Eterno, murieron; (2) Y dijo el Eterno a Mosé: «Di a Aarón, tu hermano, que no venga en toda hora, a la santidad de dentro del velo, del cobertero que está sobre el arca, y no morirá: que con la nube apareceré sobre el cobertero. (3) Y con esto vendrá Aarón a la santidad: con un toro, por expiación, y un carnero, por holocausto. (4) Túnica de lino de santidad vestirá, y calzones de lino serán sobre su carne, y con cinto de lino se ceñirá: y con toca de lino se cubrirá: vestidos de santidad son ellos y lavará en el agua su carne, y vestirlos ha. (5) Y de la congregación de los hijos de Israel tomará dos cabritos por limpieza, y un carnero, por holocausto. (6) Y ofrecerá Aarón el toro de la expiación, que es de él, y expiará por él y por su casa. (7) Y tomará los dos cabritos, y harálos estar delante del Eterno, a la puerta de la tienda del plazo. (8) Y dará Aarón sobre los dos cabritos suertes, una por el Eterno, la otra, por Asasel. (9) Y allegará Aarón al cabrito, sobre el que cayó la suerte por el Eterno, y hacerlo ha, expiación. (10) Y al cabrito sobre el que cayó la suerte por Asasel, hará estar vivo delante del Eterno, para expiar sobre él, para enviarlo a Asasel al desierto. (11) Y ofrecerá Aarón el toro de la expiación, que es de él, y expiará por él y por su casa, y degollará el toro de la expiación que es de él. (12) Y tomará el incensario lleno de brasas de fuego, del ara, de delante del Eterno, y sus puños llenos de sahumerio de especias finas traerá de adentro del velo: (13) Y pondrá el sahumerio sobre el fuego delante del Eterno, y cubrirá la nube del sahumerio el cobertero que está sobre el testimonio, y no morirá. (14) Y tomará de la sangre del toro, y rociará con su dedo sobre la faz del cobertero, al oriente: y delante del cobertero, rociará siete veces de la sangre con su dedo. (15) Y degollará el cabrito de la expiación, que es del pueblo, y pondrá su sangre dentro del velo; y hará

טז

פ פ פ כט 29

א וידבר יהוה אל־משה אחרי מות שני בני אהרן בקרבתם
2 לפני־יהוה וימתו: ויאמר יהוה אל־משה דבר אל־אהרן
אחיך ואל־יבא בכל־עת אל־הקדש מבית לפרכת אל־
פני הכפרת אשר על־הארן ולא ימות כי בענן אראה
3 על־הכפרת: בזאת יבא אהרן אל־הקדש בפר בן־
4 בקר לחטאת ואיל לעלה: כתנת־בד קדש ילבש ומכנסי־
בד יהיו על־בשרו ובאבנט בד יחגר ובמצנפת בד יצנף
ה בגדי־קדש הם ורחץ במים את־בשרו ולבשם: ומאת
עדת בני ישראל יקח שני־שעירי עזים לחטאת ואיל
6 אחד לעלה: והקריב אהרן את־פר החטאת אשר־לו
7 וכפר בעדו ובעד ביתו: ולקח את־שני השעירם והעמיד
8 אתם לפני יהוה פתח אהל מועד: ונתן אהרן על־שני
השעירם גרלות גורל אחד ליהוה וגורל אחד לעזאזל:
9 והקריב אהרן את־השעיר אשר עלה עליו הגורל ליהוה
י ועשהו חטאת: והשעיר אשר עלה עליו הגורל לעזאזל
יעמד־חי לפני יהוה לכפר עליו לשלח אתו לעזאזל
11 המדברה: והקריב אהרן את־פר החטאת אשר־לו
וכפר בעדו ובעד ביתו ושחט את־פר החטאת אשר־לו:
12 ולקח מלא־המחתה גחלי־אש מעל המזבח מלפני יהוה
ומלא חפניו קטרת סמים דקה והביא מבית לפרכת:
13 ונתן את־הקטרת על־האש לפני יהוה וכסה | ענן הקטרת
14 את־הכפרת אשר על־העדות ולא ימות: ולקח מדם
הפר והזה באצבעו על־פני הכפרת קדמה ולפני הכפרת
טו יזה שבע־פעמים מן־הדם באצבעו: ושחט את־שעיר
החטאת אשר לעם והביא את־דמו אל־מבית לפרכת

4. קמץ ברביע 8. בראש עמוד כימן בי״ה שמו

וְעָשָׂה אֶת־דָּמוֹ כַּאֲשֶׁר עָשָׂה לְדַם הַפָּר וְהִזָּה אֹתוֹ עַל־
16 הַכַּפֹּרֶת וְלִפְנֵי הַכַּפֹּרֶת׃ וְכִפֶּר עַל־הַקֹּדֶשׁ מִטֻּמְאֹת בְּנֵי
יִשְׂרָאֵל וּמִפִּשְׁעֵיהֶם לְכָל־חַטֹּאתָם וְכֵן יַעֲשֶׂה לְאֹהֶל מוֹעֵד
17 הַשֹּׁכֵן אִתָּם בְּתוֹךְ טֻמְאֹתָם׃ וְכָל־אָדָם לֹא־יִהְיֶה ׀ בְּאֹהֶל
מוֹעֵד בְּבֹאוֹ לְכַפֵּר בַּקֹּדֶשׁ עַד־צֵאתוֹ וְכִפֶּר בַּעֲדוֹ וּבְעַד
18 בֵּיתוֹ וּבְעַד כָּל־קְהַל יִשְׂרָאֵל׃ וְיָצָא אֶל־הַמִּזְבֵּחַ אֲשֶׁר
לִפְנֵי־יְהוָה וְכִפֶּר עָלָיו וְלָקַח מִדַּם הַפָּר וּמִדַּם הַשָּׂעִיר
19 וְנָתַן עַל־קַרְנוֹת הַמִּזְבֵּחַ סָבִיב׃ וְהִזָּה עָלָיו מִן־הַדָּם
בְּאֶצְבָּעוֹ שֶׁבַע פְּעָמִים וְטִהֲרוֹ וְקִדְּשׁוֹ מִטֻּמְאֹת בְּנֵי יִשְׂרָאֵל׃
כ וְכִלָּה מִכַּפֵּר אֶת־הַקֹּדֶשׁ וְאֶת־אֹהֶל מוֹעֵד וְאֶת־הַמִּזְבֵּחַ
21 וְהִקְרִיב אֶת־הַשָּׂעִיר הֶחָי׃ וְסָמַךְ אַהֲרֹן אֶת־שְׁתֵּי יָדוֹ עַל־
רֹאשׁ הַשָּׂעִיר הַחַי וְהִתְוַדָּה עָלָיו אֶת־כָּל־עֲוֺנֹת בְּנֵי יִשְׂרָאֵל
וְאֶת־כָּל־פִּשְׁעֵיהֶם לְכָל־חַטֹּאתָם וְנָתַן אֹתָם עַל־רֹאשׁ
22 הַשָּׂעִיר וְשִׁלַּח בְּיַד־אִישׁ עִתִּי הַמִּדְבָּרָה׃ וְנָשָׂא הַשָּׂעִיר
עָלָיו אֶת־כָּל־עֲוֺנֹתָם אֶל־אֶרֶץ גְּזֵרָה וְשִׁלַּח אֶת־הַשָּׂעִיר
23 בַּמִּדְבָּר׃ וּבָא אַהֲרֹן אֶל־אֹהֶל מוֹעֵד וּפָשַׁט אֶת־בִּגְדֵי
24 הַבָּד אֲשֶׁר לָבַשׁ בְּבֹאוֹ אֶל־הַקֹּדֶשׁ וְהִנִּיחָם שָׁם׃ וְרָחַץ
אֶת־בְּשָׂרוֹ בַמַּיִם בְּמָקוֹם קָדוֹשׁ וְלָבַשׁ אֶת־בְּגָדָיו וְיָצָא
וְעָשָׂה אֶת־עֹלָתוֹ וְאֶת־עֹלַת הָעָם וְכִפֶּר בַּעֲדוֹ וּבְעַד הָעָם׃
כה 26 וְאֵת חֵלֶב הַחַטָּאת יַקְטִיר הַמִּזְבֵּחָה׃ וְהַמְשַׁלֵּחַ אֶת־
הַשָּׂעִיר לַעֲזָאזֵל יְכַבֵּס בְּגָדָיו וְרָחַץ אֶת־בְּשָׂרוֹ בַּמָּיִם
27 וְאַחֲרֵי־כֵן יָבוֹא אֶל־הַמַּחֲנֶה׃ וְאֵת פַּר הַחַטָּאת וְאֵת ׀
שְׂעִיר הַחַטָּאת אֲשֶׁר הוּבָא אֶת־דָּמָם לְכַפֵּר בַּקֹּדֶשׁ יוֹצִיא
אֶל־מִחוּץ לַמַּחֲנֶה וְשָׂרְפוּ בָאֵשׁ אֶת־עֹרֹתָם וְאֶת־בְּשָׂרָם
28 וְאֶת־פִּרְשָׁם׃ וְהַשֹּׂרֵף אֹתָם יְכַבֵּס בְּגָדָיו וְרָחַץ אֶת־בְּשָׂרוֹ
29 בַּמַּיִם וְאַחֲרֵי־כֵן יָבוֹא אֶל־הַמַּחֲנֶה׃ וְהָיְתָה לָכֶם לְחֻקַּת
עוֹלָם בַּחֹדֶשׁ הַשְּׁבִיעִי בֶּעָשׂוֹר לַחֹדֶשׁ תְּעַנּוּ אֶת־נַפְשֹׁתֵיכֶם

con su sangre como hizo con la sangre del toro, y rociará sobre el cobertero y delante del cobertero: (16) Y expiará sobre la santidad de las inmundicias de los hijos de Israel, y de sus rebeliones, y de todos sus pecados: y así hará a la tienda del plazo, el que mora con ellos, entre sus inmundicias.

(17) Y ningún hombre estará en la tienda del plazo, al venir para expiar en la santidad, hasta su salida, y expiará por él, y por su casa, y por toda la congregación de Israel.

(18) Y saldrá al ara que está delante del Eterno, y expiará sobre él, y tomará de la sangre del toro, y de la sangre del cabrito, y pondrá sobre los cuernos del ara, en derredor.

(19) Y rociará sobre ella de la sangre, con su dedo siete veces y limpiarla ha, y santificarla ha, de todas las inmundicias de los hijos de Israel. (20) Y acabará de expiar la santidad, y la tienda del plazo, y el ara, y hará llegar el cabrito vivo. (21) Y colocará Aarón sus dos manos sobre la cabeza del cabrito vivo, y manifestará sobre él todos los pecados de los hijos de Israel, y todas sus rebeliones, y todos sus pecados, y los pondrá sobre la cabeza del cabrito, y lo enviará, por mano de un varón aparejado, al desierto. (22) Y llevará el cabrito sobre él todos sus pecados a tierra inhabitada; y dejará ir al cabrito por el desierto.

(23) Y vendrá Aarón a la tienda del plazo, y desnudará los vestidos de lino, que vistió al venir a la santidad, y dejarlos ha, allí. (24) Y lavará su carne en las aguas en lugar santo, y vestirá sus vestidos, y saldrá, y hará su holocausto, y el holocausto del pueblo, y expiará por él y por el pueblo. (25) Y el sebo de la expiación hará quemar sobre el ara.

(26) Y el que envía el cabrito a Asasel, lavará sus vestidos, y lavará su carne en el agua, y después vendrá al real. (27) Y al toro de la expiación, y al cabrito de la expiación cuya sangre fué traída para expiar en la santidad, sacará fuera del real; y quemarán en el fuego su cuero, y su carne, y su estiércol. (28) Y el que los quema, lavará sus vestidos, y lavará su carne en el agua, y después vendrá al real.

(29) Y será para vosotros por fuero de siempre: En el mes séptimo, el diez del mes, afligiréis vuestras almas, y obra alguna no haréis vosotros, ni el

21. ידיו קרי

וְכָל־מְלָאכָה לֹא תַעֲשׂוּ הָאֶזְרָח וְהַגֵּר הַגָּר בְּתוֹכְכֶם׃
ל כִּי־בַיּוֹם הַזֶּה יְכַפֵּר עֲלֵיכֶם לְטַהֵר אֶתְכֶם מִכֹּל חַטֹּאתֵיכֶם
31 לִפְנֵי יְהוָה תִּטְהָרוּ׃ שַׁבַּת שַׁבָּתוֹן הִיא לָכֶם וְעִנִּיתֶם
32 אֶת־נַפְשֹׁתֵיכֶם חֻקַּת עוֹלָם׃ וְכִפֶּר הַכֹּהֵן אֲשֶׁר־יִמְשַׁח
אֹתוֹ וַאֲשֶׁר יְמַלֵּא אֶת־יָדוֹ לְכַהֵן תַּחַת אָבִיו וְלָבַשׁ אֶת־
33 בִּגְדֵי הַבָּד בִּגְדֵי הַקֹּדֶשׁ׃ וְכִפֶּר אֶת־מִקְדַּשׁ הַקֹּדֶשׁ וְאֶת־
אֹהֶל מוֹעֵד וְאֶת־הַמִּזְבֵּחַ יְכַפֵּר וְעַל הַכֹּהֲנִים וְעַל־כָּל־עַם
34 הַקָּהָל יְכַפֵּר׃ וְהָיְתָה־זֹּאת לָכֶם לְחֻקַּת עוֹלָם לְכַפֵּר עַל־
בְּנֵי יִשְׂרָאֵל מִכָּל־חַטֹּאתָם אַחַת בַּשָּׁנָה וַיַּעַשׂ כַּאֲשֶׁר צִוָּה
יְהוָה אֶת־מֹשֶׁה׃ פ רביעי

יז

א וַיְדַבֵּר יְהוָה אֶל־מֹשֶׁה לֵּאמֹר׃ דַּבֵּר אֶל־אַהֲרֹן וְאֶל־בָּנָיו 2
וְאֶל כָּל־בְּנֵי יִשְׂרָאֵל וְאָמַרְתָּ אֲלֵיהֶם זֶה הַדָּבָר אֲשֶׁר־
3 צִוָּה יְהוָה לֵאמֹר׃ אִישׁ אִישׁ מִבֵּית יִשְׂרָאֵל אֲשֶׁר יִשְׁחַט
שׁוֹר אוֹ־כֶשֶׂב אוֹ־עֵז בַּמַּחֲנֶה אוֹ אֲשֶׁר יִשְׁחַט מִחוּץ
4 לַמַּחֲנֶה׃ וְאֶל־פֶּתַח אֹהֶל מוֹעֵד לֹא הֱבִיאוֹ לְהַקְרִיב
קָרְבָּן לַיהוָה לִפְנֵי מִשְׁכַּן יְהוָה דָּם יֵחָשֵׁב לָאִישׁ הַהוּא
ה דָּם שָׁפָךְ וְנִכְרַת הָאִישׁ הַהוּא מִקֶּרֶב עַמּוֹ׃ לְמַעַן אֲשֶׁר
יָבִיאוּ בְּנֵי יִשְׂרָאֵל אֶת־זִבְחֵיהֶם אֲשֶׁר הֵם זֹבְחִים עַל־
פְּנֵי הַשָּׂדֶה וֶהֱבִיאֻם לַיהוָה אֶל־פֶּתַח אֹהֶל מוֹעֵד אֶל־
6 הַכֹּהֵן וְזָבְחוּ זִבְחֵי שְׁלָמִים לַיהוָה אוֹתָם׃ וְזָרַק הַכֹּהֵן
אֶת־הַדָּם עַל־מִזְבַּח יְהוָה פֶּתַח אֹהֶל מוֹעֵד וְהִקְטִיר הַחֵלֶב
7 לְרֵיחַ נִיחֹחַ לַיהוָה׃ וְלֹא־יִזְבְּחוּ עוֹד אֶת־זִבְחֵיהֶם לַשְּׂעִירִם
אֲשֶׁר הֵם זֹנִים אַחֲרֵיהֶם חֻקַּת עוֹלָם תִּהְיֶה־זֹּאת לָהֶם
8 לְדֹרֹתָם׃ וַאֲלֵהֶם תֹּאמַר אִישׁ אִישׁ מִבֵּית יִשְׂרָאֵל וּמִן־
9 הַגֵּר אֲשֶׁר־יָגוּר בְּתוֹכָם אֲשֶׁר־יַעֲלֶה עֹלָה אוֹ־זָבַח׃ וְאֶל־
פֶּתַח אֹהֶל מוֹעֵד לֹא יְבִיאֶנּוּ לַעֲשׂוֹת אֹתוֹ לַיהוָה וְנִכְרַת

arraigado, ni el peregrino que habitare entre vosotros. (30) Porque en el día este, expiaré por vosotros para limpiaros de todos vuestros pecados, delante del Eterno seréis limpios. (31) Sábado de sábados será para vosotros, y afligiréis vuestras almas; fuero para siempre. (32) Y expiará el sacerdote que ungiéronle, y que llenare su mano para servir en lugar de su padre; y vestirá vestidos de lino, vestidos de la santidad. (33) Y expiará al santuario de la santidad, y a la tienda del plazo, y al ara; y a los sacerdotes, y a todo pueblo de la congregación perdonará. (34) Y será esto para vosotros, fuero para siempre, para expiar sobre los hijos de Israel de todos sus pecados, una vez en el año.» E hizo como le encomendó el Eterno a Mosé.

XVII

(1) Y habló el Eterno a Mosé, diciendo: (2) «Habla a Aarón y a sus hijos, y a todos los hijos de Israel y les dirás: Esto es lo que encomendó el Eterno, diciendo: (3) El varón de la casa de Israel que degollare buey, o carnero, o cabra en el real, o degollare fuera del real, (4) y a la puerta de la tienda del plazo no lo trajere para ofrecer ofrenda al Eterno, delante del tabernáculo del Eterno, la sangre será imputada al varón este; sangre vertió, y será tajado el varón este de entre su pueblo: (5) Para que traigan los hijos de Israel sus sacrificios, los que ellos sacrifican sobre la faz del campo, y traerlos han, al Eterno, a la puerta de la tienda del plazo, al sacerdote, y sacrifiquen los sacrificios de paces al Eterno para ellos. (6) Y esparcirá el sacerdote la sangre sobre el ara del Eterno, a la puerta de la tienda del plazo, y hará quemar el sebo, como olor agradable al Eterno. (7) Y no sacrificarán más sus sacrificios a los demonios, porque fornicaron en pos de ellos: fuero de siempre será éste para ellos, para sus generaciones. (8) A ellos dirás: El varón, de la casa de Israel, y del peregrino que habitare entre ellos, que ofreciere holocausto o sacrificio, (9) y a la puerta de la tienda del plazo no lo trajere, por hacer ofrenda a Dios, será tajado el varón este de su pueblo.

יז 3. קמץ בז"ק 4. קמץ בז"ק

הָאִישׁ הַהוּא מֵעַמָּיו׃ וְאִישׁ אִישׁ מִבֵּית יִשְׂרָאֵל וּמִן־ י
הַגֵּר הַגָּר בְּתוֹכָם אֲשֶׁר יֹאכַל כָּל־דָּם וְנָתַתִּי פָנַי בַּנֶּפֶשׁ
הָאֹכֶלֶת אֶת־הַדָּם וְהִכְרַתִּי אֹתָהּ מִקֶּרֶב עַמָּהּ׃ כִּי־ 11
נֶפֶשׁ הַבָּשָׂר בַּדָּם הִוא וַאֲנִי נְתַתִּיו לָכֶם עַל־הַמִּזְבֵּחַ
לְכַפֵּר עַל־נַפְשֹׁתֵיכֶם כִּי־הַדָּם הוּא בַּנֶּפֶשׁ יְכַפֵּר׃ עַל־כֵּן 12
אָמַרְתִּי לִבְנֵי יִשְׂרָאֵל כָּל־נֶפֶשׁ מִכֶּם לֹא־תֹאכַל דָּם וְהַגֵּר
הַגָּר בְּתוֹכְכֶם לֹא־יֹאכַל דָּם׃ וְאִישׁ אִישׁ מִבְּנֵי יִשְׂרָאֵל 13
וּמִן־הַגֵּר הַגָּר בְּתוֹכָם אֲשֶׁר יָצוּד צֵיד חַיָּה אוֹ־עוֹף אֲשֶׁר
יֵאָכֵל וְשָׁפַךְ אֶת־דָּמוֹ וְכִסָּהוּ בֶּעָפָר׃ כִּי־נֶפֶשׁ כָּל־בָּשָׂר 14
דָּמוֹ בְנַפְשׁוֹ הוּא וָאֹמַר לִבְנֵי יִשְׂרָאֵל דַּם כָּל־בָּשָׂר לֹא
תֹאכֵלוּ כִּי נֶפֶשׁ כָּל־בָּשָׂר דָּמוֹ הִוא כָּל־אֹכְלָיו יִכָּרֵת׃
וְכָל־נֶפֶשׁ אֲשֶׁר תֹּאכַל נְבֵלָה וּטְרֵפָה בָּאֶזְרָח וּבַגֵּר וְכִבֶּס טו
בְּגָדָיו וְרָחַץ בַּמַּיִם וְטָמֵא עַד־הָעֶרֶב וְטָהֵר׃ וְאִם לֹא יְכַבֵּס 16
וּבְשָׂרוֹ לֹא יִרְחָץ וְנָשָׂא עֲוֺנוֹ׃ פ

יח

וַיְדַבֵּר יְהוָה אֶל־מֹשֶׁה לֵּאמֹר׃ דַּבֵּר אֶל־בְּנֵי יִשְׂרָאֵל א 2
וְאָמַרְתָּ אֲלֵהֶם אֲנִי יְהוָה אֱלֹהֵיכֶם׃ כְּמַעֲשֵׂה אֶרֶץ־מִצְרַיִם 3
אֲשֶׁר יְשַׁבְתֶּם־בָּהּ לֹא תַעֲשׂוּ וּכְמַעֲשֵׂה אֶרֶץ־כְּנַעַן אֲשֶׁר
אֲנִי מֵבִיא אֶתְכֶם שָׁמָּה לֹא תַעֲשׂוּ וּבְחֻקֹּתֵיהֶם לֹא תֵלֵכוּ׃
אֶת־מִשְׁפָּטַי תַּעֲשׂוּ וְאֶת־חֻקֹּתַי תִּשְׁמְרוּ לָלֶכֶת בָּהֶם אֲנִי 4
יְהוָה אֱלֹהֵיכֶם׃ וּשְׁמַרְתֶּם אֶת־חֻקֹּתַי וְאֶת־מִשְׁפָּטַי אֲשֶׁר ה
יַעֲשֶׂה אֹתָם הָאָדָם וָחַי בָּהֶם אֲנִי יְהוָה׃ ס אִישׁ אִישׁ 6
אֶל־כָּל־שְׁאֵר בְּשָׂרוֹ לֹא תִקְרְבוּ לְגַלּוֹת עֶרְוָה אֲנִי יְהוָה׃
ס עֶרְוַת אָבִיךָ וְעֶרְוַת אִמְּךָ לֹא תְגַלֵּה אִמְּךָ הִוא לֹא 7
תְגַלֶּה עֶרְוָתָהּ׃ ס עֶרְוַת אֵשֶׁת־אָבִיךָ לֹא תְגַלֵּה 8
עֶרְוַת אָבִיךָ הִוא׃ ס עֶרְוַת אֲחוֹתְךָ בַת־אָבִיךָ אוֹ 9
בַת־אִמֶּךָ מוֹלֶדֶת בַּיִת אוֹ מוֹלֶדֶת חוּץ לֹא תְגַלֶּה עֶרְוָתָן׃
ס עֶרְוַת בַּת־בִּנְךָ אוֹ בַת־בִּתְּךָ לֹא תְגַלֶּה עֶרְוָתָן כִּי י

(10) Y al varón de la casa de Israel, y del peregrino que habitare entre ellos, que comiere cualquier sangre, pondré mi rostro en el alma que comiere la sangre, y tajaréla de entre su pueblo. (11) Porque el alma de la carne, en la sangre está, y yo lo di a vosotros sobre el ara para expiar sobre vuestras almas: que la sangre es ella, por el alma expiará. (12) Por tanto, dije a los hijos de Israel: Toda alma de vosotros no comerá sangre, y el peregrino que habitare entre vosotros no comerá sangre. (13) Y el varón de los hijos de Israel, y del peregrino que habitare entre ellos, que cazare caza de animal o de ave que es de comer, verterá su sangre, y cubrirla ha, con polvo. (14) Porque el alma de toda carne, es su sangre y en su alma está; y dije a los hijos de Israel: la sangre de toda carne no comáis, porque el alma de toda carne es su sangre; todo el que comiere, será tajado. (15) Y toda alma que comiere cuerpo muerto, o presa, el natural como el peregrino, lavará sus vestidos, y lavarse ha, en agua, y será inmundo hasta la tarde; y limpiarse ha. (16) Y si no lavare sus vestidos y su carne no lavare, llevará su pecado.»

XVIII

(1) Y habló el Eterno a Mosé, diciendo: (2) «Habla a los hijos de Israel, y dirás a ellos: Yo soy el Eterno, vuestro Dios. (3) Obra como la de la tierra de Egipto, en la cual estuvisteis, no hagáis, y como la obra de la tierra de Kenáan, a la que yo os llevo, no hagáis. Y en sus fueros no andéis. (4) Y mis juicios haréis, y mis fueros guardaréis, por andar en ellos: Yo soy el Eterno, vuestro Dios. (5) Y guardaréis mis fueros y mis juicios, que harálos el hombre, y vivirá en ellos: Yo soy el Eterno.

(6) El varón a todo cercano de su sangre, no llegará para descubrir la desnudez: Yo soy el Eterno. (7) Desnudez de tu padre, y desnudez de tu madre, no descubras: tu madre es ella, no descubras su desnudez. (8) Desnudez de la mujer de tu padre no descubras; desnudez de tu padre es ella. (9) Desnudez de tu hermana, hija de tu padre, o hija de tu madre, nacida de casa, y nacida de fuera, no descubras su desnudez. (10) Desnudez de la hija de tu hijo, o hija

11 עֶרְוָתְךָ הֵנָּה׃ ס עֶרְוַת בַּת־אֵשֶׁת אָבִיךָ מוֹלֶדֶת
12 אָבִיךָ אֲחוֹתְךָ הִוא לֹא תְגַלֶּה עֶרְוָתָהּ׃ ס עֶרְוַת
13 אֲחוֹת־אָבִיךָ לֹא תְגַלֵּה שְׁאֵר אָבִיךָ הִוא׃ ס עֶרְוַת
14 אֲחוֹת־אִמְּךָ לֹא תְגַלֵּה כִּי־שְׁאֵר אִמְּךָ הִוא׃ ס עֶרְוַת
אֲחִי־אָבִיךָ לֹא תְגַלֵּה אֶל־אִשְׁתּוֹ לֹא תִקְרָב דֹּדָתְךָ הִוא׃
טו ס עֶרְוַת כַּלָּתְךָ לֹא תְגַלֵּה אֵשֶׁת בִּנְךָ הִוא לֹא תְגַלֶּה
16 עֶרְוָתָהּ׃ ס עֶרְוַת אֵשֶׁת־אָחִיךָ לֹא תְגַלֵּה עֶרְוַת
17 אָחִיךָ הוּא׃ ס עֶרְוַת אִשָּׁה וּבִתָּהּ לֹא תְגַלֵּה אֶת־
בַּת־בְּנָהּ וְאֶת־בַּת־בִּתָּהּ לֹא תִקַּח לְגַלּוֹת עֶרְוָתָהּ שַׁאֲרָה
18 הֵנָּה זִמָּה הִוא׃ וְאִשָּׁה אֶל־אֲחֹתָהּ לֹא תִקָּח לִצְרֹר לְגַלּוֹת
19 עֶרְוָתָהּ עָלֶיהָ בְּחַיֶּיהָ׃ וְאֶל־אִשָּׁה בְּנִדַּת טֻמְאָתָהּ לֹא תִקְרַב
כ לְגַלּוֹת עֶרְוָתָהּ׃ וְאֶל־אֵשֶׁת עֲמִיתְךָ לֹא־תִתֵּן שְׁכָבְתְּךָ
21 לְזָרַע לְטָמְאָה־בָהּ׃ וּמִזַּרְעֲךָ לֹא־תִתֵּן לְהַעֲבִיר לַמֹּלֶךְ וְלֹא
22 תְחַלֵּל אֶת־שֵׁם אֱלֹהֶיךָ אֲנִי יְהוָה׃ פ וְאֶת־זָכָר לֹא תִשְׁכַּב
23 מִשְׁכְּבֵי אִשָּׁה תּוֹעֵבָה הִוא׃ וּבְכָל־בְּהֵמָה לֹא־תִתֵּן שְׁכָבְתְּךָ
לְטָמְאָה־בָהּ וְאִשָּׁה לֹא־תַעֲמֹד לִפְנֵי בְהֵמָה לְרִבְעָהּ תֶּבֶל
24 הוּא׃ אַל־תִּטַּמְּאוּ בְּכָל־אֵלֶּה כִּי בְכָל־אֵלֶּה נִטְמְאוּ הַגּוֹיִם
כה אֲשֶׁר־אֲנִי מְשַׁלֵּחַ מִפְּנֵיכֶם׃ וַתִּטְמָא הָאָרֶץ וָאֶפְקֹד עֲוֺנָהּ
26 עָלֶיהָ וַתָּקִא הָאָרֶץ אֶת־יֹשְׁבֶיהָ׃ וּשְׁמַרְתֶּם אַתֶּם אֶת־חֻקֹּתַי
וְאֶת־מִשְׁפָּטַי וְלֹא תַעֲשׂוּ מִכֹּל הַתּוֹעֵבֹת הָאֵלֶּה הָאֶזְרָח
27 וְהַגֵּר הַגָּר בְּתוֹכְכֶם׃ כִּי אֶת־כָּל־הַתּוֹעֵבֹת הָאֵל עָשׂוּ אַנְשֵׁי־
28 הָאָרֶץ אֲשֶׁר לִפְנֵיכֶם וַתִּטְמָא הָאָרֶץ׃ פ וְלֹא־תָקִיא הָאָרֶץ
אֶתְכֶם בְּטַמַּאֲכֶם אֹתָהּ כַּאֲשֶׁר קָאָה אֶת־הַגּוֹי אֲשֶׁר
29 לִפְנֵיכֶם׃ כִּי כָּל־אֲשֶׁר יַעֲשֶׂה מִכֹּל הַתּוֹעֵבֹת הָאֵלֶּה וְנִכְרְתוּ
ל הַנְּפָשׁוֹת הָעֹשֹׂת מִקֶּרֶב עַמָּם׃ וּשְׁמַרְתֶּם אֶת־מִשְׁמַרְתִּי
לְבִלְתִּי עֲשׂוֹת מֵחֻקּוֹת הַתּוֹעֵבֹת אֲשֶׁר נַעֲשׂוּ לִפְנֵיכֶם וְלֹא
תִטַּמְּאוּ בָּהֶם אֲנִי יְהוָה אֱלֹהֵיכֶם׃

de tu hija, no descubras su desnudez, porque tu desnudez es ella. (11) Desnudez de la hija de la mujer de tu padre, engendrada de tu padre, tu hermana es ella, no descubras su desnudez. (12) Desnudez de la hermana de tu padre no descubras: pariente de tu padre es ella. (13) Desnudez de la hermana de tu madre no descubras, porque parienta de tu madre es ella. (14) Desnudez del hermano de tu padre no descubras, a su mujer no llegues: tu tía es ella. (15) Desnudez de tu nuera no descubras, la mujer de tu hijo es ella, no descubras su desnudez. (16) Desnudez de la mujer de tu hermano no descubras: Desnudez de tu hermano es ella. (17) Desnudez de la mujer y su hija no descubras: la hija de su hijo, y la hija de su hija, no tomares para descubrir su desnudez: parientes son ellas, maldad es. (18) Y mujer con su hermana no tomes, para complacer, por descubrir su desnudez sobre ella en su vida. (19) Y a mujer en apartamiento de su inmundicia, no llegues para descubrir su desnudez. (20) Y a mujer de tu compañero no des tu yacida por simiente, para ensuciarte en ella. (21) Y de tu simiente no des para hacer pasar a Mólej; y no profanes el nombre de tu Dios: Yo soy el Eterno. (22) Y con varón, no yacerás yacida de mujer: abominación es ello. (23) Y a toda bestia no des tu yacida para ensuciarte en ella; y mujer no esté delante de bestia a su yacida; mixtura es ella.

(24) No os ensuciéis en todo esto; que en todo esto fueron inmundas las gentes que yo hago ir delante de vosotros. (25) Y ensucióse la tierra; y recordé su pecado sobre ella; y vomitó la tierra a sus moradores. (26) Y guardaréis mis fueros y mis juicios, y no haréis de todas las abominaciones estas, ni el arraigado ni el peregrino que habitare entre vosotros. (27) Porque todas las abominaciones estas hicieron los varones de la tierra, que fueron antes de vosotros, y ensucióse la tierra. (28) Y no vomitará la tierra a vosotros, en vuestro ensuciar a ella, como vomitó a la gente que fué antes de vosotros. (29) Porque todo el que hiciere de todas las abominaciones estas, serán tajadas las almas que lo hicieren, de entre su pueblo.

(30) Y guardaréis mi guarda, por no hacer de los fueros de las abominaciones que fueron hechas antes de vosotros, y no os ensuciéis con ellas: Yo soy el Eterno, vuestro Dios.»

14. קמץ בז״ק 27. סבירין האלה

יט

פ פ - פ ל 30

וידבר יהוה אל־משה לאמר׃ דבר אל־כל־עדת בני־ א
ישראל ואמרת אלהם קדשים תהיו כי קדוש אני יהוה
אלהיכם׃ איש אמו ואביו תיראו ואת־שבתתי תשמרו 3
אני יהוה אלהיכם׃ אל־תפנו אל־האלילם ואלהי מסכה 4
לא תעשו לכם אני יהוה אלהיכם׃ וכי תזבחו זבח ה
שלמים ליהוה לרצנכם תזבחהו׃ ביום זבחכם יאכל 6
וממחרת והנותר עד־יום השלישי באש ישרף׃ ואם 7
האכל יאכל ביום השלישי פגול הוא לא ירצה׃ ואכליו 8
עונו ישא כי־את־קדש יהוה חלל ונכרתה הנפש ההוא
מעמיה׃ ובקצרכם את־קציר ארצכם לא תכלה פאת 9
שדך לקצר ולקט קצירך לא תלקט׃ וכרמך לא תעולל י
ופרט כרמך לא תלקט לעני ולגר תעזב אתם אני יהוה
אלהיכם׃ לא תגנבו ולא־תכחשו ולא־תשקרו איש 11
בעמיתו׃ ולא־תשבעו בשמי לשקר וחללת את־שם 12
אלהיך אני יהוה׃ לא־תעשק את־רעך ולא תגזל לא־ 13
תלין פעלת שכיר אתך עד־בקר׃ לא־תקלל חרש ולפני 14
עור לא תתן מכשל ויראת מאלהיך אני יהוה׃ לא־תעשו טו
עול במשפט לא־תשא פני־דל ולא תהדר פני גדול
בצדק תשפט עמיתך׃ לא־תלך רכיל בעמיך לא תעמד 16
על־דם רעך אני יהוה׃ לא־תשנא את־אחיך בלבבך 17
הוכח תוכיח את־עמיתך ולא־תשא עליו חטא׃ לא־ 18
תקם ולא־תטר את־בני עמך ואהבת לרעך כמוך אני
יהוה׃ את־חקתי תשמרו בהמתך לא־תרביע כלאים 19
שדך לא־תזרע כלאים ובגד כלאים שעטנז לא יעלה
עליך׃ ואיש כי־ישכב את־אשה שכבת־זרע והוא שפחה כ
נחרפת לאיש והפדה לא נפדתה או חפשה לא נתן־

XIX

(30) KEDOSIM

(1) Y habló el Eterno a Mosé, diciendo: (2) «Habla a toda la congregación de los hijos de Israel, y les dirás: Santos seréis, que santo soy yo, el Eterno, vuestro Dios. (3) Cada uno: a su madre y a su padre temeréis, y mis sábados guardaréis: Yo soy el Eterno, vuestro Dios. (4) No catéis a los ídolos, y dioses de fundición no hagáis para vosotros: Yo soy el Eterno, vuestro Dios. (5) Y cuando sacrificareis sacrificios de paces al Eterno, por vuestra voluntad lo sacrificaréis. (6) En el día de vuestro sacrificar será comido, y también al otro día: Y el remanente hasta el día tercero, en el fuego será quemado. (7) Y si comer, fuere comido en el día tercero, será dañado, no será aceptado: (8) Y el que lo comiere su pecado llevará, porque la santidad del Eterno profanó; y será tajada el alma esta de sus pueblos. (9) Y en vuestro segar, la siega de vuestra tierra, no acabes de segar el rincón de tu campo, y el recogimiento de tu tierra segada, no recojas. (10) Y tu viña no rebusques, y el grano de tu viña no recojas, para el pobre y el peregrino los dejarás. Yo soy el Eterno, vuestro Dios. (11) No hurtéis, y no engañéis, y no falseéis varón, a su compañero. (12) Y no juréis en mi nombre en falso, profanando el nombre de tu Dios. Yo soy el Eterno. (13) No sobrefuerces a tu compañero, y no robes. No quede salario del jornalero contigo hasta la mañana. (14) No maldigas al sordo, y delante del ciego no pongas tropiezo, y temerás a tu Dios: Yo soy el Eterno. (15) No hagáis agravio en el juicio, no recibas la faz del mendigo, y no honres el rostro del grande, con justicia juzgarás a tu compañero. (16) No andarás con chismes en tu pueblo. No te pares contar la sangre de tu compañero: Yo soy el Eterno. (17) No aborrezcas a tu hermano en tu corazón: reprender, reprenderás a tu compañero, y no llevarás por él pecado. (18) No te vengues y no guardes odio a los hijos de tu pueblo, y amarás a tu compañero como a ti. Yo soy el Eterno. (19) Mis fueros guardaréis. A tu bestia no hagas yacer en mixturas, tu campo no siembres con mixturas y paño de mixturas no te pongas. (20) Y el varón que yaciere con una mujer, yacida de semen, y ella fuere sierva desposada con varón, y redimir no fuere redimida, y libertad no fuere dada a ella, azotado será; no morirá, porque no fué libertada. (21) Y llevará su culpa a Dios, a la puerta de la tienda

21 לה בקרת תהיה לא יומתו כי לא חפשה: והביא את
22 אשמו ליהוה אל פתח אהל מועד איל אשם: וכפר
עליו הכהן באיל האשם לפני יהוה על חטאתו אשר
חטא ונסלח לו מחטאתו אשר חטא: פ שלישי
23 וכי תבאו אל הארץ ונטעתם כל עץ מאכל וערלתם
ערלתו את פריו שלש שנים יהיה לכם ערלים לא יאכל:
24 ובשנה הרביעת יהיה כל פריו קדש הלולים ליהוה:
כה ובשנה החמישת תאכלו את פריו להוסיף לכם תבואתו
26 אני יהוה אלהיכם: לא תאכלו על הדם לא תנחשו
27 ולא תעוננו: לא תקפו פאת ראשכם ולא תשחית את
28 פאת זקנך: ושרט לנפש לא תתנו בבשרכם וכתבת
29 קעקע לא תתנו בכם אני יהוה: אל תחלל את בתך
ל להזנותה ולא תזנה הארץ ומלאה הארץ זמה: את
31 שבתתי תשמרו ומקדשי תיראו אני יהוה: אל תפנו
אל האבת ואל הידענים אל תבקשו לטמאה בהם אני
32 יהוה אלהיכם: מפני שיבה תקום והדרת פני זקן ויראת
33 מאלהיך אני יהוה: ס וכי יגור אתך גר בארצכם לא
34 תונו אתו: כאזרח מכם יהיה לכם הגר הגר אתכם
ואהבת לו כמוך כי גרים הייתם בארץ מצרים אני יהוה
לה אלהיכם: לא תעשו עול במשפט במדה במשקל
36 ובמשורה: מאזני צדק אבני צדק איפת צדק והין צדק
יהיה לכם אני יהוה אלהיכם אשר הוצאתי אתכם מארץ
37 מצרים: ושמרתם את כל חקתי ואת כל משפטי
ועשיתם אתם אני יהוה: פ חמישי

כ

א 2 וידבר יהוה אל משה לאמר: ואל בני ישראל תאמר
איש איש מבני ישראל ומן הגר הגר בישראל אשר
יתן מזרעו למלך מות יומת עם הארץ ירגמהו באבן:

del plazo, un carnero de culpa. (22) Y expiará por él, el sacerdote, con un carnero de culpa, delante del Eterno, por el pecado que cometió: y será perdonado a él su pecado que cometió.

(23) Y cuando viniereis a la tierra, y plantareis todo árbol, de comer, y cerrareis su cerradura a sus frutos, tres años serán para vosotros cerrados, y no serán comidos. (24) Y en el año cuarto, será todo su fruto santidad de loores al Eterno. (25) Y en el año quinto comeréis de su fruto, para hacer añadir a vosotros, su renuevo: Yo soy el Eterno, vuestro Dios. (26) No comáis sobre la sangre. No adivinéis, y no agoréis. (27) No cortéis el cabello en redondo en la extremidad de vuestra cabeza y no dañes la extremidad de vuestra barba. (28) Y rasguño por alma no hagáis en vuestra carne, y tatuaje no hagáis en vosotros: Yo soy el Eterno. (29) No profanes tu hija para hacerla errar, y que no yerre la tierra, y que no se llene la tierra de malhechoría.

(30) Mis sábados guardaréis, y mis santuarios temeréis: Yo soy el Eterno. (31) No catéis a los magos y a los adivinos: no busquéis ser inmundos con ellos: Yo soy el Eterno, vuestro Dios. (32) Delante de las canas te levantarás y honrarás el rostro del viejo, y temerás a tu Dios: Yo soy el Eterno. (33) Y cuando habitare contigo peregrino en vuestra tierra, no engañéis a él. (34) Como arraigado de vosotros, será el peregrino que habitare con vosotros; y le amarás como a ti; porque peregrinos fuisteis en la tierra de Egipto: Yo soy el Eterno, vuestro Dios. (35) No hagáis entuerto en el juicio, en la medida, en el peso, y en la mensura. (36) Balanzas de justicia, piedras de justicia, efa de justicia, y medida de justicia serán para vosotros: Yo soy el Eterno, vuestro Dios, que os saqué de la tierra de Egipto. (37) Y guardaréis todos mis fueros, y todos mis juicios, y los haréis: Yo soy el Eterno.»

XX

(1) Y habló el Eterno a Mosé, diciendo: (2) «Y a los hijos de Israel dirás: El varón, el varón de los hijos de Israel, y del peregrino que habitare en Israel, que diere su simiente a Mólej, matar, será matado: el pueblo de la

3 וַאֲנִי אֶתֵּן אֶת־פָּנַי בָּאִישׁ הַהוּא וְהִכְרַתִּי אֹתוֹ מִקֶּרֶב עַמּוֹ
כִּי מִזַּרְעוֹ נָתַן לַמֹּלֶךְ לְמַעַן טַמֵּא אֶת־מִקְדָּשִׁי וּלְחַלֵּל אֶת־
4 שֵׁם קָדְשִׁי׃ וְאִם הַעְלֵם יַעְלִימוּ עַם הָאָרֶץ אֶת־עֵינֵיהֶם
מִן־הָאִישׁ הַהוּא בְּתִתּוֹ מִזַּרְעוֹ לַמֹּלֶךְ לְבִלְתִּי הָמִית אֹתוֹ׃
ה וְשַׂמְתִּי אֲנִי אֶת־פָּנַי בָּאִישׁ הַהוּא וּבְמִשְׁפַּחְתּוֹ וְהִכְרַתִּי
אֹתוֹ וְאֵת ׀ כָּל־הַזֹּנִים אַחֲרָיו לִזְנוֹת אַחֲרֵי הַמֹּלֶךְ מִקֶּרֶב
6 עַמָּם׃ וְהַנֶּפֶשׁ אֲשֶׁר תִּפְנֶה אֶל־הָאֹבֹת וְאֶל־הַיִּדְּעֹנִים
לִזְנֹת אַחֲרֵיהֶם וְנָתַתִּי אֶת־פָּנַי בַּנֶּפֶשׁ הַהִוא וְהִכְרַתִּי אֹתוֹ
7 מִקֶּרֶב עַמּוֹ׃ וְהִתְקַדִּשְׁתֶּם וִהְיִיתֶם קְדֹשִׁים כִּי אֲנִי יְהוָה
8 אֱלֹהֵיכֶם׃ וּשְׁמַרְתֶּם אֶת־חֻקֹּתַי וַעֲשִׂיתֶם אֹתָם אֲנִי יְהוָה
9 מְקַדִּשְׁכֶם׃ כִּי־אִישׁ אִישׁ אֲשֶׁר יְקַלֵּל אֶת־אָבִיו וְאֶת־אִמּוֹ
י מוֹת יוּמָת אָבִיו וְאִמּוֹ קִלֵּל דָּמָיו בּוֹ׃ וְאִישׁ אֲשֶׁר יִנְאַף
אֶת־אֵשֶׁת אִישׁ אֲשֶׁר יִנְאַף אֶת־אֵשֶׁת רֵעֵהוּ מוֹת־יוּמַת
11 הַנֹּאֵף וְהַנֹּאָפֶת׃ וְאִישׁ אֲשֶׁר יִשְׁכַּב אֶת־אֵשֶׁת אָבִיו עֶרְוַת
12 אָבִיו גִּלָּה מוֹת־יוּמְתוּ שְׁנֵיהֶם דְּמֵיהֶם בָּם׃ וְאִישׁ אֲשֶׁר
יִשְׁכַּב אֶת־כַּלָּתוֹ מוֹת יוּמְתוּ שְׁנֵיהֶם תֶּבֶל עָשׂוּ דְּמֵיהֶם
13 בָּם׃ וְאִישׁ אֲשֶׁר יִשְׁכַּב אֶת־זָכָר מִשְׁכְּבֵי אִשָּׁה תּוֹעֵבָה
14 עָשׂוּ שְׁנֵיהֶם מוֹת יוּמָתוּ דְּמֵיהֶם בָּם׃ וְאִישׁ אֲשֶׁר יִקַּח
אֶת־אִשָּׁה וְאֶת־אִמָּהּ זִמָּה הִוא בָּאֵשׁ יִשְׂרְפוּ אֹתוֹ וְאֶתְהֶן
טו וְלֹא־תִהְיֶה זִמָּה בְּתוֹכְכֶם׃ וְאִישׁ אֲשֶׁר יִתֵּן שְׁכָבְתּוֹ
16 בִּבְהֵמָה מוֹת יוּמָת וְאֶת־הַבְּהֵמָה תַּהֲרֹגוּ׃ וְאִשָּׁה אֲשֶׁר
תִּקְרַב אֶל־כָּל־בְּהֵמָה לְרִבְעָה אֹתָהּ וְהָרַגְתָּ אֶת־הָאִשָּׁה
17 וְאֶת־הַבְּהֵמָה מוֹת יוּמָתוּ דְּמֵיהֶם בָּם׃ וְאִישׁ אֲשֶׁר־יִקַּח
אֶת־אֲחֹתוֹ בַּת־אָבִיו אוֹ־בַת־אִמּוֹ וְרָאָה אֶת־עֶרְוָתָהּ וְהִיא
תִרְאֶה אֶת־עֶרְוָתוֹ חֶסֶד הוּא וְנִכְרְתוּ לְעֵינֵי בְּנֵי עַמָּם
18 עֶרְוַת אֲחֹתוֹ גִּלָּה עֲוֺנוֹ יִשָּׂא׃ וְאִישׁ אֲשֶׁר־יִשְׁכַּב אֶת־אִשָּׁה
דָּוָה וְגִלָּה אֶת־עֶרְוָתָהּ אֶת־מְקֹרָהּ הֶעֱרָה וְהִיא גִּלְּתָה אֶת־
19 מְקוֹר דָּמֶיהָ וְנִכְרְתוּ שְׁנֵיהֶם מִקֶּרֶב עַמָּם׃ וְעֶרְוַת אֲחוֹת

tierra lo apedreará con piedras.
(3) Y yo enviaré mis iras sobre
el varón este, y tajaréle de entre su pueblo; porque de su simiente dió a Mólej, para manchar mi santuario, y para profanar el nombre de mi santidad.
(4) Y si encubrir, encubriere el pueblo de la tierra sus ojos del varón este, en su dar de su simiente a Mólej, por no matarle,
(5) pondré yo mis iras en el varón este y en su linaje, y tajaréle y a todos los que erraron tras él, por errar tras el Mólej, de entre su pueblo.
(6) Y el alma que catare a los magos, y a los adivinos, por errar tras ellos, pondré mi ira en el alma esta, y tajaréla de entre su pueblo.
(7) Y santificaos vosotros, y seréis santos, que yo soy el Eterno, vuestro Dios.
(8) Y guardaréis mis fueros, y los haréis: Yo soy el Eterno, vuestro santificador.

(9) Porque el varón, el varón que maldijere a su padre, y a su madre, matar, será matado: a su padre y a su madre maldijo; ¡su sangre está sobre él!
(10) Y si el varón fornicare con la mujer de otro varón, que fornicare con la mujer de su compañero, matar, serán matados, el adúltero y la adúltera.
(11) Y si el varón yaciere con la mujer de su padre, que la desnudez de su padre descubrió, matar, serán matados ambos; ¡su sangre será sobre ellos!
(12) Y si el varón yaciere con su nuera, matar, serán matados ambos, mixtura hicieron; ¡su sangre será sobre ellos!
(13) Y si el hombre yaciere con otro varón, yacida de mujer, abominación hicieron: ambos, matar, serán matados, ¡su sangre será sobre ellos!
(14) Y si el varón tomare a una mujer y a su madre, malhechoría es ella: en el fuego quemarán a él y a ellas; y no habrá malhechoría entre vosotros.
(15) Y si el varón diere su yacida a una bestia, matar, será matado, y a la bestia mataréis.
(16) Y si la mujer llegare a una bestia, para yacer con ella, mataréis a la mujer y a la bestia, matar, serán matados; ¡su sangre será sobre ellos!
(17) Y el varón que tomare a su hermana, hija de su padre o hija de su madre, y viere su desnudez, y ella viere su desnudez, cosa execrable es; y serán tajados a los ojos de su pueblo: la desnudez de su hermana descubrió: su pecado llevará.
(18) Y si el varón yaciere con una mujer menstruosa, y descubriese su desnudez, su fuente descubrió, y ella descubrió la fuente de su sangre: y serán tajados ambos de entre su pueblo.
(19) Y la desnudez de la

אִמְּךָ וַאֲחוֹת אָבִיךָ לֹא תְגַלֵּה כִּי אֶת־שְׁאֵרוֹ הֶעֱרָה עֲוֺנָם
כ יִשָּׂאוּ׃ וְאִישׁ אֲשֶׁר יִשְׁכַּב אֶת־דֹּדָתוֹ עֶרְוַת דֹּדוֹ גִּלָּה
21 חֶטְאָם יִשָּׂאוּ עֲרִירִים יָמֻתוּ׃ וְאִישׁ אֲשֶׁר יִקַּח אֶת־אֵשֶׁת
22 אָחִיו נִדָּה הִוא עֶרְוַת אָחִיו גִּלָּה עֲרִירִים יִהְיוּ׃ וּשְׁמַרְתֶּם
אֶת־כָּל־חֻקֹּתַי וְאֶת־כָּל־מִשְׁפָּטַי וַעֲשִׂיתֶם אֹתָם וְלֹא־תָקִיא
אֶתְכֶם הָאָרֶץ אֲשֶׁר אֲנִי מֵבִיא אֶתְכֶם שָׁמָּה לָשֶׁבֶת בָּהּ׃
23 וְלֹא תֵלְכוּ בְּחֻקֹּת הַגּוֹי אֲשֶׁר־אֲנִי מְשַׁלֵּחַ מִפְּנֵיכֶם כִּי
24 אֶת־כָּל־אֵלֶּה עָשׂוּ וָאָקֻץ בָּם׃ וָאֹמַר לָכֶם אַתֶּם תִּירְשׁוּ
אֶת־אַדְמָתָם וַאֲנִי אֶתְּנֶנָּה לָכֶם לָרֶשֶׁת אֹתָהּ אֶרֶץ זָבַת
חָלָב וּדְבָשׁ אֲנִי יְהוָה אֱלֹהֵיכֶם אֲשֶׁר־הִבְדַּלְתִּי אֶתְכֶם
כה מִן־הָעַמִּים׃ וְהִבְדַּלְתֶּם בֵּין־הַבְּהֵמָה הַטְּהֹרָה לַטְּמֵאָה
וּבֵין־הָעוֹף הַטָּמֵא לַטָּהֹר וְלֹא־תְשַׁקְּצוּ אֶת־נַפְשֹׁתֵיכֶם
בַּבְּהֵמָה וּבָעוֹף וּבְכֹל אֲשֶׁר תִּרְמֹשׂ הָאֲדָמָה אֲשֶׁר־הִבְדַּלְתִּי
26 לָכֶם לְטַמֵּא׃ וִהְיִיתֶם לִי קְדֹשִׁים כִּי קָדוֹשׁ אֲנִי יְהוָה
27 וָאַבְדִּל אֶתְכֶם מִן־הָעַמִּים לִהְיוֹת לִי׃ וְאִישׁ אוֹ־אִשָּׁה כִּי־
יִהְיֶה בָהֶם אוֹב אוֹ יִדְּעֹנִי מוֹת יוּמָתוּ בָּאֶבֶן יִרְגְּמוּ אֹתָם
דְּמֵיהֶם בָּם׃

כא

פ פ פ לא 31

א וַיֹּאמֶר יְהוָה אֶל־מֹשֶׁה אֱמֹר אֶל־הַכֹּהֲנִים בְּנֵי אַהֲרֹן
2 וְאָמַרְתָּ אֲלֵהֶם לְנֶפֶשׁ לֹא־יִטַּמָּא בְּעַמָּיו׃ כִּי אִם־לִשְׁאֵרוֹ
3 הַקָּרֹב אֵלָיו לְאִמּוֹ וּלְאָבִיו וְלִבְנוֹ וּלְבִתּוֹ וּלְאָחִיו׃ וְלַאֲחֹתוֹ
הַבְּתוּלָה הַקְּרוֹבָה אֵלָיו אֲשֶׁר לֹא־הָיְתָה לְאִישׁ לָהּ יִטַּמָּא׃
4 ה לֹא יִטַּמָּא בַּעַל בְּעַמָּיו לְהֵחַלּוֹ׃ לֹא־יִקְרְחָה קָרְחָה בְּרֹאשָׁם
וּפְאַת זְקָנָם לֹא יְגַלֵּחוּ וּבִבְשָׂרָם לֹא יִשְׂרְטוּ שָׂרָטֶת׃
6 קְדֹשִׁים יִהְיוּ לֵאלֹהֵיהֶם וְלֹא יְחַלְּלוּ שֵׁם אֱלֹהֵיהֶם כִּי
אֶת־אִשֵּׁי יְהוָה לֶחֶם אֱלֹהֵיהֶם הֵם מַקְרִיבִם וְהָיוּ קֹדֶשׁ׃

hermana de vuestra madre, y de la hermana de vuestro padre, no descubras que su pariente descubrió, su pecado llevarán. (20) Y el varón que yaciere con su tía, la desnudez de su tío descubrió; su pecado llevarán, solos morirán. (21) Y el varón que tomare a la mujer de su hermano, apartada ella; la desnudez de su hermano descubrió; solos serán.

(22) Y guardaréis todos mis fueros y todos mis juicios, y los haréis: y no os vomitará la tierra, que yo os traigo allí, para estar en ella. (23) Y no andéis en los fueros de las gentes que yo hago echar delante de vosotros; porque todo esto hicieron y aborrecí a ellos. (24) Y os dije: Vosotros heredaréis su tierra, y yo la daré a vosotros para heredarla, tierra manante de leche y miel: Yo soy el Eterno, vuestro Dios, que aparté a vosotros de los pueblos. (25) Y apartaréis entre la bestia limpia y la inmunda, y entre el ave inmunda y la limpia: y no contaminéis a vuestras almas en la bestia, en el ave, y en todo lo que se arrastre sobre la tierra, que aparté a vosotros para que fuereis inmundos. (26) Y seréis para mí santos, porque santo soy yo, el Eterno, y apartaré a vosotros de los pueblos, para que seáis para mí.

(27) Y varón o mujer que fuere en ellos, mago o adivino, matar, serán matados: con la piedra los apedrearán; ¡su sangre será sobre ellos!»

XXI

(31) EMOR

(1) Y dijo el Eterno a Mosé: «Habla a los sacerdotes, hijos de Aarón, y les dirás, que por un muerto no se hará inmundo, en sus pueblos. (2) Que salvo por un pariente cercano, por su madre, y por su padre, y por su hijo, y por su hija, y por su hermano, (3) y por su hermana, virgen, cercana a él, que no estuvo con varón, por ella, se harán inmundos. (4) No se hará inmundo el marido en su pueblo para ser profanado. (5) No pelarán tonsura en su cabeza, ni el extremo de su barba trasquilarán, y en su carne no harán rasguños. (6) Santos serán para su Dios, y no profanarán el nombre de su Dios; que ofrendas del Eterno, pan de su Dios, ellos ofrendan, y serán santidad. (7) Mujer ramera o profana no tomarán, ni mujer repudiada de su marido

כא 5. יקרחו ק׳

אִשָּׁה זֹנָה וַחֲלָלָה לֹא יִקָּחוּ וְאִשָּׁה גְּרוּשָׁה מֵאִישָׁהּ לֹא 7
יִקָּחוּ כִּי־קָדֹשׁ הוּא לֵאלֹהָיו׃ וְקִדַּשְׁתּוֹ כִּי אֶת־לֶחֶם אֱלֹהֶיךָ 8
הוּא מַקְרִיב קָדֹשׁ יִהְיֶה־לָּךְ כִּי קָדוֹשׁ אֲנִי יְהוָה מְקַדִּשְׁכֶם׃
וּבַת אִישׁ כֹּהֵן כִּי תֵחֵל לִזְנוֹת אֶת־אָבִיהָ הִיא מְחַלֶּלֶת 9
בָּאֵשׁ תִּשָּׂרֵף׃ ס וְהַכֹּהֵן הַגָּדוֹל מֵאֶחָיו אֲשֶׁר־יוּצַק י
עַל־רֹאשׁוֹ ׀ שֶׁמֶן הַמִּשְׁחָה וּמִלֵּא אֶת־יָדוֹ לִלְבֹּשׁ אֶת־
הַבְּגָדִים אֶת־רֹאשׁוֹ לֹא יִפְרָע וּבְגָדָיו לֹא יִפְרֹם׃ וְעַל 11
כָּל־נַפְשֹׁת מֵת לֹא יָבֹא לְאָבִיו וּלְאִמּוֹ לֹא יִטַּמָּא׃ וּמִן 12
הַמִּקְדָּשׁ לֹא יֵצֵא וְלֹא יְחַלֵּל אֵת מִקְדַּשׁ אֱלֹהָיו כִּי נֵזֶר
שֶׁמֶן מִשְׁחַת אֱלֹהָיו עָלָיו אֲנִי יְהוָה׃ וְהוּא אִשָּׁה בִבְתוּלֶיהָ 13
יִקָּח׃ אַלְמָנָה וּגְרוּשָׁה וַחֲלָלָה זֹנָה אֶת־אֵלֶּה לֹא יִקָּח 14
כִּי אִם־בְּתוּלָה מֵעַמָּיו יִקַּח אִשָּׁה׃ וְלֹא־יְחַלֵּל זַרְעוֹ בְּעַמָּיו טו
כִּי אֲנִי יְהוָה מְקַדְּשׁוֹ׃ ס וַיְדַבֵּר יְהוָה אֶל־מֹשֶׁה 16
לֵּאמֹר׃ דַּבֵּר אֶל־אַהֲרֹן לֵאמֹר אִישׁ מִזַּרְעֲךָ לְדֹרֹתָם אֲשֶׁר 17
יִהְיֶה בוֹ מוּם לֹא יִקְרַב לְהַקְרִיב לֶחֶם אֱלֹהָיו׃ כִּי כָל־ 18
אִישׁ אֲשֶׁר־בּוֹ מוּם לֹא יִקְרָב אִישׁ עִוֵּר אוֹ פִסֵּחַ אוֹ חָרֻם
אוֹ שָׂרוּעַ׃ אוֹ אִישׁ אֲשֶׁר־יִהְיֶה בוֹ שֶׁבֶר רָגֶל אוֹ שֶׁבֶר 19
יָד׃ אוֹ־גִבֵּן אוֹ־דַק אוֹ תְּבַלֻּל בְּעֵינוֹ אוֹ גָרָב אוֹ יַלֶּפֶת כ
אוֹ מְרוֹחַ אָשֶׁךְ׃ כָּל־אִישׁ אֲשֶׁר־בּוֹ מוּם מִזֶּרַע אַהֲרֹן 21
הַכֹּהֵן לֹא יִגַּשׁ לְהַקְרִיב אֶת־אִשֵּׁי יְהוָה מוּם בּוֹ אֵת לֶחֶם
אֱלֹהָיו לֹא יִגַּשׁ לְהַקְרִיב׃ לֶחֶם אֱלֹהָיו מִקָּדְשֵׁי הַקֳּדָשִׁים 22
וּמִן־הַקֳּדָשִׁים יֹאכֵל׃ אַךְ אֶל־הַפָּרֹכֶת לֹא יָבֹא וְאֶל־ 23
הַמִּזְבֵּחַ לֹא יִגַּשׁ כִּי־מוּם בּוֹ וְלֹא יְחַלֵּל אֶת־מִקְדָּשַׁי כִּי
אֲנִי יְהוָה מְקַדְּשָׁם׃ וַיְדַבֵּר מֹשֶׁה אֶל־אַהֲרֹן וְאֶל־בָּנָיו 24
וְאֶל־כָּל־בְּנֵי יִשְׂרָאֵל׃ פ

כב

וַיְדַבֵּר יְהוָה אֶל־מֹשֶׁה לֵּאמֹר׃ דַּבֵּר אֶל־אַהֲרֹן וְאֶל־בָּנָיו א ב

no tomarán; porque santo es él, para su Dios. (8) Y santificarlo has, porque pan de tu Dios él ofrece, santo será para ti, porque santo soy yo, el Eterno, vuestro santificador. (9) Y la hija del varón sacerdote, cuando se profanare para errar, a su padre ella profana: en el fuego será quemada.

(10) Y el sumo sacerdote, de sus hermanos, sobre cuya cabeza fuere vaciado olio de la unción, y que llenare su mano para vestir los vestidos, su cabeza no descubrirá, y sus paños no romperá. (11) Y sobre todas las almas muertas no vendrá, por su padre, y por su madre, no se hará inmundo. (12) Y del santuario no saldrá, y no profanará el santuario de su Dios: porque la corona de olio de unción de su Dios, está sobre él: Yo, soy el Eterno. (13) Y él, mujer con su virginidad tomará. (14) A viuda, a repudiada, a profana, a errada, a éstas no tomará: sólo virgen de su pueblo, tomará por mujer. (15) Y no profanará su simiente en su pueblo; que yo soy el Eterno, su santificador.»

(16) Y habló el Eterno a Mosé, diciendo: (17) «Habla a Aarón, diciendo: El varón de tu simiente en sus generaciones que hubiere mácula en él, no se llegará para ofrecer el pan de su Dios. (18) Que todo varón que tuviere mácula, no se llegará: varón ciego, o cojo, o menguado, o sobrado, (19) o varón que tuviere quebradura de pie o quebradura de mano, (20) o pestañudo, o tela, o mancha en su ojo, o sarnoso, o lamparoso, o compañón relajado; (21) todo varón de la simiente de Aarón, el sacerdote, que tuviere mácula, no se llegará para ofrecer las ofrendas del Eterno. Mácula hay en él, pan de su Dios no se llegará para ofrecer. (22) Pan de su Dios, de santidad de santidades, y de las santidades comerá. (23) De cierto, del velo adentro no vendrá, y al ara no llegará porque mácula hay en él; y no profanará mis santuarios, que yo, el Eterno, santifiquélos.»

(24) Y habló Mosé a Aarón, y a sus hijos, y a todos los hijos de Israel.

XXII

(1) Y habló el Eterno a Mosé, diciendo: (2) «Habla a Aarón, y a sus hijos,

כא 7. קמץ בז״ק 10. קמץ בז״ק

para que se aparten de las santidades de los hijos de Israel, y no profanen el nombre de mi santidad que ellos santifican a mí: Yo soy el Eterno. (3) Di a ellos, para vuestras generaciones: Todo varón que se llegare de vuestra simiente a las santidades, que santificaren los hijos de Israel para el Eterno, y que tuviere inmundicia sobre él, será tajada el alma esta delante de mí: Yo soy el Eterno. (4) El varón, el varón de la simiente de Aarón, que fuere leproso, o que tuviere flujo, en las santidades no comerá hasta que se limpie: y el que tocare todo inmundo de alma, o el varón del que saliere derrame de semen; (5) el varón que tocare en todo reptil, que le ensuciare, o en hombre que lo manchare, con toda su inmundicia, (6) alma que tocare en él, será inmunda hasta la tarde, y no comerá de las santidades, salvo, si lavó su carne en las aguas. (7) Y al ponerse el sol, limpiarse ha; y después comerá de las santidades, su pan es. (8) Mortecino y presa no comerá; por hacerse inmundo en ella: Yo soy el Eterno. (9) Y guardarán mi guarda, y no llevarán por ello pecado, y morirán en él, cuando lo profanen: Yo soy el Eterno, que los santificó.
(10) Y todo extraño no comerá santidad; el morador del sacerdote, y el alquiladizo, no comerá santidad. (11) Y el sacerdote, cuando comprare persona con su plata, ésta comerá de él, y también el nacido en su casa: ellos comerán de su pan. (12) Y la hija del sacerdote, cuando fuere a varón extraño, ella en apartadura, de las santidades no comerá. (13) Y la hija del sacerdote cuando fuere viuda, o repudiada, y simiente no tuviese, y tornare a la casa de su padre, como en sus mocedades, del pan de su padre comerá; y ningún extraño comerá de él. (14) Y el varón que comiere santidad por yerro, añadirá su quinto sobre él, y dará al sacerdote la santidad. (15) Y no profanarán las santidades de los hijos de Israel los que apartaren al Eterno. (16) Y harán llevar a ellos pecado de culpa en su comer sus santidades: que yo, el Eterno, los santifico.»
(17) Y habló el Eterno a Mosé, diciendo: (18) «Habla a Aarón y a sus hijos, y a todos los hijos de Israel, y les dirás: El varón, de la casa de Israel, y del peregrino en Israel, que ofreciere su ofrenda por todas sus promesas, y por

וְיִנָּזְרוּ מִקָּדְשֵׁי בְנֵי־יִשְׂרָאֵל וְלֹא יְחַלְּלוּ אֶת־שֵׁם קָדְשִׁי
3 אֲשֶׁר הֵם מַקְדִּשִׁים לִי אֲנִי יְהוָה׃ אֱמֹר אֲלֵהֶם לְדֹרֹתֵיכֶם
כָּל־אִישׁ ׀ אֲשֶׁר־יִקְרַב מִכָּל־זַרְעֲכֶם אֶל־הַקֳּדָשִׁים אֲשֶׁר
יַקְדִּישׁוּ בְנֵי־יִשְׂרָאֵל לַיהוָה וְטֻמְאָתוֹ עָלָיו וְנִכְרְתָה הַנֶּפֶשׁ
4 הַהִוא מִלְּפָנַי אֲנִי יְהוָה׃ אִישׁ אִישׁ מִזֶּרַע אַהֲרֹן וְהוּא
צָרוּעַ אוֹ זָב בַּקֳּדָשִׁים לֹא יֹאכַל עַד אֲשֶׁר יִטְהָר וְהַנֹּגֵעַ
בְּכָל־טְמֵא־נֶפֶשׁ אוֹ אִישׁ אֲשֶׁר־תֵּצֵא מִמֶּנּוּ שִׁכְבַת־זָרַע׃
ה אוֹ־אִישׁ אֲשֶׁר יִגַּע בְּכָל־שֶׁרֶץ אֲשֶׁר יִטְמָא־לוֹ אוֹ בְאָדָם
6 אֲשֶׁר יִטְמָא־לוֹ לְכֹל טֻמְאָתוֹ׃ נֶפֶשׁ אֲשֶׁר תִּגַּע־בּוֹ וְטָמְאָה
עַד־הָעָרֶב וְלֹא יֹאכַל מִן־הַקֳּדָשִׁים כִּי אִם־רָחַץ בְּשָׂרוֹ
7 בַּמָּיִם׃ וּבָא הַשֶּׁמֶשׁ וְטָהֵר וְאַחַר יֹאכַל מִן־הַקֳּדָשִׁים
8 כִּי לַחְמוֹ הוּא׃ נְבֵלָה וּטְרֵפָה לֹא יֹאכַל לְטָמְאָה־בָהּ
9 אֲנִי יְהוָה׃ וְשָׁמְרוּ אֶת־מִשְׁמַרְתִּי וְלֹא־יִשְׂאוּ עָלָיו חֵטְא
י וּמֵתוּ בוֹ כִּי יְחַלְּלֻהוּ אֲנִי יְהוָה מְקַדְּשָׁם׃ וְכָל־זָר לֹא־
11 יֹאכַל קֹדֶשׁ תּוֹשַׁב כֹּהֵן וְשָׂכִיר לֹא־יֹאכַל קֹדֶשׁ׃ וְכֹהֵן
כִּי־יִקְנֶה נֶפֶשׁ קִנְיַן כַּסְפּוֹ הוּא יֹאכַל בּוֹ וִילִיד בֵּיתוֹ הֵם
12 יֹאכְלוּ בְלַחְמוֹ׃ וּבַת־כֹּהֵן כִּי תִהְיֶה לְאִישׁ זָר הִוא בִּתְרוּמַת
13 הַקֳּדָשִׁים לֹא תֹאכֵל׃ וּבַת־כֹּהֵן כִּי תִהְיֶה אַלְמָנָה וּגְרוּשָׁה
וְזֶרַע אֵין לָהּ וְשָׁבָה אֶל־בֵּית אָבִיהָ כִּנְעוּרֶיהָ מִלֶּחֶם
14 אָבִיהָ תֹּאכֵל וְכָל־זָר לֹא־יֹאכַל בּוֹ׃ וְאִישׁ כִּי־יֹאכַל קֹדֶשׁ
טו בִּשְׁגָגָה וְיָסַף חֲמִשִׁיתוֹ עָלָיו וְנָתַן לַכֹּהֵן אֶת־הַקֹּדֶשׁ׃ וְלֹא
יְחַלְּלוּ אֶת־קָדְשֵׁי בְּנֵי יִשְׂרָאֵל אֵת אֲשֶׁר־יָרִימוּ לַיהוָה׃
16 וְהִשִּׂיאוּ אוֹתָם עֲוֺן אַשְׁמָה בְּאָכְלָם אֶת־קָדְשֵׁיהֶם כִּי אֲנִי
יְהוָה מְקַדְּשָׁם׃ פ שלישי
17 18 וַיְדַבֵּר יְהוָה אֶל־מֹשֶׁה לֵּאמֹר׃ דַּבֵּר אֶל־אַהֲרֹן וְאֶל־בָּנָיו
וְאֶל כָּל־בְּנֵי יִשְׂרָאֵל וְאָמַרְתָּ אֲלֵהֶם אִישׁ אִישׁ מִבֵּית
יִשְׂרָאֵל וּמִן־הַגֵּר בְּיִשְׂרָאֵל אֲשֶׁר יַקְרִיב קָרְבָּנוֹ לְכָל־

נִדְרֵיהֶם וּלְכָל־נִדְבוֹתָם אֲשֶׁר־יַקְרִיבוּ לַיהוָה לְעֹלָה׃
19 כ לִרְצֹנְכֶם תָּמִים זָכָר בַּבָּקָר בַּכְּשָׂבִים וּבָעִזִּים׃ כֹּל אֲשֶׁר־
21 בּוֹ מוּם לֹא תַקְרִיבוּ כִּי־לֹא לְרָצוֹן יִהְיֶה לָכֶם׃ וְאִישׁ כִּי־
יַקְרִיב זֶבַח־שְׁלָמִים לַיהוָה לְפַלֵּא־נֶדֶר אוֹ לִנְדָבָה בַּבָּקָר
22 אוֹ בַצֹּאן תָּמִים יִהְיֶה לְרָצוֹן כָּל־מוּם לֹא יִהְיֶה־בּוֹ׃ עַוֶּרֶת
אוֹ שָׁבוּר אוֹ־חָרוּץ אוֹ־יַבֶּלֶת אוֹ גָרָב אוֹ יַלֶּפֶת לֹא־
תַקְרִיבוּ אֵלֶּה לַיהוָה וְאִשֶּׁה לֹא־תִתְּנוּ מֵהֶם עַל־הַמִּזְבֵּחַ
23 לַיהוָה׃ וְשׁוֹר וָשֶׂה שָׂרוּעַ וְקָלוּט נְדָבָה תַּעֲשֶׂה אֹתוֹ וּלְנֵדֶר
24 לֹא יֵרָצֶה׃ וּמָעוּךְ וְכָתוּת וְנָתוּק וְכָרוּת לֹא תַקְרִיבוּ לַיהוָה
כה וּבְאַרְצְכֶם לֹא תַעֲשׂוּ׃ וּמִיַּד בֶּן־נֵכָר לֹא תַקְרִיבוּ אֶת־לֶחֶם
אֱלֹהֵיכֶם מִכָּל־אֵלֶּה כִּי מָשְׁחָתָם בָּהֶם מוּם בָּם לֹא יֵרָצוּ
26 27 לָכֶם׃ ס וַיְדַבֵּר יְהוָה אֶל־מֹשֶׁה לֵּאמֹר׃ שׁוֹר אוֹ־כֶשֶׂב
אוֹ־עֵז כִּי יִוָּלֵד וְהָיָה שִׁבְעַת יָמִים תַּחַת אִמּוֹ וּמִיּוֹם
28 הַשְּׁמִינִי וָהָלְאָה יֵרָצֶה לְקָרְבַּן אִשֶּׁה לַיהוָה׃ וְשׁוֹר אוֹ־
29 שֶׂה אֹתוֹ וְאֶת־בְּנוֹ לֹא תִשְׁחֲטוּ בְּיוֹם אֶחָד׃ וְכִי־תִזְבְּחוּ
ל זֶבַח־תּוֹדָה לַיהוָה לִרְצֹנְכֶם תִּזְבָּחוּ׃ בַּיּוֹם הַהוּא יֵאָכֵל
31 לֹא־תוֹתִירוּ מִמֶּנּוּ עַד־בֹּקֶר אֲנִי יְהוָה׃ וּשְׁמַרְתֶּם מִצְוֹתַי
32 וַעֲשִׂיתֶם אֹתָם אֲנִי יְהוָה׃ וְלֹא תְחַלְּלוּ אֶת־שֵׁם קָדְשִׁי
וְנִקְדַּשְׁתִּי בְּתוֹךְ בְּנֵי יִשְׂרָאֵל אֲנִי יְהוָה מְקַדִּשְׁכֶם׃
33 הַמּוֹצִיא אֶתְכֶם מֵאֶרֶץ מִצְרַיִם לִהְיוֹת לָכֶם לֵאלֹהִים
אֲנִי יְהוָה׃ פ רביעי

כג

א 2 וַיְדַבֵּר יְהוָה אֶל־מֹשֶׁה לֵּאמֹר׃ דַּבֵּר אֶל־בְּנֵי יִשְׂרָאֵל
וְאָמַרְתָּ אֲלֵהֶם מוֹעֲדֵי יְהוָה אֲשֶׁר־תִּקְרְאוּ אֹתָם מִקְרָאֵי
3 קֹדֶשׁ אֵלֶּה הֵם מוֹעֲדָי׃ שֵׁשֶׁת יָמִים תֵּעָשֶׂה מְלָאכָה וּבַיּוֹם
הַשְּׁבִיעִי שַׁבַּת שַׁבָּתוֹן מִקְרָא־קֹדֶשׁ כָּל־מְלָאכָה לֹא תַעֲשׂוּ
שַׁבָּת הִוא לַיהוָה בְּכֹל מוֹשְׁבֹתֵיכֶם׃ פ
4 אֵלֶּה מוֹעֲדֵי יְהוָה מִקְרָאֵי קֹדֶשׁ אֲשֶׁר־תִּקְרְאוּ אֹתָם

todas sus ofrendas que ofrecieren al Eterno por holocausto; (19) por vuestra voluntad perfecto macho de entre las vacas, y de entre los carneros, y de entre las cabras. (20) Todo el que en él tuviere mácula no ofreceréis, porque por voluntad, no será para vosotros. (21) Y el varón que ofreciere sacrificio de paces al Eterno para apartar promesa o por oferta, de las vacas, o de las ovejas, perfecto, será por voluntad; ninguna mácula será en él. (22) Ciego, o quebrado, o tajado, o verrugoso, o sarnoso, o roñoso, no ofreceréis al Eterno, y ofrenda no haréis de ellos sobre el ara, al Eterno. (23) Y de buey y de carnero sobrado o encogido, ofrenda harás, pero la promesa no será aceptada. (24) Y machucado, o mojado, o arrancado, o tajado, no ofreceréis al Eterno, ni en vuestra tierra haréis. (25) Y de manos del hijo del extranjero no ofreceréis el pan de vuestro Dios, de todos éstos; porque su daño es en ellos: mácula hay en ellos, no serán aceptados por vosotros.»

(26) Y habló el Eterno a Mosé, diciendo: (27) «El buey, o el carnero, o la cabra, cuando fueren nacidos, será siete días debajo de su madre: y el octavo y en adelante será aceptado por sacrificio, como ofrenda al Eterno. (28) Y al buey, o al carnero, a ellos y a sus hijos no degollaréis en un día. (29) Y cuando sacrificareis sacrificio de manifestación al Eterno, por vuestra voluntad lo sacrificaréis. (30) En el día este será comido; no hagáis quedar de él hasta mañana: Yo soy el Eterno.

(31) Y guardaréis mis preceptos, y los haréis: Yo soy el Eterno. (32) Y no profanaréis el nombre de mi santidad, y seré santificado entre los hijos de Israel: Yo soy el Eterno, vuestro santificador, (33) el que os sacó de la tierra de Egipto, para ser para vosotros, Dios: Yo, el Eterno.»

XXIII

(1) Y habló el Eterno a Mosé, diciendo: (2) «Habla a los hijos de Israel, y diles: Plazos del Eterno, que llamaréis llamamientos de santidad, éstos son mis plazos.

(3) Seis días será hecha obra, y en el día séptimo será sábado de reposo, llamado de santidad: ninguna obra hagáis; sábado es él, del Eterno, en todas vuestras moradas.

(4) Éstos son los plazos del Eterno, llamamientos de santidad, que los llamaréis en sus plazos.

(5) En el mes primero, el catorce al mes, entre las tardes, Pesah es del Eterno. (6) Y a los quince días del mes este, pascua de la cenceñas, es al Eterno: siete días cenceñas comeréis. (7) En el día primero, llamamiento de santidad será para vosotros: ninguna obra de servicio haréis. (8) Y ofreceréis ofrenda al Eterno siete días: el día séptimo es llamamiento de santidad, toda obra de servicio no haréis.»

(9) Y habló el Eterno a Mosé, diciendo: (10) «Habla a los hijos de Israel, y diles: Cuando viniereis a la tierra que yo doy a vosotros, y segareis su siembra, traeréis omer de la primicia de vuestra siega al sacerdote. (11) Y mecerá el omer delante del Eterno por vuestra voluntad: al otro día de la holganza lo mecerá el sacerdote. (12) Y ofreceréis en el día de vuestro mecer al omer, carnero perfecto de edad de un año por holocausto al Eterno. (13) Y su presente, será dos diezmos de sémola envuelta en el aceite, ofrenda al Eterno, de olor agradable, y su libación de vino, cuarto de medida. (14) Y pan, y tostado, y tierno, no comeréis hasta este mismo día, hasta traer ofrenda a vuestro Dios; fuero para siempre sea, por vuestras generaciones, en todas vuestras moradas. (15) Y contaréis a vosotros desde el otro día de la holganza, del día de vuestro traer el omer de la mecedura; siete semanas cumplidas serán: (16) Hasta el otro día de la semana séptima, contaréis cincuenta días; y ofreceréis presente nuevo al Eterno. (17) De vuestras moradas traeréis pan de mecedura, dos, dos diezmos de sémola serán, con leudo serán cocidos, primicias al Eterno. (18) Y ofreceréis sobre el pan siete carneros perfectos de edad de un año, y un toro, y dos carneros: serán holocausto al Eterno, y su presente, y sus libaciones; ofrenda de agradable olor al Eterno. (19) Y ofreceréis cabrito uno por expiación; y dos carneros de edad de un año, por sacrificio de paces. (20) Y mecerá el sacerdote a ellos sobre el pan de las primicias, mecedura delante del Eterno, sobre dos carneros; santidad del Eterno para el sacerdote. (21) Y llamaréis

ה בְּמוֹעֲדָם׃ בַּחֹדֶשׁ הָרִאשׁוֹן בְּאַרְבָּעָה עָשָׂר לַחֹדֶשׁ בֵּין
6 הָעַרְבָּיִם פֶּסַח לַיהוָה׃ וּבַחֲמִשָּׁה עָשָׂר יוֹם לַחֹדֶשׁ הַזֶּה
7 חַג הַמַּצּוֹת לַיהוָה שִׁבְעַת יָמִים מַצּוֹת תֹּאכֵלוּ׃ בַּיּוֹם
הָרִאשׁוֹן מִקְרָא־קֹדֶשׁ יִהְיֶה לָכֶם כָּל־מְלֶאכֶת עֲבֹדָה לֹא
8 תַעֲשׂוּ׃ וְהִקְרַבְתֶּם אִשֶּׁה לַיהוָה שִׁבְעַת יָמִים בַּיּוֹם
הַשְּׁבִיעִי מִקְרָא־קֹדֶשׁ כָּל־מְלֶאכֶת עֲבֹדָה לֹא תַעֲשׂוּ׃ פ
9 וַיְדַבֵּר יְהוָה אֶל־מֹשֶׁה לֵּאמֹר׃ דַּבֵּר אֶל־בְּנֵי יִשְׂרָאֵל
וְאָמַרְתָּ אֲלֵהֶם כִּי־תָבֹאוּ אֶל־הָאָרֶץ אֲשֶׁר אֲנִי נֹתֵן לָכֶם
וּקְצַרְתֶּם אֶת־קְצִירָהּ וַהֲבֵאתֶם אֶת־עֹמֶר רֵאשִׁית קְצִירְכֶם
11 אֶל־הַכֹּהֵן׃ וְהֵנִיף אֶת־הָעֹמֶר לִפְנֵי יְהוָה לִרְצֹנְכֶם
12 מִמָּחֳרַת הַשַּׁבָּת יְנִיפֶנּוּ הַכֹּהֵן׃ וַעֲשִׂיתֶם בְּיוֹם הֲנִיפְכֶם
13 אֶת־הָעֹמֶר כֶּבֶשׂ תָּמִים בֶּן־שְׁנָתוֹ לְעֹלָה לַיהוָה׃ וּמִנְחָתוֹ
שְׁנֵי עֶשְׂרֹנִים סֹלֶת בְּלוּלָה בַשֶּׁמֶן אִשֶּׁה לַיהוָה רֵיחַ
14 נִיחֹחַ וְנִסְכֹּה יַיִן רְבִיעִת הַהִין׃ וְלֶחֶם וְקָלִי וְכַרְמֶל לֹא
תֹאכְלוּ עַד־עֶצֶם הַיּוֹם הַזֶּה עַד הֲבִיאֲכֶם אֶת־קָרְבַּן
אֱלֹהֵיכֶם חֻקַּת עוֹלָם לְדֹרֹתֵיכֶם בְּכֹל מֹשְׁבֹתֵיכֶם׃ ס
טו וּסְפַרְתֶּם לָכֶם מִמָּחֳרַת הַשַּׁבָּת מִיּוֹם הֲבִיאֲכֶם אֶת־עֹמֶר
16 הַתְּנוּפָה שֶׁבַע שַׁבָּתוֹת תְּמִימֹת תִּהְיֶינָה׃ עַד מִמָּחֳרַת
הַשַּׁבָּת הַשְּׁבִיעִת תִּסְפְּרוּ חֲמִשִּׁים יוֹם וְהִקְרַבְתֶּם מִנְחָה
17 חֲדָשָׁה לַיהוָה׃ מִמּוֹשְׁבֹתֵיכֶם תָּבִיאוּ ׀ לֶחֶם תְּנוּפָה
שְׁתַּיִם שְׁנֵי עֶשְׂרֹנִים סֹלֶת תִּהְיֶינָה חָמֵץ תֵּאָפֶינָה בִּכּוּרִים
18 לַיהוָה׃ וְהִקְרַבְתֶּם עַל־הַלֶּחֶם שִׁבְעַת כְּבָשִׂים תְּמִימִם
בְּנֵי שָׁנָה וּפַר בֶּן־בָּקָר אֶחָד וְאֵילִם שְׁנָיִם יִהְיוּ עֹלָה
לַיהוָה וּמִנְחָתָם וְנִסְכֵּיהֶם אִשֵּׁה רֵיחַ־נִיחֹחַ לַיהוָה׃
19 וַעֲשִׂיתֶם שְׂעִיר־עִזִּים אֶחָד לְחַטָּאת וּשְׁנֵי כְבָשִׂים בְּנֵי
כ שָׁנָה לְזֶבַח שְׁלָמִים׃ וְהֵנִיף הַכֹּהֵן ׀ אֹתָם עַל לֶחֶם
הַבִּכּוּרִים תְּנוּפָה לִפְנֵי יְהוָה עַל־שְׁנֵי כְּבָשִׂים קֹדֶשׁ יִהְיוּ

13. ונסכו ק׳ 17. א׳ דגושה

21 לַיהוָה לַכֹּהֵן׃ וּקְרָאתֶם בְּעֶצֶם ׀ הַיּוֹם הַזֶּה מִקְרָא־קֹדֶשׁ
יִהְיֶה לָכֶם כָּל־מְלֶאכֶת עֲבֹדָה לֹא תַעֲשׂוּ חֻקַּת עוֹלָם
22 בְּכָל־מוֹשְׁבֹתֵיכֶם לְדֹרֹתֵיכֶם׃ וּבְקֻצְרְכֶם אֶת־קְצִיר אַרְצְכֶם
לֹא־תְכַלֶּה פְּאַת שָׂדְךָ בְּקֻצְרֶךָ וְלֶקֶט קְצִירְךָ לֹא תְלַקֵּט
לֶעָנִי וְלַגֵּר תַּעֲזֹב אֹתָם אֲנִי יְהוָה אֱלֹהֵיכֶם׃ פ חמישי
23 24 וַיְדַבֵּר יְהוָה אֶל־מֹשֶׁה לֵּאמֹר׃ דַּבֵּר אֶל־בְּנֵי יִשְׂרָאֵל
לֵאמֹר בַּחֹדֶשׁ הַשְּׁבִיעִי בְּאֶחָד לַחֹדֶשׁ יִהְיֶה לָכֶם שַׁבָּתוֹן
כה זִכְרוֹן תְּרוּעָה מִקְרָא־קֹדֶשׁ׃ כָּל־מְלֶאכֶת עֲבֹדָה לֹא תַעֲשׂוּ
26 וְהִקְרַבְתֶּם אִשֶּׁה לַיהוָה׃ ס וַיְדַבֵּר יְהוָה אֶל־מֹשֶׁה
27 לֵּאמֹר׃ אַךְ בֶּעָשׂוֹר לַחֹדֶשׁ הַשְּׁבִיעִי הַזֶּה יוֹם הַכִּפֻּרִים
הוּא מִקְרָא־קֹדֶשׁ יִהְיֶה לָכֶם וְעִנִּיתֶם אֶת־נַפְשֹׁתֵיכֶם
28 וְהִקְרַבְתֶּם אִשֶּׁה לַיהוָה׃ וְכָל־מְלָאכָה לֹא תַעֲשׂוּ בְּעֶצֶם
הַיּוֹם הַזֶּה כִּי יוֹם כִּפֻּרִים הוּא לְכַפֵּר עֲלֵיכֶם לִפְנֵי יְהוָה
29 אֱלֹהֵיכֶם׃ כִּי כָל־הַנֶּפֶשׁ אֲשֶׁר לֹא־תְעֻנֶּה בְּעֶצֶם הַיּוֹם
ל הַזֶּה וְנִכְרְתָה מֵעַמֶּיהָ׃ וְכָל־הַנֶּפֶשׁ אֲשֶׁר תַּעֲשֶׂה כָּל־
מְלָאכָה בְּעֶצֶם הַיּוֹם הַזֶּה וְהַאֲבַדְתִּי אֶת־הַנֶּפֶשׁ הַהִוא
31 מִקֶּרֶב עַמָּהּ׃ כָּל־מְלָאכָה לֹא תַעֲשׂוּ חֻקַּת עוֹלָם
32 לְדֹרֹתֵיכֶם בְּכֹל מֹשְׁבֹתֵיכֶם׃ שַׁבַּת שַׁבָּתוֹן הוּא לָכֶם
וְעִנִּיתֶם אֶת־נַפְשֹׁתֵיכֶם בְּתִשְׁעָה לַחֹדֶשׁ בָּעֶרֶב מֵעֶרֶב עַד־
עֶרֶב תִּשְׁבְּתוּ שַׁבַּתְּכֶם׃ פ ששי
33 34 וַיְדַבֵּר יְהוָה אֶל־מֹשֶׁה לֵּאמֹר׃ דַּבֵּר אֶל־בְּנֵי יִשְׂרָאֵל
לֵאמֹר בַּחֲמִשָּׁה עָשָׂר יוֹם לַחֹדֶשׁ הַשְּׁבִיעִי הַזֶּה חַג הַסֻּכּוֹת
לה שִׁבְעַת יָמִים לַיהוָה׃ בַּיּוֹם הָרִאשׁוֹן מִקְרָא־קֹדֶשׁ כָּל־
36 מְלֶאכֶת עֲבֹדָה לֹא תַעֲשׂוּ׃ שִׁבְעַת יָמִים תַּקְרִיבוּ אִשֶּׁה
לַיהוָה בַּיּוֹם הַשְּׁמִינִי מִקְרָא־קֹדֶשׁ יִהְיֶה לָכֶם וְהִקְרַבְתֶּם
אִשֶּׁה לַיהוָה עֲצֶרֶת הִוא כָּל־מְלֶאכֶת עֲבֹדָה לֹא תַעֲשׂוּ׃
37 אֵלֶּה מוֹעֲדֵי יְהוָה אֲשֶׁר־תִּקְרְאוּ אֹתָם מִקְרָאֵי קֹדֶשׁ לְהַקְרִיב
אִשֶּׁה לַיהוָה עֹלָה וּמִנְחָה זֶבַח וּנְסָכִים דְּבַר־יוֹם בְּיוֹמוֹ׃

en ese mismo día y llamamiento de santidad será para vosotros; ninguna obra de servicio haréis: fuero para siempre sea, en todas vuestras moradas, por vuestras generaciones.

(22) Y en vuestro segar la siega de vuestra tierra, no acabes todo tu campo en tu segar, y todo el recogimiento de tu siega no recojas; al pobre, y al peregrino lo dejarás: Yo soy el Eterno, vuestro Dios.»

(23) Y habló el Eterno a Mosé, diciendo: (24) «Habla a los hijos de Israel, diciendo: En el mes séptimo, el uno del mes, será para vosotros holganza, memoria al son de trompetas, llamamiento de santidad. (25) Ninguna obra de servicio haréis; y ofreceréis ofrenda al Eterno.»

(26) Y habló el Eterno a Mosé, diciendo: (27) «De cierto, el diez del mes séptimo este, día de los perdones es él: llamamiento de santidad será para vosotros, y afligiréis vuestras almas, y ofreceréis ofrenda al Eterno. (28) Y ninguna obra haréis en ese mismo día; porque día de perdones es él, para perdonar a vosotros, delante del Eterno, vuestro Dios. (29) Que toda alma que no se afligiere en ese mismo día, será tajada de su pueblo. (30) Y a toda alma que hiciere alguna obra ese mismo día, perderé el alma esa de entre su pueblo. (31) Ninguna obra haréis; fuero para siempre sea, por vuestras generaciones, en todas vuestras moradas. (32) Sábado de holganza él es a vosotros, y afligiréis vuestras almas, el nueve del mes en la tarde: de tarde a tarde, haréis vuestra holganza.»

(33) Y habló el Eterno a Mosé, diciendo: (34) «Habla a los hijos de Israel, diciendo: el día quince del mes séptimo este, Pascua de las cabañas será, siete días al Eterno. (35) En el primer día llamamiento será de santidad: ninguna obra de servicio haréis. (36) Siete días ofreceréis ofrendas al Eterno, en el día octavo, llamamiento de santidad será para vosotros, y ofreceréis ofrendas al Eterno, detenimiento es ella: ninguna obra de servicio haréis.

(37) Éstos son los plazos del Eterno, que llamaréis los llamamientos de santidad, para ofrecer ofrenda al Eterno, holocausto y presente, sacrificio libacio-

nes, una cosa, de día en día: (38) Fuera de los sábados del Eterno y fuera de vuestras dádivas, de todas vuestras promesas, y de todas vuestras voluntades que daréis al Eterno.

(39) De cierto, el día quince del mes séptimo, en vuestro recoger el renuevo de la tierra, haréis pascua al Eterno siete días: en el día primero, holganza, y en el día octavo, holganza. (40) Y tomaréis para vosotros en el día primero, fruto de un árbol hermoso, palmas de palmeras, y rama de árbol espeso, y sauces del arroyo, y os alegraréis delante del Eterno, vuestro Dios, siete días. (41) Y haréis a él, pascua al Eterno, siete días en el año; fuero para siempre sea, por vuestras generaciones; en el mes séptimo haréis pascua a él. (42) En las cabañas estaréis siete días; todo el arraigado en Israel, estará en las cabañas. (43) Para que sepan vuestras generaciones, que en las cabañas hice estar a los hijos de Israel, cuando los saqué de la tierra de Egipto: Yo soy el Eterno, vuestro Dios.»

(44) Y así habló Mosé, de los plazos, a los hijos de Israel.

38 מִלְּבַד שַׁבְּתֹת יְהוָה וּמִלְּבַד מַתְּנוֹתֵיכֶם וּמִלְּבַד כָּל־נִדְרֵיכֶם
39 וּמִלְּבַד כָּל־נִדְבֹתֵיכֶם אֲשֶׁר תִּתְּנוּ לַיהוָה׃ אַךְ בַּחֲמִשָּׁה
עָשָׂר יוֹם לַחֹדֶשׁ הַשְּׁבִיעִי בְּאָסְפְּכֶם אֶת־תְּבוּאַת הָאָרֶץ
תָּחֹגּוּ אֶת־חַג־יְהוָה שִׁבְעַת יָמִים בַּיּוֹם הָרִאשׁוֹן שַׁבָּתוֹן
מ וּבַיּוֹם הַשְּׁמִינִי שַׁבָּתוֹן׃ וּלְקַחְתֶּם לָכֶם בַּיּוֹם הָרִאשׁוֹן
פְּרִי עֵץ הָדָר כַּפֹּת תְּמָרִים וַעֲנַף עֵץ־עָבֹת וְעַרְבֵי־נָחַל
41 וּשְׂמַחְתֶּם לִפְנֵי יְהוָה אֱלֹהֵיכֶם שִׁבְעַת יָמִים׃ וְחַגֹּתֶם אֹתוֹ
חַג לַיהוָה שִׁבְעַת יָמִים בַּשָּׁנָה חֻקַּת עוֹלָם לְדֹרֹתֵיכֶם
42 בַּחֹדֶשׁ הַשְּׁבִיעִי תָּחֹגּוּ אֹתוֹ׃ בַּסֻּכֹּת תֵּשְׁבוּ שִׁבְעַת יָמִים
43 כָּל־הָאֶזְרָח בְּיִשְׂרָאֵל יֵשְׁבוּ בַּסֻּכֹּת׃ לְמַעַן יֵדְעוּ דֹרֹתֵיכֶם
כִּי בַסֻּכּוֹת הוֹשַׁבְתִּי אֶת־בְּנֵי יִשְׂרָאֵל בְּהוֹצִיאִי אוֹתָם
44 מֵאֶרֶץ מִצְרָיִם אֲנִי יְהוָה אֱלֹהֵיכֶם׃ וַיְדַבֵּר מֹשֶׁה אֶת־
מֹעֲדֵי יְהוָה אֶל־בְּנֵי יִשְׂרָאֵל׃ פ שביעי

כד

2 א וַיְדַבֵּר יְהוָה אֶל־מֹשֶׁה לֵּאמֹר׃ צַו אֶת־בְּנֵי יִשְׂרָאֵל וְיִקְחוּ
אֵלֶיךָ שֶׁמֶן זַיִת זָךְ כָּתִית לַמָּאוֹר לְהַעֲלֹת נֵר תָּמִיד׃
3 מִחוּץ לְפָרֹכֶת הָעֵדֻת בְּאֹהֶל מוֹעֵד יַעֲרֹךְ אֹתוֹ אַהֲרֹן
מֵעֶרֶב עַד־בֹּקֶר לִפְנֵי יְהוָה תָּמִיד חֻקַּת עוֹלָם לְדֹרֹתֵיכֶם׃
4 עַל הַמְּנֹרָה הַטְּהֹרָה יַעֲרֹךְ אֶת־הַנֵּרוֹת לִפְנֵי יְהוָה תָּמִיד׃ פ
ה וְלָקַחְתָּ סֹלֶת וְאָפִיתָ אֹתָהּ שְׁתֵּים עֶשְׂרֵה חַלּוֹת שְׁנֵי
6 עֶשְׂרֹנִים יִהְיֶה הַחַלָּה הָאֶחָת׃ וְשַׂמְתָּ אוֹתָם שְׁתַּיִם
מַעֲרָכוֹת שֵׁשׁ הַמַּעֲרָכֶת עַל הַשֻּׁלְחָן הַטָּהֹר לִפְנֵי יְהוָה׃
7 וְנָתַתָּ עַל־הַמַּעֲרֶכֶת לְבֹנָה זַכָּה וְהָיְתָה לַלֶּחֶם לְאַזְכָּרָה
8 אִשֶּׁה לַיהוָה׃ בְּיוֹם הַשַּׁבָּת בְּיוֹם הַשַּׁבָּת יַעַרְכֶנּוּ לִפְנֵי
9 יְהוָה תָּמִיד מֵאֵת בְּנֵי־יִשְׂרָאֵל בְּרִית עוֹלָם׃ וְהָיְתָה לְאַהֲרֹן
וּלְבָנָיו וַאֲכָלֻהוּ בְּמָקוֹם קָדֹשׁ כִּי קֹדֶשׁ קָדָשִׁים הוּא לוֹ
י מֵאִשֵּׁי יְהוָה חָק־עוֹלָם׃ ס וַיֵּצֵא בֶּן־אִשָּׁה יִשְׂרְאֵלִית
וְהוּא בֶּן־אִישׁ מִצְרִי בְּתוֹךְ בְּנֵי יִשְׂרָאֵל וַיִּנָּצוּ בַּמַּחֲנֶה

XXIV

(1) Y habló el Eterno a Mosé, diciendo: (2) «Manda a los hijos de Israel, que traigan a ti, aceite de oliva claro, majado para la luminaria, para encender la candela de continuo. (3) Fuera del velo del testimonio, en la tienda del plazo, ordenarála Aarón, desde la tarde hasta la mañana, delante del Eterno, de continuo, fuero para siempre para vuestras generaciones. (4) Sobre la almenara limpia, ordenará las candelas delante del Eterno, de continuo.

(5) Y tomarás sémola, y cocerás de ella doce tortas: de dos diezmos será la torta. (6) Y las colocarás en dos órdenes, seis en cada orden, sobre la mesa limpia, delante del Eterno. (7) Y pondrás sobre la orden incienso limpio, y será para el pan por sahumerio, ofrenda al Eterno. (8) En cada día sábado, lo ordenarás delante del Eterno, de continuo, de los hijos de Israel, será pacto para siempre. (9) Y será para Aarón y para sus hijos, y comerlo han, en el lugar santo; porque santidad de santidades es para él, de las ofrendas del Eterno, fuero para siempre.»

(10) Y salió el hijo de una mujer Israelita, e hijo de un varón egipcio fué él entre los hijos de Israel; y riñeron en el real, el hijo de la Israelita, y un

11 בן הישראלית ואיש הישראלי: ויקב בן־האשה
הישראלית את־השם ויקלל ויביאו אתו אל־משה ושם
12 אמו שלמית בת־דברי למטה־דן: ויניחהו במשמר
לפרש להם על־פי יהוה: פ
13 14 וידבר יהוה אל־משה לאמר: הוצא את־המקלל אל־
מחוץ למחנה וסמכו כל־השמעים את־ידיהם על־ראשו
טו ורגמו אתו כל־העדה: ואל־בני ישראל תדבר לאמר
16 איש איש כי־יקלל אלהיו ונשא חטאו: ונקב שם־יהוה
מות יומת רגום ירגמו־בו כל־העדה כגר כאזרח בנקבו
17 18 שם יומת: ואיש כי יכה כל־נפש אדם מות יומת: ומכה
19 נפש־בהמה ישלמנה נפש תחת נפש: ואיש כי־יתן
כ מום בעמיתו כאשר עשה כן יעשה לו: שבר תחת
שבר עין תחת עין שן תחת שן כאשר יתן מום באדם
21 כן ינתן בו: ומכה בהמה ישלמנה ומכה אדם יומת:
22 משפט אחד יהיה לכם כגר כאזרח יהיה כי אני
23 יהוה אלהיכם: וידבר משה אל־בני ישראל ויוציאו
את־המקלל אל־מחוץ למחנה וירגמו אתו אבן ובני־
ישראל עשו כאשר צוה יהוה את־משה:

כה

פ פ פ לב 32

א 2 וידבר יהוה אל־משה בהר סיני לאמר: דבר אל־בני
ישראל ואמרת אלהם כי תבאו אל־הארץ אשר אני
3 נתן לכם ושבתה הארץ שבת ליהוה: שש שנים תזרע
שדך ושש שנים תזמר כרמך ואספת את־תבואתה:
4 ובשנה השביעת שבת שבתון יהיה לארץ שבת ליהוה
ה שדך לא תזרע וכרמך לא תזמר: את ספיח קצירך
לא תקצור ואת־ענבי נזירך לא תבצר שנת שבתון יהיה

varón Israelita. (11) Y declaró el hijo de la mujer Israelita el Nombre y maldijo; y trajéronle a Mosé. Y el nombre de su madre era Selomit, hija de Dibrí, de la tribu de Dan. (12) Y pusiéronlo en la guarda para declarar, por dicho del Eterno. (13) Y habló el Eterno a Mosé, diciendo: (14) «Saca al que maldijo fuera del real, y colocarán todos los oyentes sus manos sobre su cabeza, y lo apedreará toda la congregación. (15) Y a los hijos de Israel hablarás, diciendo: varón, varón que maldijere a su Dios, llevará su pecado. (16) Y el que declarare el nombre del Eterno, matar, será matado: apedrear, apedreará a él toda la congregación; sea peregrino o arraigado, en su declarar el Nombre, matar, será matado. (17) Y el varón que hiriere toda alma de hombre, matar, será matado. (18) Y el que hiriere alma de bestia la pagará: alma, por alma. (19) Y varón que pusiere mácula en su compañero, como él hizo, así le será hecho a él: (20) Quebradura por quebradura, ojo por ojo, diente por diente: como pusiere mácula en el hombre, así será puesta a él. (21) Y el que hiriere una bestia, la pagará. Y el que hiriere a un hombre, será matado. (22) Un juicio será para vosotros: como para el peregrino, así para el arraigado, será: que yo soy el Eterno, vuestro Dios.» (23) Y habló Mosé a los hijos de Israel, y sacaron al que maldijo fuera del real, y apedreáronlo con piedras. Y los hijos de Israel hicieron como encomendó el Eterno a Mosé.

XXV

(32) BEAR SINÁI

(1) Y habló el Eterno a Mosé en el monte Sinái, diciendo: (2) «Habla a los hijos de Israel, y diles: Cuando viniereis a la tierra que yo doy a vosotros, holgará la tierra, holganza al Eterno: (3) Seis años sembrarás tu campo, y seis años podarás tu viña, y recogerás su renuevo. (4) Y en el año séptimo, sábado de holganza será para la tierra, sábado al Eterno: tu campo no sembrarás, y tu viña no podarás. (5) El redrojo de tu siega, no segarás; y las uvas de tu apartadura no vendimiarás; año de holganza será

כד 10. הב׳ בסגו״ל 16. קמץ בז״ק כה 4. קמץ בז״ק

para la tierra. (6) Y será holganza de la tierra de vosotros para comer, a ti, y a tu siervo, y a tu sierva, y a tu jornalero, y a tu huésped que habite contigo. (7) Y a tu bestia, y al animal que hubiere en tu tierra, será todo su renuevo para comer.

(8) Y contarás para ti siete semanas de años, siete años, siete veces: y serán para ti días de siete semanas de los años, cuarenta y nueve años. (9) Y harás pasar Sofar de trompeta en el mes séptimo, el diez del mes; y en el día de los perdones haréis pasar Sofar en toda vuestra tierra. (10) Y santificaréis el año de los cincuenta años y pregonaréis libertad en la tierra a todos sus moradores: Jubileo él será para vosotros; y tomaréis cada uno vuestra posesión, y cada uno, a vuestro linaje tornaréis. (11) Jubileo es él, año de los cincuenta años será para vosotros: no sembréis, y no seguéis vuestros redrojos y no vendimiéis vuestras ofrendas. (12) Porque Jubileo es él: santidad será para vosotros; del campo comeréis su renuevo. (13) En el año del Jubileo este, tornaréis cada uno a vuestra posesión. (14) Y cuando hiciereis venta a tu compañero, o comprareis de mano de tu compañero, no engañéis a vuestro hermano: (15) Por el número de años después del Jubileo comprarás de tu compañero; por el número de años del renuevo, te venderá él a ti. (16) Según el número de los años aumentarás su compra, y según el número de los años apocarás su compra, porque de los renuevos él te venderá a ti. (17) Y no engañaréis a vuestro compañero; y temerás a tu Dios: que yo soy el Eterno, vuestro Dios. (18) Y haréis mis fueros, y mis juicios guardaréis, y haréis a ellos, y estaréis sobre la tierra, en tranquilidad. (19) Y dará la tierra su fruto, y comeréis hasta la hartura, y estaréis en tranquilidad sobre ella. (20) Y cuando dijereis: ¿Qué comeremos en el año séptimo? He aquí que no sembramos y no recogimos nuestro renuevo. (21) Y encomendaré mi bendición a vosotros en el año sexto, y hará renuevo por tres años. (22) Y sembraréis el año octavo, y comeréis del renuevo viejo: hasta el año noveno, hasta venir

6 לָאָרֶץ׃ וְהָיְתָה שַׁבַּת הָאָרֶץ לָכֶם לְאָכְלָה לְךָ וּלְעַבְדְּךָ
7 וְלַאֲמָתֶךָ וְלִשְׂכִירְךָ וּלְתוֹשָׁבְךָ הַגָּרִים עִמָּךְ׃ וְלִבְהֶמְתְּךָ
וְלַחַיָּה אֲשֶׁר בְּאַרְצֶךָ תִּהְיֶה כָל־תְּבוּאָתָהּ לֶאֱכֹל׃ ס
8 וְסָפַרְתָּ לְךָ שֶׁבַע שַׁבְּתֹת שָׁנִים שֶׁבַע שָׁנִים שֶׁבַע פְּעָמִים
וְהָיוּ לְךָ יְמֵי שֶׁבַע שַׁבְּתֹת הַשָּׁנִים תֵּשַׁע וְאַרְבָּעִים שָׁנָה׃
9 וְהַעֲבַרְתָּ שׁוֹפַר תְּרוּעָה בַּחֹדֶשׁ הַשְּׁבִעִי בֶּעָשׂוֹר לַחֹדֶשׁ
י בְּיוֹם הַכִּפֻּרִים תַּעֲבִירוּ שׁוֹפָר בְּכָל־אַרְצְכֶם׃ וְקִדַּשְׁתֶּם
אֵת שְׁנַת הַחֲמִשִּׁים שָׁנָה וּקְרָאתֶם דְּרוֹר בָּאָרֶץ לְכָל־
יֹשְׁבֶיהָ יוֹבֵל הִוא תִּהְיֶה לָכֶם וְשַׁבְתֶּם אִישׁ אֶל־אֲחֻזָּתוֹ
11 וְאִישׁ אֶל־מִשְׁפַּחְתּוֹ תָּשֻׁבוּ׃ יוֹבֵל הִוא שְׁנַת הַחֲמִשִּׁים
שָׁנָה תִּהְיֶה לָכֶם לֹא תִזְרָעוּ וְלֹא תִקְצְרוּ אֶת־סְפִיחֶיהָ
12 וְלֹא תִבְצְרוּ אֶת־נְזִרֶיהָ׃ כִּי יוֹבֵל הִוא קֹדֶשׁ תִּהְיֶה לָכֶם
13 מִן־הַשָּׂדֶה תֹּאכְלוּ אֶת־תְּבוּאָתָהּ׃ בִּשְׁנַת הַיּוֹבֵל הַזֹּאת
14 תָּשֻׁבוּ אִישׁ אֶל־אֲחֻזָּתוֹ׃ וְכִי־תִמְכְּרוּ מִמְכָּר לַעֲמִיתֶךָ
טו אוֹ קָנֹה מִיַּד עֲמִיתֶךָ אַל־תּוֹנוּ אִישׁ אֶת־אָחִיו׃ בְּמִסְפַּר
שָׁנִים אַחַר הַיּוֹבֵל תִּקְנֶה מֵאֵת עֲמִיתֶךָ בְּמִסְפַּר שְׁנֵי־
16 תְבוּאֹת יִמְכָּר־לָךְ׃ לְפִי ׀ רֹב הַשָּׁנִים תַּרְבֶּה מִקְנָתוֹ וּלְפִי
מְעֹט הַשָּׁנִים תַּמְעִיט מִקְנָתוֹ כִּי מִסְפַּר תְּבוּאֹת הוּא
17 מֹכֵר לָךְ׃ וְלֹא תוֹנוּ אִישׁ אֶת־עֲמִיתוֹ וְיָרֵאתָ מֵאֱלֹהֶיךָ כִּי
18 אֲנִי יְהוָה אֱלֹהֵיכֶם׃ וַעֲשִׂיתֶם אֶת־חֻקֹּתַי וְאֶת־מִשְׁפָּטַי
19 תִּשְׁמְרוּ וַעֲשִׂיתֶם אֹתָם וִישַׁבְתֶּם עַל־הָאָרֶץ לָבֶטַח׃ וְנָתְנָה
הָאָרֶץ פִּרְיָהּ וַאֲכַלְתֶּם לָשֹׂבַע וִישַׁבְתֶּם לָבֶטַח עָלֶיהָ׃
כ וְכִי תֹאמְרוּ מַה־נֹּאכַל בַּשָּׁנָה הַשְּׁבִיעִת הֵן לֹא נִזְרָע
21 וְלֹא נֶאֱסֹף אֶת־תְּבוּאָתֵנוּ׃ וְצִוִּיתִי אֶת־בִּרְכָתִי לָכֶם
בַּשָּׁנָה הַשִּׁשִּׁית וְעָשָׂת אֶת־הַתְּבוּאָה לִשְׁלֹשׁ הַשָּׁנִים׃
22 וּזְרַעְתֶּם אֵת הַשָּׁנָה הַשְּׁמִינִת וַאֲכַלְתֶּם מִן־הַתְּבוּאָה יָשָׁן
עַד ׀ הַשָּׁנָה הַתְּשִׁיעִת עַד־בּוֹא תְּבוּאָתָהּ תֹּאכְלוּ יָשָׁן׃

11. קמץ בז״ק. 20. קמץ בז״ק

23 וְהָאָרֶץ לֹא תִמָּכֵר לִצְמִתֻת כִּי־לִי הָאָרֶץ כִּי־גֵרִים
24 וְתוֹשָׁבִים אַתֶּם עִמָּדִי׃ וּבְכֹל אֶרֶץ אֲחֻזַּתְכֶם גְּאֻלָּה תִּתְּנוּ
כה לָאָרֶץ׃ ס רביעי כִּי־יָמוּךְ אָחִיךָ וּמָכַר מֵאֲחֻזָּתוֹ וּבָא גֹאֲלוֹ
26 הַקָּרֹב אֵלָיו וְגָאַל אֵת מִמְכַּר אָחִיו׃ וְאִישׁ כִּי לֹא יִהְיֶה־
27 לּוֹ גֹּאֵל וְהִשִּׂיגָה יָדוֹ וּמָצָא כְּדֵי גְאֻלָּתוֹ׃ וְחִשַּׁב אֶת־
שְׁנֵי מִמְכָּרוֹ וְהֵשִׁיב אֶת־הָעֹדֵף לָאִישׁ אֲשֶׁר מָכַר־לוֹ
28 וְשָׁב לַאֲחֻזָּתוֹ׃ וְאִם לֹא־מָצְאָה יָדוֹ דֵּי הָשִׁיב לוֹ וְהָיָה
מִמְכָּרוֹ בְּיַד הַקֹּנֶה אֹתוֹ עַד שְׁנַת הַיּוֹבֵל וְיָצָא בַּיֹּבֵל וְשָׁב
29 לַאֲחֻזָּתוֹ׃ ס וְאִישׁ כִּי־יִמְכֹּר בֵּית־מוֹשַׁב עִיר חוֹמָה
וְהָיְתָה גְּאֻלָּתוֹ עַד־תֹּם שְׁנַת מִמְכָּרוֹ יָמִים תִּהְיֶה גְאֻלָּתוֹ׃
ל וְאִם לֹא־יִגָּאֵל עַד־מְלֹאת לוֹ שָׁנָה תְמִימָה וְקָם הַבַּיִת
אֲשֶׁר־בָּעִיר אֲשֶׁר־לֹא חֹמָה לַצְּמִיתֻת לַקֹּנֶה אֹתוֹ לְדֹרֹתָיו
31 לֹא יֵצֵא בַּיֹּבֵל׃ וּבָתֵּי הַחֲצֵרִים אֲשֶׁר אֵין־לָהֶם חֹמָה
סָבִיב עַל־שְׂדֵה הָאָרֶץ יֵחָשֵׁב גְּאֻלָּה תִּהְיֶה־לּוֹ וּבַיֹּבֵל
32 יֵצֵא׃ וְעָרֵי הַלְוִיִּם בָּתֵּי עָרֵי אֲחֻזָּתָם גְּאֻלַּת עוֹלָם תִּהְיֶה
33 לַלְוִיִּם׃ וַאֲשֶׁר יִגְאַל מִן־הַלְוִיִּם וְיָצָא מִמְכַּר־בַּיִת וְעִיר
אֲחֻזָּתוֹ בַּיֹּבֵל כִּי בָתֵּי עָרֵי הַלְוִיִּם הִוא אֲחֻזָּתָם בְּתוֹךְ
34 בְּנֵי יִשְׂרָאֵל׃ וּשְׂדֵה מִגְרַשׁ עָרֵיהֶם לֹא יִמָּכֵר כִּי־אֲחֻזַּת
לה עוֹלָם הוּא לָהֶם׃ ס וְכִי־יָמוּךְ אָחִיךָ וּמָטָה יָדוֹ עִמָּךְ
36 וְהֶחֱזַקְתָּ בּוֹ גֵּר וְתוֹשָׁב וָחַי עִמָּךְ׃ אַל־תִּקַּח מֵאִתּוֹ נֶשֶׁךְ
37 וְתַרְבִּית וְיָרֵאתָ מֵאֱלֹהֶיךָ וְחֵי אָחִיךָ עִמָּךְ׃ אֶת־כַּסְפְּךָ
38 לֹא־תִתֵּן לוֹ בְּנֶשֶׁךְ וּבְמַרְבִּית לֹא־תִתֵּן אָכְלֶךָ׃ אֲנִי יְהוָה
אֱלֹהֵיכֶם אֲשֶׁר־הוֹצֵאתִי אֶתְכֶם מֵאֶרֶץ מִצְרָיִם לָתֵת לָכֶם
39 אֶת־אֶרֶץ כְּנַעַן לִהְיוֹת לָכֶם לֵאלֹהִים׃ ס וְכִי־יָמוּךְ
אָחִיךָ עִמָּךְ וְנִמְכַּר־לָךְ לֹא־תַעֲבֹד בּוֹ עֲבֹדַת עָבֶד׃
מ כְּשָׂכִיר כְּתוֹשָׁב יִהְיֶה עִמָּךְ עַד־שְׁנַת הַיֹּבֵל יַעֲבֹד עִמָּךְ׃
41 וְיָצָא מֵעִמָּךְ הוּא וּבָנָיו עִמּוֹ וְשָׁב אֶל־מִשְׁפַּחְתּוֹ וְאֶל־

su renuevo, comeréis del viejo. (23) Y la tierra no será vendida en remate, porque mía es la tierra, porque peregrinos y extranjeros sois para mí. (24) Y en toda la tierra de vuestra posesión, redención daréis a la tierra. (25) Cuando se empobreciere tu hermano, y vendiere de su posesión, vendrá su redentor, el cercano a él, y redimirá la venta de su hermano. (26) Y el varón que no tuviere redentor, y alcanzara su mano, y hallara lo suficiente para su redención; (27) contará los años de su venta, y tomará la demasía al varón a quien se vendió, y tornará a su posesión. (28) Y si no alcanzara su mano lo suficiente para tornar a él, quedará su venta en poder del que la compró hasta el año del Jubileo; y saldrá en el Jubileo, y tornará a su posesión. (29) Y el varón cuando vendiere casa de morada, de ciudad cercana, será su redención hasta acabarse el año de su venta: un año será su redención. (30) Y si no fuere redimida hasta cumplirse el año cumplido, afirmarse ha, la casa de la villa murada, y será a perpetuidad para el que la compró, por sus generaciones; no saldrá en el Jubileo. (31) Y las casas de las aldeas que no tienen cerco en derredor, como la tierra serán consideradas: redención habrá para ella y en el Jubileo saldrán. (32) Y las ciudades de los Levitas, las casas de las ciudades de su posesión, redención tendrán para siempre los Levitas. (33) Y el que redimiere de los Levitas, saldrá la casa vendida, y la ciudad de su posesión, en el Jubileo: porque las casas de las ciudades de los Levitas son su posesión entre los hijos de Israel. (34) Y la tierra del ejido de sus ciudades no será vendida, porque posesión para siempre es ella para ellos.

(35) Y cuando se empobreciera tu hermano, y acostare su mano sobre ti, le esforzarás: como peregrino y extranjero, vivirá contigo. (36) No tomarás de él logro, ni usura; y temerás a tu Dios, y vivirá tu hermano contigo. (37) Tu plata no le darás con logro, y con usura no le darás tu comida: (38) Yo soy el Eterno, vuestro Dios, que saqué a vosotros de la tierra de Egipto, para dar a vosotros la tierra de Kenáan, para ser para vosotros Dios. (39) Y cuando se empobreciere tu hermano, contigo, y se vendiere a ti, no te sirvas de él con servicio de siervo: (40) Como jornalero, como extranjero será contigo; hasta el año del Jubileo servirá contigo. (41) Y saldrá de contigo,

30. לוֹ ק׳

42 אֲחֻזַּת אֲבֹתָיו יָשׁוּב׃ כִּי־עֲבָדַי הֵם אֲשֶׁר־הוֹצֵאתִי אֹתָם
43 מֵאֶרֶץ מִצְרָיִם לֹא יִמָּכְרוּ מִמְכֶּרֶת עָבֶד׃ לֹא־תִרְדֶּה בוֹ
44 בְּפָרֶךְ וְיָרֵאתָ מֵאֱלֹהֶיךָ׃ וְעַבְדְּךָ וַאֲמָתְךָ אֲשֶׁר יִהְיוּ־לָךְ
מֵאֵת הַגּוֹיִם אֲשֶׁר סְבִיבֹתֵיכֶם מֵהֶם תִּקְנוּ עֶבֶד וְאָמָה׃
מה וְגַם מִבְּנֵי הַתּוֹשָׁבִים הַגָּרִים עִמָּכֶם מֵהֶם תִּקְנוּ וּמִמִּשְׁפַּחְתָּם
אֲשֶׁר עִמָּכֶם אֲשֶׁר הוֹלִידוּ בְּאַרְצְכֶם וְהָיוּ לָכֶם לַאֲחֻזָּה׃
46 וְהִתְנַחַלְתֶּם אֹתָם לִבְנֵיכֶם אַחֲרֵיכֶם לָרֶשֶׁת אֲחֻזָּה לְעֹלָם
בָּהֶם תַּעֲבֹדוּ וּבְאַחֵיכֶם בְּנֵי־יִשְׂרָאֵל אִישׁ בְּאָחִיו לֹא־
47 תִרְדֶּה בוֹ בְּפָרֶךְ׃ ס וְכִי תַשִּׂיג יַד גֵּר וְתוֹשָׁב עִמָּךְ
וּמָךְ אָחִיךָ עִמּוֹ וְנִמְכַּר לְגֵר תּוֹשָׁב עִמָּךְ אוֹ לְעֵקֶר
48 מִשְׁפַּחַת גֵּר׃ אַחֲרֵי נִמְכַּר גְּאֻלָּה תִּהְיֶה־לּוֹ אֶחָד מֵאֶחָיו
49 יִגְאָלֶנּוּ׃ אוֹ־דֹדוֹ אוֹ בֶן־דֹּדוֹ יִגְאָלֶנּוּ אוֹ־מִשְּׁאֵר בְּשָׂרוֹ
נ מִמִּשְׁפַּחְתּוֹ יִגְאָלֶנּוּ אוֹ־הִשִּׂיגָה יָדוֹ וְנִגְאָל׃ וְחִשַּׁב עִם־
קֹנֵהוּ מִשְּׁנַת הִמָּכְרוֹ לוֹ עַד שְׁנַת הַיֹּבֵל וְהָיָה כֶּסֶף מִמְכָּרוֹ
51 בְּמִסְפַּר שָׁנִים כִּימֵי שָׂכִיר יִהְיֶה עִמּוֹ׃ אִם־עוֹד רַבּוֹת
52 בַּשָּׁנִים לְפִיהֶן יָשִׁיב גְּאֻלָּתוֹ מִכֶּסֶף מִקְנָתוֹ׃ וְאִם־מְעַט
נִשְׁאַר בַּשָּׁנִים עַד־שְׁנַת הַיֹּבֵל וְחִשַּׁב־לוֹ כְּפִי שָׁנָיו יָשִׁיב
53 אֶת־גְּאֻלָּתוֹ׃ כִּשְׂכִיר שָׁנָה בְּשָׁנָה יִהְיֶה עִמּוֹ לֹא־יִרְדֶּנּוּ
54 בְּפֶרֶךְ לְעֵינֶיךָ׃ וְאִם־לֹא יִגָּאֵל בְּאֵלֶּה וְיָצָא בִּשְׁנַת הַיֹּבֵל
נה הוּא וּבָנָיו עִמּוֹ׃ כִּי־לִי בְנֵי־יִשְׂרָאֵל עֲבָדִים עֲבָדַי הֵם
אֲשֶׁר־הוֹצֵאתִי אוֹתָם מֵאֶרֶץ מִצְרָיִם אֲנִי יְהוָה אֱלֹהֵיכֶם׃

כו

א לֹא־תַעֲשׂוּ לָכֶם אֱלִילִם וּפֶסֶל וּמַצֵּבָה לֹא־תָקִימוּ לָכֶם
וְאֶבֶן מַשְׂכִּית לֹא תִתְּנוּ בְּאַרְצְכֶם לְהִשְׁתַּחֲוֺת עָלֶיהָ כִּי
2 אֲנִי יְהוָה אֱלֹהֵיכֶם׃ אֶת־שַׁבְּתֹתַי תִּשְׁמֹרוּ וּמִקְדָּשִׁי תִּירָאוּ
אֲנִי יְהוָה׃

פ פ פ לג 33

3 אִם־בְּחֻקֹּתַי תֵּלֵכוּ וְאֶת־מִצְוֺתַי תִּשְׁמְרוּ וַעֲשִׂיתֶם אֹתָם׃

él, y sus hijos con él, tornará a su linaje, y a la posesión de sus padres tornará. (42) Que mis siervos son ellos, porque saquélos de la tierra de Egipto: no serán vendidos en venta de siervos. (43) No os enseñoreéis en él con vuestra dureza, y temerás a tu Dios. (44) Y tu siervo y tu sierva que tuvieres de las gentes que viven en vuestros derredores: de ellos compraréis siervo y sierva. (45) Y también de los hijos de los forasteros que estén con vosotros, de ellos compraréis, y de los de su linaje que estén con vosotros, que fueron nacidos en vuestra tierra, ellos serán para vosotros, por posesión. (46) Y haréis heredarlos a vuestros hijos, tras vosotros, para heredar la posesión; para siempre con ellos os serviréis, y en vuestros hermanos, hijos de Israel, no os enseñoreareís en ellos con dureza.

(47) Y cuando alcanzare la mano del peregrino y el habitante que está con vosotros, y fuere empobrecido tu hermano que está con él, y se vendiere al peregrino o al habitante que está con vosotros, o a la raíz del linaje del peregrino, (48) después de ser vendido, redención será para él: uno de sus hermanos lo redimirá. (49) O su tío, o el hijo de su tío lo redimirá, o un pariente de su carne, de su linaje, lo redimirá; o cuando alcanzare su mano, redimirse ha. (50) Y contará con su comprador, desde el año de ser vendido a él, hasta el año del Jubileo; y será la plata de su venta por el número de años, como los días de un jornalero, será para él. (51) Si aun fueren muchos los años, según ellos, tornará su redención, de la plata de su compra. (52) Y si poco quedare en los años, hasta el año del Jubileo, contará con él, y según sus años, tornará a su redención. (53) Como con el jornalero de año por año, se hará con él: no se enseñoreará con dureza a tus ojos. (54) Y si así no fuere redimido, saldrá en el año del Jubileo, él y sus hijos con él. (55) Que para mí, los hijos de Israel son siervos; mis siervos son ellos, que los saqué de la tierra de Egipto, yo soy el Eterno, vuestro Dios.

XXVI

(1) No hagáis para vosotros ídolos, y escultura y estatua no levantéis para vosotros, y piedra de pintura no deis en vuestra tierra para encorvaros ante ella: porque yo soy el Eterno, vuestro Dios. (2) Mis sábados guardaréis, y al santuario temeréis: Yo soy el Eterno.

(33) BEHUKOTAI

(3) Si en mis fueros anduviereis, y mis preceptos guardareis, y los hiciereis,

4 וְנָתַתִּי גִשְׁמֵיכֶם בְּעִתָּם וְנָתְנָה הָאָרֶץ יְבוּלָהּ וְעֵץ הַשָּׂדֶה
ה יִתֵּן פִּרְיוֹ: וְהִשִּׂיג לָכֶם דַּיִשׁ אֶת־בָּצִיר וּבָצִיר יַשִּׂיג אֶת־
זָרַע וַאֲכַלְתֶּם לַחְמְכֶם לָשֹׂבַע וִישַׁבְתֶּם לָבֶטַח בְּאַרְצְכֶם:
6 וְנָתַתִּי שָׁלוֹם בָּאָרֶץ וּשְׁכַבְתֶּם וְאֵין מַחֲרִיד וְהִשְׁבַּתִּי חַיָּה
7 רָעָה מִן־הָאָרֶץ וְחֶרֶב לֹא־תַעֲבֹר בְּאַרְצְכֶם: וּרְדַפְתֶּם
8 אֶת־אֹיְבֵיכֶם וְנָפְלוּ לִפְנֵיכֶם לֶחָרֶב: וְרָדְפוּ מִכֶּם חֲמִשָּׁה
מֵאָה וּמֵאָה מִכֶּם רְבָבָה יִרְדֹּפוּ וְנָפְלוּ אֹיְבֵיכֶם לִפְנֵיכֶם
9 לֶחָרֶב: וּפָנִיתִי אֲלֵיכֶם וְהִפְרֵיתִי אֶתְכֶם וְהִרְבֵּיתִי אֶתְכֶם
י וַהֲקִימֹתִי אֶת־בְּרִיתִי אִתְּכֶם: וַאֲכַלְתֶּם יָשָׁן נוֹשָׁן וְיָשָׁן
11 מִפְּנֵי חָדָשׁ תּוֹצִיאוּ: וְנָתַתִּי מִשְׁכָּנִי בְּתוֹכְכֶם וְלֹא־תִגְעַל
12 נַפְשִׁי אֶתְכֶם: וְהִתְהַלַּכְתִּי בְּתוֹכְכֶם וְהָיִיתִי לָכֶם לֵאלֹהִים
13 וְאַתֶּם תִּהְיוּ־לִי לְעָם: אֲנִי יְהוָה אֱלֹהֵיכֶם אֲשֶׁר הוֹצֵאתִי
אֶתְכֶם מֵאֶרֶץ מִצְרַיִם מִהְיֹת לָהֶם עֲבָדִים וָאֶשְׁבֹּר מֹטֹת
עֻלְּכֶם וָאוֹלֵךְ אֶתְכֶם קוֹמְמִיּוּת: פ
14 וְאִם־לֹא תִשְׁמְעוּ לִי וְלֹא תַעֲשׂוּ אֵת כָּל־הַמִּצְוֹת הָאֵלֶּה:
טו וְאִם־בְּחֻקֹּתַי תִּמְאָסוּ וְאִם אֶת־מִשְׁפָּטַי תִּגְעַל נַפְשְׁכֶם
16 לְבִלְתִּי עֲשׂוֹת אֶת־כָּל־מִצְוֹתַי לְהַפְרְכֶם אֶת־בְּרִיתִי: אַף־
אֲנִי אֶעֱשֶׂה־זֹּאת לָכֶם וְהִפְקַדְתִּי עֲלֵיכֶם בֶּהָלָה אֶת־
הַשַּׁחֶפֶת וְאֶת־הַקַּדַּחַת מְכַלּוֹת עֵינַיִם וּמְדִיבֹת נָפֶשׁ וּזְרַעְתֶּם
17 לָרִיק זַרְעֲכֶם וַאֲכָלֻהוּ אֹיְבֵיכֶם: וְנָתַתִּי פָנַי בָּכֶם וְנִגַּפְתֶּם
לִפְנֵי אֹיְבֵיכֶם וְרָדוּ בָכֶם שֹׂנְאֵיכֶם וְנַסְתֶּם וְאֵין־רֹדֵף
18 אֶתְכֶם: וְאִם־עַד־אֵלֶּה לֹא תִשְׁמְעוּ לִי וְיָסַפְתִּי לְיַסְּרָה
19 אֶתְכֶם שֶׁבַע עַל־חַטֹּאתֵיכֶם: וְשָׁבַרְתִּי אֶת־גְּאוֹן עֻזְּכֶם
כ וְנָתַתִּי אֶת־שְׁמֵיכֶם כַּבַּרְזֶל וְאֶת־אַרְצְכֶם כַּנְּחֻשָׁה: וְתַם
לָרִיק כֹּחֲכֶם וְלֹא־תִתֵּן אַרְצְכֶם אֶת־יְבוּלָהּ וְעֵץ הָאָרֶץ לֹא
21 יִתֵּן פִּרְיוֹ: וְאִם־תֵּלְכוּ עִמִּי קֶרִי וְלֹא תֹאבוּ לִשְׁמֹעַ לִי
22 וְיָסַפְתִּי עֲלֵיכֶם מַכָּה שֶׁבַע כְּחַטֹּאתֵיכֶם: וְהִשְׁלַחְתִּי בָכֶם

(4) yo daré vuestra lluvia en su hora, y dará la tierra hierba, y el árbol del campo dará su fruto; (5) y alcanzará a vosotros trilla y vendimia, y vendimia alcanzará a simiente, y comeréis vuestro pan en hartura, y estaréis en tranquilidad en vuestra tierra: (6) Y daré paz en la tierra, y yaceréis, y nadie os estremecerá; y haré quitar las bestias malas de la tierra, y espada no pasará por vuestra tierra. (7) Y perseguiréis a vuestros enemigos y caerán delante de vosotros, a espada. (8) Y perseguirán cinco de vosotros a ciento, y ciento de vosotros a millares, perseguirán y caerán vuestros enemigos delante de vosotros a espada. (9) Y os cataré, y os fructificaré, y os multiplicaré y afirmaré mi pacto con vosotros: (10) Y comeréis lo viejo y de muchos años, y lo viejo, sacaréis de delante, por haber nuevo. (11) Y pondré mi morada entre vosotros, y no desechará mi alma a vosotros. (12) Y andaré entre vosotros, y seré para vosotros, Dios, y vosotros seréis para mí, por pueblo. (13) Yo soy el Eterno, vuestro Dios, que os saqué a vosotros de la tierra de Egipto, para no ser a ellos siervos, quebranté las varas de vuestro yugo y os llevé con la frente alta.

(14) Y si no oyereis a mí y no hiciereis todos los preceptos estos, (15) y si mis fueros aborreciereis, y si mis juicios desechare vuestra alma, para no hacer todos mis preceptos, para invalidar mi pacto, (16) también yo haré esto a vosotros: y enviaré sobre vosotros el terror, la fiebre, la calentura, que consumen los ojos, y hacen doler el alma; y sembraréis en vano vuestra siembra, y comerla han, vuestros enemigos: (17) Y enviaré mis iras sobre vosotros, y seréis llagados delante de vuestros enemigos; y se enseñorearán en vosotros vuestros aborrecedores, y huiréis sin perseguidor. (18) Y si hasta esto no oyereis a mí, añadiré castigos a vosotros por siete veces (*sobre*) vuestros pecados. (19) Y quebrantaré la altivez de vuestra fortaleza, y tornaré vuestros cielos como hierro, y vuestra tierra como acero: (20) Y acabarse ha, en vano vuestra fuerza, y no dará vuestra tierra su hierba, y el árbol de la tierra no dará su fruto. (21) Y si anduviereis conmigo en oposición, y no quisiereis oír a mí, añadiré sobre vosotros heridas siete veces vuestros pecados. (22) Y enviaré contra vosotros al animal del campo y os dejarán sin hijos y tajará vuestras

אֶת־חַיַּת הַשָּׂדֶה וְשִׁכְּלָה אֶתְכֶם וְהִכְרִיתָה אֶת־בְּהֶמְתְּכֶם
23 וְהִמְעִיטָה אֶתְכֶם וְנָשַׁמּוּ דַּרְכֵיכֶם׃ וְאִם־בְּאֵלֶּה לֹא תִוָּסְרוּ
24 לִי וַהֲלַכְתֶּם עִמִּי קֶרִי׃ וְהָלַכְתִּי אַף־אֲנִי עִמָּכֶם בְּקֶרִי
כה וְהִכֵּיתִי אֶתְכֶם גַּם־אָנִי שֶׁבַע עַל־חַטֹּאתֵיכֶם׃ וְהֵבֵאתִי
עֲלֵיכֶם חֶרֶב נֹקֶמֶת נְקַם־בְּרִית וְנֶאֱסַפְתֶּם אֶל־עָרֵיכֶם
26 וְשִׁלַּחְתִּי דֶבֶר בְּתוֹכְכֶם וְנִתַּתֶּם בְּיַד־אוֹיֵב׃ בְּשִׁבְרִי לָכֶם
מַטֵּה־לֶחֶם וְאָפוּ עֶשֶׂר נָשִׁים לַחְמְכֶם בְּתַנּוּר אֶחָד וְהֵשִׁיבוּ
27 לַחְמְכֶם בַּמִּשְׁקָל וַאֲכַלְתֶּם וְלֹא תִשְׂבָּעוּ׃ ס וְאִם־
28 בְּזֹאת לֹא תִשְׁמְעוּ לִי וַהֲלַכְתֶּם עִמִּי בְּקֶרִי׃ וְהָלַכְתִּי
עִמָּכֶם בַּחֲמַת־קֶרִי וְיִסַּרְתִּי אֶתְכֶם אַף־אָנִי שֶׁבַע עַל־
29 חַטֹּאתֵיכֶם׃ וַאֲכַלְתֶּם בְּשַׂר בְּנֵיכֶם וּבְשַׂר בְּנֹתֵיכֶם תֹּאכֵלוּ׃
ל וְהִשְׁמַדְתִּי אֶת־בָּמֹתֵיכֶם וְהִכְרַתִּי אֶת־חַמָּנֵיכֶם וְנָתַתִּי אֶת־
31 פִּגְרֵיכֶם עַל־פִּגְרֵי גִּלּוּלֵיכֶם וְגָעֲלָה נַפְשִׁי אֶתְכֶם׃ וְנָתַתִּי
אֶת־עָרֵיכֶם חָרְבָּה וַהֲשִׁמּוֹתִי אֶת־מִקְדְּשֵׁיכֶם וְלֹא אָרִיחַ
32 בְּרֵיחַ נִיחֹחֲכֶם׃ וַהֲשִׁמֹּתִי אֲנִי אֶת־הָאָרֶץ וְשָׁמְמוּ עָלֶיהָ
33 אֹיְבֵיכֶם הַיֹּשְׁבִים בָּהּ׃ וְאֶתְכֶם אֱזָרֶה בַגּוֹיִם וַהֲרִיקֹתִי
אַחֲרֵיכֶם חָרֶב וְהָיְתָה אַרְצְכֶם שְׁמָמָה וְעָרֵיכֶם יִהְיוּ חָרְבָּה׃
34 אָז תִּרְצֶה הָאָרֶץ אֶת־שַׁבְּתֹתֶיהָ כֹּל יְמֵי הֳשַׁמָּה וְאַתֶּם
בְּאֶרֶץ אֹיְבֵיכֶם אָז תִּשְׁבַּת הָאָרֶץ וְהִרְצָת אֶת־שַׁבְּתֹתֶיהָ׃
לה כָּל־יְמֵי הָשַּׁמָּה תִּשְׁבֹּת אֵת אֲשֶׁר לֹא־שָׁבְתָה בְּשַׁבְּתֹתֵיכֶם
36 בְּשִׁבְתְּכֶם עָלֶיהָ׃ וְהַנִּשְׁאָרִים בָּכֶם וְהֵבֵאתִי מֹרֶךְ בִּלְבָבָם
בְּאַרְצֹת אֹיְבֵיהֶם וְרָדַף אֹתָם קוֹל עָלֶה נִדָּף וְנָסוּ מְנֻסַת־
37 חֶרֶב וְנָפְלוּ וְאֵין רֹדֵף׃ וְכָשְׁלוּ אִישׁ־בְּאָחִיו כְּמִפְּנֵי־חֶרֶב
38 וְרֹדֵף אָיִן וְלֹא־תִהְיֶה לָכֶם תְּקוּמָה לִפְנֵי אֹיְבֵיכֶם׃ וַאֲבַדְתֶּם
39 בַּגּוֹיִם וְאָכְלָה אֶתְכֶם אֶרֶץ אֹיְבֵיכֶם׃ וְהַנִּשְׁאָרִים בָּכֶם
יִמַּקּוּ בַּעֲוֹנָם בְּאַרְצֹת אֹיְבֵיכֶם וְאַף בַּעֲוֹנֹת אֲבֹתָם אִתָּם
מ יִמָּקּוּ׃ וְהִתְוַדּוּ אֶת־עֲוֹנָם וְאֶת־עֲוֹן אֲבֹתָם בְּמַעֲלָם אֲשֶׁר
41 מָעֲלוּ־בִי וְאַף אֲשֶׁר־הָלְכוּ עִמִּי בְּקֶרִי׃ אַף־אֲנִי אֵלֵךְ עִמָּם

bestias, y os reducirá a vosotros, y serán desolados vuestros caminos. (23) Y si con esto no fuereis castigados, y anduviereis como en oposición, (24) andaré también yo en contra de vosotros y heriré a vosotros siete veces por vuestros pecados: (25) Y traeré sobre vosotros espada vengadora en venganza del pacto; y si seréis juntados en vuestras villas, enviaré mortandad entre vosotros, y seréis dados en manos del enemigo. (26) Cuando os quebrare el arrimo del pan, cocerán diez mujeres vuestro pan en un horno, y tomarán vuestro pan por peso; y comeréis, y no os hartaréis.

(27) Y si con esto no oyereis a mí y anduviereis conmigo en oposición, (28) andaré con vosotros con saña de encuentro, y castigaré a vosotros también yo siete veces sobre vuestros pecados. (29) Y comeréis la carne de vuestros hijos, y la carne de vuestras hijas comeréis. (30) Y destruiré vuestros altares, y tajaré vuestras imágenes, y pondré vuestros cuerpos sobre los cuerpos de vuestras inmundicias, y desechará mi alma a vosotros. (31) Y haré de vuestras ciudades, desiertos, y asolaré vuestros santuarios, y no oleré el olor vuestro, agradable. (32) Y desolaré yo la tierra, y maravillarse han, sobre ello, vuestros enemigos que están en ella: (33) Y a vosotros esparciré entre las gentes y desenvainaré tras vosotros la espada: y será vuestra tierra desolada, y vuestras villas, serán un desierto. (34) Entonces aceptará la tierra sus sábados; todos los días de su desolación, en que vosotros estuviereis en la tierra de vuestros enemigos: entonces holgará la tierra, y aceptará sus sábados. (35) Todos los días de su desolación, holgará: lo que no holgó en vuestros sábados, durante vuestro estar sobre ella. (36) Y a los que quedaren de vosotros, pondré flojedad en sus corazones, en la tierra de sus enemigos, y perseguirálos la voz de una hoja empujada, y huirán huída de espada, y caerán, sin perseguidor. (37) Y tropezarán el varón con su hermano como huyendo delante la espada, y no habrá perseguidor; y no habrá para vosotros levantamiento delante de vuestros enemigos. (38) Y os perderéis entre las gentes, y os acabará, a vosotros, la tierra de vuestros enemigos. (39) Y los que quedaren de vosotros, decaerán por su pecado, en la tierra de vuestros enemigos; y también por los pecados de sus padres; con ellos decaerán. (40) Y manifestarán su pecado, y el pecado de sus padres, en su falsedad, que falsearon en mí, y también anduvieron conmigo en oposición. (41) También yo

בְּקֶרִי וְהֵבֵאתִי אֹתָם בְּאֶרֶץ אֹיְבֵיהֶם אוֹ־אָז יִכָּנַע לְבָבָם
הֶעָרֵל וְאָז יִרְצוּ אֶת־עֲוֺנָם: וְזָכַרְתִּי אֶת־בְּרִיתִי יַעֲקוֹב 42
וְאַף אֶת־בְּרִיתִי יִצְחָק וְאַף אֶת־בְּרִיתִי אַבְרָהָם אֶזְכֹּר
וְהָאָרֶץ אֶזְכֹּר: וְהָאָרֶץ תֵּעָזֵב מֵהֶם וְתִרֶץ אֶת־שַׁבְּתֹתֶיהָ 43
בָּהְשַׁמָּה מֵהֶם וְהֵם יִרְצוּ אֶת־עֲוֺנָם יַעַן וּבְיַעַן בְּמִשְׁפָּטַי
מָאָסוּ וְאֶת־חֻקֹּתַי גָּעֲלָה נַפְשָׁם: וְאַף גַּם־זֹאת בִּהְיוֹתָם 44
בְּאֶרֶץ אֹיְבֵיהֶם לֹא־מְאַסְתִּים וְלֹא־גְעַלְתִּים לְכַלֹּתָם לְהָפֵר
בְּרִיתִי אִתָּם כִּי אֲנִי יְהוָה אֱלֹהֵיהֶם: וְזָכַרְתִּי לָהֶם בְּרִית מה
רִאשֹׁנִים אֲשֶׁר הוֹצֵאתִי־אֹתָם מֵאֶרֶץ מִצְרַיִם לְעֵינֵי הַגּוֹיִם
לִהְיוֹת לָהֶם לֵאלֹהִים אֲנִי יְהוָה: אֵלֶּה הַחֻקִּים וְהַמִּשְׁפָּטִים 46
וְהַתּוֹרֹת אֲשֶׁר נָתַן יְהוָה בֵּינוֹ וּבֵין בְּנֵי יִשְׂרָאֵל בְּהַר סִינַי
בְּיַד־מֹשֶׁה: פ רביעי ששי כשהן מחוברין

andaré contra ellos, y traerélos a la tierra de sus enemigos; y entonces se quebrantará su corazón incircunciso, y aceptarán su pecado.
(42) Y recordaré mi pacto con Iaacob, y también mi pacto con Isaac, y también mi pacto con Abraham recordaré; y la tierra recordaré. (43) Y la tierra será dejada de ellos, y aceptará sus sábados, al ser desolada por ellos; y ellos aceptarán su pecado: porque mis juicios aborrecieron y mis fueros desechó su alma. (44) Y aun también esto, en su estar en la tierra de sus enemigos, no los aborrecí, y no los deseché para acabarlos, para anular mi pacto con ellos: porque yo soy el Eterno, su Dios. (45) Y recordaré a ellos el pacto de los primeros, que saquélos de la tierra de Egipto, a los ojos de las gentes, para ser su Dios: Yo soy el Eterno.»
(46) Éstos son los fueros y los juicios y las leyes que dió el Eterno entre él y los hijos de Israel en el monte de Sinái, por mano de Mosé.

כז

וַיְדַבֵּר יְהוָה אֶל־מֹשֶׁה לֵּאמֹר: דַּבֵּר אֶל־בְּנֵי יִשְׂרָאֵל א 2
וְאָמַרְתָּ אֲלֵהֶם אִישׁ כִּי יַפְלִא נֶדֶר בְּעֶרְכְּךָ נְפָשֹׁת לַיהוָה:
וְהָיָה עֶרְכְּךָ הַזָּכָר מִבֶּן עֶשְׂרִים שָׁנָה וְעַד בֶּן־שִׁשִּׁים שָׁנָה 3
וְהָיָה עֶרְכְּךָ חֲמִשִּׁים שֶׁקֶל כֶּסֶף בְּשֶׁקֶל הַקֹּדֶשׁ: וְאִם־ 4
נְקֵבָה הִוא וְהָיָה עֶרְכְּךָ שְׁלֹשִׁים שָׁקֶל: וְאִם מִבֶּן־חָמֵשׁ ה
שָׁנִים וְעַד בֶּן־עֶשְׂרִים שָׁנָה וְהָיָה עֶרְכְּךָ הַזָּכָר עֶשְׂרִים
שְׁקָלִים וְלַנְּקֵבָה עֲשֶׂרֶת שְׁקָלִים: וְאִם מִבֶּן־חֹדֶשׁ וְעַד 6
בֶּן־חָמֵשׁ שָׁנִים וְהָיָה עֶרְכְּךָ הַזָּכָר חֲמִשָּׁה שְׁקָלִים כֶּסֶף
וְלַנְּקֵבָה עֶרְכְּךָ שְׁלֹשֶׁת שְׁקָלִים כָּסֶף: וְאִם מִבֶּן־שִׁשִּׁים 7
שָׁנָה וָמַעְלָה אִם־זָכָר וְהָיָה עֶרְכְּךָ חֲמִשָּׁה עָשָׂר שָׁקֶל
וְלַנְּקֵבָה עֲשָׂרָה שְׁקָלִים: וְאִם־מָךְ הוּא מֵעֶרְכֶּךָ וְהֶעֱמִידוֹ 8
לִפְנֵי הַכֹּהֵן וְהֶעֱרִיךְ אֹתוֹ הַכֹּהֵן עַל־פִּי אֲשֶׁר תַּשִּׂיג יַד הַנֹּדֵר
יַעֲרִיכֶנּוּ הַכֹּהֵן: ס וְאִם־בְּהֵמָה אֲשֶׁר יַקְרִיבוּ מִמֶּנָּה 9
קָרְבָּן לַיהוָה כֹּל אֲשֶׁר יִתֵּן מִמֶּנּוּ לַיהוָה יִהְיֶה־קֹּדֶשׁ: לֹא

XXVII

(1) Y habló el Eterno a Mosé, diciendo: (2) «Habla a los hijos de Israel, y diles: El varón, cuando hiciere promesa, por precio de almas al Eterno. (3) Será el precio del varón de la edad de veinte años y hasta la edad de sesenta años, cincuenta pesos de plata, en peso de la santidad. (4) Y si mujer es ella: será su precio treinta pesos. (5) Y si es de la edad de cinco años hasta la edad de veinte años, será su precio, del varón, veinte pesos, y de la mujer, diez pesos. (6) Y si es de la edad de un mes, hasta la edad de cinco años, será su precio, del varón, cinco pesos de plata; y de la mujer, tres pesos de plata. (7) Y si es de la edad de sesenta años arriba, si varón, será su precio quince pesos, y si es mujer, diez pesos. (8) Y si fuere mezquino él de su precio, hacerlo ha, estar delante el sacerdote, y apreciarále el sacerdote; según lo que alcanzare la mano del que prometiere, lo apreciará el sacerdote. (9) Y si fuere bestia, que se ofrece de ella ofrenda al Eterno, todo lo que dará de ella al Eterno, será santidad. (10) No lo mudará y no lo trocará, bueno por

כו 42. מלא ו׳ 43. קמץ בז״ק כז 9. סבירין ממנה

יַחֲלִיפֶנּוּ וְלֹא־יָמִיר אֹתוֹ טוֹב בְּרָע אוֹ־רַע בְּטוֹב וְאִם־הָמֵר
יָמִיר בְּהֵמָה בִּבְהֵמָה וְהָיָה־הוּא וּתְמוּרָתוֹ יִהְיֶה־קֹּדֶשׁ׃
11 וְאִם כָּל־בְּהֵמָה טְמֵאָה אֲשֶׁר לֹא־יַקְרִיבוּ מִמֶּנָּה קָרְבָּן
12 לַיהוָה וְהֶעֱמִיד אֶת־הַבְּהֵמָה לִפְנֵי הַכֹּהֵן׃ וְהֶעֱרִיךְ הַכֹּהֵן
13 אֹתָהּ בֵּין טוֹב וּבֵין רָע כְּעֶרְכְּךָ הַכֹּהֵן כֵּן יִהְיֶה׃ וְאִם־
14 גָּאֹל יִגְאָלֶנָּה וְיָסַף חֲמִישִׁתוֹ עַל־עֶרְכֶּךָ׃ וְאִישׁ כִּי־יַקְדִּשׁ
אֶת־בֵּיתוֹ קֹדֶשׁ לַיהוָה וְהֶעֱרִיכוֹ הַכֹּהֵן בֵּין טוֹב וּבֵין רָע
15 כַּאֲשֶׁר יַעֲרִיךְ אֹתוֹ הַכֹּהֵן כֵּן יָקוּם׃ וְאִם־הַמַּקְדִּישׁ יִגְאַל
16 אֶת־בֵּיתוֹ וְיָסַף חֲמִישִׁית כֶּסֶף־עֶרְכְּךָ עָלָיו וְהָיָה לוֹ׃ וְאִם
מִשְּׂדֵה אֲחֻזָּתוֹ יַקְדִּישׁ אִישׁ לַיהוָה וְהָיָה עֶרְכְּךָ לְפִי זַרְעוֹ
17 זֶרַע חֹמֶר שְׂעֹרִים בַּחֲמִשִּׁים שֶׁקֶל כָּסֶף׃ אִם־מִשְּׁנַת
18 הַיֹּבֵל יַקְדִּישׁ שָׂדֵהוּ כְּעֶרְכְּךָ יָקוּם׃ וְאִם־אַחַר הַיֹּבֵל
יַקְדִּישׁ שָׂדֵהוּ וְחִשַּׁב־לוֹ הַכֹּהֵן אֶת־הַכֶּסֶף עַל־פִּי הַשָּׁנִים
19 הַנּוֹתָרֹת עַד שְׁנַת הַיֹּבֵל וְנִגְרַע מֵעֶרְכֶּךָ׃ וְאִם־גָּאֹל יִגְאַל
אֶת־הַשָּׂדֶה הַמַּקְדִּישׁ אֹתוֹ וְיָסַף חֲמִשִׁית כֶּסֶף־עֶרְכְּךָ עָלָיו
כ וְקָם לוֹ׃ וְאִם־לֹא יִגְאַל אֶת־הַשָּׂדֶה וְאִם־מָכַר אֶת־הַשָּׂדֶה
21 לְאִישׁ אַחֵר לֹא־יִגָּאֵל עוֹד׃ וְהָיָה הַשָּׂדֶה בְּצֵאתוֹ בַיֹּבֵל
22 קֹדֶשׁ לַיהוָה כִּשְׂדֵה הַחֵרֶם לַכֹּהֵן תִּהְיֶה אֲחֻזָּתוֹ׃ וְאִם
אֶת־שְׂדֵה מִקְנָתוֹ אֲשֶׁר לֹא מִשְּׂדֵה אֲחֻזָּתוֹ יַקְדִּישׁ לַיהוָה׃
23 וְחִשַּׁב־לוֹ הַכֹּהֵן אֵת מִכְסַת הָעֶרְכְּךָ עַד שְׁנַת הַיֹּבֵל וְנָתַן
24 אֶת־הָעֶרְכְּךָ בַּיּוֹם הַהוּא קֹדֶשׁ לַיהוָה׃ בִּשְׁנַת הַיּוֹבֵל יָשׁוּב
כה הַשָּׂדֶה לַאֲשֶׁר קָנָהוּ מֵאִתּוֹ לַאֲשֶׁר־לוֹ אֲחֻזַּת הָאָרֶץ׃ וְכָל־
עֶרְכְּךָ יִהְיֶה בְּשֶׁקֶל הַקֹּדֶשׁ עֶשְׂרִים גֵּרָה יִהְיֶה הַשָּׁקֶל׃
26 אַךְ־בְּכוֹר אֲשֶׁר־יְבֻכַּר לַיהוָה בִּבְהֵמָה לֹא־יַקְדִּישׁ אִישׁ
27 אֹתוֹ אִם־שׁוֹר אִם־שֶׂה לַיהוָה הוּא׃ וְאִם בַּבְּהֵמָה הַטְּמֵאָה
וּפָדָה בְעֶרְכֶּךָ וְיָסַף חֲמִשִׁתוֹ עָלָיו וְאִם־לֹא יִגָּאֵל וְנִמְכַּר
28 בְּעֶרְכֶּךָ׃ אַךְ כָּל־חֵרֶם אֲשֶׁר יַחֲרִם אִישׁ לַיהוָה מִכָּל־

malo, o malo por bueno, y si trocar, trocare bestia por bestia, él y su trueque serán santidad. (11) Y si fuere bestia inmunda, que no ofrecieren de ella ofrenda al Eterno, hará estar a la bestia delante del sacerdote: (12) Y apreciarála el sacerdote, sea buena o sea mala; como el precio del sacerdote, así será. (13) Y si redimir, la redimiere, añadirá su quinto sobre tu precio.

(14) Y el varón, cuando santificare su casa, por santidad al Eterno, la apreciará el sacerdote, sea buena o sea mala: como la apreciare el sacerdote, así se afirmará. (15) Y si el que santificare redimiere a su casa, añadirá quinto de plata de tu precio sobre ella, y será para él. (16) Y si del campo de su posesión santificare el varón al Eterno, será su precio según su simiente: simiente de omer de cebada, por cincuenta pesos de plata. (17) Si del año del Jubileo santificare su campo, como su precio contará. (18) Y si después del Jubileo santificare su cuerpo contará a él el sacerdote la plata, según los años restantes hasta el año del Jubileo, y será reducido de tu precio. (19) Y si redimir, redimiere el campo el que la santifica añadirá quinto de plata de tu precio sobre él, y afirmarse ha, a él. (20) Y si no redimiere el campo, y si vendiere el campo a otro varón, no será redimido más; (21) Y será el campo en su salir en el Jubileo, santidad al Eterno, como campo del anatema: el sacerdote tendrá su posesión. (22) Y si el campo de su compra, que no es del campo de su posesión, santificare al Eterno. (23) Contará a él el sacerdote, la cuenta de tu precio hasta el año del Jubileo, y dará tu precio en el día este, santidades al Eterno. (24) En el año del Jubileo tornará el campo este al que lo compró de él, al que tiene la posesión de la tierra.

(25) Y todo tu precio será por peso de la santidad: veinte granos será el peso. (26) De cierto, primogénito que fuere primogénito al Eterno en la bestia, no santificará el varón a él, si buey, si carnero, del Eterno es él. (27) Y si fuere de la bestia inmunda, redimirá por tu precio, y añadirá su quinto sobre él: y si no fuere redimida, será vendida por tu precio. (28) De cierto, todo apar-

10. קמץ בפרחא

אשר־לו מאדם ובהמה ומשדה אחזתו לא ימכר ולא
29 יגאל כל־חרם קדש־קדשים הוא ליהוה׃ כל־חרם אשר
ל יחרם מן־האדם לא יפדה מות יומת׃ וכל־מעשר הארץ
31 מזרע הארץ מפרי העץ ליהוה הוא קדש ליהוה׃ ואם־
32 גאל יגאל איש ממעשרו חמשיתו יסף עליו׃ וכל־מעשר
בקר וצאן כל אשר־יעבר תחת השבט העשירי יהיה־
33 קדש ליהוה׃ לא יבקר בין־טוב לרע ולא ימירנו ואם־
המר ימירנו והיה־הוא ותמורתו יהיה־קדש לא יגאל׃
34 אלה המצות אשר צוה יהוה את־משה אל־בני ישראל
בהר סיני׃

חזק

סכום פסוקי דספר ויקרא שמונה מאות וחמשים ותשעה. נטף
סימן: וחציו והנגע בבשר הזב: ופרשיותיו עשרה. בא גד סימן:
וסדריו שלשה ועשרים. ובתורתו יהגה יומם ולילה סימן:
ופרקיו שבעה ועשרים. ואהיה עמך ואברכך סימן: מנין
הפתוחות שתים וחמשים. והסתומות ששה וארבעים. הכל
שמונה ותשעים פרשיות. דודי צח ואדום סימן:

tamiento que aparte el varón al Eterno de todo lo que es de él, de hombre y de bestia, y del campo de su posesión, no será vendido, y no será redimido: toda anatema es santidad de santidades, al Eterno. (29) Toda anatema que se apartare del hombre, no será redimido: matar, será matado.

(30) Y todo diezmo de la tierra, de simiente de la tierra, de fruto del árbol, para el Eterno es él: santidad es al Eterno. (31) Y si redimir, redimiere el varón de su diezmo, su quinto añadirá sobre él. (32) Y todo diezmo de vacas y ovejas, todo lo que pasare bajo la vara, el décimo será santidad al Eterno. (33) No mirará entre bueno o malo, y no lo trocará: y si trocar, lo trocare, él y su trueque serán santidad, no será redimido.»

(34) Éstos son los preceptos que encomendó el Eterno a Mosé, a los hijos de Israel, en el monte de Sinái.

EN EL DESIERTO

פרשה לד 34

(34)

א וַיְדַבֵּר יְהוָה אֶל־מֹשֶׁה בְּמִדְבַּר סִינַי בְּאֹהֶל מוֹעֵד בְּאֶחָד
לַחֹדֶשׁ הַשֵּׁנִי בַּשָּׁנָה הַשֵּׁנִית לְצֵאתָם מֵאֶרֶץ מִצְרַיִם
2 לֵאמֹר׃ שְׂאוּ אֶת־רֹאשׁ כָּל־עֲדַת בְּנֵי־יִשְׂרָאֵל לְמִשְׁפְּחֹתָם
3 לְבֵית אֲבֹתָם בְּמִסְפַּר שֵׁמוֹת כָּל־זָכָר לְגֻלְגְּלֹתָם׃ מִבֶּן
עֶשְׂרִים שָׁנָה וָמַעְלָה כָּל־יֹצֵא צָבָא בְּיִשְׂרָאֵל תִּפְקְדוּ אֹתָם
4 לְצִבְאֹתָם אַתָּה וְאַהֲרֹן׃ וְאִתְּכֶם יִהְיוּ אִישׁ אִישׁ לַמַּטֶּה
ה אִישׁ רֹאשׁ לְבֵית־אֲבֹתָיו הוּא׃ וְאֵלֶּה שְׁמוֹת הָאֲנָשִׁים
6 אֲשֶׁר יַעַמְדוּ אִתְּכֶם לִרְאוּבֵן אֱלִיצוּר בֶּן־שְׁדֵיאוּר׃ לְשִׁמְעוֹן
7 שְׁלֻמִיאֵל בֶּן־צוּרִישַׁדָּי׃ לִיהוּדָה נַחְשׁוֹן בֶּן־עַמִּינָדָב׃
8 9 לְיִשָּׂשכָר נְתַנְאֵל בֶּן־צוּעָר׃ לִזְבוּלֻן אֱלִיאָב בֶּן־חֵלֹן׃
י לִבְנֵי יוֹסֵף לְאֶפְרַיִם אֱלִישָׁמָע בֶּן־עַמִּיהוּד לִמְנַשֶּׁה גַּמְלִיאֵל
11 12 בֶּן־פְּדָהצוּר׃ לְבִנְיָמִן אֲבִידָן בֶּן־גִּדְעֹנִי׃ לְדָן אֲחִיעֶזֶר בֶּן
13 14 עַמִּישַׁדָּי׃ לְאָשֵׁר פַּגְעִיאֵל בֶּן־עָכְרָן׃ לְגָד אֶלְיָסָף בֶּן
טו 16 דְּעוּאֵל׃ לְנַפְתָּלִי אֲחִירַע בֶּן־עֵינָן׃ אֵלֶּה קְרִיאֵי הָעֵדָה
17 נְשִׂיאֵי מַטּוֹת אֲבוֹתָם רָאשֵׁי אַלְפֵי יִשְׂרָאֵל הֵם׃ וַיִּקַּח
מֹשֶׁה וְאַהֲרֹן אֵת הָאֲנָשִׁים הָאֵלֶּה אֲשֶׁר נִקְּבוּ בְּשֵׁמוֹת׃
18 וְאֵת כָּל־הָעֵדָה הִקְהִילוּ בְּאֶחָד לַחֹדֶשׁ הַשֵּׁנִי וַיִּתְיַלְדוּ
עַל־מִשְׁפְּחֹתָם לְבֵית אֲבֹתָם בְּמִסְפַּר שֵׁמוֹת מִבֶּן עֶשְׂרִים
19 שָׁנָה וָמַעְלָה לְגֻלְגְּלֹתָם׃ כַּאֲשֶׁר צִוָּה יְהוָה אֶת־מֹשֶׁה
כ וַיִּפְקְדֵם בְּמִדְבַּר סִינָי׃ פ וַיִּהְיוּ בְנֵי־רְאוּבֵן בְּכֹר *

(1) Y habló el Eterno a Mosé en el desierto de Sinái, en la tienda del plazo, el uno del mes segundo, en el año segundo de salir de la tierra de Egipto, diciendo: (2) «Recibid la cuenta de toda la compañía de los hijos de Israel por sus linajes, por la casa de sus padres, por la cuenta de los nombres, todo varón por sus cabezas. (3) De edad de veinte años arriba, todo el que sale al ejército en Israel, lo contaréis por sus ejércitos, tú y Aarón. (4) Y con vosotros estará un varón por cada tribu, cada varón, cabeza de la casa de sus padres será.

(5) Y éstos son los nombres de los varones que estarán con vosotros. De Reubén: Elisur, hijo de Sedeúr; (6) De Simeón: Selumiel, hijo de Surísadái. (7) De Iudá: Nahsón, hijo de Amínadab. (8) De Isajar: Netanel, hijo de Suar. (9) De Sebulún: Eliab, hijo de Helón. (10) De los hijos de Iosef: a Efráim, Elísamá, hijo de Amiud; de Menasé: Gamliel, hijo de Pedasúr. (11) De Biniamín: Abidán, hijo de Guidoní. (12) De Dan: Ahiéser, hijo de Amisadái. (13) De Aser: Paguiel, hijo de Ojran. (14) De Gad: Eliasaf, hijo de Deuel. (15) De Naftalí: Ahirá, hijo de Enán.»

(16) Éstos eran llamados por la compañía, príncipes de las tribus de sus padres; capitanes de miles de Israel, eran ellos. (17) Y tomaron Mosé y Aarón a los varones estos que fueron declarados por nombres; (18) y a toda la compañía hicieron congregar el uno del mes segundo, y fueron reunidos por sus linajes, por las casas de sus padres, por la cuenta de los nombres, de edad de veinte años arriba, por sus cabezas, (19) como encomendó el Eterno a Mosé, contólos en el desierto de Sinái.

(20) Y fueron los hijos de Reubén, primogénito de Israel, por sus nacimientos,

*) יניח ד' שיטין פנויות ויתחיל מתחלת שיטה ה'. 16. קרואי ק'

יִשְׂרָאֵל תּוֹלְדֹתָם לְמִשְׁפְּחֹתָם לְבֵית אֲבֹתָם בְּמִסְפַּר
שֵׁמוֹת לְגֻלְגְּלֹתָם כָּל־זָכָר מִבֶּן עֶשְׂרִים שָׁנָה וָמַעְלָה כֹּל
יֹצֵא צָבָא׃ פְּקֻדֵיהֶם לְמַטֵּה רְאוּבֵן שִׁשָּׁה וְאַרְבָּעִים אֶלֶף 21
וַחֲמֵשׁ מֵאוֹת׃ פ
לִבְנֵי שִׁמְעוֹן תּוֹלְדֹתָם לְמִשְׁפְּחֹתָם לְבֵית אֲבֹתָם פְּקֻדָיו 22
בְּמִסְפַּר שֵׁמוֹת לְגֻלְגְּלֹתָם כָּל־זָכָר מִבֶּן עֶשְׂרִים שָׁנָה
וָמַעְלָה כֹּל יֹצֵא צָבָא׃ פְּקֻדֵיהֶם לְמַטֵּה שִׁמְעוֹן תִּשְׁעָה 23
וַחֲמִשִּׁים אֶלֶף וּשְׁלֹשׁ מֵאוֹת׃ פ
לִבְנֵי גָד תּוֹלְדֹתָם לְמִשְׁפְּחֹתָם לְבֵית אֲבֹתָם בְּמִסְפַּר שֵׁמוֹת 24
מִבֶּן עֶשְׂרִים שָׁנָה וָמַעְלָה כֹּל יֹצֵא צָבָא׃ פְּקֻדֵיהֶם לְמַטֵּה כה
גָד חֲמִשָּׁה וְאַרְבָּעִים אֶלֶף וְשֵׁשׁ מֵאוֹת וַחֲמִשִּׁים׃ פ
לִבְנֵי יְהוּדָה תּוֹלְדֹתָם לְמִשְׁפְּחֹתָם לְבֵית אֲבֹתָם בְּמִסְפַּר 26
שֵׁמֹת מִבֶּן עֶשְׂרִים שָׁנָה וָמַעְלָה כֹּל יֹצֵא צָבָא׃ פְּקֻדֵיהֶם 27
לְמַטֵּה יְהוּדָה אַרְבָּעָה וְשִׁבְעִים אֶלֶף וְשֵׁשׁ מֵאוֹת׃ פ
לִבְנֵי יִשָּׂשכָר תּוֹלְדֹתָם לְמִשְׁפְּחֹתָם לְבֵית אֲבֹתָם בְּמִסְפַּר 28
שֵׁמֹת מִבֶּן עֶשְׂרִים שָׁנָה וָמַעְלָה כֹּל יֹצֵא צָבָא׃ פְּקֻדֵיהֶם 29
לְמַטֵּה יִשָּׂשכָר אַרְבָּעָה וַחֲמִשִּׁים אֶלֶף וְאַרְבַּע מֵאוֹת׃ פ
לִבְנֵי זְבוּלֻן תּוֹלְדֹתָם לְמִשְׁפְּחֹתָם לְבֵית אֲבֹתָם בְּמִסְפַּר ל
שֵׁמֹת מִבֶּן עֶשְׂרִים שָׁנָה וָמַעְלָה כֹּל יֹצֵא צָבָא׃ פְּקֻדֵיהֶם 31
לְמַטֵּה זְבוּלֻן שִׁבְעָה וַחֲמִשִּׁים אֶלֶף וְאַרְבַּע מֵאוֹת׃ פ
לִבְנֵי יוֹסֵף לִבְנֵי אֶפְרַיִם תּוֹלְדֹתָם לְמִשְׁפְּחֹתָם לְבֵית 32
אֲבֹתָם בְּמִסְפַּר שֵׁמֹת מִבֶּן עֶשְׂרִים שָׁנָה וָמַעְלָה כֹּל
יֹצֵא צָבָא׃ פְּקֻדֵיהֶם לְמַטֵּה אֶפְרָיִם אַרְבָּעִים אֶלֶף 33
וַחֲמֵשׁ מֵאוֹת׃ פ
לִבְנֵי מְנַשֶּׁה תּוֹלְדֹתָם לְמִשְׁפְּחֹתָם לְבֵית אֲבֹתָם בְּמִסְפַּר 34
שֵׁמוֹת מִבֶּן עֶשְׂרִים שָׁנָה וָמַעְלָה כֹּל יֹצֵא צָבָא׃ פְּקֻדֵיהֶם לה
לְמַטֵּה מְנַשֶּׁה שְׁנַיִם וּשְׁלֹשִׁים אֶלֶף וּמָאתָיִם׃ פ
לִבְנֵי בִנְיָמִן תּוֹלְדֹתָם לְמִשְׁפְּחֹתָם לְבֵית אֲבֹתָם בְּמִסְפַּר 36

por sus linajes, por las casas de sus padres, por la cuenta de los nombres, por sus cabezas, todo varón de edad de veinte años arriba, todo el que salía al ejército; (21) sus contados de la tribu de Reubén, cuarenta y seis mil quinientos. (22) A los hijos de Simeón, por sus nacimientos, por sus linajes, por la casa de sus padres, sus contados por la cuenta de los nombres, por sus cabezas, todo varón de edad de veinte años arriba, todo el que salía al ejército, (23) sus contados de la tribu de Simeón, cincuenta y nueve mil trescientos. (24) A los hijos de Gad, por sus nacimientos, por sus linajes, por la casa de sus padres, por la cuenta de los nombres, de edad de veinte años arriba, todo el que salía al ejército. (25) Sus contados de la tribu de Gad, cuarenta y cinco mil seiscientos cincuenta. (26) A los hijos de Iudá, por sus nacimientos, por sus linajes, por la casa de sus padres, por la cuenta de los nombres, de edad de veinte años arriba, todo el que salía al ejército, (27) sus contados de la tribu de Iudá setenta y cuatro mil seiscientos. (28) A los hijos de Isajar, por sus nacimientos, por sus linajes, por la casa de sus padres, por la cuenta de los nombres, de edad de veinte años arriba, todo el que salía al ejército, (29) sus contados de la tribu de Isajar, cincuenta y cuatro mil cuatrocientos. (30) A los hijos de Sebulún, por sus nacimientos, por sus linajes, por la casa de sus padres, por la cuenta de los nombres, de edad de veinte años arriba, todo el que salía al ejército, (31) sus contados de la tribu de Sebulún, cincuenta y siete mil cuatrocientos. (32) A los hijos de Iosef: a los hijos de Efráim, por sus nacimientos, por sus linajes, por la casa de sus padres, por la cuenta de los nombres, de edad de veinte años arriba, todo el que salía al ejército, (33) sus contados de la tribu de Efráim, cuarenta mil quinientos. (34) A los hijos de Menasé, por sus nacimientos, por sus linajes, por la casa de sus padres, por la cuenta de los nombres, de edad de veinte años arriba, todo el que salía al ejército, (35) sus contados de la tribu de Menasé, treinta y dos mil doscientos. (36) A los hijos de Biniamín, por sus nacimientos, por sus linajes, por la casa de sus

37 שמת מבן עשרים שנה ומעלה כל יצא צבא: פקדיהם
למטה בנימן חמשה ושלשים אלף וארבע מאות: פ
38 לבני דן תולדתם למשפחתם לבית אבתם במספר
39 שמת מבן עשרים שנה ומעלה כל יצא צבא: פקדיהם
למטה דן שנים וששים אלף ושבע מאות: פ
מ לבני אשר תולדתם למשפחתם לבית אבתם במספר
41 שמת מבן עשרים שנה ומעלה כל יצא צבא: פקדיהם
למטה אשר אחד וארבעים אלף וחמש מאות: פ
42 בני נפתלי תולדתם למשפחתם לבית אבתם במספר
43 שמת מבן עשרים שנה ומעלה כל יצא צבא: פקדיהם
למטה נפתלי שלשה וחמשים אלף וארבע מאות: פ
44 אלה הפקדים אשר פקד משה ואהרן ונשיאי ישראל
מה שנים עשר איש איש־אחד לבית־אבתיו היו: ויהיו כל־
פקודי בני־ישראל לבית אבתם מבן עשרים שנה ומעלה
46 כל־יצא צבא בישראל: ויהיו כל־הפקדים שש־מאות
47 אלף ושלשת אלפים וחמש מאות וחמשים: והלוים
למטה אבתם לא התפקדו בתוכם: פ
48 49 וידבר יהוה אל־משה לאמר: אך את־מטה לוי לא תפקד
נ ואת־ראשם לא תשא בתוך בני ישראל: ואתה הפקד
את־הלוים על־משכן העדת ועל כל־כליו ועל כל־אשר־
לו המה ישאו את־המשכן ואת־כל־כליו והם ישרתהו
51 וסביב למשכן יחנו: ובנסע המשכן יורידו אתו הלוים
ובחנת המשכן יקימו אתו הלוים והזר הקרב יומת:
52 וחנו בני ישראל איש על־מחנהו ואיש על־דגלו לצבאתם:
53 והלוים יחנו סביב למשכן העדת ולא־יהיה קצף על־
עדת בני ישראל ושמרו הלוים את־משמרת משכן
54 העדות: ויעשו בני ישראל ככל אשר צוה יהוה את־
משה כן עשו: פ פלש״י

padres, por cuenta de los nombres, de edad de veinte años arriba, todo el que salía al ejército, (37) sus contados de la tribu de Biniamín, treinta y cinco mil cuatrocientos. (38) A los hijos de Dan, por sus nacimientos, por sus linajes, por la casa de sus padres, por la cuenta de los nombres, de edad de veinte años arriba, todo el que salía al ejército, (39) sus contados de la tribu de Dan, sesenta y dos mil setecientos. (40) A los hijos de Aser, por sus nacimientos, por sus linajes, por la casa de sus padres, por la cuenta de los nombres, de edad de veinte años arriba, todo el que salía al ejército, (41) sus contados de la tribu de Aser, cuarenta y un mil quinientos. (42) A los hijos de Naftalí, por sus nacimientos, por sus linajes, por la casa de sus padres, por la cuenta de los nombres, de edad de veinte años arriba, todo el que salía al ejército, (43) sus contados de la tribu de Naftalí, cincuenta y tres mil cuatrocientos.

(44) Éstos son los contados, que contaron Mosé y Aarón, y los mayorales de Israel, doce varones fueron uno por cada casa de sus padres. (45) Y fueron todos los contados de los hijos de Israel por cada casa de sus padres, de edad de veinte años arriba, todo el que salía al ejército en Israel; (46) y fueron todos los contados seiscientos tres mil quinientos cincuenta. (47) Y los Levitas según la tribu de sus padres no fueron contados entre ellos.

(48) Y habló el Eterno a Mosé, diciendo: (49) «De cierto, la tribu de Leví no contarás, ni su cuenta recibirás entre los hijos de Israel; (50) y tú encomienda a los Levitas, sobre el tabernáculo del testimonio, y sobre todos sus vasos, y sobre todo lo que es de él, ellos llevarán el tabernáculo y todos sus vasos, y ellos servirán en él, y en derredor del tabernáculo posarán. (51) Y al moverse el tabernáculo, lo harán descender los Levitas; y al posar el tabernáculo, lo harán levantar los Levitas, y el extraño que llegare, será matado. (52) Y posarán los hijos de Israel, cada varón sobre su real, y cada varón sobre su pendón, con sus ejércitos; (53) y los Levitas posarán en derredor del tabernáculo del testimonio, y no habrá saña sobre la compañía de los hijos de Israel, y guardarán los Levitas la guarda del tabernáculo del testimonio». (54) E hicieron los hijos de Israel como todo lo que encomendó el Eterno a Mosé; así hicieron.

וַיְדַבֵּר יְהוָה אֶל־מֹשֶׁה וְאֶל־אַהֲרֹן לֵאמֹר׃ אִישׁ עַל־דִּגְלוֹ א 2
בְאֹתֹת לְבֵית אֲבֹתָם יַחֲנוּ בְּנֵי יִשְׂרָאֵל מִנֶּגֶד סָבִיב לְאֹהֶל־
מוֹעֵד יַחֲנוּ׃ וְהַחֹנִים קֵדְמָה מִזְרָחָה דֶּגֶל מַחֲנֵה יְהוּדָה 3
לְצִבְאֹתָם וְנָשִׂיא לִבְנֵי יְהוּדָה נַחְשׁוֹן בֶּן־עַמִּינָדָב׃ וּצְבָאוֹ 4
וּפְקֻדֵיהֶם אַרְבָּעָה וְשִׁבְעִים אֶלֶף וְשֵׁשׁ מֵאוֹת׃ וְהַחֹנִים ה
עָלָיו מַטֵּה יִשָּׂשכָר וְנָשִׂיא לִבְנֵי יִשָּׂשכָר נְתַנְאֵל בֶּן־צוּעָר׃
וּצְבָאוֹ וּפְקֻדָיו אַרְבָּעָה וַחֲמִשִּׁים אֶלֶף וְאַרְבַּע מֵאוֹת׃ 6
מַטֵּה זְבוּלֻן וְנָשִׂיא לִבְנֵי זְבוּלֻן אֱלִיאָב בֶּן־חֵלֹן׃ וּצְבָאוֹ 7 8
וּפְקֻדָיו שִׁבְעָה וַחֲמִשִּׁים אֶלֶף וְאַרְבַּע מֵאוֹת׃ כָּל־ 9
הַפְּקֻדִים לְמַחֲנֵה יְהוּדָה מְאַת אֶלֶף וּשְׁמֹנִים אֶלֶף וְשֵׁשֶׁת־
אֲלָפִים וְאַרְבַּע־מֵאוֹת לְצִבְאֹתָם רִאשֹׁנָה יִסָּעוּ׃ ס דֶּגֶל י
מַחֲנֵה רְאוּבֵן תֵּימָנָה לְצִבְאֹתָם וְנָשִׂיא לִבְנֵי רְאוּבֵן אֱלִיצוּר
בֶּן־שְׁדֵיאוּר׃ וּצְבָאוֹ וּפְקֻדָיו שִׁשָּׁה וְאַרְבָּעִים אֶלֶף וַחֲמֵשׁ 11
מֵאוֹת׃ וְהַחוֹנִם עָלָיו מַטֵּה שִׁמְעוֹן וְנָשִׂיא לִבְנֵי שִׁמְעוֹן 12
שְׁלֻמִיאֵל בֶּן־צוּרִישַׁדָּי׃ וּצְבָאוֹ וּפְקֻדֵיהֶם תִּשְׁעָה וַחֲמִשִּׁים 13
אֶלֶף וּשְׁלֹשׁ מֵאוֹת׃ וּמַטֵּה גָּד וְנָשִׂיא לִבְנֵי גָד אֶלְיָסָף 14
בֶּן־רְעוּאֵל׃ וּצְבָאוֹ וּפְקֻדֵיהֶם חֲמִשָּׁה וְאַרְבָּעִים אֶלֶף טו
וְשֵׁשׁ מֵאוֹת וַחֲמִשִּׁים׃ כָּל־הַפְּקֻדִים לְמַחֲנֵה רְאוּבֵן מְאַת 16
אֶלֶף וְאֶחָד וַחֲמִשִּׁים אֶלֶף וְאַרְבַּע־מֵאוֹת וַחֲמִשִּׁים לְצִבְאֹתָם
וּשְׁנִיִּם יִסָּעוּ׃ ס וְנָסַע אֹהֶל־מוֹעֵד מַחֲנֵה הַלְוִיִּם בְּתוֹךְ 17
הַמַּחֲנֹת כַּאֲשֶׁר יַחֲנוּ כֵּן יִסָּעוּ אִישׁ עַל־יָדוֹ לְדִגְלֵיהֶם׃ ס
דֶּגֶל מַחֲנֵה אֶפְרַיִם לְצִבְאֹתָם יָמָּה וְנָשִׂיא לִבְנֵי אֶפְרַיִם 18
אֱלִישָׁמָע בֶּן־עַמִּיהוּד׃ וּצְבָאוֹ וּפְקֻדֵיהֶם אַרְבָּעִים אֶלֶף 19
וַחֲמֵשׁ מֵאוֹת׃ וְעָלָיו מַטֵּה מְנַשֶּׁה וְנָשִׂיא לִבְנֵי מְנַשֶּׁה כ
גַּמְלִיאֵל בֶּן־פְּדָהצוּר׃ וּצְבָאוֹ וּפְקֻדֵיהֶם שְׁנַיִם וּשְׁלֹשִׁים 21
אֶלֶף וּמָאתָיִם׃ וּמַטֵּה בִּנְיָמִן וְנָשִׂיא לִבְנֵי בִנְיָמִן אֲבִידָן 22

II

(1) Y habló el Eterno a Mosé y a Aarón, diciendo: (2) «Cada uno sobre su pendón, con las señales de la casa de sus padres, posarán los hijos de Israel, enfrente, y en derredor de la tienda del plazo posarán. (3) Y los que posan al levante, desde Oriente, el pendón del real de Iudá, con sus ejércitos; y el mayoral de los hijos de Iudá, Nahsón, hijo de Amínadab; (4) y sus ejércitos y sus contados, setenta y cuatro mil seiscientos. (5) Y los que posan, cerca de él, de la tribu de Isajar, y el mayoral de los hijos de Isajar, Netanel, hijo de Suar; (6) y su ejército, y sus contados cincuenta y cuatro mil cerca de él, de la tribu de Sebulún, y el mayoral de los hijos de Sebulún, Eliab, hijo de Helón; (8) y su ejército, y sus contados, cincuenta y siete mil cuatrocientos. (9) Todos los contados del real de Iudá, ciento ochenta y seis mil cuatrocientos, por sus ejércitos, primero se moverán.

(10) El pendón del real de Reubén, al meridión, con sus ejércitos y el mayoral de los hijos de Reubén, Elisur, hijo de Sedeur; (11) y su ejército, y sus contados, cuarenta y seis mil quinientos. (12) Y los que posan cerca de él, la tribu de Simeón, y el mayoral de los hijos de Simeón, Selumiel, hijo de Surísadái; (13) y su ejército, y sus contados, cincuenta y nueve mil trescientos. (14) Y la tribu de Gad, y el mayoral de los hijos de Gad, Eliasaf, hijo de Reuel; (15) y su ejército, y sus contados, cuarenta y cinco mil seiscientos cincuenta. (16) Todos los contados del real de Reubén, ciento cincuenta y un mil cuatrocientos cincuenta, por sus ejércitos, segundos se moverán.

(17) Y moverse ha, la tienda del plazo, el real de los Levitas entre los reales como posaren, así se moverán, cada uno sobre su lugar, por sus pendones.

(18) El pendón real de Efráim por sus ejércitos, al poniente; y el mayoral de los hijos de Efráim, Elísamá, hijo de Amiúd; (19) y su ejército, y sus contados, cuarenta mil quinientos. (20) Y cerca de él la tribu de Menasé, y el mayoral de los hijos de Menasé, Gamliel, hijo de Pedasur; (21) y su ejército, y sus contados, treinta y dos mil doscientos; (22) Y la tribu de Biniamín, y el mayoral de los hijos de Biniamín, Abidán, hijo de Guidoní; (23) y su

17. קמץ בז"ק

ejército, y sus contados, treinta y cinco mil cuatrocientos. (24) Todos los contados del real de Efráim, ciento ocho mil cien, por sus ejércitos, terceros se moverán.
(25) El pendón del real de Dan estará al septentrión, con sus ejércitos, y el mayoral de los hijos de Dan, Ahiéser, hijo de Amísadái; (26) y su ejército, y sus contados, sesenta y dos mil setecientos. (27) Y los que posan cerca de él, la tribu de Aser, y el mayoral de los hijos de Aser, Paguiel, hijo de Ojrán; (28) y su ejército, y sus contados, cuarenta y un mil quinientos; (29) Y la tribu de Naftalí, y el mayoral de los hijos de Naftalí, Ahirá, hijo de Enán; (30) y su ejército, y sus contados, cincuenta y tres mil cuatrocientos. (31) Todos los contados del real de Dan, ciento cincuenta y siete mil seiscientos, los últimos se moverán por sus pendones.
(32) Éstos son los contados de los hijos de Israel, por cada casa de sus padres, todos los contados de los reales, con sus ejércitos, seiscientos tres mil quinientos cincuenta. (33) Y los Levitas no fueron contados entre los hijos de Israel; como el Eterno lo encomendó a Mosé. (34) E hicieron los hijos de Israel como todo lo que encomendó el Eterno a Mosé; así posaron por sus pendones, y así se movieron cada uno por sus linajes, sobre la casa de sus padres.

23 בֶּן־גִּדְעֹנִי׃ וּצְבָאוֹ וּפְקֻדֵיהֶם חֲמִשָּׁה וּשְׁלֹשִׁים אֶלֶף וְאַרְבַּע
24 מֵאוֹת׃ כָּל־הַפְּקֻדִים לְמַחֲנֵה אֶפְרַיִם מְאַת אֶלֶף וּשְׁמֹנַת־
כה אֲלָפִים וּמֵאָה לְצִבְאֹתָם וּשְׁלִשִׁים יִסָּעוּ׃ ס דֶּגֶל
מַחֲנֵה דָן צָפֹנָה לְצִבְאֹתָם וְנָשִׂיא לִבְנֵי דָן אֲחִיעֶזֶר בֶּן־
26 עַמִּישַׁדָּי׃ וּצְבָאוֹ וּפְקֻדֵיהֶם שְׁנַיִם וְשִׁשִּׁים אֶלֶף וּשְׁבַע
27 מֵאוֹת׃ וְהַחֹנִים עָלָיו מַטֵּה אָשֵׁר וְנָשִׂיא לִבְנֵי אָשֵׁר
28 פַּגְעִיאֵל בֶּן־עָכְרָן׃ וּצְבָאוֹ וּפְקֻדֵיהֶם אֶחָד וְאַרְבָּעִים אֶלֶף
29 וַחֲמֵשׁ מֵאוֹת׃ וּמַטֵּה נַפְתָּלִי וְנָשִׂיא לִבְנֵי נַפְתָּלִי אֲחִירַע
ל בֶּן־עֵינָן׃ וּצְבָאוֹ וּפְקֻדֵיהֶם שְׁלֹשָׁה וַחֲמִשִּׁים אֶלֶף וְאַרְבַּע
31 מֵאוֹת׃ כָּל־הַפְּקֻדִים לְמַחֲנֵה דָן מְאַת אֶלֶף וְשִׁבְעָה
וַחֲמִשִּׁים אֶלֶף וְשֵׁשׁ מֵאוֹת לָאַחֲרֹנָה יִסְעוּ לְדִגְלֵיהֶם׃ פ
32 אֵלֶּה פְּקוּדֵי בְנֵי־יִשְׂרָאֵל לְבֵית אֲבֹתָם כָּל־פְּקוּדֵי הַמַּחֲנֹת
לְצִבְאֹתָם שֵׁשׁ־מֵאוֹת אֶלֶף וּשְׁלֹשֶׁת אֲלָפִים וַחֲמֵשׁ מֵאוֹת
33 וַחֲמִשִּׁים׃ וְהַלְוִיִּם לֹא הָתְפָּקְדוּ בְּתוֹךְ בְּנֵי יִשְׂרָאֵל כַּאֲשֶׁר
34 צִוָּה יְהוָה אֶת־מֹשֶׁה׃ וַיַּעֲשׂוּ בְּנֵי יִשְׂרָאֵל כְּכֹל אֲשֶׁר־צִוָּה
יְהוָה אֶת־מֹשֶׁה כֵּן־חָנוּ לְדִגְלֵיהֶם וְכֵן נָסָעוּ אִישׁ לְמִשְׁפְּחֹתָיו
עַל־בֵּית אֲבֹתָיו׃ פ רביעי

ג

א וְאֵלֶּה תּוֹלְדֹת אַהֲרֹן וּמֹשֶׁה בְּיוֹם דִּבֶּר יְהוָה אֶת־מֹשֶׁה
2 בְּהַר סִינָי׃ וְאֵלֶּה שְׁמוֹת בְּנֵי־אַהֲרֹן הַבְּכֹר ׀ נָדָב וַאֲבִיהוּא
3 אֶלְעָזָר וְאִיתָמָר׃ אֵלֶּה שְׁמוֹת בְּנֵי אַהֲרֹן הַכֹּהֲנִים
4 הַמְּשֻׁחִים אֲשֶׁר־מִלֵּא יָדָם לְכַהֵן׃ וַיָּמָת נָדָב וַאֲבִיהוּא
לִפְנֵי יְהוָה בְּהַקְרִבָם אֵשׁ זָרָה לִפְנֵי יְהוָה בְּמִדְבַּר סִינַי
וּבָנִים לֹא־הָיוּ לָהֶם וַיְכַהֵן אֶלְעָזָר וְאִיתָמָר עַל־פְּנֵי אַהֲרֹן
אֲבִיהֶם׃ פ
ה 6 וַיְדַבֵּר יְהוָה אֶל־מֹשֶׁה לֵּאמֹר׃ הַקְרֵב אֶת־מַטֵּה לֵוִי
7 וְהַעֲמַדְתָּ אֹתוֹ לִפְנֵי אַהֲרֹן הַכֹּהֵן וְשֵׁרְתוּ אֹתוֹ׃ וְשָׁמְרוּ

III

(1) Y éstas son las generaciones de Aarón y Mosé, en el día que habló el Eterno a Mosé en el monte de Sinái. (2) Y éstos son los nombres de los hijos de Aarón: el primogénito Nadab, y Abiú, Eleasar, e Itamar. (3) Éstos son los nombres de los hijos de Aarón, los sacerdotes ungidos; que hinchieron sus manos para servir. (4) Y murieron Nadab y Abiú delante del Eterno, en su ofrecer fuego extraño delante del Eterno, en el desierto de Sinái, y no tuvieron ellos hijos, y sirvieron Eleasar e Itamar sobre el rostro de Aarón, su padre.
(5) Y habló el Eterno a Mosé, diciendo: (6) «Haz llegar a la tribu de Leví, y la harás estar delante de Aarón el sacerdote, y le servirán. (7) Y guardarán su guarda, y la guarda de toda la compañía delante de la tienda del plazo,

את־משמרתו ואת־משמרת כל־העדה לפני אהל מועד
8 לעבד את־עבדת המשכן׃ ושמרו את־כל־כלי אהל
מועד ואת־משמרת בני ישראל לעבד את־עבדת המשכן׃
9 ונתתה את־הלוים לאהרן ולבניו נתונם נתונם המה
י לו מאת בני ישראל׃ ואת־אהרן ואת בניו תפקד ושמרו
את־כהנתם והזר הקרב יומת׃ פ
11 12 וידבר יהוה אל־משה לאמר׃ ואני הנה לקחתי את־
הלוים מתוך בני ישראל תחת כל־בכור פטר רחם מבני
13 ישראל והיו לי הלוים׃ כי לי כל־בכור ביום הכתי כל־
בכור בארץ מצרים הקדשתי לי כל־בכור בישראל
מאדם עד־בהמה לי יהיו אני יהוה׃ פ חמישי
14 טו וידבר יהוה אל־משה במדבר סיני לאמר׃ פקד את־
בני לוי לבית אבתם למשפחתם כל־זכר מבן־חדש
16 ומעלה תפקדם׃ ויפקד אתם משה על־פי יהוה
17 כאשר צוה׃ ויהיו־אלה בני־לוי בשמתם גרשון וקהת
18 ומררי׃ ואלה שמות בני־גרשון למשפחתם לבני
19 ושמעי׃ ובני קהת למשפחתם עמרם ויצהר חברון
כ ועזיאל׃ ובני מררי למשפחתם מחלי ומושי אלה הם
21 משפחת הלוי לבית אבתם׃ לגרשון משפחת הלבני
22 ומשפחת השמעי אלה הם משפחת הגרשני׃ פקדיהם
במספר כל־זכר מבן־חדש ומעלה פקדיהם שבעת
23 אלפים וחמש מאות׃ משפחת הגרשני אחרי המשכן
24 יחנו ימה׃ ונשיא בית־אב לגרשני אליסף בן־לאל׃
כה ומשמרת בני־גרשון באהל מועד המשכן והאהל מכסהו
26 ומסך פתח אהל מועד׃ וקלעי החצר ואת־מסך פתח
החצר אשר על־המשכן ועל־המזבח סביב ואת מיתריו
27 לכל עבדתו׃ ס ולקהת משפחת העמרמי ומשפחת
היצהרי ומשפחת החברני ומשפחת העזיאלי אלה הם
משפחת

para servir en el servicio del tabernáculo; (8) y guardarán todos los objetos de la tienda del plazo, y la guarda de los hijos de Israel, para servir en el servicio del tabernáculo. (9) Y darás los Levitas, a Aarón y a sus hijos: dados, le son dados, de entre los hijos de Israel. (10) Y a Aarón y a sus hijos, contarás y guardarán su sacerdocio: y el extraño que se llegare, será matado.»

(11) Y habló el Eterno a Mosé, diciendo: (12) «Y he aquí que yo he tomado a los Levitas de entre los hijos de Israel en lugar de todo primogénito que abre la matriz entre los hijos de Israel; y serán para mí los Levitas: (13) Porque para mí es todo primogénito; desde el día de herir a todo primogénito en la tierra de Egipto, hícelos yo santificar para mí, todo primogénito en Israel, desde hombre, hasta animal: para mí serán; yo soy el Eterno.»

(14) Y habló el Eterno a Mosé en el desierto de Sinái, diciendo: (15) «Cuenta los hijos de Leví por las casas de sus padres, por sus linajes: todo varón de edad de un mes, arriba, los contarás.» (16) Y contólos Mosé conforme al dicho del Eterno, como le fué encomendado. (17) Y fueron éstos los hijos de Leví por sus nombres: Guersón, y Keat, y Merarí. (18) Y éstos son los nombres de los hijos de Guersón, por sus linajes: Librú, Simeí. (19) Y los hijos de Keat por sus linajes: Amram, e Isar, Hebrón, y Usiel. (20) Y los hijos de Merarí, por sus linajes: Mahelí, y Musí. Éstos son los linajes de Leví, por las casas de sus padres. (21) De Guersón, el linaje de Libní y el linaje de Simeí: éstos son los linajes de Guersón, (22) sus contados por la cuenta de todo varón, de edad de un mes arriba, siete mil quinientos fueron sus contados. (23) Los linajes de Guersón, detrás del tabernáculo posarán al poniente. (24) Y el mayoral de la casa del padre de Guersuní, Eliasaf, hijo de Lael. (25) A la guarda de los hijos de Guersón, en la tienda del plazo, estará el tabernáculo, y la tienda, su cobertura, y el velo de la puerta de la tienda del plazo, (26) y las cortinas del patio, y el velo de la puerta del patio, que está sobre el tabernáculo y sobre el ara y en derredor; y sus cuerdas para todo su servicio. (27) Y de Keat, el linaje del Amramí, y el linaje del Isharí, y el linaje del

28 מִשְׁפְּחֹת הַקְּהָתִי׃ בְּמִסְפַּר כָּל־זָכָר מִבֶּן־חֹדֶשׁ וָמָעְלָה
שְׁמֹנַת אֲלָפִים וְשֵׁשׁ מֵאוֹת שֹׁמְרֵי מִשְׁמֶרֶת הַקֹּדֶשׁ׃
29 ל מִשְׁפְּחֹת בְּנֵי־קְהָת יַחֲנוּ עַל יֶרֶךְ הַמִּשְׁכָּן תֵּימָנָה׃ וּנְשִׂיא
31 בֵית־אָב לְמִשְׁפְּחֹת הַקְּהָתִי אֱלִיצָפָן בֶּן־עֻזִּיאֵל׃ וּמִשְׁמַרְתָּם
הָאָרֹן וְהַשֻּׁלְחָן וְהַמְּנֹרָה וְהַמִּזְבְּחֹת וּכְלֵי הַקֹּדֶשׁ אֲשֶׁר
32 יְשָׁרְתוּ בָּהֶם וְהַמָּסָךְ וְכֹל עֲבֹדָתוֹ׃ וּנְשִׂיא נְשִׂיאֵי הַלֵּוִי
אֶלְעָזָר בֶּן־אַהֲרֹן הַכֹּהֵן פְּקֻדַּת שֹׁמְרֵי מִשְׁמֶרֶת הַקֹּדֶשׁ׃
33 לִמְרָרִי מִשְׁפַּחַת הַמַּחְלִי וּמִשְׁפַּחַת הַמּוּשִׁי אֵלֶּה הֵם
34 מִשְׁפְּחֹת מְרָרִי׃ וּפְקֻדֵיהֶם בְּמִסְפַּר כָּל־זָכָר מִבֶּן־חֹדֶשׁ
לה וָמָעְלָה שֵׁשֶׁת אֲלָפִים וּמָאתָיִם׃ וּנְשִׂיא בֵית־אָב לְמִשְׁפְּחֹת
מְרָרִי צוּרִיאֵל בֶּן־אֲבִיחָיִל עַל יֶרֶךְ הַמִּשְׁכָּן יַחֲנוּ צָפֹנָה׃
36 וּפְקֻדַּת מִשְׁמֶרֶת בְּנֵי מְרָרִי קַרְשֵׁי הַמִּשְׁכָּן וּבְרִיחָיו
37 וְעַמֻּדָיו וַאֲדָנָיו וְכָל־כֵּלָיו וְכֹל עֲבֹדָתוֹ׃ וְעַמֻּדֵי הֶחָצֵר
38 סָבִיב וְאַדְנֵיהֶם וִיתֵדֹתָם וּמֵיתְרֵיהֶם׃ וְהַחֹנִים לִפְנֵי הַמִּשְׁכָּן
קֵדְמָה לִפְנֵי אֹהֶל־מוֹעֵד ׀ מִזְרָחָה מֹשֶׁה ׀ וְאַהֲרֹן וּבָנָיו
שֹׁמְרִים מִשְׁמֶרֶת הַמִּקְדָּשׁ לְמִשְׁמֶרֶת בְּנֵי יִשְׂרָאֵל וְהַזָּר
39 הַקָּרֵב יוּמָת׃ כָּל־פְּקוּדֵי הַלְוִיִּם אֲשֶׁר פָּקַד מֹשֶׁה וְאַהֲרֹן
עַל־פִּי יְהוָה לְמִשְׁפְּחֹתָם כָּל־זָכָר מִבֶּן־חֹדֶשׁ וָמַעְלָה
40 מ שְׁנַיִם וְעֶשְׂרִים אָלֶף׃ ס וַיֹּאמֶר יְהוָה אֶל־מֹשֶׁה פְּקֹד
כָּל־בְּכֹר זָכָר לִבְנֵי יִשְׂרָאֵל מִבֶּן־חֹדֶשׁ וָמָעְלָה וְשָׂא אֵת
41 מִסְפַּר שְׁמֹתָם׃ וְלָקַחְתָּ אֶת־הַלְוִיִּם לִי אֲנִי יְהוָה תַּחַת כָּל־
בְּכֹר בִּבְנֵי יִשְׂרָאֵל וְאֵת בֶּהֱמַת הַלְוִיִּם תַּחַת כָּל־בְּכוֹר
42 בְּבֶהֱמַת בְּנֵי יִשְׂרָאֵל׃ וַיִּפְקֹד מֹשֶׁה כַּאֲשֶׁר צִוָּה יְהוָה
43 אֹתוֹ אֶת־כָּל־בְּכֹר בִּבְנֵי יִשְׂרָאֵל׃ וַיְהִי כָל־בְּכוֹר זָכָר
בְּמִסְפַּר שֵׁמֹת מִבֶּן־חֹדֶשׁ וָמַעְלָה לִפְקֻדֵיהֶם שְׁנַיִם וְעֶשְׂרִים
אֶלֶף שְׁלֹשָׁה וְשִׁבְעִים וּמָאתָיִם׃
44 מה וַיְדַבֵּר יְהוָה אֶל־מֹשֶׁה לֵּאמֹר׃ קַח אֶת־הַלְוִיִּם תַּחַת כָּל־

Hebroní, y el linaje del Usielí: éstos son los linajes del Keatí. (28) Por la cuenta de todo varón de edad de un mes arriba, ocho mil seiscientos, que tenían la guarda de la santidad. (29) Los linajes de los hijos de Keat posarán sobre el rincón del tabernáculo, al meridión. (30) Y el mayoral de la casa del padre de los linajes del Keat, Elísafán, hijo de Usiel. (31) Y a su guarda estará el arca, y la mesa, y la almenara, y las aras, y los vasos de la santidad que servirán con ellos, y el velo, y todo su servicio. (32) Y el mayoral de los mayorales del Leví será Eleasar, hijo de Aarón el sacerdote, a cargo de los que guardan la guarda de la santidad. (33) De Merarí, el linaje del Mahelí, y el linaje del Musí, éstos son los linajes del Merarí. (34) Y sus contados por cuenta de todo varón, de edad de un mes arriba, seis mil doscientos. (35) Y el mayoral de la casa del padre de los linajes de Merarí, Suriel, hijo de Abiháil, sobre el lado del tabernáculo posarán al Septentrión. (36) Y a cargo de la guarda de los hijos de Merarí estarán las tablas del tabernáculo, y sus barras, y sus pilares, y sus basas, y todos sus objetos, y todo su servicio, (37) y los pilares del patio en derredor, y sus basas, y sus estacas, y sus cuerdas. (38) Y los que posarán delante del tabernáculo, al levante, delante de la tienda del plazo al oriente, serán Mosé y Aarón y sus hijos, que guardarán la guarda de la santidad, por la guarda de los hijos de Israel: y el extraño que se llegare, será matado.

(39) Todos los contados de los Levitas, que contaron Mosé y Aarón, por dicho del Eterno, por sus linajes, todos los varones de edad de un mes arriba, fueron veintidós mil.

(40) Y dijo el Eterno a Mosé: «Cuenta todo primogénito varón de los hijos de Israel, de edad de un mes arriba, y recibe la cuenta de sus nombres. (41) Y tomarás los Levitas para mí, yo, el Eterno, en lugar de todos los primogénitos de los hijos de Israel, y la bestia de los Levitas en lugar de todo primogénito de entre las bestias de los hijos de Israel.» (42) Y contó Mosé, como encomendó el Eterno a él, todos los primogénitos de los hijos de Israel. (43) Y fueron todos los primogénitos varones según la cuenta de los nombres, de edad de un mes arriba, sus contados, veintidós mil doscientos setenta y tres.

(44) Y habló el Eterno a Mosé, diciendo: (45) «Toma los Levitas en lugar de

39. נקוד על ואהרן

בכור בבני ישראל ואת־בהמת הלוים תחת בהמתם
והיו־לי הלוים אני יהוה: ואת פדויי השלשה והשבעים 46
והמאתים העדפים על־הלוים מבכור בני ישראל: ולקחת 47
חמשת חמשת שקלים לגלגלת בשקל הקדש תקח
עשרים גרה השקל: ונתתה הכסף לאהרן ולבניו פדויי 48
העדפים בהם: ויקח משה את כסף הפדיום מאת 49
העדפים על פדויי הלוים: מאת בכור בני ישראל לקח נ
את־הכסף חמשה וששים ושלש מאות ואלף בשקל
הקדש: ויתן משה את־כסף הפדים לאהרן ולבניו על־ 51
פי יהוה כאשר צוה יהוה את־משה: פ שביעי

ד

וידבר יהוה אל־משה ואל־אהרן לאמר: נשא את־ראש א 2
בני קהת מתוך בני לוי למשפחתם לבית אבתם: מבן 3
שלשים שנה ומעלה ועד בן־חמשים שנה כל־בא לצבא
לעשות מלאכה באהל מועד: זאת עבדת בני־קהת 4
באהל מועד קדש הקדשים: ובא אהרן ובניו בנסע ה
המחנה והורדו את פרכת המסך וכסו־בה את ארן
העדת: ונתנו עליו כסוי עור תחש ופרשו בגד־כליל 6
תכלת מלמעלה ושמו בדיו: ועל ׀ שלחן הפנים יפרשו 7
בגד תכלת ונתנו עליו את־הקערת ואת־הכפת ואת־
המנקית ואת קשות הנסך ולחם התמיד עליו יהיה:
ופרשו עליהם בגד תולעת שני וכסו אתו במכסה עור 8
תחש ושמו את־בדיו: ולקחו ׀ בגד תכלת וכסו את־ 9
מנרת המאור ואת־נרתיה ואת־מלקחיה ואת־מחתתיה
ואת כל־כלי שמנה אשר ישרתו־לה בהם: ונתנו אתה י
ואת־כל־כליה אל־מכסה עור תחש ונתנו על־המוט:
ועל ׀ מזבח הזהב יפרשו בגד תכלת וכסו אתו במכסה 11

todos los primogénitos de los hijos de Israel, y las bestias de los Levitas en lugar de sus bestias, y serán para mí los Levitas; yo soy el Eterno. (46) Y por los redimidos de los doscientos setenta y tres, los sobrantes de los Levitas de los primogénitos de los hijos de Israel, (47) tomarás cinco, cinco pesos por cabeza; según el peso de la santidad tomarás: veinte granos el peso. (48) Y darás la plata a Aarón y a sus hijos, por rescate de los sobrantes entre ellos.» (49) Y tomó Mosé la plata de la redención de los sobrantes, sobre los redimidos de los Levitas: (50) De los primogénitos de los hijos de Israel tomó la plata, mil trescientos sesenta y cinco, según el peso de la santidad. (51) Y dió Mosé la plata de los redimidos a Aarón y a sus hijos, por dicho del Eterno, como encomendó el Eterno a Mosé.

IV

(1) Y habló el Eterno a Mosé y a Aarón, diciendo: (2) «Recibe la cuenta de los hijos de Keat, de entre los hijos de Leví, por sus linajes, por la casa de sus padres, (3) de la edad de treinta años arriba, hasta la edad de cincuenta años, todo el que entrare en la compañía, para hacer obra en la tienda del plazo.

(4) Este es el servicio de los hijos de Keat en la tienda del plazo, santidad de santidades. (5) Y vendrán Aarón y sus hijos al moverse el real, y harán descender el velo de la tienda, y cubrirán con él el arca del testimonio. (6) Y pondrán sobre ella el cobertero de cueros de Tahas, y extenderán un paño, todo de cárdeno, arriba, y pondrán sus varas. (7) Y sobre la mesa de las faces extenderán un paño cárdeno, y pondrán sobre ella las escudillas, y las cucharas, y las limpiaderas, y las cañas de la libación, y el pan de continuo sobre ella estará. (8) Y extenderán sobre ellos un paño de tinte carmesí, y la cubrirán con cobertero de cueros de Tahas; y pondrán sus varas. (9) Y tomarán el paño cárdeno, y cubrirán la almenara de la luminaria, y sus candelas, y sus despabiladeras, y sus paletas, y todos los vasos de su aceite con que la servirán. (10) Y la pondrán con todos sus vasos en el cobertero de cuero de Tahas, y lo pondrán sobre las varas. (11) Y sobre el ara de oro extenderán

ג. 47. קמץ בז״ק. 51. חסר ו׳

12 עוֹר תָּחַשׁ וְשָׂמוּ אֶת־בַּדָּיו׃ וְלָקְחוּ אֶת־כָּל־כְּלֵי הַשָּׁרֵת
אֲשֶׁר יְשָׁרְתוּ־בָם בַּקֹּדֶשׁ וְנָתְנוּ אֶל־בֶּגֶד תְּכֵלֶת וְכִסּוּ
13 אוֹתָם בְּמִכְסֶה עוֹר תָּחַשׁ וְנָתְנוּ עַל־הַמּוֹט׃ וְדִשְּׁנוּ אֶת־
14 הַמִּזְבֵּחַ וּפָרְשׂוּ עָלָיו בֶּגֶד אַרְגָּמָן׃ וְנָתְנוּ עָלָיו אֶת־כָּל־
כֵּלָיו אֲשֶׁר יְשָׁרְתוּ עָלָיו בָּהֶם אֶת־הַמַּחְתֹּת אֶת־הַמִּזְלָגֹת
וְאֶת־הַיָּעִים וְאֶת־הַמִּזְרָקֹת כֹּל כְּלֵי הַמִּזְבֵּחַ וּפָרְשׂוּ עָלָיו
טו כְּסוּי עוֹר תַּחַשׁ וְשָׂמוּ בַדָּיו׃ וְכִלָּה אַהֲרֹן וּבָנָיו לְכַסֹּת
אֶת־הַקֹּדֶשׁ וְאֶת־כָּל־כְּלֵי הַקֹּדֶשׁ בִּנְסֹעַ הַמַּחֲנֶה וְאַחֲרֵי־כֵן
יָבֹאוּ בְנֵי־קְהָת לָשֵׂאת וְלֹא־יִגְּעוּ אֶל־הַקֹּדֶשׁ וָמֵתוּ אֵלֶּה
16 מַשָּׂא בְנֵי־קְהָת בְּאֹהֶל מוֹעֵד׃ וּפְקֻדַּת אֶלְעָזָר ׀ בֶּן
אַהֲרֹן הַכֹּהֵן שֶׁמֶן הַמָּאוֹר וּקְטֹרֶת הַסַּמִּים וּמִנְחַת הַתָּמִיד
וְשֶׁמֶן הַמִּשְׁחָה פְּקֻדַּת כָּל־הַמִּשְׁכָּן וְכָל־אֲשֶׁר־בּוֹ בְּקֹדֶשׁ
וּבְכֵלָיו׃ פ מפטיר
17 18 וַיְדַבֵּר יְהוָה אֶל־מֹשֶׁה וְאֶל־אַהֲרֹן לֵאמֹר׃ אַל־תַּכְרִיתוּ
19 אֶת־שֵׁבֶט מִשְׁפְּחֹת הַקְּהָתִי מִתּוֹךְ הַלְוִיִּם׃ וְזֹאת ׀ עֲשׂוּ
לָהֶם וְחָיוּ וְלֹא יָמֻתוּ בְּגִשְׁתָּם אֶת־קֹדֶשׁ הַקֳּדָשִׁים אַהֲרֹן
וּבָנָיו יָבֹאוּ וְשָׂמוּ אוֹתָם אִישׁ אִישׁ עַל־עֲבֹדָתוֹ וְאֶל־מַשָּׂאוֹ׃
כ וְלֹא־יָבֹאוּ לִרְאוֹת כְּבַלַּע אֶת־הַקֹּדֶשׁ וָמֵתוּ׃

פ פ פ לה 35

21 22 וַיְדַבֵּר יְהוָה אֶל־מֹשֶׁה לֵּאמֹר׃ נָשֹׂא אֶת־רֹאשׁ בְּנֵי גֵרְשׁוֹן
23 גַּם־הֵם לְבֵית אֲבֹתָם לְמִשְׁפְּחֹתָם׃ מִבֶּן שְׁלֹשִׁים שָׁנָה
וָמַעְלָה עַד בֶּן־חֲמִשִּׁים שָׁנָה תִּפְקֹד אוֹתָם כָּל־הַבָּא לִצְבֹא
24 צָבָא לַעֲבֹד עֲבֹדָה בְּאֹהֶל מוֹעֵד׃ זֹאת עֲבֹדַת מִשְׁפְּחֹת
כה הַגֵּרְשֻׁנִּי לַעֲבֹד וּלְמַשָּׂא׃ וְנָשְׂאוּ אֶת־יְרִיעֹת הַמִּשְׁכָּן וְאֶת־
אֹהֶל מוֹעֵד מִכְסֵהוּ וּמִכְסֵה הַתַּחַשׁ אֲשֶׁר־עָלָיו מִלְמָעְלָה
26 וְאֶת־מָסַךְ פֶּתַח אֹהֶל מוֹעֵד׃ וְאֵת קַלְעֵי הֶחָצֵר וְאֶת־מָסַךְ ׀
פֶּתַח ׀ שַׁעַר הֶחָצֵר אֲשֶׁר עַל־הַמִּשְׁכָּן וְעַל־הַמִּזְבֵּחַ סָבִיב
וְאֵת מֵיתְרֵיהֶם וְאֶת־כָּל־כְּלֵי עֲבֹדָתָם וְאֵת כָּל־אֲשֶׁר יֵעָשֶׂה

un paño cárdeno, y cubriránla con un cobertero de cuero de Tahas, y pondrán sus varas. (12) Y tomarán todos los vasos del servicio, con los que servirán en la santidad, y pondrán un paño cárdeno, y los cubrirán con un cobertero de cuero de Tahas, y los pondrán sobre las varas. (13) Y sacarán la ceniza del ara, y extenderán sobre ella un paño de púrpura, (14) y pondrán sobre ella todos sus vasos en los que servirán: los braseros, los garfios, las cucharas, y las esparcideras, todos los vasos del ara; y extenderán sobre ella un cobertero de cuero de Tahas, y le pondrán sus varas. (15) Y acabarán Aarón y sus hijos de cubrir la santidad y todos los vasos de la santidad; al moverse el real, después, vendrán los hijos de Keat para llevarlos. Y no tocarán la santidad, porque morirán. Éste es el cargo de los hijos de Keat en la tienda del plazo. (16) Y el cargo de Eleasar, hijo de Aarón, el sacerdote, estará el aceite de la luminaria, y el sahumerio de las especias, y el presente continuo, y el olio de la unción; el cargo de todo el tabernáculo, y todo lo que está en él, en la santidad, y en sus vasos.»
(17) Y habló el Eterno a Mosé y Aarón, diciendo: (18) «No tajaréis la tribu de los linajes de Keat, de entre los Levitas; (19) y esto haced y ellos vivirán, y no morirán al llegar a la santidad de santidades: Aarón y sus hijos vendrán y pondrán a ellos, a cada varón, en su oficio y en su cargo. (20) Y no vendrán para ver, cuando cubrieren la santidad, porque morirán.»

(35) NASÓ

(21) Y habló el Eterno a Mosé, diciendo: (22) «Recibe la cuenta de los hijos de Guersón, también ellos por la casa de sus padres, por sus linajes. (23) De la edad de treinta años arriba, hasta la edad de cincuenta años contarás a ellos; todo el que viene para servir en el ejército, para hacer el servicio en la tienda del plazo. (24) Éste es el servicio de los linajes del Guersoní para servir y por cargo: (25) Llevarán las cortinas del tabernáculo, y la tienda del plazo; su cobertero, y el cobertero de cuero de Tahas que está sobre él, arriba, y el velo de la puerta de la tienda del plazo. (26) Y las cortinas del patio, y el velo de la abertura de la puerta del patio, que está sobre el tabernáculo y sobre el ara en derredor, y sus cuerdas, y todos los vasos de su servicio; y todo lo que será hecho para ellos, y servirán. (27) Según lo dicho por Aarón

לָהֶם וְעָבָדוּ׃ עַל־פִּי אַהֲרֹן וּבָנָיו תִּהְיֶה כָּל־עֲבֹדַת בְּנֵי 27
הַגֵּרְשֻׁנִּי לְכָל־מַשָּׂאָם וּלְכֹל עֲבֹדָתָם וּפְקַדְתֶּם עֲלֵהֶם
בְּמִשְׁמֶרֶת אֵת כָּל־מַשָּׂאָם׃ זֹאת עֲבֹדַת מִשְׁפְּחֹת בְּנֵי 28
הַגֵּרְשֻׁנִּי בְּאֹהֶל מוֹעֵד וּמִשְׁמַרְתָּם בְּיַד אִיתָמָר בֶּן־אַהֲרֹן
הַכֹּהֵן׃ ס בְּנֵי מְרָרִי לְמִשְׁפְּחֹתָם לְבֵית־אֲבֹתָם תִּפְקֹד 29
אֹתָם׃ מִבֶּן שְׁלֹשִׁים שָׁנָה וָמַעְלָה וְעַד בֶּן־חֲמִשִּׁים שָׁנָה ל
תִּפְקְדֵם כָּל־הַבָּא לַצָּבָא לַעֲבֹד אֶת־עֲבֹדַת אֹהֶל מוֹעֵד׃
וְזֹאת מִשְׁמֶרֶת מַשָּׂאָם לְכָל־עֲבֹדָתָם בְּאֹהֶל מוֹעֵד קַרְשֵׁי 31
הַמִּשְׁכָּן וּבְרִיחָיו וְעַמּוּדָיו וַאֲדָנָיו׃ וְעַמּוּדֵי הֶחָצֵר סָבִיב 32
וְאַדְנֵיהֶם וִיתֵדֹתָם וּמֵיתְרֵיהֶם לְכָל־כְּלֵיהֶם וּלְכֹל עֲבֹדָתָם
וּבְשֵׁמֹת תִּפְקְדוּ אֶת־כְּלֵי מִשְׁמֶרֶת מַשָּׂאָם׃ זֹאת עֲבֹדַת 33
מִשְׁפְּחֹת בְּנֵי מְרָרִי לְכָל־עֲבֹדָתָם בְּאֹהֶל מוֹעֵד בְּיַד אִיתָמָר
בֶּן־אַהֲרֹן הַכֹּהֵן׃ וַיִּפְקֹד מֹשֶׁה וְאַהֲרֹן וּנְשִׂיאֵי הָעֵדָה אֶת־ 34
בְּנֵי הַקְּהָתִי לְמִשְׁפְּחֹתָם וּלְבֵית אֲבֹתָם׃ מִבֶּן שְׁלֹשִׁים לה
שָׁנָה וָמַעְלָה וְעַד בֶּן־חֲמִשִּׁים שָׁנָה כָּל־הַבָּא לַצָּבָא
לַעֲבֹדָה בְּאֹהֶל מוֹעֵד׃ וַיִּהְיוּ פְקֻדֵיהֶם לְמִשְׁפְּחֹתָם אַלְפַּיִם 36
שְׁבַע מֵאוֹת וַחֲמִשִּׁים׃ אֵלֶּה פְקוּדֵי מִשְׁפְּחֹת הַקְּהָתִי כָּל־ 37
הָעֹבֵד בְּאֹהֶל מוֹעֵד אֲשֶׁר פָּקַד מֹשֶׁה וְאַהֲרֹן עַל־פִּי יְהֹוָה
בְּיַד־מֹשֶׁה׃ ס וּפְקוּדֵי בְּנֵי גֵרְשׁוֹן לְמִשְׁפְּחוֹתָם וּלְבֵית 38
אֲבֹתָם׃ מִבֶּן שְׁלֹשִׁים שָׁנָה וָמַעְלָה וְעַד בֶּן־חֲמִשִּׁים 39
שָׁנָה כָּל־הַבָּא לַצָּבָא לַעֲבֹדָה בְּאֹהֶל מוֹעֵד׃ וַיִּהְיוּ מ
פְּקֻדֵיהֶם לְמִשְׁפְּחֹתָם לְבֵית אֲבֹתָם אַלְפַּיִם וְשֵׁשׁ מֵאוֹת
וּשְׁלֹשִׁים׃ אֵלֶּה פְקוּדֵי מִשְׁפְּחֹת בְּנֵי גֵרְשׁוֹן כָּל־הָעֹבֵד 41
בְּאֹהֶל מוֹעֵד אֲשֶׁר פָּקַד מֹשֶׁה וְאַהֲרֹן עַל־פִּי יְהֹוָה׃
וּפְקוּדֵי מִשְׁפְּחֹת בְּנֵי מְרָרִי לְמִשְׁפְּחֹתָם לְבֵית אֲבֹתָם׃ 42
מִבֶּן שְׁלֹשִׁים שָׁנָה וָמַעְלָה וְעַד בֶּן־חֲמִשִּׁים שָׁנָה כָּל־הַבָּא 43
לַצָּבָא לַעֲבֹדָה בְּאֹהֶל מוֹעֵד׃ וַיִּהְיוּ פְקֻדֵיהֶם לְמִשְׁפְּחֹתָם 44
שְׁלֹשֶׁת אֲלָפִים וּמָאתָיִם׃ אֵלֶּה פְקוּדֵי מִשְׁפְּחֹת בְּנֵי מה

y sus hijos será todo el servicio de los hijos del Guersoní, en todos sus cargos, y en todo su servicio: y encomendaréis a ellos, en guarda, todos sus cargos. (28) Éste es el servicio de los linajes de los hijos de Guersoní en la tienda del plazo: y su guarda estará en mano de Itamar, hijo de Aarón el sacerdote.

(29) Y a los hijos de Merarí por sus linajes y por la casa de sus padres, los contarás. (30) De edad de treinta años arriba, hasta la edad de cincuenta años, los contarás; todo el que viniere al ejército, para hacer el servicio de la tienda del plazo. (31) Y ésta es la guarda de su cargo para todo su servicio en la tienda del plazo: las tablas del tabernáculo, y sus barras, y sus pilares, y sus bases, (32) y los pilares del patio en derredor, y sus bases, y sus estacas, y las cuerdas de todos sus objetos, y todo su servicio; y por sus nombres contaréis los vasos de la guarda de su cargo. (33) Éste es el servicio de los linajes de los hijos de Merarí para todo su servicio en la tienda del plazo, que estará en manos de Itamar, hijo de Aarón, el sacerdote.»

(34) Y contaron Mosé y Aarón, y los mayores de la congregación, a los hijos del Keatí por sus linajes, y por la casa de sus padres, (35) de edad de treinta años arriba, hasta la edad de cincuenta años; todo el que viniere al ejército, para el servicio en la tienda del plazo. (36) Y fueron sus contados por sus linajes, dos mil setecientos cincuenta. (37) Éstos son los contados de los linajes del Keatí, todo el que sirve en la tienda del plazo, que contaron Mosé y Aarón, por dicho del Eterno, por mano de Mosé. (38) Y los contados de los hijos del Guersoní, por sus linajes, y por la casa de sus padres, (39) de edad de treinta años, arriba, hasta la edad de cincuenta años, todo el que viniere al ejército, para el servicio en la tienda del plazo, (40) y fueron sus contados por sus linajes, por la casa de sus padres, dos mil seiscientos treinta. (41) Éstos son los contados de los linajes de los hijos de Guersón, todos los que sirven en la tienda del plazo, que contaron Mosé y Aarón por dicho del Eterno. (42) Y los contados de los linajes de los hijos de Merarí, por sus linajes, y por la casa de sus padres, (43) de edad de treinta años arriba, hasta la edad de cincuenta años, todo el que viniere al ejército, para el servicio en la tienda del plazo, (44) y fueron los contados, por sus linajes, tres mil doscientos. (45) Éstos fueron los contados de los linajes de los hijos de Merarí,

46 מררי אשר פקד משה ואהרן על־פי יהוה ביד־משה: כל־
הפקדים אשר פקד משה ואהרן ונשיאי ישראל את־
47 הלוים למשפחתם ולבית אבתם: מבן שלשים שנה ומעלה
ועד בן־חמשים שנה כל־הבא לעבד עבדת עבדה ועבדת
48 משא באהל מועד: ויהיו פקדיהם שמנת אלפים וחמש
49 מאות ושמנים: על־פי יהוה פקד אותם ביד־משה איש איש
על־עבדתו ועל־משאו ופקדיו אשר־צוה יהוה את־משה: פ

שליש

ה .

א 2 וידבר יהוה אל־משה לאמר: צו את־בני ישראל
וישלחו מן־המחנה כל־צרוע וכל־זב וכל טמא לנפש:
3 מזכר עד־נקבה תשלחו אל־מחוץ למחנה תשלחום ולא
4 יטמאו את־מחניהם אשר אני שכן בתוכם: ויעשו־כן בני
ישראל וישלחו אותם אל־מחוץ למחנה כאשר דבר
יהוה אל־משה כן עשו בני ישראל: פ
5 6 וידבר יהוה אל־משה לאמר: דבר אל־בני ישראל איש
או־אשה כי יעשו מכל־חטאת האדם למעל מעל ביהוה
7 ואשמה הנפש ההוא: והתודו את־חטאתם אשר עשו
והשיב את־אשמו בראשו וחמישתו יסף עליו ונתן לאשר
8 אשם לו: ואם־אין לאיש גאל להשיב האשם אליו האשם
המושב ליהוה לכהן מלבד איל הכפרים אשר יכפר־
9 בו עליו: וכל־תרומה לכל־קדשי בני־ישראל אשר־
י יקריבו לכהן לו יהיה: ואיש את־קדשיו לו יהיו איש
אשר־יתן לכהן לו יהיה: פ רביעי
11 12 וידבר יהוה אל־משה לאמר: דבר אל־בני ישראל
ואמרת אלהם איש איש כי־תשטה אשתו ומעלה בו
13 מעל: ושכב איש אתה שכבת־זרע ונעלם מעיני אישה
ונסתרה והיא נטמאה ועד אין בה והוא לא נתפשה:

que contaron Mosé y Aarón, por dicho del Eterno, por mano de Mosé.
(46) Todos los contados, que contaron Mosé y Aarón, y los mayorales de Israel, de los Levitas, por sus linajes, por la casa de sus padres, (47) de edad de treinta años arriba, hasta la edad de cincuenta años, todo el que viniere para ministrar en el servicio, y para tener cargo en la tienda del plazo, (48) fueron los contados ocho mil quinientos ochenta. (49) Por dicho del Eterno, contólos por mano de Mosé, cada varón en su servicio, y en su cargo; los que contó como encomendó el Eterno a Mosé.

V

(1) Y habló el Eterno a Mosé, diciendo: (2) «Encomienda a los hijos de Israel que envíen del real a todo leproso, y a todo el que padece flujo de semen, y todo inmundo de alma. (3) Desde varón hasta mujer enviaréis, fuera del real los enviaréis; y que no hagan inmundos a sus reales, que yo moro entre ellos.» (4) E hicieron así los hijos de Israel, y enviáronlos fuera del real como habló el Eterno a Mosé, así hicieron los hijos de Israel.
(5) Y habló el Eterno a Mosé, diciendo: (6) «Habla a los hijos de Israel, el varón y la mujer cuando hicieran de todos los pecados del hombre, por cometer infracción contra el Eterno, y se culpara el alma esta; (7) manifestarán su pecado que hicieron, y tomará su culpa en su principal, y su quinto añadirá sobre él, y lo dará a ése contra quien pecó él. (8) Y si no tuviere el varón redimidor, para tornar la culpa a él, la culpa tornada al Eterno será, para el sacerdote, a más del carnero, de las expiaciones, con el cual expiará por él. (9) Y toda la ofrenda de todas las santidades de los hijos de Israel que llegaren al sacerdote, para él será. (10) Y las santidades de todo varón a él serán: lo que diere todo varón al sacerdote, para él será.»
(11) Y habló el Eterno a Mosé, diciendo: (12) «Habla a los hijos de Israel y diles a ellos: El varón, cuando se desmandare su mujer, e hiciere contra él falsedad, (13) y yaciere un varón con ella, yacidura de semen, y fuere encubierto a la vista de su marido y ella se escondió y ella fuere contaminada, y

ד׳ 49. סבירין כאשר

14 וְעָבַר עָלָיו רוּחַ־קִנְאָה וְקִנֵּא אֶת־אִשְׁתּוֹ וְהִוא נִטְמָאָה אוֹ־
עָבַר עָלָיו רוּחַ־קִנְאָה וְקִנֵּא אֶת־אִשְׁתּוֹ וְהִיא לֹא נִטְמָאָה׃
טו וְהֵבִיא הָאִישׁ אֶת־אִשְׁתּוֹ אֶל־הַכֹּהֵן וְהֵבִיא אֶת־קָרְבָּנָהּ
עָלֶיהָ עֲשִׂירִת הָאֵיפָה קֶמַח שְׂעֹרִים לֹא־יִצֹק עָלָיו שֶׁמֶן
וְלֹא־יִתֵּן עָלָיו לְבֹנָה כִּי־מִנְחַת קְנָאֹת הוּא מִנְחַת זִכָּרוֹן
16 מַזְכֶּרֶת עָוֺן׃ וְהִקְרִיב אֹתָהּ הַכֹּהֵן וְהֶעֱמִדָהּ לִפְנֵי יְהוָה׃
17 וְלָקַח הַכֹּהֵן מַיִם קְדֹשִׁים בִּכְלִי־חָרֶשׂ וּמִן־הֶעָפָר אֲשֶׁר
18 יִהְיֶה בְּקַרְקַע הַמִּשְׁכָּן יִקַּח הַכֹּהֵן וְנָתַן אֶל־הַמָּיִם׃ וְהֶעֱמִיד
הַכֹּהֵן אֶת־הָאִשָּׁה לִפְנֵי יְהוָה וּפָרַע אֶת־רֹאשׁ הָאִשָּׁה וְנָתַן
עַל־כַּפֶּיהָ אֵת מִנְחַת הַזִּכָּרוֹן מִנְחַת קְנָאֹת הִוא וּבְיַד הַכֹּהֵן
19 יִהְיוּ מֵי הַמָּרִים הַמְאָרְרִים׃ וְהִשְׁבִּיעַ אֹתָהּ הַכֹּהֵן וְאָמַר
אֶל־הָאִשָּׁה אִם־לֹא שָׁכַב אִישׁ אֹתָךְ וְאִם־לֹא שָׂטִית
טֻמְאָה תַּחַת אִישֵׁךְ הִנָּקִי מִמֵּי הַמָּרִים הַמְאָרְרִים הָאֵלֶּה׃
כ וְאַתְּ כִּי שָׂטִית תַּחַת אִישֵׁךְ וְכִי נִטְמֵאת וַיִּתֵּן אִישׁ בָּךְ אֶת־
21 שְׁכָבְתּוֹ מִבַּלְעֲדֵי אִישֵׁךְ׃ וְהִשְׁבִּיעַ הַכֹּהֵן אֶת־הָאִשָּׁה
בִּשְׁבֻעַת הָאָלָה וְאָמַר הַכֹּהֵן לָאִשָּׁה יִתֵּן יְהוָה אוֹתָךְ לְאָלָה
וְלִשְׁבֻעָה בְּתוֹךְ עַמֵּךְ בְּתֵת יְהוָה אֶת־יְרֵכֵךְ נֹפֶלֶת וְאֶת־
22 בִּטְנֵךְ צָבָה׃ וּבָאוּ הַמַּיִם הַמְאָרְרִים הָאֵלֶּה בְּמֵעַיִךְ לַצְבּוֹת
23 בֶּטֶן וְלַנְפִּל יָרֵךְ וְאָמְרָה הָאִשָּׁה אָמֵן ׀ אָמֵן׃ וְכָתַב אֶת־
24 הָאָלֹת הָאֵלֶּה הַכֹּהֵן בַּסֵּפֶר וּמָחָה אֶל־מֵי הַמָּרִים׃ וְהִשְׁקָה
אֶת־הָאִשָּׁה אֶת־מֵי הַמָּרִים הַמְאָרְרִים וּבָאוּ בָהּ הַמַּיִם
כה הַמְאָרְרִים לְמָרִים׃ וְלָקַח הַכֹּהֵן מִיַּד הָאִשָּׁה אֵת מִנְחַת
הַקְּנָאֹת וְהֵנִיף אֶת־הַמִּנְחָה לִפְנֵי יְהוָה וְהִקְרִיב אֹתָהּ אֶל־
26 הַמִּזְבֵּחַ׃ וְקָמַץ הַכֹּהֵן מִן־הַמִּנְחָה אֶת־אַזְכָּרָתָהּ וְהִקְטִיר
27 הַמִּזְבֵּחָה וְאַחַר יַשְׁקֶה אֶת־הָאִשָּׁה אֶת־הַמָּיִם׃ וְהִשְׁקָהּ
אֶת־הַמַּיִם וְהָיְתָה אִם־נִטְמְאָה וַתִּמְעֹל מַעַל בְּאִישָׁהּ וּבָאוּ
בָהּ הַמַּיִם הַמְאָרְרִים לְמָרִים וְצָבְתָה בִטְנָהּ וְנָפְלָה יְרֵכָהּ
28 וְהָיְתָה הָאִשָּׁה לְאָלָה בְּקֶרֶב עַמָּהּ׃ וְאִם־לֹא נִטְמְאָה

testigo no hubiere contra ella, y ella no fuera tomada en el acto, (14) y pasare sobre él espíritu de celo, y se celare de su mujer, y ella fuere contaminada; o pasare sobre él espíritu de celo, y se celare de su mujer y ella no fuere contaminada; (15) hará ir el varón, a su mujer, al sacerdote, y traerá su ofrenda con ella, el diezmo de la fanega de harina de cebada, no vaciará sobre ella aceite, ni pondrá sobre ella incienso: porque presente de celos es ello, presente de memoria, recuerdo de pecado. (16) Y haráa acercar el sacerdote, y hacerla ha, estar delante del Eterno. (17) Y tomará el sacerdote agua santa en un vaso de barro, del polvo que hubiere en el suelo del tabernáculo tomará el sacerdote y lo echará en el agua. (18) Y hará estar el sacerdote a la mujer delante del Eterno, y descubrirá la cabeza de la mujer, y pondrá sobre sus palmas el presente de la memoria, presente de celos es ello; y en la mano del sacerdote estarán las amargas aguas maldicientes. (19) Y conjurará a ella el sacerdote, y dirá a la mujer: Si no yació ningún varón contigo, y si no desmandaste inmundicia de tu marido, sé libre de estas aguas amargas y maldicientes. (20) Y si tú, te desmandaste de tu marido, y si fuiste contaminada, y algún varón hubiera yacido contigo, fuera de tu marido: (21) Conjurará el sacerdote a la mujer con juramento de maldición y dirá el sacerdote a la mujer: Dé el Eterno a ti por maldición y por jura entre tu pueblo, al hacer el Eterno caer tu muslo, e hinchar tu vientre. (22) Y entren estas aguas de maldición en tus entrañas, y hagan hinchar el vientre y hagan caer el muslo. Y dirá la mujer: Amén, amén. (23) Y escribirá el sacerdote las maldiciones estas en el libro, y las desleirá en el agua amarga. (24) Y dará de beber a la mujer el agua amarga de maldición; y entrará en ella esa agua maldiciente por amargura.

(25) Y tomará el sacerdote de manos de la mujer el presente de los celos, y mecerá el presente delante del Eterno, y ofreceráIo al ara: (26) Y tomará el sacerdote un puñado del presente para su sahumerio, y lo hará quemar en el ara, y después dará de beber a la mujer de esa agua. (27) Y le dará de beber el agua; y será que si fuere inmunda e hiciere falsedad contra su marido, entrarán en ella las aguas maldicientes por amargura, y se hinchará su vientre, y caerá su muslo; y será la mujer por maldición entre su pueblo. (28) Y si

29 הָאִשָּׁה וּטְהֹרָה הִוא וְנִקְּתָה וְנִזְרְעָה זָרַע׃ זֹאת תּוֹרַת
ל הַקְּנָאֹת אֲשֶׁר תִּשְׂטֶה אִשָּׁה תַּחַת אִישָׁהּ וְנִטְמָאָה׃ אוֹ
אִישׁ אֲשֶׁר תַּעֲבֹר עָלָיו רוּחַ קִנְאָה וְקִנֵּא אֶת־אִשְׁתּוֹ
וְהֶעֱמִיד אֶת־הָאִשָּׁה לִפְנֵי יְהוָה וְעָשָׂה לָהּ הַכֹּהֵן אֵת כָּל־
31 הַתּוֹרָה הַזֹּאת׃ וְנִקָּה הָאִישׁ מֵעָוֹן וְהָאִשָּׁה הַהִוא תִּשָּׂא
אֶת־עֲוֺנָהּ׃ פ

ו

א 2 וַיְדַבֵּר יְהוָה אֶל־מֹשֶׁה לֵּאמֹר׃ דַּבֵּר אֶל־בְּנֵי יִשְׂרָאֵל
וְאָמַרְתָּ אֲלֵהֶם אִישׁ אוֹ־אִשָּׁה כִּי יַפְלִא לִנְדֹּר נֶדֶר נָזִיר
3 לְהַזִּיר לַיהוָה׃ מִיַּיִן וְשֵׁכָר יַזִּיר חֹמֶץ יַיִן וְחֹמֶץ שֵׁכָר לֹא
יִשְׁתֶּה וְכָל־מִשְׁרַת עֲנָבִים לֹא יִשְׁתֶּה וַעֲנָבִים לַחִים וִיבֵשִׁים
4 לֹא יֹאכֵל׃ כֹּל יְמֵי נִזְרוֹ מִכֹּל אֲשֶׁר יֵעָשֶׂה מִגֶּפֶן הַיַּיִן
ה מֵחַרְצַנִּים וְעַד־זָג לֹא יֹאכֵל׃ כָּל־יְמֵי נֶדֶר נִזְרוֹ תַּעַר לֹא־
יַעֲבֹר עַל־רֹאשׁוֹ עַד־מְלֹאת הַיָּמִם אֲשֶׁר־יַזִּיר לַיהוָה קָדֹשׁ
6 יִהְיֶה גַּדֵּל פֶּרַע שְׂעַר רֹאשׁוֹ׃ כָּל־יְמֵי הַזִּירוֹ לַיהוָה עַל־
7 נֶפֶשׁ מֵת לֹא יָבֹא׃ לְאָבִיו וּלְאִמּוֹ לְאָחִיו וּלְאַחֹתוֹ לֹא־
8 יִטַּמָּא לָהֶם בְּמֹתָם כִּי נֵזֶר אֱלֹהָיו עַל־רֹאשׁוֹ׃ כֹּל יְמֵי
9 נִזְרוֹ קָדֹשׁ הוּא לַיהוָה׃ וְכִי־יָמוּת מֵת עָלָיו בְּפֶתַע פִּתְאֹם
וְטִמֵּא רֹאשׁ נִזְרוֹ וְגִלַּח רֹאשׁוֹ בְּיוֹם טָהֳרָתוֹ בַּיּוֹם הַשְּׁבִיעִי
י יְגַלְּחֶנּוּ׃ וּבַיּוֹם הַשְּׁמִינִי יָבִא שְׁתֵּי תֹרִים אוֹ שְׁנֵי בְּנֵי יוֹנָה
11 אֶל־הַכֹּהֵן אֶל־פֶּתַח אֹהֶל מוֹעֵד׃ וְעָשָׂה הַכֹּהֵן אֶחָד
לְחַטָּאת וְאֶחָד לְעֹלָה וְכִפֶּר עָלָיו מֵאֲשֶׁר חָטָא עַל־הַנָּפֶשׁ
12 וְקִדַּשׁ אֶת־רֹאשׁוֹ בַּיּוֹם הַהוּא׃ וְהִזִּיר לַיהוָה אֶת־יְמֵי נִזְרוֹ
וְהֵבִיא כֶּבֶשׂ בֶּן־שְׁנָתוֹ לְאָשָׁם וְהַיָּמִים הָרִאשֹׁנִים יִפְּלוּ כִּי
13 טָמֵא נִזְרוֹ׃ וְזֹאת תּוֹרַת הַנָּזִיר בְּיוֹם מְלֹאת יְמֵי נִזְרוֹ יָבִיא
14 אֹתוֹ אֶל־פֶּתַח אֹהֶל מוֹעֵד׃ וְהִקְרִיב אֶת־קָרְבָּנוֹ לַיהוָה
כֶּבֶשׂ בֶּן־שְׁנָתוֹ תָמִים אֶחָד לְעֹלָה וְכַבְשָׂה אַחַת בַּת־
טו שְׁנָתָהּ תְּמִימָה לְחַטָּאת וְאַיִל־אֶחָד תָּמִים לִשְׁלָמִים׃ וְסַל

no fuere inmunda la mujer, y limpia fuere ella, será libre, y será fecundada con simiente.

(29) Ésta es la ley de los celos, cuando se desmandare una mujer en poder de su marido, y se hiciere inmunda, (30) o del varón sobre quien pasare espíritu de celo, y se celare de su mujer, y hará estar a la mujer delante del Eterno, y aplicará a ella el sacerdote toda la ley esta. (31) Y será libre el varón de pecado, y la mujer llevará su pecado.»

VI

(1) Y habló el Eterno a Mosé, diciendo: (2) «Habla a los hijos de Israel, y diles: El varón o la mujer cuando se apartare haciendo promesa de apartamiento, para apartarse para el Eterno, (3) de vino y de sidra se apartará; vinagre de vino y vinagre de sidra no beberá, y todo remojo de uvas no beberá, y uvas frescas o secas no comerá. (4) Todos los días de su apartamiento, de todo lo que fuere hecho de vid de vino, desde granillo hasta hollejo no comerá. (5) Todos los días de la promesa de su apartamiento, no pasará navaja sobre su cabeza, hasta cumplirse los días en que se apartare para el Eterno: santo será, dejará crecer las guedejas de cabello en su cabeza. (6) Todos los días de su apartamiento al Eterno, a alma de muerto no llegará. (7) Por su padre, y por su madre, por su hermano, y por su hermana, no se hará inmundo por ellos, cuando murieren, porque la consagración de su Dios está sobre su cabeza. (8) En todos los días de su apartamiento, santo será él, al Eterno. (9) Y cuando muriere alguien cerca de él, de súbito, y se hará inmunda la cabeza de su apartamiento, trasquilará su cabeza en el día de su limpieza, en el día séptimo la trasquilará. (10) Y en el día octavo, traerá dos tórtolas o dos hijos de paloma al sacerdote, a la puerta de la tienda del plazo. (11) Y dará el sacerdote uno por expiación, y otro por holocausto: y expiará por él, de lo que pecó por el alma, y santificará su cabeza en el día este. (12) Y apartará para el Eterno los días de su apartamiento, y traerá un cordero de edad de un año, por la culpa; y los días primeros se anularán, porque se manchó su apartamiento.

(13) Y ésta es la ley de la persona apartada, en el día de cumplirse los días de su apartamiento, será traído a la puerta de la tienda del plazo; (14) y ofrecerá su ofrenda al Eterno, un cordero de edad de un año, perfecto, por holocausto, y una cordera de edad de un año, perfecta, por expiación, un cordero perfecto, por paces; (15) y un canastillo de cenceñas de sémola,

מַצּוֹת סֹלֶת חַלֹּת בְּלוּלֹת בַּשֶּׁמֶן וּרְקִיקֵי מַצּוֹת מְשֻׁחִים
16 בַּשָּׁמֶן וּמִנְחָתָם וְנִסְכֵּיהֶם׃ וְהִקְרִיב הַכֹּהֵן לִפְנֵי יְהוָה וְעָשָׂה
17 אֶת־חַטָּאתוֹ וְאֶת־עֹלָתוֹ׃ וְאֶת־הָאַיִל יַעֲשֶׂה זֶבַח שְׁלָמִים
לַיהוָה עַל סַל הַמַּצּוֹת וְעָשָׂה הַכֹּהֵן אֶת־מִנְחָתוֹ וְאֶת־נִסְכּוֹ׃
18 וְגִלַּח הַנָּזִיר פֶּתַח אֹהֶל מוֹעֵד אֶת־רֹאשׁ נִזְרוֹ וְלָקַח אֶת־
שְׂעַר רֹאשׁ נִזְרוֹ וְנָתַן עַל־הָאֵשׁ אֲשֶׁר־תַּחַת זֶבַח הַשְּׁלָמִים׃
19 וְלָקַח הַכֹּהֵן אֶת־הַזְּרֹעַ בְּשֵׁלָה מִן־הָאַיִל וְחַלַּת מַצָּה אַחַת
מִן־הַסַּל וּרְקִיק מַצָּה אֶחָד וְנָתַן עַל־כַּפֵּי הַנָּזִיר אַחַר
כ הִתְגַּלְּחוֹ אֶת־נִזְרוֹ׃ וְהֵנִיף אוֹתָם הַכֹּהֵן ׀ תְּנוּפָה לִפְנֵי יְהוָה
קֹדֶשׁ הוּא לַכֹּהֵן עַל חֲזֵה הַתְּנוּפָה וְעַל שׁוֹק הַתְּרוּמָה
21 וְאַחַר יִשְׁתֶּה הַנָּזִיר יָיִן׃ זֹאת תּוֹרַת הַנָּזִיר אֲשֶׁר יִדֹּר קָרְבָּנוֹ
לַיהוָה עַל־נִזְרוֹ מִלְּבַד אֲשֶׁר־תַּשִּׂיג יָדוֹ כְּפִי נִדְרוֹ אֲשֶׁר
יִדֹּר כֵּן יַעֲשֶׂה עַל תּוֹרַת נִזְרוֹ׃ פ
22 23 וַיְדַבֵּר יְהוָה אֶל־מֹשֶׁה לֵּאמֹר׃ דַּבֵּר אֶל־אַהֲרֹן וְאֶל־בָּנָיו
לֵאמֹר כֹּה תְבָרְכוּ אֶת־בְּנֵי יִשְׂרָאֵל אָמוֹר לָהֶם׃ ס
24 כה יְבָרֶכְךָ יְהוָה וְיִשְׁמְרֶךָ׃ ס יָאֵר יְהוָה ׀ פָּנָיו אֵלֶיךָ
26 וִיחֻנֶּךָּ׃ ס יִשָּׂא יְהוָה ׀ פָּנָיו אֵלֶיךָ וְיָשֵׂם לְךָ שָׁלוֹם׃ ס
27 וְשָׂמוּ אֶת־שְׁמִי עַל־בְּנֵי יִשְׂרָאֵל וַאֲנִי אֲבָרְכֵם׃ ס

חמישי

א וַיְהִי בְּיוֹם כַּלּוֹת מֹשֶׁה לְהָקִים אֶת־הַמִּשְׁכָּן וַיִּמְשַׁח אֹתוֹ
וַיְקַדֵּשׁ אֹתוֹ וְאֶת־כָּל־כֵּלָיו וְאֶת־הַמִּזְבֵּחַ וְאֶת־כָּל־כֵּלָיו
2 וַיִּמְשָׁחֵם וַיְקַדֵּשׁ אֹתָם׃ וַיַּקְרִיבוּ נְשִׂיאֵי יִשְׂרָאֵל רָאשֵׁי
בֵּית אֲבֹתָם הֵם נְשִׂיאֵי הַמַּטֹּת הֵם הָעֹמְדִים עַל־הַפְּקֻדִים׃
3 וַיָּבִיאוּ אֶת־קָרְבָּנָם לִפְנֵי יְהוָה שֵׁשׁ־עֶגְלֹת צָב וּשְׁנֵי עָשָׂר
בָּקָר עֲגָלָה עַל־שְׁנֵי הַנְּשִׂאִים וְשׁוֹר לְאֶחָד וַיַּקְרִיבוּ אוֹתָם
4 ה לִפְנֵי הַמִּשְׁכָּן׃ וַיֹּאמֶר יְהוָה אֶל־מֹשֶׁה לֵּאמֹר׃ קַח מֵאִתָּם
וְהָיוּ לַעֲבֹד אֶת־עֲבֹדַת אֹהֶל מוֹעֵד וְנָתַתָּה אוֹתָם אֶל־

tortas envueltas en el aceite, y buñuelos cenceños untados en el aceite, y su presente, y sus libaciones. (16) Y los ofrecerá el sacerdote delante del Eterno, y hará su expiación y su holocausto: (17) Y el cordero lo ofrecerá en sacrificio de paces al Eterno, sobre el canastillo de las cenceñas; y hará el sacerdote su presente, y su libación. (18) Y trasquilará la persona apartada en la puerta de la tienda del plazo, la cabeza de su apartamiento, y tomará el cabello de la cabeza de su apartamiento, y pondrá sobre el fuego que está debajo del sacrificio de las paces. (19) Y tomará el sacerdote la pierna cocinada del carnero, y una torta cenceña del canastillo, y un buñuelo de cenceña, y los pondrá sobre las palmas de la persona apartada, después de trasquilar, su apartamiento: (20) Y mecerálos el sacerdote, mecedura, delante del Eterno; santidad será él al sacerdote, sobre el pecho de la mecedura y sobre el anca de la ofrenda: y después beberá la persona apartada, vino. (21) Ésta es la ley de la persona apartada, cuando prometiere su ofrenda al Eterno, en su apartamiento, a más lo que alcanzare su mano; según la promesa que hiciere, así hará, según la ley de su apartamiento.»

(22) Y habló el Eterno a Mosé, diciendo: (23) «Habla a Aarón y a sus hijos, y les dirás: Así bendeciréis a los hijos de Israel, diciéndoles:

(24) Bendígate el Eterno, y guárdete;
(25) Haga iluminar el Eterno su rostro sobre ti, y apiádese a ti,
(26) Alce el Eterno su rostro a ti, y ponga en ti paz.
(27) Y pondrán mi nombre sobre los hijos de Israel, y yo los bendeciré.»

VII

(1) Y fué en el día de acabar Mosé de levantar el tabernáculo, y untóle y santificóle y todos sus vasos y el ara, y todos sus vasos, untólos, y santificólos. (2) Y llegaron los mayorales de Israel, los capitanes de la casa de sus padres, ellos son los mayorales de las tribus, que estaban sobre los contados, (3) y trajeron su ofrenda delante del Eterno, seis carretas cubiertas, y doce vacas y una carreta por cada dos mayorales, y un buey por cada uno; y ofreciéronlos delante del tabernáculo. (4) Y habló el Eterno a Mosé, diciendo: (5) «Toma de ellos, y serán para servir el servicio de la tienda del plazo, y los darás a

los Levitas, cada varón según su servicio.» (6) Y tomó Mosé las carretas y las vacas, y diólos a los Levitas. (7) Dos carretas y cuatro vacas, dió a los hijos de Guersón, según su servicio: (8) Y cuatro carretas y ocho vacas dió a los hijos de Merarí, según su servicio, en manos de Itamar, hijo de Aarón el sacerdote. (9) Y a los hijos de Keat no dió; porque el servicio de la santidad era sobre ellos, en los hombros lo llevaban.

(10) Y ofrecieron los mayorales el estreno del ara en el día de ser ungida, y ofrecieron los mayorales su ofrenda delante del ara. (11) Y dijo el Eterno a Mosé: «Un mayoral, un día y otro mayoral otro día, ofrecerán ofrenda para el estreno del ara.»

(12) Y el que ofreció en el día primero su ofrenda, fué Nahsón, hijo de Amínadáb, de la tribu de Iudá. (13) Y su ofrenda era una escudilla de plata, ciento treinta su peso, una esparcidera de plata, setenta pesos en peso de la santidad; ambas, llenas de sémola envuelta en el aceite, para presente; (14) Una cuchara de diez pesos, de oro, llena de sahumerio; (15) un toro, un carnero, un cordero de edad de un año, para holocausto; (16) un cabrito, por expiación; (17) y para el sacrificio de las paces, dos vacas, cinco carneros, cinco machos cabríos, cinco corderos de edad de un año. Ésta es la ofrenda de Nahsón, hijo de Amínadáb. (18) En el día segundo ofreció Netanel, hijo de Suar, mayoral de Isajar. (19) Ofreció por ofrenda, una escudilla de plata, ciento treinta su peso; una esparcidera de plata, setenta pesos su peso de la santidad; ambas llenas de sémola envuelta en el aceite para presente; (20) una cuchara de diez pesos, de oro, llena de sahumerio; (21) un toro, un carnero, un cordero de edad de un año para holocausto. (22) Un cabrito para expiación; (23) y para el sacrificio de las paces, dos vacas, cinco carneros, cinco machos cabríos, cinco corderos de edad de un año. Ésta es la ofrenda de Netanel, hijo de Suar. (24) En el día tercero, ofreció el mayoral de los hijos de Sebulún: Eliab, hijo de Helón. (25) Y su ofrenda era una escudilla de plata, ciento treinta su peso, una esparcidera de plata, setenta pesos en peso

6 הַלְוִיִּם אִישׁ כְּפִי עֲבֹדָתוֹ׃ וַיִּקַּח מֹשֶׁה אֶת־הָעֲגָלֹת וְאֶת־
7 הַבָּקָר וַיִּתֵּן אוֹתָם אֶל־הַלְוִיִּם׃ אֵת ׀ שְׁתֵּי הָעֲגָלוֹת וְאֵת
8 אַרְבַּעַת הַבָּקָר נָתַן לִבְנֵי גֵרְשׁוֹן כְּפִי עֲבֹדָתָם׃ וְאֵת ׀
אַרְבַּע הָעֲגָלֹת וְאֵת שְׁמֹנַת הַבָּקָר נָתַן לִבְנֵי מְרָרִי כְּפִי
9 עֲבֹדָתָם בְּיַד אִיתָמָר בֶּן־אַהֲרֹן הַכֹּהֵן׃ וְלִבְנֵי קְהָת לֹא
י נָתָן כִּי־עֲבֹדַת הַקֹּדֶשׁ עֲלֵהֶם בַּכָּתֵף יִשָּׂאוּ׃ וַיַּקְרִיבוּ
הַנְּשִׂאִים אֵת חֲנֻכַּת הַמִּזְבֵּחַ בְּיוֹם הִמָּשַׁח אֹתוֹ וַיַּקְרִיבוּ
11 הַנְּשִׂיאִם אֶת־קָרְבָּנָם לִפְנֵי הַמִּזְבֵּחַ׃ וַיֹּאמֶר יְהוָה אֶל־
מֹשֶׁה נָשִׂיא אֶחָד לַיּוֹם נָשִׂיא אֶחָד לַיּוֹם יַקְרִיבוּ אֶת־
12 קָרְבָּנָם לַחֲנֻכַּת הַמִּזְבֵּחַ׃ ס וַיְהִי הַמַּקְרִיב בַּיּוֹם הָרִאשׁוֹן
13 אֶת־קָרְבָּנוֹ נַחְשׁוֹן בֶּן־עַמִּינָדָב לְמַטֵּה יְהוּדָה׃ וְקָרְבָּנוֹ
קַעֲרַת־כֶּסֶף אַחַת שְׁלֹשִׁים וּמֵאָה מִשְׁקָלָהּ מִזְרָק אֶחָד
כֶּסֶף שִׁבְעִים שֶׁקֶל בְּשֶׁקֶל הַקֹּדֶשׁ שְׁנֵיהֶם ׀ מְלֵאִים סֹלֶת
14 בְּלוּלָה בַשֶּׁמֶן לְמִנְחָה׃ כַּף אַחַת עֲשָׂרָה זָהָב מְלֵאָה
טו קְטֹרֶת׃ פַּר אֶחָד בֶּן־בָּקָר אַיִל אֶחָד כֶּבֶשׂ־אֶחָד בֶּן־שְׁנָתוֹ
16 17 לְעֹלָה׃ שְׂעִיר־עִזִּים אֶחָד לְחַטָּאת׃ וּלְזֶבַח הַשְּׁלָמִים בָּקָר
שְׁנַיִם אֵילִם חֲמִשָּׁה עַתּוּדִים חֲמִשָּׁה כְּבָשִׂים בְּנֵי־שָׁנָה
חֲמִשָּׁה זֶה קָרְבַּן נַחְשׁוֹן בֶּן־עַמִּינָדָב׃ פ
18 19 בַּיּוֹם הַשֵּׁנִי הִקְרִיב נְתַנְאֵל בֶּן־צוּעָר נְשִׂיא יִשָּׂשכָר׃ הִקְרִב
אֶת־קָרְבָּנוֹ קַעֲרַת־כֶּסֶף אַחַת שְׁלֹשִׁים וּמֵאָה מִשְׁקָלָהּ
מִזְרָק אֶחָד כֶּסֶף שִׁבְעִים שֶׁקֶל בְּשֶׁקֶל הַקֹּדֶשׁ שְׁנֵיהֶם ׀
כ מְלֵאִים סֹלֶת בְּלוּלָה בַשֶּׁמֶן לְמִנְחָה׃ כַּף אַחַת עֲשָׂרָה
21 זָהָב מְלֵאָה קְטֹרֶת׃ פַּר אֶחָד בֶּן־בָּקָר אַיִל אֶחָד כֶּבֶשׂ־
22 23 אֶחָד בֶּן־שְׁנָתוֹ לְעֹלָה׃ שְׂעִיר־עִזִּים אֶחָד לְחַטָּאת׃ וּלְזֶבַח
הַשְּׁלָמִים בָּקָר שְׁנַיִם אֵילִם חֲמִשָּׁה עַתֻּדִים חֲמִשָּׁה כְּבָשִׂים
בְּנֵי־שָׁנָה חֲמִשָּׁה זֶה קָרְבַּן נְתַנְאֵל בֶּן־צוּעָר׃ פ
24 כה בַּיּוֹם הַשְּׁלִישִׁי נָשִׂיא לִבְנֵי זְבוּלֻן אֱלִיאָב בֶּן־חֵלֹן׃ קָרְבָּנוֹ
קַעֲרַת־כֶּסֶף אַחַת שְׁלֹשִׁים וּמֵאָה מִשְׁקָלָהּ מִזְרָק אֶחָד

כסף שבעים שקל בשקל הקדש שניהם ׀ מלאים סלת
26 בלולה בשמן למנחה: כף אחת עשרה זהב מלאה
27 קטרת: פר אחד בן־בקר איל אחד כבש־אחד בן־
28 29 שנתו לעלה: שעיר־עזים אחד לחטאת: ולזבח השלמים
בקר שנים אילם חמשה עתדים חמשה כבשים בני־שנה
חמשה זה קרבן אליאב בן־חלן: פ
ל ביום הרביעי נשיא לבני ראובן אליצור בן־שדיאור:
31 קרבנו קערת־כסף אחת שלשים ומאה משקלה מזרק
אחד כסף שבעים שקל בשקל הקדש שניהם ׀ מלאים
32 סלת בלולה בשמן למנחה: כף אחת עשרה זהב מלאה
33 קטרת: פר אחד בן־בקר איל אחד כבש־אחד בן־שנתו
34 לה לעלה: שעיר־עזים אחד לחטאת: ולזבח השלמים בקר
שנים אילם חמשה עתדים חמשה כבשים בני־שנה
חמשה זה קרבן אליצור בן־שדיאור: פ
36 ביום החמישי נשיא לבני שמעון שלמיאל בן־צורישדי:
37 קרבנו קערת־כסף אחת שלשים ומאה משקלה מזרק
אחד כסף שבעים שקל בשקל הקדש שניהם ׀ מלאים
38 סלת בלולה בשמן למנחה: כף אחת עשרה זהב מלאה
39 קטרת: פר אחד בן־בקר איל אחד כבש־אחד בן־שנתו
מ 41 לעלה: שעיר־עזים אחד לחטאת: ולזבח השלמים בקר
שנים אילם חמשה עתדים חמשה כבשים בני־שנה
חמשה זה קרבן שלמיאל בן־צורישדי: פ ששי
42 43 ביום הששי נשיא לבני גד אליסף בן־דעואל: קרבנו
קערת־כסף אחת שלשים ומאה משקלה מזרק אחד
כסף שבעים שקל בשקל הקדש שניהם ׀ מלאים סלת
44 בלולה בשמן למנחה: כף אחת עשרה זהב מלאה קטרת:
מה פר אחד בן־בקר איל אחד כבש־אחד בן־שנתו לעלה:
46 47 שעיר־עזים אחד לחטאת: ולזבח השלמים בקר שנים

de la santidad; ambas, llenas de sémola envuelta en el aceite, para presente; (26) una cuchara de diez pesos de oro, llena de sahumerio; (27) un toro, un carnero, un cordero de edad de un año, para holocausto; (28) un cabrito para expiación; (29) y para el sacrificio de paces, dos vacas, cinco carneros, cinco machos cabríos, cinco corderos de edad de un año, ésta es la ofrenda de Eliab, hijo de Helón. (30) En el día cuarto, ofreció el mayoral de los hijos de Reubén: Elisur, hijo de Sedeur: (31) Y su ofrenda era: una escudilla de plata, ciento treinta su peso, una esparcidera de plata, setenta pesos en peso de la santidad; ambas llenas de sémola envuelta en el aceite, para presente; (32) una cuchara de diez pesos, de oro, llena de sahumerio; (33) un toro, un carnero, un cordero de edad de un año, para holocausto; (34) un cabrito para expiación; (35) y para el sacrificio de las paces, dos vacas, cinco carneros, cinco machos cabríos, cinco corderos de edad de un año. Ésta es la ofrenda de Elisur, hijo de Sedeur. (36) En el día quinto, ofreció el mayoral de los hijos de Simeón: Selumiel, hijo de Surísadái. (37) Y su ofrenda era: una escudilla de plata, ciento treinta su peso, una esparcidera de plata, setenta pesos en peso de la santidad; ambas, llenas de sémola envuelta en el aceite, para presente; (38) una cuchara de diez pesos, de oro, llena de sahumerio; (39) un toro, un carnero, un cordero de edad de un año, para holocausto; (40) un cabrito para expiación; (41) y para el sacrificio de las paces, dos vacas, cinco carneros, cinco machos cabríos, cinco corderos de edad de un año. Ésta es la ofrenda de Selumiel, hijo de Surísadái. (42) En el día sexto, ofreció el mayoral de los hijos de Gad, Eliasaf, hijo de Deuel. (43) Y su ofrenda era: una escudilla de plata, ciento treinta su peso, una esparcidera de plata, setenta pesos en peso de la santidad; ambas, llenas de sémola, envuelta en el aceite, para presente; (44) una cuchara de oro, de diez pesos, llena de sahumerio; (45) un toro, un carnero, un cordero de edad de un año, para holocausto; (46) un cabrito para expiación; (47) y para el

אֵילִם חֲמִשָּׁה עַתֻּדִים חֲמִשָּׁה כְּבָשִׂים בְּנֵי־שָׁנָה חֲמִשָּׁה
זֶה קָרְבַּן אֶלְיָסָף בֶּן־דְּעוּאֵל׃ פ
48 בַּיּוֹם הַשְּׁבִיעִי נָשִׂיא לִבְנֵי אֶפְרָיִם אֱלִישָׁמָע בֶּן־עַמִּיהוּד׃
49 קָרְבָּנוֹ קַעֲרַת־כֶּסֶף אַחַת שְׁלֹשִׁים וּמֵאָה מִשְׁקָלָהּ מִזְרָק
אֶחָד כֶּסֶף שִׁבְעִים שֶׁקֶל בְּשֶׁקֶל הַקֹּדֶשׁ שְׁנֵיהֶם ׀ מְלֵאִים
נ סֹלֶת בְּלוּלָה בַשֶּׁמֶן לְמִנְחָה׃ כַּף אַחַת עֲשָׂרָה זָהָב מְלֵאָה
51 קְטֹרֶת׃ פַּר אֶחָד בֶּן־בָּקָר אַיִל אֶחָד כֶּבֶשׂ־אֶחָד בֶּן־שְׁנָתוֹ
52 53 לְעֹלָה׃ שְׂעִיר־עִזִּים אֶחָד לְחַטָּאת׃ וּלְזֶבַח הַשְּׁלָמִים בָּקָר
שְׁנַיִם אֵילִם חֲמִשָּׁה עַתֻּדִים חֲמִשָּׁה כְּבָשִׂים בְּנֵי־שָׁנָה
חֲמִשָּׁה זֶה קָרְבַּן אֱלִישָׁמָע בֶּן־עַמִּיהוּד׃ פ
54 בַּיּוֹם הַשְּׁמִינִי נָשִׂיא לִבְנֵי מְנַשֶּׁה גַּמְלִיאֵל בֶּן־פְּדָהצוּר׃
נה קָרְבָּנוֹ קַעֲרַת־כֶּסֶף אַחַת שְׁלֹשִׁים וּמֵאָה מִשְׁקָלָהּ מִזְרָק
אֶחָד כֶּסֶף שִׁבְעִים שֶׁקֶל בְּשֶׁקֶל הַקֹּדֶשׁ שְׁנֵיהֶם ׀ מְלֵאִים
56 סֹלֶת בְּלוּלָה בַשֶּׁמֶן לְמִנְחָה׃ כַּף אַחַת עֲשָׂרָה זָהָב מְלֵאָה
57 קְטֹרֶת׃ פַּר אֶחָד בֶּן־בָּקָר אַיִל אֶחָד כֶּבֶשׂ־אֶחָד בֶּן־שְׁנָתוֹ
58 59 לְעֹלָה׃ שְׂעִיר־עִזִּים אֶחָד לְחַטָּאת׃ וּלְזֶבַח הַשְּׁלָמִים בָּקָר
שְׁנַיִם אֵילִם חֲמִשָּׁה עַתֻּדִים חֲמִשָּׁה כְּבָשִׂים בְּנֵי־שָׁנָה
חֲמִשָּׁה זֶה קָרְבַּן גַּמְלִיאֵל בֶּן־פְּדָהצוּר׃ פ
ס 61 בַּיּוֹם הַתְּשִׁיעִי נָשִׂיא לִבְנֵי בִנְיָמִן אֲבִידָן בֶּן־גִּדְעֹנִי׃ קָרְבָּנוֹ
קַעֲרַת־כֶּסֶף אַחַת שְׁלֹשִׁים וּמֵאָה מִשְׁקָלָהּ מִזְרָק אֶחָד
כֶּסֶף שִׁבְעִים שֶׁקֶל בְּשֶׁקֶל הַקֹּדֶשׁ שְׁנֵיהֶם ׀ מְלֵאִים סֹלֶת
62 בְּלוּלָה בַשֶּׁמֶן לְמִנְחָה׃ כַּף אַחַת עֲשָׂרָה זָהָב מְלֵאָה
63 קְטֹרֶת׃ פַּר אֶחָד בֶּן־בָּקָר אַיִל אֶחָד כֶּבֶשׂ־אֶחָד בֶּן־שְׁנָתוֹ
64 סה לְעֹלָה׃ שְׂעִיר־עִזִּים אֶחָד לְחַטָּאת׃ וּלְזֶבַח הַשְּׁלָמִים בָּקָר
שְׁנַיִם אֵילִם חֲמִשָּׁה עַתֻּדִים חֲמִשָּׁה כְּבָשִׂים בְּנֵי־שָׁנָה
חֲמִשָּׁה זֶה קָרְבַּן אֲבִידָן בֶּן־גִּדְעֹנִי׃ פ
66 67 בַּיּוֹם הָעֲשִׂירִי נָשִׂיא לִבְנֵי דָן אֲחִיעֶזֶר בֶּן־עַמִּישַׁדָּי׃ קָרְבָּנוֹ
קַעֲרַת־כֶּסֶף אַחַת שְׁלֹשִׁים וּמֵאָה מִשְׁקָלָהּ מִזְרָק אֶחָד

sacrificio de las paces, dos vacas, cinco carneros, cinco machos cabríos, cinco corderos de edad de un año. Ésta es la ofrenda de Eliasaf, hijo de Deuel. (48) En el día séptimo, ofreció el mayoral de los hijos de Efráim: Elisamá, hijo de Amiud. (49) Y su ofrenda era: una escudilla de plata, ciento treinta su peso, una esparcidera de plata, setenta pesos en peso de la santidad, ambas, llenas de sémola envuelta en el aceite, para presente; (50) una cuchara de oro, de diez pesos, llena de sahumerio; (51) un toro, un carnero, y un cordero de edad de un año, para holocausto; (52) un cabrito, para expiación; (53) y para el sacrificio de las paces, dos vacas, cinco carneros, cinco machos cabríos, cinco corderos de edad de un año; ésta es la ofrenda de Elisamá, hijo de Amiud. (54) En el día octavo, ofreció el mayoral de los hijos de Menasé, Gamliel, hijo de Pedasur; (55) Y su ofrenda era: una escudilla de plata, ciento treinta su peso, una esparcidera de plata, sententa pesos en peso de la santidad; ambas, llenas de sémola, envuelta en el aceite, para presente; (56) una cuchara de oro, de diez pesos, llena de sahumerio; (57) un toro, un carnero, un cordero de edad de un año, para holocausto; (58) un cabrito para expiación; (59) y para el sacrificio de las paces, dos vacas, cinco carneros, cinco machos cabríos, cinco corderos de edad de un año. Ésta es la ofrenda de Gamliel, hijo de Pedasur. (60) En el día noveno, ofreció el mayoral de los hijos de Biniamín: Abidán, hijo de Guideoní. (61) Y su ofrenda era: una escudilla de plata, ciento treinta su peso, una esparcidera de plata, setenta pesos en peso de la santidad; ambas llenas de sémola, envuelta en el aceite, para presente; (62) una cuchara de diez pesos de oro, llena de sahumerio; (63) un toro, un carnero, un cordero de edad de un año, para holocausto; (64) un cabrito para expiación; (65) y para el sacrificio de las paces, dos vacas, cinco carneros, cinco machos cabríos, cinco corderos de edad de un año. Ésta es la ofrenda de Abidán, hijo de Guideoní. (66) En el día décimo, ofreció el mayoral de los hijos de Dan; Ahiéser, hijo de Amisadái. (67) Y su ofrenda era: una escudilla de plata,

כסף שבעים שקל בשקל הקדש שניהם ׀ מלאים סלת
68 בלולה בשמן למנחה: כף אחת עשרה זהב מלאה
69 קטרת: פר אחד בן־בקר איל אחד כבש־אחד בן־שנתו
ע 71 לעלה: שעיר־עזים אחד לחטאת: ולזבח השלמים בקר
שנים אילם חמשה עתדים חמשה כבשים בני־שנה
חמשה זה קרבן אחיעזר בן־עמישדי: פ
72 ביום עשתי עשר יום נשיא לבני אשר פגעיאל בן־עכרן:
73 קרבנו קערת־כסף אחת שלשים ומאה משקלה מזרק
אחד כסף שבעים שקל בשקל הקדש שניהם ׀ מלאים
74 סלת בלולה בשמן למנחה: כף אחת עשרה זהב מלאה
עה קטרת: פר אחד בן־בקר איל אחד כבש־אחד בן־שנתו
76 77 לעלה: שעיר־עזים אחד לחטאת: ולזבח השלמים בקר
שנים אילם חמשה עתדים חמשה כבשים בני־שנה
חמשה זה קרבן פגעיאל בן־עכרן: פ
78 ביום שנים־עשר יום נשיא לבני נפתלי אחירע בן־עינן:
79 קרבנו קערת־כסף אחת שלשים ומאה משקלה מזרק
אחד כסף שבעים שקל בשקל הקדש שניהם ׀ מלאים
פ סלת בלולה בשמן למנחה: כף אחת עשרה זהב מלאה
81 קטרת: פר אחד בן־בקר איל אחד כבש־אחד בן־שנתו
82 83 לעלה: שעיר־עזים אחד לחטאת: ולזבח השלמים בקר
שנים אילם חמשה עתדים חמשה כבשים בני־שנה
חמשה זה קרבן אחירע בן־עינן: פ שביעי
84 זאת ׀ חנכת המזבח ביום המשח אתו מאת נשיאי ישראל
קערת כסף שתים עשרה מזרקי־כסף שנים עשר כפות
פה זהב שתים עשרה: שלשים ומאה הקערה האחת כסף
ושבעים המזרק האחד כל כסף הכלים אלפים וארבע
86 מאות בשקל הקדש: כפות זהב שתים־עשרה מלאת
קטרת עשרה עשרה הכף בשקל הקדש כל־זהב הכפות

ciento treinta su peso, una esparcidera de plata, setenta pesos en peso de la santidad; ambas, llenas de sémola, envuelta en el aceite, para presente; (68) una cuchara de diez pesos de oro, llena de sahumerio; (69) un toro, un carnero, un cordero de edad de un año, para holocausto; (70) un cabrito para expiación; (71) y para el sacrificio de las paces, dos vacas, cinco carneros, cinco machos cabríos, cinco corderos de edad de un año. Ésta es la ofrenda de Ahiéser, hijo de Amisadái. (72) En el día undécimo, ofreció el mayoral de los hijos de Aser, Paguiel, hijo de Ojrán; (73) Y su ofrenda era: una escudilla de plata, ciento treinta su peso, una esparcidera de plata, setenta pesos en peso de la santidad; ambas, llenas de sémola, envuelta en el aceite, para presente; (74) una cuchara de diez pesos, de oro, llena de sahumerio; (75) un toro, un carnero, un cordero de edad de un año, para holocausto; (76) un cabrito para expiación; (77) y para el sacrificio de las paces, dos vacas, cinco carneros, cinco machos cabríos, cinco corderos de edad de un año. Ésta es la ofrenda de Paguiel, hijo de Ojrán. (78) En el día duodécimo, ofreció el mayoral de los hijos de Naftalí, Ahirá, hijo de Enán; (79) y su ofrenda era: una escudilla de plata, ciento treinta su peso, una esparcidera de plata, setenta pesos en peso de la santidad; ambas llenas de sémola envuelta en el aceite, para presente; (80) una cuchara de diez pesos de oro, llena de sahumerio; (81) un toro, un carnero, un cordero de edad de un año, para holocausto; (82) un cabrito para expiación; (83) y para el sacrificio de las paces, dos vacas, cinco carneros, cinco machos cabríos, cinco corderos de edad de un año. Ésta es la ofrenda de Ahirá, hijo de Enán.

(84) Éste fué el estreno del ara, el día de ungirla, por los mayorales de Israel: doce escudillas de plata, doce esparcideras de plata, doce cucharas de oro; (85) ciento treinta pesos cada escudilla de plata, y setenta, cada esparcidera: toda la plata de los vasos, dos mil cuatrocientos, en peso de la santidad. (86) Doce cucharas de oro, llenas de sahumerio, de diez pesos la cuchara, en peso de la santidad: todo el oro de las cucharas, ciento veinte. (87) Todo el

su presente: y de cabritos, doce, para expiación. (88) Y todo el ganado del sacrificio de las paces: veinticuatro toros, sesenta carneros, sesenta machos cabríos, sesenta corderos de edad de un año. Éste es el estreno del ara, después de ungirla.
(89) Y al venir Mosé a la tienda del plazo para hablar con Él, oía la voz que hablaba a él, de encima del cobertero que está sobre el arca del testimonio, de entre los dos querubines; y hablaba a él.

VIII

(36) BEALOTJA

(1) Y habló el Eterno a Mosé, diciendo: (2) «Habla a Aarón, y dile a él: cuando encendieres las candelas, frente a la faz de la almenara, las siete candelas alumbrarán.» (3) E hizo así Aarón; frente a la faz de la almenara encendió sus candelas, como encomendó el Eterno a Mosé. (4) Y esta es la obra de la almenara: de oro labrado hasta su pie; hasta su flor, de oro labrado: como la visión que mostró el Eterno a Mosé, así hizo la almenara.
(5) Y habló el Eterno a Mosé, diciendo: (6) «Toma a los Levitas de entre los hijos de Israel, y límpialos. (7) Y así harás a ellos para limpiarlos, rocía sobre ellos agua de expiación, y haz pasar una navaja sobre toda su carne, y lavarán sus vestidos y limpiarse han. (8) Y tomarán un toro, y su presente, sémola envuelta en el aceite; y otro toro, tomarás para expiación. (9) Y harás llegar a los Levitas delante de la tienda del plazo, y congregarás a toda la congregación de los hijos de Israel. (10) Y harás llegar a los Levitas delante del Eterno, y pondrán los hijos de Israel sus manos sobre los Levitas. (11) Mecerá Aarón a los Levitas en mecedura delante del Eterno de los hijos de Israel y será para hacer el servicio del Eterno. (12) Y los Levitas colocarán sus manos sobre la cabeza de los toros; y ofrecerán el uno por expiación, y el otro en holocausto al Eterno, para expiar los Levitas. (13) Y harás estar a los Levitas delante de Aarón, y delante de sus hijos, y mecerás a ellos, en mecedura al

87 עשרים ומאה: כל־הבקר לעלה שנים עשר פרים אילם
שנים־עשר כבשים בני־שנה שנים עשר ומנחתם ושעירי
88 עזים שנים עשר לחטאת: וכל בקר | זבח השלמים עשרים
וארבעה פרים אילם ששים עתדים ששים כבשים בני־
89 שנה ששים זאת חנכת המזבח אחרי המשח אתו: ובבא
משה אל־אהל מועד לדבר אתו וישמע את־הקול מדבר
אליו מעל הכפרת אשר על־ארן העדת מבין שני הכרבים
וידבר אליו:

ה

פ פ פ לו 36

א 2 וידבר יהוה אל־משה לאמר: דבר אל־אהרן ואמרת
אליו בהעלתך את־הנרת אל־מול פני המנורה יאירו שבעת
3 הנרות: ויעש כן אהרן אל־מול פני המנורה העלה נרתיה
4 כאשר צוה יהוה את־משה: וזה מעשה המנרה מקשה
זהב עד־ירכה עד־פרחה מקשה הוא כמראה אשר הראה
יהוה את־משה כן עשה את־המנרה: פ
ה 6 וידבר יהוה אל־משה לאמר: קח את־הלוים מתוך בני
7 ישראל וטהרת אתם: וכה־תעשה להם לטהרם הזה
עליהם מי חטאת והעבירו תער על־כל־בשרם וכבסו
8 בגדיהם והטהרו: ולקחו פר בן־בקר ומנחתו סלת בלולה
9 בשמן ופר־שני בן־בקר תקח לחטאת: והקרבת את־
הלוים לפני אהל מועד והקהלת את־כל־עדת בני
י ישראל: והקרבת את־הלוים לפני יהוה וסמכו בני־
11 ישראל את־ידיהם על־הלוים: והניף אהרן את־הלוים
תנופה לפני יהוה מאת בני ישראל והיו לעבד את־
12 עבדת יהוה: והלוים יסמכו את־ידיהם על ראש הפרים
ועשה את־האחד חטאת ואת־האחד עלה ליהוה לכפר
13 על־הלוים: והעמדת את־הלוים לפני אהרן ולפני בניו

והנפת אתם תנופה ליהוה: והבדלת את־הלוים מתוך 14
בני ישראל והיו לי הלוים: ואחרי־כן יבאו הלוים טו
לעבד את־אהל מועד וטהרת אתם והנפת אתם תנופה:
כי נתנים נתנים המה לי מתוך בני ישראל תחת פטרת 16
כל־רחם בכור כל מבני ישראל לקחתי אתם לי: כי 17
לי כל־בכור בבני ישראל באדם ובבהמה ביום הכתי
כל־בכור בארץ מצרים הקדשתי אתם לי: ואקח את־ 18
הלוים תחת כל־בכור בבני ישראל: ואתנה את־ 19
הלוים נתנים | לאהרן ולבניו מתוך בני ישראל לעבד
את־עבדת בני־ישראל באהל מועד ולכפר על־בני
ישראל ולא יהיה בבני ישראל נגף בגשת בני־ישראל
אל־הקדש: ויעש משה ואהרן וכל־עדת בני־ישראל כ
ללוים ככל אשר־צוה יהוה את־משה ללוים כן־עשו
להם בני ישראל: ויתחטאו הלוים ויכבסו בגדיהם 21
וינף אהרן אתם תנופה לפני יהוה ויכפר עליהם אהרן
לטהרם: ואחרי־כן באו הלוים לעבד את־עבדתם באהל 22
מועד לפני אהרן ולפני בניו כאשר צוה יהוה את־משה
על־הלוים כן עשו להם: ס וידבר יהוה אל־משה 23
לאמר: זאת אשר ללוים מבן חמש ועשרים שנה ומעלה 24
יבוא לצבא צבא בעבדת אהל מועד: ומבן חמשים כה
שנה ישוב מצבא העבדה ולא יעבד עוד: ושרת את־ 26
אחיו באהל מועד לשמר משמרת ועבדה לא יעבד ככה
תעשה ללוים במשמרתם: פ

ט

וידבר יהוה אל־משה במדבר־סיני בשנה השנית א
לצאתם מארץ מצרים בחדש הראשון לאמר: ויעשו 2
בני־ישראל את־הפסח במועדו: בארבעה עשר־יום 3

Eterno. (14) Y apartarás a los Levitas de entre los hijos de Israel; y serán para mí, los Levitas. (15) Y después, vendrán los Levitas para servir en la tienda del plazo; y expiarás a ellos, y mecerás a ellos, mecedura. (16) Porque de cierto son dados ellos para mí, de entre los hijos de Israel, en lugar de todo el que abre matriz; los primogénitos de todos los hijos de Israel los tomé para mí. (17) Porque para mí es todo primogénito de los hijos de Israel, del hombre y de la bestia; en el día de herir a todo primogénito en la tierra de Egipto, santifiquélos para mí. (18) Y tomé a los Levitas en lugar de todo primogénito de los hijos de Israel. (19) Y di a los Levitas como dones a Aarón y a sus hijos de entre los hijos de Israel, para servir, el servicio de los hijos de Israel en la tienda del plazo, y para expiar por los hijos de Israel; y no habrá en los hijos de Israel mortandad, al llegar los hijos de Israel a la santidad.»

(20) E hicieron Mosé, y Aarón, y toda la congregación de los hijos de Israel, a los Levitas, como lo que encomendó el Eterno a Mosé acerca de los Levitas; así hicieron a ellos los hijos de Israel. (21) Y purificáronse los Levitas, y lavaron sus vestidos; y meció Aarón, a ellos, mecedura delante del Eterno, y perdonó a ellos Aarón, para limpiarlos. (22) Y después, así, vinieron los Levitas para hacer su servicio en la tienda del plazo, delante de Aarón, y delante de sus hijos: como encomendó el Eterno a Mosé acerca de los Levitas, así hicieron a ellos.

(23) Y habló el Eterno a Mosé, diciendo: (24) «Esto, en cuanto a los Levitas: De edad de veinticinco años arriba, vendrá a trabajar en su oficio, en el servicio de la tienda del plazo; (25) Y desde la edad de cincuenta años, tornará del servicio del oficio, y no servirá más: (26) Y servirá con sus hermanos en la tienda del plazo para guardar, y servicio no prestará. Así harás a los Levitas en sus guardas.»

IX

(1) Y habló el Eterno a Mosé en el desierto de Sinái, en el año segundo de su salir de la tierra de Egipto, en el mes primero, diciendo: (2) «Y hagan los hijos de Israel la Pesah en su plazo. (3) El día catorce en el mes este, entre las

ט. 2 קמץ בטרחא

tardes, la haréis en su plazo: con todos sus fueros, y con todos sus juicios haréis a ella.» (4) Y habló Mosé a los hijos de Israel, para hacer la Pesah. (5) E hicieron la Pesah, el primero en catorce días al mes, entre las tardes, en el desierto de Sinái: Como todo lo que encomendó el Eterno a Mosé, así hicieron los hijos de Israel. (6) Y hubo varones que fueron inmundos por el alma de un hombre, y no pudieron hacer la Pesah en el día este, y llegaron delante de Mosé y delante de Aarón en el día este, (7) y dijeron los varones estos a él: «Nosotros somos inmundos por el alma de un hombre, ¿por qué seremos menguados para no ofrecer la ofrenda al Eterno, en su plazo, entre los hijos de Israel?» (8) Y díjoles Mosé: «Esperad, y oiré lo que encomendará el Eterno a vosotros.» (9) Y habló el Eterno a Mosé, diciendo: (10) «Habla a los hijos de Israel, diciendo: El varón, cuando fuere inmundo, por alguno o en camino lejano, de vosotros o de vuestras generaciones, hará Pesah al Eterno, (11) en el mes segundo, a los catorce días, entre las dos tardes haránla, con cenceñas y amarguras la comerán; (12) no dejarán de él hasta la mañana, y hueso no quebrarán en él, como todo fuero de la Pesah harán. (13) Y el varón que es limpio, y en camino no estuviere, y se vedare de hacer la Pesah, será tajada el alma esta de su pueblo: porque ofrenda del Eterno no ofreció en su plazo, su pecado llevará el varón este. (14) Y cuando peregrinare con vosotros un peregrino, e hiciere Pesah al Eterno, como fuero de la Pesah y como su juicio, así hará: el fuero será uno para vosotros, y para el peregrino y el arraigado de la tierra.»

(15) Y en el día de levantar el tabernáculo, cubrió la nube al tabernáculo sobre la tienda del testimonio; y por la tarde había sobre el tabernáculo como vista de fuego, hasta la mañana. (16) Así era de continuo: la nube lo cubría, y vista de fuego tenía de noche. (17) Y según que se alzaba la nube sobre la tienda, se movían los hijos de Israel: y en el lugar que posaba allí la nube, allí posaban los hijos de Israel. (18) Por dicho del Eterno se movían los hijos

בַּחֹדֶשׁ הַזֶּה בֵּין הָעַרְבַּיִם תַּעֲשׂוּ אֹתוֹ בְּמֹעֲדוֹ כְּכָל־חֻקֹּתָיו
4 וּכְכָל־מִשְׁפָּטָיו תַּעֲשׂוּ אֹתוֹ׃ וַיְדַבֵּר מֹשֶׁה אֶל־בְּנֵי יִשְׂרָאֵל
ה לַעֲשֹׂת הַפָּסַח׃ וַיַּעֲשׂוּ אֶת־הַפֶּסַח בָּרִאשׁוֹן בְּאַרְבָּעָה עָשָׂר
יוֹם לַחֹדֶשׁ בֵּין הָעַרְבַּיִם בְּמִדְבַּר סִינָי כְּכֹל אֲשֶׁר צִוָּה יְהוָה
6 אֶת־מֹשֶׁה כֵּן עָשׂוּ בְּנֵי יִשְׂרָאֵל׃ וַיְהִי אֲנָשִׁים אֲשֶׁר הָיוּ
טְמֵאִים לְנֶפֶשׁ אָדָם וְלֹא־יָכְלוּ לַעֲשֹׂת־הַפֶּסַח בַּיּוֹם הַהוּא
7 וַיִּקְרְבוּ לִפְנֵי מֹשֶׁה וְלִפְנֵי אַהֲרֹן בַּיּוֹם הַהוּא׃ וַיֹּאמְרוּ
הָאֲנָשִׁים הָהֵמָּה אֵלָיו אֲנַחְנוּ טְמֵאִים לְנֶפֶשׁ אָדָם לָמָּה
נִגָּרַע לְבִלְתִּי הַקְרִיב אֶת־קָרְבַּן יְהוָה בְּמֹעֲדוֹ בְּתוֹךְ בְּנֵי
8 יִשְׂרָאֵל׃ וַיֹּאמֶר אֲלֵהֶם מֹשֶׁה עִמְדוּ וְאֶשְׁמְעָה מַה־יְצַוֶּה
יְהוָה לָכֶם׃ פ
9 וַיְדַבֵּר יְהוָה אֶל־מֹשֶׁה לֵּאמֹר׃ דַּבֵּר אֶל־בְּנֵי יִשְׂרָאֵל
לֵאמֹר אִישׁ אִישׁ כִּי־יִהְיֶה טָמֵא ׀ לָנֶפֶשׁ אוֹ בְדֶרֶךְ רְחֹקָה
11 לָכֶם אוֹ לְדֹרֹתֵיכֶם וְעָשָׂה פֶסַח לַיהוָה׃ בַּחֹדֶשׁ הַשֵּׁנִי
בְּאַרְבָּעָה עָשָׂר יוֹם בֵּין הָעַרְבַּיִם יַעֲשׂוּ אֹתוֹ עַל־מַצּוֹת
12 וּמְרֹרִים יֹאכְלֻהוּ׃ לֹא־יַשְׁאִירוּ מִמֶּנּוּ עַד־בֹּקֶר וְעֶצֶם לֹא
13 יִשְׁבְּרוּ־בוֹ כְּכָל־חֻקַּת הַפֶּסַח יַעֲשׂוּ אֹתוֹ׃ וְהָאִישׁ אֲשֶׁר־
הוּא טָהוֹר וּבְדֶרֶךְ לֹא־הָיָה וְחָדַל לַעֲשׂוֹת הַפֶּסַח וְנִכְרְתָה
הַנֶּפֶשׁ הַהִוא מֵעַמֶּיהָ כִּי ׀ קָרְבַּן יְהוָה לֹא הִקְרִיב בְּמֹעֲדוֹ
14 חֶטְאוֹ יִשָּׂא הָאִישׁ הַהוּא׃ וְכִי־יָגוּר אִתְּכֶם גֵּר וְעָשָׂה
פֶסַח לַיהוָה כְּחֻקַּת הַפֶּסַח וּכְמִשְׁפָּטוֹ כֵּן יַעֲשֶׂה חֻקָּה
טו אַחַת יִהְיֶה לָכֶם וְלַגֵּר וּלְאֶזְרַח הָאָרֶץ׃ ס וּבְיוֹם
הָקִים אֶת־הַמִּשְׁכָּן כִּסָּה הֶעָנָן אֶת־הַמִּשְׁכָּן לְאֹהֶל הָעֵדֻת
16 וּבָעֶרֶב יִהְיֶה עַל־הַמִּשְׁכָּן כְּמַרְאֵה־אֵשׁ עַד־בֹּקֶר׃ כֵּן יִהְיֶה
17 תָמִיד הֶעָנָן יְכַסֶּנּוּ וּמַרְאֵה־אֵשׁ לָיְלָה׃ וּלְפִי הֵעָלֹת
הֶעָנָן מֵעַל הָאֹהֶל וְאַחֲרֵי כֵן יִסְעוּ בְּנֵי יִשְׂרָאֵל וּבִמְקוֹם
18 אֲשֶׁר יִשְׁכָּן־שָׁם הֶעָנָן שָׁם יַחֲנוּ בְּנֵי יִשְׂרָאֵל׃ עַל־פִּי

6. סבירין ויהיו 10. נקוד על ה'

יהוה יסעו בני ישראל ועל־פי יהוה יחנו כל־ימי אשר
ישכן הענן על־המשכן יחנו׃ ובהאריך הענן על־המשכן 19
ימים רבים ושמרו בני־ישראל את־משמרת יהוה ולא
יסעו׃ ויש אשר יהיה הענן ימים מספר על־המשכן על־ כ
פי יהוה יחנו ועל־פי יהוה יסעו׃ ויש אשר יהיה הענן 21
מערב עד־בקר ונעלה הענן בבקר ונסעו או יומם ולילה
ונעלה הענן ונסעו׃ או־ימים או־חדש או־ימים בהאריך 22
הענן על־המשכן לשכן עליו יחנו בני־ישראל ולא יסעו
ובהעלתו יסעו׃ על־פי יהוה יחנו ועל־פי יהוה יסעו את־ 23
משמרת יהוה שמרו על־פי יהוה ביד־משה׃ פ

וידבר יהוה אל־משה לאמר׃ עשה לך שתי חצוצרת א 2
כסף מקשה תעשה אתם והיו לך למקרא העדה ולמסע
את־המחנות׃ ותקעו בהן ונועדו אליך כל־העדה אל־ 3
פתח אהל מועד׃ ואם־באחת יתקעו ונועדו אליך 4
הנשיאים ראשי אלפי ישראל׃ ותקעתם תרועה ונסעו ה
המחנות החנים קדמה׃ ותקעתם תרועה שנית ונסעו 6
המחנות החנים תימנה תרועה יתקעו למסעיהם׃
ובהקהיל את־הקהל תתקעו ולא תריעו׃ ובני אהרן 7 8
הכהנים יתקעו בחצצרות והיו לכם לחקת עולם
לדרתיכם׃ וכי־תבאו מלחמה בארצכם על־הצר הצרר 9
אתכם והרעתם בחצצרת ונזכרתם לפני יהוה אלהיכם
ונושעתם מאיביכם׃ וביום שמחתכם ובמועדיכם י
ובראשי חדשכם ותקעתם בחצצרת על עלתיכם ועל
זבחי שלמיכם והיו לכם לזכרון לפני אלהיכם אני
יהוה אלהיכם׃ פ חמישי
ויהי בשנה השנית בחדש השני בעשרים בחדש נעלה 11

de Israel, y por dicho del Eterno posaban; todos los días que posaba la nube sobre el tabernáculo posaban. (19) Y al desmoronarse la nube sobre el tabernáculo muchos días aguardaban los hijos de Israel la guarda del Eterno, y no se movían. (20) Y cuando sucedía que estaba la nube días contados sobre el tabernáculo, al dicho del Eterno posaban, y al dicho del Eterno, se movían. (21) Y cuando sucedía que estaba la nube desde la tarde hasta la mañana, y era alzada la nube por la mañana, movíanse: o de día, o de noche, cuando era alzada la nube, movíanse. (22) O dos días, o un mes, o un año, al desmoronarse la nube sobre el tabernáculo para morar sobre él, posaban los hijos de Israel, y no se movían; y al ser alzada, se movían. (23) Al dicho del Eterno posaban, y al dicho del Eterno se movían, la guarda del Eterno guardaban, como lo dijo el Eterno por mano de Mosé.

X

(1) Y habló el Eterno a Mosé, diciendo: (2) «Haz para ti dos trompetas de plata; de obra de martillo las harás, y serán para ti, para el llamamiento de la congregación, y para el movimiento de los reales. (3) Y cuando tañeras con ellas, será juntada a ti toda la congregación a la puerta de la tienda del plazo. (4) Y si con una tañeras, serán juntados a ti los mayorales, los capitanes de miles de Israel. (5) Y tañeráis alarma, moverse han, los reales, los que posan al oriente. (6) Y tañeráis alarma la segunda vez; moverse han, los reales, los que posan al meridión; alarma tañerán por sus movimientos. (7) Y para hacer congregar a la congregación, tañerás, y no alarmarás. (8) Y los hijos de Aarón, los sacerdotes, tañerán con las trompetas; y serán para vosotros, por fuero de siempre, por vuestras generaciones. (9) Y cuando vinieran a la pelea en vuestra tierra, contra el angustiador, el que angustiare a vosotros, tocaréis con las trompetas; y seréis recordados delante del Eterno, vuestro Dios, y seréis salvos de vuestros enemigos. (10) Y en el día de vuestra alegría, y en vuestros plazos y en los principios de vuestros meses, tañeréis con las trompetas sobre vuestros holocaustos, y sobre los sacrificios de vuestras paces, y os serán por memoria, delante de vuestro Dios: Yo soy el Eterno, vuestro Dios.»

(11) Y fué en el año segundo, en el mes segundo, a veinte del mes, que alzóse

ט 23. קמץ בז״ק · י 9. צ׳ פתוחה

12 הֶעָנָן מֵעַל מִשְׁכַּן הָעֵדֻת׃ וַיִּסְעוּ בְנֵי־יִשְׂרָאֵל לְמַסְעֵיהֶם
13 מִמִּדְבַּר סִינָי וַיִּשְׁכֹּן הֶעָנָן בְּמִדְבַּר פָּארָן׃ וַיִּסְעוּ בָּרִאשֹׁנָה
14 עַל־פִּי יְהוָה בְּיַד־מֹשֶׁה׃ וַיִּסַּע דֶּגֶל מַחֲנֵה בְנֵי־יְהוּדָה
טו בָּרִאשֹׁנָה לְצִבְאֹתָם וְעַל־צְבָאוֹ נַחְשׁוֹן בֶּן־עַמִּינָדָב׃ וְעַל־
16 צְבָא מַטֵּה בְּנֵי יִשָּׂשכָר נְתַנְאֵל בֶּן־צוּעָר׃ וְעַל־צְבָא מַטֵּה
17 בְּנֵי זְבוּלֻן אֱלִיאָב בֶּן־חֵלֹן׃ וְהוּרַד הַמִּשְׁכָּן וְנָסְעוּ בְנֵי־
18 גֵרְשׁוֹן וּבְנֵי מְרָרִי נֹשְׂאֵי הַמִּשְׁכָּן׃ וְנָסַע דֶּגֶל מַחֲנֵה רְאוּבֵן
19 לְצִבְאֹתָם וְעַל־צְבָאוֹ אֱלִיצוּר בֶּן־שְׁדֵיאוּר׃ וְעַל־צְבָא מַטֵּה
כ בְּנֵי שִׁמְעוֹן שְׁלֻמִיאֵל בֶּן־צוּרִישַׁדָּי׃ וְעַל־צְבָא מַטֵּה בְנֵי־
21 גָד אֶלְיָסָף בֶּן־דְּעוּאֵל׃ וְנָסְעוּ הַקְּהָתִים נֹשְׂאֵי הַמִּקְדָּשׁ
22 וְהֵקִימוּ אֶת־הַמִּשְׁכָּן עַד־בֹּאָם׃ וְנָסַע דֶּגֶל מַחֲנֵה בְנֵי־
23 אֶפְרַיִם לְצִבְאֹתָם וְעַל־צְבָאוֹ אֱלִישָׁמָע בֶּן־עַמִּיהוּד׃ וְעַל־
24 צְבָא מַטֵּה בְּנֵי מְנַשֶּׁה גַּמְלִיאֵל בֶּן־פְּדָהצוּר׃ וְעַל־צְבָא
כה מַטֵּה בְּנֵי בִנְיָמִן אֲבִידָן בֶּן־גִּדְעוֹנִי׃ וְנָסַע דֶּגֶל מַחֲנֵה בְנֵי־
דָן מְאַסֵּף לְכָל־הַמַּחֲנֹת לְצִבְאֹתָם וְעַל־צְבָאוֹ אֲחִיעֶזֶר
26 בֶּן־עַמִּישַׁדָּי׃ וְעַל־צְבָא מַטֵּה בְּנֵי אָשֵׁר פַּגְעִיאֵל בֶּן־
27 28 עָכְרָן׃ וְעַל־צְבָא מַטֵּה בְּנֵי נַפְתָּלִי אֲחִירַע בֶּן־עֵינָן׃ אֵלֶּה
29 מַסְעֵי בְנֵי־יִשְׂרָאֵל לְצִבְאֹתָם וַיִּסָּעוּ׃ ס וַיֹּאמֶר
מֹשֶׁה לְחֹבָב בֶּן־רְעוּאֵל הַמִּדְיָנִי חֹתֵן מֹשֶׁה נֹסְעִים ׀
אֲנַחְנוּ אֶל־הַמָּקוֹם אֲשֶׁר אָמַר יְהוָה אֹתוֹ אֶתֵּן לָכֶם לְכָה
ל אִתָּנוּ וְהֵטַבְנוּ לָךְ כִּי־יְהוָה דִּבֶּר־טוֹב עַל־יִשְׂרָאֵל׃ וַיֹּאמֶר
אֵלָיו לֹא אֵלֵךְ כִּי אִם־אֶל־אַרְצִי וְאֶל־מוֹלַדְתִּי אֵלֵךְ׃
31 וַיֹּאמֶר אַל־נָא תַּעֲזֹב אֹתָנוּ כִּי ׀ עַל־כֵּן יָדַעְתָּ חֲנֹתֵנוּ בַּמִּדְבָּר
32 וְהָיִיתָ לָּנוּ לְעֵינָיִם׃ וְהָיָה כִּי־תֵלֵךְ עִמָּנוּ וְהָיָה ׀ הַטּוֹב
33 הַהוּא אֲשֶׁר יֵיטִיב יְהוָה עִמָּנוּ וְהֵטַבְנוּ לָךְ׃ וַיִּסְעוּ מֵהַר
יְהוָה דֶּרֶךְ שְׁלֹשֶׁת יָמִים וַאֲרוֹן בְּרִית־יְהוָה נֹסֵעַ לִפְנֵיהֶם
34 דֶּרֶךְ שְׁלֹשֶׁת יָמִים לָתוּר לָהֶם מְנוּחָה׃ וַעֲנַן יְהוָה

la nube de sobre el tabernáculo del testimonio. (12) Y moviéronse los hijos de Israel, por sus movimientos del desierto de Sinái; y posó la nube en el desierto de Parán.

(13) Y moviéronse la primera vez al dicho del Eterno, por mano de Mosé. (14) Y movióse el pendón del real de los hijos de Iudá, primero con sus ejércitos, y sobre su ejército Nahsón, hijo de Amínadab. (15) Y sobre el ejército de la tribu de los hijos de Isajar, Natanel, hijo de Suar. (16) Y sobre el ejército de la tribu de los hijos de Sebulún, Eliab, hijo de Helón. (17) Y fué desarmado el tabernáculo, y moviéronse los hijos de Guersón, y los hijos de Merarí, que llevaban el tabernáculo. (18) Y movióse el pendón del real de Reubén con sus ejércitos: y sobre su ejército, Elisur, hijo de Sedeúr. (19) Y sobre el ejército de la tribu de los hijos de Simeón, Selúmiel, hijo de Surísadái. (20) Y sobre el ejército de la tribu de los hijos de Gad, Eliasaf, hijo de Deuel. (21) Y moviéronse los Keatitos que llevaban el santuario; y levantaban el tabernáculo hasta su venir. (22) Y movióse el pendón del real de los hijos de Efráim con sus ejércitos y sobre su ejército, Elísamá, hijo de Amiud. (23) Y sobre el ejército de la tribu de los hijos de Menasé, Gamliel, hijo de Pedasur. (24) Y sobre el ejército de la tribu de los hijos de Biniamín, Abidán, hijo de Guideoní. (25) Y movióse el pendón del real de los hijos de Dan recogiendo todos los reales, con sus ejércitos: y sobre su ejército, Ahiéser, hijo de Amísadái. (26) Y sobre el ejército de la tribu de los hijos de Aser, Paguiel, hijo de Ojrán. (27) Y sobre el ejército de la tribu de los hijos de Naftalí, Ahirá, hijo de Enán.

(28) Estos son los movimientos de los hijos de Israel por sus ejércitos, y moviéronse.

(29) Y dijo Mosé a Hobab, hijo de Reuel, el Midianita, suegro de Mosé: «Nos movemos hacia el lugar que dijo el Eterno: Lo daré a vosotros. Ven con nosotros, y te beneficiaremos, porque el Eterno habló bien sobre Israel.» (30) Y díjole: «No iré, sólo a mi tierra y a mi familia volveré.» (31) Y dijo: «Ahora no nos dejes, que tu sabes de nuestras posadas en el desierto, y nos serás como ojos. (32) Y será que si anduvieres con nosotros, será con el bien este que hiciere el Eterno a nosotros, que te beneficiaremos a ti.»

(33) Y moviéronse del monte del Eterno, camino de tres días, y el arca del pacto del Eterno, movíase delante de ellos, en camino de tres días, para des-

עֲלֵיהֶם יוֹמָם בְּנָסְעָם מִן־הַמַּחֲנֶה׃ ׆ ששים וַיְהִי בִּנְסֹעַ לה
הָאָרֹן וַיֹּאמֶר מֹשֶׁה קוּמָה ׀ יְהוָה וְיָפֻצוּ אֹיְבֶיךָ וְיָנֻסוּ
36 מְשַׂנְאֶיךָ מִפָּנֶיךָ׃ וּבְנֻחֹה יֹאמַר שׁוּבָה יְהוָה רִבְבוֹת
אַלְפֵי יִשְׂרָאֵל׃ ׆ פ

יא

א וַיְהִי הָעָם כְּמִתְאֹנְנִים רַע בְּאָזְנֵי יְהוָה וַיִּשְׁמַע יְהוָה וַיִּחַר
אַפּוֹ וַתִּבְעַר־בָּם אֵשׁ יְהוָה וַתֹּאכַל בִּקְצֵה הַמַּחֲנֶה׃
2 וַיִּצְעַק הָעָם אֶל־מֹשֶׁה וַיִּתְפַּלֵּל מֹשֶׁה אֶל־יְהוָה וַתִּשְׁקַע
3 הָאֵשׁ׃ וַיִּקְרָא שֵׁם־הַמָּקוֹם הַהוּא תַּבְעֵרָה כִּי־בָעֲרָה בָם
4 אֵשׁ יְהוָה׃ וְהָאסַפְסֻף אֲשֶׁר בְּקִרְבּוֹ הִתְאַוּוּ תַּאֲוָה וַיָּשֻׁבוּ
ה וַיִּבְכּוּ גַּם בְּנֵי יִשְׂרָאֵל וַיֹּאמְרוּ מִי יַאֲכִלֵנוּ בָּשָׂר׃ זָכַרְנוּ
אֶת־הַדָּגָה אֲשֶׁר־נֹאכַל בְּמִצְרַיִם חִנָּם אֵת הַקִּשֻּׁאִים וְאֵת
הָאֲבַטִּחִים וְאֶת־הֶחָצִיר וְאֶת־הַבְּצָלִים וְאֶת־הַשּׁוּמִים׃
6 7 וְעַתָּה נַפְשֵׁנוּ יְבֵשָׁה אֵין כֹּל בִּלְתִּי אֶל־הַמָּן עֵינֵינוּ׃ וְהַמָּן
8 כִּזְרַע־גַּד הוּא וְעֵינוֹ כְּעֵין הַבְּדֹלַח׃ שָׁטוּ הָעָם וְלָקְטוּ
וְטָחֲנוּ בָרֵחַיִם אוֹ דָכוּ בַּמְּדֹכָה וּבִשְּׁלוּ בַּפָּרוּר וְעָשׂוּ אֹתוֹ
9 עֻגוֹת וְהָיָה טַעְמוֹ כְּטַעַם לְשַׁד הַשָּׁמֶן׃ וּבְרֶדֶת הַטַּל
י עַל־הַמַּחֲנֶה לָיְלָה יֵרֵד הַמָּן עָלָיו׃ וַיִּשְׁמַע מֹשֶׁה אֶת־
הָעָם בֹּכֶה לְמִשְׁפְּחֹתָיו אִישׁ לְפֶתַח אָהֳלוֹ וַיִּחַר־אַף יְהוָה
11 מְאֹד וּבְעֵינֵי מֹשֶׁה רָע׃ וַיֹּאמֶר מֹשֶׁה אֶל־יְהוָה לָמָה
הֲרֵעֹתָ לְעַבְדֶּךָ וְלָמָּה לֹא־מָצָתִי חֵן בְּעֵינֶיךָ לָשׂוּם אֶת־
12 מַשָּׂא כָּל־הָעָם הַזֶּה עָלָי׃ הֶאָנֹכִי הָרִיתִי אֵת כָּל־הָעָם
הַזֶּה אִם־אָנֹכִי יְלִדְתִּיהוּ כִּי־תֹאמַר אֵלַי שָׂאֵהוּ בְחֵיקֶךָ
כַּאֲשֶׁר יִשָּׂא הָאֹמֵן אֶת־הַיֹּנֵק עַל הָאֲדָמָה אֲשֶׁר נִשְׁבַּעְתָּ
13 לַאֲבֹתָיו׃ מֵאַיִן לִי בָּשָׂר לָתֵת לְכָל־הָעָם הַזֶּה כִּי־יִבְכּוּ
14 עָלַי לֵאמֹר תְּנָה־לָּנוּ בָשָׂר וְנֹאכֵלָה׃ לֹא־אוּכַל אָנֹכִי
טו לְבַדִּי לָשֵׂאת אֶת־כָּל־הָעָם הַזֶּה כִּי כָבֵד מִמֶּנִּי׃ וְאִם־

cubrir para ellos el lugar de la holganza. (34) Y la nube del Eterno era sobre ellos, de día, en su moverse del real.
(35) Y fué al moverse el arca que decía Mosé:
«Levántate, Eterno, y esparci-
[ránse tus enemigos,
Y huirán tus aborrecedores de-
[lante de ti.»
(36) Y en su posar decía:
«Torna, Eterno, a los millares
De millares de Israel.»

XI

(1) Y fué el pueblo quejándose en los oídos del Eterno: Y oyó el Eterno, y enardeció su furor, y encendióse en ellos fuego del Eterno y quemó el extremo del real. (2) Y clamó el pueblo a Mosé, y oró Mosé al Eterno, y hundióse el fuego. (3) Y llamó el nombre del lugar este, Taberá, que se encendió (baará) en ellos fuego del Eterno. (4) Y el vulgo que entre él había fué poseído por un deseo, y se tornaron, y lloraron también los hijos de Israel, y dijeron: «¡Quién nos hiciese comer carne! (5) Recordamos el pescado que comíamos en Egipto, de balde, los cohombros, y los melones, y los puerros, y las cebollas, y los ajos. (6) Y ahora nuestra alma está seca, sin nada, salvo el Man, nada ven nuestros ojos.» (7) Y el Man como simiente de culantro es, y su color como color de cristal. (8) Extendíase el pueblo, y recogían, y molían en las muelas, o majaban en el mortero, y cocían en el calderón, y hacían de él tortas, y era su sabor como sabor de ubre gruesa. (9) Y al descender el rocío sobre el real, de noche, descendía el Man sobre él. (10) Y oyó Mosé al pueblo, llorando por sus linajes, cada uno a la puerta de su tienda: y enardeció mucho el furor del Eterno, y a los ojos de Mosé desagradó. (11) Y dijo Mosé al Eterno: «¿Por qué hiciste mal a tu siervo? ¿Por qué no hallé gracia a tus ojos, y pusiste la carga de todo el pueblo este? (12) ¿Si yo lo parí qué me dices a mí: Llévalo en tu seno, como lleva el aya al mamón, hacia la tierra que juraste a sus padres? (13) ¿De dónde tendré carne para dar a todo el pueblo este, que llora sobre mi, diciendo: Dadnos carne y comeremos? (14) No puedo, yo solo, soportar a todo el pueblo este, que es pesado en demasía para mí. (15) Y si así tu me haces, matar, má-

י 35. 36. נון הפוכה 36. ובנוחו ק' יא 4. א' נחה 11. חסר א'

ככה ׀ את-עשה לי הרגני נא הרג אם-מצאתי חן בעיניך
ואל-אראה ברעתי׃ פ
16 ויאמר ידוה אל-משה אספה-לי שבעים איש מזקני
ישראל אשר ידעת כי-הם זקני העם ושטריו ולקחת
17 אתם אל-אהל מועד והתיצבו שם עמך׃ וירדתי ודברתי
עמך שם ואצלתי מן-הרוח אשר עליך ושמתי עליהם
18 ונשאו אתך במשא העם ולא-תשא אתה לבדך׃ ואל-
העם תאמר התקדשו למחר ואכלתם בשר כי בכיתם
באזני ידוה לאמר מי יאכלנו בשר כי-טוב לנו במצרים
19 ונתן ידוה לכם בשר ואכלתם׃ לא יום אחד תאכלון
ולא יומים ולא ׀ חמשה ימים ולא עשרה ימים ולא
כ עשרים יום׃ עד ׀ חדש ימים עד אשר-יצא מאפכם והיה
לכם לזרא יען כי-מאסתם את-ידוה אשר בקרבכם
21 ותבכו לפניו לאמר למה זה יצאנו ממצרים׃ ויאמר
משה שש-מאות אלף רגלי העם אשר אנכי בקרבו
22 ואתה אמרת בשר אתן להם ואכלו חדש ימים׃ הצאן
ובקר ישחט להם ומצא להם אם את-כל דגי הים יאסף
להם ומצא להם׃ פ
23 ויאמר ידוה אל-משה היד ידוה תקצר עתה תראה
24 היקרך דברי אם-לא׃ ויצא משה וידבר אל-העם את
דברי ידוה ויאסף שבעים איש מזקני העם ויעמד אתם
כה סביבת האהל׃ וירד ידוה ׀ בענן וידבר אליו ויאצל
מן-הרוח אשר עליו ויתן על-שבעים איש הזקנים ויהי
26 כנוח עליהם הרוח ויתנבאו ולא יספו׃ וישארו שני-
אנשים ׀ במחנה שם האחד ׀ אלדד ושם השני מידד
ותנח עליהם הרוח והמה בכתבים ולא יצאו האהלה
27 ויתנבאו במחנה׃ וירץ הנער ויגד למשה ויאמר אלדד
28 ומידד מתנבאים במחנה׃ ויען יהושע בן-נון משרת

tame ahora, si hallé gracia a tus ojos; y no veré mi mal.»

(16) Y dijo el Eterno a Mosé: «Reúne setenta varones de los ancianos de Israel, de los que tú sabes que son los ancianos del pueblo y sus alguaciles, y los llevarás a la tienda del plazo, y pararse han allí contigo. (17) Y descenderé y hablaré contigo allí, y apartaré del espíritu que está en ti, y lo pondré en ellos, y llevarán contigo la carga del pueblo, y no la llevarás tu solo. (18) Y al pueblo dirás: Preparaos para mañana, que comeréis carne: porque llorasteis en los oídos del Eterno diciendo: Quién nos hará comer carne, ¡cuánto mejor era para nosotros en Egipto! Y dará el Eterno a vosotros carne, y comeréis. (19) No un día comeréis, y no dos días, y no cinco días, y no diez días, y no veinte días; (20) hasta un mes, hasta que salga de vuestra nariz, y será a vosotros odiosa; pues, que aborrecisteis al Eterno que está entre vosotros, y llorasteis delante de él, diciendo: ¿Para qué salimos de Egipto?» (21) Y dijo Mosé: «Seiscientos mil de a pie, es el pueblo entre el que yo estoy, y tu dijiste: Carne daré a ellos, y comerán un mes. (22) ¿Si ovejas y vacas serán degolladas y bastarán para ellos? ¿Si todos los peces del mar, serán juntados y bastarán para ellos?» (23) Y dijo el Eterno a Mosé: «¿Si el poder del Eterno será corto? Ahora verás si te acontece mi palabra, o no.»

(24) Y salió Mosé y habló al pueblo las palabras del Eterno, y juntó setenta varones de los ancianos del pueblo, e hízolos estar en derredor de la tienda. (25) Y descendió el Eterno en la nube, y habló a él; y apartó del espíritu, que estaba en él, y púsolo en los setenta varones ancianos; y fué como reposó en ellos el espíritu, y profetizaron, y no añadieron. (26) Y habían quedado dos varones en el real, el nombre del uno Eldad y el nombre del segundo Medad, y posó sobre ellos el espíritu, y ellos estaban entre los escritos, y no salieron a la tienda; y profetizaron en el real. (27) Y corrió el mozo, y anunció a Mosé y dijo: «Eldad y Medad profetizan en el real.» (28) Y respondió Iosúa, hijo de Nun, servidor de Mosé, de sus elegidos, y dijo: «Mi señor Mosé, encarcélalos!» (29) Y díjoles Mosé: «¿Celas tú, por mí? ¡Y quién me diese, que todo

משה מבחריו ויאמר אדני משה כלאם׃ ויאמר לו משה 29
המקנא אתה לי ומי יתן כל עם יהוה נביאים כי יתן יהוה
את רוחו עליהם׃ ויאסף משה אל המחנה הוא וזקני ל
ישראל׃ ורוח נסע מאת יהוה ויגז שלוים מן הים ויטש 31
על המחנה כדרך יום כה וכדרך יום כה סביבות המחנה
וכאמתים על פני הארץ׃ ויקם העם כל היום ההוא וכל 32
הלילה וכל יום המחרת ויאספו את השלו הממעיט אסף
עשרה חמרים וישטחו להם שטוח סביבות המחנה׃
הבשר עודנו בין שניהם טרם יכרת ואף יהוה חרה בעם 33
ויך יהוה בעם מכה רבה מאד׃ ויקרא את שם המקום 34
ההוא קברות התאוה כי שם קברו את העם המתאוים׃
מקברות התאוה נסעו העם חצרות ויהיו בחצרות׃ פ לה

יב

ותדבר מרים ואהרן במשה על אדות האשה הכשית א
אשר לקח כי אשה כשית לקח׃ ויאמרו הרק אך במשה 2
דבר יהוה הלא גם בנו דבר וישמע יהוה׃ והאיש 3
משה ענו מאד מכל האדם אשר על פני האדמה׃ ס
ויאמר יהוה פתאם אל משה ואל אהרן ואל מרים 4
צאו שלשתכם אל אהל מועד ויצאו שלשתם׃ וירד ה
יהוה בעמוד ענן ויעמד פתח האהל ויקרא אהרן ומרים
ויצאו שניהם׃ ויאמר שמעו נא דברי אם יהיה נביאכם 6
יהוה במראה אליו אתודע בחלום אדבר בו׃ לא כן 7
עבדי משה בכל ביתי נאמן הוא׃ פה אל פה אדבר 8
בו ומראה ולא בחידת ותמנת יהוה יביט ומדוע לא
יראתם לדבר בעבדי במשה׃ ויחר אף יהוה בם 9
וילך׃ והענן סר מעל האהל והנה מרים מצרעת כשלג י
ויפן אהרן אל מרים והנה מצרעת׃ ויאמר אהרן אל 11

el pueblo del Eterno fuese profeta, y pusiese el Eterno, su espíritu en ellos!» (30) Y recogióse Mosé en el real, él y los ancianos de Israel.

(31) Y un viento salió del Eterno, e hizo volar codornices del mar, y expandiólos sobre el real, camino de un día de aquí, y camino de un día de allí, en derredor del real, y como dos codos sobre la faz de la tierra. (32) Y levantóse el pueblo, todo el día este y toda la noche, y todo el día siguiente, y juntaron las codornices: el que menos, juntó diez montones; y extendieron a ellas, a lo largo, en derredor del real. (33) La carne estaba aun entre sus dientes, y antes que fuese tajada, el furor del Eterno se enardeció en el pueblo, e hizo el Eterno en el pueblo, herida muy grande. (34) Y llamó al nombre del lugar este, Kibrot-hataavá *(sepulcros de los codiciosos)*, porque allí enterraron al pueblo codicioso. (35) De Kibrot-hataavá se movió el pueblo para Haserot, y estuvieron en Haserot.

XII

(1) Y hablaron Miriam y Aarón contra Mosé por causa de la mujer etíope que tomó, porque mujer etíope tomó. (2) Y dijeron: «¿Si solamente con Mosé habló el Eterno? De cierto, también con nosotros habló.» Y oyó el Eterno. (3) Y el varón Mosé era muy humilde, más que todo hombre de sobre la faz de la tierra. (4) Y dijo el Eterno de súbito a Mosé, y a Aarón, y a Miriam: «¡Salid vosotros tres a la tienda del plazo!» Y salieron los tres. (5) Y descendió el Eterno en el pilar de la nube, y estuvo a la puerta de la tienda, y llamó a Aarón y a Miriam; y salieron ambos. (6) Y dijo: «Oíd ahora mis palabras: si hubiere profeta entre vosotros, yo el Eterno, en la visión a él me haré conocer; en el sueño hablaré con él. (7) No así, a mi siervo Mosé, ¡que en toda mi casa es fiel él! (8) Boca a boca hablaré con él, y en visión, y no con metáforas; y la imagen del Eterno verá; ¿y por qué no temisteis hablar de mi siervo Mosé?» (9) Y se enardeció el furor del Eterno en ellos; y se fué. (10) Y la nube se apartó de sobre la tienda, y he aquí que Miriam era leprosa como la nieve; y cató Aarón a Miriam, y he aquí que estaba leprosa. (11) Y dijo Aarón a Mosé: «Ruego, mi Señor, ahora no pongas sobre nosotros

יא. 32 השליו ק׳ יב. 3 עניו ק׳

מֹשֶׁה בִּי אֲדֹנִי אַל־נָא תָשֵׁת עָלֵינוּ חַטָּאת אֲשֶׁר נוֹאַלְנוּ
12 וַאֲשֶׁר חָטָאנוּ׃ אַל־נָא תְהִי כַּמֵּת אֲשֶׁר בְּצֵאתוֹ מֵרֶחֶם
13 אִמּוֹ וַיֵּאָכֵל חֲצִי בְשָׂרוֹ׃ וַיִּצְעַק מֹשֶׁה אֶל־יְהוָה לֵאמֹר אֵל
נָא רְפָא נָא לָהּ׃ פ מפטיר
14 וַיֹּאמֶר יְהוָה אֶל־מֹשֶׁה וְאָבִיהָ יָרֹק יָרַק בְּפָנֶיהָ הֲלֹא
תִכָּלֵם שִׁבְעַת יָמִים תִּסָּגֵר שִׁבְעַת יָמִים מִחוּץ לַמַּחֲנֶה
טו וְאַחַר תֵּאָסֵף׃ וַתִּסָּגֵר מִרְיָם מִחוּץ לַמַּחֲנֶה שִׁבְעַת יָמִים
16 וְהָעָם לֹא נָסַע עַד־הֵאָסֵף מִרְיָם׃ וְאַחַר נָסְעוּ הָעָם מֵחֲצֵרוֹת
וַיַּחֲנוּ בְּמִדְבַּר פָּארָן׃

יג

פ פ פ לז 37

2 א וַיְדַבֵּר יְהוָה אֶל־מֹשֶׁה לֵּאמֹר׃ שְׁלַח־לְךָ אֲנָשִׁים וְיָתֻרוּ
אֶת־אֶרֶץ כְּנַעַן אֲשֶׁר־אֲנִי נֹתֵן לִבְנֵי יִשְׂרָאֵל אִישׁ אֶחָד
3 אִישׁ אֶחָד לְמַטֵּה אֲבֹתָיו תִּשְׁלָחוּ כֹּל נָשִׂיא בָהֶם׃ וַיִּשְׁלַח
אֹתָם מֹשֶׁה מִמִּדְבַּר פָּארָן עַל־פִּי יְהוָה כֻּלָּם אֲנָשִׁים
4 רָאשֵׁי בְנֵי־יִשְׂרָאֵל הֵמָּה׃ וְאֵלֶּה שְׁמוֹתָם לְמַטֵּה רְאוּבֵן
ה 6 שַׁמּוּעַ בֶּן־זַכּוּר׃ לְמַטֵּה שִׁמְעוֹן שָׁפָט בֶּן־חוֹרִי׃ לְמַטֵּה
7 יְהוּדָה כָּלֵב בֶּן־יְפֻנֶּה׃ לְמַטֵּה יִשָּׂשכָר יִגְאָל בֶּן־יוֹסֵף׃
8 9 לְמַטֵּה אֶפְרָיִם הוֹשֵׁעַ בִּן־נוּן׃ לְמַטֵּה בִנְיָמִן פַּלְטִי בֶּן
י 11 רָפוּא׃ לְמַטֵּה זְבוּלֻן גַּדִּיאֵל בֶּן־סוֹדִי׃ לְמַטֵּה יוֹסֵף
12 לְמַטֵּה מְנַשֶּׁה גַּדִּי בֶּן־סוּסִי׃ לְמַטֵּה דָן עַמִּיאֵל בֶּן־גְּמַלִּי׃
13 14 לְמַטֵּה אָשֵׁר סְתוּר בֶּן־מִיכָאֵל׃ לְמַטֵּה נַפְתָּלִי נַחְבִּי
טו 16 בֶּן־וָפְסִי׃ לְמַטֵּה גָד גְּאוּאֵל בֶּן־מָכִי׃ אֵלֶּה שְׁמוֹת
הָאֲנָשִׁים אֲשֶׁר־שָׁלַח מֹשֶׁה לָתוּר אֶת־הָאָרֶץ וַיִּקְרָא
17 מֹשֶׁה לְהוֹשֵׁעַ בִּן־נוּן יְהוֹשֻׁעַ׃ וַיִּשְׁלַח אֹתָם מֹשֶׁה לָתוּר
אֶת־אֶרֶץ כְּנָעַן וַיֹּאמֶר אֲלֵהֶם עֲלוּ זֶה בַּנֶּגֶב וַעֲלִיתֶם
18 אֶת־הָהָר׃ וּרְאִיתֶם אֶת־הָאָרֶץ מַה־הִוא וְאֶת־הָעָם הַיֹּשֵׁב

pecado; porque fuimos enloquecidos, y pecamos.» (12) «No sea ella como un muerto que sale de la matriz de su madre, consumida la mitad de su carne.» (13) Y clamó Mosé al Eterno, diciendo: «¡Dios, os ruego que sanéis ahora a ella!» (14)Y dijo el Eterno a Mosé: «Y si su padre escupir, escupiera en su rostro, ¿de cierto, sería avergonzada siete días? Sea encerrada siete días fuera del real, y después será recogida.» (15) Y fué encerrada Miriam fuera del real, siete días; y el pueblo no se movió hasta ser recogida Miriam. (16) Y después se movió el pueblo de Haserot, y posó en el desierto de Parán.

XIII

(37) SELAH

(1) Y habló el Eterno a Mosé, diciendo: (2) «Envía a ti varones, y esculquen la tierra de Kenáan, que yo doy a los hijos de Israel: un varón, uno, por cada tribu de sus padres enviaréis, cada uno, príncipe entre ellos.» (3) Y enviólos Mosé desde el desierto de Parán, según el dicho del Eterno: todos ellos eran varones capitanes de los hijos de Israel. (4) Y éstos son sus nombres: De la tribu de Reubén, Samúa, hijo de Sacur. (5) De la tribu de Simeón, Safat, hijo de Horí. (6) De la tribu de Iudá, Caleb, hijo de Iefuné. (7) De la tribu de Isajar, Igal, hijo de Iosef. (8)De la tribu de Efráim, Oséa, hijo de Nun. (9) De la tribu de Biniamín, Paltí, hijo de Rafú. (10) De la tribu de Sebulún, Gadiel, hijo de Sodí. (11) De la tribu de Iosef, de la tribu de Menasé, Gadí, hijo de Susí. (12) De la tribu de Dan, Amiel, hijo de Guemalí. (13) De la tribu de Aser, Setur, hijo de Mijael. (14) De la tribu de Naftalí-Nahbí, hijo de Vofsí. (15) De la tribu de Gad, Gueuél, hijo de Mají. (16)Estos son los nombres de los varones que envió Mosé para explorar la tierra: y llamó Mosé a Oséa, hijo de Nun, Iosúa.

(17) Y enviólos Mosé para reconocer la tierra de Kenáan, y díjoles: «Subid por aquí, por el meridión, y subiréis al monte: (18) y veréis la tierra, qué tal es ella; y el pueblo que está sobre ella, si es fuerte, si es flojo, si reducido es,

יג 2. קמץ בז״ק 8. קמץ במרחא

19 עָלֶיהָ הֶחָזָק הוּא הֲרָפֶה הַמְעַט הוּא אִם־רָב׃ וּמָה הָאָרֶץ
אֲשֶׁר־הוּא יֹשֵׁב בָּהּ הֲטוֹבָה הִוא אִם־רָעָה וּמָה הֶעָרִים
כ אֲשֶׁר־הוּא יוֹשֵׁב בָּהֵנָּה הַבְּמַחֲנִים אִם בְּמִבְצָרִים׃ וּמָה
הָאָרֶץ הַשְּׁמֵנָה הִוא אִם־רָזָה הֲיֵשׁ־בָּהּ עֵץ אִם־אַיִן
וְהִתְחַזַּקְתֶּם וּלְקַחְתֶּם מִפְּרִי הָאָרֶץ וְהַיָּמִים יְמֵי בִּכּוּרֵי
21 עֲנָבִים׃ וַיַּעֲלוּ וַיָּתֻרוּ אֶת־הָאָרֶץ מִמִּדְבַּר־צִן עַד־רְחֹב לְבֹא
22 חֲמָת׃ וַיַּעֲלוּ בַנֶּגֶב וַיָּבֹא עַד־חֶבְרוֹן וְשָׁם אֲחִימָן שֵׁשַׁי
וְתַלְמַי יְלִידֵי הָעֲנָק וְחֶבְרוֹן שֶׁבַע שָׁנִים נִבְנְתָה לִפְנֵי צֹעַן
23 מִצְרָיִם׃ וַיָּבֹאוּ עַד־נַחַל אֶשְׁכֹּל וַיִּכְרְתוּ מִשָּׁם זְמוֹרָה
וְאֶשְׁכּוֹל עֲנָבִים אֶחָד וַיִּשָּׂאֻהוּ בַמּוֹט בִּשְׁנָיִם וּמִן־הָרִמֹּנִים
24 וּמִן־הַתְּאֵנִים׃ לַמָּקוֹם הַהוּא קָרָא נַחַל אֶשְׁכּוֹל עַל אֹדוֹת
כה הָאֶשְׁכּוֹל אֲשֶׁר־כָּרְתוּ מִשָּׁם בְּנֵי יִשְׂרָאֵל׃ וַיָּשֻׁבוּ מִתּוּר
26 הָאָרֶץ מִקֵּץ אַרְבָּעִים יוֹם׃ וַיֵּלְכוּ וַיָּבֹאוּ אֶל־מֹשֶׁה וְאֶל־
אַהֲרֹן וְאֶל־כָּל־עֲדַת בְּנֵי־יִשְׂרָאֵל אֶל־מִדְבַּר פָּארָן קָדֵשָׁה
וַיָּשִׁיבוּ אֹתָם דָּבָר וְאֶת־כָּל־הָעֵדָה וַיַּרְאוּם אֶת־פְּרִי הָאָרֶץ׃
27 וַיְסַפְּרוּ־לוֹ וַיֹּאמְרוּ בָּאנוּ אֶל־הָאָרֶץ אֲשֶׁר שְׁלַחְתָּנוּ וְגַם
28 זָבַת חָלָב וּדְבַשׁ הִוא וְזֶה־פִּרְיָהּ׃ אֶפֶס כִּי־עַז הָעָם הַיֹּשֵׁב
בָּאָרֶץ וְהֶעָרִים בְּצֻרוֹת גְּדֹלֹת מְאֹד וְגַם־יְלִדֵי הָעֲנָק רָאִינוּ
29 שָׁם׃ עֲמָלֵק יוֹשֵׁב בְּאֶרֶץ הַנֶּגֶב וְהַחִתִּי וְהַיְבוּסִי וְהָאֱמֹרִי
ל יוֹשֵׁב בָּהָר וְהַכְּנַעֲנִי יֹשֵׁב עַל־הַיָּם וְעַל יַד הַיַּרְדֵּן׃ וַיַּהַס
כָּלֵב אֶת־הָעָם אֶל־מֹשֶׁה וַיֹּאמֶר עָלֹה נַעֲלֶה וְיָרַשְׁנוּ אֹתָהּ
31 כִּי־יָכוֹל נוּכַל לָהּ׃ וְהָאֲנָשִׁים אֲשֶׁר־עָלוּ עִמּוֹ אָמְרוּ לֹא
32 נוּכַל לַעֲלוֹת אֶל־הָעָם כִּי־חָזָק הוּא מִמֶּנּוּ׃ וַיֹּצִיאוּ דִּבַּת
הָאָרֶץ אֲשֶׁר תָּרוּ אֹתָהּ אֶל־בְּנֵי יִשְׂרָאֵל לֵאמֹר הָאָרֶץ
אֲשֶׁר עָבַרְנוּ בָהּ לָתוּר אֹתָהּ אֶרֶץ אֹכֶלֶת יוֹשְׁבֶיהָ הִוא
33 וְכָל־הָעָם אֲשֶׁר־רָאִינוּ בְתוֹכָהּ אַנְשֵׁי מִדּוֹת׃ וְשָׁם רָאִינוּ

si es numeroso. (19) Y qué tal es la tierra en que está él, si buena es ella, si mala; y qué tal las ciudades en que él está, si en reales, si en fortalezas; (20)y qué tal la tierra, si pingüe es ella, si magra; si hay en ella árbol, si no; y esforzaos, y tomaréis del fruto de la tierra.» Y los días eran los días de las primicias de las uvas. (21) Y subieron, y reconocieron la tierra, desde el desierto de Sin hasta Rehob, al venir de Hamat. (22) Y subieron por el meridión, y llegaron hasta Hebrón: y allí estaban Ahimán, Sesái, y Talmái, nacidos del Anac. Y Hebrón fué edificada siete años antes de Soan, la de Egipto. (23) Y llegaron hasta el arroyo de Escol, y tajaron de allí un sarmiento, y un racimo de uvas, y lleváronlo en un palo, entre dos, y de las granadas y de los higos. (24) Al lugar este se llamó Arroyo de Escol, por causa del racimo escol que tajaron de allí los hijos de Israel.

(25)Y tornaron de reconocer la tierra al fin de cuarenta días. (26) Y fueron y llegaron a Mosé y a Aarón, y a toda la congregación de los hijos de Israel, al desierto de Parán, a Cadés tornáronles la respuesta, y a toda la congregación y mostráronle el fruto de la tierra. (27) Y contáronle, y dijeron: «Fuimos a la tierra que nos enviaste, y también mana leche y miel ella; y este es su fruto. (28) Salvo que fuerte es el pueblo que está en la tierra, y las ciudades son fortificadas y muy grandes; y también nacidos del Anac, vimos allí. (29) Amalec está en la tierra del meridión; y el Hiteo, y el Iebuseo, y el Emoreo, están en el monte; y el Kenaaneo está cerca del mar, y sobre la orilla del Iardén.» (30)E hizo callar Caleb al pueblo delante de Mosé, y dijo: «Subir, subiremos, y heredarémosla; que poder, podremos con ella.» (31) Y los varones que subieron con él, dijeron: «No podremos subir al pueblo; porque fuerte es él más que nosotros.» (32) Y sacaron mala fama de la tierra que reconocieron a los hijos de Israel, diciendo: «La tierra por la que pasamos para reconocerla, es una tierra que consume a sus moradores; y todo el pueblo que vimos en ella, son varones de gran estatura. (33) Y allí vimos a los gi-

22. כבירין ויבאו 30. ס' רבתי לדעת קצת סופרים

gantes, hijos del Anac, de los gigantes; y éramos ante nuestros ojos como langostas; y así éramos, ante sus ojos.»

XIV

(1) Y alzó toda la congregación y elevó su voz: y lloró el pueblo en la noche esta. (2) Y quejáronse contra Mosé y contra Aarón todos los hijos de Israel; y díjoles toda la congregación: «¡Ojalá muriéramos en la tierra de Egipto o en el desierto este, ojalá muriéramos! (3) ¿Y por qué el Eterno nos trae a la tierra esta para caer a espada?, ¿y que nuestras mujeres y que nuestros hijos sean presa? De cierto, mejor es para nosotros tornar a Egipto.» (4) Y dijo cada uno a su hermano: «Pongamos un capitán, y tornemos a Egipto.» (5) Y echáronse Mosé y Aarón sobre sus rostros delante de toda la congregación de los hijos de Israel. (6) Y Iosúa, hijo de Nun, y Caleb, hijo de Iefuné, de los esculcas de la tierra, rompieron sus vestidos. (7) Y hablaron a toda la congregación de los hijos de Israel, diciendo: «La tierra por la que pasamos para reconocerla, muy, muy buena es. (8) ¡Si gustara de nosotros el Eterno, y nos trajera a la tierra esta, y nos la diera a nosotros; tierra que mana leche y miel. (9) De cierto, contra el Eterno no os rebeléis, y no temáis al pueblo de la tierra, que nuestro pan son ellos: quitóse su sombra de sobre ellos, y el Eterno está con nosotros: No los temáis.» (10) Y pensó toda la congregación apedrearlos con piedras. Y la honra del Eterno se apareció en la tienda del plazo a todos los hijos de Israel.

(11) Y dijo el Eterno a Mosé: «¿Hasta cuándo me irritará el pueblo este? ¿Y hasta cuándo no creerá en mí, con todas las señales que hice ante él? (12) Herirle he, con la mortandad, y desterrarlo he, y haré a ti, pueblo grande y fuerte más que a él.» (13) Y dijo Mosé al Eterno: «Y oirá Egipto que hiciste subir con tu fuerza al pueblo este de su seno; (14) y dirán al morador de la tierra esta, que oyeron que tú, el Eterno, estás entre el pueblo este, que ojo a ojo te apareciste tú, el Eterno, y tu nube está sobre ellos, y en pilar de nube, tú andas delante de ellos de día, y en pilar de fuego de noche: (15) Y si matares al pueblo este como a un solo hombre, hablarán los pueblos que

אֶת־הַנְּפִילִים בְּנֵי עֲנָק מִן־הַנְּפִלִים וַנְּהִי בְעֵינֵינוּ כַּחֲגָבִים
וְכֵן הָיִינוּ בְּעֵינֵיהֶם׃

יד

1 וַתִּשָּׂא כָּל־הָעֵדָה וַיִּתְּנוּ אֶת־קוֹלָם וַיִּבְכּוּ הָעָם בַּלַּיְלָה
2 הַהוּא׃ וַיִּלֹּנוּ עַל־מֹשֶׁה וְעַל־אַהֲרֹן כֹּל בְּנֵי יִשְׂרָאֵל וַיֹּאמְרוּ
אֲלֵהֶם כָּל־הָעֵדָה לוּ־מַתְנוּ בְּאֶרֶץ מִצְרַיִם אוֹ בַּמִּדְבָּר
3 הַזֶּה לוּ־מָתְנוּ׃ וְלָמָה יְהוָה מֵבִיא אֹתָנוּ אֶל־הָאָרֶץ הַזֹּאת
לִנְפֹּל בַּחֶרֶב נָשֵׁינוּ וְטַפֵּנוּ יִהְיוּ לָבַז הֲלוֹא טוֹב לָנוּ שׁוּב
4 מִצְרָיְמָה׃ וַיֹּאמְרוּ אִישׁ אֶל־אָחִיו נִתְּנָה רֹאשׁ וְנָשׁוּבָה
5 מִצְרָיְמָה׃ וַיִּפֹּל מֹשֶׁה וְאַהֲרֹן עַל־פְּנֵיהֶם לִפְנֵי כָּל־קְהַל
6 עֲדַת בְּנֵי יִשְׂרָאֵל׃ וִיהוֹשֻׁעַ בִּן־נוּן וְכָלֵב בֶּן־יְפֻנֶּה מִן־
7 הַתָּרִים אֶת־הָאָרֶץ קָרְעוּ בִּגְדֵיהֶם׃ וַיֹּאמְרוּ אֶל־כָּל־עֲדַת
בְּנֵי־יִשְׂרָאֵל לֵאמֹר הָאָרֶץ אֲשֶׁר עָבַרְנוּ בָהּ לָתוּר אֹתָהּ
8 טוֹבָה הָאָרֶץ מְאֹד מְאֹד׃ אִם־חָפֵץ בָּנוּ יְהוָה וְהֵבִיא
אֹתָנוּ אֶל־הָאָרֶץ הַזֹּאת וּנְתָנָהּ לָנוּ אֶרֶץ אֲשֶׁר־הִוא זָבַת חָלָב
9 וּדְבָשׁ׃ אַךְ בַּיהוָה אַל־תִּמְרֹדוּ וְאַתֶּם אַל־תִּירְאוּ אֶת־עַם
הָאָרֶץ כִּי לַחְמֵנוּ הֵם סָר צִלָּם מֵעֲלֵיהֶם וַיהוָה אִתָּנוּ אַל־
10 תִּירָאֻם׃ וַיֹּאמְרוּ כָּל־הָעֵדָה לִרְגּוֹם אֹתָם בָּאֲבָנִים וּכְבוֹד
יְהוָה נִרְאָה בְּאֹהֶל מוֹעֵד אֶל־כָּל־בְּנֵי יִשְׂרָאֵל׃ פ
11 וַיֹּאמֶר יְהוָה אֶל־מֹשֶׁה עַד־אָנָה יְנַאֲצֻנִי הָעָם הַזֶּה וְעַד־
אָנָה לֹא־יַאֲמִינוּ בִי בְּכֹל הָאֹתוֹת אֲשֶׁר עָשִׂיתִי בְּקִרְבּוֹ׃
12 אַכֶּנּוּ בַדֶּבֶר וְאוֹרִשֶׁנּוּ וְאֶעֱשֶׂה אֹתְךָ לְגוֹי־גָּדוֹל וְעָצוּם
13 מִמֶּנּוּ׃ וַיֹּאמֶר מֹשֶׁה אֶל־יְהוָה וְשָׁמְעוּ מִצְרַיִם כִּי־הֶעֱלִיתָ
14 בְכֹחֲךָ אֶת־הָעָם הַזֶּה מִקִּרְבּוֹ׃ וְאָמְרוּ אֶל־יוֹשֵׁב הָאָרֶץ
הַזֹּאת שָׁמְעוּ כִּי־אַתָּה יְהוָה בְּקֶרֶב הָעָם הַזֶּה אֲשֶׁר־עַיִן
בְּעַיִן נִרְאָה ׀ אַתָּה יְהוָה וַעֲנָנְךָ עֹמֵד עֲלֵהֶם וּבְעַמֻּד עָנָן
15 אַתָּה הֹלֵךְ לִפְנֵיהֶם יוֹמָם וּבְעַמּוּד אֵשׁ לָיְלָה׃ וְהֵמַתָּה
אֶת־הָעָם הַזֶּה כְּאִישׁ אֶחָד וְאָמְרוּ הַגּוֹיִם אֲשֶׁר־שָׁמְעוּ אֶת־

16 שִׁמְעֲךָ לֵאמֹר׃ מִבִּלְתִּי יְכֹלֶת יְהוָה לְהָבִיא אֶת־הָעָם
17 הַזֶּה אֶל־הָאָרֶץ אֲשֶׁר־נִשְׁבַּע לָהֶם וַיִּשְׁחָטֵם בַּמִּדְבָּר׃ וְעַתָּה
18 יִגְדַּל־נָא כֹּחַ אֲדֹנָי כַּאֲשֶׁר דִּבַּרְתָּ לֵאמֹר׃ יְהוָה אֶרֶךְ
אַפַּיִם וְרַב־חֶסֶד נֹשֵׂא עָוֺן וָפָשַׁע וְנַקֵּה לֹא יְנַקֶּה פֹּקֵד עֲוֺן
19 אָבוֹת עַל־בָּנִים עַל־שִׁלֵּשִׁים וְעַל־רִבֵּעִים׃ סְלַח־נָא לַעֲוֺן
הָעָם הַזֶּה כְּגֹדֶל חַסְדֶּךָ וְכַאֲשֶׁר נָשָׂאתָה לָעָם הַזֶּה מִמִּצְרַיִם
כ 21 וְעַד־הֵנָּה׃ וַיֹּאמֶר יְהוָה סָלַחְתִּי כִּדְבָרֶךָ׃ וְאוּלָם חַי־אָנִי
22 וְיִמָּלֵא כְבוֹד־יְהוָה אֶת־כָּל־הָאָרֶץ׃ כִּי כָל־הָאֲנָשִׁים
הָרֹאִים אֶת־כְּבֹדִי וְאֶת־אֹתֹתַי אֲשֶׁר־עָשִׂיתִי בְמִצְרַיִם
וּבַמִּדְבָּר וַיְנַסּוּ אֹתִי זֶה עֶשֶׂר פְּעָמִים וְלֹא שָׁמְעוּ בְּקוֹלִי׃
23 אִם־יִרְאוּ אֶת־הָאָרֶץ אֲשֶׁר נִשְׁבַּעְתִּי לַאֲבֹתָם וְכָל־מְנַאֲצַי
24 לֹא יִרְאוּהָ׃ וְעַבְדִּי כָלֵב עֵקֶב הָיְתָה רוּחַ אַחֶרֶת עִמּוֹ
וַיְמַלֵּא אַחֲרָי וַהֲבִיאֹתִיו אֶל־הָאָרֶץ אֲשֶׁר־בָּא שָׁמָּה וְזַרְעוֹ
כה יוֹרִשֶׁנָּה׃ וְהָעֲמָלֵקִי וְהַכְּנַעֲנִי יוֹשֵׁב בָּעֵמֶק מָחָר פְּנוּ וּסְעוּ
לָכֶם הַמִּדְבָּר דֶּרֶךְ יַם־סוּף׃ פ רביעי
26 27 וַיְדַבֵּר יְהוָה אֶל־מֹשֶׁה וְאֶל־אַהֲרֹן לֵאמֹר׃ עַד־מָתַי לָעֵדָה
הָרָעָה הַזֹּאת אֲשֶׁר הֵמָּה מַלִּינִים עָלָי אֶת־תְּלֻנּוֹת בְּנֵי
28 יִשְׂרָאֵל אֲשֶׁר הֵמָּה מַלִּינִים עָלַי שָׁמָעְתִּי׃ אֱמֹר אֲלֵהֶם חַי־
אָנִי נְאֻם־יְהוָה אִם־לֹא כַּאֲשֶׁר דִּבַּרְתֶּם בְּאָזְנָי כֵּן אֶעֱשֶׂה
29 לָכֶם׃ בַּמִּדְבָּר הַזֶּה יִפְּלוּ פִגְרֵיכֶם וְכָל־פְּקֻדֵיכֶם לְכָל־
מִסְפַּרְכֶם מִבֶּן עֶשְׂרִים שָׁנָה וָמָעְלָה אֲשֶׁר הֲלִינֹתֶם עָלָי׃
ל אִם־אַתֶּם תָּבֹאוּ אֶל־הָאָרֶץ אֲשֶׁר נָשָׂאתִי אֶת־יָדִי לְשַׁכֵּן
31 אֶתְכֶם בָּהּ כִּי אִם־כָּלֵב בֶּן־יְפֻנֶּה וִיהוֹשֻׁעַ בִּן־נוּן׃ וְטַפְּכֶם
אֲשֶׁר אֲמַרְתֶּם לָבַז יִהְיֶה וְהֵבֵיאתִי אֹתָם וְיָדְעוּ אֶת־הָאָרֶץ
32 אֲשֶׁר מְאַסְתֶּם בָּהּ׃ וּפִגְרֵיכֶם אַתֶּם יִפְּלוּ בַּמִּדְבָּר הַזֶּה׃
33 וּבְנֵיכֶם יִהְיוּ רֹעִים בַּמִּדְבָּר אַרְבָּעִים שָׁנָה וְנָשְׂאוּ אֶת־
34 זְנוּתֵיכֶם עַד־תֹּם פִּגְרֵיכֶם בַּמִּדְבָּר׃ בְּמִסְפַּר הַיָּמִים אֲשֶׁר־

oyeron tu fama, diciendo: (16) Por no poder el Eterno traer al pueblo este a la tierra que juróles, degollólos en el desierto. (17) Y ahora, engrandézcase, ruego, la fuerza del Señor, como hablaste, diciendo. (18) El Eterno, luengo de iras y grande merced, perdona pecados y rebelión, y librar no libra; ejecuta el pecado de los padres sobre los hijos, sobre terceros y sobre cuartos; (19) perdona ahora el pecado del pueblo este como es la grandeza de tu merced; y como perdonaste al pueblo este desde Egipto hasta aquí.» (20) Y dijo el Eterno: «Perdoné conforme a tu palabra. (21) Y de cierto, vivo yo y llenará la honra del Eterno toda la tierra, (22) que todos los varones que ven mi honra y mis señales que hice en Egipto y en el desierto, y probaron a mí estas diez veces, y no oyeron mi voz, (23) ¿si verán la tierra que juré a sus padres? Y todos mis irritadores no la verán. (24) Y mi siervo Caleb, en precio de que hubo otro espíritu en él, y cumplió de ir tras mí, traerlo he, a la tierra donde llegó, y su simiente la heredará. (25) Y el Amalekita y el Kenaaneo están en el valle; mañana catad y partid al desierto, camino del mar de Suf.»

(26) Y habló el Eterno a Mosé y a Aarón, diciendo: (27) «¿Hasta cuándo la mala congregación esta querella contra mí? Las querellas de los hijos de Israel, que querellan contra mí, oí. (28) Di a ellos: Vivo yo, es el dicho del Eterno, como hablasteis en mis oídos, así haré con vosotros: (29) En el desierto este caerán vuestros cuerpos, y todos los contados según toda vuestra cuenta, de edad de veinte años arriba, que querellaron contra mí; (30) vosotros no vendréis a la tierra, por la que alcé mi mano para alojar a vosotros en ella; salvo Caleb, hijo de Iefuné, y Iosúa, hijo de Nun. (31) Y vuestros niños de los que dijisteis que presa serían, traerélos y conocerán la tierra que aborrecisteis. (32) Y vuestros cuerpos caerán en el desierto este. (33) Y vuestros hijos serán pastores en el desierto cuarenta años, y cargarán vuestros errores, hasta acabarse vuestros cuerpos en el desierto. (34) Por el número de los

17. י׳ רבתי 31. מלא י׳

días que reconocisteis la tierra, cuarenta días, por cada día un año, día por año, llevaréis vuestros pecados, cuarenta años, y conoceréis mi queja. (35) Yo, el Eterno, hablé; ¡si esto no hiciere a toda la mala congregación esta, reunida contra mí! En el desierto este serán consumidos, y allí morirán.»

(36) Y los varones que envió Mosé a reconocer la tierra, y tornados, habían hecho quejarse a él toda la congregación, echando mala fama sobre la tierra, (37) murieron los varones que echaron mala fama sobre la tierra, en la mortandad delante del Eterno. (38) Y Iosúa, hijo de Nun, y Caleb, hijo de Iefuné, vivieron entre los varones que fueron a reconocer la tierra.

(39) Y habló Mosé las palabras estas a todos los hijos de Israel, y entristecióse mucho el pueblo. (40) Y madrugaron, y subieron a la cabeza del monte, diciendo: «Henos aquí y subiremos al lugar que dijo el Eterno porque pecamos.» (41) Y dijo Mosé: «¿Por qué, vosotros pasáis por el dicho del Eterno? y ella no prosperará. (42) No subáis, porque el Eterno no está entre vosotros, y no seréis sacrificados delante de vuestros enemigoos. (43) Porque el Amalekita y el Kenaaneo están allí, delante de vosotros, y caeréis a espada, porque tornasteis detrás del Eterno, y no será el Eterno con vosotros.» (44) Y esforzáronse para subir a la cabeza del monte; y el arca de la alianza del Eterno y Mosé, no se apartaron de entre el real. (45) Y descendió el Amalekita y el Kenaaneo, que estaba en el monte este, e hiriéronlos y majáronlos hasta Ahormá.

תַּרְתֶּם אֶת־הָאָרֶץ אַרְבָּעִים יוֹם יוֹם לַשָּׁנָה יוֹם לַשָּׁנָה
תִּשְׂאוּ אֶת־עֲוֺנֹתֵיכֶם אַרְבָּעִים שָׁנָה וִידַעְתֶּם אֶת־תְּנוּאָתִי׃
לה אֲנִי יְהוָה דִּבַּרְתִּי אִם־לֹא ׀ זֹאת אֶעֱשֶׂה לְכָל־הָעֵדָה הָרָעָה
הַזֹּאת הַנּוֹעָדִים עָלָי בַּמִּדְבָּר הַזֶּה יִתַּמּוּ וְשָׁם יָמֻתוּ׃
36 וְהָאֲנָשִׁים אֲשֶׁר־שָׁלַח מֹשֶׁה לָתוּר אֶת־הָאָרֶץ וַיָּשֻׁבוּ
וַיַּלִּונוּ עָלָיו אֶת־כָּל־הָעֵדָה לְהוֹצִיא דִבָּה עַל־הָאָרֶץ׃
37 וַיָּמֻתוּ הָאֲנָשִׁים מוֹצִאֵי דִבַּת־הָאָרֶץ רָעָה בַּמַּגֵּפָה לִפְנֵי
38 יְהוָה׃ וִיהוֹשֻׁעַ בִּן־נוּן וְכָלֵב בֶּן־יְפֻנֶּה חָיוּ מִן־הָאֲנָשִׁים הָהֵם
39 הַהֹלְכִים לָתוּר אֶת־הָאָרֶץ׃ וַיְדַבֵּר מֹשֶׁה אֶת־הַדְּבָרִים
מ הָאֵלֶּה אֶל־כָּל־בְּנֵי יִשְׂרָאֵל וַיִּתְאַבְּלוּ הָעָם מְאֹד׃ וַיַּשְׁכִּמוּ
בַבֹּקֶר וַיַּעֲלוּ אֶל־רֹאשׁ־הָהָר לֵאמֹר הִנֶּנּוּ וְעָלִינוּ אֶל־הַמָּקוֹם
41 אֲשֶׁר־אָמַר יְהוָה כִּי חָטָאנוּ׃ וַיֹּאמֶר מֹשֶׁה לָמָּה זֶּה אַתֶּם
42 עֹבְרִים אֶת־פִּי יְהוָה וְהִוא לֹא תִצְלָח׃ אַל־תַּעֲלוּ כִּי אֵין
43 יְהוָה בְּקִרְבְּכֶם וְלֹא תִּנָּגְפוּ לִפְנֵי אֹיְבֵיכֶם׃ כִּי הָעֲמָלֵקִי
וְהַכְּנַעֲנִי שָׁם לִפְנֵיכֶם וּנְפַלְתֶּם בֶּחָרֶב כִּי־עַל־כֵּן שַׁבְתֶּם
44 מֵאַחֲרֵי יְהוָה וְלֹא־יִהְיֶה יְהוָה עִמָּכֶם׃ וַיַּעְפִּלוּ לַעֲלוֹת אֶל־
רֹאשׁ הָהָר וַאֲרוֹן בְּרִית־יְהוָה וּמֹשֶׁה לֹא־מָשׁוּ מִקֶּרֶב
מה הַמַּחֲנֶה׃ וַיֵּרֶד הָעֲמָלֵקִי וְהַכְּנַעֲנִי הַיֹּשֵׁב בָּהָר הַהוּא וַיַּכּוּם
וַיַּכְּתוּם עַד־הַחָרְמָה׃ פ

טו

2 א וַיְדַבֵּר יְהוָה אֶל־מֹשֶׁה לֵּאמֹר׃ דַּבֵּר אֶל־בְּנֵי יִשְׂרָאֵל
וְאָמַרְתָּ אֲלֵהֶם כִּי תָבֹאוּ אֶל־אֶרֶץ מוֹשְׁבֹתֵיכֶם אֲשֶׁר אֲנִי
3 נֹתֵן לָכֶם׃ וַעֲשִׂיתֶם אִשֶּׁה לַיהוָה עֹלָה אוֹ־זֶבַח לְפַלֵּא־
נֶדֶר אוֹ בִנְדָבָה אוֹ בְּמֹעֲדֵיכֶם לַעֲשׂוֹת רֵיחַ נִיחֹחַ לַיהוָה
4 מִן־הַבָּקָר אוֹ מִן־הַצֹּאן׃ וְהִקְרִיב הַמַּקְרִיב קָרְבָּנוֹ לַיהוָה
ה מִנְחָה סֹלֶת עִשָּׂרוֹן בָּלוּל בִּרְבִעִית הַהִין שָׁמֶן׃ וְיַיִן
לַנֶּסֶךְ רְבִיעִית הַהִין תַּעֲשֶׂה עַל־הָעֹלָה אוֹ לַזָּבַח לַכֶּבֶשׂ

X V

(1) Y habló el Eterno a Mosé, diciendo: (2) «Habla a los hijos de Israel, y dirás a ellos: Cuando viniereis a la tierra de vuestras moradas, que yo doy a vosotros, (3) e hiciereis ofrenda al Eterno, holocausto o sacrificio, por apartar promesa, o por voluntad, o en vuestros plazos, por hacer olor agradable al Eterno, de las vacas o de las ovejas; (4) ofrecerá el que ofreciere su ofrenda al Eterno, presente de sémola, diezmo, envuelto en un cuarto de medida de aceite; (5) y vino para la libación, un cuarto de medida, pondrás sobre el

36. וילינו ק'

האחד: או לאיל תעשה מנחה סלת שני עשרנים בלולה 6
בשמן שלשית ההין: ויין לנסך שלשית ההין תקריב 7
ריח־ניחח ליהוה: וכי־תעשה בן־בקר עלה או־זבח 8
לפלא־נדר או־שלמים ליהוה: והקריב על־בן־הבקר 9
מנחה סלת שלשה עשרנים בלול בשמן חצי ההין:
ויין תקריב לנסך חצי ההין אשה ריח־ניחח ליהוה: י
ככה יעשה לשור האחד או לאיל האחד או־לשה 11
בכבשים או בעזים: כמספר אשר תעשו ככה תעשו 12
לאחד כמספרם: כל־האזרח יעשה־ככה את־אלה 13
להקריב אשה ריח־ניחח ליהוה: וכי־יגור אתכם גר או 14
אשר־בתוככם לדרתיכם ועשה אשה ריח־ניחח ליהוה
כאשר תעשו כן יעשה: הקהל חקה אחת לכם ולגר הגר טו
חקת עולם לדרתיכם ככם כגר יהיה לפני יהוה: תורה 16
אחת ומשפט אחד יהיה לכם ולגר הגר אתכם: פ ששי
וידבר יהוה אל־משה לאמר: דבר אל־בני ישראל 17 18
ואמרת אלהם בבאכם אל־הארץ אשר אני מביא אתכם
שמה: והיה באכלכם מלחם הארץ תרימו תרומה 19
ליהוה: ראשית ערסתכם חלה תרימו תרומה כתרומת כ
גרן כן תרימו אתה: מראשית ערסתיכם תתנו ליהוה 21
תרומה לדרתיכם: ס וכי תשגו ולא תעשו את 22
כל־המצות האלה אשר־דבר יהוה אל־משה: את כל־ 23
אשר צוה יהוה אליכם ביד־משה מן־היום אשר צוה
יהוה והלאה לדרתיכם: והיה אם מעיני העדה נעשתה 24
לשגגה ועשו כל־העדה פר בן־בקר אחד לעלה לריח
ניחח ליהוה ומנחתו ונסכו כמשפט ושעיר־עזים אחד
לחטת: וכפר הכהן על־כל־עדת בני ישראל ונסלח כה
להם כי־שגגה הוא והם הביאו את־קרבנם אשה ליהוה

holocausto, para el sacrificio, por cada cordero. (6) Y por cada carnero, harás presente de sémola, dos diezmos envueltos en aceite, un tercio de medida; (7) y vino para la libación, un tercio de medida ofrecerás, como olor agradable al Eterno. (8) Y cuando ofrecieres toro, en holocausto o sacrificio, por apartar promesa, o paces al Eterno, (9) ofrecerás sobre el toro, presente de sémola: tres diezmos envueltos en aceite, mitad de medida; (10) y vino ofrecerás para la libación, mitad de medida; como ofrenda de olor agradable al Eterno. (11) Así será hecho por un buey, o por un carnero, o por un cordero, a las ovejas o por las cabras. (12) Como el número que hiciereis, así haréis a cada uno, como su número. (13) Todo el arraigado hará esto así, para ofrecer ofrenda de olor agradable al Eterno.

(14) Y cuando peregrinare con vosotros, peregrino, o el que está entre vosotros por vuestras generaciones, e hiciere ofrenda de olor agradable al Eterno, como hiciereis, así hará. (15) La congregación tendrá un fuero para vosotros y para el peregrino que peregrina: fuero de siempre por vuestras generaciones: como para vosotros, para el peregrino será, delante del Eterno. (16) Una ley y un juicio será para vosotros, y para el peregrino que peregrinare con vosotros.»

(17) Y habló el Eterno a Mosé, diciendo: (18) «Habla a los hijos de Israel, y dile a ellos: En vuestro venir a la tierra que yo traigo a vosotros, (19) será en vuestro comer del pan de la tierra que apartaréis, una ofrenda al Eterno. (20) Al principio de vuestras masas, una torta, apartaréis ofrenda; como ofrenda de era, así la apartaréis. (21) Del principio de vuestras masas daréis al Eterno ofrenda por vuestras generaciones.

(22) Y cuando erraréis y no hiciereis todos los mandamientos estos que habló el Eterno a Mosé, (23) todo lo que encomendó el Eterno a vosotros por mano de Mosé desde el día que encomendó el Eterno, y en adelante por vuestras generaciones, (24) y será, si oculto ante los ojos de la congregación fué hecho por yerro, que ofrecerá toda la congregación, un toro, por holocausto, por olor agradable al Eterno, y su presente y su libación, como el juicio; y un cabrito, por expiación. (25) Y expiará el sacerdote sobre toda la congregación de los hijos de Israel; y será perdonado a ellos, porque yerro fué ello: y ellos traerán

24. חסר א'

26 וְחַטָּאתָם לִפְנֵי יְהוָה עַל־שִׁגְגָתָם׃ וְנִסְלַח לְכָל־עֲדַת בְּנֵי
יִשְׂרָאֵל וְלַגֵּר הַגָּר בְּתוֹכָם כִּי לְכָל־הָעָם בִּשְׁגָגָה׃ ס
27 וְאִם־נֶפֶשׁ אַחַת תֶּחֱטָא בִשְׁגָגָה וְהִקְרִיבָה עֵז בַּת־שְׁנָתָהּ
28 לְחַטָּאת׃ וְכִפֶּר הַכֹּהֵן עַל־הַנֶּפֶשׁ הַשֹּׁגֶגֶת בְּחֶטְאָה בִשְׁגָגָה
29 לִפְנֵי יְהוָה לְכַפֵּר עָלָיו וְנִסְלַח לוֹ׃ הָאֶזְרָח בִּבְנֵי יִשְׂרָאֵל
וְלַגֵּר הַגָּר בְּתוֹכָם תּוֹרָה אַחַת יִהְיֶה לָכֶם לָעֹשֶׂה בִּשְׁגָגָה׃
ל וְהַנֶּפֶשׁ אֲשֶׁר־תַּעֲשֶׂה ׀ בְּיָד רָמָה מִן־הָאֶזְרָח וּמִן־הַגֵּר אֶת־
יְהוָה הוּא מְגַדֵּף וְנִכְרְתָה הַנֶּפֶשׁ הַהִוא מִקֶּרֶב עַמָּהּ׃
31 כִּי דְבַר־יְהוָה בָּזָה וְאֶת־מִצְוָתוֹ הֵפַר הִכָּרֵת ׀ תִּכָּרֵת הַנֶּפֶשׁ
הַהִוא עֲוֹנָה בָהּ׃ פ
32 וַיִּהְיוּ בְנֵי־יִשְׂרָאֵל בַּמִּדְבָּר וַיִּמְצְאוּ אִישׁ מְקֹשֵׁשׁ עֵצִים
33 בְּיוֹם הַשַּׁבָּת׃ וַיַּקְרִיבוּ אֹתוֹ הַמֹּצְאִים אֹתוֹ מְקֹשֵׁשׁ עֵצִים
34 אֶל־מֹשֶׁה וְאֶל־אַהֲרֹן וְאֶל כָּל־הָעֵדָה׃ וַיַּנִּיחוּ אֹתוֹ בַּמִּשְׁמָר
לה כִּי לֹא פֹרַשׁ מַה־יֵּעָשֶׂה לוֹ׃ ס וַיֹּאמֶר יְהוָה אֶל־מֹשֶׁה
מוֹת יוּמַת הָאִישׁ רָגוֹם אֹתוֹ בָאֲבָנִים כָּל־הָעֵדָה מִחוּץ
36 לַמַּחֲנֶה׃ וַיֹּצִיאוּ אֹתוֹ כָּל־הָעֵדָה אֶל־מִחוּץ לַמַּחֲנֶה וַיִּרְגְּמוּ
אֹתוֹ בָּאֲבָנִים וַיָּמֹת כַּאֲשֶׁר צִוָּה יְהוָה אֶת־מֹשֶׁה׃ פ
37 38 וַיֹּאמֶר יְהוָה אֶל־מֹשֶׁה לֵּאמֹר׃ דַּבֵּר אֶל־בְּנֵי יִשְׂרָאֵל
וְאָמַרְתָּ אֲלֵהֶם וְעָשׂוּ לָהֶם צִיצִת עַל־כַּנְפֵי בִגְדֵיהֶם לְדֹרֹתָם
39 וְנָתְנוּ עַל־צִיצִת הַכָּנָף פְּתִיל תְּכֵלֶת׃ וְהָיָה לָכֶם לְצִיצִת
וּרְאִיתֶם אֹתוֹ וּזְכַרְתֶּם אֶת־כָּל־מִצְוֺת יְהוָה וַעֲשִׂיתֶם אֹתָם
וְלֹא־תָתֻרוּ אַחֲרֵי לְבַבְכֶם וְאַחֲרֵי עֵינֵיכֶם אֲשֶׁר־אַתֶּם
מ זֹנִים אַחֲרֵיהֶם׃ לְמַעַן תִּזְכְּרוּ וַעֲשִׂיתֶם אֶת־כָּל־מִצְוֺתָי
וִהְיִיתֶם קְדֹשִׁים לֵאלֹהֵיכֶם׃ אֲנִי יְהוָה אֱלֹהֵיכֶם אֲשֶׁר
הוֹצֵאתִי אֶתְכֶם מֵאֶרֶץ מִצְרַיִם לִהְיוֹת לָכֶם לֵאלֹהִים אֲנִי
יְהוָה אֱלֹהֵיכֶם׃

su sacrificio, ofrenda al Eterno, y su expiación delante del Eterno, por su yerro: (26) Y será perdonado a toda la congregación de los hijos de Israel, y al peregrino que peregrinare entre ellos, porque de todo el pueblo fué yerro. (27) Y si un alma pecare por yerro, ofrecerá una cabra de un año por expiación. (28) Y perdonará el sacerdote por el alma errada, por su pecar por yerro, delante del Eterno, para expiar sobre ella, y la será perdonado. (29) El arraigado entre los hijos de Israel, y el peregrino que peregrinare entre ellos, una misma ley tendrán, para el que hiciere yerro. (30) Y el alma que hiciere con mano altiva, del arraigado y del peregrino, al Eterno blasfemia; y será tajada el alma esta de entre su pueblo. (31) Porque la palabra del Eterno menospreció, y su mandamiento baldó; tajar, será tajada el alma esta: «Su pecado está sobre ella.»

(32) Y estaban los hijos de Israel en el desierto, y hallaron un varón que recogía leñas, en el día sábado. (33) Y trajeron a él los que lo hallaron al que recogía leñas, a Mosé y a Aarón y a toda la congregación: (34) Y pusiéronle en la guarda, porque no fué declarado qué sería hecho a él. (35) Y dijo el Eterno a Mosé: «Matar, será matado el varón, apedreándole con piedras toda la congregación, fuera del real.» (36) Y sacóle toda la congregación fuera del campo, y apedreóle con las piedras, y murió; como encomendó el Eterno a Mosé.

(37) Y habló el Eterno a Mosé, diciendo: (38) «Habla a los hijos de Israel y diles a ellos, que se hagan franjas sobre los bordes de sus vestidos, por sus generaciones; y se pongan sobre las franjas del borde un hilo de cárdeno. (39) Y será para vosotros por pezuelo, y lo veréis y recordaréis todos los mandamientos del Eterno, y los haréis; y no esculquéis tras de vuestro corazón y tras de vuestros ojos, que vosotros erráis tras ellos. (40) Para que recordéis y hagáis todos mis preceptos y seáis santos a vuestro Dios. (41) Yo soy el Eterno, vuestro Dios, que saqué a vosotros de la tierra de Egipto, para ser para vosotros, Dios: Yo soy el Eterno, vuestro Dios.»

28. ה' רפה .31 פתח באתנח ה' רפה

טז

פ פ פ לח 38

וַיִּקַּח קֹרַח בֶּן־יִצְהָר בֶּן־קְהָת בֶּן־לֵוִי וְדָתָן וַאֲבִירָם בְּנֵי א
אֱלִיאָב וְאוֹן בֶּן־פֶּלֶת בְּנֵי רְאוּבֵן׃ וַיָּקֻמוּ לִפְנֵי מֹשֶׁה 2
וַאֲנָשִׁים מִבְּנֵי־יִשְׂרָאֵל חֲמִשִּׁים וּמָאתָיִם נְשִׂיאֵי עֵדָה
קְרִאֵי מוֹעֵד אַנְשֵׁי־שֵׁם׃ וַיִּקָּהֲלוּ עַל־מֹשֶׁה וְעַל־אַהֲרֹן 3
וַיֹּאמְרוּ אֲלֵהֶם רַב־לָכֶם כִּי כָל־הָעֵדָה כֻּלָּם קְדֹשִׁים
וּבְתוֹכָם יְהוָה וּמַדּוּעַ תִּתְנַשְּׂאוּ עַל־קְהַל יְהוָה׃ וַיִּשְׁמַע 4
מֹשֶׁה וַיִּפֹּל עַל־פָּנָיו׃ וַיְדַבֵּר אֶל־קֹרַח וְאֶל־כָּל־עֲדָתוֹ ה
לֵאמֹר בֹּקֶר וְיֹדַע יְהוָה אֶת־אֲשֶׁר־לוֹ וְאֶת־הַקָּדוֹשׁ וְהִקְרִיב
אֵלָיו וְאֵת אֲשֶׁר יִבְחַר־בּוֹ יַקְרִיב אֵלָיו׃ זֹאת עֲשׂוּ קְחוּ־ 6
לָכֶם מַחְתּוֹת קֹרַח וְכָל־עֲדָתוֹ׃ וּתְנוּ בָהֵן ׀ אֵשׁ וְשִׂימוּ 7
עֲלֵיהֶן ׀ קְטֹרֶת לִפְנֵי יְהוָה מָחָר וְהָיָה הָאִישׁ אֲשֶׁר־יִבְחַר
יְהוָה הוּא הַקָּדוֹשׁ רַב־לָכֶם בְּנֵי לֵוִי׃ וַיֹּאמֶר מֹשֶׁה אֶל־ 8
קֹרַח שִׁמְעוּ־נָא בְּנֵי לֵוִי׃ הַמְעַט מִכֶּם כִּי־הִבְדִּיל אֱלֹהֵי 9
יִשְׂרָאֵל אֶתְכֶם מֵעֲדַת יִשְׂרָאֵל לְהַקְרִיב אֶתְכֶם אֵלָיו לַעֲבֹד
אֶת־עֲבֹדַת מִשְׁכַּן יְהוָה וְלַעֲמֹד לִפְנֵי הָעֵדָה לְשָׁרְתָם׃
וַיַּקְרֵב אֹתְךָ וְאֶת־כָּל־אַחֶיךָ בְנֵי־לֵוִי אִתָּךְ וּבִקַּשְׁתֶּם גַּם־ י
כְּהֻנָּה׃ לָכֵן אַתָּה וְכָל־עֲדָתְךָ הַנֹּעָדִים עַל־יְהוָה וְאַהֲרֹן 11
מַה־הוּא כִּי תַלּוֹנוּ עָלָיו׃ וַיִּשְׁלַח מֹשֶׁה לִקְרֹא לְדָתָן 12
וְלַאֲבִירָם בְּנֵי אֱלִיאָב וַיֹּאמְרוּ לֹא נַעֲלֶה׃ הַמְעַט כִּי 13
הֶעֱלִיתָנוּ מֵאֶרֶץ זָבַת חָלָב וּדְבַשׁ לַהֲמִיתֵנוּ בַּמִּדְבָּר כִּי־
תִשְׂתָּרֵר עָלֵינוּ גַּם־הִשְׂתָּרֵר׃ אַף לֹא אֶל־אֶרֶץ זָבַת חָלָב 14
וּדְבַשׁ הֲבִיאֹתָנוּ וַתִּתֶּן־לָנוּ נַחֲלַת שָׂדֶה וָכָרֶם הַעֵינֵי
הָאֲנָשִׁים הָהֵם תְּנַקֵּר לֹא נַעֲלֶה׃ וַיִּחַר לְמֹשֶׁה מְאֹד טו
וַיֹּאמֶר אֶל־יְהוָה אַל־תֵּפֶן אֶל־מִנְחָתָם לֹא חֲמוֹר אֶחָד
מֵהֶם נָשָׂאתִי וְלֹא הֲרֵעֹתִי אֶת־אַחַד מֵהֶם׃ וַיֹּאמֶר מֹשֶׁה 16

XVI

(38) CÓRAH

(1) Y tomó Córah, hijo de Isar, hijo de Keat, hijo de Leví; y Datán, y Abiram, hijos de Eliab, y On, hijo de Pélet, hijos de Reubén, (2) y levantáronse delante de Mosé, y de los varones de los hijos de Israel, doscientos cincuenta mayorales de la congregación, llamados de plazo, varones de fama; (3) y congregáronse contra Mosé y contra Aarón, y diéronles: «¡Basta para vosotros! porque toda la congregación, todos ellos son santos, y entre ellos está el Eterno: ¿Y por qué os alzáis sobre la congregación del Eterno?» (4) Y oyó Mosé, y echóse sobre su rostro; (5) y habló a Córah y a toda su congregación, diciendo: «Mañana hará saber el Eterno, al que es suyo, y al que es santo, llegará a él; y al que escogiere, se allegará a él. (6) Esto haced: Tomad braseros, Córah y toda su compañía, (7) y poned en ellos fuego, y poned sobre ellos sahumerio delante del Eterno, mañana; y el varón que escogerá el Eterno para él, será santo: ¡Básteos esto, hijos de Leví!» (8) Y dijo Mosé a Córah: «Oíd ahora, hijos de Leví: (9) ¿Es poco para vosotros que os apartara el Eterno de Israel, de la congregación de Israel, para allegaros a él, para servir el servicio del tabernáculo del Eterno, y para estar delante de la congregación para servirlo? (10) ¿Y que te acercó a ti y a todos tus hermanos, hijos de Leví, contigo? ¿Y buscáis también el sacerdocio? (11) Por tanto, ¡tú y toda tu congregación sois los que se juntaron contra el Eterno! Y Aarón, ¿qué es de él? ¿de qué os quejáis contra él?» (12) Y envió Mosé a llamar a Datán y Abiram, hijos de Eliab, y dijeron: «No subiremos. (13) ¿Es poco que nos hiciste subir de una tierra que mana leche y miel, para matarnos en el desierto, que te enseñoreas sobre nosotros también? (14) Tampoco a una tierra que mana leche y miel nos trajiste, ni diste a nosotros heredad de campo y vida: ¿De los varones estos arrancarás los ojos? No subiremos.»

(15) Y enojóse Mosé mucho, y dijo al Eterno: «No cates su presente: ni un asno de ellos tomé: no hice mal a alguno de ellos.» (16) Y dijo Mosé a Córah: «Tú, y toda tu congregación, estad delante del Eterno; tú y ellos, y Aarón

11. תלינו ק׳

mañana; (17) y tomaréis cada uno su brasero, y pondréis sobre ellos sahumerio, y ofreceréis delante del Eterno, cada uno su brasero: doscientos cincuenta braseros; y tú, y Aarón, cada uno su brasero.»

(18) Y tomaron cada uno su brasero, y pusieron sobre ellos fuego, y pusieron sobre ellos sahumerio, y estuvieron a la puerta de la tienda de plazo, con Mosé y Aarón. (19) Y congregó sobre ellos Córah toda la congregación a la puerta de la tienda del plazo: y apareció la honra del Eterno a toda la congregación.

(20) Y habló el Eterno a Mosé y a Aarón, diciendo: (21) «Apartaos de entre la congregación esta, y acabaré con ellos en un momento.» (22) Y echáronse sobre sus rostros, y dijeron: «Dios, Dios de los espíritus de toda criatura, si un varón pecare, ¿sobre toda la compañía te ensañarás?» (23) Y habló el Eterno a Mosé, diciendo: (24) «Habla a la congregación, diciendo: Alzaos en derredor del tabernáculo de Córah, Datán, y Abiram.» (25) Y levantóse Mosé, y fué a Datán, y a Abiram; y fueron tras él los ancianos de Israel. (26) Y habló a la congregación, diciendo: «Retiraos ahora de sobre la tienda de estos varones malos, y no toquéis todo lo que es de ellos, para que no seáis tajados por todos sus pecados.» (27) Y alzáronse de cerca del tabernáculo de Córah, Datán, y Abiram en derredor: y Datán y Abiram salieron parados a la puerta de sus tiendas con sus mujeres, y sus hijos, y su familia. (28) Y dijo Mosé: «Con esto sabréis que el Eterno me envió a hacer todos los hechos estos; que no son de mi corazón. (29) Si como muere todo hombre, murieron éstos, y como la ejecución de todo hombre fué ejecutada sobre ellos, el Eterno no me envió. (30) Y si una nueva creación, creare Dios, y abriere la tierra su boca y los tragare con todo lo que es de ellos y descendieren vivos a la fosa, sabríais que ensañaron los varones estos al Eterno.»

(31) Y fué al acabar de hablar todas las palabras estas, que hundióse la tierra debajo de ellos: (32) Y abrió la tierra su boca, y tragólos, y a sus casas, y a todos los hombres de Córah, y a toda la hacienda. (33) Y descendieron ellos,

אל־קרח אתה וכל־עדתך היו לפני יהוה אתה והם
17 ואהרן מחר׃ וקחו ׀ איש מחתתו ונתתם עליהם קטרת
והקרבתם לפני יהוה איש מחתתו חמשים ומאתים
18 מחתת ואתה ואהרן איש מחתתו׃ ויקחו איש מחתתו
ויתנו עליהם אש וישימו עליהם קטרת ויעמדו פתח
19 אהל מועד ומשה ואהרן׃ ויקהל עליהם קרח את־כל־
העדה אל־פתח אהל מועד וירא כבוד־יהוה אל־כל־
כ העדה׃ ס וידבר יהוה אל־משה ואל־אהרן לאמר׃
21 22 הבדלו מתוך העדה הזאת ואכלה אתם כרגע׃ ויפלו
על־פניהם ויאמרו אל אלהי הרוחת לכל־בשר האיש
23 אחד יחטא ועל כל־העדה תקצף׃ ס וידבר יהוה
24 אל־משה לאמר׃ דבר אל־העדה לאמר העלו מסביב
כה למשכן־קרח דתן ואבירם׃ ויקם משה וילך אל־
26 דתן ואבירם וילכו אחריו זקני ישראל׃ וידבר אל־
העדה לאמר סורו נא מעל אהלי האנשים הרשעים
האלה ואל־תגעו בכל־אשר להם פן־תספו בכל־
27 חטאתם׃ ויעלו מעל משכן־קרח דתן ואבירם מסביב
ודתן ואבירם יצאו נצבים פתח אהליהם ונשיהם
28 ובניהם וטפם׃ ויאמר משה בזאת תדעון כי־יהוה שלחני
29 לעשות את כל־המעשים האלה כי־לא מלבי׃ אם־כמות
כל־האדם ימתון אלה ופקדת כל־האדם יפקד עליהם
ל לא יהוה שלחני׃ ואם־בריאה יברא יהוה ופצתה
האדמה את־פיה ובלעה אתם ואת־כל־אשר להם וירדו
חיים שאלה וידעתם כי נאצו האנשים האלה את־
31 יהוה׃ ויהי ככלתו לדבר את כל־הדברים האלה ותבקע
32 האדמה אשר תחתיהם׃ ותפתח הארץ את־פיה ותבלע
אתם ואת־בתיהם ואת כל־האדם אשר לקרח ואת כל־
33 הרכוש׃ וירדו הם וכל־אשר להם חיים שאלה ותכס

34 עליהם הארץ ויאבדו מתוך הקהל: וכל־ישראל אשר
סביבתיהם נסו לקלם כי אמרו פן־תבלענו הארץ:
לה ואש יצאה מאת יהוה ותאכל את החמשים ומאתים איש
מקריבי הקטרת: ס

יז

א 2 וידבר יהוה אל־משה לאמר: אמר אל־אלעזר בן־אהרן
הכהן וירם את־המחתת מבין השרפה ואת־האש זרה־
3 הלאה כי קדשו: את מחתות החטאים האלה בנפשתם
ועשו אתם רקעי פחים צפוי למזבח כי־הקריבם לפני־
4 יהוה ויקדשו ויהיו לאות לבני ישראל: ויקח אלעזר
הכהן את מחתות הנחשת אשר הקריבו השרפים
ה וירקעום צפוי למזבח: זכרון לבני ישראל למען אשר
לא־יקרב איש זר אשר לא מזרע אהרן הוא להקטיר
קטרת לפני יהוה ולא־יהיה כקרח וכעדתו כאשר דבר
יהוה ביד־משה לו: פ
6 וילנו כל־עדת בני־ישראל ממחרת על־משה ועל־אהרן
7 לאמר אתם המתם את־עם יהוה: ויהי בהקהל העדה
על־משה ועל־אהרן ויפנו אל־אהל מועד והנה כסהו
8 הענן וירא כבוד יהוה: ויבא משה ואהרן אל־פני אהל
9 מועד: ס וידבר יהוה אל־משה לאמר: הרמו מתוך
11 העדה הזאת ואכלה אתם כרגע ויפלו על־פניהם: ויאמר
משה אל־אהרן קח את־המחתה ותן־עליה אש מעל
המזבח ושים קטרת והולך מהרה אל־העדה וכפר
12 עליהם כי־יצא הקצף מלפני יהוה החל הנגף: ויקח
אהרן כאשר דבר משה וירץ אל־תוך הקהל והנה החל
13 הנגף בעם ויתן את־הקטרת ויכפר על־העם: ויעמד
14 בין־המתים ובין החיים ותעצר המגפה: ויהיו המתים
במגפה ארבעה עשר אלף ושבע מאות מלבד המתים

y todo lo de ellos, vivos a la fosa, y cubriólos la tierra, y perdiéronse de entre la congregación. (34) Y todo Israel, los que estaban en sus derredores, huyeron a su voz; porque decían: «No nos trague también la tierra.» (35) Y fuego salió del Eterno, y quemó a los doscientos cincuenta varones que ofrecieron el sahumerio.

XVII

(1) Y habló el Eterno a Mosé, diciendo: (2) «Di a Eleasar, hijo de Aarón, el sacerdote, que aparte a los braseros de entre el ardor, y que el fuego esparza adelante, que se santificaron, (3) los braseros de los pecadores, éstos condenados, en sus almas. Y harán a ellos láminas extendidas, cubiertas para el ara: que los ofrecieron delante del Eterno, y santificáronse; y serán por señal a los hijos de Israel.» (4) Y tomó Eleasar, el sacerdote, los braseros de metal que ofrecieron los quemados; y expandiéronlos como cubierta para el ara, (5) en memoria de los hijos de Israel para que no se llegue un varón extraño que no sea de la simiente de Aarón, para sahumar sahumerio delante del Eterno, y no sea como Córah, y como su congregación; como habló el Eterno, por mano de Mosé, a el.

(6) Y quejóse toda la congregación de los hijos de Israel al otro día contra Mosé y contra Aarón, diciendo: «Vos matasteis al pueblo del Eterno.» (7) Y fué al congregarse la congregación contra Mosé y contra Aarón, y cataron a la tienda del plazo y he aquí, la cubrió la nube, y apareciose la honra del Eterno. (8) Y vinieron Mosé y Aarón delante de la tienda del plazo. (9) Y habló el Eterno a Mosé, diciendo: (10) «Apartaos de entre la congregación esta y los acabaré en un momento.» Y echáronse sobre sus rostros. (11) Y dijo Mosé a Aarón: «Toma el brasero, y pon sobre él, fuego de sobre el ara, pon sahumerio, y lleva presto a la congregación y expía por ellos; porque salió la saña de delante del Eterno: empezó la mortandad.» (12) Y tomó Aarón, como habló Mosé, y corrió entre la congregación y he aquí que empezó la mortandad en el pueblo, y puso el sahumerio, y expió por el pueblo. (13) Y paróse entre los muertos y entre los vivos; y detúvose la mortandad. (14) Y fueron los muertos en la mortandad catorce mil setecientos, fuera de los

muertos por causa de Córah. (15) Y tornóse Aarón a Mosé a la puerta de la tienda del plazo, y la mortandad se detuvo.

(16) Y habló el Eterno a Mosé, diciendo: (17) «Habla a los hijos de Israel, y toma de ellos una vara por cada casa de padre, de todos sus mayorales, por cada casa de sus padres, doce varas; a cada uno su nombre sobre su vara, (18) y el nombre de Aarón escribirás sobre la vara de Leví; porque habrá una vara por cabeza de cada casa de sus padres. (19) Y dejarlas has, en la tienda del plazo delante del testimonio, que me reuniré a vosotros allí. (20) Y será, que del varón que yo escogiere, su vara florecerá, y quitaré de sobre mi la queja de los hijos de Israel que ellos querellan contra vosotros.» (21) Y habló Mosé a los hijos de Israel, y diéronle todos sus mayorales, una vara por mayoral, por cada casa de sus padres, doce varas, y la vara de Aarón entre sus varas. (22) Y puso Mosé las varas delante del Eterno, en la tienda del testimonio. (23) Y fué al otro día que vino Mosé a la tienda del testimonio; y he aquí, que floreció la vara de Aarón, de la casa de Leví, y dió flor, y arrojó renuevos, y brotó almendras. (24) Y Mosé sacó todas las varas de delante del Eterno, a todos los hijos de Israel; y vieron, y tomó cada uno su vara. (25) Y dijo el Eterno a Mosé: «Torna la vara a Aarón delante del testimonio por guarda, por señal a los hijos de la rebelión; y acabarse ha, su queja de sobre mí, y no morirán.» (26) E hizo Mosé como encomendó el Eterno a él, así hizo.
(27) Y hablaron los hijos de Israel a Mosé, diciendo: «He aquí que morimos y perdímonos, todos perdidos somos. (28) Todo el que llegare, el que llegare al tabernáculo del Eterno morirá; ¿acabaremos por morir?»

XVIII

(1) Y dijo el Eterno a Aarón: «Tú y tus hijos, y la casa de tu padre contigo, llevaréis el pecado del santuario, y tú y tus hijos contigo, llevaréis el pecado de vuestro sacerdocio. (2) Y también a tus hermanos, la tribu de Leví, la tribu

טו עַל־דְּבַר־קֹרַח׃ וַיָּשָׁב אַהֲרֹן אֶל־מֹשֶׁה אֶל־פֶּתַח אֹהֶל
מוֹעֵד וְהַמַּגֵּפָה נֶעֱצָרָה׃ פ חמישי
16 וַיְדַבֵּר יְהוָה אֶל־מֹשֶׁה לֵּאמֹר׃ דַּבֵּר ׀ אֶל־בְּנֵי יִשְׂרָאֵל
17 וְקַח מֵאִתָּם מַטֶּה מַטֶּה לְבֵית אָב מֵאֵת כָּל־נְשִׂיאֵהֶם
לְבֵית אֲבֹתָם שְׁנֵים עָשָׂר מַטּוֹת אִישׁ אֶת־שְׁמוֹ תִּכְתֹּב עַל־
18 מַטֵּהוּ׃ וְאֵת שֵׁם אַהֲרֹן תִּכְתֹּב עַל־מַטֵּה לֵוִי כִּי מַטֶּה אֶחָד
19 לְרֹאשׁ בֵּית אֲבוֹתָם׃ וְהִנַּחְתָּם בְּאֹהֶל מוֹעֵד לִפְנֵי הָעֵדוּת
כ אֲשֶׁר אִוָּעֵד לָכֶם שָׁמָּה׃ וְהָיָה הָאִישׁ אֲשֶׁר אֶבְחַר־בּוֹ
מַטֵּהוּ יִפְרָח וַהֲשִׁכֹּתִי מֵעָלַי אֶת־תְּלֻנּוֹת בְּנֵי יִשְׂרָאֵל אֲשֶׁר
21 הֵם מַלִּינִם עֲלֵיכֶם׃ וַיְדַבֵּר מֹשֶׁה אֶל־בְּנֵי יִשְׂרָאֵל וַיִּתְּנוּ
אֵלָיו ׀ כָּל־נְשִׂיאֵיהֶם מַטֶּה לְנָשִׂיא אֶחָד מַטֶּה לְנָשִׂיא אֶחָד
לְבֵית אֲבֹתָם שְׁנֵים עָשָׂר מַטּוֹת וּמַטֵּה אַהֲרֹן בְּתוֹךְ מַטּוֹתָם׃
22 וַיַּנַּח מֹשֶׁה אֶת־הַמַּטֹּת לִפְנֵי יְהוָה בְּאֹהֶל הָעֵדֻת׃ וַיְהִי
23 מִמָּחֳרָת וַיָּבֹא מֹשֶׁה אֶל־אֹהֶל הָעֵדוּת וְהִנֵּה פָּרַח מַטֵּה־
24 אַהֲרֹן לְבֵית לֵוִי וַיֹּצֵא פֶרַח וַיָּצֵץ צִיץ וַיִּגְמֹל שְׁקֵדִים׃ וַיֹּצֵא
מֹשֶׁה אֶת־כָּל־הַמַּטֹּת מִלִּפְנֵי יְהוָה אֶל־כָּל־בְּנֵי יִשְׂרָאֵל
וַיִּרְאוּ וַיִּקְחוּ אִישׁ מַטֵּהוּ׃ פ ששי
כה וַיֹּאמֶר יְהוָה אֶל־מֹשֶׁה הָשֵׁב אֶת־מַטֵּה אַהֲרֹן לִפְנֵי הָעֵדוּת
לְמִשְׁמֶרֶת לְאוֹת לִבְנֵי־מֶרִי וּתְכַל תְּלוּנֹּתָם מֵעָלַי וְלֹא
26 יָמֻתוּ׃ וַיַּעַשׂ מֹשֶׁה כַּאֲשֶׁר צִוָּה יְהוָה אֹתוֹ כֵּן עָשָׂה׃ פ
27 וַיֹּאמְרוּ בְּנֵי יִשְׂרָאֵל אֶל־מֹשֶׁה לֵאמֹר הֵן גָּוַעְנוּ אָבַדְנוּ כֻּלָּנוּ
28 אָבָדְנוּ׃ כֹּל הַקָּרֵב ׀ הַקָּרֵב אֶל־מִשְׁכַּן יְהוָה יָמוּת הַאִם
תַּמְנוּ לִגְוֺעַ׃ ס

יח

א וַיֹּאמֶר יְהוָה אֶל־אַהֲרֹן אַתָּה וּבָנֶיךָ וּבֵית־אָבִיךָ אִתָּךְ תִּשְׂאוּ
אֶת־עֲוֺן הַמִּקְדָּשׁ וְאַתָּה וּבָנֶיךָ אִתָּךְ תִּשְׂאוּ אֶת־עֲוֺן כְּהֻנַּתְכֶם׃
2 וְגַם אֶת־אַחֶיךָ מַטֵּה לֵוִי שֵׁבֶט אָבִיךָ הַקְרֵב אִתָּךְ וְיִלָּווּ

יז 20. חצי הספר בפסוקים. 23. בצ"ל בהעמדה תחת הצ'

עָלֶיךָ וִישָׁרְתוּךָ וְאַתָּה וּבָנֶיךָ אִתָּךְ לִפְנֵי אֹהֶל הָעֵדֻת׃
3 וְשָׁמְרוּ מִשְׁמַרְתְּךָ וּמִשְׁמֶרֶת כָּל־הָאֹהֶל אַךְ אֶל־כְּלֵי הַקֹּדֶשׁ
4 וְאֶל־הַמִּזְבֵּחַ לֹא יִקְרָבוּ וְלֹא־יָמֻתוּ גַם־הֵם גַּם־אַתֶּם׃ וְנִלְווּ
עָלֶיךָ וְשָׁמְרוּ אֶת־מִשְׁמֶרֶת אֹהֶל מוֹעֵד לְכֹל עֲבֹדַת הָאֹהֶל
ה וְזָר לֹא־יִקְרַב אֲלֵיכֶם׃ וּשְׁמַרְתֶּם אֵת מִשְׁמֶרֶת הַקֹּדֶשׁ
וְאֵת מִשְׁמֶרֶת הַמִּזְבֵּחַ וְלֹא־יִהְיֶה עוֹד קֶצֶף עַל־בְּנֵי יִשְׂרָאֵל׃
6 וַאֲנִי הִנֵּה לָקַחְתִּי אֶת־אֲחֵיכֶם הַלְוִיִּם מִתּוֹךְ בְּנֵי יִשְׂרָאֵל
לָכֶם מַתָּנָה נְתֻנִים לַיהוָה לַעֲבֹד אֶת־עֲבֹדַת אֹהֶל מוֹעֵד׃
7 וְאַתָּה וּבָנֶיךָ אִתְּךָ תִּשְׁמְרוּ אֶת־כְּהֻנַּתְכֶם לְכָל־דְּבַר הַמִּזְבֵּחַ
וּלְמִבֵּית לַפָּרֹכֶת וַעֲבַדְתֶּם עֲבֹדַת מַתָּנָה אֶתֵּן אֶת־כְּהֻנַּתְכֶם
וְהַזָּר הַקָּרֵב יוּמָת׃ פ
8 וַיְדַבֵּר יְהוָה אֶל־אַהֲרֹן וַאֲנִי הִנֵּה נָתַתִּי לְךָ אֶת־מִשְׁמֶרֶת
תְּרוּמֹתָי לְכָל־קָדְשֵׁי בְנֵי־יִשְׂרָאֵל לְךָ נְתַתִּים לְמָשְׁחָה
9 וּלְבָנֶיךָ לְחָק־עוֹלָם׃ זֶה־יִהְיֶה לְךָ מִקֹּדֶשׁ הַקֳּדָשִׁים מִן־
הָאֵשׁ כָּל־קָרְבָּנָם לְכָל־מִנְחָתָם וּלְכָל־חַטָּאתָם וּלְכָל־
אֲשָׁמָם אֲשֶׁר יָשִׁיבוּ לִי קֹדֶשׁ קָדָשִׁים לְךָ הוּא וּלְבָנֶיךָ׃
י בְּקֹדֶשׁ הַקֳּדָשִׁים תֹּאכְלֶנּוּ כָּל־זָכָר יֹאכַל אֹתוֹ קֹדֶשׁ יִהְיֶה־
11 לָּךְ׃ וְזֶה־לְּךָ תְּרוּמַת מַתָּנָם לְכָל־תְּנוּפֹת בְּנֵי יִשְׂרָאֵל לְךָ
נְתַתִּים וּלְבָנֶיךָ וְלִבְנֹתֶיךָ אִתְּךָ לְחָק־עוֹלָם כָּל־טָהוֹר
12 בְּבֵיתְךָ יֹאכַל אֹתוֹ׃ כֹּל חֵלֶב יִצְהָר וְכָל־חֵלֶב תִּירוֹשׁ
13 וְדָגָן רֵאשִׁיתָם אֲשֶׁר־יִתְּנוּ לַיהוָה לְךָ נְתַתִּים׃ בִּכּוּרֵי כָּל־
אֲשֶׁר בְּאַרְצָם אֲשֶׁר־יָבִיאוּ לַיהוָה לְךָ יִהְיֶה כָּל־טָהוֹר
14 טו בְּבֵיתְךָ יֹאכְלֶנּוּ׃ כָּל־חֵרֶם בְּיִשְׂרָאֵל לְךָ יִהְיֶה׃ כָּל־פֶּטֶר
רֶחֶם לְכָל־בָּשָׂר אֲשֶׁר־יַקְרִיבוּ לַיהוָה בָּאָדָם וּבַבְּהֵמָה
יִהְיֶה־לָּךְ אַךְ ׀ פָּדֹה תִפְדֶּה אֵת בְּכוֹר הָאָדָם וְאֵת בְּכוֹר־
16 הַבְּהֵמָה הַטְּמֵאָה תִּפְדֶּה׃ וּפְדוּיָו מִבֶּן־חֹדֶשׁ תִּפְדֶּה
בְּעֶרְכְּךָ כֶּסֶף חֲמֵשֶׁת שְׁקָלִים בְּשֶׁקֶל הַקֹּדֶשׁ עֶשְׂרִים

de tu padre, acercarás a ti, juntarse han, contigo, y servirte han; y tú y tus hijos contigo delante de la tienda del testimonio. (3) Y guardarán tu guarda, y la guarda de toda la tienda: salvo a los vasos de la santidad y al ara, no llegarán y entonces no morirán ellos ni vosotros. (4) Y juntarse han, contigo, y guardarán la guarda de la tienda del plazo, en todo el servicio de la tienda; y ningún extraño se llegará a vosotros. (5) Y guardaréis la guarda de la santidad, y la guarda del ara, y no habrá más saña sobre los hijos de Israel. (6) Y yo, he aquí que dí a vuestros hermanos, los Levitas, de entre los hijos de Israel, a vosotros por dádiva, dados por el Eterno, para servir en el servicio de la tienda del plazo. (7) Y tú, y tus hijos contigo, guardaréis vuestro sacerdocio en toda cosa del ara, y de adentro del velo, serviréis; servicio de dádiva os di con vuestro sacerdocio; y el extraño que se acerque, será matado.»

(8) Y habló el Eterno a Aarón: «Y yo, he aquí que di a ti la guarda de mis ofrendas; todas las santidades de los hijos de Israel a ti las di por unción, y a tus hijos por fuero de siempre. (9) Esto será para ti la santidad de santidades del fuego; toda su ofrenda de todo su presente, y de toda su expiación, y de toda su culpa, que ofrecieran a mí, santidad de santidades para ti y para tus hijos. (10) En la santidad de santidades la comerás; todo varón comerá de ella; santidad será para ti.

(11) Y ésta es para ti ofrenda de su dádiva, todas las meceduras de los hijos de Israel, a ti las di, y a tus hijos y a tus hijas contigo, por fuero de siempre: todo limpio en tu casa la comerá. (12) Toda grasa de aceite y toda grasa de mosto, y trigo, su primicia, que dieren al Eterno, a ti las doy. (13) Primicias de todo lo que en su tierra había, que trajeron al Eterno, para ti serán todo limpio, en tu casa la comerá. (14) Toda anatema en Israel para ti será. (15) Toda abertura de matriz de toda carne que ofrecieren al Eterno, en el hombre y en la bestia, será para ti: sólo que redimir, redimirás al primogénito del hombre y al primogénito de la bestia inmunda, redimirás. (16) Y sus rescates, de edad de un mes redimirás, por su precio, cinco pesos plata, en peso de la

3. קמץ בז"ק

santidad, veinte granos es él. (17) De cierto, el primogénito de buey o el primogénito de carnero o el primogénito de cabrón, no redimirás; santidad son ellos: su sangre esparcirás sobre el ara; y su sebo harás quemar, como ofrenda de olor agradable al Eterno. (18) Y su carne será para ti: como el pecho de la mecedura y como el anca derecha, para ti será; tuyo será. (19) Todas las ofrendas de las santidades, que apartaren los hijos de Israel al Eterno, di a ti, y a tus hijos y a tus hijas contigo, por fuero perpetuo: pacto de sal para siempre es él delante del Eterno para ti y para tu simiente contigo.»

(20) Y dijo el Eterno a Aarón: «De su tierra no heredarás y parte no habrá para ti entre ellos: yo soy tu parte y tu heredad entre los hijos de Israel. (21) Y a los hijos de Leví he aquí, que di todo el diezmo en Israel por heredad, a trueque de servicio, porque ellos sirven el servicio de la tienda del plazo. (22) Y no se llegarán más los hijos de Israel a la tienda del plazo, para que no lleven pecado, porque morirían. (23) Y servirán los Levitas el servicio de la tienda del plazo, y ellos llevarán su pecado: fuero perpetuo por vuestras generaciones; entre los hijos de Israel no heredarán heredad. (24) Porque el diezmo de los hijos de Israel, que apartaren al Eterno en ofrenda, di a los Levitas por heredad, por tanto dije a ellos: entre los hijos de Israel no heredarán heredad.»

(25) Y habló el Eterno a Mosé, diciendo: (26) «Y a los Levitas hablarás y les dirás: Cuando tomareis de los hijos de Israel los diezmos que di a vosotros de ellos, por vuestra heredad, apartaréis de él, ofrenda para el Eterno, un diezmo del diezmo. (27) Y será contada a vosotros vuestra ofrenda, como ofrenda de la era, y como la llenura del lagar. (28) Así apartaréis también vosotros al Eterno de todos vuestros diezmos, que tomareis de los hijos de Israel; y daréis de ella la ofrenda del Eterno para Aarón el sacerdote. (29) De todas vuestras dádivas, apartaréis toda la ofrenda del Eterno; de toda su gordura, su santidad para él. (30) Y dirás a ellos: en vuestro apartar su gordura de él, será contado a los Levitas como renuevo de era, y como renuevo

17 גרה הוא: אך בכור־שור או בכור כשב או־בכור עז
לא תפדה קדש הם את־דמם תזרק על־המזבח ואת־
18 חלבם תקטיר אשה לריח ניחח ליהוה: ובשרם יהיה־
19 לך כחזה התנופה וכשוק הימין לך יהיה: כל תרומת
הקדשים אשר ירימו בני־ישראל ליהוה נתתי לך ולבניך
ולבנתיך אתך לחק־עולם ברית מלח עולם הוא לפני
כ יהוה לך ולזרעך אתך: ויאמר יהוה אל־אהרן בארצם
לא תנחל וחלק לא־יהיה לך בתוכם אני חלקך
21 ונחלתך בתוך בני ישראל: ס ולבני לוי הנה נתתי
כל־מעשר בישראל לנחלה חלף עבדתם אשר־הם
22 עבדים את־עבדת אהל מועד: ולא־יקרבו עוד בני
23 ישראל אל־אהל מועד לשאת חטא למות: ועבד הלוי
הוא את־עבדת אהל מועד והם ישאו עונם חקת עולם
24 לדרתיכם ובתוך בני ישראל לא ינחלו נחלה: כי את־
מעשר בני־ישראל אשר ירימו ליהוה תרומה נתתי
ללוים לנחלה על־כן אמרתי להם בתוך בני ישראל
לא ינחלו נחלה: פ
כה 25 וידבר יהוה אל־משה לאמר: ואל־הלוים תדבר ואמרת
אלהם כי־תקחו מאת בני־ישראל את־המעשר אשר
נתתי לכם מאתם בנחלתכם והרמתם ממנו תרומת
27 יהוה מעשר מן־המעשר: ונחשב לכם תרומתכם כדגן
28 מן־הגרן וכמלאה מן־היקב: כן תרימו גם־אתם תרומת
יהוה מכל מעשרתיכם אשר תקחו מאת בני ישראל
29 ונתתם ממנו את־תרומת יהוה לאהרן הכהן: מכל
מתנתיכם תרימו את כל־תרומת יהוה מכל־חלבו את־
ל מקדשו ממנו: ואמרת אלהם בהרימכם את־חלבו
ממנו ונחשב ללוים כתבואת גרן וכתבואת יקב:

קמץ בז"ק 20.

31 וַאֲכַלְתֶּם אֹתוֹ בְּכָל־מָקוֹם אַתֶּם וּבֵיתְכֶם כִּי־שָׂכָר הוּא
32 לָכֶם חֵלֶף עֲבֹדַתְכֶם בְּאֹהֶל מוֹעֵד׃ וְלֹא־תִשְׂאוּ עָלָיו
חֵטְא בַּהֲרִימְכֶם אֶת־חֶלְבּוֹ מִמֶּנּוּ וְאֶת־קָדְשֵׁי בְנֵי־יִשְׂרָאֵל
לֹא תְחַלְּלוּ וְלֹא תָמוּתוּ׃

יט

פ פ פ לט 39

1 2 וַיְדַבֵּר יְהוָה אֶל־מֹשֶׁה וְאֶל־אַהֲרֹן לֵאמֹר׃ זֹאת חֻקַּת
הַתּוֹרָה אֲשֶׁר־צִוָּה יְהוָה לֵאמֹר דַּבֵּר ׀ אֶל־בְּנֵי יִשְׂרָאֵל
וְיִקְחוּ אֵלֶיךָ פָרָה אֲדֻמָּה תְּמִימָה אֲשֶׁר אֵין־בָּהּ מוּם
3 אֲשֶׁר לֹא־עָלָה עָלֶיהָ עֹל׃ וּנְתַתֶּם אֹתָהּ אֶל־אֶלְעָזָר הַכֹּהֵן
4 וְהוֹצִיא אֹתָהּ אֶל־מִחוּץ לַמַּחֲנֶה וְשָׁחַט אֹתָהּ לְפָנָיו׃ וְלָקַח
אֶלְעָזָר הַכֹּהֵן מִדָּמָהּ בְּאֶצְבָּעוֹ וְהִזָּה אֶל־נֹכַח פְּנֵי אֹהֶל־
5 מוֹעֵד מִדָּמָהּ שֶׁבַע פְּעָמִים׃ וְשָׂרַף אֶת־הַפָּרָה לְעֵינָיו
6 אֶת־עֹרָהּ וְאֶת־בְּשָׂרָהּ וְאֶת־דָּמָהּ עַל־פִּרְשָׁהּ יִשְׂרֹף׃ וְלָקַח
הַכֹּהֵן עֵץ אֶרֶז וְאֵזוֹב וּשְׁנִי תוֹלָעַת וְהִשְׁלִיךְ אֶל־תּוֹךְ
7 שְׂרֵפַת הַפָּרָה׃ וְכִבֶּס בְּגָדָיו הַכֹּהֵן וְרָחַץ בְּשָׂרוֹ בַּמַּיִם
8 וְאַחַר יָבֹא אֶל־הַמַּחֲנֶה וְטָמֵא הַכֹּהֵן עַד־הָעָרֶב׃ וְהַשֹּׂרֵף
אֹתָהּ יְכַבֵּס בְּגָדָיו בַּמַּיִם וְרָחַץ בְּשָׂרוֹ בַּמָּיִם וְטָמֵא עַד־
9 הָעָרֶב׃ וְאָסַף ׀ אִישׁ טָהוֹר אֵת אֵפֶר הַפָּרָה וְהִנִּיחַ
מִחוּץ לַמַּחֲנֶה בְּמָקוֹם טָהוֹר וְהָיְתָה לַעֲדַת בְּנֵי־יִשְׂרָאֵל
10 לְמִשְׁמֶרֶת לְמֵי נִדָּה חַטָּאת הִוא׃ וְכִבֶּס הָאֹסֵף אֶת־אֵפֶר
הַפָּרָה אֶת־בְּגָדָיו וְטָמֵא עַד־הָעָרֶב וְהָיְתָה לִבְנֵי יִשְׂרָאֵל
11 וְלַגֵּר הַגָּר בְּתוֹכָם לְחֻקַּת עוֹלָם׃ הַנֹּגֵעַ בְּמֵת לְכָל־נֶפֶשׁ
12 אָדָם וְטָמֵא שִׁבְעַת יָמִים׃ הוּא יִתְחַטָּא־בוֹ בַּיּוֹם הַשְּׁלִישִׁי
וּבַיּוֹם הַשְּׁבִיעִי יִטְהָר וְאִם־לֹא יִתְחַטָּא בַּיּוֹם הַשְּׁלִישִׁי
13 וּבַיּוֹם הַשְּׁבִיעִי לֹא יִטְהָר׃ כָּל־הַנֹּגֵעַ בְּמֵת בְּנֶפֶשׁ הָאָדָם
אֲשֶׁר־יָמוּת וְלֹא יִתְחַטָּא אֶת־מִשְׁכַּן יְהוָה טִמֵּא וְנִכְרְתָה
הַנֶּפֶשׁ הַהִוא מִיִּשְׂרָאֵל כִּי מֵי נִדָּה לֹא־זֹרַק עָלָיו טָמֵא

del lagar. (31) Y lo comeréis en cualquier lugar, vosotros y vuestra casa; porque el precio es, para vosotros, a trueque de vuestro servicio en la tienda del plazo. (32) No llevaréis por ello pecado en vuestro apartar la gordura de él; y las santidades de los hijos de Israel no profanaréis y no moriréis.»

XIX

(39) HUKAT

(1) Y habló el Eterno a Mosé y a Aarón, diciendo: (2) «Este es el fuero de la ley que encomendó el Eterno, diciendo: Habla a los hijos de Israel para que tornen a ti una vaca bermeja, perfecta, en la que no haya mácula, y sobre la que no haya habido yugo: (3) Y la daréis a Eleasar el sacerdote, y sacarála fuera del real, y degollaránla delante de él. (4) Y tomará Eleasar el sacerdote, de su sangre con su dedo, y rociará el frente de la faz de la tienda del plazo con su sangre, siete veces; (5) y quemará la vaca ante sus ojoos: su cuero y su carne y su sangre, sobre su estiércol quemará. (6) Y tomará el sacerdote un palo de cedro, y orégano, y tinte carmesí, y los echará entre el fuego en que arde la vaca. (7) Y lavará sus vestidos el sacerdote, y lavará su carne en el agua, y después vendrá al real; e inmundo será el sacerdote hasta la tarde. (8) Y el que la quemare, lavará sus vestidos en el agua, y lavará su carne en el agua, e inmundo será hasta la tarde. (9) Y juntará un varón limpio las cenizas de la vaca, y la dejará fuera del real, en lugar limpio. Y la congregación de los hijos de Israel la guardará para el agua de apartamiento: expiación será. (10) Y lavará el que juntare las cenizas de la vaca, sus vestidos, e inmundo será hasta la tarde: y será para los hijos de Israel, y para el peregrino que peregrinare entre ellos, por fuero de siempre.

(11) El que tocare muerto de toda alma de hombre, inmundo será siete días. (12) El se limpiará con ella en el día tercero, y en el día séptimo se limpiará, y si no se limpiare en el día tercero, en el día séptimo no se limpiará. (13) Todo el que tocare muerto, el alma del hombre que estuviere muerto, y no se limpiare, al tabernáculo del Eterno contaminará, y será tajada el alma esta, porque agua de apartamiento no fué esparcida sobre él, inmundo será: y su inmundicia estará en él.

(14) Esta es la ley del hombre cuando muriere en la tienda: todo el que viniere a la tienda y todo lo que en la tienda estuviere, inmundo será siete días. (15) Y todo vaso abierto, que no tenga tapón o cubierta bien ajustada sobre él, inmundo será. (16) Y todo el que tocare sobre el campo un matado a espada, o a un muerto o huesos de hombre, o en fosa, inmundo será siete días. (17) Y tomarán para el inmundo del polvo de lo quemado de la expiación, y echarán sobre él, agua viva en un vaso: (18) Y tomará orégano, y mojará en el agua un varón limpio, y rociará sobre la tienda, y sobre todos los vasos, y sobre las almas que estuvieren allí, y sobre el que tocare en los huesos, o en el matado, o en el muerto, o en la fosa: (19) Y rociará el limpio sobre el inmundo, en el día tercero y en el día séptimo, y limpiarlo ha, en el día séptimo, y lavará sus vestidos, y lavarse ha en el agua, y limpiarse ha, en la tarde. (20) Y el varón que fuere inmundo y no se limpiare, será tajada el alma esta de entre la congregación, porque el santuario del Eterno contaminó, el agua de apartamiento no fué esparcida sobre él, inmundo es él. (21) Y será para ellos por fuero perpetuo, y el que rociare las aguas del apartamiento, lavará sus vestidos, y el que tocare las aguas del apartamiento, será inmundo hasta la tarde. (22) Y todo lo que tocare el inmundo, será inmundo, y el alma que la tocare, será inmunda hasta la tarde.»

14 יהוה עוד טמאתו בו: זאת התורה אדם כי־ימות באהל
כל־הבא אל־האהל וכל־אשר באהל יטמא שבעת
טו ימים: וכל כלי פתוח אשר אין־צמיד פתיל עליו טמא
16 הוא: וכל אשר־יגע על־פני השדה בחלל־חרב או במת
17 או־בעצם אדם או בקבר יטמא שבעת ימים: ולקחו
לטמא מעפר שרפת החטאת ונתן עליו מים חיים אל־
18 כלי: ולקח אזוב וטבל במים איש טהור והזה על־האהל
ועל־כל־הכלים ועל־הנפשות אשר היו־שם ועל־הנגע
19 בעצם או בחלל או במת או בקבר: והזה הטהר על־
הטמא ביום השלישי וביום השביעי וחטאו ביום השביעי
כ וכבס בגדיו ורחץ במים וטהר בערב: ואיש אשר־יטמא
ולא יתחטא ונכרתה הנפש ההוא מתוך הקהל כי את־
21 מקדש יהוה טמא מי נדה לא־זרק עליו טמא הוא: והיתה
להם לחקת עולם ומזה מי־הנדה יכבס בגדיו והנגע במי
22 הנדה יטמא עד־הערב: וכל אשר־יגע־בו הטמא יטמא
והנפש הנגעת תטמא עד־הערב: פ

כ

א ויבאו בני־ישראל כל־העדה מדבר־צן בחדש הראשון
2 וישב העם בקדש ותמת שם מרים ותקבר שם: ולא־
3 היה מים לעדה ויקהלו על־משה ועל־אהרן: וירב
העם עם־משה ויאמרו לאמר ולו גוענו בגוע אחינו לפני
4 יהוה: ולמה הבאתם את־קהל יהוה אל־המדבר הזה
ה למות שם אנחנו ובעירנו: ולמה העליתנו ממצרים
להביא אתנו אל־המקום הרע הזה לא מקום זרע ותאנה
6 וגפן ורמון ומים אין לשתות: ויבא משה ואהרן מפני
הקהל אל־פתח אהל מועד ויפלו על־פניהם וירא כבוד
יהוה אליהם: פ שלישי שני כשהן מחוברין

XX

(1) Y vinieron los hijos de Israel, toda la congregación, al desierto de Sin, en el mes primero, y estuvo el pueblo en Cadés; y murió allí Miriam, y fué enterrada allí. (2) Y no había agua para la congregación, y juntáronse contra Mosé y contra Aarón. (3) Y riñó el pueblo con Mosé, y hablaron diciendo: «¡Ojalá nosotros muriéramos al morir nuestros hermanos delante del Eterno! (4) ¿Por qué trajisteis a la congregación del Eterno al desierto este, para morir allí, nosotros y nuestras bestias? (5) ¿Por qué nos hiciste subir de Egipto, para traernos al lugar malo este? No es lugar de simiente, ni de higuera, ni de vid, ni de granada: y agua no hay para beber.» (6) Y vinieron Mosé y Aarón de delante la congregación a la puerta de la tienda del plazo, y echáronse sobre sus rostros; y aparecióse la honra del Eterno a ellos.

כ .1 ב׳ טעמים

7 וַיְדַבֵּר יְהֹוָה אֶל־מֹשֶׁה לֵּאמֹר׃ קַח אֶת־הַמַּטֶּה וְהַקְהֵל
8 אֶת־הָעֵדָה אַתָּה וְאַהֲרֹן אָחִיךָ וְדִבַּרְתֶּם אֶל־הַסֶּלַע
לְעֵינֵיהֶם וְנָתַן מֵימָיו וְהוֹצֵאתָ לָהֶם מַיִם מִן־הַסֶּלַע וְהִשְׁקִיתָ
9 אֶת־הָעֵדָה וְאֶת־בְּעִירָם׃ וַיִּקַּח מֹשֶׁה אֶת־הַמַּטֶּה מִלִּפְנֵי
10 יְהֹוָה כַּאֲשֶׁר צִוָּהוּ׃ וַיַּקְהִלוּ מֹשֶׁה וְאַהֲרֹן אֶת־הַקָּהָל
אֶל־פְּנֵי הַסָּלַע וַיֹּאמֶר לָהֶם שִׁמְעוּ־נָא הַמֹּרִים הֲמִן־הַסֶּלַע
11 הַזֶּה נוֹצִיא לָכֶם מָיִם׃ וַיָּרֶם מֹשֶׁה אֶת־יָדוֹ וַיַּךְ אֶת־הַסֶּלַע
בְּמַטֵּהוּ פַּעֲמָיִם וַיֵּצְאוּ מַיִם רַבִּים וַתֵּשְׁתְּ הָעֵדָה וּבְעִירָם׃ ס
12 וַיֹּאמֶר יְהֹוָה אֶל־מֹשֶׁה וְאֶל־אַהֲרֹן יַעַן לֹא־הֶאֱמַנְתֶּם בִּי
לְהַקְדִּישֵׁנִי לְעֵינֵי בְּנֵי יִשְׂרָאֵל לָכֵן לֹא תָבִיאוּ אֶת־הַקָּהָל
13 הַזֶּה אֶל־הָאָרֶץ אֲשֶׁר־נָתַתִּי לָהֶם׃ הֵמָּה מֵי מְרִיבָה אֲשֶׁר־
14 רָבוּ בְנֵי־יִשְׂרָאֵל אֶת־יְהֹוָה וַיִּקָּדֵשׁ בָּם׃ ס וַיִּשְׁלַח
מֹשֶׁה מַלְאָכִים מִקָּדֵשׁ אֶל־מֶלֶךְ אֱדוֹם כֹּה אָמַר אָחִיךָ
יִשְׂרָאֵל אַתָּה יָדַעְתָּ אֵת כָּל־הַתְּלָאָה אֲשֶׁר מְצָאָתְנוּ׃
טו וַיֵּרְדוּ אֲבֹתֵינוּ מִצְרַיְמָה וַנֵּשֶׁב בְּמִצְרַיִם יָמִים רַבִּים
16 וַיָּרֵעוּ לָנוּ מִצְרַיִם וְלַאֲבֹתֵינוּ׃ וַנִּצְעַק אֶל־יְהֹוָה וַיִּשְׁמַע קֹלֵנוּ
וַיִּשְׁלַח מַלְאָךְ וַיֹּצִאֵנוּ מִמִּצְרָיִם וְהִנֵּה אֲנַחְנוּ בְקָדֵשׁ עִיר קְצֵה
17 גְבוּלֶךָ׃ נַעְבְּרָה־נָּא בְאַרְצֶךָ לֹא נַעֲבֹר בְּשָׂדֶה וּבְכֶרֶם וְלֹא
נִשְׁתֶּה מֵי בְאֵר דֶּרֶךְ הַמֶּלֶךְ נֵלֵךְ לֹא נִטֶּה יָמִין וּשְׂמֹאול
18 עַד אֲשֶׁר־נַעֲבֹר גְּבֻלֶךָ׃ וַיֹּאמֶר אֵלָיו אֱדוֹם לֹא תַעֲבֹר
19 בִּי פֶּן־בַּחֶרֶב אֵצֵא לִקְרָאתֶךָ׃ וַיֹּאמְרוּ אֵלָיו בְּנֵי־יִשְׂרָאֵל
בַּמְסִלָּה נַעֲלֶה וְאִם־מֵימֶיךָ נִשְׁתֶּה אֲנִי וּמִקְנַי וְנָתַתִּי מִכְרָם
כ רַק אֵין־דָּבָר בְּרַגְלַי אֶעֱבֹרָה׃ וַיֹּאמֶר לֹא תַעֲבֹר וַיֵּצֵא
21 אֱדוֹם לִקְרָאתוֹ בְּעַם כָּבֵד וּבְיָד חֲזָקָה׃ וַיְמָאֵן ׀ אֱדוֹם נְתֹן
אֶת־יִשְׂרָאֵל עֲבֹר בִּגְבֻלוֹ וַיֵּט יִשְׂרָאֵל מֵעָלָיו׃ פ
22 וַיִּסְעוּ מִקָּדֵשׁ וַיָּבֹאוּ בְנֵי־יִשְׂרָאֵל כָּל־הָעֵדָה הֹר הָהָר׃
23 וַיֹּאמֶר יְהֹוָה אֶל־מֹשֶׁה וְאֶל־אַהֲרֹן בְּהֹר הָהָר עַל־גְּבוּל

(7) Y habló el Eterno a Mosé, diciendo: (8) «Toma la vara y junta a la congregación, tú y Aarón tu hermano, y hablaréis a la peña ante sus ojos; y dará su agua, y sacará para ellos agua de la peña, y daréis a beber a la congregación, y a sus bestias.» (9) Y tomó Mosé la vara de delante del Eterno, como le encomendó.

(10) Y juntaron Mosé y Aarón a la congregación delante de la peña, y díjoles: «Oíd ahora, los rebeldes: ¿Si de la peña esta os sacáramos agua » (11) Y alzó Mosé su mano, e hirió la peña con su vara dos veces, y salió mucha agua, y bebieron la congregación y sus bestias.

(12) Y dijo el Eterno a Mosé y a Aarón: «Porque no creísteis en mi, para santificarme a los ojos de los hijos de Israel, no llevaréis a la congregación esta a la tierra que di a ellos.» (13) Esta es el agua de la riña, porque riñeron los hijos de Israel con el Eterno, y santificóse en ellos.

(14) Y envió Mosé mensajeros desde Cadés al rey de Edom: «Así dijo tu hermano Israel: tu supiste toda la fatiga que nos aconteció. (15) Y descendieron nuestros padres a Egipto, y estuvimos en Egipto muchos días, e hicieron mal los egipcios, a nosotros y a nuestros padres; (16) y clamamos al Eterno, y oyó nuestra voz, y envió un ángel, y sacónos de Egipto; y henos en Cadés, ciudad del extremo de tu límite: (17) Pasaremos ahora por tu tierra; no pasaremos por campo, ni por viña, y no beberemos agua de pozo: por el camino del rey iremos, no nos apartaremos a derecha, ni a izquierda, hasta que pasemos tu límite.» (18) Y díjoles Edom: «No pasarás por lo mío, por cuanto con la espada saldré a tu encuentro.» (19) Y dijéronle los hijos de Israel: «Por la calzada subiremos; y si tu agua bebiéremos yo y mis ganados, daré su precio: de cierto, nada dañaremos, sólo con mi compañía pasaré.» (20) Y dijo: «No pasarás» Y salió Edom a su encuentro con pueblo grave y con mano fuerte. (21) Y no quiso Edom dejar a Israel pasar por su término, y desvióse Israel de él.

(22) Y moviéronse de Cadés los hijos de Israel, toda la congregación fué al monte de Or. (23) Y habló el Eterno a Mosé y a Aarón en el monte Or,

17. מלא ו׳

24 אֶרֶץ־אֱדוֹם לֵאמֹר׃ יֵאָסֵף אַהֲרֹן אֶל־עַמָּיו כִּי לֹא יָבֹא אֶל־
הָאָרֶץ אֲשֶׁר נָתַתִּי לִבְנֵי יִשְׂרָאֵל עַל אֲשֶׁר־מְרִיתֶם אֶת־פִּי
כה לְמֵי מְרִיבָה׃ קַח אֶת־אַהֲרֹן וְאֶת־אֶלְעָזָר בְּנוֹ וְהַעַל אֹתָם
26 הֹר הָהָר׃ וְהַפְשֵׁט אֶת־אַהֲרֹן אֶת־בְּגָדָיו וְהִלְבַּשְׁתָּם אֶת־
27 אֶלְעָזָר בְּנוֹ וְאַהֲרֹן יֵאָסֵף וּמֵת שָׁם׃ וַיַּעַשׂ מֹשֶׁה כַּאֲשֶׁר
28 צִוָּה יְהוָה וַיַּעֲלוּ אֶל־הֹר הָהָר לְעֵינֵי כָּל־הָעֵדָה׃ וַיַּפְשֵׁט
מֹשֶׁה אֶת־אַהֲרֹן אֶת־בְּגָדָיו וַיַּלְבֵּשׁ אֹתָם אֶת־אֶלְעָזָר בְּנוֹ
וַיָּמָת אַהֲרֹן שָׁם בְּרֹאשׁ הָהָר וַיֵּרֶד מֹשֶׁה וְאֶלְעָזָר מִן־הָהָר׃
29 וַיִּרְאוּ כָּל־הָעֵדָה כִּי גָוַע אַהֲרֹן וַיִּבְכּוּ אֶת־אַהֲרֹן שְׁלֹשִׁים
יוֹם כֹּל בֵּית יִשְׂרָאֵל׃ ס

כא

א וַיִּשְׁמַע הַכְּנַעֲנִי מֶלֶךְ־עֲרָד יֹשֵׁב הַנֶּגֶב כִּי בָּא יִשְׂרָאֵל
2 דֶּרֶךְ הָאֲתָרִים וַיִּלָּחֶם בְּיִשְׂרָאֵל וַיִּשְׁבְּ ׀ מִמֶּנּוּ שֶׁבִי׃ וַיִּדַּר
יִשְׂרָאֵל נֶדֶר לַיהוָה וַיֹּאמַר אִם־נָתֹן תִּתֵּן אֶת־הָעָם הַזֶּה
3 בְּיָדִי וְהַחֲרַמְתִּי אֶת־עָרֵיהֶם׃ וַיִּשְׁמַע יְהוָה בְּקוֹל יִשְׂרָאֵל
וַיִּתֵּן אֶת־הַכְּנַעֲנִי וַיַּחֲרֵם אֶתְהֶם וְאֶת־עָרֵיהֶם וַיִּקְרָא שֵׁם־
הַמָּקוֹם חָרְמָה׃ פ
4 וַיִּסְעוּ מֵהֹר הָהָר דֶּרֶךְ יַם־סוּף לִסְבֹב אֶת־אֶרֶץ אֱדוֹם
ה וַתִּקְצַר נֶפֶשׁ־הָעָם בַּדָּרֶךְ׃ וַיְדַבֵּר הָעָם בֵּאלֹהִים וּבְמֹשֶׁה
לָמָה הֶעֱלִיתֻנוּ מִמִּצְרַיִם לָמוּת בַּמִּדְבָּר כִּי אֵין לֶחֶם
6 וְאֵין מַיִם וְנַפְשֵׁנוּ קָצָה בַּלֶּחֶם הַקְּלֹקֵל׃ וַיְשַׁלַּח יְהוָה
בָּעָם אֵת הַנְּחָשִׁים הַשְּׂרָפִים וַיְנַשְּׁכוּ אֶת־הָעָם וַיָּמָת עַם־
7 רָב מִיִּשְׂרָאֵל׃ וַיָּבֹא הָעָם אֶל־מֹשֶׁה וַיֹּאמְרוּ חָטָאנוּ כִּי־
דִבַּרְנוּ בַיהוָה וָבָךְ הִתְפַּלֵּל אֶל־יְהוָה וְיָסֵר מֵעָלֵינוּ אֶת־
8 הַנָּחָשׁ וַיִּתְפַּלֵּל מֹשֶׁה בְּעַד הָעָם׃ וַיֹּאמֶר יְהוָה אֶל־
מֹשֶׁה עֲשֵׂה לְךָ שָׂרָף וְשִׂים אֹתוֹ עַל־נֵס וְהָיָה כָּל־הַנָּשׁוּךְ
9 וְרָאָה אֹתוֹ וָחָי׃ וַיַּעַשׂ מֹשֶׁה נְחַשׁ נְחֹשֶׁת וַיְשִׂמֵהוּ עַל־

sobre el término de la tierra de Edom, diciendo: (24) «Sea reunido Aarón a su pueblo; que no irá a la tierra que di a los hijos de Israel, porque se rebeló contra mi dicho por el agua de la riña. (25) Toma a Aarón y a Eleasar su hijo, y hazlos subir al monte de Or; (26) y haz desnudar a Aarón sus vestidos, y haz de hacerlos vestir a Eleasar su hijo; y Aarón será reunido y morirá allí.» (27) E hizo Mosé como encomendó el Eterno: y subieron al monte de Or, a los ojos de toda la congregación. (28) E hizo Mosé desnudar a Aarón sus vestidos, e hizo vestirlos a Eleasar su hijo: Y murió Aarón allí, en la cabeza del monte y Mosé y Eleasar descendieron del monte. (29) Y vió toda la congregación que murió Aarón, y lloró a Aarón durante treinta días, toda la casa de Israel.

XXI

(1) Y oyó el Kenaaneo, rey de Arad, morador del meridión, que venía Israel por el camino de los esculcas, y peleó con Israel, y tomó a él cautivos. (2) E hizo Israel promesa al Eterno, y dijo: «Si dar, dieres al pueblo este en mi mano, yo destruiré sus ciudades.» (3) Y oyó el Eterno la voz de Israel, y dió al Kenaaneo y destruyó sus ciudades, y llamó el nombre del lugar, Hormá.

(4) Y moviéronse del monte de Or, camino del mar Suf, para rodear la tierra de Edom, y acortóse el alma del pueblo en el camino. (5) Y habló el pueblo contra Dios y contra Mosé: «¿Por qué nos hicisteis subir de Egipto para morir en el desierto, donde no hay pan, ni agua, y nuestra alma tiene fastidio con pan tan liviano?» (6) Y envió el Eterno al pueblo las culebras ardientes, y mordieron al pueblo: y murió mucho pueblo de Israel. (7) Y vino el pueblo a Mosé, y dijo: «Pecamos, porque hablamos contra el Eterno y contra ti: ora al Eterno para que quite de sobre nosotros las culebras.» E hizo oración Mosé por el pueblo. (8) Y dijo el Eterno a Mosé: «Haz para ti una culebra ardiente y ponla sobre un pendón: y será que todo mordido que la vea, sanará.» (9) E hizo Mosé una culebra de bronce y púsola sobre

כא 6. קמץ בטרחא

הגם והיה אם־נשך הנחש את־איש והביט אל־נחש
הנחשת וחי: ויסעו בני ישראל ויחנו באבת: ויסעו 11
מאבת ויחנו בעיי העברים במדבר אשר על־פני מואב
ממזרח השמש: משם נסעו ויחנו בנחל זרד: משם 12 13
נסעו ויחנו מעבר ארנון אשר במדבר היצא מגבל
האמרי כי ארנון גבול מואב בין מואב ובין האמרי:
על־כן יאמר בספר מלחמת יהוה את־והב בסופה ואת־ 14
הנחלים ארנון: ואשד הנחלים אשר נטה לשבת ער טו
ונשען לגבול מואב: ומשם בארה הוא הבאר אשר 16
אמר יהוה למשה אסף את־העם ואתנה להם מים: ס
אז ישיר ישראל את־השירה הזאת עלי באר ענו־לה: 17
באר חפרוה שרים כרוה נדיבי העם במחקק במשענתם 18
וממדבר מתנה: וממתנה נחליאל ומנחליאל במות: 19
ומבמות הגיא אשר בשדה מואב ראש הפסגה ונשקפה כ
על־פני הישימן: פ שביעי רביעי כשהן מחוברין
וישלח ישראל מלאכים אל־סיחן מלך־האמרי לאמר: 21
אעברה בארצך לא נטה בשדה ובכרם לא נשתה מי 22
באר בדרך המלך נלך עד אשר־נעבר גבלך: ולא־נתן 23
סיחן את־ישראל עבר בגבלו ויאסף סיחן את־כל־עמו
ויצא לקראת ישראל המדברה ויבא יהצה וילחם
בישראל: ויכהו ישראל לפי־חרב ויירש את־ארצו 24
מארנן עד־יבק עד־בני עמון כי עז גבול בני עמון: ויקח כה
ישראל את כל־הערים האלה וישב ישראל בכל־ערי
האמרי בחשבון ובכל־בנתיה: כי חשבון עיר סיחן 26
מלך האמרי הוא והוא נלחם במלך מואב הראשון
ויקח את־כל־ארצו מידו עד־ארנן: על־כן יאמרו המשלים 27
באו חשבון תבנה ותכונן עיר סיחון: כי־אש יצאה 28

el pendón: y era, que si mordía la culebra a un varón, cataba a la culebra de bronce y sanaba.

(10) Y moviéronse los hijos de Israel, y posaron en Obot. (11) Y moviéronse de Obot, y posaron en Iyé Haabarim, en el desierto que está sobre la faz de Moab al nacimiento del sol. (12) De allí se movieron y posaron en el arroyo de Séred. (13) De allí se movieron, y posaron allende el Arnón, que está en el desierto que sale del término del Emoreo; porque Arnón es el término de Moab entre Moab y el Emoreo. (14) Por tanto se dice en el libro de las guerras del Eterno: «Las cosas que hizo en el mar de Suf, y los milagros de los arroyos de Arnón. (15) Y la corriente de los arroyos que se extiende y se detiene en Ar, y se junta al término de Moab.» (16) Y de allí fueron a Beer: al pozo que dijo el Eterno a Mosé: «Junta el pueblo, y daréle agua.» (17) Entonces cantó Israel la canción esta:

«Sube, pozo; cantad a él.
(18) Pozo que cavaron los se- [ñores;
Ahondaron los príncipes del [pueblo,
con el escribano, con sus bordones.»

Y del desierto fueron a Matanά; (19) y de Matanά a Náhaliél, y de Náhaliél a Bamot; (20) y de Bamot al valle que está en el campo de Moab, la cabeza del collado, y la cabeza sobre la faz de Iesimón.

(21) Y envió Israel mensajero a Sihón, rey del Emoreo, diciendo: (22) «Pasaré por tu tierra, no nos apartaremos por el campo, ni por las viñas, no beberemos agua de pozo, por el camino del rey iremos hasta que pasemos tu término.» (23) Y no dejó Sihón a Israel pasar por su término, juntó Sihón a todo su pueblo y salió al encuentro de Israel, al desierto, y fué a Iaas, y peleó con Israel. (24) E hirióle Israel a filo de espada y heredó su tierra desde Arnón hasta el Iaboc, hasta los hijos de Amón, porque era fuerte el término de los hijos de Amón. (25) Y tomó Israel todas las ciudades estas, y estuvo Israel en todas las ciudades del Emoreo, en Hesbón, y en todas sus aldeas. (26) Porque Hesbón era la ciudad de Sihón, rey del Emoreo; y él peleó con el rey de Moab primero, y tomó toda su tierra hasta el Arnón.

(27) Por tanto dicen los proverbistas:
«Venid a Hesbón,
Sea edificada y sea compuesta la ciudad de Sihón.

(28) Porque fuego salió de [Hesbón,
Llama de la ciudad de Sihón,
Quemó a Ar Moab,
Y los dueños de los altos del [Arnón.
(29) ¡Guay de ti, Moab!
Te perdiste, pueblo de Kemós:
Puso sus hijos en huída,
Y sus hijas en el cautiverio,
Por el rey del Emoreo, Sihón.
(30) Y su reino perdió Hesbón [hasta Dibón,
Y desolámoslo hasta Nófah
Y hasta Médebá.»
(31) Y estuvo Israel en la tierra del Emoreo. (32) Y envió Mosé a esculcar a Iaser; y tomaron sus aldeas, y desterró al Emoreo que estaba allí. (33) Y cataron y subieron camino de Basán; y salió Og, rey de Basán, a su encuentro, él con todo su pueblo, a la pelea en Edréi. (34) Y dijo el Eterno a Mosé: «No temas a él, que en tu mano lo di, a él y a todo su pueblo y a su tierra; y le harás cómo hiciste a Sihón, rey del Emoreo, que estaba en Hesbón.» (35) E hiriéronle y a sus hijos, y a todo su pueblo, hasta que no quedó a él, nada, y heredaron su tierra.

מֵחֶשְׁבּוֹן לֶהָבָה מִקִּרְיַת סִיחֹן אָכְלָה עָר מוֹאָב בַּעֲלֵי
29 בָּמוֹת אַרְנֹן׃ אוֹי־לְךָ מוֹאָב אָבַדְתָּ עַם־כְּמוֹשׁ נָתַן בָּנָיו
ל פְּלֵיטִם וּבְנֹתָיו בַּשְּׁבִית לְמֶלֶךְ אֱמֹרִי סִיחוֹן׃ וַנִּירָם אָבַד
31 חֶשְׁבּוֹן עַד־דִּיבֹן וַנַּשִּׁים עַד־נֹפַח אֲשֶׁר עַד־מֵידְבָא׃ וַיֵּשֶׁב
32 יִשְׂרָאֵל בְּאֶרֶץ הָאֱמֹרִי׃ וַיִּשְׁלַח מֹשֶׁה לְרַגֵּל אֶת־יַעְזֵר
33 וַיִּלְכְּדוּ בְּנֹתֶיהָ וַיִּירֶשׁ אֶת־הָאֱמֹרִי אֲשֶׁר־שָׁם׃ וַיִּפְנוּ וַיַּעֲלוּ
דֶּרֶךְ הַבָּשָׁן וַיֵּצֵא עוֹג מֶלֶךְ־הַבָּשָׁן לִקְרָאתָם הוּא וְכָל־
34 עַמּוֹ לַמִּלְחָמָה אֶדְרֶעִי׃ וַיֹּאמֶר יְהוָה אֶל־מֹשֶׁה אַל־תִּירָא
אֹתוֹ כִּי בְיָדְךָ נָתַתִּי אֹתוֹ וְאֶת־כָּל־עַמּוֹ וְאֶת־אַרְצוֹ וְעָשִׂיתָ
לּוֹ כַּאֲשֶׁר עָשִׂיתָ לְסִיחֹן מֶלֶךְ הָאֱמֹרִי אֲשֶׁר יוֹשֵׁב בְּחֶשְׁבּוֹן׃
לה וַיַּכּוּ אֹתוֹ וְאֶת־בָּנָיו וְאֶת־כָּל־עַמּוֹ עַד־בִּלְתִּי הִשְׁאִיר־לוֹ
שָׂרִיד וַיִּירְשׁוּ אֶת־אַרְצוֹ׃

כב

א וַיִּסְעוּ בְּנֵי יִשְׂרָאֵל וַיַּחֲנוּ בְּעַרְבוֹת מוֹאָב מֵעֵבֶר לְיַרְדֵּן
יְרֵחוֹ׃

ס ס ס מ 40

2 וַיַּרְא בָּלָק בֶּן־צִפּוֹר אֵת כָּל־אֲשֶׁר־עָשָׂה יִשְׂרָאֵל לָאֱמֹרִי׃
3 וַיָּגָר מוֹאָב מִפְּנֵי הָעָם מְאֹד כִּי רַב־הוּא וַיָּקָץ מוֹאָב מִפְּנֵי
4 בְּנֵי יִשְׂרָאֵל׃ וַיֹּאמֶר מוֹאָב אֶל־זִקְנֵי מִדְיָן עַתָּה יְלַחֲכוּ
הַקָּהָל אֶת־כָּל־סְבִיבֹתֵינוּ כִּלְחֹךְ הַשּׁוֹר אֵת יֶרֶק הַשָּׂדֶה
ה וּבָלָק בֶּן־צִפּוֹר מֶלֶךְ לְמוֹאָב בָּעֵת הַהִוא׃ וַיִּשְׁלַח מַלְאָכִים
אֶל־בִּלְעָם בֶּן־בְּעוֹר פְּתוֹרָה אֲשֶׁר עַל־הַנָּהָר אֶרֶץ בְּנֵי־
עַמּוֹ לִקְרֹא־לוֹ לֵאמֹר הִנֵּה עַם יָצָא מִמִּצְרַיִם הִנֵּה כִסָּה
6 אֶת־עֵין הָאָרֶץ וְהוּא יֹשֵׁב מִמֻּלִי׃ וְעַתָּה לְכָה־נָּא אָרָה־
לִּי אֶת־הָעָם הַזֶּה כִּי־עָצוּם הוּא מִמֶּנִּי אוּלַי אוּכַל נַכֶּה־
בּוֹ וַאֲגָרְשֶׁנּוּ מִן־הָאָרֶץ כִּי יָדַעְתִּי אֵת אֲשֶׁר־תְּבָרֵךְ מְבֹרָךְ
7 וַאֲשֶׁר תָּאֹר יוּאָר׃ וַיֵּלְכוּ זִקְנֵי מוֹאָב וְזִקְנֵי מִדְיָן וּקְסָמִים בְּיָדָם

XXII

(1) Y moviéronse los hijos de Israel y posaron en las llanuras de Moab, de la otra parte del Iardén, de Ierhó.

(40) BALAC

(2) Y vió Balac, hijo de Sipor, todo lo que hizo Israel al Emoreo, (3) y temió Moab mucho al pueblo, porque numeroso era él; y quejóse Moab por los hijos de Israel. (4) Y dijo Moab a los ancianos de Midián: «Ahora destrozará la congregación todos nuestros derredores, como come el buey la verdura del campo.» Y Balac, hijo de Sipor, era rey de Moab, en la hora esta. (5) Y envió mensajeros a Bileam, hijo de Beor, a Petor, que está cerca del río en la tierra de los hijos de su pueblo, para llamarle, diciendo: «He aquí que un pueblo salió de Egipto y cubrió la superficie de la tierra, y él está frente a mí: (6) Y ahora ve, te ruego, maldíceme al pueblo este, porque fuerte es él, más que yo, quizá pudiera herir a él y desterrarlo de la tierra, porqu sé que al que bendijeres, será bendito, y al que maldijeres, será maldito.»
(7) Y fueron los ancianos de Moab y los ancianos de Midián, con hechizos

כא .30 נקוד על ר׳ .32 ויורש ק׳

8 וַיָּבֹאוּ אֶל־בִּלְעָם וַיְדַבְּרוּ אֵלָיו דִּבְרֵי בָלָק׃ וַיֹּאמֶר אֲלֵיהֶם
לִינוּ פֹה הַלַּיְלָה וַהֲשִׁבֹתִי אֶתְכֶם דָּבָר כַּאֲשֶׁר יְדַבֵּר יְהוָה
9 אֵלָי וַיֵּשְׁבוּ שָׂרֵי־מוֹאָב עִם־בִּלְעָם׃ וַיָּבֹא אֱלֹהִים אֶל־
י בִּלְעָם וַיֹּאמֶר מִי הָאֲנָשִׁים הָאֵלֶּה עִמָּךְ׃ וַיֹּאמֶר בִּלְעָם
11 אֶל־הָאֱלֹהִים בָּלָק בֶּן־צִפֹּר מֶלֶךְ מוֹאָב שָׁלַח אֵלָי׃ הִנֵּה
הָעָם הַיֹּצֵא מִמִּצְרַיִם וַיְכַס אֶת־עֵין הָאָרֶץ עַתָּה לְכָה קָבָה־
12 לִּי אֹתוֹ אוּלַי אוּכַל לְהִלָּחֶם בּוֹ וְגֵרַשְׁתִּיו׃ וַיֹּאמֶר אֱלֹהִים
אֶל־בִּלְעָם לֹא תֵלֵךְ עִמָּהֶם לֹא תָאֹר אֶת־הָעָם כִּי בָרוּךְ
13 הוּא׃ וַיָּקָם בִּלְעָם בַּבֹּקֶר וַיֹּאמֶר אֶל־שָׂרֵי בָלָק לְכוּ אֶל־
14 אַרְצְכֶם כִּי מֵאֵן יְהוָה לְתִתִּי לַהֲלֹךְ עִמָּכֶם׃ וַיָּקוּמוּ שָׂרֵי
מוֹאָב וַיָּבֹאוּ אֶל־בָּלָק וַיֹּאמְרוּ מֵאֵן בִּלְעָם הֲלֹךְ עִמָּנוּ׃
טו וַיֹּסֶף עוֹד בָּלָק שְׁלֹחַ שָׂרִים רַבִּים וְנִכְבָּדִים מֵאֵלֶּה׃
16 וַיָּבֹאוּ אֶל־בִּלְעָם וַיֹּאמְרוּ לוֹ כֹּה אָמַר בָּלָק בֶּן־צִפּוֹר אַל־
17 נָא תִמָּנַע מֵהֲלֹךְ אֵלָי׃ כִּי־כַבֵּד אֲכַבֶּדְךָ מְאֹד וְכֹל אֲשֶׁר־
18 תֹּאמַר אֵלַי אֶעֱשֶׂה וּלְכָה־נָּא קָבָה־לִּי אֵת הָעָם הַזֶּה׃ וַיַּעַן
בִּלְעָם וַיֹּאמֶר אֶל־עַבְדֵי בָלָק אִם־יִתֶּן־לִי בָלָק מְלֹא בֵיתוֹ
כֶּסֶף וְזָהָב לֹא אוּכַל לַעֲבֹר אֶת־פִּי יְהוָה אֱלֹהָי לַעֲשׂוֹת
19 קְטַנָּה אוֹ גְדוֹלָה׃ וְעַתָּה שְׁבוּ נָא בָזֶה גַּם־אַתֶּם הַלָּיְלָה
כ וְאֵדְעָה מַה־יֹּסֵף יְהוָה דַּבֵּר עִמִּי׃ וַיָּבֹא אֱלֹהִים ׀ אֶל־
בִּלְעָם לַיְלָה וַיֹּאמֶר לוֹ אִם־לִקְרֹא לְךָ בָּאוּ הָאֲנָשִׁים קוּם
לֵךְ אִתָּם וְאַךְ אֶת־הַדָּבָר אֲשֶׁר־אֲדַבֵּר אֵלֶיךָ אֹתוֹ תַעֲשֶׂה׃
21 וַיָּקָם בִּלְעָם בַּבֹּקֶר וַיַּחֲבֹשׁ אֶת־אֲתֹנוֹ וַיֵּלֶךְ עִם־שָׂרֵי מוֹאָב׃
22 וַיִּחַר־אַף אֱלֹהִים כִּי־הוֹלֵךְ הוּא וַיִּתְיַצֵּב מַלְאַךְ יְהוָה בַּדֶּרֶךְ
23 לְשָׂטָן לוֹ וְהוּא רֹכֵב עַל־אֲתֹנוֹ וּשְׁנֵי נְעָרָיו עִמּוֹ׃ וַתֵּרֶא
הָאָתוֹן אֶת־מַלְאַךְ יְהוָה נִצָּב בַּדֶּרֶךְ וְחַרְבּוֹ שְׁלוּפָה בְּיָדוֹ
וַתֵּט הָאָתוֹן מִן־הַדֶּרֶךְ וַתֵּלֶךְ בַּשָּׂדֶה וַיַּךְ בִּלְעָם אֶת־הָאָתוֹן
24 לְהַטֹּתָהּ הַדָּרֶךְ׃ וַיַּעֲמֹד מַלְאַךְ יְהוָה בְּמִשְׁעוֹל הַכְּרָמִים

en su mano, y vinieron a Bileam y dijeron a él las palabras de Balac. (8) Y díjoles: «Dormid aquí esta noche y tornaré a vosotros respuesta, como hablare el Eterno a mí.» Y estuvieron los señores de Moab con Bileam. (9) Y vino Dios a Bileam, y dijo: «¿Quiénes son los varones estos que están contigo?» (10) Y dijo Bileam a Dios: «Balac, hijo de Sipor, rey de Moab, me envió a mí: (11) He aquí el pueblo que salió de Egipto, cubrió la superficie de la tierra, ahora anda, maldícele para mí; quizá pueda pelear con él y desterrarlo.» (12) Y dijo Dios a Bileam: «No vayas con ellos, no maldigas al pueblo; que bendito es él.» (13) Y levantóse Bileam por la mañana, y dijo a los señores de Balac: «Id a vuestra tierra, que no quiere el Eterno dejarme ir con vosotros.» (14) Y levantáronse los varones de Moab y fueron a Balac, y dijeron: «No quiere Bileam ir con nosotros.» (15) Y volvió Balac a enviar muchos señores más honorables que éstos. (16) Y fueron a Bileam, y dijéronle: «Así dijo Balac, hijo de Sipor: no te vedes ahora de venir a mí; (17) porque honrar, te honraré mucho, y todo lo que me dijeres, haré, y ve, te ruego, maldice para mí al pueblo este.» (18) Y respondió Bileam y dijo a los siervos de Balac: «Aunque diere a mí Balac, llena su casa de plata y oro, no podría pasar el dicho del Eterno, mi Dios, para hacer cosa pequeña o grande. (19) Y ahora esperad, os ruego, aquí también, vosotros, esta noche, y sabré lo que volverá el Eterno a hablar conmigo.» (20) Y vino Dios a Bileam de noche, y díjole: «Si para llamar a ti vinieron los varones, levántate, ve con ellos; y sólo lo que hablaré a ti, ello harás.»

(21) Y levantóse Bileam por la mañana, y cinchó su asna, y fué con los señores de Moab. (22) Y se enardeció el furor de Dios porque fué él; y paróse un ángel del Eterno en el camino por adversario suyo. Y él montaba sobre su asna, y sus dos mozos con él. (23) Y vió el asna, al ángel del Eterno que estaba en el camino, con su espada desenvainada en su mano, y desvióse el asna del camino y anduvo por el campo. E hirió Bileam el asna para incli-

18. קמץ בז״ק

narla al camino. (24) Y estuvo el ángel del Eterno en el sendero de las viñas, que tenía un vallado aquí y un vallado allí. (25) Y vió el asna al ángel del Eterno, y apretóse a la pared, y apretó el pie de Bileam contra la pared, y volvió a herirla. (26) Y volvió el ángel del Eterno a pasar, y estuvo en un lugar estrecho, en que no había camino para desviarse a derecha ni a izquierda. (27) Y vió el asna al ángel del Eterno, y echóse debajo de Bileam, y creció el furor de Bileam e hirió al asna con la vara. (28) Y abrió el Eterno la boca del asna, y dijo a Bileam: «¿Qué hice a ti, que me heriste ya tres veces?» (29) Y dijo Bileam al asna: «¿Por qué te burlaste de mi? ¡Ojalá hubiera una espada en mi mano, ahora te mataría!» (30) Y dijo el asna a Bileam: «De cierto, yo soy tu asna, montaste sobre mí desde que existes hasta el día este, ¿si soler, solía hacerte así?» Y dijo: «No.» (31) Y descubrió el Eterno los ojos de Bileam, y vió al ángel del Eterno parado en el camino, con su espada desenvainada en su mano. Y humillóse y encorvóse sobre su rostro. (32) Y díjole el ángel del Eterno: «¿Por qué heriste a tu asna estas tres veces? He aquí que yo salí para contrarrestarte porque torcido es el camino delante de mi. (33) Y me vió el asna y acostóse de delante de mí estas tres veces: que si no desviaras de delante de mí, ahora también te mataría, y a ella dejaría viva.» (34) Y dijo Bileam al ángel del Eterno: «Pequé, porque no supe que tú estabas parado en mi camino; y ahora, si mal es a tus ojos, tornarme he.» (35) Y dijo el ángel del Eterno a Bileam: «Anda con los varones, y sólo la palabra que hablaré a ti dirás.» Y anduvo Bileam con los señores de Balac.

(36) Y oyó Balac que vino Bileam y salió a su encuentro en la ciudad de Moab, que está sobre el término de Arnón, que es el cabo del término. (37) Y dijo Balac a Bileam: «De cierto, enviar, envié a ti para llamarte. ¿Por qué no viniste a mí? Si de cierto no puedo honrarte?» (38) Y dijo Bileam a Balac: «He aquí que vine a ti: ¿ahora si poder, podré hablarte alguna cosa? La palabra que pusiere Dios en mi boca, ella diré.» (39) Y fué Bileam con

כה גָּדֵר מִזֶּה וְגָדֵר מִזֶּה: וַתֵּרֶא הָאָתוֹן אֶת־מַלְאַךְ יְהוָה
וַתִּלָּחֵץ אֶל־הַקִּיר וַתִּלְחַץ אֶת־רֶגֶל בִּלְעָם אֶל־הַקִּיר וַיֹּסֶף
26 לְהַכֹּתָהּ: וַיּוֹסֶף מַלְאַךְ־יְהוָה עֲבוֹר וַיַּעֲמֹד בְּמָקוֹם צָר
27 אֲשֶׁר אֵין־דֶּרֶךְ לִנְטוֹת יָמִין וּשְׂמֹאול: וַתֵּרֶא הָאָתוֹן אֶת־
מַלְאַךְ יְהוָה וַתִּרְבַּץ תַּחַת בִּלְעָם וַיִּחַר־אַף בִּלְעָם וַיַּךְ
28 אֶת־הָאָתוֹן בַּמַּקֵּל: וַיִּפְתַּח יְהוָה אֶת־פִּי הָאָתוֹן וַתֹּאמֶר
לְבִלְעָם מֶה־עָשִׂיתִי לְךָ כִּי הִכִּיתַנִי זֶה שָׁלֹשׁ רְגָלִים:
29 וַיֹּאמֶר בִּלְעָם לָאָתוֹן כִּי הִתְעַלַּלְתְּ בִּי לוּ יֶשׁ־חֶרֶב בְּיָדִי
ל כִּי עַתָּה הֲרַגְתִּיךְ: וַתֹּאמֶר הָאָתוֹן אֶל־בִּלְעָם הֲלוֹא אָנֹכִי
אֲתֹנְךָ אֲשֶׁר־רָכַבְתָּ עָלַי מֵעוֹדְךָ עַד־הַיּוֹם הַזֶּה הַהַסְכֵּן
31 הִסְכַּנְתִּי לַעֲשׂוֹת לְךָ כֹּה וַיֹּאמֶר לֹא: וַיְגַל יְהוָה אֶת־עֵינֵי
בִלְעָם וַיַּרְא אֶת־מַלְאַךְ יְהוָה נִצָּב בַּדֶּרֶךְ וְחַרְבּוֹ שְׁלֻפָה
32 בְּיָדוֹ וַיִּקֹּד וַיִּשְׁתַּחוּ לְאַפָּיו: וַיֹּאמֶר אֵלָיו מַלְאַךְ יְהוָה עַל־
מָה הִכִּיתָ אֶת־אֲתֹנְךָ זֶה שָׁלוֹשׁ רְגָלִים הִנֵּה אָנֹכִי יָצָאתִי
33 לְשָׂטָן כִּי־יָרַט הַדֶּרֶךְ לְנֶגְדִּי: וַתִּרְאַנִי הָאָתוֹן וַתֵּט לְפָנַי
זֶה שָׁלֹשׁ רְגָלִים אוּלַי נָטְתָה מִפָּנַי כִּי עַתָּה גַּם־אֹתְכָה
34 הָרַגְתִּי וְאוֹתָהּ הֶחֱיֵיתִי: וַיֹּאמֶר בִּלְעָם אֶל־מַלְאַךְ יְהוָה
חָטָאתִי כִּי לֹא יָדַעְתִּי כִּי אַתָּה נִצָּב לִקְרָאתִי בַּדָּרֶךְ וְעַתָּה
לה אִם־רַע בְּעֵינֶיךָ אָשׁוּבָה לִּי: וַיֹּאמֶר מַלְאַךְ יְהוָה אֶל־
בִּלְעָם לֵךְ עִם־הָאֲנָשִׁים וְאֶפֶס אֶת־הַדָּבָר אֲשֶׁר־אֲדַבֵּר
36 אֵלֶיךָ אֹתוֹ תְדַבֵּר וַיֵּלֶךְ בִּלְעָם עִם־שָׂרֵי בָלָק: וַיִּשְׁמַע
בָלָק כִּי־בָא בִלְעָם וַיֵּצֵא לִקְרָאתוֹ אֶל־עִיר מוֹאָב אֲשֶׁר
37 עַל־גְּבוּל אַרְנֹן אֲשֶׁר בִּקְצֵה הַגְּבוּל: וַיֹּאמֶר בָּלָק אֶל־
בִּלְעָם הֲלֹא שָׁלֹחַ שָׁלַחְתִּי אֵלֶיךָ לִקְרֹא־לָךְ לָמָּה לֹא־
38 הָלַכְתָּ אֵלָי הַאֻמְנָם לֹא אוּכַל כַּבְּדֶךָ: וַיֹּאמֶר בִּלְעָם אֶל־
בָּלָק הִנֵּה־בָאתִי אֵלֶיךָ עַתָּה הֲיָכֹל אוּכַל דַּבֵּר מְאוּמָה
39 הַדָּבָר אֲשֶׁר יָשִׂים אֱלֹהִים בְּפִי אֹתוֹ אֲדַבֵּר: וַיֵּלֶךְ בִּלְעָם

26. קמץ בז״ק 28. מלא ו׳ קמץ בז״ק

עם־בלק ויבאו קרית חצות: ויזבח בלק בקר וצאן וישלח מ
לבלעם ולשרים אשר אתו: ויהי בבקר ויקח בלק את־ 41
בלעם ויעלהו במות בעל וירא משם קצה העם:

כג

ויאמר בלעם אל־בלק בנה־לי בזה שבעה מזבחת והכן א
לי בזה שבעה פרים ושבעה אילים: ויעש בלק כאשר 2
דבר בלעם ויעל בלק ובלעם פר ואיל במזבח: ויאמר 3
בלעם לבלק התיצב על־עלתך ואלכה אולי יקרה
יהוה לקראתי ודבר מה־יראני והגדתי לך וילך שפי:
ויקר אלהים אל־בלעם ויאמר אליו את־שבעת המזבחת 4
ערכתי ואעל פר ואיל במזבח: וישם יהוה דבר בפי ה
בלעם ויאמר שוב אל־בלק וכה תדבר: וישב אליו 6
והנה נצב על־עלתו הוא וכל־שרי מואב: וישא משלו 7
ויאמר מן־ארם ינחני בלק מלך־מואב מהררי־קדם
לכה ארה־לי יעקב ולכה זעמה ישראל: מה אקב לא 8
קבה אל ומה אזעם לא זעם יהוה: כי־מראש צרים 9
אראנו ומגבעות אשורנו הן־עם לבדד ישכן ובגוים לא
יתחשב: מי מנה עפר יעקב ומספר את־רבע ישראל י
תמת נפשי מות ישרים ותהי אחריתי כמהו: ויאמר 11
בלק אל־בלעם מה עשית לי לקב איבי לקחתיך והנה
ברכת ברך: ויען ויאמר הלא את אשר ישים יהוה 12
בפי אתו אשמר לדבר: ויאמר אליו בלק לך־נא אתי 13
אל־מקום אחר אשר תראנו משם אפס קצהו תראה
וכלו לא תראה וקבנו־לי משם: ויקחהו שדה צפים 14
אל־ראש הפסגה ויבן שבעה מזבחת ויעל פר ואיל
במזבח: ויאמר אל־בלק התיצב כה על־עלתך ואנכי טו
אקרה כה: ויקר יהוה אל־בלעם וישם דבר בפיו 16

Balac, y fueron a Kiriat Husot. (40) Y degolló Balac vacas y ovejas, y las envió a Bileam, y a los señores que estaban con él. (41) Y fué por la mañana, y tomó Balac a Bileam, e hízolo subir a las alturas de Baal, y vió de allí la extremidad del pueblo.

XXIII

(1) Y dijo Bileam a Balac: «Edifica para mí, aquí, siete aras, y apareja aquí, para mí, siete toros y siete carneros.» (2) E hizo Balac como habló Bileam, y ofreció Balac a Bileam un toro y un carnero en el ara. (3) Y dijo Bileam a Balac: «Párate sobre tu holocausto, e iré, quizá saldrá el Eterno a mi encuentro y las palabras que me dijere anunciaré a ti.» Y fué solo. (4) Y encontró Dios a Bileam, y díjole: «Las siete aras ordené y ofrecí un toro y un carnero en el ara.» (5) Y puso el Eterno la palabra en boca de Bileam, y dijo: «Tórnate a Balac, y así hablarás.» (6) Y tornóse a él, y he aquí que estuvieron parados sobre su holocausto, él y todos los señores de Moab.
(7) Y tomó su proverbio y dijo:
«De Aram me guió Balac,
Rey de Moab, de los montes del [Oriente:
Anda, maldice para mí a Iaacob;
Y anda, ensaña a Israel.
(8) ¿Por qué maldeciré lo que no mal- [dijo Dios?
¿Y por qué ensañaré lo que no ensañó [el Eterno?
(9) Que de la cabeza de las peñas lo [veo,
Y de los collados lo miro:
He aquí que un pueblo a solas mora.
Y entre las gentes no será contado.
(10) ¿Quién contó el polvo de Iaacob,
Y el número de la cuarta parte de [Israel?
Muera mi alma, de la muerte de los [derechos.
Sea, mi postrimería sea como la de él.»

(11) Y dijo Balac a Bileam: «¿Qué me hiciste a mí? Para maldecir a mis enemigos te tomé, y he aquí que le diste tu bendición.» (12) Y respondió, y dijo: «De cierto, lo que pusiere el Eterno en mi boca guardaré, para hablar.»
(13) Y díjole a Balac: «Ven, te ruego, conmigo a otro lugar, que lo verás desde allí. Sólo su extremidad verás, y a todo él no verás, y maldícelo para mí, desde allí.» (14) Y llevólo al campo de las atalayas, a la cabeza del collado, y edificó siete aras, y ofreció un toro y un carnero en el ara. (15) Y dijo a Balac: «Ponte aquí sobre tu holocausto, que yo seré encontrado aquí.» (16) Y encontróse el Eterno a Bileam, y puso palabras en su boca, y dijo: «Tórnate a Balac, y así hablarás.»

כג 13. חסר ה'

17 וַיֹּאמֶר שׁוּב אֶל־בָּלָק וְכֹה תְדַבֵּר׃ וַיָּבֹא אֵלָיו וְהִנּוֹ נִצָּב
עַל־עֹלָתוֹ וְשָׂרֵי מוֹאָב אִתּוֹ וַיֹּאמֶר לוֹ בָּלָק מַה־דִּבֶּר
18 יְהוָה׃ וַיִּשָּׂא מְשָׁלוֹ וַיֹּאמַר קוּם בָּלָק וּשְׁמָע הַאֲזִינָה
19 עָדַי בְּנוֹ צִפֹּר׃ לֹא אִישׁ אֵל וִיכַזֵּב וּבֶן־אָדָם וְיִתְנֶחָם
כ הַהוּא אָמַר וְלֹא יַעֲשֶׂה וְדִבֶּר וְלֹא יְקִימֶנָּה׃ הִנֵּה בָרֵךְ
21 לָקָחְתִּי וּבֵרֵךְ וְלֹא אֲשִׁיבֶנָּה׃ לֹא־הִבִּיט אָוֶן בְּיַעֲקֹב וְלֹא־
רָאָה עָמָל בְּיִשְׂרָאֵל יְהוָה אֱלֹהָיו עִמּוֹ וּתְרוּעַת מֶלֶךְ בּוֹ׃
22 23 אֵל מוֹצִיאָם מִמִּצְרָיִם כְּתוֹעֲפֹת רְאֵם לוֹ׃ כִּי לֹא־נַחַשׁ
בְּיַעֲקֹב וְלֹא־קֶסֶם בְּיִשְׂרָאֵל כָּעֵת יֵאָמֵר לְיַעֲקֹב וּלְיִשְׂרָאֵל
24 מַה־פָּעַל אֵל׃ הֶן־עָם כְּלָבִיא יָקוּם וְכַאֲרִי יִתְנַשָּׂא לֹא
כה יִשְׁכַּב עַד־יֹאכַל טֶרֶף וְדַם־חֲלָלִים יִשְׁתֶּה׃ וַיֹּאמֶר בָּלָק
26 אֶל־בִּלְעָם גַּם־קֹב לֹא תִקֳּבֶנּוּ גַּם־בָּרֵךְ לֹא תְבָרְכֶנּוּ׃ וַיַּעַן
בִּלְעָם וַיֹּאמֶר אֶל־בָּלָק הֲלֹא דִּבַּרְתִּי אֵלֶיךָ לֵאמֹר כֹּל
27 אֲשֶׁר־יְדַבֵּר יְהוָה אֹתוֹ אֶעֱשֶׂה׃ ס וַיֹּאמֶר בָּלָק אֶל־בִּלְעָם
לְכָה־נָּא אֶקָּחֲךָ אֶל־מָקוֹם אַחֵר אוּלַי יִישַׁר בְּעֵינֵי הָאֱלֹהִים
28 וְקַבֹּתוֹ לִי מִשָּׁם׃ וַיִּקַּח בָּלָק אֶת־בִּלְעָם רֹאשׁ הַפְּעוֹר
29 הַנִּשְׁקָף עַל־פְּנֵי הַיְשִׁימֹן׃ וַיֹּאמֶר בִּלְעָם אֶל־בָּלָק בְּנֵה
לִי בָזֶה שִׁבְעָה מִזְבְּחֹת וְהָכֵן לִי בָּזֶה שִׁבְעָה פָרִים
ל וְשִׁבְעָה אֵילִם׃ וַיַּעַשׂ בָּלָק כַּאֲשֶׁר אָמַר בִּלְעָם וַיַּעַל פַּר
וָאַיִל בַּמִּזְבֵּחַ׃

כד

א וַיַּרְא בִּלְעָם כִּי טוֹב בְּעֵינֵי יְהוָה לְבָרֵךְ אֶת־יִשְׂרָאֵל וְלֹא־
הָלַךְ כְּפַעַם־בְּפַעַם לִקְרַאת נְחָשִׁים וַיָּשֶׁת אֶל־הַמִּדְבָּר
2 פָּנָיו׃ וַיִּשָּׂא בִלְעָם אֶת־עֵינָיו וַיַּרְא אֶת־יִשְׂרָאֵל שֹׁכֵן
3 לִשְׁבָטָיו וַתְּהִי עָלָיו רוּחַ אֱלֹהִים׃ וַיִּשָּׂא מְשָׁלוֹ וַיֹּאמַר
4 נְאֻם בִּלְעָם בְּנוֹ בְעֹר וּנְאֻם הַגֶּבֶר שְׁתֻם הָעָיִן׃ נְאֻם
שֹׁמֵעַ אִמְרֵי־אֵל אֲשֶׁר מַחֲזֵה שַׁדַּי יֶחֱזֶה נֹפֵל וּגְלוּי

(17) Y vino a él, y he aquí, él estaba parado junto a su holocausto, y los señores de Moab con él, y díjole Balac: «¿Qué habló el Eterno?»

(18) Y tomó su proverbio y dijo:
«Levántate, Balac, y oye:
Escucha mis palabras, hijo de Sipor.

(19) No es varón Dios, para que mienta;
Ni hijo de hombre, para que arrepienta;
Sí Él dijo, ¿y no hará?:
Y habló, ¿y no afirmará?

(20) He aquí que para bendecir tomé:
Y la bendición no revocará.

(21) No vió iniquidad en Iaacob
Y no vió falsedad en Israel:
El Eterno, su Dios, es con él,
Y júbilo de rey hay en él.

(22) Dios los sacó de Egipto;
Como fortaleza de unicornio es para él.

(23) Porque no hay agüero en Iaacob.
Y no hay hechizo en Israel:
Como ahora, será dicho de Iaacob.
Y de Israel: ¡Qué obró Dios!

(24) He aquí que el pueblo, como león se levantará,
Y como león se elevará;
Y no yacerá hasta que coma presa.
Y sangre de matados, beba.»

(25) Y dijo Balac a Bileam: «También maldecir, no lo maldigas, también bendecir, no lo bendigas.» (26) Y respondió Bileam, y dijo a Balac: «¿De cierto hablé a ti, diciendo que todo lo que hablare el Eterno haré?»

(27) Y dijo Balac a Bileam: «Anda, te ruego, llevarte he, a otro lugar; quizá placerá a los ojos de Dios y maldecirlo has, para mí, desde allí.» (28) Y llevó Balac a Bileam a la cabeza de Peor, el que cata sobre la faz de Iesimón. (29) Y dijo Bileam a Balac: «Edifica a mí, aquí, siete aras, y haz aparejar a mí, aquí, siete toros y siete carneros.» (30) E hizo Balac como dijo Bileam; y ofreció un toro y un carnero en el ara.

XXIV

(1) Y vió Bileam que era bueno a los ojos del Eterno para bendecir a Israel, y no fué, como otras veces, en busca de agüeros y puso hacia el desierto su rostro. (2) Y alzó Bileam sus ojos, y vió a Israel morando por sus tribus; y fué sobre él el espíritu de Dios.

(3) Y tomó su proverbio, y dijo:
«Habló Bileam, hijo de Beor,
Dijo el varón de ojos abiertos:

(4) Dijo el que oye los dichos de Dios,
Que visión del Todopoderoso vió;
Caído y abiertos los ojos:

18. קמץ בז"ק. 24. קמץ בפשטא

עינים: מה־טבו אהליך יעקב משכנתיך ישראל: ה
כנחלים נטיו כגנת עלי נהר כאהלים נטע יהוה כארזים 6
עלי־מים: יזל־מים מדליו וזרעו במים רבים וירם 7
מאגג מלכו ותנשא מלכתו: אל מוציאו ממצרים 8
כתועפת ראם לו יאכל גוים צריו ועצמתיהם יגרם
וחציו ימחץ: כרע שכב כארי וכלביא מי יקימנו 9
מברכיך ברוך וארריך ארור: ויחר־אף בלק אל־בלעם
ויספק את־כפיו ויאמר בלק אל־בלעם לקב איבי קראתיך
והנה ברכת ברך זה שלש פעמים: ועתה ברח־לך 11
אל־מקומך אמרתי כבד אכבדך והנה מנעך יהוה
מכבוד: ויאמר בלעם אל־בלק הלא גם אל־מלאכיך 12
אשר־שלחת אלי דברתי לאמר: אם־יתן־לי בלק מלא 13
ביתו כסף וזהב לא אוכל לעבר את־פי יהוה לעשות
טובה או רעה מלבי אשר־ידבר יהוה אתו אדבר:
ועתה הנני הולך לעמי לכה איעצך אשר יעשה העם 14
הזה לעמך באחרית הימים: וישא משלו ויאמר נאם טו
בלעם בנו בער ונאם הגבר שתם העין: נאם שמע 16
אמרי־אל וידע דעת עליון מחזה שדי יחזה נפל וגלוי
עינים: אראנו ולא עתה אשורנו ולא קרוב דרך כוכב 17
מיעקב וקם שבט מישראל ומחץ פאתי מואב וקרקר
כל־בני־שת: והיה אדום ירשה והיה ירשה שעיר איביו 18
וישראל עשה חיל: וירד מיעקב והאביד שריד מעיר: 19
וירא את־עמלק וישא משלו ויאמר ראשית גוים עמלק כ
ואחריתו עדי אבד: וירא את־הקיני וישא משלו ויאמר 21
איתן מושבך ושים בסלע קנך: כי אם־יהיה לבער קין 22
עד־מה אשור תשבך: וישא משלו ויאמר אוי מי יחיה 23
משמו אל: וצים מיד כתים וענו אשור וענו־עבר וגם־ 24

(5) ¡Cuán buenas son tus tiendas, [Iaacob,
Tus moradas, Israel!
(6) Como arroyos fueron exten- [didos,
Como huertas cerca del río,
Como sándalos que plantó el [Eterno,
Como cedros cerca de las aguas.
(7) Destilará aguas de sus cubos,
Y su simiente será en muchas [aguas:
Y enaltecerse ha, más que Agag, [su rey,
Ensalzarse ha, su reino.
(8) Dios sacóle de Egipto;
Como fortaleza de unicornio, [será a él;
Consumirá la gente a sus an- [angustiadores,
Y sus huesos romperá,
Y con sus saetas llegará.
(9) Arrodillóse, yació como león,
Y como leoncillo;
¿Quién lo levantará?
Tus bendecidores, benditos,
Y tus maldicientes, malditos.»

(10) Y se enardeció el furor de Balac contra Bileam, y batió sus palmas, y dijo Balac a Bileam: «Para maldecir a mis enemigos te llamé, y he aquí que les diste tu bendición estas tres veces. (11) Y ahora, húyete a tu lugar, dije que honrar, te honraría, y he aquí que te vedó el Eterno de la honra.» (12) Y dijo Bileam a Balac: «De cierto también a tus mensajeros que enviaste a mí, hablé diciendo: (13) Si me diese a mí Balac llena su casa de plata y de oro, no podría pasar el dicho del Eterno para hacer cosa buena o mala de mi corazón; lo que hablare el Eterno, a él diré. (14) y ahora, he aquí que yo me voy a mi pueblo: Ve, aconsejarte he, lo que hará el pueblo este a tu pueblo en la postrimerías de los días.»

(15) Y tomó su proverbio, y dijo:
«Dijo Bileam, hijo de Beor,
Dijo el varón de ojos abiertos:
(16) Dijo el que oyó dichos de Dios,
Y sabe el saber del Altísimo,
Visión del Todopoderoso que vió,
Caído, y abiertos los ojos:
(17) Verélo, y no ahora:
Miraréló, y no de cerca:
Saldrá estrella de Iaacob,
Y levantaráse cetro de Israel,
Y llegará a los rincones de Moab,
Y derrocará a todos los hijos de Set.
(18) Y será Edom, heredad,
Y será heredad Seír, de sus enemigos,
E Israel hará valentía.
(19) Y será un señor de Iaacob,
Y hará perder lo que quedare en la [ciudad.»

(20) Y vió a Amalec, y tomó su proverbio [y dijo:
«Principio de gentes, Amalec;
Su postrimería para siempre perdida [será.»
(21) Y vió al Keneo, y tomó su proverbio, [y dijo:
«Fuerte es tu morada,
Y pon en la peña tu nido:
(22) ¿Qué será escombrado el Keneo?
Cuando Asur te cautive.»
(23) Y tomó su proverbio, y dijo:
«¡Guay, quién vivirá
En tiempo de poner Dios estas cosas!
(24) Y navíos de mano de Kitim vendrán,
Y afligirán a Asur, y afligirán a Eber:
Y también ellos para siempre serán [perdidos.»

ה. בראש עמוד סימן בי״ה שמ״ו 6. קמץ בז״ק 17. מלרע 22. כצ״ל בהעמדה תחת הע׳

(25) Y levantóse Bileam, y fuése, y tornóse a su lugar: y también Balac fuése a su camino.

XXV

(1) Y estuvo Israel en Sitim, y empezó el pueblo a errar con las hijas de Moab: (2) Y llamaron al pueblo a los sacrificios de sus dioses, y comió el pueblo, y encorvóse a sus dioses. (3) Y juntóse Israel a Báal-Peor, y enardeció el furor del Eterno contra Israel. (4) Y dijo el Eterno a Mosé: «Toma todos los capitanes del pueblo, y ahórcalos al Eterno, delante del sol; y tornarse ha, el furor del Eterno de Israel.» (5) Y dijo Mosé a los jueces de Israel: «Matad cada uno a los varones que se juntaron a Báal-Peor.»

(6) Y he aquí que un varón de Israel vino y trajo a sus hermanos a la Midianita, a los ojos de Mosé y a los ojos de toda la congregación de los hijos de Israel, llorando en la puerta de la tienda del plazo. (7) Y vió Pinhás, hijo de Eleasar, hijo de Aarón el sacerdote, y levantóse de entre la congregación, y tomó una lanza en su mano: (8) Y fué tras el varón de Israel a la tienda, y alcanzólos a ambos, al varón de Israel, y a la mujer, por su vientre. Y detúvose la mortandad de los hijos de Israel. (9) Y fueron los muertos en la mortandad veinticuatro mil.

כה הוא עדי אבד: ויקם בלעם וילך וישב למקמו וגם־
בלק הלך לדרכו: פ

כה

א וישב ישראל בשטים ויחל העם לזנות אל־בנות מואב:
2 ותקראן לעם לזבחי אלהיהן ויאכל העם וישתחוו
3 לאלהיהן: ויצמד ישראל לבעל פעור ויחר־אף־יהוה
4 בישראל: ויאמר יהוה אל־משה קח את־כל־ראשי העם
והוקע אותם ליהוה נגד השמש וישב חרון אף־יהוה
ה מישראל: ויאמר משה אל־שפטי ישראל הרגו איש
6 אנשיו הנצמדים לבעל פעור: והנה איש מבני ישראל
בא ויקרב אל־אחיו את־המדינית לעיני משה ולעיני כל־
7 עדת בני־ישראל והמה בכים פתח אהל מועד: וירא
פינחס בן־אלעזר בן־אהרן הכהן ויקם מתוך העדה ויקח
8 רמח בידו: ויבא אחר איש־ישראל אל־הקבה וידקר
את־שניהם את איש ישראל ואת־האשה אל־קבתה
9 ותעצר המגפה מעל בני ישראל: ויהיו המתים במגפה
ארבעה ועשרים אלף: פ

פ פ פ מא 41

11 וידבר יהוה אל־משה לאמר: פינחס בן־אלעזר בן־
אהרן הכהן השיב את־חמתי מעל בני־ישראל בקנאו
את־קנאתי בתוכם ולא־כליתי את־בני־ישראל בקנאתי:
12 13 לכן אמר הנני נתן לו את־בריתי שלום: והיתה לו
ולזרעו אחריו ברית כהנת עולם תחת אשר קנא לאלהיו
14 ויכפר על־בני ישראל: ושם איש ישראל המכה אשר
הכה את־המדינית זמרי בן־סלוא נשיא בית־אב לשמעני:
טו ושם האשה המכה המדינית כזבי בת־צור ראש אמות
בית־אב במדין הוא: פ

(41) PINHÁS

(10) Y habló el Eterno a Mosé, diciendo: (11) «Pinhás, hijo de Eleasar, hijo de Aarón el sacerdote, hizo tornar mi saña de los hijos de Israel, al celar mi celo entre ellos, y no acabé a los hijos de Israel con mi celo. (12) Por tanto di: He aquí, que yo le doy mi pacto de paz, (13) y será para él, y para su simiente después de él, el pacto del sacerdocio perpetuo; porque celó por su Dios, y perdonó a los hijos de Israel.» (14) Y el nombre del varón de Israel herido, que fué herido con la Midianita, es Simrí, hijo de Salú, mayoral de la casa del padre Simeonita. (15) Y el nombre de la mujer herida, la Midianita, es Cosbí, hija de Sur, cabeza de pueblos, padre de familia en Midián.

12. ו' קטיעה

16 17 וידבר יהוה אל משה לאמר: צרור את המדינים והכיתם
18 אותם: כי צררים הם לכם בנכליהם אשר נכלו לכם על
דבר פעור ועל דבר כזבי בת נשיא מדין אחתם המכה
19 ביום המגפה על דבר פעור: ויהי אחרי המגפה: פ

כו

א ויאמר יהוה אל משה ואל אלעזר בן אהרן הכהן לאמר:
2 שאו את ראש כל עדת בני ישראל מבן עשרים שנה
3 ומעלה לבית אבתם כל יצא צבא בישראל: וידבר
משה ואלעזר הכהן אתם בערבת מואב על ירדן ירחו
4 לאמר: מבן עשרים שנה ומעלה כאשר צוה יהוה את
משה ובני ישראל היצאים מארץ מצרים: ראובן בכור ה
ישראל בני ראובן חנוך משפחת החנכי לפלוא משפחת
6 הפלאי: לחצרן משפחת החצרוני לכרמי משפחת
7 הכרמי: אלה משפחת הראובני ויהיו פקדיהם שלשה
8 וארבעים אלף ושבע מאות ושלשים: ובני פלוא אליאב:
9 ובני אליאב נמואל ודתן ואבירם הוא דתן ואבירם קרואי
העדה אשר הצו על משה ועל אהרן בעדת קרח
בהצתם על יהוה: ותפתח הארץ את פיה ותבלע אתם
ואת קרח במות העדה באכל האש את חמשים ומאתים
11 12 איש ויהיו לנס: ובני קרח לא מתו: ס בני שמעון
למשפחתם לנמואל משפחת הנמואלי לימין משפחת
13 הימיני ליכין משפחת היכיני: לזרח משפחת הזרחי
14 לשאול משפחת השאולי: אלה משפחת השמעני שנים
ועשרים אלף ומאתים: ס ר בני גד למשפחתם לצפון טו
משפחת הצפוני לחגי משפחת החגי לשוני משפחת
16 השוני: לאזני משפחת האזני לערי משפחת הערי:
17 לארוד משפחת הארודי לאראלי משפחת האראלי:

(16) Y habló el Eterno a Mosé, diciendo: (17) «Angustia a los Midianitas, y hiérelos. (18) Porque angustiaron ellos a vosotros con sus ardides, con que engañaron a vosotros por causa de Peor, y por causa de Cosbí, hija de un mayoral de Midián, su hermana, herida en el día de la mortandad por la causa de Peor.» (19) Y fué después de la mortandad.

XXVI

(1) Y habló el Eterno a Mosé, y a Eleasar hijo de Aarón el sacerdote, diciendo: (2) «Recibid la cuenta de toda la congregación de los hijos de Israel, de edad de veinte años arriba, por la casa de sus padres, de todo el que saliere al ejército en Israel.» (3) Y hablaron Mosé y Eleasar el sacerdote, a ellos en las llanuras de Moab, sobre el Iardén de Ierehó, diciendo: (4) «Contaréis de edad de veinte años, arriba, como encomendó el Eterno a Mosé, a los hijos de Israel, que salieron de la tierra de Egipto: (5) Reubén, primogénito de Israel: los hijos de Reubén: Hanoj, del linaje del Hanojita; de Palú, del linaje del Paluita; (6) de Hesrón, del linaje del Hesronita; de Carmí, del linaje del Carmita. (7) Éstos son los linajes del Reubení: y fueron sus contados, cuarenta y tres mil setecientos treinta. (8) Y los hijos de Palú: Eliab. (9) Y los hijos de Eliab: Nemuel, y Datán, y Abiram, él es Datán y Abiram, llamados de la congregación que riñeron contra Mosé y Aarón en compañía de Córah en su reñir contra el Eterno. (10) Y abrió la tierra su boca y tragólos a ellos y a Córah, al morir la congregación, al quemar el fuego a doscientos cincuenta varones, que fueron por señal. (11) Y los hijos de Córah no murieron. (12) Los hijos de Simeón por sus linajes: de Nemuel, del linaje de los Nemuelitas; de Iamín, del linaje de los Iaminitas; de Iajín, del linaje del Iajinita; (13) de Sérah, del linaje de los Serahitas; de Saúl, del linaje del Saulita. (14) Éstos son los linajes del Simeonita, veintidós mil doscientos. (15) Los hijos de Gad por sus linajes: de Sefón, del linaje del Sefonita; de Haguí, del linaje del Haguita; de Suní, del linaje del Sunita, (16) de Osní, del linaje del Osnita; de Erí, del linaje del Erita: (17) de Aarod, del linaje del Arodita; de Arelí, del linaje del Arelita. (18) Éstos son los linajes de los hijos de Gad por sus

כה 19. פסקא באמצע פסוק כו 7. כצ"ל 9. קריאי ק'

18 אֵלֶּה מִשְׁפְּחֹת בְּנֵי־גָד לִפְקֻדֵיהֶם אַרְבָּעִים אֶלֶף וַחֲמֵשׁ
19 מֵאוֹת׃ ס בְּנֵי יְהוּדָה עֵר וְאוֹנָן וַיָּמָת עֵר וְאוֹנָן בְּאֶרֶץ
כ כְּנָעַן׃ וַיִּהְיוּ בְנֵי־יְהוּדָה לְמִשְׁפְּחֹתָם לְשֵׁלָה מִשְׁפַּחַת
הַשֵּׁלָנִי לְפֶרֶץ מִשְׁפַּחַת הַפַּרְצִי לְזֶרַח מִשְׁפַּחַת הַזַּרְחִי׃
21 וַיִּהְיוּ בְנֵי־פֶרֶץ לְחֶצְרֹן מִשְׁפַּחַת הַחֶצְרֹנִי לְחָמוּל מִשְׁפַּחַת
22 הֶחָמוּלִי׃ אֵלֶּה מִשְׁפְּחֹת יְהוּדָה לִפְקֻדֵיהֶם שִׁשָּׁה וְשִׁבְעִים
23 אֶלֶף וַחֲמֵשׁ מֵאוֹת׃ ס בְּנֵי יִשָּׂשכָר לְמִשְׁפְּחֹתָם תּוֹלָע
24 מִשְׁפַּחַת הַתּוֹלָעִי לְפֻוָּה מִשְׁפַּחַת הַפּוּנִי׃ לְיָשׁוּב מִשְׁפַּחַת
כה הַיָּשֻׁבִי לְשִׁמְרֹן מִשְׁפַּחַת הַשִּׁמְרֹנִי׃ אֵלֶּה מִשְׁפְּחֹת יִשָּׂשכָר
26 לִפְקֻדֵיהֶם אַרְבָּעָה וְשִׁשִּׁים אֶלֶף וּשְׁלֹשׁ מֵאוֹת׃ ס בְּנֵי
זְבוּלֻן לְמִשְׁפְּחֹתָם לְסֶרֶד מִשְׁפַּחַת הַסַּרְדִּי לְאֵלוֹן מִשְׁפַּחַת
27 הָאֵלֹנִי לְיַחְלְאֵל מִשְׁפַּחַת הַיַּחְלְאֵלִי׃ אֵלֶּה מִשְׁפְּחֹת
28 הַזְּבוּלֹנִי לִפְקֻדֵיהֶם שִׁשִּׁים אֶלֶף וַחֲמֵשׁ מֵאוֹת׃ ס בְּנֵי
29 יוֹסֵף לְמִשְׁפְּחֹתָם מְנַשֶּׁה וְאֶפְרָיִם׃ בְּנֵי מְנַשֶּׁה לְמָכִיר
מִשְׁפַּחַת הַמָּכִירִי וּמָכִיר הוֹלִיד אֶת־גִּלְעָד לְגִלְעָד מִשְׁפַּחַת
ל הַגִּלְעָדִי׃ אֵלֶּה בְּנֵי גִלְעָד אִיעֶזֶר מִשְׁפַּחַת הָאִיעֶזְרִי לְחֵלֶק
31 מִשְׁפַּחַת הַחֶלְקִי׃ וְאַשְׂרִיאֵל מִשְׁפַּחַת הָאַשְׂרִאֵלִי וְשֶׁכֶם
32 מִשְׁפַּחַת הַשִּׁכְמִי׃ וּשְׁמִידָע מִשְׁפַּחַת הַשְּׁמִידָעִי וְחֵפֶר
33 מִשְׁפַּחַת הַחֶפְרִי׃ וּצְלָפְחָד בֶּן־חֵפֶר לֹא־הָיוּ לוֹ בָּנִים כִּי
אִם־בָּנוֹת וְשֵׁם בְּנוֹת צְלָפְחָד מַחְלָה וְנֹעָה חָגְלָה מִלְכָּה
34 וְתִרְצָה׃ אֵלֶּה מִשְׁפְּחֹת מְנַשֶּׁה וּפְקֻדֵיהֶם שְׁנַיִם וַחֲמִשִּׁים
לה אֶלֶף וּשְׁבַע מֵאוֹת׃ ס אֵלֶּה בְנֵי־אֶפְרַיִם לְמִשְׁפְּחֹתָם
לְשׁוּתֶלַח מִשְׁפַּחַת הַשֻּׁתַלְחִי לְבֶכֶר מִשְׁפַּחַת הַבַּכְרִי
36 לְתַחַן מִשְׁפַּחַת הַתַּחֲנִי׃ וְאֵלֶּה בְּנֵי שׁוּתָלַח לְעֵרָן מִשְׁפַּחַת
37 הָעֵרָנִי׃ אֵלֶּה מִשְׁפְּחֹת בְּנֵי־אֶפְרַיִם לִפְקֻדֵיהֶם שְׁנַיִם
וּשְׁלֹשִׁים אֶלֶף וַחֲמֵשׁ מֵאוֹת אֵלֶּה בְנֵי־יוֹסֵף לְמִשְׁפְּחֹתָם׃ ס
38 בְּנֵי בִנְיָמִן לְמִשְׁפְּחֹתָם לְבֶלַע מִשְׁפַּחַת הַבַּלְעִי לְאַשְׁבֵּל
39 מִשְׁפַּחַת הָאַשְׁבֵּלִי לַאֲחִירָם מִשְׁפַּחַת הָאֲחִירָמִי׃ לִשְׁפוּפָם

contados, cuarenta mil quinientos. (19) Los hijos de Iudá: Er y Onán. Y murieron Er y Onán en tierra de Kenáan. (20) Y fueron los hijos de Iudá por sus linajes: de Selá, del linaje de los Selanitas; de Peres, del linaje de los Parsitas; de Sérah, del linaje de los Sarhitas. (21) Y fueron los hijos de Peres: de Hesrón, del linaje del Hesronita; de Hamul, del linaje del Hamulita. (22) Éstos son los linajes de Iudá, por sus contados setenta y seis mil quinientos. (23) Los hijos de Isajar, por sus linajes: Tolá, del linaje del Tolaita; de Puva, del linaje del Punita; (24) de Iasub, del linaje del Iasubita; de Simrón, del linaje del Simronita. (25) Éstos son los linajes de Isajar, por sus contados, sesenta y cuatro mil trescientos. (26) Los hijos de Sebulún, por sus linajes: de Séred, del linaje del Sardita; de Elón del linaje del Elonita; de Iahleel, del linaje del Iahleelita; (27) Éstos son los linajes del Sebulunita, por sus contados, sesenta mil quinientos. (28) Los hijos de Iosef por sus linajes: Menasé, y Efráim. (29) Los hijos de Menasé: de Majir, del linaje del Majirita; y Majir engendró a Guilead: de Guilead, del linaje del Guileadita. (30) Éstos son los hijos de Guilead; Iéser, del linaje del Ieserita; de Hélec, del linaje del Helequita; (31) y Asriél, del linaje de Asrielita; y Séjem, del linaje del Sijemita; (32) y Semidá, del linaje del Semidaita; y Héfer, del linaje de Heferita; (33) y Selofhad, hijo de Héfer, no tuvo él hijos sino hijas: y el nombre de las hijos de Selofhad: Mahlá, y Noá, Hoglá, Milcá, y Tirsá. (34) Éstos son los linajes de Menasé; y sus contados, cincuenta y dos mil setecientos. (35) Éstos son los hijos de Efráim por sus linajes: de Sutélah, del linaje del Sutalhita; de Béjer, del linaje del Bajrita; de Tahan, del linaje del Tahanita. (36) Y éstos son los hijos de Sutélah: de Erán, del linaje del Eranita. (37) Éstos son los linajes de los hijos de Efráim, por sus contados, treinta y dos mil quinientos. Éstos son los hijos de Iosef por sus linajes. (38) Los hijos de Biniamín por sus linajes: de Bela, del linaje del Baleita; de Asbel, del linaje del Asbelita; de Ahiram, del linaje del Ahiramita; (39) de Sefufam, del linaje del Sufamita;

משפחת השופמי לחופם משפחת החופמי: ויהיו בני־ מ
בלע ארד ונעמן משפחת הארדי לנעמן משפחת הנעמי:
אלה בני־בנימן למשפחתם ופקדיהם חמשה וארבעים 41
אלף ושש מאות: ס אלה בני־דן למשפחתם לשוחם 42
משפחת השוחמי אלה משפחת דן למשפחתם: כל־ 43
משפחת השוחמי לפקדיהם ארבעה וששים אלף וארבע
מאות: ס בני אשר למשפחתם לימנה משפחת 44
הימנה לישוי משפחת הישוי לבריעה משפחת הבריעי:
לבני בריעה לחבר משפחת החברי למלכיאל משפחת מה
המלכיאלי: ושם בת־אשר שרח: אלה משפחת בני־ 46 47
אשר לפקדיהם שלשה וחמשים אלף וארבע מאות: ס
בני נפתלי למשפחתם ליחצאל משפחת היחצאלי לגוני 48
משפחת הגוני: ליצר משפחת היצרי לשלם משפחת 49
השלמי: אלה משפחת נפתלי למשפחתם ופקדיהם נ
חמשה וארבעים אלף וארבע מאות: אלה פקודי בני 51
ישראל שש־מאות אלף ואלף שבע מאות ושלשים: פ
וידבר יהוה אל־משה לאמר: לאלה תחלק הארץ 52 53
בנחלה במספר שמות: לרב תרבה נחלתו ולמעט 54
תמעיט נחלתו איש לפי פקדיו יתן נחלתו: אך־בגורל נה
יחלק את־הארץ לשמות מטות־אבתם ינחלו: על־פי 56
הגורל תחלק נחלתו בין רב למעט: ס ואלה פקודי 57
הלוי למשפחתם לגרשון משפחת הגרשני לקהת
משפחת הקהתי למררי משפחת המררי: אלה משפחת 58
לוי משפחת הלבני משפחת החברני משפחת המחלי
משפחת המושי משפחת הקרחי וקהת הולד את־עמרם:
ושם ׀ אשת עמרם יוכבד בת־לוי אשר ילדה אתה 59
ללוי במצרים ותלד לעמרם את־אהרן ואת־משה ואת
מרים אחתם: ויולד לאהרן את־נדב ואת־אביהוא את־ ס

de Hufam, del linaje del Hufamita. (40) Y fueron los hijos de Bela: Ard y Naamán, del linaje del Ardita; de Naamán, del linaje del Naamita. (41) Éstos son los hijos de Biniamín, por sus linajes; y sus contados, cuarenta y cinco mil seiscientos. (42) Éstos son los hijos de Dan, por sus linajes: de Suham, del linaje del Suhamita; éstos son los hijos de Dan por sus linajes. (43) Todos los linajes de los Suhamitas, por sus contados, sesenta y cuatro mil cuatrocientos. (44) Los hijos de Aser por sus linajes: de Yimná, del linaje del Yimna; de Yisví, del linaje del Yisvita; de Beriá, del linaje del Beriita, (45) de los hijos de Beriá: de Héber, del linaje del Hebrita; de Malkiél, del linaje del Malkielita. (46) Y el nombre de la hija de Aser: Sérah. (47) Éstos son los linajes de los hijos de Aser, por sus contados, cincuenta y tres mil cuatrocientos. (48) Los hijos de Naftalí por sus linajes: de Iahseel, del linaje del Iahseelita; de Guní, del linaje del Gunita. (49) Y Iéser, del linaje del Isrita; de Silem, del linaje del Silemita. (50) Éstos son los linajes de Naftalí por sus familias; y sus contados, cuarenta y cinco mil cuatrocientos. (51) Éstos son los contados de los hijos de Israel, seiscientos un mil setecientos treinta.

(52) Y habló el Eterno a Mosé, diciendo: (53) «A éstos será repartida la tierra por heredad, por el número de hombres. (54) Al mayor darás más heredad, y al menor disminuirás su heredad; a cada uno según sus contados será dada su heredad. (55) De cierto, por sorteo será repartida la tierra, por los nombres de las tribus de sus padres heredarán. (56) Según el sorteo, será partida su heredad, entre grande y pequeño.»

(57) Y éstos son los contados de Leví por sus linajes: de Guersón, del linaje del Guersonita; de Keat, del linaje del Keatita; de Merarí, del linaje del Merarita. (58) Éstos son los linajes de Leví: del linaje del Libnita, del linaje Hebronita, del linaje del Mahelita, del linaje del Musita, del linaje de Corahita. Y Keat engendró a Amram. (59) Y el nombre de la mujer de Amram: Iojebed, hija de Leví, que parió a ella Leví en Egipto: Y parió a Amram, a Aarón, y a Mosé, y a Miriam su hermana. (60) Y fué nacido a Aarón, Nadab

y Abiú, Eleasar e Itamar. (61) Y murieron Nadab y Abiú al ofrecer fuego extraño delante del Eterno. (62) Y fueron sus contados veintitrés mil, todo varón de edad de un mes, arriba, porque no fueron contados entre los hijos de Israel, el que no tuvo heredad entre los hijos de Israel.

(63) Éstos son los contados de Mosé y Eleasar el sacerdote, que contaron a los hijos de Israel en las llanuras de Moab, sobre el Iardén de Ierehó. (64) Y entre éstos no hubo varón de los contados por Mosé y Aarón el sacerdote, que contaron a los hijos de Israel en el desierto de Sinái. (65) Porque dijo el Eterno a ellos: «Morir, morirán en el desierto.» Y no quedó de ellos varón, salvo Caleb, hijo de Iefuné, y Iosúa, hijo de Nun.

XXVII

(1) Y llegáronse las hijas de Selofhad, hijo de Héfer, hijo de Guilead, hijo de Majir, hijo de Menasé de las familias de Menasé, hijo de Iosef, y éstos son los nombres de sus hijas: Mahlá, Noá, y Hoglá, y Milcá, y Tirsá. (2) Y estuvieron delante de Mosé, y delante de Eleasar el sacerdote, y delante de los mayores, y de toda la congregación, a la puerta de la tienda del plazo, diciendo: (3) «Nuestro padre murió en el desierto, y él no estuvo entre la congregación de los que se juntaron contra el Eterno en la compañía de Córah, que en su pecado murió, e hijos no tuvo. (4) ¿Por qué será menguado el nombre de nuestro padre de entre su linaje, por no tener hijos? Danos posesión entre los hermanos de nuestro padre.» (5) Y llevó Mosé su juicio delante del Eterno. (6) Y habló el Eterno a Mosé, diciendo: (7) «Bien hablan las hijas de Selofhad; dar, darás a ellas posesión, por heredad entre los hermanos de su padre; y harás pasar la heredad de su padre a ellas. (8) Y a los hijos de Israel hablarás, diciendo: De varón que muriere y no tuviere hijo, pasaréis su heredad a su hija. (9) Y si no tuviere hija, daréis su heredad a sus hermanos. (10) Y si no tuviere hermanos, daréis su heredad a los hermanos de su padre. (11) Y si no tuviere hermanos su padre, daréis su heredad a su pariente cercano a él, por su linaje, y hereda-

61 אֶלְעָזָר וְאֶת־אִיתָמָר׃ וַיָּמָת נָדָב וַאֲבִיהוּא בְּהַקְרִיבָם
62 אֵשׁ־זָרָה לִפְנֵי יְהוָה׃ וַיִּהְיוּ פְקֻדֵיהֶם שְׁלֹשָׁה וְעֶשְׂרִים אֶלֶף
כָּל־זָכָר מִבֶּן־חֹדֶשׁ וָמָעְלָה כִּי ׀ לֹא הָתְפָּקְדוּ בְּתוֹךְ בְּנֵי
63 יִשְׂרָאֵל כִּי לֹא־נִתַּן לָהֶם נַחֲלָה בְּתוֹךְ בְּנֵי יִשְׂרָאֵל׃ אֵלֶּה
פְּקוּדֵי מֹשֶׁה וְאֶלְעָזָר הַכֹּהֵן אֲשֶׁר פָּקְדוּ אֶת־בְּנֵי יִשְׂרָאֵל
64 בְּעַרְבֹת מוֹאָב עַל יַרְדֵּן יְרֵחוֹ׃ וּבְאֵלֶּה לֹא־הָיָה אִישׁ
מִפְּקוּדֵי מֹשֶׁה וְאַהֲרֹן הַכֹּהֵן אֲשֶׁר פָּקְדוּ אֶת־בְּנֵי יִשְׂרָאֵל
סה בְּמִדְבַּר סִינָי׃ כִּי־אָמַר יְהוָה לָהֶם מוֹת יָמֻתוּ בַּמִּדְבָּר וְלֹא־
נוֹתַר מֵהֶם אִישׁ כִּי אִם־כָּלֵב בֶּן־יְפֻנֶּה וִיהוֹשֻׁעַ בִּן־נוּן׃ ס

כז

א וַתִּקְרַבְנָה בְּנוֹת צְלָפְחָד בֶּן־חֵפֶר בֶּן־גִּלְעָד בֶּן־מָכִיר בֶּן־
מְנַשֶּׁה לְמִשְׁפְּחֹת מְנַשֶּׁה בֶן־יוֹסֵף וְאֵלֶּה שְׁמוֹת בְּנֹתָיו מַחְלָה
2 נֹעָה וְחָגְלָה וּמִלְכָּה וְתִרְצָה׃ וַתַּעֲמֹדְנָה לִפְנֵי מֹשֶׁה וְלִפְנֵי
אֶלְעָזָר הַכֹּהֵן וְלִפְנֵי הַנְּשִׂיאִם וְכָל־הָעֵדָה פֶּתַח אֹהֶל־מוֹעֵד
3 לֵאמֹר׃ אָבִינוּ מֵת בַּמִּדְבָּר וְהוּא לֹא־הָיָה בְּתוֹךְ הָעֵדָה
הַנּוֹעָדִים עַל־יְהוָה בַּעֲדַת־קֹרַח כִּי־בְחֶטְאוֹ מֵת וּבָנִים לֹא־
4 הָיוּ לוֹ׃ לָמָּה יִגָּרַע שֵׁם־אָבִינוּ מִתּוֹךְ מִשְׁפַּחְתּוֹ כִּי אֵין
ה לוֹ בֵּן תְּנָה־לָּנוּ אֲחֻזָּה בְּתוֹךְ אֲחֵי אָבִינוּ׃ וַיַּקְרֵב מֹשֶׁה אֶת־
מִשְׁפָּטָן לִפְנֵי יְהוָה׃ ה׃ רביעי
6 7 וַיֹּאמֶר יְהוָה אֶל־מֹשֶׁה לֵּאמֹר׃ כֵּן בְּנוֹת צְלָפְחָד דֹּבְרֹת
נָתֹן תִּתֵּן לָהֶם אֲחֻזַּת נַחֲלָה בְּתוֹךְ אֲחֵי אֲבִיהֶם וְהַעֲבַרְתָּ
8 אֶת־נַחֲלַת אֲבִיהֶן לָהֶן׃ וְאֶל־בְּנֵי יִשְׂרָאֵל תְּדַבֵּר לֵאמֹר
אִישׁ כִּי־יָמוּת וּבֵן אֵין לוֹ וְהַעֲבַרְתֶּם אֶת־נַחֲלָתוֹ לְבִתּוֹ׃
9 10 וְאִם־אֵין לוֹ בַּת וּנְתַתֶּם אֶת־נַחֲלָתוֹ לְאֶחָיו׃ וְאִם־אֵין לוֹ
11 אַחִים וּנְתַתֶּם אֶת־נַחֲלָתוֹ לַאֲחֵי אָבִיו׃ וְאִם־אֵין אַחִים
לְאָבִיו וּנְתַתֶּם אֶת־נַחֲלָתוֹ לִשְׁאֵרוֹ הַקָּרֹב אֵלָיו מִמִּשְׁפַּחְתּוֹ

כז 5. נוז רבתי

וְיָרַשׁ אֹתָהּ וְהָיְתָה לִבְנֵי יִשְׂרָאֵל לְחֻקַּת מִשְׁפָּט כַּאֲשֶׁר
צִוָּה יְהוָה אֶת־מֹשֶׁה׃ פ
וַיֹּאמֶר יְהוָה אֶל־מֹשֶׁה עֲלֵה אֶל־הַר הָעֲבָרִים הַזֶּה וּרְאֵה 12
אֶת־הָאָרֶץ אֲשֶׁר נָתַתִּי לִבְנֵי יִשְׂרָאֵל׃ וְרָאִיתָה אֹתָהּ 13
וְנֶאֱסַפְתָּ אֶל־עַמֶּיךָ גַּם־אָתָּה כַּאֲשֶׁר נֶאֱסַף אַהֲרֹן אָחִיךָ׃
כַּאֲשֶׁר מְרִיתֶם פִּי בְּמִדְבַּר־צִן בִּמְרִיבַת הָעֵדָה לְהַקְדִּישֵׁנִי 14
בַמַּיִם לְעֵינֵיהֶם הֵם מֵי־מְרִיבַת קָדֵשׁ מִדְבַּר־צִן׃ ס
וַיְדַבֵּר מֹשֶׁה אֶל־יְהוָה לֵאמֹר׃ יִפְקֹד יְהוָה אֱלֹהֵי הָרוּחֹת טו 16
לְכָל־בָּשָׂר אִישׁ עַל־הָעֵדָה׃ אֲשֶׁר־יֵצֵא לִפְנֵיהֶם וַאֲשֶׁר 17
יָבֹא לִפְנֵיהֶם וַאֲשֶׁר יוֹצִיאֵם וַאֲשֶׁר יְבִיאֵם וְלֹא תִהְיֶה עֲדַת
יְהוָה כַּצֹּאן אֲשֶׁר אֵין־לָהֶם רֹעֶה׃ וַיֹּאמֶר יְהוָה אֶל־מֹשֶׁה 18
קַח־לְךָ אֶת־יְהוֹשֻׁעַ בִּן־נוּן אִישׁ אֲשֶׁר־רוּחַ בּוֹ וְסָמַכְתָּ אֶת־
יָדְךָ עָלָיו׃ וְהַעֲמַדְתָּ אֹתוֹ לִפְנֵי אֶלְעָזָר הַכֹּהֵן וְלִפְנֵי כָּל־ 19
הָעֵדָה וְצִוִּיתָה אֹתוֹ לְעֵינֵיהֶם׃ וְנָתַתָּה מֵהוֹדְךָ עָלָיו לְמַעַן כ
יִשְׁמְעוּ כָּל־עֲדַת בְּנֵי יִשְׂרָאֵל׃ וְלִפְנֵי אֶלְעָזָר הַכֹּהֵן יַעֲמֹד 21
וְשָׁאַל לוֹ בְּמִשְׁפַּט הָאוּרִים לִפְנֵי יְהוָה עַל־פִּיו יֵצְאוּ וְעַל־
פִּיו יָבֹאוּ הוּא וְכָל־בְּנֵי־יִשְׂרָאֵל אִתּוֹ וְכָל־הָעֵדָה׃ וַיַּעַשׂ מֹשֶׁה 22
כַּאֲשֶׁר צִוָּה יְהוָה אֹתוֹ וַיִּקַּח אֶת־יְהוֹשֻׁעַ וַיַּעֲמִדֵהוּ לִפְנֵי
אֶלְעָזָר הַכֹּהֵן וְלִפְנֵי כָּל־הָעֵדָה׃ וַיִּסְמֹךְ אֶת־יָדָיו עָלָיו וַיְצַוֵּהוּ 23
כַּאֲשֶׁר דִּבֶּר יְהוָה בְּיַד־מֹשֶׁה׃ פ חמישי

כח

וַיְדַבֵּר יְהוָה אֶל־מֹשֶׁה לֵּאמֹר׃ צַו אֶת־בְּנֵי יִשְׂרָאֵל וְאָמַרְתָּ א 2
אֲלֵהֶם אֶת־קָרְבָּנִי לַחְמִי לְאִשַּׁי רֵיחַ נִיחֹחִי תִּשְׁמְרוּ לְהַקְרִיב
לִי בְּמוֹעֲדוֹ׃ וְאָמַרְתָּ לָהֶם זֶה הָאִשֶּׁה אֲשֶׁר תַּקְרִיבוּ לַיהוָה 3
כְּבָשִׂים בְּנֵי־שָׁנָה תְמִימִם שְׁנַיִם לַיּוֹם עֹלָה תָמִיד׃ אֶת־ 4
הַכֶּבֶשׂ אֶחָד תַּעֲשֶׂה בַבֹּקֶר וְאֵת הַכֶּבֶשׂ הַשֵּׁנִי תַּעֲשֶׂה
בֵּין הָעַרְבָּיִם׃ וַעֲשִׂירִית הָאֵיפָה סֹלֶת לְמִנְחָה בְּלוּלָה ה
בְּשֶׁמֶן כָּתִית רְבִיעִת הַהִין׃ עֹלַת תָּמִיד הָעֲשֻׂיָה בְּהַר סִינַי 6

rála; y será a los hijos de Israel por fuero de juicio, como encomendó el Eterno a Mosé.»

(12) Y dijo el Eterno a Mosé: «Sube al monte de Abarim, y ve la tierra que di a los hijos de Israel. (13) Y la verás y serás juntado a tu pueblo también tú, como fué juntado Aarón tu hermano. (14) Porque os rebelasteis contra mi dicho en el desierto de Sin, en la riña de la congregación, por santificarme en las aguas a sus ojos.» Estas son las aguas de la riña de Cadés en el desierto de Sin. (15) Y habló Mosé al Eterno, diciendo: (16) «Encomiende el Eterno, Dios de los espíritus de toda criatura, un varón sobre la congregación, (17) que salga delante de ellos, y que entre delante de ellos, y que los saque y que los traiga; y no sea la congregación del Eterno como las ovejas que no tienen pastor.»

(18) Y dijo el Eterno a Mosé: «Toma a Iosúa, hijo de Nun, varón en el que hay espíritu, y colocarás tu mano sobre él. (19) Y le harás estar delante de Eleasar el sacerdote, y delante de toda la congregación; y encomendarás a él, a sus ojos. (20) Y darás de tu brillo sobre él, para que oiga toda la congregación de los hijos de Israel. (21) Y delante de Eleasar el sacerdote estará, y demandará a él por el juicio de los Urim delante del Eterno: por su dicho saldrán, y por su dicho entrarán, él, y todos los hijos de Israel con él, y toda la congregación.» (22) E hizo Mosé como le encomendó el Eterno; y tomó a Iosúa, e hízolo estar delante de Eleasar el sacerdote, y delante de toda la congregación. (23) Y colocó sus manos sobre él, y encomendólo, como habló el Eterno, por mano de Mosé.

XXVIII

(1) Y habló el Eterno a Mosé, diciendo: (2) «Encomienda a los hijos de Israel, y diles: mi sacrificio, mi pan con mis ofrendas, mi olor agradable, guardaréis para ofrecer a mí a su tiempo.

(3) Y les dirás: Ésta es la ofrenda que ofreceréis al Eterno: corderos de edad de un año, perfectos, dos para cada día, en holocausto continuo. (4) Un cordero harás por la mañana, y el segundo cordero harás entre las tardes: (5) Y diezmo de la efa de sémola por presente, envuelta en aceite majado, una

7 לְרֵיחַ נִיחֹחַ אִשֵּׁה לַידוָה׃ וְנִסְכּוֹ רְבִיעִת הַהִין לַכֶּבֶשׂ
8 הָאֶחָד בַּקֹּדֶשׁ הַסֵּךְ נֶסֶךְ שֵׁכָר לַידוָה׃ וְאֵת הַכֶּבֶשׂ הַשֵּׁנִי
תַּעֲשֶׂה בֵּין הָעַרְבָּיִם כְּמִנְחַת הַבֹּקֶר וּכְנִסְכּוֹ תַּעֲשֶׂה אִשֵּׁה
רֵיחַ נִיחֹחַ לַידוָה׃ פ
9 וּבְיוֹם הַשַּׁבָּת שְׁנֵי־כְבָשִׂים בְּנֵי־שָׁנָה תְּמִימִם וּשְׁנֵי עֶשְׂרֹנִים
י סֹלֶת מִנְחָה בְּלוּלָה בַשֶּׁמֶן וְנִסְכּוֹ׃ עֹלַת שַׁבַּת בְּשַׁבַּתּוֹ
עַל־עֹלַת הַתָּמִיד וְנִסְכָּהּ׃ פ
11 וּבְרָאשֵׁי חָדְשֵׁיכֶם תַּקְרִיבוּ עֹלָה לַידוָה פָּרִים בְּנֵי־בָקָר
שְׁנַיִם וְאַיִל אֶחָד כְּבָשִׂים בְּנֵי־שָׁנָה שִׁבְעָה תְּמִימִם׃
12 וּשְׁלֹשָׁה עֶשְׂרֹנִים סֹלֶת מִנְחָה בְּלוּלָה בַשֶּׁמֶן לַפָּר הָאֶחָד
וּשְׁנֵי עֶשְׂרֹנִים סֹלֶת מִנְחָה בְּלוּלָה בַשֶּׁמֶן לָאַיִל הָאֶחָד׃
13 וְעִשָּׂרֹן עִשָּׂרוֹן סֹלֶת מִנְחָה בְּלוּלָה בַשֶּׁמֶן לַכֶּבֶשׂ הָאֶחָד
14 עֹלָה רֵיחַ נִיחֹחַ אִשֶּׁה לַידוָה׃ וְנִסְכֵּיהֶם חֲצִי הַהִין יִהְיֶה
לַפָּר וּשְׁלִישִׁת הַהִין לָאַיִל וּרְבִיעִת הַהִין לַכֶּבֶשׂ יָיִן זֹאת
טו עֹלַת חֹדֶשׁ בְּחָדְשׁוֹ לְחָדְשֵׁי הַשָּׁנָה׃ וּשְׂעִיר עִזִּים אֶחָד
לְחַטָּאת לַידוָה עַל־עֹלַת הַתָּמִיד יֵעָשֶׂה וְנִסְכּוֹ׃ ס
16 וּבַחֹדֶשׁ הָרִאשׁוֹן בְּאַרְבָּעָה עָשָׂר יוֹם לַחֹדֶשׁ פֶּסַח לַידוָה׃
17 וּבַחֲמִשָּׁה עָשָׂר יוֹם לַחֹדֶשׁ הַזֶּה חָג שִׁבְעַת יָמִים מַצּוֹת
18 יֵאָכֵל׃ בַּיּוֹם הָרִאשׁוֹן מִקְרָא־קֹדֶשׁ כָּל־מְלֶאכֶת עֲבֹדָה לֹא
19 תַעֲשׂוּ׃ וְהִקְרַבְתֶּם אִשֶּׁה עֹלָה לַידוָה פָּרִים בְּנֵי־בָקָר
שְׁנַיִם וְאַיִל אֶחָד וְשִׁבְעָה כְבָשִׂים בְּנֵי שָׁנָה תְּמִימִם יִהְיוּ
כ לָכֶם׃ וּמִנְחָתָם סֹלֶת בְּלוּלָה בַשָּׁמֶן שְׁלֹשָׁה עֶשְׂרֹנִים
21 לַפָּר וּשְׁנֵי עֶשְׂרֹנִים לָאַיִל תַּעֲשׂוּ׃ עִשָּׂרוֹן עִשָּׂרוֹן תַּעֲשֶׂה
22 לַכֶּבֶשׂ הָאֶחָד לְשִׁבְעַת הַכְּבָשִׂים׃ וּשְׂעִיר חַטָּאת אֶחָד
23 לְכַפֵּר עֲלֵיכֶם׃ מִלְּבַד עֹלַת הַבֹּקֶר אֲשֶׁר לְעֹלַת הַתָּמִיד
24 תַּעֲשׂוּ אֶת־אֵלֶּה׃ כָּאֵלֶּה תַּעֲשׂוּ לַיּוֹם שִׁבְעַת יָמִים לֶחֶם
אִשֵּׁה רֵיחַ־נִיחֹחַ לַידוָה עַל־עוֹלַת הַתָּמִיד יֵעָשֶׂה וְנִסְכּוֹ׃

cuarta de la medida, (6) holocausto continuo, el que fué hecho en el monte de Sinái en olor agradable, como ofrenda al Eterno. (7) Y su libación, un cuarto de la medida con cada cordero, en la santidad, harás libar libación de vino viejo al Eterno. (8) Y el cordero segundo ofrecerás entre las tardes: como presente de la mañana, y como su libación harás, ofrenda de olor agradable al Eterno.

(9) Y en el día sábado, dos corderos de edad de un año, perfectos, y dos diezmos de sémola como presente, envuelta en el aceite, y además su libación; (10) Es el holocausto del sábado en cada sábado, el holocausto continuo, y su libación.

(11) Y en los principios de vuestros meses ofreceréis holocausto al Eterno, dos toros, y un carnero, y siete corderos de edad de un año, perfectos; (12) y tres diezmos de sémola, por presente envuelta en el aceite, por cada toro; y dos diezmos de sémola bien envuelta en el aceite, por presente con cada carnero; (13) Y diezmo de sémola, envuelta en el aceite, por presente con cada cordero: es holocausto de olor agradable, ofrenda al Eterno. (14) Y sus libaciones de vino, la mitad de la medida será al toro, y el tercio de la medida al carnero, y el cuarto de la medida al carnero; éste es el holocausto de cada mes en todos los meses del año. (15) Y un cabrito por expiación para el Eterno, por holocausto continuo será hecho, y su libación.

(16) Y en el mes primero, a los catorce días del mes, será Pesah para el Eterno; (17) y a los quince días del mes este, será fiesta: siete días cenceñas serán comidas. (18) En el día primero, será llamamiento de santidad; ninguna obra de servicio haréis. (19) Y ofreceréis ofrenda en holocausto al Eterno; dos toros, y un carnero, y siete corderos de edad de un año, perfectos, serán para vosotros. (20) Y su presente, sémola envuelta en el aceite: tres diezmos al toro; y dos diezmos al carnero ofreceréis; (21) un diezmo ofrecerás por un cordero: a los siete corderos. (22) Y un cabrito por expiación, para haceros perdonar. (23) Fuera del holocausto de la mañana, que es el holocausto continuo, haréis éstos. (24) Como éstos haréis por día, siete días, pan, ofrenda de olor agradable al Eterno; sobre el holocausto continuo será hecho, y su

10. הב׳ פתוחה

וביום השביעי מקרא־קדש יהיה לכם כל מלאכת עבדה כה
לא תעשו: ס וביום הבכורים בהקריבכם מנחה 26
חדשה ליהוה בשבעתיכם מקרא־קדש יהיה לכם כל־
מלאכת עבדה לא תעשו: והקרבתם עולה לריח ניחח 27
ליהוה פרים בני־בקר שנים איל אחד שבעה כבשים בני
שנה: ומנחתם סלת בלולה בשמן שלשה עשרנים לפר 28
האחד שני עשרנים לאיל האחד: עשרון עשרון לכבש 29
האחד לשבעת הכבשים: שעיר עזים אחד לכפר עליכם: ל
מלבד עלת התמיד ומנחתו תעשו תמימם יהיו־לכם 31
ונסכיהם: פ

כט

ובחדש השביעי באחד לחדש מקרא־קדש יהיה לכם א
כל־מלאכת עבדה לא תעשו יום תרועה יהיה לכם:
ועשיתם עלה לריח ניחח ליהוה פר בן־בקר אחד איל 2
אחד כבשים בני־שנה שבעה תמימם: ומנחתם סלת 3
בלולה בשמן שלשה עשרנים לפר שני עשרנים לאיל:
ועשרון אחד לכבש האחד לשבעת הכבשים: ושעיר־ 4 ה
עזים אחד חטאת לכפר עליכם: מלבד עלת החדש 6
ומנחתה ועלת התמיד ומנחתה ונסכיהם כמשפטם לריח
ניחח אשה ליהוה: ס ובעשור לחדש השביעי הזה 7
מקרא־קדש יהיה לכם ועניתם את־נפשתיכם כל־
מלאכה לא תעשו: והקרבתם עלה ליהוה ריח ניחח 8
פר בן־בקר אחד איל אחד כבשים בני־שנה שבעה
תמימם יהיו לכם: ומנחתם סלת בלולה בשמן שלשה 9
עשרנים לפר שני עשרנים לאיל האחד: עשרון עשרון י
לכבש האחד לשבעת הכבשים: שעיר־עזים אחד חטאת 11
מלבד חטאת הכפרים ועלת התמיד ומנחתה ונסכיהם:
ס ובחמשה עשר יום לחדש השביעי מקרא־קדש 12

libación. (25) Y en el día séptimo llamamiento de santidad será para vosotros: toda obra de servicio no haréis.

(26) Y en el día de las primicias, en vuestro ofrecer presente nuevo al Eterno en vuestras semanas, llamamiento de santidad será para vosotros: toda obra de servicio no haréis. (27) Y ofreceréis holocausto, de olor agradable al Eterno, dos toros, un carnero, siete corderos de edad de un año: (28) Y su presente, sémola envuelta en aceite, tres diezmos al toro, dos diezmos al carnero, (29) diezmo por un cordero; a los siete corderos; (30) y un cabrito, para haceros perdonar: (31) Fuera del holocausto continuo, y su presente, perfectos los haréis, y sus libaciones.

XXIX

(1) Y en el mes séptimo, en uno del mes, llamamiento de santidad será para vosotros: toda obra de servicio no haréis; día de sonar las trompetas será para vosotros. (2) Y haréis holocausto, de olor agradable al Eterno, un toro, un carnero, y siete corderos de edad de un año, perfectos. (3) Y su presente, sémola envuelta en el aceite, tres diezmos al toro, dos diezmos al carnero. (4) Y un diezmo por un cordero; a los siete corderos. (5) Y un cabrito por expiación, para haceros perdonar: (6) Fuera del holocausto del mes, y su presente, y el holocausto continuo y su presente, y sus libaciones, como su juicio, de olor agradable, ofrenda al Eterno.

(7) Y en el décimo día, al mes séptimo este, llamamiento de santidad será para vosotros; y afligiréis vuestras almas: ninguna obra haréis. (8) Y ofreceréis holocausto al Eterno, de olor agradable, un toro, un carnero, siete corderos de edad de un año, perfectos, serán para vosotros; (9) y su presente, sémola envuelta en el aceite, tres diezmos al toro, dos diezmos al carnero, (10) un diezmo por un cordero; a los siete corderos, (11) un cabrito, por expiación; fuera de las expiaciones del perdón, y el holocausto continuo, y su presente, y sus libaciones.

(12) Y en quince días del mes séptimo, llamamiento de santidad será para

vosotros: ninguna obra de servicio haréis, y celebraréis fiesta al Eterno siete días; (13) y ofreceréis holocausto, ofrenda de olor agradable al Eterno, trece toros, dos carneros, catorce corderos de edad de un año: perfectos serán. (14) Y su presente, sémola envuelta en el aceite, tres diezmos por toro, a los trece toros; dos diezmos por carnero, a los dos carneros, (15) y un diezmo por cordero, a los catorce corderos. (16) y un cabrito, por expiación: fuera del holocausto continuo, su presente y su libación. (17) Y en el día segundo, doce toros, dos carneros, catorce corderos de edad de un año, perfectos: (18) Y su presente, y sus libaciones; a los toros, a los carneros, y a los corderos, por su número según el juicio; (19) y un cabrito, por expiación, fuera del holocausto continuo, y su presente y sus libaciones. (20) Y en el día tercero, once toros, dos carneros, catorce corderos de edad de un año, perfectos; (21) y su presente y sus libaciones, a los toros, a los carneros, y a los corderos, por su número según el juicio; (22) y un cabrito, por expiación: fuera del holocausto continuo, y su presente, y su libación. (23) Y en el día cuarto, diez toros, dos carneros, catorce corderos de edad de un año, perfectos; (24) su presente y sus libaciones, a los toros, a los carneros, y a los corderos, por su número según el juicio, (25) y un cabrito por expiación: fuera del holocausto continuo, su presente, y su libación. (26) Y en el día quinto, nueve toros, dos carneros, catorce corderos de edad de un año, perfectos; (27) y su presente y sus libaciones, a los toros, a los carneros, y a los corderos, por su número según el juicio; (28) y un cabrito, por expiación: fuera del holocausto continuo, su presente y su libación. (29) Y en el día sexto, ocho toros, dos carneros, catorce corderos de edad de un año, perfectos; (30) y su presente y sus libaciones, a los toros, a los carneros, y a los corderos, por su número según el juicio; (31) y un cabrito por expiación: fuera del holocausto

יִהְיֶה לָכֶם כָּל־מְלֶאכֶת עֲבֹדָה לֹא תַעֲשׂוּ וְחַגֹּתֶם חַג לַיהוָה
13 שִׁבְעַת יָמִים׃ וְהִקְרַבְתֶּם עֹלָה אִשֵּׁה רֵיחַ נִיחֹחַ לַיהוָה פָּרִים
בְּנֵי־בָקָר שְׁלֹשָׁה עָשָׂר אֵילִם שְׁנָיִם כְּבָשִׂים בְּנֵי־שָׁנָה
14 אַרְבָּעָה עָשָׂר תְּמִימִם יִהְיוּ׃ וּמִנְחָתָם סֹלֶת בְּלוּלָה בַשָּׁמֶן
שְׁלֹשָׁה עֶשְׂרֹנִים לַפָּר הָאֶחָד לִשְׁלֹשָׁה עָשָׂר פָּרִים שְׁנֵי
טו עֶשְׂרֹנִים לָאַיִל הָאֶחָד לִשְׁנֵי הָאֵילִם׃ וְעִשָּׂרוֹן עִשָּׂרוֹן לַכֶּבֶשׂ
16 הָאֶחָד לְאַרְבָּעָה עָשָׂר כְּבָשִׂים׃ וּשְׂעִיר־עִזִּים אֶחָד חַטָּאת
17 מִלְּבַד עֹלַת הַתָּמִיד מִנְחָתָהּ וְנִסְכָּהּ׃ ס וּבַיּוֹם הַשֵּׁנִי
פָּרִים בְּנֵי־בָקָר שְׁנֵים עָשָׂר אֵילִם שְׁנָיִם כְּבָשִׂים בְּנֵי־
18 שָׁנָה אַרְבָּעָה עָשָׂר תְּמִימִם׃ וּמִנְחָתָם וְנִסְכֵּיהֶם לַפָּרִים
19 לָאֵילִם וְלַכְּבָשִׂים בְּמִסְפָּרָם כַּמִּשְׁפָּט׃ וּשְׂעִיר־עִזִּים אֶחָד
כ חַטָּאת מִלְּבַד עֹלַת הַתָּמִיד וּמִנְחָתָהּ וְנִסְכֵּיהֶם׃ ס וּבַיּוֹם
הַשְּׁלִישִׁי פָּרִים עַשְׁתֵּי־עָשָׂר אֵילִם שְׁנָיִם כְּבָשִׂים בְּנֵי־שָׁנָה
21 אַרְבָּעָה עָשָׂר תְּמִימִם׃ וּמִנְחָתָם וְנִסְכֵּיהֶם לַפָּרִים לָאֵילִם
22 וְלַכְּבָשִׂים בְּמִסְפָּרָם כַּמִּשְׁפָּט׃ וּשְׂעִיר חַטָּאת אֶחָד
23 מִלְּבַד עֹלַת הַתָּמִיד וּמִנְחָתָהּ וְנִסְכָּהּ׃ ס וּבַיּוֹם
הָרְבִיעִי פָּרִים עֲשָׂרָה אֵילִם שְׁנָיִם כְּבָשִׂים בְּנֵי־שָׁנָה
24 אַרְבָּעָה עָשָׂר תְּמִימִם׃ מִנְחָתָם וְנִסְכֵּיהֶם לַפָּרִים לָאֵילִם
כה וְלַכְּבָשִׂים בְּמִסְפָּרָם כַּמִּשְׁפָּט׃ וּשְׂעִיר־עִזִּים אֶחָד חַטָּאת
26 מִלְּבַד עֹלַת הַתָּמִיד מִנְחָתָהּ וְנִסְכָּהּ׃ ס וּבַיּוֹם הַחֲמִישִׁי
פָּרִים תִּשְׁעָה אֵילִם שְׁנָיִם כְּבָשִׂים בְּנֵי־שָׁנָה אַרְבָּעָה
27 עָשָׂר תְּמִימִם׃ וּמִנְחָתָם וְנִסְכֵּיהֶם לַפָּרִים לָאֵילִם וְלַכְּבָשִׂים
28 בְּמִסְפָּרָם כַּמִּשְׁפָּט׃ וּשְׂעִיר חַטָּאת אֶחָד מִלְּבַד עֹלַת
29 הַתָּמִיד וּמִנְחָתָהּ וְנִסְכָּהּ׃ ס וּבַיּוֹם הַשִּׁשִּׁי פָּרִים שְׁמֹנָה
אֵילִם שְׁנָיִם כְּבָשִׂים בְּנֵי־שָׁנָה אַרְבָּעָה עָשָׂר תְּמִימִם׃
ל וּמִנְחָתָם וְנִסְכֵּיהֶם לַפָּרִים לָאֵילִם וְלַכְּבָשִׂים בְּמִסְפָּרָם
31 כַּמִּשְׁפָּט׃ וּשְׂעִיר חַטָּאת אֶחָד מִלְּבַד עֹלַת הַתָּמִיד

15. נקוד על ו' בתרא

32 מנחתה ונסכיה: ס וביום השביעי פרים שבעה
אילם שנים כבשים בני־שנה ארבעה עשר תמימם:
33 ומנחתם ונסכהם לפרים לאילם ולכבשים במספרם
34 כמשפטם: ושעיר חטאת אחד מלבד עלת התמיד
לה מנחתה ונסכה: ס ביום השמיני עצרת תהיה לכם
36 כל־מלאכת עבדה לא תעשו: והקרבתם עלה אשה
ריח ניחח ליהוה פר אחד איל אחד כבשים בני־שנה
37 שבעה תמימם: מנחתם ונסכיהם לפר לאיל ולכבשים
38 במספרם כמשפט: ושעיר חטאת אחד מלבד עלת
39 התמיד ומנחתה ונסכה: אלה תעשו ליהוה במועדיכם
לבד מנדריכם ונדבתיכם לעלתיכם ולמנחתיכם
ולנסכיכם ולשלמיכם:

ל

א ויאמר משה אל־בני ישראל ככל אשר־צוה יהוה את־
משה:

פ פ פ מב 42

2 וידבר משה אל־ראשי המטות לבני ישראל לאמר זה
3 הדבר אשר צוה יהוה: איש כי־ידר נדר ליהוה או־
השבע שבעה לאסר אסר על־נפשו לא יחל דברו ככל־
4 היצא מפיו יעשה: ואשה כי־תדר נדר ליהוה ואסרה
ה אסר בבית אביה בנעריה: ושמע אביה את־נדרה
ואסרה אשר אסרה על־נפשה והחריש לה אביה וקמו
6 כל־נדריה וכל־אסר אשר־אסרה על־נפשה יקום: ואם־
הניא אביה אתה ביום שמעו כל־נדריה ואסריה אשר־
אסרה על־נפשה לא יקום ויהוה יסלח־לה כי־הניא אביה
7 אתה: ואם־היו תהיה לאיש ונדריה עליה או מבטא
8 שפתיה אשר אסרה על־נפשה: ושמע אישה ביום שמעו

continuo, y su presente y sus libaciones. (32) Y en el día séptimo, siete toros, dos carneros, catorce corderos de edad de un año, perfectos; (33) y su presente y sus libaciones, a los toros, a los carneros, y a los corderos, por su número según el juicio; (34) un cabrito por expiación: fuera del holocausto continuo, su presente y su libación. (35) En el día octavo, detenimiento será para vosotros: ninguna obra de servicio haréis: (36) Y ofreceréis holocausto, ofrenda de olor agradable al Eterno, un toro, un carnero, siete corderos de edad de un año, perfectos; (37) y su presente y sus libaciones, al toro, al carnero, y a los corderos, por su número según el juicio. (38) Y un cabrito de limpieza: fuera del holocausto continuo, y su presente y su libación.
(39) Esto haréis al Eterno en vuestros plazos, fuera de vuestras promesas, y vuestras voluntades, para vuestros holocaustos, y para vuestros presentes, y para vuestras libaciones, y para vuestras paces.»

XXX

(1) Y dijo Mosé a los hijos de Israel; como todo lo que encomendó el Eterno a Mosé.

(42) MATOT

(2) Y habló Mosé a los capitanes de las tribus de los hijos de Israel, diciendo: «Esto es lo que encomendó el Eterno. (3) Varón que hiciere promesa al Eterno, o jurare algo que le atare un deber sobre su alma, no profanará su palabra: como todo lo que saliere de su boca, así hará. (4) Y mujer, cuando hiciere promesa al Eterno, y se atare a un deber en casa de su padre, en sus mocedades, (5) y oyera su padre su promesa, y su deber que ató sobre su alma, y callare a ella su padre, afirmarse han, todas sus promesas, y todo deber que ató sobre su alma, se afirmará. (6) Y si vedó su padre a ella en el día de oír todas sus promesas, y sus deberes que ataron su alma, no se afirmará, y el Eterno perdonará a ella, porque vedó su padre a ella. (7) Y si fuere casada, y sus promesas, o declaración de sus labios que ataron su alma fueren sobre ella; (8) oyere su marido y callare a ella en el día de oír,

כט 33. חסר יו״ד

וְהֶחֱרִישׁ לָהּ וְקָמוּ נְדָרֶיהָ וֶאֱסָרֶהָ אֲשֶׁר־אָסְרָה עַל־נַפְשָׁהּ
9 יָקֻמוּ׃ וְאִם בְּיוֹם שְׁמֹעַ אִישָׁהּ יָנִיא אוֹתָהּ וְהֵפֵר אֶת־נִדְרָהּ
אֲשֶׁר עָלֶיהָ וְאֵת מִבְטָא שְׂפָתֶיהָ אֲשֶׁר אָסְרָה עַל־נַפְשָׁהּ
י וַיהוָה יִסְלַח־לָהּ׃ וְנֵדֶר אַלְמָנָה וּגְרוּשָׁה כֹּל אֲשֶׁר־אָסְרָה
11 עַל־נַפְשָׁהּ יָקוּם עָלֶיהָ׃ וְאִם־בֵּית אִישָׁהּ נָדָרָה אוֹ־אָסְרָה
12 אִסָּר עַל־נַפְשָׁהּ בִּשְׁבֻעָה׃ וְשָׁמַע אִישָׁהּ וְהֶחֱרִשׁ לָהּ לֹא
הֵנִיא אֹתָהּ וְקָמוּ כָּל־נְדָרֶיהָ וְכָל־אִסָּר אֲשֶׁר־אָסְרָה עַל־
13 נַפְשָׁהּ יָקוּם׃ וְאִם־הָפֵר יָפֵר אֹתָם ׀ אִישָׁהּ בְּיוֹם שָׁמְעוֹ
כָּל־מוֹצָא שְׂפָתֶיהָ לִנְדָרֶיהָ וּלְאִסַּר נַפְשָׁהּ לֹא יָקוּם אִישָׁהּ
14 הֲפֵרָם וַיהוָה יִסְלַח־לָהּ׃ כָּל־נֵדֶר וְכָל־שְׁבֻעַת אִסָּר לְעַנֹּת
טו נָפֶשׁ אִישָׁהּ יְקִימֶנּוּ וְאִישָׁהּ יְפֵרֶנּוּ׃ וְאִם־הַחֲרֵשׁ יַחֲרִישׁ לָהּ
אִישָׁהּ מִיּוֹם אֶל־יוֹם וְהֵקִים אֶת־כָּל־נְדָרֶיהָ אוֹ אֶת־כָּל־
אֱסָרֶיהָ אֲשֶׁר עָלֶיהָ הֵקִים אֹתָם כִּי־הֶחֱרִשׁ לָהּ בְּיוֹם שָׁמְעוֹ׃
16 וְאִם־הָפֵר יָפֵר אֹתָם אַחֲרֵי שָׁמְעוֹ וְנָשָׂא אֶת־עֲוֺנָהּ׃ אֵלֶּה
17 הַחֻקִּים אֲשֶׁר צִוָּה יְהוָה אֶת־מֹשֶׁה בֵּין אִישׁ לְאִשְׁתּוֹ בֵּין־
אָב לְבִתּוֹ בִּנְעֻרֶיהָ בֵּית אָבִיהָ׃ פ שד

לא

א וַיְדַבֵּר יְהוָה אֶל־מֹשֶׁה לֵּאמֹר׃ נְקֹם נִקְמַת בְּנֵי יִשְׂרָאֵל
3 מֵאֵת הַמִּדְיָנִים אַחַר תֵּאָסֵף אֶל־עַמֶּיךָ׃ וַיְדַבֵּר מֹשֶׁה אֶל־
הָעָם לֵאמֹר הֵחָלְצוּ מֵאִתְּכֶם אֲנָשִׁים לַצָּבָא וְיִהְיוּ עַל־
4 מִדְיָן לָתֵת נִקְמַת־יְהוָה בְּמִדְיָן׃ אֶלֶף לַמַּטֶּה אֶלֶף לַמַּטֶּה
ה לְכֹל מַטּוֹת יִשְׂרָאֵל תִּשְׁלְחוּ לַצָּבָא׃ וַיִּמָּסְרוּ מֵאַלְפֵי
6 יִשְׂרָאֵל אֶלֶף לַמַּטֶּה שְׁנֵים־עָשָׂר אֶלֶף חֲלוּצֵי צָבָא׃ וַיִּשְׁלַח
אֹתָם מֹשֶׁה אֶלֶף לַמַּטֶּה לַצָּבָא אֹתָם וְאֶת־פִּינְחָס בֶּן־
אֶלְעָזָר הַכֹּהֵן לַצָּבָא וּכְלֵי הַקֹּדֶשׁ וַחֲצֹצְרוֹת הַתְּרוּעָה
7 בְּיָדוֹ׃ וַיִּצְבְּאוּ עַל־מִדְיָן כַּאֲשֶׁר צִוָּה יְהוָה אֶת־מֹשֶׁה
8 וַיַּהַרְגוּ כָּל־זָכָר׃ וְאֶת־מַלְכֵי מִדְיָן הָרְגוּ עַל־חַלְלֵיהֶם אֶת־
אֱוִי וְאֶת־רֶקֶם וְאֶת־צוּר וְאֶת־חוּר וְאֶת־רֶבַע חֲמֵשֶׁת מַלְכֵי

afirmarse han, sus promesas, y sus deberes que ataron su alma, se afirmarán. (9) Y si en el día de oír su marido vedare a ella, y anulare su promesa de sobre ella, y la declaración de sus labios, que ató sobre su alma, y el Eterno perdonará a ella. (10) Y promesa de viuda, y divorciada, todo lo que ató su alma, se afirmará sobre ella. (11) Y si en la casa de su marido prometió, o ató su alma con juramento, (12) y oyere su marido, y callare a ella; y no vedare a ella, afirmarse han, todas sus promesas, y todo deber que ató su alma, se afirmará. (13) Y si baldar, baldare a ella su marido en el día de su oír; toda salida de sus labios, de sus promesas, y las ataduras de su alma, no se afirmarán; su marido las baldó, y el Eterno perdonará a ella. (14) Toda promesa, o todo juramento que afligiere el alma, su marido lo afirmará y su marido lo baldará. (15) Y si callar, callare a ella su marido, de día en día, afirmará todas sus promesas, o todas sus ataduras de sobre ella: afirmarálas, porque calló a ella en el día de su oír. (16) Mas, si baldar, las baldare después de su oír, llevará su pecado.»

(17) Éstos son los fueros que encomendó el Eterno a Mosé entre el varón y su mujer, entre el padre y su hija, en sus mocedades, en casa de su padre.

XXXI

(1) Y habló el Eterno a Mosé, diciendo: (2) «Caiga la venganza de los hijos de Israel sobre los Midianitas; y después serás juntado a tu pueblo.» (3) Y habló Mosé al pueblo, diciendo: «Armaos vosotros, varones, para el ejército, y pelearéis contra Midián, para que la venganza del Eterno caiga sobre Midián. (4) Mil por tribu, mil por tribu de cada una de las tribus de Israel, enviaréis al ejército.»

(5) Y fueron entregados de los miles de Israel, mil por tribu, doce mil armados de ejército. (6) Y enviólos Mosé: mil por tribu, al ejército, y con ellos fué Pinhás, hijo de Eleasar el sacerdote, al ejército con los atuendos de la santidad, y con trompetas para tocar en sus manos. (7) Y pelearon contra Midián, como encomendó el Eterno a Mosé, y mataron a todo varón. (8) Y a los reyes de Midián mataron, entre sus matados, a Eví, y a Rekem, y a Sur,

9 מִדְיָן וְאֶת בִּלְעָם בֶּן־בְּעוֹר הָרְגוּ בֶּחָרֶב׃ וַיִּשְׁבּוּ בְנֵי־
יִשְׂרָאֵל אֶת־נְשֵׁי מִדְיָן וְאֶת־טַפָּם וְאֵת כָּל־בְּהֶמְתָּם וְאֶת־
י כָּל־מִקְנֵהֶם וְאֶת־כָּל־חֵילָם בָּזָזוּ׃ וְאֵת כָּל־עָרֵיהֶם
11 בְּמוֹשְׁבֹתָם וְאֵת כָּל־טִירֹתָם שָׂרְפוּ בָּאֵשׁ׃ וַיִּקְחוּ אֶת־כָּל־
12 הַשָּׁלָל וְאֵת כָּל־הַמַּלְקוֹחַ בָּאָדָם וּבַבְּהֵמָה׃ וַיָּבִאוּ אֶל־
מֹשֶׁה וְאֶל־אֶלְעָזָר הַכֹּהֵן וְאֶל־עֲדַת בְּנֵי־יִשְׂרָאֵל אֶת־הַשְּׁבִי
וְאֶת־הַמַּלְקוֹחַ וְאֶת־הַשָּׁלָל אֶל־הַמַּחֲנֶה אֶל־עַרְבֹת מוֹאָב
13 אֲשֶׁר עַל־יַרְדֵּן יְרֵחוֹ׃ ס וַיֵּצְאוּ מֹשֶׁה וְאֶלְעָזָר הַכֹּהֵן
14 וְכָל־נְשִׂיאֵי הָעֵדָה לִקְרָאתָם אֶל־מִחוּץ לַמַּחֲנֶה׃ וַיִּקְצֹף
מֹשֶׁה עַל פְּקוּדֵי הֶחָיִל שָׂרֵי הָאֲלָפִים וְשָׂרֵי הַמֵּאוֹת הַבָּאִים
טו מִצְּבָא הַמִּלְחָמָה׃ וַיֹּאמֶר אֲלֵיהֶם מֹשֶׁה הַחִיִּיתֶם כָּל־
16 נְקֵבָה׃ הֵן הֵנָּה הָיוּ לִבְנֵי יִשְׂרָאֵל בִּדְבַר בִּלְעָם לִמְסָר־
מַעַל בַּיהוָה עַל־דְּבַר־פְּעוֹר וַתְּהִי הַמַּגֵּפָה בַּעֲדַת יְהוָה׃
17 וְעַתָּה הִרְגוּ כָל־זָכָר בַּטָּף וְכָל־אִשָּׁה יֹדַעַת אִישׁ לְמִשְׁכַּב
18 זָכָר הֲרֹגוּ׃ וְכֹל הַטַּף בַּנָּשִׁים אֲשֶׁר לֹא־יָדְעוּ מִשְׁכַּב זָכָר
19 הַחֲיוּ לָכֶם׃ וְאַתֶּם חֲנוּ מִחוּץ לַמַּחֲנֶה שִׁבְעַת יָמִים כֹּל
הֹרֵג נֶפֶשׁ וְכֹל נֹגֵעַ בֶּחָלָל תִּתְחַטְּאוּ בַּיּוֹם הַשְּׁלִישִׁי וּבַיּוֹם
כ הַשְּׁבִיעִי אַתֶּם וּשְׁבִיכֶם׃ וְכָל־בֶּגֶד וְכָל־כְּלִי־עוֹר וְכָל־
21 מַעֲשֵׂה עִזִּים וְכָל־כְּלִי־עֵץ תִּתְחַטָּאוּ׃ ס וַיֹּאמֶר אֶלְעָזָר
הַכֹּהֵן אֶל־אַנְשֵׁי הַצָּבָא הַבָּאִים לַמִּלְחָמָה זֹאת חֻקַּת הַתּוֹרָה
22 אֲשֶׁר־צִוָּה יְהוָה אֶת־מֹשֶׁה׃ אַךְ אֶת־הַזָּהָב וְאֶת־הַכָּסֶף
23 אֶת־הַנְּחֹשֶׁת אֶת־הַבַּרְזֶל אֶת־הַבְּדִיל וְאֶת־הָעֹפָרֶת׃ כָּל־
דָּבָר אֲשֶׁר־יָבֹא בָאֵשׁ תַּעֲבִירוּ בָאֵשׁ וְטָהֵר אַךְ בְּמֵי נִדָּה
24 יִתְחַטָּא וְכֹל אֲשֶׁר לֹא־יָבֹא בָּאֵשׁ תַּעֲבִירוּ בַמָּיִם׃ וְכִבַּסְתֶּם
בִּגְדֵיכֶם בַּיּוֹם הַשְּׁבִיעִי וּטְהַרְתֶּם וְאַחַר תָּבֹאוּ אֶל־הַמַּחֲנֶה׃
כה 26 ס וַיֹּאמֶר יְהוָה אֶל־מֹשֶׁה לֵּאמֹר׃ שָׂא אֵת רֹאשׁ מַלְקוֹחַ
הַשְּׁבִי בָּאָדָם וּבַבְּהֵמָה אַתָּה וְאֶלְעָזָר הַכֹּהֵן וְרָאשֵׁי אֲבוֹת
27 הָעֵדָה׃ וְחָצִיתָ אֶת־הַמַּלְקוֹחַ בֵּין תֹּפְשֵׂי הַמִּלְחָמָה

y a Hur, y a Reba, cinco reyes de Midián, y a Bileam, hijo de Peor, matáronlos a espada. (9) Y llevaron cautivos los hijos de Israel a las mujeres de Midián, a sus niños y a todas sus bestias, y a todo su ganado; y todo su haber apresaron. (10) Y todas sus ciudades, con sus moradas, y todos sus palacios, quemaron a fuego. (11) Y tomaron todo el despojo, y toda la presa, hombres y bestias. (12) Y trajeron a Mosé, y a Eleasar el sacerdote, y a la congregación de los hijos de Israel, los cautivos, la presa y el despojo, al real en las llanuras de Moab, que está sobre el Iarden de Ierehó.

(13) Y salieron Mosé y Eleasar el sacerdote, y todos los mayorales de la congreyación, a su encuentro fuera del real. (14) Y ensañóse Mosé contra los jefes del ejército, los mayorales de los miles, y los mayorales de los cientos, que venían con el ejército de la pelea. (15) Y díjoles Mosé: «¿Si habéis dejado vivir a las hembras? (16) ¿He aquí que ellas fueron a los hijos de Israel, por consejo de Bileam, para falsear contra el Eterno por causa de Peor; y hubo mortandad en la congregación del Eterno. (17) Y ahora matad a todo varón entre los niños, y a toda mujer que conoce varón, matad. (18) Y todas las niñas entre las mujeres, que no conocieron yacida de varón, dejad cn vida para vosotros. (19) Y vosotros posad fuera del real, siete días: todo el que matare un alma, y todo el que tocare un matado, se limpiará el día tercero y en el día séptimo, vosotros y vuestros cautivos. (20) Y todo vestido, y todo objeto de cuero, y toda obra de pelo de cabra, y todo vaso de madera, limpiaréis.»

(21) Y dijo Eleasar el sacerdote a los varones del ejército, a los que iban a la pelea: «Éste es el fuero de la ley, que encomendó el Eterno a Mosé: (22) De cierto, el oro, la plata, el cobre, el hierro, el estaño y el plomo, (23) toda cosa que viniere del fuego, pasaréis por fuego, y limpiarse ha, de cierto, en aguas de apartamiento se limpiará: y todo lo que viniere del fuego pasaréis por las aguas. (24) Y lavaréis vuestros vestidos el día séptimo, y os limpiaréis, y después vendréis al real.»

(25) Y habló el Eterno a Mosé, diciendo: (26) «Recibe la cuenta de la presa del cautiverio, en hombres y en bestias, tú y Eleasar el sacerdote, y los capitanes de los padres de la congregación. (27) Y partirás la presa entre los que

28 הַיֹּצְאִים לַצָּבָא וּבֵין כָּל־הָעֵדָה׃ וַהֲרֵמֹתָ מֶכֶס לַיהוָה
מֵאֵת אַנְשֵׁי הַמִּלְחָמָה הַיֹּצְאִים לַצָּבָא אֶחָד נֶפֶשׁ מֵחֲמֵשׁ
הַמֵּאוֹת מִן־הָאָדָם וּמִן־הַבָּקָר וּמִן־הַחֲמֹרִים וּמִן־הַצֹּאן׃
29 מִמַּחֲצִיתָם תִּקָּחוּ וְנָתַתָּה לְאֶלְעָזָר הַכֹּהֵן תְּרוּמַת יְהוָה׃
ל וּמִמַּחֲצִת בְּנֵי־יִשְׂרָאֵל תִּקַּח ׀ אֶחָד ׀ אָחֻז מִן־הַחֲמִשִּׁים
מִן־הָאָדָם מִן־הַבָּקָר מִן־הַחֲמֹרִים וּמִן־הַצֹּאן מִכָּל־הַבְּהֵמָה
31 וְנָתַתָּה אֹתָם לַלְוִיִּם שֹׁמְרֵי מִשְׁמֶרֶת מִשְׁכַּן יְהוָה׃ וַיַּעַשׂ
32 מֹשֶׁה וְאֶלְעָזָר הַכֹּהֵן כַּאֲשֶׁר צִוָּה יְהוָה אֶת־מֹשֶׁה׃ וַיְהִי
הַמַּלְקוֹחַ יֶתֶר הַבָּז אֲשֶׁר בָּזְזוּ עַם הַצָּבָא צֹאן שֵׁשׁ־מֵאוֹת
33 אֶלֶף וְשִׁבְעִים אֶלֶף וַחֲמֵשֶׁת אֲלָפִים׃ וּבָקָר שְׁנַיִם וְשִׁבְעִים
34 אָלֶף׃ וַחֲמֹרִים אֶחָד וְשִׁשִּׁים אָלֶף׃ וְנֶפֶשׁ אָדָם מִן־הַנָּשִׁים
לה אֲשֶׁר לֹא־יָדְעוּ מִשְׁכַּב זָכָר כָּל־נֶפֶשׁ שְׁנַיִם וּשְׁלֹשִׁים אָלֶף׃
36 וַתְּהִי הַמֶּחֱצָה חֵלֶק הַיֹּצְאִים בַּצָּבָא מִסְפַּר הַצֹּאן שְׁלֹשׁ־
מֵאוֹת אֶלֶף וּשְׁלֹשִׁים אֶלֶף וְשִׁבְעַת אֲלָפִים וַחֲמֵשׁ מֵאוֹת׃
37 וַיְהִי הַמֶּכֶס לַיהוָה מִן־הַצֹּאן שֵׁשׁ מֵאוֹת חָמֵשׁ וְשִׁבְעִים׃
38 וְהַבָּקָר שִׁשָּׁה וּשְׁלֹשִׁים אָלֶף וּמִכְסָם לַיהוָה שְׁנַיִם וְשִׁבְעִים׃
39 וַחֲמֹרִים שְׁלֹשִׁים אֶלֶף וַחֲמֵשׁ מֵאוֹת וּמִכְסָם לַיהוָה אֶחָד
מ וְשִׁשִּׁים׃ וְנֶפֶשׁ אָדָם שִׁשָּׁה עָשָׂר אָלֶף וּמִכְסָם לַיהוָה
41 שְׁנַיִם וּשְׁלֹשִׁים נָפֶשׁ׃ וַיִּתֵּן מֹשֶׁה אֶת־מֶכֶס תְּרוּמַת יְהוָה
42 לְאֶלְעָזָר הַכֹּהֵן כַּאֲשֶׁר צִוָּה יְהוָה אֶת־מֹשֶׁה׃ וּמִמַּחֲצִית
בְּנֵי יִשְׂרָאֵל אֲשֶׁר חָצָה מֹשֶׁה מִן־הָאֲנָשִׁים הַצֹּבְאִים׃
43 וַתְּהִי מֶחֱצַת הָעֵדָה מִן־הַצֹּאן שְׁלֹשׁ־מֵאוֹת אֶלֶף וּשְׁלֹשִׁים
44 אֶלֶף שִׁבְעַת אֲלָפִים וַחֲמֵשׁ מֵאוֹת׃ וּבָקָר שִׁשָּׁה וּשְׁלֹשִׁים
מה 46 אָלֶף׃ וַחֲמֹרִים שְׁלֹשִׁים אֶלֶף וַחֲמֵשׁ מֵאוֹת׃ וְנֶפֶשׁ אָדָם
47 שִׁשָּׁה עָשָׂר אָלֶף׃ וַיִּקַּח מֹשֶׁה מִמַּחֲצִת בְּנֵי־יִשְׂרָאֵל אֶת־
הָאָחֻז אֶחָד מִן־הַחֲמִשִּׁים מִן־הָאָדָם וּמִן־הַבְּהֵמָה וַיִּתֵּן
אֹתָם לַלְוִיִּם שֹׁמְרֵי מִשְׁמֶרֶת מִשְׁכַּן יְהוָה כַּאֲשֶׁר צִוָּה
48 יְהוָה אֶת־מֹשֶׁה׃ וַיִּקְרְבוּ אֶל־מֹשֶׁה הַפְּקֻדִים אֲשֶׁר לְאַלְפֵי

se trabaron en pelea, y los que salen con el ejército, y entre toda la congregación. (28) Y apartarás parte al Eterno, de los varones de la pelea, de los que salen con el ejército: un alma de cada quinientos, de hombres y de vacas, y de asnos, y de ovejas: (29) De su mitad tomaréis, y darás a Eleasar el sacerdote, la ofrenda del Eterno. (30) Y de la mitad de los hijos de Israel, tomarás uno de cada cincuenta, hombres, vacas, asnos, ovejas, de todas las bestias; y los darás a los Levitas que guardan la guardia del tabernáculo del Eterno.» (31) E hicieron Mosé y Eleasar el sacerdote, como encomendó el Eterno a Mosé. (32) Y fué la presa, el resto de la presa que apresó el pueblo del ejército: ovejas, seiscientas setenta y cinco mil, (33) vacas, setenta y dos mil, (34) asnos, sesenta y un mil, (35) y almas humanas, las mujeres que no conocieron yacida de varón, todas almas treinta y dos mil. (36) Y fué la mitad, la parte de los que salieron con el ejército, las ovejas, trescientas treinta y siete mil quinientas. (37) Y fué la parte para el Eterno, de las ovejas, seiscientas setenta y cinco, (38) y las vacas treinta y seis mil; y su parte para el Eterno, setenta y dos, (39) y asnos, treinta mil quinientos: y su parte para el Eterno, sesenta y uno, (40) y almas de hombres, dieciséis mil: y la parte de ofrenda al Eterno, treinta y dos almas. (41) Y dió Mosé la parte de la ofrenda del Eterno, a Eleasar el sacerdote, como encomendó el Eterno a Mosé. (42) Y de la mitad de los hijos de Israel, que apartó Mosé de los varones del ejército, (43) fué la mitad para la congregación: de las ovejas, trescientas treinta y siete mil quinientas, (44) de las vacas, treinta y seis mil, (45) de los asnos, treinta mil quinientos, (46) almas de hombres, diez y seis mil; (47) tomó Mosé de la mitad de los hijos de Israel, uno de cada cincuenta, de hombres y de bestias, y los dió a los Levitas, que guardaban el tabernáculo del Eterno; como encomendó el Eterno a Mosé. (48) Y llegáronse a Mosé los capitanes de los miles del ejército, mayorales

49 הַצָּבָא שָׂרֵי הָאֲלָפִים וְשָׂרֵי הַמֵּאוֹת׃ וַיֹּאמְרוּ אֶל־מֹשֶׁה
עֲבָדֶיךָ נָשְׂאוּ אֶת־רֹאשׁ אַנְשֵׁי הַמִּלְחָמָה אֲשֶׁר בְּיָדֵנוּ וְלֹא־
נ נִפְקַד מִמֶּנּוּ אִישׁ׃ וַנַּקְרֵב אֶת־קָרְבַּן יְהוָה אִישׁ אֲשֶׁר מָצָא
כְלִי־זָהָב אֶצְעָדָה וְצָמִיד טַבַּעַת עָגִיל וְכוּמָז לְכַפֵּר עַל־
51 נַפְשֹׁתֵינוּ לִפְנֵי יְהוָה׃ וַיִּקַּח מֹשֶׁה וְאֶלְעָזָר הַכֹּהֵן אֶת־הַזָּהָב
52 מֵאִתָּם כֹּל כְּלִי מַעֲשֶׂה׃ וַיְהִי ׀ כָּל־זְהַב הַתְּרוּמָה אֲשֶׁר
הֵרִימוּ לַיהוָה שִׁשָּׁה עָשָׂר אֶלֶף שְׁבַע־מֵאוֹת וַחֲמִשִּׁים שָׁקֶל
53 מֵאֵת שָׂרֵי הָאֲלָפִים וּמֵאֵת שָׂרֵי הַמֵּאוֹת׃ אַנְשֵׁי הַצָּבָא
54 בָּזְזוּ אִישׁ לוֹ׃ וַיִּקַּח מֹשֶׁה וְאֶלְעָזָר הַכֹּהֵן אֶת־הַזָּהָב מֵאֵת
שָׂרֵי הָאֲלָפִים וְהַמֵּאוֹת וַיָּבִאוּ אֹתוֹ אֶל־אֹהֶל מוֹעֵד זִכָּרוֹן
לִבְנֵי־יִשְׂרָאֵל לִפְנֵי יְהוָה׃ פ ששי שלישי כשהן מחוברין

לב

א וּמִקְנֶה ׀ רַב הָיָה לִבְנֵי רְאוּבֵן וְלִבְנֵי־גָד עָצוּם מְאֹד וַיִּרְאוּ
אֶת־אֶרֶץ יַעְזֵר וְאֶת־אֶרֶץ גִּלְעָד וְהִנֵּה הַמָּקוֹם מְקוֹם מִקְנֶה׃
2 וַיָּבֹאוּ בְנֵי־גָד וּבְנֵי רְאוּבֵן וַיֹּאמְרוּ אֶל־מֹשֶׁה וְאֶל־אֶלְעָזָר
3 הַכֹּהֵן וְאֶל־נְשִׂיאֵי הָעֵדָה לֵאמֹר׃ עֲטָרוֹת וְדִיבֹן וְיַעְזֵר
4 וְנִמְרָה וְחֶשְׁבּוֹן וְאֶלְעָלֵה וּשְׂבָם וּנְבוֹ וּבְעֹן׃ הָאָרֶץ אֲשֶׁר
הִכָּה יְהוָה לִפְנֵי עֲדַת יִשְׂרָאֵל אֶרֶץ מִקְנֶה הִוא וְלַעֲבָדֶיךָ
ה מִקְנֶה׃ ס וַיֹּאמְרוּ אִם־מָצָאנוּ חֵן בְּעֵינֶיךָ יֻתַּן אֶת־
הָאָרֶץ הַזֹּאת לַעֲבָדֶיךָ לַאֲחֻזָּה אַל־תַּעֲבִרֵנוּ אֶת־הַיַּרְדֵּן׃
6 וַיֹּאמֶר מֹשֶׁה לִבְנֵי־גָד וְלִבְנֵי רְאוּבֵן הַאַחֵיכֶם יָבֹאוּ לַמִּלְחָמָה
7 וְאַתֶּם תֵּשְׁבוּ פֹה׃ וְלָמָּה תְנוּאוּן אֶת־לֵב בְּנֵי יִשְׂרָאֵל
8 מֵעֲבֹר אֶל־הָאָרֶץ אֲשֶׁר־נָתַן לָהֶם יְהוָה׃ כֹּה עָשׂוּ אֲבֹתֵיכֶם
9 בְּשָׁלְחִי אֹתָם מִקָּדֵשׁ בַּרְנֵעַ לִרְאוֹת אֶת־הָאָרֶץ׃ וַיַּעֲלוּ
עַד־נַחַל אֶשְׁכּוֹל וַיִּרְאוּ אֶת־הָאָרֶץ וַיָּנִיאוּ אֶת־לֵב בְּנֵי
יִשְׂרָאֵל לְבִלְתִּי־בֹא אֶל־הָאָרֶץ אֲשֶׁר־נָתַן לָהֶם יְהוָה׃
10 וַיִּחַר־אַף יְהוָה בַּיּוֹם הַהוּא וַיִּשָּׁבַע לֵאמֹר׃ אִם־יִרְאוּ

de los miles y mayorales de los cientos; (49) y dijeron a Mosé: «Tus siervos recibieron la cuenta de los varones de la pelea que eran en nuestras manos, y no ha faltado de nosotros ni un varón. (50) Y ofrecimos la ofrenda del Eterno: varón que halló vaso de oro, ajorca, manilla, anillo, zarcillos, cadena, para hacernos perdonar nuestros pecados por el Eterno.» (51) Y tomaron Mosé y Eleasar el sacerdote, el oro de ellos, y todo objeto de obra. (52) Y fué todo el oro de la ofrenda que apartaron al Eterno, dieciséis mil setecientos cincuenta pesos, de los mayorales de miles y de los mayorales de cientos. (53) Y los varones del ejército habían apresado cada uno para sí. (54) Y tomó Mosé y Eleasar el sacerdote, el oro de los mayorales de los miles y de los cientos, y trajéronlo a la tienda del plazo, en memoria de los hijos de Israel, delante del Eterno.

XXXII

(1) Y mucho ganado tenían los hijos de Reubén y los hijos de Gad, gran cantidad; y vieron a la tierra de Iaser y a la tierra de Guilead, y he aquí que el lugar, era lugar de ganado; (2) y fueron los hijos de Gad y los hijos de Reubén, y hablaron a Mosé, y a Eleasar el sacerdote, y a los mayorales de la congregación, diciendo: (3) «Atarot, y Dibón, y Iaser, y Nimrá, y Hesbón, y Elealé, y Sebam, y Nebó, y Beón, (4) la tierra que hirió el Eterno delante de la congregación de Israel, tierra de ganado es ella; y tus siervos tienen ganado.» (5) Y dijeron: «Si hallamos gracia a tus ojos dad la tierra esta a tus siervos por posesión, y no nos hagas pasar el Iardén.»

(6) Y dijo Mosé a los hijos de Gad, y a los hijos de Reubén: «¿Vuestros hermanos irán a la pelea, y vosotros estaréis aquí? (7) ¿Y por qué prevenís el corazón de los hijos de Israel, para no pasar a la tierra que dió a ellos el Eterno? (8) Así hicieron vuestros padres, al enviarlos desde Cadés-Barnea para ver la tierra. (9) Y subieron hasta el arroyo de Escol, y vieron la tierra, y vedaron el corazón de los hijos de Israel para no ir a la tierra que dióles el Eterno. (10) Y creció el furor del Eterno en el día este, y juró, diciendo:

לב 7. תניאון קרי

(11) No verán los varones que suben de Egipto, de edad de veinte años arriba, la tierra que juré dar a Abraham, a Isaac y a Iaacob, porque no cumplieron tras mí, (12) salvo Caleb, hijo de Iefuné el Keniseo, y Iosúa, hijo de Nun, porque cumplieron en pos del Eterno. (13) Y creció el furor del Eterno en Israel, e hízolos mover en el desierto cuarenta años, hasta acabarse toda la generación que hizo mal a los ojos del Eterno. (14) Y he aquí que os levantáis en lugar de vuestros padres, prole de varones pecadores, para acrecentar el furor del Eterno contra Israel. (15) Si tornáis de en pos de él, volverá a dejaros en el desierto, y dañaréis a todo el pueblo este.»

(16) Y llegáronse a él, y dijeron: «Vallados edificaremos para nuestro ganado aquí, y ciudades para nuestros niños; (17) y nosotros nos armaremos presurosos delante de los hijos de Israel, hasta que los traigamos a su lugar: y estarán nuestros niños en las ciudades fortificadas por los moradores de la tierra. (18) No tornaremos a nuestras casas hasta heredar, los hijos de Israel, cada uno, su heredad. (19) Porque no heredaremos con ellos de allende el Iardén ni adelante, porque vino nuestra heredad a nosotros de aquende el Iardén al oriente.» (20) Y díjoles Mosé: «Si hiciereis esto, si os armareis delante del Eterno para la pelea, (21) y pasareis vosotros armados el Iardén, delante del Eterno, hasta desterrar a sus enemigos de delante de él, (22) y sea sojuzgada la tierra delante del Eterno: y después tornaréis y seréis limpios para con el Eterno, y para con Israel; y será la tierra esta para vosotros por posesión delante del Eterno.

(23) Y si no hiciereis así, he aquí que habréis pecado ante el Eterno; y sabed que vuestro pecado alcanzará a vosotros. (24) Edificad para vosotros ciudades, para vuestras familias, y vallados para vuestras ovejas, y lo que salió de vuestra boca, haréis.» (25) Y hablaron los hijos de Gad y los hijos de Reubén a Mosé, diciendo: «Tus siervos harán como mi señor encomienda. (26) Nuestros niños, nuestras mujeres, nuestro ganado, y todas nuestras bestias, estarán allí, en las ciudades del Guilead. (27) Y tus siervos pasarán todos armados de ejército, delante del Eterno, a la pelea, como mi señor habla.»

(28) Y encomendó sobre ellos Mosé a Eleasar el sacerdote, y a Iosúa hijo de Nun,

הָאֲנָשִׁים הָעֹלִים מִמִּצְרַיִם מִבֶּן עֶשְׂרִים שָׁנָה וָמַעְלָה אֵת
הָאֲדָמָה אֲשֶׁר נִשְׁבַּעְתִּי לְאַבְרָהָם לְיִצְחָק וּלְיַעֲקֹב כִּי לֹא־
12 מִלְאוּ אַחֲרָי׃ בִּלְתִּי כָּלֵב בֶּן־יְפֻנֶּה הַקְּנִזִּי וִיהוֹשֻׁעַ בִּן־נוּן
13 כִּי מִלְאוּ אַחֲרֵי יְהוָה׃ וַיִּחַר־אַף יְהוָה בְּיִשְׂרָאֵל וַיְנִעֵם
בַּמִּדְבָּר אַרְבָּעִים שָׁנָה עַד־תֹּם כָּל־הַדּוֹר הָעֹשֶׂה הָרַע
14 בְּעֵינֵי יְהוָה׃ וְהִנֵּה קַמְתֶּם תַּחַת אֲבֹתֵיכֶם תַּרְבּוּת אֲנָשִׁים
טו חַטָּאִים לִסְפּוֹת עוֹד עַל חֲרוֹן אַף־יְהוָה אֶל־יִשְׂרָאֵל׃ כִּי
תְשׁוּבֻן מֵאַחֲרָיו וְיָסַף עוֹד לְהַנִּיחוֹ בַּמִּדְבָּר וְשִׁחַתֶּם לְכָל־
16 הָעָם הַזֶּה׃ ס וַיִּגְּשׁוּ אֵלָיו וַיֹּאמְרוּ גִּדְרֹת צֹאן נִבְנֶה
17 לְמִקְנֵנוּ פֹּה וְעָרִים לְטַפֵּנוּ׃ וַאֲנַחְנוּ נֵחָלֵץ חֻשִׁים לִפְנֵי
בְּנֵי יִשְׂרָאֵל עַד אֲשֶׁר אִם־הֲבִיאֹנֻם אֶל־מְקוֹמָם וְיָשַׁב
18 טַפֵּנוּ בְּעָרֵי הַמִּבְצָר מִפְּנֵי יֹשְׁבֵי הָאָרֶץ׃ לֹא נָשׁוּב אֶל־
19 בָּתֵּינוּ עַד הִתְנַחֵל בְּנֵי יִשְׂרָאֵל אִישׁ נַחֲלָתוֹ׃ כִּי לֹא נִנְחַל
אִתָּם מֵעֵבֶר לַיַּרְדֵּן וָהָלְאָה כִּי בָאָה נַחֲלָתֵנוּ אֵלֵינוּ מֵעֵבֶר
הַיַּרְדֵּן מִזְרָחָה׃ פ שביעי רביעי כשהן מחוברין
כ וַיֹּאמֶר אֲלֵיהֶם מֹשֶׁה אִם־תַּעֲשׂוּן אֶת־הַדָּבָר הַזֶּה אִם־
21 תֵּחָלְצוּ לִפְנֵי יְהוָה לַמִּלְחָמָה׃ וְעָבַר לָכֶם כָּל־חָלוּץ אֶת־
22 הַיַּרְדֵּן לִפְנֵי יְהוָה עַד הוֹרִישׁוֹ אֶת־אֹיְבָיו מִפָּנָיו׃ וְנִכְבְּשָׁה
הָאָרֶץ לִפְנֵי יְהוָה וְאַחַר תָּשֻׁבוּ וִהְיִיתֶם נְקִיִּם מֵיְהוָה
וּמִיִּשְׂרָאֵל וְהָיְתָה הָאָרֶץ הַזֹּאת לָכֶם לַאֲחֻזָּה לִפְנֵי יְהוָה׃
23 וְאִם־לֹא תַעֲשׂוּן כֵּן הִנֵּה חֲטָאתֶם לַיהוָה וּדְעוּ חַטַּאתְכֶם
24 אֲשֶׁר תִּמְצָא אֶתְכֶם׃ בְּנוּ־לָכֶם עָרִים לְטַפְּכֶם וּגְדֵרֹת
כה לְצֹנַאֲכֶם וְהַיֹּצֵא מִפִּיכֶם תַּעֲשׂוּ׃ וַיֹּאמֶר בְּנֵי־גָד וּבְנֵי
רְאוּבֵן אֶל־מֹשֶׁה לֵאמֹר עֲבָדֶיךָ יַעֲשׂוּ כַּאֲשֶׁר אֲדֹנִי מְצַוֶּה׃
26 טַפֵּנוּ נָשֵׁינוּ מִקְנֵנוּ וְכָל־בְּהֶמְתֵּנוּ יִהְיוּ־שָׁם בְּעָרֵי הַגִּלְעָד׃
27 וַעֲבָדֶיךָ יַעַבְרוּ כָּל־חֲלוּץ צָבָא לִפְנֵי יְהוָה לַמִּלְחָמָה
28 כַּאֲשֶׁר אֲדֹנִי דֹּבֵר׃ וַיְצַו לָהֶם מֹשֶׁה אֵת אֶלְעָזָר הַכֹּהֵן

25. סבירין ויאמרו

ואת יהושע בן־נון ואת־ראשי אבות המטות לבני ישראל:
ויאמר משה אלהם אם־יעברו בני־גד ובני־ראובן ׀ אתכם 29
את־הירדן כל־חלוץ למלחמה לפני יהוה ונכבשה הארץ
לפניכם ונתתם להם את־ארץ הגלעד לאחזה: ואם־לא ל
יעברו חלוצים אתכם ונאחזו בתככם בארץ כנען: ויענו 31
בני־גד ובני ראובן לאמר את אשר דבר יהוה אל־
עבדיך כן נעשה: נחנו נעבר חלוצים לפני יהוה ארץ 32
כנען ואתנו אחזת נחלתנו מעבר לירדן: ויתן להם ׀ משה 33
לבני־גד ולבני ראובן ולחצי ׀ שבט ׀ מנשה בן־יוסף את־
ממלכת סיחן מלך האמרי ואת־ממלכת עוג מלך הבשן
הארץ לעריה בגבלת ערי הארץ סביב: ויבנו בני־גד 34
את־דיבן ואת־עטרת ואת ערער: ואת־עטרת שופן ואת־ לה
יעזר ויגבהה: ואת־בית נמרה ואת־בית הרן ערי מבצר 36
וגדרת צאן: ובני ראובן בנו את־חשבון ואת־אלעלא 37
ואת קריתים: ואת־נבו ואת־בעל מעון מוסבת שם ואת־ 38
שבמה ויקראו בשמת את־שמות הערים אשר בנו:
וילכו בני מכיר בן־מנשה גלעדה וילכדה ויורש את־ 39
האמרי אשר־בה: ויתן משה את־הגלעד למכיר בן־ מ
מנשה וישב בה: ויאיר בן־מנשה הלך וילכד את־חותיהם 41
ויקרא אתהן חות יאיר: ונבח הלך וילכד את־קנת ואת־ 42
בנתיה ויקרא לה נבח בשמו:

לג

פ פ פ מג 43

אלה מסעי בני־ישראל אשר יצאו מארץ מצרים לצבאתם א
ביד־משה ואהרן: ויכתב משה את־מוצאיהם למסעיהם 2
על־פי יהוה ואלה מסעיהם למוצאיהם: ויסעו מרעמסס 3
בחדש הראשון בחמשה עשר יום לחדש הראשון

y a los capitanes de los padres de las tribus de los hijos de Israel. (29) Y díjoles Mosé: «Si pasaren los hijos de Gad y los hijos de Reubén con vosotros el Iardén, todos armados a la pelea delante del Eterno, y fuera sojuzgada la tierra delante de vosotros, les daréis la tierra de Guilead por posesión: (30) Y si no pasaren armados con vosotros, posesionarse han, entre vosotros, de la tierra de Kenáan.» (31) Y respondieron los hijos de Gad y los hijos de Reubén, diciendo: «Lo que habló el Eterno a tus siervos, así haremos. (32) Nosotros pasaremos armados delante del Eterno, a la tierra de Kenáan, y con nosotros, la posesión de nuestra heredad de aquende el Iardén.»

(33) Y dióles Mosé, a los hijos de Gad y a los hijos de Reubén, y a la mitad de la tribu de Menasé, hijo de Iosef, el reino de Sihón, rey del Emoreo, y el reino de Og, rey de Basán, la tierra con sus ciudades, con los términos de las ciudades de la tierra, en derredor. (34) Y edificaron los hijos de Gad a Dibón, y a Atarot, y a Aroer, (35) y a Atrot-Sofán, y a Iaser, y a Iogbeá, (36) y a Bet-Nimrá, y a Bet-Arán: ciudades fortificadas y vallados de ovejas. (37) Y los hijos de Reubén edificaron a Hesbón y a Elealé, y a Kiriatáim, (38) y a Nebó, y a Báal-Meón, mudados los nombres, y a Sibmá: y pusieron nombres a las ciudades que edificaron. (39) Y fueron los hijos de Majir, hijo de Menasé, a Guilead, y tomáronla, y desterraron al Emoreo, que estaba en ella. (40) Y dió Mosé el Guilead a Majir, hijo de Menasé, y quedóse en ella. (41) Y Iair, hijo de Menasé, fué y tomó sus aldeas, y llamó a ellas aldeas de Iair. (42) Y Nóbah fué y tomó a Kenat, y a sus aldeas, y llamó a ella Nóbah, por nombre.

XXXIII

(43) MASÉ

(1) Éstas son las jornadas de los hijos de Israel, que salieron de la tierra de Egipto por sus ejércitos, por mano de Mosé y Aarón. (2) Y escribió Mosé sus salidas, según sus jornadas, por dicho del Eterno. Y éstas son sus jornadas según sus salidas. (3) Y moviéronse de Ramsés en el mes primero, a los

לב 42. ה׳ רפה

quince días del mes primero, al otro día del Pesah salieron los hijos de Israel con las manos en alto, a los ojos de todo Egipto. (4) Y Egipto enterraba a los que hirió el Eterno en ellos, todo primogénito; y en sus dioses hizo el Eterno juicios. (5) Y moviéronse los hijos de Israel de Ramsés, y posaron en Sucot. (6) Y moviéronse de Sucot, y posaron en Etam, en el cabo del desierto. (7) Y moviéronse de Etam, y tornó sobre Hirot, que estaba enfrente de Báal-Sefón, y posaron delante de Migdol. (8) Y moviéronse de delante de Hirot, y pasaron entre el mar al desierto, y anduvieron camino de tres días en el desierto de Etam, y posaron en Mará. (9) Y moviéronse de Mará, y vinieron a Elim, y en Elim hay doce fuentes de agua y setenta palmeras, y posaron allí. (10) Y moviéronse de Elim, y posaron sobre el mar de Suf. (11) Y moviéronse del mar de Suf, y posaron en el desierto de Sin. (12) Y moviéronse del desierto de Sin, y posaron en Dofcá. (13) Y moviéronse de Dofcá, y posaron en Alús. (14) Y moviéronse de Alús, y posaron en Refidim, y no había allí agua para beber el pueblo. (15) Y moviéronse de Refidim, y posaron en el desierto de Sinái. (16) Y moviéronse del desierto de Sinái y posaron en Kibrot-Ataavá. (17) Y moviéronse de Kibrot-Ataavá, y posaron en Haserot. (18) Y moviéronse de Haserot. y posaron en Ritmá. (19) Y moviéronse de Ritmá, y posaron en Rimón-Peres. (20) Y moviéronse de Rimón-Peres, y posaron en Libná. (21) Y moviéronse de Libná, y posaron en Risá. (22) Y moviéronse de Risá, y posaron en Keelata. (23) Y moviéronse de Keelata, y posaron en el monte de Séfer. (24) Y moviéronse del monte de Séfer, y posaron en Haradá. (25) Y moviéronse de Haradá, y posaron en Makelot. (26) Y moviéronse de Makelot, y posaron en Táhat. (27) Y moviéronse de Táhat, y posaron en Térah. (28) Y moviéronse de Térah, y posaron en Mitcá. (29) Y moviéronse de Mitcá, y posaron en Hasmoná. (30) Y moviéronse de Hasmoná, y posaron en Moserot. (31) Y moviéronse de Moserot, y posaron en Bené-Iáacán. (32) Y moviéronse de Bené-Iáacán, y posaron en el monte de Guidgad. (33) Y moviéronse del monte de Guidgad, y posaron en Iotbata. (34) Y moviéronse de Iotbata, y posaron en Abroná. (35) Y moviéronse de Abroná, y posaron en Esión-Guéber. (36) Y moviéronse de Esión-Guéber, y posaron en el desierto de Sin, que es Cadés.

ממחרת הפסח יצאו בני־ישראל ביד רמה לעיני כל־
4 מצרים: ומצרים מקברים את אשר הכה יהוה בהם
ה כל־בכור ובאלהיהם עשה יהוה שפטים: ויסעו בני־
6 ישראל מרעמסס ויחנו בסכת: ויסעו מסכת ויחנו באתם
7 אשר בקצה המדבר: ויסעו מאתם וישב על־פי החירת
8 אשר על־פני בעל צפון ויחנו לפני מגדל: ויסעו מפני
החירת ויעברו בתוך־הים המדברה וילכו דרך שלשת
9 ימים במדבר אתם ויחנו במרה: ויסעו ממרה ויבאו
אילמה ובאילם שתים עשרה עינת מים ושבעים תמרים
י 11 ויחנו־שם: ויסעו מאילם ויחנו על־ים־סוף: ויסעו מים־
12 סוף ויחנו במדבר־סין: ויסעו ממדבר־סין ויחנו בדפקה:
13 14 ויסעו מדפקה ויחנו באלוש: ויסעו מאלוש ויחנו
טו ברפידם ולא־היה שם מים לעם לשתות: ויסעו מרפידם
16 ויחנו במדבר סיני: ויסעו ממדבר סיני ויחנו בקברת
17 18 התאוה: ויסעו מקברת התאוה ויחנו בחצרת: ויסעו
19 מחצרת ויחנו ברתמה: ויסעו מרתמה ויחנו ברמן פרץ:
כ 21 ויסעו מרמן פרץ ויחנו בלבנה: ויסעו מלבנה ויחנו
22 23 ברסה: ויסעו מרסה ויחנו בקהלתה: ויסעו מקהלתה
24 ויחנו בהר־שפר: ויסעו מהר־שפר ויחנו בחרדה:
כה 26 ויסעו מחרדה ויחנו במקהלת: ויסעו ממקהלת ויחנו
27 28 בתחת: ויסעו מתחת ויחנו בתרח: ויסעו מתרח ויחנו
29 ל במתקה: ויסעו ממתקה ויחנו בחשמנה: ויסעו מחשמנה
31 ויחנו במסרות: ויסעו ממסרות ויחנו בבני יעקן:
32 33 ויסעו מבני יעקן ויחנו בחר הגדגד: ויסעו מחר הגדגד
34 ויחנו ביטבתה: ויסעו מיטבתה ויחנו בעברנה:
לה 36 ויסעו מעברנה ויחנו בעצין גבר: ויסעו מעצין גבר
37 ויחנו במדבר־צן הוא קדש: ויסעו מקדש ויחנו בהר

8. סבירין מפני

הָהָר בִּקְצֵה אֶרֶץ אֱדוֹם: וַיַּעַל אַהֲרֹן הַכֹּהֵן אֶל־הֹר 88
הָהָר עַל־פִּי יְהוָה וַיָּמָת שָׁם בִּשְׁנַת הָאַרְבָּעִים לְצֵאת
בְּנֵי־יִשְׂרָאֵל מֵאֶרֶץ מִצְרַיִם בַּחֹדֶשׁ הַחֲמִישִׁי בְּאֶחָד לַחֹדֶשׁ:
וְאַהֲרֹן בֶּן־שָׁלֹשׁ וְעֶשְׂרִים וּמְאַת שָׁנָה בְּמֹתוֹ בְּהֹר הָהָר: 39
ס וַיִּשְׁמַע הַכְּנַעֲנִי מֶלֶךְ עֲרָד וְהוּא־יֹשֵׁב בַּנֶּגֶב בְּאֶרֶץ ס
כְּנָעַן בְּבֹא בְּנֵי יִשְׂרָאֵל: וַיִּסְעוּ מֵהֹר הָהָר וַיַּחֲנוּ בְּצַלְמֹנָה: 41
וַיִּסְעוּ מִצַּלְמֹנָה וַיַּחֲנוּ בְּפוּנֹן: וַיִּסְעוּ מִפּוּנֹן וַיַּחֲנוּ בְּאֹבֹת: 42 43
וַיִּסְעוּ מֵאֹבֹת וַיַּחֲנוּ בְּעִיֵּי הָעֲבָרִים בִּגְבוּל מוֹאָב: וַיִּסְעוּ 44 סה
מֵעִיִּים וַיַּחֲנוּ בְּדִיבֹן גָּד: וַיִּסְעוּ מִדִּיבֹן גָּד וַיַּחֲנוּ בְּעַלְמֹן 46
דִּבְלָתָיְמָה: וַיִּסְעוּ מֵעַלְמֹן דִּבְלָתָיְמָה וַיַּחֲנוּ בְּהָרֵי הָעֲבָרִים 47
לִפְנֵי נְבוֹ: וַיִּסְעוּ מֵהָרֵי הָעֲבָרִים וַיַּחֲנוּ בְּעַרְבֹת מוֹאָב עַל 48
יַרְדֵּן יְרֵחוֹ: וַיַּחֲנוּ עַל־הַיַּרְדֵּן מִבֵּית הַיְשִׁמֹת עַד אָבֵל 49
הַשִּׁטִּים בְּעַרְבֹת מוֹאָב: ס וַיְדַבֵּר יְהוָה אֶל־מֹשֶׁה נ
בְּעַרְבֹת מוֹאָב עַל־יַרְדֵּן יְרֵחוֹ לֵאמֹר: דַּבֵּר אֶל־בְּנֵי 51
יִשְׂרָאֵל וְאָמַרְתָּ אֲלֵהֶם כִּי אַתֶּם עֹבְרִים אֶת־הַיַּרְדֵּן אֶל־
אֶרֶץ כְּנָעַן: וְהוֹרַשְׁתֶּם אֶת־כָּל־יֹשְׁבֵי הָאָרֶץ מִפְּנֵיכֶם 52
וְאִבַּדְתֶּם אֵת כָּל־מַשְׂכִּיֹּתָם וְאֵת כָּל־צַלְמֵי מַסֵּכֹתָם תְּאַבֵּדוּ
וְאֵת כָּל־בָּמוֹתָם תַּשְׁמִידוּ: וְהוֹרַשְׁתֶּם אֶת־הָאָרֶץ וִישַׁבְתֶּם־ 53
בָּהּ כִּי לָכֶם נָתַתִּי אֶת־הָאָרֶץ לָרֶשֶׁת אֹתָהּ: וְהִתְנַחַלְתֶּם 54
אֶת־הָאָרֶץ בְּגוֹרָל לְמִשְׁפְּחֹתֵיכֶם לָרַב תַּרְבּוּ אֶת־נַחֲלָתוֹ
וְלַמְעַט תַּמְעִיט אֶת־נַחֲלָתוֹ אֶל אֲשֶׁר־יֵצֵא לוֹ שָׁמָּה הַגּוֹרָל
לוֹ יִהְיֶה לְמַטּוֹת אֲבֹתֵיכֶם תִּתְנֶחָלוּ: וְאִם־לֹא תוֹרִישׁוּ נה
אֶת־יֹשְׁבֵי הָאָרֶץ מִפְּנֵיכֶם וְהָיָה אֲשֶׁר תּוֹתִירוּ מֵהֶם לְשִׂכִּים
בְּעֵינֵיכֶם וְלִצְנִינִם בְּצִדֵּיכֶם וְצָרְרוּ אֶתְכֶם עַל־הָאָרֶץ אֲשֶׁר
אַתֶּם יֹשְׁבִים בָּהּ: וְהָיָה כַּאֲשֶׁר דִּמִּיתִי לַעֲשׂוֹת לָהֶם 66
אֶעֱשֶׂה לָכֶם: פ

לד

וַיְדַבֵּר יְהוָה אֶל־מֹשֶׁה לֵּאמֹר: צַו אֶת־בְּנֵי יִשְׂרָאֵל א ב

(37) Y moviéronse de Cadés, y posaron en el monte de Or, en el cabo de la tierra de Edom. (38) Y subió Aarón el sacerdote al monte de Or, por dicho del Eterno, y murió allí a los cuarenta años de salir los hijos de Israel de la tierra de Egipto, en el mes quinto, en uno del mes. (39) Y Aarón era de edad de ciento veintitrés años al morir en el monte de Or. (40) Y oyó el Kenaaneo, rey de Arad, que está en el meridión, en la tierra de Kenáan, que habían venido los hijos de Israel. (41) Y moviéronse del monte de Or, y posaron en Salmoná. (42) Y moviéronse de Salmoná, y posaron en Punón. (43) Y moviéronse de Punón, y posaron en Obot. (44) Y moviéronse de Obot, y posaron en Iyé-Aabarim, en el término de Moab. (45) Y moviéronse de Iyim, y posaron en Dibón-Gad. (46) Y moviéronse de Dibón-Gad, y posaron en Almón-Diblatáiema. (47) Y moviéronse de Almón-Diblatáiema, y posaron en los montes de los Abarim, delante de Nebó. (48) Y moviéronse de los montes de Abarim, y posaron en las llanuras de Moab, sobre el Iardén de Ierehó. (49) Y posaron sobre el Iardén, de Bet-Aiesimot hasta Abel-Asitim, en las llanuras de Moab.

(50) Y habló el Eterno a Mosé en las llanuras de Moab, sobre el Iardén de Ierehó, diciendo: (51) «Hablarás a los hijos de Israel y les dirás: Cuando vosotros paséis el Iardén para la tierra de Kenáan, (52) echaréis a todos los moradores de la tierra de delante de vosotros, destruiréis todas sus pinturas, y todas sus imágenes de fundición y exterminaréis todos sus altos. (53) Y heredaréis la tierra, y viviréis en ella; que a vosotros di la tierra para heredarla. (54) Y heredaréis la tierra por sorteo, por vuestros linajes, a los muchos aumentaréis su heredad, y a los pocos disminuiréis su heredad: lo que saliere a él en el sorteo, para él será: por las tribus de vuestros padres heredaréis. (55) Y si no desterráis a los moradores de la tierra de delante de vosotros, será lo que quede de ellos, aguijones en vuestros ojos, espinas en vuestros costados, y os angustiarán sobre la tierra que vosotros estaréis en ella. (56) Y será como yo pensé hacerlos que haré a vosotros.»

וְאָמַרְתָּ אֲלֵהֶם כִּי־אַתֶּם בָּאִים אֶל־הָאָרֶץ כְּנָעַן זֹאת הָאָרֶץ
3 אֲשֶׁר תִּפֹּל לָכֶם בְּנַחֲלָה אֶרֶץ כְּנַעַן לִגְבֻלֹתֶיהָ׃ וְהָיָה
לָכֶם פְּאַת־נֶגֶב מִמִּדְבַּר־צִן עַל־יְדֵי אֱדוֹם וְהָיָה לָכֶם
4 גְּבוּל נֶגֶב מִקְצֵה יָם־הַמֶּלַח קֵדְמָה׃ וְנָסַב לָכֶם הַגְּבוּל
מִנֶּגֶב לְמַעֲלֵה עַקְרַבִּים וְעָבַר צִנָה וְהָיָה תּוֹצְאֹתָיו מִנֶּגֶב
ה לְקָדֵשׁ בַּרְנֵעַ וְיָצָא חֲצַר־אַדָּר וְעָבַר עַצְמֹנָה׃ וְנָסַב
הַגְּבוּל מֵעַצְמוֹן נַחְלָה מִצְרָיִם וְהָיוּ תוֹצְאֹתָיו הַיָּמָּה׃
6 וּגְבוּל יָם וְהָיָה לָכֶם הַיָּם הַגָּדוֹל וּגְבוּל זֶה־יִהְיֶה לָכֶם
7 גְּבוּל יָם׃ וְזֶה־יִהְיֶה לָכֶם גְּבוּל צָפוֹן מִן־הַיָּם הַגָּדֹל
8 תְּתָאוּ לָכֶם הֹר הָהָר׃ מֵהֹר הָהָר תְּתָאוּ לְבֹא חֲמָת וְהָיוּ
9 תּוֹצְאֹת הַגְּבֻל צְדָדָה׃ וְיָצָא הַגְּבֻל זִפְרֹנָה וְהָיוּ תוֹצְאֹתָיו
י חֲצַר עֵינָן זֶה־יִהְיֶה לָכֶם גְּבוּל צָפוֹן׃ וְהִתְאַוִּיתֶם לָכֶם
11 לִגְבוּל קֵדְמָה מֵחֲצַר עֵינָן שְׁפָמָה׃ וְיָרַד הַגְּבֻל מִשְּׁפָם
הָרִבְלָה מִקֶּדֶם לָעָיִן וְיָרַד הַגְּבֻל וּמָחָה עַל־כֶּתֶף יָם־
12 כִּנֶּרֶת קֵדְמָה׃ וְיָרַד הַגְּבוּל הַיַּרְדֵּנָה וְהָיוּ תוֹצְאֹתָיו יָם
13 הַמֶּלַח זֹאת תִּהְיֶה לָכֶם הָאָרֶץ לִגְבֻלֹתֶיהָ סָבִיב׃ וַיְצַו
מֹשֶׁה אֶת־בְּנֵי יִשְׂרָאֵל לֵאמֹר זֹאת הָאָרֶץ אֲשֶׁר תִּתְנַחֲלוּ
אֹתָהּ בְּגוֹרָל אֲשֶׁר צִוָּה יְהוָה לָתֵת לְתִשְׁעַת הַמַּטּוֹת
14 וַחֲצִי הַמַּטֶּה׃ כִּי לָקְחוּ מַטֵּה בְנֵי הָרְאוּבֵנִי לְבֵית אֲבֹתָם
וּמַטֵּה בְנֵי־הַגָּדִי לְבֵית אֲבֹתָם וַחֲצִי מַטֵּה מְנַשֶּׁה לָקְחוּ
טו נַחֲלָתָם׃ שְׁנֵי הַמַּטּוֹת וַחֲצִי הַמַּטֶּה לָקְחוּ נַחֲלָתָם מֵעֵבֶר
לְיַרְדֵּן יְרֵחוֹ קֵדְמָה מִזְרָחָה׃ פ רביעי ששי כשהן מחוברין
16 17 וַיְדַבֵּר יְהוָה אֶל־מֹשֶׁה לֵּאמֹר׃ אֵלֶּה שְׁמוֹת הָאֲנָשִׁים
אֲשֶׁר־יִנְחֲלוּ לָכֶם אֶת־הָאָרֶץ אֶלְעָזָר הַכֹּהֵן וִיהוֹשֻׁעַ בִּן־נוּן׃
18 וְנָשִׂיא אֶחָד נָשִׂיא אֶחָד מִמַּטֶּה תִּקְחוּ לִנְחֹל אֶת־הָאָרֶץ׃
19 וְאֵלֶּה שְׁמוֹת הָאֲנָשִׁים לְמַטֵּה יְהוּדָה כָּלֵב בֶּן־יְפֻנֶּה׃
כ 21 וּלְמַטֵּה בְּנֵי שִׁמְעוֹן שְׁמוּאֵל בֶּן־עַמִּיהוּד׃ לְמַטֵּה בִּנְיָמִן

XXXIV

(1) Y habló el Eterno a Mosé, diciendo: (2) «Habla a los hijos de Israel, y diles: Cuando vosotros vengáis a la tierra de Kenáan, será esta la tierra que será para vosotros por heredad la tierra de Kenáan, por sus términos.

(3) Será para vosotros el rincón del meridión desde el desierto de Sin, cerca de los términos de Edom; y será para vosotros el término del meridión del cabo del mar de la sal al oriente; (4) y rodeará a vosotros el término del meridión a la subida de Acrabim, y pasará a Sin; y serán sus salidas del meridión a Cadés-Barnéa; y saldrá a Asar-Adar, y pasará a Asmón; (5) y rodeará el término, desde Asmón hasta el arroyo de Egipto, y serán sus salidas al poniente. (6) Y el término del poniente será para vosotros el mar grande, y este término será para vosotros el término del poniente. (7) Y éste será para vosotros el término del septentrión, desde el mar grande señalaréis para vosotros el monte de Or; (8) del monte de Or señalaréis a la entrada de Hamat, y serán las salidas del término en Sedad. (9) Y saldrá el término a Sifrón, y serán sus salidas en Hasar-Enán: (10) éste será para vosotros el término del septentrión. Y señalaréis para vosotros el término del oriente, de Hasar-Enán a Sefam. (11) Y descenderá el término de Sefam a Ribla del oriente a la fuente, y descenderá al término, y llegará al lado del mar de Kinéret, al oriente; (12) y descenderá el término al Iardén, y serán sus salidas al mar de sal: ésta será para vosotros la tierra: por sus términos, en derredor.»

(13) Y encomendó Mosé a los hijos de Israel, diciendo: «Ésta es la tierra que heredaréis a vosotros por sorteo, que encomendó el Eterno dar a las nueve tribus, y a la mitad de la tribu: (14) Porque tomaron la tribu de los hijos de Reubén según las casas de sus padres, y la tribu de los hijos de Gad según la casa de sus padres, y la mitad de la tribu de Menasé, su heredad: (15) Las dos tribus y la mitad de la tribu, tomaron su heredad de aquende el Iardén de Ierehó, al levante del oriente.»

(16) Y habló el Eterno a Mosé, diciendo: (17) «Éstos son los nombres de los varones que heredarán para vosotros la tierra: Eleasar el sacerdote, y Iosúa hijo de Nun. (18) Y un mayoral, un mayoral de tribu tomaréis para heredar la tierra. (19) Y éstos son los nombres de los varones: de la tribu de Iudá, Caleb hijo de Iefuné. (20) Y de la tribu de los hijos de Simeón, Semuel el hijo de Amiud. (21) Y de la tribu de Biniamín, Elidad hijo de

4. והיו ק'

אלידד בן־כסלון: ולמטה בני־דן נשיא בקי בן־יגלי: 22
לבני יוסף למטה בני־מנשה נשיא חניאל בן־אפד: 23
ולמטה בני־אפרים נשיא קמואל בן־שפטן: ולמטה 24 כה
בני־זבולן נשיא אליצפן בן־פרנך: ולמטה בני־יששכר 26
נשיא פלטיאל בן־עזן: ולמטה בני־אשר נשיא אחיהוד 27
בן־שלמי: ולמטה בני־נפתלי נשיא פדהאל בן־עמיהוד: 28
אלה אשר צוה יהוה לנחל את־בני־ישראל בארץ כנען: פ 29

חמישי

לה

וידבר יהוה אל־משה בערבת מואב על־ירדן ירחו א
לאמר: צו את־בני ישראל ונתנו ללוים מנחלת אחזתם 2
ערים לשבת ומגרש לערים סביבתיהם תתנו ללוים:
והיו הערים להם לשבת ומגרשיהם יהיו לבהמתם 3
ולרכשם ולכל חיתם: ומגרשי הערים אשר תתנו 4
ללוים מקיר העיר וחוצה אלף אמה סביב: ומדתם ה
מחוץ לעיר את־פאת־קדמה אלפים באמה ואת־פאת־נגב
אלפים באמה ואת־פאת־ים | אלפים באמה ואת פאת
צפון אלפים באמה והעיר בתוך זה יהיה להם מגרשי
הערים: ואת הערים אשר תתנו ללוים את שש־ערי 6
המקלט אשר תתנו לנס שמה הרצח ועליהם תתנו
ארבעים ושתים עיר: כל־הערים אשר תתנו ללוים 7
ארבעים ושמנה עיר אתהן ואת־מגרשיהן: והערים 8
אשר תתנו מאחזת בני־ישראל מאת הרב תרבו ומאת
המעט תמעיטו איש כפי נחלתו אשר ינחלו יתן
מעריו ללוים: פ ששי שביעי כשהן מחוברין
וידבר יהוה אל־משה לאמר: דבר אל־בני ישראל 9
ואמרת אלהם כי אתם עברים את־הירדן ארצה כנען:
והקריתם לכם ערים ערי מקלט תהיינה לכם ונס שמה 11

Kislón. (22) Y de la tribu de los hijos de Dan, mayoral Bukí hijo de Ioglí. (23) De los hijos de Iosef de la tribu de los hijos de Menasé, mayoral Haniel hijo de Efod. (24) Y de la tribu de los hijos de Efráim, mayoral Kemuel hijo de Siftán. (25) Y de la tribu de los hijos de Sebulún, mayoral Elísafán, hijo de Parnaj. (26) Y de la tribu de los hijos de Isajar, mayoral Paltiel, hijo de Asán. (27) Y de la tribu de los hijos de Aser, mayoral Ahiúd, hijo de Selemí. (28) Y de la tribu de los hijos de Naftalí, mayoral Pedael, hijo de Amiúd.» (29) «Éstos son los que encomendó el Eterno para hacer heredar a los hijos de Israel en la tierra de Kenáan.

XXXV

(1) Y habló el Eterno a Mosé en las llanuras de Moab, sobre el Iardén de Ierehó, diciendo: (2) «Encomienda a los hijos de Israel que den a los Levitas, de la heredad de su posesión, ciudades para estar: Y el arrabal de las ciudades en sus derredores daréis a los Levitas. (3) Y serán las ciudades para estar ellos, y sus arrabales serán para sus bestias, y para su ganado, y para todos sus animales. (4) Y los arrabales de las ciudades que daréis a los Levitas, desde el muro de la ciudad y afuera mil codos en derredor. (5) Y mediréis de fuera de la ciudad la parte del oriente, dos mil codos, y la parte del meridión, dos mil codos, y la parte del poniente, dos mil codos, y la parte del septentrión, dos mil codos, y la ciudad en medio: esto será para ellos, los arrabales de las ciudades. (6) Y las ciudades que daréis a los Levitas, serán seis ciudades de refugio, que daréis para huir allí el matador: y sobre ellas daréis cuarenta y dos ciudades. (7) Todas las ciudades que daréis a los Levitas, serán cuarenta y ocho ciudades; ellas y sus arrabales. (8) Y las ciudades que daréis para posesión de los hijos de Israel, del mayor, aumentaréis, y del que tiene poco, disminuiréis; cada uno, según la heredad que heredaren, dará de sus ciudades a los Levitas.»

(9) Y habló el Eterno a Mosé, diciendo: (10) «Habla a los hijos de Israel, y diles: Cuando vosotros paséis el Iardén a la tierra de Kenáan, (11) aparejaréis para vosotros ciudades; ciudades de refugio serán para vosotros, y

לה .ה. בבירין לכם .8 קמץ בז״ק

12 רֹצֵחַ מַכֵּה־נֶפֶשׁ בִּשְׁגָגָה׃ וְהָיוּ לָכֶם הֶעָרִים לְמִקְלָט
מִגֹּאֵל וְלֹא יָמוּת הָרֹצֵחַ עַד־עָמְדוֹ לִפְנֵי הָעֵדָה לַמִּשְׁפָּט׃
13 וְהֶעָרִים אֲשֶׁר תִּתֵּנוּ שֵׁשׁ־עָרֵי מִקְלָט תִּהְיֶינָה לָכֶם׃
14 אֵת ׀ שְׁלֹשׁ הֶעָרִים תִּתְּנוּ מֵעֵבֶר לַיַּרְדֵּן וְאֵת שְׁלֹשׁ הֶעָרִים
טו תִּתְּנוּ בְּאֶרֶץ כְּנָעַן עָרֵי מִקְלָט תִּהְיֶינָה׃ לִבְנֵי יִשְׂרָאֵל
וְלַגֵּר וְלַתּוֹשָׁב בְּתוֹכָם תִּהְיֶינָה שֵׁשׁ־הֶעָרִים הָאֵלֶּה לְמִקְלָט
16 לָנוּס שָׁמָּה כָּל־מַכֵּה־נֶפֶשׁ בִּשְׁגָגָה׃ וְאִם־בִּכְלִי בַרְזֶל ׀
17 הִכָּהוּ וַיָּמֹת רֹצֵחַ הוּא מוֹת יוּמַת הָרֹצֵחַ׃ וְאִם בְּאֶבֶן יָד
אֲשֶׁר־יָמוּת בָּהּ הִכָּהוּ וַיָּמֹת רֹצֵחַ הוּא מוֹת יוּמַת הָרֹצֵחַ׃
18 אוֹ בִּכְלִי עֵץ־יָד אֲשֶׁר־יָמוּת בּוֹ הִכָּהוּ וַיָּמֹת רֹצֵחַ הוּא
19 מוֹת יוּמַת הָרֹצֵחַ׃ גֹּאֵל הַדָּם הוּא יָמִית אֶת־הָרֹצֵחַ
כ בְּפִגְעוֹ־בוֹ הוּא יְמִתֶנּוּ׃ וְאִם־בְּשִׂנְאָה יֶהְדֳּפֶנּוּ אוֹ־הִשְׁלִיךְ
21 עָלָיו בִּצְדִיָּה וַיָּמֹת׃ אוֹ בְאֵיבָה הִכָּהוּ בְיָדוֹ וַיָּמֹת מוֹת־
יוּמַת הַמַּכֶּה רֹצֵחַ הוּא גֹּאֵל הַדָּם יָמִית אֶת־הָרֹצֵחַ בְּפִגְעוֹ־
22 בוֹ׃ וְאִם־בְּפֶתַע בְּלֹא־אֵיבָה הֲדָפוֹ אוֹ־הִשְׁלִיךְ עָלָיו כָּל־
23 כְּלִי בְּלֹא צְדִיָּה׃ אוֹ בְכָל־אֶבֶן אֲשֶׁר־יָמוּת בָּהּ בְּלֹא רְאוֹת
וַיַּפֵּל עָלָיו וַיָּמֹת וְהוּא לֹא־אוֹיֵב לוֹ וְלֹא מְבַקֵּשׁ רָעָתוֹ׃
24 וְשָׁפְטוּ הָעֵדָה בֵּין הַמַּכֶּה וּבֵין גֹּאֵל הַדָּם עַל הַמִּשְׁפָּטִים
כה הָאֵלֶּה׃ וְהִצִּילוּ הָעֵדָה אֶת־הָרֹצֵחַ מִיַּד גֹּאֵל הַדָּם וְהֵשִׁיבוּ
אֹתוֹ הָעֵדָה אֶל־עִיר מִקְלָטוֹ אֲשֶׁר־נָס שָׁמָּה וְיָשַׁב בָּהּ עַד־
26 מוֹת הַכֹּהֵן הַגָּדֹל אֲשֶׁר־מָשַׁח אֹתוֹ בְּשֶׁמֶן הַקֹּדֶשׁ׃ וְאִם־
יָצֹא יֵצֵא הָרֹצֵחַ אֶת־גְּבוּל עִיר מִקְלָטוֹ אֲשֶׁר יָנוּס שָׁמָּה׃
27 וּמָצָא אֹתוֹ גֹּאֵל הַדָּם מִחוּץ לִגְבוּל עִיר מִקְלָטוֹ וְרָצַח
28 גֹּאֵל הַדָּם אֶת־הָרֹצֵחַ אֵין לוֹ דָּם׃ כִּי בְעִיר מִקְלָטוֹ יֵשֵׁב
עַד־מוֹת הַכֹּהֵן הַגָּדֹל וְאַחֲרֵי מוֹת הַכֹּהֵן הַגָּדֹל יָשׁוּב הָרֹצֵחַ
29 אֶל־אֶרֶץ אֲחֻזָּתוֹ׃ וְהָיוּ אֵלֶּה לָכֶם לְחֻקַּת מִשְׁפָּט לְדֹרֹתֵיכֶם
ל בְּכֹל מוֹשְׁבֹתֵיכֶם׃ כָּל־מַכֵּה־נֶפֶשׁ לְפִי עֵדִים יִרְצַח אֶת־
31 הָרֹצֵחַ וְעֵד אֶחָד לֹא־יַעֲנֶה בְנֶפֶשׁ לָמוּת׃ וְלֹא־תִקְחוּ כֹפֶר

podrá huir allí el matador que hiriere un alma por yerro. (12) Y serán para vosotros las ciudades para refugio del redimidor, y no morirá el matador hasta no estar delante de la congregación, en juicio. (13) Y las ciudades que daréis, seis ciudades de refugio serán para vosotros. (14) Tres ciudades daréis de aquende el Iardén, y tres ciudades daréis en la tierra de Kenáan; ciudades de refugio serán. (15) A los hijos de Israel, y al peregrino, y al morador entre ellos, serán éstas seis ciudades, refugio, para huir allí todo el que hiriere un alma por yerro. (16) Y si con instrumento de hierro lo hiriere y muriere, matador será; matar, será matado el matador. (17) Y si con piedra de mano es, con la que se mata, y con ella lo hiriere, y muriere, matador es, y matar, será matado el matador. (18) O si con instrumento de palo, de mano, es, con el que se mata, y si con él lo hiriere, y muriere, matador es; y matar, será matado el matador. (19) El redimidor de la sangre, matará al matador al encontrarse con él; él lo matará. (20) Y si con odio lo empujó, o echó sobre él con acechanza, y muriere, (21) y con malquerencia lo hiriera con su mano, y muriere: matar, será matado el matador; el que hiriere, matador es él; el redimidor de la sangre matará al matador al encontrarse con él. (22) Y si acaso, sin malquerencia lo empujó, o echó sobre él algún instrumento sin acechanza, (23) o con alguna piedra, con la que se mata, sin ver echó sobre él, y muriere, y él no le odiare, y no buscare su mal; (24) juzgará la congregación entre el que hiriere y el redimidor de la sangre, sobre los juicios estos. (25) Y salvará la congregación al matador del poder del redimidor de la sangre, y harále tornar la congregación a la ciudad de su refugio, de donde huyera y estará en ella hasta morir el gran sacerdote que ungiólo con el óleo de la santidad. (26) Y si salir, saliere el matador del término de la ciudad de su refugio, en la que huyere allí, (27) y lo hallare el redimidor de la sangre fuera del término de la ciudad de su refugio, y matare el redimidor de la sangre al matador, no hay en él sangre. (28) Porque en la ciudad de su refugio estará, hasta morir el gran sacerdote: y después de morir el gran sacerdote, tornará el matador a la tiera de su posesión.

(29) Y serán éstos para vosotros por fuero de juicio por vuestras generaciones, en todas vuestras moradas. (30) Todo el que hiriere alma, por dicho de testigos, será matado el matador: y un testigo no atestiguará en alma por

32 לנפש רצח אשר הוא רשע למות כי מות יומת: ולא
תקחו כפר לנוס אל עיר מקלטו לשוב לשבת בארץ
33 עד מות הכהן: ולא תחניפו את הארץ אשר אתם בה
כי הדם הוא יחניף את הארץ ולארץ לא יכפר לדם
34 אשר שפך בה כי אם בדם שפכו: ולא תטמא את
הארץ אשר אתם ישבים בה אשר אני שכן בתוכה כי
אני יהוה שכן בתוך בני ישראל: פ שביעי

לו

1 ויקרבו ראשי האבות למשפחת בני גלעד בן מכיר בן
מנשה ממשפחת בני יוסף וידברו לפני משה ולפני
2 הנשאים ראשי אבות לבני ישראל: ויאמרו את אדני
צוה יהוה לתת את הארץ בנחלה בגורל לבני ישראל
ואדני צוה ביהוה לתת את נחלת צלפחד אחינו לבנתיו:
3 והיו לאחד מבני שבטי בני ישראל לנשים ונגרעה
נחלתן מנחלת אבתינו ונוסף על נחלת המטה אשר
4 תהיינה להם ומגרל נחלתנו יגרע: ואם יהיה היבל
לבני ישראל ונוספה נחלתן על נחלת המטה אשר
5 תהיינה להם ומנחלת מטה אבתינו יגרע נחלתן: ויצו
משה את בני ישראל על פי יהוה לאמר כן מטה בני
6 יוסף דברים: זה הדבר אשר צוה יהוה לבנות צלפחד
לאמר לטוב בעיניהם תהיינה לנשים אך למשפחת
7 מטה אביהם תהיינה לנשים: ולא תסב נחלה לבני
ישראל ממטה אל מטה כי איש בנחלת מטה אבתיו
8 ידבקו בני ישראל: וכל בת ירשת נחלה ממטות בני
ישראל לאחד ממשפחת מטה אביה תהיה לאשה למען
9 יירשו בני ישראל איש נחלת אבתיו: ולא תסב נחלה
ממטה למטה אחר כי איש בנחלתו ידבקו מטות בני
ישראל: כאשר צוה יהוה את משה כן עשו בנות צלפחד:

morir. (31) Y no toméis precio por el alma del matador; que él está condenado a morir: pues, matar, será matado. (32) Y no toméis precio por el que huyó de la ciudad de su refugio, para tornar a estar en su tierra, hasta morir el sacerdote. (33) Y no condenéis la tierra en que vosotros estáis, porque la sangre hace condenar a la tierra, y la tierra no será perdonada por la sangre que fué vertida en ella, sino con la sangre de su vertidor. (34) Y no contaminarás la tierra en que vosotros estáis, porque yo moro entre ella: y yo, el Eterno, moro entre los hijos de Israel.»

XXXVI

(1) Y llegáronse los capitanes de los padres de los linajes de los hijos de Guilead, hijo de Majir, hijo de Menasé, de los linajes de los hijos de Ioséf, y hablaron delante de Mosé, y delante de los mayorales capitanes de los padres de los hijos de Israel, (2) y dijeron: «A mi señor encomendó el Eterno dar la tierra de heredad, por sorteo, a los hijos de Israel, y mi señor fué encomendado por el Eterno para dar la heredad de Selofhad, nuestro hermano, a sus hijas. (3) Y si se casaren con uno de los hijos de las tribus de los hijos de Israel, será menguada su heredad de la heredad de nuestros padres, y será añadida sobre la heredad de la tribu con quien se casaren ellas: y la suerte de nuestra heredad será menguada. (4) Y cuando fuere el Jubileo de los hijos de Israel, será añadida su heredad sobre la heredad de la tribu a la que fueren ellas; y de la heredad de la tribu de nuestros padres, será menguada su heredad.» (5) Y encomendó Mosé a los hijos de Israel por dicho del Eterno, diciendo: «Derecho tiene la tribu de los hijos de Iosef en lo que habla. (6) Esto es lo que encomendó el Eterno a las hijas de Selofhad, diciendo: Con el que les placiere, serán por mujeres, pero de cierto, del linaje de la tribu de su padre, serán por mujeres; (7) y no pasará la heredad de los hijos de Israel, de tribu a tribu; que varón de la heredad de la tribu de sus padres se allegarán los hijos de Israel. (8) Y toda hija que heredare una heredad de las tribus de los hijos de Israel, de uno del linaje de la tribu de su padre, será mujer, para que hereden los hijos de Israel, cada uno, la heredad de sus padres; (9) y no rodará la heredad de una tribu a otra tribu: que cada una a su heredad se allegarán las tribus de los hijos de Israel.» (10) Como encomendó el Eterno a Mosé, así hicieron

las hijas de Selofhad. (11) Y fueron Maheá, Tirsá, y Hoglá, y Milcá, y Noá, las hijas de Selofhad, a los hijos de sus tíos, por mujeres. (12) De los linajes de los hijos de Menasé, hijo de Iosef, fueron mujeres: y quedó la heredad de ellas en la tribu del linaje de su padre.

(13) Éstos son los preceptos y los juicios que encomendó el Eterno por mano de Mosé a los hijos de Israel, en las llanuras de Moab, sobre el Iardén de Ierehó.

יא וַתִּהְיֶינָה מַחְלָה תִרְצָה וְחָגְלָה וּמִלְכָּה וְנֹעָה בְּנוֹת צְלָפְחָד
יב לִבְנֵי דֹדֵיהֶן לְנָשִׁים׃ מִמִּשְׁפְּחֹת בְּנֵי־מְנַשֶּׁה בֶן־יוֹסֵף הָיוּ
יג לְנָשִׁים וַתְּהִי נַחֲלָתָן עַל־מַטֵּה מִשְׁפַּחַת אֲבִיהֶן׃ אֵלֶּה
הַמִּצְוֺת וְהַמִּשְׁפָּטִים אֲשֶׁר צִוָּה יְהוָה בְּיַד־מֹשֶׁה אֶל־בְּנֵי
יִשְׂרָאֵל בְּעַרְבֹת מוֹאָב עַל יַרְדֵּן יְרֵחוֹ׃

חזק

סכום פסוקי דספר במדבר אלף ומאתים ושמנים ושמנה. ארפח סימן: וחציו והיה האיש אשר אבחר בו מטהו יפרח: ופרשיותיו עשרה יי׳ בדד ינחנו סימן: וסדריו שנים ושלשים. לב טהור ברא לי אלהים סימן: ופרקיו ששה ושלשים. לו חכמו ישכילו זאת סימן: מניין הפתוחות שתים ותשעים. והסתומות ששים ושש. הכל מאה וחמשים ושמנה פרשיות. אני חלקך ונחלתך סימן:

ESTAS SON LAS PALABRAS

(44)

א אלה הדברים אשר דבר משה אל־כל־ישראל בעבר
הירדן במדבר בערבה מול סוף בין־פארן ובין־תפל
2 ולבן וחצרת ודי זהב: אחד עשר יום מחרב דרך הר־
3 שעיר עד קדש ברנע: ויהי בארבעים שנה בעשתי־עשר
חדש באחד לחדש דבר משה אל־בני ישראל ככל
4 אשר צוה יהוה אתו אלהם: אחרי הכתו את סיחן מלך
האמרי אשר יושב בחשבון ואת עוג מלך הבשן אשר־
ה יושב בעשתרת באדרעי: בעבר הירדן בארץ מואב
6 הואיל משה באר את־התורה הזאת לאמר: יהוה
אלהינו דבר אלינו בחרב לאמר רב־לכם שבת בהר
7 הזה: פנו וסעו לכם ובאו הר האמרי ואל־כל־שכניו
בערבה בהר ובשפלה ובנגב ובחוף הים ארץ הכנעני
8 והלבנון עד־הנהר הגדל נהר־פרת: ראה נתתי לפניכם
את־הארץ באו ורשו את־הארץ אשר נשבע יהוה
לאבתיכם לאברהם ליצחק וליעקב לתת להם ולזרעם
9 אחריהם: ואמר אלכם בעת ההוא לאמר לא־אוכל
י לבדי שאת אתכם: יהוה אלהיכם הרבה אתכם והנכם
11 היום ככוכבי השמים לרב: יהוה אלהי אבותכם יסף
עליכם ככם אלף פעמים ויברך אתכם כאשר דבר

(1) Éstas son las palabras que habló Mosé a todo Israel de aquende el Iardén, en el desierto, en la llanura frente a Suf, entre Parán, y entre Tófel, y Labán, y Haserot, y Di-Saab. (2) Once jornadas hay desde Horeb, camino del monte de Seir, hasta Cadés-Barnéa. (3) Y fué a los cuarenta años, en el undécimo mes, a uno del mes, que habló Mosé a los hijos de Israel como todo lo que le encomendó el Eterno para ellos, (4) después de herir a Sihón, rey del Emoreo, que está en Hesbón, y a Og, rey de Basán, que está en Astarot, en Edréi. (5) Aquende el Iardén, en tierra de Moab, accedió Mosé a explicar la ley esta, diciendo:

(6) «El Eterno, nuestro Dios, habló a nosotros en Horeb, diciendo: Basta a vosotros estar en el monte este. (7) Volved, y moveos e id al monte del Emoreo, y a todo vecino, a la llanura, al monte, al valle, al meridión, y a la costa del mar, a la tierra del Kenaaneo, y al Lebanón, hasta el río, el gran río de Éufrates. (8) Mirados, di delante de vosotros la tierra; id y heredad la tierra que juró el Eterno a vuestros padres: a Abraham, a Isaac, y a Iaacob, que daría a ellos y a su simiente tras ellos. (9) Y hablé a vosotros en la hora esta, diciendo: No puedo a solas, soportar a vosotros. (10) El Eterno, vuestro Dios, multiplicó a vosotros, y he aquí, que sois hoy, como las estrellas de los cielos una muchedumbre. (11) El Eterno, Dios de vuestros padres, añada sobre vosotros como sois, mil veces, y bendiga a vosotros, como os habló. (12) ¿Cómo

*) יניח ד' שיטין פנויות ויתחיל מתחלת שיטה ה'

soportaré, a solas vuestro trabajo, y vuestra carga, y vuestra riña? (13) Dadme, varones sabios y entendidos y expertos de vuestras tribus, y ponerlos he, por vuestros jefes. (14) Y respondisteis a mi, y dijisteis: Buena es la palabra que hablaste para hacer. (15) Y tomé a los capitanes de vuestras tribus, varones sabios y expertos, y los di como capitanes sobre vosotros, mayorales de miles, y mayorales de cientos, mayorales de cincuenta, y mayorales de diez, y alguaciles, a vuestras tribus. (16) Y encomendé a vuestros jueces, en la hora esta, diciendo: Oíd a vuestros hermanos, y juzgaréis justamente entre cada varón y su hermano, y su peregrino. (17) No conozcáis rostros en el juicio, al pequeño, como al grande oiréis, no temáis delante de varón, que el juicio de Dios es, en lo que se dificultare a vosotros, llegaréis a mi, y oírlo he. (18) Y encomendé a vosotros, en la hora esta, todo lo que deberíais hacer.
(19) Y movímonos de Horeb, y anduvimos por todo el desierto grande y temido este que visteis, camino del monte del Emoreo, como encomendó el Eterno, nuestro Dios, a nosotros; y vinimos hasta Cadés-Barnéa. (20) Y dije a vosotros: Vinisteis hasta el monte del Emoreo, que el Eterno, nuestro Dios, da a nosotros. (21) Mira, dió el Eterno, tu Dios, delante de ti, la tierra: sube, herédala; como habló el Eterno, Dios de tus padres, a ti; no temas y no serás quebrantado. (22) Y llegasteis a mi, todos vosotros, y dijisteis: Enviemos varones delante de nosotros, y esculquen la tierra y tornen a nosotros la respuesta sobre el camino por el que subiremos, y de las ciudades a las que vendremos. (23) Y plugo en mis ojos la cosa, y tomé de vosotros doce varones, un varón por tribu. (24) Y cataron, y subieron al monte, y vinieron hasta el arroyo de Escol, y esculcáronlo. (25) Y tomaron en su mano del fruto de la tierra, y descendieron a nosotros, y tornaron a nosotros respuesta, y dijeron: Buena es la tierra que el Eterno, nuestro Dios, da a nosotros. (26) Y no quisisteis subir, y os rebelasteis al dicho del Eterno, vuestro Dios; (27) y murmurasteis en vuestras tiendas, y dijisteis: Con odio, el Eterno nos sacó de la tierra de Egipto, para darnos en manos del Emoreo, para destruirnos. (28) ¿Adónde

12 לכם: איכה אשא לבדי טרחכם ומשאכם וריבכם:
13 הבו לכם אנשים חכמים ונבנים וידעים לשבטיכם
14 ואשימם בראשיכם: ותענו אתי ותאמרו טוב־הדבר
טו אשר־דברת לעשות: ואקח את־ראשי שבטיכם אנשים
חכמים וידעים ואתן אותם ראשים עליכם שרי אלפים
ושרי מאות ושרי חמשים ושרי עשרת ושטרים לשבטיכם:
16 ואצוה את־שפטיכם בעת ההוא לאמר שמע בין־אחיכם
17 ושפטתם צדק בין־איש ובין־אחיו ובין גרו: לא־תכירו
פנים במשפט כקטן כגדל תשמעון לא תגורו מפני־איש
כי המשפט לאלהים הוא והדבר אשר יקשה מכם
18 תקרבון אלי ושמעתיו: ואצוה אתכם בעת ההוא את
19 כל־הדברים אשר תעשון: ונסע מחרב ונלך את כל־
המדבר הגדול והנורא ההוא אשר ראיתם דרך הר
האמרי כאשר צוה יהוה אלהינו אתנו ונבא עד קדש
כ ברנע: ואמר אלכם באתם עד־הר האמרי אשר־יהוה
21 אלהינו נתן לנו: ראה נתן יהוה אלהיך לפניך את־
הארץ עלה רש כאשר דבר יהוה אלהי אבתיך לך
22 אל־תירא ואל־תחת: ותקרבון אלי כלכם ותאמרו נשלחה
אנשים לפנינו ויחפרו־לנו את־הארץ וישבו אתנו דבר
את־הדרך אשר נעלה־בה ואת הערים אשר נבא אליהן:
23 וייטב בעיני הדבר ואקח מכם שנים עשר אנשים איש
24 אחד לשבט: ויפנו ויעלו ההרה ויבאו עד־נחל אשכל
כה וירגלו אתה: ויקחו בידם מפרי הארץ ויורדו אלינו
וישבו אתנו דבר ויאמרו טובה הארץ אשר־יהוה אלהינו
26 נתן לנו: ולא אביתם לעלת ותמרו את־פי יהוה אלהיכם:
27 ותרגנו באהליכם ותאמרו בשנאת יהוה אתנו הוציאנו
28 מארץ מצרים לתת אתנו ביד האמרי להשמידנו: אנה

אנחנו עלים אחינו המסו את־לבבנו לאמר עם גדול ורם
ממנו ערים גדלת ובצורת בשמים וגם־בני ענקים ראינו
שם: ואמר אלכם לא־תערצון ולא־תיראון מהם: 29
יהוה אלהיכם ההלך לפניכם הוא ילחם לכם ככל אשר ל
עשה אתכם במצרים לעיניכם: ובמדבר אשר ראית 31
אשר נשאך יהוה אלהיך כאשר ישא־איש את־בנו בכל־
הדרך אשר הלכתם עד־באכם עד־המקום הזה: ובדבר 32
הזה אינכם מאמינם ביהוה אלהיכם: ההלך לפניכם 33
בדרך לתור לכם מקום לחנתכם באש ׀ לילה לראתכם
בדרך אשר תלכו־בה ובענן יומם: וישמע יהוה את־ 34
קול דבריכם ויקצף וישבע לאמר: אם־יראה איש לה
באנשים האלה הדור הרע הזה את הארץ הטובה אשר
נשבעתי לתת לאבתיכם: זולתי כלב בן־יפנה הוא 36
יראנה ולו־אתן את־הארץ אשר דרך־בה ולבניו יען אשר
מלא אחרי יהוה: גם־בי התאנף יהוה בגללכם לאמר 37
גם־אתה לא־תבא שם: יהושע בן־נון העמד לפניך הוא 38
יבא שמה אתו חזק כי־הוא ינחלנה את־ישראל: וטפכם 39
אשר אמרתם לבז יהיה ובניכם אשר לא־ידעו היום
טוב ורע המה יבאו שמה ולהם אתננה והם יירשוה:
ואתם פנו לכם וסעו המדברה דרך ים־סוף: ותענו מ
ותאמרו אלי חטאנו ליהוה אנחנו נעלה ונלחמנו ככל־ 41
אשר־צונו יהוה אלהינו ותחגרו איש את־כלי מלחמתו
ותהינו לעלת ההרה: ויאמר יהוה אלי אמר להם לא 42
תעלו ולא־תלחמו כי אינני בקרבכם ולא תנגפו לפני
איביכם: ואדבר אליכם ולא שמעתם ותמרו את־פי יהוה 43
ותזדו ותעלו ההרה: ויצא האמרי הישב בהר ההוא 44
לקראתכם וירדפו אתכם כאשר תעשינה הדברים ויכתו

nosotros subiremos? Nuestros hermanos hicieron desfallecer nuestro corazón, diciendo: Pueblo grande y más alto que nosotros, ciudades grandes y moradas hasta los cielos, y también, hijos de gigantes, vimos allí. (29) Y dije a vosotros: No os quebrantéis y no temáis a ellos. (30) El Eterno, vuestro Dios, anda delante de vosotros, él peleará por vosotros, como todo lo que hizo con vosotros en Egipto, a vuestros ojos; (31) y en el desierto visteis que os llevó el Eterno, vuestro Dios, como lleva el varón a su hijo, en todo el camino que anduvisteis, hasta vuestro venir al lugar este. (32) Y aun con la cosa esta, no creéis en el Eterno, vuestro Dios, (33) el que anda delante de vosotros por el camino, para elegir para vosotros, un lugar donde podáis quedaros, con el fuego de noche para mostraros el camino por el que caminaréis, y con la nube, de día.

(34) Y oyó el Eterno vuestras palabras y ensañóse, y juró diciendo: (35) No verá ningún varón entre los varones estos, de esta mala generación, la buena tierra que juré dar a vuestros padres, (36) sólo Caleb, hijo de Iefuné, él la verá, y a él daré la tierra que pisó, y a sus hijos; porque cumplió tras el Eterno. (37) También en mi se ensañó el Eterno por vosotros, diciendo: Tampoco tú, entrarás allí. (38) Iosúa hijo de Nun, que está delante de ti, vendrá allí, anímale, porque él la hará heredar a Israel. (39) Y vuestra familia de la que dijisteis: Por presa será, y vuestros hijos, que no supieron hoy bueno ni malo, vendrán allí, a ellos la daré, y ellos la heredarán. (40) Y vosotros idos y volved al desierto, camino del mar Suf. (41) Y respondisteis y dijisteis a mí: Pecamos al Eterno, nosotros subiremos y pelearemos, como lo que encomendó el Eterno, nuestro Dios. Y ceñisteis cada uno los instrumentos de la pelea, y os aparejasteis para subir al monte. (42) Y dijo el Eterno a mí: Di a ellos: No subáis, y no peleéis, que yo no estoy entre vosotros; y seréis heridos delante de vuestros enemigos. (43) Y hablé a vosotros, no oísteis, y os rebelasteis al dicho del Eterno, y persististeis, y subisteis al monte. (44) Y salió el Emoreo, que está en el monte este, a vuestro encuentro, y persiguieron a vosotros, como hacen las avispas, y majaron a vosotros en Seír, hasta Hormá.

45 אתכם בשעיר עד־חרמה: ותשבו ותבכו לפני יהוה
46 ולא־שמע יהוה בקלכם ולא האזין אליכם: ותשבו בקדש
ימים רבים כימים אשר ישבתם:

ב

1 ונפן ונסע המדברה דרך ים־סוף כאשר דבר יהוה
2 אלי ונסב את־הר־שעיר ימים רבים: ס חמישי ויאמר
3 יהוה אלי לאמר: רב־לכם סב את־ההר הזה פנו לכם
4 צפנה: ואת־העם צו לאמר אתם עברים בגבול אחיכם
בני־עשו הישבים בשעיר וייראו מכם ונשמרתם מאד:
5 אל־תתגרו בם כי לא־אתן לכם מארצם עד מדרך כף־
6 רגל כי־ירשה לעשו נתתי את־הר שעיר: אכל תשברו
מאתם בכסף ואכלתם וגם־מים תכרו מאתם בכסף
7 ושתיתם: כי יהוה אלהיך ברכך בכל מעשה ידך ידע
לכתך את־המדבר הגדל הזה זה ׀ ארבעים שנה יהוה
8 אלהיך עמך לא חסרת דבר: ונעבר מאת אחינו בני־
עשו הישבים בשעיר מדרך הערבה מאילת ומעצין
9 גבר ס ונפן ונעבר דרך מדבר מואב: ויאמר
יהוה אלי אל־תצר את־מואב ואל־תתגר בם מלחמה
כי לא־אתן לך מארצו ירשה כי לבני־לוט נתתי את־ער
10 ירשה: האמים לפנים ישבו בה עם גדול ורב ורם
11 כענקים: רפאים יחשבו אף־הם כענקים והמאבים
12 יקראו להם אמים: ובשעיר ישבו החרים לפנים ובני
עשו יירשום וישמידום מפניהם וישבו תחתם כאשר
13 עשה ישראל לארץ ירשתו אשר־נתן יהוה להם: עתה
קמו ועברו לכם את־נחל זרד ונעבר את־נחל זרד:
14 והימים אשר־הלכנו ׀ מקדש ברנע עד אשר־עברנו את־
נחל זרד שלשים ושמנה שנה עד־תם כל־הדור אנשי

(45) Y tornasteis, y llorasteis delante del Eterno; y no oyó el Eterno vuestra voz, y no escuchó a vosotros. (46) Y estuvisteis en Cadés muchos días, como en los días que estuvisteis.

II

(1) Y movímonos y fuimos al desierto, camino del mar Suf, como habló el Eterno a mi; y rodeamos el monte Seír por muchos días. (2) Y habló el Eterno a mi, diciendo: (3) Basta para vosotros de rodear el monte este; volveos al septentrión. (4) Y al pueblo encomienda diciendo: Vosotros pasáis por el término de vuestros hermanos los hijos de Esav, los que residen en Seír, y temerán a vosotros; mas, vosotros guardaos mucho: (5) No combatáis con ellos, que no daré a vosotros de su tierra, ni la pisada de la planta de un pie, porque di por heredad a Esav el monte de Seír. (6) Comida compraréis a ellos por plata, y comeréis, y también agua compraréis a ellos, y beberéis. (7) Porque el Eterno, tu Dios, te bendijo en todas las obras de tus manos; supo tu andar en este gran desierto; estos cuarenta años el Eterno, tu Dios, está contigo; no carecistes de cosa alguna.

(8) Y fuímonos de nuestros hermanos, los hijos de Esav, los que residen en Seír, por el camino de la llanura de Elat y de Esión-Guéber. Y catamos y pasamos camino del desierto de Moab. (9) Y dijo el Eterno a mí: No angusties a Moab, y no combatas con ellos en pelea, que no te daré heredad de su tierra; que a los hijos de Lot di a Ar por heredad. (10) Los Emiteos de antes estuvieron en ella, que son pueblo grande, y numeroso, y alto como gigantes: (11) Por gigantes eran contados también ellos, como los gigantes; y los Moabitas llamaban a ellos, Emiteos. (12) Y en Seír estuvieron los Horeos de antes, y los hijos de Esav los desterraron; y los destruyeron de delante de ellos, y estuvieron en su lugar; como hizo Israel en la tierra de su heredad que dió el Eterno a ellos. (13) Ahora levantaos, y pasad el arroyo de Séred. Y pasamos el arroyo de Séred.

(14) Y los días que anduvimos de Cadés-Barnéa, hasta que pasamos el arroyo de Séred, fueron treinta y ocho años; hasta acabarse toda la generación de

ב 8. פיסקא באמצע פסוק

הַמִּלְחָמָה מִקֶּרֶב הַמַּחֲנֶה כַּאֲשֶׁר נִשְׁבַּע יְהוָה לָהֶם׃ וְגַם טו
יַד־יְהוָה הָיְתָה בָּם לְהֻמָּם מִקֶּרֶב הַמַּחֲנֶה עַד תֻּמָּם׃
וַיְהִי כַאֲשֶׁר־תַּמּוּ כָּל־אַנְשֵׁי הַמִּלְחָמָה לָמוּת מִקֶּרֶב הָעָם׃ 16
ס וַיְדַבֵּר יְהוָה אֵלַי לֵאמֹר׃ אַתָּה עֹבֵר הַיּוֹם אֶת־גְּבוּל 17 18
מוֹאָב אֶת־עָר׃ וְקָרַבְתָּ מוּל בְּנֵי עַמּוֹן אַל־תְּצֻרֵם וְאַל־ 19
תִּתְגָּר בָּם כִּי לֹא־אֶתֵּן מֵאֶרֶץ בְּנֵי־עַמּוֹן לְךָ יְרֻשָּׁה כִּי לִבְנֵי־
לוֹט נְתַתִּיהָ יְרֻשָּׁה׃ אֶרֶץ־רְפָאִים תֵּחָשֵׁב אַף־הִוא רְפָאִים כ
יָשְׁבוּ־בָהּ לְפָנִים וְהָעַמֹּנִים יִקְרְאוּ לָהֶם זַמְזֻמִּים׃ עַם גָּדוֹל 21
וְרַב וָרָם כָּעֲנָקִים וַיַּשְׁמִידֵם יְהוָה מִפְּנֵיהֶם וַיִּירָשֻׁם וַיֵּשְׁבוּ
תַחְתָּם׃ כַּאֲשֶׁר עָשָׂה לִבְנֵי עֵשָׂו הַיֹּשְׁבִים בְּשֵׂעִיר אֲשֶׁר 22
הִשְׁמִיד אֶת־הַחֹרִי מִפְּנֵיהֶם וַיִּירָשֻׁם וַיֵּשְׁבוּ תַחְתָּם עַד הַיּוֹם
הַזֶּה׃ וְהָעַוִּים הַיֹּשְׁבִים בַּחֲצֵרִים עַד־עַזָּה כַּפְתֹּרִים הַיֹּצְאִים 23
מִכַּפְתֹּר הִשְׁמִידֻם וַיֵּשְׁבוּ תַחְתָּם׃ קוּמוּ סְּעוּ וְעִבְרוּ אֶת־ 24
נַחַל אַרְנֹן רְאֵה נָתַתִּי בְיָדְךָ אֶת־סִיחֹן מֶלֶךְ־חֶשְׁבּוֹן הָאֱמֹרִי
וְאֶת־אַרְצוֹ הָחֵל רָשׁ וְהִתְגָּר בּוֹ מִלְחָמָה׃ הַיּוֹם הַזֶּה אָחֵל כה
תֵּת פַּחְדְּךָ וְיִרְאָתְךָ עַל־פְּנֵי הָעַמִּים תַּחַת כָּל־הַשָּׁמָיִם
אֲשֶׁר יִשְׁמְעוּן שִׁמְעֲךָ וְרָגְזוּ וְחָלוּ מִפָּנֶיךָ׃ וָאֶשְׁלַח מַלְאָכִים 26
מִמִּדְבַּר קְדֵמוֹת אֶל־סִיחוֹן מֶלֶךְ חֶשְׁבּוֹן דִּבְרֵי שָׁלוֹם
לֵאמֹר׃ אֶעְבְּרָה בְאַרְצֶךָ בַּדֶּרֶךְ בַּדֶּרֶךְ אֵלֵךְ לֹא אָסוּר 27
יָמִין וּשְׂמֹאול׃ אֹכֶל בַּכֶּסֶף תַּשְׁבִּרֵנִי וְאָכַלְתִּי וּמַיִם בַּכֶּסֶף 28
תִּתֶּן־לִי וְשָׁתִיתִי רַק אֶעְבְּרָה בְרַגְלָי׃ כַּאֲשֶׁר עָשׂוּ־לִי בְּנֵי 29
עֵשָׂו הַיֹּשְׁבִים בְּשֵׂעִיר וְהַמּוֹאָבִים הַיֹּשְׁבִים בְּעָר עַד אֲשֶׁר־
אֶעֱבֹר אֶת־הַיַּרְדֵּן אֶל־הָאָרֶץ אֲשֶׁר־יְהוָה אֱלֹהֵינוּ נֹתֵן לָנוּ׃
וְלֹא אָבָה סִיחֹן מֶלֶךְ חֶשְׁבּוֹן הַעֲבִרֵנוּ בּוֹ כִּי־הִקְשָׁה יְהוָה ל
אֱלֹהֶיךָ אֶת־רוּחוֹ וְאִמֵּץ אֶת־לְבָבוֹ לְמַעַן תִּתּוֹ בְיָדְךָ כַּיּוֹם
הַזֶּה׃ ס ששי וַיֹּאמֶר יְהוָה אֵלַי רְאֵה הַחִלֹּתִי תֵּת לְפָנֶיךָ 31
אֶת־סִיחֹן וְאֶת־אַרְצוֹ הָחֵל רָשׁ לָרֶשֶׁת אֶת־אַרְצוֹ׃ וַיֵּצֵא 32

varones de entre el real, como juró el Eterno a ellos. (15) Y también la mano del Eterno fué en ellos para consumirlos de entre el real, hasta terminarlos.

(16) Y fué como terminaron de morir todos los varones de pelea de entre el pueblo, (17) que habló el Eterno a mí, diciendo: (18) Tú pasas hoy el término de Moab, a Ar, (19) y llegarte has, frente a los hijos de Amón, no los angusties, y no combatas con ellos: que no daré la tierra de los hijos de Amón a ti por heredad; que a los hijos de Lot di por heredad. (20) Por tierra de gigantes será contada también ella; gigantes estuvieron en ella, antes, y los Amonitas llamaban a ellos Samsumeos, (21) pueblo grande, y numeroso, y alto, como gigantes; y destruyólo el Eterno de delante de ellos; desterráronlos y estuvieron en su lugar; (22) como hizo a los hijos de Esav, los que residen en Seír, que destruyó a los Horeos delante de ellos; y desterráronlos, y estuvieron en su lugar hasta el día este. (23) Y a los Aveos, que están en Hasarim hasta Asa, los Caftoreos, los que salieron de Caftor, los destruyeron, y estuvieron en su lugar. (24) Levantaos, moveos, y pasad el arroyo de Arnón. . di en tu mano a Sihón, rey de Hesbón, al Emoreo, y a su tierra; empieza, hereda y combate con él en pelea. (25) En este día empecé a dar tu pavor y tu temor sobre la faz de los pueblos, debajo de todos los cielos, que oyeren tu fama, y estremecerse han, y atemorizarse han, delante de ti.

(26) Y envié mensajeros desde el desierto de Kedemot a Sihón, rey de Hesbón, con palabras de paz, diciendo: (27) Pasaré por tu tierra, por el camino, por el camino andaré, no me apartaré a derecha, ni a izquierda. (28) Comida por plata me venderás, y comeré, y agua por plata darás a mí, y beberé. Sólo pasaré con mis compañías, (29) como hicieron a mí los hijos de Esav que están en Seír, y los Moabitas que están en Ar; hasta que pase el Iardén para la tierra que el Eterno, nuestro Dios, da a nosotros. (30) Y no quiso Sihón, rey de Hesbón, dejarnos pasar por él: porque endureció el Eterno, tu Dios, su espíritu, y fortificó su corazón, para darlo en tu mano, como el día este.

(31) Y dijo el Eterno a mí: Mira, empecé a dar, delante de ti, a Sihón y a su tierra: empieza, destierra, para heredar su tierra.

(32) Y salió Sihón a nuestro encuentro, él con todo su pueblo, a la pelea en

24. סמך דגושה. 27. מלא וא״ו

Iaas. (33) Y diólo el Eterno, nuestro Dios, delante de nosotros, y herimos a él, y a sus hijos, y a todo su pueblo. (34) Y tomamos todas sus ciudades en la hora esta, y destruimos todas las ciudades, los varones, y las mujeres, y las familias, no dejamos a nadie. (35) Sólo las bestias apresamos para nosotros, y los despojos de las ciudades que tomamos. (36) De Aroer, que está sobre la orilla del arroyo de Arnón, y la ciudad que está en el arroyo, hasta Guilead, no hubo ciudad que escapara de nosotros; todo lo dió el Eterno, nuestro Dios, delante de nosotros. (37) Sólo a la tierra de los hijos de Amón no llegaste, ni a la orilla de Iaboc ni a las ciudades del monte, ni a todo lo que encomendó el Eterno, nuestro Dios.

III

(1) Y volvimos, y subimos camino de Basán, y salió Og, rey de Basán a nuestro encuentro, él con todo su pueblo a la pelea en Edréi. (2) Y dijo el Eterno a mí: No temas a él, que en tu mano di a él y a todo su pueblo, y a su tierra, y harás a él, como hiciste a Sihón, rey del Emoreo, que está en Hesbón. (3) Y dió el Eterno, nuestro Dios, en nuestras manos también, a Og rey de Basán, y a todo su pueblo, y herímoslo hasta que no quedó nadie. (4) Y prendimos todas sus ciudades en la hora esta; no hubo ciudad a la que no tomamos, sesenta ciudades, toda la comarca de Argob, del reino de Og en Basán. (5) Todas éstas, ciudades fortificadas con alto cerco, con puertas y cerraduras; fuera de las ciudades no muradas, muchas en número. (6) Y destruimos a ellos como hicimos a Sihón, rey de Hesbón, destruyendo en toda la ciudad los varones, las mujeres, y las familias. (7) Y todas las bestias, y el despojo de las ciudades apresamos para nosotros. (8) Y tomamos en la hora esta la tierra de manos de dos reyes del Amoreo, que estaban de aquende el Iardén, desde el arroyo de Arnón, hasta el monte de Hermón, (9) —los Sidoneos llaman a Hermón, Sirión; y los Emoreos, llamábanle Senir—, (10) todas las ciudades de la llanura, y todo Guilead, y todo Basán, hasta Salejá, y Edréi, ciudades del reino de Og, en Basán. (11) Porque sólo

33 סִיחֹן לִקְרָאתֵנוּ הוּא וְכָל־עַמּוֹ לַמִּלְחָמָה יָהְצָה׃ וַיִּתְּנֵהוּ
יְהוָה אֱלֹהֵינוּ לְפָנֵינוּ וַנַּךְ אֹתוֹ וְאֶת־בָּנָו וְאֶת־כָּל־עַמּוֹ׃
34 וַנִּלְכֹּד אֶת־כָּל־עָרָיו בָּעֵת הַהִוא וַנַּחֲרֵם אֶת־כָּל־עִיר מְתִם
לה וְהַנָּשִׁים וְהַטָּף לֹא הִשְׁאַרְנוּ שָׂרִיד׃ רַק הַבְּהֵמָה בָּזַזְנוּ
36 לָנוּ וּשְׁלַל הֶעָרִים אֲשֶׁר לָכָדְנוּ׃ מֵעֲרֹעֵר אֲשֶׁר עַל־שְׂפַת־
נַחַל אַרְנֹן וְהָעִיר אֲשֶׁר בַּנַּחַל וְעַד־הַגִּלְעָד לֹא הָיְתָה קִרְיָה
אֲשֶׁר שָׂגְבָה מִמֶּנּוּ אֶת־הַכֹּל נָתַן יְהוָה אֱלֹהֵינוּ לְפָנֵינוּ׃
37 רַק אֶל־אֶרֶץ בְּנֵי־עַמּוֹן לֹא קָרָבְתָּ כָּל־יַד נַחַל יַבֹּק וְעָרֵי
הָהָר וְכֹל אֲשֶׁר־צִוָּה יְהוָה אֱלֹהֵינוּ׃

ג

א וַנֵּפֶן וַנַּעַל דֶּרֶךְ הַבָּשָׁן וַיֵּצֵא עוֹג מֶלֶךְ־הַבָּשָׁן לִקְרָאתֵנוּ
2 הוּא וְכָל־עַמּוֹ לַמִּלְחָמָה אֶדְרֶעִי׃ וַיֹּאמֶר יְהוָה אֵלַי אַל־
תִּירָא אֹתוֹ כִּי בְיָדְךָ נָתַתִּי אֹתוֹ וְאֶת־כָּל־עַמּוֹ וְאֶת־אַרְצוֹ
וְעָשִׂיתָ לּוֹ כַּאֲשֶׁר עָשִׂיתָ לְסִיחֹן מֶלֶךְ הָאֱמֹרִי אֲשֶׁר יוֹשֵׁב
3 בְּחֶשְׁבּוֹן׃ וַיִּתֵּן יְהוָה אֱלֹהֵינוּ בְּיָדֵנוּ גַּם אֶת־עוֹג מֶלֶךְ־
הַבָּשָׁן וְאֶת־כָּל־עַמּוֹ וַנַּכֵּהוּ עַד־בִּלְתִּי הִשְׁאִיר־לוֹ שָׂרִיד׃
4 וַנִּלְכֹּד אֶת־כָּל־עָרָיו בָּעֵת הַהִוא לֹא הָיְתָה קִרְיָה אֲשֶׁר
לֹא־לָקַחְנוּ מֵאִתָּם שִׁשִּׁים עִיר כָּל־חֶבֶל אַרְגֹּב מַמְלֶכֶת
ה עוֹג בַּבָּשָׁן׃ כָּל־אֵלֶּה עָרִים בְּצֻרֹת חוֹמָה גְבֹהָה דְּלָתַיִם
6 וּבְרִיחַ לְבַד מֵעָרֵי הַפְּרָזִי הַרְבֵּה מְאֹד׃ וַנַּחֲרֵם אוֹתָם
כַּאֲשֶׁר עָשִׂינוּ לְסִיחֹן מֶלֶךְ חֶשְׁבּוֹן הַחֲרֵם כָּל־עִיר מְתִם
7 הַנָּשִׁים וְהַטָּף׃ וְכָל־הַבְּהֵמָה וּשְׁלַל הֶעָרִים בַּזּוֹנוּ לָנוּ׃
8 וַנִּקַּח בָּעֵת הַהִוא אֶת־הָאָרֶץ מִיַּד שְׁנֵי מַלְכֵי הָאֱמֹרִי
9 אֲשֶׁר בְּעֵבֶר הַיַּרְדֵּן מִנַּחַל אַרְנֹן עַד־הַר חֶרְמוֹן׃ צִידֹנִים
י יִקְרְאוּ לְחֶרְמוֹן שִׂרְיֹן וְהָאֱמֹרִי יִקְרְאוּ־לוֹ שְׂנִיר׃ כֹּל ׀ עָרֵי
הַמִּישֹׁר וְכָל־הַגִּלְעָד וְכָל־הַבָּשָׁן עַד־סַלְכָה וְאֶדְרֶעִי עָרֵי
יא מַמְלֶכֶת עוֹג בַּבָּשָׁן׃ כִּי רַק־עוֹג מֶלֶךְ הַבָּשָׁן נִשְׁאַר מִיֶּתֶר

ב 33. בניו ק׳

הרפאים הנה ערשו ערש ברזל הלה הוא ברבת בני
עמון תשע אמות ארכה וארבע אמות רחבה באמת־
12 איש: ואת־הארץ הזאת ירשנו בעת ההוא מערער
אשר־על־נחל ארנן וחצי הר־הגלעד ועריו נתתי לראובני
13 ולגדי: ויתר הגלעד וכל־הבשן ממלכת עוג נתתי לחצי
שבט המנשה כל חבל הארגב לכל־הבשן ההוא יקרא
14 ארץ רפאים: יאיר בן־מנשה לקח את־כל־חבל ארגב
עד־גבול הגשורי והמעכתי ויקרא אתם על־שמו את־
טו הבשן חות יאיר עד היום הזה: ולמכיר נתתי את־הגלעד:
16 ולראובני ולגדי נתתי מן־הגלעד ועד־נחל ארנן תוך
17 הנחל וגבל ועד יבק הנחל גבול בני עמון: והערבה
והירדן וגבל מכנרת ועד ים הערבה ים המלח תחת
18 אשדת הפסגה מזרחה: ואצו אתכם בעת ההוא לאמר
ידוה אלהיכם נתן לכם את־הארץ הזאת לרשתה חלוצים
19 תעברו לפני אחיכם בני־ישראל כל־בני־חיל: רק
נשיכם וטפכם ומקנכם ידעתי כי־מקנה רב לכם ישבו
כ בעריכם אשר נתתי לכם: עד אשר־יניח ידוה לאחיכם
ככם וירשו גם־הם את־הארץ אשר ידוה אלהיכם נתן
להם בעבר הירדן ושבתם איש לירשתו אשר נתתי
21 לכם: ואת־יהושוע צויתי בעת ההוא לאמר עיניך
הראת את כל־אשר עשה ידוה אלהיכם לשני המלכים
האלה כן־יעשה ידוה לכל־הממלכות אשר אתה
22 עבר שמה: לא תיראום כי ידוה אלהיכם הוא
הנלחם לכם:

פ פ פ מה 45

23 ואתחנן אל־ידוה בעת ההוא לאמר:
24 אדני ידוה אתה
החלות להראות את־עבדך את־גדלך ואת־ידך החזקה

Og, rey de Basán, había quedado del resto de los gigantes. He aquí su lecho, un lecho de hierro, de cierto está en Rabat, de los hijos de Amón; tiene nueve codos de largo, y cuatro codos de ancho, al codo de un varón.

(12) Y la tierra esta heredamos en la hora esta desde Aroer, que está sobre el arroyo del Arnón, y la mitad del monte de Guilead y sus ciudades, di a Reubén y a Gad. (13) Y el resto de Guilead, y todo Basán, del reino de Og, di a la mitad de la tribu de Menasé; toda la comarca de Argob, todo Basán, ésa era llamada tierra de gigantes. (14) Iaír, hijo de Menasé, tomó toda la comarca de Argob, hasta el término de Guesur y de Maajá, y llamólas por su nombre en Basán: aldeas de Iaír, hasta el día este. (15) Y a Majir, di a Guilead. (16) Y a Reubén y a Gad di, desde el Guilead hasta el arroyo de Arnón, el medio del arroyo por término; hasta Iaboc, el arroyo, término de los hijos de Amón, (17) y la llanura, y el Iardén, y el término, desde Kinéret, hasta el mar de la llanura, y el mar de la sal, debajo de los vertientes del collado, al Oriente. (18) Y encomendé a vosotros en la hora esta, diciendo: El Eterno, vuestro Dios, dió a vosotros la tierra esta para heredarla; armados pasaréis delante de vuestros hermanos, los hijos de Israel, todos varones de ejército. (19) Sólo vuestras mujeres, y vuestras familias, y vuestros ganados, sé que ganado mucho tenéis, estarán en vuestras ciudades, que di a vosotros. (20) Hasta que haga reposar el Eterno a vuestros hermanos, como a vosotros, y hereden también ellos la tierra que el Eterno, vuestro Dios, da a ellos en allende el Iardén, y tornaréis, cada uno, a la heredad que di a vosotros. (21) Y a Iosúa encomendé en la hora esta, diciendo: Tus ojos vieron todo lo que hizo el Eterno, vuestro Dios, a los dos reyes estos, así hará el Eterno a todos los reinos por los que tu pasarás. (22) No los temáis, que el Eterno, vuestro Dios, es el que pelea por vosotros.

(45) VAETHANÁN

(23) Y rogué al Eterno en la hora esta, diciendo: (24) Señor, el Eterno, tú empezaste a mostrar a tu siervo tu grandeza, y tu mano fuerte: porque ¿qué

11. כתיב בה"א. 20. סבירין לכם

אשר מי־אל בשמים ובארץ אשר־יעשה כמעשיך
כה וכגבורתך: אעברה־נא ואראה את־הארץ הטובה אשר
26 בעבר הירדן ההר הטוב הזה והלבנן: ויתעבר יהוה בי
למענכם ולא שמע אלי ויאמר יהוה אלי רב־לך אל־
27 תוסף דבר אלי עוד בדבר הזה: עלה ראש הפסגה ושא
עיניך ימה וצפנה ותימנה ומזרחה וראה בעיניך כי־לא
28 תעבר את־הירדן הזה: וצו את־יהושע וחזקהו ואמצהו
כי־הוא יעבר לפני העם הזה והוא ינחיל אותם את־הארץ
29 אשר תראה: ונשב בגיא מול בית פעור: פ

ד

א ועתה ישראל שמע אל־החקים ואל־המשפטים אשר
אנכי מלמד אתכם לעשות למען תחיו ובאתם וירשתם
2 את־הארץ אשר יהוה אלהי אבתיכם נתן לכם: לא
תספו על־הדבר אשר אנכי מצוה אתכם ולא תגרעו
ממנו לשמר את־מצות יהוה אלהיכם אשר אנכי מצוה
3 אתכם: עיניכם הראות את אשר־עשה יהוה בבעל
פעור כי כל־האיש אשר הלך אחרי בעל־פעור השמידו
4 יהוה אלהיך מקרבך: ואתם הדבקים ביהוה אלהיכם
ה חיים כלכם היום: ראה למדתי אתכם חקים ומשפטים
כאשר צוני יהוה אלהי לעשות כן בקרב הארץ אשר
6 אתם באים שמה לרשתה: ושמרתם ועשיתם כי הוא
חכמתכם ובינתכם לעיני העמים אשר ישמעון את
כל־החקים האלה ואמרו רק עם־חכם ונבון הגוי
7 הגדול הזה: כי מי־גוי גדול אשר־לו אלהים קרבים
8 אליו כיהוה אלהינו בכל־קראנו אליו: ומי גוי גדול
אשר־לו חקים ומשפטים צדיקם ככל התורה הזאת
9 אשר אנכי נתן לפניכם היום: רק השמר לך ושמר
נפשך מאד פן־תשכח את־הדברים אשר־ראו עיניך

Dios hay en los cielos y en la tierra que haga como tus hechos, y como tus hazañas? (25) Pasaré ahora y veré la buena tierra, que está de allende el Iardén, el monte bueno este, y el Lebanón. (26) Y ensañóse el Eterno contra mí por vosotros, y no me oyó; y dijo el Eterno a mí: Basta para ti, no vuelvas a hablarme más de la cosa esta. (27) Sube a la cabeza del collado, y alza tus ojos al occidente, y al septentrión, y al meridión, y al oriente, y ve con tus ojos; que no pasarás el Iardén este. (28) Y encomienda a Iosúa, y anímalo, y fortifícalo, que él pasará delante del pueblo este, y él hará heredar a ellos la tierra que verás.

(29) Y estuvimos en el valle frente a Bet-Peor.

IV

(1) Y ahora, Israel, oye los fueros y los juicios que yo enseño a vosotros para hacer, para que viváis, y vengáis, y heredéis la tierra que el Eterno, Dios de vuestros padres, da a vosotros. (2) No añadáis sobre la cosa que yo encomiendo a vosotros, y no disminuyáis de ella, para guardar los preceptos del Eterno, vuestro Dios, que yo os encomiendo. (3) Vuestros ojos ven lo que hizo el Eterno en Báal-Peor; que a todo varón que anduvo tras Báal-Peor, lo destruyó el Eterno, tu Dios, de entre ti. (4) Y vosotros, los allegados al Eterno, vuestro Dios, estáis todos vivos hoy. (5) Mirad, enseñé a vosotros fueros y juicios, como me encomendó el Eterno, mi Dios, para hacer así en la tierra a la que vosotros venís para heredarla. (6) Y guardaréis y haréis, porque ella es vuestra ciencia y vuestro entendimiento a los ojos de los pueblos, que oyeron todos los fueros estos, y dirán: sólo un pueblo sabio y entendido, es la gente grande esta. (7) Porque ¿qué pueblo grande hay que tenga a Dios tan cercano, como el Eterno, nuestro Dios, está a todos nuestros llamados? (8) Y ¿cuál es el pueblo grande que tiene fueros y juicios, como toda la Ley esta, que yo os doy a vosotros, hoy? (9) De cierto guárdate a ti, y guarda tu alma, mucho, para que no olvides

ופן־יסורו מלבבך כל ימי חייך והודעתם לבניך ולבני
בניך: יום אשר עמדת לפני יהוה אלהיך בחרב באמר
יהוה אלי הקהל־לי את־העם ואשמעם את־דברי אשר
ילמדון ליראה אתי כל־הימים אשר הם חיים על־
11 האדמה ואת־בניהם ילמדון: ותקרבון ותעמדון תחת
ההר וההר בער באש עד־לב השמים חשך ענן וערפל:
12 וידבר יהוה אליכם מתוך האש קול דברים אתם
13 שמעים ותמונה אינכם ראים זולתי קול: ויגד לכם
את־בריתו אשר צוה אתכם לעשות עשרת הדברים
14 ויכתבם על־שני לחות אבנים: ואתי צוה יהוה בעת
ההוא ללמד אתכם חקים ומשפטים לעשתכם אתם
טו בארץ אשר אתם עברים שמה לרשתה: ונשמרתם
מאד לנפשתיכם כי לא ראיתם כל־תמונה ביום דבר
16 יהוה אליכם בחרב מתוך האש: פן־תשחתון ועשיתם
17 לכם פסל תמונת כל־סמל תבנית זכר או נקבה: תבנית
כל־בהמה אשר בארץ תבנית כל־צפור כנף אשר תעוף
18 בשמים: תבנית כל־רמש באדמה תבנית כל־דגה אשר־
19 במים מתחת לארץ: ופן־תשא עיניך השמימה וראית
את־השמש ואת־הירח ואת־הכוכבים כל צבא השמים
ונדחת והשתחוית להם ועבדתם אשר חלק יהוה אלהיך
כ אתם לכל העמים תחת כל־השמים: ואתכם לקח יהוה
ויוצא אתכם מכור הברזל ממצרים להיות לו לעם נחלה
21 כיום הזה: ויהוה התאנף־בי על־דבריכם וישבע לבלתי
עברי את־הירדן ולבלתי־בא אל־הארץ הטובה אשר
22 יהוה אלהיך נתן לך נחלה: כי אנכי מת בארץ הזאת
אינני עבר את־הירדן ואתם עברים וירשתם את־הארץ
23 הטובה הזאת: השמרו לכם פן־תשכחו את־ברית יהוה
אלהיכם אשר כרת עמכם ועשיתם לכם פסל תמונת

las cosas que vieron tus ojos, y que no se quiten de tu corazón todos los días de tu vida, y hacerlas has saber a tus hijos, y a los hijos de tus hijos. (10) El día que estuviste delante del Eterno, tu Dios, en Horeb, cuando me dijo el Eterno a mí: Júntame el pueblo, y hacerlos he, oír mis palabras, que aprenderán, para temerme todos los días que ellos vivan sobre la tierra, y a sus hijos enseñarán, (11) llegasteis vosotros, y estuvisteis al pie del monte, y el monte ardía en fuego hasta el corazón de los cielos, en oscuridad de nubes y tinieblas. (12) Y habló el Eterno a vosotros de entre el fuego, la voz de sus palabras vosotros oísteis, pero su imagen no visteis, sólo oísteis la voz. (13) Y anunció a vosotros su pacto, que encomendó a vosotros para cumplir los diez mandamientos; y escribiólos sobre dos tablas de piedras. (14) Y a mí me encomendó el Eterno en la hora esta, para enseñar a vosotros fueros y juicios para hacerlos en la tierra a la que vosotros pasáis allí para heredar. (15) Y guardaréis mucho vuestras almas, porque no visteis ninguna imagen el día de hablar el Eterno en Horeb a vosotros, de entre el fuego: (16) Para que no os dañéis, y hagáis a vosotros una estatua, semejanza de una imagen, semejanza de varón o hembra, (17) semejanza de una bestia, que haya en la tierra, semejanza de un ave que vuela en los cielos, (18) semejanza de un animal que se arrastra en la tierra, semejanza de un pez que está en las aguas, debajo de la tierra: (19) Y para que no alces tus ojos a los cielos, y veas el sol y la luna y las estrellas, y todo el ejército de los cielos, y seas incitado, y te encorvéis a ellos, y los sirvas, porque adjudicó el Eterno, tu Dios, a ellos, a todos los pueblos que hay debajo del cielo. (20) Y a vosotros tomó el Eterno, y sacó a vosotros del crisol de hierro, de Egipto, para ser para él, por pueblo de heredad en el día este.

(21) Y el Eterno se ensañó contra mí por vuestras palabras, y juró que no pasaría yo el Iardén, ni vendría a la buena tierra, que el Eterno, tu Dios, da a ti por heredad. (22) Porque yo muero en la tierra esta; no paso el Iardén, y vosotros pasaréis, y heredaréis la buena tierra esta. (23) Guardaos para que no olvidéis el pacto del Eterno, vuestro Dios, que hizo con vosotros,

y no hagáis para vosotros estatua, a semejanza de algo, como encomendó el Eterno, vuestro Dios. (24) Porque el Eterno, tu Dios, es fuego que quema, Dios celoso, es él.

(25) Cuando engendrare hijos e hijos de hijos, y hubiereis envejecidos en la tierra, y os dañareis, e hiciereis estatua a semejanza de algo, e hiciereis mal, ante los ojos del Eterno, vuestro Dios, por ensañarlo, (26) pongo por testigo ante vosotros hoy, a los cielos y a la tierra, que perder, os perderéis rápido, de sobre la tierra por la que pasáis el Iardén para heredarle: que no alargaréis los días sobre ella, porque destruir, seréis destruídos. (27) Y os esparcirá el Eterno a vosotros entre los pueblos, y quedaréis, varones de cuenta, entre las gentes, con las que el Eterno llevará a vosotros. (28) Y serviréis allí, a dioses de hechura de manos de hombre, de madera y de piedra, que no ven, y no oyen, y no comen, y no huelen. (29) Y buscaréis desde allí al Eterno, tu Dios, y lo hallarás, cuando lo requieras con todo tu corazón y con toda tu alma. (30) En tu angustia, si te alcanzaran todas las palabras estas, en la postrimería de los días, te tornarás hasta el Eterno, tu Dios, y oirás su voz. (31) Porque Dios piadoso es el Eterno, tu Dios; no te aflojará, y no te dañará, y no olvidará el pacto de tus padres, que juró a ellos. (32) Porque, demanda ahora por los días primeros, los que fueron antes de ti, desde el día en que creó Dios al hombre sobre la tierra, y desde un extremo de los cielos hasta el otro, si hubo cosa grande como esta, o si fué oída como ella: (33) ¿Si oyó un pueblo la voz de Dios, hablando de entre el fuego, cómo oístes tú, y vivió? (34) ¿O si probó Dios, venir para tomar para sí gente de entre gente, con pruebas, con señales, y con maravillas, y con pelea, y con mano fuerte, y con brazo tendido, y con temores grandes, como todo lo que hizo a vosotros el Eterno, vuestro Dios en Egipto, ante tus ojos? (35) A ti te fué mostrado, para saber que el Eterno, él es Dios, no hay más fuera de él. (36) De los cielos te hizo oír su voz, para enseñarte, y sobre la tierra te mostró su gran fuego, y sus palabras oístes de entre el fuego. (37) Y porque amó a tus padres, y escogió su simiente tras ellos, te sacó de-

24 כֹּל אֲשֶׁר צִוְּךָ יְהוָה אֱלֹהֶיךָ׃ כִּי יְהוָה אֱלֹהֶיךָ אֵשׁ אֹכְלָה
הוּא אֵל קַנָּא׃ פ
כה כִּי־תוֹלִיד בָּנִים וּבְנֵי בָנִים וְנוֹשַׁנְתֶּם בָּאָרֶץ וְהִשְׁחַתֶּם
וַעֲשִׂיתֶם פֶּסֶל תְּמוּנַת כֹּל וַעֲשִׂיתֶם הָרַע בְּעֵינֵי יְהוָה־
26 אֱלֹהֶיךָ לְהַכְעִיסוֹ׃ הַעִידֹתִי בָכֶם הַיּוֹם אֶת־הַשָּׁמַיִם וְאֶת־
הָאָרֶץ כִּי־אָבֹד תֹּאבֵדוּן מַהֵר מֵעַל הָאָרֶץ אֲשֶׁר אַתֶּם
עֹבְרִים אֶת־הַיַּרְדֵּן שָׁמָּה לְרִשְׁתָּהּ לֹא־תַאֲרִיכֻן יָמִים
27 עָלֶיהָ כִּי הִשָּׁמֵד תִּשָּׁמֵדוּן׃ וְהֵפִיץ יְהוָה אֶתְכֶם בָּעַמִּים
וְנִשְׁאַרְתֶּם מְתֵי מִסְפָּר בַּגּוֹיִם אֲשֶׁר יְנַהֵג יְהוָה אֶתְכֶם
28 שָׁמָּה׃ וַעֲבַדְתֶּם־שָׁם אֱלֹהִים מַעֲשֵׂה יְדֵי אָדָם עֵץ וָאֶבֶן
אֲשֶׁר לֹא־יִרְאוּן וְלֹא יִשְׁמְעוּן וְלֹא יֹאכְלוּן וְלֹא יְרִיחֻן׃
29 וּבִקַּשְׁתֶּם מִשָּׁם אֶת־יְהוָה אֱלֹהֶיךָ וּמָצָאתָ כִּי תִדְרְשֶׁנּוּ
ל בְּכָל־לְבָבְךָ וּבְכָל־נַפְשֶׁךָ׃ בַּצַּר לְךָ וּמְצָאוּךָ כֹּל הַדְּבָרִים
הָאֵלֶּה בְּאַחֲרִית הַיָּמִים וְשַׁבְתָּ עַד־יְהוָה אֱלֹהֶיךָ וְשָׁמַעְתָּ
31 בְּקֹלוֹ׃ כִּי אֵל רַחוּם יְהוָה אֱלֹהֶיךָ לֹא יַרְפְּךָ וְלֹא יַשְׁחִיתֶךָ
32 וְלֹא יִשְׁכַּח אֶת־בְּרִית אֲבֹתֶיךָ אֲשֶׁר נִשְׁבַּע לָהֶם׃ כִּי
שְׁאַל־נָא לְיָמִים רִאשֹׁנִים אֲשֶׁר־הָיוּ לְפָנֶיךָ לְמִן־הַיּוֹם אֲשֶׁר
בָּרָא אֱלֹהִים ׀ אָדָם עַל־הָאָרֶץ וּלְמִקְצֵה הַשָּׁמַיִם וְעַד־קְצֵה
הַשָּׁמָיִם הֲנִהְיָה כַּדָּבָר הַגָּדוֹל הַזֶּה אוֹ הֲנִשְׁמַע כָּמֹהוּ׃
33 הֲשָׁמַע עָם קוֹל אֱלֹהִים מְדַבֵּר מִתּוֹךְ־הָאֵשׁ כַּאֲשֶׁר־שָׁמַעְתָּ
34 אַתָּה וַיֶּחִי׃ אוֹ ׀ הֲנִסָּה אֱלֹהִים לָבוֹא לָקַחַת לוֹ גוֹי מִקֶּרֶב
גּוֹי בְּמַסֹּת בְּאֹתֹת וּבְמוֹפְתִים וּבְמִלְחָמָה וּבְיָד חֲזָקָה
וּבִזְרוֹעַ נְטוּיָה וּבְמוֹרָאִים גְּדֹלִים כְּכֹל אֲשֶׁר־עָשָׂה לָכֶם
לה יְהוָה אֱלֹהֵיכֶם בְּמִצְרַיִם לְעֵינֶיךָ׃ אַתָּה הָרְאֵתָ לָדַעַת כִּי
36 יְהוָה הוּא הָאֱלֹהִים אֵין עוֹד מִלְבַדּוֹ׃ מִן־הַשָּׁמַיִם הִשְׁמִיעֲךָ
אֶת־קֹלוֹ לְיַסְּרֶךָּ וְעַל־הָאָרֶץ הֶרְאֲךָ אֶת־אִשּׁוֹ הַגְּדוֹלָה
37 וּדְבָרָיו שָׁמַעְתָּ מִתּוֹךְ הָאֵשׁ׃ וְתַחַת כִּי אָהַב אֶת־אֲבֹתֶיךָ

23. סבירין כאשר 33. כצ״ל

וַיִּבְחַר בְּזַרְעוֹ אַחֲרָיו וַיּוֹצִאֲךָ בְּפָנָיו בְּכֹחוֹ הַגָּדֹל מִמִּצְרָיִם׃
38 לְהוֹרִישׁ גּוֹיִם גְּדֹלִים וַעֲצֻמִים מִמְּךָ מִפָּנֶיךָ לַהֲבִיאֲךָ לָתֶת־
39 לְךָ אֶת־אַרְצָם נַחֲלָה כַּיּוֹם הַזֶּה׃ וְיָדַעְתָּ הַיּוֹם וַהֲשֵׁבֹתָ
אֶל־לְבָבֶךָ כִּי יְהוָה הוּא הָאֱלֹהִים בַּשָּׁמַיִם מִמַּעַל וְעַל־
מ הָאָרֶץ מִתָּחַת אֵין עוֹד׃ וְשָׁמַרְתָּ אֶת־חֻקָּיו וְאֶת־מִצְוֺתָיו
אֲשֶׁר אָנֹכִי מְצַוְּךָ הַיּוֹם אֲשֶׁר יִיטַב לְךָ וּלְבָנֶיךָ אַחֲרֶיךָ
וּלְמַעַן תַּאֲרִיךְ יָמִים עַל־הָאֲדָמָה אֲשֶׁר יְהוָה אֱלֹהֶיךָ נֹתֵן
לְךָ כָּל־הַיָּמִים׃ פ שלישי
41 אָז יַבְדִּיל מֹשֶׁה שָׁלֹשׁ עָרִים בְּעֵבֶר הַיַּרְדֵּן מִזְרְחָה שָׁמֶשׁ׃
42 לָנֻס שָׁמָּה רוֹצֵחַ אֲשֶׁר יִרְצַח אֶת־רֵעֵהוּ בִּבְלִי־דַעַת
וְהוּא לֹא־שֹׂנֵא לוֹ מִתְּמֹל שִׁלְשֹׁם וְנָס אֶל־אַחַת מִן־הֶעָרִים
43 הָאֵל וָחָי׃ אֶת־בֶּצֶר בַּמִּדְבָּר בְּאֶרֶץ הַמִּישֹׁר לָראוּבֵנִי
44 וְאֶת־רָאמֹת בַּגִּלְעָד לַגָּדִי וְאֶת־גּוֹלָן בַּבָּשָׁן לַמְנַשִּׁי׃ וְזֹאת
מה הַתּוֹרָה אֲשֶׁר־שָׂם מֹשֶׁה לִפְנֵי בְּנֵי יִשְׂרָאֵל׃ אֵלֶּה הָעֵדֹת
וְהַחֻקִּים וְהַמִּשְׁפָּטִים אֲשֶׁר דִּבֶּר מֹשֶׁה אֶל־בְּנֵי יִשְׂרָאֵל
46 בְּצֵאתָם מִמִּצְרָיִם׃ בְּעֵבֶר הַיַּרְדֵּן בַּגַּיְא מוּל בֵּית פְּעוֹר
בְּאֶרֶץ סִיחֹן מֶלֶךְ הָאֱמֹרִי אֲשֶׁר יוֹשֵׁב בְּחֶשְׁבּוֹן אֲשֶׁר
47 הִכָּה מֹשֶׁה וּבְנֵי יִשְׂרָאֵל בְּצֵאתָם מִמִּצְרָיִם׃ וַיִּירְשׁוּ
אֶת־אַרְצוֹ וְאֶת־אֶרֶץ ׀ עוֹג מֶלֶךְ־הַבָּשָׁן שְׁנֵי מַלְכֵי הָאֱמֹרִי
48 אֲשֶׁר בְּעֵבֶר הַיַּרְדֵּן מִזְרַח שָׁמֶשׁ׃ מֵעֲרֹעֵר אֲשֶׁר עַל־
49 שְׂפַת־נַחַל אַרְנֹן וְעַד־הַר שִׂיאֹן הוּא חֶרְמוֹן׃ וְכָל־
הָעֲרָבָה עֵבֶר הַיַּרְדֵּן מִזְרָחָה וְעַד יָם הָעֲרָבָה תַּחַת
אַשְׁדֹּת הַפִּסְגָּה׃ פ רביעי

ה

א וַיִּקְרָא מֹשֶׁה אֶל־כָּל־יִשְׂרָאֵל וַיֹּאמֶר אֲלֵהֶם שְׁמַע יִשְׂרָאֵל
אֶת־הַחֻקִּים וְאֶת־הַמִּשְׁפָּטִים אֲשֶׁר אָנֹכִי דֹּבֵר בְּאָזְנֵיכֶם
2 הַיּוֹם וּלְמַדְתֶּם אֹתָם וּשְׁמַרְתֶּם לַעֲשֹׂתָם׃ יְהוָה אֱלֹהֵינוּ

lante de él con su fuerza grande de Egipto, (38) para desterrar gentes más grandes y más fuertes que tú, de delante de ti, para traerte, para dar a ti su tierra por heredad, como el día este. (39) Y sabrá hoy, y tornará a tu corazón que el Eterno, él es Dios, en los cielos, arriba, y sobre la tierra, abajo; no hay más. (40) Y guardarás sus fueros y sus preceptos, que yo te encomiendo hoy, para que sea bien para ti, y para tus hijos después de ti y para que alarguéis los días sobre la tierra, que el Eterno, tu Dios, da a ti todos los días.»

(41) Entonces apartó Mosé tres ciudades aquende el Iardén al nacimiento del sol, (42) para que huyese allí el matador que matare a su compañero sin saber y sin aborrecerlo de ayer o anteayer, y huirá a una de las ciudades esas, y vivirá. (43) A Béser en el desierto, en la tierra de la llanura, del Reubení; y a Ramot en Guilead, del Gadí; y a Golán en Basán, del Menasé.

(44) Y ésta es la ley que puso Mosé delante de los hijos de Israel. (45) Éstos son los testimonios, y los fueros, y los juicios, que habló Mosé a los hijos de Israel, en su salir de Egipto, (46) de aquende el Iardén, en el valle enfrente de Bet-Peor, en la tierra de Sihón, rey del Emoreo, que está en Hesbón, al que hirió Mosé con los hijos de Israel, en su salir de Egipto; (47) y heredaron su tierra, y la tierra de Og, rey de Basán, dos reyes del Emoreo que estaban aquende el Iardén, al nacimiento del sol, (48) de Aroer, que está sobre la orilla del arroyo de Arnón, hasta el monte Sión, el Hermón; (49) y toda la llanura aquende el Iardén al oriente, hasta el mar de la llanura, debajo de las vertientes del collado.

V

(1) Y llamó Mosé a todo Israel, y díjoles: «Oye, Israel, los fueros y los juicios que yo hablo en vuestros oídos hoy, los aprenderéis y los guardaréis para hacerlos.

(2) El Eterno, nuestro Dios, hizo con nosotros un pacto en Horeb. (3) No

ד׳ 42. סבירין האלה 43. כצ״ל

3 כָּרַת עִמָּנוּ בְּרִית בְּחֹרֵב׃ לֹא אֶת־אֲבֹתֵינוּ כָּרַת יְהוָה
אֶת־הַבְּרִית הַזֹּאת כִּי אִתָּנוּ אֲנַחְנוּ אֵלֶּה פֹה הַיּוֹם כֻּלָּנוּ
4 חַיִּים׃ פָּנִים ׀ בְּפָנִים דִּבֶּר יְהוָה עִמָּכֶם בָּהָר מִתּוֹךְ
ה הָאֵשׁ׃ אָנֹכִי עֹמֵד בֵּין־יְהוָה וּבֵינֵיכֶם בָּעֵת הַהִוא לְהַגִּיד
לָכֶם אֶת־דְּבַר יְהוָה כִּי יְרֵאתֶם מִפְּנֵי הָאֵשׁ וְלֹא־עֲלִיתֶם
6 בָּהָר לֵאמֹר׃ ס אָנֹכִי יְהוָה אֱלֹהֶיךָ אֲשֶׁר הוֹצֵאתִיךָ
7 מֵאֶרֶץ מִצְרַיִם מִבֵּית עֲבָדִים׃ לֹא־יִהְיֶה לְךָ אֱלֹהִים
8 אֲחֵרִים עַל־פָּנָיַ׃ לֹא־תַעֲשֶׂה־לְךָ פֶסֶל ׀ כָּל־תְּמוּנָה אֲשֶׁר
בַּשָּׁמַיִם ׀ מִמַּעַל וַאֲשֶׁר בָּאָרֶץ מִתָּחַת וַאֲשֶׁר בַּמַּיִם
9 מִתַּחַת לָאָרֶץ׃ לֹא־תִשְׁתַּחֲוֶה לָהֶם וְלֹא תָעָבְדֵם כִּי אָנֹכִי
יְהוָה אֱלֹהֶיךָ אֵל קַנָּא פֹּקֵד עֲוֺן אָבוֹת עַל־בָּנִים וְעַל־
· שִׁלֵּשִׁים וְעַל־רִבֵּעִים לְשֹׂנְאָי׃ וְעֹשֶׂה חֶסֶד לַאֲלָפִים
11 לְאֹהֲבַי וּלְשֹׁמְרֵי מִצְוֺתָו׃ ס לֹא תִשָּׂא אֶת־שֵׁם־יְהוָה
אֱלֹהֶיךָ לַשָּׁוְא כִּי לֹא יְנַקֶּה יְהוָה אֵת אֲשֶׁר־יִשָּׂא אֶת־שְׁמוֹ
12 לַשָּׁוְא׃ ס שָׁמוֹר אֶת־יוֹם הַשַּׁבָּת לְקַדְּשׁוֹ כַּאֲשֶׁר צִוְּךָ
13 יְהוָה אֱלֹהֶיךָ׃ שֵׁשֶׁת יָמִים תַּעֲבֹד וְעָשִׂיתָ כָּל־מְלַאכְתֶּךָ׃
14 וְיוֹם הַשְּׁבִיעִי שַׁבָּת ׀ לַיהוָה אֱלֹהֶיךָ לֹא תַעֲשֶׂה כָל־
מְלָאכָה אַתָּה וּבִנְךָ וּבִתֶּךָ וְעַבְדְּךָ וַאֲמָתֶךָ וְשׁוֹרְךָ וַחֲמֹרְךָ
וְכָל בְּהֶמְתֶּךָ וְגֵרְךָ אֲשֶׁר בִּשְׁעָרֶיךָ לְמַעַן יָנוּחַ עַבְדְּךָ
טו וַאֲמָתְךָ כָּמוֹךָ׃ וְזָכַרְתָּ כִּי־עֶבֶד הָיִיתָ ׀ בְּאֶרֶץ מִצְרַיִם
וַיֹּצִאֲךָ יְהוָה אֱלֹהֶיךָ מִשָּׁם בְּיָד חֲזָקָה וּבִזְרֹעַ נְטוּיָה עַל־
16 כֵּן צִוְּךָ יְהוָה אֱלֹהֶיךָ לַעֲשׂוֹת אֶת־יוֹם הַשַּׁבָּת׃ ס כַּבֵּד אֶת־
אָבִיךָ וְאֶת־אִמֶּךָ כַּאֲשֶׁר צִוְּךָ יְהוָה אֱלֹהֶיךָ לְמַעַן ׀ יַאֲרִיכֻן
יָמֶיךָ וּלְמַעַן יִיטַב לָךְ עַל הָאֲדָמָה אֲשֶׁר־יְהוָה אֱלֹהֶיךָ
17 נֹתֵן לָךְ׃ ס לֹא תִרְצָח׃ ס וְלֹא תִנְאָף׃ ס וְלֹא
18 תִגְנֹב׃ ס וְלֹא־תַעֲנֶה בְרֵעֲךָ עֵד שָׁוְא׃ ס וְלֹא
תַחְמֹד אֵשֶׁת רֵעֶךָ ס וְלֹא תִתְאַוֶּה בֵּית רֵעֶךָ שָׂדֵהוּ

con nuestros padres hizo el Eterno el pacto este, sino con nosotros, nosotros que estamos aquí, hoy, todos vivos. Y cara a cara habló el Eterno con vosotros en el monte de entre el fuego. (5) Yo estoy entre el Eterno y entre vosotros en la hora esta, para anunciar a vosotros la palabra del Eterno; porque temisteis al fuego, y no subisteis al monte, diciendo:

(6) Yo soy el Eterno, tu Dios, que te saqué de la tierra de Egipto, de la casa de siervos.

(7) No tengas otros dioses ante mi rostro. (8) No hagas para ti estatua, ni semejanza de lo que está en los cielos arriba, y en la tierra debajo, y en las aguas, debajo de la tierra.

(9) No te encorves a ellos ni los sirvas, que yo, el Eterno, tu Dios, Dios celoso soy, que carga pecados de los padres sobre los hijos, y sobre terceros, y sobre cuartos, a mis aborrecedores, (10) y hace merced a miles, a los que me aman, y a los que cumplen mis preceptos.

(11) No jures por el nombre del Eterno, tu Dios, en vano; que no librará el Eterno, al que jurare su nombre en vano.

(12) Guarda el día del Sabat para santificarlo, como encomendó el Eterno, tu Dios. (13) Seis días trabajarás y harás toda tu obra: (14) Y el día séptimo es Sabat al Eterno, tu Dios, no hagas ninguna obra ni tú, ni tu hijo, ni tu hija, ni tu siervo, ni tu sierva, ni tu buey, ni tu asno, ni tu bestia, ni tu peregrino que vive en tus ciudades, para que huelguen tu siervo y tu sierva como tú. (15) Y recordarte has, que siervo fuiste en tierra de Egipto, y sacóte el Eterno, tu Dios, de allí, con mano fuerte y con brazo tendido, por tanto te encomendó el Eterno, tu Dios, para hacer el día del Sabat.

(16) Honra a tu padre y a tu madre, como te encomendó el Eterno, tu Dios, para que se alarguen tus días, y para que sea bien para ti sobre la tierra que el Eterno, tu Dios, te da.

(17) No mates.

Y no forniques.

Y no hurtes.

Y no atestigües a tu compañero testimonio de falsedad.

(18) Y no codicies la mujer de tu compañero, y no desees la casa de tu compañero, su campo, su siervo, y su sierva, su buey, y su asno, y todo lo que sea de tu compañero.

10. מצותי ק׳

ועבדו ואמתו שורו וחמרו וכל אשר לרעך׃ ס את־ 19
הדברים האלה דבר יהוה אל־כל־קהלכם בהר מתוך
האש הענן והערפל קול גדול ולא יסף ויכתבם על־
שני לחת אבנים ויתנם אלי׃ ויהי כשמעכם את־הקול כ
מתוך החשך וההר בער באש ותקרבון אלי כל־ראשי
שבטיכם וזקניכם׃ ותאמרו הן הראנו יהוה אלהינו 21
את־כבדו ואת־גדלו ואת־קלו שמענו מתוך האש היום
הזה ראינו כי־ידבר אלהים את־האדם וחי׃ ועתה למה 22
נמות כי תאכלנו האש הגדלה הזאת אם־יספים ׀ אנחנו
לשמע את־קול יהוה אלהינו עוד ומתנו׃ כי מי כל־ 23
בשר אשר שמע קול אלהים חיים מדבר מתוך־האש
כמנו ויחי׃ קרב אתה ושמע את כל־אשר יאמר יהוה 24
אלהינו ואת ׀ תדבר אלינו את כל־אשר ידבר יהוה
אלהינו אליך ושמענו ועשינו׃ וישמע יהוה את־קול כה
דבריכם בדברכם אלי ויאמר יהוה אלי שמעתי את־
קול דברי העם הזה אשר דברו אליך היטיבו כל־אשר
דברו׃ מי־יתן והיה לבבם זה להם ליראה אתי ולשמר 26
את־כל־מצותי כל־הימים למען ייטב להם ולבניהם
לעלם׃ לך אמר להם שובו לכם לאהליכם׃ ואתה פה 27 28
עמד עמדי ואדברה אליך את כל־המצוה והחקים
והמשפטים אשר תלמדם ועשו בארץ אשר אנכי נתן
להם לרשתה׃ ושמרתם לעשות כאשר צוה יהוה 29
אלהיכם אתכם לא תסרו ימין ושמאל׃ בכל־הדרך ל
אשר צוה יהוה אלהיכם אתכם תלכו למען תחיון וטוב
לכם והארכתם ימים בארץ אשר תירשון׃

ו

וזאת המצוה החקים והמשפטים אשר צוה יהוה *

(19) Las palabras estas habló el Eterno a toda vuestra congregación en el monte, entre el fuego, la nube y la espesura, con voz fuerte, y no añadió más. Y escribiólas sobre dos tablas de piedra, y diólas a mí. (20) Y fué que al oír vosotros la voz en la oscuridad, el monte ardía en fuego, y llegasteis a mí todos los capitanes de vuestras tribus, y vuestros ancianos; (21) y dijisteis: He aquí que nos mostró el Eterno, nuestro Dios, su honra y su grandeza, y su voz oímos de entre el fuego, el día este vimos que habló Dios al hombre, y éste vive. (22) Y ahora, ¿por qué moriremos? nos quemará el fuego grande este; si volvemos a oír la voz del Eterno, nuestro Dios, ¿no moriremos? (23) Porque ¿cuál es la criatura, que oyó la voz de Dios vivo, hablando de entre el fuego, como nosotros, y vivió? (24) Llégate tú, y oye todo lo que dijere el Eterno, nuestro Dios; y tu hablarás a nosotros todo lo que dijere el Eterno a ti, y lo oiremos y lo haremos. (25) Y oyó el Eterno la voz de vuestras palabras, en vuestro hablar a mí; y díjome el Eterno: Oí la voz de las palabras del pueblo este, que hablaron a ti; hicieron bien en todo lo que hablaron. (26) ¿Qué daría porque tuviesen así su corazón, para temerme, y por guardar todos mis preceptos todos los días, para que sea bien para ellos y para sus hijos, para siempre? (27) Anda, di a ellos: tornaos a vuestras tiendas. (28) Y tú, aquí, quédate conmigo, y hablaré a ti de todos los mandamientos, y de los fueros, y de los juicios, que les enseñarás, y que harán en la tierra que yo doy a ellos para heredar. (29) Y os guardaréis para hacerlos, como encomendó el Eterno, vuestro Dios, a vosotros: no os apartéis a derecha ni a izquierda; (30) en todo el camino que encomendó el Eterno, vuestro Dios, a vosotros, andaréis, para que viváis y sea para bien de vosotros, y alarguéis los días en la tierra que heredaréis.

VI

(1) Y ésta es la ley, los fueros, y los juicios, que encomendó el Eterno, vuestro Dios, enseñar a vosotros, para hacer en la tierra a la que pasáis para

24. המ׳ בקמץ

אֱלֹהֵיכֶם לְלַמֵּד אֶתְכֶם לַעֲשׂוֹת בָּאָרֶץ אֲשֶׁר אַתֶּם עֹבְרִים
2 שָׁמָּה לְרִשְׁתָּהּ: לְמַעַן תִּירָא אֶת־יְהוָה אֱלֹהֶיךָ לִשְׁמֹר
אֶת־כָּל־חֻקֹּתָיו וּמִצְוֹתָיו אֲשֶׁר אָנֹכִי מְצַוֶּךָ אַתָּה וּבִנְךָ
3 וּבֶן־בִּנְךָ כֹּל יְמֵי חַיֶּיךָ וּלְמַעַן יַאֲרִכֻן יָמֶיךָ: וְשָׁמַעְתָּ
יִשְׂרָאֵל וְשָׁמַרְתָּ לַעֲשׂוֹת אֲשֶׁר יִיטַב לְךָ וַאֲשֶׁר תִּרְבּוּן
מְאֹד כַּאֲשֶׁר דִּבֶּר יְהוָה אֱלֹהֵי אֲבֹתֶיךָ לָךְ אֶרֶץ זָבַת
חָלָב וּדְבָשׁ: פ ששי
4 ה שְׁמַע יִשְׂרָאֵל יְהוָה אֱלֹהֵינוּ יְהוָה ׀ אֶחָד: וְאָהַבְתָּ אֵת
יְהוָה אֱלֹהֶיךָ בְּכָל־לְבָבְךָ וּבְכָל־נַפְשְׁךָ וּבְכָל־מְאֹדֶךָ:
6 וְהָיוּ הַדְּבָרִים הָאֵלֶּה אֲשֶׁר אָנֹכִי מְצַוְּךָ הַיּוֹם עַל־לְבָבֶךָ:
7 וְשִׁנַּנְתָּם לְבָנֶיךָ וְדִבַּרְתָּ בָּם בְּשִׁבְתְּךָ בְּבֵיתֶךָ וּבְלֶכְתְּךָ
8 בַדֶּרֶךְ וּבְשָׁכְבְּךָ וּבְקוּמֶךָ: וּקְשַׁרְתָּם לְאוֹת עַל־יָדֶךָ וְהָיוּ
9 לְטֹטָפֹת בֵּין עֵינֶיךָ: וּכְתַבְתָּם עַל־מְזֻזוֹת בֵּיתֶךָ וּבִשְׁעָרֶיךָ:
י וְהָיָה כִּי־יְבִיאֲךָ ׀ יְהוָה אֱלֹהֶיךָ אֶל־הָאָרֶץ אֲשֶׁר נִשְׁבַּע
לַאֲבֹתֶיךָ לְאַבְרָהָם לְיִצְחָק וּלְיַעֲקֹב לָתֶת לָךְ עָרִים
11 גְּדֹלֹת וְטֹבֹת אֲשֶׁר לֹא־בָנִיתָ: וּבָתִּים מְלֵאִים כָּל־טוּב
אֲשֶׁר לֹא־מִלֵּאתָ וּבֹרֹת חֲצוּבִים אֲשֶׁר לֹא־חָצַבְתָּ כְּרָמִים
12 וְזֵיתִים אֲשֶׁר לֹא־נָטָעְתָּ וְאָכַלְתָּ וְשָׂבָעְתָּ: הִשָּׁמֶר לְךָ פֶּן־
תִּשְׁכַּח אֶת־יְהוָה אֲשֶׁר הוֹצִיאֲךָ מֵאֶרֶץ מִצְרַיִם מִבֵּית
13 עֲבָדִים: אֶת־יְהוָה אֱלֹהֶיךָ תִּירָא וְאֹתוֹ תַעֲבֹד וּבִשְׁמוֹ
14 תִּשָּׁבֵעַ: לֹא תֵלְכוּן אַחֲרֵי אֱלֹהִים אֲחֵרִים מֵאֱלֹהֵי הָעַמִּים
טו אֲשֶׁר סְבִיבוֹתֵיכֶם: כִּי אֵל קַנָּא יְהוָה אֱלֹהֶיךָ בְּקִרְבֶּךָ
פֶּן־יֶחֱרֶה אַף־יְהוָה אֱלֹהֶיךָ בָּךְ וְהִשְׁמִידְךָ מֵעַל פְּנֵי
16 הָאֲדָמָה: ס לֹא תְנַסּוּ אֶת־יְהוָה אֱלֹהֵיכֶם כַּאֲשֶׁר
17 נִסִּיתֶם בַּמַּסָּה: שָׁמוֹר תִּשְׁמְרוּן אֶת־מִצְוֹת יְהוָה אֱלֹהֵיכֶם
18 וְעֵדֹתָיו וְחֻקָּיו אֲשֶׁר צִוָּךְ: וְעָשִׂיתָ הַיָּשָׁר וְהַטּוֹב בְּעֵינֵי
יְהוָה לְמַעַן יִיטַב לָךְ וּבָאתָ וְיָרַשְׁתָּ אֶת־הָאָרֶץ הַטֹּבָה

heredar: (2) Para que temas al Eterno, tu Dios, para guardar todos sus fueros y preceptos que yo te encomiendo, tú, y tu hijo, y el hijo de tu hijo, todos los días de tu vida, y para que se alarguen tus días. (3) Y oirás, Israel, y guardarás para hacer, que será por bien de ti, y os multiplicaréis mucho, como habló el Eterno, Dios de tus padres, a ti, en la tierra que mana leche y miel. (4) Oye, Israel: El Eterno, nuestro Dios, el Eterno es uno: (5) Y amarás al Eterno, tu Dios, con todo tu corazón, y con toda tu alma, y con todo tu haber. (6) Y serán las palabras estas que yo te encomiendo hoy, sobre tu corazón. (7) Y las repetirás a tus hijos, y hablarás de ellas al estar en tu casa, y al andar en el camino, y al acostarte, y al levantarte. (8) Y atarlas has, por señal sobre tu mano, y serán por tefilín ante tus ojos: (9) Y escribirlas has, sobre los umbrales de tu casa, y en tus puertas.

(10) Y será cuando te trajere el Eterno, tu Dios, a la tierra que juró a tus padres, a Abraham, a Isaac, y a Iaacob, dar a ti ciudades grandes y buenas que no edificaste, (11) y casas llenas de todo bien, que tu no llenaste, y pozos tajados, que no tajaste, viñas y olivares, que no plantaste, y comerás y te hartarás, (12) guárdate de no olvidar al Eterno, que te sacó de la tierra de Egipto, de la casa de siervos. (13) Al Eterno, tu Dios, temerás y a él servirás, y en su nombre jurarás. (14) No andéis tras otros dioses, de los dioses de los pueblos que están en vuestros alrededores. (15) Porque Dios celoso es el Eterno, tu Dios, para ti; para que no crezca el furor del Eterno, tu Dios, en ti, y no te destruya de sobre la faz de la tierra.

(16) No tientes al Eterno, vuestro Dios, como lo tentasteis en Masá. (17) Guardar, guardaréis los preceptos del Eterno, vuestro Dios, y sus testimonios, y sus fueros, que te encomendó. (18) Y harás lo derecho y lo bueno a los ojos del Eterno, para que sea bien para ti, y vengas, y heredes la buena tierra que juró el Eterno a tus padres, (19) para empujar a todos tus enemigos

4. ע׳ ד׳ רבתי. 11. ב׳ טעמים

19 אֲשֶׁר־נִשְׁבַּע יְהוָה לַאֲבֹתֶיךָ׃ לַהֲדֹף אֶת־כָּל־אֹיְבֶיךָ מִפָּנֶיךָ
כ כַּאֲשֶׁר דִּבֶּר יְהוָה׃ ס כִּי־יִשְׁאָלְךָ בִנְךָ מָחָר לֵאמֹר
מָה הָעֵדֹת וְהַחֻקִּים וְהַמִּשְׁפָּטִים אֲשֶׁר צִוָּה יְהוָה אֱלֹהֵינוּ
21 אֶתְכֶם׃ וְאָמַרְתָּ לְבִנְךָ עֲבָדִים הָיִינוּ לְפַרְעֹה בְּמִצְרָיִם
22 וַיֹּצִיאֵנוּ יְהוָה מִמִּצְרַיִם בְּיָד חֲזָקָה׃ וַיִּתֵּן יְהוָה אוֹתֹת
וּמֹפְתִים גְּדֹלִים וְרָעִים ׀ בְּמִצְרַיִם בְּפַרְעֹה וּבְכָל־בֵּיתוֹ
23 לְעֵינֵינוּ׃ וְאוֹתָנוּ הוֹצִיא מִשָּׁם לְמַעַן הָבִיא אֹתָנוּ לָתֶת
24 לָנוּ אֶת־הָאָרֶץ אֲשֶׁר נִשְׁבַּע לַאֲבֹתֵינוּ׃ וַיְצַוֵּנוּ יְהוָה לַעֲשׂוֹת
אֶת־כָּל־הַחֻקִּים הָאֵלֶּה לְיִרְאָה אֶת־יְהוָה אֱלֹהֵינוּ לְטוֹב
כה לָנוּ כָּל־הַיָּמִים לְחַיֹּתֵנוּ כְּהַיּוֹם הַזֶּה׃ וּצְדָקָה תִּהְיֶה־לָּנוּ כִּי־
נִשְׁמֹר לַעֲשׂוֹת אֶת־כָּל־הַמִּצְוָה הַזֹּאת לִפְנֵי יְהוָה אֱלֹהֵינוּ
כַּאֲשֶׁר צִוָּנוּ׃ ס שביעי

ז

א כִּי יְבִיאֲךָ יְהוָה אֱלֹהֶיךָ אֶל־הָאָרֶץ אֲשֶׁר־אַתָּה בָא־שָׁמָּה
לְרִשְׁתָּהּ וְנָשַׁל גּוֹיִם־רַבִּים ׀ מִפָּנֶיךָ הַחִתִּי וְהַגִּרְגָּשִׁי וְהָאֱמֹרִי
וְהַכְּנַעֲנִי וְהַפְּרִזִּי וְהַחִוִּי וְהַיְבוּסִי שִׁבְעָה גוֹיִם רַבִּים וַעֲצוּמִים
2 מִמֶּךָּ׃ וּנְתָנָם יְהוָה אֱלֹהֶיךָ לְפָנֶיךָ וְהִכִּיתָם הַחֲרֵם
3 תַּחֲרִים אֹתָם לֹא־תִכְרֹת לָהֶם בְּרִית וְלֹא תְחָנֵּם׃ וְלֹא
תִתְחַתֵּן בָּם בִּתְּךָ לֹא־תִתֵּן לִבְנוֹ וּבִתּוֹ לֹא־תִקַּח לִבְנֶךָ׃
4 כִּי־יָסִיר אֶת־בִּנְךָ מֵאַחֲרַי וְעָבְדוּ אֱלֹהִים אֲחֵרִים וְחָרָה
ה אַף־יְהוָה בָּכֶם וְהִשְׁמִידְךָ מַהֵר׃ כִּי־אִם־כֹּה תַעֲשׂוּ לָהֶם
מִזְבְּחֹתֵיהֶם תִּתֹּצוּ וּמַצֵּבֹתָם תְּשַׁבֵּרוּ וַאֲשֵׁירֵהֶם תְּגַדֵּעוּן
6 וּפְסִילֵיהֶם תִּשְׂרְפוּן בָּאֵשׁ׃ כִּי עַם קָדוֹשׁ אַתָּה לַיהוָה
אֱלֹהֶיךָ בְּךָ בָּחַר ׀ יְהוָה אֱלֹהֶיךָ לִהְיוֹת לוֹ לְעַם סְגֻלָּה
7 מִכֹּל הָעַמִּים אֲשֶׁר עַל־פְּנֵי הָאֲדָמָה׃ לֹא מֵרֻבְּכֶם מִכָּל־
הָעַמִּים חָשַׁק יְהוָה בָּכֶם וַיִּבְחַר בָּכֶם כִּי־אַתֶּם הַמְעַט
8 מִכָּל־הָעַמִּים׃ כִּי מֵאַהֲבַת יְהוָה אֶתְכֶם וּמִשָּׁמְרוֹ אֶת־
הַשְּׁבֻעָה אֲשֶׁר נִשְׁבַּע לַאֲבֹתֵיכֶם הוֹצִיא יְהוָה אֶתְכֶם בְּיָד

de delante de ti, como habló el Eterno.
(20) Cuando te demandare tu hijo mañana, diciendo: ¿Por qué los testimonios, y los fueros, y los juicios, que encomendó a vosotros el Eterno, nuestro Dios? (21) Dirás a tu hijo: Siervos fuimos de Faraón en Egipto, y sacónos el Eterno de Egipto con mano fuerte; (22) y dió el Eterno señales y maravillas grandes y malas en Egipto, sobre Faraón y sobre toda su casa, ante nuestros ojos. (23) Y a nosotros sacó de allí, para traernos y darnos la tierra que juró a nuestros padres; (24) y encomendónos el Eterno hacer todos los fueros estos, por temer al Eterno, nuestro Dios, para que sea bien para nosotros, todos los días y para dejarnos vivir, como el día este. (25) Y justicia será para nosotros, si guardáremos de hacer todo el mandato este delante del Eterno, nuestro Dios, como nos encomendó.

VII

(1) Cuando te llevare el Eterno, tu Dios, a la tierra, a la que tu vas para heredarla, desterrará mucha gente de delante de ti: al Hiteo, y al Guirgaseo, y al Emoreo, y el Kenaaneo, y al Pereseo, y al Hiveo, y al Iebuseo, siete pueblos numerosos y fuertes más que tú; (2) y darlos ha, el Eterno, tu Dios, delante de ti, y herirlos has; destruir, destruirás a ellos; no hagas con ellos pacto, y no les muestres gracia. (3) Y no emparientes con ellos: tu hija no des a su hijo, y su hija no tomes para tu hijo. (4) Porque apartará a tu hijo de mí, y servirán a otros dioses, y crecerá el furor del Eterno sobre vosotros, y destruirte ha, presto. (5) Que así haréis a ellos: sus aras derrocaréis, y sus estatuas quebraréis, y sus aldeas tajaréis, y sus imágenes quemaréis en el fuego. (6) Porque pueblo santo eres para el Eterno, tu Dios: en ti escogió el Eterno, tu Dios, para ser el pueblo amado por él, más que todos los pueblos que están sobre la faz de la tierra. (7) No por ser más numerosos que todos los pueblos codició el Eterno a vosotros, y escogió a vosotros ya que sóis los menos de todos los pueblos, (8) sino por el amor del Eterno a vosotros, y por guardar el juramento que juró a vuestros padres,

sacó el Eterno a vosotros con mano fuerte, y te redimió de la casa de siervos, de la mano de Faraón, rey de Egipto. (9) Y sabrás que el Eterno, tu Dios, es Dios, Dios fiel, que guarda el pacto y la merced a sus amigos y a los que guardan sus preceptos, a mil generaciones. (10) Y paga a sus aborrecedores en sus caras por perderlo; no retardará a su aborrecedor, en su cara pagará a él. (11) Y guardarás el mandato, y los fueros, y los juicios que yo hoy te encomiendo hacer.

(46) ÉKEB

(12) Y será como recompensa, si oís los juicios estos, y los guardáis y hacéis ellos, que guardará el Eterno, tu Dios, a ti el pacto y la merced que juró a tus padres; (13) y amarte ha, y bendecirte ha, y te multiplicará, y bendecirá el fruto de tu vientre, y el fruto de tu tierra, tu cereal, y tu mosto, y tu aceite, la cría de tus vacas, y los rebaños de tus ovejas, sobre la tierra que juró a tus padres dar a ti. (14) Bendito serás más que todos los pueblos; no habrá en ti varón o mujer estéril, ni en tu bestia. (15) Y quitará el Eterno de ti toda enfermedad; y todos los dolores malos de Egipto, de los que supiste, no los pondrá sobre ti, y darlos ha, a tus aborrecedores. (16) Y acabarás con todos los pueblos que el Eterno, tu Dios, da a ti; no se apiaden tus ojos de ellos; y no sirvas a sus dioses, porque tropiezo será para ti.

(17) Si dijeres en tu corazón: muchos son los pueblos estos, más que yo, ¿cómo podré desterrarlos? (18) No temas a ellos; recordar, recordarás lo que hizo el Eterno, tu Dios, a Faraón y a todo Egipto; (19) las pruebas grandes que vieron tus ojos, y las señales y las maravillas, y la mano fuerte y el brazo tendido con que te sacó el Eterno, tu Dios: así hará el Eterno, tu Dios, a todos los pueblos a los que tú temes. (20) Y también las avispas enviará el Eterno, tu Dios, sobre ellos, hasta perder a los que queden, y los encubiertos de delante de ti. (21) No te quebrantes delante de ellos, que el Eterno, tu Dios, está contigo, Dios grande y temeroso. (22) Y desterrará el Eterno, tu

חזקה ויפדך מבית עבדים מיד פרעה מלך־מצרים:
9 וידעת כי־יהוה אלהיך הוא האלהים האל הנאמן שמר
הברית והחסד לאהביו ולשמרי מצותו לאלף דור:
י ומשלם לשנאיו אל־פניו להאבידו לא יאחר לשנאו אל־
11 פניו ישלם־לו: ושמרת את־המצוה ואת־החקים ואת־
המשפטים אשר אנכי מצוך היום לעשותם:

פ פ פ מו 46

12 והיה ׀ עקב תשמעון את המשפטים האלה ושמרתם
ועשיתם אתם ושמר יהוה אלהיך לך את־הברית ואת־
13 החסד אשר נשבע לאבתיך: ואהבך וברכך והרבך
וברך פרי־בטנך ופרי־אדמתך דגנך ותירשך ויצהרך
שגר־אלפיך ועשתרת צאנך על האדמה אשר־נשבע
14 לאבתיך לתת לך: ברוך תהיה מכל־העמים לא־יהיה
טו בך עקר ועקרה ובבהמתך: והסיר יהוה ממך כל־חלי
וכל־מדוי מצרים הרעים אשר ידעת לא ישימם בך
16 ונתנם בכל־שנאיך: ואכלת את־כל־העמים אשר יהוה
אלהיך נתן לך לא־תחוס עינך עליהם ולא תעבד את־
17 אלהיהם כי־מוקש הוא לך: ס כי תאמר בלבבך
18 רבים הגוים האלה ממני איכה אוכל להורישם: לא
תירא מהם זכר תזכר את אשר־עשה יהוה אלהיך
19 לפרעה ולכל־מצרים: המסת הגדלת אשר־ראו עיניך
והאתת והמפתים והיד החזקה והזרע הנטויה אשר
הוצאך יהוה אלהיך כן־יעשה יהוה אלהיך לכל־העמים
כ אשר־אתה ירא מפניהם: וגם את־הצרעה ישלח יהוה
21 אלהיך בם עד־אבד הנשארים והנסתרים מפניך: לא
תערץ מפניהם כי־יהוה אלהיך בקרבך אל גדול
22 ונורא: ונשל יהוה אלהיך את־הגוים האל מפניך מעט

9. מצותיו ק'. 22. סבירין האלה

מעט לא תוכל כלתם מהר פן־תרבה עליך חית השדה:
23 ונתנם יהוה אלהיך לפניך והמם מהומה גדלה עד
24 השמדם: ונתן מלכיהם בידך והאבדת את־שמם מתחת
כה השמים לא־יתיצב איש בפניך עד השמדך אתם: פסילי
אלהיהם תשרפון באש לא־תחמד כסף וזהב עליהם
ולקחת לך פן תוקש בו כי תועבת יהוה אלהיך הוא:
26 ולא־תביא תועבה אל־ביתך והיית חרם כמהו שקץ |
תשקצנו ותעב | תתעבנו כי־חרם הוא: פ

ח

א כל־המצוה אשר אנכי מצוך היום תשמרון לעשות
למען תחיון ורביתם ובאתם וירשתם את־הארץ אשר־
2 נשבע יהוה לאבתיכם: וזכרת את־כל־הדרך אשר
הוליכך יהוה אלהיך זה ארבעים שנה במדבר למען
ענתך לנסתך לדעת את־אשר בלבבך התשמר מצותו
3 אם־לא: ויענך וירעבך ויאכלך את־המן אשר לא־
ידעת ולא ידעון אבתיך למען הודעך כי לא על־הלחם
לבדו יחיה האדם כי על־כל־מוצא פי־יהוה יחיה האדם:
4 שמלתך לא בלתה מעליך ורגלך לא בצקה זה ארבעים
ה שנה: וידעת עם־לבבך כי כאשר ייסר איש את־בנו
6 יהוה אלהיך מיסרך: ושמרת את־מצות יהוה אלהיך
7 ללכת בדרכיו וליראה אתו: כי יהוה אלהיך מביאך
אל־ארץ טובה ארץ נחלי מים עינת ותהמת יצאים
8 בבקעה ובהר: ארץ חטה ושערה וגפן ותאנה ורמון
9 ארץ־זית שמן ודבש: ארץ אשר לא במסכנת תאכל־
בה לחם לא־תחסר כל בה ארץ אשר אבניה ברזל
י ומהרריה תחצב נחשת: ואכלת ושבעת וברכת את־
11 יהוה אלהיך על־הארץ הטבה אשר נתן־לך: השמר

Dios, a las gentes estas de delante de ti poco a poco, no podrás acabarlo presto, para que no se aumenten sobre ti los animales del campo. (23) Y darlos ha, el Eterno, tu Dios, de delante de ti, y consumirlos ha, con gran destrucción, hasta ser destruídos. (24) Y dará sus reyes en tu mano, y perderás su nombre de debajo de los cielos: no estará varón delante de ti, hasta destruirlos. (25) Las imágenes de sus dioses quemaréis en el fuego: no codicies la plata y el oro de ellos, ni tomes para ti, para que no te sea tropiezo porque abominación al Eterno, tu Dios, es. (26) Y no traigas abominación a tu casa, porque será anatema; abominar, lo abominarás; y aborrecer, lo aborrecerás; que anatema es.

VIII

(1) Toda la ley que yo te encomiendo hoy, cuidaréis, hacer, para que viváis, y os multipliquéis, y vayáis, y heredéis la tierra, que juró el Eterno a vuestros padres. (2) Y recordar has de todo el camino por el que te llevó el Eterno, tu Dios, estos cuarenta años en el desierto, para afligirte, para probarte, para saber lo que estaba en tu corazón, si guardarás sus preceptos, o no. (3) Y te afligió, y te hizo tener hambre, e hízote comer el maná, que no conocías, y no conocieron tus padres; para hacerte saber que no sólo de pan vive el hombre, sino que de todo lo que sale de la boca del Eterno vive el hombre. (4) Tu vestido no se envejeció sobre ti, y tu pie no se hinchó por estos cuarenta años. (5) Y sabrás en tu corazón, que como castiga el varón a su hijo, el Eterno, tu Dios, te castigará. (6) Y guardarás los preceptos del Eterno, tu Dios, andando en sus caminos, y temiendo a él. (7) Porque el Eterno, tu Dios, te trae a la buena tierra, tierra de arroyos, de aguas, de fuentes, y de abismos, que salen en la vega y en el monte; (8) tierra de trigo y de cebada, y de vid, de higuera, y de granado; tierra de oliva, de aceite y de miel; (9) tierra en que sin escasez, comerás el pan, no te falta nada en ella; tierra cuyas piedras son hierro, y de sus montes tajarás cobre. (10) Y comerá y hartarte has, y bendecirás al Eterno, tu Dios, por la buena tierra, que dió a ti.

(11) Guárdate de no olvidar al Eterno, tu Dios, y de no guardar sus pre-

ח 2. מצותיו קרי 7. קמץ בז"ק

ceptos, y sus juicios, y sus fueros, que yo te encomiendo hoy: (12) Quizá comerás y hartarte has, y casas buenas edificarás donde vivirás, (13) y tus vacas y tus ovejas se multiplicarán, y plata y oro se te aumentará, y todo lo que tuvieres se multiplicará, (14) y enaltecerse ha tu corazón, y olvidarás al Eterno, tu Dios, el que te sacó de la tierra de Egipto, de la casa de siervos; (15) el que te llevó por el desierto grande y terrible, de culebras ardientes, y escorpiones, y sequía sin agua, el que te sacó agua de la peña del pedernal; (16) el que hízote comer maná en el desierto, que no conocieron tus padres; para afligirte y para probarte, para beneficiarte al final, (17) y dirás en tu corazón: Mi fuerza y la fortaleza de mi mano hizo para mí el haber este. (18) Y recordarás al Eterno, vuestro Dios, porque él es quien da a ti fuerza para hacer riqueza, para afirmar su pacto, que juró a tus padres, como el día este. (19) Y será, si olvidaras al Eterno, tu Dios, y anduvieres tras otros dioses, y los sirvieres, y te encorvaras a ellos, que atestiguo en vosotros, hoy, que perdiendo, os perderéis. (20) Como las gentes que el Eterno perdió de delante de vosotros, así os perderéis; porque no oísteis la voz del Eterno, vuestro Dios.

לְךָ פֶּן־תִּשְׁכַּח אֶת־יְהוָה אֱלֹהֶיךָ לְבִלְתִּי שְׁמֹר מִצְוֹתָיו
12 וּמִשְׁפָּטָיו וְחֻקֹּתָיו אֲשֶׁר אָנֹכִי מְצַוְּךָ הַיּוֹם׃ פֶּן־תֹּאכַל וְשָׂבָעְתָּ
13 וּבָתִּים טֹבִים תִּבְנֶה וְיָשָׁבְתָּ׃ וּבְקָרְךָ וְצֹאנְךָ יִרְבְּיֻן וְכֶסֶף
14 וְזָהָב יִרְבֶּה־לָּךְ וְכֹל אֲשֶׁר־לְךָ יִרְבֶּה׃ וְרָם לְבָבֶךָ וְשָׁכַחְתָּ
אֶת־יְהוָה אֱלֹהֶיךָ הַמּוֹצִיאֲךָ מֵאֶרֶץ מִצְרַיִם מִבֵּית עֲבָדִים׃
טו הַמּוֹלִיכְךָ בַּמִּדְבָּר ׀ הַגָּדֹל וְהַנּוֹרָא נָחָשׁ ׀ שָׂרָף וְעַקְרָב
וְצִמָּאוֹן אֲשֶׁר אֵין־מָיִם הַמּוֹצִיא לְךָ מַיִם מִצּוּר הַחַלָּמִישׁ׃
16 הַמַּאֲכִלְךָ מָן בַּמִּדְבָּר אֲשֶׁר לֹא־יָדְעוּן אֲבֹתֶיךָ לְמַעַן עַנֹּתְךָ
17 וּלְמַעַן נַסֹּתֶךָ לְהֵיטִבְךָ בְּאַחֲרִיתֶךָ׃ וְאָמַרְתָּ בִּלְבָבֶךָ כֹּחִי
18 וְעֹצֶם יָדִי עָשָׂה לִי אֶת־הַחַיִל הַזֶּה׃ וְזָכַרְתָּ אֶת־יְהוָה
אֱלֹהֶיךָ כִּי הוּא הַנֹּתֵן לְךָ כֹּחַ לַעֲשׂוֹת חָיִל לְמַעַן הָקִים
אֶת־בְּרִיתוֹ אֲשֶׁר־נִשְׁבַּע לַאֲבֹתֶיךָ כַּיּוֹם הַזֶּה׃ פ
19 וְהָיָה אִם־שָׁכֹחַ תִּשְׁכַּח אֶת־יְהוָה אֱלֹהֶיךָ וְהָלַכְתָּ אַחֲרֵי
אֱלֹהִים אֲחֵרִים וַעֲבַדְתָּם וְהִשְׁתַּחֲוִיתָ לָהֶם הַעִדֹתִי בָכֶם
כ הַיּוֹם כִּי אָבֹד תֹּאבֵדוּן׃ כַּגּוֹיִם אֲשֶׁר יְהוָה מַאֲבִיד
מִפְּנֵיכֶם כֵּן תֹּאבֵדוּן עֵקֶב לֹא תִשְׁמְעוּן בְּקוֹל יְהוָה
אֱלֹהֵיכֶם׃ פ

ט

א שְׁמַע יִשְׂרָאֵל אַתָּה עֹבֵר הַיּוֹם אֶת־הַיַּרְדֵּן לָבֹא לָרֶשֶׁת
גּוֹיִם גְּדֹלִים וַעֲצֻמִים מִמֶּךָּ עָרִים גְּדֹלֹת וּבְצֻרֹת בַּשָּׁמָיִם׃
2 עַם־גָּדוֹל וָרָם בְּנֵי עֲנָקִים אֲשֶׁר אַתָּה יָדַעְתָּ וְאַתָּה
3 שָׁמַעְתָּ מִי יִתְיַצֵּב לִפְנֵי בְּנֵי עֲנָק׃ וְיָדַעְתָּ הַיּוֹם כִּי יְהוָה
אֱלֹהֶיךָ הוּא הָעֹבֵר לְפָנֶיךָ אֵשׁ אֹכְלָה הוּא יַשְׁמִידֵם
וְהוּא יַכְנִיעֵם לְפָנֶיךָ וְהוֹרַשְׁתָּם וְהַאֲבַדְתָּם מַהֵר כַּאֲשֶׁר
4 דִּבֶּר יְהוָה לָךְ׃ אַל־תֹּאמַר בִּלְבָבְךָ בַּהֲדֹף יְהוָה אֱלֹהֶיךָ
אֹתָם ׀ מִלְּפָנֶיךָ לֵאמֹר בְּצִדְקָתִי הֱבִיאַנִי יְהוָה לָרֶשֶׁת
אֶת־הָאָרֶץ הַזֹּאת וּבְרִשְׁעַת הַגּוֹיִם הָאֵלֶּה יְהוָה מוֹרִישָׁם
ה מִפָּנֶיךָ׃ לֹא בְצִדְקָתְךָ וּבְיֹשֶׁר לְבָבְךָ אַתָּה בָא לָרֶשֶׁת אֶת־

IX

(1) Oye Israel: Tu pasas hoy el Jardén, para ir a heredar gentes grandes y fuertes más que tú, ciudades grandes y encastilladas hasta los cielos. (2) pueblo grande y alto, hijos de gigantes, de los que tú supiste y tú oíste: ¿Quién estará delante de los hijos del gigante? (3) Y sabrás hoy que el Eterno, tu Dios, es el que pasa delante de ti, con fuego que quema, él los destruirá, él los quebrantará, de delante de ti, y desterrarlos has, y perderlos has, presto, como habló el Eterno a ti. (4) No hables en tu corazón al empujar el Eterno, tu Dios, a ellos de delante ti, diciendo: Por mi justicia me trajo el Eterno a heredar la tierra esta; y por la malicia de las gentes estas el Eterno las des-

אַרְצָם. כִּי בְּרִשְׁעַת ׀ הַגּוֹיִם הָאֵלֶּה יְהוָה אֱלֹהֶיךָ מוֹרִישָׁם
מִפָּנֶיךָ וּלְמַעַן הָקִים אֶת־הַדָּבָר אֲשֶׁר נִשְׁבַּע יְהוָה לַאֲבֹתֶיךָ
לְאַבְרָהָם לְיִצְחָק וּלְיַעֲקֹב׃ וְיָדַעְתָּ כִּי לֹא בְצִדְקָתְךָ יְהוָה 6
אֱלֹהֶיךָ נֹתֵן לְךָ אֶת־הָאָרֶץ הַטּוֹבָה הַזֹּאת לְרִשְׁתָּהּ כִּי
עַם־קְשֵׁה־עֹרֶף אָתָּה׃ זְכֹר אַל־תִּשְׁכַּח אֵת אֲשֶׁר־הִקְצַפְתָּ 7
אֶת־יְהוָה אֱלֹהֶיךָ בַּמִּדְבָּר לְמִן־הַיּוֹם אֲשֶׁר־יָצָאתָ ׀ מֵאֶרֶץ
מִצְרַיִם עַד־בֹּאֲכֶם עַד־הַמָּקוֹם הַזֶּה מַמְרִים הֱיִיתֶם עִם־
יְהוָה׃ וּבְחֹרֵב הִקְצַפְתֶּם אֶת־יְהוָה וַיִּתְאַנַּף יְהוָה בָּכֶם 8
לְהַשְׁמִיד אֶתְכֶם׃ בַּעֲלֹתִי הָהָרָה לָקַחַת לוּחֹת הָאֲבָנִים 9
לוּחֹת הַבְּרִית אֲשֶׁר־כָּרַת יְהוָה עִמָּכֶם וָאֵשֵׁב בָּהָר אַרְבָּעִים
יוֹם וְאַרְבָּעִים לַיְלָה לֶחֶם לֹא אָכַלְתִּי וּמַיִם לֹא שָׁתִיתִי׃
וַיִּתֵּן יְהוָה אֵלַי אֶת־שְׁנֵי לוּחֹת הָאֲבָנִים כְּתֻבִים בְּאֶצְבַּע י
אֱלֹהִים וַעֲלֵיהֶם כְּכָל־הַדְּבָרִים אֲשֶׁר דִּבֶּר יְהוָה עִמָּכֶם
בָּהָר מִתּוֹךְ הָאֵשׁ בְּיוֹם הַקָּהָל׃ וַיְהִי מִקֵּץ אַרְבָּעִים יוֹם 11
וְאַרְבָּעִים לָיְלָה נָתַן יְהוָה אֵלַי אֶת־שְׁנֵי לֻחֹת הָאֲבָנִים
לֻחוֹת הַבְּרִית׃ וַיֹּאמֶר יְהוָה אֵלַי קוּם רֵד מַהֵר מִזֶּה 12
כִּי שִׁחֵת עַמְּךָ אֲשֶׁר הוֹצֵאתָ מִמִּצְרָיִם סָרוּ מַהֵר מִן־הַדֶּרֶךְ
אֲשֶׁר צִוִּיתִם עָשׂוּ לָהֶם מַסֵּכָה׃ וַיֹּאמֶר יְהוָה אֵלַי לֵאמֹר 13
רָאִיתִי אֶת־הָעָם הַזֶּה וְהִנֵּה עַם־קְשֵׁה־עֹרֶף הוּא׃ הֶרֶף 14
מִמֶּנִּי וְאַשְׁמִידֵם וְאֶמְחֶה אֶת־שְׁמָם מִתַּחַת הַשָּׁמָיִם
וְאֶעֱשֶׂה אוֹתְךָ לְגוֹי־עָצוּם וָרָב מִמֶּנּוּ׃ וָאֵפֶן וָאֵרֵד מִן־ טו
הָהָר וְהָהָר בֹּעֵר בָּאֵשׁ וּשְׁנֵי לוּחֹת הַבְּרִית עַל שְׁתֵּי יָדָי׃
וָאֵרֶא וְהִנֵּה חֲטָאתֶם לַיהוָה אֱלֹהֵיכֶם עֲשִׂיתֶם לָכֶם עֵגֶל 16
מַסֵּכָה סַרְתֶּם מַהֵר מִן־הַדֶּרֶךְ אֲשֶׁר־צִוָּה יְהוָה אֶתְכֶם׃
וָאֶתְפֹּשׂ בִּשְׁנֵי הַלֻּחֹת וָאַשְׁלִכֵם מֵעַל שְׁתֵּי יָדָי וָאֲשַׁבְּרֵם 17
לְעֵינֵיכֶם׃ וָאֶתְנַפַּל לִפְנֵי יְהוָה כָּרִאשֹׁנָה אַרְבָּעִים יוֹם 18
וְאַרְבָּעִים לַיְלָה לֶחֶם לֹא אָכַלְתִּי וּמַיִם לֹא שָׁתִיתִי עַל

tierra de delante de ti (5) No por tu justicia, ni por lo recto de tu corazón tu vienes a heredar su tierra, sino por la malicia de las gentes estas, el Eterno, tu Dios, destiérralas de delante de ti, y por afirmar la palabra que juró el Eterno a tus padres, a Abraham, a Isaac, y a Iaacob. (6) Y sabrás que no por tu justicia el Eterno, tu Dios, da a ti a la buena tierra esta para heredar, porque pueblo duro de cerviz eres tú. (7) Recuerda, no olvides lo que ensañaste al Eterno, tu Dios, en el desierto, desde el día que saliste de la tierra de Egipto, hasta llegar al lugar este, rebelde fuisteis con el Eterno. (8) Y en Horéb ensañasteis al Eterno, y airóse el Eterno con vosotros, para destruiros. (9) Al subir yo al monte para tomar las tablas de piedra, las tablas del pacto que hizo el Eterno con vosotros, estuve en el monte cuarenta días y cuarenta noches, pan, no comí, y agua, no bebí. (10) Y dió el Eterno a mí las dos tablas de piedra escritas con el dedo de Dios; y sobre ellas todas las palabras que habló el Eterno a vosotros en el monte, entre el fuego, en el día de la congregación. (11) Y fué al fin de cuarenta días y cuarenta noches, que dió el Eterno a mí las dos tablas de piedra, tablas del pacto. (12) Y dijo el Eterno a mí: Levántate, desciende presto de aquí; que se dañó tu pueblo que sacaste de Egipto; quitáronse presto del camino que les encomendé, hicieron ellos becerro de fundición. (13) Y habló el Eterno a mí, diciendo: Vi al pueblo este, y he aquí que pueblo duro de cerviz es él. (14) Afloja de mí y destruirlos he, y remataré su nombre de debajo de los cielos; y haré de ti un pueblo fuerte y mucho más numeroso que él. (15) Y caté y descendí del monte, y el monte ardía en fuego, y las dos tablas del pacto en mis manos. (16) Y vi, que pecasteis al Eterno, vuestro Dios: hicisteis para vosotros becerro de fundición, y os quitasteis presto del camino que os encomendó el Eterno. (17) Y trabé por las dos tablas, y echélas de sobre mis manos, y quebrélas ante vuestros ojos. (18) Y echéme delante del Eterno, como la vez primera, cuarenta días y cuarenta noches, pan no comí y agua no bebí, por todos vuestros pecados, que cometisteis por hacer mal a los ojos del Eterno, por ensañarlo. (19) Que temí ante la ira y la saña, con que se ensañó el Eterno sobre vosotros para destruiros. Y oyó el Eterno a mí, también la vez esta. (20) Y en Aarón, mucho se ensañó el Eterno, para destruirlo, y oré también por Aarón en la hora esta. (21) Y al pecado que cometisteis, al becerro, tomé y lo quemé en el fuego, y lo majé moliendo bien, hasta que fué desmenuzado en polvo, y eché su polvo al arroyo que desciende del monte. (22) Y en Taberá, y en Masá, y en Kibrot-ataavá, ensañar hicísteis al Eterno. (23) Y al enviar el Eterno a vosotros de Cadés-Barnéa, diciendo: Subid, y heredad la tierra que di a vosotros; os rebelasteis al dicho del Eterno, vuestro Dios, y no le creisteis a él, y no oísteis su voz. (24) Rebelde fuisteis con el Eterno desde el día en que os conocí. (25) Y echéme delante del Eterno los cuarenta días y las cuarenta noches que me eché; que dijo el Eterno para destruiros. (26) Y oré al Eterno, y dije: Señor, el Eterno, no destruyas tu pueblo y tu heredad, que redimiste con tu grandeza, que sacaste de Egipto con mano fuerte. (27) Recuerda a tus siervos, a Abraham, a Isaac, y a Iaacob; no cates la dureza del pueblo este, y su malicia, y su pecado: (28) Para que no digan los de la tierra de donde nos sacaste, por no poder el Eterno traerlos a la tierra de que habló a ellos, y por aborrecer a ellos, los sacó por matarlos en el desierto. (29) Y ellos son tu pueblo y tu heredad, que sacaste con tu fuerza grande, y con tu brazo tendido.

כל־חטאתכם אשר חטאתם לעשות הרע בעיני יהוה
19 להכעיסו: כי יגרתי מפני האף והחמה אשר קצף יהוה
עליכם להשמיד אתכם וישמע יהוה אלי גם בפעם
כ ההוא: ובאהרן התאנף יהוה מאד להשמידו ואתפלל
21 גם־בעד אהרן בעת ההוא: ואת־חטאתכם אשר־עשיתם
את־העגל לקחתי ואשרף אתו | באש ואכת אתו טחון
היטב עד אשר־דק לעפר ואשלך את־עפרו אל־הנחל
22 הירד מן־ההר: ובתבערה ובמסה ובקברת התאוה
23 מקצפים הייתם את־יהוה: ובשלח יהוה אתכם מקדש
ברנע לאמר עלו ורשו את־הארץ אשר נתתי לכם
ותמרו את־פי יהוה אלהיכם ולא האמנתם לו ולא
24 שמעתם בקלו: ממרים הייתם עם־יהוה מיום דעתי
כה אתכם: ואתנפל לפני יהוה את ארבעים היום ואת־
ארבעים הלילה אשר התנפלתי כי־אמר יהוה להשמיד
26 אתכם: ואתפלל אל־יהוה ואמר אדני יהוה אל־תשחת
עמך ונחלתך אשר פדית בגדלך אשר־הוצאת ממצרים
27 ביד חזקה: זכר לעבדיך לאברהם ליצחק וליעקב אל־
28 תפן אל־קשי העם הזה ואל־רשעו ואל־חטאתו: פן־יאמרו
הארץ אשר הוצאתנו משם מבלי יכלת יהוה להביאם
אל־הארץ אשר־דבר להם ומשנאתו אותם הוציאם
29 להמתם במדבר: והם עמך ונחלתך אשר הוצאת בכחך
הגדל ובזרעך הנטויה: פ יבע

א בעת ההוא אמר יהוה אלי פסל־לך שני־לוחת אבנים
2 כראשנים ועלה אלי ההרה ועשית לך ארון עץ: ואכתב
על־הלחת את־הדברים אשר היו על־הלחת הראשנים
3 אשר שברת ושמתם בארון: ואעש ארון עצי שטים

X

(1) En la hora esta dijo el Eterno a mí: Dola para ti dos tablas de piedra como las primeras, y sube hasta mí, al monte, y harás para ti, arca de leño: (2) Y escribiré sobre las tablas las palabras que estaban sobre las tablas primeras que quebraste; y ponerlas has, en el arca. (3) E hice arca de leños de cedro, y dolé dos tablas de piedra como las primeras, y subí al monte con

ט 24. מ' קטנה י 2. פתח באתנח

וָאֶפְסֹל שְׁנֵי־לֻחֹת אֲבָנִים כָּרִאשֹׁנִים וָאַעַל הָהָרָה וּשְׁנֵי
הַלֻּחֹת בְּיָדִי׃ וַיִּכְתֹּב עַל־הַלֻּחֹת כַּמִּכְתָּב הָרִאשׁוֹן אֵת 4
עֲשֶׂרֶת הַדְּבָרִים אֲשֶׁר דִּבֶּר יְהוָה אֲלֵיכֶם בָּהָר מִתּוֹךְ הָאֵשׁ
בְּיוֹם הַקָּהָל וַיִּתְּנֵם יְהוָה אֵלָי׃ וָאֵפֶן וָאֵרֵד מִן־הָהָר וָאָשִׂם ה
אֶת־הַלֻּחֹת בָּאָרוֹן אֲשֶׁר עָשִׂיתִי וַיִּהְיוּ שָׁם כַּאֲשֶׁר צִוַּנִי
יְהוָה׃ וּבְנֵי יִשְׂרָאֵל נָסְעוּ מִבְּאֵרֹת בְּנֵי־יַעֲקָן מוֹסֵרָה שָׁם 6
מֵת אַהֲרֹן וַיִּקָּבֵר שָׁם וַיְכַהֵן אֶלְעָזָר בְּנוֹ תַּחְתָּיו׃ מִשָּׁם 7
נָסְעוּ הַגֻּדְגֹּדָה וּמִן־הַגֻּדְגֹּדָה יָטְבָתָה אֶרֶץ נַחֲלֵי מָיִם׃ בָּעֵת 8
הַהִוא הִבְדִּיל יְהוָה אֶת־שֵׁבֶט הַלֵּוִי לָשֵׂאת אֶת־אֲרוֹן
בְּרִית־יְהוָה לַעֲמֹד לִפְנֵי יְהוָה לְשָׁרְתוֹ וּלְבָרֵךְ בִּשְׁמוֹ עַד
הַיּוֹם הַזֶּה׃ עַל־כֵּן לֹא־הָיָה לְלֵוִי חֵלֶק וְנַחֲלָה עִם־אֶחָיו 9
יְהוָה הוּא נַחֲלָתוֹ כַּאֲשֶׁר דִּבֶּר יְהוָה אֱלֹהֶיךָ לוֹ׃ וְאָנֹכִי י
עָמַדְתִּי בָהָר כַּיָּמִים הָרִאשֹׁנִים אַרְבָּעִים יוֹם וְאַרְבָּעִים
לָיְלָה וַיִּשְׁמַע יְהוָה אֵלַי גַּם בַּפַּעַם הַהִוא לֹא־אָבָה יְהוָה
הַשְׁחִיתֶךָ׃ וַיֹּאמֶר יְהוָה אֵלַי קוּם לֵךְ לְמַסַּע לִפְנֵי 11
הָעָם וְיָבֹאוּ וְיִרְשׁוּ אֶת־הָאָרֶץ אֲשֶׁר־נִשְׁבַּעְתִּי לַאֲבֹתָם
לָתֵת לָהֶם׃ פ חמישי
וְעַתָּה יִשְׂרָאֵל מָה יְהוָה אֱלֹהֶיךָ שֹׁאֵל מֵעִמָּךְ כִּי אִם־ 12
לְיִרְאָה אֶת־יְהוָה אֱלֹהֶיךָ לָלֶכֶת בְּכָל־דְּרָכָיו וּלְאַהֲבָה
אֹתוֹ וְלַעֲבֹד אֶת־יְהוָה אֱלֹהֶיךָ בְּכָל־לְבָבְךָ וּבְכָל־נַפְשֶׁךָ׃
לִשְׁמֹר אֶת־מִצְוֺת יְהוָה וְאֶת־חֻקֹּתָיו אֲשֶׁר אָנֹכִי מְצַוְּךָ הַיּוֹם 13
לְטוֹב לָךְ׃ הֵן לַיהוָה אֱלֹהֶיךָ הַשָּׁמַיִם וּשְׁמֵי הַשָּׁמָיִם 14
הָאָרֶץ וְכָל־אֲשֶׁר־בָּהּ׃ רַק בַּאֲבֹתֶיךָ חָשַׁק יְהוָה לְאַהֲבָה טו
אוֹתָם וַיִּבְחַר בְּזַרְעָם אַחֲרֵיהֶם בָּכֶם מִכָּל־הָעַמִּים כַּיּוֹם
הַזֶּה׃ וּמַלְתֶּם אֵת עָרְלַת לְבַבְכֶם וְעָרְפְּכֶם לֹא תַקְשׁוּ 16
עוֹד׃ כִּי יְהוָה אֱלֹהֵיכֶם הוּא אֱלֹהֵי הָאֱלֹהִים וַאֲדֹנֵי הָאֲדֹנִים 17
הָאֵל הַגָּדֹל הַגִּבֹּר וְהַנּוֹרָא אֲשֶׁר לֹא־יִשָּׂא פָנִים וְלֹא יִקַּח
שֹׁחַד׃ עֹשֶׂה מִשְׁפַּט יָתוֹם וְאַלְמָנָה וְאֹהֵב גֵּר לָתֶת לוֹ 18

las dos tablas en mis manos. (4) Y escribió sobre las tablas, como la escritura primera, los diez mandamientos de que habló el Eterno a vosotros en el monte entre el fuego, en el día de la congregación, y diólas el Eterno a mí. (5) Y caté y descendí del monte, y puse las tablas en el arca que hice; y estuvieron allí como encomendóme el Eterno.

(6) Y los hijos de Israel se movieron de Beerot-Bene-Iaacán, a Moserá, allí murió Aarón, y fué enterrado allí, y ofició Eleasar, su hijo, en su lugar. (7) De allí se movieron para Agudgod, y de Agudgod a Iotbata, tierra de arroyos.

(8) En la hora esta apartó el Eterno, la tribu de Leví, para llevar el arca del pacto del Eterno, para estar delante del Eterno, para servirlo, y para bendecir su nombre, hasta el día este. (9) Por tanto no tuvo Leví parte y heredad con sus hermanos: El Eterno es su heredad, como habló el Eterno, tu Dios, a él. (10) Y yo estuve en el monte como los días primeros, cuarenta días y cuarenta noches; y oyó el Eterno a mí también en la vez esta, y no quiso el Eterno aniquilarte. (11) Y dijo el Eterno a mí: Levántate, anda, para partir delante del pueblo, y vayan y hereden la tierra que juré a sus padres dar a ellos.

(12) Y ahora, Israel, ¿qué pide el Eterno, tu Dios, de ti?, sólo temer al Eterno, tu Dios, andar por todos sus caminos, y amar a él, y servir al Eterno, tu Dios, con todo tu corazón, y con toda tu alma. (13) Para guardar los preceptos del Eterno y sus fueros, que yo te encomiendo hoy, para bien de ti. (14) Que del Eterno, tu Dios, son los cielos, y los cielos de los cielos: la tierra, y todo lo que hay en ella. (15) Sólo tus padres codició el Eterno para amar a ellos, y escogió de su simiente tras ellos vosotros, entre todos los pueblos, como el día este. (16) Y quitaréis la cerradura de vuestro corazón, y vuestra cerviz no endureceréis más. (17) Que el Eterno, vuestro Dios, es el Dios de los dioses, y Señor de los señores, el Dios grande, el poderoso y el temible, que no respeta personas, y no toma cohecho: (18) Hace el juicio del huérfano y de la viuda,

19 לֶחֶם וְשִׂמְלָה׃ וַאֲהַבְתֶּם אֶת־הַגֵּר כִּי־גֵרִים הֱיִיתֶם בְּאֶרֶץ
כ מִצְרָיִם׃ אֶת־יְהוָה אֱלֹהֶיךָ תִּירָא אֹתוֹ תַעֲבֹד וּבוֹ תִדְבָּק
21 וּבִשְׁמוֹ תִּשָּׁבֵעַ׃ הוּא תְהִלָּתְךָ וְהוּא אֱלֹהֶיךָ אֲשֶׁר־עָשָׂה
אִתְּךָ אֶת־הַגְּדֹלֹת וְאֶת־הַנּוֹרָאֹת הָאֵלֶּה אֲשֶׁר רָאוּ עֵינֶיךָ׃
22 בְּשִׁבְעִים נֶפֶשׁ יָרְדוּ אֲבֹתֶיךָ מִצְרָיְמָה וְעַתָּה שָׂמְךָ יְהוָה
אֱלֹהֶיךָ כְּכוֹכְבֵי הַשָּׁמַיִם לָרֹב׃

יא

א וְאָהַבְתָּ אֵת יְהוָה אֱלֹהֶיךָ וְשָׁמַרְתָּ מִשְׁמַרְתּוֹ וְחֻקֹּתָיו
2 וּמִשְׁפָּטָיו וּמִצְוֺתָיו כָּל־הַיָּמִים׃ וִידַעְתֶּם הַיּוֹם כִּי ׀ לֹא
אֶת־בְּנֵיכֶם אֲשֶׁר לֹא־יָדְעוּ וַאֲשֶׁר לֹא־רָאוּ אֶת־מוּסַר יְהוָה
3 אֱלֹהֵיכֶם אֶת־גָּדְלוֹ אֶת־יָדוֹ הַחֲזָקָה וּזְרֹעוֹ הַנְּטוּיָה׃ וְאֶת־
אֹתֹתָיו וְאֶת־מַעֲשָׂיו אֲשֶׁר עָשָׂה בְּתוֹךְ מִצְרָיִם לְפַרְעֹה
4 מֶלֶךְ־מִצְרַיִם וּלְכָל־אַרְצוֹ׃ וַאֲשֶׁר עָשָׂה לְחֵיל מִצְרַיִם
לְסוּסָיו וּלְרִכְבּוֹ אֲשֶׁר הֵצִיף אֶת־מֵי יַם־סוּף עַל־פְּנֵיהֶם
ה בְּרָדְפָם אַחֲרֵיכֶם וַיְאַבְּדֵם יְהוָה עַד הַיּוֹם הַזֶּה׃ וַאֲשֶׁר
6 עָשָׂה לָכֶם בַּמִּדְבָּר עַד־בֹּאֲכֶם עַד־הַמָּקוֹם הַזֶּה׃ וַאֲשֶׁר
עָשָׂה לְדָתָן וְלַאֲבִירָם בְּנֵי אֱלִיאָב בֶּן־רְאוּבֵן אֲשֶׁר פָּצְתָה
הָאָרֶץ אֶת־פִּיהָ וַתִּבְלָעֵם וְאֶת־בָּתֵּיהֶם וְאֶת־אָהֳלֵיהֶם
7 וְאֵת כָּל־הַיְקוּם אֲשֶׁר בְּרַגְלֵיהֶם בְּקֶרֶב כָּל־יִשְׂרָאֵל׃ כִּי
עֵינֵיכֶם הָרֹאֹת אֶת כָּל־מַעֲשֵׂה יְהוָה הַגָּדֹל אֲשֶׁר עָשָׂה׃
8 וּשְׁמַרְתֶּם אֶת־כָּל־הַמִּצְוָה אֲשֶׁר אָנֹכִי מְצַוְּךָ הַיּוֹם לְמַעַן
תֶּחֶזְקוּ וּבָאתֶם וִירִשְׁתֶּם אֶת־הָאָרֶץ אֲשֶׁר אַתֶּם עֹבְרִים
9 שָׁמָּה לְרִשְׁתָּהּ׃ וּלְמַעַן תַּאֲרִיכוּ יָמִים עַל־הָאֲדָמָה אֲשֶׁר
נִשְׁבַּע יְהוָה לַאֲבֹתֵיכֶם לָתֵת לָהֶם וּלְזַרְעָם אֶרֶץ זָבַת
י חָלָב וּדְבָשׁ׃ ס שני כִּי הָאָרֶץ אֲשֶׁר אַתָּה בָא־שָׁמָּה
לְרִשְׁתָּהּ לֹא כְאֶרֶץ מִצְרַיִם הִוא אֲשֶׁר יְצָאתֶם מִשָּׁם
11 אֲשֶׁר תִּזְרַע אֶת־זַרְעֲךָ וְהִשְׁקִיתָ בְרַגְלְךָ כְּגַן הַיָּרָק׃ וְהָאָרֶץ

y ama al peregrino y da a él pan y paño. (19) Y amaréis al peregrino: que peregrino fuisteis en la tierra de Egipto. (20) Al Eterno, tu Dios, temerás, a él servirás, a él te adherirás, y en su nombre jurarás. (21) Él es tu loor, y el es tu Dios, que hizo contigo las cosas grandes y terribles que vieron tus ojos. (22) Con setenta almas descendieron tus padres a Egipto; y ahora te puso el Eterno, tu Dios, como las estrellas de los cielos, en muchedumbre.

XI

(1) Y amarás al Eterno, tu Dios, y guardarás su guarda, y sus fueros y sus juicios y sus preceptos, todos los días. (2) Y sabréis hoy: que no hablo a vuestros hijos que no supieron ni vieron el castigo del Eterno, Dios, su grandeza, su mano fuerte, y su brazo tendido, (3) y sus señales, y sus obras que hizo en Egipto a Faraón, rey de Egipto, y a toda su tierra; (4) Y lo que hizo al ejército de Egipto, a sus caballos, y a sus bestias; que hizo ondear las aguas del mar Suf sobre su faz, al perseguir tras vosotros, y perdiólos el Eterno hasta el día este. (5) Y lo que hizo a vosotros en el desierto, hasta llegar al lugar este. (6) Y lo que hizo con Datán y Abiram, hijos de Eliab, hijo de Reubén; que abrió la tierra su boca, y tragólos con sus casas, y sus tiendas, y toda la hacienda que tenían al pie en todo Israel: (7) Que vuestros ojos son los que ven toda la obra que hizo el Eterno, el grande. (8) Y guardaréis todos los mandamientos que yo te encomiendo hoy, para que os fortifiquéis, y vengáis y heredes la tierra, por la que pasáis para heredarla. (9) Y para que alargues los días sobre la tierra, que juró el Eterno a vuestros padres dar a ellos y a su simiente, tierra que mana leche y miel.
(10) Que la tierra a la que vas allí a heredarla, no es como la tierra de Egipto, de donde salisteis, donde sembrabas tu simiente, y regabas con tu pie, como huerto de verdura. (11) Y la tierra que pasáis a heredar, es

20. קמץ בז"ק

אשר אתם עברים שמה לרשתה ארץ הרים ובקעת
12 למטר השמים תשתה־מים: ארץ אשר־יהוה אלהיך
דרש אתה תמיד עיני יהוה אלהיך בה מרשית השנה
13 ועד אחרית שנה: ס והיה אם־שמע תשמעו אל־
מצותי אשר אנכי מצוה אתכם היום לאהבה את־יהוה
14 אלהיכם ולעבדו בכל־לבבכם ובכל־נפשכם: ונתתי
מטר־ארצכם בעתו יורה ומלקוש ואספת דגנך ותירשך
טו ויצהרך: ונתתי עשב בשדך לבהמתך ואכלת ושבעת:
16 השמרו לכם פן־יפתה לבבכם וסרתם ועבדתם אלהים
17 אחרים והשתחויתם להם: וחרה אף־יהוה בכם ועצר
את־השמים ולא־יהיה מטר והאדמה לא תתן את־יבולה
ואבדתם מהרה מעל הארץ הטבה אשר יהוה נתן
18 לכם: ושמתם את־דברי אלה על־לבבכם ועל־נפשכם
וקשרתם אתם לאות על־ידכם והיו לטוטפת בין עיניכם:
19 ולמדתם אתם את־בניכם לדבר בם בשבתך בביתך
כ ובלכתך בדרך ובשכבך ובקומך: וכתבתם על־מזוזות
21 ביתך ובשעריך: למען ירבו ימיכם וימי בניכם על
האדמה אשר נשבע יהוה לאבתיכם לתת להם כימי
22 השמים על־הארץ: ס כי אם־שמר תשמרון את־
כל־המצוה הזאת אשר אנכי מצוה אתכם לעשתה
לאהבה את־יהוה אלהיכם ללכת בכל־דרכיו ולדבקה
23 בו: והוריש יהוה את־כל־הגוים האלה מלפניכם וירשתם
24 גוים גדלים ועצמים מכם: כל־המקום אשר תדרך כף־
רגלכם בו לכם יהיה מן־המדבר והלבנון מן־הנהר נהר־
כה פרת ועד הים האחרון יהיה גבלכם: לא־יתיצב איש
בפניכם פחדכם ומוראכם יתן ׀ יהוה אלהיכם על־פני
כל־הארץ אשר תדרכו־בה כאשר דבר לכם:

tierra de montes, y vegas; de la lluvia de los cielos beberás agua. (12) Tierra que el Eterno, tu Dios, requiere y en la que de continuo están los ojos del Eterno, tu Dios, del principio del año, hasta el fin del año.

(13) Y será, que si oír, oyereis mis preceptos que yo encomiendo a vosotros hoy, de amar al Eterno, vuestro Dios, y para servirlo con todo vuestro corazón, y con toda vuestra alma, (14) daré lluvia a vuestra tierra en su hora; en la temprana y en la tardía; y cogerás tu grano, y tu mosto, y tu aceite. (15) Y daré hierba en tu campo, para tus bestias; y comerás y te hartarás. (16) Guardaréis vosotros, que no se infatúe vuestro corazón, y que no apartéis, y no sirvais otros dioses, ni os encorvéis a ellos. (17) Se encenderá el furor del Eterno en vosotros, y detendrá los cielos, y no habrá lluvia; y la tierra no dará su hierba y perderos habréis, presto de sobre la buena tierra que el Eterno dió a vosotros. (18) Y pondréis mis palabras estas sobre vuestro corazón y sobre vuestra alma, y ataréis a ellas por señal en vuestra mano, y serán como tefilín entre vuestros ojos. (19) Y las enseñaréis a vuestros hijos para hablar de ellas, al estar en tu casa, y al andar por el camino, y al acostarte y al levantarte. (20) Y escribirlas has, sobre los umbrales de tu casa, y en tus puertas. (21) Para que se multipliquen vuestros días, y los días de vuestros hijos, sobre la tierra que juró el Eterno a vuestros padres para dar a ellos como los días de los cielos sobre la tierra.

(22) Que si guardar, guardaréis todas las recomendaciones estas, que yo encomiendo a vosotros, para hacerlas, por amar al Eterno, vuestro Dios, para andar por todos sus caminos, y para adherirse a él, (23) desterrará el Eterno a todas las gentes estas de delante de vosotros, y heredaréis a pueblos grandes, y fuertes más que vosotros. (24) Todo lugar que pisare la planta de vuestro pie, para vosotros será: desde el desierto y el Lebanón, desde el río, el río Eufrates, hasta el mar postrero, será vuestro término. (25) No se enfrentará varón delante de vosotros: vuestro pavor y vuestro temor dará el Eterno,

12. חסר אלף

ס ס ס מז 47

26 27 רְאֵה אָנֹכִי נֹתֵן לִפְנֵיכֶם הַיּוֹם בְּרָכָה וּקְלָלָה׃ אֶת־הַבְּרָכָה
אֲשֶׁר תִּשְׁמְעוּ אֶל־מִצְוֺת יְהוָה אֱלֹהֵיכֶם אֲשֶׁר אָנֹכִי מְצַוֶּה
28 אֶתְכֶם הַיּוֹם׃ וְהַקְּלָלָה אִם־לֹא תִשְׁמְעוּ אֶל־מִצְוֺת
יְהוָה אֱלֹהֵיכֶם וְסַרְתֶּם מִן־הַדֶּרֶךְ אֲשֶׁר אָנֹכִי מְצַוֶּה
אֶתְכֶם הַיּוֹם לָלֶכֶת אַחֲרֵי אֱלֹהִים אֲחֵרִים אֲשֶׁר לֹא־
29 יְדַעְתֶּם׃ ס וְהָיָה כִּי יְבִיאֲךָ יְהוָה אֱלֹהֶיךָ אֶל־הָאָרֶץ
אֲשֶׁר־אַתָּה בָא־שָׁמָּה לְרִשְׁתָּהּ וְנָתַתָּה אֶת־הַבְּרָכָה
ל עַל־הַר גְּרִזִּים וְאֶת־הַקְּלָלָה עַל־הַר עֵיבָל׃ הֲלֹא־הֵמָּה
בְּעֵבֶר הַיַּרְדֵּן אַחֲרֵי דֶּרֶךְ מְבוֹא הַשֶּׁמֶשׁ בְּאֶרֶץ הַכְּנַעֲנִי
31 הַיֹּשֵׁב בָּעֲרָבָה מוּל הַגִּלְגָּל אֵצֶל אֵלוֹנֵי מֹרֶה׃ כִּי אַתֶּם
עֹבְרִים אֶת־הַיַּרְדֵּן לָבֹא לָרֶשֶׁת אֶת־הָאָרֶץ אֲשֶׁר־יְהוָה
32 אֱלֹהֵיכֶם נֹתֵן לָכֶם וִירִשְׁתֶּם אֹתָהּ וִישַׁבְתֶּם־בָּהּ׃ וּשְׁמַרְתֶּם
לַעֲשׂוֹת אֵת כָּל־הַחֻקִּים וְאֶת־הַמִּשְׁפָּטִים אֲשֶׁר אָנֹכִי נֹתֵן
לִפְנֵיכֶם הַיּוֹם׃

יב

א אֵלֶּה הַחֻקִּים וְהַמִּשְׁפָּטִים אֲשֶׁר תִּשְׁמְרוּן לַעֲשׂוֹת בָּאָרֶץ
אֲשֶׁר נָתַן יְהוָה אֱלֹהֵי אֲבֹתֶיךָ לְךָ לְרִשְׁתָּהּ כָּל־הַיָּמִים
2 אֲשֶׁר־אַתֶּם חַיִּים עַל־הָאֲדָמָה׃ אַבֵּד תְּאַבְּדוּן אֶת־כָּל־
הַמְּקֹמוֹת אֲשֶׁר עָבְדוּ־שָׁם הַגּוֹיִם אֲשֶׁר אַתֶּם יֹרְשִׁים אֹתָם
אֶת־אֱלֹהֵיהֶם עַל־הֶהָרִים הָרָמִים וְעַל־הַגְּבָעוֹת וְתַחַת כָּל־
3 עֵץ רַעֲנָן׃ וְנִתַּצְתֶּם אֶת־מִזְבְּחֹתָם וְשִׁבַּרְתֶּם אֶת־מַצֵּבֹתָם
וַאֲשֵׁרֵיהֶם תִּשְׂרְפוּן בָּאֵשׁ וּפְסִילֵי אֱלֹהֵיהֶם תְּגַדֵּעוּן וְאִבַּדְתֶּם
4 אֶת־שְׁמָם מִן־הַמָּקוֹם הַהוּא׃ לֹא־תַעֲשׂוּן כֵּן לַיהוָה
ה אֱלֹהֵיכֶם׃ כִּי אִם־אֶל־הַמָּקוֹם אֲשֶׁר־יִבְחַר יְהוָה אֱלֹהֵיכֶם
מִכָּל־שִׁבְטֵיכֶם לָשׂוּם אֶת־שְׁמוֹ שָׁם לְשִׁכְנוֹ תִדְרְשׁוּ
6 וּבָאתָ שָׁמָּה׃ וַהֲבֵאתֶם שָׁמָּה עֹלֹתֵיכֶם וְזִבְחֵיכֶם וְאֵת

vuestro Dios, sobre la faz de toda la tierra en que pisareis, como habló a vosotros.

(47) REÉ

(26) He aquí que yo doy delante de vosotros hoy la bendición y la maldición: (27) La bendición, si oyereis los mandamientos del Eterno, vuestro Dios, que yo os encomiendo hoy; (28) y la maldición, si no oyereis los mandamientos del Eterno, vuestro Dios, y os quitareis del camino que yo os encomiendo hoy, para andar en pos de otros dioses que no conocisteis.

(29) Y será, que cuando te trajere el Eterno, tu Dios, a la tierra, a la que vas para heredarla, darás la bendición sobre el monte de Guerisim, y la maldición sobre el monte de Ebal: (30) De cierto, ellos están allende el Iardén, tras el camino del occidente en la tierra del Kenaaneo, el que está en la llanura frente a Guilgal, cerca de las llanuras de Moré. (31) Porque vosotros pasáis el Iardén, para ir a heredar la tierra, que el Eterno, vuestro Dios, da a vosotros: y la heredaréis y estaréis en ella.

(32) Y guardaréis, pues, para hacer todos los fueros y los juicios que yo os doy, hoy.

XII

(1) Éstos son los fueros y los juicios que guardaréis hacer en la tierra que dió el Eterno, Dios de tus padres, a ti para heredarla, todos los días que vosotros viviereis, sobre la tierra.

(2) Arrasar, arrasaréis todos los lugares en que sirvieron las gentes que vosotros heredáis, a sus dioses, que están sobre los montes altos, y sobre los collados, y debajo de todo árbol reverdecido. (3) Y derrocaréis sus aras, y quebraréis sus estatuas, y sus bosques arderéis en fuego, y las esculturas de sus dioses tajaréis, y extirparéis su nombre del lugar este. (4) No hagáis así al Eterno, vuestro Dios. (5) Sólo el lugar que escogerá el Eterno, vuestro Dios, entre todas vuestras tribus, para poner su nombre allí, para su morada, ése requeriréis, e irás allí. (6) Y llevaréis allí vuestro holocaustos, y vuestros sacrificios,

מַעְשְׂרֹתֵיכֶם וְאֵת תְּרוּמַת יֶדְכֶם וְנִדְרֵיכֶם וְנִדְבֹתֵיכֶם
וּבְכֹרֹת בְּקַרְכֶם וְצֹאנְכֶם: וַאֲכַלְתֶּם־שָׁם לִפְנֵי יְהוָה 7
אֱלֹהֵיכֶם וּשְׂמַחְתֶּם בְּכֹל מִשְׁלַח יֶדְכֶם אַתֶּם וּבָתֵּיכֶם אֲשֶׁר
בֵּרַכְךָ יְהוָה אֱלֹהֶיךָ: לֹא תַעֲשׂוּן כְּכֹל אֲשֶׁר אֲנַחְנוּ עֹשִׂים 8
פֹּה הַיּוֹם אִישׁ כָּל־הַיָּשָׁר בְּעֵינָיו: כִּי לֹא־בָאתֶם עַד־ 9
עָתָּה אֶל־הַמְּנוּחָה וְאֶל־הַנַּחֲלָה אֲשֶׁר־יְהוָה אֱלֹהֶיךָ נֹתֵן
לָךְ: וַעֲבַרְתֶּם אֶת־הַיַּרְדֵּן וִישַׁבְתֶּם בָּאָרֶץ אֲשֶׁר־יְהוָה 10
אֱלֹהֵיכֶם מַנְחִיל אֶתְכֶם וְהֵנִיחַ לָכֶם מִכָּל־אֹיְבֵיכֶם מִסָּבִיב
וִישַׁבְתֶּם־בֶּטַח: וְהָיָה הַמָּקוֹם אֲשֶׁר־יִבְחַר יְהוָה אֱלֹהֵיכֶם 11
בּוֹ לְשַׁכֵּן שְׁמוֹ שָׁם שָׁמָּה תָבִיאוּ אֵת כָּל־אֲשֶׁר אָנֹכִי
מְצַוֶּה אֶתְכֶם עוֹלֹתֵיכֶם וְזִבְחֵיכֶם מַעְשְׂרֹתֵיכֶם וּתְרֻמַת
יֶדְכֶם וְכֹל מִבְחַר נִדְרֵיכֶם אֲשֶׁר תִּדְּרוּ לַיהוָה: וּשְׂמַחְתֶּם 12
לִפְנֵי יְהוָה אֱלֹהֵיכֶם אַתֶּם וּבְנֵיכֶם וּבְנֹתֵיכֶם וְעַבְדֵיכֶם
וְאַמְהֹתֵיכֶם וְהַלֵּוִי אֲשֶׁר בְּשַׁעֲרֵיכֶם כִּי אֵין לוֹ חֵלֶק וְנַחֲלָה
אִתְּכֶם: הִשָּׁמֶר לְךָ פֶּן־תַּעֲלֶה עֹלֹתֶיךָ בְּכָל־מָקוֹם אֲשֶׁר 13
תִּרְאֶה: כִּי אִם־בַּמָּקוֹם אֲשֶׁר־יִבְחַר יְהוָה בְּאַחַד שְׁבָטֶיךָ 14
שָׁם תַּעֲלֶה עֹלֹתֶיךָ וְשָׁם תַּעֲשֶׂה כֹּל אֲשֶׁר אָנֹכִי מְצַוֶּךָּ:
רַק בְּכָל־אַוַּת נַפְשְׁךָ תִּזְבַּח וְאָכַלְתָּ בָשָׂר כְּבִרְכַּת יְהוָה 15
אֱלֹהֶיךָ אֲשֶׁר נָתַן־לְךָ בְּכָל־שְׁעָרֶיךָ הַטָּמֵא וְהַטָּהוֹר יֹאכְלֶנּוּ
כַּצְּבִי וְכָאַיָּל: רַק הַדָּם לֹא תֹאכֵלוּ עַל־הָאָרֶץ תִּשְׁפְּכֶנּוּ 16
כַּמָּיִם: לֹא־תוּכַל לֶאֱכֹל בִּשְׁעָרֶיךָ מַעְשַׂר דְּגָנְךָ וְתִירֹשְׁךָ 17
וְיִצְהָרֶךָ וּבְכֹרֹת בְּקָרְךָ וְצֹאנֶךָ וְכָל־נְדָרֶיךָ אֲשֶׁר תִּדֹּר
וְנִדְבֹתֶיךָ וּתְרוּמַת יָדֶךָ: כִּי אִם־לִפְנֵי יְהוָה אֱלֹהֶיךָ תֹּאכְלֶנּוּ 18
בַּמָּקוֹם אֲשֶׁר יִבְחַר יְהוָה אֱלֹהֶיךָ בּוֹ אַתָּה וּבִנְךָ וּבִתֶּךָ
וְעַבְדְּךָ וַאֲמָתֶךָ וְהַלֵּוִי אֲשֶׁר בִּשְׁעָרֶיךָ וְשָׂמַחְתָּ לִפְנֵי יְהוָה
אֱלֹהֶיךָ בְּכֹל מִשְׁלַח יָדֶךָ: הִשָּׁמֶר לְךָ פֶּן־תַּעֲזֹב אֶת־ 19
הַלֵּוִי כָּל־יָמֶיךָ עַל־אַדְמָתֶךָ: ס כִּי־יַרְחִיב יְהוָה 20
אֱלֹהֶיךָ אֶת־גְּבֻלְךָ כַּאֲשֶׁר דִּבֶּר־לָךְ וְאָמַרְתָּ אֹכְלָה בָשָׂר

y vuestros diezmos, y la ofrenda de vuestra mano, y vuestras promesas, y vuestras voluntades, y los primogénitos de vuestras vacas y vuestras ovejas: (7) Y comeréis allí delante del Eterno, vuestro Dios, y alegraros habréis, con toda obra de vuestras manos, vosotros y vuestras casas, por cual os bendijo el Eterno, vuestro Dios.

(8) No hagáis como todo lo que hacemos aquí hoy, cada uno lo que le parece recto a sus ojos. (9) Que no llegasteis hasta ahora a la holganza ni a la heredad que el Eterno, tu Dios, da a ti. (10) Y pasaréis el Iardén, y estaréis en la tierra que el Eterno, vuestro Dios hace heredar a vosotros, y que dará a vosotros reposo de todos vuestros enemigos de alrededor, y estaréis en seguridad. (11) Y será que al lugar que escogerá el Eterno, vuestro Dios, para que viva en él su nombre, allí llevaréis todo lo que yo encomiendo a vosotros: vuestros holocaustos, y vuestros sacrificios, vuestros diezmos, y la ofrenda de vuestra mano, y todo lo mejor de vuestras promesas, que prometiereis al Eterno. (12) Y os alegraréis delante del Eterno, vuestro Dios, vosotros, y vuestros hijos, y vuestras hijas, y vuestros siervos, y vuestras siervas, y el Levita que esté en vuestras ciudades: aunque no tenga parte ni heredad con vosotros. (13) Cuídate de no ofrendar tus holocaustos en todo lugar que viereis. (14) Sino en el lugar que escogiere el Eterno en una de tus tribus, allí ofrecerás tus holocaustos, y allí harás todo lo que yo encomiendo a ti. (15) De cierto, con todo el deseo de tu alma, degollarás y comerás carne, con la bendición del Eterno, tu Dios, que dió a ti en todas tus ciudades: el inmundo y el limpio la comerá, como el corzo y como el ciervo. (16) Sólo la sangre, no comeréis; sobre la tierra la verteréis como el agua. (17) No podrás comer en tus ciudades el diezmo de vuestro grano, y de vuestro mosto, y de vuestro aceite, y los primogénitos de tus vacas, y de tus ovejas, y todas tus promesas que ofrecistes, y tus voluntarias, y las ofrendas de tus manos: (18) Sólo delante del Eterno, tu Dios, los comarás, en el lugar que escogerá el Eterno, tu Dios, tú, y tu hijo, y tu hija, y tu siervo, y tu sierva, y el Levita de tus ciudades; y te alegrarás delante del Eterno, tu Dios, con toda la óbra de tus manos. (19) Sea guardado a ti no abandonar al Levita en todos tus días sobre la tierra.

(20) Cuando ensanchare el Eterno, tu Dios, tu término, como habló a ti, y dijeres: Comeré carne, porque desea tu alma comer carne, con todo el deseo de tu alma, comerás carne. (21) Cuando se alejare de vosotros el lugar que escogiere el Eterno, tu Dios, para poner su nombre allí, degollarás una de tus vacas, y de tus ovejas, que dió el Eterno a ti, como te encomendé, y comerás en tus ciudades con todo el deseo de tu alma. (22) Como se come el corzo y el ciervo, así las comerás: el inmundo y el limpio a una, las comerán. (23) Esfórzate por no comer la sangre, porque la sangre es el alma; y no comas el alma con su carne. (24) No la comas, sobre la tierra la verterás como el agua. (25) No la comas; para que sea bien para ti, y para tus hijos, tras de ti, cuando hicieres lo recto a los ojos del Eterno. (26) De cierto, tus santidades, y tus promesas llevarás, e irás al lugar que escogiere el Eterno. (27) Y harás tus holocaustos, la carne y la sangre, sobre el ara del Eterno, tu Dios; y la sangre de tus sacrificios será vertida sobre el ara del Eterno, tu Dios, y la carne comerás. (28) Guarda y escucha las palabras estas que yo encomiendo, para que sea bien para ti y para tus hijos tras de ti, hasta siempre, cuando hicieres lo bueno y lo recto a los ojos del Eterno, tu Dios.

(29) Cuando tajare el Eterno, tu Dios, las gentes de las tierras a donde vas para desterrar a ellos delante de ti, y heredarles has, quedarás en su tierra, (30) sea guardado a ti, no tropezar tras ellas, después de ser destruídas delante de ti, y que no requieras a sus dioses, diciendo: como sirven las gentes estas a sus dioses, así haré también yo. (31) No hagáis así al Eterno, tu Dios; que todo lo que el Eterno aborreció, lo que odió, hicieron ellos a sus dioses; que también a sus hijos y a sus hijas quemaban en el fuego para sus dioses.

כי־תאוה נפשך לאכל בשר בכל־אות נפשך תאכל
21 בשר׃ כי־ירחק ממך המקום אשר יבחר יהוה אלהיך
לשום שמו שם וזבחת מבקרך ומצאנך אשר נתן
יהוה לך כאשר צויתך ואכלת בשעריך בכל אות
22 נפשך׃ אך כאשר יאכל את־הצבי ואת־האיל כן תאכלנו
23 הטמא והטהור יחדו יאכלנו׃ רק חזק לבלתי אכל
הדם כי הדם הוא הנפש ולא־תאכל הנפש עם־הבשר׃
24 כה לא תאכלנו על־הארץ תשפכנו כמים׃ לא תאכלנו למען
ייטב לך ולבניך אחריך כי־תעשה הישר בעיני יהוה׃
26 רק קדשיך אשר־יהיו לך ונדריך תשא ובאת אל־
27 המקום אשר־יבחר יהוה׃ ועשית עלתיך הבשר והדם
על־מזבח יהוה אלהיך ודם־זבחיך ישפך על־מזבח
28 יהוה אלהיך והבשר תאכל׃ שמר ושמעת את כל־
הדברים האלה אשר אנכי מצוך למען ייטב לך ולבניך
אחריך עד־עולם כי תעשה הטוב והישר בעיני יהוה
29 אלהיך׃ ס כי־יכרית יהוה אלהיך את־הגוים אשר
אתה בא־שמה לרשת אותם מפניך וירשת אתם וישבת
ל בארצם׃ השמר לך פן־תנקש אחריהם אחרי השמדם
מפניך ופן־תדרש לאלהיהם לאמר איכה יעבדו הגוים
31 האלה את־אלהיהם ואעשה־כן גם־אני׃ לא־תעשה
כן ליהוה אלהיך כי כל־תועבת יהוה אשר שנא עשו
לאלהיהם כי גם את־בניהם ואת־בנתיהם ישרפו באש
לאלהיהם׃

יג

א את כל־הדבר אשר אנכי מצוה אתכם אתו תשמרו
לעשות לא־תסף עליו ולא תגרע ממנו׃ פ
2 כי־יקום בקרבך נביא או חלם חלום ונתן אליך אות

XIII

(1) Todo lo que yo encomiendo a vosotros, guardaréis de hacer: no añadirás a ellas y no menguarás de ello.

(2) Cuando se levantare ante ti profeta, o soñador de sueños, y diere a ti

21. חסר יו"ד

אוֹ מוֹפֵת׃ וּבָא הָאוֹת וְהַמּוֹפֵת אֲשֶׁר־דִּבֶּר אֵלֶיךָ לֵאמֹר 3
נֵלְכָה אַחֲרֵי אֱלֹהִים אֲחֵרִים אֲשֶׁר לֹא־יְדַעְתָּם וְנָעָבְדֵם׃
לֹא תִשְׁמַע אֶל־דִּבְרֵי הַנָּבִיא הַהוּא אוֹ אֶל־חוֹלֵם הַחֲלוֹם 4
הַהוּא כִּי מְנַסֶּה יְהוָה אֱלֹהֵיכֶם אֶתְכֶם לָדַעַת הֲיִשְׁכֶם
אֹהֲבִים אֶת־יְהוָה אֱלֹהֵיכֶם בְּכָל־לְבַבְכֶם וּבְכָל־נַפְשְׁכֶם׃
אַחֲרֵי יְהוָה אֱלֹהֵיכֶם תֵּלֵכוּ וְאֹתוֹ תִירָאוּ וְאֶת־מִצְוֺתָיו ה
תִּשְׁמֹרוּ וּבְקֹלוֹ תִשְׁמָעוּ וְאֹתוֹ תַעֲבֹדוּ וּבוֹ תִדְבָּקוּן׃ וְהַנָּבִיא 6
הַהוּא אוֹ חֹלֵם הַחֲלוֹם הַהוּא יוּמָת כִּי דִבֶּר־סָרָה עַל־
יְהוָה אֱלֹהֵיכֶם הַמּוֹצִיא אֶתְכֶם מֵאֶרֶץ מִצְרַיִם וְהַפֹּדְךָ
מִבֵּית עֲבָדִים לְהַדִּיחֲךָ מִן־הַדֶּרֶךְ אֲשֶׁר צִוְּךָ יְהוָה אֱלֹהֶיךָ
לָלֶכֶת בָּהּ וּבִעַרְתָּ הָרָע מִקִּרְבֶּךָ׃ ס כִּי יְסִיתְךָ אָחִיךָ 7
בֶן־אִמֶּךָ אוֹ־בִנְךָ אוֹ־בִתְּךָ אוֹ אֵשֶׁת חֵיקֶךָ אוֹ רֵעֲךָ אֲשֶׁר
כְּנַפְשְׁךָ בַּסֵּתֶר לֵאמֹר נֵלְכָה וְנַעַבְדָה אֱלֹהִים אֲחֵרִים
אֲשֶׁר לֹא יָדַעְתָּ אַתָּה וַאֲבֹתֶיךָ׃ מֵאֱלֹהֵי הָעַמִּים אֲשֶׁר 8
סְבִיבֹתֵיכֶם הַקְּרֹבִים אֵלֶיךָ אוֹ הָרְחֹקִים מִמֶּךָּ מִקְצֵה
הָאָרֶץ וְעַד־קְצֵה הָאָרֶץ׃ לֹא־תֹאבֶה לוֹ וְלֹא תִשְׁמַע אֵלָיו 9
וְלֹא־תָחוֹס עֵינְךָ עָלָיו וְלֹא־תַחְמֹל וְלֹא־תְכַסֶּה עָלָיו׃ כִּי י
הָרֹג תַּהַרְגֶנּוּ יָדְךָ תִּהְיֶה־בּוֹ בָרִאשׁוֹנָה לַהֲמִיתוֹ וְיַד כָּל־
הָעָם בָּאַחֲרֹנָה׃ וּסְקַלְתּוֹ בָאֲבָנִים וָמֵת כִּי בִקֵּשׁ לְהַדִּיחֲךָ 11
מֵעַל יְהוָה אֱלֹהֶיךָ הַמּוֹצִיאֲךָ מֵאֶרֶץ מִצְרַיִם מִבֵּית עֲבָדִים׃
וְכָל־יִשְׂרָאֵל יִשְׁמְעוּ וְיִרָאוּן וְלֹא־יוֹסִפוּ לַעֲשׂוֹת כַּדָּבָר 12
הָרָע הַזֶּה בְּקִרְבֶּךָ׃ ס כִּי־תִשְׁמַע בְּאַחַת עָרֶיךָ אֲשֶׁר 13
יְהוָה אֱלֹהֶיךָ נֹתֵן לְךָ לָשֶׁבֶת שָׁם לֵאמֹר׃ יָצְאוּ אֲנָשִׁים 14
בְּנֵי־בְלִיַּעַל מִקִּרְבֶּךָ וַיַּדִּיחוּ אֶת־יֹשְׁבֵי עִירָם לֵאמֹר נֵלְכָה
וְנַעַבְדָה אֱלֹהִים אֲחֵרִים אֲשֶׁר לֹא־יְדַעְתֶּם׃ וְדָרַשְׁתָּ טו
וְחָקַרְתָּ וְשָׁאַלְתָּ הֵיטֵב וְהִנֵּה אֱמֶת נָכוֹן הַדָּבָר נֶעֶשְׂתָה
הַתּוֹעֵבָה הַזֹּאת בְּקִרְבֶּךָ׃ הַכָּה תַכֶּה אֶת־יֹשְׁבֵי הָעִיר 16

señal o maravilla, (3) y viniere la señal o la maravilla de que habló a ti, y te dijere: vayamos tras otros dioses, que no conociste, y servirlos hemos: (4) No oigas las palabras del profeta este, o del soñador de sueños: que prueba el Eterno, vuestro Dios, a vosotros, para saber si seréis amantes del Eterno, vuestro Dios, con todo vuestro corazón, y con toda vuestra alma. (5) En pos del Eterno, vuestro Dios, iréis, y a él temeréis, y sus preceptos guardaréis, y su voz oiréis, y a él serviréis, y a él os adheriréis. (6) Y el profeta este, o el soñador de sueños, será matado: se rebeló contra el Eterno, vuestro Dios, contra él que os sacó de la tierra de Egipto, y que te redimió de la casa de siervos, para alejarte del camino que te encomendó el Eterno, tu Dios, andar por él, y extirparás el mal de entre ti. (7) Cuando te incitare tu hermano, el hijo de tu madre, o tu hijo, o tu hija, o la mujer de tu seno, o tu compañero que es como tu alma, en secreto, diciendo: vayamos, y sirvamos a otros dioses, que ni tú, ni tus padres conocisteis, (8) de los dioses de los pueblos de los alrededores, cercanos a ti, o lejanos de ti, desde el cabo de la tierra hasta el otro cabo de la tierra; (9) no lo quieras, y no lo oigas, y no se apiaden tus ojos de él y no te apiades y no encubras a él. (10) Que matar, lo matarás; tu mano será en él primero, para matarlo, y la mano de todo el pueblo al final. (11) Y apedrearlo has, con las piedras, y morirá; que buscó empujarte del Eterno, tu Dios, de él, que sacó a ti de la tierra de Egipto, de la casa de siervos. (12) Y todo Israel oirá, y temerá, y no volverá a hacer cosa mala como ésta entre ti.

(13) Cuando oyeras en una de tus ciudades que el Eterno, tu Dios, da a ti para estar allí, que dicen: (14) Salieron varones, hijos de perversidad de entre ti, y empujaron a los moradores de su ciudad, diciendo: vayamos y sirvamos a otros dioses, que no conocéis. (15) Requerirás, y pesquisarás, y demandarás bien; y he aquí que si es verdad, que fué hecha la abominación

5. קמץ בז״ק 6. קמץ ברביעי

ההוא לפי־חרב החרם אתה ואת־כל־אשר־בה ואת־
17 בהמתה לפי־חרב: ואת־כל־שללה תקבץ אל־תוך
רחבה ושרפת באש את־העיר ואת־כל־שללה כליל
18 לידוה אלהיך והיתה תל עולם לא תבנה עוד: ולא־
ידבק בידך מאומה מן־החרם למען ישוב ידוה מחרון
אפו ונתן־לך רחמים ורחמך והרבך כאשר נשבע
19 לאבתיך: כי תשמע בקול ידוה אלהיך לשמר את־
כל־מצותיו אשר אנכי מצוך היום לעשות הישר בעיני
ידוה אלהיך: ס רביעי

יד

א בנים אתם לידוה אלהיכם לא תתגדדו ולא־תשימו
2 קרחה בין עיניכם למת: כי עם קדוש אתה לידוה
אלהיך ובך בחר ידוה להיות לו לעם סגלה מכל
3 העמים אשר על־פני האדמה: ס לא תאכל כל־
4 תועבה: זאת הבהמה אשר תאכלו שור שה כשבים
ה 6 ושה עזים: איל וצבי ויחמור ואקו ודישן ותאו וזמר: וכל־
בהמה מפרסת פרסה ושסעת שסע שתי פרסות מעלת
7 גרה בבהמה אתה תאכלו: אך את־זה לא תאכלו
ממעלי הגרה וממפריסי הפרסה השסועה את־הגמל
ואת־הארנבת ואת־השפן כי־מעלה גרה המה ופרסה
8 לא הפריסו טמאים הם לכם: ואת־החזיר כי־מפריס
פרסה הוא ולא גרה טמא הוא לכם מבשרם לא תאכלו
9 ובנבלתם לא תגעו: ס את־זה תאכלו מכל אשר
י במים כל אשר־לו סנפיר וקשקשת תאכלו: וכל אשר
אין־לו סנפיר וקשקשת לא תאכלו טמא הוא לכם: ס
11 12 כל־צפור טהרה תאכלו: וזה אשר לא־תאכלו מהם
13 הנשר והפרס והעזניה: והראה ואת־האיה והדיה למינה:
14 טו ואת כל־ערב למינו: ואת בת היענה ואת־התחמס ואת־

esta entre tu pueblo, (16) herir, herirás a los moradores de la ciudad esta a filo de espada, destruyendo a ella y a todo lo que esté en ella y también a sus bestias a filo de espada. (17) Y todos sus despojos juntarás en su plaza, y arderás en fuego, la ciudad y todos sus despojos, todo, por el Eterno, tu Dios: y será un montón siempre: no será reconstruida jamás. (18) Y no se pegará en tu mano ninguna cosa del anatema; para que se torne el furor del Eterno, y te dé piedad, y se apiade de ti, y te multiplique, como juró a tus padres. (19) Cuando oigas la voz del Eterno, tu Dios, y guardes todos sus preceptos que yo te encomiendo hoy, para hacer lo derecho a los ojos del Eterno, tu Dios.

XIV

(1) Hijos seréis vosotros del Eterno, vuestro Dios: no os rasguñéis, y no pongais peladura entre vuestros ojos por muerto; (2) que pueblo santo eres tú para el Eterno, tu Dios, y a ti escogió el Eterno para ser para él pueblo amado más que todos los pueblos de sobre la faz de la tierra.

(3) No comerás ninguna abominación. (4) Estas son las bestias que comeréis: buey, y cordero, y cabrita. (5) Ciervo, y corzo, y búfalo, y cabrón silvestre, y unicornio, y buey silvestre, y cabra montés. (6) Y toda bestia de pezuñas, que tiene hendidura entre dos uñas, y que rumia, entre los animales, a ellos comeréis. (7) De cierto, estos no comeréis: los que rumian, o tienen uña hendida: el camello, y la liebre, y el conejo, porque rumian, pero no tienen uña hendida, inmundos son ellos para ti. (8) Y el puerco, que tiene uña hendida, pero no rumia, inmundo es para vosotros. De su carne no comáis, y su cuerpo muerto no toquéis.

(9) Comeréis de todo lo que hay en las aguas, todo lo que tenga aleta y escama comeréis; (10) y todo lo que no tenga aleta y escama, no comeráis: inmundo es él para vosotros.

(11) Toda ave limpia comeréis. (12) Y éstas son las que no comeréis: el águila, y el azor, y el esmerejón, (13) y el ixio, y el buitre, y el milano y su especie, (14) y todo cuervo y su especie, (15) y el avestruz, y la lechuza, y

הַשַּׁחַף וְאֶת־הַנֵּץ לְמִינֵהוּ׃ אֶת־הַכּוֹס וְאֶת־הַיַּנְשׁוּף 16
17 18 וְהַתִּנְשָׁמֶת׃ וְהַקָּאָת וְאֶת־הָרָחָמָה וְאֶת־הַשָּׁלָךְ׃ וְהַחֲסִידָה
19 וְהָאֲנָפָה לְמִינָהּ וְהַדּוּכִיפַת וְהָעֲטַלֵּף׃ וְכֹל שֶׁרֶץ הָעוֹף טָמֵא
20 21 הוּא לָכֶם לֹא יֵאָכֵלוּ׃ כָּל־עוֹף טָהוֹר תֹּאכֵלוּ׃ לֹא תֹאכְלוּ
כָל־נְבֵלָה לַגֵּר אֲשֶׁר־בִּשְׁעָרֶיךָ תִּתְּנֶנָּה וַאֲכָלָהּ אוֹ מָכֹר
לְנָכְרִי כִּי עַם קָדוֹשׁ אַתָּה לַיהוָה אֱלֹהֶיךָ לֹא־תְבַשֵּׁל גְּדִי
בַּחֲלֵב אִמּוֹ׃ פ חמישי
22 עַשֵּׂר תְּעַשֵּׂר אֵת כָּל־תְּבוּאַת זַרְעֶךָ הַיֹּצֵא הַשָּׂדֶה שָׁנָה
23 שָׁנָה׃ וְאָכַלְתָּ לִפְנֵי ׀ יְהוָה אֱלֹהֶיךָ בַּמָּקוֹם אֲשֶׁר־יִבְחַר
לְשַׁכֵּן שְׁמוֹ שָׁם מַעְשַׂר דְּגָנְךָ תִּירֹשְׁךָ וְיִצְהָרֶךָ וּבְכֹרֹת
בְּקָרְךָ וְצֹאנֶךָ לְמַעַן תִּלְמַד לְיִרְאָה אֶת־יְהוָה אֱלֹהֶיךָ כָּל־
24 הַיָּמִים׃ וְכִי־יִרְבֶּה מִמְּךָ הַדֶּרֶךְ כִּי לֹא תוּכַל שְׂאֵתוֹ
כִּי־יִרְחַק מִמְּךָ הַמָּקוֹם אֲשֶׁר יִבְחַר יְהוָה אֱלֹהֶיךָ לָשׂוּם
כה שְׁמוֹ שָׁם כִּי יְבָרֶכְךָ יְהוָה אֱלֹהֶיךָ׃ וְנָתַתָּה בַּכָּסֶף וְצַרְתָּ
הַכֶּסֶף בְּיָדְךָ וְהָלַכְתָּ אֶל־הַמָּקוֹם אֲשֶׁר יִבְחַר יְהוָה
26 אֱלֹהֶיךָ בּוֹ׃ וְנָתַתָּה הַכֶּסֶף בְּכֹל אֲשֶׁר־תְּאַוֶּה נַפְשְׁךָ בַּבָּקָר
וּבַצֹּאן וּבַיַּיִן וּבַשֵּׁכָר וּבְכֹל אֲשֶׁר תִּשְׁאָלְךָ נַפְשֶׁךָ וְאָכַלְתָּ
27 שָּׁם לִפְנֵי יְהוָה אֱלֹהֶיךָ וְשָׂמַחְתָּ אַתָּה וּבֵיתֶךָ׃ וְהַלֵּוִי
אֲשֶׁר־בִּשְׁעָרֶיךָ לֹא תַעַזְבֶנּוּ כִּי אֵין לוֹ חֵלֶק וְנַחֲלָה עִמָּךְ׃
28 ס מִקְצֵה ׀ שְׁלֹשׁ שָׁנִים תּוֹצִיא אֶת־כָּל־מַעְשַׂר תְּבוּאָתְךָ
29 בַּשָּׁנָה הַהִוא וְהִנַּחְתָּ בִּשְׁעָרֶיךָ׃ וּבָא הַלֵּוִי כִּי אֵין־לוֹ חֵלֶק
וְנַחֲלָה עִמָּךְ וְהַגֵּר וְהַיָּתוֹם וְהָאַלְמָנָה אֲשֶׁר בִּשְׁעָרֶיךָ וְאָכְלוּ
וְשָׂבֵעוּ לְמַעַן יְבָרֶכְךָ יְהוָה אֱלֹהֶיךָ בְּכָל־מַעֲשֵׂה יָדְךָ אֲשֶׁר
תַּעֲשֶׂה׃ ס ששי

טו

2 א מִקֵּץ שֶׁבַע־שָׁנִים תַּעֲשֶׂה שְׁמִטָּה׃ וְזֶה דְּבַר הַשְּׁמִטָּה
שָׁמוֹט כָּל־בַּעַל מַשֵּׁה יָדוֹ אֲשֶׁר יַשֶּׁה בְּרֵעֵהוּ לֹא־יִגֹּשׂ
3 אֶת־רֵעֵהוּ וְאֶת־אָחִיו כִּי־קָרָא שְׁמִטָּה לַיהוָה׃ אֶת־הַנָּכְרִי

el cuclillo, y el gavilán y su especie, (16) y el halcón, y el ibis, y el cisne, (17) y el somormujo, y el pelícano, y el cuervo marino; (18) y la cigüeña, y la garza y su especie, y la abubilla, y el murciélago. (19) Y todo reptil alado, inmundo será para vosotros: no serán comidos. (20) Toda ave limpia comeréis. (21) No comáis ninguna cosa mortecina, al peregrino que ande en tus ciudades la darás, y comerla ha, o vendida al extraño será; que pueblo santo tu eres para el Eterno, tu Dios. No cocines cabrito con la leche de su madre.

(22) Diezmar, diezmarás a todo renuevo de tu simiente, que saliere del campo de año a año. (23) Y comerás delante del Eterno, tu Dios, en el lugar que escogiere para aposentar su nombre allí, el diezmo de tu grano, tu mosto, y tu aceite, y los primogénitos de tus vacas y tus ovejas, para que aprendas a temer al Eterno, tu Dios, todos los días. (24) Y cuando se alejare de ti el camino, tanto que no puedas llevarlo, porque se aleja de ti el lugar que escogió el Eterno, tu Dios, para poner su nombre allí, cuando te bendijere el Eterno, tu Dios, (25) los darás por plata, y atarás la plata en tu mano, e irás al lugar que escogió el Eterno, tu Dios. (26) Y darás la plata por todo lo que deseare tu alma, por las vacas, y por las ovejas, y por el vino, y por la sidra, y por todo lo que demandare tu alma: y comerás allí delante del Eterno, tu Dios, y alegrarte has, tú, y tu casa.

(27) Y al Levita que está en tus ciudades, no lo abandones; que no tiene parte ni heredad contigo. (28) Al fin de tres años sacarás todo el diezmo de tu renuevo del año este, y lo dejarás en tus ciudades. (29) Y vendrá el Levita, que no tiene parte ni heredad contigo, y el peregrino, y el huérfano, y la viuda, que estuvieren en tus ciudades, y comerán y hartarse han; para que te bendiga el Eterno, tu Dios, en todas las obras que hicieres.

XV

(1) Al fin de siete años harás remisión. (2) Y ésta es la manera de hacerla: dejará todo acreedor, lo que le adeudare su compañero, no apretará a su compañero ni a su hermano, porque predicó remisión el Eterno. (3) Al

4 תִּגֹּשׂ וַאֲשֶׁר יִהְיֶה לְךָ אֶת־אָחִיךָ תַּשְׁמֵט יָדֶךָ׃ אֶפֶס כִּי
לֹא יִהְיֶה־בְּךָ אֶבְיוֹן כִּי־בָרֵךְ יְבָרֶכְךָ יְהוָה בָּאָרֶץ אֲשֶׁר
ה יְהוָה אֱלֹהֶיךָ נֹתֵן־לְךָ נַחֲלָה לְרִשְׁתָּהּ׃ רַק אִם־שָׁמוֹעַ
תִּשְׁמַע בְּקוֹל יְהוָה אֱלֹהֶיךָ לִשְׁמֹר לַעֲשׂוֹת אֶת־כָּל־הַמִּצְוָה
6 הַזֹּאת אֲשֶׁר אָנֹכִי מְצַוְּךָ הַיּוֹם׃ כִּי־יְהוָה אֱלֹהֶיךָ בֵּרַכְךָ
כַּאֲשֶׁר דִּבֶּר־לָךְ וְהַעֲבַטְתָּ גּוֹיִם רַבִּים וְאַתָּה לֹא תַעֲבֹט
7 וּמָשַׁלְתָּ בְּגוֹיִם רַבִּים וּבְךָ לֹא יִמְשֹׁלוּ׃ ס כִּי־יִהְיֶה
בְךָ אֶבְיוֹן מֵאַחַד אַחֶיךָ בְּאַחַד שְׁעָרֶיךָ בְּאַרְצְךָ אֲשֶׁר
יְהוָה אֱלֹהֶיךָ נֹתֵן לָךְ לֹא תְאַמֵּץ אֶת־לְבָבְךָ וְלֹא תִקְפֹּץ
8 אֶת־יָדְךָ מֵאָחִיךָ הָאֶבְיוֹן׃ כִּי־פָתֹחַ תִּפְתַּח אֶת־יָדְךָ לוֹ
9 וְהַעֲבֵט תַּעֲבִיטֶנּוּ דֵּי מַחְסֹרוֹ אֲשֶׁר יֶחְסַר לוֹ׃ הִשָּׁמֶר לְךָ
פֶּן־יִהְיֶה דָבָר עִם־לְבָבְךָ בְלִיַּעַל לֵאמֹר קָרְבָה שְׁנַת־
הַשֶּׁבַע שְׁנַת הַשְּׁמִטָּה וְרָעָה עֵינְךָ בְּאָחִיךָ הָאֶבְיוֹן וְלֹא
י תִתֵּן לוֹ וְקָרָא עָלֶיךָ אֶל־יְהוָה וְהָיָה בְךָ חֵטְא׃ נָתוֹן תִּתֵּן
לוֹ וְלֹא־יֵרַע לְבָבְךָ בְּתִתְּךָ לוֹ כִּי בִּגְלַל ׀ הַדָּבָר הַזֶּה
11 יְבָרֶכְךָ יְהוָה אֱלֹהֶיךָ בְּכָל־מַעֲשֶׂךָ וּבְכֹל מִשְׁלַח יָדֶךָ׃ כִּי
לֹא־יֶחְדַּל אֶבְיוֹן מִקֶּרֶב הָאָרֶץ עַל־כֵּן אָנֹכִי מְצַוְּךָ לֵאמֹר
פָּתֹחַ תִּפְתַּח אֶת־יָדְךָ לְאָחִיךָ לַעֲנִיֶּךָ וּלְאֶבְיֹנְךָ בְּאַרְצֶךָ׃ ס
12 כִּי־יִמָּכֵר לְךָ אָחִיךָ הָעִבְרִי אוֹ הָעִבְרִיָּה וַעֲבָדְךָ שֵׁשׁ שָׁנִים
13 וּבַשָּׁנָה הַשְּׁבִיעִת תְּשַׁלְּחֶנּוּ חָפְשִׁי מֵעִמָּךְ׃ וְכִי־תְשַׁלְּחֶנּוּ
14 חָפְשִׁי מֵעִמָּךְ לֹא תְשַׁלְּחֶנּוּ רֵיקָם׃ הַעֲנֵיק תַּעֲנִיק לוֹ
מִצֹּאנְךָ וּמִגָּרְנְךָ וּמִיִּקְבֶךָ אֲשֶׁר בֵּרַכְךָ יְהוָה אֱלֹהֶיךָ תִּתֶּן־
טו לוֹ׃ וְזָכַרְתָּ כִּי עֶבֶד הָיִיתָ בְּאֶרֶץ מִצְרַיִם וַיִּפְדְּךָ יְהוָה
16 אֱלֹהֶיךָ עַל־כֵּן אָנֹכִי מְצַוְּךָ אֶת־הַדָּבָר הַזֶּה הַיּוֹם׃ וְהָיָה
כִּי־יֹאמַר אֵלֶיךָ לֹא אֵצֵא מֵעִמָּךְ כִּי אֲהֵבְךָ וְאֶת־בֵּיתֶךָ
17 כִּי־טוֹב לוֹ עִמָּךְ׃ וְלָקַחְתָּ אֶת־הַמַּרְצֵעַ וְנָתַתָּה בְאָזְנוֹ
וּבַדֶּלֶת וְהָיָה לְךָ עֶבֶד עוֹלָם וְאַף לַאֲמָתְךָ תַּעֲשֶׂה־כֵּן׃
18 לֹא־יִקְשֶׁה בְעֵינֶךָ בְּשַׁלֵּחֲךָ אֹתוֹ חָפְשִׁי מֵעִמָּךְ כִּי מִשְׁנֶה

extraño, demandará y lo que fuere de tu hermano, lo dejará tu mano; (4) pero, que no haya en ti mendigos, que bendecir te bendecirá el Eterno en la tierra, que el Eterno, tu Dios, dió a ti por heredad para heredarla. (5) Sólo si escucharas la voz del Eterno, tu Dios, para guardar y para hacer todas las recomendaciones estas que yo encomiendo hoy. (6) Que el Eterno, tu Dios, te bendecirá, como habló a ti; prestarás a mucha gente, y tú no tomarás prestado; y dominarás a mucha gente, y a ti no te dominarán.

(7) Cuando fuere mendigo uno de tus hermanos, en una de tus ciudades, en tu tierra que el Eterno, tu Dios, dió a ti, no endurezcas tu corazón, y no cierres tu mano a tu hermano el mendigo. (8) Que abrir abrirás tu mano a él, y prestar, le prestarás lo suficiente, lo que faltare a él. (9) Sea guardado a ti no tener cosa perversa en tu corazón, diciendo: Llega el año séptimo de la remisión; y se envilezca tu ojo en tu hermano el mendigo y no des a él: que él clamará contra ti al Eterno, y será para ti, pecado. (10) Dar, darás a él, y no se envilezca tu corazón al dar a él; que por esto te bendecirá el Eterno, tu Dios, en todas tus obras, y en todo donde tiendas tu mano. (11) Porque no desaparecerá el mendigo de la tierra; por tanto, yo te encomiendo, diciendo: abrir, abrirás tu mano a tu hermano, a tu pobre, y a tu mendigo en tu tierra.

(12) Cuando se vendiere a ti tu hermano, el ebreo o la ebrea, y servirte ha, seis años, en el año séptimo lo enviarás libre de tu lado. (13) Y cuando lo enviares libre de tu lado, no le envíes vacío: (14) Cargar, cargarás a él de tus ovejas, y de tu era, y de tu lagar; de lo que te bendijo el Eterno, tu Dios darás a él. (15) Y recordarás que siervo fuiste en la tierra de Egipto, y redimióte el Eterno, tu Dios, por tanto, yo te encomiendo la cosa esta hoy. (16) Y será cuando dijere a ti: No saldré de tu lado, porque te ama a ti y a tu casa, porque bien está él contigo; (17) tomarás la lezna, y marcarás su oreja, junto a la puerta, y será para ti siervo perpetuo; y también a tu sierva harás así. (18) No te endurezcas al enviar a él, libre de tu lado, que de alquiladizo te

שְׂכַר שָׂכִיר עֲבָדְךָ שֵׁשׁ שָׁנִים וּבֵרַכְךָ יְהוָה אֱלֹהֶיךָ בְּכֹל
אֲשֶׁר תַּעֲשֶׂה׃ פ שביעי
19 כָּל־הַבְּכוֹר אֲשֶׁר יִוָּלֵד בִּבְקָרְךָ וּבְצֹאנְךָ הַזָּכָר תַּקְדִּישׁ
לַיהוָה אֱלֹהֶיךָ לֹא תַעֲבֹד בִּבְכֹר שׁוֹרֶךָ וְלֹא תָגֹז בְּכוֹר
כ צֹאנֶךָ׃ לִפְנֵי יְהוָה אֱלֹהֶיךָ תֹאכְלֶנּוּ שָׁנָה בְשָׁנָה בַּמָּקוֹם
21 אֲשֶׁר־יִבְחַר יְהוָה אַתָּה וּבֵיתֶךָ׃ וְכִי־יִהְיֶה בוֹ מוּם פִּסֵּחַ
22 אוֹ עִוֵּר כֹּל מוּם רָע לֹא תִזְבָּחֶנּוּ לַיהוָה אֱלֹהֶיךָ׃ בִּשְׁעָרֶיךָ
23 תֹּאכְלֶנּוּ הַטָּמֵא וְהַטָּהוֹר יַחְדָּו כַּצְּבִי וְכָאַיָּל׃ רַק אֶת־דָּמוֹ
לֹא תֹאכֵל עַל־הָאָרֶץ תִּשְׁפְּכֶנּוּ כַּמָּיִם׃ פ

טז

א שָׁמוֹר אֶת־חֹדֶשׁ הָאָבִיב וְעָשִׂיתָ פֶּסַח לַיהוָה אֱלֹהֶיךָ כִּי
בְּחֹדֶשׁ הָאָבִיב הוֹצִיאֲךָ יְהוָה אֱלֹהֶיךָ מִמִּצְרַיִם לָיְלָה׃
2 וְזָבַחְתָּ פֶּסַח לַיהוָה אֱלֹהֶיךָ צֹאן וּבָקָר בַּמָּקוֹם אֲשֶׁר יִבְחַר
3 יְהוָה לְשַׁכֵּן שְׁמוֹ שָׁם׃ לֹא־תֹאכַל עָלָיו חָמֵץ שִׁבְעַת יָמִים
תֹּאכַל־עָלָיו מַצּוֹת לֶחֶם עֹנִי כִּי בְחִפָּזוֹן יָצָאתָ מֵאֶרֶץ
מִצְרַיִם לְמַעַן תִּזְכֹּר אֶת־יוֹם צֵאתְךָ מֵאֶרֶץ מִצְרַיִם כֹּל
4 יְמֵי חַיֶּיךָ׃ וְלֹא־יֵרָאֶה לְךָ שְׂאֹר בְּכָל־גְּבֻלְךָ שִׁבְעַת יָמִים
וְלֹא־יָלִין מִן־הַבָּשָׂר אֲשֶׁר תִּזְבַּח בָּעֶרֶב בַּיּוֹם הָרִאשׁוֹן
ה לַבֹּקֶר׃ לֹא תוּכַל לִזְבֹּחַ אֶת־הַפָּסַח בְּאַחַד שְׁעָרֶיךָ אֲשֶׁר־
6 יְהוָה אֱלֹהֶיךָ נֹתֵן לָךְ׃ כִּי אִם־אֶל־הַמָּקוֹם אֲשֶׁר־יִבְחַר
יְהוָה אֱלֹהֶיךָ לְשַׁכֵּן שְׁמוֹ שָׁם תִּזְבַּח אֶת־הַפֶּסַח בָּעָרֶב
7 כְּבוֹא הַשֶּׁמֶשׁ מוֹעֵד צֵאתְךָ מִמִּצְרָיִם׃ וּבִשַּׁלְתָּ וְאָכַלְתָּ
בַּמָּקוֹם אֲשֶׁר יִבְחַר יְהוָה אֱלֹהֶיךָ בּוֹ וּפָנִיתָ בַבֹּקֶר וְהָלַכְתָּ
8 לְאֹהָלֶיךָ׃ שֵׁשֶׁת יָמִים תֹּאכַל מַצּוֹת וּבַיּוֹם הַשְּׁבִיעִי עֲצֶרֶת
9 לַיהוָה אֱלֹהֶיךָ לֹא תַעֲשֶׂה מְלָאכָה׃ ס שִׁבְעָה שָׁבֻעֹת
תִּסְפָּר־לָךְ מֵהָחֵל חֶרְמֵשׁ בַּקָּמָה תָּחֵל לִסְפֹּר שִׁבְעָה
י שָׁבֻעוֹת׃ וְעָשִׂיתָ חַג שָׁבֻעוֹת לַיהוָה אֱלֹהֶיךָ מִסַּת נִדְבַת
11 יָדְךָ אֲשֶׁר תִּתֵּן כַּאֲשֶׁר יְבָרֶכְךָ יְהוָה אֱלֹהֶיךָ׃ וְשָׂמַחְתָּ

sirvió seis años; y bendecirte ha, el Eterno, tu Dios, en todo lo que hicieres.

(19) De todo primogénito que fuere nacido de tus vacas y de tus ovejas, el macho santificarás al Eterno, tu Dios; no te sirvas con el primogénito de tu buey, y no trasquiles el primogénito de tus ovejas; (20) delante del Eterno, tu Dios, lo comerás de año en año, en el lugar que escogiere el Eterno, tú y tu casa. (21) Y cuando hubiere en él mácula, o fuere cojo o ciego, o tuviere cualquier mácula mala, no lo sacrifiques al Eterno, tu Dios. (22) En tus ciudades lo comerás: el inmundo como el limpio lo comerán, como el corzo y como el ciervo. (23) Sólo su sangre no comas: sobre la tierra la verterás como el agua.

XVI

(1) Guarda el mes temprano de la primavera, y harás la Pesah al Eterno, tu Dios; porque en el mes temprano te sacó el Eterno, tu Dios, de Egipto, de noche. (2) Y sacrificarás el Pesah al Eterno, tu Dios, ovejas y vacas, en el lugar que escogerá el Eterno para aposentar su nombre allí. (3) No comas en él leudo; siete días comerás en él cenceñas, pan de aflicción, porque con apresuramiento saliste de la tierra de Egipto; para que recuerdes el día de tu salida de la tierra de Egipto, todos los días de tu vida. (4) Y no sea aparecida a ti levadura en todo tu término, siete días; y no quedará nada de la carne que degollares en la tarde en el día primero, para la mañana. (5) No podrás sacrificar la Pesah, en alguna de tus ciudades, que el Eterno, tu Dios, dió a ti. (6) Sólo en el lugar que escogiere el Eterno, tu Dios, para aposentar su nombre allí, sacrificarás la Pesah en la tarde, al ponerse el sol, al tiempo de tu salida de Egipto: (7) Y cocinarás y comerás en el lugar que escogiere el Eterno, tu Dios; y volverás por la mañana, e irás a tu tienda. (8) Seis días comerás cenceñas, y en el día séptimo detenimiento al Eterno, tu Dios habrá: no harás obra.

(9) Siete semanas contarás para ti; desde empezar la hoz a trabajar en las mieses, contarás siete semanas. (10) Y harás fiesta de las semanas al Eterno, tu Dios: lo que pudieres dar de tu mano, darás, como te bendijere el Eterno, tu Dios. (11) Y alegrarte has, delante del Eterno, tu Dios, tú, y tu hijo, y

tu hija, y tu siervo, y tu sierva, y el Levita que estuviere en tus ciudades, y el peregrino, y el huérfano, y la viuda, que entre ti estuviere, en el lugar que escogiere el Eterno, tu Dios, para aposentar su nombre allí. (12) Y recordarte has, que siervo fuiste en Egipto; y guardarás y harás los fueros estos.
(13) La fiesta de las cabañas harás tú siete días, en tu apañar de tu era y de tu lagar.
(14) Y alegrarte has, en la fiesta, tú, y tu hijo, y tu hija, y tu siervo, y tu sierva, y el Levita, y el peregrino, y el huérfano, y la viuda, que en tus ciudades estén. (15) Siete días festejarás la fiesta al Eterno, tu Dios, en el lugar que escogiere el Eterno; para que te bendecirá el Eterno, tu Dios, en todo tu renuevo, y en toda obra de tus manos, y estarás de cierto, alegre.
(16) Tres veces en el año aparecerá todo varón tuyo delante del Eterno, tu Dios, en el lugar que escogiere; en la fiesta de las cenceñas, y en la fiesta de las semanas, y en fiesta de las cabañas. Y no aparecerá delante del Eterno, vacío. (17) Cada uno con la dádiva de su mano, como la bendición que el Eterno, tu Dios, dió a ti.

לִפְנֵי יְהוָה אֱלֹהֶיךָ אַתָּה וּבִנְךָ וּבִתֶּךָ וְעַבְדְּךָ וַאֲמָתֶךָ
וְהַלֵּוִי אֲשֶׁר בִּשְׁעָרֶיךָ וְהַגֵּר וְהַיָּתוֹם וְהָאַלְמָנָה אֲשֶׁר
בְּקִרְבֶּךָ בַּמָּקוֹם אֲשֶׁר יִבְחַר יְהוָה אֱלֹהֶיךָ לְשַׁכֵּן שְׁמוֹ
12 שָׁם׃ וְזָכַרְתָּ כִּי־עֶבֶד הָיִיתָ בְּמִצְרָיִם וְשָׁמַרְתָּ וְעָשִׂיתָ אֶת־
הַחֻקִּים הָאֵלֶּה׃ פ מפטיר
13 חַג הַסֻּכֹּת תַּעֲשֶׂה לְךָ שִׁבְעַת יָמִים בְּאָסְפְּךָ מִגָּרְנְךָ
14 וּמִיִּקְבֶךָ׃ וְשָׂמַחְתָּ בְּחַגֶּךָ אַתָּה וּבִנְךָ וּבִתֶּךָ וְעַבְדְּךָ וַאֲמָתֶךָ
טו וְהַלֵּוִי וְהַגֵּר וְהַיָּתוֹם וְהָאַלְמָנָה אֲשֶׁר בִּשְׁעָרֶיךָ׃ שִׁבְעַת
יָמִים תָּחֹג לַיהוָה אֱלֹהֶיךָ בַּמָּקוֹם אֲשֶׁר־יִבְחַר יְהוָה כִּי
יְבָרֶכְךָ יְהוָה אֱלֹהֶיךָ בְּכֹל תְּבוּאָתְךָ וּבְכֹל מַעֲשֵׂה יָדֶיךָ
16 וְהָיִיתָ אַךְ שָׂמֵחַ׃ שָׁלוֹשׁ פְּעָמִים בַּשָּׁנָה יֵרָאֶה כָל־זְכוּרְךָ
אֶת־פְּנֵי יְהוָה אֱלֹהֶיךָ בַּמָּקוֹם אֲשֶׁר יִבְחָר בְּחַג הַמַּצּוֹת
וּבְחַג הַשָּׁבֻעוֹת וּבְחַג הַסֻּכּוֹת וְלֹא יֵרָאֶה אֶת־פְּנֵי יְהוָה
17 רֵיקָם׃ אִישׁ כְּמַתְּנַת יָדוֹ כְּבִרְכַּת יְהוָה אֱלֹהֶיךָ אֲשֶׁר נָתַן־לָךְ׃
ס ס · ס מח 48
18 שֹׁפְטִים וְשֹׁטְרִים תִּתֶּן־לְךָ בְּכָל־שְׁעָרֶיךָ אֲשֶׁר יְהוָה אֱלֹהֶיךָ
19 נֹתֵן לְךָ לִשְׁבָטֶיךָ וְשָׁפְטוּ אֶת־הָעָם מִשְׁפַּט־צֶדֶק׃ לֹא־
תַטֶּה מִשְׁפָּט לֹא תַכִּיר פָּנִים וְלֹא־תִקַּח שֹׁחַד כִּי הַשֹּׁחַד
כ יְעַוֵּר עֵינֵי חֲכָמִים וִיסַלֵּף דִּבְרֵי צַדִּיקִם׃ צֶדֶק צֶדֶק
תִּרְדֹּף לְמַעַן תִּחְיֶה וְיָרַשְׁתָּ אֶת־הָאָרֶץ אֲשֶׁר־יְהוָה אֱלֹהֶיךָ
21 נֹתֵן לָךְ׃ ס לֹא־תִטַּע לְךָ אֲשֵׁרָה כָּל־עֵץ אֵצֶל מִזְבַּח
22 יְהוָה אֱלֹהֶיךָ אֲשֶׁר תַּעֲשֶׂה־לָּךְ׃ וְלֹא־תָקִים לְךָ מַצֵּבָה
אֲשֶׁר שָׂנֵא יְהוָה אֱלֹהֶיךָ׃ ס

יז

א לֹא־תִזְבַּח לַיהוָה אֱלֹהֶיךָ שׁוֹר וָשֶׂה אֲשֶׁר יִהְיֶה בוֹ מוּם
2 כֹּל דָּבָר רָע כִּי תוֹעֲבַת יְהוָה אֱלֹהֶיךָ הוּא׃ ס כִּי־יִמָּצֵא
בְקִרְבְּךָ בְּאַחַד שְׁעָרֶיךָ אֲשֶׁר־יְהוָה אֱלֹהֶיךָ נֹתֵן לָךְ אִישׁ

(48) SOFTIM

(18) Jueces y alcaldes tendrás en todas tus ciudades que el Eterno, tu Dios, dió a ti y a tus tribus, y juzgarán al pueblo con toda justicia. (19) No tuerzas el juicio, no busques a otros y no tomes cohecho; que el cohecho ciega los ojos de los sabios, y tuerce las palabras de los justos. (20) Justicia, justicia, perseguirás, para que vivas y heredes la tierra que el Eterno, tu Dios, dió a ti.
(21) No plantes para ti ningún bosque ni árbol cerca del ara del Eterno, tu Dios, que harás para ti. (22) Y no te levantes estatua, porque lo aborreció el Eterno, tu Dios.

XVII

(1) No sacrifiques al Eterno, tu Dios, buey, o carnero, que tenga mácula, toda cosa mala; abominación para el Eterno, tu Dios, es ella.
(2) Cuando fuere hallado entre ti, en una de tus ciudades que el Eterno,

טז 16. קמץ בז"ק

אוֹ־אִשָּׁה אֲשֶׁר יַעֲשֶׂה אֶת־הָרַע בְּעֵינֵי יְהוָה־אֱלֹהֶיךָ לַעֲבֹר
בְּרִיתוֹ׃ וַיֵּלֶךְ וַיַּעֲבֹד אֱלֹהִים אֲחֵרִים וַיִּשְׁתַּחוּ לָהֶם וְלַשֶּׁמֶשׁ ׀ 3
אוֹ לַיָּרֵחַ אוֹ לְכָל־צְבָא הַשָּׁמַיִם אֲשֶׁר לֹא־צִוִּיתִי׃ וְהֻגַּד־ 4
לְךָ וְשָׁמָעְתָּ וְדָרַשְׁתָּ הֵיטֵב וְהִנֵּה אֱמֶת נָכוֹן הַדָּבָר נֶעֶשְׂתָה
הַתּוֹעֵבָה הַזֹּאת בְּיִשְׂרָאֵל׃ וְהוֹצֵאתָ אֶת־הָאִישׁ הַהוּא אוֹ ה
אֶת־הָאִשָּׁה הַהִוא אֲשֶׁר עָשׂוּ אֶת־הַדָּבָר הָרָע הַזֶּה אֶל־
שְׁעָרֶיךָ אֶת־הָאִישׁ אוֹ אֶת־הָאִשָּׁה וּסְקַלְתָּם בָּאֲבָנִים וָמֵתוּ׃
עַל־פִּי ׀ שְׁנַיִם עֵדִים אוֹ שְׁלֹשָׁה עֵדִים יוּמַת הַמֵּת לֹא יוּמַת 6
עַל־פִּי עֵד אֶחָד׃ יַד הָעֵדִים תִּהְיֶה־בּוֹ בָרִאשֹׁנָה לַהֲמִיתוֹ 7
וְיַד כָּל־הָעָם בָּאַחֲרֹנָה וּבִעַרְתָּ הָרָע מִקִּרְבֶּךָ׃ פ
כִּי יִפָּלֵא מִמְּךָ דָבָר לַמִּשְׁפָּט בֵּין־דָּם ׀ לְדָם בֵּין־דִּין לְדִין 8
וּבֵין נֶגַע לָנֶגַע דִּבְרֵי רִיבֹת בִּשְׁעָרֶיךָ וְקַמְתָּ וְעָלִיתָ אֶל־
הַמָּקוֹם אֲשֶׁר יִבְחַר יְהוָה אֱלֹהֶיךָ בּוֹ׃ וּבָאתָ אֶל־הַכֹּהֲנִים 9
הַלְוִיִּם וְאֶל־הַשֹּׁפֵט אֲשֶׁר יִהְיֶה בַּיָּמִים הָהֵם וְדָרַשְׁתָּ
וְהִגִּידוּ לְךָ אֵת דְּבַר הַמִּשְׁפָּט׃ וְעָשִׂיתָ עַל־פִּי הַדָּבָר י
אֲשֶׁר יַגִּידוּ לְךָ מִן־הַמָּקוֹם הַהוּא אֲשֶׁר יִבְחַר יְהוָה וְשָׁמַרְתָּ
לַעֲשׂוֹת כְּכֹל אֲשֶׁר יוֹרוּךָ׃ עַל־פִּי הַתּוֹרָה אֲשֶׁר יוֹרוּךָ 11
וְעַל־הַמִּשְׁפָּט אֲשֶׁר־יֹאמְרוּ לְךָ תַּעֲשֶׂה לֹא תָסוּר מִן־הַדָּבָר
אֲשֶׁר־יַגִּידוּ לְךָ יָמִין וּשְׂמֹאל׃ וְהָאִישׁ אֲשֶׁר־יַעֲשֶׂה בְזָדוֹן 12
לְבִלְתִּי שְׁמֹעַ אֶל־הַכֹּהֵן הָעֹמֵד לְשָׁרֶת שָׁם אֶת־יְהוָה
אֱלֹהֶיךָ אוֹ אֶל־הַשֹּׁפֵט וּמֵת הָאִישׁ הַהוּא וּבִעַרְתָּ הָרָע
מִיִּשְׂרָאֵל׃ וְכָל־הָעָם יִשְׁמְעוּ וְיִרָאוּ וְלֹא יְזִידוּן עוֹד׃ ס כִּי־ [10] 13 14
תָבֹא אֶל־הָאָרֶץ אֲשֶׁר יְהוָה אֱלֹהֶיךָ נֹתֵן לָךְ וִירִשְׁתָּהּ
וְיָשַׁבְתָּה בָּהּ וְאָמַרְתָּ אָשִׂימָה עָלַי מֶלֶךְ כְּכָל־הַגּוֹיִם אֲשֶׁר
סְבִיבֹתָי׃ שׂוֹם תָּשִׂים עָלֶיךָ מֶלֶךְ אֲשֶׁר יִבְחַר יְהוָה אֱלֹהֶיךָ טו
בּוֹ מִקֶּרֶב אַחֶיךָ תָּשִׂים עָלֶיךָ מֶלֶךְ לֹא תוּכַל לָתֵת עָלֶיךָ
אִישׁ נָכְרִי אֲשֶׁר לֹא־אָחִיךָ הוּא׃ רַק לֹא־יַרְבֶּה־לּוֹ סוּסִים 16

tu Dios, dió a ti, varón, o mujer, que hiciere el mal a los ojos del Eterno, tu Dios, por faltar a su pacto; (3) y anduviere y sirviere otros dioses, y se encorvare a ellos, y al sol, o a la luna, y a todo ejército de los cielos, que no encomendé, (4) y fuere denunciado a ti, y oyeres, requerirás bien, y verás si de verdad fué hecha, la abominación esta en Israel; (5) y sacarás al varón o a la mujer que hicieron la cosa mala esta, a tus puertas al varón o a la mujer, y apedrearlos has, con piedras, morirán. (6) Por dicho de dos testigos, o de tres testigos, será matado el que debe morir; y no será matado por dicho de un testigo. (7) La mano de los testigos será sobre él primeramente para matarlo, y la mano de todo el pueblo después. Y extirparás el mal de entre ti.

(8) Cuando fuere encubierta a ti una cosa del juicio, entre sangre y sangre, entre pleito y pleito, y entre llaga y llaga, palabras de riñas en tus ciudades; levantarte has, y subirás al lugar que escogiere el Eterno, tu Dios, en él. (9) E irás a los sacerdotes, los Levitas, y al juez que fuere en los días estos, y requerirás, y denunciarán a ti la palabra del juicio. (10) Y harás según lo que te indicaren a ti los del lugar este que escogió el Eterno, y guardarás hacer como todo lo que te dijeren. (11) Lo dicho por la ley que te mostraren, y según el juicio, que dijeren a ti, harás: no te apartes de la sentencia que pronunciaren a ti, ni a derecha ni a izquierda. (12) Y el varón que por soberbia no oyere al sacerdote que está para servir allí al Eterno, tu Dios, o al juez, morirá: y extirparás el mal de Israel. (13) Y todo el pueblo oirá, y temerá, y no se ensoberbecerá más.

(14) Cuando fueres a la tierra que el Eterno, tu Dios, dió a ti, para heredar, y estés en ella, y dirás: Pondré, sobre mí, rey, como todas las gentes, de mi alrededor; (15) poner, pondrás sobre ti al rey que escogerá el Eterno, tu Dios: de entre tus hermanos pondrás sobre ti, rey: no podrás poner sobre ti, varón extraño, que no sea tu hermano. (16) Sólo que no se aumenten los caballos, y no haga tornar al pueblo a Egipto, para multiplicar caballos; que

10. חצי הספר בפסוקים

ולא־ישיב את־העם מצרימה למען הרבות סוס ויהוה
17 אמר לכם לא תספון לשוב בדרך הזה עוד: ולא ירבה־
לו נשים ולא יסור לבבו וכסף וזהב לא ירבה־לו מאד:
18 והיה כשבתו על כסא ממלכתו וכתב לו את־משנה
19 התורה הזאת על־ספר מלפני הכהנים הלוים: והיתה
עמו וקרא בו כל־ימי חייו למען ילמד ליראה את־יהוה
אלהיו לשמר את־כל־דברי התורה הזאת ואת־החקים
כ האלה לעשתם: לבלתי רום־לבבו מאחיו ולבלתי סור
מן־המצוה ימין ושמאול למען יאריך ימים על־ממלכתו
הוא ובניו בקרב ישראל: ס שליש

יח

א לא־יהיה לכהנים הלוים כל־שבט לוי חלק ונחלה עם
2 ישראל אשי יהוה ונחלתו יאכלון: ונחלה לא־יהיה־לו
3 בקרב אחיו יהוה הוא נחלתו כאשר דבר־לו: ס וזה
יהיה משפט הכהנים מאת העם מאת זבחי הזבח אם־
4 שור אם־שה ונתן לכהן הזרע והלחיים והקבה: ראשית
ה דגנך תירשך ויצהרך וראשית גז צאנך תתן־לו: כי בו
בחר יהוה אלהיך מכל־שבטיך לעמד לשרת בשם־
6 יהוה הוא ובניו כל־הימים: ס וכי־יבא הלוי מאחד
שעריך מכל־ישראל אשר־הוא גר שם ובא בכל־אות
7 נפשו אל־המקום אשר־יבחר יהוה: ושרת בשם יהוה
8 אלהיו ככל־אחיו הלוים העמדים שם לפני יהוה: חלק
9 כחלק יאכלו לבד ממכריו על־האבות: ס כי אתה בא
אל־הארץ אשר־יהוה אלהיך נתן לך לא־תלמד לעשות
י כתועבת הגוים ההם: לא־ימצא בך מעביר בנו־ובתו באש
11 קסם קסמים מעונן ומנחש ומכשף: וחבר חבר ושאל
12 אוב וידעני ודרש אל־המתים: כי־תועבת יהוה כל־עשה

el Eterno dijo a vosotros: No tornéis más por el camino este. (17) Y no multiplique para sí mujeres, para que no se aparte tu corazón, y plata y oro no aumente para sí mucho. (18) Y será, cuando se sentare sobre la silla de su reino, que escribirá para él la repetición de la ley esta, sobre un libro delante de los sacerdotes, los Levitas; (19) y será con él, y leerá en él todos los días de su vida, para que aprenda a temer al Eterno, su Dios, para guardar todas las palabras de la ley, y los fueros, para hacerlos. (20) Para que no se enaltezca su corazón, más que el de sus hermanos, y para que no se quite de los mandamientos ni a derecha ni a izquierda; para que alargue los días sobre su reino; él, y sus hijos, entre Israel.

XVIII

(1) No tendrán los sacerdotes, los Levitas, y toda la tribu de Leví, parte ni heredad con Israel; ofrendas del Eterno, y de su heredad comerán. (2) Y heredad no tendrá él entre sus hermanos: el Eterno, es su heredad; como habló él.
(3) Y éste será el derecho de los sacerdotes sobre el pueblo, el que sacrificare sacrificio, buey o carnero, dará al sacerdote el brazo, y las quijadas, y el cuajar. (4) La primicia de tu grano, y de tu mosto, y de tu aceite, y la primicia de la esquila de tus ovejas darás a él. (5) Que a él escogió el Eterno, tu Dios, de todas tus tribus, para servir en nombre del Eterno; él, y sus hijos, todos los días.
(6) Y cuando viniere el Levita de una de tus ciudades de Israel, donde él peregrinó, y viniere con todo el deseo de su alma al lugar que escogió el Eterno. (7) Servirá en nombre del Eterno, su Dios, como todos sus hermanos, los Levitas que están allí delante del Eterno. (8) Parte como su parte comerán, fuera de lo vendido según sus patrimonios.
(9) Cuando tú fueres a la tierra que el Eterno, tu Dios, da a ti, no hagas las abominaciones de las gentes estas. (10) No sea hallado en ti quien hiciere pasar su hijo o su hija por el fuego, ni el que hiciere hechizos, ni fuere agorero, ni adivino, ni brujo, (11) ni que hiciere encantamientos, y demandare a Pitón, y a adivinos y a requeridores de los muertos. (12) Que abo-

יח 19. סבירין בה 20. מלא ו׳

אֵלֶּה וּבִגְלַל הַתּוֹעֵבֹת הָאֵלֶּה יְהוָה אֱלֹהֶיךָ מוֹרִישׁ אוֹתָם
13 14 מִפָּנֶיךָ׃ תָּמִים תִּהְיֶה עִם יְהוָה אֱלֹהֶיךָ׃ כִּי הַגּוֹיִם הָאֵלֶּה
אֲשֶׁר אַתָּה יוֹרֵשׁ אוֹתָם אֶל־מְעֹנְנִים וְאֶל־קֹסְמִים יִשְׁמָעוּ
15 וְאַתָּה לֹא כֵן נָתַן לְךָ יְהוָה אֱלֹהֶיךָ׃ נָבִיא מִקִּרְבְּךָ מֵאַחֶיךָ
16 כָּמֹנִי יָקִים לְךָ יְהוָה אֱלֹהֶיךָ אֵלָיו תִּשְׁמָעוּן׃ כְּכֹל אֲשֶׁר־
שָׁאַלְתָּ מֵעִם יְהוָה אֱלֹהֶיךָ בְּחֹרֵב בְּיוֹם הַקָּהָל לֵאמֹר
לֹא אֹסֵף לִשְׁמֹעַ אֶת־קוֹל יְהוָה אֱלֹהָי וְאֶת־הָאֵשׁ הַגְּדֹלָה
17 הַזֹּאת לֹא־אֶרְאֶה עוֹד וְלֹא אָמוּת׃ וַיֹּאמֶר יְהוָה אֵלָי
18 הֵיטִיבוּ אֲשֶׁר דִּבֵּרוּ׃ נָבִיא אָקִים לָהֶם מִקֶּרֶב אֲחֵיהֶם
כָּמוֹךָ וְנָתַתִּי דְבָרַי בְּפִיו וְדִבֶּר אֲלֵיהֶם אֵת כָּל־אֲשֶׁר
19 אֲצַוֶּנּוּ׃ וְהָיָה הָאִישׁ אֲשֶׁר לֹא־יִשְׁמַע אֶל־דְּבָרַי אֲשֶׁר
כ יְדַבֵּר בִּשְׁמִי אָנֹכִי אֶדְרֹשׁ מֵעִמּוֹ׃ אַךְ הַנָּבִיא אֲשֶׁר יָזִיד
לְדַבֵּר דָּבָר בִּשְׁמִי אֵת אֲשֶׁר לֹא־צִוִּיתִיו לְדַבֵּר וַאֲשֶׁר
21 יְדַבֵּר בְּשֵׁם אֱלֹהִים אֲחֵרִים וּמֵת הַנָּבִיא הַהוּא׃ וְכִי
תֹאמַר בִּלְבָבֶךָ אֵיכָה נֵדַע אֶת־הַדָּבָר אֲשֶׁר לֹא־דִבְּרוֹ
22 יְהוָה׃ אֲשֶׁר יְדַבֵּר הַנָּבִיא בְּשֵׁם יְהוָה וְלֹא־יִהְיֶה הַדָּבָר
וְלֹא יָבֹא הוּא הַדָּבָר אֲשֶׁר לֹא־דִבְּרוֹ יְהוָה בְּזָדוֹן דִּבְּרוֹ
הַנָּבִיא לֹא תָגוּר מִמֶּנּוּ׃ ס

יט

א כִּי־יַכְרִית יְהוָה אֱלֹהֶיךָ אֶת־הַגּוֹיִם אֲשֶׁר יְהוָה אֱלֹהֶיךָ
נֹתֵן לְךָ אֶת־אַרְצָם וִירִשְׁתָּם וְיָשַׁבְתָּ בְעָרֵיהֶם וּבְבָתֵּיהֶם׃
2 שָׁלוֹשׁ עָרִים תַּבְדִּיל לָךְ בְּתוֹךְ אַרְצְךָ אֲשֶׁר יְהוָה אֱלֹהֶיךָ
3 נֹתֵן לְךָ לְרִשְׁתָּהּ׃ תָּכִין לְךָ הַדֶּרֶךְ וְשִׁלַּשְׁתָּ אֶת־גְּבוּל
אַרְצְךָ אֲשֶׁר יַנְחִילְךָ יְהוָה אֱלֹהֶיךָ וְהָיָה לָנוּס שָׁמָּה כָּל־
4 רֹצֵחַ׃ וְזֶה דְּבַר הָרֹצֵחַ אֲשֶׁר־יָנוּס שָׁמָּה וָחָי אֲשֶׁר יַכֶּה
אֶת־רֵעֵהוּ בִּבְלִי־דַעַת וְהוּא לֹא־שֹׂנֵא לוֹ מִתְּמֹל שִׁלְשֹׁם׃
ה וַאֲשֶׁר יָבֹא אֶת־רֵעֵהוּ בַיַּעַר לַחְטֹב עֵצִים וְנִדְּחָה יָדוֹ

minación del Eterno es todo el que lo hiciere: y por las abominaciones estas, el Eterno, tu Dios, destierra a ellos de delante de ti.

(13) Perfecto serás con el Eterno, tu Dios. (14) Que las gentes estas a quienes tú heredas, a agoreros, y a hechiceros oían, y tú, no así, dió a ti el Eterno, tu Dios. (15) Profeta de entre ti, de tus hermanos, como yo, levantará a ti el Eterno, tu a él oiréis. (16) Como todo lo que demandaste del Eterno, tu Dios, en Horeb el día de la congregación, diciendo: No vuelva yo a oír la voz del Eterno, mi Dios, y al fuego grande este no vea más para que no muera. (17) Y dijo el Eterno: bien está lo que hablaron. (18) Profeta levantaré a ellos de entre sus hermanos, como tú; y daré mis palabras en su boca, y hablará a ellos todo lo que le encomendare. (19) Y al varón que no oyere mis palabras que hablare en mi nombre, yo requeriré de él. (20) De cierto, el profeta que presumiere de hablar en mi nombre, lo que no le encomendé hablar, y el que hablare en nombre de otros dioses, morirá el profeta ese. (21) Y cuando dijeres en tu corazón: ¿Cómo sabremos que éste no lo habló el Eterno? (22) Lo que hablare el profeta en nombre del Eterno, y no fuere verdad, y no viniere, ello es que no lo habló el Eterno; con soberbia habló el profeta: no temas de él.

XIX

(1) Cuando tajare el Eterno, tu Dios, a las gentes cuya tierra el Eterno, tu Dios, da a ti, y heredas tú y estés en sus ciudades, y en sus casas; (2) tres ciudades apartarás entre tu tierra, que el Eterno, tu Dios, da a ti para heredar. (3) Prepararás el camino, y dividirás en tres partes el término de tu tierra, que te hace heredar el Eterno, tu Dios, y será para que huya allí todo matador. (4) Y esto es por lo que el matador huirá allí, y vivirá: el que hiriere a su compañero sin saber, y él no aborreció a él ni ayer ni anteayer; (5) y el que fuere con su compañero al bosque para tajar leñas, y fuere

יח 13. בקצת ספרים הת רבתי .16 קמץ בז״ק

בגרזן לכרת העץ ונשל הברזל מן־העץ ומצא את־
6 רעהו ומת הוא ינוס אל־אחת הערים־האלה וחי: פן־
ירדף גאל הדם אחרי הרצח כי יחם לבבו והשיגו
כי־ירבה הדרך והכהו נפש ולו אין משפט־מות כי
ז לא שנא הוא לו מתמול שלשום: על־כן אנכי מצוך
ח לאמר שלש ערים תבדיל לך: ואם־ירחיב יהוה
אלהיך את־גבלך כאשר נשבע לאבתיך ונתן לך את־
9 כל־הארץ אשר דבר לתת לאבתיך: כי־תשמר את־
כל־המצוה הזאת לעשתה אשר אנכי מצוך היום לאהבה
את־יהוה אלהיך וללכת בדרכיו כל־הימים ויספת לך
י עוד שלש ערים על השלש האלה: ולא ישפך דם נקי
בקרב ארצך אשר יהוה אלהיך נתן לך נחלה והיה
עליך דמים: פ
יא וכי־יהיה איש שנא לרעהו וארב לו וקם עליו והכהו
נפש ומת ונס אל־אחת הערים האל: ושלחו זקני עירו
13 ולקחו אתו משם ונתנו אתו ביד גאל הדם ומת: לא־
תחוס עינך עליו ובערת דם־הנקי מישראל וטוב לך:
14 ס לא תסיג גבול רעך אשר גבלו ראשנים בנחלתך
אשר תנחל בארץ אשר יהוה אלהיך נתן לך לרשתה:
טו ס לא־יקום עד אחד באיש לכל־עון ולכל־חטאת
בכל־חטא אשר יחטא על־פי | שני עדים או על־פי
16 שלשה־עדים יקום דבר: כי־יקום עד־חמס באיש לענות
17 בו סרה: ועמדו שני־האנשים אשר־להם הריב לפני
יהוה לפני הכהנים והשפטים אשר יהיו בימים ההם:
18 ודרשו השפטים היטב והנה עד־שקר העד שקר ענה
19 באחיו: ועשיתם לו כאשר זמם לעשות לאחיו ובערת
כ הרע מקרבך: והנשארים ישמעו ויראו ולא־יספו לעשות

empujada su mano en el destral para tajar el leño y saltare el hierro del palo, y hallare a su compañero, y muriere; él huirá a una de las ciudades estas, y vivirá; (6) para que no persiga el redimidor de la sangre, en pos del matador, cuando se enardeciere su corazón, y alcanzarlo pudiere si es largo el camino, y lo hiriere en el alma de muerte, y él no tuviere juicio de muerte; porque no aborreció, a él ni ayer ni anteayer. (7) Por tanto, yo te encomiendo, diciendo: Tres ciudades apartarás de ti. (8) Y cuando ensanchare el Eterno, tu Dios, tu término, como juró a tus padres, y diere a ti toda la tierra que habló a tus padres; (9) cuando guardares todos los mandamientos estos que yo te encomiendo hoy, para amar al Eterno, tu Dios, y por andar en sus caminos todos los días; añadirás tres ciudades más a éstas. (10) Y no sea vertida sangre inocente en tu tierra, que el Eterno, tu Dios, dé a ti por heredad, y no caiga sobre ti esa sangre.

(11) Y cuando el varón aborreciere a su compañero, y acechare a él, y se levantare sobre él, y lo hiriere en el alma, y muriere, y huyere a una de las ciudades estas, (12) enviarán los viejos de su ciudad y tomarán a él de allí, y dieran a él en mano del redimidor de la sangre, morirá. (13) No se apiade tu alma de él, quitarás la sangre inocente de Israel, y bien a ti será.

(14) No estreches el término de tu compañero el que señalaron los primeros en tu heredad, que heredas en la tierra que el Eterno, tu Dios, da a ti para heredar.

(15) No valdrá un testigo contra varón por todo delito, y por todo pecado, en todo pecado que cometiere. Por dicho de dos testigos, o por dicho de tres testigos se afirmará la cosa. (16) Cuando se levantare testigo de violencia contra varón, para atestiguar contra él rebeldía, (17) estarán los dos varones de la riña delante del Eterno, delante de los sacerdotes, y de los jueces que estuvieren en los días estos. (18) Y requerirán los jueces bien, y he aquí si es de falsedad el testigo, y falsedad atestiguó contra su hermano, (19) haréis a él como pensó hacer a su hermano: y extirparás el mal de entre ti. (20) Y los que queden oirán, y temerán, y no volverán a hacer más

11. סבירין האלה .19 הטעם נסוג אחור

עוֹד כַּדָּבָר הָרָע הַזֶּה בְּקִרְבֶּךָ׃ וְלֹא תָחוֹס עֵינֶךָ נֶפֶשׁ 21
בְּנֶפֶשׁ עַיִן בְּעַיִן שֵׁן בְּשֵׁן יָד בְּיָד רֶגֶל בְּרָגֶל׃ ס

כ

כִּי־תֵצֵא לַמִּלְחָמָה עַל־אֹיְבֶךָ וְרָאִיתָ סוּס וָרֶכֶב עַם רַב א
מִמְּךָ לֹא תִירָא מֵהֶם כִּי־יְהוָה אֱלֹהֶיךָ עִמָּךְ הַמַּעַלְךָ
מֵאֶרֶץ מִצְרָיִם׃ וְהָיָה כְּקָרָבְכֶם אֶל־הַמִּלְחָמָה וְנִגַּשׁ 2
הַכֹּהֵן וְדִבֶּר אֶל־הָעָם׃ וְאָמַר אֲלֵהֶם שְׁמַע יִשְׂרָאֵל אַתֶּם 3
קְרֵבִים הַיּוֹם לַמִּלְחָמָה עַל־אֹיְבֵיכֶם אַל־יֵרַךְ לְבַבְכֶם
אַל־תִּירְאוּ וְאַל־תַּחְפְּזוּ וְאַל־תַּעַרְצוּ מִפְּנֵיהֶם׃ כִּי יְהוָה 4
אֱלֹהֵיכֶם הַהֹלֵךְ עִמָּכֶם לְהִלָּחֵם לָכֶם עִם־אֹיְבֵיכֶם לְהוֹשִׁיעַ
אֶתְכֶם׃ וְדִבְּרוּ הַשֹּׁטְרִים אֶל־הָעָם לֵאמֹר מִי־הָאִישׁ אֲשֶׁר ה
בָּנָה בַיִת־חָדָשׁ וְלֹא חֲנָכוֹ יֵלֵךְ וְיָשֹׁב לְבֵיתוֹ פֶּן־יָמוּת
בַּמִּלְחָמָה וְאִישׁ אַחֵר יַחְנְכֶנּוּ׃ וּמִי־הָאִישׁ אֲשֶׁר נָטַע 6
כֶּרֶם וְלֹא חִלְּלוֹ יֵלֵךְ וְיָשֹׁב לְבֵיתוֹ פֶּן־יָמוּת בַּמִּלְחָמָה
וְאִישׁ אַחֵר יְחַלְּלֶנּוּ׃ וּמִי־הָאִישׁ אֲשֶׁר אֵרַשׂ אִשָּׁה וְלֹא 7
לְקָחָהּ יֵלֵךְ וְיָשֹׁב לְבֵיתוֹ פֶּן־יָמוּת בַּמִּלְחָמָה וְאִישׁ אַחֵר
יִקָּחֶנָּה׃ וְיָסְפוּ הַשֹּׁטְרִים לְדַבֵּר אֶל־הָעָם וְאָמְרוּ מִי־ 8
הָאִישׁ הַיָּרֵא וְרַךְ הַלֵּבָב יֵלֵךְ וְיָשֹׁב לְבֵיתוֹ וְלֹא יִמַּס אֶת־
לְבַב אֶחָיו כִּלְבָבוֹ׃ וְהָיָה כְּכַלֹּת הַשֹּׁטְרִים לְדַבֵּר אֶל־ 9
הָעָם וּפָקְדוּ שָׂרֵי צְבָאוֹת בְּרֹאשׁ הָעָם׃ ס כִּי־תִקְרַב י
אֶל־עִיר לְהִלָּחֵם עָלֶיהָ וְקָרָאתָ אֵלֶיהָ לְשָׁלוֹם׃ וְהָיָה 11
אִם־שָׁלוֹם תַּעַנְךָ וּפָתְחָה לָךְ וְהָיָה כָּל־הָעָם הַנִּמְצָא־בָהּ
יִהְיוּ לְךָ לָמַס וַעֲבָדוּךָ׃ וְאִם־לֹא תַשְׁלִים עִמָּךְ וְעָשְׂתָה 12
עִמְּךָ מִלְחָמָה וְצַרְתָּ עָלֶיהָ׃ וּנְתָנָהּ יְהוָה אֱלֹהֶיךָ בְּיָדֶךָ 13
וְהִכִּיתָ אֶת־כָּל־זְכוּרָהּ לְפִי־חָרֶב׃ רַק הַנָּשִׁים וְהַטַּף 14
וְהַבְּהֵמָה וְכֹל אֲשֶׁר יִהְיֶה בָעִיר כָּל־שְׁלָלָהּ תָּבֹז לָךְ
וְאָכַלְתָּ אֶת־שְׁלַל אֹיְבֶיךָ אֲשֶׁר נָתַן יְהוָה אֱלֹהֶיךָ לָךְ׃ כֵּן טו
תַּעֲשֶׂה לְכָל־הֶעָרִים הָרְחֹקֹת מִמְּךָ מְאֹד אֲשֶׁר לֹא־מֵעָרֵי

como la cosa mala esta entre ti. (21) Y no se apiade tu alma: alma por alma, ojo por ojo, diente por diente, mano por mano, pie por pie.

XX

(1) Cuando salieres a la pelea contra tus enemigos, y vieres caballos y jinetes, un pueblo mucho más grande que tú, no temas a ellos, que el Eterno, tu Dios, está contigo, el que te hizo salir de la tierra de Egipto. (2) Y será que al llegar a la pelea llegaráse el sacerdote, y hablará al pueblo. (3) Y dirá a ellos: Oye, Israel, vosotros llegáis hoy a la pelea sobre vuestros enemigos; no se enternezca vuestro corazón, no temáis, no os apresuréis y no os quebrantéis delante de ellos; (4) que el Eterno, vuestro Dios, es él quien anda con vosotros, para pelear por vosotros con vuestros enemigos, por salvar a vosotros. (5) Y hablarán los alguaciles al pueblo, diciendo: ¿Quién es el varón que edificó casa nueva, y no la estrenó? Que se vaya, que se torne a su casa, porque quizá muera en la pelea, y otro varón la estrenará. (6) ¿Y quién es el varón que plantó viñas, y no sacó provecho? Que se vaya, y torne a su casa, porque quizá muera en la pelea, y otro varón la aprovechará. (7) ¿Y quién es el varón que desposó mujer, y no la tomó? Que se vaya y torne a su casa, porque quizá muera en la pelea, y otro varón la tomará. (8) Y volverán los alguaciles a hablar al pueblo, y dirán: ¿Quién es el varón que teme y es tierno de corazón, se vaya, y se torne a su casa, y no apoque el corazón de sus hermanos, como a su corazón. (9) Y será cuando acaben los alguaciles de hablar al pueblo, que pondrán mayorales de ejército a la cabeza del pueblo.

(10) Cuando llegues a una ciudad para pelear contra ella, le pregonarás a ella: ¿paz? (11) Y será, que sí, ¡Paz!, te respondiere, y se abriere a ti, todo el pueblo hallado en ella, será a ti por pecho, y servirte han. (12) Y si no hiciere paz contigo, e hiciere contigo pelea, pondrás sitio a ella, (13) y darla ha, el Eterno, tu Dios, en tus manos, herirás a todos sus varones con el filo de la espada. (14) Salvo las mujeres y las familias, y las bestias, y todo lo que estuviere en la ciudad, todo su despojo, tomarás para ti; y comerás del despojo de tus enemigos, que dió el Eterno, tu Dios, a ti. (15) Así harás con todas las ciudades muy lejanas de ti, que no fueren de las ciudades de

16 הגוים־האלה הנה: רק מערי העמים האלה אשר יהוה
17 אלהיך נתן לך נחלה לא תחיה כל־נשמה: כי־החרם
תחרימם החתי והאמרי הכנעני והפרזי החוי והיבוסי
18 כאשר צוך יהוה אלהיך: למען אשר לא־ילמדו אתכם
לעשות ככל תועבתם אשר עשו לאלהיהם וחטאתם
19 ליהוה אלהיכם: ס כי־תצור אל־עיר ימים רבים
להלחם עליה לתפשה לא־תשחית את־עצה לנדח עליו
גרזן כי ממנו תאכל ואתו לא תכרת כי האדם עץ השדה
כ לבא מפניך במצור: רק עץ אשר־תדע כי לא־עץ
מאכל הוא אתו תשחית וכרת ובנית מצור על־העיר
אשר־הוא עשה עמך מלחמה עד רדתה: פ

כא

א כי־ימצא חלל באדמה אשר יהוה אלהיך נתן לך
2 לרשתה נפל בשדה לא נודע מי הכהו: ויצאו זקניך
3 ושפטיך ומדדו אל־הערים אשר סביבת החלל: והיה
העיר הקרבה אל־החלל ולקחו זקני העיר ההוא עגלת
4 בקר אשר לא־עבד בה אשר לא־משכה בעל: והורדו
זקני העיר ההוא את־העגלה אל־נחל איתן אשר לא־
ה יעבד בו ולא יזרע וערפו־שם את־העגלה בנחל: ונגשו
הכהנים בני לוי כי בם בחר יהוה אלהיך לשרתו ולברך
6 בשם יהוה ועל־פיהם יהיה כל־ריב וכל־נגע: וכל זקני
העיר ההוא הקרבים אל־החלל ירחצו את־ידיהם על־
7 העגלה הערופה בנחל: וענו ואמרו ידינו לא שפכה
8 את־הדם הזה ועינינו לא ראו: כפר לעמך ישראל
אשר־פדית יהוה ואל־תתן דם נקי בקרב עמך ישראל
9 ונכפר להם הדם: ואתה תבער הדם הנקי מקרבך
כי־תעשה הישר בעיני יהוה:

las gentes estas. (16) De cierto, de las ciudades de los pueblos estos que el Eterno, tu Dios, da a ti en heredad, no dejes vivir ninguna alma, (17) que destruir, las destruirás: al Hiteo, y al Emoreo, y al Kenaaneo, y al Periseo, y al Hiveo, y al Iebuseo; como te encomendó el Eterno, tu Dios: (18) Para que no enseñen a hacer todas sus abominaciones, que hicieron a sus dioses, porque pecaréis al Eterno, vuestro Dios.

(19) Cuando sitiares a una ciudad muchos días para pelear contra ella y tomarla; no dañes sus árboles con el destral, porque de ellos comerás: y a ellos no tajarás, que no es el árbol del campo como un hombre para pelear contigo en el sitio. (20) Sólo al árbol que supieres que no es árbol que da frutos, a él destruirás y cortarás, y construirás baluarte contra la ciudad que hiciere contigo pelea, hasta sojuzgarla.

XXI

(1) Cuando fuere hallado un muerto en la tierra que el Eterno, tu Dios, da a ti para heredarla, caído en el campo, sin saber quién lo hirió, (2) saldrán tus viejos y tus jueces y medirán hacia las ciudades de los alrededores en que está el muerto; (3) y será de la ciudad más cercana al muerto, que tomarán los viejos de la ciudad esta una becerra que no hubiere servido, y que no tiró del yugo; (4) y harán descender los viejos de la ciudad esta, a la becerra al valle áspero, en el que no se labra ni siembra, y cortarán el pescuezo allí a la becerra, en el valle. (5) Y llegarse han, los sacerdotes, hijos de Leví, que a ellos escogió el Eterno, tu Dios, para servirle y bendecir en nombre del Eterno; y por su dicho será resuelta toda baraja y toda llaga. (6) Y todos los viejos de la ciudad esta, más cercana al muerto, lavarán sus manos en la sangre de la becerra degollada en el valle. (7) Y responderán y dirán: Nuestras manos no vertieron la sangre esta, y nuestros ojos no vieron. (8) Perdona a tu pueblo Israel, al que redimiste, Eterno; y no dejes caer sangre inocente sobre tu pueblo Israel. Y será perdonada a ellos la sangre. (9) Y tú extirparás la sangre inocente de entre ti, y harás lo derecho a los ojos del Eterno.

כא 7. שפכו ק'

ס ס ס מט 49

10 כִּֽי־תֵצֵא לַמִּלְחָמָה עַל־אֹיְבֶיךָ וּנְתָנוֹ יְהוָה אֱלֹהֶיךָ בְּיָדֶךָ
11 וְשָׁבִיתָ שִׁבְיוֹ׃ וְרָאִיתָ בַּשִּׁבְיָה אֵשֶׁת יְפַת־תֹּאַר וְחָשַׁקְתָּ
12 בָהּ וְלָקַחְתָּ לְךָ לְאִשָּׁה׃ וַהֲבֵאתָהּ אֶל־תּוֹךְ בֵּיתֶךָ וְגִלְּחָה
13 אֶת־רֹאשָׁהּ וְעָשְׂתָה אֶת־צִפָּרְנֶיהָ׃ וְהֵסִירָה אֶת־שִׂמְלַת
שִׁבְיָהּ מֵעָלֶיהָ וְיָשְׁבָה בְּבֵיתֶךָ וּבָכְתָה אֶת־אָבִיהָ וְאֶת־
אִמָּהּ יֶרַח יָמִים וְאַחַר כֵּן תָּבוֹא אֵלֶיהָ וּבְעַלְתָּהּ וְהָיְתָה
14 לְךָ לְאִשָּׁה׃ וְהָיָה אִם־לֹא חָפַצְתָּ בָּהּ וְשִׁלַּחְתָּהּ לְנַפְשָׁהּ
וּמָכֹר לֹא־תִמְכְּרֶנָּה בַּכָּסֶף לֹא־תִתְעַמֵּר בָּהּ תַּחַת אֲשֶׁר
15 עִנִּיתָהּ׃ ס כִּֽי־תִהְיֶיןָ לְאִישׁ שְׁתֵּי נָשִׁים הָאַחַת
אֲהוּבָה וְהָאַחַת שְׂנוּאָה וְיָלְדוּ־לוֹ בָנִים הָאֲהוּבָה וְהַשְּׂנוּאָה
16 וְהָיָה הַבֵּן הַבְּכֹר לַשְּׂנִיאָה׃ וְהָיָה בְּיוֹם הַנְחִילוֹ אֶת־בָּנָיו
אֵת אֲשֶׁר־יִהְיֶה לוֹ לֹא יוּכַל לְבַכֵּר אֶת־בֶּן־הָאֲהוּבָה עַל־
17 פְּנֵי בֶן־הַשְּׂנוּאָה הַבְּכֹר׃ כִּי אֶת־הַבְּכֹר בֶּן־הַשְּׂנוּאָה יַכִּיר
לָתֶת לוֹ פִּי שְׁנַיִם בְּכֹל אֲשֶׁר־יִמָּצֵא לוֹ כִּי־הוּא רֵאשִׁית
18 אֹנוֹ לוֹ מִשְׁפַּט הַבְּכֹרָה׃ ס כִּֽי־יִהְיֶה לְאִישׁ בֵּן סוֹרֵר
וּמוֹרֶה אֵינֶנּוּ שֹׁמֵעַ בְּקוֹל אָבִיו וּבְקוֹל אִמּוֹ וְיִסְּרוּ אֹתוֹ וְלֹא
19 יִשְׁמַע אֲלֵיהֶם׃ וְתָפְשׂוּ בוֹ אָבִיו וְאִמּוֹ וְהוֹצִיאוּ אֹתוֹ אֶל־
20 זִקְנֵי עִירוֹ וְאֶל־שַׁעַר מְקֹמוֹ׃ וְאָמְרוּ אֶל־זִקְנֵי עִירוֹ בְּנֵנוּ
21 זֶה סוֹרֵר וּמֹרֶה אֵינֶנּוּ שֹׁמֵעַ בְּקֹלֵנוּ זוֹלֵל וְסֹבֵא׃ וּרְגָמֻהוּ
כָּל־אַנְשֵׁי עִירוֹ בָאֲבָנִים וָמֵת וּבִעַרְתָּ הָרָע מִקִּרְבֶּךָ וְכָל־
22 יִשְׂרָאֵל יִשְׁמְעוּ וְיִרָאוּ׃ ס שני וְכִי־יִהְיֶה בְאִישׁ חֵטְא
23 מִשְׁפַּט־מָוֶת וְהוּמָת וְתָלִיתָ אֹתוֹ עַל־עֵץ׃ לֹא־תָלִין
נִבְלָתוֹ עַל־הָעֵץ כִּי־קָבוֹר תִּקְבְּרֶנּוּ בַּיּוֹם הַהוּא כִּי־קִלְלַת
אֱלֹהִים תָּלוּי וְלֹא תְטַמֵּא אֶת־אַדְמָתְךָ אֲשֶׁר יְהוָה אֱלֹהֶיךָ
נֹתֵן לְךָ נַחֲלָה׃ ס

כב

א לֹא־תִרְאֶה אֶת־שׁוֹר אָחִיךָ אוֹ אֶת־שֵׂיוֹ נִדָּחִים וְהִתְעַלַּמְתָּ

(49) TESÉ

(10) Cuando salieres a la pelea contra tus enemigos, y los diere el Eterno, tu Dios, en tus manos, y tomaras cautivos, (11) y vieres entre los cautivos una mujer hermosa de formas, y codiciares a ella, y la tomares para ti por mujer, (12) y traerla has, al seno de tu casa, y trasquilará su cabeza, y dejará crecer sus uñas, (13) y quitará el paño de su cautiverio de sobre ella, y quedará en tu casa: y llorará a su padre y a su madre un mes: y después irás a ella, y desposarla has, y será para ti, tu mujer. (14) Y será que si no la deseas más a ella, dejarla has, en libertad; vender, no la venderás por plata, no te servirás de ella, porque la afligiste.

(15) Cuando tuviere un varón dos mujeres, la una amada, y la otra aborrecida, y parieren a él hijos, la amada y la aborrecida, y fuere el hijo primogénito el de la aborrecida; (16) será en el día de hacer heredar a sus hijos lo que fuere de él, que no podrá dar derecho de primogenitura al hijo de la amada sobre el hijo de la aborrecida, el primogénito; (17) que al primogénito, hijo de la aborrecida, reconocerá, para dar a él dos tantos de todo lo que fuere hallado de él; porque él es el principio de su fuerza, y a él pertenece el derecho de la primogenitura.

(18) Cuando tuviere un varón un hijo torcedor y rebelde, que no oyere la voz de su padre y la voz de su madre, y que lo castigaren y no oyere a ellos: (19) trabarán por él su padre y su madre, y sacarán a él a los viejos de su ciudad, y a la puerta de su lugar; (20) y dirán a los viejos de su ciudad: nuestro hijo este es torcedor y rebelde, y no oye nuestra voz; tragador y borracho es. (21) Y apedrearlo han, todos los varones de su ciudad con piedras, y morirá; y extirparás el mal de entre ti; y todo Israel oirá y temerá.

(22) Y cuando fuere en un varón un pecado de juicio de muerte, y fuere matado, colgarás a él de un árbol. (23) No pernoctará su cuerpo muerto en el árbol, que enterrar, lo enterrarás en el día este, que es maldición del Eterno el colgado; y no harás inmunda tu tierra, que el Eterno, tu Dios, da a ti por heredad.

2 מֵהֶם הָשֵׁב תְּשִׁיבֵם לְאָחִיךָ׃ וְאִם־לֹא קָרוֹב אָחִיךָ אֵלֶיךָ
וְלֹא יְדַעְתּוֹ וַאֲסַפְתּוֹ אֶל־תּוֹךְ בֵּיתֶךָ וְהָיָה עִמְּךָ עַד דְּרֹשׁ
3 אָחִיךָ אֹתוֹ וַהֲשֵׁבֹתוֹ לוֹ׃ וְכֵן תַּעֲשֶׂה לַחֲמֹרוֹ וְכֵן תַּעֲשֶׂה
לְשִׂמְלָתוֹ וְכֵן תַּעֲשֶׂה לְכָל־אֲבֵדַת אָחִיךָ אֲשֶׁר־תֹּאבַד
4 מִמֶּנּוּ וּמְצָאתָהּ לֹא תוּכַל לְהִתְעַלֵּם׃ ס לֹא־תִרְאֶה
אֶת־חֲמוֹר אָחִיךָ אוֹ שׁוֹרוֹ נֹפְלִים בַּדֶּרֶךְ וְהִתְעַלַּמְתָּ מֵהֶם
5 הָקֵם תָּקִים עִמּוֹ׃ ס לֹא־יִהְיֶה כְלִי־גֶבֶר עַל־אִשָּׁה
וְלֹא־יִלְבַּשׁ גֶּבֶר שִׂמְלַת אִשָּׁה כִּי תוֹעֲבַת יְהוָה אֱלֹהֶיךָ
כָּל־עֹשֵׂה אֵלֶּה׃ פ
6 כִּי יִקָּרֵא קַן־צִפּוֹר לְפָנֶיךָ בַּדֶּרֶךְ בְּכָל־עֵץ אוֹ עַל־
הָאָרֶץ אֶפְרֹחִים אוֹ בֵיצִים וְהָאֵם רֹבֶצֶת עַל־הָאֶפְרֹחִים
7 אוֹ עַל־הַבֵּיצִים לֹא־תִקַּח הָאֵם עַל־הַבָּנִים׃ שַׁלֵּחַ תְּשַׁלַּח
אֶת־הָאֵם וְאֶת־הַבָּנִים תִּקַּח־לָךְ לְמַעַן יִיטַב לָךְ וְהַאֲרַכְתָּ
8 יָמִים׃ ס כִּי תִבְנֶה בַּיִת חָדָשׁ וְעָשִׂיתָ מַעֲקֶה לְגַגֶּךָ
9 וְלֹא־תָשִׂים דָּמִים בְּבֵיתֶךָ כִּי־יִפֹּל הַנֹּפֵל מִמֶּנּוּ׃ לֹא־
תִזְרַע כַּרְמְךָ כִּלְאָיִם פֶּן־תִּקְדַּשׁ הַמְלֵאָה הַזֶּרַע אֲשֶׁר תִּזְרָע
10 וּתְבוּאַת הַכָּרֶם׃ ס לֹא־תַחֲרֹשׁ בְּשׁוֹר־וּבַחֲמֹר יַחְדָּו׃
11 12 לֹא תִלְבַּשׁ שַׁעַטְנֵז צֶמֶר וּפִשְׁתִּים יַחְדָּו׃ ס גְּדִלִים
תַּעֲשֶׂה־לָּךְ עַל־אַרְבַּע כַּנְפוֹת כְּסוּתְךָ אֲשֶׁר תְּכַסֶּה־בָּהּ׃
13 14 ס כִּי־יִקַּח אִישׁ אִשָּׁה וּבָא אֵלֶיהָ וּשְׂנֵאָהּ׃ וְשָׂם לָהּ
עֲלִילֹת דְּבָרִים וְהוֹצִא עָלֶיהָ שֵׁם רָע וְאָמַר אֶת־הָאִשָּׁה
הַזֹּאת לָקַחְתִּי וָאֶקְרַב אֵלֶיהָ וְלֹא־מָצָאתִי לָהּ בְּתוּלִים׃
15 וְלָקַח אֲבִי הַנַּעֲרָ וְאִמָּהּ וְהוֹצִיאוּ אֶת־בְּתוּלֵי הַנַּעֲרָ אֶל־
16 זִקְנֵי הָעִיר הַשָּׁעְרָה׃ וְאָמַר אֲבִי הַנַּעֲרָ אֶל־הַזְּקֵנִים אֶת־
17 בִּתִּי נָתַתִּי לָאִישׁ הַזֶּה לְאִשָּׁה וַיִּשְׂנָאֶהָ׃ וְהִנֵּה־הוּא
שָׂם עֲלִילֹת דְּבָרִים לֵאמֹר לֹא־מָצָאתִי לְבִתְּךָ בְּתוּלִים
וְאֵלֶּה בְּתוּלֵי בִתִּי וּפָרְשׂוּ הַשִּׂמְלָה לִפְנֵי זִקְנֵי הָעִיר׃

XXII

(1) No veas al buey de tu hermano, o a su carnero, extraviados y te encubras de ello: tornar, los tornarás a tu hermano. (2) Y si no es cercano tu hermano a ti, o no lo conocieres, recogerlos has, en tu casa, y será contigo hasta requerir tu hermano a ello y tornarlo has, a él. (3) Y así harás a su asno, y así harás a su paño, y así harás a toda pérdida de tu hermano que se perdiere a él, y la hallares: no podrás encubrirlas. (4) No veas al asno de tu hermano, o a su buey, caídos en la carrera, y te encubras de ello: levantar, levantarás con ellos. (5) No haya atuendo de un hombre, sobre una mujer, y no vista un varón paño de mujer; que abominación del Eterno, tu Dios, es, todo el que hace esto. (6) Cuando fuere encontrado un nido de pájaros delante de ti por el camino, en un árbol, o sobre la tierra, pollos o huevos, y la madre yaciere sobre los pollos o sobre los huevos, no tomes la madre de sobre los hijos: (7) Enviar, enviarás a la madre, y a los hijos tomarás para ti; para que sea bien para ti, y alargarás tus días. (8) Cuando edificares una casa nueva, harás reparo a su techo; no pongas sangre en tu casa, al caer alguien de él. (9) No siembres tu viña con mixturas, por cuanto se santificará la simiente que sembraste, y el renuevo de la viña. (10) No ares con buey y con asno juntos. (11) No vistas mixturas, lana y lino juntos. (12) Guedejas harás a ti sobre las cuatro alas de tu paño con que te cubrieres. (13) Cuando tomare un varón a una mujer, y fuera a ella y la aborreciere, (14) y la calumniare o la difamare, y dijere: A la mujer esta tomé, y lleguéme a ella, y no hallé en ella virginidad. (15) Tomarán el padre de la moza y su madre, y presentarán las pruebas de la virginidad de la moza a los viejos de la ciudad, al consejo. (16) Y dirá el padre de la moza a los viejos: mi hija di al varón este por mujer, y aborrecióla. (17) Y he aquí que él la calumnió de palabra, diciendo: No hallé en tu hija virginidad y ésta es la prueba de la virginidad de mi hija, y extenderán la sábana delante de los viejos de la ciudad.

9. קמץ בז״ק 15. רה קרי רה קרי 16. רה קרי

18 19 וְלָֽקְחוּ זִקְנֵ֥י הָֽעִיר־הַהִ֖וא אֶת־הָאִ֑ישׁ וְיִסְּר֖וּ אֹתֽוֹ׃ וְעָֽנְשׁ֨וּ
אֹת֜וֹ מֵ֣אָה כֶ֗סֶף וְנָֽתְנוּ֙ לַֽאֲבִ֣י הַֽנַּעֲרָ֔ה כִּ֤י הוֹצִיא֙ שֵׁ֣ם רָ֔ע
עַ֖ל בְּתוּלַ֣ת יִשְׂרָאֵ֑ל וְלֽוֹ־תִהְיֶ֣ה לְאִשָּׁ֔ה לֹֽא־יוּכַ֥ל לְשַׁלְּחָ֖הּ
כ כָּל־יָמָֽיו׃ ס וְאִם־אֱמֶ֣ת הָיָ֔ה הַדָּבָ֖ר הַזֶּ֑ה לֹא־נִמְצְא֥וּ
21 בְתוּלִ֖ים לַֽנַּעַר׃ וְהוֹצִ֨יאוּ אֶת־הַֽנַּעַר֜ אֶל־פֶּ֣תַח בֵּית־אָבִ֗יהָ
וּסְקָל֩וּהָ֩ אַנְשֵׁ֨י עִירָ֤הּ בָּֽאֲבָנִים֙ וָמֵ֔תָה כִּֽי־עָשְׂתָ֤ה נְבָלָה֙
בְּיִשְׂרָאֵ֔ל לִזְנ֖וֹת בֵּ֣ית אָבִ֑יהָ וּבִֽעַרְתָּ֥ הָרָ֖ע מִקִּרְבֶּֽךָ׃ ס
22 כִּֽי־יִמָּצֵ֨א אִ֜ישׁ שֹׁכֵ֣ב ׀ עִם־אִשָּׁ֣ה בְעֻֽלַת־בַּ֗עַל וּמֵ֨תוּ֙ גַּם־
שְׁנֵיהֶ֔ם הָאִ֛ישׁ הַשֹּׁכֵ֥ב עִם־הָֽאִשָּׁ֖ה וְהָֽאִשָּׁ֑ה וּבִֽעַרְתָּ֥ הָרָ֖ע
23 מִיִּשְׂרָאֵֽל׃ ס כִּ֤י יִֽהְיֶה֙ נַעַר֣ בְתוּלָ֔ה מְאֹרָשָׂ֖ה לְאִ֑ישׁ
24 וּמְצָאָ֥הּ אִ֛ישׁ בָּעִ֖יר וְשָׁכַ֥ב עִמָּֽהּ׃ וְהֽוֹצֵאתֶ֨ם אֶת־שְׁנֵיהֶ֜ם
אֶל־שַׁ֣עַר ׀ הָעִ֣יר הַהִ֗וא וּסְקַלְתֶּ֨ם אֹתָ֣ם בָּֽאֲבָנִים֮ וָמֵתוּ֒ אֶת־
הַֽנַּעַר֙ עַל־דְּבַר֙ אֲשֶׁ֣ר לֹא־צָֽעֲקָ֣ה בָעִ֔יר וְאֶ֨ת־הָאִ֔ישׁ עַל־
דְּבַ֥ר אֲשֶׁר־עִנָּ֖ה אֶת־אֵ֣שֶׁת רֵעֵ֑הוּ וּבִֽעַרְתָּ֥ הָרָ֖ע מִקִּרְבֶּֽךָ׃
כה ס וְאִם־בַּשָּׂדֶ֞ה יִמְצָ֣א הָאִ֗ישׁ אֶת־הַֽנַּעַר֙ הַמְאֹ֣רָשָׂ֔ה
וְהֶֽחֱזִֽיק־בָּ֥הּ הָאִ֖ישׁ וְשָׁכַ֣ב עִמָּ֑הּ וּמֵ֗ת הָאִ֛ישׁ אֲשֶׁר־שָׁכַ֥ב
26 עִמָּ֖הּ לְבַדּֽוֹ׃ וְלַֽנַּעַר֙ לֹא־תַעֲשֶׂ֣ה דָבָ֔ר אֵ֥ין לַֽנַּעַר֖ חֵ֣טְא מָ֑וֶת
כִּ֡י כַּֽאֲשֶׁר֩ יָק֨וּם אִ֤ישׁ עַל־רֵעֵ֨הוּ֙ וּרְצָח֣וֹ נֶ֔פֶשׁ כֵּ֖ן הַדָּבָ֥ר
27 הַזֶּֽה׃ כִּ֥י בַשָּׂדֶ֖ה מְצָאָ֑הּ צָֽעֲקָ֗ה הַֽנַּעַר֙ הַמְאֹ֣רָשָׂ֔ה וְאֵ֥ין
28 מוֹשִׁ֖יעַ לָֽהּ׃ ס כִּֽי־יִמְצָ֣א אִ֗ישׁ נַעַר֙ בְתוּלָ֔ה אֲשֶׁ֣ר לֹא־
29 אֹרָ֔שָׂה וּתְפָשָׂ֖הּ וְשָׁכַ֣ב עִמָּ֑הּ וְנִמְצָֽאוּ׃ וְ֠נָתַן הָאִ֨ישׁ הַשֹּׁכֵ֥ב
עִמָּ֛הּ לַֽאֲבִ֥י הַנַּעַר֖ חֲמִשִּׁ֣ים כָּ֑סֶף וְלֽוֹ־תִהְיֶ֣ה לְאִשָּׁ֗ה תַּ֚חַת
אֲשֶׁ֣ר עִנָּ֔הּ לֹא־יוּכַ֥ל שַׁלְּחָ֖הּ כָּל־יָמָֽיו׃ ס

כג

א לֹֽא־יִקַּ֥ח אִ֖ישׁ אֶת־אֵ֣שֶׁת אָבִ֑יו וְלֹ֥א יְגַלֶּ֖ה כְּנַ֥ף אָבִֽיו׃ ס
2 לֹֽא־יָבֹ֧א פְצֽוּעַ־דַּכָּ֛א וּכְר֥וּת שָׁפְכָ֖ה בִּקְהַ֥ל יְהוָֽה׃ ס
3 לֹֽא־יָבֹ֥א מַמְזֵ֖ר בִּקְהַ֣ל יְהוָ֑ה גַּ֚ם דּ֣וֹר עֲשִׂירִ֔י לֹא־יָ֥בֹא ל֖וֹ

(18) Y tomarán los viejos de la ciudad esta, al varón y castigarán a él. (19) Multarán a él con cien pesos de plata, y darán al padre de la moza, porque calumnió a una virgen de Israel: y a él será por mujer, no podrá abandonarla en todos sus días. (20) Y si verdad fuera esto, y no fueren halladas las pruebas de la virginidad de la moza, (21) sacarán a la moza a la puerta de la casa de su padre, y apedrearla han, los varones de su ciudad con piedras, y morirá; que hizo vileza en Israel por errar en casa de su padre: y extirparás el mal de entre ti.

(22) Cuando fuere hallado un varón yaciendo con una mujer desposada con marido, morirán también ambos, el varón que yaciere con la mujer, y la mujer: y extirparás el mal de Israel.

(23) Cuando fuere una moza virgen prometida a un varón, y la hallare un varón en la ciudad, y yaciere con ella; (24) sacaréis a ambos a la puerta de la ciudad esta, y apedrearéis a ellos con piedras, y morirán; a la moza por causa de que no clamó en la ciudad, y al hombre, por causa de que afligió a la mujer de su compañero: y extirparás el mal de entre ti. (25) Y si en el campo hallare el varón a la moza prometida, y trabare por ella el varón, y yaciere con ella, sólo morirá el varón que yació con ella. (26) Y a la moza no harás nada; no tiene la moza pecado de muerte; porque como se levanta el varón sobre su compañero, y lo mata de alma, así es la cosa esta: (27) que en el campo la halló: clamó la moza prometida, y no hubo salvador para ella. (28) Cuando hallare un varón a una moza virgen, que no fué desposada, y la trabare, y yaciere con ella, y fueren hallados; (29) dará el varón que yaciere con ella al padre de la moza cincuenta pesos de plata, y a él será por mujer, porque la afligió: y no podrá abandonarla en todos sus días.

XXIII

(1) No tomará el varón a la mujer de su padre, y no descubrirá el regazo de su padre. (2) No llegará el maltrecho o castrado a la congregación del Eterno. (3) No habrá bastardo en la congregación del Eterno: hasta la ge-

כב 20. 21. 23. 24. 25. 26. 27. 28. 29. רח ק'

4 בִּקְהַל יְהוָה׃ ס לֹא־יָבֹא עַמּוֹנִי וּמוֹאָבִי בִּקְהַל
יְהוָה גַּם דּוֹר עֲשִׂירִי לֹא־יָבֹא לָהֶם בִּקְהַל יְהוָה עַד־
ה עוֹלָם׃ עַל־דְּבַר אֲשֶׁר לֹא־קִדְּמוּ אֶתְכֶם בַּלֶּחֶם וּבַמַּיִם
בַּדֶּרֶךְ בְּצֵאתְכֶם מִמִּצְרָיִם וַאֲשֶׁר שָׂכַר עָלֶיךָ אֶת־בִּלְעָם
6 בֶּן־בְּעוֹר מִפְּתוֹר אֲרַם נַהֲרַיִם לְקַלְלֶךָּ׃ וְלֹא־אָבָה יְהוָה
אֱלֹהֶיךָ לִשְׁמֹעַ אֶל־בִּלְעָם וַיַּהֲפֹךְ יְהוָה אֱלֹהֶיךָ לְּךָ אֶת־
7 הַקְּלָלָה לִבְרָכָה כִּי אֲהֵבְךָ יְהוָה אֱלֹהֶיךָ׃ לֹא־תִדְרֹשׁ
8 שְׁלֹמָם וְטֹבָתָם כָּל־יָמֶיךָ לְעוֹלָם׃ ס לֹא־תְתַעֵב
אֲדֹמִי כִּי אָחִיךָ הוּא לֹא־תְתַעֵב מִצְרִי כִּי־גֵר הָיִיתָ
9 בְאַרְצוֹ׃ בָּנִים אֲשֶׁר־יִוָּלְדוּ לָהֶם דּוֹר שְׁלִישִׁי יָבֹא לָהֶם
י בִּקְהַל יְהוָה׃ ס כִּי־תֵצֵא מַחֲנֶה עַל־אֹיְבֶיךָ וְנִשְׁמַרְתָּ
11 מִכֹּל דָּבָר רָע׃ כִּי־יִהְיֶה בְךָ אִישׁ אֲשֶׁר לֹא־יִהְיֶה
טָהוֹר מִקְּרֵה־לָיְלָה וְיָצָא אֶל־מִחוּץ לַמַּחֲנֶה לֹא יָבֹא
12 אֶל־תּוֹךְ הַמַּחֲנֶה׃ וְהָיָה לִפְנוֹת־עֶרֶב יִרְחַץ בַּמָּיִם
13 וּכְבֹא הַשֶּׁמֶשׁ יָבֹא אֶל־תּוֹךְ הַמַּחֲנֶה׃ וְיָד תִּהְיֶה לְךָ
14 מִחוּץ לַמַּחֲנֶה וְיָצָאתָ שָׁמָּה חוּץ׃ וְיָתֵד תִּהְיֶה לְךָ עַל־
אֲזֵנֶךָ וְהָיָה בְּשִׁבְתְּךָ חוּץ וְחָפַרְתָּה בָהּ וְשַׁבְתָּ וְכִסִּיתָ
טו אֶת־צֵאָתֶךָ׃ כִּי יְהוָה אֱלֹהֶיךָ מִתְהַלֵּךְ ׀ בְּקֶרֶב מַחֲנֶךָ
לְהַצִּילְךָ וְלָתֵת אֹיְבֶיךָ לְפָנֶיךָ וְהָיָה מַחֲנֶיךָ קָדוֹשׁ וְלֹא־
16 יִרְאֶה בְךָ עֶרְוַת דָּבָר וְשָׁב מֵאַחֲרֶיךָ׃ ס לֹא־
תַסְגִּיר עֶבֶד אֶל־אֲדֹנָיו אֲשֶׁר־יִנָּצֵל אֵלֶיךָ מֵעִם אֲדֹנָיו׃
17 עִמְּךָ יֵשֵׁב בְּקִרְבְּךָ בַּמָּקוֹם אֲשֶׁר־יִבְחַר בְּאַחַד שְׁעָרֶיךָ
18 בַּטּוֹב לוֹ לֹא תּוֹנֶנּוּ׃ ס לֹא־תִהְיֶה קְדֵשָׁה מִבְּנוֹת
19 יִשְׂרָאֵל וְלֹא־יִהְיֶה קָדֵשׁ מִבְּנֵי יִשְׂרָאֵל׃ לֹא־תָבִיא אֶתְנַן
זוֹנָה וּמְחִיר כֶּלֶב בֵּית יְהוָה אֱלֹהֶיךָ לְכָל־נֶדֶר כִּי תוֹעֲבַת
כ יְהוָה אֱלֹהֶיךָ גַּם־שְׁנֵיהֶם׃ ס לֹא־תַשִּׁיךְ לְאָחִיךָ
21 נֶשֶׁךְ כֶּסֶף נֶשֶׁךְ אֹכֶל נֶשֶׁךְ כָּל־דָּבָר אֲשֶׁר יִשָּׁךְ׃ לַנָּכְרִי
תַשִּׁיךְ וּלְאָחִיךָ לֹא תַשִּׁיךְ לְמַעַן יְבָרֶכְךָ יְהוָה אֱלֹהֶיךָ בְּכֹל

neración décima no entrará él en la congregación del Eterno.

(4) No habrá Amonita y Moabita en la congregación del Eterno; también hasta la décima generación no entrarán ellos en la congregación del Eterno, hasta siempre: (5) porque no se adelantaron a vosotros con pan y con agua en el camino de vuestra salida de Egipto; y porque alquiló contra ti a Bileam hijo de Beor de Petor, de Aram Naaráim, para maldecirte. (6) Y no quiso el Eterno, tu Dios, oír a Bileam; y cambió el Eterno, tu Dios, la maldición por bendición para ti, porque te amó el Eterno, tu Dios. (7) No requieras su paz y su bien en todos tus días, para siempre.

(8) No aborrezcas al Edumeo, que tu hermano es él: no aborrezcas al Egipcio, que peregrino fuiste en su tierra. (9) Hijos que fueren nacidos de ellos, en la tercera generación, entrarán en la congregación del Eterno.

(10) Cuando salieres al real contra tus enemigos, guárdate de toda cosa mala. (11) Cuando fuere en ti varón que no fuere limpio por accidente de noche, saldrá fuera del real, y no volverá al seno del real. (12) Y será al declinar la tarde que se lavará en agua, y al ponerse el sol, entrará en el real. (13) Y un lugar tendrás para ti fuera del real, y saldrás allí fuera; (14) y una estaca tendrás para tí entre tus armas; y será al estar fuera, que cavarás con ella, y tornarás y cubrirás tus excrementos: (15) Que el Eterno, tu Dios, anda entre tus reales, para salvarte y para dar tus enemigos a ti; y será tu real, santo: que no vea en ti nada inmundo, porque tornarse ha, contra ti.

(16) No entregarás a su señor el siervo que huyere a ti, de su señor. (17) Contigo estará, entre ti, en el lugar que escogiere en una de tus ciudades, en la que agradare a él: no lo engañes.

(18) No haya ramera entre las hijas de Israel, y no haya sodomita entre los hijos de Israel. (19) No traigas dádivas de ramera, y precio de perro a la casa del Eterno, tu Dios, por alguna promesa; que abominación del Eterno, tu Dios, son ambos.

(20) No tomarás de tu hermano logro de plata, ni logro de comida, ni logro de toda cosa que se acostumbrare a lograr. (21) Al extraño lograrás, y a tu hermano no lograrás, para que te bendiga el Eterno, tu Dios, en todo lo que

משלח ידך על־הארץ אשר־אתה בא־שמה לרשתה׃
ס כי־תדר נדר ליהוה אלהיך לא תאחר לשלמו כי 22
דרש ידרשנו יהוה אלהיך מעמך והיה בך חטא׃ וכי 23
תחדל לנדר לא־יהיה בך חטא׃ מוצא שפתיך תשמר 24
ועשית כאשר נדרת ליהוה אלהיך נדבה אשר דברת
בפיך׃ ס כי תבא בכרם רעך ואכלת ענבים כה
כנפשך שבעך ואל־כליך לא תתן׃ ס כי תבא 26
בקמת רעך וקטפת מלילת בידך וחרמש לא תניף
על קמת רעך׃ ס

כד

כי־יקח איש אשה ובעלה והיה אם־לא תמצא־חן א
בעיניו כי־מצא בה ערות דבר וכתב לה ספר כריתת
ונתן בידה ושלחה מביתו׃ ויצאה מביתו והלכה והיתה 2
לאיש־אחר׃ ושנאה האיש האחרון וכתב לה ספר כריתת 3
ונתן בידה ושלחה מביתו או כי ימות האיש האחרון אשר־
לקחה לו לאשה׃ לא־יוכל בעלה הראשון אשר־שלחה 4
לשוב לקחתה להיות לו לאשה אחרי אשר הטמאה
כי־תועבה הוא לפני יהוה ולא תחטיא את־הארץ אשר
יהוה אלהיך נתן לך נחלה׃ ס ששי כי־יקח איש אשה ה
חדשה לא יצא בצבא ולא־יעבר עליו לכל־דבר נקי
יהיה לביתו שנה אחת ושמח את־אשתו אשר־לקח׃
לא־יחבל רחים ורכב כי־נפש הוא חבל׃ ס כי־ 6 7
ימצא איש גנב נפש מאחיו מבני ישראל והתעמר־בו
ומכרו ומת הגנב ההוא ובערת הרע מקרבך׃ ס השמר 6
בנגע־הצרעת לשמר מאד ולעשות ככל אשר־יורו אתכם
הכהנים הלוים כאשר צויתם תשמרו לעשות׃ זכור את 9
אשר־עשה יהוה אלהיך למרים בדרך בצאתכם
ממצרים׃ ס כי־תשה ברעך משאת מאומה לא־תבא •

tengas en tus manos sobre la tierra a la que tu vienes a heredar.

(22) Cuando prometieres promesa al Eterno, tu Dios, no tardes en pagarla; que requerir, lo requirirá el Eterno, tu Dios, de ti y será en ti, pecado.

(23) Y cuando te vedares de prometer, no será en ti, pecado. (24) Lo que saliere de tus labios guardarás y harás, como prometiste al Eterno, tu Dios, voluntariamente según hablaste por tu boca.

(25) Cuando fueres a la viña de tu compañero, y comieres uvas según tu deseo, hasta hartarte, en tu bolsa no pondrás.

(26) Cuando fueres a las mieses de tu compañero, y cortaras espigas con tu mano; hoz no pondrás sobre la mies de tu compañero.

XXIV

(1) Cuando tomare varón a mujer y la desposare, y sea que no halle gracia en sus ojos, sino que halle en ella descuido y desagrado, escribirá a ella carta de divorcio, y la dará en su mano, y enviarla ha, de su casa, (2) y saldrá de su casa, e irá y será para otro varón, (3) y si la aborreciere el varón postrero, escribirá también a ella, carta de divorcio, y la dará en su mano, y enviarla ha, de su casa; o si muriere el varón postrero que la tomó para él por mujer, (4) no podrá su marido, el primero, que la envió, tornar a tomarla, para ser para él, mujer, después que fué inmunda; que abominación es ella delante del Eterno, y no has de condenar la tierra, que el Eterno, tu Dios, da a ti por heredad.

(5) Cuando tomare varón a una mujer nueva, no irá con el ejército y no se le ocupará en cosa alguna: libre será en su casa un año, para alegrar a la mujer que tomó por esposa.

(6) No pignorará muela de abajo ni la muela de arriba: porque el alma él pignorará.

(7) Cuando fuere hallado varón hurtando alma de sus hermanos, de los hijos de Israel, y se sirviere de él, o lo vendiere, morirá el ladrón este, y extirparás el mal de entre ti.

(8) Guárdate de la llaga de la lepra, cuídate mucho, para hacer como todo lo que os mostraron a vosotros los sacerdotes, los Levitas: como les encomendé guardaréis de hacer. (9) Recuerda lo que hizo el Eterno, tu Dios, a Miriam en el camino de vuestra salida de Egipto.

11 אֶל־בֵּיתוֹ לַעֲבֹט עֲבֹטוֹ׃ בַּחוּץ תַּעֲמֹד וְהָאִישׁ אֲשֶׁר אַתָּה
12 נֹשֶׁה בוֹ יוֹצִיא אֵלֶיךָ אֶת־הַעֲבוֹט הַחוּצָה׃ וְאִם־אִישׁ עָנִי
13 הוּא לֹא תִשְׁכַּב בַּעֲבֹטוֹ׃ הָשֵׁב תָּשִׁיב לוֹ אֶת־הַעֲבוֹט
כְּבוֹא הַשֶּׁמֶשׁ וְשָׁכַב בְּשַׂלְמָתוֹ וּבֵרְכֶךָּ וּלְךָ תִּהְיֶה צְדָקָה
14 לִפְנֵי יְהוָה אֱלֹהֶיךָ׃ ס לֹא־תַעֲשֹׁק שָׂכִיר עָנִי וְאֶבְיוֹן
טו מֵאַחֶיךָ אוֹ מִגֵּרְךָ אֲשֶׁר בְּאַרְצְךָ בִּשְׁעָרֶיךָ׃ בְּיוֹמוֹ תִתֵּן
שְׂכָרוֹ וְלֹא־תָבוֹא עָלָיו הַשֶּׁמֶשׁ כִּי עָנִי הוּא וְאֵלָיו הוּא נֹשֵׂא
אֶת־נַפְשׁוֹ וְלֹא־יִקְרָא עָלֶיךָ אֶל־יְהוָה וְהָיָה בְךָ חֵטְא׃ ס
16 לֹא־יוּמְתוּ אָבוֹת עַל־בָּנִים וּבָנִים לֹא־יוּמְתוּ עַל־אָבוֹת אִישׁ
17 בְּחֶטְאוֹ יוּמָתוּ׃ ס לֹא תַטֶּה מִשְׁפַּט גֵּר יָתוֹם וְלֹא תַחֲבֹל
18 בֶּגֶד אַלְמָנָה׃ וְזָכַרְתָּ כִּי עֶבֶד הָיִיתָ בְּמִצְרַיִם וַיִּפְדְּךָ יְהוָה
אֱלֹהֶיךָ מִשָּׁם עַל־כֵּן אָנֹכִי מְצַוְּךָ לַעֲשׂוֹת אֶת־הַדָּבָר הַזֶּה׃
19 ס כִּי תִקְצֹר קְצִירְךָ בְשָׂדֶךָ וְשָׁכַחְתָּ עֹמֶר בַּשָּׂדֶה לֹא־
תָשׁוּב לְקַחְתּוֹ לַגֵּר לַיָּתוֹם וְלָאַלְמָנָה יִהְיֶה לְמַעַן יְבָרֶכְךָ
כ יְהוָה אֱלֹהֶיךָ בְּכֹל מַעֲשֵׂה יָדֶיךָ׃ ס כִּי תַחְבֹּט זֵיתְךָ לֹא
21 תְפָאֵר אַחֲרֶיךָ לַגֵּר לַיָּתוֹם וְלָאַלְמָנָה יִהְיֶה׃ כִּי תִבְצֹר
כַּרְמְךָ לֹא תְעוֹלֵל אַחֲרֶיךָ לַגֵּר לַיָּתוֹם וְלָאַלְמָנָה יִהְיֶה׃
22 וְזָכַרְתָּ כִּי־עֶבֶד הָיִיתָ בְּאֶרֶץ מִצְרָיִם עַל־כֵּן אָנֹכִי מְצַוְּךָ
לַעֲשׂוֹת אֶת־הַדָּבָר הַזֶּה׃ ס

כה

א כִּי־יִהְיֶה רִיב בֵּין אֲנָשִׁים וְנִגְּשׁוּ אֶל־הַמִּשְׁפָּט וּשְׁפָטוּם
2 וְהִצְדִּיקוּ אֶת־הַצַּדִּיק וְהִרְשִׁיעוּ אֶת־הָרָשָׁע׃ וְהָיָה אִם־
בִּן הַכּוֹת הָרָשָׁע וְהִפִּילוֹ הַשֹּׁפֵט וְהִכָּהוּ לְפָנָיו כְּדֵי רִשְׁעָתוֹ
3 בְּמִסְפָּר׃ אַרְבָּעִים יַכֶּנּוּ לֹא יֹסִיף פֶּן־יֹסִיף לְהַכֹּתוֹ עַל־
4 אֵלֶּה מַכָּה רַבָּה וְנִקְלָה אָחִיךָ לְעֵינֶיךָ׃ לֹא־תַחְסֹם שׁוֹר
ה בְּדִישׁוֹ׃ ס כִּי־יֵשְׁבוּ אַחִים יַחְדָּו וּמֵת אַחַד מֵהֶם וּבֵן
אֵין־לוֹ לֹא־תִהְיֶה אֵשֶׁת־הַמֵּת הַחוּצָה לְאִישׁ זָר יְבָמָהּ יָבֹא
6 עָלֶיהָ וּלְקָחָהּ לוֹ לְאִשָּׁה וְיִבְּמָהּ׃ וְהָיָה הַבְּכוֹר אֲשֶׁר תֵּלֵד

(10) Cuando prestares a tu compañero objeto alguno, no vayas a su casa a tomar algo en prenda: (11) En la calle estarás, y el varón al que tu prestaste, sacará a ti, la prenda afuera. (12) Y si varón pobre es él, no te quedes por la noche con su prenda: (13) Y tornar, tornarás a él la prenda al ponerse el sol y quedará en su paño, y bendecirte ha, y a ti será justicia delante del Eterno, tu Dios.

(14) No recargues al alquiladizo pobre y menesteroso de tus hermanos o de tus peregrinos que están en tu tierra, en tus ciudades: (15) En su día pagarás su precio, y no se ponga sobre él el sol que pobre es él, y con ello, él sustenta su alma: así no clamará contra ti al Eterno, y será en ti, pecado.

(16) No sean matados padres por hijos, ni hijos no sean matados por padres; cada uno por su pecado serán matados.

(17) No tuerzas el juicio del peregrino y del huérfano; y no tomes en prenda paño de viuda. (18) Y recordarás que siervo fuiste en Egipto, y redimióte el Eterno, tu Dios, de allí: por tanto, yo te encomiendo hacer la cosa esta.

(19) Cuando siegues tu mies en tu campo, y olvidares una gavilla, en el campo, no tornes a tomarla: para el peregrino, el huérfano, y la viuda será; para que te bendiga el Eterno, tu Dios, en todas las obras de tus manos. (20) Cuando sacudieres tu oliva, no recorrerás las ramas tras ti: para el peregrino, el huérfano, y la viuda será. (21) Cuando vendimiares tu viña, no rebusques tras ti: para el peregrino, el huérfano, y la viuda será. (22) Y recordarás que siervo fuiste en la tierra de Egipto: por tanto, yo te encomiendo hacer la cosa esta.

XXV

(1) Cuando hubiere pleito entre varones, y llegarse han, al juicio, y juzgarlos han, justificarán al justo y condenarán al malo, (2) y será que si fuere merecedor de ser castigado el malo, hacerlo ha, castigar el juez; y hacerlo ha, castigar delante de él, según su culpa, por cuenta. (3) Cuarenta golpes le hará dar, no añadirá: para que no se le den más golpes sobre los ya dados, y no sea deshonrado tu hermano a tus ojos.

(4) No emboces al buey al trillar.

(5) Cuando estuvieren hermanos juntos, y muriere alguno de ellos, e hijos no tuviere, no será la mujer del muerto para varón extraño: su cuñado irá a

יָקוּם עַל־שֵׁם אָחִיו הַמֵּת וְלֹא־יִמָּחֶה שְׁמוֹ מִיִּשְׂרָאֵל׃ וְאִם־ ז
לֹא יַחְפֹּץ הָאִישׁ לָקַחַת אֶת־יְבִמְתּוֹ וְעָלְתָה יְבִמְתּוֹ הַשַּׁעְרָה
אֶל־הַזְּקֵנִים וְאָמְרָה מֵאֵן יְבָמִי לְהָקִים לְאָחִיו שֵׁם בְּיִשְׂרָאֵל
לֹא אָבָה יַבְּמִי׃ וְקָרְאוּ־לוֹ זִקְנֵי־עִירוֹ וְדִבְּרוּ אֵלָיו וְעָמַד 8
וְאָמַר לֹא חָפַצְתִּי לְקַחְתָּהּ׃ וְנִגְּשָׁה יְבִמְתּוֹ אֵלָיו לְעֵינֵי 9
הַזְּקֵנִים וְחָלְצָה נַעֲלוֹ מֵעַל רַגְלוֹ וְיָרְקָה בְּפָנָיו וְעָנְתָה
וְאָמְרָה כָּכָה יֵעָשֶׂה לָאִישׁ אֲשֶׁר לֹא־יִבְנֶה אֶת־בֵּית אָחִיו׃
וְנִקְרָא שְׁמוֹ בְּיִשְׂרָאֵל בֵּית חֲלוּץ הַנָּעַל׃ ס כִּי־יִנָּצוּ 11
אֲנָשִׁים יַחְדָּו אִישׁ וְאָחִיו וְקָרְבָה אֵשֶׁת הָאֶחָד לְהַצִּיל אֶת־
אִישָׁהּ מִיַּד מַכֵּהוּ וְשָׁלְחָה יָדָהּ וְהֶחֱזִיקָה בִּמְבֻשָׁיו׃ וְקַצֹּתָה 12
אֶת־כַּפָּהּ לֹא תָחוֹס עֵינֶךָ׃ ס לֹא־יִהְיֶה לְךָ בְּכִיסְךָ אֶבֶן 13
וָאָבֶן גְּדוֹלָה וּקְטַנָּה׃ לֹא־יִהְיֶה לְךָ בְּבֵיתְךָ אֵיפָה וְאֵיפָה 14
גְּדוֹלָה וּקְטַנָּה׃ אֶבֶן שְׁלֵמָה וָצֶדֶק יִהְיֶה־לָּךְ אֵיפָה שְׁלֵמָה טו
וָצֶדֶק יִהְיֶה־לָּךְ לְמַעַן יַאֲרִיכוּ יָמֶיךָ עַל הָאֲדָמָה אֲשֶׁר־
יְהוָה אֱלֹהֶיךָ נֹתֵן לָךְ׃ כִּי תוֹעֲבַת יְהוָה אֱלֹהֶיךָ כָּל־עֹשֵׂה 16
אֵלֶּה כֹּל עֹשֵׂה עָוֶל׃ פ מפטיר
זָכוֹר אֵת אֲשֶׁר־עָשָׂה לְךָ עֲמָלֵק בַּדֶּרֶךְ בְּצֵאתְכֶם מִמִּצְרָיִם׃ 17
אֲשֶׁר קָרְךָ בַּדֶּרֶךְ וַיְזַנֵּב בְּךָ כָּל־הַנֶּחֱשָׁלִים אַחֲרֶיךָ וְאַתָּה 18
עָיֵף וְיָגֵעַ וְלֹא יָרֵא אֱלֹהִים׃ וְהָיָה בְּהָנִיחַ יְהוָה אֱלֹהֶיךָ 19
לְךָ מִכָּל־אֹיְבֶיךָ מִסָּבִיב בָּאָרֶץ אֲשֶׁר יְהוָה־אֱלֹהֶיךָ נֹתֵן
לְךָ נַחֲלָה לְרִשְׁתָּהּ תִּמְחֶה אֶת־זֵכֶר עֲמָלֵק מִתַּחַת הַשָּׁמָיִם
לֹא תִּשְׁכָּח׃

כו

פ פ פ נ 50

וְהָיָה כִּי־תָבוֹא אֶל־הָאָרֶץ אֲשֶׁר יְהוָה אֱלֹהֶיךָ נֹתֵן לְךָ א
נַחֲלָה וִירִשְׁתָּהּ וְיָשַׁבְתָּ בָּהּ׃ וְלָקַחְתָּ מֵרֵאשִׁית כָּל־פְּרִי ב
הָאֲדָמָה אֲשֶׁר תָּבִיא מֵאַרְצְךָ אֲשֶׁר יְהוָה אֱלֹהֶיךָ נֹתֵן לָךְ
וְשַׂמְתָּ בַטֶּנֶא וְהָלַכְתָּ אֶל־הַמָּקוֹם אֲשֶׁר יִבְחַר יְהוָה אֱלֹהֶיךָ

ella, y tomarla ha, él por mujer, y emparentará con ella. (6) Y será el primogénito que parirá, el que se levantará en nombre de su hermano muerto, y no se rematará su nombre de Israel.

(7) Y si no deseare el varón tomar a su cuñada, subirá su cuñada a la puerta, a los viejos, y dirá: no quiere mi cuñado levantar a su hermano un nombre en Israel, no quiso desposarme. (8) Y llamarán a él los viejos de su ciudad, y hablarán a él: y si se levantare y dijere: No deseo tomarla por esposa, (9) llegarse ha, su cuñada a él a los ojos de los viejos, descalzará un zapato de su pie, y escupirá en su faz, y responderá diciendo: Así se hace al varón que no edificare la casa de su hermano. (10) Y será llamado su nombre en Israel: la casa del descalzado del zapato.

(11) Cuando disputaren varones juntos, varón y su hermano, y se llegare la mujer del uno, por salvar a su marido de manos de su heridor, y tendiere su mano y trabare por sus vergüenzas; (12) cortarás su palma, no se apiaden tus ojos. (13) No tendrás para ti en tu bolsa piedra y piedra grande y pequeña. (14) No tendrás en tu casa efa, y efa grande y pequeña. (15) Piedra perfecta y justa tendrás, efa perfecta y justa tendrás; para que se alarguen tus días sobre la tierra, que el Eterno, tu Dios, da a ti. (16) Que abominación del Eterno, tu Dios, es todo el que hiciere esto, o el que hiciere agravio.

(17) Recuerda lo que hizo a ti Amalec en el camino de tu salida de Egipto: (18) Que te encontró por el camino, y mató de ti, todos los débiles que iban tras de ti, y tú estabas cansado y trabajando; y no temió a Dios. (19) Y será al hacerte reposar el Eterno, tu Dios, de todos tus enemigos de alrededor, en la tierra que el Eterno, tu Dios, dió a ti por heredad, que rematarás la memoria de Amalec de debajo de los cielos; no lo olvidarás.

XXVI

(50) TAVÓ

(1) Y será, cuando vinieres a la tierra que el Eterno, tu Dios, da a ti por heredad, y heredarla has, y estarás en ella; (2) que tomarás del principio de todo fruto de la tierra, que traerás de tu tierra que el Eterno, tu Dios, da a ti, y pondrás en el canastillo, e irás al lugar que escogió el Eterno, tu Dios,

3 לְשַׁכֵּן שְׁמוֹ שָׁם׃ וּבָאתָ אֶל־הַכֹּהֵן אֲשֶׁר יִהְיֶה בַּיָּמִים הָהֵם
וְאָמַרְתָּ אֵלָיו הִגַּדְתִּי הַיּוֹם לַיהוָה אֱלֹהֶיךָ כִּי־בָאתִי אֶל־
4 הָאָרֶץ אֲשֶׁר נִשְׁבַּע יְהוָה לַאֲבֹתֵינוּ לָתֶת לָנוּ׃ וְלָקַח
הַכֹּהֵן הַטֶּנֶא מִיָּדֶךָ וְהִנִּיחוֹ לִפְנֵי מִזְבַּח יְהוָה אֱלֹהֶיךָ׃
5 וְעָנִיתָ וְאָמַרְתָּ לִפְנֵי ׀ יְהוָה אֱלֹהֶיךָ אֲרַמִּי אֹבֵד אָבִי וַיֵּרֶד
מִצְרַיְמָה וַיָּגָר שָׁם בִּמְתֵי מְעָט וַיְהִי־שָׁם לְגוֹי גָּדוֹל עָצוּם
6 וָרָב׃ וַיָּרֵעוּ אֹתָנוּ הַמִּצְרִים וַיְעַנּוּנוּ וַיִּתְּנוּ עָלֵינוּ עֲבֹדָה
7 קָשָׁה׃ וַנִּצְעַק אֶל־יְהוָה אֱלֹהֵי אֲבֹתֵינוּ וַיִּשְׁמַע יְהוָה אֶת־
8 קֹלֵנוּ וַיַּרְא אֶת־עָנְיֵנוּ וְאֶת־עֲמָלֵנוּ וְאֶת־לַחֲצֵנוּ׃ וַיּוֹצִאֵנוּ
יְהוָה מִמִּצְרַיִם בְּיָד חֲזָקָה וּבִזְרֹעַ נְטוּיָה וּבְמֹרָא גָּדֹל
9 וּבְאֹתוֹת וּבְמֹפְתִים׃ וַיְבִאֵנוּ אֶל־הַמָּקוֹם הַזֶּה וַיִּתֶּן־לָנוּ
י אֶת־הָאָרֶץ הַזֹּאת אֶרֶץ זָבַת חָלָב וּדְבָשׁ׃ וְעַתָּה הִנֵּה
הֵבֵאתִי אֶת־רֵאשִׁית פְּרִי הָאֲדָמָה אֲשֶׁר־נָתַתָּה לִּי יְהוָה
וְהִנַּחְתּוֹ לִפְנֵי יְהוָה אֱלֹהֶיךָ וְהִשְׁתַּחֲוִיתָ לִפְנֵי יְהוָה אֱלֹהֶיךָ׃
11 וְשָׂמַחְתָּ בְכָל־הַטּוֹב אֲשֶׁר נָתַן־לְךָ יְהוָה אֱלֹהֶיךָ וּלְבֵיתֶךָ
12 אַתָּה וְהַלֵּוִי וְהַגֵּר אֲשֶׁר בְּקִרְבֶּךָ׃ ס שני כִּי תְכַלֶּה לַעְשֵׂר
אֶת־כָּל־מַעְשַׂר תְּבוּאָתְךָ בַּשָּׁנָה הַשְּׁלִישִׁת שְׁנַת הַמַּעֲשֵׂר
וְנָתַתָּה לַלֵּוִי לַגֵּר לַיָּתוֹם וְלָאַלְמָנָה וְאָכְלוּ בִשְׁעָרֶיךָ
13 וְשָׂבֵעוּ׃ וְאָמַרְתָּ לִפְנֵי יְהוָה אֱלֹהֶיךָ בִּעַרְתִּי הַקֹּדֶשׁ מִן־
הַבַּיִת וְגַם נְתַתִּיו לַלֵּוִי וְלַגֵּר לַיָּתוֹם וְלָאַלְמָנָה כְּכָל־
מִצְוָתְךָ אֲשֶׁר צִוִּיתָנִי לֹא־עָבַרְתִּי מִמִּצְוֺתֶיךָ וְלֹא שָׁכָחְתִּי׃
14 לֹא־אָכַלְתִּי בְאֹנִי מִמֶּנּוּ וְלֹא־בִעַרְתִּי מִמֶּנּוּ בְּטָמֵא וְלֹא־
נָתַתִּי מִמֶּנּוּ לְמֵת שָׁמַעְתִּי בְּקוֹל יְהוָה אֱלֹהָי עָשִׂיתִי כְּכֹל
15 אֲשֶׁר צִוִּיתָנִי׃ הַשְׁקִיפָה מִמְּעוֹן קָדְשְׁךָ מִן־הַשָּׁמַיִם וּבָרֵךְ
אֶת־עַמְּךָ אֶת־יִשְׂרָאֵל וְאֵת הָאֲדָמָה אֲשֶׁר נָתַתָּה לָנוּ כַּאֲשֶׁר
16 נִשְׁבַּעְתָּ לַאֲבֹתֵינוּ אֶרֶץ זָבַת חָלָב וּדְבָשׁ׃ ס הַיּוֹם הַזֶּה
יְהוָה אֱלֹהֶיךָ מְצַוְּךָ לַעֲשׂוֹת אֶת־הַחֻקִּים הָאֵלֶּה וְאֶת־

para que habitara su nombre allí. (3) Y llegarás ante el sacerdote, que fuere en los días estos, y dirás a él: denuncio hoy al Eterno, tu Dios, que vine a la tierra que juró el Eterno a nuestros padres, dar a nosotros. (4) Y tomará el sacerdote el canastillo de tu mano, y ponerlo ha, delante del ara del Eterno, tu Dios. (5) Y responderás y dirás delante del Eterno, tu Dios: Un Arameo perdido era mi padre, y descendió al Egipto y peregrinó allí con pocos varones, y creció allí en gente grande, fuerte y numerosa. (6) Y nos trataron mal los Egipcios, y nos afligieron, y nos dieron trabajos duros. (7) Y clamamos al Eterno, Dios de nuestros padres; y oyó el Eterno nuestra voz, y vió nuestra aflicción, y nuestro trabajo, y nuestra servidumbre: (8) Y sacónos el Eterno de Egipto, con mano fuerte, y con brazo tendido, y con temor grande, y con señales, y con maravillas. (9) Y trájonos al lugar este, y diónos la tierra esta, tierra que mana leche y miel. (10) Y ahora, he aquí, que traje las primicias del fruto de la tierra que diste a mí, Eterno. Y dejarlo has, delante del Eterno, y encorvarte has delante del Eterno, tu Dios. (11) Y alegrarte has, con todo el bien que el Eterno, tu Dios, dió a ti y a tu casa, tú y el Levita, y el peregrino que esté entre ti.

(12) Cuando acabares de diezmar todo el diezmo de tu renuevo en el año tercero, año del diezmo, y darás al Levita, al peregrino, al huérfano, y a la viuda, y comerán en tus ciudades, y hartarse han; (13) dirás delante del Eterno, tu Dios: saqué la santidad de la casa, y también la di al Levita, y al peregrino, y al huérfano, y a la viuda, como todos tus mandamientos que me ordenaste: no pasé por alto tus preceptos; no los olvidé. (14) No comí en mi luto de él, y no saqué de él para el inmundo, y no di de él para el muerto: oí la voz del Eterno, mi Dios, hice todo lo que me ordenaste. (15) Cata desde la morada de tu santidad, desde los cielos, y bendice a tu pueblo Israel, y a la tierra que diste a nosotros, como juraste a nuestros padres, tierra que mana leche y miel.

(16) El día este, el Eterno, tu Dios, encomienda a ti cumplir los fueros estos

המשפטים ושמרת ועשית אותם בכל־לבבך ובכל־
17 נפשך: את־יהוה האמרת היום להיות לך לאלהים
וללכת בדרכיו ולשמר חקיו ומצותיו ומשפטיו ולשמע
18 בקלו: ויהוה האמירך היום להיות לו לעם סגלה כאשר
19 דבר־לך ולשמר כל־מצותיו: ולתתך עליון על כל־הגוים
אשר עשה לתהלה ולשם ולתפארת ולהיתך עם־קדש
ליהוה אלהיך כאשר דבר: רביעי

כז

א ויצו משה וזקני ישראל את־העם לאמר שמר את־כל־
2 המצוה אשר אנכי מצוה אתכם היום: והיה ביום אשר
תעברו את־הירדן אל־הארץ אשר־יהוה אלהיך נתן לך
3 והקמת לך אבנים גדלות ושדת אתם בשיד: וכתבת
עליהן את־כל־דברי התורה הזאת בעברך למען אשר
תבא אל־הארץ אשר־יהוה אלהיך | נתן לך ארץ זבת
4 חלב ודבש כאשר דבר יהוה אלהי־אבתיך לך: והיה
בעברכם את־הירדן תקימו את־האבנים האלה אשר
אנכי מצוה אתכם היום בהר עיבל ושדת אותם בשיד:
ה ובנית שם מזבח ליהוה אלהיך מזבח אבנים לא־תניף
6 עליהם ברזל: אבנים שלמות תבנה את־מזבח יהוה
7 אלהיך והעלית עליו עולת ליהוה אלהיך: וזבחת שלמים
8 ואכלת שם ושמחת לפני יהוה אלהיך: וכתבת על־
האבנים את־כל־דברי התורה הזאת באר היטב: ס
9 וידבר משה והכהנים הלוים אל־כל ישראל לאמר
הסכת | ושמע ישראל היום הזה נהיית לעם ליהוה אלהיך:
י ושמעת בקול יהוה אלהיך ועשית את־מצותו ואת־חקיו
11 אשר אנכי מצוך היום: ס ° ויצו משה את־העם ביום חמישי
12 ההוא לאמר: אלה יעמדו לברך את־העם על־הר גרזים

y los juicios; y guardarás y harás ellos con todo tu corazón, y con toda tu alma. (17) Al Eterno has ensalzado hoy por ser para ti, Dios, y por andar en su camino, y para guardar sus fueros y sus preceptos y sus juicios, y por oír su voz: (18) Y el Eterno te ensalzó hoy por ser para él pueblo amado, como habló a ti, y por guardar todos sus preceptos: (19) Y por ponerte alto, sobre todas las gentes que creó, para loor, y por fama, y por hermosura, y por ser tú, pueblo santo al Eterno, tu Dios, como habló.»

XXVII

(1) Y encomendó Mosé con los viejos de Israel al pueblo, diciendo: «Guardarás todos los mandamientos que yo encomiendo a vosotros hoy. (2) Y será en el día en que paséis por el Iardén a la tierra que el Eterno, tu Dios, da a ti, que levantarás para ti piedras grandes, y encalarás a ellas con cal: (3) Y escribirás sobre ellas todas las palabras de la ley esta, al pasar para ir a la tierra que el Eterno, tu Dios, da a ti, tierra que mana leche y miel, como habló el Eterno, Dios de tus padres, a ti. (4) Y será, que al pasar el Iardén, levantaréis las piedras estas que yo encomiendo a vosotros hoy, en el monte de Ebal, y encalarás a ellas con cal: (5) Y edificarás allí un ara al Eterno, tu Dios; ara de piedras: no pongas sobre ellas hierro. (6) Con piedras enteras edificarás el ara del Eterno, tu Dios; y ofrecerás sobre ella holocausto para el Eterno, tu Dios. (7) Y sacrificarás paces, y comerás allí; y alegrarte has, delante del Eterno, tu Dios. (8) Y escribirás sobre las piedras todas las palabras de la ley esta, declarando bien.»

(9) Y hablaron Mosé y los sacerdotes, los Levitas, a todo Israel, diciendo: «Atiende, escucha, Israel: el día este fuiste hecho pueblo para el Eterno, tu Dios. (10) Oirás la voz del Eterno, tu Dios, y cumplirás sus preceptos y sus fueros, que yo te encomiendo hoy.»

(11) Y encomendó Mosé al pueblo en el día este, diciendo: (12) «Éstos estarán para bendecir al pueblo sobre el monte de Gueresim en vuestro pasar el Iardén: Simeón, y Leví, e Iudá, e Isajar, e Iosef y Biniamín. (13) Y éstos

כז 8. ב׳ פתוחה 9. קמץ בז"ק 10. מצותי קרי

בְּעָבְרְכֶם אֶת־הַיַּרְדֵּן שִׁמְעוֹן וְלֵוִי וִיהוּדָה וְיִשָּׂשכָר וְיוֹסֵף
13 וּבִנְיָמִן׃ וְאֵלֶּה יַעַמְדוּ עַל־הַקְּלָלָה בְּהַר עֵיבָל רְאוּבֵן גָּד
14 וְאָשֵׁר וּזְבוּלֻן דָּן וְנַפְתָּלִי׃ וְעָנוּ הַלְוִיִּם וְאָמְרוּ אֶל־כָּל־אִישׁ
טו יִשְׂרָאֵל קוֹל רָם׃ ס אָרוּר הָאִישׁ אֲשֶׁר יַעֲשֶׂה פֶסֶל
וּמַסֵּכָה תּוֹעֲבַת יְהוָה מַעֲשֵׂה יְדֵי חָרָשׁ וְשָׂם בַּסָּתֶר וְעָנוּ
16 כָל־הָעָם וְאָמְרוּ אָמֵן׃ ס אָרוּר מַקְלֶה אָבִיו וְאִמּוֹ
17 וְאָמַר כָּל־הָעָם אָמֵן׃ ס אָרוּר מַסִּיג גְּבוּל רֵעֵהוּ וְאָמַר
18 כָּל־הָעָם אָמֵן׃ ס אָרוּר מַשְׁגֶּה עִוֵּר בַּדָּרֶךְ וְאָמַר
19 כָּל־הָעָם אָמֵן׃ ס אָרוּר מַטֶּה מִשְׁפַּט גֵּר־יָתוֹם
כ וְאַלְמָנָה וְאָמַר כָּל־הָעָם אָמֵן׃ אָרוּר שֹׁכֵב עִם־אֵשֶׁת אָבִיו
21 כִּי גִלָּה כְּנַף אָבִיו וְאָמַר כָּל־הָעָם אָמֵן׃ ס אָרוּר שֹׁכֵב
22 עִם־כָּל־בְּהֵמָה וְאָמַר כָּל־הָעָם אָמֵן׃ ס אָרוּר שֹׁכֵב
עִם־אֲחֹתוֹ בַּת־אָבִיו אוֹ בַת־אִמּוֹ וְאָמַר כָּל־הָעָם אָמֵן׃ ס
23 24 אָרוּר שֹׁכֵב עִם־חֹתַנְתּוֹ וְאָמַר כָּל־הָעָם אָמֵן׃ ס אָרוּר
כה מַכֵּה רֵעֵהוּ בַּסָּתֶר וְאָמַר כָּל־הָעָם אָמֵן׃ ס אָרוּר
לֹקֵחַ שֹׁחַד לְהַכּוֹת נֶפֶשׁ דַּם נָקִי וְאָמַר כָּל־הָעָם אָמֵן׃ ס
26 אָרוּר אֲשֶׁר לֹא־יָקִים אֶת־דִּבְרֵי הַתּוֹרָה־הַזֹּאת לַעֲשׂוֹת
אוֹתָם וְאָמַר כָּל־הָעָם אָמֵן׃ פ

כח

א וְהָיָה אִם־שָׁמוֹעַ תִּשְׁמַע בְּקוֹל יְהוָה אֱלֹהֶיךָ לִשְׁמֹר
לַעֲשׂוֹת אֶת־כָּל־מִצְוֹתָיו אֲשֶׁר אָנֹכִי מְצַוְּךָ הַיּוֹם וּנְתָנְךָ
2 יְהוָה אֱלֹהֶיךָ עֶלְיוֹן עַל כָּל־גּוֹיֵ הָאָרֶץ׃ וּבָאוּ עָלֶיךָ כָּל־
הַבְּרָכוֹת הָאֵלֶּה וְהִשִּׂיגֻךָ כִּי תִשְׁמַע בְּקוֹל יְהוָה אֱלֹהֶיךָ׃
3 4 בָּרוּךְ אַתָּה בָּעִיר וּבָרוּךְ אַתָּה בַּשָּׂדֶה׃ בָּרוּךְ פְּרִי־בִטְנְךָ
וּפְרִי אַדְמָתְךָ וּפְרִי בְהֶמְתֶּךָ שְׁגַר אֲלָפֶיךָ וְעַשְׁתְּרוֹת צֹאנֶךָ׃
ה 6 בָּרוּךְ טַנְאֲךָ וּמִשְׁאַרְתֶּךָ׃ בָּרוּךְ אַתָּה בְּבֹאֶךָ וּבָרוּךְ אַתָּה
7 בְּצֵאתֶךָ׃ יִתֵּן יְהוָה אֶת־אֹיְבֶיךָ הַקָּמִים עָלֶיךָ נִגָּפִים
לְפָנֶיךָ בְּדֶרֶךְ אֶחָד יֵצְאוּ אֵלֶיךָ וּבְשִׁבְעָה דְרָכִים יָנוּסוּ

estarán para dar la maldición en el monte de Ebal: Reubén, Gad y Aser, y Sebulún, Dan, y Naftalí.

(14) Y gritarán los Levitas, y dirán a todo varón de Israel en voz alta:

(15) Maldito el hombre que hiciere estatua y fundición, abominación del Eterno, obra de manos de maestro, y lo pusiere en lo encubierto. Y responderá todo el pueblo, y dirá: Amén. (16) Maldito el que maldijere a su padre y a su madre. Y dirá todo el pueblo: Amén. (17) Maldito el que estrechare los términos de su compañero. Y dirá todo el pueblo: Amén. (18) Maldito el que hiciere errar al ciego en el camino. Y dirá todo el pueblo: Amén. (19) Maldito el que torciere el juicio del peregrino, del huérfano, y de la viuda. Y dirá todo el pueblo: Amén. (20) Maldito el que yaciere con la mujer de su padre; que descubrió el regazo de su padre. Y dirá todo el pueblo: Amén. (21) Maldito el que yaciere con toda bestia. Y dirá todo el pueblo: Amén. (22) Maldito el que yaciere con su hermana, hija de su padre, o hija de su madre. Y dirá todo el pueblo: Amén. (23) Maldito el que yaciere con su suegra. Y dirá todo el pueblo: Amén. (24) Maldito el que hiriere a su compañero en lo encubierto. Y dirá todo el pueblo: Amén. (25) Maldito el que tomare cohecho para herir alma de sangre inocente. Y dirá todo el pueblo: Amén. (26) Maldito el que no afirmare las palabras de la ley esta para cumplirlas. Y dirá todo el pueblo: Amén.

XXVIII

(1) Y será, que si oír, oyeres la voz del Eterno, tu Dios, para guardar, y cumplir todos sus preceptos que yo te encomiendo hoy, te pondrá el Eterno, tu Dios, en alto sobre todas las gentes de la tierra; (2) y vendrán sobre ti todas las bendiciones, y alcanzarte han, cuando oyeres la voz del Eterno, tu Dios. (3) Bendito tú, en la ciudad, y bendito tú, en el campo. (4) Bendito el fruto de tu vientre, y el fruto de tu tierra, y el fruto de tu bestia, la cría de tus bueyes, y los rebaños de tus ovejas. (5) Bendito tu canastillo y tu artesa. (6) Bendito tú, en tu entrar, y bendito tú, en tu salir. (7) Dará el Eterno a tus enemigos que se levantaren contra ti, castigo delante de ti: por un

8 לפניך: יצו יהוה אתך את־הברכה באסמיך ובכל משלח
9 ידך וברכך בארץ אשר־יהוה אלהיך נתן לך: יקימך
יהוה לו לעם קדוש כאשר נשבע־לך כי תשמר את־
י מצות יהוה אלהיך והלכת בדרכיו: וראו כל־עמי הארץ
11 כי שם יהוה נקרא עליך ויראו ממך: והותרך יהוה
לטובה בפרי בטנך ובפרי בהמתך ובפרי אדמתך על
12 האדמה אשר נשבע יהוה לאבתיך לתת לך: יפתח
יהוה׀ לך את־אוצרו הטוב את־השמים לתת מטר־ארצך
בעתו ולברך את כל־מעשה ידך והלוית גוים רבים
13 ואתה לא תלוה: ונתנך יהוה לראש ולא לזנב והיית רק
למעלה ולא תהיה למטה כי־תשמע אל־מצות׀ יהוה
14 אלהיך אשר אנכי מצוך היום לשמר ולעשות: ולא תסור
מכל־הדברים אשר אנכי מצוה אתכם היום ימין ושמאול
ללכת אחרי אלהים אחרים לעבדם: פ
טו והיה אם־לא תשמע בקול יהוה אלהיך לשמר לעשות
את־כל־מצותיו וחקתיו אשר אנכי מצוך היום ובאו
16 עליך כל־הקללות האלה והשיגוך: ארור אתה בעיר
17 18 וארור אתה בשדה: ארור טנאך ומשארתך: ארור פרי
19 בטנך ופרי אדמתך שגר אלפיך ועשתרת צאנך: ארור
כ אתה בבאך וארור אתה בצאתך: ישלח יהוה׀ בך את־
המארה את־המהומה ואת־המגערת בכל־משלח ידך
אשר תעשה עד השמדך ועד־אבדך מהר מפני רע
21 מעלליך אשר עזבתני: ידבק יהוה בך את־הדבר עד
כלתו אתך מעל האדמה אשר־אתה בא־שמה לרשתה:
22 יכך יהוה בשחפת ובקדחת ובדלקת ובחרחר ובחרב
23 ובשדפון ובירקון ורדפוך עד אבדך: והיו שמיך אשר על־
24 ראשך נחשת והארץ אשר־תחתיך ברזל: יתן יהוה את־

camino saldrán a ti, y por siete caminos huirán delante de ti. (8) Dará el Eterno a ti la bendición en tus graneros, y en todo donde tiendas tu mano; y bendecirte ha, en la tierra, que el Eterno, tu Dios, da a ti. (9) Levantarte ha, el Eterno a él por pueblo santo, como juró a ti, cuando guardares los preceptos del Eterno, tu Dios, y anduvieres por sus caminos. (10) Y verán todos los pueblos de la tierra que el nombre del Eterno fué llamado sobre ti, y te temerán. (11) Y enriquecerte ha, el Eterno para bien, en el fruto de tu vientre, y en el fruto de tu bestia, y en el fruto de tu tierra, sobre la tierra que juró el Eterno a tus padres dar a ti. (12) Abrirá el Eterno para ti su buen granero, los cielos, para dar lluvia a tu tierra en su tiempo, y para bendecir a toda la obra de tu mano. Y prestarás a mucha gente, y tú no tomarás prestado. (13) Y te pondrá el Eterno por cabeza, y no por cola; y estarás de cierto arriba, y no estarás abajo; cuando cumplieres los preceptos del Eterno, tu Dios, que yo te encomiendo hoy, para guardar y para cumplir. (14) Y no te apartes de todas las palabras que yo te encomiendo hoy, ni a derecha ni a izquierda, para andar tras otros dioses, para servirlos.

(15) Y será, si no oyeres la voz del Eterno, tu Dios, para guardar y cumplir todos sus preceptos y sus fueros, que yo te encomiendo hoy, que vendrán sobre ti todas las maldiciones estas y alcanzarte han.

(16) Maldito tú, en la ciudad, y maldito tú, en el campo. (17) Maldito tu canastillo, y tu artesa. (18) Maldito el fruto de tu vientre, y el fruto de tu tierra, la cría de tus bueyes y los rebaños de tus ovejas. (19) Maldito tú, en tu entrar, y maldito tú, en tu salir. (20) Enviará el Eterno a ti la maldición, la consunción y la reducción en todo lo que tus manos hicieren hasta ser destruído, y hasta perderte presto por causa de la maldad de tus obras porque me dejaste. (21) Castigará el Eterno a ti con la mortandad, hasta acabar a ti de sobre la tierra a la que tu vas para heredar. (22) Herirte ha, el Eterno con la tisis, y con las fiebres continuas y con la terciana y con la bélica, con la espada, y con la hidropesía y con la ictericia; y perseguirte han, hasta perderte. (23) Y tu cielo sobre tu cabeza, será de cobre; y la tierra debajo de ti, será de hierro. (24) Dará el Eterno como lluvia a tu tierra, ceniza y polvo:

מְטַר אַרְצְךָ אָבָק וְעָפָר מִן־הַשָּׁמַיִם יֵרֵד עָלֶיךָ עַד הִשָּׁמְדָךְ׃
כה יִתֶּנְךָ יְהוָֹה ׀ נִגָּף לִפְנֵי אֹיְבֶיךָ בְּדֶרֶךְ אֶחָד תֵּצֵא אֵלָיו
וּבְשִׁבְעָה דְרָכִים תָּנוּס לְפָנָיו וְהָיִיתָ לְזַעֲוָה לְכֹל מַמְלְכוֹת
26 הָאָרֶץ׃ וְהָיְתָה נִבְלָתְךָ לְמַאֲכָל לְכָל־עוֹף הַשָּׁמַיִם וּלְבֶהֱמַת
27 הָאָרֶץ וְאֵין מַחֲרִיד׃ יַכְּכָה יְהוָֹה בִּשְׁחִין מִצְרַיִם וּבָעְפָלִים
28 וּבַגָּרָב וּבֶחָרֶס אֲשֶׁר לֹא־תוּכַל לְהֵרָפֵא׃ יַכְּכָה יְהוָֹה
29 בְּשִׁגָּעוֹן וּבְעִוָּרוֹן וּבְתִמְהוֹן לֵבָב׃ וְהָיִיתָ מְמַשֵּׁשׁ בַּצָּהֳרַיִם
כַּאֲשֶׁר יְמַשֵּׁשׁ הָעִוֵּר בָּאֲפֵלָה וְלֹא תַצְלִיחַ אֶת־דְּרָכֶיךָ
ל וְהָיִיתָ אַךְ עָשׁוּק וְגָזוּל כָּל־הַיָּמִים וְאֵין מוֹשִׁיעַ׃ אִשָּׁה תְאָרֵשׂ
וְאִישׁ אַחֵר יִשְׁגָּלֶנָּה בַּיִת תִּבְנֶה וְלֹא־תֵשֵׁב בּוֹ כֶּרֶם תִּטַּע
31 וְלֹא תְחַלְּלֶנּוּ׃ שׁוֹרְךָ טָבוּחַ לְעֵינֶיךָ וְלֹא תֹאכַל מִמֶּנּוּ חֲמֹרְךָ
גָּזוּל מִלְּפָנֶיךָ וְלֹא יָשׁוּב לָךְ צֹאנְךָ נְתֻנוֹת לְאֹיְבֶיךָ וְאֵין לְךָ
32 מוֹשִׁיעַ׃ בָּנֶיךָ וּבְנֹתֶיךָ נְתֻנִים לְעַם אַחֵר וְעֵינֶיךָ רֹאוֹת
33 וְכָלוֹת אֲלֵיהֶם כָּל־הַיּוֹם וְאֵין לְאֵל יָדֶךָ׃ פְּרִי אַדְמָתְךָ וְכָל־
יְגִיעֲךָ יֹאכַל עַם אֲשֶׁר לֹא־יָדָעְתָּ וְהָיִיתָ רַק עָשׁוּק וְרָצוּץ
34 כָּל־הַיָּמִים׃ וְהָיִיתָ מְשֻׁגָּע מִמַּרְאֵה עֵינֶיךָ אֲשֶׁר תִּרְאֶה׃
לה יַכְּכָה יְהוָֹה בִּשְׁחִין רָע עַל־הַבִּרְכַּיִם וְעַל־הַשֹּׁקַיִם אֲשֶׁר
36 לֹא־תוּכַל לְהֵרָפֵא מִכַּף רַגְלְךָ וְעַד קָדְקֳדֶךָ׃ יוֹלֵךְ יְהוָֹה
אֹתְךָ וְאֶת־מַלְכְּךָ אֲשֶׁר תָּקִים עָלֶיךָ אֶל־גּוֹי אֲשֶׁר לֹא־
יָדַעְתָּ אַתָּה וַאֲבֹתֶיךָ וְעָבַדְתָּ שָּׁם אֱלֹהִים אֲחֵרִים עֵץ וָאָבֶן׃
37 וְהָיִיתָ לְשַׁמָּה לְמָשָׁל וְלִשְׁנִינָה בְּכֹל הָעַמִּים אֲשֶׁר־יְנַהֶגְךָ
38 יְהוָֹה שָׁמָּה׃ זֶרַע רַב תּוֹצִיא הַשָּׂדֶה וּמְעַט תֶּאֱסֹף כִּי יַחְסְלֶנּוּ
39 הָאַרְבֶּה׃ כְּרָמִים תִּטַּע וְעָבָדְתָּ וְיַיִן לֹא־תִשְׁתֶּה וְלֹא
מ תֶאֱגֹר כִּי תֹאכְלֶנּוּ הַתֹּלָעַת׃ זֵיתִים יִהְיוּ לְךָ בְּכָל־גְּבוּלֶךָ
41 וְשֶׁמֶן לֹא תָסוּךְ כִּי יִשַּׁל זֵיתֶךָ׃ בָּנִים וּבָנוֹת תּוֹלִיד וְלֹא־
42 יִהְיוּ לָךְ כִּי יֵלְכוּ בַּשֶּׁבִי׃ כָּל־עֵצְךָ וּפְרִי אַדְמָתֶךָ יְיָרֵשׁ
43 הַצְּלָצַל׃ הַגֵּר אֲשֶׁר בְּקִרְבְּךָ יַעֲלֶה עָלֶיךָ מַעְלָה מָּעְלָה

de los cielos descenderá sobre ti, hasta ser destruído. (25) Darte ha, el Eterno, herido a tus enemigos: por un camino saldrás a él, y por siete caminos huirás delante de él; y serás sacudido en todos los reinos de la tierra. (26) Y será tu cuerpo muerto, comida para todas las aves de los cielos, y las bestias de la tierra, y no habrá quien las espante. (27) Herirte ha, el Eterno con la sarna de Egipto, y con hemorroides, y con comezón, y con sarna seca de las que no podrás ser curado. (28) Herirte ha, el Eterno con la locura, y con la ceguera, y con turbación del corazón. (29) Y palparás a mediodía, como palpa el ciego en las tinieblas, y no prosperarás en tus caminos; y serás recargado en el trabajo y robado todos los días, y no habrá quien te salve. (30) Mujer desposarás, y otro varón la yacerá; casa edificarás, y no morarás en ella; viña plantarás, y no la aprovecharás. (31) Tu buey será degollado ante tus ojos, y no comerás de él; tu asno será robado delante de ti, y no tornará a ti; tus ovejas serán dadas a tus enemigos, y tu no tendrás salvador. (32) Tus hijos y tus hijas serán dados a otro pueblo, y tus ojos lo verán, y desfallecerás por ellos, todo el día: y no habrá poder en tus manos. (33) El fruto de tu tierra y todo tu trabajo lo comerá un pueblo que no conociste; y serás ciertamente oprimido y quebrantado todos los días. (34) Y enloquecerás por lo que tus ojos vean. (35) Herirte ha, el Eterno, con sarna mala sobre las rodillas y sobre las piernas; y no podrás ser curado: desde la planta de tu pie, hasta tu mollera. (36) Llevará el Eterno a ti, y a tu rey que levantares sobre ti a gente que no conociste tú ni tus padres; y servirás allí a otros dioses de palo y piedra. (37) Y será tu desolación, para ejemplo y para escarnio, en todos los pueblos a que te guiará el Eterno. (38) Mucha simiente producirá el campo, y poco recogerás porque la acabará la langosta. (39) Viñas plantarás y labrarás, y vino no beberás, y nada apañarás, porque lo comerá el gusano. (40) Olivas tendrás en todo tu término; y con el aceite no te ungirás; porque se caerá tu aceituna. (41) Hijos e hijas engendrarás, y no serán para ti; que estarán en cautiverio. (42) Todos tus árboles y el fruto de tu tierra lo exterminará la langosta. (43) El peregrino que llegue a ti, subirá sobre ti, arriba, arriba,

27. ובטחורים ק׳ 30. ישכבנה ק׳ 42. פתח בס״פ

וְאַתָּה תֵּרֵד מַטָּה מָּטָּה׃ הוּא יַלְוְךָ וְאַתָּה לֹא תַלְוֶנּוּ 44
הוּא יִהְיֶה לְרֹאשׁ וְאַתָּה תִּהְיֶה לְזָנָב׃ וּבָאוּ עָלֶיךָ כָּל־ מה
הַקְּלָלוֹת הָאֵלֶּה וּרְדָפוּךָ וְהִשִּׂיגוּךָ עַד הִשָּׁמְדָךְ כִּי־לֹא
שָׁמַעְתָּ בְּקוֹל יְהוָה אֱלֹהֶיךָ לִשְׁמֹר מִצְוֺתָיו וְחֻקֹּתָיו אֲשֶׁר
צִוָּךְ׃ וְהָיוּ בְךָ לְאוֹת וּלְמוֹפֵת וּבְזַרְעֲךָ עַד־עוֹלָם׃ תַּחַת 46 47
אֲשֶׁר לֹא־עָבַדְתָּ אֶת־יְהוָה אֱלֹהֶיךָ בְּשִׂמְחָה וּבְטוּב לֵבָב
מֵרֹב כֹּל׃ וְעָבַדְתָּ אֶת־אֹיְבֶיךָ אֲשֶׁר יְשַׁלְּחֶנּוּ יְהוָה בָּךְ 48
בְּרָעָב וּבְצָמָא וּבְעֵירֹם וּבְחֹסֶר כֹּל וְנָתַן עֹל בַּרְזֶל עַל־
צַוָּארֶךָ עַד הִשְׁמִידוֹ אֹתָךְ׃ יִשָּׂא יְהוָה עָלֶיךָ גּוֹי מֵרָחֹק 49
מִקְצֵה הָאָרֶץ כַּאֲשֶׁר יִדְאֶה הַנָּשֶׁר גּוֹי אֲשֶׁר לֹא־תִשְׁמַע
לְשֹׁנוֹ׃ גּוֹי עַז פָּנִים אֲשֶׁר לֹא־יִשָּׂא פָנִים לְזָקֵן וְנַעַר לֹא 50
יָחֹן׃ וְאָכַל פְּרִי בְהֶמְתְּךָ וּפְרִי־אַדְמָתְךָ עַד הִשָּׁמְדָךְ אֲשֶׁר 51
לֹא־יַשְׁאִיר לְךָ דָּגָן תִּירוֹשׁ וְיִצְהָר שְׁגַר אֲלָפֶיךָ וְעַשְׁתְּרֹת
צֹאנֶךָ עַד הַאֲבִידוֹ אֹתָךְ׃ וְהֵצַר לְךָ בְּכָל־שְׁעָרֶיךָ עַד רֶדֶת 52
חֹמֹתֶיךָ הַגְּבֹהֹת וְהַבְּצֻרוֹת אֲשֶׁר אַתָּה בֹּטֵחַ בָּהֵן בְּכָל־
אַרְצֶךָ וְהֵצַר לְךָ בְּכָל־שְׁעָרֶיךָ בְּכָל־אַרְצְךָ אֲשֶׁר נָתַן יְהוָה
אֱלֹהֶיךָ לָךְ׃ וְאָכַלְתָּ פְרִי־בִטְנְךָ בְּשַׂר בָּנֶיךָ וּבְנֹתֶיךָ אֲשֶׁר 53
נָתַן־לְךָ יְהוָה אֱלֹהֶיךָ בְּמָצוֹר וּבְמָצוֹק אֲשֶׁר־יָצִיק לְךָ
אֹיְבֶךָ׃ הָאִישׁ הָרַךְ בְּךָ וְהֶעָנֹג מְאֹד תֵּרַע עֵינוֹ בְאָחִיו 54
וּבְאֵשֶׁת חֵיקוֹ וּבְיֶתֶר בָּנָיו אֲשֶׁר יוֹתִיר׃ מִתֵּת ׀ לְאַחַד נה
מֵהֶם מִבְּשַׂר בָּנָיו אֲשֶׁר יֹאכֵל מִבְּלִי הִשְׁאִיר־לוֹ כֹּל
בְּמָצוֹר וּבְמָצוֹק אֲשֶׁר יָצִיק לְךָ אֹיִבְךָ בְּכָל־שְׁעָרֶיךָ׃
הָרַכָּה בְךָ וְהָעֲנֻגָּה אֲשֶׁר לֹא־נִסְּתָה כַף־רַגְלָהּ הַצֵּג עַל־ 56
הָאָרֶץ מֵהִתְעַנֵּג וּמֵרֹךְ תֵּרַע עֵינָהּ בְּאִישׁ חֵיקָהּ וּבִבְנָהּ
וּבְבִתָּהּ׃ וּבְשִׁלְיָתָהּ הַיּוֹצֵת ׀ מִבֵּין רַגְלֶיהָ וּבְבָנֶיהָ אֲשֶׁר 57
תֵּלֵד כִּי־תֹאכְלֵם בְּחֹסֶר־כֹּל בַּסָּתֶר בְּמָצוֹר וּבְמָצוֹק אֲשֶׁר
יָצִיק לְךָ אֹיִבְךָ בִּשְׁעָרֶיךָ׃ אִם־לֹא תִשְׁמֹר לַעֲשׂוֹת אֶת־ 58

y tú descenderás bajo, bajo. (44) Él te prestará, y tú no le prestarás; él será cabeza, y tú serás cola.

(45) Y caerán sobre ti todas las maldiciones estas, y perseguirte han, y alcanzarte han, hasta que seas destruído; porque no oíste a la voz del Eterno, tu Dios, por no guardar sus preceptos y sus fueros que te encomendó. (46) Y serán en ti por señal y por maravilla, y en tu simiente hasta siempre. (47) Porque no serviste al Eterno, tu Dios, con alegría y con bondad de corazón, por abundancia de todo. (48) Y servirás a tu enemigo que enviará el Eterno, a ti, con el hambre y con la sed y con la desnudez, y con escasez de todo; y pondrá él yugo de hierro sobre tu cerviz hasta destruirte. (49) Traerá el Eterno sobre ti gente de lejos, del cabo de la tierra, tanto como vuela el águila, gente de la que no entenderás su lengua. (50) Gente de faz fiera, que no honrará a los viejos; y del mozo no se apiadará; (51) Y comerá el fruto de tu bestia y el fruto de tu tierra, hasta que seas destruído: que no dejará renacer para ti grano, ni mosto, ni aceite, ni cría de tus bueyes, ni rebaños de tus ovejas, hasta perderte a ti. (52) Y angustiará a ti en todas tus ciudades, hasta sojuzgar tus cercas altas y encastilladas y en las que tú confías, en toda tu tierra; y angustiará a ti, en todas tus ciudades, en toda tu tierra, que da el Eterno, tu Dios, a ti. (53) Y en el sitio comerás el fruto de tu vientre, la carne de tus hijos y tus hijas que dió a ti el Eterno, tu Dios, por la estrechez y el aprieto, con que apretará a ti, tu enemigo. (54) El varón tierno en ti, y el muy delicado será maligno para con su hermano, y para con la mujer de su seno, y para con el resto de sus hijos que le quedaren. (55) Para no dar a uno de ellos de la carne de sus hijos, que comiere, por no darle nada, en el cerco y en el apuro con que te apretará tu enemigo en todas tus ciudades. (56) La tierna en ti y la delicada de la que la planta de su pie no probó, pararse sobre la tierra, de tanta delicadeza y ternura, se volverá maligna con el varón de su seno, y con su hijo, y con su hija. (57) Y con su chiquita que saliere de entre sus pies, y con sus hijos que pariere; los comerán con mengua de todo, a escondidas, en el sitio, en el apuro, con que apretará tu enemigo a tus ciudades.

כָּל־דִּבְרֵי הַתּוֹרָה הַזֹּאת הַכְּתוּבִים בַּסֵּפֶר הַזֶּה לְיִרְאָה
59 אֶת־הַשֵּׁם הַנִּכְבָּד וְהַנּוֹרָא הַזֶּה אֵת יְהוָה אֱלֹהֶיךָ׃ וְהִפְלָא
יְהוָה אֶת־מַכֹּתְךָ וְאֵת מַכּוֹת זַרְעֶךָ מַכּוֹת גְּדֹלֹת וְנֶאֱמָנוֹת
60 וָחֳלָיִם רָעִים וְנֶאֱמָנִים׃ וְהֵשִׁיב בְּךָ אֵת כָּל־מַדְוֵה מִצְרַיִם
61 אֲשֶׁר יָגֹרְתָּ מִפְּנֵיהֶם וְדָבְקוּ בָּךְ׃ גַּם כָּל־חֳלִי וְכָל־מַכָּה
אֲשֶׁר לֹא כָתוּב בְּסֵפֶר הַתּוֹרָה הַזֹּאת יַעְלֵם יְהוָה עָלֶיךָ
62 עַד הִשָּׁמְדָךְ׃ וְנִשְׁאַרְתֶּם בִּמְתֵי מְעָט תַּחַת אֲשֶׁר הֱיִיתֶם
כְּכוֹכְבֵי הַשָּׁמַיִם לָרֹב כִּי־לֹא שָׁמַעְתָּ בְּקוֹל יְהוָה אֱלֹהֶיךָ׃
63 וְהָיָה כַּאֲשֶׁר־שָׂשׂ יְהוָה עֲלֵיכֶם לְהֵיטִיב אֶתְכֶם וּלְהַרְבּוֹת
אֶתְכֶם כֵּן יָשִׂישׂ יְהוָה עֲלֵיכֶם לְהַאֲבִיד אֶתְכֶם וּלְהַשְׁמִיד
אֶתְכֶם וְנִסַּחְתֶּם מֵעַל הָאֲדָמָה אֲשֶׁר־אַתָּה בָא־שָׁמָּה
64 לְרִשְׁתָּהּ׃ וֶהֱפִיצְךָ יְהוָה בְּכָל־הָעַמִּים מִקְצֵה הָאָרֶץ וְעַד־
קְצֵה הָאָרֶץ וְעָבַדְתָּ שָּׁם אֱלֹהִים אֲחֵרִים אֲשֶׁר לֹא־יָדַעְתָּ
65 אַתָּה וַאֲבֹתֶיךָ עֵץ וָאָבֶן׃ וּבַגּוֹיִם הָהֵם לֹא תַרְגִּיעַ וְלֹא־
יִהְיֶה מָנוֹחַ לְכַף־רַגְלֶךָ וְנָתַן יְהוָה לְךָ שָׁם לֵב רַגָּז וְכִלְיוֹן
66 עֵינַיִם וְדַאֲבוֹן נָפֶשׁ׃ וְהָיוּ חַיֶּיךָ תְּלֻאִים לְךָ מִנֶּגֶד וּפָחַדְתָּ
67 לַיְלָה וְיוֹמָם וְלֹא תַאֲמִין בְּחַיֶּיךָ׃ בַּבֹּקֶר תֹּאמַר מִי־יִתֵּן
עֶרֶב וּבָעֶרֶב תֹּאמַר מִי־יִתֵּן בֹּקֶר מִפַּחַד לְבָבְךָ אֲשֶׁר
68 תִּפְחָד וּמִמַּרְאֵה עֵינֶיךָ אֲשֶׁר תִּרְאֶה׃ וֶהֱשִׁיבְךָ יְהוָה מִצְרַיִם
בָּאֳנִיּוֹת בַּדֶּרֶךְ אֲשֶׁר אָמַרְתִּי לְךָ לֹא־תֹסִיף עוֹד לִרְאֹתָהּ
וְהִתְמַכַּרְתֶּם שָׁם לְאֹיְבֶיךָ לַעֲבָדִים וְלִשְׁפָחוֹת וְאֵין קֹנֶה׃
69 ס אֵלֶּה דִבְרֵי הַבְּרִית אֲשֶׁר־צִוָּה יְהוָה אֶת־מֹשֶׁה לִכְרֹת
אֶת־בְּנֵי יִשְׂרָאֵל בְּאֶרֶץ מוֹאָב מִלְּבַד הַבְּרִית אֲשֶׁר־כָּרַת
אִתָּם בְּחֹרֵב׃ פ שביעי

כט

א וַיִּקְרָא מֹשֶׁה אֶל־כָּל־יִשְׂרָאֵל וַיֹּאמֶר אֲלֵהֶם אַתֶּם רְאִיתֶם
אֵת כָּל־אֲשֶׁר עָשָׂה יְהוָה לְעֵינֵיכֶם בְּאֶרֶץ מִצְרַיִם לְפַרְעֹה

(58) Si no guardares y cumplieres todas las palabras de la ley esta, escritas en el libro este y temieres al nombre, el honrado y el temido, del E t e r n o, tu Dios, (59) a p a r t a r á el Eterno tus heridas y las heridas de tu simiente, heridas grandes y firmes, y dolencias malas y firmes. (60) Y hará tornar a ti todos los dolores de Egipto, que temiste delante de ellos y pegarse han, a ti. (61) También toda enfermedad y toda herida que no está escrita en el libro de la ley esta, las hará sufrir el Eterno por ti, hasta que seas destruído. (62) Y quedaréis con pocos varones, en el lugar en que fuisteis como las estrellas de los cielos, muchedumbre, porque no oíste la voz del Eterno, tu Dios. (63) Y será que como se gozó el Eterno sobre vosotros para beneficiaros y para multiplicaros, así se gozará el Eterno sobre vosotros, para perderos, y para destruiros; y seréis arrancado de sobre la tierra, a la que tú vas para heredar. (64) Y esparcirte ha, el Eterno, por todos los pueblos, desde un cabo de la tierra hasta el otro cabo de la tierra; y servirás allí a otros dioses que no conociste tú, ni tus padres; de palo y piedra. (65) Y con las gentes estas no reposarás y no habrá holganza para la planta de tu pie; y dará el Eterno a ti allí, un corazón estremecido, y extinción de la vista, y dolor del alma: (66) Y tendrás tu vida como colgada delante de ti y temerás de noche y de día, y no creerás en tu vida. (67) Por la mañana dirás: ¡Quién me diese la tarde! y en la tarde dirás: ¡Quién me diese la mañana! Por el miedo de tu corazón temerás, y por lo que tus ojos verán. (68) Y hacerte ha, tornar al Egipto con naves por el camino que dijo a ti: no volverás más para verla: y seréis vendidos allí a vuestros enemigos, por siervos y por siervas, y no habrá comprador.»

(69) Éstas son las palabras del pacto que encomendó el Eterno a Mosé, para hacer con los hijos de Israel en la tierra de Moab, fuera del pacto que hizo con ellos en Horeb.

XXIX

(1) Y llamó Mosé a todo Israel, y dijo a ellos: V o s o t r o s v i s t e i s todo lo que hizo el Eterno a vuestros ojos en la tierra de Egipto, a Faraón y a

כח. 62 קמץ בז״ק. 67 קמץ בז״ק

2 ולכל־עבדיו ולכל־ארצו: המסות הגדלת אשר ראו
3 עיניך האתת והמפתים הגדלים ההם: ולא־נתן יהוה
לכם לב לדעת ועינים לראות ואזנים לשמע עד היום
4 הזה: ואולך אתכם ארבעים שנה במדבר לא־בלו
ה שלמתיכם מעליכם ונעלך לא־בלתה מעל רגלך: לחם
לא אכלתם ויין ושכר לא שתיתם למען תדעו כי אני
6 יהוה אלהיכם: ותבאו אל־המקום הזה ויצא סיחן מלך־
7 חשבון ועוג מלך־הבשן לקראתנו למלחמה ונכם: ונקח
את־ארצם ונתנה לנחלה לראובני ולגדי ולחצי שבט
8 המנשי: ושמרתם את־דברי הברית הזאת ועשיתם אתם
למען תשכילו את כל־אשר תעשון:

פ פ פ נא 51

9 אתם נצבים היום כלכם לפני יהוה אלהיכם ראשיכם
י שבטיכם זקניכם ושטריכם כל איש ישראל: טפכם
נשיכם וגרך אשר בקרב מחניך מחטב עציך עד שאב
11 מימיך: לעברך בברית יהוה אלהיך ובאלתו אשר יהוה
12 אלהיך כרת עמך היום: למען הקים־אתך היום לו
לעם והוא יהיה־לך לאלהים כאשר דבר־לך וכאשר
13 נשבע לאבתיך לאברהם ליצחק וליעקב: ולא אתכם
לבדכם אנכי כרת את־הברית הזאת ואת־האלה הזאת:
14 כי את־אשר ישנו פה עמנו עמד היום לפני יהוה אלהינו
15 ואת אשר איננו פה עמנו היום: כי־אתם ידעתם את אשר־
ישבנו בארץ מצרים ואת אשר־עברנו בקרב הגוים אשר
16 עברתם: ותראו את־שקוציהם ואת גלליהם עץ ואבן
17 כסף וזהב אשר עמהם: פן־יש בכם איש או־אשה או
משפחה או־שבט אשר לבבו פנה היום מעם יהוה
אלהינו ללכת לעבד את־אלהי הגוים ההם פן־יש בכם
18 שרש פרה ראש ולענה: והיה בשמעו את־דברי האלה

todos sus siervos, y a toda su tierra: (2) Las grandes pruebas que vieron tus ojos, las señales, y las grandes maravillas estas. (3) Y no dió el Eterno a vosotros corazón para saber, y ojos para ver, y oídos para oír, hasta el día este (4) Y llevé a vosotros cuarenta años en el desierto. No envejecieron vuestros paños sobre vosotros, y tu zapato no ha envejecido sobre tus pies. (5) Pan no comisteis, y vino ni sidra no bebisteis; para que supiereis que yo soy el Eterno, vuestro Dios. (6) Y vinisteis al lugar este, y salió Sihón rey de Hesbón, y Og rey del Basán, a nuestro encuentro a la pelea, y herímoslos. (7) Y tomamos su tierra, y dímosla por heredad a Reubén y a Gad, y a la media tribu de Menasé. (8) Y guardaréis las palabras del pacto este, y las cumpliréis, para que entendáis en todo lo que hagáis.

(51) NISAVIM

(9) Vosotros estáis parados hoy todos delante del Eterno, vuestro Dios; vuestros capitanes, vuestras tribus, vuestros viejos, y vuestros alguaciles, todos los varones de Israel, (10) vuestras familias, vuestras mujeres, y los peregrinos que están en vuestros reales, desde el que taja vuestras leñas hasta el que saca vuestra Agua. (11) Para que os acepten en el pacto del Eterno, tu Dios, y en su juramento, que el Eterno, tu Dios, hace contigo hoy, (12) para confirmar a ti hoy, por pueblo, y él será para ti Dios, como habló a ti, y como juró a tus padres, a Abraham, a Isaac, y a Iaacob. (13) Y no con vosotros a solas yo hago el pacto este y la jura esta, (14) sino con el que está aquí presente delante del Eterno, nuestro Dios, y con el que no está aquí hoy, con nosotros. (15) Porque vosotros supisteis que estuvimos en la tierra de Egipto, y lo que pasamos entre las gentes por donde que pasasteis. (16) Y visteis sus abominaciones, y sus ídolos, palo y piedra, plata y oro, que con ellos tienen. (17) Quizá hay en vosotros varón, o mujer, o linaje, o tribu, cuyo corazón vuelve hoy de con el Eterno, nuestro Dios, para servir a los dioses de las gentes estas; quizá haya en vosotros raíz que floreciere veneno y ajenjo. (18) Y será al oír las palabras de

הזאת והתברך בלבבו לאמר שלום יהיה־לי כי
בשררות לבי אלך למען ספות הרוה את־הצמאה׃
19 לא־יאבה יהוה סלח לו כי אז יעשן אף־יהוה וקנאתו
באיש ההוא ורבצה בו כל־האלה הכתובה בספר הזה
כ ומחה יהוה את־שמו מתחת השמים׃ והבדילו יהוה
לרעה מכל שבטי ישראל ככל אלות הברית הכתובה
21 בספר התורה הזה׃ ואמר הדור האחרון בניכם אשר
יקומו מאחריכם והנכרי אשר יבא מארץ רחוקה וראו
את־מכות הארץ ההוא ואת־תחלאיה אשר־חלה יהוה
22 בה׃ גפרית ומלח שרפה כל־ארצה לא תזרע ולא
תצמח ולא־יעלה בה כל־עשב כמהפכת סדם ועמרה
23 אדמה וצבוים אשר הפך יהוה באפו ובחמתו׃ ואמרו
כל־הגוים על־מה עשה יהוה ככה לארץ הזאת מה חרי
24 האף הגדול הזה׃ ואמרו על אשר עזבו את־ברית יהוה
אלהי אבתם אשר כרת עמם בהוציאו אתם מארץ
כה מצרים׃ וילכו ויעבדו אלהים אחרים וישתחוו להם
26 אלהים אשר לא־ידעום ולא חלק להם׃ ויחר־אף יהוה
בארץ ההוא להביא עליה את־כל־הקללה הכתובה
27 בספר הזה׃ ויתשם יהוה מעל אדמתם באף ובחמה
28 ובקצף גדול וישלכם אל־ארץ אחרת כיום הזה׃ הנסתרת
ליהוה אלהינו והנגלת לנו ולבנינו עד־עולם לעשות
את־כל־דברי התורה הזאת׃ ס רביעי שני כשהן מחוברין

ל

א והיה כי־יבאו עליך כל־הדברים האלה הברכה והקללה
אשר נתתי לפניך והשבת אל־לבבך בכל־הגוים אשר
2 הדיחך יהוה אלהיך שמה׃ ושבת עד־יהוה אלהיך
ושמעת בקלו ככל אשר־אנכי מצוך היום אתה ובניך

la maldición esta, que bendecirse ha, su corazón, diciendo: Paz será para mí, porque con el pensamiento de mi corazón andaré, y no añadiré el hambre a la sed. (19) No querrá el Eterno perdonar a él; que entonces llameará el furor del Eterno y su celo sobre el varón este, y caerá sobre él toda la maldición escrita en el libro este, y rematará el Eterno su nombre debajo de los cielos. (20) Y apartarlo ha, el Eterno para mal, de todas las tribus de Israel, según todas las maldiciones del pacto escrito en el libro de la ley esta.

(21) Y dirá la generación postrera, vuestros hijos que se levantarán después de vosotros, y el extraño que viniere de tierras lejanas, y vieren las heridas de la tierra esta, y sus enfermedades que desató el Eterno en ella. (22) Azufre y sal, abrasará toda su tierra: no será sembrada, no producirá, no creará en ella ninguna hierba, como la destrucción de Sedom y de Amora, Admá y Seboim, que destruyó el Eterno con su furor y con su saña: (23) Y dirán todas las gentes: ¿Por qué hizo el Eterno así a la tierra esta? ¿Por qué ha crecido su furor? (24) Y dirán: Porque dejaron al pacto del Eterno, Dios de sus padres, que hizo con ellos al sacar a ellos de la tierra de Egipto, (25) y anduvieron y sirvieron otros dioses, y encorváronse a ellos, dioses que no conocieron, y no dió a ellos: (26) Y encendióse el furor del Eterno en la tierra esta, para traer sobre ella toda la maldición escrita en el libro este; (27) y derramólos el Eterno de sobre su tierra con furor, y con saña, y con ira grande, y echólos a otra tierra, hasta el día este.

(28) Las cosas encubiertas son del Eterno, nuestro Dios. Y las descubiertas para nosotros y para nuestros hijos hasta siempre, para cumplir todas las palabras de la ley esta.

XXX

(1) Y será que cuando vinieron sobre ti todas las palabras estas, la bendición y la maldición que di delante de ti, y tornares tu corazón a todas las gentes a las que te empujó el Eterno, tu Dios, allí, (2) y tornares hasta el Eterno, tu Dios, y oyeres su voz y todo lo que te encomiendo hoy, tú y tus hijos, con

כט 22. וצבוים ק׳ 27. ל׳ רבתי 28. י״א נקודות

בכל־לבבך ובכל־נפשך: ושב יהוה אלהיך את־שבותך 3
ורחמך ושב וקבצך מכל־העמים אשר הפיצך יהוה
אלהיך שמה: אם־יהיה נדחך בקצה השמים משם 4
יקבצך יהוה אלהיך ומשם יקחך: והביאך יהוה אלהיך ה
אל־הארץ אשר־ירשו אבתיך וירשתה והיטבך והרבך
מאבתיך: ומל יהוה אלהיך את־לבבך ואת־לבב זרעך 6
לאהבה את־יהוה אלהיך בכל־לבבך ובכל־נפשך למען
חייך: ונתן יהוה אלהיך את כל־האלות האלה על־ 7
איביך ועל־שנאיך אשר רדפוך: ואתה תשוב ושמעת 8
בקול יהוה ועשית את־כל־מצותיו אשר אנכי מצוך
היום: והותירך יהוה אלהיך בכל | מעשה ידך בפרי 9
בטנך ובפרי בהמתך ובפרי אדמתך לטבה כי | ישוב
יהוה לשוש עליך לטוב כאשר־שש על־אבתיך: כי י
תשמע בקול יהוה אלהיך לשמר מצותיו וחקתיו הכתובה
בספר התורה הזה כי תשוב אל־יהוה אלהיך בכל־
לבבך ובכל־נפשך: ס ששי כי המצוה הזאת אשר 11
אנכי מצוך היום לא־נפלאת הוא ממך ולא־רחקה הוא:
לא בשמים הוא לאמר מי יעלה־לנו השמימה ויקחה 12
לנו וישמענו אתה ונעשנה: ולא־מעבר לים הוא לאמר 13
מי יעבר־לנו אל־עבר הים ויקחה לנו וישמענו אתה
ונעשנה: כי־קרוב אליך הדבר מאד בפיך ובלבבך 14
לעשתו: ס ראה נתתי לפניך היום את־החיים טו
ואת־הטוב ואת־המות ואת־הרע: אשר אנכי מצוך 16
היום לאהבה את־יהוה אלהיך ללכת בדרכיו ולשמר
מצותיו וחקתיו ומשפטיו וחיית ורבית וברכך יהוה
אלהיך בארץ אשר־אתה בא־שמה לרשתה: ואם־ 17
יפנה לבבך ולא תשמע ונדחת והשתחוית לאלהים
אחרים ועבדתם: הגדתי לכם היום כי אבד תאבדון 18

todo su corazón y con toda tu alma. (3) te tornará el Eterno, tu Dios, de tu cautiverio, y apiadarse ha de ti, y tornará y juntarte ha de todos los pueblos por donde te esparció el Eterno, tu Dios. (4) Y si tus empujados estuvieran hasta el cabo de los cielos, de allí te juntará el Eterno, tu Dios, y de allí te traerá. (5) Y traerte ha el Eterno, tu Dios, a la tierra que heredaron tus padres, y heredarla has; y beneficiarte ha, y multiplicarte ha más que a tus padres. (6) Y abrirá el Eterno, tu Dios, tu corazón, y el corazón de tu simiente, para amar al Eterno, tu Dios, con todo tu corazón y con toda tu alma, para que vivas. (7) Y echará el Eterno, tu Dios, todas las maldiciones estas sobre tus enemigos y sobre tus aborrecidos que te persiguen. (8) Y volverás a oír la voz del Eterno, y cumplirás todos sus preceptos, que yo te encomiendo hoy. (9) Y hacerte ha, abundar el Eterno, tu Dios, en toda la obra de tu mano, en el fruto de tu vientre, y en el fruto de tu bestia, y en el fruto de tu tierra, para bien; que se tornará el Eterno para gozarse sobre ti para bien, como se gozó sobre tus padres, (10) cuando oyeres la voz del Eterno, tu Dios, para guardar sus preceptos y sus fueros escritos en el libro de la ley esta: y te tornares al Eterno tu Dios, con todo tu corazón, y con toda tu alma.

(11) Que los mandamientos estos que yo te encomiendo hoy, no están encubiertos a ti, y no están lejos de ti. (12) No están en los cielos para decir: ¿Quién subirá por nosotros a los cielos para tomarlos y hacérnoslos oír y hacerlos podamos? (13) Y no están allende el mar para decir: ¿quién pasará por nosotros allende el mar, y tomarlo ha, para nosotros, y nos los haga oír y hacerla podamos? (14) Qué cercanos están de ti y mucho, en tu boca y en tu corazón, para cumplirlos.

(15) Mira, di delante de ti, hoy la vida y el bien, y la muerte y el mal; (16) que yo te encomiendo hoy amar al Eterno, tu Dios, para andar en sus caminos, y guardar sus preceptos y sus fueros y sus juicios; y vivir, y multiplicarte has, y bendecirte ha el Eterno, tu Dios, en la tierra a la que tú vienes allí para heredar. (17) Y si volviere tu corazón, y no oyeres, y fueres empujado, y te encorvares a otros dioses, y los sirvieres; (18) denuncio a vosotros

לא־תאריכן ימים על־האדמה אשר אתה עבר את־
19 הירדן לבוא שמה לרשתה: העדתי בכם היום את־
השמים ואת־הארץ החיים והמות נתתי לפניך הברכה
כ והקללה ובחרת בחיים למען תחיה אתה וזרעך: לאהבה
את־יהוה אלהיך לשמע בקלו ולדבקה־בו כי הוא חייך
וארך ימיך לשבת על־האדמה אשר נשבע יהוה לאבתיך
לאברהם ליצחק וליעקב לתת להם:

לא

פ פ פ נב 52

א וילך משה וידבר את־הדברים האלה אל־כל־ישראל:
2 ויאמר אלהם בן־מאה ועשרים שנה אנכי היום לא־
אוכל עוד לצאת ולבוא ויהוה אמר אלי לא תעבר את־
3 הירדן הזה: יהוה אלהיך הוא ׀ עבר לפניך הוא־ישמיד
את־הגוים האלה מלפניך וירשתם יהושע הוא עבר
4 לפניך כאשר דבר יהוה: ועשה יהוה להם כאשר עשה
לסיחון ולעוג מלכי האמרי ולארצם אשר השמיד אתם:
ה ונתנם יהוה לפניכם ועשיתם להם ככל־המצוה אשר
6 צויתי אתכם: חזקו ואמצו אל־תיראו ואל־תערצו מפניהם
כי ׀ יהוה אלהיך הוא ההלך עמך לא ירפך ולא יעזבך:
7 ס ויקרא משה ליהושע ויאמר אליו לעיני כל־ישראל
חזק ואמץ כי אתה תבוא את־העם הזה אל־הארץ אשר
נשבע יהוה לאבתם לתת להם ואתה תנחילנה אותם:
8 ויהוה הוא ׀ ההלך לפניך הוא יהיה עמך לא ירפך ולא
9 יעזבך לא תירא ולא תחת: ויכתב משה את־התורה
הזאת ויתנה אל־הכהנים בני לוי הנשאים את־ארון
י ברית יהוה ואל־כל־זקני ישראל: ויצו משה אותם
לאמר מקץ ׀ שבע שנים במעד שנת השמטה בחג

hoy que perder os perderéis; no alegraréis vuestros días sobre la tierra, por la que pasarás el Iardén para ir allí a heredar. (19) Atestiguo en vosotros a los cielos y a la tierra; que la vida y la muerte di delante de vosotros, la bendición y la maldición; y escogerás en la vida, para que viváis, tú y tu simiente, (20) para amor al Eterno, tu Dios, para oír su voz, y para adherirte a él; que el es tu vida, y la prolongación de tus días; para estar sobre la tierra que juró el Eterno a vuestros padres, a Abraham, a Isaac, y a Iaacob, dar a ellos.»

XXXI

(52) VAIÉLEJ

(1) Y fué Mosé, y habló las palabras estas a todo Israel: (2) Y dijo a ellos: «De edad de ciento veinte años yo soy hoy; no puedo más salir y volver; y el Eterno dijo a mí: No pasarás el Iardén este. (3) El Eterno, tu Dios, él pasará delante de ti; él destruirá las gentes estas delante de ti, y heredarlas has: Iosúa, él pasará delante de ti, como habló el Eterno. (4) Y hará el Eterno a ellos como hizo a Sihón y a Og, reyes de los Emoreos, y a su tierra, que destruyó a ellos. (5) Y darlos ha el Eterno delante de vosotros, y haréis a ellos como todas las recomendaciones que encomendé a vosotros. (6) Esforzaos y enforteceos; no temáis, y no os quebrantéis delante de ellos que el Eterno, tu Dios, está contigo, no te aflojará y no te abandonará.»

(7) Y llamó Mosé a Iosúa, y dijo a él delante de todo Israel: «Esfuérzate y enfortécete, porque tu entrarás con el pueblo este a la tierra que juró el Eterno a sus padres dar a ellos, y tu la harás heredar a ellos. (8) Y el Eterno es el que está delante de ti, y estará contigo, no te aflojará, y no te abandonará: no temas, y no te quebrantes.»

(9) Y escribió Mosé la ley esta, y dióla a los sacerdotes, los hijos de Leví, los que llevaban al arca del pacto del Eterno, y a todos los viejos de Israel. (10) Y encomendó Mosé a ellos, diciendo: «Al fin de siete años, en el tiempo

11 הַסֻּכּוֹת: בְּבוֹא כָל־יִשְׂרָאֵל לֵרָאוֹת אֶת־פְּנֵי יְהוָה
אֱלֹהֶיךָ בַּמָּקוֹם אֲשֶׁר יִבְחָר תִּקְרָא אֶת־הַתּוֹרָה הַזֹּאת
12 נֶגֶד כָּל־יִשְׂרָאֵל בְּאָזְנֵיהֶם: הַקְהֵל אֶת־הָעָם הָאֲנָשִׁים
וְהַנָּשִׁים וְהַטַּף וְגֵרְךָ אֲשֶׁר בִּשְׁעָרֶיךָ לְמַעַן יִשְׁמְעוּ וּלְמַעַן
יִלְמְדוּ וְיָרְאוּ אֶת־יְהוָה אֱלֹהֵיכֶם וְשָׁמְרוּ לַעֲשׂוֹת אֶת־
13 כָּל־דִּבְרֵי הַתּוֹרָה הַזֹּאת: וּבְנֵיהֶם אֲשֶׁר לֹא־יָדְעוּ יִשְׁמְעוּ
וְלָמְדוּ לְיִרְאָה אֶת־יְהוָה אֱלֹהֵיכֶם כָּל־הַיָּמִים אֲשֶׁר אַתֶּם
חַיִּים עַל־הָאֲדָמָה אֲשֶׁר אַתֶּם עֹבְרִים אֶת־הַיַּרְדֵּן שָׁמָּה
לְרִשְׁתָּהּ: פ חמישי ששי כשהן מחוברין
14 וַיֹּאמֶר יְהוָה אֶל־מֹשֶׁה הֵן קָרְבוּ יָמֶיךָ לָמוּת קְרָא אֶת־
יְהוֹשֻׁעַ וְהִתְיַצְּבוּ בְּאֹהֶל מוֹעֵד וַאֲצַוֶּנּוּ וַיֵּלֶךְ מֹשֶׁה וִיהוֹשֻׁעַ
15 וַיִּתְיַצְּבוּ בְּאֹהֶל מוֹעֵד: וַיֵּרָא יְהוָה בָּאֹהֶל בְּעַמּוּד עָנָן
16 וַיַּעֲמֹד עַמּוּד הֶעָנָן עַל־פֶּתַח הָאֹהֶל: וַיֹּאמֶר יְהוָה אֶל־
מֹשֶׁה הִנְּךָ שֹׁכֵב עִם־אֲבֹתֶיךָ וְקָם הָעָם הַזֶּה וְזָנָה ׀ אַחֲרֵי ׀
אֱלֹהֵי נֵכַר־הָאָרֶץ אֲשֶׁר הוּא בָא־שָׁמָּה בְּקִרְבּוֹ וַעֲזָבַנִי
17 וְהֵפֵר אֶת־בְּרִיתִי אֲשֶׁר כָּרַתִּי אִתּוֹ: וְחָרָה אַפִּי בוֹ בַיּוֹם־
הַהוּא וַעֲזַבְתִּים וְהִסְתַּרְתִּי פָנַי מֵהֶם וְהָיָה לֶאֱכֹל וּמְצָאֻהוּ
רָעוֹת רַבּוֹת וְצָרוֹת וְאָמַר בַּיּוֹם הַהוּא הֲלֹא עַל כִּי־
18 אֵין אֱלֹהַי בְּקִרְבִּי מְצָאוּנִי הָרָעוֹת הָאֵלֶּה: וְאָנֹכִי הַסְתֵּר
אַסְתִּיר פָּנַי בַּיּוֹם הַהוּא עַל כָּל־הָרָעָה אֲשֶׁר עָשָׂה
19 כִּי פָנָה אֶל־אֱלֹהִים אֲחֵרִים: וְעַתָּה כִּתְבוּ לָכֶם אֶת־
הַשִּׁירָה הַזֹּאת וְלַמְּדָהּ אֶת־בְּנֵי־יִשְׂרָאֵל שִׂימָהּ בְּפִיהֶם
20 לְמַעַן תִּהְיֶה־לִּי הַשִּׁירָה הַזֹּאת לְעֵד בִּבְנֵי יִשְׂרָאֵל: כִּי־
אֲבִיאֶנּוּ אֶל־הָאֲדָמָה ׀ אֲשֶׁר־נִשְׁבַּעְתִּי לַאֲבֹתָיו זָבַת חָלָב
וּדְבַשׁ וְאָכַל וְשָׂבַע וְדָשֵׁן וּפָנָה אֶל־אֱלֹהִים אֲחֵרִים
21 וַעֲבָדוּם וְנִאֲצוּנִי וְהֵפֵר אֶת־בְּרִיתִי: וְהָיָה כִּי־תִמְצֶאןָ
אֹתוֹ רָעוֹת רַבּוֹת וְצָרוֹת וְעָנְתָה הַשִּׁירָה הַזֹּאת לְפָנָיו לְעֵד
כִּי לֹא תִשָּׁכַח מִפִּי זַרְעוֹ כִּי יָדַעְתִּי אֶת־יִצְרוֹ אֲשֶׁר

del año de la remisión, en la fiesta de las cabañas, (11) al venir todo Israel para aparecer delante del Eterno, tu Dios, en el lugar que escogiere, leerás la ley esta ante todo Israel, en sus oídos. (12) Congregad al pueblo, a los varones, y a las mujeres, y a los niños, y a los peregrinos, que están en vuestras ciudades, para que oigan y aprendan, y teman al Eterno, vuestro Dios, y guarden de hacer todas las palabras de la ley esta. (13) Y vuestros hijos que no supieron, oirán, y aprenderán a temer al Eterno, vuestro Dios, todos los días que viváis sobre la tierra, que para heredar tuvisteis que pasar el Iardén.»

(14) Y dijo el Eterno a Mosé: «He aquí que se acercaron tus días para morir, llama a Iosúa, y esperad en la tienda del plazo, que encomendarlo he.» Y fueron Mosé y Iosúa y esperaron en la tienda del plazo. (15) Y aparecióse el Eterno en la tienda, en una columna de nubes; y se detuvo la columna de nubes sobre la puerta de la tienda del plazo. (16) Y dijo el Eterno a Mosé: «He aquí que tu yacerás con tus padres, y levantarse ha el pueblo este, y errará tras dioses extraños de la tierra, entre cual viene; y dejarme ha, y baldará mi pacto que hice con él: (17) Y crecerá mi furor hacia él en el día este; y dejarlos he, y encubriré mi faz de ellos, (18) y será para castigarlos, que alcanzarles han muchos males; y dirá en el día este: De cierto, porque no está mi Dios entre mí, me alcanzaron los males estos. Y yo, encubriré mi faz en el día este, por todo el mal que hicieron y aceptaron a otros dioses.

(19) Y ahora escribid el cántico este, y enséñalo a los hijos de Israel: ponlo en su boca, para que sea a mí el cántico este, testigo ante los hijos de Israel. (20) De que los traeré a la tierra que juré a sus padres dar tierra que mana leche y miel; y comerá y hartarse ha, y engordarse ha, y volverse ha a otros dioses, y servirlos ha, y ensañarme han, y baldarán mi pacto. (21) Y será cuando acontecieren a él muchos males y angustias, que atestiguará, el cántico este y que no será olvidado por su simiente, que yo sé su apetito, y lo

הוּא עֹשֶׂה הַיּוֹם בְּטֶרֶם אֲבִיאֶנּוּ אֶל־הָאָרֶץ אֲשֶׁר נִשְׁבָּעְתִּי׃
22 וַיִּכְתֹּב מֹשֶׁה אֶת־הַשִּׁירָה הַזֹּאת בַּיּוֹם הַהוּא וַיְלַמְּדָהּ
23 אֶת־בְּנֵי יִשְׂרָאֵל׃ וַיְצַו אֶת־יְהוֹשֻׁעַ בִּן־נוּן וַיֹּאמֶר חֲזַק
וֶאֱמָץ כִּי אַתָּה תָּבִיא אֶת־בְּנֵי יִשְׂרָאֵל אֶל־הָאָרֶץ אֲשֶׁר־
24 נִשְׁבַּעְתִּי לָהֶם וְאָנֹכִי אֶהְיֶה עִמָּךְ׃ וַיְהִי ׀ כְּכַלּוֹת מֹשֶׁה
כה לִכְתֹּב אֶת־דִּבְרֵי הַתּוֹרָה־הַזֹּאת עַל־סֵפֶר עַד תֻּמָּם׃ וַיְצַו
26 מֹשֶׁה אֶת־הַלְוִיִּם נֹשְׂאֵי אֲרוֹן בְּרִית־יְהוָה לֵאמֹר׃ לָקֹחַ
אֵת סֵפֶר הַתּוֹרָה הַזֶּה וְשַׂמְתֶּם אֹתוֹ מִצַּד אֲרוֹן בְּרִית־
27 יְהוָה אֱלֹהֵיכֶם וְהָיָה־שָׁם בְּךָ לְעֵד׃ כִּי אָנֹכִי יָדַעְתִּי אֶת־
מֶרְיְךָ וְאֶת־עָרְפְּךָ הַקָּשֶׁה הֵן בְּעוֹדֶנִּי חַי עִמָּכֶם הַיּוֹם מַמְרִים
28 הֱיִתֶם עִם־יְהוָה וְאַף כִּי־אַחֲרֵי מוֹתִי׃ הַקְהִילוּ אֵלַי אֶת־
כָּל־זִקְנֵי שִׁבְטֵיכֶם וְשֹׁטְרֵיכֶם וַאֲדַבְּרָה בְּאָזְנֵיהֶם אֵת
הַדְּבָרִים הָאֵלֶּה וְאָעִידָה בָּם אֶת־הַשָּׁמַיִם וְאֶת־הָאָרֶץ׃
29 כִּי יָדַעְתִּי אַחֲרֵי מוֹתִי כִּי־הַשְׁחֵת תַּשְׁחִתוּן וְסַרְתֶּם מִן־
הַדֶּרֶךְ אֲשֶׁר צִוִּיתִי אֶתְכֶם וְקָרָאת אֶתְכֶם הָרָעָה בְּאַחֲרִית
הַיָּמִים כִּי־תַעֲשׂוּ אֶת־הָרַע בְּעֵינֵי יְהוָה לְהַכְעִיסוֹ בְּמַעֲשֵׂה
ל יְדֵיכֶם׃ וַיְדַבֵּר מֹשֶׁה בְּאָזְנֵי כָּל־קְהַל יִשְׂרָאֵל אֶת־דִּבְרֵי
הַשִּׁירָה הַזֹּאת עַד תֻּמָּם׃

לב

פ פ פ נג 53

א הַאֲזִינוּ הַשָּׁמַיִם וַאֲדַבֵּרָה — וְתִשְׁמַע הָאָרֶץ אִמְרֵי־פִי׃
2 יַעֲרֹף כַּמָּטָר לִקְחִי — תִּזַּל כַּטַּל אִמְרָתִי
כִּשְׂעִירִם עֲלֵי־דֶשֶׁא — וְכִרְבִיבִים עֲלֵי־עֵשֶׂב׃
3 כִּי שֵׁם יְהוָה אֶקְרָא — הָבוּ גֹדֶל לֵאלֹהֵינוּ׃
4 הַצּוּר תָּמִים פָּעֳלוֹ — כִּי כָל־דְּרָכָיו מִשְׁפָּט
אֵל אֱמוּנָה וְאֵין עָוֶל — צַדִּיק וְיָשָׁר הוּא׃
ה שִׁחֵת לוֹ לֹא בָּנָיו מוּמָם — דּוֹר עִקֵּשׁ וּפְתַלְתֹּל׃

que hace hoy antes que le trajera a la tierra que juré darles.»
(22) Y escribió Mosé el cántico este en el día este, y enseñólo a los hijos de Israel. (23) Y encomendó a Iosúa, hijo de Nun, y dijo: «Esfuérzate y enfortécete, que tú llevarás a los hijos de Israel, a la tierra que juré a ellos, y yo seré contigo.»
(24) Y fué al acabar Mosé de escribir las palabras de la ley esta en un libro hasta terminarlas, (25) que encomendó Mosé a los Levitas que llevaban el arca del pacto del Eterno, diciendo: (26) «Tomad al libro de la ley esta, y pondréis a él al lado del arca del pacto del Eterno, vuestro Dios, y será allí contra ti por testigo.
(27) Que conozco tu rebeldía, y tu dura cerviz, he aquí que mientras yo vivo con vosotros hoy, rebeldes sois con el Eterno: y ¿cuánto más, después de mi muerte? (28) Congregad ante mí a todos los viejos de vuestras tribus, y vuestros alguaciles, y hablaré a los oídos las palabras estas, y pondré por testigos contra ellos a los cielos y a la tierra. (29) Que sé que después de mi muerte, dañar os dañaréis y desviaros habréis del camino que os encomendé seguir; acontecerá a vosotros el mal en la postrimería de los días, cuando hiciereis el mal a los ojos del Eterno, ensañándole con la obra de vuestras manos.»
(30) Y habló Mosé a los oídos de toda la congregación de Israel las palabras del cántico este hasta terminarse:

XXXII

(53) AASINU

(1) «Escuchad, cielos, y hablaré;
Y oiga la tierra los dichos de mi boca:
(2) Goteará como la lluvia mi doctrina
Destilará como el rocío mi dicho;
Como gotillas sobre la grama,
Y como gotas sobre la hierba:
(3) Porque el nombre del Eterno llamaré:
Dad grandeza a nuestro Dios.
(4) Él es fuerte, perfecta es su obra,
Porque todos sus caminos son rectos:
Dios de verdad, y sin iniquidad:
Justo y recto es él.
(5) Daño no a él; a sus hijos, su mácula,
Generación torcida y perversa.

לא 21. פתח בס״פ. 23. קמץ בסגולתא. 28. בראש עמוד סימן בי״ה שמ״ו

6 הֲלַיהוָה תִּגְמְלוּ־זֹאת עַם נָבָל וְלֹא חָכָם
הֲלוֹא־הוּא אָבִיךָ קָּנֶךָ הוּא עָשְׂךָ וַיְכֹנְנֶךָ׃
7 זְכֹר יְמוֹת עוֹלָם בִּינוּ שְׁנוֹת דֹּר־וָדֹר
שְׁאַל אָבִיךָ וְיַגֵּדְךָ זְקֵנֶיךָ וְיֹאמְרוּ־לָךְ׃
8 בְּהַנְחֵל עֶלְיוֹן גּוֹיִם בְּהַפְרִידוֹ בְּנֵי אָדָם
יַצֵּב גְּבֻלֹת עַמִּים לְמִסְפַּר בְּנֵי יִשְׂרָאֵל׃
9 כִּי חֵלֶק יְהוָה עַמּוֹ יַעֲקֹב חֶבֶל נַחֲלָתוֹ׃
10 יִמְצָאֵהוּ בְּאֶרֶץ מִדְבָּר וּבְתֹהוּ יְלֵל יְשִׁמֹן
יְסֹבְבֶנְהוּ יְבוֹנְנֵהוּ יִצְּרֶנְהוּ כְּאִישׁוֹן עֵינוֹ׃
11 כְּנֶשֶׁר יָעִיר קִנּוֹ עַל־גּוֹזָלָיו יְרַחֵף
יִפְרֹשׂ כְּנָפָיו יִקָּחֵהוּ יִשָּׂאֵהוּ עַל־אֶבְרָתוֹ׃
12 יְהוָה בָּדָד יַנְחֶנּוּ וְאֵין עִמּוֹ אֵל נֵכָר׃
13 יַרְכִּבֵהוּ עַל־בָּמֳתֵי אָרֶץ וַיֹּאכַל תְּנוּבֹת שָׂדָי
וַיֵּנִקֵהוּ דְבַשׁ מִסֶּלַע וְשֶׁמֶן מֵחַלְמִישׁ צוּר׃
14 חֶמְאַת בָּקָר וַחֲלֵב צֹאן עִם־חֵלֶב כָּרִים
וְאֵילִים בְּנֵי־בָשָׁן וְעַתּוּדִים עִם־חֵלֶב כִּלְיוֹת חִטָּה
15 וְדַם־עֵנָב תִּשְׁתֶּה־חָמֶר׃ וַיִּשְׁמַן יְשֻׁרוּן וַיִּבְעָט
שָׁמַנְתָּ עָבִיתָ כָּשִׂיתָ וַיִּטֹּשׁ אֱלוֹהַ עָשָׂהוּ
16 וַיְנַבֵּל צוּר יְשֻׁעָתוֹ׃ יַקְנִאֻהוּ בְּזָרִים
17 בְּתוֹעֵבֹת יַכְעִיסֻהוּ׃ יִזְבְּחוּ לַשֵּׁדִים לֹא אֱלֹהַ
אֱלֹהִים לֹא יְדָעוּם חֲדָשִׁים מִקָּרֹב בָּאוּ
18 לֹא שְׂעָרוּם אֲבֹתֵיכֶם׃ צוּר יְלָדְךָ תֶּשִׁי
19 וַתִּשְׁכַּח אֵל מְחֹלְלֶךָ׃ וַיַּרְא יְהוָה וַיִּנְאָץ
20 מִכַּעַס בָּנָיו וּבְנֹתָיו׃ וַיֹּאמֶר אַסְתִּירָה פָנַי מֵהֶם
אֶרְאֶה מָה אַחֲרִיתָם כִּי דוֹר תַּהְפֻּכֹת הֵמָּה
21 בָּנִים לֹא־אֵמֻן בָּם׃ הֵם קִנְאוּנִי בְלֹא־אֵל
כִּעֲסוּנִי בְּהַבְלֵיהֶם וַאֲנִי אַקְנִיאֵם בְּלֹא־עָם

(6) ¿Así al Eterno compensáis,
pueblo vil e ignorante?
¿No es él tu padre que te creó,
que te hizo y te compuso?
(7) Recuerda los días de siempre,
entiende los años de generación
[y generación;
demanda a tu padre, y anun-
[ciártelo ha;
a tus viejos, y lo dirán a ti.
(8) Al hacer heredar el Altísimo
[a las gentes,
al hacer dividir a los hijos del
[hombre,
estableció los términos de los
[pueblos
por el número de los hijos de
[Israel.
(9) Que parte del Eterno, es su
[pueblo;
Jaacob la suerte de su heredad.
(10) Hallólo en la tierra del desierto,
y en la vacuidad aulló de de-
[solación;
hízolo rodear, hízolo entender,
guardólo como la niña de sus
[ojos.
(11) Como el águila que despierta
[su nidada,
y sobre sus pollos vuela,
y expande sus alas, tómalo,
y llévalo sobre sus plumas:
(12) El Eterno a solas lo guió,
y no había con él, dios extraño.
(13) Hízole subir sobre las alturas
[de la tierra,
y comió los renuevos del
[campo,
y amamantólo con miel de la
[peña,
Y aceite del pedernal fuerte.
(14) Manteca de vaca y leche de
[ovejas,
con gordura de corderos,
y carneros del Basán y machos
[cabríos
Con gordura de riñones, de trigo,
y sangre de uva bebiste, vino.
(15) Y engordóse Iesurún y coceó:
Engordaste, engrosaste y cubriste.
Y dejó a Dios, su creador,
Y profanó al fuerte que fué su salvación.
(16) Hiciéronlo celar con ídolos extraños;
con abominaciones lo ensañaron.
(17) Sacrificaron a los diablos, que no son
[Dios;
dioses que no los conocieron,
nuevos, de cerca venidos,
que no los temieron vuestros padres.
(18) Al fuerte que te alumbró olvidaste
y olvidaste al Dios, tu creador.
(19) Y vió el Eterno,
y ensañóse en sus hijos y sus hijas.
(20) Y dijo: Encubriré mi faz de ellos,
veré cuál será su postrimería:
qué generación de perversidad es ella,
hijos sin fe.
(21) Ellos me hicieron celar con el que no
[es Dios;
me ensañaron con lo que no es nada
y yo los haré celar con lo que no es
[pueblo,
con gente vil los ensañaré.

6. ה' רבתי והיא תיבה בפני עצמה 13. ו' יתירה קמץ בז"ק 15. קמץ בז"ק
17. חול 18. י' זעירא 21. חול קמץ בז"ק

22 בְּגוֹי נָבָל אַכְעִיסֵם׃ כִּי־אֵשׁ קָדְחָה בְאַפִּי
וַתִּיקַד עַד־שְׁאוֹל תַּחְתִּית וַתֹּאכַל אֶרֶץ וִיבֻלָהּ
23 וַתְּלַהֵט מוֹסְדֵי הָרִים׃ אַסְפֶּה עָלֵימוֹ רָעוֹת
24 חִצַּי אֲכַלֶּה־בָּם׃ מְזֵי רָעָב וּלְחֻמֵי רֶשֶׁף
וְקֶטֶב מְרִירִי וְשֶׁן־בְּהֵמֹת אֲשַׁלַּח־בָּם
כה עִם־חֲמַת זֹחֲלֵי עָפָר׃ מִחוּץ תְּשַׁכֶּל־חֶרֶב
וּמֵחֲדָרִים אֵימָה גַּם־בָּחוּר גַּם־בְּתוּלָה
26 יוֹנֵק עִם־אִישׁ שֵׂיבָה׃ אָמַרְתִּי אַפְאֵיהֶם
27 אַשְׁבִּיתָה מֵאֱנוֹשׁ זִכְרָם׃ לוּלֵי כַּעַס אוֹיֵב אָגוּר
פֶּן־יְנַכְּרוּ צָרֵימוֹ פֶּן־יֹאמְרוּ יָדֵנוּ רָמָה
28 וְלֹא יְהוָה פָּעַל כָּל־זֹאת׃ כִּי־גוֹי אֹבַד עֵצוֹת הֵמָּה
29 וְאֵין בָּהֶם תְּבוּנָה׃ לוּ חָכְמוּ יַשְׂכִּילוּ זֹאת
ל יָבִינוּ לְאַחֲרִיתָם׃ אֵיכָה יִרְדֹּף אֶחָד אֶלֶף
וּשְׁנַיִם יָנִיסוּ רְבָבָה אִם־לֹא כִּי־צוּרָם מְכָרָם
31 וַיהוָה הִסְגִּירָם׃ כִּי לֹא כְצוּרֵנוּ צוּרָם
32 וְאֹיְבֵינוּ פְּלִילִים׃ כִּי־מִגֶּפֶן סְדֹם גַּפְנָם
וּמִשַּׁדְמֹת עֲמֹרָה עֲנָבֵמוֹ עִנְּבֵי־רוֹשׁ
33 אַשְׁכְּלֹת מְרֹרֹת לָמוֹ׃ חֲמַת תַּנִּינִם יֵינָם
34 וְרֹאשׁ פְּתָנִים אַכְזָר׃ הֲלֹא הוּא כָּמֻס עִמָּדִי
לה חָתוּם בְּאוֹצְרֹתָי׃ לִי נָקָם וְשִׁלֵּם
לְעֵת תָּמוּט רַגְלָם כִּי קָרוֹב יוֹם אֵידָם
36 וְחָשׁ עֲתִדֹת לָמוֹ׃ כִּי־יָדִין יְהוָה עַמּוֹ
וְעַל־עֲבָדָיו יִתְנֶחָם כִּי יִרְ.. . כִּי־אָזְלַת יָד
37 וְאֶפֶס עָצוּר וְעָזוּב׃ וְאָמַר אֵי אֱלֹהֵימוֹ
38 צוּר חָסָיוּ בוֹ׃ אֲשֶׁר חֵלֶב זְבָחֵימוֹ יֹאכֵלוּ
יִשְׁתּוּ יֵין נְסִיכָם יָקוּמוּ וְיַעְזְרֻכֶם
39 יְהִי עֲלֵיכֶם סִתְרָה׃ רְאוּ ׀ עַתָּה כִּי אֲנִי אֲנִי הוּא

(22) Que fuego se encendió en mi nariz;
y encendióse hasta la fosa profunda;
y quemó la tierra y su hierba,
y ardió los cimientos de los montes.
(23) Traeré sobre ellos males;
mis saetas acabarán con ellos.
(24) Consumidos de hambre,
y comidos de los gusanos,
y tajamiento de pestilencia,
y dientes de bestias enviaré a ellos,
con la ponzoña de los que se arrastran en el polvo.
(25) De fuera los desolará la espada,
y dentro de las cámaras, el miedo;
también al mancebo como a la virgen;
al que mama como al varón de canas.
(26) Dije: Arrinconarlos he,
baldaré del hombre su memoria.
(27) Si no temiesen la saña del enemigo,
no sea que se alegren sus angustiadores,
para que no digan: Nuestra mano se enalteció,
y no el Eterno hizo todo esto.
(28) Que gente perdida de consejos es ella,
y no hay en ella entendimiento.
(29) ¡Ojalá se hicieran sabios y entendiesen esto,
comprenderían su postrimería!
(30) ¿Cómo perseguirá uno a mil,
y dos harán huir a millares
sino porque su fuerte los enajenó,
y el Eterno los entregó?
(31) Que no como nuestro fuerte, es su fuerte;
y nuestros enemigos son jueces.
(32) Que de la vid de Sodoma es su vid,
y de los sarmientos de Amora,
sus uvas son ponzoñosas
y racimos amargos tienen ellos.
(33) Ponzoña de culebras es su vino,
y ponzoña de víboras crueles.
(34) ¿De cierto ello no es guardado conmigo,
sellado en mis tesoros?
(35) Mía es la venganza y el pago,
al tiempo que resbale su pie,
que es cercano el día del quebranto,
y se apresurarán las penas preparadas para ellos.
(36) Que juzgará el Eterno a su pueblo,
y por amor a sus siervos se arrepentirá,
cuando viere que no hay mano,
y no hay detenido y abandonado.
(37) Y dirá: ¿Dónde están sus dioses
fuertes en quienes se abrigaron?
(38) Que el sebo de sus sacrificios comen,
Y beben vino de su libación.
Levántense, y que os ayuden,
que sea sobre vosotros abrigo.
(39) Ved ahora que yo, soy Él;
y no hay dioses conmigo;

וְאֵין אֱלֹהִים עִמָּדִי אֲנִי אָמִית וַאֲחַיֶּה
מָחַצְתִּי וַאֲנִי אֶרְפָּא וְאֵין מִיָּדִי מַצִּיל׃
מ כִּי־אֶשָּׂא אֶל־שָׁמַיִם יָדִי וְאָמַרְתִּי חַי אָנֹכִי לְעֹלָם׃
41 אִם־שַׁנּוֹתִי בְּרַק חַרְבִּי וְתֹאחֵז בְּמִשְׁפָּט יָדִי
אָשִׁיב נָקָם לְצָרָי וְלִמְשַׂנְאַי אֲשַׁלֵּם׃
42 אַשְׁכִּיר חִצַּי מִדָּם וְחַרְבִּי תֹּאכַל בָּשָׂר
מִדַּם חָלָל וְשִׁבְיָה מֵרֹאשׁ פַּרְעוֹת אוֹיֵב׃
43 הַרְנִינוּ גוֹיִם עַמּוֹ כִּי דַם־עֲבָדָיו יִקּוֹם
וְנָקָם יָשִׁיב לְצָרָיו וְכִפֶּר אַדְמָתוֹ עַמּוֹ׃

פ שביעי

44 וַיָּבֹא מֹשֶׁה וַיְדַבֵּר אֶת־כָּל־דִּבְרֵי הַשִּׁירָה־הַזֹּאת בְּאָזְנֵי הָעָם
מה הוּא וְהוֹשֵׁעַ בִּן־נוּן׃ וַיְכַל מֹשֶׁה לְדַבֵּר אֶת־כָּל־הַדְּבָרִים
46 הָאֵלֶּה אֶל־כָּל־יִשְׂרָאֵל׃ וַיֹּאמֶר אֲלֵהֶם שִׂימוּ לְבַבְכֶם
לְכָל־הַדְּבָרִים אֲשֶׁר אָנֹכִי מֵעִיד בָּכֶם הַיּוֹם אֲשֶׁר תְּצַוֻּם
אֶת־בְּנֵיכֶם לִשְׁמֹר לַעֲשׂוֹת אֶת־כָּל־דִּבְרֵי הַתּוֹרָה הַזֹּאת׃
47 כִּי לֹא־דָבָר רֵק הוּא מִכֶּם כִּי־הוּא חַיֵּיכֶם וּבַדָּבָר הַזֶּה
תַּאֲרִיכוּ יָמִים עַל־הָאֲדָמָה אֲשֶׁר אַתֶּם עֹבְרִים אֶת־הַיַּרְדֵּן
שָׁמָּה לְרִשְׁתָּהּ׃

פ מפטיר

48 49 וַיְדַבֵּר יְהוָה אֶל־מֹשֶׁה בְּעֶצֶם הַיּוֹם הַזֶּה לֵאמֹר׃ עֲלֵה
אֶל־הַר הָעֲבָרִים הַזֶּה הַר־נְבוֹ אֲשֶׁר בְּאֶרֶץ מוֹאָב אֲשֶׁר
עַל־פְּנֵי יְרֵחוֹ וּרְאֵה אֶת־אֶרֶץ כְּנַעַן אֲשֶׁר אֲנִי נֹתֵן לִבְנֵי
נ יִשְׂרָאֵל לַאֲחֻזָּה׃ וּמֻת בָּהָר אֲשֶׁר אַתָּה עֹלֶה שָׁמָּה וְהֵאָסֵף
אֶל־עַמֶּיךָ כַּאֲשֶׁר־מֵת אַהֲרֹן אָחִיךָ בְּהֹר הָהָר וַיֵּאָסֶף אֶל־
51 עַמָּיו׃ עַל אֲשֶׁר מְעַלְתֶּם בִּי בְּתוֹךְ בְּנֵי יִשְׂרָאֵל בְּמֵי־מְרִיבַת
קָדֵשׁ מִדְבַּר־צִן עַל אֲשֶׁר לֹא־קִדַּשְׁתֶּם אוֹתִי בְּתוֹךְ בְּנֵי
52 יִשְׂרָאֵל׃ כִּי מִנֶּגֶד תִּרְאֶה אֶת־הָאָרֶץ וְשָׁמָּה לֹא תָבוֹא אֶל־
הָאָרֶץ אֲשֶׁר־אֲנִי נֹתֵן לִבְנֵי יִשְׂרָאֵל׃

yo mato, y hago vivir:
llago, y curo:
y nadie de mi mano se salva.
(40) Que alzaré a los cielos mi mano,
y diré: Vivo yo para siempre.
(41) Si aguzare el filo de mi espada,
y trabaré en juicio mi mano,
tornaré venganza a mis angustiadores,
y a mis aborrecedores pagaré.
(42) Emborracharé mis saetas de sangre,
y mi espada comerá carne
sangre de matado y cautiverio de cabeza,
serán venganzas del enemigo.
(43) Cantad, gentes, a su pueblo,
que la sangre de sus siervos vengará,
y la venganza tornará a sus angustiadores,
y perdonará a su tierra, y a su pueblo.»

(44) Y fué Mosé, y habló todas las palabras del cántico este a los oídos del pueblo, él, y Osea, hijo de Nun. (45) Y acabó Mosé de hablar todas las palabras estas a todo Israel; (46) y dijo a ellos: «Poned vuestro corazón en todas las palabras que yo os digo a vosotros hoy, que las diréis a vuestros hijos, para guardar de hacer todas las palabras de la ley esta. (47) Porque no son cosas vanas ellas para vosotros, que ellas son vuestra vida: y por esto alargaréis vuestros días sobre la tierra, porque vosotros pasaréis el Iardén para heredarla.

(48) Y habló el Eterno a Mosé en el mismo día este, diciendo: (49) «Sube a este monte de los Abarim, al monte Nebó, que en la tierra de Moab está, sobre la faz de Ierehó, y ve la tierra de Kenáan, que yo doy a los hijos de Israel por posesión. (50) Y muere en el monte al que tú subes allí y sé recogido a tus pueblos; como murió Aarón tu hermano, en el monte Or y fué recogido a sus pueblos. (51) Porque falseasteis a mí entre los hijos de Israel en las aguas de baraja de Cadés, en el desierto de Sin; porque no santificasteis a mí entre los hijos de Israel. (52) Que de frente verás la tierra; y allí no entrarás; a la tierra que yo doy a los hijos de Israel.

XXXIII

(54) VESOT ABERAJÁ

(1) Y ésta es la bendición con que bendijo Mosé, varón de Dios, a los hijos de Israel, antes de morir. (2) Y dijo:

«El Eterno del Sinái vino,
y esclareció de Seír, a ellos;
resplandeció del monte de Parán,
y vino con millares de santos:
a su derecha la ley de fuego
[para ellos.

(3) Aún amó a los pueblos;
todos sus santos en tu mano;
y ellos fueron juntados a tus
[pies;
recibieron tus mandamientos,

(4) Ley encomendó a nosotros Mosé,
heredad de la congregación de
[Iaacob.

(5) Y fué en Iesurún, rey,
al juntarse los capitanes del
[pueblo,
con las tribus de Israel.

(6) Viva Reubén, y no muera,
y sean sus varones en la cuenta.»

(7) Y esto a Iudá, y dijo:
«Oye, ¡oh, Eterno! la voz de
[Iudá
y a su pueblo llévale;
sus manos basten a él
y la ayuda contra sus angus-
[tiadores serás.»

(8) Y a Leví dijo:
«Tus Tumim, y tus Urim,
y tu buen varón
que lo probaste en Masá,
hicístelo barajar sobre las aguas
[de la baraja.

(9) El que dice por su padre y por
[su madre:
No los ví:
y que a sus hermanos no conoció,
y de sus hijos no supo:
que guardaron tu dicho,
y tu pacto observaron.

(10) Mostrarán tus juicios a Iaacob,
y tu ley a Israel;
pondrán sahumerio en tu nariz,
y holocausto quemado sobre tu ara.

(11) Bendice, el Eterno, su haber,
y la obra de sus manos aceptarás;
llagará los lomos de sus adversarios
y sus aborrecedores no se levantarán.»

(12) Por Biniamín dijo:
«Querido del Eterno, morará en segu-
[ridad sobre él;
cubrirá a él todo el día
y entre sus hombros habitará»

(13) Y por Iosef dijo:
«Bendita del Eterno su tierra,
por la mejor de los cielos, por el rocío,
y por el abismo que yace abajo,

(14) Y por la mejora de los renuevos del sol,
y por la mejora de la influencia de la
[luna,

(15) Y por el cabo de los montes del Oriente,
y por la mejora de los collados de
[siempre.

(16) Y por la mejora de la tierra y de lo
[que en ella hay;
y la voluntad del que mora en la zarza;
caiga sobre la cabeza de Iosef,
y a la mollera del apartado de sus
[hermanos.

(17) Como el primogénito de su buey la her-
[mosura de él,
y los cuernos del unicornio, sus cuernos:
con ellos corneará pueblos
juntos hasta el fin de la tierra:
y son ellos los millares de Efráim,
y son ellos los miles de Menasé.»

(18) Y por Sebulún dijo:
«Alégrate, Sebulún, en tu salir:
y tú, Isajar, en tus tiendas.

(19) Los pueblos al monte llamarán;
allí sacrificarán sacrificios de justicias;
que la abundancia de los mares chuparán
y los tesoros escondidos en la arena.»

לג

54 נד פ פ פ

א וְזֹאת הַבְּרָכָה אֲשֶׁר בֵּרַךְ מֹשֶׁה אִישׁ הָאֱלֹהִים אֶת־בְּנֵי
2 יִשְׂרָאֵל לִפְנֵי מוֹתוֹ: וַיֹּאמַר יְהוָה מִסִּינַי בָּא וְזָרַח מִשֵּׂעִיר
לָמוֹ הוֹפִיעַ מֵהַר פָּארָן וְאָתָה מֵרִבְבֹת קֹדֶשׁ מִימִינוֹ אֵשְׁדָּת
3 לָמוֹ: אַף חֹבֵב עַמִּים כָּל־קְדֹשָׁיו בְּיָדֶךָ וְהֵם תֻּכּוּ לְרַגְלֶךָ
4 יִשָּׂא מִדַּבְּרֹתֶיךָ: תּוֹרָה צִוָּה־לָנוּ מֹשֶׁה מוֹרָשָׁה קְהִלַּת
ה יַעֲקֹב: וַיְהִי בִישֻׁרוּן מֶלֶךְ בְּהִתְאַסֵּף רָאשֵׁי עָם יַחַד שִׁבְטֵי
6 7 יִשְׂרָאֵל: יְחִי רְאוּבֵן וְאַל־יָמֹת וִיהִי מְתָיו מִסְפָּר: ס וְזֹאת
לִיהוּדָה וַיֹּאמַר שְׁמַע יְהוָה קוֹל יְהוּדָה וְאֶל־עַמּוֹ תְּבִיאֶנּוּ
יָדָיו רָב לוֹ וְעֵזֶר מִצָּרָיו תִּהְיֶה: פ שני
8 וּלְלֵוִי אָמַר תֻּמֶּיךָ וְאוּרֶיךָ לְאִישׁ חֲסִידֶךָ אֲשֶׁר נִסִּיתוֹ
9 בְּמַסָּה תְּרִיבֵהוּ עַל־מֵי מְרִיבָה: הָאֹמֵר לְאָבִיו וּלְאִמּוֹ
לֹא רְאִיתִיו וְאֶת־אֶחָיו לֹא הִכִּיר וְאֶת־בָּנָו לֹא יָדָע כִּי שָׁמְרוּ
י אִמְרָתֶךָ וּבְרִיתְךָ יִנְצֹרוּ: יוֹרוּ מִשְׁפָּטֶיךָ לְיַעֲקֹב וְתוֹרָתְךָ
11 לְיִשְׂרָאֵל יָשִׂימוּ קְטוֹרָה בְּאַפֶּךָ וְכָלִיל עַל־מִזְבְּחֶךָ: בָּרֵךְ
יְהוָה חֵילוֹ וּפֹעַל יָדָיו תִּרְצֶה מְחַץ מָתְנַיִם קָמָיו וּמְשַׂנְאָיו
12 מִן־יְקוּמוּן: ס לְבִנְיָמִן אָמַר יְדִיד יְהוָה יִשְׁכֹּן לָבֶטַח
13 עָלָיו חֹפֵף עָלָיו כָּל־הַיּוֹם וּבֵין כְּתֵפָיו שָׁכֵן: ס וּלְיוֹסֵף
אָמַר מְבֹרֶכֶת יְהוָה אַרְצוֹ מִמֶּגֶד שָׁמַיִם מִטָּל וּמִתְּהוֹם רֹבֶצֶת
14 טו תָּחַת: וּמִמֶּגֶד תְּבוּאֹת שָׁמֶשׁ וּמִמֶּגֶד גֶּרֶשׁ יְרָחִים: וּמֵרֹאשׁ
16 הַרְרֵי־קֶדֶם וּמִמֶּגֶד גִּבְעוֹת עוֹלָם: וּמִמֶּגֶד אֶרֶץ וּמְלֹאָהּ
וּרְצוֹן שֹׁכְנִי סְנֶה תָּבוֹאתָה לְרֹאשׁ יוֹסֵף וּלְקָדְקֹד נְזִיר
17 אֶחָיו: בְּכוֹר שׁוֹרוֹ הָדָר לוֹ וְקַרְנֵי רְאֵם קַרְנָיו בָּהֶם עַמִּים
יְנַגַּח יַחְדָּו אַפְסֵי־אָרֶץ וְהֵם רִבְבוֹת אֶפְרַיִם וְהֵם אַלְפֵי
18 מְנַשֶּׁה: ס וְלִזְבוּלֻן אָמַר שְׂמַח זְבוּלֻן בְּצֵאתֶךָ וְיִשָּׂשכָר
19 בְּאֹהָלֶיךָ: עַמִּים הַר־יִקְרָאוּ שָׁם יִזְבְּחוּ זִבְחֵי־צֶדֶק כִּי שֶׁפַע

2. תרין מילין קרי 5. קמץ בז"ק 7. הר' בקמץ 9. בניו קרי
13. קמץ בז"ק 19. קמץ בז"ק

כ יַמִּים יִינָקוּ וּשְׂפֻנֵי טְמוּנֵי חוֹל׃ ס וּלְגָד אָמַר בָּרוּךְ
21 מַרְחִיב גָּד כְּלָבִיא שָׁכֵן וְטָרַף זְרוֹעַ אַף־קָדְקֹד׃ וַיַּרְא
רֵאשִׁית לוֹ כִּי־שָׁם חֶלְקַת מְחֹקֵק סָפוּן וַיֵּתֵא רָאשֵׁי עָם
22 צִדְקַת יְהוָה עָשָׂה וּמִשְׁפָּטָיו עִם־יִשְׂרָאֵל׃ ס וּלְדָן אָמַר
23 דָּן גּוּר אַרְיֵה יְזַנֵּק מִן־הַבָּשָׁן׃ וּלְנַפְתָּלִי אָמַר נַפְתָּלִי שְׂבַע
24 רָצוֹן וּמָלֵא בִּרְכַּת יְהוָה יָם וְדָרוֹם יְרָשָׁה׃ ס וּלְאָשֵׁר
אָמַר בָּרוּךְ מִבָּנִים אָשֵׁר יְהִי רְצוּי אֶחָיו וְטֹבֵל בַּשֶּׁמֶן רַגְלוֹ׃
כה 26 בַּרְזֶל וּנְחֹשֶׁת מִנְעָלֶךָ וּכְיָמֶיךָ דָּבְאֶךָ׃ אֵין כָּאֵל יְשֻׁרוּן
27 רֹכֵב שָׁמַיִם בְּעֶזְרֶךָ וּבְגַאֲוָתוֹ שְׁחָקִים׃ מְעֹנָה אֱלֹהֵי קֶדֶם
וּמִתַּחַת זְרֹעֹת עוֹלָם וַיְגָרֶשׁ מִפָּנֶיךָ אוֹיֵב וַיֹּאמֶר הַשְׁמֵד׃
28 וַיִּשְׁכֹּן יִשְׂרָאֵל בֶּטַח בָּדָד עֵין יַעֲקֹב אֶל־אֶרֶץ דָּגָן וְתִירוֹשׁ
29 אַף־שָׁמָיו יַעַרְפוּ־טָל׃ אַשְׁרֶיךָ יִשְׂרָאֵל מִי כָמוֹךָ עַם נוֹשַׁע
בַּיהוָה מָגֵן עֶזְרֶךָ וַאֲשֶׁר־חֶרֶב גַּאֲוָתֶךָ וְיִכָּחֲשׁוּ אֹיְבֶיךָ לָךְ
וְאַתָּה עַל־בָּמוֹתֵימוֹ תִדְרֹךְ׃ ס שביעי

לד

א וַיַּעַל מֹשֶׁה מֵעַרְבֹת מוֹאָב אֶל־הַר נְבוֹ רֹאשׁ הַפִּסְגָּה אֲשֶׁר
עַל־פְּנֵי יְרֵחוֹ וַיַּרְאֵהוּ יְהוָה אֶת־כָּל־הָאָרֶץ אֶת־הַגִּלְעָד עַד־
2 דָּן׃ וְאֵת כָּל־נַפְתָּלִי וְאֶת־אֶרֶץ אֶפְרַיִם וּמְנַשֶּׁה וְאֵת כָּל־
3 אֶרֶץ יְהוּדָה עַד הַיָּם הָאַחֲרוֹן׃ וְאֶת־הַנֶּגֶב וְאֶת־הַכִּכָּר
4 בִּקְעַת יְרֵחוֹ עִיר הַתְּמָרִים עַד־צֹעַר׃ וַיֹּאמֶר יְהוָה אֵלָיו
זֹאת הָאָרֶץ אֲשֶׁר נִשְׁבַּעְתִּי לְאַבְרָהָם לְיִצְחָק וּלְיַעֲקֹב
לֵאמֹר לְזַרְעֲךָ אֶתְּנֶנָּה הֶרְאִיתִיךָ בְעֵינֶיךָ וְשָׁמָּה לֹא תַעֲבֹר׃
ה וַיָּמָת שָׁם מֹשֶׁה עֶבֶד־יְהוָה בְּאֶרֶץ מוֹאָב עַל־פִּי יְהוָה׃
6 וַיִּקְבֹּר אֹתוֹ בַגַּי בְּאֶרֶץ מוֹאָב מוּל בֵּית פְּעוֹר וְלֹא־יָדַע
7 אִישׁ אֶת־קְבֻרָתוֹ עַד הַיּוֹם הַזֶּה׃ וּמֹשֶׁה בֶּן־מֵאָה וְעֶשְׂרִים
8 שָׁנָה בְּמֹתוֹ לֹא־כָהֲתָה עֵינוֹ וְלֹא־נָס לֵחֹה׃ וַיִּבְכּוּ בְנֵי
יִשְׂרָאֵל אֶת־מֹשֶׁה בְּעַרְבֹת מוֹאָב שְׁלֹשִׁים יוֹם וַיִּתְּמוּ יְמֵי

(20) Y por Gad dijo:
«Bendito el que ensanchará a [Gad:
Como león morará,
y arrebatará el brazo, y también [la cabeza.
(21) Y vió él la primera parte
porque le está reservada,
y vino a la cabeza del pueblo;
justicia del Eterno hará,
y sus juicios con Israel.»
(22) Y dijo por Dan:
«Dan, cachorro de león;
saltará del Basán.»
(23) Y por Naftalí dijo:
«Naftalí, harto de voluntad,
y lleno de la bendición del [Eterno;
el Poniente y el Meridión he- [reda.»
(24) Y por Aser dijo:
«Bendito en hijos, Aser:
Sea querido de sus hermanos,
y mojará en el aceite su pie.
(25) Hierro y cobre tus cerraduras,
y como tus días tu fortaleza.
(26) Y no hay, Iesurún, como Dios,
que monta cielos en tu ayuda
y con su gallardía los sube.
(27) Morada de Dios antes,
y abajo de los brazos del [mundo;
desterró de delante de ti al [enemigo.
y dijo: Destruye.
(28) Y moró Israel en seguridad,
a solas, el ojos de Iaacob
en la tierra del grano y del [mosto:
también sus cielos gotearán ro- [cío.
(29) Bienaventurado tú, Israel,
[¿quién como tú?
pueblo salvado por el Eterno,
escudo de tu ayuda
y espada de tu gallardía.
Y negarse han, tus enemigos de ti,
y tú sobre sus altares pisarás.»

XXXIV

(1) Y subió Mosé de las llanuras de Moab al monte de Nebó, y la cabeza del collado que está sobre la faz de Ierehó; y mostróle el Eterno toda la tierra de Guilead hasta Dan, (2) y a toda la de Naftalí, y a la tierra de Efráim y Menasé, y a toda la tierra de Iudá hasta el mar postrero; (3) y al meridión, y a la llanura, y a la vega de Ierehó, ciudad de los tamarales, hasta Soar. (4) Y dijo el Eterno a él: «Ésta es la tierra que juré a Abraham, a Isaac, y a Iaacob, diciendo: A tu simiente la daré. Hícetela ver con tus ojos, y allí no posarás.»
(5) Y murió allí Mosé, siervo del Eterno, en la tierra de Moab, por dicho del Eterno. (6) Y enterró a él en el valle, en la tierra de Moab, enfrente de Bet-Peor; y no supo varón su sepultura hasta el día este. (7) Y Mosé era de edad de ciento veinte años al morir: No se oscureció su ojo, y no huyó su vigor. (8) Y lloraron los hijos de Israel a Mosé en las llanuras de Moab treinta días;

נג 21. קמץ בז"ק

y acabáronse los días de lloro del luto de Mosé. (9) Y Iosúa, hijo de Nun, lleno de espíritu de ciencia, porque colocó Mosé sus manos sobre él, y oyeron a él los hijos de Israel, e hicieron como encomendó el Eterno a Mosé.

(10) Y no se levantó otro profeta en Israel, como Mosé, que conoció el Eterno cara a cara, (11) a todas las señales y las maravillas que le envió el Eterno hacer en la tierra de Egipto, a Faraón, y a todos sus siervos, y a toda su tierra; (12) Y en toda la mano fuerte, y en todo el temor grande que causó Mosé a los ojos de todo Israel.

9 בְּכִי אֵבֶל מֹשֶׁה׃ וִיהוֹשֻׁעַ בִּן־נוּן מָלֵא רוּחַ חָכְמָה כִּי־סָמַךְ
מֹשֶׁה אֶת־יָדָיו עָלָיו וַיִּשְׁמְעוּ אֵלָיו בְּנֵי־יִשְׂרָאֵל וַיַּעֲשׂוּ
10 כַּאֲשֶׁר צִוָּה יְהוָה אֶת־מֹשֶׁה׃ וְלֹא־קָם נָבִיא עוֹד בְּיִשְׂרָאֵל
11 כְּמֹשֶׁה אֲשֶׁר יְדָעוֹ יְהוָה פָּנִים אֶל־פָּנִים׃ לְכָל־הָאֹתֹת
וְהַמּוֹפְתִים אֲשֶׁר שְׁלָחוֹ יְהוָה לַעֲשׂוֹת בְּאֶרֶץ מִצְרָיִם
12 לְפַרְעֹה וּלְכָל־עֲבָדָיו וּלְכָל־אַרְצוֹ׃ וּלְכֹל הַיָּד הַחֲזָקָה
וּלְכֹל הַמּוֹרָא הַגָּדוֹל אֲשֶׁר עָשָׂה מֹשֶׁה לְעֵינֵי כָּל־יִשְׂרָאֵל׃

חזק

נשלמו חמשה חומשי תורה. תהלה לאל גדול ונורא׃

סכום פסוקי דספר דברים תשנ״ה מאות וחמשים וחמשה הנ״ה סימן׃ וחציו. ועשית על פי הדבר אשר יגידו לך׃ ופרשיותיו אחד עשר אסרו חג בעבותים סימן׃ וסדריו עשרים ושבעה יפיח אמונה יגיד צדק סימן׃ ופרקיו שלשים וארבעה אודה יי׳ בכל לבב סימן׃ מנין הפתוחות שלשים וארבעה והסתומות מאה ועשרים וארבעה הכל מאה וחמשים ושמנה פרשיות וכסא כבוד ינחילם סימן׃

סכום הפסוקים של כל התורה חמשת אלפים ושמנה מאות וארבעים וחמשה ואור החמה יהיה שבעתים סימן׃ וחציו. וישם עליו את החשן ויתן אל החשן את האורים ואת התמים׃ מנין פתוחות של כל התורה מאתים ותשעים יבא דודי לגנו ויאכל פרי מגדיו סימן׃ והסתומות שלש מאות ושבעים ותשעה או אסרה אסר על נפשה בשבעה סימן׃ נמצאו מנין כל הפרשיות פתוחות וסתומות שש מאות וששים ותשעה לא תחסר כל בה סימן׃

לוח הפטרות לכל השנה

הפטרת בראשית	בישעיה מב	כה אמר האל ה'
אלה תולדות נח	בישעיה נד	רני עקרה
לך לך	בישעיה מ	למה תאמר
וירא אליו	במלכים ב ד	ואשה אחת
חיי שרה	במלכים א א	והמלך דוד זקן
תלדות יצחק	במלאכי א	משא דבר ה'
(1)ויצא יעקב	בהושע יא	ועמי תלואים
(2)ויצא יעקב	בהושע יב	ויברח יעקב
וישלח יעקב	בעובדיה א	חזון עובדיה
וישב יעקב	בעמוס ב	כה אמר ה'
ויהי מקץ	במלכים א ג	ויקץ שלמה
ויגש אליו	ביחזקאל לז	ויהי דבר ה' אלי
ויחי יעקב	במלכים א ב	ויקרבו ימי דוד
(1)ואלה שמות	בירמיה א	דברי ירמיהו
(2)ואלה שמות	בישעיה כז	הבאים ישרש
וארא אל אברהם	ביחזקאל כח	כה אמר ה' בקבצו
בא אל פרעה	בירמיה מו	הדבר אשר דבר
ויהי בשלח	בשופטים ד	ודבורה אשה
וישמע יתרו	בישעיה ו	בשנת מות
ואלה המשפטים	בירמיה לד	הדבר אשר היה
ויקחו לי תרומה	במלכים א ה	וה' נתן חכמה
ואתה תצוה	ביחזקאל מג	אתה בן אדם
(1)כי תשא	במלכים א יח	וישלח אחאב
(2)כי תשא	במלכים א יח	ויהי ימים רבים
(1)ויקהל	במלכים א ז	וישלח המלך
(2)ויקהל	במלכים א ז	ויעש חירום
(1)אלה פקודי	במלכים א ז	ויעש חירום
(2)אלה פקודי	במלכים א ז	ותשלם כל
ויקרא	בישעיה מג	עם זו יצרתי לי
צו את אהרן	בירמיה ז	כה אמר ה'
ביום השמיני	בשמואל ב ו	ויוסף עוד דוד
כי תזריע	במלכים ב ד	ואיש בא מבעל
מצורע	במלכים ב ז	וארבעה אנשים
אחרי מות	ביחזקאל כב	ויהי דבר ה' התשפוט
(1)קדושים תהיו	ביחזקאל כ	ויהי דבר ה' אלי
(2)קדושים תהיו	בעמוס ט	הלא כבני כשיים
אמור אל הכהנים	ביחזקאל מד	והכהנים הלוים
בהר סיני	בירמיה לב	ויאמר ירמיהו
אם בחקותי	בירמיה טז	ה' עזי ומעזי
במדבר סיני	בהושע ב	והיה מספר
נשא את ראש	בשופטים יג	ויהי איש אחד
בהעלותך	בזכריה ב	רני ושמחי
שלח לך אנשים	ביהושע ב	וישלח יהושע
ויקח קרח	בשמואל א יא	ויאמר שמואל
חקת התורה	בשופטים יא	ויפתח הגלעדי
וירא בלק	במיכה ה	והיה שארית
פנחס	במלכים א יט	ויד ה' היתה
ראשי המטות	בירמיה א	דברי ירמיהו
מסעי	בירמיה ב	שמעו דבר ה'
אלה הדברים	בישעיה א	חזון ישעיהו
ואתחנן	בישעיה מ	נחמו נחמו עמי
עקב	בישעיה מט	ותאמר ציון

ראה	בישעיה נד	עניה סוערה
שופטים	בישעיה נא	אנכי אנכי הוא
כי תצא	בישעיה נד	רני קרה
כי תבא	בישעיה ס	קומי אורי
אתם נצבים	בישעיה סא	שוש אשיש
(1)וילך	בהושע יד	שובה ישראל
(2)וילך	בישעיה נה	דרשו ה' בהמצאו
(1)האזינו	בשמואל ב כב	וידבר דו־ לה'
(2)האזינו	בהושע יד שובה וביואל ב	תקעו שופר
לשבת וראש החדש	בישעיה סו	כה אמר ה' השמים
למחר חדש	בשמואל א כ	ויאמר לו יהונתן
לפרשת שקלים	במלכים ב יא	ויכרות יהוידע
(1)לפרשת זכור	בשמואל א טו	ויאמר שמואל
(2)לפרשת זכור	בשמואל א טו	כה אמר ה' צבאות
לפרשת פרה	ביחזקאל לו	ויהי דבר ה'
(1)לפרשת החדש	ביחזקאל מה	כל העם הארץ
(2)לפרשת החדש	ביחזקאל מה	כה אמר ה' בראשון
לחנוכה	בזכריה ב	רני ושמחי
לחנוכה בשבת ב'	במלכים א ז	ויעש חירום
לשבת הגדול	במלאכי ג	וערבה לה'
(1)ליום א' של פסח	ביהושע ה	בעת ההיא אמר
(2)ליום א' של פסח	ביהושע ג	ויאמר יהושע אל
ליום שני של פסח	במלכים ב כג	וישלח המלך
(1)לשבת וחול המועד	ביחזקאל לו	כה אמר ה'
(2)לשבת וחול המועד	ביחזקאל לז	היתה עלי יד ה'
ליום שביעי של פסח	בשמואל ב כד	וידבר דוד לה'
ליום ח' של פסח	בישעיה י	עוד היום
ליום א' של שבועות	ביחזקאל א	יהי בשלשים שנה
ליום ב' של שבועות	בחבקוק ב	וה' בהיכל קדשו
לתשעה באב	בירמיה ח	אסוף אסיפם
ליום א' של ר"ה	בשמואל א א	ויהי איש אחד
ליום ב' של ר"ה	בירמיה לא	כה אמר ה' מצא
לשחרית יום כפור	בישעיה נז	ואמר סולו סולו
למנחת יום כפור	ביונה א	ויהי דבר ה' אל
ליום א' של סכות	בזכריה יד	הנה יום בא לה'
ליום שני של סכות	במלכים א ז	ותשלם כל
לשבת וחול המועד	ביחזקאל לח	והיה ביום ההי
ליום שמיני עצרת	במלכים א ח	ויהי ככלות
לשמחת תורה	ביהושע א	ויהי אחרי מות

(1) כמנהג הספרדים (2) כמנהג האשכנזים

F I N

del primer tomo de LA BIBLIA cuya impresión se terminó el día 22 del mes de marzo de 1946, en los talleres gráficos «THE STANDARD PUBLISHING, Co.» Rivadavia 831 - Buenos Aires.